U0797999

2012

北京门头沟年鉴

北京市门头沟区地方志编纂委员会

中共党史出版社

图书在版编目（CIP）数据

北京门头沟年鉴 . 2012 / 北京市门头沟区地方志编纂委员会编.
- 北京：中共党史出版社，2012.12
ISBN 978-7-5098-1956-2

I. ①北… Ⅱ. ①门… Ⅲ. ①门头沟区 -2012- 年鉴 Ⅳ. ①Z521.3

中国版本图书馆 CIP 数据核字（2012）第 276551 号

书　　名：北京门头沟年鉴（2012）

编　　者：北京市门头沟区地方志编纂委员会
责任编辑：韩冬梅
出版发行：中共党史出版社
社　　址：北京市海淀区芙蓉里南街 6 号院 1 号楼
邮　　编：100080
网　　址：www.dscbs.com
经　　销：新华书店
印　　刷：北京市金星剑印刷有限责任公司
开　　本：185mm × 260mm　　1/16
字　　数：835 千字
印　　张：30 印张　　前插：40 页
印　　数：1—1500 册
版　　次：2012 年 12 月第 1 版
印　　次：2012 年 12 月第 1 次印刷
书　　号：ISBN 978-7-5098-1956-2
定　　价：118.00 元(精装)

北京市门头沟区地方志编纂委员会

顾　　　　问：韩子荣

主　　　　任：王洪钟

常务副主任：洪家志

《北京门头沟年鉴》编辑部

主　　　　编：洪家志

常 务 主 编：刘望鸿

执 行 主 编：程　浩

执行副主编：尚显英

编　　　　委：陈　琛　付向东

编辑说明

一、《北京门头沟年鉴》是一部综合性资料性工具书，在中共门头沟区委和区人民政府的领导下，由北京市门头沟区地方志编纂委员会主持编纂。

二、本年鉴以马克思列宁主义、毛泽东思想、邓小平理论和“三个代表”重要思想为指导，按照科学发展观和构建和谐社会的要求，认真贯彻中央、市委、市政府的各项方针政策，遵循实事求是的原则，科学、客观地反映实际情况。

三、本年鉴从2002年开始，逐年编纂出版。当年出版的年鉴全面记述上一年度门头沟区在各条战线、各个方面所发展的重要事件和新的情况，系统汇集年度内重要的文献。为领导决策提供可靠的参考信息，为各行各业提供有价值的资料，为各方面人士了解门头沟、研究门头沟提供最新信息。

四、本卷年鉴反映的是2011年1月1日至12月31日期间的情况，文内一般直书月、日，不再书写年份。

五、本年鉴采用文章和条目两种体裁，以条目体为主，文字内容分为概述、大事记……共21个一级栏目，分目下设条目。

六、本卷年鉴收有门头沟区党、政、军、各民主党派、团体、街道、乡镇、部分企业负责人名录，以及驻区部分单位负责人名录。所列均以2011年内任职为限，其中有任免情况的分别予以注明。

七、本年鉴的所选文章和条目，均由各部门、各单位确定专人撰写，经主管负责人审阅，并经区委、区政府有关部委办及领导审核。统计资料由统计局提供。照片由各单位提供。

八、本年鉴的编辑出版得到了区领导、撰稿单位以及各方面的大力支持和帮助，在此一并表示感谢。由于时间和水平所限，疏漏与不足或在所难免，恳请各界人士和广大读者批评指正，使《北京门头沟年鉴》越办越好。

门头沟区委书记韩子荣在区第十五届人大一次会议上

门头沟区长王洪钟在区第十五届人大一次会议上

区委理论中心组参观“十二五”规划展

门头沟区管道天然气通气仪式

中共北京市门头沟区第十届委员会第十二次全体（扩大）会议

政协北京市门头沟区第九届委员会第一次会议

召开门头沟区2011年农村工作会

召开门头沟区2011年组织宣传 统战工作会议

召开门头沟区社会建设大会

召开门头沟区2011年镇领导班子换届工作部署会

召开门头沟区城乡环境整治百日行动总结表彰大会

召开门头沟区2011年军（警）民共建工作座谈会

门头沟区“五五”普法总结暨“六五”普法·“法治门头沟”创建启动大会

未审庭新闻通报会

召开门头沟区2011年税务工作会

召开门头沟区加强和改进工商联工作会

召开门头沟区2011年统计工作会

召开门头沟区2011年爱国卫生工作总结暨2012年工作部署会

召开门头沟区妇联九届三次执委（扩大）会

召开2011年门头沟区预防青少年违法犯罪暨未成年人保护工作会

召开门头沟区2011年商务工作会

召开门头沟区科学技术奖励大会

召开2011年度门头沟区人力资源和社会保障工作会

召开2011年门头沟区人口和计划生育工作会

召开门头沟区慈善协会第二次会员代表大会暨第二届理事会第一次会议

召开中国民主建国会门头沟区直属支部成立55周年纪念大会

农工党、门头沟工委第二十三届中国“国际科学与和平周”送医下乡活动

举办门头沟区“巾帼建功当模范，创先争优展英姿”女性风采展示暨颁奖仪式

门头沟区庆“五一”劳动者风采展示

劳动者风采展示

召开门头沟区档案史志局2011年档案工作研讨会

召开2011年门头沟区地方志工作会

开展北京市门头沟区第三届“档案馆日”

开展12·4法制宣传日活动

门头沟国税局在双峪集贸市场开展发票宣传活动

交通局开展上街宣传绿色出行

开展以“承担共同责任，促进精神健康”为主题的心理健康知识咨询、精神卫生知识宣传义诊活动

营造依法统计环境，弘扬求真务实精神——统计宣传活动

全方位全覆盖宣传新个税法

开展预防煤气中毒安全知识宣传活动

卫生监督员现场检测餐饮具表面洁净度

推进立案公开，深化警备公开，提高执法规范水平——开展法制宣传咨询活动

药品监督管理局门头沟分局举办开放月现场活动

小白楼拆迁法律咨询

召开门头沟公路分局路政社会监督员座谈会

举办门头沟区《行政强制法》培训班

召开门头沟区党派自身建设交流座谈会

开展门头沟区民兵组织整顿业务培训

召开党风廉政建设专题讲座

召开门头沟新城综合交通规划研讨会

召开门头沟区学习贯彻胡锦涛总书记"七一"讲话专题研讨班

举办门头沟区纪念中国共产党成立90周年群众歌咏比赛决赛

举办庆祝中国共产党成立90周年暨第六届京西人口文化节文艺演出

召开庆祝中国共产党成立90周年暨先进党支部、优秀共产党员表彰大会

庆“七一”唱支红歌给党听

京西山区中共第一党支部纪念馆揭牌

残疾人自强模范暨残疾人工作先进集体与先进个人表彰会演出

门头沟摄影家协会、门头沟论坛摄影文化沙龙

“永定河文化访谈录”电视专访

2011年门头沟区全民健身体育节启动仪式暨全民健身项目表演赛

参加北京市第六届民族健身操大赛

第二十一届文化艺术节文化活动

2011年首届环北京职业公路自行车赛（环京赛）门头沟段

北京市第七届农民运动会开幕式在门头沟区举行

昊华能源杯第二届北京国际山地徒步大会

门头沟区永定楼开工奠基仪式

门头沟区紫金新园经济适用住房摇号仪式

斋堂镇1号地块定向安置房项目开工典礼

海淀区、门头沟区举办“手拉手、送温暖”——失业人员专场招聘会

建行举办中小企业客户产品推介会

召开门头沟区特种设备食品安全工作会

门头沟区集体林权制度改革生态补偿金发放仪式

举办“春风送暖农家女”中药材种苗赠送仪式及现场培训

开展商业大集活动

清水镇召开第六届人民代表大会第一次会议

王平镇召开第三届人民代表大会第一次会议

永定镇召开第七届人民代表大会第十次会议

斋堂镇召开党风廉政建设工作会议

中国共产党龙泉镇第七次代表大会

中国共产党妙峰山镇第四次代表大会

清千路改建工程

滨河路

阜石路

首师大附中永定分校全景

新建抗震节能型农宅—天河水人家

永定河生态走廊

加拿大生态专家考察生态

生态治理

治理后永定河湿地

门城湖

永定河观景台

葡山公园

葡山公园一角

京门铁路遗址公园

门头沟新城滨河森林公园

福鼎公园

西苑公园

光荣园

京浪岛文化体育公园

长城公园

福亭公园

立思辰公园

晨曦公园

门城夜景

目 录

特 载

概 述

大事记

文 献

专 文

政党 团体

中国共产党北京市门头沟区委员会

· 组织工作

政权　政协

北京市门头沟区人民代表大会常务委员会

北京市门头沟区人民政府

法制工作

政法　军事

政法

政法工作

社会治安综合治理工作

公安工作

检察工作

农业与农村经济

农村经济经营管理

工　业

区属工业

石龙开发区

商贸　旅游

商贸

综合经济管理

发展改革工作

工商行政管理

统计工作

财税　金融　保险

财税

财政

国家税务

城市管理监察

交通　邮电

交通

公路建设

科技　教育

文化　卫生　体育

文化

卫生

体育

社会　生活

民政工作

民族宗教侨务

东辛房街道

大台街道

乡　镇

潭柘寺镇

永定镇

王平镇

雁翅镇

斋堂镇

清水镇

人　物

统计　资料

特载

推动经济转型 实现跨越发展 不断开创现代化生态新区建设新局面

——在中共北京市门头沟区第十一次代表大会上的报告

（2011年12月7日）

中共门头沟区委书记 韩子荣

各位代表，同志们：

现在，我代表中共北京市门头沟区第十届委员会向大会作报告，请各位代表予以审议。

一、现代化生态新区建设取得显著成效的五年

五年来，在市委的领导下，我们高举中国特色社会主义伟大旗帜，以邓小平理论和“三个代表”重要思想为指导，深入贯彻落实科学发展观，紧紧围绕建设“人文北京、科技北京、绿色北京”和中国特色世界城市以及加快首都西部转型、建设现代化生态新区目标，团结带领全区人民，抢抓发展机遇，加快经济发展，推进城乡建设，切实改善民生，创建和谐文明，着力加强党建，圆满完成了区第十次党代会提出的各项目标任务，开创了全区跨越式发展的崭新局面。

——始终坚持加快发展不动摇，全区经济实力跃上新台阶。初步预计，地区生产总值由2006年的51.4亿元增长到2011年的100亿元，年均递增14.2%；财政一般预算收入由7.3亿元增长到16.8亿元，增长1.3倍；累计完成全社会固定资产投资445.7亿元，年均递增44.3%；城镇居民人均可支配收入达到28470元，比2006年增加10820元；农民人均纯收入达到13720元，比2006年增加5390元。2011年财政一般预算收入、固定资产投资增速居全市首位，实现了“十二五”良好开局。

坚持以经济结构调整为主线，加快推进经济转型。保护生态环境，坚决退出高耗能、高污染、高排放的资源型产业。认真制定“十二五”规划，明确了加快建设新城区、规划发展浅山区、保护涵养深山区的战略目标，合理规划了“一带两线四点”的产业发展空间布局，确定了以旅游文化休闲产业为主导，现代服务业、高新技术产业等多点支撑的生态友好型产业体系。科学规划永定滨水商务区、门城生态商务区等四个高端产业集聚区。强化投资拉动效应，房屋征收、土地收储、安居工程、招商引资同步推进，完成和开工建设一大批重点工程项目，积聚了巨大的发展能量。着力推进石龙经济开发区转型升级，探索了总部经济发展新路，高端高效集约发展效果显著。积极培育旅游文化休闲产业，成立旅游发展委员会，制定旅游文化休闲产业发展战略规划，重组北京旅游，成为北京市旅游产业带动区域协调发展配套改革试点区。深入挖掘区域文化资源，发挥文化对旅游产业发展的引领和支撑作用。积极探索沟域经济发展新模式，形成了爨柏沟、苇甸沟等一批特色鲜明的示范沟域，中芬生态谷、中瑞生态谷等高端旅游生态产业项目全面启动。探索镇企合作模式，重点镇建设步伐加快。

积极推进经济体制改革，不断激发经济发展活力。加强服务型政府建设，积极维护经济发展秩序，营造了良好的发展环境。创新投融资机制，采用BT、BOT等新模式，积极吸引国有企业和民营资本集聚区内。继续深化财政改革，创新财政管理体制，集中、合理、高效使用财政资金。积极推进农村集体经济管理制度改革，建立了农村“三资”管理中心。完成99家国企改制，国有企业改革成效明显。农村集体经济产权、林权制度改革取得阶段性成果，为农村城镇化、城市化奠定了发展基础。

——始终以生态环境建设为突破口，全区城乡面貌焕然一新。坚持生态环境立区发展战略，围绕永定河绿色生态发展带建设，实施京津风沙源治理、废弃矿山修复、永定河生态修复等生态建设工程，成为国家生态修复科技综合示范基地，成功创建国家生态示范区。狠抓城市环境建设，积极引入社会资本建设“一湖多园、五水联动”的城市水系景观和园林绿化体系，实施城市夜景亮丽和主要大街景观改造工程，旧城旧村改造工作取得突破性进展，滨水山城形象初步显现。大力加强基础设施建设，阜石路二期、西六环门头沟段顺利开通，108 国道改线、S1 线等重点工程全面开工，一批水、电、气、热、垃圾处理等基础设施投入使用，城市承载能力和运行保障能力大幅提升。着力加强农村环境建设，全面完成农村“五＋三”工程建设任务，创建一批环境优美镇村。坚持建管并重，不断完善市政、水务、园林等城市管理体系和长效管理机制，推进城市精细化管理，城市管理水平不断提升。深入开展城乡环境整治行动，坚决拆除违法建设，圆满完成北京奥运会、新中国成立 60 周年和建党 90 周年各项保障任务，荣获国家卫生区称号。

——始终坚持以改善民生为重点，推动全区社会和谐发展。研究制定《关于加强和创新社会管理全面推进社会建设的实施意见》，进一步加强和创新社会管理。

着力改善城乡居民的居住环境。200 万平方米采空棚户区安置房建设工程顺利推进，完成了经济适用房、“两限房”建设任务，对险村、险户进行了搬迁，建立了农村社救优抚对象住房保障制度。保障房建设工作得到中央、市领导的充分肯定和人民群众的积极称赞。

大力发展社会事业，加强城乡教育、文化、卫生等基本公共服务设施建设，努力实现城乡公共服务均等化。坚持教育优先发展，调整教育布局，引进优质教育资源，教育教学水平不断提高。完善终身教育体系，成功创建学习型城市先进区。推进公立医院试点改革，努力提高医疗卫生服务水平。加强永定河文化的保护与传承，培育了一批富有地方特色的文化活动品牌。文物和非物质文化遗产保护工作成效显著，斋堂古村落古道文化旅游产业集聚区获得批准。北京国际山地徒步大会等三项赛事成功举办，扩大了门头沟区的知名度和影响力。深入落实促进就业政策，努力开发就业岗位，加强职业技能培训，全面消除“零就业”家庭，城镇登记失业率控制在 5% 以内。社会保险待遇大幅提高，社会保障和救助体系逐步完善，实现了社会救助无盲点、全覆盖。

切实加强社区服务与管理，实施社区规范化建设和村庄社区化管理，全力打造“一刻钟社区服务圈”，社区自治、村民自治水平不断提高。全面创新社会管理和服务模式，建立了为民服务信息平台，整合政府、社会资源，为百姓提供多元化服务。

坚持稳定是第一责任，大力推进“平安门头沟”建设，构筑严密有效的社会治安防控体系，群众安全感满意度指数位居全市前列。坚决打击非法盗采行为，全面加强生产、消防、食品、交通等安全工作，安全生产形势明显好转。加强社会矛盾排查调处工作，及时解决了一批社会矛盾和历史遗留问题，“连民心恳谈室”工作模式在全市推广。

加强法制宣传教育，坚持依法行政。深入宣传社会主义核心价值理念，广泛开展经常性主题教育，形成了全区人民共建美好家园的共识。着眼于提升全区人民的道德素质和社会文明程度，深入开展精神文明创建活动，成功创建首都文明区和全国双拥模范城区。人口计划生育工作取得新成效，跨入全国计划生育优质服务先进区行列。

——始终坚持以党的建设保障发展，全区上下形成了凝心聚力、推动发展的强大合力。区委坚持以党建为引领，总揽全局、协调各方，突出能力建设、制度建设、作风建设，全面加强和改进党的建设，为跨越式发展提供了坚强的政治保证。

坚持理论武装，开展深入学习实践科学发展观、创先争优等一系列教育实践活动，引导党员干部强化机遇意识、发展意识。统筹安排理论中心组学习，注重学习成果转化，形成了抢抓机遇、科学发展、敢于发展的共识。

领导班子和干部队伍建设得到新加强。区委坚持民主集中制，不断完善全委会、常委会议事规则和决策程序。支持人大依法履行职能、行使权力，支持政协开展政治协商、民主监督、参政议政，认真做好统一战线工作，充分发挥工会、共青团、妇联、工商联等人民团体作用，最大限度调动社会各界人士参与全区建设发展的积极性，全区上下形成了“聚人心、抓机遇、谋发展”的良好氛围。优化二级班子结构，积极推进干部人事制度改革，加大竞争性选拔干部力度，全面推行干部任免票决制，干部监督和多维度考核评价工作体系更加完善。建设学习型领导班子，构建综合培训体系，完善了干部实践锻炼长效机制，干部队伍整体素质明显提高。加强区域人才合作交流，认真开展援藏、援疆、援蒙工作。优化人才环境，“京西人才生态圈”工作格局初步形成。

基层党组织建设迈上新台阶。深化基层党内民主，在全市率先实行农村“两委”任期承诺制、部分农村党组织书记直选和镇党代表任期制。加大社会领域党建工作力度，成立各镇街社会工作党委，规模以上非公有制企业党组织组建率达到100%。做好党员教育管理服务工作，广泛开展低收入农户增收帮扶、百名干部联系村居等活动，建立健全了基层党务工作者待遇保障机制和党员关怀帮扶机制。

党风廉政建设取得新成效。认真贯彻落实党风廉政建设责任制，不断健全惩治和预防腐败体系，强化对重点项目的监督检查和立项监察。构建全区廉政风险防范管理工作网络，突出工程建设领域、农村关键部位、行政权力运行风险防控。建立巡视制度和直派监督工作模式，推动部门内控机制建设。坚持开展反腐倡廉主题教育活动，加大案件查办力度，深化纠风等专项治理，为推动跨越式发展营造风清气正的社会氛围。

同志们，过去的五年是门头沟区打基础、促转型、求发展的五年；是全区上下思想解放、精神振奋、全力攻坚的五年；是经济发展、实力增强、城乡面貌发生巨大变化的五年；是人民群众生活水平和质量显著提高，百姓得到实惠显著增加的五年；是各项事业全面发展、党的建设全面加强的五年。

五年的发展历程充满艰辛，五年的发展成就来之不易。我们所取得的成就，归功于市委的正确领导，归功于各级党组织、广大党员和全区人民的艰苦努力，归功于历届区委打下的良好基础和社会各界的鼎力支持。在此，我代表十届门头沟区委，向全区广大党员干部群众，向各民主党派、人民团体、社会各界和驻区部队，向所有关心、支持、参与门头沟区发展建设的同志们、朋友们，表示衷心的感谢和崇高的敬意！

总结五年的实践，我们深刻体会到，改变门头沟区的落后面貌，必须坚定不移地坚持科学发展、跨越式发展，坚持解放思想、敢于突破常规、抢抓历史机遇；必须坚定不移地坚持生态环境立区、高端产业强区、旅游文化休闲产业兴区的战略，推进经济转型升级，实现地区可持续发展；必须坚定不移地以改善民生为重点，妥善处理发展与稳定的关系，以发展促进稳定，以稳定保障发展；必须坚定不移地提高党的建设科学化水平，坚持总揽全局抓大事、凝心聚力谋发展，为加快推进全区跨越式发展提供有力保证。

五年来取得的进步是巨大的，但我们必须清醒地认识到，全区发展还面临着不少困难和问题。生态建设任务繁重、发展空间狭小，资源环境约束与经济社会发展要求的矛盾比较突出；经济总量不足，加快培育主导产业的任务急迫；经济转型过程中群众就业、增收等民生问题亟待解决，城市化进程中利益协调难度加大；领导干部的素质能力与跨越式发展的要求存在较大差距，党的基层组织建设还存在不少薄弱环节。对此，我们务必保持清醒的头脑，以对党和人民事业高度负责的精神，切实加以解决。

二、推动现代化生态新区跨越式发展的历史使命

当前，门头沟区正处于大有可为的战略机遇期。中央深入推进经济发展方式转变，特别是党的十七届六中全会做出的推动社会主义文化大发展大繁荣的决定，为门头沟区推动科学发展指明了前进方向；“人文北京、科技北京、绿色北京”和中国特色世界城市建设，为门头沟区融入首都发展、落实功能定位提供了强大动力；市委、市政府实施西部地区转型发展战略，出台支持旅游产业发展的一系列政策，为门头沟区培育以旅游文化休闲产业为主导的高端产业体系创造了新的契机；门头沟区加快发展取得的显著成绩及良好的发展氛围，为推动地区跨越式发展奠定了坚实的基础。同时，我们也面临着诸多风险和挑战：宏观经济不确定因素增多，资源环境约束压力增大，城市化进程中经济发展、社会建设任务更为艰巨，面临着加快发展和加快转型的双重压力。我们必须紧紧抓住难得的发展机遇，以更加奋发有为的精神状态应对挑战，下大力气破解发展难题，在更高的水平上推动全区科学发展。

在更高水平上推动科学发展，转型发展是首要任务。要促进产业形态向以旅游文化休闲产业为主导的高端产业体系转变，经济结构向一二三产业融合发展转变，城市功能向现代化城市形态和城乡一体化转变，努力走资源节约、环境友好的转型发展道路。

在更高水平上推动科学发展，创新发展是根本

动力。要以解放思想、抢抓机遇、敢于发展的精神，推动理念思路、政策措施、体制机制等方面的创新，促进开放合作，整合各方资源，集聚高端要素，努力突破经济基础薄弱、资源要素缺乏等发展瓶颈，不断增强地区发展活力。

在更高水平上推动科学发展，跨越式发展是迫切要求。要顺应全区人民过上更好生活的新期待，以等不起的紧迫感、慢不得的危机感、坐不住的责任感，只争朝夕、奋力拼搏，努力在首都新一轮大发展中赢得主动、抢得先机，实现发展速度的新超越、发展质量的新提高、民生保障的新突破，努力开创现代化生态新区建设新局面。

推动经济社会转型发展、创新发展、跨越式发展，必须立足门头沟区生态环境优美、文化资源丰富、旅游发展潜力巨大的特色，通过优化配置自然与文化要素资源，努力将门头沟区建设成为首都国际高端山地旅游文化度假区，打造最具特色的多元体验与传播中国文化的旅游度假目的地。围绕这一战略定位，必须坚决守住生态这一聚集高端要素的底牌，加快国家生态区建设，不断挖掘和提升生态资源的经济价值和社会效益，努力形成生态支撑发展的新优势；必须充分用好文化这一最具地域特色和品牌效应的战略资源，促进文化创新与产业发展、城乡建设互动交融，努力形成文化引领发展的新优势；必须大力培育旅游文化休闲产业这一最符合门头沟区功能定位的主导产业，吸引龙头企业落户，延伸上下游产业价值链，实现产业融合发展，打造高端产业集群，努力形成产业带动发展的新优势。

今后五年全区工作的指导思想是：高举中国特色社会主义伟大旗帜，以邓小平理论和“三个代表”重要思想为指导，深入贯彻落实科学发展观，按照首都建设“人文北京、科技北京、绿色北京”和中国特色世界城市战略部署，紧紧围绕门头沟区“十二五”规划制定的各项战略目标，坚持城乡一体化发展，着力培育以旅游文化休闲产业为主导的高端产业体系，围绕“一带两线四点多组团”空间布局，将新城区打造成为现代化的滨水山城，将山区打造成为全域景区化的百里画廊，全面加强经济、政治、文化、社会建设以及生态文明建设，不断提高党的建设科学化水平，团结带领全区人民推动经济社会转型发展、创新发展、跨越式发展，推动现代化生态新区建设向更高水平迈进！

今后五年的奋斗目标是：

——经济实力显著提升。地区生产总值年均增长12%以上，财政收入年均增长10%以上。转变经济发展方式取得实质性进展，第三产业比重提高到50%以上，“一带两线四点多组团”空间布局和高端产业聚集效应基本形成，培育一批旅游文化休闲产业龙头企业，旅游文化休闲产业增加值占地区生产总值的比重显著提高。

——城乡环境更加宜居。生态服务价值得到提高，森林覆盖率和林木绿化率大幅提升，完成市政府下达的空气质量、节能减排等任务，成功创建国家环保模范城区，努力建设国家生态区。现代化滨水山城和重点小城镇框架基本形成，棚户区改造全面完成，综合承载能力和精细化管理水平大幅提升，城乡一体化发展走在生态涵养发展区前列。

——社会建设成效显著。基本公共服务设施不断完善，实现教育、卫生等基本公共服务均等化，人人享有社会保障、享有基本公共服务、享有充分就业机会。城镇居民人均可支配收入和农民人均纯收入增幅超全市平均水平，群众生活质量明显提升、幸福感不断增强。社会服务管理机制不断创新，“六型”社区建设水平不断提高，基本实现各类人群服务管理全覆盖。社会利益协调机制不断完善，社会更加和谐稳定。

——文化建设显著加快。公共文化服务全面覆盖，群众文化需求较好满足。文化创意产业加快发展，文化竞争力明显增强。特色文化资源优势更加突出，旅游城市的品牌形象充分彰显。社会主义核心价值体系建设更加深入，市民文明素质和城市文明程度进一步提高，京西文化强区格局初步形成。

——党的建设不断加强。党的领导核心作用充分发挥，执政能力明显增强。党员干部思想政治水平不断提高，干部人才队伍建设得到加强。基层基础工作更加扎实，创先争优活动长效机制不断完善，基层党组织活力不断增强。惩治和预防腐败体系建设深入推进，重点领域风险防控扎实有效。

三、推动现代化生态新区跨越式发展的主要任务

推动现代化生态新区建设向更高水平迈进，必须紧紧围绕今后五年的各项奋斗目标，集中精力做好以下五个方面工作。

（一）加快转变发展方式，推动经济又好又快发展

深入落实首都生态涵养发展区和西部综合服务中心两大功能，加快转变经济发展方式和产业结构优化升级，努力在加速转型中壮大经济实力。

明确经济发展思路。坚持符合功能定位要求、发挥资源禀赋优势、体现高端高效集约的发展思路，实现差异化特色发展。坚持一二三产业融合发展方向，突出文化特色，着力构建以旅游文化休闲产业为主导，现代服务业、高新技术产业等多点支撑的高端产业体系。围绕“一带两线四点多组团”空间布局，更加注重城乡发展的互补性、互动性，提高城乡统筹发展的内涵质量，进一步推动城乡一体化发展。新城区要抓住建设永定河绿色生态发展带和首钢搬迁的重大机遇，重点打造永定滨水商务区、门城生态商务区、龙泉休闲商务区和三家店旅游文化休闲区等高端产业集聚区，更好地聚集资源要素、引领产业方向、支撑高端发展。山区要以沟域经济为发展平台，依托丰富的自然景观和文化资源，积极引进社会资本，打造高端旅游文化休闲产业组团，实现全域景区化。

构建高端产业体系。积极培育旅游文化休闲产业。认真落实旅游文化休闲产业发展战略规划，积极创建国家旅游综合改革试验区。完善旅游配套设施，不断提高旅游服务接待能力。推进旅游和文化产业深度融合，吸引高端要素包装策划古寺庙及遗址与生态休闲度假组团、古村与山水生态休闲度假组团、古道与自然山水运动休闲度假组团、商务会议健康休闲度假组团等多个项目，形成具有核心竞争力的旅游项目品牌，推动观光游向休闲度假游转变。加快农游合一，积极吸引社会资本，提升特色果品、观光农业发展水平，鼓励发展农家山吧、农业体验、特色酒庄等高端旅游业态。培育多种重大节事节会系列活动，打造具有国际国内影响力的活动品牌，不断提高地区知名度。未来五年，旅游综合收入水平不断提高，跻身生态涵养发展区前列。积极发展现代服务业。全面对接新首钢高端产业综合服务区发展，大力发展为旅游文化休闲产业配套的高端服务业，加快改造提升商贸、医疗、教育等传统服务业，构建与首都西部综合服务区相适应的服务业发展格局。创新发展高新技术产业。深入推动石龙经济开发区转型发展，加快新城四个高端产业集聚区建设，积极发展服务高新技术产业的总部经济，形成高新技术产业集群。引导高新技术与旅游文化休闲产业融合发展，提升旅游文化休闲产业发展层级。

推进地区绿色发展。坚持生态环境立区，不断提升生态服务价值，努力将生态优势转化为发展优势。加大生态建设力度，继续实施生态修复，进一步加强生态资源保护，努力创建国家环保模范城区和国家生态区。严格落实节能减排责任制，完成市政府下达的空气质量和节能减排等环境建设指标，增强可持续发展能力。大力发展循环经济，提高资源利用效率，以节能、节水、节地为重点，积极培育资源节约型、环境友好型产业。弘扬生态文明理念，倡导绿色低碳生活方式。

优化地区发展环境。牢固树立“人人都是发展环境”的理念，不断增强服务意识，加强服务型政府建设，大力营造法治、公平、高效的投资环境。坚持科学招商、选商，突出集约用地、投资强度、税收贡献和环保要求，着力吸引更多科技含量高、综合实力强、符合区域功能定位的企业入区投资。千方百计为各类市场主体提供优质服务，健全完善重大招商引资项目全程跟踪服务机制，打造快速服务企业的并联审批绿色通道，确保项目尽快落地、早见成效。强化对政府部门服务成效的督查考核，建立严格的软环境建设考评监督机制。加快国有企业、集体企业转型改制，推进事业单位分类改革，鼓励和支持非公有制经济发展壮大，增强地区经济发展活力。

（二）努力提升城市形象，建设现代化滨水山城

坚持高标准规划城市、高质量建设城市、高水平管理城市，用一流旅游城市的标准打造现代化滨水山城。

坚持规划引导。坚持高起点、高标准、高品位规划设计门头沟新城，充分考虑人口规模、环境承载、功能划分等因素，合理控制产业和居住建设用地比例，重点做好四个高端产业集聚区规划，引导高端产业落地，增强新城承载旅游文化休闲产业发展的功能。深入挖掘文化资源，把文化元素融入城市形象规划，高标准设计城市建筑和公共空间，彰显山水环绕、绿色宜居的独特魅力，树立旅游文化城市新形象。

提高建设水平。加快水、电、气、热、路等基础设施建设，努力形成配套完善、保障有力、适度超前的城市基础设施体系，提高综合承载能力。以棚户区改造和土地储备重点项目实施为契机，大力推进龙泉、永定、军庄地区城市化进程，高质量推进四个高端产业集聚区建设，全面完成新城范围内旧村改造任务。进一步提升城市水系景观和园林绿化体系建设水平，打造长安街西延线标志性景观，加大精品园林景点和花园式精品小区创建力度，建设特色鲜明的现代化滨水山城。

加强城市管理。坚持建管并重，不断创新城市管理体制机制，实施智能化、精细化管理，构建监

管有力、条块联动、服务到位、社会参与的城市管理体系。加强城市安全运行体系建设，提升城市安全管理、日常维护和应对突发事件的能力，确保城市安全稳定运行。巩固国家卫生区创建成果，深入推进环境整治，遏制违法建设，营造整洁靓丽的城市环境。结合城市化进程，合理调整街道、镇行政区划，加强社区管理，完善老旧、新建社区公共配套设施，实现对社区居民的管理服务全覆盖。

（三）加快新农村建设，构建城乡一体化新格局

按照统筹城乡发展的要求，加快提升山区基础设施建设、公共服务和产业发展水平，努力推进农村城镇化和山区全域景区化。

提高城镇化水平。按照城乡一体化标准，加强农村公共服务设施建设，实现城乡基本公共服务均等化。妥善解决道路修建、污水处理、清洁能源替代、饮用水安全等问题，建立健全农村公共设施运行体系和管护长效机制。积极推进新型农村社区管理与服务，提高村庄社区化管理水平。加强景区周边旅游村庄的升级改造，提升景区的服务接待水平。通过小城镇建设，推动山区村庄整合，充分利用土地资源，实现农村经济大发展。

推动山区全域景区化。深度整合生态、文化资源，借助大企业龙头带动优势，充分发挥重点小城镇的辐射带动作用，加快特色旅游项目组团建设，打造山区百里画廊。潭柘寺镇要积极开发传统文化体验、国学养心等文化旅游项目，建设文化度假小镇。斋堂镇要依托古村古镇文化资源，重点发展文化博览、文化创意等产业，着力打造古村落文化体验小镇。军庄镇要在融入门头沟新城发展的同时，大力发展影视文化、休闲度假等文化旅游项目，打造文化创意休闲宜居小镇。王平镇要重点发展商务会所、养老健康生态产业，打造商务会议健康养生小镇。山区各镇都要结合地区实际，围绕山水生态、古寺庙、古村落、古道等核心旅游资源，积极打造山地运动、特色文化等高端产业项目，将门头沟区建设成为首都国际高端山地旅游文化度假区，打造最具特色的多元体验与传播中国文化的旅游度假目的地。

增强农村发展活力。创新土地利用机制，探索农村集体建设用地使用权、农民土地承包经营权流转模式，拓展发展空间。加快农村集体经济产权制度改革，深化集体林权制度改革，对接市场资源，努力培育责任主体和市场主体，促进农民收入持续稳定增长。推广“公司＋农户”的合作模式，培育具有市场竞争力的农村专业合作组织，提高农民组织化程度。积极探索旅游专业村物业化管理模式，提升民俗旅游发展水平。切实保护农村城市化进程中农民的合法权益，使更多农民成为有资产、有住房、有社保、有工作的新市民。深入研究农村城市化完成后集体资产的处置模式，促进集体经济可持续发展。

（四）全面加强社会建设，努力构建和谐社会

要把保障和改善民生放在更加突出的位置，不断加强和创新社会管理，努力维护社会和谐稳定，切实增强人民群众的幸福感。

不断提高公共服务能力。加强教育、科技、卫生、体育等基本公共服务设施建设，形成布局合理、功能完备的城乡公共服务设施体系。加大保障性住房建设力度，全面完成棚户区改造任务，妥善解决新建社区配套设施建设、物业管理等后续问题，不断改善城乡居民住房条件。继续加大教育投入，基本完成中小学校布局调整，有效提升学前教育供给能力，推进基础教育优质化、均衡化发展，加强职业教育和成人教育。深化医疗体制改革，健全城乡急救网络，完善突发公共卫生事件应急机制，加强基层医疗能力建设，努力建设“健康门头沟”。广泛开展群众性体育活动，做大做强体育品牌赛事，带动体育产业快速发展。加强人口和计划生育工作。积极拓宽就业渠道，深入挖掘就业岗位，加大就业培训力度，努力提升就业服务水平，构建和谐劳动关系。不断扩大社会保障覆盖面，逐步实现社会保障由制度覆盖向人群覆盖转变。完善社会救助体系，推动社会福利适度普惠发展。

着力加强和创新社会管理。全面提升社区建设水平，努力建设环境整洁、管理规范、服务完善、安全稳定、健康幸福、文明祥和的“六型”社区。创新网格化管理模式，加强为民服务信息平台建设。以居民需求为导向，加强自上而下、三级联动的综合服务管理体系建设，形成高效解决群众问题的责任机制。以失业人员、残疾人等12类群体为重点，努力实现社会服务管理特殊人群全覆盖。不断完善“枢纽型”社会组织工作体系和运行机制，加大政府购买公共服务力度，鼓励社会组织在社会管理创新中充分发挥作用。健全完善社区和村民自治机制，认真做好社区、村“两委”换届工作，提升基层民主政治建设水平。

努力维护社会和谐稳定。围绕“平安门头沟”建设，进一步健全人防、物防、技防结合的立体化治安防控体系，严厉打击违法犯罪活动，确保全区

政治稳定和社会安定。完善“联动联管”服务管理外来人口的模式，更加有效地调控流动人口规模。进一步完善社会矛盾多元调解体系，加大信访矛盾排查调处力度，加快解决历史遗留问题。高度重视安全生产工作，严格落实各项安全监管措施，坚决遏制非法盗采行为，防止重特大安全事故发生。加强互联网新媒体管理，促进全区网络健康有序发展。

（五）推进文化繁荣，实现文化引领发展

全面贯彻落实党的十七届六中全会精神，以社会主义核心价值体系武装全区党员干部群众，形成发展共识，提高居民素质，培育城乡文明，强化文化服务，做强文化产业，努力打造文化引领地区发展的新优势。

形成发展共识。围绕社会主义核心价值体系的内容，广泛开展“爱国、创新、包容、厚德”的北京精神主题教育，大力宣传建设“人文北京、科技北京、绿色北京”和中国特色世界城市的战略部署，结合门头沟区发展的阶段性特征，坚持用转型发展、创新发展、跨越式发展的思路和建设现代化生态新区的目标统一思想、凝聚力量，激发广大党员干部抢抓机遇、干事创业的工作热情，引导全区人民将过上更好生活的新期待转化为建设美好家园的自觉行动，在全社会形成加快发展的共同思想基础和强大精神动力。

培育城乡文明。按照重在建设、重在实效的原则，以创建学习型社会为载体，加强各类学习型组织建设，提高居民素质。深入开展社会公德、职业道德、家庭美德、个人品德教育活动，加强未成年人思想道德教育，形成遵守公德、爱岗敬业、尊老爱幼、扶贫济困、扶弱助残的良好风尚。深化群众性精神文明创建活动，认真抓好文明示范创建、社会诚信建设、军地双拥共建等重点工作，广泛开展志愿服务，着力提高市民科学文化素质，在全社会形成积极向上的精神追求和健康文明的生活方式。

强化文化服务。加强公共文化基础设施建设，推进博物馆、科技馆、文化馆、图书馆、影剧院等一批重点项目建设，基本形成覆盖城乡、高效便利的公共文化服务网络。大力发展文化事业，依托公园、景区、文化广场等设施，广泛开展群众喜闻乐见的文化活动，打造太平鼓、古幡乐等具有地区影响力的文化品牌，不断拓展文化交流与合作，努力满足人民群众的精神文化需求。加强公共文化服务队伍建设，配齐配强基层宣传、文化、精神文明专职工作人员，努力形成优秀文化人才脱颖而出、文化精品不断涌现的良好局面。

做强文化产业。在充分保护和深度挖掘永定河文化资源的基础上，大力发展文化旅游产业。全面加强文物管理与修缮工作，加大对古寺庙、古村落、古道等文物的保护力度。积极推动文化创意产业集聚区的发展建设，聚集高端文化人才，优化文化资源配置，对接社会资本，打造潭柘寺文化度假小镇、军庄文化创意休闲宜居小镇、斋堂古村落古道文化旅游产业集聚区、中国非物质文化遗产博览园等一批特色文化旅游项目，引入高科技手段开发一批文化演出、影视创作精品，培育一系列具有国际国内影响力的文化活动品牌，实现从文化资源大区向文化旅游强区的跨越。

四、提高党的建设科学化水平，为推动现代化生态新区跨越式发展提供坚强保障

实现未来五年的奋斗目标，核心在党，关键在人。要全面贯彻胡锦涛总书记在庆祝建党90周年大会上的重要讲话精神，以改革创新的精神谋划门头沟区党的建设各项工作，积极应对新情况、探索新方法、破解新难题，把党的政治优势、组织优势转化为推动科学发展的强大力量。

（一）强化思想政治建设，保持昂扬向上的精神风貌

始终把思想政治建设摆在首要位置，教育党员干部坚定理想信念，增强为党和人民事业不懈奋斗的自觉性和坚定性。坚持以学习型党组织建设引领学习型社会建设，统筹建立党建大培训工作体系，切实加强理论学习，以理论上的与时俱进引导行动上的锐意进取，真正把科学发展观的要求转化为谋划发展的思路、促进发展的措施、领导发展的能力。

（二）加强领导班子建设，培育高素质的干部队伍

加强区委全委会、常委会自身建设，严格落实民主集中制，不断完善议事规则、决策程序和表决制度，健全工作体系，切实提高区委总揽全局、协调各方、科学决策、推动发展的能力。加强处级班子建设，选好配强党政正职，优化班子结构，全面推进学习型领导班子建设，着力提高创新思维、推动发展、服务群众、维护稳定的能力。进一步提高组织工作科学化水平，坚持德才兼备、以德为先的选人用人标准，注重选拔任用那些政治坚定、有真才实学、实绩突出、群众公认的干部。深化干部选任制度改革，坚持民主公开、竞争择优的原则，完善初始提名、民主推荐、公开选拔、竞争上岗等选

人用人制度，保障群众对干部选拔任用的知情权、参与权、选择权和监督权。加强后备干部人才库建设，重视青年干部、女干部的培养和使用，让各方面优秀人才脱颖而出、施展才华。依据人岗相宜的原则使用干部，完善干部培养工作体系，有计划、有针对性地开展干部教育培训，注重在基层一线锻炼考验干部，加大干部轮岗交流力度，不断提升干部队伍能力素质。建立健全科学合理的绩效考评体系，形成能者上、庸者下的干部评价使用新机制。健全干部监督工作体系，整合纪检、审计等部门力量，建立联席会议制度，对干部履职情况、廉洁自律情况进行全方面监督考察评价，把监督结果作为干部选拔任用的重要依据。扎实做好老干部工作，积极落实老干部的政治待遇和生活待遇。落实中长期人才发展规划，提升“京西人才生态圈”建设质量，努力引进更多的高素质创新型人才集聚区内，参与现代化生态新区建设。

（三）加强基层党组织建设，筑牢坚强有力的战斗堡垒

坚持抓基层、打基础，全面推进各领域党的基层组织建设，努力实现党组织和党的工作全覆盖。大力实施“领航工程”、“聚力工程”、“先锋工程”，建立健全创先争优长效机制，充分发挥基层党组织推动科学发展、促进社会和谐、服务人民群众的作用。农村党组织要着力促进民富村强，社区党组织要着力建设和谐社区，企业党组织要着力提升核心竞争力，“两新”组织党组织要着力发挥引领带动作用，机关事业党组织要着力改进作风、优化服务。深化党内民主，全面推行党代表任期制，拓宽党员意见表达渠道，逐步扩大基层党组织领导班子直选范围，不断增强基层党组织的凝聚力和战斗力。加强党员队伍建设，做好发展党员工作，强化基层党员干部教育培训监督，抓好流动党员、社区党员的服务管理。充分发挥共产党员的先锋模范作用，推动现代化生态新区跨越式发展。

（四）加强党的作风建设，密切党同群众的血肉联系

大兴密切联系群众之风，带着深厚感情做好群众工作，不断提高新时期群众工作的能力和水平。大兴求真务实之风，不断完善领导联系基层、联系群众工作制度，坚持工作重心下移，深入调查研究，引导党员干部真正把心思放在谋发展上，把功夫下在抓发展上，始终保持干事创业的工作激情。大兴艰苦奋斗之风，崇尚节俭、厉行节约，把有限的财力用到发展经济、改善民生上。

（五）加强党风廉政建设，不断提高拒腐防变的能力

坚持党要管党、从严治党，积极应对“四个考验”，切实防范“四个危险”，深入推进惩治和预防腐败体系建设，为跨越式发展营造廉洁环境。认真落实党风廉政建设责任制，深入推进廉政风险防控管理，构筑拒腐防变教育长效机制、反腐倡廉制度体系、权力运行监控机制，不断提高反腐倡廉建设科学化水平。突出工程建设领域风险防控，加大执法监察和效能监察力度，努力保障建筑工程安全、资金运行安全和干部履职安全。严格落实《廉政准则》，强化“三重一大”事项决策制度建设，探索开展重大项目运行情况专项巡视工作，继续推进党务公开、政务公开、企事业单位办事公开工作，推进权力运行的规范化、程序化和透明化。进一步深化农村基层党风廉政建设和国有企业党风廉政建设，规范基层党员干部的办事行为。拓展纪检监察直派监督领域，努力实现反腐倡廉建设全覆盖。加大案件查办力度，严肃查处各类违纪违法案件，坚决纠正损害群众利益的不正之风，不断以党风廉政建设和反腐败工作的新成效取信于民。

推动现代化生态新区建设向更高水平迈进，必须充分发挥区委总揽全局、协调各方的领导核心作用，支持人大及其常委会依法履行职能，支持人民政协履行政治协商、民主监督、参政议政职能，支持法院、检察院依法、独立、公正行使职权，加强同民主党派、无党派人士合作共事，进一步发挥工商联的职能和作用，强化对工会、共青团、妇联等人民团体的领导，密切军政军民团结，不断巩固和发展民主团结、生动活泼、安定和谐的政治局面。

各位代表、同志们，过去五年，我们夯实了跨越式发展的基础；未来五年，我们必须承担起推动跨越式发展的历史使命。让我们紧密团结在以胡锦涛同志为总书记的党中央周围，以邓小平理论、“三个代表”重要思想为指导，全面贯彻落实科学发展观，在市委的坚强领导下，团结和带领全区人民，振奋精神，勇于创新，攻坚克难，为不断开创现代化生态新区建设新局面而努力奋斗！

概　述

概　述

门头沟区位于北京市西部，总面积1448.84平方公里，山区面积占98.5%。区政府驻地距市区（阜成门）25公里。辖9个镇、4个街道办事处。

2011年是“十二五”的开局之年，全区人民在区委区政府领导下，深入贯彻落实科学发展观，按照生态涵养发展区和建设首都西部综合服务区的功能定位，紧抓机遇、科学发展、敢于发展、在城市建设、招商引资、主导产业等领域取得重大发展成果，推动全区经济实现强劲增长，社会发展和谐稳定，实现“十二五”时期良好开局。

年末，常住人口29.4万人，比上年增加0.4万人。户籍人口总户数118113户，总人数247504人，其中非农业人口190618人，农业人口56886人。户籍人口中，全年出生人口1789人，死亡人口2139人，人口出生率7.26‰，死亡率8.68‰，自然增长率-1.42‰，计划生育率98.21%，比上年提高1.31个百分点。

全区实现地区生产总值（GDP）103.7亿元，比上年增长19.9%。其中第一产业实现增加值1.8亿元，比上年增长29.9%；第二产业实现增加值53.5亿元，比上年增长20.2%；第三产业实现增加值48.4亿元，比上年增长19.3%。三次产业结构为1.76：51.57：46.67。

2011年国民经济和社会发展

农　业

门头沟区启动中芬生态谷、中瑞生态谷等重大生态产业项目建设，成立生态产业园区管委会，有力推进了沟域经济及农业产业化发展。全年实现农林牧渔业总产值5.1亿元，比上年增长28.7%。其中，林业实现产值2.9亿元，比上年增长69%；畜牧业实现产值1.2亿元，比上年增长1.7%。都市型现代化农业效益全面提升，全区休闲观光农业收入达到1.3亿元，增长62.3%，种业收入达到911.2万元，增长28%。由于门头沟区全面禁止对生态环境带来破坏的养殖项目，全区牛奶、鸡蛋和出栏羊只等下降较多。

工　业

全区规模以上工业企业实现产值89.7亿元，比上年下降14%。实现销售产值84.1亿元，比上年增长10.6%，其中出口交货值实现27.1亿元。都市型工业、现代制造业和高新技术产业全年都保持了良好的发展态势，分别实现产值8.2亿元、22.1亿元和23.3亿元，分别比上年增长6.2%、17.4%和71.2%。

商　业

全区实现社会消费零售额38亿元，比上年增长16.7%。其中，限额以上企业及个体实现零售额24.3亿元，增长19.1%；限额以下企业及个体实现零售额11.3亿元，增长16.2%；商品交易市场实现零售额2.3亿元，下降2.5%。

旅游业

全区大力发展旅游文化休闲产业，编制旅游文化休闲产业战略规划，启动若干重大旅游项目建设，成功举办北京市第七届农运会、第二届北京国际山地徒步大会、环北京职业公路自行车赛等重大活动，地区吸引力不断增强。全年接待游客292.9万人次，比上年增长22.8%，实现旅游收入14.6亿元，比上年增长41%。其中住宿业接待39.7万人次，增长3%，实现营业收入2.6亿元，增长9.3%；旅游景区接待游客129.5万人次，增长31.1%，实现营业收入1.8亿元，增长17%。

年末，全区实际经营的观光园为56个，民俗旅游农户1006户，全年共接待游客120.8万人次，比上年增长19.7%，实现经营收入1.3亿元，比上年增长62.3%。

固定资产投资　城乡建设

投资　全区项目建设地全社会固定资产投资累计完成142.3亿元，比上年增长58.4%。其中，区属重点工程67个，完成投资90亿元，比上年增长108.4%。完成政府投资114.7亿元，比上年增长54.5%；完成社会投资27.7亿元，比上年增长76.7%。政策性住房完成投资64亿元，比上年增长160.8%，BT在建项目达到22个，完成投资5亿元。基础设施投资完成59.4亿元，比上年增长16.3%，占全社会固定资产投资的比重为41.8%，其中城镇基础设施投资47.5亿元，农村基础设施投资11.9亿元。

建筑业　全区有资质的建筑业企业实现建筑业总产值58.8亿元，比上年增长15.6%；房屋建筑施工面积146.8万平方米，比上年增长12.6%，其中新开工面积55.3万平方米，比上年下降4.5%；房屋建筑竣工面积28.4万平方米，比上年下降20.7%。

生态环境　年内，全区坚持不懈地打造生态环境优势，完成京津风沙源、农业综合开发等项目，修复治理废弃矿山及砂坑，被确定为国家生态修复科技综合示范基地。完成永定河及清水河河道生态修复治理，形成青山绿水百里画廊。年内，全区森林覆盖率达到37.27%，林木绿化率达到58.76%，成为国家生态示范区。启动国家生态区和环保模范城区创建工作，空气质量二级及好于二级天数达到272天，完成率达74.5%；比上年提高0.3个百分点。

资源及能源消耗　门头沟区按照功能定位的要求，继续淘汰资源开采业，大力调整农业结构，逐步退出传统种养业，三次产业结构日趋合理，节能减排成效显著。年内，全区万元GDP能耗降至0.6463吨标煤。全区能源消费总量67万吨标煤，比上年下降6.32%，全区用电量8.4万千瓦时，比上年下降3.1%。

安全生产　全区共发生安全生产事故122起，伤71人，死亡18人，与上年相比，事故起数减少16起，同比下降12%；受伤人数增加8人，增长13%；死亡人数减少1人，同比下降5%。其中交通事故58起，比上年减少2起，伤71人，死亡13人；铁路交通事故2起，死亡2人；火灾事故61起，比上年减少10起，死亡1人，造成损失12.8万元，比上年下降61%；生产安全事故1起，比上年减少4起，死亡2人。

财政　金融

财政收支　全区实现财政一般预算收入16.9亿元，比上年增长58%，完成调整预算的145.4%。实现税收收入15.1亿元，分别比上年增长55.1%。其中，实现增值税1.9亿元、营业税5.6亿元、企业所得税2.5亿元，分别比上年增长21%、75.4%、38.1%。实现非税收入1.7亿元，比上年增长89.2%。

全区完成财政一般预算支出55亿元，比上年增长20.1%，完成调整预算的167%。其中一般公共服务支出4.7亿元，比上年增长15.9%；社会保障和就业支出7.3亿元，比上年增长27.1%；教育支出7.3亿元，比上年增长25.7%；文化体育与传媒支出突破1亿元，比上年增长10.8%。

金融　截至年底，金融机构存款余额达到351亿元，比上年末增长23.9%。其中对公存款173.3亿元，储蓄存款177.7亿元，分别比上年末增长23.4.%和24.4%。全区金融机构贷款余额67.1亿元，比上年末增长12.3%。其中，短期贷款16亿元，比上年末增长121.2%；对公贷款55.9亿元，比上年末增长14.3%。

房地产业　邮电　运输

房地产开发业　全区项目建设地房地产企业开发投资额49亿元，比上年增长400.1%；房屋施工面积130万平方米，比上年增长127.4%，其中住宅施工面积78.9万平方米，比上年增长115.2%；施工面积中新开工面积99.8万平方米，比上年增长767.1%。房屋竣工面积10.3万平方米，比上年下降67.9%，其中住宅竣工面积2.3万平方米，比上年下降85.9%。商品房销售额5.2亿元，比上年增长87.9%，其中住宅销售额4亿元，比上年增长436.1%。

邮电业　截至年末，全区共有邮政局所15处，其中局1处，支局6处，所8处。全年报刊亭邮政业务总量4740.3万元，通信业务总量5718.9万元，出口函件209.7万件，包件3.2万件，汇票5.6万张，报纸累计数847.3万份，杂志34.9万份，特快专递5.8万件。

交通运输业　全区运输企业拥有货运车辆8200辆，客运车辆892辆。货运量74.9万吨，货运周转量2753.2万公里；客运量17017.8万人次，客运周转量595621.999亿人公里，同比增长3.16%。

科技　教育　文化　卫生　体育

科学技术　全区共实施科技计划项目12项，年内新立11项；其中，区级科技计划项目6项，年内新立6项；市级科技计划项目6项，年内新立5项。通过科技计划的实施，共引进市科技经费935万元，培训各类技术人员和管理人员100人次，引进技术人员2人。举办各种科技培训班20期，1500人次参加培训。实施区玫瑰、黄芩产业科技示范等科研计划项目12项。

教育　年末，全区共有幼儿园16所，班数174个，全年入园（班）人数3043人，在园（班）幼儿5066人，离园（班）2829人，教职工477人；其中专任教师268人。小学学校35所，班数409个，毕业生1859人，招生数1974人，在校学生数11471人，教职工1555人，其中专任教师1222人；中学学校17所，其中初级中学13所，高级中学2所，完全中学2所，毕业生2509人，招生数2398人，在校学生数7597人，教职工1351人，其中专任教师939人。

全区小学及格率达到97.92%，中考及格率达到95.97%，优秀率达到26.54%，比上年提高9..3个百分点。小学、初高中学生体质健康测试合格达标率均达到100%；全区高教自考专业40个，参加考试1098科次，合格率27%；全年专科毕业11人，本科毕业16人，实考率54%。全年参加岗位培训、技术培训7893人次。

文化　全区共有文化俱乐部、文化室239个，全年组织演出8826余场，观众90.4万人次。公共图书馆共有藏书59万册，其中本年新购2.7万册，书架单层总长度288米，发放个人借书证2648个。截至年末，全区共有重点文物保护单位国家级4个，市级10个，区级71个。

卫生　全区区属医疗卫生机构中，医院5个，乡镇卫生院7个，医疗站所14个。医疗卫生机构床位797张，卫生技术人员1512人，其中执业医师521人，注册护士518人。全年医疗服务门、急诊量114万人次，出诊量6835人次，参加新型农村合作医疗的人数55100人，参合率为98.6%。

体育　全区有等级运动员65人，等级裁判341人，其中国家级1人，一级55人，二级284人。全年组织区级比赛278次，参赛人数5.5万人；参加市级比赛10项，共获金牌20枚、银牌16枚、铜牌24枚，向上一级体校输送优秀运动员9人。

人民生活

劳动和社会保障　全区不断加强就业及社会保障工作，采取多项措施改善就业环境，全面消除“零就业”家庭。截至年末，城镇登记失业率为4.11%，比上年降低0.54个百分点；年内安置下岗失业人员6780人，年末实有登记失业人员3746人。将城镇无医疗保障老年人、劳动年龄内无业居民及学生儿童纳入医疗保障体系。全区养老、失业、工伤和医疗保险参保人数分别比上年增长4.2%、4.5%、1.4%和5.7%；参加新型农村合作医疗人数为55100人，参合率达到98.6%。城乡最低生活保障应保尽保，城镇、农村居民最低生活保障人数分别达到11305人、2643人，农村五保户人数为264人。

城乡人民收支　城镇居民人均可支配收入29172元，比上年增长15.2%。人均消费支出18578元，比上年增长5.5%，恩格尔系数为33.6%，农村居民人均纯收入14031元，比上年增长15.6%。人均生活消费支出9516元，比上年增长10.2%，恩格尔系数为36.9%。

大事记

大　事　记

1　月

4日至6日　召开区政协八届五次会议。会上，对区政协2010年度优秀提案、优秀信息进行了表彰。会议通过了区政协第八届委员会常务委员会工作报告的决议和第五次会议政治决议，通报了会议期间提案情况和审查意见的报告。

5日　开展非法货运市场专项治理行动。

5日至8日　召开区人大十四届七次会议。会上听取了政府工作报告、议案审查报告。通过了《关于门头沟区人民政府工作报告的决议》、《关于门头沟区国民经济和社会发展第十二个五年规划纲要的决议》、《关于门头沟区2010年计划执行情况和2011年国民经济、社会发展计划的决议》、《关于门头沟区2010年预算执行情况和2011年财政预算的决议》、《关于门头沟区人民代表大会常务委员会工作报告的决议》、《关于门头沟区人民法院工作报告的决议》、《关于门头沟区人民检察院工作报告的决议》。

10日　召开2011年第一次农村民主日活动部署会。

11日至14日　区相关部门开展小城镇环境秩序整治。期间，共查处无照经营、占道经营以及乱堆物料等行为21起，清理生活垃圾1吨，清除白色垃圾70处。

20日　举行门头沟区第十八届学生艺术节汇报演出。

同日　门头沟区引进历史上最大外商独资企业，合同外资为4400万美元，其母公司香港思源国际集团有限公司已在美国纽约交易所上市。

22日至23日　区商务委分别在雁翅镇、清水镇开展了“欢乐百姓，和谐雁翅”、“精品年货送到家”利民惠农年货文化大集活动，海尔、稻香村等10家品牌企业推出近千种优质节日商品，2天销售额近20万元。

26日至2月17日，在公园、广场等公共场所推出春节团拜会、中国楹联协会送春联、“农村文艺演出星火工程”业余团队优秀节目汇演、首届大台幡会民俗节等31项迎新春区级系列活动，同时各镇（街）开展“镇村一家亲”新春联欢会、闹花灯猜灯谜、“正月里唱大戏”等特色基层文化活动。

28日　召开门头沟区2011年组织、宣传、统战工作会议。

是月　斋堂镇开始发放林权证和生态林补偿资金，涉及6164户12826名股民，资金1254万元。

是月　门头沟区为1340名不享受城镇低保待遇的城镇登记失业人员每人发放300元补助金。

是月　王平镇王平客运站正式运营，新开通929路区间车（王平村至苹果园地铁站）。

是月　北桑路建设工程开工。该工程总投资736万元，起点为孔雀庵（北村），终点为广慧寺（桑峪村），全长2367米。

2　月

11日　召开门头沟新城综合交通规划研讨会。

17日　举办“传承文化经典，共度元宵佳节”灯谜暨民间民俗技艺集中展示活动，11支区内业余文化团队和500余名群众演员进行了演出，2000余名市民参与。

同日　采空棚户区改造安置房建设石门营地块

市政配套工程开工。工程总投资 3.2 亿元。

22 日 新港水泥公司职工分流安置工作基本完成，共有 382 名职工签订解除劳动合同协议，占总数 408 人的 93.6%。

4 日 举行新港水泥厂分流安置人员招聘会，共提供 1520 个岗位，408 名职工及其家属参加招聘会，现场有 262 人与用工单位达成了就业意向。

是月 门头沟区 2010 年公务员统计工作结束。截至 2010 年底，全区实有公务员 1490 人、参照管理人员 187 人。

3 月

1 日 召开区级领导班子会议。会上，宣布市委决定：免去刘云广中共北京市门头沟区委员会书记、常委、委员职务。调北京市机构编制委员会办公室工作；韩子荣任中共北京市门头沟区委员会书记、常委、委员。

同日 举行政府补贴农机具发放仪式，共发放 50 台田园管理机（政府补贴 70%）。

3 日 举行“新起点新形象新作为新跨越”——首届巾帼文化节启动仪式。

同日 甘肃省张掖市与门头沟区洽谈合作发展事宜。听取了门头沟区国家生态修复科技综合示范基地建设情况的介绍，就合作发展事宜进行了洽谈，并达成共识。

7 日 韩子荣听取了区有关单位关于农村“两权”制度改革、镇域规划、产业结构调整、新农村建设等情况的汇报。

10 日 韩子荣到区棚改中心听取采空棚户区改造工程相关情况的汇报。

14 日 门头沟区 30 名公共文明引导员上岗。

15 日 召开 2011 年区精神文明建设委员会全体会议。

16 日 采空棚户区改造工程中门寺地块开工建设。该地块规划总建筑面积约 25 万平方米，其中：配套公建 2 万平方米；住宅约 23 万平方米，共计 21 栋楼，可提供安置房 3800 余套。

18 日 区委中心组参观“北京市预防工程建设领域职务犯罪巡展”。

同日 召开区党风廉政建设工作会议。

20 日 举行 2011 年春季大型职业招聘会，共提供 172 个工种的 3060 个就业岗位，现场共有 1149 人与用工单位达成就业意向。

22 日 新城南部地区（石龙地区）道路升级一期工程开工，对石龙经济开发区 6 条道路（全长 4074 米）以及雨水、污水、燃气、电力、电信、热力等市政设施进行改建。

24 日 门头沟区 7 个土地开发整理项目规划设计和预算通过市专家组评审。项目涉及斋堂镇、清水镇、妙峰山镇、雁翅镇、龙泉镇 5 镇 9 村。

24 日至 27 日 在门头沟区举行第 31 届安捷伦北京青少年科技创新大赛。大赛展示 167 个青少年优秀科技项目，全市 18 支代表队的 170 余名青少年，以及澳大利亚、丹麦等 9 个国家的 60 余名师生参加比赛。门头沟区代表团有 9 个项目入围决赛终评答辩，获得各类奖项 68 项。

25 日 石门营经济适用房市政配套工程（二期）启动，包括 4 条道路（全长约 2 公里）及配套管线建设工程。

是月 区双龙峡东山市级森林公园申报工作获市园林绿化局批复。该公园规划总面积 790 公顷，植被覆盖率达 90%。

是月 完成门头沟区退耕还林补助粮食供应工作。累计涉及 177 个村、11336 户，供应粮食 1973 吨。

是月 启动区主要大街破损路面、人行步道修缮及更新改造工程。该工程总投资 3500 万元，涉及新桥南大街、城子大街、双峪路、大峪南路等 4 条道路，修补沥青路面 5400 余平方米，修缮更新步道 4.13 万平方米。

4 月

1 日 韩子荣到石龙经济开发区调研，听取了石龙管委关于石龙经济开发区发展与运行情况的汇报。

7 日 全市区县工会工作交流会在门头沟区召开。

8 日 韩子荣实地察看了采空棚户区改造石泉砖厂安置房建设工地、雨润发超市安全生产及消防工作情况。

11 日 召开城乡环境整治百日行动誓师大会。

13 日 潭柘寺镇启动“一区两带”建设项目加快沟域经济发展。

13 日 门头沟区原水利工程公司地块完成上市交易，该地块位于葡萄嘴环岛西侧，规划建筑面积 3.5 万平方米。

18 日 召开区人口和计划生育工作会。

25 日 区“送温暖、献爱心”社会捐助活动结束，共接受捐款 46.6 万元，全部用于对口支援灾区及门头沟区困难群众救助。

28日 门头沟区纪念中国共产党成立90周年群众歌咏比赛暨第四届合唱节启动。

29日 举行“庆五四、创先进、争优秀”青年人才事迹报告会。

5月

5日 召开区四大部门领导会议，会议通报了全区安全生产及违法建设拆除工作、信访工作、镇换届选举工作等情况。

6日 召开2011年镇领导班子换届工作部署会。

10日 召开“十一五”残疾人自强模范暨扶残助残先进集体与先进个人表彰会。

16日 石龙西路南侧地块在市土地交易市场公开招标出让，该地块以“三通一平”形式招标出让，总用地面积9.89万平方米。

17日 召开区城乡环境整治百日行动汇报会。

18日 举行门头沟现代化生态新区推介暨签约仪式。门头沟区现场与台湾扬智科技股份有限公司、香港世茂集团、香港思源国际集团和联合国贸易网络北京中心4家企业及机构签订了合作框架协议。

同日 区地税局被中华全国总工会授予“全国模范职工之家”称号。

19日 北京市委书记刘淇到门头沟区调研，察看了永定河流域环境治理、城市公园建设、采空棚户区改造中门寺地块拆迁以及小白楼危改工程拆迁现场、长安街西延线规划路由、门头沟新城规划等情况。

20日 举行纪录片《毛泽东与门头沟》开播仪式。

同日 举行门头沟区与内蒙古自治区乌兰察布市察右后旗对口帮扶对接活动。

24日 农工党北京市委考察团到斋堂镇开展“凝心聚力”考察活动。

25日 召开“人才、发展、环境”——京西人才生态圈与门头沟跨越式发展论坛前期调研座谈会。

27日 召开区城乡环境整治百日行动社区专项现场会。

30日 召开旅游文化休闲产业发展战略研究工作部署会。

同日 举办“90米画卷绘美好家园”——“庆祝六一童心向党”绘画展示活动。

是月 区人口计生委启动“免费为1500名低收入家庭已婚育龄妇女进行健康体检”工作。

6月

1日 门头沟区春耕工作结束，全区播种总面积30459.3亩。

2日 门头沟区55个新增试点小区垃圾分类工作启动，653名绿袖标指导员正式上岗，引导居民实行垃圾减量垃圾分类。

9日 区领导与河北省涿鹿县领导围绕交界区域公路建设及对接事宜进行了座谈。

10日 举办“童年的记忆”——门头沟区文化遗产日主题展示活动，现场共展示了21项儿童游戏、28项民间技艺和200余幅清末民国时期老照片。

15日 开展创先争优活动大力推进“三个工程”现场会暨纪念建党90周年主题党日活动启动仪式。

16日 门头沟区与世茂集团签署旅游文化休闲产业发展战略规划研究委托协议。

17日 韩子荣与市侨联领导就做好“海外侨界高新技术人才为国服务志愿团”活动对接事宜进行了座谈。

同日 在门头沟区举行2011年市“三河十园”增殖与养护活动启动仪式。

20日 门头沟区与北京知识银行签署《门头沟旅游文化休闲产业发展战略规划研究项目委托协议》。

21日 召开第二届北京国际山地徒步大会新闻策划会。

24日 举办“回顾历史、凝聚力量、推动发展，争做时代先锋”主题党日活动。市、区领导为门头沟区首批党史教育基地授牌，为京西山区中共第一党支部纪念馆揭牌，发布了《门头沟区红色旅游线路》。

28日 举办“人才、发展、环境——京西人才生态圈与门头沟区跨越式发展”2011京西发展博士论坛。

29日 举办“纪念中国共产党成立90周年暨先进基层党组织、优秀共产党员表彰大会”。

30日 市领导赵凤桐到门头沟区开展“七一”走访慰问活动。

是月 王平镇韭园村被市农委确定为10个市级新型农村社区试点之一。

是月 S1线项目用地确权工作基本完成，共涉及国有土地42宗。

7 月

1 日　举行“共忆发展历程共庆党的生日共创美好未来”——门头沟区庆祝中国共产党成立 90 周年座谈会。

2 日　举行“红色传承激情永远”——门头沟区各届妇女庆祝建党 90 周年爱国歌曲大联唱活动。

4 日起　采空棚户区改造工程“35 万平方米安置房”进入分户验收阶段。此次验收共涉及安置房 50 栋、3858 套、约 25 万平方米。

5 日　采空棚户区改造石门营安置房地块“小市政”工程开工。

6 日　门头沟区与世贸旅游有限公司、AECOM 设计公司完成旅游文化休闲产业发展战略规划研究项目对接。

8 日　举行“让孩子拥有美好未来”——家庭早期教育网络学习卡捐赠仪式。金色摇篮潜能教育机构向门头沟区捐赠了价值 136 万元共 2000 张家庭早期教育网络学习卡。

同日　西城区红十字会与门头沟区红十字会开展手拉手帮扶慰问活动，向门头沟区红十字会捐赠 5 万元救助款，专项用于支援新农村建设。

9 日　举行“以史励志明方向、践行承诺促发展——门头沟区纪念建党 90 周年”主题党日活动。

12 日　举行第五届中国·北京永定河文化节开幕式暨原创现代评剧《迁居》首演活动。15 日第五届中国·北京永定河文化节落幕。

19 日　召开门头沟区加强和创新社会管理全面推进社会建设实施意见征求意见座谈会。

20 日　举行“八一”走访慰问活动。

22 日　举办“做文明有礼北京人——步行骑行、健康步行”主题宣传日活动。

29 日　市春风办向门头沟区 27 个贫困家庭共发放 1.35 万元助学金。

是月　市侨联向门头沟区红十字会捐赠价值 10.5 万元的药品。

是月　京浪岛景观照明设施提升改造工程完工。

是月　召开达摩沟域规划设计方案国际招标评审会，国家林业局调查规划设计院被评定为中标单位。

8 月

2 日　韩子荣实地察看了龙泉医院、京煤集团总医院、中医医院、职业安全卫生研究所、区医院的运行情况，并听取了相关工作的情况汇报。

3 日　召开加强和创新社会管理全面推进社会建设主要任务分工协调会。

同日　门头沟区老旧小区绿化改造工程全面完工，共投资 170 万元。

4 日　召开区委十届十三次全会。会议表决通过了《关于召开中国共产党北京市门头沟区第十一次代表大会的工作意见》和《关于召开中国共产党北京市门头沟区第十一次代表大会的决议》。

10 日　召开小园、曹各庄安置房地块拆迁工作协调会。

同日　召开永定镇拆迁农民安置方案研究专题会。

同日　开展经济适用房公开摇号工作，共提供房源 279 套，共 331 户家庭参加摇号。

19 日　召开市农运会筹备工作进展情况汇报会。

同日　区民政局、司法局、妇联联合成立婚姻家庭咨询室。

20 日　举行门头沟区第四届武术比赛。

22 日　召开门头沟区“五五”普法总结暨“六五”普法·“法治门头沟”创建启动大会。

24 日　举办 2011 北京特色商业消夏节之“特色商业门头沟行”活动，京粮集团、灵之秀等 16 家企业参加了展销。

25 日　妙峰山镇与大唐山东发电有限公司签署新能源发电项目合作框架协议。

29 日　韩子荣调研门头沟新城南部地区城市设计工作，并察看了门头沟新城南部地区城市设计示意模型。

31 日　长安街西延道路工程永定河大桥深化方案确定“和力之门”桥梁方案。

是月　启动门头沟区城市基础设施建设费征收工作。

9 月

2 日　开展“垃圾减量垃圾分类从我做起”主题宣传实践优秀活动评选工作，共评选优秀活动 23 个。

6 日至 8 日　开展首批经济适用房选房工作，摇号中签家庭为 303 户，经资格复审，有 247 户家庭符合标准并选择购买。

7 日　召开教育工作会暨庆祝 2011 年教师节表彰会。

同日　召开旅游文化休闲产业战略研究阶段性成果汇报会。

10日至11日　举行昊华能源杯第二届北京国际山地徒步大会。

14日　门头沟区使用正版软件工作通过市检查组检查，使用情况符合市有关要求。

同日　开展“扬尘污染整治月”行动。

15日　举行区、镇人大换届选举集中宣传高潮日活动。

16日　市第七届农运会在门头沟区开幕。

19日　召开产业发展研讨会。会上就门头沟区产业发展相关问题进行了研讨。

同日　召开重点群体服务管理工作推进会。

同日　住房和城乡建设部特派巡查联络员到门头沟区检查政策性住房建设情况。

20日　举行“推进组织工作科学化服务地区跨越式发展研讨会”。

26日　在门头沟区召开2011年首届环北京职业公路自行车赛组委会主席办公会。

29日　举行区委理论中心组（扩大）学习暨区为民服务信息平台建设工作部署会。

是月　完成2011年中小学抗震加固工程，累计投入资金11415万元（其中市级资金4434.8万元），加固面积44348平方米，涉及学校14所。

是月　门头沟区2011年下半年公务员考试报名结束，27个招考职位共报名138人，有6个职位报名空缺。

是月　门头沟新城滨河路南延（108国道——葡萄嘴桥）道路工程设计方案获市规划委批复。

10　月

1日　国家旅游局检查门头沟区“十一”假日旅游工作。

8日　召开乡镇机构改革动员暨机构编制实名制管理工作启动大会。

9日　木城涧煤矿计划生育协会成立，首批吸纳会员820人，其中：木城涧煤矿职工400人、流动人口420人。

11日　韩子荣听取妙峰山镇重点项目汇报，听取了“中芬生态谷”项目、妙峰·云鼎项目进展情况的汇报。

13日　召开全区领导干部大会。会议通报了全区当前社会治安、矛盾纠纷排查、安全生产以及拆迁工作遗留问题等情况。

14日　召开创先争优活动推进会暨窗口单位和服务行业为民服务创先争优工作部署会。

同日　召开门头沟区旅游文化休闲产业发展战略规划研究课题阶段性成果汇报会。

15日　举行民建门头沟直属支部成立55周年纪念活动。

20日　举行区为民服务信息平台开通仪式。

同日　区药监分局启动“药监开放月”活动。

25日　斋堂客运换乘中心通车运营。该换乘中心为二级场站，占地1.58公顷，建筑面积1760平方米，可供50部中型客运车辆停泊、13条客运线路换乘。

27日　韩子荣与北京演艺集团负责人座谈。听取了北京演艺集团副总经理关于影视作品创作思路的介绍，并就相关事宜进行了座谈。

29日　区5家农产品生产加工销售单位参加第九届中国国际农产品交易会，展出黄芩茶、纸皮核桃、京白梨等农产品。

是月　黑山社区菜市场开业，营业面积1300余平方米，现有摊位120余个，出租率达100%。

是月　门头沟区4家经营性事业单位进行转企改制。4家单位分别为：区钻井队、区器材供应站、区抗旱服务队、城龙灌区，需解除事业身份的人员共67人。

11　月

4日　王平镇韭园股份经济合作社与京煤集团金泰地产签订新型农村社区试点建设战略合作协议。

8日　高清交互数字电视政务信息发布系统——“湖光山色门头沟”正式上线开播。

9日　新建3个扶残助残基地。分别位于清水镇梁家铺村、雁翅镇田庄村、潭柘寺镇北村。

11日　召开全区社会建设大会。

同日　门头沟区第22届文化艺术节开幕。艺术节以“新农村、新文化、新生活”为主题，包括8大系列活动。

14日　区领导与新疆洛浦县党政代表团就加强两地交流合作进行了座谈。

15日　门头沟区完成村务监督委员会推选工作。共产生村务监督委员会175个（王平镇韭园4村属联合支部）、成员583名。

16日　召开区委十届十四次全体会议。会议听取了中共北京市门头沟区第十一次代表大会筹备工作情况报告；审议通过了十届区委、区纪委工作报告（审议稿），区委党费收缴、使用和管理情况报告（草案），新一届区委委员、候补委员、区纪委委员候选人预备人选建议名单，大会《选举办法（草案）》及区委、区纪委一次全体会议《选举办法（草案）》，大会议程（草案），大会日程安排（草案）及区委、区纪委一次全体会议日程安排（草案），《代表资格的审查报告（草案）》，大会列席人员组成原则及建议人员名单，大会主席团组成原则及建议名单，主席团执行主席组成、分组原则及建议名单，大会秘书长、执行秘书长、副秘书长组成原则及建议名单，代表资格审查委员会组成原则及建议名单，大会秘书处机构设置及工作任务（草案），代表团的划分原则及划分情况和召集人名单。在区委十届十四次全体（扩大）会上，开展了 2011 年度区委干部选拔任用“一报告两评议”工作。

23 日　区卫生局举行大型医院与基层医疗卫生机构转诊预约协议签订仪式。首都医科大学宣武医院与区医院、区中医医院，区医院、区中医医院与政府举办的社区卫生服务中心、京煤集团总医院与非政府举办的社区卫生服务机构分别建立了转诊预约关系，形成分级诊疗模式，由大医院安排专人负责接诊经基层医疗卫生机构转诊预约的患者，并免除预约挂号服务费。

24 日　召开门头沟区 2011 年局职离退休干部座谈会。

25 日　区交通局与北京八方达客运公司签订客运线路委托经营协议。

26 日　门头沟区与海淀区联合举行“手拉手”专场招聘会。共邀请海淀区 15 家企业参加，提供就业岗位 625 个。

29 日　举办 2011 年处级领导干部法律知识考试。全区 700 余名处级干部参加。

30 日　门头沟区首家社区捐赠站揭牌成立，该社区捐赠站位于倚山嘉园。

同日　召开镇领导班子换届工作总结会。

是月　门头沟区出台《事业单位公开招聘工作人员实施细则》。

是月　门头沟区农村青少年科普教育基地建成开放，该基地设在区科技馆，分“数字科普体验区”、“环保与生态建设学习区”、“生命科学实验区”和“挑战与探索”等四个区域。

是月　雁翅镇田庄村北不稳定斜坡治理项目通过验收。该项目为全市首个中央财政投资的地质灾害治理项目，共投资 320 万元，治理面积 2 万平方米。

是月　农工民主党门头沟区工委开展“送医下乡”义诊活动。

是月　“门头沟区退休人员艺术协会”成立，第一批会员共有书画、摄影爱好者 40 余人。

12 月

2 日　门头沟区启动“12・4”法制宣传系列活动。活动以“践行北京精神，弘扬法治文化”为主题，全区共有 46 个行政执法部门参与。

9 日至 15 日　全区登记流动人口减少 68 人，新登记出租房屋 19 户。截至 15 日，全区共登记流动人口 63255 人、出租房屋 13089 户。

16 日　北京市委常委、组织部长吕锡文到门头沟区调研。吕锡文对门头沟区保障和改善民生、城市建设、生态环境建设、招商引资等工作给予了肯定。

17 日至 20 日　召开区政协九届一次会议。会上，作政协八届常委会关于提案工作情况的报告。大会对区政协 2011 年度优秀提案以及获得优秀提案奖的委员进行了表彰。会议听取了区政协九届一次会议提案审查委员会关于提案审查情况的说明，通过了政协九届一次会议关于八届政协常委会工作报告的决议以及政协九届一次会议政治决议。

18 日　门头沟区 4 个项目获市级 2012 年度重点科技项目支持，分别为“绿色生态产业升级改造与发展示范”、“特色果业（樱桃、京白梨）精准化管理关键技术集成与示范”、“玫瑰、黄芩产业科技示范”及“定都阁公路生态修复技术集成与示范”项目，共获市财政支持 936 万元。

18 日至 21 日　召开区十五届人大一次会议。会议通过了《关于门头沟区人民政府工作报告的决议》、《关于门头沟区 2011 年计划执行情况和 2012 年国民经济、社会发展计划的决议》、《关于门头沟区 2011 年预算执行情况和 2012 年财政预算的决议》、《关于门头沟区人民代表大会常务委员会工作报告的决议》、《关于门头沟区人民法院工作报告的决议》、《关于门头沟区人民检察院工作报告的决议》，听取了议案审查报告，宣布了选举结果。

22 日　清水镇与北京林业大学签署《关于合作开展清水湿地公园建设与规划的框架协议》、《关于开展产学研全面合作事宜的协议》及《关于开展“1 + 1”党建合作共建协议》。

26 日　妙峰山镇樱桃沟村、大峪街道峪园社区、门头沟供电公司荣获第三批全国文明村、文明单位荣誉称号。

30 日　潭柘寺镇完成中心区土地一级开发 3

号街区项目房屋征收工作，共征收房屋1401户，剩余1户，签约率达99.93%，拆除1018户，选房363户，发放补偿款127份。

是月　区残联完成聋人、盲人家庭可视闪光门铃免费配装工作，惠及367个家庭。

是月　京白梨地理标志产品保护申请通过国家质监总局专家审查。

是月　黑山地区居住、托幼项目国有土地使用权挂牌出让，土地面积6.8万平方米，其中建设用地4.94万平方米，建筑控制规模13.9万平方米。

是月　门头沟区为796名农民工支付失业保险金194.1万元，同比增长204%；为115名外埠城镇户口在京工作人员支付73.8万元，同比增长21%。

是月　在门头沟区启动北京市家庭健康管理公益项目试点。该项目由市妇联、北京女医师协会、宣武医院、知己健康管理中心及区妇联联合开展。

是月　门头沟区首个中长期林地保护利用规划，即《门头沟区林地保护利用规划（2010－2020年）》通过专家评审。

是月　门头沟区政务微博“京西门头沟”上线。

是月　大台煤矿退休矿工、“铺路老人”王振明在《京华时报》、搜狐网联合主办的“2011平凡的良心”颁奖盛典中，当选十大“良心人物”，获平凡良心奖。

文　献

政府工作报告

——2011年12月18日在北京市门头沟区第十五届人民代表大会第一次会议上

门头沟区区长　王洪钟

各位代表：

现在，我代表门头沟区人民政府，向大会报告工作，请予审议，并请各位政协委员提出意见。

一、过去五年工作的回顾

2007年以来，区政府在市委、市政府和区委的正确领导下，深入贯彻落实科学发展观，紧紧围绕区域功能定位，紧抓机遇，科学发展、敢于发展，全面落实区十四届人大及其常委会的各项决议，圆满完成"十一五"规划，实现"十二五"规划的良好开局，全区经济社会发展取得重大成就。

（一）经济持续快速健康发展

初步预计，地区生产总值由2006年的51.4亿元增长到2011年的100亿元，年均增长14.2%；财政一般预算收入由7.3亿元增长到16.8亿元，增长1.3倍；累计完成全社会固定资产投资445.7亿元，年均增长44.3%；社会消费品零售额增长到2011年的38亿元，年均增长12%。2011年财政一般预算收入、固定资产投资同比分别增长57.4%和60%，增速均位居全市第一，实现了历史性突破。

结构调整取得新成效。关闭270个煤矿，结束了地区上千年的小煤窑开采史。非煤矿山、砂石企业、石灰土窑、煤矸石砖厂和水泥厂基本退出。全面禁止对生态环境带来破坏的养殖项目。节能减排成效显著，万元GDP能耗累计下降45.7%，二氧化硫排放量、化学需氧量分别削减31.7%和35.3%，超额完成"十一五"污染物总量削减任务。

新型产业培育迈出新步伐。大力发展旅游文化休闲产业，成立旅游发展委员会，编制旅游文化休闲产业战略规划。圆满完成北京旅游重组，启动北旅广场建设，实施潭柘寺、戒台寺、妙峰山景区修缮工程。启动中国非物质文化遗产博览园、南石洋大峡谷等重大项目建设。建成19个旅游港湾。成功举办北京市第七届农运会、国际山地徒步大会、环北京职业公路自行车赛等重大活动，地区吸引力不断增强，累计实现旅游收入44.6亿元。石龙开发区向总部经济孵化基地转型，昊华能源等4家公司实现上市，实施立思辰等6个总部大厦建设，基本完成开发区道路改造及绿化亮化工程。确立沟域经济发展思路，启动中芬生态谷、中瑞生态谷等重大生态产业项目建设，成立生态产业园区管委会，有力推进了沟域经济及农业产业化发展。

招商引资实现新突破。组建投资促进局，开展全方位招商引资，吸引中建股份、新华水利水电、中铁集团等大型企业入区投资，引进各类项目83个，协议金额突破2500亿元。项目落地资金超过150亿元，汇江大厦等10个项目开工建设，城子大街改造、北旅广场、物美河滩菜市场改造、河滩小商品市场改造等项目拆迁工作基本完成，长安街西延线12个标志性建筑正在抓紧办理前期手续，3个项目即将开工，培育了地区新的经济增长点。

（二）城乡建设取得重大突破

生态建设持续推进。累计投入26.2亿元，完成京津风沙源治理、农业综合开发等项目490平方公里，修复治理废弃矿山及砂坑1.5万亩，被确立为国家生态修复科技综合示范基地。完成永定河及清水河生态治理，形成青山绿水百里画廊。全区森林覆盖率达到37.3%，林木绿化率达到58.8%，成为国家生态示范区。启动国家生态区和环保模范城区创建工作，预计2011年空气质量二级和二级以上天数达到72.8%，比2006年提高15个百分点。

基础设施不断完善。西六环路、阜石路二期全线贯通，S1线开工建设，长安街西延线开工在即，完成水担路、门支路二期等31条城乡道路建设，新增道路总长244公里。再生水厂、粪便处理厂等一批市政设施投入运行，首钢生物质能源项目开工建设。黑山、石门营集中供热中心投入运行，拆除燃煤锅炉43座，天然气实现与市区同网同价。夯实农村发展基础，实现村村通油路、通光缆、通有线、通公交以及五项基础设施和“三起来”工程全覆盖。土地收储力度不断加大，累计实施土地一级开发项目27个，总用地面积1363公顷，完成投资158亿元。房屋征收工作全面推进，2010年以来，全区上下总体动员，全力攻坚，实施S1线等39个项目房屋征收工作，征收总量2.2万户280万平方米，实现了安全、稳定、和谐拆迁。

新城面貌全面改观。举全区之力推进采空棚户区改造，积极解决长期制约工程建设的融资、高压线迁改等问题，安置房建设全面加快，35万平方米即将入住，实现了开复工200万平方米的阶段性目标。启动新棚改100万平方米安置房建设，京煤集团工矿棚户区改造全面开工。以北京奥运会和新中国成立60周年为契机，全面提升环境建设水平，获得“国家卫生区”称号。完成70项城市夜景亮丽工程，实施主要大街路灯、候车亭改造、步道更新、架空线路入地工程。建成“一湖多园五水联动”景观体系，门城湖实现蓄水，形成水面67公顷，滨河大道开工建设。新建和改建新城滨河森林公园、京浪岛文化体育公园、永定河文化公园等30个公园，永定楼、定都阁建成后将成为京西标志性文化建筑。治理中门寺沟、黑河沟、冯村沟、城子沟、西峰寺沟等5条城市排洪沟，形成生态和景观功能相结合的新亮点。全区城市人均公共绿地面积达到28平方米，超过全市平均水平。

城镇化进程不断加快。完善重点镇中心区路网、污水处理、集中供暖等基础设施，综合承载能力得到提高，重点镇成为城镇化进程的重要推动力。潭柘寺镇与京投银泰合作全面推进，农民安置房开工建设，启动房屋征收工作，189公顷土地一级开发加快实施。斋堂旅游集散中心项目加快推进，完成一级开发一期。军庄镇与加华企业合作实施国际葡萄酒文化产业基地项目，将形成集休闲、体验、展销于一体的产业链。王平镇以中瑞生态谷和工矿棚户区改造为契机，全面改善区域发展条件。

（三）社会各项事业全面进步

重大民生工程全面推进。累计为群众办理实事230件，解决了一批关系群众切身利益的问题。实施我区历史上最大的民生工程即采空棚户区改造工程，将改善近10万市民的居住条件，廉租房实现入住，两限房主体完工，公租房开工建设，完成城区住宅节能改造38万平方米，对1350户农村困难家庭住房进行翻建维修。新增天然气用户2.03万户。完成门城全部平房一户一表改造。通过集中供水工程解决101个村近5万人的饮水困难。投资近4亿元解决山区群众的生活能源问题，完成农民住房节能改造2.6万户，在深山区3个镇85个村实施送气下乡工程，有效巩固了山区结构调整成果。

就业及社会保障工作不断加强。201年，预计城镇居民人均可支配收入28470元，农民人均纯收入13720元，比2006年分别增长61.3%和64.7%。多措并举改善就业环境，6163名失业人员实现再就业，全面消除“零就业”家庭，城镇登记失业率控制在4.7%。通过开发生态管护、管水、保洁、公园及河道管护等岗位，安置劳动力近万人。将城镇无医疗保障老年人、劳动年龄内无业居民及学生儿童纳入医疗保障体系。城乡居民养老保险参保率达到92%，新型农村合作医疗参合率达到98.6%。投入1.56亿元，解决冯村807人的“农转居”社会保障遗留问题。城乡最低生活保障应保尽保。“九养政策”全面落实。低收入农户增收成效显著，3747户低收入农户和51个低收入村全面脱贫。

公共服务水平不断提升。通过BT方式，实施少年宫、妇幼保健院等20项社会事业项目建设，已有9项工程竣工，其余正在抓紧建设。调整中小学布局结构，撤并村级小学15所，完成40所学校抗震加固改造，实施中小学校规范化建设工程，引进3所市级名校，成为“北京市学习型城市先进区”。公共卫生体系不断完善，实现社区卫生服务全覆盖，在全市率先施行公立医院改革，引进凤凰医疗集团对区医院实施重组，完成区医院急诊综合楼建设，服务水平和接待能力明显提升。文化活动中心及文化活动室覆盖所有镇街、村居，各大公园成为重要的休闲、娱乐、文化场所。推广高清数字电视3万户，开通郊区首个高清数字电视政务信息发布系统。爨底下、灵水、琉璃渠成为中国历史文化名村，获得“全国文物工作先进区”称号。

社会服务管理实现创新。完善社会建设工作机构，建立为民服务信息平台，开展12类特殊人群的服务管理，推进社区用房规范化建设，启动“六型社区”创建工作。国防后备力量建设和双拥共建工作不断加强，成功创建“全国双拥模范城区”。地区文明程度不断提高，被评为“首都文明区”。援藏、援疆、援蒙工作扎实开展。巩固和扩大基层民主，圆满完成两届村（居）委会换届选举。建成15个残疾人温馨家园，获得“全国计划生育优质服务先进区”称号。积极支持工会、共青团、妇联等群团组织开展工作，妇女儿童、民族宗教、老龄等各项事业全面进步。

社会保持安全稳定。围绕“平安奥运”、“平安国庆”，全面加强生产、消防、食品、交通等安全工作，荣获“全国护林防火先进区”称号。深入开展矛盾纠纷排查调处工作，坚持领导干部接访制度，积极化解信访积案，成为“北京市信访排查调处工作先进区县”。区应急指挥中心投入使用，组建应急救援大队，应急处置能力不断提高。加强社会治安综合治理，严厉打击各种违法犯罪行为，确保了社会安全稳定。

（四）政府自身建设不断加强

行政效能不断提高。电子政务和信息化建设成效明显，全程办事代理及政务信息公开工作深入推进。深入开展科学发展观教育实践、“创先争优”及服务年建设活动，发展环境不断优化，政府服务水平全面提高。创新工作机制，凝聚各方面力量，破解制约发展的瓶颈，创造了“门头沟速度”。

各项管理改革不断深化。深化财政管理体制改革，完成区对镇街财政管理体制改革。推进投融资机制改革，成立村镇银行和小额贷款公司，引入BT、TOT模式解决城市建设资金和基础设施运营问题。国企改革成效明显，累计完成99家企业改制任务，投入2.64亿元，解决3441名职工的分流安置问题。全面完成乡镇机构改革。创新农村集体资金、资产、资源管理，在9个镇成立“三个中心”，发展农民专业合作社198个，推行村级干部离任审计工作，完成集体林权制度改革任务，每年向农民发放生态补偿金3800万元，农村集体产权制度改革完成总数的95%。

依法行政全面推进。认真执行区人大及其常委会决议，自觉接受监督。支持区政协履行政治协商、民主监督和参政议政职能。累计办理人大代表建议403件、政协委员提案660件，办复率达到100%。坚持政府常务会前学法制度，完善重大事项集体决策、人民建议征集等制度。积极做好行政复议、法律服务和法律援助工作，“五五”普法任务圆满完成。

廉政建设不断加强。落实党风廉政建设责任制，以政府采购、招投标、企业改制重组、棚户区改造、征地拆迁等领域为重点，规范管理，堵塞漏洞。深入开展廉政风险防范管理，落实“三重一大”决策制度，加大违法违纪案件查处力度。强化审计工作，累计完成审计项目162项，对48名干部进行离任审计。严格压缩行政成本，树立了良好的政府形象。

各位代表，过去五年，是全区人民按照科学发展观和建设“人文北京、科技北京、绿色北京”要求，加快转型、优化环境、实现全面快速发展的五年；是城乡面貌发生巨大变化、生态环境显著改善、区域形象大幅提升的五年；是社会建设扎实推进、民生状况不断改善，人民群众受益最多的五年。在此，我谨代表区政府向奋战在各条战线上的广大干部群众，向给予我们支持与监督的人大代表、政协委员、各民主党派、人民团体和社会各界人士，向关心、支持和参与门头沟区建设的驻区单位和部队致以崇高的敬意和衷心的感谢！

各位代表，经过五年的实践，我们对建设现代化生态新区的认识和体会不断加深：一是必须坚持科学发展，找准一条符合地区实际的发展道路，通过建设生态涵养发展区和首都西部综合服务区，大力发展旅游文化休闲产业，实现与首都其他地区差异化发展，这是门头沟区实现跨越式发展的现实选择。二是必须坚持生态优先，立足生态涵养，以环境促发展，通过改善生态环境，形成地区强大的投资吸引力，实现发展要素的快速聚集，打造发展的核心竞争优势。三是必须坚持改革创新，克服等、靠、要的思想，解放思想、艰苦奋斗，突破制约发展的难点和瓶颈，形成加快发展的内生动力。四是必须坚持以人为本，始终将实现好、维护好、发展好人民群众的根本利益作为一切工作的出发点和落脚点，使群众共享改革发展的成果。

在总结成绩和经验的同时，我们也清醒地看到，全区经济社会发展中还存在一些突出问题：一是经济增长速度虽然较快，但是经济总量不足，产业转型面临较大困难，培育新的替代产业、转变经济发展方式的任务十分艰巨，招商项目落地还需要进一步加快。二是基础设施承载能力不足，社会建设相对滞后，地区弱势群体较多，部分群众的生活还比较困难，关系群众切身利益的就业、教育、医疗、住房等问题尚未得到根本解决。三是在转变政府职能、改进工作作风、提高行政效率等方面还需要下更大气力，依法行政能力有待进一步提高，建设服务型政府任重道远。对这些问题，我们一定要高度重视，采取有效措施认真加以解决。

二、今后五年奋斗目标和2012年工作任务

今后五年是门头沟区实现跨越式发展的关键时期，我们必须紧紧围绕区委十一次党代会提出的任务目标，切实推动经济社会转型发展、创新发展、跨越式发展，全面完成“十二五”规划，使全区经济实力显著提升，城乡环境更加宜居，人民生活显著改善，文化发展日益繁荣，社会更加安定和谐，努力建设绿色、富裕、和谐、文明的现代化生态新区。

今后五年全区经济社会发展的奋斗目标和主要任务是：

——在产业结构调整上实现跨越式发展。加快转变经济发展方式，基本形成以旅游文化休闲产业为主导的高端产业体系，地区生产总值年均增长12%，财政收入年均增长10%，旅游综合收入年均增长15%，社会消费品零售额年均增长15%，成为全市转变经济发展方式的示范区。

——在城市建设上实现跨越式发展。城市空间布局更趋合理，基础设施承载能力和运行效率不断提升，城市管理不断创新。新城滨水山城和重点镇建设格局基本形成，城乡一体化发展水平明显增强，成为首都功能拓展的重要承载区。

——在生态建设上实现跨越式发展。成功创建国家环保模范城区，基本达到国家生态区标准。森林覆盖率达到41%，林木绿化率达到61.3%，城市人均公共绿地面积突破30平方米，成为全市生态文明建设的重点区。

——在社会建设和民生改善上实现跨越式发展。社会管理不断创新，公共服务水平明显提高，文化日益发展繁荣，城乡公共服务差距逐步缩小，社会更加和谐稳定，群众生活质量稳步提高，城乡居民收入基本实现与经济同步增长。

2012年是实施“十二五”规划的关键之年，做好全年各项工作，意义十分重大。当前，门头沟区面临前所未有的发展机遇：党的十七届六中全会关于推动文化大繁荣大发展的重大战略部署和北京市关于支持西部地区转型发展政策的加快实施，为门头沟区转型发展指明了方向，更加坚定了我们加快发展旅游文化休闲产业的信心和决心；S1线、长安街西延、棚户区改造、永定河生态治理等重大工程的加快推进，“一湖多园五水联动”景观体系的建成，使区内发展条件全面改善，发展环境不断优化；上一年以来，全区多项经济指标高速增长、一批土地收储和招商引资项目陆续落地以及全区上下发展热情的空前高涨，使区域发展能量不断聚集增强，形成新一轮快速发展的有力支撑。但同时也要看到，当前国内外发展环境和形势依然复杂严峻，中央进一步加大金融和土地调控力度，使我们面临许多不确定因素；融资、拆迁、项目审批、高压线迁改等难题和一些历史遗留问题，成为我们加快发展的制约因素，需要下更大力气全力突破。我们要进一步解放思想、抢抓机遇，始终将发展作为第一要务，不动摇，不懈怠，不畏难，不停步，努力在更高层次上推动现代化生态新区建设。

2012年政府工作的总体要求是：全面贯彻党的十七届六中全会精神，认真落实市委十届十次全会和区委十一次党代会工作部署，深入贯彻落实科学发展观，加快培育和发展旅游文化休闲产业，着力转变经济发展方式；加大城市建设及环境建设力度，着力打造现代化滨水山城；加快山区和小城镇发展步伐，着力推进城乡一体化；加大民生改善和社会建设力度，着力构建和谐社会，在新的起点上推动全区经济社会跨越式发展，以优异成绩迎接党的十八大召开！

2012年全区经济社会发展主要预期目标是：地区生产总值增长12%；财政一般预算收入增长

5%；全社会固定资产投资增长12%；社会消费品零售额增长15%；城镇居民人均可支配收入和农民人均纯收入增幅超过全市平均水平；城镇登记失业率控制在5%以内；完成市政府下达的空气质量优良率和节能减排指标。

（一）加大新型产业培育力度，努力转变经济发展方式

进一步优化产业布局。充分发挥"十二五"规划在地区发展中的引导作用，完善"一带两线四点多组团"产业空间布局。结合地区自然、文化等资源，制定特色产业发展专项规划，培育高端产业品牌。进一步完善永定河生态走廊产业发展规划，高质量做好门城生态商务区、永定滨水商务区等4个功能区的产业配置。加快推进新城南部高压线整合迁改，为土地上市交易和招商项目落地奠定坚实基础。

大力发展旅游文化休闲产业。落实旅游文化休闲产业发展战略规划，以创建国家旅游综合改革试验区和建设北京市旅游重点发展区为载体，打造古寺庙及遗址、古村古道、商务会议、健康休闲等旅游文化组团，努力建设首都国际高端山地旅游文化度假区。发挥区旅游发展委员会统筹作用，促进政策集成、资源整合、产业融合。加快制定旅游组团专项规划，推进定都峰、天门山、南石洋大峡谷、百花山谷等景区基础设施建设，实施旅游港湾二期工程，完善一批景区公厕及旅游标识。发挥北京旅游龙头带动作用，加快北旅广场建设，完善潭柘寺、戒台寺、妙峰山景区功能，提升传统景区服务水平和发展活力。促进旅游、文化、体育、健康产业融合发展，实施重点项目带动战略，加快中国非物质文化遗产博览园、国际健康城等项目建设，推进苛萝坨、石佛、秋坡3个村整体旅游文化开发，打造旅游文化产业航母。完善文化创意产业发展中心职能，推动文化事业和产业发展相结合、文化资源开发与保护相结合，支持鼓励文化投资，充分挖掘古村落、古民居、古道的文化附加值，推动其转化为旅游资源。发挥斋堂古村落古道文化旅游产业集聚区的引领作用，申报红色文化创意产业集聚区，使文化产业成为新的经济增长点。建立覆盖景区的旅游商品营销网络，规划建设地区特色品牌商业街。办好第三届国际山地徒步大会、第二届环北京职业公路自行车赛、京浪岛音乐节等大型活动，培育具有影响力的高端文化活动和赛事品牌。

扩大招商引资工作成效。强化招商引资激励机制和责任机制，调动各部门、各单位招商引资的积极性。严把项目准入关，坚持节能环保、高端高效和集约用地的原则，重点引进符合功能定位、发展潜力大的中央、市属和知名民营企业。全力推动招商项目落地，做好与中建、物美、京投、中铁、中水等重点企业的对接服务，强化部门联动机制，加快推进规划、房屋征收、土地供应、开工建设等重点环节，确保京煤大厦、太平洋广场等10个重点项目全面开工。加强与京煤、首钢、金隅等大型企业的合作，鼓励中坤、恒坤等民营企业在门头沟区投资建设。支持存量企业健康发展，加大对精雕科技等10大重点企业的扶持力度，鼓励企业开展技术创新和升级改造，完善促进中小企业和非公经济发展政策体系，扶持培育灵之秀、瓷茗缘、百花人家等地方品牌，为现有企业发展壮大营造优良的环境。

加快石龙开发区转型步伐。以建设总部经济孵化基地为目标，继续推动开发区转型，加快建设和引进一批企业总部，大力培育发展上市公司。推进产业孵化中心二期项目建设，加快建设新华水电、立思辰、东方博特等8个总部大厦。启动石龙中小企业技术支持与研发中心项目，推进五期征地土地一级开发。抓好开发区配套设施及绿化、美化、亮化工程，建立长效维护机制，全面提升开发区管理水平和发展质量。

（二）不断提高城市承载力，加快建设现代化滨水山城

加快基础设施建设步伐。2012年计划安排重点工程91项，其中完工52项、开工39项。加快建设一批路、水、电、气、热、垃圾处理等基础设施，全面提高城市承载能力。完成莲石湖西路、黑江路、门支路三期等6条城市道路建设，开工建设黑山大街改造二期、滨河路南延等工程。实现108国道改建工程通车，推进鲁坨路、青杨路建设。启动滨河、城子两个集中供热厂建设，继续拆除城区燃煤锅炉。完成中门寺110KV变电站建设。加快实施城子自来水厂改扩建工程，完成第二水厂前期手续办理工作。积极支持市级重点工程建设，争取109国道高速路立项，支持配合S1线、长安街西延、首钢生物质能源、陕京三线、快速公交等项目建设，确保市级重点工程顺利推进。

完成采空棚户区改造任务。按照年内全面完成的时限要求，全力抓好采空棚户区改造冲刺工作。加快5个地块安置房建设步伐，确保实现石门营地块"五一"前基本竣工、石泉砖厂地块"十一"前基本竣工、全年竣工200万平方米的目标。加快安置地块路网基础设施及教育、医疗、商业等配套设施建设，完善社区及物业服务体系，有序推进8000套安置房选房入住工作。积极与京煤集团协调，分块分区推动棚改腾退区域开发。加强与国家开发银行、村镇银行的合作，开工建设新棚改100万平方米安置房，支持京煤集团加快工矿棚户区改造，力争再用2年时间全面完成棚户区改造任务。

加速推进城市开发改造。2012年全区计划实施各类建设项目325项，开复工面积超过400万平方米。重点加快小白楼、城子大街改造、物美河滩菜市场改造、河滩小商品市场改造、黑山及中门寺改造等项目建设，尽快改善旧城面貌，繁荣发展城市经济。高标准建设S1线2个主要站点、永定河跨河大桥及长安街西延线12个标志性建筑，加快东辛秤、高家园、琉璃渠、三家店地区综合改造及S1线区域组团安置房等项目建设，形成现代化新城风貌。全力抓好土地储备供应工作，力争实现储备开发土地100公顷、投资100亿元，确保入市交易148公顷。继续推进房屋征收工作，完善安置补偿政策，完成棚户区改造和城市建设涉及的150万平方米房屋征收任务，进一步拓展地区发展空间。

加强城市环境建设。完善“一湖多园五水联动”景观体系，启动永定河龙泉务段河道治理工程，实施5条沟绿化美化亮化工程。新建和改建棚户区改造纪念公园、永定河公园等11个公园，全面完成新城滨河森林公园、永定楼建设，完善提升葡山人口文化公园，建设法治宣传公园，实现滨河大道全线竣工，新建一批街头小品，使城市人均公共绿地面积提高到30平方米。实施主要大街夜景提升、架空线路入地及污水管线改造工程，完成30万平方米城镇住宅抗震及节能综合改造。全面创建国家环保模范城区，落实市政府清洁空气行动计划，进一步改善空气质量。严格落实节能减排责任制，强化对重点耗能企业的监测。完成三家店2个污水处理站建设，改造门城污水处理厂，新建污泥处理厂，推进龙泉镇3家煤矸石砖厂转型退出。

提高城市管理水平。按照精细化的要求，全面加强城市管理。强化公园及河湖管理中心职能，持续保持公园、河湖景观质量。升级改造主要大街公共服务设施，规范整治户外广告、牌匾标识等城市部件，加强夜景照明设施管理维护。开展环境卫生专项整治，重点改善主要大街、入区重要节点及国道两侧环境，加强生活垃圾分类收集管理，严厉查处乱倒建筑渣土现象，坚决制止和拆除违法建设，确保国家卫生区复验达标，以靓丽、整洁、优美的城乡环境迎接党的十八大召开。

（三）加大统筹发展力度，推进城乡经济社会一体化

依托沟域经济促进山区产业发展。按照山区全域景区化目标，整合沟域内旅游、文化、生态、农业等资源，推动山区旅游产业大发展。发挥生态园区管委会的平台作用，吸引更多有实力的大企业投资沟域经济，重点加快中芬生态谷、中瑞生态谷、达摩沟海棠文化旅游区、九河湿地公园等一批沟域项目建设。深入研究农村土地流转问题，探索通过租赁、土地入股等形式突破用地瓶颈，推动沟域项目落地。引导农业产业化项目向重点沟域集中，支持大山山货、玫瑰香露、绿纯蜂业等龙头企业扩大规模。提升改良樱桃、薄皮核桃、京白梨、苹果等特色果品，扩大设施农业规模，提高都市型现代农业发展效益。

加快重点镇开发进程。围绕促进旅游文化休闲产业发展，加快各镇及重点村规划制定、完善及报批工作，加强中心区各类基础设施建设，夯实发展基础。加快潭柘寺镇整体开发，推动189公顷土地上市交易，加快农民安置房建设进度。完成斋堂镇1号地A地块上市交易，推进2号地房屋征收工作，开工建设旅游集散中心。推进军庄国际葡萄酒文化产业基地项目，与海淀区、金隅集团开展合作解决北四村安置问题，结合杨坨工矿棚户区改造，使军庄镇融入新城发展体系。抓住中瑞生态谷建设和京煤工矿棚户区改造契机，尽快改善王平镇发展条件，推动韭园新型农村社区建设，加快发展健康、生态产业。

改善山区发展条件。实施京津风沙源治理等生态工程，完成造林、育林65000亩，治理水土流失80平方公里，整理土地3458亩。加强农村环境整治，积极创建环境优美镇、生态村、绿色村庄。完成2720户农民住房抗震节能改造，开展深山区农民集中搬迁试点。加强农村基础设施维护和管理，建立维护管理队伍和投入保障机制，确保太阳能浴室、路灯、公共厕所、文化体育等公共设施正常运行。

深化农村综合改革。全面完成农村集体产权制度改革，开展镇级清产核资工作，深化集体林权制度改革，促进和规范农村土地流转，推动农民成为责任主体和市场主体。加快镇村集体企业改制步伐，力争年内完成总数的30%，不断增强企业发展活力。扶持农民合作组织发展，提升50家农民专业合作社规范化建设水平。制定征地补偿费管理指导意见，研究解决农村征地拆迁后的产业发展、就业社保、集体资产处置等问题，通过各项改革使农民成为旅游文化休闲产业发展的主体。

（四）加大保障和改善民生力度，全面提高社会建设水平

着力解决民生问题。投资8000万元，办好直接关系群众生活方面的40件重要实事。全面落实各级就业促进政策，结合重点工程建设及产业发展需求，开展职业技能培训，开发一批就业岗位，鼓励劳动者自主创业，使城镇登记失业率控制在5%以内。多渠道促进农民就业增收，实现1000名农村劳动力转移就业，确保低收入户和低收入村动态消除。加大社会保障力度，提高城乡低保、农村五保供养标准，推进城乡居民养老保险与职工养老保险衔接。建设老年社会福利中心。落实残疾人保障政策。拓展社会福利保障范围，鼓励慈善事业发展。多渠道解决群众住房困难，完成冯村两限房建设，加快大台、黑山及铅丝厂公租房建设，确保保障性住房开工不少于2500套，抓好配售配租及后期管理工作。完善和落实山区能源补贴机制，支持清水型煤加工厂建设发展，扩大送气下乡范围，投入500万元确保91个阳光浴室正常运转。

全面提高公共服务水平。加快建设少年宫、妇幼保健院、民生服务中心等社会项目，开工建设体育馆、市政信息指挥平台，满足城市管理和服务市民的需求。结合城市改造调整中小学规划布局，新建一批教育设施，完成棚户区安置区域3所中、小学及4所幼儿园建设，实施三家店铁中新改建、军庄小学迁建工程，启动北京八中门头沟校区建设。增加山区教师岗位补贴，基本实现区域义务教育学校均衡发展。整合学前教育资源，鼓励社会力量兴办幼儿园。深化医药卫生体制改革，支持凤凰集团的医疗改革，鼓励社会资本举办医疗机构。实施区中医院改扩建工程，支持京煤集团总医院改造，加强镇村卫生院、卫生室及社区卫生服务站建设。积极创建“健康门头沟”，树立“大卫生”观念，整合各类卫生资源，提升全民整体健康水平。提高企业科技创新能力，强化科技在生态建设、山区能源、特色农业等领域的推广应用。广泛开展群众健身活动，在各大公园增设健身器材和儿童娱乐设施，推动体育事业健康发展。

加强和创新社会管理。理顺区街社区管理体制，全面开展“六型社区”创建工作，完成28个社区用房规范化建设项目，启动3个精品社区建设和6个老旧社区整体改造工程，推进新城周边及镇中心区农村社区化管理。提高为民服务信息平台服务质量和运转效率，培育优质服务载体。鼓励社会机构承接居家养老、环境卫生、社区服务等项目，建设“一刻钟社区服务圈”。加大社区事务和村务公开力度，完成第八届社区居委会选举。推动12类特殊人群服务管理全覆盖，完善人口信息数据库，建立“阳光中途之家”。加大统筹解决人口问题力度，继续稳定低生育水平。创新双拥共建模式，加强国防后备力量建设。扎实推进区域合作和对口支援工作，认真落实党的民族宗教侨务政策，实施清真寺迁建和基督教堂周边环境改善工程。支持工会、共青团、妇联等群团组织开展工作。

推进文化大发展大繁荣。深入开展社会主义核心价值体系宣传教育，大力践行爱国、创新、包容、厚德的北京精神。开展文明风尚引领、文明素养提升、诚信社会建设等活动，提高地区文明程度。加大人才引进、使用、服务力度，整合各类教育培训资源，争创学习型城市示范区。完善公共文化服务体系，提升基层文化服务中心及文化室配套设施。扶持和鼓励群众表演团体，利用公园等场所扩大群众性文化活动的范围和规模。举办第六届永定河文化节，打造8大文艺演出精品工程，提高永定河文化影响力。加强文物保护工作，加大资金支持力度，推进潭柘寺、戒台寺文物修缮工程，完善爨柏景区基础设施，修订古村落、古民居保护管理办法。加强非物质文化遗产传承工作。深入挖掘整合区域文化资源，支持文化领域的服务创新和管理创新，鼓励开展文学艺术精品创作，打造一批具有地区特色的文化品牌。

全力维护社会安全稳定。落实安全生产责任制，全面加强生产、食品、交通、消防等方面的安全管理，保持对私挖盗采行为的高压态势，坚决遏制重大安全事故发生。加强应急管理工作，提高突发公共事件应急反应和处置能力。深入推进“平安门头沟”建设，健全立体化治安防控体系，严厉打击违法犯罪活动。健全重大事项社会稳定风险评估机制，强化村居“连民心恳谈室”工作，畅通民意诉求表达渠道，严格落实信访责任，积极化解社会发展中产生的新矛盾、新问题，维护社会安定和谐。

（五）坚持改革和依法行政，提高政府公共服务能力

加强依法行政能力建设。依法规范政府行为，推进法治政府建设。坚决执行区人大及其常委会的决议，主动加强与区政协的联系，认真听取民主党派、工商联、无党派人士和各人民团体的意见、建议。支持公安分局、法院、检察院开展执法工作。贯彻落实《行政强制法》，加强对行政权力的监督制约。强化人民调解、社区矫正和法律援助工作，深入开展“六五”普法工作。

推进重点领域的改革。深化部门预算改革和国库集中支付改革，扩大政府采购范围和规模。创新投融资模式，发挥小额贷款公司和村镇银行的融资功能。深入推进国有企业改制，力争完成25家企业改革任务，妥善解决遗留问题。借助城市改造盘活国有资产，不断壮大国有经济实力。推进事业单位分类改革，以文化经营单位和自收自支事业单位为重点，完成区影剧院等一批事业单位改制，不断转变职能，增强事业单位的发展活力。

大力提高行政效能。坚决贯彻落实市委、市政府及区委的决策部署。深化行政审批制度改革，加快区镇两级行政服务中心建设，全面落实全程办事代理制，推行“一站式审批”模式，规范信息公开工作，实施10项信息化建设重点工程，推进服务型政府建设。强化督查考核，建立健全问责制度，加强公务员队伍建设，全面改进政府工作作风，切实提高政府执行力。

全面加强廉政建设。落实党风廉政建设责任制，贯彻“三重一大”决策制度，推进廉政风险防范管理工作，坚决查处违法违纪案件。严格落实工程建设领域21项监管制度，确保权力公开透明运行、资金安全使用。扩大审计工作覆盖面，突出对重点领域、重要部门的经济责任审计监察。坚持勤俭节约，严格压缩行政成本，倡导节俭办一切事业。

各位代表，当前，门头沟区面临着千载难逢的发展机遇，新一届政府肩负着推动地区跨越式发展的光荣使命，承担着艰巨而繁重的发展任务，任重而道远，让我们紧密团结在以胡锦涛同志为总书记的党中央周围，在市委、市政府和区委的领导下，在区人大的监督和区政协的大力支持下，凝聚全区人民的智慧和力量，抢抓机遇，埋头苦干，锐意进取，开拓创新，在新的起点上推进现代化生态新区建设，为全面实现“十二五”规划的宏伟目标而努力奋斗！

门头沟区2011年计划执行情况和2012年国民经济、社会发展计划安排

——2011年12月18日在北京市门头沟区第十五届人民代表大会第一次会议上

门头沟区发展改革委员会主任　张满仓

一、2011年国民经济和社会发展计划执行情况

2011年，全区人民在区委、区政府的坚强领导下，紧抓机遇，科学发展，敢于发展，扎实推进现代化生态新区建设，全面落实区十四届人大七次会议各项决议，年度重点任务和主要目标执行有力，经济社会发展取得了令人瞩目的成绩，实现了“十二五”规划良好开局。

（一）经济实力迈上新台阶，赶超发展势头强劲

经济总量和效益明显提高。实现地区生产总值102.7亿元，比上年增长18.8%，完成年计划的109.5%。一般预算收入完成16.9亿元，增长58%，完成年计划145.4%。居民收入大幅提高，城镇居民人均可支配收入29172元，增长15.2%；农民人均纯收入14031元，增长15.6%。节能降耗成效显著，以较低的能耗支撑了较高的经济增长，万元地区生产总值能耗同比下降14.55%。

固定资产投资实现新突破。全社会固定资产投资首次突破百亿元，达到142.3亿元的历史最高水平，完成全年任务目标124.8%，同比增长58.4%，总量居生态涵养发展区首位。重点工程建

设有序推进，区属 73 项重点工程完成投资 90 亿元，增长 108.4%，是拉动固定资产投资增长的主要力量。

（二）产业转型取得成效，经济内在活力增强

旅游文化休闲产业集聚发展势能。改革行业管理体制，成立了区旅游发展委员会和文化创意产业促进中心。成功举办北京国际山地徒步大会、首届环北京职业公路自行车赛、第七届农民运动会、旅游山会等大型活动和赛事，区域品牌影响力明显扩大。门头沟区被认定为北京市旅游产业带动区域协调发展配套改革试点区。北京旅游定向增发工作获得成功，启动北旅广场升级改造工程，开展潭柘寺、戒台寺、妙峰山景区修复工作，建成国道沿线 19 个旅游港湾。引进了中国山水旅游总社。旅游综合收入突破 10 亿元，达到 14.6 亿元，同比增长 41%。

提升改造商业流通服务体系。努力拉动地区消费需求稳步增长，引进苏宁电器等大型零售企业，新开双峪物美大卖场；完成了城子大街国有资源整合改造升级项目、物美河滩菜市场改造项目拆迁工作。实现社会消费品零售额 38 亿元，同比增长 16.7%。

工业生产持续向好。工业生产有效支撑了全区经济的快速发展，规模以上工业企业实现产值 87.4 亿元，增长 21.2%。加大石龙开发区向总部经济孵化基地和电子商务产业园区转型力度，完成了园区市政基础设施改造和产业孵化中心一期配套工程，已入驻 86 家企业；新华水利水电等 6 个总部大楼建设全面启动，总部集聚功能初步显现。

积极推进重点沟域建设。成立生态产业园区管委会，完成了中芬生态谷总体控制性规划，斋堂旅游集散中心项目建设加快推进，潭柘寺沟域村民安置房项目、雁翅南石洋沟域旅游风景区项目已开工建设，军庄沟域引进华谊兄弟公司合作建设创意文化小镇。加快农业产业化步伐，对 108、109 国道两侧观光休闲农业走廊进行提升改造，新发展果品基地 3350 亩；提高农产品附加值，重点扶持京西白蜜、玫瑰精油等农产品加工企业。全年农林牧渔业总产值达到 5 亿，比上年增长 27%。

招商引资工作取得新成绩。参加了科博会等一系列大型招商活动，项目签约成果显著，全区共新签项目 22 项，总体签约项目达到 83 项，协议金额突破 2500 亿元。加快招商引资项目落地，汇江大厦、华润集团综合地产开发项目等 10 个项目已开工建设。

（三）城乡建设步伐加快，环境品质大幅提升

城市运行保障能力不断提升。阜石路二期全线贯通，S1 线建设正式动工；完成了黑山大街改造、增北路改造、石龙地区道路升级一期工程；永安路、东辛房东街等城市道路工程有序推进。强化山区路网建设，潭王路、清千路工程基本完工，108 国道改建工程实现隧道贯通。实施采空棚户区安置房水、电、气等配套工程，完成了石门营经济适用房市政配套工程。协调配合推进首钢生物质能源项目、陕京三线输气管线北京段工程。实施门城地区夜景照明和环境整治工程，完成了主要大街人行步道更新、公共服务设施升级以及架空线入地工程，城市面貌焕然一新。

生态环境优势进一步增强。全方位提升门头沟区环境质量和城市品位，永定河门城湖工程完工，实现全线蓄水，实施黑河沟、冯村沟、城子沟、西峰寺沟治理工程，完成中门寺沟上游景观平台工程；新建和改建新城滨河森林公园、永定河文化公园、京门铁路遗址公园等 30 个公园，全区新增绿化面积 155.2 万平米。大力推进京津风沙源治理、第二道绿化隔离带、废弃矿山恢复等重点生态治理工程，全区林木绿化率达到 58.76%。全面启动国家环境保护模范城区创建工作，落实清洁空气行动计划纲要，城乡环境整治百日行动成效显著，全年空气质量二级和好于二级天数完成率为 74.5%，完成了市政府下达目标。

项目拆迁和房屋征收工作全面推进。为确保采空棚户区改造、重点工程、环境建设的顺利进行，基本完成了小白楼、城子大街、黑河沟和城子沟两侧等房屋征收项目。加快实施土地储备项目，超额完成了全年土地一级开发投资计划；东辛秤村 B 地块等 3 个项目成功上市，拓展了城市发展空间。

（四）惠民工程落实有力，民生状况持续改善

保障性住房建设全面提速。全力推进采空棚户区改造，石门营、石泉、中门寺等 5 个地块安置房建设全面展开，35 万平米安置房即将入住，实现开复工 200 万平方米的阶段性目标。京煤集团工矿棚户区改造项目已开工。启动大台、黑山及铅丝厂公租房建设，冯村两限房建设年底实现封顶，永定、斋堂、潭柘寺镇安置房工程进展顺利。完成城镇居住建筑节能改造项目 22.8 万平方米。

社会保障网络不断扩大。积极落实社会保障和改善民生的各项政策，就业形势保持稳定，城镇登记失业率为 4.11%。社会保障水平稳步提高，五项保险基金收缴率均达到 99% 以上；推进医疗保

险城乡一体化工作，对“一老一小”、劳动年龄内无业人员实行统一的城乡居民医疗保险，全面完成公费医疗与职工基本医疗保险并轨工作。

农村生产生活条件不断改善。加大低收入农户帮扶力度，实现低收入农户监测全覆盖，51 个低收入村全面脱贫。积极开展新型农村社区建设，扎实推进“三起来”工程。提高农村地区供水保障率，实施了农村循环水务、安全饮水和水土保持治理工程。

（五）公共服务全面加强，社会管理不断进步

社会事业蓬勃发展。不断改善办学条件，完成14 所学校校舍安全工程，棚改配套学校建设进展顺利。强化科技在生态建设、山区能源、特色农业等领域的推广应用，实施创新科技项目 15 项。改善医疗卫生环境，区医院急诊综合楼工程全面完工，与凤凰管理集团重组取得积极进展；完善基层卫生医疗服务体系，提升改造社区卫生服务机构，完成 22 个村卫生室和 12 个健康工作室设备配备工作；公共卫生安全得到有效保障，开展食品添加剂专项整治、地沟油专项整治等行动。

地区特色文化繁荣发展。举办了第五届永定河文化节、纪念建党 90 周年文艺汇演等各类群众文化活动；打造原创文化精品，以门头沟棚户区改造为题材，创作现代评剧《迁居》，获得广泛好评；加强基层文化中心设施建设，设立 10 大公园文化志愿服务艺站。加强文化遗产的传承和保护，积极推进文物抢险修缮工作。

社会管理水平稳步提高。创新社会服务管理模式，出台了《关于加强和创新社会管理全面推进社会建设的意见》，建立为民服务信息平台，完成了一批社区用房规范化建设。加强特殊人群服务管理，制定了《门头沟区十二类人群服务管理实施方案》。提高优抚保障水平，顺利通过全国双拥模范城考评验收。完善大社会救助体系，在全市率先实施困难群众住院押金垫付制度、城乡特困人员住院押金减免和出院即时结算制度。促进社会福利事业健康发展，老年福利中心项目和西城养老服务基地建设全面展开。加大安全隐患排查整治力度，安全生产状况持续稳定。

（六）重点领域改革继续深入，发展环境进一步优化

健全农村发展机制，集体林权制度改革率先取得突破，完成了 173 个村农村产权制度改革工作，提升改造 40 个农民合作社。落实医药卫生体制改革工作，实施医疗机构绩效考核、区医院双休日门诊等机制。完善行政管理机制，积极探索科级干部交流管理试点，基本完成各镇机构改革工作。理顺国有企业经营机制，4 家经营性事业单位实现转企改制；京西建设集团、益康糕点厂资产重组工作得到推进。制定促进中小企业发展的实施意见，加大对中小企业在信贷融资、科技创新、人才引进等方面的支持力度。建立健全工程建设领域监管制度体系，积极打造工程建设领域良好环境。

总的看，2011 年全区经济社会发展取得了令人鼓舞的成就。在肯定成绩的同时，我们还要清醒看到存在的问题和挑战，经济总量仍然偏低，经济结构调整和产业培育将是长期艰巨的任务；发展空间狭小，建设用地资源不足，需进一步提高土地资源集约利用率；城乡基础设施滞后的约束仍比较突出，解决群众关心的住房、就业、社会保障等任务较重；国家紧缩的宏观调控政策，也给本区投资和项目融资带来一定压力。这些问题需要我们在今后的工作中继续加强统筹协调，采取有力措施，认真加以解决。

二、2012 年国民经济和社会发展计划安排

2012 年是实施“十二五”规划的关键之年，是全面推进现代化生态新区建设的重要之年，是提高城乡管理与服务水平、确保安全稳定、迎接党的十八大召开之年，科学安排好 2012 年国民经济和社会发展计划，保持全区经济社会良好发展势头至关重要。

（一）计划安排的指导思想和主要原则

2012 年全区国民经济和社会发展计划安排的指导思想是：以科学发展为主题，以加快转变经济发展方式为主线，全面落实区委十一次党代会工作部署，努力在产业提升、城乡建设、民生改善、文化发展等方面取得突破性进展，为建设绿色、富裕、和谐、文明的现代化生态新区打下坚实基础。

在计划目标的确定和重点建设项目的安排上，重点把握了四个更加注重：一是更加注重推动发展方式转变和经济结构调整。坚持大开放、大引进的战略，积极促进产业扩容增量和优化升级，在扩大经济总量的同时要增强经济发展质量，推动地区经济又好又快发展。二是更加注重改善民生、保持社会和谐稳定。千方百计扩大就业，完善社会保障体系，提高低收入群体收入水平，改善公共服务，促进成果共享。三是更加注重推进城乡一体化发展。优化城乡资源配置，统筹规划城乡人口、产业、基础设施等布局，努力实现城乡经济、社会、文化、生态的相互融合和相互促进。四是更加注重区域品牌塑造和软实力提升。在加强硬实力建设的同时，着眼于培育和提升城市软实力，重视文化建设和文化产业发展，彰显地区人文魅力。

（二）2012年经济社会发展主要目标

主要调控指标

——地方财政收入同比增长5%；

——城镇登记失业率控制在5%以内；

——万元地区生产总值能耗下降4%；

——空气中主要污染物浓度同比下降3%。

主要预期指标

——地区生产总值同比增长12%；

——固定资产投资同比增长14.5%；

——旅游综合收入同比增长15%；

——社会消费品零售额同比增长15%；

——城镇居民人均可支配收入和农民人均纯收入增幅超过全市平均水平。

三、实现2012年国民经济和社会发展计划的主要措施

紧紧围绕区域功能定位，加快转变经济发展方式，把握重点，突破难点，为促进经济社会跨越式发展筑牢基础。从以下六个“着力点”推进工作：

（一）着力优化产业结构，增强区域经济支撑力

紧抓首都西部加快转型发展和永定河绿色生态发展带建设的机遇，优化产业布局，加强重点产业功能区建设，吸引优质要素资源优先向功能区聚集，推动产业走向高端、绿色、集约的发展轨道。

集聚壮大旅游文化休闲产业。以创建国家旅游综合改革试验区和建设北京市旅游重点发展区为切入点，认真落实《区旅游文化休闲产业发展战略规划》，建设首都国际山地高端旅游文化度假区，推动旅游文化休闲产业加快发展。一是以组团发展的形式串联分散景区景点，重点打造古寺庙及遗址、古村古道、商务会议、健康休闲等旅游文化组团；二是促进文化创意产业与旅游业融合发展，推进中国非物质文化遗产博览园、国际健康城等项目建设；三是培育具有影响力的文化和赛事品牌，重点打造北京国际山地徒步大会、环北京自行车赛、京浪音乐节等精品活动；四是加快农游一体化发展，提升山区旅游配套设施水平，增强旅游接待能力，鼓励发展农家山吧、体验农业、特色酒庄等高端旅游业态。

提升发展商业服务业。大力推进城子大街国有资源整合改造、物美河滩菜市场改造，打造现代特色商业街区。发展家政、餐饮、休闲、康体等生活性服务业，新建社区便利商业设施，形成“一刻钟生活服务圈”。进一步完善农村流通网络，积极引导农村商业零售业健康发展；大力实施“农超”对接，促进农副产品销售。

加快推进石龙开发区转型升级。以打造企业总部和研发中心孵化基地为目标，鼓励引导具有自主知识产权的企业向园区内聚集；建立行业中心总部和营销总部，启动石龙中小企业技术支持与研发中心项目，积极推进新华水利水电、立思辰、东方博特等总部大厦建设。加快五期征地土地一级开发工作，确保开发区规划面积扩大取得实质性进展。

增强沟域经济发展活力。以发展沟域经济为载体，推动山区全域景区化建设。大力引进技术、资金、人才等高端要素，精心做好各条沟域项目规划设计，抓好中芬生态谷、中瑞生态谷、九河湿地公园等项目开发建设；研究制定废弃矿山土地利用、旧村改造等政策，突破建设用地瓶颈。促进农业发展方式转变，以果品、食用菌、玫瑰、黄芩等优势农产品为重点，着力在壮大规模、培育品牌、带动农户上下功夫，提高产品附加值和市场占有率。

（二）着力加大重点项目工作力度，保持投资较快增长

坚持把项目建设作为推动跨越式发展的关键举措，集中力量，狠抓项目谋划，强化项目实施，增强经济发展后劲。

科学合理安排固定资产投资。充分发挥投资对经济和社会发展的拉动作用，保持投资持续、快速、协调增长。一是要进一步扩大投资规模，优化投资结构，2012年全社会固定资产投资安排规模163亿元，增长14.5%。二是要进一步发挥政府投资带动作用，计划安排重点工程91项，其中：完工52项，开工39项。重点支持交通路网建设，支持保障性安居工程和民生改善项目建设，支持生态环境建设；在时序上做到早安排、早落地，抓好重大项目的落实和服务保障。三是创新投融资体制机制，积极引导民间投资，充分利用首都大型央企、国企资源，多方筹集资金。四是加大土地储备项目实施力度，力争完成土地储备开发100公顷、实现投资100亿元，确保土地入市交易148公顷。

全方位开展招商引资工作。巩固和扩大招商引资成果，围绕推进产业升级抓好招商引资。采取以商招商的措施，鼓励熙旺大厦、冯村商业街等临街商厦引进新兴商业业态，形成新的消费人气圈和现代商业氛围。坚持内外资一起抓、大企业与中小企业一起抓，加快引进一批带动能力强的大型旅游文化休闲产业项目，积极引进一批成长性好、税源涵养能力高的中小型企业入驻孵化中心。围绕已签约项目打好落地攻坚战，建立健全招商引资工作组织协调机制，抓好投资项目的实施、管理和跟踪服务。要重点加快长安街西延线两侧项目落地速度，努力率先形成首都西部经济发展新引擎。

（三）着力加强城市建设，提高城市综合承载力

按照一流旅游城市的建设标准，高水平规划城市，高质量建设城市，高效能管理城市，以良好的城市面貌迎接重大赛事举办和党的十八大召开。

加大重点区域开发力度。加快旧城改造步伐，重点推进小白楼二期、河滩小商品市场改造等项目，有效促进城市资源整合和服务功能提升。全面推进现代化滨水山城建设，高标准建设S1线两个主要站点、永定河跨河大桥及长安街西延12个标志性建筑；加快永定地区城市综合改造等项目建设，打造崭新靓丽的新城风貌。推动重点镇镇域整体开发，加快推进潭柘寺镇休闲旅游服务基地和农民安置房建设；全面建设斋堂旅游集散中心；推进军庄国际葡萄酒文化产业基地项目；打造王平运动休闲养生小镇。

提升优化城市环境风貌。营造城市现代化气息，规范建筑形体色彩，优化主要大街景观、灯光布置，规划建设突出城市个性的地标性建筑。塑造生态滨水山城形象，全面完成新城滨河森林公园、永定楼、滨河大道等景观工程建设，实施五条沟绿化美化亮化工程，新建和改建棚改纪念公园、永定河公园等11个公园。深化大气污染防治，严控机动车尾气排放，确保空气质量稳步提升；强化节能减排机制，提高再生资源利用率，确保完成减排任务。

加强市政基础设施建设。完成莲石湖西路道路工程、黑江路改造工程等6条城市道路工程；开工建设九龙路改造、滨河路南延等工程。完善山区三横五纵路网体系，完成108国道改建，推进鲁坨路工程、青杨路改造等道路工程。加快城乡基础设施建设，完成1.22万户家庭送气下乡工程；开工建设滨河、城子集中供热厂；完成中门寺110KV变电站建设；抓好城子水厂改扩建工程及污水管线改造工程。协调配合市级重点工程建设，尽快启动109国道高速路项目，加快推进S1线、长安街西延、首钢生物质能源、陕京三线等项目建设。

（四）着力做好改善民生工作，促进发展成果共享

切实解决人民群众最关心、最直接、最现实的利益问题，使发展和改革的成果更多地惠及人民，营造稳定、和谐的社会局面，促进经济与社会的协调发展。

全力保障采空棚户区改造工程。全面加快施工进度，尽快实现石门营地块、石泉砖厂地块安置房全面入住、全年竣工200万平方米的目标。有序推进安置入住工作，集中力量实施市政配套和公共服务配套工程，确保群众放心入住。认真做好棚户区改造规划工作，做到安置房建设和改造规划同步进行。全面启动新棚改100万平方米安置房建设工程，支持京煤集团加快工矿棚户区改造，彻底改善棚户区居民的生活条件。

稳定就业和提升社会保障。一是加强就业保障扶持力度，针对全区拆迁失地农民就业、重点项目建设、“三高”企业退出等带来的就业问题，研究制定切实可行的促进就业政策；积极培育就业市场，开发就业岗位1000个，培训城镇登记失业人员和农村转移就业劳动力1300人，城镇登记失业率控制在5%以内。二是完善覆盖城乡的社会保险体系，落实城乡居民养老保险与职工养老保险衔接政策，逐步将机关、事业单位人员纳入生育保险、工伤保险范畴。三是健全住房保障体系，完成冯村两限房建设及配售工作，研究制定公租房管理办法，加快推进大台、黑山及铅丝厂公租房建设。

建设富裕文明新农村。积极落实强农惠农政策，确保农民持续增收。完善农村金融服务体系，加快村镇银行建设。全面加强农村环境整治，积极创建环境优美镇、生态村、绿色村庄，推行垃圾源头分类减量化运行。开展深山区农民集中搬迁试点，完成2720户农民住宅抗震节能改造。加强水土流失治理，优化升级农村地区供水设施，发展节水灌溉5000亩。

（五）着力加强和创新社会建设，促进社会和谐稳定

把健全公共服务体系，推进基本公共服务均等化作为社会管理的重要方面，创新社会管理机制，加强城乡社区建设，逐步完善与经济发展相适应的社会管理体系。

提升公共文化服务水平。广泛开展各类群众文化活动，办好永定河文化节等精品文化活动。完善公共文化设施，健全基层公共文化设施网络布局，加强已建成社区文化活动中心规范化运行。推进文化遗产保护传承和开发利用，继续实施重大文化遗产保护工程，切实保护永定河历史文脉。

扩大优质公共服务范围。推进基本公共服务均等化，构筑功能完备、结构优化、内容丰富、公平享有的社会公共服务体系。优化教育布局，加快学校建设，完成棚户区安置房区域内3所中小学和4所幼儿园建设；继续实施中小学校舍安全工程，积极推进少年宫、军庄小学、三家店铁路中学建设工程。增强区域医疗基础设施承载力，加快村镇卫生院及社区卫生服务站建设，建立社区卫生信息共享平台。改扩建体育中心和体育馆，积极承办赛事活动，提高现有体育场馆利用率。围绕区域发展重点，开展各类科技服务，做好高新技术企业服务工作，不断加大促进企业科技创新的资金扶持力度。

深入推进社会服务管理创新。努力实现社区基本公共服务全覆盖，推进"六型社区"创建工作；创建一批精品社区，推进老旧小区改造试点工作，对无物业的老旧小区试点推行准物业管理。完善社会组织服务管理体系，加强为民服务信息平台建设；建立政府购买社会组织服务机制，鼓励社会组织承接居家养老、环境卫生等各类社区服务项目；培育发展街镇枢纽型社会组织，分类引导社区社会组织发展。建设社会救助信息平台，关心支持老龄、妇女、儿童、残疾人工作，优化人口计生工作网络，创新人口管理模式。全面抓好生产、建筑、消防、交通等安全工作，保障城市安全运行。

（六）着力推进各项改革，为发展注入新的活力

围绕重点领域和关键环节，继续完善适应科学发展要求的体制机制，通过改革激发科学发展的内在动力和活力。完善农村发展体制机制，深入推进集体林权制度改革工作，研究建立规范的林权流转制度和商品林健康发展工作；加强对农民专业合作社的指导、扶持和服务。深化部门预算改革，积极推进预决算信息公开工作。稳步推进事业单位分类改革工作，完成区影剧院等一批事业单位转企改制，增强事业单位发展活力。深化医药卫生体制改革，落实各项医改保障措施，提升公立医院管理和服务，打造最佳区域医疗中心。加速推进国有企业资产重组改制，力争完成25家企业改革任务，完成京西建设集团、益康糕点厂资产重组，推进新港水泥地块开发项目建设，加快推进一批无资源、无产能企业退出，实现国有资产保值增值。

立足新起点，应对新挑战，推进大发展，是时代赋予我们的历史重任和光荣使命。在新一届区委、区政府的领导下，在区人大的监督和区政协的大力支持下，全区上下团结拼搏，开拓创新，以更大的魄力，更高的效率，更快的速度，推进经济社会实现跨越发展，以优异的成绩迎接党的十八大召开！

关于门头沟区2011年预算执行情况和2012年预算（草案）的报告

——2011年12月18日在北京市门头沟区第十五届人民代表大会第一次会议上

门头沟区财政局局长　许　彪

各位代表：

受区人民政府委托，现将门头沟区2011年预算执行情况和2012年预算草案的报告提请区第十五届人大第一次会议审议，并请区政协各位委员提出意见。

一、2011年预算执行情况

2011年，在市委、市政府和区委的正确领导下，全区各部门深入贯彻落实科学发展观，按照生态涵养发展区和首都西部综合服务区功能定位要求，紧紧围绕"一带、两线、四点"的空间发展布局，继续加大招商引资力度，加快产业结构优化升级和城市建设步伐。财税部门充分发挥职能作用，积极组织财政收入，收入规模创下新高，继续深化财政改革，加大财政监管力度，增强财政保障能力，提升财政服务水平，圆满完成了全年预算任务。

（一）全区财政收支完成情况

2011年全区一般预算收入预计完成168,000万元，完成预算的144.8%，增长57.4%；一般预算支出预计完成530,000万元，完成预算的155.3%，增长15.9%。全区政府性基金收入预计完成240,000万元，增长64%，完成预算的118%；政府性基金支出预计完成273,795万元，增长47.8%，完成预算的134.6%。

（二）一般预算收支完成及平衡情况

1. 一般预算收支平衡情况

2011年，全区一般预算收入预计完成168,000万元，加市对区县体制返还、定额补助及转移支付补助收入等244,800万元，市追加专项收入100,000万元，上年结转本年使用收入38,026万元，动用预算稳定调节基金5,000万元，收入总计555,826万元。全区一般预算支出预计完成530,000万元，加上解支出171万元，支出总计530,171万元。一般预算收支相抵，专项政策性结转25,655万元。一般预算收支平衡。

2. 主要收入完成情况

经济决定财政，在全区经济社会加速发展、招商引资成果不断显现的有利背景下，财政收入成绩斐然。2011年一般预算收入168,000万元，增长57.4%，完成预算的144.8%，提前四个月完成全年收入任务，收入规模实现历史性突破。主要收入项目预计完成情况是：增值税18,388万元，增长14.9%，完成预算的105.1%。营业税57,039万元，增长78.4%，完成预算的162%。企业所得税24,310万元，增长36.9%，完成预算的118.8%。

财政收入实现快速增长，主要得益于几方面因素。一是全区重大项目建设积极推进，大幅拉高固定资产投资，进而带动财政收入持续增长。二是招商引资成效显著，推高入区企业收入贡献。三是工业生产态势良好，重点产业实现快速增长。四是流通市场稳中有升，消费需求支撑收入增长。

3. 区级财力主要支出完成情况

全区一般预算支出预计完成530,000万元，增长15.9%，其中：区级财力支出预计完成433,708万元，增长30.8%，完成预算的131.8%。区级财力主要支出项目完成情况是：

一般公共服务支出47,163万元，增长19.5%，完成预算的135.3%。其中：人口与计划生育法定支出957万元，增长18.6%，完成预算的116.6%。公共安全支出25,686万元，增长40.4%，完成预算的162.4%。教育支出54,934万元，增长20.5%，完成预算的132.8%。其中：教育法定支出44,021万元，增长18.6%，完成预算的118.3%。科学技术支出1,610万元，增长2.8%，完成预算的169.1%。其中：科学技术法定支出1,258万元，增长18.6%，完成预算的180.7%。文化体育与传媒支出5,782万元，增长1.8%，完成预算的126.2%。其中：文化法定支出3,114万元，增长18.6%，完成预算的128.5%。社会保障和就业支出63,218万元，增长17.5%，完成预算的115.5%。医疗卫生支出18,297万元，同口径增长17.2%，完成预算的118.9%。其中：卫生法定支出17,140万元，增长15.8%，完成预算的114.7%。节能环保支出10,983万元，增长4.7%，完成预算的120.3%。城乡社区事务支出112,650万元，增长108.3%，完成预算的203.8%。农林水事务支出53,525万元，增长10.4%，完成预算的113.7%。其中：农业法定支出38,095万元，增长18.6%，完成预算的118.6%。

为有力保障全区各项重点工作任务有序推进，财政部门积极发挥资源配置的作用，坚持集中财力办大事的支出原则，科学合理安排资金，财政资金在支出结构和使用方向上体现了五个“突出”。①

一是突出民心工程，加快棚户区改造及区重点工程建设进程。发挥财政资金的杠杆作用，多方筹集调度资金，安排资金71，600万元，用于支持棚户区改造市政配套工程建设、东辛房东街等道路建设拆迁、黑河沟中上游综合治理工程房屋征收、冯村石门营集中供热工程等方面。资金的及时跟进为棚改工程及其他重点工程的快速推进提供了坚实的保障。

二是突出完善设施，积极推进城市基本建设。拨付资金10，500万元，用于保障永定河门城湖公园、京门铁路遗址公园、京浪岛文化体育公园等公园新建和改造工程，美化群众休闲场所，优化招商引资环境。拨付资金3，632万元，用于支持门城主要大街楼体夜景照明工程、门城主要大街及重点地区架空线入地工程等公共服务设施建设，提升城市综合服务保障能力。继续加大生态建设和环境保护投入，巩固生态保护成果，投入资金19，691万元，支持京津风沙源治理工程、中门寺沟环境整治

---

① 财政资金实现五个“突出”中，所用的支出口径为包含区级财力、市级专项及转移支付补助的全口径支出。

工程及城镇地区55个小区垃圾分类项目，提升地区生态承载能力。

三是突出社会建设，着力保障和改善民生。积极落实保障和改善民生的各项政策，投入资金23，205万元，提高养老、失业、低保等社会保障待遇标准，进一步提高社会保障水平。完善各项残疾人保障政策，开展儿童、老年人保健等公共卫生服务项目。深化医疗卫生体制改革，投入资金2，033万元，支持推进公立医院改革试点工作。落实就业优惠政策，改善就业环境，增加就业培训投入，帮扶失业人员实现再就业。加快发展各项社会事业，加大教育经费保障力度，支持提高各类各级学校办学质量。拨付资金4，215万元，继续实施全区中小学校舍安全工程建设，提高学校安全防范能力，保障广大师生安全。加大宣传北京永定河文化力度，支持开展永定河文化节等系列活动，推动区内旅游文化发展。投入资金1，578万元，重点保障北京市第七届农民运动会等三大赛事的顺利进行，通过举办重大赛事积极展示门头沟区发展建设成果。加快完善社会建设工作体系，加强社会服务管理，投入资金3，632万元，实施了96156为民服务信息平台建设、社区办公用房规范化建设等社会建设项目。

四是突出结构调整，促进经济生态化转型。拨付资金11，111万元，促进石龙经济开发区升级转型，支持实施开发区产业孵化基地建设，以及开发区主要道路及市政基础设施升级改造和亮化美化工程，全面提升开发区招商环境，保障招商引资工作的顺利推进。拨付资金1，703万元，支持山区清洁型煤加工厂建设及运营，提供送气下乡财政补贴，保障山区农民取暖用煤，保护山区产业调整成果，促进替代产业加快形成。着力完善旅游基础设施，改善景区环境面貌，支持定都阁、定都峰等景区建设，促进我区旅游文化休闲主导产业加快发展。

五是突出和谐共享，加快城乡一体化发展。投入资金3，028万元，支持新农村“五项基础设施”工程建设，改善农村生产生活条件。拨付资金5，157万元，保障南涧沟等6条小流域综合治理、防洪除险工程、雨洪利用工程等顺利实施，支持农村水利工程建设。拨付资金4，140万元，实施2项国家农业综合开发工程、15项地方农业综合开发工程及4项支农项目建设，重点开展农业园区建设、农产品加工基地建设等，进一步夯实农村地区生态基础、环境基础和发展基础。

4. 超收完成情况

根据目前北京市对区县财政体制，2011年区级财力比年初预算预计超收88，732万元。根据《预算法》、《北京市门头沟区预算监督办法》的要求，主要用于保障农业、教育、文化、卫生等法定支出依法增长，支持城乡基础设施建设、环境综合整治以及公益性墓地建设等方面。

5. 市专项补助、上年结余使用情况

市专项补助收入预计100,000万元，支出86，976万元。按照市专项补助规定用途安排支出，主要用于棚户区改造市政配套建设、京津风沙源治理、农业综合开发土地治理、滨河森林公园建设等方面。

上年结余38,026万元，预计全部支出。

（三）政府性基金预算收支完成及平衡情况

2011年，政府性基金收入预计完成240,000万元，增长64%，完成预算的118%，超额完成预算主要是土地出让收入大幅增长。主要收入情况是：国有土地出让收入235,144万元，增长65.8%，完成预算的117.6%；残疾人就业保障金收入1,745万元，增长7.5%，完成预算的116.3%。

政府性基金支出预计完成273,795万元，增长47.8%，完成预算的134.6%，超额完成预算主要是城乡社区事务支出大幅增长。具体情况是：城乡社区事务262,367万元，增长48.3%，完成预算的130.1%；社会保障和就业5,451万元，增长40.3%，完成预算的363.4%。

政府性基金收入240,000万元，加上年结余9，204万元，市级补助收入24,591万元，收入总计273,795万元。政府性基金支出273,795万元，基金收支平衡。

需要说明的是，上述数字是按照预算执行情况初步汇总的，在财政决算编制工作完成后，还会有所变化，届时再向区人大常委会报告。

（四）落实区人大决算审议意见情况及2011年财政工作

按照区十四届人大七次会议有关决议，以及区十四届人大常委会五十次会议的要求，财政及有关部门依法组织财政收入，优化支出结构，加强财政预算绩效管理，确保完成年度预算目标任务。

1. 充分发挥财政职能作用，全力推动地区经济社会跨越式发展

采取多种财政政策和手段，全方位服务招商引资工作大局，积极培育新的地区财源增长点。发挥财政资金引导作用，采取财政直接投入与提供贷款融资担保相结合的方式，鼓励入区企业不断发展壮大。出台政策建立企业发展扶持专项资金、商业流通发展专项资金，为企业提供贷款贴息、贷款担保补助、企业市场开拓补助等资金支持，支持重点企业做大做强。梳理、整合扶持中小企业发展的各类政策资源，建立完善中小企业贷款担保体系，有效缓解中小企业融资难的问题，有力地促进了中小企业的健康发展。

多方筹集调度资金，拓宽资金来源渠道，全力支持重点项目快速推进。一是积极筹措和统筹安排资金。认真学习和领会市政府《关于加快西部地区转型发展的实施意见》的文件精神，结合区域功能定位，做好项目储备和评审工作。同时，区分各类项目性质，统筹预算资金、政府性基金、融资资金和捐赠资金，合理安排项目支出，确保资金结构最优化、资金效益最大化。二是科学调度并及时拨付资金。充分发挥市、区两级资金调度的作用，有效缓解棚改等重大项目资金周转的困难。同时，通过合理安排资金支出计划，科学调度国库库存资金，保障全区资金周转，有效降低了财务成本。财政部门按照“限时办结制”的要求，制定了严格高效的资金审批拨付流程，积极适应快节奏、高效率的工作要求，提高资金拨付效率，确保资金及时到位，切实将财政资金及时转化为人民群众能够实实在在享受到的发展成果。

2. 加强部门协同合作，积极组织财政收入，为全区中心工作提供坚实的财力保障

科学分解、落实各项财税考核指标，完善组收工作激励机制，形成各部门、各镇街齐抓共管的组收工作格局。结合当前地区投资建设规模日益扩大的现实情况，及时制定出台《门头沟区加强区域税源综合管理服务暂行办法》和具体实施方案，财政部门、税务部门、工商部门、项目管理和实施部门之间加强信息沟通，强化对重点建设项目和区域税源的综合管理服务，提高组收工作的针对性。

3. 创新财政工作理念，加强预算绩效管理，强化预算单位绩效意识

加强财政预算绩效管理，树立“要钱需问效，用钱即问责”的理念，强化各部门的财政资金绩效意识，着力建立从权力导向转变为责任导向，从利益分配转变为公共资源的配置，从服务于部门政绩转变为服务于政府的公共职能，从部门的分割转变为整体统筹的预算绩效管理制度。继续做好项目支出绩效评价工作，邀请区人大全程参与专家绩效评价会，接受人大对绩效评价工作的监督、指导；前移预算绩效管理关口，要求预算单位设立并提交2012年项目支出预算绩效目标；探索开展2012年部门预算事前绩效评估，提高项目审核的透明性和公开性，以及财政资金分配的科学性和公正性。

4. 稳步推进预算信息公开工作，自觉接受人大、政协和社会各界监督，努力打造阳光财政

根据中央、北京市相关要求，制定出台《门头沟区关于推进预算信息公开工作的实施意见》，主动适应信息公开对预算编制的客观要求，进一步加强预算编制基础工作，认真审核单位基本支出、项目支出基础信息，确保预算编制的科学性和准确性；逐步扩大预决算信息公开范围，2011年上报区人代会审议的12个部门预算，全部要求其公开预算。

5. 深化财政改革进程，推进科学化精细化管理，提高财政管理服务能力

做好财政改革间的统筹协调和衔接配合工作，推进财政科学化、精细化管理。一是加强预决算成果应用，夯实财政管理基础工作；对房屋租金指导价、中央空调运行费等情况进行调研，完善预算定额标准体系。加强财政性结余资金管理，制定出台《门头沟区行政事业单位财政性结余资金管理办法》，消化清理闲置财政资金，提高资金使用效益。二是持续推进国库集中收付制度改革，落实解决集中支付软件系统技术升级、业务流程优化调整等细节问题，提高资金拨付效率。三是制定《政府采购项目档案管理暂行办法》、《关于政府采购进口产品管理工作有关问题的通知》，健全完善政府采购制度体系；优化政府采购管理系统，采购过程更加快捷，采购程序更加明确、规范。四是提升资产管理信息化水平，探索开展实物库试点工作，推进罚没物资进场交易。五是财政投资评审范围扩展到工程评审、财务评审和道路拆迁评审；主动提供咨询服务，提高评审工作的服务主动性。

6. 加强财政重点项目资金监督管理，深入开展“小金库”等多项专项检查，保障财政资金安全高效运转

一是制定出台《门头沟区重点工程资金管理办法》、《政府投资项目周转金使用管理办法》等文件，加强重点项目资金管理制度建设；加强重点工程资金监管的机制创新，成立门头沟区土地储备项目资金监管小组，运用社会专业力量对土地储备开发资金实施全过程监管，保证资金安全。二是先后开展了“小金库”治理、公务用车治理等多项专项检查。三是配合国家审计署完成对政府债务的审计，将债务管理全面纳入财政预算管理范畴，积极防范财政风险。

二、2012 年预算草案

2012 年是新一届政府的开局之年，更是全区加快转变经济发展方式，努力实现经济社会跨越式发展的关键之年。因此，认真研判财政形势，科学确定 2012 年财政收支任务，全力保障地区发展，是财政部门的中心工作。

（一）当前财政面临的形势

2012 年的财政工作存在诸多有利条件，但不确定因素仍然很多，财政收支矛盾依然突出。从财政收入看，有利因素和困难并存，收入形势比较复杂。有利因素：北京市面临着世界城市建设、首都西部发展规划、重大项目建设带来的三大历史性机遇，经济社会发展速度不断加快。考虑到生态涵养发展区和西部综合服务区的功能定位，全区区域经济将实现跨越式发展，财源基础逐步夯实。同时区内城市建设的快速推进和各项重点工程的开工建设，带动建筑业及相关产业的发展，为财政收入的快速增长增加动力。区域投资环境的改善对招商引资工作带来了积极影响，在招商引资工作的带动下，随着新增企业的项目落地，将逐渐形成我区新的收入增长点。

尽管如此，2012 年全区经济发展的不确定因素仍然很多，财政持续增收面临着一定的困难：一是目前的主体税源房地产行业仍处于严厉调控之下，收入预期存在很大的不确定性。二是区内长久以来存在的税源结构不合理、异地经营企业收入比重过大等问题并未消除，收入持续稳定增长能力不强。三是新招企业处于起步发展阶段，新的经济增长点尚未凸显，增收拉动力并不突出。四是 2011 年财政收入中存在一次性入库因素和预算外纳入预算内管理因素，同时也抬高了 2011 年收入基数，为 2012 年增收带来了一定压力。因此，综合分析，2012 年的收入形势并不能盲目乐观，需要积极稳妥地制定年度收入任务。

从支出安排看，一是首先保障人员开支、政府机关正常运转，以及农业、教育、文化、卫生等法定支出依法增长。二是着力保障城乡居民最低生活保障、无保障老人福利养老金、就业再就业支持资金等社会保障性支出，支持完善覆盖全体居民的社会保障体系以及涵盖城乡的就业公共服务体系。三是大力支持社会建设深入推进，积极保障政府为民办实事折子工程、社区建设、区医院改革、农业建设等重大社会事业项目，同时，支持文化馆、博物馆建设，支持科技创新、永定河文化艺术节等事业发展，促进门头沟区社会事业繁荣发展。四是支持加快城市建设和经济结构调整，促进产业布局优化升级。保障融资偿债、BT 项目还款、重点工程建设等重大资金需求，以及垃圾填埋场、绿地养护、夜景照明等各类城市公共服务设施日常运行费用，完善城市服务设施，提高地区招商发展承载能力。专项安排经济结构调整资金、旅游发展资金，用于支持各类入区企业发展壮大、开发区激励资金、旅游文化休闲产业培育及发展等方面，加快地区经济发展步伐。

综上所述，在新的历史条件和时代要求下，财政支出保障的领域更广、重点更多，特别是涉及民生支出的规模大、刚性强，因此，平衡财政收支的压力依然存在。

（二）2012 年预算安排的指导思想及总体安排

2012 年预算安排的指导思想是：全面贯彻党的十七届六中全会和区委十届十一次党代会精神，认真落实区委各项工作部署，深入贯彻落实科学发展观，按照生态涵养发展区和西部综合服务中心的功能定位，坚持“统筹兼顾、保证重点、调整结构、收支平衡”的编制原则，科学确定各项收入来源，调整优化财政支出结构，集中财力保重点，着力推动经济发展方式转变、着力支持社会建设、着力保障和改善民生；加强财政科学化精细化管理，进一步夯实预算编制基础工作，努力提高财政资金筹集、分配、支付、使用和绩效管理科学性、规范性和有效性，全力推动全区经济社会跨越式发展。

根据上述指导思想及对财政形势的分析，2012 年收入预算按照保持与经济增长相适应、积极稳妥的原则安排，支出预算在保障法定支出依法增长的前提下，按照“保基本、保运转、保民生、保重点、促发展”的资金保障顺序安排。主要指标安排如下：

2012 年全区地方财政一般预算收入 176,500 万元，比上年预计增长 5%，加市体制补助 216,500 万元，市专项预计数 19,080 万元，收入总计 412,080 万元。一般预算支出安排 412,080 万元，比上年预算增长 20.8%。一般预算安排收支平衡。

（三）区级财力支出安排情况

区级财力预算安排 393,000 万元，比上年预算增长 19.4%。主要支出项目安排如下：一般公共服务支出 38,526 万元，增长 10.5%。其中：人口与计划生育法定支出 993 万元，增长 21%。公共安全支出 18,688 万元，增长 18.1%。教育支出 50,309 万元，增长21.6%。其中：教育法定支出44,714万元，增长20.2%。科学技术支出1,695万元，增长78%。其中：科学技术法定支出1,342万元，增长92.8%。文化体育与传媒支出5,533万元，增长20.8%。其中：文化法定支出2,944万元，增长21.5%。社会保障和就业支出61,695万元，增长12.7%。医疗卫生支出20,906万元，增长35.9%。其中：卫生法定支出20,407万元，增长36.5%。节能环保支出12,397万元，增长35.8%。城乡社区事务支出69,551万元，增长25.8%。农林水事务支出52,319万元，增长11.2%。其中：农业法定支出38,608万元，增长20.2%。

（四）政府性基金预算收支安排情况

2012年政府性基金收入203,280万元，市专项预计数500万元，收入总计203,780万元。政府性基金支出安排203,780万元。基金预算安排收支平衡。

基金收入主要项目安排如下：国有土地出让收入200,000万元，残疾人就业保障金收入1,500万元。

按照各项基金规定用途，基金支出主要项目安排如下：城乡社区事务202,100万元，社会保障和就业1,500万元。

三、依法理财，科学管理，确保圆满完成2012年预算任务

（一）积极把握发展机遇，收支管理进一步向科学化、精细化转变

按照区委关于涵养税源工作的有关要求，认真落实职责，确保圆满完成当年收入任务，并为财政收入的持续增长夯实基础。进一步完善精细化组收工作机制，分解落实各项财税考核指标，充分调动各镇、街道组织收入的积极性。科学编制支出预算，按照“依法理财、落实事权、突出重点、注重绩效”的原则，对财政资金进行统筹安排、科学配置。严格预算执行，强化支出责任，均衡支出进度。加强结转结余资金的统筹使用，强化预算绩效管理，发挥财政资金的最大效益。

（二）努力做好统筹协调，财政改革进一步向科学化、精细化转变

一是继续深化部门预算改革，完善制度体系建设，促进部门预算与各项事业发展的有机结合；积极推进和落实预决算信息公开工作，确保预算决策的公开、公平、公正。继续完善部门预算定额标准体系，优化编制程序，提高预算编制的科学性。二是继续深化国库集中支付改革，切实加强财政资金安全管理，积极做好行政单位公务卡管理模式转换，并加强监督检查；继续推进非税收入收缴制度改革。三是扩大政府采购范围和规模，落实节能、环保、自主创新、进口产品审批的政府采购功能，继续推进政府采购信息化建设。四是加强财政投资评审工作，规范政府投资建设项目的管理。五是稳步推进预算绩效管理工作，推动绩效评价与部门预算相结合，完善部门自评管理制度，运用评价结果改进预算编制和资金分配。

（三）全面加强基础工作，财政管理进一步向科学化、精细化转变

按照“横到边、纵到底”的管理思路，确保各项财政财务管理措施落到实处；继续深化镇财政财务改革，指导镇街建立完善资金监管体系，提高财政财务管理水平；加强政府负债管理，积极清理财政借款，把债务管理纳入预算管理范畴，努力降低财政风险。继续完善国库集中支付的各项制度，通过简化流程、加强监管，探索更加切合实际的管理办法，方便单位用款。加强预算单位银行账户管理，规范财政资金专户管理。要建立和完善预算执行动态监控机制，促进财政资金安全、规范和有效使用。强化固定资产使用处置的动态监控，完善实物库管理模式；继续做好会计电算化工作，规范财务软件使用及会计行为；强化监督检查手段，构建全方位的监督检查格局，积极探索建立预防“小金库”的长效机制。同时，要创新工作思路，积极应对全区跨越式发展过程中出现的新情况、新问题。

各位代表，2012年的预算任务光荣而艰巨，我们将在区委的领导下，自觉接受区人大的监督和指导，认真听取区政协的意见和建议，进一步增强责任感、紧迫感和使命感，团结一致，扎实工作，确保圆满完成全年预算任务，为在新的起点上加快门头沟区生态涵养发展区和首都西部综合服务区建设做出积极贡献！

北京市门头沟区人民代表大会常务委员会工作报告

——2011年12月18日在北京市门头沟区第十五届人民代表大会第一次会议上

门头沟区人大常委会主任 李慷云

各位代表：

我受北京市门头沟区第十四届人民代表大会常务委员会的委托，向大会报告五年来的主要工作，并就新一届常委会的工作提出建议，请予审议。

五年工作的回顾

本届区人大常委会任期的五年，是门头沟区全面落实区域功能定位，加快推进现代化生态新区建设取得显著成效的五年；也是区人大常委会以贯彻实施监督法为主线，不断改进和完善工作方式，工作质量和实效显著提升的五年。中共门头沟区委召开第三次人大工作会议，转发区人大常委会党组关于加强和改进当前人大工作的意见，有力地推动了人大制度建设和人大各项工作。五年来，区人大常委会在区委的领导下，以邓小平理论和“三个代表”重要思想为指导，深入贯彻落实科学发展观，坚持党的领导、人民当家作主和依法治国的有机统一，紧紧围绕改革发展稳定大局和区委中心工作，认真履行宪法和法律赋予的各项职权，全面执行区人民代表大会决议，为坚持和完善人民代表大会制度，推进社会主义民主政治建设，加快建设现代化生态新区做出了重要贡献。

一、认真贯彻实施监督法，监督工作实效明显增强

2007年1月1日起施行的监督法，是完善人民代表大会制度、规范人大监督工作的一部重要法律，具有重大而深远的意义。常委会紧紧抓住实施监督法的有利契机，健全监督工作机制，完善监督工作程序，正确处理监督与支持的关系，综合运用各种监督方式，着力加强对权力运行的监督，进一步提高了监督工作质量和实效。

五年来，区人大常委会共举行55次会议，听取和审议166个重要议题。其中，听取和审议“一府两院”专项工作报告31个，计划和预算报告27个，代表议案办理报告3个；检查20项法律法规的贯彻实施情况，听取和审议执法工作报告和执法检查报告7个；印发审议意见书30件，审查10件审议意见书落实情况的报告。监督工作的力度明显加大，推进了全区经济社会的健康持续发展。

着力推进生态环境建设。加强生态环境建设，是落实区域功能定位、推进可持续发展的基本要求。常委会始终把推进生态环境建设摆在重要位置，持续进行跟踪监督。2007年，听取和审议区政府关于编制和实施国家生态示范区规划的报告和开展第十三阶段大气污染防治工作的报告，视察废弃矿山、裸露山体生态修复和永定河水质改善。2008年，以推进奥运服务保障工作为重点，听取区政府关于迎奥运环境建设的报告，视察奥运景观布置情况。2009年，听取和审议区政府关于编制和实施《门头沟区国家生态区建设规划》的报告，决定批准国家生态区建设规划，多次视察京津风沙源治理工作。2010年，听取和审议区政府关于“十一五”期间生态修复工作的报告，检查水污染防治法的贯彻实施情况。2011年，在跟踪检查的基础上，审查区政府落实常委会关于生态修复工作审议意见的报告。常委会对生态环境建设的持续关注，对全区圆满完成奥运服务保障工作、通过国家生态示范区验收和创建国家生态区起到了重要的推动作用。

着力推进经济转型发展。实现由矿产资源型经济向生态涵养型经济的转变，是落实门头沟区功能定位的又一基本要求，产业结构调整和转变发展方式的任务非常繁重。常委会紧紧围绕经济转型发展，听取和审议区政府关于国有企业改革发展和国有资产监管工作的报告，检查中小企业促进法贯彻实施情况，视察石龙经济开发区，促进城镇经济加快转型发展的步伐；听取和审议区政府关于农村信息化建设、矿山关闭后产业结构调整、农民专业合作组织建设情况的报告，连续三年听取和审议区政府关于农民就业与农民增收情况的报告，视察农业综合开发、民俗旅游业发展和农村五项基础设施建设，积极推进农村经济转型发展。持续关注城乡基础设施建设，多次视察重点工程建设，为优化发展环境、提高承载发展能力、促进经济健康发展提出意见和建议。

着力推进社会事业发展。教育是民族振兴的基石，教育公平是社会公平的重要基础。常委会听取区政府关于学前教育工作的报告，连续两年检查义务教育法实施情况，视察大峪中学和首师大附中永定分校。文化是民族凝聚力和创造力的重要源泉，丰富精神文化生活越来越成为人民的热切愿望。常委会检查文物保护法、档案法的贯彻实施情况，视察有线电视户户通、非物质文化遗产保护。卫生、体育事业与人民幸福安康息息相关。常委会多次对药品管理法、食品卫生安全法、全民健身条例的贯彻实施情况进行检查，听取和审议区政府关于公共卫生体系建设、城乡医疗卫生工作、人口与计划生育工作的报告，视察区医院、京煤集团总医院、农村卫生院（室）和社区医疗网点建设，促进医疗卫生体制改革和医疗服务水平的提高。完善社会管理，最大限度增加和谐因素，是改革发展的重要前提。常委会检查信访条例、防空法等法律法规的贯彻实施情况，听取和审议区政府关于社会治安综合治理工作的报告，主任会议听取区政府关于城市社会管理工作的汇报，视察社区建设情况，就正确处理和化解社会矛盾、维护安定团结和创建和谐社区提出意见和建议。

着力推进保障改善民生。在经济发展的基础上，注重保障和改善民生，是深入贯彻科学发展观的重要方面。常委会把关注民生作为监督工作的重点内容，维护和发展人民群众的切身利益。采空棚户区改造是全区经济社会发展布局的一次战略性调整，事关居民居住条件的改善。根据区政府的提请，常委会先后两次审议关于采空棚户区改造融资贷款的报告，作出关于批准融资贷款的决定，并就提升规划水平、科学安排融资、加强资金监管、强化工程质量等方面提出意见和建议。几年来，还采取视察检查、听取和审议报告等多种形式，跟踪检查工程进展和安置房建设情况，促进改造项目的顺利实施。随着产业结构调整、镇村煤矿关闭，农村能源问题成为迫切需要解决的民生问题。常委会把督办代表关于解决农村能源问题的议案纳入重要的议事日程，连续三年听取和审议区政府关于议案办理情况的报告。区政府高度重视议案的办理，对既有房屋进行节能保温改造，推进燃气入户工程，推广使用清洁能源，使农村地区的能源问题得到基本解决。常委会持续关注区政府实施的各项惠民工程，每年视察关系群众生活重要实事的落实情况，使广大群众共享改革发展成果。

着力推进民主法制建设。扩大社会主义民主，建设社会主义法制国家，是全面建设小康社会的重要目标。常委会高度重视普法宣传教育工作，听取和审议区政府关于实施“五五”普法规划和制定“六五”普法规划的报告，作出关于实施“六五”普法规划的决议。开展执法检查，是常委会行使监督权的重要方式和经常性工作。结合实际，突出重点，检查道路交通安全法、妇女权益保障法、村民委员会组织法等20部法律法规的贯彻实施情况，听取和审议区政府关于依法行政工作的报告。对于重要的执法检查项目，由常委会副主任牵头成立执法检查组，采取自主检查与市区联动、听取汇报与实地检查、定点检查与随机抽查、集体座谈与个别走访相结合，了解实施法律法规的真实情况，并将常委会的审议意见送交“一府两院”研究办理。维护司法公正，保障公民合法权益，是人大监督工作的重要内容。常委会认真贯彻市人大常委会关于加强法律监督工作的决议，听取和审议区人民法院关于贯彻实施民事诉讼法的报告，听取和审议区人民检察院关于开展预防农村干部职务犯罪巡回培训活动的报告和开展刑事诉讼法律监督工作的报告，多次组织委员和代表听取司法改革汇报，旁听区法院的案件审理，视察“两院”基础设施建设，积极支持“两院”公正司法。针对加快城市建设出现的新情况新问题，主任会议听取区法院关于涉迁民事案件审判工作的汇报。受市人大委托，组织全区45个执法单位对114项地方法规进行清理，就制定和修订28部法律法规开展调研活动。

着力推进计划预算执行。国民经济和社会发展计划是进行宏观管理和调控的重要手段，常委会高度关注年度计划和五年规划的执行情况。从2008年开始，坚持每年听取和审议区政府关于上半年执行年度计划和预算的报告。2008年听取和审议区政府关于实施“十一五”规划的中期评估报告，2010年听取区政府关于编制“十二五”规划的报告。根据区政府的提请，作出关于调整“十一五”规划财政收入增长计划指标的决定。预算是财政收入和支出活动的基本计划，是国家机构活动的窗口和途径。常委会坚持每年听取并审议区政府财政决算报告和审计工作报告，审查和批准年度财政决算。制定加强经济工作监督的若干规定和预算监督办法，听取和审议区政府关于贯彻实施预算法、完善财政管理体制、农口部门预算执行情况的报告，就加强专项资金、大额资金管理与提高使用绩效提出意见和建议，积极推进由程序性监督向实质性监督的转变。

二、依法行使人事任免权和重大事项决定权

依法任免国家工作人员，是常委会的一项重要职责。常委会依据地方组织法，结合工作实践，进一步修订人事任免办法，规范人事任免工作程序，坚持任前考试制度和任前施政承诺制度，积极推进人事任免工作的制度化建设。五年来，常委会共接受8名区人大常委会组成人员、10名区政府领导人员、1名区法院院长辞去所任职务的请求；任免国家机关工作人员241人次，其中常委会工作机构负责人43人次，人大街工委组成人员30人，区政府组成人员92人次，区法院工作人员49人次，区检察院工作人员27人次；任免区人民陪审员42人，从组织上保证了国家机关的正常运转。认真做好区、镇人大换届选举的组织实施工作，保证了换届选举工作的圆满完成。全区共选举产生区人大代表168名，镇人大代表445名，为召开新一届区、镇人民代表大会提供了组织保证。

讨论决定重大事项，是常委会的又一项重要职权。常委会制定了讨论决定重大事项暂行办法，初步规范了讨论决定重大事项的主要内容、提出议案的主体和讨论通过的程序。五年来，常委会着眼全区经济社会发展大局和人大工作重要事项，共作出21项决议决定。其中，批准年度财政决算、调整年度财政预算、调整“十一五”规划财政收入指标和批准采空棚户区融资贷款的决定8项，批准国家生态区建设规划和实施“六五”普法规划的决议2项，召集区人民代表大会会议、补选区人大代表、换届选举的决定11项，对全区经济社会发展和人大依法行使职权起到了重要的推动作用。

三、加强改进代表工作，代表作用得到进一步发挥

常委会认真贯彻实施代表法，全面落实区委转发的区人大党组关于加强人大代表工作的实施意见，努力做好代表履职的服务保障工作，进一步调动了代表履职的积极性，发挥了代表的主体作用。

不断强化为代表履职的服务功能。进一步完善区、镇、街密切协同的代表工作格局，健全代表工作机制，完善服务保障体系，组织和支持代表依法履行代表职务。坚持对代表进行系统培训，注重改进培训方式，不断拓展培训内容，努力提高培训质量。五年来共举办四期代表培训班，参加680人次。科学安排代表大会会前活动，组织代表讨论会议文件，开展视察调研活动，准备议案和建议，为提高大会审议质量奠定基础。采取集中与分散相结合，组织代表开展视察检查和外出考察，向代表通报经济社会发展情况，邀请代表参加工作委员会活动，开阔了代表的视野，拓展了代表知情知政的广度和深度。五年来，常委会共组织大型代表活动12次，参加闭会期间代表活动的代表共6789人次。逐步增加代表列席常委会会议的次数和人数，五年来共有代表206人次列席常委会会议。按照市人大的安排，努力做好市人大代表的履职服务保障工作，积极邀请市人大代表参加区人大的有关活动。市人大代表结合门头沟区实际，多次向市人大提出议案，特别是关于加大首都西部开发力度的议案，得到市有关部门的关注和支持，并取得了显著成效。

努力提高代表建议办理质量。常委会高度重视代表建议、批评和意见的办理工作，构建了常委会主任副主任重点督办、工作机构分类督办、代表联络部门统筹督办的工作机制。坚持把督办代表建议工作作为常委会重要议程，每年听取代表建议交办情况报告和办理结果报告，加大综合协调力度。组织代表与建议承办单位直接沟通交流，视察代表建议办理情况，扩大代表对建议办理工作的有效参与。对代表建议认真进行分析研究，抓住带有普遍性、倾向性的问题，听取和审议专项工作报告，使问题在更大范围、更深层次上得到解决。五年来，区人民代表大会共交办代表建议、批评和意见506件，在各方面的共同努力下，都已如期办理完毕并答复代表。

持续开展代表接待选民活动。坚持每年组织代表开展接待选民活动，拓宽民意表达渠道，密切代表与选民的联系。在接待选民活动中，紧紧围绕全区工作大局，结合各地区实际，确立活动的主题和重点内容；既设立接待日集中听取意见，又组织代表入户个别征询意见，便于选民充分表达意愿；对选民意见和建议，逐条进行梳理，提出处理和解决办法。五年来，共有市、区人大代表652人次参加接待选民活动，接待选民2767人次，个别走访选民4550人次，归纳整理选民意见和建议1464条。同时，从2009年开始，每年开展代表向选民述职活动，三年来共有74名代表就出席区人民代表大会会议、参加代表视察检查活动、反映选民意见和要求的情况向选民述职，接受选民的监督。

四、高度重视自身建设，履行职责水平进一步提高

适应新形势、新任务对人大工作的新要求，常委会十分重视加强自身及其机关的全面建设，提升思想政治素质，健全各项工作制度，探索改进工作方式，提高依法履职能力和水平。

始终把思想政治建设摆在首位。认真开展深入学习实践科学发展观活动，进一步增强做好人大工作的自觉性和使命感，研究和制定加强和改进人大工作的措施。全面贯彻落实市、区委第三次人大工作会议精神，努力把加强和改进人大工作的各项要求落到实处。坚持季度理论讲座制度和会前学法制度，抓住重点难点问题开展工作研讨，积极探索人大工作的特点和规律。紧紧围绕区委的总体工作部署开展人大工作，充分发挥党组的领导核心作用，坚持重大事项的请示报告制度，努力把党的主张和意图通过法定程序变为国家意志和全区人民的共同行动。

积极推进制度化规范化建设。结合贯彻实施监督法，修订代表大会议事规则、常委会议事规则、主任会议议事规则、代表视察办法、代表建议办理办法、接受办理议案若干规定、常委会组成人员守则等8项工作制度。从常委会行使职权的实际需要出发，新制定了代表接待选民、监督工作向社会公开等6项制度。编辑包括20项规章制度的区人大常委会工作制度汇编，为推进人大工作的制度化规范化程序化建设、建立高效有序的工作秩序提供了制度保证。

不断改进工作方式和工作作风。始终把深入开展调查研究、广泛汇集民意，作为行使职权、开展工作的基础性环节和必经程序。五年来，围绕全区改革发展大局和改进人大工作撰写151篇调研报告。注重发扬密切联系群众的工作作风，常委会主任副主任亲自带队开展议题调研，坚持接待代表日制度，分工督办重点代表建议，协调处理重要信访件，积极参加接待选民活动，直接听取代表和群众的意见。积极探索人大工作向社会公开的有效方式，对审议的重要议题事先征询群众意见，逐步扩大人民群众对人大工作的有序参与。对人民群众普遍关注的重点难点问题实行连年监督，对常委会审议意见的落实情况进行跟踪监督。建立与“一府两院”多层次的沟通协调机制，促进相互间密切配合和协调一致工作。出台加强镇人大工作的指导意见，定期召开镇街人大工作会议，组织镇街人大工作骨干培训，建立区镇街人大联动机制，对推进基层人大工作发挥了重要作用。

充分发挥工作机构的参谋助手作用。适应加强和改进人大工作的需要，进一步健全了常委会工作机构。本届新设立市人大代表联络处，研究室由办公室内设机构调整为单设机构，城建环保委由与财经委合署办公调整为单独办公，形成了常委会机关设3室5委1处、街道设工作委员会的工作机构格局。干部队伍建设进一步加强，调整充实机关工作人员，初步形成能进能出的干部交流局面，工作人员的年龄、知识、专业结构发生很大变化，整体素质和服务水平明显提升。各工作机构勤奋努力、扎实工作，为常委会行使职权做了大量艰苦细致的工作，发挥了集体参谋助手和服务班子的作用。

强化对人大制度和人大工作的宣传。举办全区处以上干部参加的监督法知识讲座，提高领导干部贯彻实施监督法的自觉性。采取召开纪念大会、编印纪念画册、发表电视讲话等多种形式，广泛深入开展纪念区人大常委会成立30周年活动。组织力量编纂出版《门头沟区人大志》，为“存史、资政、教化”提供详实、系统的资料性文献。在区有线电视台开办“周末说法”节目，扩大民主法制宣传。充分发挥区级新闻媒介的作用，办好简报、通讯、会刊、网站，不断加强和改进人大会议、人大工作的宣传。

各位代表，本届人大常委会已经胜利完成了历史使命。回顾过去五年的工作实践，我们深深地认识到，要把人民代表大会制度坚持好、完善好，不断开创我区人大工作的新局面，必须牢牢把握坚持党的领导、人民当家作主和依法治国的有机统一，在坚持中不断发展，在探索中不断前进，在创新中不断完善，切实在提高依法行使职权的质量和实效上下功夫。我们的主要体会是：

必须自觉坚持党的领导，保持人大工作的正确方向。坚持中国特色社会主义政治发展道路，坚持和完善人民代表大会制度，最根本的是坚持党的领导、人民当家作主和依法治国的有机统一，核心是坚持党的领导。五年来，常委会认真贯彻落实区委的决策部署，保证党的主张经过法定程序成为国家意志，保证党组织推荐的人选成为国家机关的领导人员。坚持重大事项请示报告制度，按照区委的意图安排、开展工作，保证人大工作与区委决策部署同向同力。注重加强党的建设，充分发挥党组的领导核心作用、党组织的战斗堡垒作用和党员的先锋模范作用。实践证明，始终坚持党对人大工作的领导，才能保证人大工作的正确方向，保证国家机关协调一致地开展工作，保证人民代表大会制度的优势得到充分发挥。

必须加强民主法制宣传，不断深化全社会的人大意识。

人民代表大会制度是人民当家作主的根本途径和最高实现形式，它的先进性和生命力在于深深植根于人民群众之中。只有不断增强全社会的人大意识，坚持和完善人民代表大会制度、做好人大工作才有坚实的思想基础。五年来，常委会始终把民主法制宣传摆在十分突出的位置，贯穿到人大制度建设和行使职权的全过程。在自身建设上，通过坚持学习制度，组织代表培训，开展学习实践科学发展观活动，不断增强常委会组成人员和人大代表依法履职的自觉性和使命感。在社会宣传上，通过持续不断的民主法制、人民代表大会制度和人大工作的宣传，努力营造关心和支持人大工作的浓厚氛围。常委会和人大代表不辱使命，“一府两院”自觉接受和主动争取人大监督，社会各方面积极支持人大工作，这是常委会各项工作有所开拓、有所前进的重要保证。

必须牢牢把握工作大局，服从服务于全区改革与发展。人大工作是党和国家工作的重要组成部分，紧紧围绕全区改革发展的目标任务谋划、开展工作，是人大工作必须着力把握的基本原则。五年来，常委会牢牢抓住发展这个执政兴国的第一要务，从人大担负的法定职责和工作特点出发，围绕建设现代化生态新区的重大问题，围绕人民群众普遍关注的热点难点问题，不断加强和改进人大工作，力求突出重点、抓住关键、取得实效。坚持从全区工作大局出发，把握好工作的进程和节奏，使区级国家机关协调一致地推进改革和发展。由于始终把握大局、服务中心，人大制度和人大工作在人民群众心目中的地位不断提升，在全区总体工作布局中的地位作用日益明显。

必须始终坚持民生为本，切实维护人民群众根本利益。人民当家作主是社会主义民主政治的本质和核心，人民的意志和愿望是人大全部活动的基础。坚持以人为本，尊重人民的主体地位，维护人民的合法权益，是人大工作的根本出发点和落脚点。五年来，常委会高度重视发挥人大在体察民情、反映民意、集中民智、珍惜民力方面的优势和作用，努力使群众的意愿和呼声进入常委会的工作视野。紧紧围绕采空棚户区改造、解决农村能源、农民就业增收和教育卫生等关系民生的问题，实施连年监督和跟踪监督，使一批人民群众普遍关注的热点难点问题得到解决，使人大的各项工作更加顺应民心、体现民意。

必须积极探索勇于实践，努力提高工作质量和实效。人民代表大会制度是我国的根本政治制度，随着社会主义民主政治建设不断向前推进，仍处在不断发展和完善之中。五年来，常委会从人大工作的定位和特点出发，积极探索和改进工作方式，做该做能做、有用有效的事。不断拓宽民声反映渠道，把人民群众普遍关注的问题作为行使职权的重点。依法向社会公布人大工作的重要事项，逐步扩大公民对人大工作的有序参与。认真贯彻民主集中制，坚持集体行使权力、集体决定问题。抓住重点难点问题，实施持续监督和跟踪监督，促进难点问题的解决。建立与“一府两院”多层次的沟通协调机制，正确处理支持与监督的关系。工作方式的不断改进和完善，有效地提高了常委会依法履行职权的能力和水平。

必须不断加强代表工作，充分发挥代表的主体作用。代表是国家权力机关的组成人员，充分发挥代表作用是人大工作保持旺盛生机与活力的源泉。五年来，常委会始终把保障代表依法履职，充分发挥代表作用，作为坚持和完善人民代表大会制度的重要工作，完善代表工作格局，健全服务保障体系。认真开展代表培训，完善代表工作制度，密切代表与选民的联系，丰富闭会期间的代表活动，扩大代表对常委会工作的参与，认真督办代表议案和建议，为代表提高履职能力、密切联系人民群众、拓展知情知政渠道、参与管理国家事务创造了良好的条件。本届区人大的五年，是代表作用得到明显提升的五年。

各位代表，本届区人大常委会任期的五年，是始终坚持党的领导、人民当家作主和依法治国有机统一，牢牢把握大局，保持人大工作正确方向的五年；是以实施监督法为主线，加大监督力度，监督工作实效不断增强的五年；是健全代表工作机制，强化代表服务工作，发挥代表主体作用越来越好的五年；是发扬开拓创新精神、不断改进工作方式，常委会的工作质量和实效不断提升的五年。这些成绩的取得，是在市人大的帮助指导和区委的坚强领导下，常委会组成人员和全体区人大代表共同努力的结果，是“一府两院”积极支持、密切配合的结果，是社会各方面和广大人民群众关心、支持的结果，也是常委会机关工作人员辛勤工作的结果。在此，我代表区人大常委会，向所有关心、支持人大工作的同志们、朋友们，表示崇高的敬意和衷心的感谢！

我们在充分肯定成绩和总结经验的同时，也清醒地认识到，常委会工作与法律赋予的职责、区委的要求和人民群众的期望还有不少差距。主要是：需要进一步加大对民主法制和人民代表大会制度的宣传力度，增强全民的宪法意识，继续提高做好人大工作、支持人大工作、参与人大工作的自觉性。需要进一步贯彻落实监督法，积极探索和实践加强对权力运行的监督，不断提高监督工作的质量和实效。需要进一步深化代表的主体意识和责任意识，密切代表与人民群众的联系，促进代表履职与常委会行使职权的有机结合。需要进一步加强常委会及其机关的自身建设，努力探索和把握人大工作的特点和规律，不断改进工作方法和工作方式，继续提高整体素质和履职能力。

今后五年和2012年工作的建议

各位代表，今后五年是全区创造发展新优势、实现发展新跨越的关键时期。刚刚闭幕的中共门头沟区第十一次代表大会，确立了开创现代化生态新区建设新局面的指导思想、奋斗目标和主要任务，展现了美好的发展前景。区人大及其常委会作为地方国家权力机关，肩负着重要的责任和使命。面对新的形势和任务，希望即将产生的新一届区人大常委会，高举中国特色社会主义伟大旗帜，认真贯彻党的十七大和十七届六中全会精神，全面落实市、区委第三次人大工作会议提出的各项要求，进一步增强以科学发展观统领人大工作的自觉性和坚定性，进一步增强把人民代表大会制度坚持好、完善好的自觉性和坚定性，努力把区人大工作提高到一个新的水平。

要增强做好人大工作责任感的使命感。坚持用科学发展观武装头脑、指导工作，进一步从我国根本政治制度和全面建设小康社会的高度，深刻认识人民代表大会制度的地位作用，深刻认识人大及其常委会担负的历史使命。始终把发展社会主义民主政治、建设社会主义政治文明作为根本任务，努力为全区改革发展提供良好的民主法治环境。发扬勇于实践、开拓创新精神，积极探索和完善工作方式，不断提高履职能力和工作质量。

要提高人大监督工作的针对性和有效性。深入贯彻落实监督法，继续健全监督工作机制，拓宽监督工作途径，规范监督工作方式，完善监督工作程序。紧紧抓住国家权力运行这个重点，加强法律监督和工作监督，巩固党的执政地位，保证党领导全区人民有效管理国家事务。要围绕改革发展稳定大局和保障改善民生开展监督工作，促进“一府两院”依法行政和公正司法，维护和发展人民群众的根本利益。

要保障人大代表依法行使职权。深入贯彻落实区委转发的关于进一步加强人大代表工作的实施意见，继续完善代表工作格局和服务保障体系，不断提升代表工作水平。切实尊重代表的主体地位，坚持为代表服务的思想，完善工作机制，加大工作力度，为代表依法行使职权、密切联系选民、参与常委会工作创造条件，更好地发挥代表参与管理国家事务的作用。

要提升常委会及其机关的工作水平。坚持把思想政治建设摆在首位，把坚持党的领导、人民当家作主和依法治国的有机统一贯穿于依法履职的全过程。进一步加强制度建设，创新工作机制、工作方式和工作方法。从创建学习型机关入手，提升干部队伍整体素质，创造高效率的服务保障工作。要加强对人大街工委的领导，密切与镇人大的联系，指导基层加强和改进人大工作。

各位代表，2012年是门头沟区十五届人大的届首之年，实现新一届人大工作的良好开局具有十分重要的意义。做好常委会的工作，要以科学发展观为指导，认真落实区委的决策部署，紧紧抓住实现“十二五”时期的奋斗目标，妥善安排各项工作，着力在提高工作质量和实效上下功夫。监督工作要围绕推动经济又好又快发展，加强对生态环境建设、经济结构调整、预算绩效管理、新农村建设的监督；围绕促进保障改善民生，加强对滨水山城建设、采空棚户区改造、社会事业发展、创新社会管理的监督；围绕推进民主法治建设，扩大民主法制宣传，加大执法检查力度，促进依法行政和公正司法。代表工作要以提高代表履职能力和发挥代表主体作用为重点，抓好代表学习培训，组织代表密切联系选民，丰富闭会期间代表活动，扩大代表对常委会工作的参与，加大代表议案和建议的督办力度，努力提高服务保障水平。自身建设要以加强思想政治建设和提高工作质量与实效为重点，坚持正确的政治方向，增强责任感和使命感，改进工作方式和工作作风，加强常委会机关建设和对基层人大工作的指导，不断提高常委会的履职水平。

各位代表，门头沟区第十五届人大常委会即将选举产生。我们深信，新一届人大及其常委会一定能够在中共门头沟区委的领导下，紧密地团结在以胡锦涛同志为总书记的党中央周围，深入贯彻落实科学发展观，以更加奋发有为的精神状态，更加求真务实的工作作风，继往开来，锐意进取，扎实工作，为加强全区社会主义民主政治建设、开创现代化生态新区建设新局面做出更大的贡献！

北京市门头沟区人民法院工作报告

——2011年12月20日在北京市门头沟区第十五届人民代表大会第一次会议上

门头沟区人民法院代院长　靳学军

各位代表：

现在，我代表门头沟区人民法院向大会报告工作，请予审议。

五年工作回顾

五年来，在区委领导、区人大及其常委会监督、区政府和社会各界支持以及上级法院的指导下，区法院深入贯彻落实科学发展观，坚持“三个至上”指导思想和“从严治院、公信立院、科技强院、人才兴院”工作方针，严格履行宪法和法律赋予的职责，紧紧围绕社会矛盾化解、社会管理创新、公正廉洁执法三项重点工作，全面加强审判、执行工作和队伍建设，各项工作取得新进展。

一、紧紧围绕经济社会发展大局，充分发挥审判职能作用

五年来，共受理各类案件23905件，审结23123件，年结案率均保持在98%以上，案件质量始终在全市保持较高水平。

——依法惩处刑事犯罪，维护社会安全稳定。全面落实宽严相济刑事政策，五年共审结刑事案件916件，判处罪犯1289人，其中判处5年以上有期徒刑176人。严厉打击抢劫、故意伤害等严重暴力犯罪和盗窃、诈骗等多发性侵财犯罪，对起诉至法院的13件醉酒驾车案件全部依法定罪处罚，维护人民群众生命健康和财产安全；积极参与反腐败斗争，严惩挪用公款、受贿、玩忽职守等职务犯罪，判处罪犯21人。结合地区治安特点，依法从快打击非法制造、买卖爆炸物和重大责任事故犯罪，判处罪犯53人，保障我区打击非法盗采工作的深入开展；严惩破坏环境资源犯罪，对在水源保护区违法倾倒污泥的3名被告人以重大环境污染事故罪依法判处有期徒刑，保障和促进我区生态环境建设。在严厉打击犯罪的同时，对确有法定或酌定从轻、减轻处罚情节的犯罪分子，依法从宽处理，减少社会对抗。五年共判处缓刑342人、免予刑事处罚7人。积极开展刑事附带民事调解工作，探索律师参与刑事和解工作机制，刑事附带民事案件调解率达66%，调解履行金额近950万元。

——妥善调处民商事纠纷，促进经济社会和谐发展。五年共审结各类民商事案件14551件，占审结案件总数的62.93%。审结婚姻家庭和相邻关系等案件3155件，注重保护妇女、儿童、老年人、残疾人的合法权益，促进家庭、邻里、社区关系的和谐；审结劳动争议、医疗纠纷、交通事故赔偿等案件1893件，依法稳妥解决民生问题；审结土地承包经营权流转、宅基地纠纷等涉农案件167件，维护农村稳定；审结买卖、借款、保险等合同纠纷案件3183件，引导建立诚信有序的市场经济秩序。针对近两年涉拆迁案件上升的趋势，组织专门审判力量，加快审理进程，制定类案审判规则，依法界定、明晰产权，及时定分止争；制发《拆迁法律知识问答》2000份，选取典型案件邀请群众旁听，深入拆迁现场开展法律咨询和现场调解，引导群众依法办事，推动我区重点工程建设。

——发挥行政审判职能，促进和谐行政关系的形成。坚持保护行政相对人合法权益与监督、支持依法行政相统一原则，五年共审结各类行政案件171件，办结行政非诉执行案件44件。在依法审判的同时，对重点建设项目引发的征地、拆迁等案件，加大行政协调和矛盾化解力度，积极推行“三个延伸”全程联动工作模式，促进行政相对人与行政机关相互理解和信任，保障城乡建设的顺利进行。制发《行政案件司法审判年度报告》，定期向行政机关通报案件审理情况，并与区内多家执法单位建立长效沟通机制，通过与行政执法人员座谈、举办法制讲座、组织旁听案件审理等形式，促进依法行政。

——大力加强执行工作，努力实现当事人的胜诉权益。五年共执结案件7484件，执结率达97%，实际执行标的额达7.23亿元。推行执行机构和执行管理改革，成立执行局，将执行裁决权和执行实施权分立，实行分段集约执行工作机制，制定、完善十余项执行监督制度，规范执行行为。在区委、区政府的大力支持下，在全市率先将法院执行工作纳入社会治安综合治理目标责任考核范围，建立起覆盖全区的执行工作领导协调机制和协作配合网络，合力解决“执行难”问题。按照上级法院统一部署，积极开展执行积案清理活动和反规避执行专项活动，因案施策，多措并举，采用拍卖、拘留、公布拒执人员名单、限制高消费等司法强制措施和反规避执行措施，以拒不执行判决、裁定罪依法追究相关被执行人刑事责任，有效发挥震慑作用，最大限度实现申请执行人的合法权益。2010年荣获市“集中清理执行积案活动先进单位”。

二、紧紧围绕司法为民宗旨，积极回应人民群众的司法需求

五年来，在审判压力持续加大、群众司法需求日益多元的情况下，区法院更加注重提升审判质效，更加注重保障当事人的诉讼权利，更加注重矛盾化解的实际效果，切实保障当事人打一个公正、明白、便捷、受尊重的官司。

——全面加强审判管理，确保司法公正、高效。加强执法规范化建设，制定、完善涉及审判管理等方面的86项制度，确保每项工作和每个环节都有章可循、职责明确、责任到位。加强审判质量管理，由专职部门对案件进行评查，年均评查案件达全年结案数量的75%；邀请人大代表、政协委员、特邀监督员、律师对群众关注案件、涉诉信访案件和二审改判、发回重审案件进行重点评查，定期通报评查结果，严格差错案件责任追究；对全院法官进行庭审考核，组织优秀案件、优秀裁判文书展评，提高法官庭审驾驭、文书制作水平。加强审判效率管理，大力推行季度均衡结案，实行审限监控、审限预警、月结案情况通报等工作机制，严格审限延长报批程序，法定审限内结案率始终保持在98%以上。加强审判绩效考核，逐月公开通报法官的结案率、调撤率、服判息诉率、发改率和信访投诉率等绩效指标排名，引导干警创先争优，提升审判质效。

——健全多元化纠纷解决机制，实现案结事了人和。贯彻“调解优先、调判结合”原则，推行覆盖各类案件、贯穿各诉讼环节的全面全程调解工作机制。积极开展立案调解和诉前矛盾化解，调处各类纠纷755件；制定类案调解规则，组织法官交流调解经验，引入基层组织、行业协会等社会力量参与案件调解，年均60%的民商事案件以调解、和解方式结案。健全诉讼与非诉讼相衔接的纠纷解决机制，与区司法局联合推进“人民调解进立案庭”工作，不断完善贴近实际、贴近基础、贴近群众的指导民调工作模式，与区农委、人保局、住建委等部门建立沟通协调联动机制，强化人民调解、行政调解和诉讼调解在程序对接、效力确认、法律指导等方面的协调配合，共同化解社会矛盾。

——完善司法便民、利民举措。在全市法院首家开通“12368”司法动态信息查询系统，两年来共有8586人次通过拨打电话及时知晓审执工作进程。对行动不便或有其他特殊困难的当事人实行上门立案、预约立案、就地开庭，在立案大厅设专人提供诉讼引导、案件查询、诉讼材料代收等一站式服务，方便群众诉讼。推行立案一次性告知制度，制发立案流程、民商事诉讼指引、格式化诉讼文书模板，加强裁判文书说理和判后答疑，提供电子档案查询服务，让当事人便捷立案、明白诉讼。结合群众的司法需求，在雁翅镇田庄村、清水镇齐家庄村等深山区域新设5个固定巡回审判点，积极采取“三定四结合”工作模式，开展巡回审判180余次，部分纠纷实现就地化解。依法及时提供司法救助，做好诉讼费缓、减、免工作，努力保障经济确有困难的当事人打得起官司。

——延伸审判职能，积极参与综合治理。坚持未成年人案件审判“教育、感化、挽救”方针，建立社会调查报告制度，引入专业司法社工对未成年被告人的家庭、学习等情况开展全面调查，将调查报告作为量刑依据。在团区委的配合下，依托志愿者服务网络建立未成年缓刑犯参与公益活动的长效机制，实现未成年缓刑犯由被动接受改造到主动参与服务的改变，提升教育矫正效果。在区委政法委的领导下，试行未成年人轻罪犯罪记录限定性消灭制度，帮助未成年犯罪人更好地改过自新、融入社会，对14名符合条件的申请人宣布消灭其犯罪记录,其中10人已顺利就业。深入开展"法律六进",组织法官走进机关、乡村、社区、学校、企业、单位宣传法律,在多家媒体开办法制专题节目,五年共开展普法活动200余次,发表法制宣传稿件9500余篇。2011年,被评为"五五普法先进集体"。

三、紧紧围绕公正廉洁司法要求，全面加强法院队伍建设

司法公正的关键在于建设一支政治坚定、业务过硬、清正廉洁的干警队伍。五年来，区法院始终将队伍建设作为重中之重，着力加强作风、能力、廉政建设，法院队伍整体素质进一步提高。

——加强思想作风建设，端正执法理念。深入开展社会主义法治理念教育、学习实践科学发展观、群众观点大讨论等专项教育活动，加强理想信念、职业道德和市情区情教育；坚持"抓党建、带队建、促审判"，组织党员公开承诺、法官集中宣誓，评选"共产党员先锋岗"，加强典型示范引领；以"听呼声、走百家、送服务"活动为载体，主动走访调研，听取群众意见，切实改进工作。干警服务大局、执法为民的理念进一步增强，涌现出"全国审判监督工作先进集体"审监庭，"全国优秀女法官"、"北京市先进工作者"安辉等一批先进集体和个人。2011年，为22名农民工千里送案款的事迹入选北京市纪念建党90周年"党在百姓心中"宣讲团，在全市及部分外省市进行巡回宣讲，受到广泛好评。

——加大人才培养力度，增强司法能力。五年共招录54名高等院校法学专业毕业生，全院在编干警研究生学历已达35%，队伍结构不断优化。加强教育培训工作，通过疑难案例研讨、庭审观摩、法官论坛、技能比武、轮岗交流等方式，开展全员分类分级培训，干警年人均培训达200学时。针对法院队伍年轻化、高学历的特点，建立预备法官"带教制"培养、初任法官"跟踪式"培养的阶梯式培养模式，并有计划地将青年干警放在信访窗口、山区法庭进行实践锻炼，增强青年干警认识和把握区情民意、做群众工作、妥善化解纠纷的能力。围绕审判工作中的难点、重点问题，全院每年完成20项调研课题和40余篇学术论文，五年共有96篇调研及应用法学成果在全国、北京市获奖，连续3年荣获全国法院学术讨论会组织工作先进奖。在北京法院首届司法业务能力比赛中，4名干警获得审判业务标兵称号，获奖人数在郊区县法院名列前茅。

——强化党风廉政建设，保持司法廉洁。坚持不懈抓教育，经常性开展执法警示教育活动，参观廉政教育基地、观看警示教育片、发送廉政短信，开展预防渎职侵权违法犯罪专项教育活动，做到防微杜渐、警钟长鸣。坚持不懈抓制度，严格落实最高人民法院"五个严禁"和法官任职回避等规定，建立党风廉政建设领导责任制、干警个人重大事项报告制等制度，推进廉政风险防范管理，完善干警廉政信用评价体系，并将评价结果运用于干警的考核晋升。坚持不懈抓监督，在全院各部门设立23名兼职廉政监察员，定期进行纪律作风和司法行为检查，对庭审全程录音录像，设立廉政信箱，向社会公布举报电话，确保监督有力、有序、有效。

四、紧紧围绕司法民主公开要求，自觉接受各界监督

五年来，区法院不断增强自觉接受监督的意识，推进司法公开，提高司法公信力。

——主动接受人大及其常委会监督。坚持重大工作事项汇报制度，五年来先后就农村土地承包案件、涉拆迁民事案件审理等情况向区人大常委会作专题报告，编辑、报送《工作信息》和《法院工作专报》，确保人大及其常委会全面、及时了解法院工作；加强与人大代表的联络沟通，五年共邀请市、区两级人大代表视察、监督工作831人次；认真办理人大代表意见和建议，将之转化为推进法院发展的动力。

——认真接受检察监督。落实检察长列席审判委员会制度，与检察机关建立定期通报和联合调研工作机制，邀请检察机关参与监督执行工作，主动支持检察机关依法履行法律监督职责。

——广泛接受社会监督。全面接受人民陪审员监督，陪审员参审案件数量和质量不断提高，监督范围不断扩大。五年来，陪审员参与审理案件1241人次。聘请16名特邀监督员，对法院工作开展明查暗访，反馈社情民意。五年共邀请特邀监督员参与审判、执行工作155人次。认真接受政协委员、律师、新闻媒体的监督，通过开通国际互联网站、召开新闻发布会、举办法院开放日等形式，主动向社会通报法院工作情况。五年共完成庭审网络直播273次，接待旁听记者与群众近10万人次，审判工作更加公开、透明。

过去五年，区法院审判及其他各项工作取得了新进展，成绩的取得离不开区委、区人大、区政府、区政协的领导、监督和支持，更离不开各位代表的关心、理解和帮助。在此，我代表区法院，向长期关心、支持法院工作的领导、有关部门和各位代表表示衷心的感谢！

面对新形势、新任务，我们也清醒地认识到，法院审判工作和队伍建设面临着一些困难和问题：一是随着我区经济转型和城乡一体化建设进程加快，与征地拆迁、环境整治相关的析产继承、房屋腾退、补偿安置等纠纷进一步增多，法院服务区域发展大局、维护社会和谐稳定的责任更加重大。二是面对人民群众日益增长的司法需求，审判管理的水平需要进一步提升，司法为民的机制需要进一步健全，辨法析理的能力需要进一步加强。三是面对越来越繁重的审判任务，在从严管理的同时，还需要不断创新完善各项激励措施，落实从优待警；审判法庭数量已不能满足办案需求，基础设施有待进一步改善。针对上述问题，我们将认真研究，积极争取支持，切实加以解决。

2012年工作思路

2012年，区法院将深入贯彻落实党的十七届六中全会精神，围绕区第十一次党代会的部署，认真践行“为大局服务、为人民司法”工作主题，强化审判职能，强化审判管理，强化能力建设，为推动门头沟区跨越式发展营造和谐稳定的社会环境和公正高效的法治环境。

一、着眼于服务区域发展大局，进一步发挥审判职能

围绕区“十二五”规划确定的各项战略目标，制定为全区经济社会发展提供法律服务和司法保障的工作意见，强化各项职能作用，助力全区经济发展和社会建设。积极筹建涉环境案件专业审判组织，加大生态环境司法保护力度。继续依法严厉打击严重暴力犯罪和危害食品药品安全、制售假冒伪劣商品犯罪，增强群众的安全感；继续做好涉征地拆迁各项审判、执行工作，推动全区城市建设；妥善审理涉产业转型、企业改制的各类经济纠纷案件，促进产业结构优化升级；健全行政案件立案协调工作机制，促进行政机关自主化解矛盾；进一步完善执行工作机制，加大执行力度，确保有理有据的当事人不仅能打赢官司，更能实现胜诉权益。

二、着眼于实现公平正义，进一步加强审判管理

坚持以科学、规范的审判管理，保障司法公正、高效。健全以案件评查、庭审考核为重点的审判质量管理体系，不断提高审判质量；健全以案件流程监控为内容的审判效率控制体系，推行月度均衡结案，深化案件繁简分流，优化审判资源配置，不断提高审判效率；着重强化立案、庭审、宣判、执行等各环节的释法说理，保障当事人打一个明白、受尊重的官司。

三、着眼于保障合法权益，进一步深化司法为民

稳妥推进立案诉讼服务改革，加强立案阶段诉讼指导，加大诉前矛盾化解力度，尽量将矛盾化解在初始阶段；完善“12368”司法动态信息查询服务，让群众“足不出户”即能便捷了解案件进程；完善深山区巡回审判点建设，努力实现边远地区的群众“人不出村”就能解决矛盾纠纷。进一步推进司法公开，加大法制宣传力度，加强与区有关机关、新闻单位的合作，选取与群众密切相关的典型案件，通过以案说法、法官讲法，扩大宣传覆盖面，引导群众依法表达诉求。

四、着眼于提高司法能力，进一步加强队伍建设

加强法院文化建设，以“忠诚、为民、公正、廉洁”政法干警核心价值观引领法院文化发展。继续推进学习型法院建设，增强教育培训的实效性，着力提高法官适用法律、化解矛盾、做群众工作的能力和水平。加强党风廉政建设，健全廉政风险防控管理体系，严格廉政责任追究。

五、着眼于改进自身工作，进一步主动接受监督

主动向人大及其常委会报告工作，完善接受人大监督的各项制度、措施；加强与人大代表、政协委员的沟通、联络，高度重视代表、委员的建议和提案，不断提高办理质量和效率。健全接受检察机关法律监督的工作机制，拓展人民陪审员监督范围，力争实现普通程序案件都有人民陪审员参审。

各位代表，在新的一年里，区法院决心在区委的领导下，认真贯彻区第十一次党代会精神和本次人代会决议，更加自觉地接受区人大及其常委会、全体代表的监督，以昂扬向上的精神状态、求真务实的工作作风，开拓进取，扎实工作，为推动门头沟区现代化生态新区建设提供坚强有力的司法保障！

北京市门头沟区人民检察院工作报告

——2011年12月20日在北京市门头沟区第十五届人民代表大会第一次会议上

门头沟区人民检察院检察长　许晓闽

各位代表：

现在，我代表门头沟区人民检察院向大会报告工作，请予审议。

过去五年工作回顾

2007年以来，我院在区委、市检察院的领导下，在区人大及其常委会的监督下，在区政府、区政协及社会各界的支持下，认真贯彻党的十六届六中全会、十七大及其历次全会精神，按照区委十届、区人大十四届历次会议的部署，深入贯彻落实科学发展观，紧紧围绕三项重点工作，正确履行宪法和法律赋予的职责，有效服务门头沟区经济社会科学发展。

一、全面履行检察职能，推进各项法律监督

充分履行检察职能，依法打击各类刑事犯罪，严肃查办职务犯罪，不断强化诉讼监督。

一是依法打击刑事犯罪，维护社会和谐稳定。履行批捕、起诉职责，共批准逮捕各类刑事犯罪嫌疑人1016人，提起公诉1313人。根据刑事政策，对轻微刑事案件适度从宽，共不批准逮捕117人，不起诉51人。较好完成北京奥运会、新中国成立60周年重大安保检察环节的各项任务。实行严格的办案责任制，坚持精细化办案，五年来没有出现捕后、诉后无罪判决案件。

二是依法查办和积极预防职务犯罪，促进反腐倡廉建设。共立案侦查贪污贿赂、渎职侵权犯罪案件44件53人。试行侦防一体化、反贪局反渎局联合办案机制，共查办大案21件、要案7件，高水平完成高检院交办的某央企负责人受贿案、市国税系统涉黄光裕系列案的大要案查办任务。认真落实中央《关于加大惩治和预防渎职侵权违法犯罪工作力度的若干意见》，在区委和市检察院的领导下，查办渎职侵权犯罪案件10件10人。同时，积极开展个案预防、行业预防，开展行贿档案查询，深入推进职务犯罪预防工作。

三是强化对诉讼活动的法律监督，维护司法公正。按照区人大常委会的要求，认真贯彻落实市人大常委会《关于加强人民检察院对诉讼活动的法律监督工作的决议》，坚持“寓监督于支持配合之中”，对公安的侦查、法院的审判活动既依法监督又支持配合的协调局面。共督促立案28件，督促撤案5件，追捕28人，追诉38人。建立检察长、受检察长委托的副检察长列席法院审判委员会制度，全面加强刑事审判监督，提出刑事抗诉7件。加强派驻监管场所检察室规范化建设，创新实行“六审制”监外执行监督方式，加大监督力度，促进依法文明管理。积极开展民事审判和行政诉讼法律监督，建议（提请）抗诉14件、发出再审检察建议8件；对法院裁判正确的案件，主动做好申诉人的息诉工作。

二、围绕中心，服务大局

坚持把执法办案作为围绕中心、服务大局的基本途径，努力实现打击、预防、监督、教育、保护职能的有机统一，为我区经济社会发展提供了有力的法律监督保障。

一是全力服务保障首都西部综合服务区建设。充分服务于西六环、棚户区改造和S1线建设等重大工程项目，积极主动服务保障房建设的征收和拆迁工作，较好办理了一批涉及重点工程的案件，实现了法律效果、政治效果和社会效果的有机统一。支持公安机关查处暴力抗拒西六环拆迁案，依法引导群众舆论，发挥了法律的导向作用。采取和公安机关、纪委同步配合的办法，先后办理拆迁中的普通刑事犯罪案件14件21人，查处拆迁背后的职务

犯罪案件10件16人。认真总结涉拆案件特点和规律，深入开展法制宣传教育。

二是有效服务保障生态涵养发展区建设。围绕区域功能定位，依法支持政府职能部门执法，加大打击各类破坏生态环境犯罪的力度。成功办理全国首例污泥污染环境案。从严打击各类危害生态环境的犯罪，严肃查办案件背后的职务犯罪。坚持同步介入重大安全生产事故，成功查办“3.22”非法盗采事故背后的3名渎职犯罪人。

三是积极服务保障经济平稳较快发展。围绕区委区政府中心工作，着眼于服务“保增长”全局，通过到石龙经济开发区等重点地区调研，建立了联络检察官制度，并提供法律服务；结合办案中发现的管理漏洞，对相关企业提出检察建议。依法平等保护各类市场主体的合法权益，成功办理全国首例利用互联网披露企业核心技术的侵犯商业秘密案。注重维护国家利益，在办理彭某偷税案时，立足挽回损失，追回流失税款500余万元。

四是主动服务新农村建设。注重办理危害“三农”的各类犯罪案件，依法办理了造成510余万元损失的刘某挪用资金、虚报注册资本案。严肃查办了个别农村两委干部职务犯罪案件。开展了“九镇百村”预防职务犯罪巡回培训，依法服务农村两委换届选举。

三、坚持把服务群众、保障民生作为执法为民的主要内容

始终把人民置于最高位置，全院干警怀着对人民群众的深厚感情履行职责，切实做到为人民执法。

一是全力办好事关群众最直接、最现实利益的重大案件。举全院之力成功办理上岸地区污泥污染环境案，推动解决了这一群众强烈不满、持续上访信访的“老大难”问题。依法办理各类涉拆犯罪案件，确保拆迁补偿安置政策的公平、公正。严厉打击涉及医药、社保金等危害民生犯罪，成功办理了全市首例利用“病托”骗取养老保险金案、全市首例生产假药案等有影响的案件。

二是化解矛盾、维护稳定。以高度责任感和大局观念，发挥检察职能先后化解了多起常年缠访闹访案件，成为全市唯一没有涉检越级访、缠访案件的区县检察院。总结形成具有门头沟区特色的化解模式，中央政法委和市委转发了经验材料。

三是保障诉讼参与人合法权益。注重维护被害人权益，积极协调落实司法救助措施。针对部分被害人法制意识弱、自护能力差的问题，有针对性地加强法制宣传教育。依法保护犯罪嫌疑人、被告人合法权益。积极尝试“犯罪救赎”，修复社会关系。坚持带案下访、定期回访等便民措施，疏通群众表达利益诉求渠道。

四、狠抓队伍建设，提高整体素质

始终把建设高素质检察队伍作为队建战略，通过开展“学习型、责任型、和谐型”检察院建设活动，队伍的整体素质显著提高，涌现出一批获得高检院、市检察院荣誉称号的先进典型。

一是突出思想政治建设。坚持把思想政治建设放在首位，以党建带队建。深入开展政治理论学习和主题实践活动，牢固树立“三个至上”和社会主义法治理念。坚持在干警中进行理想信念和职业道德教育，大力倡导社会主义核心价值，形成了良好的院风。

二是加强领导班子建设。领导班子带头改进学习制度，提高了贯彻执行党的方针政策的能力。坚持开展批评和自我批评，贯彻民主集中制，发挥了党组的领导核心作用。严格落实“三重一大”制度。实行了“财务公开”、“人事公开”和“考核公开”，自觉接受群众监督。

三是强化素质建设。先后开展了两轮中层干部选任上岗，并通过引进人才、利用岗位培养，优化了人才结构，激发了队伍活力。落实全市基层检察院建设考评，确定“以考促训、以绩考能、以能定岗、以成评优”的方针，强化了队伍素质，提高了执法办案水平。在去年考核中，被市检察院肯定为“进步最快的基层院”。

四是完善管理机制建设。坚持靠制度管理，集结形成《制度汇编》，严格按规章制度办事。坚持量化部门和个人工作任务，狠抓落实。立足执法办案实践，有效改进内部考核评价机制。

五、广泛接受监督，确保公正廉洁执法

坚持党对检察机关的领导，同时自觉主动接受人大及其常委会的监督，接受政协民主监督和社会各界监督，大力加强自身监督制约机制建设。

一是自觉接受人大及其常委会监督。牢固树立宪法意识，进一步增强人大意识，通过向区人大全体会议报告工作、向区人大常委会作专题工作报告、邀请代表视察指导、送阅工作信息等，为人大代表监督检察工作提供便利。高度重视人大及其常委会的审议意见，采取有效措施积极整改。

二是认真接受民主监督和社会监督。深化检务公开，通过“请进来、走出去”的方式，有效组织检察开放日、举报宣传周、法制宣传日等活动，增加了工作透明度。邀请群众观摩、监督个案办理。依法接受公安机关、人民法院的工作制约，依法为律师参与诉讼提供方便。

三是加强内部监督制约机制建设。认真执行职务犯罪案件审查逮捕上提一级的规定，严格落实讯问职务犯罪嫌疑人全程同步录音录像制度。进一步加强执法规范化建设，加强对办案流程的管理和动态监督。建立干警执法档案，开展检务督察，加强廉政教育，落实党风廉政建设责任制。五年来，多名干警立功受奖，没有发生干警违法违纪问题。

各位代表，上述五年来的检察工作，是区委、市检察院正确领导的结果，是在人大监督和政府、政协以及社会各界的关心支持下的结果。对此，我代表全院干警表示由衷的敬意！

回首五年，我们深深体会到，做好新形势下的检察工作，必须深入贯彻落实科学发展观，牢固树立社会主义法治理念，始终把握正确的政治方向；必须始终把人民放在心中最高位置，坚持立检为公、执法为民，努力使检察工作符合人民群众的愿望和要求；必须坚持围绕中心、服务大局，充分发挥检察职能作用，为经济社会发展服务；必须坚持党的领导和人大监督，自觉把检察工作置于人民的监督之下；必须坚持强化队伍建设，着力提高队伍的政治、业务和职业道德素质，不断增强法律监督能力。

我们的工作还存在一些需要改进的方面：一是在充分发挥检察职能上，与经济社会发展的要求和人民群众的期望还有一定差距。二是队伍的整体能力与新时期出现的新情况、新问题以及新要求，还有一定差距。三是队伍的创新意识尚待加强。我们将根据本次大会要求，认真加以整改。

2012 年工作思路

2012 年检察院的总体思路是：深入贯彻落实科学发展观，紧紧围绕主题主线，树立“理性、平和、文明、规范”的执法理念，以强化法律监督、强化自身监督、强化队伍建设为要求，以执法办案为中心，以深化“三项重点工作”为着力点，以改革创新为动力，推动检察工作科学发展，为落实“十二五”规划、完成区第十一次党代会提出的奋斗任务、实现全区经济社会跨越式发展提供高效的法律监督服务。

第一，强化法律监督，更好地服务党和国家工作大局

认真履行批捕、起诉职责，依法打击危害社会治安和市场经济秩序的犯罪，积极参与社会管理综合治理和平安建设，为迎接十八大营造安全稳定的社会环境；依法履行查办和预防职务犯罪职责，继续集中力量查办大案要案和人民群众反映强烈的案件，深入开展职务犯罪预防，促进惩治和预防腐败体系建设；全面履行对诉讼活动的法律监督职责，维护司法公正，保障社会主义法制的统一、尊严和权威。

一是更加注重开展犯罪预防工作。按照市委、区委的部署，认真落实各项预防犯罪的要求，充分依托检察机关的职能，在严肃查办各类职务犯罪的同时，改进并加强职务犯罪预防工作。配合纪检部门建立健全相关的职务犯罪预防制度，推进廉政风险防控管理工作。二是进一步加大创新力度，做到观念创新、机制创新，大胆探索深化“三项重点工作”、推动社会主义经济、文化发展繁荣的有效途径，进一步提高服务大局的水平。三是注重保障和改善民生。坚持执法为民，依法严厉打击严重暴力犯罪、多发性侵财犯罪等侵害民生民利的犯罪，突出查办和预防重点领域发生的职务犯罪，严肃查办失职渎职造成重大安全生产事故的犯罪。四是注重维护公平正义。把经常性监督与专项监督相结合，进一步在突出监督重点、提高监督水平、增强监督实效上下功夫。五是高度重视化解社会矛盾。深入贯彻宽严相济的刑事政策，坚持把化解矛盾贯穿到执法办案全过程。进一步完善“犯罪救赎”工作机制，主动释法说理。注意在执法中发现带有倾向性、苗头性的民生诉求，进一步创新便民检察方式，妥善处理涉检信访问题。加大未成年人犯罪的检察工作力度，尽快成立诉讼预防一体的未成年人犯罪检察处。

第二，强化自身监督，确保公正廉洁执法

极大改善并强化自身监督。一是强化执法办案内部监督制约。重点加强对职务犯罪侦查活动的监督制约，严格落实职务犯罪案件审查逮捕上提一级、讯问职务犯罪嫌疑人全程同步录音录像、人民监督员等制度，保障职务犯罪侦查权依法正确行使。二是完善接受人大代表及社会各界监督机制。切实加强、改进检察工作，不断完善向人大报告工作、重大事项备案等制度，高度重视代表联络、建议办理工作，依法保障代表的知情权、参与权和监督权。三是主动适应公开、透明、信息化条件下检察工作面临的新挑战，积极回应人民群众对检察工作的新期待和新要求。进一步深化检务公开，加大面向社会各界的公开力度，切实提高执法公信力。

第三，强化队伍建设，提高整体素质，为检察工作科学发展提供坚强组织保障

始终把队伍建设作为检察工作的根本和保证，以公正廉洁执法为核心，强化教育、管理和监督，不断提高队伍整体素质。一是坚持党的领导和中国特色社会主义检察制度，加强思想政治建设。引导全院干警深入开展“三个至上”和“六观”、“六个有机统一”理念的教育，树立“理性、平和、文明、规范”的执法观念。二是进一步加强领导班子建设。贯彻民主集中制原则，提高民主决策水平。健全领导班子和领导干部考核评价机制。三是加强素质能力建设。进一步完善检察人才培养开发、评价发现、选拔使用、流动配置、激励保障机制，从根本上提高执法的公信度。加强人才队伍建设，逐步提高办理疑难案件的能力。四是加强纪律作风和自身反腐倡廉建设。认真落实党风廉政建设责任制和《廉政准则》，坚决贯彻廉洁从检各项规定，加强队伍纪律作风管理。五是提高科学管理水平。健全执法管理、队伍管理和保障管理机制，开展检务督察，提高执行力。

各位代表，面对新的形势和任务，区检察院将在区委和市检察院的正确领导下，在本届人大及其常委会的监督下，切实贯彻本次大会的各项决议，开拓进取，扎实工作，全面正确履行职责，努力为门头沟区在十二五时期实现跨越式发展作出新贡献！

政协门头沟区第八届委员会常务委员会工作报告

——2011年12月17日在政协北京市门头沟区第九届委员会第一次会议上

高连广

各位委员：

我受区政协八届常委会委托，向大会报告本届五年来的工作，并对九届政协工作提出意见和建议。请予审议。

一、五年工作回顾

五年来，八届政协认真贯彻落实中央5号文件和市、区委第三次政协工作会精神，在区委的领导下，在区政府的支持下，牢牢把握团结民主主题，紧紧依靠各界委员，围绕中心，服务大局，认真履行政治协商、民主监督、参政议政职能，积极为全区经济、政治、文化、社会和生态文明建设做贡献。共召开全委会5次，常委会26次，主席会31次。举办常委读书班5次，新委员学习培训班3次，专题学习报告会20余场。组织重要课题调研活动130余次，市内外交流考察50余批次，专题视察150余次，形成调查报告、考察体会和考察报告79份，编辑印发信息简报、会议纪要160余期。征集委员提案819件，立案753件。民主党派、工商联、人民团体、委员个人或联名提交大会发言材料42件。征集社情民意200余条，向区委、区政府整理报送28期。征集文史稿件490余篇，420余万字，编辑出版门头沟文史6辑、京西系列专辑七类15本。

（一）遵照政协章程，切实搞好政治协商

八届政协按照程序认真开展协商活动，充分发挥政治协商服务民主决策、科学决策的作用。

1. 围绕中心议大事献良策。就全区经济和社会发展等重大问题，如“十二五”规划、政府工作报告、重大投资和重要建设项目、关系人口资源环境和可持续发展等议题，认真开展协商，汇聚不同意见，提炼重要舆情，服务党政决策，使政治协商的质量不断提高，促进了党政决策的民主化、科学化。

2. 同舟共济架桥梁当纽带。认真组织全委会的整体协商、常委会的重点协商、议政会的专题协

商、专委会的对口协商活动。区委、区政府领导及其职能部门高度重视，应邀出席政协全会以及各种形式的协商会议活动多达950余人次，政协委员提出的很多意见建议在党政决策中得到了体现。

3. 平等议事讲民主求共识。常委会本着“求同存异、体谅包容、平等议事”“开短会、民主会、有效会”的原则，按照《政协章程》的规定，开展协商活动。历次协商前，都召开政协参加单位进行研讨，精心选题，严把质量，使民主党派、工商联、人民团体以及各界委员的协商发言得到了应有的尊重，发表的意见和建议为区委、区政府科学决策提供了重要参考。

（二）针对重点问题，积极开展民主监督

八届政协敢于监督、善于监督，认真履行监督职能。

1. 发挥常委会重点监督作用。主动选择涉及地区发展全局性的工作认真开展民主监督。专题听取了区政府关于年度重点工程进展情况的通报，对重点工程建设进行了视察；专题听取了区政府年度办理提案工作情况的通报，对重点提案进行了督办；专题听取了区纪检监察部门年度开展廉政工作情况的通报和检察机关反贪污贿赂工作情况通报。及时对相关部门的工作提出了真诚的希望、善意的批评和中肯的建议。

2. 发挥专委会专业监督作用。各专委会充分发挥不同行业委员的特点和优势，用委员专业的独特视角，审视党政职能部门的工作，发挥了拾遗补缺的作用。每次组织开展视察活动，都提前作出计划安排，提前发送相关材料，有目的有组织地让委员深入实地走访视察，使委员能够提出有针对性的意见和建议。2007至2008年，视察的重点是全力推进“绿色奥运、科技奥运、人文奥运”的实施和奥运后经济社会可持续发展；2009至2010年，视察的重点是围绕“保增长、保民生、保稳定”；2010至2011年，视察的重点是棚户区改造、城市景观建设、生态治理、环境保护等方面。专委会还组织委员围绕关系人民群众生活的“就医、就学、就业、住房、养老”等民生工程，提出视察意见、建议350余条。

3. 发挥特约监督员的作用。八届政协高度重视并认真做好特约监督员的推荐工作，先后向20个部门推荐了145名政治理论素质高、专业知识强的委员作为行业特约监督员，使政协委员有了更多机会在更加广泛的领域参与民主监督。

4. 支持委员参与民主评议工作。受区委、区政府职能部门委托，多次组织政协委员参与对重要部门、关键岗位的人事考评工作。五年来，政协委员累计参加民主评议政府职能部门15批次，民主评议副处级以上干部90余人次，320余人次填写各类评价考核表册2895份，参与处级干部公开选拔上岗面试25人次。

（三）采用多种方式，认真组织参政议政

八届政协在参政议政工作中，注重体现时代性、把握规律性、富于创造性，选实题，察实情，说实话，出实招，求实效。

1. 组织议政选实题。为促进地区经济平稳较快发展，每年召开2次议政会，一次是围绕《政府工作报告》专题议政；另一次是结合区情开展专题议政。曾先后就三家店地区的发展、京西古道文化的挖掘、山区生活能源问题、沟域经济和永定河生态建设、“打造京西名山，盘活98.5%”等问题，举办了九场专题议政会，并积极促成了议政成果的吸纳和转化，有力地助推了相关工作的开展。

2. 提案办理求实效。政协委员围绕党政中心工作及群众关心的热点、难点问题提出的提案，区委、区政府领导及其职能部门非常重视，区委主要领导对37件民主党派提案逐件进行批示，区政府主要领导对提案办理工作提出明确要求，区委区政府职能部门坚持主要领导亲自参与提案办理，使一些综合性强、涉及面广、解决难度大、委员关注度高的提案得到了切实办复，办复率达100%，委员满意、基本满意率逐步提高。为了做好提案的提出与办复工作，区政协每年为政协委员提供区情、民情，每年表彰优秀提案，每年确定重点提案领导督办，并用《委员建言》《委员心声》《委员视点》《委员之声》的形式，编辑汇总委员提案和政府部门办理的意见，适时召开提案办理工作交流会，有力地促进了提案成果的转化。

3. 调查研究察实情。各专委会、各界别以及各参加单位发挥自身优势，选择全区经济社会发展中的热点、难点、重点问题，如针对非公企业发展，关闭煤矿和非煤矿山后废弃矿山的修复，产业结构如何调整，山区生活能源如何解决，怎样成功打造文化创意产业聚集区等一系列问题，深入基层、深入群众进行调研。形成了《关于我区进出企业情况的调查》《关于我区古村落文化保护与开发的建议》《整合历史文化资源，促进区域经济发展》《门头沟区解决山区生活能源问题的调查与思考》等一批情况真实、数据准确、分析科学、建议可行，有价值、有分量的调研报告。先后编辑了

《建设现代化生态新区征文》《年度调研报告汇编》《议“山”文集》等，较好地发挥了调研工作的作用。如通过两次有关企业情况的调研，助推了区委、区政府有关企业发展政策的出台，促进了全区企业的发展，也稳定了税源。关于解决山区农村生活能源问题的调研建议，促进了农村房屋节能改造、液化气下乡、新型能源开发等一系列工作的开展。

4. 社情民意说实话。区政协把真实性作为社情民意的“生命线”，广泛动员，广开言路，深入调查，反复核实，确保了反映社情民意的高质量。如提出的“关于用首都西部综合服务中心（WSD）包装门头沟的建议”，列入了区“十二五”规划，此建议也得到市政协、市政府有关职能部门和新闻媒体的高度重视，在社会上引起了积极反响，有力地促进了我区的招商引资工作。

5. 文史工作出实招。充分发挥文史“存史、资政、团结、育人”的作用，先后编印了《京西山水》《京西古村》《京西商业》《京西古道文化研究文集》等系列专辑；出版了《门头沟文史》第15－20辑和《门头沟文史合订本》。尤其是通过古道文化研讨，为“古村古道文化创意产业聚集区”落户斋堂镇，提供了历史文化支撑。拍摄了《毛泽东与门头沟》专题片，《名人与门头沟文集》一书即将出版，为提升门头沟区的知名度作出了积极努力。

（四）促进社会和谐，大力弘扬两大主题八届政协充分发挥爱国统一战线的组织作用，围绕团结民主主题，积极为构建和谐社会服务。1. 注重发挥民主党派和无党派人士的作用。为确保民主党派和无党派人士在政协委员中持续保有相对比列，在任免增补政协委员过程中，保障民主党派和无党派人士在政协组成中比例不降低，人员不减少。通过与政协参加单位联合开展调研视察，举办研讨会、座谈会，提供发表意见和主张的平台，通报区情民意，就区委、区政府重大问题组织协商等多种形式，为党派参政议政、发挥作用服务，如牵头组织召开的党派自身建设交流座谈会，中共区委书记与民主党派负责人平等交流。增进了彼此间的了解和理解，促进了政党关系和谐。

2. 努力做好统一战线工作。精心办好每年一次的新春和中秋茶话会，并通报区情；适时召开民主党派和三胞亲属座谈会，并组织参观学习；积极协助区委、区政府做好民族宗教工作；积极开展慈善公益活动，据不完全统计，政协各界委员共捐款捐物达563万元，充分体现了广大政协委员的爱国主义精神；积极响应市政协推进绿色出行的倡议，联合各民主党派向全区各界人士发出了争做绿色出行者、宣传者、建言者和消费者的倡议。

3. 与兄弟区县政协牵手，促进区域共同发展。连续五年，参与了丰台、石景山、房山、大兴五区政协共同举办的“首都西南区域经济发展论坛”，并成功承办了第三届论坛。有力助推了北京市《永定河绿色生态走廊建设规划》《关于加快西部地区转型发展的实施意见》《北京南部地区规划实施纲要（2010年－2020年）》等政策的出台，为西南区域经济社会发展作出了一定贡献。

（五）开展“创先争优”，着力抓好自身建设

八届政协注重自身建设，以“创先争优”为抓手，充分发挥政协界别、专委会、委员和机关干部四支队伍的作用。

1. 重视政治理论学习。运用科学的理论成果武装头脑，指导实践，推动工作。认真组织党组成员、常委会组成人员和广大政协委员以及机关党员干部，利用多种形式学习党的路线方针政策、邓小平理论、“三个代表”重要思想和科学发展观，以及党的十七大和十七届历次全会精神。深入贯彻学习落实中央五号文件和市、区委实施意见。重点学习了胡锦涛总书记在庆祝人民政协成立60周年、纪念党的十一届三中全会召开30周年、建党90周年大会上的讲话；学习了《中共北京市委关于加强人民政协政治协商制度建设的意见》和区委贯彻落实的实施意见。以区政协成立30周年为契机，面向全区各界开展了“我与政协”有奖征文和“政协统战知识百题竞赛”等活动。通过多种形式的学习活动，提升了四支队伍的政治理论水平和履职能力。

2. 坚持举办报告会的制度。坚持常委会会前学法制度，会前学习了《中华人民共和国行政复议法条例》《北京市城市房屋拆迁管理条例》等多部法律法规；坚持常委读书班制度，举办了5次为期一周的常委读书班；组织了“金融风暴影响”“台海形势”“世界军事形势”“区十二五规划”等20余场专题报告会，使广大政协委员及时了解世情、国情和区情，开阔了视野，提高了思想和理论水平，增强了政治敏锐性、政治鉴别力和履职能力。

3. 努力增强四支队伍的活力。在发挥界别和专委会作用方面，每年组织两次活动，就各自有关问题进行专题专项调研、视察和研讨。在发挥委员作用方面，政协领导坚持分工联系走访委员制度；建立了委员年度述职制度，举办委员风采演讲会，创办《委员风采专刊》，宣传、表彰优秀委员 50 余人次；开展优秀提案、优秀信息评选表彰活动；首创了政协委员之歌——咱政协人。从而充分调动了广大政协委员投资引项，参与新农村建设和地区经济社会发展的积极性。在政协机关建设中，认真开展了“学习实践科学发展观”“创先争优”“廉政风险防范”实践教育活动，提高了机关工作人员认真办文、办会、办事的服务能力和水平。

4. 不断完善工作机制。建立和修订了常委会工作规则、机关工作纪律等 24 项制度和工作程序，使政协工作逐步走上了制度化、规范化和程序化的轨道。

各位委员！八届政协五年的工作成绩是区委领导、政府支持、市政协指导、各方协助、政协各参加单位和广大政协委员以及机关干部共同努力的结果。在此我代表八届政协常委会向大家表示衷心的感谢！

八届政协五年的工作也有不足。一是需要进一步研究和探索履行民主监督职能的新途径和新方法，增强民主监督的实效性；二是需要进一步发挥界别和专委会的优势，提高委员参政议政的能力和水平；三是需要进一步加大政协工作的宣传力度，探索政协工作的理论研究。

二、五年工作体会

五年来，八届政协在工作中积累的经验和体会有以下五点：

——坚持党的领导是做好政协工作的根本保证。坚持党的领导，是政协开展工作必须遵循的一项根本原则，也是坚持正确政治方向的根本保证。五年来，区委常委会每年听取政协工作汇报，研究政协工作，2010 年召开了全区第三次政协工作会，制定了关于加强人民政协政治协商制度建设的实施意见，使政协工作的制度措施更加完善，工作更加富有成效，有力推动了政协工作的开展。

——围绕中心、服务大局是政协履行职能的基本原则。政协履行职能的各项工作与党委、政府思想同心，目标同向，工作同力，才能增强工作的针对性和实效性。八届政协五年的工作实践证明，只有立足本区实际，围绕区委、区政府工作中心，服务全区发展大局，政协工作才能找准位置，发挥优势，有所作为。

——发挥委员主体作用是政协开拓创新的不竭动力。委员是政协履行职能的主体，激励委员履职尽责，建功立业，政协工作才能充满生机和活力。八届政协在继承和发扬历届政协光荣传统的基础上，开拓进取，创造性地开展了一些工作，如开展委员述职、举办《委员风采》演讲、编发《委员风采》刊物，激发了委员的履职积极性，进一步促进了政协整体工作的开展。

——协调各方关系是做好政协工作的重要基础。政协组织内外关系是多元化的，只有理顺各方关系，才能减少阻力，增加助力。八届政协做了大量有益的协调工作，从而起到了凝心聚力的作用，如注重做好企业委员的工作，保证了拆迁工作的顺利进行；举办党派自身建设交流座谈会，促进了政党和谐；协调联系市内外专家学者参与论坛，借势借智，提升了西南五区论坛质量。

——助推地区发展是做好政协工作的第一要务。发展是党和政府的第一要务，也是政协工作的第一要务。政协工作的出发点和落脚点，只有围绕地区的发展，才具有生命力，才能得到党委和政府及各方面的支持。八届政协特别在保障重点工程方面，注重履行职能围绕发展，调研视察促进发展，提案舆情服务发展，发掘文史支持发展，使政协工作努力做到了有为有位更具实效。

三、今后工作建议

此次大会标示着八届政协圆满地走过了五年的历程，也标示着九届政协已经踏上了新的历史征程。因此，希望新一届政协借鉴八届政协的工作经验，克服八届政协的工作不足，努力开创政协工作的新局面。

一是要全面贯彻中共中央十七届六中全会精神，认真落实中共北京市委十届十次全会和中共门头沟区委第十一次党代会的工作部署，围绕加快转变发展方式，推动经济又好又快发展；努力提升城市形象，建设现代化滨水山城；加快新农村建设，构建城乡一体化新格局；全面加强社会建设，努力构建和谐社会；推进文化繁荣，实现文化引领发展的主要任务，认真履行政治协商、民主监督、参政议政职能。

二是要充分发挥政协人才荟萃、智力密集、联系广泛的优势，动员和组织广大委员为产业结构调整、城市建设、生态建设、社会建设和民生改善实现跨越式发展积极建言献策。支持各界委员开展各种形式的社会服务活动，为建设现代化生态新区献智出力。

三是要把团结和民主两大主题贯穿于政协工作的全过程，把团结各界、凝聚各方、共谋发展的工作摆在更加突出的位置，不断发展和壮大最广泛的爱国统一战线。积极协助区委、区政府做好协调关系、化解矛盾、理顺情绪的工作，促进政党关系、民族关系、宗教关系、阶层关系、海内外同胞关系的和谐。

四是要注重加强常委会自身建设，进一步增强组成人员的政治意识、大局意识、责任意识和表率意识，提高集体围绕中心、服务大局的领导能力；注重加强专委会和界别建设，提高开展履职活动的能力；注重加强委员队伍建设，发挥委员的主体作用，提高委员政治素质和参政议政能力；注重加强机关干部队伍建设，提高办文、办会、办事，统筹协调服务的能力和水平。

五是要按照《中共中央关于加强人民政协工作的意见》和市委、区委实施意见的要求，进一步在制度化、规范化、程序化建设上丰富内容、完善形式、规范程序。在协商议政上，议题的确定提出、议政的方式方法、建议意见的转化落实要有章可循，规范操作；在民主监督上，要积极探索方式与内容的有机结合，完善反映社情民意的渠道和机制；在参政议政上，要丰富形式，增强参与性、服务性、实效性，为委员知情明政创造条件。同时还要加强人民政协理论的学习、实践的研究和政协工作的宣传。

各位委员！

今后五年的政协工作，面临门头沟区跨越式发展的大好形势。我们一定要更加紧密地团结在以胡锦涛同志为总书记的中共中央周围，在中共门头沟区委的正确领导、区政府的大力支持和市政协的关心指导下，高举中国特色社会主义伟大旗帜，全面贯彻落实科学发展观，紧紧围绕门头沟区“十二五”规划提出的各项战略目标和“一带两线四点多组团”的空间布局，着力促进经济、政治、文化、社会建设和生态文明建设，团结带领全区各界人士为推动经济转型发展、创新发展、跨越式发展和现代化生态新区建设做出新的更大贡献！

专　文

门头沟区旅游文化休闲产业发展问题研究

门头沟区委书记　韩子荣
门头沟区区长　王洪钟

“十二五”时期，北京市提出要加快转变经济发展方式，以更高的标准建设“人文北京、科技北京、绿色北京”，推动首都向中国特色世界城市迈进。北京市大力建设世界城市的发展思路，对门头沟区的发展提出了更高的要求，也为门头沟区实现跨越式发展提供了难得的发展机遇。为切实加快跨越式发展步伐，门头沟区委、区政府提出“努力推动跨越式发展，以更高的标准建设现代化生态新区”的目标，并将旅游文化休闲产业作为全区的主导产业。针对如何发展旅游文化休闲产业问题，我们进行了深入调研，形成了调研报告。

一、门头沟区发展旅游文化休闲产业具有重要意义和价值

（一）大力发展旅游文化休闲产业是服务首都发展、加快转变经济发展方式的迫切需要

“十二五”时期，首都站在全局和战略的高度，提出率先实现经济发展方式转变，建设世界城市的战略目标。北京要建设世界城市，必须拥有发达的城市经济、完善的城市功能和健康的城市体系。旅游业作为现代服务业的龙头，具有消费性服务业和生产性服务业的双重属性，是首都转变经济发展方式的必然选择，也是提高城市综合竞争力、促进城市转型、提高居民生活品质的有效手段。门头沟作为首都经济体的组成部分，需要充分挖掘自身价值，承担起支撑和服务世界城市建设的功能。大力发展旅游文化休闲产业，发挥生态涵养价值、人文传承价值、休闲服务价值，是引领区域经济发展、为北京实现战略目标做出重要贡献的必由之路。

（二）大力发展旅游文化休闲产业是实现门头沟区域功能定位的基本前提

按照北京市对门头沟区生态涵养发展和西部综合服务中心的两大功能定位要求，以煤炭、砂石为代表的传统产业已经基本退出，而能否迅速实现产业转型、有效形成旅游产业竞争力，是门头沟在未来首都发展乃至更大区域范围内实现功能定位的基本前提。《关于加快西部地区转型发展的实施意见》将北京西部地区确定为北京新一轮发展的增长极，作为京西大区，面对周边区县竞相发展的竞争环境，门头沟区需要重新思考区域发展定位，与其他区县错位发展，制定适合区情的产业发展战略，使门头沟成为引领西部地区加快发展的重要力量。

（三）大力发展旅游文化休闲产业是门头沟区实现跨越式发展的必然选择

目前，门头沟全区上下对推动经济社会实现跨越式发展的目标形成了更为广泛的共识，通过大力实施招商引资，深入开展城市建设、生态环境建设和社会建设，城乡面貌已经发生了深刻的变化。为加快推动跨越式发展步伐，我们需要进一步深化细化发展思路，进一步深入挖掘释放发展潜力，特别是要进一步明确发展途径和突破口。就门头沟区的实际情况而言，门头沟拥有北京市加快推动旅游发展的重要机遇，拥有得天独厚的旅游资源，拥有全区上下大力推动旅游文化休闲产业的信心和决心，在发展旅游文化休闲产业上具有独特优势。因此，必须坚持用产业发展来推动跨越式发展的方向，通过细致规划、精心组织、引进重大项目来加快打造旅游休闲文化产业，为门头沟区经济社会发展提供强大的产业动力，带动门头沟区加快实现跨越式发展。

二、门头沟区发展旅游文化休闲产业具备优越的基础条件

（一）自然旅游资源的天然性

门头沟境内地貌形态多样，平原、低山、河谷台地、中高山、高山并存。其中，山地资源最为丰富。全区98.5%的面积均为山区，汇聚了北京市第一高峰东灵山、国家级自然保护区百花山、中国现代民俗学发祥地妙峰山等众多名山，是北京市郊区（县）中唯一的纯山区。纵贯全区的北京市母亲河－永定河，北京最长的峡谷永定河大峡谷、北京最美、规模最大的流域湿地永定河湿地、北京潭景最多的京西十八潭等自然景观资源与区内众多名山一起，塑造了门头沟区独特的天然山水风光。

（二）生态的稀缺性

门头沟大部分为山区，森林覆盖率达37.3%，山地区域负离子非常丰富，是北京市重要的生态屏障，也是北京空气质量最好区县之一。门头沟古树众多，三百年以上的一级古树有300多株，百年以上的达千株。区内物产丰富，形成了京白梨、薄皮核桃、妙樱樱桃、香白杏、玫瑰、太子苹果、红头香椿、黄芩茶、陇家庄盖柿、蜂蜜、韭园酱菜等特色农产品。门头沟区在全市具有独一无二的生态环境优势，位于首都市民休闲度假最佳半径之内，能满足首都市民高品质生活的需求。因此，守住生态底线，保护涵养深山区，是门头沟区未来发展的战略基础。

（三）文化旅游资源的独特性

门头沟区是北京市历史文化资源最为丰富的郊区县之一。以潭柘寺、戒台寺、灵岳寺等众多古寺庙及其传承的寺庙文化为核心构成了独特的宗教文化。据统计，门头沟有记载的古寺庙达888座，现存古寺庙及古寺庙遗址125座，形成了规模庞大的古寺庙建筑群；以爨底下村、灵水村、琉璃渠村等49座古村落和全长270公里、现存50余公里的京西古道为核心构成了独特的古村古道文化；而以宗教寺庙文化、古村古道文化、民间民俗文化、生态山水文化、特色物产文化、革命军事文化等“六大文化”为核心又构成了永定河文化。此外，商旅文化、科举文化、地质文化等也彰显了门头沟文化的独特魅力，为旅游休闲产业发展奠定了深厚的历史文化底蕴。

（四）交通路网设施的便利性

门头沟与市中心及周边区县的道路通达性不断提高，“十一五”期间累计新增公路里程244公里，公路密度和等级大幅提升。莲石路、西六环门头沟段、阜石路已相继建成通车，完成了滨河路、水担路、西北环线、门支路等一批城市道路建设，108国道改建一期、潭王路、双大路等山区道路正在加快建设。经莲石路到天安门的行车时间只需25分钟，从西四环驾车经阜石路至双峪环岛仅需13分钟。西长安街西延长线及S1线磁悬浮轻轨建成后，门头沟区与市区间的交通通达性将会进一步提升。

（五）空间的共享性

交通的便利性、功能的互补性为门头沟与北京其他区县实现资源共享、资源整合提供了便利条件。随着首钢搬迁，打通了市区与门头沟的“隔离”，使门头沟的区位优势开始显现，门头沟与北京中心城市共同发展的趋势越来越明显。门头沟逐步成为北京市市民休闲旅游、户外运动的首选目的地，为京城百姓共享门头沟自然风光、独特魅力提供了最佳选择。同时，也为门头沟在全市范围内整合高端资源要素，推动旅游实现跨越式发展提供了重要条件。

三、门头沟区发展旅游文化休闲产业面临机遇与挑战

（一）生态涵养效果明显，但资源整合需要进一步加强

门头沟坚持生态环境立区发展战略，围绕永定河绿色生态发展带建设，实施京津风沙源治理、废弃矿山修复、永定河生态修复等生态建设工程，基本建成永定河“百里画廊”，成功创建国家生态示范区，成为国家生态修复科技综合示范基地。但是，目前生态旅游资源仍处于分散发展状态，缺乏系统、有效整合，未形成合力，更不能转化为旅游产业强势。

（二）产业转型取得突破，但旅游体系需要进一步完善

门头沟始终坚持以经济结构调整为主线、加快实现产业转型，取得了阶段性成果。基本退出了高耗能、高污染、高排放的资源型产业；科学规划永定滨水商务区、门城生态商务区、龙泉休闲商务区和三家店旅游文化休闲区四个高端产业集聚区；确定了以旅游文化休闲产业为主导，现代服务业、高新技术产业、都市型现代农业等多点支撑的生态友好型产业体系。作为未来主导产业的旅游业能否迅速提升产业能级、形成产业竞争力，将决定门头沟能否保持经济社会可持续发展，决定门头沟在未来首都发展乃至更大区域范围内的功能定位。因此，要推动旅游实现跨越式发展，必须进一步完善保障旅游发展的各项体系。

（三）文化发展形成合力，但遗产价值需要进一步挖掘

近年来，门头沟区发挥文化对旅游产业发展的引领和支撑作用，深入挖掘区域文化资源，加强了永定河文化的传承、保护和发展，培育了一批富有地方特色的文化活动品牌；加大了文物修缮保护工作力度，非物质文化遗产保护工作取得了显著成效，获批北京市斋堂古村落古道文化旅游产业集聚区。但是，从实际效果来看，这些文化资源的价值还有待进一步挖掘，尤其是随着城市化进程的不断加剧，门头沟的乡村形态逐渐消失，长期积淀下来的生活观念、民俗传统、宗教信仰、场景资源迅速消失，并且很难再恢复。因此，应该尽快对这些文化资源进行深入研究和系统整理，形成文化开发利用和文化保护的良性循环。

（四）环境面貌焕然一新，但品牌形象需要进一步提升

近年来，门头沟区狠抓城市环境建设，积极引入社会资本打造“一湖多园、五水联动”的城市水系景观和园林绿化景观体系，大力实施城市夜景亮丽和主要大街景观改造工程，旧城旧村改造工作取得突破性进展，滨水山城形象初步显现。围绕山区景区化目标，推进优美乡村建设，农村环境建设不断加强。但是，整体来看，人们对门头沟区边远山区的印象依然没有根本改变，门头沟区旅游强区的品牌依然没有树立，还没有形成强大的辐射力和影响力。

（五）发展基础显著增强，但承载能力需要进一步提高

近年来，门头沟区加大土地储备和房屋征收力度，签约了近百项招商引资项目，完成和开工建设了一大批重点工程、重大项目，使我区经济投资拉动效应明显增强，同时也积聚了巨大的发展能量。在此基础上，大力加强基础设施建设，坚持建管并重原则，实行城市精细化管理，不断完善城市管理体系和长效管理机制，城市管理水平不断提高，城市承载能力和运行保障能力大幅提升。但是，由于门头沟区水资源和土地资源承载力较低、区域发展

不均衡、旅游基础设施尤其是旅馆、饭店、旅游咨询等服务设施比较薄弱，仍然难以满足加快发展旅游文化休闲产业的要求。

四、门头沟区发展旅游文化休闲产业的总体思路

基于北京市建设世界城市的战略定位和对门头沟区生态涵养发展和西部综合服务中心的功能定位要求，鉴于门头沟区独特的自然资源和历史文化资源条件，门头沟区旅游文化休闲产业的发展应当依托北京、面向世界，全区统筹、多业融合，全力构建1455平方公里的全域景区。

（一）旅游文化休闲产业发展战略定位

在新的历史时期发展旅游文化休闲产业，应进一步优化配置门头沟自然与文化多元要素资源，通过多元文化体验，为复兴中国文化贡献力量；通过文化传播创新，建设中国文化高地；通过文化体验与传播，形成文化吸引，成为具有国际水准和影响力的旅游度假目的地。因此，旅游文化休闲产业发展战略定位为：通过优化配置自然与文化要素资源，建成首都国际高端山地旅游文化度假区，打造最具特色的多元体验与传播中国文化的旅游度假目的地。

潭柘寺镇要积极开发传统文化体验、国学养心等文化旅游项目，建设文化度假小镇。斋堂镇要依托历史文化资源，重点发展文化博览、文化创意等产业，着力打造古村落文化体验小镇。军庄镇要在融入门头沟新城发展的同时，大力发展影视文化、休闲度假等文化旅游项目，打造文化创意休闲宜居小镇。王平镇要重点发展养老、健康、生态产业，打造健康养生小镇。山区各镇都要围绕自然山水、古村古道、寺院庙宇等核心旅游资源，积极打造山地运动、国家步道、民俗风情等一批观赏山岳风光和体验民俗风情的高端项目，形成旅游产业价值链，实现山区旅游大发展。

（二）旅游文化休闲产业发展形象定位

根据门头沟的发展基础与优势，将门头沟区域形象定位为"北京之巅，绿海家园"，使之成为提升区域吸引功能的原动力，并且围绕这一形象定位，构建门头沟主题鲜明的产业体系。

"北京之巅"是指，境内灵山，北京之巅，东望京都，一脉相连。妙峰山庙会繁盛，百花山天然植物园。戒台神州第一，潭柘先于京城五百年。古村依山傍水，古道崎岖蜿蜒。太平鼓舞动乾坤，皇家琉璃窑火不断。煤炭"烤热六朝古都"，"一盆火"奉献光明温暖。京西儿女浴血奋战，革命老区红色摇篮。生态新区高端引领，转型创新跨越发展。发挥优势海纳百川，追求卓越攀登峰巅。

"绿海家园"是指98.5%山区概念，植被繁茂绿海连绵。永定河贯穿百里，流域文化传承千年。自古锦绣大地，天造山水花园。西部屏障天然氧吧，奇峰秀水百里长卷。生态涵养功能定位，绿色旅游文化休闲。田园生活农家体验，精神栖息世外桃源。宜业宜居和谐相伴，天人合一回归自然。

（三）旅游文化休闲产业发展总体目标

近期目标：创建国家旅游综合改革试验区。2011－2015年，门头沟将积极推动以旅游产业带动区域协调发展的配套改革试点建设，做好产业发展所需政策配套调研工作，推动旅游产业发展政策先行先试，以旅游产业为主导，关联产业综合配套改革为引导，带动全区经济社会各项事业全面协调发展。完成旅游产业发展建设的总体策划和重点项目实施方案，抓好重大旅游项目建设，加快旅游资源优势向发展优势转化，进一步推动门头沟区战略转型。在建设北京市以旅游产业带动区域协调发展的配套改革试点的基础上，争取成为"国家旅游综合改革试验区"。

中远期目标：成为国家旅游综合改革示范区。2016－2025年为门头沟区旅游文化休闲产业发展的战略升级期，门头沟将对接北京发展核心战略和国际发展前沿，实现区域发展的大跨越，建设成为国家旅游综合改革示范区。

（四）旅游文化休闲产业发展重点

围绕门头沟区特有的古寺古庙、古村古道和山水资源，旅游文化休闲产业应遵循"3＋4"的发展策略，即实施古寺古庙—"文化体验"集群发展战略、古村古道—"国家步道"网络发展战略、青山清水—"山水休闲"综合发展战略，打造古寺庙及遗址与生态休闲度假组团、古村与山水生态休闲度假组团、古道与自然山水运动休闲度假组团、商务会议健康休闲度假组团四大组团。

实施三大发展战略。一是古寺古庙—"文化体验"集群发展战略。以潭柘寺镇、永定镇、龙泉镇、妙峰山镇的古寺庙及遗址群为主体，构筑宗教文化生态休闲度假集群，形成宗教文化休闲度假集群的品牌效应，实现以宗教文化为主题的集群式发展。二是古村古道－"国家步道"网络发展战略。依据地形走向、旅游资源空间分布设置人行步道，串联现存古村古道，形成以古村落为景观休憩节点的"国家步道"网络体系。以古村古道为基础的"国家步道"体系建设，应着重强调点状拉

动式的网络发展建设战略，通过现状村镇及途经主要景点设置，形成一个覆盖全区的“国家步道”网络体系。三是青山清水－“山水休闲”综合发展战略。以雁翅镇和妙峰山镇沿永定河畔的生态为依托，形成从平原、到低山、再到高山，从植被、到环境、再到景观的综合性开发体系，构筑设施齐备的高端商务和休闲度假综合旅游产品，有效引导国际和国内商务人士的消费，弥补北京地区休闲度假产品的季节性缺陷。

打造四大旅游休闲度假组团。一是古寺庙及遗址生态休闲度假组团。实施古寺古庙－“文化体验”集群发展战略，打造以宗教为主题，集宗教教事、宗教观光、宗教文化、宗教饮食、宗教修学、宗教休闲、疗养、购物等功能于一体的宗教文化游特色产品集群。二是古村与山水生态休闲度假组团。以斋堂镇、清水镇、雁翅镇的古村落群和大型山岳生态环境为主体，构筑古村落民俗与大型山岳互为依托的休闲度假产品集群，形成集群效应。打造合和养生村、村落文化艺术基地、民俗文化节、乡村音乐节、乡村美食节等乡村休闲度假产品品牌。打造山地马术、高山滑雪、国际山地自行车赛、攀岩、等运动度假产品品牌。三是古道与自然山水运动休商务会议健康休闲度假组团组团。利用现存古道系统，依据地形走向，有机串联起人行步道，形成覆盖全区的“国家步道”体系。依据现状村镇及途径主要景点设置休息站点，配备餐饮住宿等设施。以古道旅游拉动旧村改造，与古村及景区串联，发展民俗、历史、节庆、购物、观光、商务休闲度假等旅游项目，打造禅香古道、玫瑰芳香古道、田园古道、商旅古道、山峡古道、军旅古道、书香古道、探险古道等8类古道人家。四是商务会议健康休闲度假组团。实施青山清水－“山水休闲”综合发展战略，打造国际会议中心、健康理疗中心、森林氧吧循环康疗中心、负氧离子浴场、美容护理中心、中医养生村等养生度假产品品牌。在灵山、百花山等景区打造山地运动休闲养生基地，建设妙峰山国际健康养生度假区、中瑞生态谷、中芬生态谷等产品品牌，形成田园养生、山水养生、康疗养生、禅修养生等4大养生度假类型。

（五）旅游文化休闲产业发展基本原则

1. 坚持生态涵养保护优先原则。以修复生态、保护环境、提供生态产品为首要原则，严格控制开发强度，在不损害生态功能的前提下，适度发展以旅游文化休闲产业为核心的环境友好的产业经济格局。

2. 坚持文化引领高端定位原则。植根历史，用厚重的历史文化激发门头沟转型发展的潜力；紧跟时代，用丰富的人文资源提升门头沟转型发展的内涵，对标门头沟旅游产业发展的总体目标，在标准、品牌、价值等方面实现高端定位，提升旅游产业的市场化、国际化、现代化水平。

3. 坚持差异竞争特色发展原则。依托特殊的区位、文化和自然生态环境，门头沟应与其他区县错位发展。应对区内的旅游城镇进行统一规划，针对不同镇的资源特色，赋予其不同的文化主题并植入新的产业与文化符号，把各城镇的特色文化资源进行最大限度的有效整合，形成以城镇主题文化为形态和载体的旅游城镇发展模式，在差异化竞争中打造品牌，在特色化发展中提升水平。

4. 坚持区域统筹综合开发原则。准确把握门头沟区所处的发展阶段和城乡区域统筹发展的客观规律，坚持以新型城市化为主导，充分发挥政府的宏观调控功能，发挥市场机制的基础性作用，推动区域统筹发展，实现资源利用，项目建设综合开发。

五、门头沟区旅游文化休闲产业的发展建议

（一）加快制定并积极落实旅游文化休闲产业发展规划

以《北京市总体规划（2004－2020）》和《门头沟区国民经济和社会发展第十二个五年规划纲要》为基础，立足门头沟区域发展实际，积极制定旅游文化休闲产业发展战略规划。在此基础上，进一步完善规划内容，深入制定各类专项规划。要加强区域营销战略规划的编制，按照定组织、定任务、定形象、定市场、定投资和定协调的“六定”原则，统筹推进区域品牌营销工作。要制定古寺庙及遗址与生态休闲度假组团、古村与山水生态休闲度假组团、古道与自然山水运动休闲度假组团、商务会议健康休闲度假组团等产品组合的产业专项规划，推进旅游产品的集群式开发。要明确各项具体工作的优先顺序和重点任务，确保产业规划的前瞻性、科学性、有效性和可操作性。要采取积极措施，确保规划的落地实施。相关部门要对规划进行细化和任务分解，确保各项任务及重大项目的有序推进和落实。要出台扶持旅游业发展的实施意见，制定促进旅游业发展的扶持政策和优惠政策，力争在旅游发展的政策、体制和运行方式上有所突破，实现旅游业的全面快速发展。

（二）实施四个“一”工程推动旅游文化休闲产业发展

1. 实施一批提升城市旅游功能的项目

一是加强旅游景观道建设。将108、109国道以及规划建设的高速公路打造为具有地方文化景观特色的旅游走廊；积极引导自行车、步行等低碳旅游交通方式；旅游公路两侧根据村镇实际情况设置必要的配套服务设施。完善标识牌、引导牌、信息牌等标识系统，完善出入口、停车场、环境卫生、照明、通讯等基础设施。二是加强绿道建设。沿滨水河岸、林荫步道并串联公园、自然保护地等建设门头沟绿道体系。沿国道设置绿道郊野段，沿乡村公路修建绿道生态段，，将部分京西古道改造为绿道。三是加强服务区建设。建设龙泉镇、永定镇2个中心服务区，潭柘寺镇、斋堂镇、雁翅镇3个一级综合服务区，清水镇、王平镇、妙峰山镇、军庄镇4个二级综合服务区。

2. 聚集一批具有核心竞争能力的企业

旅游文化休闲产业的快速发展，需要制定切实可行的招商计划，引导大批优质企业积极参与。一是要明确招商目标，即重点引进战略投资商、构建超大型投资旗舰；引进大型商业商务休闲综合体开发商；引进大型开发商进行沟域综合开发；引进大型土地一级运营商进行村镇开发合作；引进中小旅游企业、生态农业企业等，初步形成项目集群；引进大型金融企业，组建村镇银行，构建较为完善的现代金融体系。二是要对引进企业进行筛选，即重点引进大型金融企业、国有大型投资公司、大型房地产类公司、大型文化类企业、大型旅游类企业、康疗养生类企业与机构、文化创意类中小企业。三是要实施积极的招商策略，即强化政府主导、构建合作平台、实施政策促进、打造合作实体、施行定点拓展。

3. 搭建一批互动开放的产业创新平台

一是建设以企业为主体，政府参与的旅游文化休闲产业行业协会。搭建企业与企业、政府与企业之间的交流平台，密切各方合作关系。进一步规范旅游市场秩序，提高旅游服务水平，促进门头沟区旅游文化休闲产业健康、有序、协调发展。二是整合政府、企业各方力量，组建门头沟区旅游文化休闲产业联盟。实施共同策划，共同建设，共同招商，打造门头沟旅游文化休闲统一品牌，形成多方资源的整体合力。推动门头沟旅游文化项目走出国门，推动门头沟旅游文化休闲产业融入世界产业体系。三是打造旅游文化休闲产业交易展示中心。为门头沟各镇搭建旅游特色品牌交流展示平台，为国内外企业搭建门头沟产业项目的交易中心。定期举办旅游品牌、旅游线路、项目建设展示交易会，配套建立网络展示交易平台，鼓励企业进行全国、乃至全球范围内的旅游产品交易。四是打造企业、研发孵化器。建设旅游总部大厦、旅游科技企业研发孵化基地等多个项目，重点引进旅游科技、旅游传媒、旅游规划咨询、旅游金融保险等新兴旅游企业。着力打造孵化平台，有效地聚集全球旅游科技研发、孵化、转化项目。

4. 举办一批具有广泛影响的旅游活动

依托山地生态资源，举办国际山地运动嘉年华、百花生态节、灵山风情节等北京国际旅游山会；依托古村古道资源，举办古村文化节、古道文化节等古村古道文化遗产庆典；依托国际健康资源，举办妙峰玫瑰节、生态养生节等妙峰山国际养生节；依托古寺古庙资源，举办潭柘寺皇寺佛教盛典、戒台寺受戒仪式、妙峰山庙会等皇城古寺国际佛教大会；依托国际影视文艺资源，举办京西电影节、京浪音乐节等门头沟国际影视艺术节；依托永定河等资源，举办国家地质文化节等永定河世界地质文化节。打造遗风京西——文化遗产系列、古道京西—主题古道系列、乡情京西—乡村度假系列、博览京西—博物馆系列、艺文京西—文化创意系列、绿动京西—生态示范系列、怡养京西—健康养生系列、会逸京西—度假会所系列等8大京西特色系列旅游活动。

（三）为旅游文化休闲产业顺利发展提供保障

一是加强组织保障。要提高认识，把旅游文化休闲产业作为带动经济社会发展的支柱产业来抓。要整合行政资源，建立和完善部门协调合作机制。成立“北京市门头沟区旅游发展委员会”，强化旅游委产业促进、资源统筹、发展协调、服务监管等四大职责，建立统筹协调机制以及与各部门的联席推动机制，统筹推动旅游文化休闲产业发展。组建土地、财政、旅游、规划等多职能部门参加的门头沟国家旅游综合改革发展试验区领导小组，抓住全区大力发展旅游产业的契机，争取更多相关项目进入国家、市委发展规划之中。

二是加强政策保障。全面贯彻落实中央和北京市推进旅游业发展的指导精神，紧抓国家把旅游业培育成国民经济的战略性支柱产业和北京市打造国际一流旅游城市的契机，积极向北京市和国家争取财税、信贷、土地和价格等方面的发展政策。主动加强与市政府相关部门的沟通、接触，积极争取关系门头沟转型发展的基础设施、度假休闲、生态环保等重大项目上升到市级层面。研究制定促进本地区旅游产业发展的相关配套政策措施，大力促进旅游产业持续、快速、协调发展。

三是加强融资体系建设。积极探索债市融资、股权融资等直接融资方式，形成以政府带动，社会风险投资等多方参与的投资融资体系。强化与市级投融资平台建设合作，保障重点领域建设。发挥政府投资的积极导向作用，增设旅游发展资金，引导社会资金投向旅游文化休闲产业。利用“创建国家旅游综合改革发展试验区”的相关优惠政策，积极引入国内外金融机构和融资公司、财务公司参与门头沟旅游文化休闲产业开发。

四是加强项目体系建设。科学制定项目年度工作计划和财政预算编制计划，完善项目推进联动协调机制。强化重大项目前期论证，坚持政府导向与企业行为相结合，建立部门联动协调机制，加快重点项目建设。建立健全投资风险约束机制和投资决策责任制，规范项目招投标和监管制度。建立产业信息沟通制度，完善重大项目跟踪服务。建立完善重大建设项目动态管理、动态储备、滚动实施机制，形成竣工投产一批、开工建设一批、谋划储备一批的良性循环。

五是加强管理保障。探索推进“门头沟区国家旅游综合改革发展试验区管委会”建设，由区委书记担任管委会主任，区长任副主任，各相关委办局负责人作为成员，统一领导，整合资源、集中管理。建立严格的旅游市场准入制度，保障旅游业公平竞争，加强旅游法规和旅游标准的执行与检查。整合涉及旅游相关部门的执法职能，加强旅游与安全、卫生、金融等部门合作，建成综合旅游服务平台，建成集办公自动化、旅游投诉、救援、信息发布、金融服务为一体的政务服务体系。

六是加强人才保障。树立人才是第一资源的理念，完善人才发展规划，创新人才引进机制，本着“不求所有、但求所用，不求常住、但求常来”的原则，探索制定高层次人才队伍建设的相关政策。积极研究领军人才承担重大科技项目和政府奖励的政策，积极推进高端人才住房资助计划，为高端人才提供周转性住房。设立专项资金，实施项目支持、经费资助、培训进修等计划，健全以事业吸引、多种方式服务、多部门统筹的引才聚才机制。

关于创新解决门头沟区突出社会管理问题的思考

门头沟区委书记　韩子荣

加强和创新社会管理，是构建社会主义和谐社会、维护最广大人民根本利益的必然要求。当前，门头沟区正处于城市建设的加速和经济社会转型期，各种新老社会管理问题集中凸显，继续推进以改善民生为重点的社会建设是一个十分重要而又紧迫的任务。

一、基本情况

门头沟区辖区面积1455平方公里，常住人口29万人。全区流动人口6.46万人，占常住人口的22.1%。全区辖9个镇，4个街道办事处，178个行政村，99个社区，其中城市社区75个，农村社区24个。全区登记基层社会组织154个，备案社区社会组织569家。社区平均规模为868户，规模最大的2150户，规模最小的271户。全区现有社会工作者852人，由党支部、居委会和市区招录服务站人员三部分组成，社区党支部、社区居委会成员608人。

近年来，门头沟区在经济快速发展的同时，高度重视社会建设，不断创新社会管理体制机制，加大社会建设投入，推进公共服务体系建设，全区社会建设取得了明显成效。出台了《加强和创新社会管理全面推进社会建设的实施意见》，构建党委领导、政府负责、社会协同、公众参与的社会管理格局，制定了《加强和创新社会管理全面推进社会建设主要任务分工》。以改善民生为目标，加大政府投入，全面加强社区公共服务建设。累计为群众办理实事230件，解决了一批关系群众切身利益的问题。实施我区历史上最大的民生工程即采空棚户区改造工程，将改善近10万市民的居住条件。完成城区住宅节能改造38万平方米，通过山区集中供水工程解决101个村、近5万人的饮水困难。完成农民房节能改造2.6万户，在深山区3个镇85个村开展送气下乡工程，有力地巩固了山区结构调整成果。全面提升环境建设水平，获得“国家卫生区”称号。严格贯彻落实“以证控人、以房管人、以业引人”管理措施，加强流动人口管理，全区登记流动人口持续下降，与2009年同期比下降18.8%，房屋出租减少18%。在全区178个村、99个社区全部建立了“连民心恳谈室”，在党和政府与人民群众之间架起了一座“连心桥”，开创了信访工作新模式。开展平安门头沟建设，群众安全感满意度指数排在全市前列。

二、主要问题

（一）城乡建设任务繁重

门头沟区是北京的远郊山区县，长期以来，由于以煤炭开采为主业，城乡基础设施历史欠账较多，公路总量、路网密度、公路等级等项指标均在全市处于较低水平，新城水、电、气、热等市政设施滞后，学校、幼儿园、医疗卫生、文化体育、商场等城市公共服务设施不全，与新城功能定位差距较大。近年来，门头沟区虽然加大了城乡基础设施建设，但是处在大发展、大建设时期的门头沟新城，约三分之二以上的地区都处于棚户区改造、工矿棚户区改造和土地一级开发地块，随之配套的教育、医疗、文化、体育、购物等公共服务设施也需要大量的迁改和新建，今后一段时期门头沟区将处于城市重构时期，城市建设任务日益繁重，社会公共服务设施建设任务非常艰巨。

（二）社区建设水平低

一是老旧小区环境设施落后。全区99个社区中有59个社区为老旧社区，占社区总数的59%，纯平房社区29个，占社区总数的29%。老旧小区基础设施普遍较差，房屋年代久远，破损严重，集中供热管网、停车泊位、便民设施和社区综合服务中心等配套设施不足。二是社区物业管理不规范。没有物业管理的小区占到64%，有社区业主委员会的社区只有1个，在有物业管理的36个社区中有25家物业公司在管理，物业管理主体过多，存在重复管理和管理空白现象。三是新建小区需要规范的内容多。一些新建小区，只重居住功能的改善，在社区用房、文化医疗配套设施等方面不足，目前全区社区规范化用房面积达到350平米标准的社区只有6个。

（三）特殊人群多

当前，我区正处于经济转型，城市化建设加速的特殊时期，关闭煤矿、征地拆迁、国企改制等带来的一系列社会问题叠加，造成特殊人群多。据调查分析，我区共有涉拆、低保、残疾等特殊人群12类之多，这些人群一是人口数量多，占总人口比例高，尤其是城乡低保和低收入人员、老年人占比远高于全市平均水平；二是弱势或边缘群体多，利益诉求容易被社会所忽略；三是是就业问题突出。据2011年9月数据显示，我区新增失业人员同比上升28.1%，领取失业保险金人员同比上升82.1%。城市职工登记率达到5.28%，远高于全市平均水平。

12类人群情况统计表

序号	类型	人数	占比（以户籍人口为基数）
1	涉拆居民	31963	13%
2	登记失业人员	4868	5.28%
3	城乡低保和低收入人员	15264	6.23%
4	老年人	47000	19.2%
5	残疾人	22544	9.2%
6	民族宗教人员	14840	6.06%
7	职业病患者	6703	2.7%
8	精神病患者	1925	0.79%
9	社区服刑和刑释解教人员	1523	0.62%
10	孤儿	54	
11	社会闲散青少年和不良青少年	113	
12	流浪乞讨人员	1461人次	

（四）公共服务机制不健全

主要表现在：一是服务资源分散。涉及社会管理和公共服务职能的部门较多，存在职责交叉、多头管理以及服务盲区现象。二公共服务供给与需求存在偏差。由于缺乏自下而上的有效反映公共服务需求的渠道，各部门不能准确了解基层群众的服务需求，导致各部门提供服务偏离群众需求和提供服务滞后现象发生。三是社会组织发展滞后，民间和社会资源没有调动起来。全区登记社会组织年均增幅只有4%，尤其三个深山区镇社会组织为零，90家社团中会员人数在百人以上的只有24个，大多为“官办社团”，活动资金主要靠政府职能部门资助，公共服务过渡依赖政府。

（五）社区（村）自治能力不足

长期以来，社区习惯于完成各职能部门下派的各项工作任务，行政化倾向严重。虽然在街道层面建立了地区事物管理委员会，但社区与驻区单位联系不够紧密，协商共建机制作用未能充分发挥。社区自治意识不强，缺乏有效的组织居民参加社区事物管理的机制和手段，居民的社区归属感较差，缺乏参与社区事务的积极性的热情。此外，社区专职工作者队伍素质不高，存在年龄偏高、学历偏低、职业化偏低、专业化偏低现象，也影响了社区（村）自治能力的提高。

（六）保稳定促和谐压力大

当前，我区处于转型发展、创新发展、跨越发展的特殊时期，经济结构调整、城市房屋征收和国企改革力度大，由于我们城市管理水平不高、群众工作能力不强，历史遗留问题多引发的人民内部矛盾集中凸显，在总体形势保持稳定的势下，2011年1－10月，区内群众来信来访批（件）次同比上升95.3%，我区当前保稳定促和谐的压力大。

三、主要思路

当前，我区处于实施跨越式发展的新的时期，越是在这个时期，越要关注广大人民群众的切身利益，越要重视社会问题的解决。胡锦涛总书记强调指出，社会管理，说到底是对人的管理和服务。我们要按照《门头沟区加强和创新社会意见》的总体要求，从广大人民群众最迫切的需求出发，从经济社会发展最突出的问题入手，从推进社会管理最薄弱的环节着力，努力探索创新加强社会管理的新思路。

（一）加快城市建设步伐，从根本上改善居民生产、生活条件

坚持高标准规划城市、高质量建设城市、高水平管理城市。以建设现代化滨水山城为目标，加快水、电、气、热、路等基础设施建设，努力形成配套完善、保障有力、适度超前的城市基础设施体系。重点完成莲石湖西路、黑江路、门支路三期等6条城市道路建设，开工建设黑山大街改造二期、滨河路南延等工程，实现108国道改建工程通车，启动滨河、城子两个集中供热厂建设，继续拆除城区燃煤锅炉，加快实施城子自来水厂以及第二水厂建设。积极支持市级重点工程建设，争取109国道高速路立项，支持配合S1线、长安街西延、首钢生物质能源、陕京三线、快速公交等项目建设，从根本上解决制约城市发展与运行的基础设施瓶颈问题，为改善居民生活环境奠定坚实基础。加强农村环境整治，积极创建环境优美镇、生态村、绿色村庄，推行垃圾源头分类减量化运行。完成2720户农民住房抗震节能改造，开展深山区农民集中搬迁试点。加强农村基础设施维护和管理，建立维护管理队伍和投入保障机制，确保太阳能浴室、路灯、公共厕所等设施正常运行。

加快住房、教育、卫生、体育、环境等基本公共服务及配套设施建设，形成布局合理、功能完备的城乡公共服务设施体系。一要加快棚户区改造步伐，加快安置地块路网基础设施及教育、医疗、商业等配套设施建设，完善社区及物业服务体系，确保2012年底前采空棚户区改造安置房竣工200万平方米。积极与京煤集团协调，分块分区推动棚改腾退区域开发。开工建设新棚改100万平方米安置房，力争再用2年时间全面完成棚户区改造任务。二要多渠道解决群众住房困难，完成冯村两限房建设，加快大台、黑山及铅丝厂公租房建设，确保全年保障性住房开工不少于2500套，逐步改善困难群众的住房条件。三要完善“一湖多园五水联动”景观体系，启动永定河龙泉务段河道治理工程，实施5条沟绿化美化亮化工程。新建和改建棚户区改造纪念公园、永定河公园等11个公园，全面完成新城滨河森林公园、永定楼建设，完善提升葡山人口文化公园，并实现公园、学校、广场等公共场所向群众免费开放。三要加快建设少年宫、妇幼保健院、中医院改扩建工程、民生服务中心等社会建设基础设施。加快新建一批教育设施，完成棚户区安置区域3所中、小学及4所幼儿园建设，使教育设施布局更加均衡。四要加快公共文化设施建设，集中推进博物馆、文化馆、图书馆、影剧院等综合文化服务设施建设，完善和提升镇街综合文化站的硬件设施和服务功能，努力实现群众文化场所全覆盖。加快推进文化信息资源共享、电视台高清数字化升级改造、公共电子阅览等文化惠民工程，为群众提供丰富便捷的公共文化服务。

（二）深入推进“六型”社区创建，全面提高社区规范化建设水平

制定深化“六型”社区创建实施方案，通过将创建任务项目化的方式，落实到责任单位，力争用五年时间，把全区80%的城乡社区建设成为“环境整洁、管理规范、服务完善、安全稳定、健康幸福、文明祥和”的六型社区，50%以上的社区成为“六型”社区示范单位。主要措施：（1）重点推进老旧小区、老旧平房区、街巷胡同的环境整

治。增加一批便民菜店，便民连锁超市，完善小区路灯、垃圾收集设备、增加停车空间，有序推进老旧小区的燃气入户和供暖管理管网等升级改造工程。按照山区全域景区化的要求，以旅游景区的标准推进山区旧村改造和新农村建设，全力打造干净社区；（2）加快新建住宅区、城乡结合部地区、农村拆迁新建小区、流动人口聚居区的社区基层组织组建工作，实现对社区居民的全员管理和无缝隙管理。采取新建、改扩建、购买以及落实配建指标、资源整合利用等多种方式，落实社区用房标准，全力打造规范社区；（3）推行“一刻钟服务圈”计划，使社区居民就近享受就业、社保、社会救助、医疗卫生等基本公共服务。整合区内不同产权主体的物业企业，明确划分服务项目、范围，统一服务标准，提高物业服务效率。探索成立非营利性的物业管理服务中心，为无物业管理的老旧小区提供准物业服务，全力打造服务社区；（4）深入开展平安社区创建活动。完善区、街道（镇）、社区（村）、楼门院（组）、四级调解网络建设。完善“连民心恳谈室”工作机制，推进民事调解、安置帮教、社区矫正等工作，全力打造安全社区；（5）按照15－30分钟可及医疗卫生服务的标准，建立健全社区卫生服务中心（站）。加快培育全科医生、社区护士，推行家庭医生式服务，全力打造健康社区；（6）实施公共文明工程，培育和塑造“门头沟精神”。加强社区文化设施建设，完善社区文化站（室）、市民学校、图书室、电子阅览室和社区广场等公共文化服务设施。开展富有特色、丰富多彩、主题鲜明、健康向上的群众性社区文化活动，全力打造文化社区。

（三）全力做好十二类人群服务管理，努力实现社会服务管理各类人群全覆盖

详细编制门头沟区十二类人群服务管理实施方案，将全部服务内容以项目化的方式，交由各责任部门落实。一是加强失业人群的服务与管理，制定区属国有企业拆迁企业职工优惠的保险缴费办法，对招用首钢分流失业人员单位实施岗位补贴，对实现跨区就业的失业人员每月给予跨区就业补贴，开发公益岗位，制定4050、零就业家庭人员就业援助方案；二是加强老年人服务管理，加快推进区老年福利中心建设项目，落实老年人优待和“九养政策”，到2012年5家养老机构全部达到2星级标准；三是加强残疾人服务管理，年均创建2－3个扶残助残基地、2个残疾人温馨家园或2个职业康复劳动项目，为全区70个残疾人康复站点添置设备；四是加强低保、低收员人员服务管理，按月足额为城乡低保对象发放最低生活保障金，对低保对象和低收入对象实施医疗、教育、采暖专项救助。五是加强民族宗教人员服务管理，实行民族宗教人员动态管理，加快推进曹各庄天主教堂、城子清真寺新建工程，满足信教人员开展宗教活动需求；六是加强涉拆群众服务管理，制定科学的周转补助费标准，对低保对象与残疾人给予特殊拆迁补助；七是加强职业病群体服务管理，开辟职业史证明绿色通道，在具备条件的综合医疗增设专科床位，建立工伤救助基金；八是加强精神病患者服务，新建龙泉医院，设置精神病和传染病床位，实施每年进行1次健康检查制度；九是加强社工服刑和刑释解教人员服务，健全规范社区矫正公益劳动组织管理机制，建设房屋阳光中途之家，开展心理咨询工作；十是加强流浪乞讨人员服务，设立未成年人救助保护中心、反家庭暴力救助中心；十一是加强孤儿服务管理，成立区儿童福利院，建立孤儿家庭寄养指导中心；十二是加强社会闲散青少年和不良行为青少年服务，招募心理疏导志愿者，开展心理疏导，法律帮扶、课业辅导、励志教育、爱心救助、就业培训。

（四）创新网格化管理模式，加强为民服务信息平台建设，打造在全市具有影响力的为民服务品牌

整合分散在全区各部门的便民热线以及政府公共服务、社区生活服务、社会志愿服务等各类资源。建立统一的为民服务信息平台，建设区、委办局街道（镇）、社区（村）三级服务网络，分级承办区为民服务信息平台转派的服务事项。通过统一的为民服务信息平台建设，创新网格化管理模式，形成快速准确了解群众需求、高效提供优质服务、带动社会组织成长和政府社会全民参与的自上而下的为民服务新模式。重点建立三个机制：一是建立为民服务信息平台事项办理责任制，明确委办局街道（镇）主要领导、社区（村）党组织书记为第一责任人，负责牵头协调、办理所承接的各类服务事项。二是建立社会组织培育机制，发挥为民服务信息平台对社会服务的引导、监督作用，适当放宽社会组织登记标准，完善社会组织发展扶持政策，设立政府购买服务专项预算资金，通过政府采购、业务外包等方式，引导社会组织积发展，承接居家养老、司法救助、残疾人扶助等服务项目，形成网络化的社区民间组织体系，培育社区居民的参与精神。三是建立为民服务考核评价机制，根据受理事项类别、数量和群众满意度对政府部门、社会组织、服务企业进行综合考核，将政府部门服务质量纳入绩效督查考核。

（五）强化基层基础工作，提高社区（村）自治能力，建立自下而上的社区服务管理体系

加强和创新社会管理的落脚点也在基层，要按照抓基层、打基础、强基石的要求，提高社区（村）自治能力，建立自下而上的社区服务管理体系。重点要建立三个机制：

一要建立动态掌握诉求机制。一是完善各类人群信息数据库，重点加强对残疾人、失业人员、职业病患者等12类特殊群体的服务管理，分类建立精细化台帐，及时掌握各类人群的不同层次需求。二是通过社区议事委员会、社区管理协调委员会等形式，及时了解、全面掌握社区群众需求。三是完善“连民心恳谈室”管理制度、预约制度、恳谈记录簿等“五制一簿”工作制度以及社情民意信息员，定期收集群众关心和反映的热点难点问题。四是推行“小纸条”、“口袋卡”等联系群众方式，党员干部随时记录群众的意见和建议。

二要建立工作责任倒逼机制。强化社区管理、街道属地管理、区级统筹协调，健全三级联动的社区服务管理体系，自下而上解决面向群众的日常服务问题。一是强化社区管理责任，社区要充分发挥服务站功能，整合社区服务资源，积极开展各项公共服务，解决群众日常办事的各种需求。二是强化街道属地管理职能，要逐步下放部分财权和决策权，增强基层政府解决属地事物的能力，要进一步发挥地区管理委员会和民主监督评议委员会作用，对社区解决不了的事物要通过统筹辖区内的政府及社会资源积极予以解决。三是强化区级层面统筹协调，做足为民实事资金预算，及时将社区、街道难以解决的问题转化为民办实事折子工程，提高为民服务的效率。

三要建立社区事物居民参与机制。建立社区公共事务的听证体系、决策体系和执行体系，保障社区居民对社区发展事物的知情权和决策权。积极组织多元主体参与的沟通会、交流会，推广社区居民会议常务会议模式，调动群众、驻区单位、社会组织参与社会服务管理的积极性。积极开展各种公益活动和公共仪式，增强居民对社区的归属感和凝聚力。

（六）推进平安门头沟建设，构建大调解体系，努力维护社会和谐稳定

深入推进“平安门头沟”建设，以社会化、信息化、网络化为重点，健全点线面结合、网上网下结合、人防物防技防结合、打防管控结合的立体化治安防控体系，开展“科技创安达标社区”创建活动，切实增强公共安全和社会治安保障能力。完善“联动联管”流动人口服务管理模式，根据门城区、浅山区、深山区不同地域流动人口特征，采用分类管理模式，提高外来人口的精细化管理水平。构建社会矛盾“大调解”工作体系和格局，完善人民调解、行政调解、司法调解“三调对接”机制，加强“连民心肯谈室”建设，建立以群众工作统揽信访工作网络体系。要以“事要解决”为目标，认真落实领导包案责任，加快解决农转居等历史遗留问题。高度重视安全生产工作，严格落实各项安全监管措施，严厉打击非法盗采行为，做好食品安全工作，防止重特大安全事故发生。加强互联网新媒体管理，提高网络舆论引导能力，规范网络信息传播，促进全区网络健康有序发展。

拓展融资渠道　破解发展难题

——门头沟区创新融资方式推动地区转型发展取得成效

门头沟区区长　王洪钟

门头沟区位于北京市西部，是山区、矿区、老区，受历史原因和客观条件的制约，地区经济总量、城市建设水平、基础设施条件在北京市均处于落后位置，地区群众加快发展的愿望十分强烈。近年来，门头沟区克服等、靠、要的思想，发扬艰苦奋斗精神，紧抓机遇，科学发展、敢于发展，通过多种方式拓展融资渠道，探索了一条不发达地区解决资金瓶颈、实现加快发展的新路。

一、基本情况

2010年，门头沟区财政收入不足北京市总量的0.5%，多项经济指标均居于北京市各区县倒数行列，凭借自身财力远远不能满足加快发展、改变面貌的资金需要。特别是去年以来，国际经济环境日益严峻复杂，各项紧缩宏观调控政策相继出台，就门头沟而言，财政增收压力大、建设发展资金不足、企业融资难等问题非常突出，严重制约了地区经济社会发展。在这种情况下，门头沟区不等不靠，积极调整地区发展方向，明确了大力发展旅游文化休闲产业、打造首都西部综合服务区的工作思路。在这一思路的指引下，门头沟区充分抓住地区日益凸显的政策优势、区位优势、环境优势，集聚各方面的资源，创新工作机制，通过全方位招商引资、土地收储、采取BT、TOT模式、建立小额贷款公司及村镇银行、经营城市、培育企业上市等多种方式，积极拓展筹融资渠道，有效解决了发展建设资金不足的问题，与此同时，认真清理和规范政府融资平台，政府债务始终控制在较低规模。大规模的资金引入，为门头沟区城市建设和基础设施建设提供有力的支撑，在使地区面貌发生巨大改观的同时，也推动了门头沟区经济迅猛发展。目前全区各类重点项目达391项，计划总投资690亿元，已完成162项，实现投资240亿元，开复工面积超过600万平米。截止到2011年11月，门头沟区实现财政一般预算收入15.8亿元，同比增长54.1%；全社会固定资产投资完成141亿元，同比增长60%，两项经济指标的增幅均居于北京市各区县首位，创造了引起各方关注的“门头沟速度”。

二、主要模式

在当前经济形势下，传统方式所得到的财政资金远不能满足地方政府发展和调控经济、加快建设基础设施的需求，单纯依靠政府融资平台进行融资不仅难度越来越大，而且存在极大的债务风险。积极应对政府普遍存在的“缺钱”问题，必须通过优化发展环境，充分整合利用现有资源，打通新的融资渠道。门头沟区按照这一思路，紧紧抓住北京市促进西部地区转型发展的机遇，结合实际创新融资模式，较好地解决了建设发展资金瓶颈问题。

（一）开展全方位招商引资。在区域竞争日趋激烈的今天，对于欠发达地区来说，开展大规模的招商引资，是争取主动、赢得先机、加快发展的必由之路，也是引导生产要素向本区域集中，争取更多资金、更多项目的重要举措。由于基础设施滞后、土地狭小等客观条件的制约，门头沟区的投资吸引力相对不足，但作为首都郊区，地区本身具有较强的后发优势。针对这种情况，门头沟区充分发掘各种优势，将招商引资放在全区工作的重中之重，成立专门的招商机构，动员全区上下开展全方位招商，取得了重大突破。2010年以来，门头沟区共吸引了中建股份、新华水利水电、中铁集团等大型企业入区投资，引进各类项目83个，协议金额突破2500亿元，涵盖了城市建设、旅游休闲、商务会展等多个领域。目前各大项目正在抓紧落地，汇江大厦等10个项目开工建设，落地资金超过150亿元。门头沟区的招商工作主要具有以下几个特点：

一是强化与中央、市属大企业的合作。针对严峻的金融形势，在项目引进中，千方百计与央企、大型市属企业开展合作，目前已经吸引了中建、中水、中铁等知名企业28家，同时尽量将大型企业作为一级开发的实施主体，利用大型企业的信誉和资金优势，缓解征地房屋征收资金压力，也避免了企业拿地后因资金不足无法开工等问题。例如：中建股份将在近年内投入350亿元参与门头沟新城建设和旧城区改造，包括永定地区城市综合改造、三家店地区综合改造、棚改中门寺地块等项目，将实现4万农民上楼；新华水利水电将总部迁入门头沟区，整合收拢了公司在国内其他省市投资，预计对地区年财政贡献达到2亿元以上。

二是通过整合国有资源推进城市核心区改造。门城核心区集中了大量国有企业，效益较差。为盘活国有资产，与中建一局、物美集团、北京旅游开展合作，实施了城子大街改造、物美河滩菜市场改造、北旅广场等三个城市核心区改造开发项目，总投资近百亿元，总建筑面积达80万平方米。其中：北旅广场项目由北京旅游实施，通过对百花宾馆等门城核心区域近6万平米的国有资源改造升级，新建24万平方米的旅游广场；城子大街改造项目由中建一局实施，将整合城子地区的11家国有企业资源，建成30万平方米的城市综合体；物美河滩菜市场改造项目由物美集团投资，将对原有散乱的露天农贸市场进行改造，建成20万平方米的综合商业设施，成为全市最大的物美单体店。目前企业已投入资金近15亿元，三个项目涉及的957户、16.77万平方米房屋征收工作全部完成，土地上市前期工作准备就绪，明年将全面开工建设。通过整合资源，不但妥善解决了遗留问题，还培育了门城地区核心的商业中心和新的经济增长点。

三是实施龙头企业带动战略推动重点镇发展。通过“一镇一企”合作发展机制，促进大型企业和山区优势资源有效对接，推动山区重点镇转型发展。其中：潭柘寺镇与京投银泰集团合作建设休闲旅游服务基地，利用5年时间完成全镇11个村村民的安置。北京基础设施投资有限公司已取得一级开发授权，目前投入资金30亿元，4个村涉及的1658户、3140人的房屋征收工作即将完成。58万平方米的安置房正在抓紧建设。斋堂镇与万科集团合作建设斋堂旅游集散地，镇区所有市政配套设施已全部完工，25.88公顷的1号地块年内可实现上市，农民安置房年底将完工。军庄镇正在与华谊兄弟、金隅集团、加华企业等合作建设创意文化小镇。其中由加华企业实施的军庄国际葡萄酒文化产业基地项目，与市发展改革委小城镇发展基金和国家开发银行进行融资合作，投资200亿元，将建设百余个各具特色的葡萄酒酒庄，形成集休闲、体验、展销于一体的产业链，将有力促进农民增收，带动区域经济发展。王平镇与京煤集团开展合作，借助中瑞生态谷建设和京煤工矿棚户区改造，打造运动休闲养生小镇。

四是以项目促规划培育长安街西延线高端产业。长安街西延线工程东起石景山区古城大街，终点至门头沟区三石路，全长约6.4公里，计划明年开工，工程的实施将进一步拉近门头沟区与城区的距离。长安街西延线两侧是门头沟区现代化城市建设的重要区域。在长安街西延线两侧的招商工作中，主要是突出高端高效原则，引进金融服务、会议会展、公务航空、旅游度假等12个重大产业项目，建设长安街西延线12个标志性建筑，总投资达到1350亿元。在项目引进过程中，采取了以具体项目带动规划和土地收储的做法，根据区域规划先行确定产业类别，通过产业项目完善规划，优先考虑项目的产业功能，确保项目落地后成为新的增长点。目前12个项目总体规划和控制性详细规划基本完成，前期手续办理和拆迁问题已经解决，正在筹备土地上市，京煤大厦、中航国际总部基地、太平洋国际广场等项目即将开工，不但极大地提升了城市形象，而且培育了新的经济增长点。

（二）**多渠道解决保障性住房融资难题。**保障性住房建设是最为重要的民生工程之一，但是由于政府投资大、融资模式单一等问题，使资金问题成为保障性住房建设的瓶颈。门头沟区通过实施采空棚户区改造项目，对解决这一问题进行了积极探索，取得了较好的效果。门头沟区历史上是矿区，由于长期的资源开采，在门城核心区域形成约7平方公里的采空棚户区，多以低矮破旧的平房为主，部分房屋地基下沉，居住安全得不到保障，基础设施严重不足，出行难、吃水难、用电难等问题非常突出，急需进行改造。2009年，门头沟区委、区政府做出决定：利用3年时间，建成五个地块200万平方米定向安置房，搬迁安置居民3.1万户8.5万人，解决全区三分之一人口的居住问题，门头沟采空棚户区改造工程也是北京市最大片区的棚户区改造项目。

采空棚户区改造项目工程量及投资额巨大，总投资约为325亿元，融资问题是工程能否顺利实施的关键。棚改工程属于民生工程，同时门头沟区具有“山多地少，地下采空，存量小、底子薄，很难市场化运作和资金平衡困难”等特点，对于巨额投资，只能采取政府主导模式，依靠市、区两级财政共同承担。经反复探讨研究，门头沟区政府确定了棚改资金运作模式，即成立棚户区改造的实施主体——门头沟区棚改中心，以棚改中心为融资主体，以市区两级财政资金为资本金，按照市场化运作方式进行投融资。目前，通过政策引导和财政资金带动，基本形成了企业、金融机构、社会多方参与的采空棚户区改造投融资格局。

在资金筹集方面，主要采取了以下措施：一是利用财政资本金进行贷款，目前棚改工程利用市区两级财政资本金18.5亿元，共取得建设银行、国开行、农商行、北京银行等银行贷款信用额度48.23亿元。另外，为解决贷款资产担保问题，棚改石门营A地块以住总集团提供保证担保的形式向农商行申请6亿元贷款。二是采取企业垫资方式。例如：中门寺地块由中建集团先行垫资开工建设，争取银行贷款后偿还；黑山地块采取化整为零的方式，由中标的施工总包单位先行垫资施工，确保了工程尽快开工。三是与企业合作联合贷款。例如：小园地块采取与恒创集团合作方式，由企业提供资产抵押担保，向国家开发银行进行联合贷款。目前第一笔10亿元贷款资金已经到位。

在资金偿还方面，主要采取土地交易模式，以腾退土地收入为还款资金来源。目前门头沟区正在分步分块推动7平方公里棚改腾退区域的土地开发上市。按照门头沟区空间产业布局体系和永定河绿色生态走廊发展规划，7平方公里的棚改腾退区域被纳入新城4个商务区之一的门城生态商务区，将重点发展旅游文化生态相关产业。例如：由香港新文化基金投资的中国非物质文化遗产国际博览园项目，总投资约164亿元，总占地354公顷，其中有156公顷位于采空棚户区腾退范围内，将通过与联合国教科文组织非遗机构合作，打造世界非遗保护、发展、合作、交流的平台，目前已完成入户调查，将先期投入60亿元用于房屋征收。通过项目土地一级开发的实施，将有效平衡棚户区改造资金，同时也将使门矿区域曾经破旧的传统矿区实现全面转型。经初步测算，采空棚户区腾退土地可上市销售面积约为344万平方米，依据假设开发法测算的楼面地价和土地出让上市及回款进度，基本能够实现棚户改造资金全部通过棚户区腾退土地上市来平衡。仅从财政收支的狭隘角度算账，采空棚户改造也许是“赔本买卖”，但是如果站在全局高度算账，棚改工程却是“赚钱”的事业，通过棚户区改造，不仅改善了地区面貌，还带动了建筑、建材等相关产业的加快发展，对促进地区就业、促进城市经济发展起到了巨大的推动作用。

（三）整合开发和集约使用土地资源。开发土地资源，增加土地收益是平衡城市建设和基础设施建设资金的有效措施。门头沟区平原面积仅占区域总面积的1.5%，资源非常稀缺，必须坚持集约、生态、高端等原则，科学规划和有效整合有限的土地资源，在拓展地区发展空间、确保重点产业发展用地的同时，获得一定的土地收益。去年以来，门头沟区借助采空棚户区改造、S1线、长安街西延等重大工程的实施，全面加大了土地收储力度，目前，全区在施的土地储备项目共23个，总用地规模1310公顷，一级开发投资达140亿元，4个地块成功入市交易，其中，建筑面积38万平米的东辛秤村B地块为北京首个“限地价竞房价”出让方式试点，由中铁建以22亿元摘得。为了避免卖地获取收益的短期行为，门头沟区始终拒绝“土地财政”，做到了整合资源和集约使用。

一是注重产业培育。妥善处理好获取土地收益与重大项目落地关系，杜绝各类以靠卖地来挣钱的短期行为，合理安排产业和住宅用地比例，除棚户区改造区域外，严格控制其他地区住宅比例，注重保障产业用地，不仅培育了新的经济增长点，还有效控制了人口规模，促进了地区的可持续发展。

二是注重民生改善。所有涉及征地的项目，必须附带农民安置房建设，优先促进农民上楼，同时解决征地和房屋征收后的产业发展、就业社保、集体资产处置等问题，不留后遗症。在推进农民上楼过程中，区政府做到了最大程度的让利于民，给予农民的安置房购买价远低于成本价，据测算，完成全区现有全部开发项目的安置工作，区政府将从土地收益中补贴给百姓近70亿元。此外，门头沟区还积极解决征地历史遗留问题，例如：从土地收益中拿出1.56亿元解决永定地区807人的“农转居”社会保障历史遗留问题；积极协调首发集团投入1.97亿元，解决西六环工程占地涉及的4个镇“农转居”遗留问题，投入1138万元，解决杨坨矿村京煤集团征地未补偿遗留问题。

三是注重整合资源。对全区可开发用地进行了统一规划和合理的产业配置。例如，S1线及长安街西延工程本身涉及永定地区6个村的拆迁，为了配合两项工程的实施，门头沟区新增了S1线区域组团项目和曹各庄、桥户营土地一级开发项目，共实现11个村的拆迁，完成土地储备开发面积472公顷，预计可实现收益约60亿元，在解决老百姓上楼问题的同时，整合了新城南部土地资源，为新型产业的培育奠定了坚实的基础。

（四）积极经营城市无形资源。政府作为一个地区的管理者，拥有城市建设和开发的许多权利，包括冠名权、广告使用权、特许权等，这些权利本身也是一种资源。门头沟区结合地区特点，充分利用城市无形资源，积极筹集城市建设资金，通过市场运作创造出了效益，使城市面貌在短期内实现了巨大改观。2010 年以来，门头沟区全面加大城市环境建设力度，建成“一湖多园五水联动”的景观体系，包括永定河门城湖及 30 个公园建设、5 条城市排洪沟生态治理等内容，还对主要大街候车站台和人行步道进行了全面更新，上述城市环境建设项目总投资约为 20 亿元。

为缓解城市环境建设资金压力，门头沟区政府按照谁投资、谁受益的原则，采取经营城市的方式融资，通过出让冠名权、广告经营权、拍卖引进等方式，积极吸纳社会资本参与城市环境建设，筹资各类资金超过 2 亿元。例如，门城主要大街 29 候车亭及站台的建设总投资超过 3000 万元，通过出让给企业 10 年广告经营权方式，解决了候车亭建设资金和后期维护的问题。在中门寺沟水环境治理中，吸引企业资金 3000 多万元。总部位于石龙开发区的立思辰科技公司，是创业板首批企业之一，该公司捐款 300 万元对周边区域绿地进行全面改造提升，建成对公众开放的立思辰公园。在福鼎公园建设中，民营企业中坤集团投入 1000 万元用于修建公园标志性景观——大福鼎。在位于长安街西延端点处的标志性文化建筑定都阁的建设中，银泰集团投资了 3000 万元，培育了定都峰风景区，将形成一条长安街“东有大运河、西有定都阁”的文化景观。位于门城湖边永定河文化公园总投资近 1.8 亿元，主要包括 63 米高的永定楼、永定河母亲雕像、永定河文化墙、永定河观景台四大部分，在公园建设中，雅枫集团投资 2000 万元用于永定楼建设，天台山集团投资 1000 万元用于永定河观景台项目，公园的建设也促进了人居环境改善和周边地产升值，培育了旅游文化休闲产业，实现了多赢。

（五）注重与金融机构的战略合作。近年来门头沟区从服务首都的大局出发，基本退出了资源开采业，为促进转型发展和群众就业增收，门头沟区从实际出发将旅游文化休闲产业确立为地区主导产业。为满足新型产业培育的融资需求，门头沟区通过推进与金融机构的战略合作，解决了产业发展的部分资金问题。

一是成立小额贷款公司和村镇银行。村镇银行由广州农村商业银行作为发起单位，在门头沟区成立珠江村镇银行股份有限公司。小额贷款公司由小额贷款投资管理有限公司作为发起人，联合 3 家民营企业，在门头沟区成立北京农投京西小额贷款股份公司。这两家机构将于年底前开业，主要服务农业产业化项目及民俗的发展，预计能够提供的贷款额度超过 500 亿元。

二是与国开行开展战略合作。2011 年，门头沟区政府与国家开发银行北京分行签署了“十二五”时期开发性金融合作备忘录，拟在旅游文化休闲产业培育、城市建设、重点镇建设等方面进行合作，目前国开行为棚户区改造项目提供的 11 亿贷款已经到位，此外，还创新政府、银行、企业三方合作模式，在军庄国际葡萄酒文化产业基地建设中，门头沟区政府与国开行及小城镇发展基金、加华酒业集团开展合作，通过政府、银行、企业的三方联合，解决了项目融资的问题，促进了军庄重点镇建设。

三是搭建中小企业融资平台。针对中小企业融资难问题，与 4 家担保公司和 7 家银行建立合作机制，搭建融资服务平台，畅通银企对接桥梁，建立担保风险补偿机制，共促成 24 家融资困难的小企业通过担保机构担保获得贷款近 1.8 亿元，有效缓解了企业发展困境。

（六）通过 BT、TOT 等方式实施项目融资。BT 模式指政府经过法定程序选择基础设施或公用事业项目的投资建设者，由其组建 BT 模式项目公司进行投资、融资和建设；工程竣工验收合格后，按约定移交给政府，政府投资建设者支付回购款。BT 模式具有缓解政府当期投资压力、降低建设成本、促进社会资本进入社会公益性建设领域、防范廉政风险等优势。2010 年以来，门头沟区政府与中建股份开展合作，通过 BT 方式，实施了少年宫、妇幼保健院、为民服务中心、市政信息指挥平台等 20 项公共服务设施建设，在项目实施中，采用公开招标的方式，确定投融资建设人，并签订 BT 项目投资建设与回购合同，目前，已有 9 项竣工，完成投资 10 亿元，有力地改善了门头沟区社会建设基础设施条件，也带动了社会管理方式的创新。今年以来，门头沟区借助社会服务设施的改善，全面加大了社会建设工作力度，成立为民服务信息平台、积极推进“六型社区”的创建和 12 类特殊人群管理服务的全覆盖，加快建设精品小区，整体改造老旧小区，实现了社会管理服务的创新。

TOT 方式则是政府将建设好项目的一定期限产权或经营权，有偿转让给投资人进行运营管理，合约期满之后，投资人再将该项目交还政府部门。2011 年，门头沟区政府采用 TOT 模式授权碧水源公司，由碧水源公司出资购买门城再生水厂 25 年的特许经营，通过这一方式，引进了碧水源公司的先进技术和管理模式，解决了再生水厂经营资金和运营技术、效率的问题。

（七）鼓励和支持企业上市。积极培育和扶持企业上市是直接从资本市场融资形式之一。为扶持培育上市企业，门头沟区出台了企业上市支持奖励办法，对区内上市成功的每个企业，按照工作进度，分步给予总额 200 万元的补助。目前门头沟区共有 4 家上市公司，其中 2010 年以后上市的达到 3 家。同时，还积极支持上市公司发展壮大，例如，位于石龙开发区的创业板首批企业之一的立思辰公司，主要经营办公系统外包服务，已经在门头沟区开工建设企业总部大厦；2011 年，门头沟区还圆满完成北京旅游上市公司的重组，北京旅游是门头沟区第一家上市公司，由于历史遗留问题和沉重的债务负担，公司发展陷入困境，频临退市危险。2011 年 3 月，在区政府的支持下，北京旅游成功实现定向增发，由中国华力集团向北京旅游注资 5.37 亿元。北京旅游重组以来，实施了总投资 20 亿元、建筑面积 24 万平方米的北旅广场建设，目前项目涉及的房屋征收 139 户 57602 平方米全部完成，还投资 1.7 亿元，实施了潭柘寺、戒台寺、妙峰山景区以及龙泉宾馆修复升级工程，解决了这些景区和文物近 20 年来没有资金维修的问题，有效了促进了文物保护，在提升门头沟区旅游文化休闲产业发展质量和水平、改善区域旅游环境方面发挥了龙头带动作用。

（八）努力争取市级专项资金支持。主要是结合有关项目建设向市级部门争取资金，其前提是做好基础工作，加强项目包装和前期论证。去年以来，门头沟区抓住市政府支持西部地区转型发展的机遇，注重项目储备，得到了市发展改革委、财政局、水务局、住建委等部门的资金支持，重点推进了 S1 线、棚户区改造、长安街西延、永定河绿色生态带建设等一批重大基础设施建设，夯实了地区加快发展的基础。在使用资金过程中，门头沟区还坚持集中精力办大事，促进了各项资金的有效整合运用，例如，在永定河门城湖建设中，同步推进了永定河五条排洪沟的治理，形成了生态和景观功能相结合的城市新亮点，也保证了门城湖的环境；在城区老旧小区的改造中，门头沟区整合了抗震加固、节能保温、绿化美化等多项资源，集中推进 3 个精品社区和 6 个老旧社区改造，使老旧小区面貌得到集中改善。此外，门头沟区还坚持立足自身，自筹资金，多干一点，先干一点，通过地区实实在在的变化，赢得了各级的支持和关注。今年以来，李克强副总理、刘淇书记、郭金龙市长先后到门头沟区考察调研，充分肯定了门头沟区在环境建设、棚户区改造等方面的突出成绩。

三、几点体会

（一）坚持科学发展，找准发展定位是破解资金难题的前提。针对资源开采业全面退出后的转型难题，2010 年，门头沟区委、区政府提出了大力发展旅游文化休闲产业，着力打造首都西部综合服务区的工作思路，同时结合资源禀赋，确立了“一带两线四点多组团”的产业发展空间布局。按照这一发展思路，门头沟区充分发挥自身优势，坚持以环境促发展，有效整合各类发展元素，快速聚集生产要素，与首都其他地区形成了差异化的发展格局。实践证明，这一思路符合推动科学发展、转变经济发展方式的要求，符合十七届六中全会提出的文化大发展、大繁荣战略部署，也更加符合门头沟区实际，是完全正确和切实有效的。门头沟区能够在短期内打开工作局面，集聚各方资源，正是得益于发展思路的正确性和发展方向的差异性。

（二）解放思想、勇于创新是破解资金难题的动力。一个地区领导干部思想解放的程度决定着发展的速度，像门头沟这样一个不发达地区，要想解决发展资金的难题，更加需要广大领导干部不断解放思想、突破创新、艰苦奋斗，形成内生动力。因此，门头沟区各级干部始终把解放思想、更新观念贯穿于跨越式发展的全过程，在全区党员领导干部中树立“大发展小困难、小发展大困难、不发展更困难”的发展理念，营造“敢于担当、敢于碰硬、敢于创新”的发展氛围。为加快项目推进，区政府实行了项目负责制，成立了 11 个重大项目指挥部，使区领导在既有分工的基础上又侧重项目，以超常规的速度加快招商项目落地。根据解决资金问题和推进项目的需要，门头沟区还新设立了投资促进局、房屋征收办、工程服务中心、生态园区管委会、重大办等正处级工作机构，确保重点项目专人负责，对重点企业实行跟踪服务，集中精力破解了一批难题，大幅提高了工作效率。

（三）改善投资环境是破解资金难题的基础。良好的投资环境是吸引外来投资的重要因素，是地区发展的吸引力、竞争力、创造力和生产力。门头沟区通过营造良好的政策环境和生态环境吸引资本快速聚集，取得了明显成效。在政策环境方面，充分发挥产业政策的调控作用，设置各类发展基金6500万元，引导和拉动社会资金参与城市建设。正确处理土地收益和重大项目落地之间的关系，做到产业发展优先，不与市场争权，不与企业争利，对符合产业导向、有利于地区经济发展的项目，给予适当的优惠政策，降低土地价格，确保项目落地。在生态环境方面，坚持以生态治理为切入点促进投资环境的改善。先后投资10亿元，对永定河、清水河河道进行修复治理，形成青山绿水百里画廊。投资20亿元，建设“一湖多园五水联动”景观体系，全区人均城市绿地面积达到28平方米，超过全市平均水平，生态滨水山城初见雏形。采空棚户区改造、S1线、长安街西延等一批重点项目的全面推进，有力改善了地区基础设施条件。此外，还投资2亿元，完成石龙开发区道路基础设施和绿化美化亮化，使开发区面貌实现彻底改观。通过全面治理，门头沟区的城市品位和整体形象迅速提升，形成了强大的投资吸引力。在服务环境方面，明确2011年“政府服务年”的主题，各部门面向企业开展项目规划许可、土地申请、立项批复等全方位贴身服务，千方百计帮助企业解决房屋征收、手续办理等难点问题，突破工作日限制，保持“五加二、白加黑”干劲，区政府及各职能部门成为投资服务台，各级领导干部成为了投资服务员。

（四）坚持政府诚信是破解资金难题的保障。在招商引资工作中，政府诚信占有十分重要的比重，从某种意义上说，政府的诚信比优惠政策更有吸引力。门头沟区始终将服务型诚信政府建设作为吸引社会投资的首要前提，全区上下总体动员，全力服务企业，区领导以身作则，所有招商项目都由区政府主要领导亲自见、亲自谈，帮助企业协调与属地的利益与合作关系，严格落实各项优惠措施和政策，做到言必行、行必果，靠服务和诚信引进企业、留住客商、发展经济，使门头沟成为亲商、利商、留商、暖商、敬商、懂商、悦商的热土，赢得了广大投资者的信任，使企业能够放心、安心、坚定信心在门头沟区发展。

2010年以来，门头沟区紧抓机遇，通过大胆创新吸引了各方资源，初步走出了发展困境。但是，筹融资难度大、重大工程建设资金不足、投资项目落地不快的问题依然存在，建议市有关部门进一步加大对西部地区政策资金支持力度，优化金融服务环境，简化各类手续，加快投资项目审批进度，为门头沟区解决发展资金、促进跨越式发展提供更大的支持。

政党 团体

中国共产党北京市门头沟区委员会

概 述

年内，在市委的领导下，以邓小平理论和“三个代表”重要思想为指导，贯彻落实科学发展观，围绕建设“人文北京、科技北京、绿色北京”和中国特色世界城市以及加快首都西部转型、建设现代化生态新区目标，团结带领全区人民，抢抓发展机遇，加快经济发展，推进城乡建设，切实改善民生，创建和谐文明，加强党建，实现了全区“十二五”规划的良好开局。

（一）经济保持快速健康发展

年内，实现地区生产总值102.7亿元，同比增长18.8%；完成财政一般预算收入16.9亿元，同比增长58.0%；完成全社会固定资产投资142.3亿元，同比增长58.4%；城镇居民人均可支配收入和农民人均纯收入分别达到29172元和14031元，同比分别增长15.2%和15.6%；城镇登记失业率为4.11%。全年财政一般预算收入、固定资产投资增速位居全市首位，实现了历史性突破。

加快推进经济转型。坚持以规划引导发展，围绕加快推进生态涵养发展区和首都西部综合服务区建设，合理规划了“一带两线四点多组团”空间布局，推动各部门科学制定“十二五”专项规划，制定了旅游文化休闲产业发展战略规划，加快新城滨水商务区、长安街西延线、S1线等重点地区的规划，完善重点沟域、重点镇发展规划，突出规划体系的统筹、协调、衔接和配套。强化投资拉动效应，房屋征收、土地收储、安居工程、招商引资同步推进，完成和开工建设一大批重点工程项目，推进石龙经济开发区转型升级，昊华能源等4家公司实现上市，实施立思辰等6个总部大厦建设，高端高效集约发展效果显著。培育旅游文化休闲产业，成立旅游发展委员会，制定旅游文化休闲产业发展战略规划，启动中国非物质文化遗产博览园、南石洋大峡谷等重大项目建设，实施潭柘寺、戒台寺、妙峰山景区修缮工程，建成19个旅游港湾，成为北京市旅游产业带动区域协调发展配套改革试点区。挖掘区域文化资源，发挥文化对旅游产业发展的引领和支撑作用，推动文化产业与旅游产业的融合发展。启动中芬生态谷、中瑞生态谷等重大生态产业项目建设，成立生态产业园区管委会，推进了沟域经济及农业产业化发展。

经济体制改革不断深化。创新投融资机制，成立村镇银行和小额贷款公司，引入BT、TOT模式解决城市建设资金和基础设施运营问题，吸引国有企业和民营资本集聚区内。加强服务型政府建设，开展全方位招商引资，吸引新华水利水电、中铁集团等大型企业入区投资，项目落地资金超过150亿元，汇江大厦等10个项目开工建设，城子大街改造、北旅广场、物美河滩菜市场改造、河滩小商品市场改造等项目拆迁工作基本完成，长安街西延线12个标志性建筑正在抓紧办理前期手续，3个项目即将开工，培育了地区新的经济增长点。全面完成乡镇机构改革，镇企合作扎实开展。国有企业改革稳步推进。农村集体经济产权、林权制度改革取得阶段性成果，每年向农民发放生态补偿金3800万元，为农村城镇化、城市化奠定了发展基础。

（二）城乡建设取得重大突破

生态环境持续改善。坚持生态环境立区发展战略，启动国家环保模范城区创建工作，加快推进国家生态区创建。围绕永定河绿色生态发展带建设，完成永定河及清水河生态治理，形成青山绿水百里画廊，全区森林覆盖率达到37.3%，林木绿化率达到58.8%。新建和改建新城滨河森林公园、永定河文化公园等城市公园，开工治理黑河沟上游、城子沟上游等城市排洪沟，门城湖建设工程全部完工，建成“一湖多园、五水联动”的城市水系景观和园林绿化体系，形成了生态和景观功能相结合的新亮点。

滨水山城形象初步显现。阜石路二期全线贯通，108国道改线、S1线等重点工程全面开工，长安街西延线开工在即，首钢生物质能源项目开工建设，一批水、电、气、热、垃圾处理等基础设施投入使用。土地收储力度不断加大，累计实施土地一级开发项目27个，总用地面积1363公顷，完成投资158亿元。房屋征收工作全面推进，完成征收总量6048户、41.66万平方米，实现了安全、稳定、和谐拆迁。举全区之力推进采空棚户区改造，解决长期制约工程建设的融资、高压线迁改等问题，35万平方米安置房即将入住，实现了开复工200万平方米的阶段性目标。启动新棚改100万平方米安置房建设，京煤集团工矿棚户区改造全面开工。完成70项城市夜景亮丽工程，实施主要大街路灯、候车亭改造、步道更新、架空线路入地工程。天然气实现与市区同网同价。坚持建管并重，不断完善市政、水务、园林等城市管理体系和长效管理机制，推进城市精细化管理，城市管理水平不断提升。

城镇化进程不断加快。完善重点镇中心区路网、污水处理、集中供暖等基础设施，综合承载能力得到提高。潭柘寺镇与京投银泰合作全面推进，农民安置房开工建设，启动房屋征收工作，189公顷土地一级开发加快实施。斋堂旅游集散中心项目加快推进，完成一级开发一期。王平镇以中瑞生态谷和工矿棚户区改造为契机，全面改善区域发展条件。

（三）社会建设全面推进

公共服务水平不断提升。通过BT方式，加强城乡教育、文化、卫生等基本公共服务设施建设，城乡公共服务均等化加快推进。坚持教育优先发展，调整教育布局，引进优质教育资源，实施中小学校规范化建设工程，完成14所学校抗震加固改造。推进公立医院试点改革，引进凤凰医疗集团对区医院实施重组，区医院急诊综合楼投入使用，医疗卫生服务水平进一步提高。加强永定河文化的保护与传承，培育了一批富有地方特色的文化活动品牌。文物和非物质文化遗产保护工作成效显著，斋堂古村落古道文化旅游产业集聚区获得批准。北京市第七届农运会、北京国际山地徒步大会、环北京职业公路自行车赛等三项赛事成功举办，扩大了地区的知名度和影响力。加强法制宣传教育，推动精神文明创建活动，开展双拥活动，居民文明素质大幅提高。落实促进就业政策，开发就业岗位，加强职业技能培训，全面消除“零就业”家庭。将城镇无医疗保障老年人、劳动年龄内无业居民及学生儿童纳入医疗保障体系。城乡居民养老保险参保率达到92%，新型农村合作医疗参合率达到98.6%。投入1.56亿元，解决冯村807人的“农转居”社会保障遗留问题。城乡最低生活保障应保尽保，“九养政策”全面落实。低收入农户增收成效显著，低收入农户和低收入村全面脱贫。

加强和创新社会管理。围绕贯彻落实市委十届九次全会精神，研究加强和创新社会管理工作，制定《关于加强和创新社会管理全面推进社会建设的实施意见》。立足全区农村城市化、城市现代化、城乡一体化加快发展的新形势，着力推进城乡公共服务设施均等化，在公共投入、资源配置、社会事业、社区服务等方面进一步实现城乡统筹。围绕为群众提供高效快捷的综合性服务，建设区为民服务信息平台，满足群众多元化服务需求，打造自上而下解决群众问题的社会服务管理模式。着眼于抓基层、打基础、强基石，实施社区规范化建设和村庄社区化管理，启动“六型社区”创建工作，全力打造“一刻钟社区服务圈”，社区自治、村民自治水平不断提高。高度关注特殊人群的服务管理，结合门头沟区实际，将涉及房屋征收的群众等12类群体作为重点，研究服务管理措施，实现社会服务管理各类人群全覆盖。

维护地区安全稳定。围绕建设“平安门头沟”，加强社会治安综合治理，严厉打击各种违法犯罪活动，强化对流动人口的服务和管理。健全完善社会治安防控体系，加强群防群治队伍建设，推进科技创安工程，不断提高群众安全感满意度。全面加强生产、消防、食品、交通等安全工作，继续保持打击非法盗采高压态势。构建社会矛盾多元调解机制，加强劳动争议调解机制建设，健全社会稳定风险预警评估机制，发挥“连民心恳谈室”和镇街综治维稳中心作用，强化领导接访和领导包案责任，开展信访和矛盾化解工作，化解棚户区改造过程中出现的突出信访问题，在全区大发展、大建设的背景下信访总量、重复信访及到市以上越级集体访得到了较好控制。

（四）民主法治建设稳步推进

坚持和完善人民代表大会制度，支持各级人大及其常委会依法履行职能。坚持和完善中国共产党领导的多党合作和政治协商制度，支持人民政协围绕团结和民主两大主题，履行政治协商、民主监督、参政议政职能，支持各民主党派加强自身建设。做好统一战线工作，发挥工会、共青团、妇联、工商联等人民团体作用，最大限度调动社会各界人士参与全区建设发展的积极性，全区上下形成了“聚人心、抓机遇、谋发展”的良好氛围。加强基层民主政治建设，健全完善社区和村民自治机制，基层民主不断扩大。大力弘扬社会主义法治精神，全面推进依法行政，做好行政复议、法律服务和法律援助工作，“五五”普法任务完成。

（五）党的建设科学化水平不断提升

切实加强思想建设。把加强领导班子思想政治建设放在首要位置，统筹理论中心组学习、教育培训、外出考察等内容，有针对性地开展学习研讨，将全区各级领导干部的思想及时统一到中央、市委的重大决策部署上来，统一到跨越式发展的目标上来，统一到当前重点工作上来。围绕庆祝建党90周年，组织一系列纪念活动。

深入开展创先争优活动。以创先争优活动作为统领全区党的建设各项工作的有效载体和有力抓手，实施“领航工程”、“聚力工程”、“先锋工程”，发挥各级党组织和党员在现代化生态新区建设中的战斗堡垒和先锋模范作用。围绕实施“领航工程”，引导各级领导干部把工作重点和主要精力放在“想问题、抓落实、找规律”上，不断提高领导能力和执政水平。围绕实施“聚力工程”，全面推进农村、社区、“两新”组织等领域党的基层组织建设，成立各镇街社会工作党委，规模以上非公有制企业党组织组建率达到100%。

切实做好区、镇两级班子换届相关工作。成立了区委换届工作领导小组，统筹负责区、镇两级换届的组织协调工作。坚持“德才兼备、注重实绩、群众公认”的选人用人标准。结合镇领导班子换届，开展镇街配备1980年代出生干部工作，以公开选拔方式配强镇领导班子。优化人才环境，加强区域人才合作交流，建立了博士后科研工作站，“京西人才生态圈”工作格局初步形成。把发扬民主作为换届的重要主题和工作环节，宣传换届工作要求和选人用人政策，确保干部群众对换届工作的知情权、参与权、选择权和监督权。坚持教育在先、警示在先、预防在先的原则，采取多种方式加强对“5个严禁、17个不准、5个一律”等换届纪律的宣传教育，开展“严肃换届纪律专题谈心谈话”活动，加强对换届纪律执行情况的专项督查。

全面推进党风廉政建设。不断深化党风廉政建设，加强对班子成员及各部门、各单位落实党风廉政建设责任制情况的督促检查，确保中央和市委关于党风廉政建设的部署落到实处。针对全区在建工程多、资金投入大、廉政风险高的形势，加强思想教育、制度建设和监督检查，确保建筑工程的安全、资金运行的安全和干部履职的安全。

单位名称：中国共产党北京市门头沟区委员会
地　　址：北京市门头沟区新桥大街36号
电　　话：69842176
邮　　编：102300

（闫晓华）

【走访、慰问活动】 1月10日至28日，区四大部门领导走访慰问了部分困难户、老党员、优抚对象、残疾人，与区级离退休老干部进行了座谈，并慰问了驻区部队等单位。6月27至29日，开展“七一”走访慰问活动，区四大部门领导走访慰问了龙泉花园社区党支部、区公路分局路政大队党支部等基层党组织党员以及老干部、建国前老党员、生活困难党员，并送去了慰问品和慰问金。7月30日，区四大部门领导参加军事日活动，并向警卫一师教导大队送去了慰问品。

（荆　旭）

【新春联谊会】 1月11日，召开新春联谊会，西藏自治区、纪委书记，中纪委宣教室主任，中国社会科学院纪检组长等35位受邀领导和嘉宾，以及区四大部门等领导参加。会上，王洪钟介绍了区经济社会发展情况。

（荆　旭）

【庆祝建党90周年专题活动】 1月28日，召开全区组织、宣传、统战工作会议，会上对全区纪念建党90周年系列活动进行了部署和安排。6月29日，举办“纪念中国共产党成立90周年暨先进基层党组织、优秀共产党员表彰大会”，区四大部门领导参加会议。7月1日，区四大部门有关领导集体收看了“庆祝中国共产党成立90周年大会”。同日，举行“共忆发展历程共庆党的生日共创美好未来”——门头沟区庆祝中国共产党成立90周年座谈会，区领导韩子荣、王洪钟等出席，全区各镇（街）、各系统及有关单位主要负责同志，建国前入党老党员代表、离退休老干部代表、区“两代表一委员”代表、部分民主党派主委参加了座谈会，并参观了“门头沟区党史图片展览”。7月9日，举行“以史励志明方向、践行承诺促发展——门头沟区纪念建党90周年”主题党日活动，组织参观“一切为了人民——北京市纪念中国共产党成立90周年展览”，并开展了“向党寄心语”、重温入党誓词活动，区四大部门领导参加活动。18日，举办学习贯彻胡锦涛同志“七一”讲话精神报告会，中央党校科学社会主义教研部主任王怀超同志作了专题辅导报告。区四大部门领导参加学习。22日，召开学习贯彻胡锦涛总书记“七一”重要讲话精神交流研讨会，区委理论学习中心组成员及区9个系统负责人参加会议。

（荆　旭）

【召开区政协成立30周年座谈会】　3月2日，召开区政协成立30周年座谈会，区四大部门领导参加会议。韩子荣在讲话中对区政协工作给予了肯定，并代表区委、区人大、区政府向区政协成立30周年表示热烈祝贺。

（荆　旭）

【重点工作部署】　3月4日，召开重点工作部署暨转变干部作风动员大会，区四大部门领导以及区纪委委员、区委巡视组组长、各单位党政主要领导、相关单位实职科长参加会议。王洪钟对2011年重点工作进行了部署，韩子荣就做好全年重点工作，转变干部作风提出了具体要求。

（荆　旭）

【区人大设立30周年】　3月7日，召开纪念区人大常委会设立30周年大会，区四大部门领导参加会议。韩子荣在讲话中肯定了区人大及其常委会在推动地区经济社会发展中的重要作用，代表区委向区人大常委会设立30周年表示祝贺，并就进一步做好人大工作提出要求。

（荆　旭）

【市领导调研、检查工作】　3月27日，市委常委一行人到区内调研，实地察看了采空棚户区改造工程、门城湖建设情况。区领导韩子荣等陪同调研。5月19日，市委书记刘淇到区内调研，察看了永定河流域环境治理、城市公园建设、采空棚户区改造中门寺地块拆迁以及小白楼危改工程拆迁现场、长安街西延线规划、门头沟新城规划等情况，听取了全区经济社会发展的汇报。6月25日，市民委主任、市宗教局局长到区内调研，实地察看了潭柘寺、戒台寺文物保护及宗教活动情况，并听取了潭柘寺、戒台寺修复计划及区宗教工作开展情况的汇报。30日，市领导赵凤桐到区内开展“七一”走访慰问活动，慰问了西辛房中学教师韩洪祥。9月1日，市领导牛有成到区内调研，察看了门头沟新城建设、“一湖十园、五水联动”景观体系建设、市农运会筹备等情况，听取了有关工作的汇报。23日，市领导王安顺到区内调研，察看了采空棚户区改造安置房建设、地区发展建设规划、产业转型、“一湖十园、五水联动”城市景观体系建设、农村基层综治维稳工作和党的建设等情况，听取了有关工作的汇报。座谈会上，韩子荣汇报了区发展总体思路以及加强和创新社会管理、维护稳定、党的建设等情况，王洪钟汇报了全区经济社会发展情况，杲建忠汇报了区政协工作开展情况。10月1日，国家旅游局检查区“十一”假日旅游工作，国家旅游局局长等区领导韩子荣陪同检查，实地查看了爨柏景区、潭柘寺景区假日旅游接待情况，听取了区有关部门的工作汇报。11月17日，市督导检查组到区内调研信访工作，区领导韩子荣等陪同参加调研。市督导检查组通报了第三季度市信访办接待区群众来信来访以及区重点矛盾纠纷、涉法涉诉积案化解工作情况，听取了区信访维稳工作汇报，围绕信访矛盾纠纷化解工作进行了研讨和座谈，并实地查看了区为民服务中心运行情况。18日，市司法局局长到区内调研，区领导韩子荣、王洪钟陪同调研，听取了区司法行政工作的汇报，并就进一步做好人民调解、法律援助等工作进行了座谈。28日，市人大常委会主任杜德印到区内调研，察看了采空棚户区改造工程、“一湖多园、五水联动”城市水系景观和园林绿化体系建设、长安街西延线招商引资项目进展等情况。区领导韩子荣、王洪钟等陪同调研。12月16日，市委常委、组织部长到区内调研，听取了采空棚户区改造工程、“一湖多园、五水联动”城市水系景观和园林绿化体系、长安街西延线招商引资项目进展、新城发展规划等情况的汇报。区领导韩子荣、王洪钟等陪同调研。

（荆　旭）

【中央、市属单位到区内调研】4月2日，北京知识银行党组书记、行长，中国保健协会副会长等到区内调研，区领导韩子荣等出席座谈会，并参观了门头沟新城重点地区城市设计方案国际征集展。6月20日，区与北京知识银行签署《门头沟旅游文化休闲产业发展战略规划研究项目委托协议》，北京知识银行行长、党组书记，区领导韩子荣等出席协议签署活动，并就区旅游文化休闲产业发展战略规划研究以及相关合作细节进行了座谈。8月24日，北京知识银行旅游项目战略顾问组成员到区内调研。区领导韩子荣、王洪钟等，就区旅游文化休闲产业发展战略规划进行了座谈。9月1日，北京电视台到区内调研，考察了采空棚户区改造安置房建设、"一湖十园、五水联动"景观体系建设等情况。北京电视台总编辑、副总编辑，区领导韩子荣、王洪钟等参加调研，并进行了座谈。21日，北京日报总编辑、副总编辑一行人到区内调研，区领导韩子荣、陈国才出席座谈会。会上，介绍了全区经济社会发展情况。27日，市广播电影电视局局长、一行人到区内调研，区领导韩子荣参加调研并进行了座谈。会上，介绍了全区经济社会发展情况。

（荆　旭）

【工作交流、对口帮扶】　4月7日，召开全市区县工会工作交流会，区领导韩子荣以及市总工会、各区县工会有关负责人参加会议并进行了座谈。韩子荣介绍了区内总体情况、资源禀赋以及采空棚户区改造等重点工程建设情况。5月20日，举行与内蒙古自治区乌兰察布市察右后旗对口帮扶对接活动，内蒙古自治区乌兰察布市察右后旗党政代表团参观考察了区城市公园建设、门头沟新城规划、招商引资重点项目、永定河治理等情况。内蒙古自治区党委组织部副部长王喆、发改委副主任刘伯正，乌兰察布市委常委、副市长徐志军，察右后旗党委书记张翔，区领导韩子荣、王洪钟等出席活动并进行了座谈。会上，双方分别介绍了地区经济社会发展情况，并就对口帮扶工作进行了研讨。6月9日，区领导与河北省涿鹿县领导座谈，市奥促中心主任、区领导韩子荣、涿鹿县县长等出席座谈会。会上，双方领导分别介绍了两地经济社会发展情况，并围绕交界区域公路建设及对接事宜进行了座谈。11月14日，区领导韩子荣、张永等与新疆洛浦县党政代表团座谈，洛浦县党委书记、县长等就加强两地交流合作进行了座谈。

（荆　旭）

【区委中心组（扩大）学习】　4月15日，区委中心组成员及各部门、各单位党政一把手参加区委中心组（扩大）学习，各镇及大台街道中心组成员在分会场参加学习。国防大学战略研究所所长围绕全国周边安全面临的新挑战、运筹国家安全面临的矛盾以及塑造国家安全环境等方面，作了题为"当前国际热点问题及对我国影响"的报告。6月1日，举行区委中心组（扩大）参观学习活动，先后到首钢集团、朝阳区参观了解了新首钢高端产业综合服务区、曹妃甸工业区总体规划以及朝阳区经济社会发展总体规划、北京CBD——定福庄国际传媒产业走廊建设等情况。6月9日，区检察院检察长许晓闽围绕加强党风廉政建设和反腐败工作，结合具体案例作了专题辅导报告。7月22日，区委理论中心组成员、全区9个系统负责人参加学习，观看了"胡锦涛总书记'七一'重要讲话精神辅导报告"录像。8月15日，韩子荣以"认真学习借鉴廉洁奥运经验不断深化廉政风险防范管理努力推进全区经济社会实现跨越式发展"为题，从"正确认识我区经济社会发展形势，增强廉政风险防范的紧迫感"、"认真学习借鉴廉洁奥运经验，不断深化廉政风险防范管理工作"、"坚持勤政廉政的优良作风，推进全区经济社会实现跨越式发展"等三个方面，通过剖析典型案例、查找廉政风险等方式，为全区领导干部讲党课。9月29日，举行区委理论中心组（扩大）学习暨区为民服务信息平台建设工作部署会，宁波市81890求助中心主任作了题为"着力构建公共服务平台，不断提高市民生活质量——创新社会管理案例之81890的实践"的工作报告。会上对区内61696156为民服务信息平台建设情况进行了说明。11月18日，召开区委中心组学习（扩大）会议，区委中心组成员及各镇（街道）党政一把手、区有关部门负责人参加学习。北京建筑工程学院教授，围绕中国古村落历史文化价值与保护、中国古村文化构成特征与价值、门头沟古村文化资源优势等方面，作了题为"古村落历史文化保护与利用"的报告。

（荆　旭）

【召开区四大部门领导会议】　5月5日，会上传达了全市区县委书记会议精神，通报了全区安全生产及违法建设拆除工作、信访工作、镇换届选举工作等情况。区四大部门领导参加会议。23日，韩子荣传达了市委书记刘淇19日到区内调研时的讲话精神。

（荆　旭）

【领导班子换届工作】 5月6日，召开全年镇领导班子换届工作部署会，区领导韩子荣、王洪钟等参加会议。会上，韩子荣与各镇党委书记签订“严肃纪律，弘扬正气承诺书”；传达市委关于2011年农村创先争优和三级联创活动精神，并对区三级联创工作进行了部署；传达市委关于镇换届工作精神，部署区2011年镇领导班子换届工作；传达市委关于严肃换届纪律工作精神，部署区严肃镇换届纪律工作。

（荆　旭）

【加强和创新社会管理】 6月7日，召开领导干部大会传达贯彻市委十届九次全会精神，区领导韩子荣、高连广、陈志强等参加会议。会上，宣读了郭金龙在全会上所作的《关于制定〈中共北京市委北京市人民政府关于加强和创新社会管理全面推进社会建设的若干意见〉的说明》，宣读了刘淇书记在全会上的重要讲话。14日，韩子荣主持召开加强和创新社会管理工作研讨会，传达了中央、市委相关会议精神，并就创新社会管理体制机制、整合公共服务资源等事宜与有关单位进行了研讨。25日，召开加强和创新社会管理工作研讨会，区领导韩子荣等出席会议，研讨区加强和创新社会管理实施意见制定工作，并听取了区有关部门赴宁波市考察81890求助服务热线情况汇报。7月19日，召开加强和创新社会管理全面推进社会建设实施意见征求意见座谈会，区领导韩子荣、区人大、区政协相关委室负责人，部分区人大代表、区政协委员，以及区有关部门负责人参加会议，听取了实施意见起草情况的汇报并进行了座谈研讨。韩子荣主持会议并讲话。8月3日，召开加强和创新社会管理全面推进社会建设主要任务分工协调会，区领导韩子荣参加会议，围绕主要任务分工与区有关部门进行了研讨。韩子荣要求，各有关单位要高度重视社会建设与管理，坚持以人为本，脚踏实地，真抓实干，确保各项任务落到实处。10月20日，举行区为民服务信息平台开通仪式，区领导韩子荣等出席仪式。韩子荣宣布区为民服务信息平台开通，并启动为民服务信息平台。

（荆　旭）

【主题论坛活动】 6月28日，举办“人才、发展、环境——京西人才生态圈与门头沟区跨越式发展”2011京西发展博士论坛，民盟中央副主席，市委组织部副部长，区领导韩子荣、陈志强等参加论坛。与民盟中央签订了《人才战略合作框架协议（2011—2013年）》。

（荆　旭）

【城乡环境整治百日行动】 7月11日，召开城乡环境整治百日行动总结表彰大会，区四大部门领导参加会议，并为受表彰单位代表颁奖。会上，作“百日行动”工作总结；作考评工作小结并宣读“百日行动”表彰决定；郑伟革就《关于推进门头沟区城乡环境精细管理美化市容长效管理的工作措施》和《关于开展文明示范单位、文明示范村、文明示范社区创建活动的实施意见》进行说明。

（荆　旭）

【召开全体（扩大）会议】 7月27日，召开第十届委员会第十二次全体（扩大）会议，全会传达了胡锦涛总书记在省部级主要领导干部社会管理及其创新专题研讨班上的讲话精神；审议通过了《中共北京市门头沟区委北京市门头沟区人民政府关于加强和创新社会管理全面推进社会建设的实施意见》、《中共北京市门头沟区第十届委员会第十二次全体（扩大）会议决议》；听取、讨论了王洪钟所作的《关于全区经济社会发展工作的报告》。8月4日，召开区委十届十三次全会。会上表决通过了《关于召开中国共产党北京市门头沟区第十一次代表大会的工作意见》和《关于召开中国共产党北京市门头沟区第十一次代表大会的决议》。韩子荣主持会议，并提出要求。11月16日，召开区委十届十四次全体会议，会上听取了中共北京市门头沟区第十一次代表大会筹备工作情况报告；审议通过了十届区委、区纪委工作报告（审议稿），区委党费收缴、使用和管理情况报告（草案），新一届区委委员、候补委员、区纪委委员候选人预备人选建议名单，大会《选举办法（草案）》及区委、区纪委一次全体会议《选举办法（草案）》，大会议程（草案），大会日程安排（草案）及区委、区纪委一次全体会议日程安排（草案），《代表资格的审查报告（草案）》，大会列席人员组成原则及建议人员名单，大会主席团组成原则及建议名单，主席团执行主席组成、分组原则及建议名单，大会秘书长、执行秘书长、副秘书长组成原则及建议名单，代表资格审查委员会组成原则及建议名单，大会秘书处机构设置及工作任务（草案），代表团的划分原则及划分情况和召集人名单。在区委十届十四次全体（扩大）会上，开展了2011年度区委干部选拔任用“一报告两评议”工作。

（荆 旭）

【举行三大赛事专题活动】 9月10月至11日，举行昊华能源杯第二届北京国际山地徒步大会，市领导刘敬民，中外友好国际合作中心主任，市体育局局长、市体育总会主席，市民交协会长，区领导韩子荣、王洪钟等出席，国际徒步联盟、荷兰皇家徒步协会等国际徒步组织官员，市有关部门、中国残疾人福利基金会、内蒙古自治区乌兰察布市有关领导，相关企业负责人出席大会开幕式。刘敬民宣布大会开幕，王洪钟主持开幕式。与会领导及贵宾为比赛鸣枪，并与参赛人员一同体验徒步。11日，韩子荣等领导及贵宾出席颁奖仪式，为100公里专业竞技比赛获奖选手颁奖。9月16日，市第七届农运会在区内开幕，市领导刘淇、王安顺、吉林、李士祥等，国家有关部门领导、市有关部门领导、兄弟区县领导，区四大部门领导韩子荣、王洪钟等出席开幕式并观看了大型文艺表演。刘淇宣布第七届农运会开幕，夏占义致大会开幕词，王洪钟致欢迎词。9月26日，召开2011年首届环北京职业公路自行车赛组委会主席办公会，市领导、组委会主席刘敬民，市有关部门及相关区县负责人，区领导韩子荣等出席会议，听取了组委会各运行保障团队及部室的工作汇报，并察看了第二、三赛段门头沟区内路线。10月6日，刘敬民以及韩子荣、王洪钟等为第二赛段获奖选手颁奖。7日，韩子荣、王洪钟为第三赛段鸣枪发令，随后市、区有关领导参加了荣誉骑行。

（荆 旭）

【召开全区领导干部大会】 10月13日，召开全区领导干部大会，区领导韩子荣、王洪钟等出席会议。会上通报了全区当前社会治安、矛盾纠纷排查、安全生产以及拆迁工作遗留问题等情况。罗斌主持会议。21日，召开全区领导干部大会，区四大部门领导参加会议。会上，韩子荣传达了十七届六中全会精神，并就抓好学习宣传贯彻全会精神提出了具体要求。

（荆 旭）

【召开第十一次党代会】 12月7日至9日，区第十一次党代会召开。会上听取审议了中共北京市门头沟区第十届委员会工作报告，审议了中共北京市门头沟区纪律检查委员会工作报告，选举出中共北京市门头沟区第十一届委员会和中共北京市门头沟区第十一届纪律检查委员会。

（荆 旭）

组织工作

【概况】 年内，全区组织工作在区委的领导下，坚持以邓小平理论和“三个代表”重要思想为指导，贯彻落实科学发展观，按照中央精神和市、区委部署，围绕加快推进生态涵养发展区和首都西部综合服务区建设战略任务，以迎接建党90周年为契机，以开展创先争优活动为载体，以做好区、镇两级领导班子换届工作为重点，进一步加强领导班子、干部和人才队伍、基层党组织和党员队伍建设，提高组织工作科学化水平，为实现全区经济社会跨越式发展提供了组织保障。

单位名称：中国共产党北京市门头沟区委员会组织部

地　　址：北京市门头沟区新桥大街36号

电　　话：69842546

邮　　编：102300

（薛晓博）

【开展局级领导班子年度考核工作】 1月10日–26日，按照市委组织部有关要求，制定了《关于开展2010年局级领导班子和领导干部年度考核工作的实施方案》，完成了局级领导班子及领导干部的述职述廉工作和民主评议工作。26日，召开“民主测评大会”，开展了对区四大部门领导班子、领导干部和法检两长的民主测评工作。

（张 峰）

【召开组织工作会】 1月11日、12日，召开全区组织系统“学习贯彻区委十届十一次全会精神科学谋划‘十二五’开局之年组织工作会”，会上对全区组织系统“讲党性、重品行、作表率”活动进行了总结，表彰了组织工作创新项目，专题学习了区委十届十一次全会精神、区“十二五”规划纲要以及斋堂镇建设经验和发展规划，传达了全国、全市组织部长会议精神，全面总结了上年组织工作，部署新一年工作任务。

（王 祎）

【完成公务员统计工作】 1月18日，完成了2010年度公务员统计汇总、校核、上报工作，截至2010年12月底，区内共有公务员2053人。其中，女公务员人数为784人，占38.2%。少数民族公务员50人，占2.4%。研究生278人，占13.5%；大学学历1305人，占63.6%。

（张 峰）

【制定实施人事制度改革分工方案】 1月中下旬，根据《关于进一步深化干部人事制度改革的实施意见》（门办发［2010］37号），研究起草了《门头沟区实施<关于进一步深化干部人事制度改革的实施意见>任务分工方案》，划分为深化党政干部制度改革、国有企业人事制度改革、事业单位人事制度改革等重点推进项目，明确项目的牵头单位和主要参加单位，建立门头沟区干部人事制度改革工作联席会议制度，确保改革有序可控、务实有效。

（张 峰）

【制定纪念中国共产党成立90周年系列活动安排】 1月27日，制定下发了《中共门头沟区委关于开展纪念中国共产党成立90周年系列活动的通知》，以“回顾历史、坚定信心、共创美好门头沟”为主题，重点开展“九个一”活动，即开展一次庆祝中国共产党成立90周年表彰活动、开展一次特色主题党日活动、召开一系列座谈会、举办一系列展演和新闻宣传活动、举办一次群众红歌比赛活动、举办一系列展览活动、建立一批红色教育基地、开展一次集中教育活动、开展一次走访慰问活动。

（高仁海）

【农村“两委”任期承诺宣传】 1月26日，在《京西时报》刊登了区163个村的2753项“两委”班子任期承诺事项，扩大了广大农民群众的知情权。

（高仁海）

【召开组织、宣传、统战工作会议】 1月28日，召开全区2011年组织、宣传、统战工作会议，区领导张冰作了题为《坚定信心乘势而上为全区“十二五”跨越发展开好局、起好步提供坚强组织保证》的工作报告，会上下发了《2011年组织工作要点》，明确了组织工作各项任务。

（王 祎）

【建立“阳光组工”短信平台】 1月30日，区委组织部与新联通门头沟分公司合作，完成软硬件建设。建立用户台帐，编发新年第一封短信。按照市委组织部党员电教中心要求，围绕编发“落实全市组织部长工作会议精神”手机报，报送相关材料。

（高仁海）

【开展各镇领导班子结构调研】 2月10日，结合《中共北京市委组织部、中共北京市委农村工作委员会关于做好2011年乡镇领导班子换届工作的意见》（征求意见稿）和“门头沟区领导班子建设规划纲要”等文件要求，开展各镇领导班子结构调研，了解镇党委、人大、政府领导班子配备情况，查找存在不足，明确改进方向，并提出合理建议，为做好乡镇换届工作提供决策依据。

（张 峰）

【对口帮扶工作】 截至2月11日，区内先后选派2名正处级干部赴内蒙古挂职，接受内蒙古来京挂职干部2批14人。

（仇燕军）

【拆迁工作】 2月15日，召开拆迁工作抽调干部座谈会，11个工作组的抽调干部代表参加了此次会议。会上，12名抽调干部代表做了交流发言。区领导张冰出席会议，并对抽调干部的工作给予肯定。4月上旬，区委组织部从年轻后备干部中选出10名干部到区拆迁办工作。截至4月，区内共抽调194名干部参加采空棚户区、S1线、小白楼地区等拆迁工作。4月中旬，制定下发了《中共门头沟区委组织部关于在加速城乡一体化建设中进一步加强拆迁地区党组织建设工作的通知》（门组字〔2011〕20号），引导拆迁地区党组织探索有利于基层党组织更好的服务保障城乡一体化发展的新方法，强化落实“三有”、健全“三账”、深化“三个工程”工作。

（张 峰 高仁海）

【培训工作】 2月19日至3月12日，举办门头沟区第三期高级公共管理人才美国培训班，15名高级公共管理人才进行为期21天的境外培训。3月22日，召开了培训班总结交流会，区领导张冰同志听取汇报并讲话。3月7日至4月22日，举办了2011年春季处级干部进修班、中青年干部培训班，通过政治理论、经济专题、领导科学等模块，着重转变干部思想观念，提升干部专业素质。开班仪式由区领导张冰主持，陈志强出席并讲话，全区61名处级干部和中青年干部参加培训。3月14日，邀请北京市发改委研究室副主任隆学文，就“永定河绿色生态发展探究”进行专题讲授。区领导韩子荣等出席培训会。参加专题培训的还有2011年春季处级干部进修班、中青年干部培训班学员以及区发改委、水务局、旅游局、文委、王平镇、军庄镇、妙峰山镇、雁翅镇等单位的主要领导和相关负责人，共计150余人。3月15日至17日，对全区174名农村党组织书记进行集中培训。3月25日，邀请市政府新闻办公室主任，做主题为“媒体沟通与应对”辅导报告，区委中心组成员、全区各单位主要领导干部、区属各单位新闻发言人、区委讲师团成员、处级干部进修班学员、中青年干部培训班学员等300余人参加了培训。4月5日至10日，赴深圳开展处级干部进修班异地教学培训活动。重点学习了华侨城规划建设情况，对建设现代化生态涵养发展区具有重要的借鉴意义。处级干部进修班学员32人参加了异地教学培训。10日至16日，赴井冈山开展中青年干部培训班异地教学培训活动。中青年干部进修班学员35人参加了培训。9月5日至7日，区委举办了门头沟农村社区党组织书记集中轮训班，围绕学习贯彻胡锦涛总书记“七一”重要讲话及市委十届九次全会、区委十届十二次全会精神，提高全区基层党组织书记加强和创新社会管理的能力，对全区农村、社区共计272名基层党组织书记进行了集中轮训。9月中下旬，为进一步提高退二线干部的思想素质，探索二线干部进一步发挥作用的有效途径和方式。组织区内二线领导干部，赴井冈山进行异地主题教育培训。12月底，立足提高优秀人才、青年人才的综合素质，围绕区中心工作，举办2011年优秀人才、青年人才异地教学培训班。

（刘美奎　高仁海）

【召开区级领导班子大会】　3月1日，召开区级领导班子大会，会上宣布了门头沟区委主要领导成员变动情况。韩子荣同志任中共北京市门头沟区委员会委员、常委、书记，免去刘云广同志中共北京市门头沟区委员会书记、常委、委员职务。

（张　峰）

【开展选配“80后”干部工作】

3月7日，召开了“80后干部配备动员部署会”，传达市委关于“镇、街配备1980年1月1日以后出生的副处实职干部”的有关精神，通报了门头沟区工作进展情况，并就相关工作进行部署。24日，中共门头沟区第十届委员会第106次常委会议审议通过“镇街80后干部配备人选安排”，13名“80后干部”配备到区内各镇、街任副处职干部。

（张　峰）

【召开接收挂职干部见面会】　3月下旬，按照市委组织部要求，召开接收“三部委挂职干部”见面会，安排2名挂职干部和接收单位对接，妥善安排挂职干部工作和生活，制定挂职工作方案，发放《挂职工作手册》，并安排挂职导师。

（张　峰）

【开展处级正职年度考核工作】

4月12日，根据北京市和门头沟区关于2010年党政机关、事业单位年度考核工作有关文件精神，对区党政机关、事业单位处级正职进行年度考核，并确定优秀指标比例和数量。依据年终民主测评、绩效考核、日常工作表现情况等方面结果，提出各考核等次建议人选。

（张　峰）

【成立区拆违行动工作组】　4月中旬，根据区城乡环境整治百日行动工作方案的统一安排，区委组织部牵头协调成立了区拆除整治违法、违章建筑专项行动工作组，充实到门头沟区7个镇和4个街道办事处，加强镇、街拆除整治违法、违章建筑专项行动的工作力量。

（张　峰）

【开展党建工作创新评比活动】

4月中旬，下发了《关于在全区各级党组织中开展“筑基础强功能增活力迎接建党90周年暨门头沟区党建工作创新评比活动”的通知》（门组字〔2011〕19号），在全区基层党组织中广泛开展“筑基础、强功能、增活力——迎接建党90周年暨门头沟区党建工作创新评比活动”。

（高仁海）

【深化低收入农户增收工作】　4月中旬，下发了《中共北京市门头沟区委深入开展创先争优活动领导小组中共北京市门头沟区委组织部中共北京市门头沟区直机关工委中共北京市门头沟区农村工作委员会北京市门头沟区农村合作经济经营管理站关于在创先争优活动中进一步深化低收入农户增收帮扶工作的通知》（门组字〔2011〕22号），要求各增收帮扶工作队围绕推进地区跨越式发展、围绕推进城乡一体化进程、围绕加强基层组织建设进一步深化低收入农户增收帮扶工作，确保完成全年全区低收入农户人均纯收入比上一年增长10%以上的目标，消除所有低收入村，使具有劳动能力的低收入农户全部脱贫。

（高仁海）

【创先争优工作】　4月23日，制定下发了《中共北京市门头沟区委关于进一步深入开展创先争优活动组织动员全区各级党组织和广大党员干部为推动“十二五”时期经济社会跨越式发展作贡献的意见》（门发〔2011〕5号），在全区实施领导干部“领航工程”、基层党组织“聚力工程”、共产党员“先锋工程”，以此作为深化创先争优活动、强化“三级联创”工作、全面加强党的建设的重要载体，为加快建设现代化生态新区提供坚强的组织保证。4月25日，区委召开了区深入开展创先争优活动大会。会上，对《关于进一步深入开展创先争优活动组织动员全区各级党组织和广大党员干部为推动“十二五”时期经济社会跨越式发展作贡献的意见》进行了部署。5月6日，制定《门头沟区2011年农村创先争优和“三级联创”工作安排》，并召开全区大会进行部署。10月10日，制定下发了《中共北京市门头沟区委深入开展创先争优活动领导小组关于印发〈关于在全区窗口单位和服务行业中创建“亮身份、树形象，争创共产党员先锋岗”服务品牌深入开展为民服务创先争优活动的实施意见〉的通知》（门创先发〔2011〕4号），打造“亮身份、树形象，争创共产党员先锋岗”服务品牌，提高服务效能。

（高仁海）

【开展“红色记忆”党员电教活动】 4月27日，印发了《中共门头沟区委组织部关于在全区建国前入党老党员中开展“红色记忆”活动的通知》。至6月20日，编制完成《红色记忆——走近建国前老党员》一书，建立了“五库”，即红色图片库、红色故事库、红色诗歌库、红色感言库、红色履历库。

（高仁海）

【开展后进村调查工作】 4月下旬，按照市委组织部、市委农工委转发中央组织部、中央创先争优活动领导小组《关于在创先争优活动中进一步加强后进村党组织整顿建设的通知》（组通字〔2011〕15号）的要求，结合区内实际，开展了后进村调查摸底工作，制定了《关于在创先争优活动中进一步加强后进村党组织整顿建设工作的实施方案》。

（高仁海）

【开展镇领导班子换届工作】 5月6日，召开镇领导班子换届工作部署会，区领导韩子荣、王洪钟等，镇换届工作领导小组成员、镇换届考察组成员、各镇党委书记、镇长、副书记、纪委书记、组织人事干部等参加会议。同日，召开区2011年镇领导班子换届工作培训会。组织各镇党委副书记、组织人事干部、宣传干部、各考察组成员参加。7月中旬，开展门头沟区公开选拔镇领导班子成员笔试、面试工作，面试采取无领导小组讨论的形式，请北京市双高人才发展中心专家等有关人员担任考官。12月8日，对镇领导班子换届工作进行总结，区领导韩子荣发表讲话。

（张　峰）

【召开区人才工作研讨会】 5月10日，区领导韩子荣主持召开了全区人才工作研讨会，邀请区部分“两代表一委员”、优秀人才、青年人才代表及部分区人才工作领导小组成员单位主要领导，就区内跨越式发展阶段人才工作理念、制约瓶颈、工作重点等方面开展研讨，并对做好人才工作提出对策建议。

（刘美奎）

【落实“科学发展主题培训行动计划”】 5月12日，按照市委组织部要求，研究制定《关于落实基层干部“科学发展主题培训行动计划”实施方案》，有针对性地加强基层干部教育培训。

（刘美奎）

【召开公开选拔工作动员部署会】 5月12日，召开公开选拔工作动员布置会。传达“北京市2011年公开选拔领导干部工作”精神，并部署门头沟区公开选拔工作。

（张　峰）

【举办京西发展博士论坛】 5月25日至26日，区人才工作领导小组办公室组织民盟中央相关专家11人到区内进行前期调研。区领导韩子荣等陪同调研。6月28日，区人才工作领导小组与民盟中央科技委员会、文化委员会共同举办了“人才、发展、环境——京西人才生态圈与门头沟区跨越式发展”论坛，对区文化创意产业发展和旅游休闲产业发展进行专题研讨。同时区人才工作领导小组与民盟中央科技委员会、文化委员会签署了《人才战略合作框架协议（2011－2013年）》。

（刘美奎）

【开展“党员寄心语”和“党员承诺”活动】 6月8日，制定下发了《关于组织开展“万名党员寄心语”和“我争先、我践行、我有为”党员承诺活动的通知》。

（高仁海）

【开展接收京外优秀毕业生工作】 6月9日，开展吸收京外985高校应届优秀毕业生到区内企事业单位工作，上报10个接收职位。

（张　峰）

【召开推进“三个工程”现场会暨纪念建党90周年主题党日活动启动仪式】 6月15日，区委召开了深入开展创先争优活动大力推进“三个工程”现场会暨纪念建党90周年主题党日活动启动仪式。区领导韩子荣、张冰、张永参加会议。会上，张冰对全区深入开展创先争优活动，实施“三个工程”情况进行了总结，并部署了下一阶段主要工作和纪念建党90周年主题党日活动。

（高仁海）

【筹备博士后工作站的建立工作】 6月中下旬，区委组织部、人力社保局、区科委等单位的主管领导和具体工作人员，就区博士后工作站运行挂牌仪式、招生等工作进行了的探讨交流，并研究制定区博士后工作站运行管理机制及相关制度。

（刘美奎）

【开展组织工作满意度民意调查工作】 6月21日，区委组织部委托区统计局在全区范围内开展2011年度组织工作满意度民意调查，了解全区干部群众对组织工作和组工干部的满意度，听取干部群众对组织工作的意见和建议，为不断推进组织工作科学化提供量化参考。8月3日，组织召开“门头沟区组织工作满意度民意调查讲评分析会”，通报组织工作满意度民意调查结果、“一报告两评议”结果、年终民主测评结果，对全区各单位满意度结果进行了讲评分析并对下一阶段如何推进组织工作科学化水平，全面提高选人用人公信度和组织工作满意度进行了部署。

（赵雪峰）

【开展换届风气督查工作】 6月23日，北京市委换届风气第二督查组进驻区内，通过新闻发布、召开换届风气督查会、个别访谈、座谈会、查阅文件和资料、暗查暗访等方式对换届风气进行督查，同时，抽查了军庄镇和妙峰山镇的换届风气情况。11月20日至30日，各换届督查组进驻9个镇进行镇人大、政府换届督查，确保镇换届工作顺利进行。12月6日、17日、18日，按照中央和市委关于严肃换届纪律工作的有关规定，分别在区十一次党代会、区政协九届一次会议、区人大十五届一次会议上，协助市委换届风气督察组做好全区换届风气测评工作。

（赵雪峰）

【开展“七一”走访慰问活动】 6月27日，制定下发了《中共门头沟区委组织部关于在“七一”期间开展走访慰问活动的通知》，区四大部门领导27至29日开展“七一”走访慰问活动。韩子荣等区四大部门领导走访慰问了10个先进基层党组织、6名建国前入党的老党员和4名困难党员。

（高仁海）

【举办“优秀共产党员表彰大会”】 6月28日，区委在区体育馆举行“纪念中国共产党成立90周年暨先进基层党组织、优秀共产党员表彰大会”。区四大部门领导等参加会议，部分区离退休局处级干部，全区各单位党政主要领导，基层党组织书记和党员代表，受表彰的先进基层党组织、优秀共产党员以及全区“唱支红歌给党听”比赛获奖队成员，共1500余人参加会议。会上，区领导为先进基层党组织、优秀共产党员代表颁奖。

（高仁海）

【开展领导干部在线学习工作】 6月，组织区668名局处级领导干部、组工干部进行在线学习工作，对新任处级领导干部进行在线学习申报工作，因病或退休人员在线学习撤销工作，并适时针对度局、处级领导干部在线学习情况进行数据统计，掌握全区在线学习情况。

（刘美奎）

【开展处级后备干部调整工作】 7月中旬，根据《关于开展2011年度处级领导班子后备干部调整补充的工作方案》的要求，正处后备干部新补充40人，调整出30人；副处后备干部新补充117人，调整出31人。并组织新调整的后备134人参加笔试。

（张 峰）

【召开门头沟区委常委扩大会议】 8月16日，市委换届考察组、区四套班子成员、区法院院长、区检察院检察长、区纪委副书记参加会议。市委换届考察组组长讲话，传达市委关于区县领导班子换届工作的有关要求，介绍考察组主要工作任务和大体时间安排；区领导韩子荣作动员讲话。

（张 峰）

【召开领导班子及成员民意调查会】 8月16日，召开领导班子及成员民意调查会，部分区党代表、人大代表、政协委员和基层群众代表共193人参会。区领导张冰主持会议。市委考察组副组长刘震讲话并对民意调查表作填表说明。

（张 峰）

【加强“两新”组织建设】 8月18日，制定下发了《中共北京市门头沟区委组织部北京市门头沟区总工会共青团北京市门头沟区委员会北京市门头沟区妇女联合会中共北京市门头沟区委社会工委关于进一步做好在“两新”组织中建立党组织和群团组织的通知》（门组字［2011］56号），努力实现党群组织在“两新”组织的全覆盖。

（高仁海）

【开展选配生态涵养区副处级领导干部面试工作】 8月下旬，通过无领导小组讨论的方式，组织54人参加“选配生态涵养区副处级领导干部”面试。综合资历评价和面试情况，按照1：2的比例，确定6名考察对象，成立3个考察组，通过民主测评、个别谈话等方式，了解考察对象人岗匹配情况。

（张　峰）

【党员教育管理】 8月24日，下发《中共北京市门头沟区委组织部关于印发〈门头沟区困难党员救助专项资金使用管理办法〉的通知》（门组字〔2011〕63号），明确了困难党员救助资金的使用原则、救助标准和救助方式。

（高仁海）

【部署区第十一次党代会代表选举工作】 8月26日，召开了中共门头沟区第十一次代表大会代表选举工作部署会，下发了《中共北京市门头沟区第十一次代表大会代表选举工作意见》和《中共北京市门头沟区第十一次代表大会代表选举工作手册》，确定了25个选举单位，明确了各选举单位代表名额及结构比例要求，对代表产生程序提出了要求。

（高仁海）

【组织政工职评工作】 8月29日，组织召开了区中级政工师评审工作。对参加申报中级政工师的7名人员进行了论文答辩和评审，2人通过高级政工师评审、答辩，5人通过中级政工师评审、答辩。9月上旬，按照市政工职评高评委要求，准备区2011年度高级政工师申报的复审材料，并填写高级政工师申报系统。12月下旬，按照市职评办要求，完成2012年政工职评报名工作，全区共有34人报名参加2012年政工职评。

（刘美奎）

【开展海外高层次人才申报工作】 9月上旬，根据京海联发［2011］10号文件精神，组织区内相关单位按照通知要求申报海外高层次人才。

（刘美奎）

【做好干部交流“三个一百”工作】 9月中旬，按照市委组织部有关干部交流“三个一百”工程的要求，选派3名干部出区交流任职，共接收2名干部来区交流任职；选派5名干部到中央金融机构、中央单位和市级机关挂职锻炼，接收7名干部来区挂职锻炼；实施干部轮岗交流111人次。

（张　峰）

【召开区换届拟新进班子人选民意调查会】 9月中旬，召开区换届拟新进班子人选民意调查会，共组织区委委员、区人大代表、区政协委员以及服务对象代表共480人参加会议，对考察对象履行工作职责、工作作风、公众形象进行评议。市委考察组副组长刘震出席会议并讲话。

（张　峰）

【召开推进组织工作科学化研讨会】 9月20日，组织召开“推进组织工作科学化服务地区跨越式发展研讨会”。邀请市委党校、北京大学、中国人民大学等相关领域专家和区内部分单位领导围绕“人尽其才与组织工作科学化”主题进行座谈研讨。

（刘美奎）

【开展军转干部转业安置工作】 10月中旬，进行军转干部任前谈话并组织召开军转干部集体见面会。

（张　峰）

【召开区党代表选举工作推进会】 10月24日，召开区党代表选举工作推进会，会上下发了区委提名代表候选人名单及提名候选人情况介绍，明确了代表选举的完成时限。

（高仁海）

【开展离任检查工作】 10月24日至28日，制订履行干部选拔任用工作职责离任检查的工作方案，做好13名各工委、党委、党组书记的离任检查工作。

（赵雪峰）

【完成党代表推选工作】 11月1日，经过全区25家选举单位选举产生了258名区党代表，并通过征求区纪委等部门意见的形式对代表资格进行审查，起草《代表资格审查报告》。

（高仁海）

【干部选拔任用工作情况】 11月上旬，区委常委会审议通过《关于2011年度干部选拔任用工作情况的报告》。区委共调整处级干部313人次，其中职务改任54人，交流114人次，提拔136人，免职9人。11月16日，按照市委要求，在区委十届十四次全委（扩大）会上，开展了2011年度门头沟区委干部选拔任用“一报告两评议”工作，协助市委组织部对2011年区委干部选拔任用工作及新选拔任用的35名领导干部进行民主测评。

（张 峰）

【非公有制企业党建推进工程】 11月9日，制定下发了《中共门头沟区委组织部中共门头沟区委社会工作委员会关于在创先争优活动中开展非公有制企业党建推进工程的实施方案》（门社委发〔2011〕17号），从2011年11月至党的十八大召开前，在全区开展“非公有制企业党建推进工程”，全面推进非公有制企业党组织建设工作，实现党组织和党的工作全覆盖。

（高仁海）

【召开民主协商会】 11月中旬，召开中共门头沟区委与各民主党派、人民团体民主协商会，会上就新一届区人大、区政府、区政协、区法检两院有关候选人建议人选进行协商并达成一致。

（张 峰）

【开展试用到期干部考察工作】 11月下旬，组建17个考察组对37名试用到期干部进行考察，通过民主测评、个别谈话等方式，了解试用到期干部工作情况。

（张 峰）

【召开区级领导班子民主生活会】 11月26日，在做好会前学习、征求意见、上年度整改措施落实情况满意度测评等工作的基础上，区四套班子成员以“坚持以人为本执政为民理念发扬密切联系群众优良作风”为主题召开2011年度的区级领导班子民主生活会。

（赵雪峰）

【年党内统计工作】 12月1日，印发了《中共门头沟区委组织部关于印发〈门头沟区党内统计工作制度〉的通知》，建立了工作沟通机制，信息库维护和信息资料管理机制，统计报表填报、审核和利用制度，学习培训制度，岗位交接机制。

（高仁海）

【制定发展党员工作规划】 12月14日，下发了《中共门头沟区委组织部门头沟区2011－2015年发展党员工作规划》（门组发〔2011〕6号），提出了2011－2015年党员发展工作的总体目标、基础目标和结构目标。

（高仁海）

【开展民主生活会指导工作】 12月21日，组织指导全区处级领导班子召开以“坚持以人为本执政为民理念发扬密切联系群众优良作风”为主题的领导班子党员领导干部民主生活会。

（赵雪峰）

【开展乡镇科级干部选拔工作】 12月25日，进行2011年面向续聘和进入乡镇机关公务员编制专项事业编制的合同期满大学生村官公开选拔乡镇科级干部的面试工作。区内招录职位3个，共计18名考生参加了面试。

（张 峰）

【部署十八大代表提名工作会议】 12月30日，召开门头沟区委部署北京市出席党的十八大代表候选人推荐提名工作会议，区领导丁勇出席会议并讲话。会上，下发了《中共门头沟区委关于做好北京市出席党的十八大代表候选人推荐提名工作的通知》，对区内推荐提名工作进行部署，对全区各工委、党委（组）副书记进行了培训。

（高仁海）

【完成人才资助自查报告等工作】 12月下旬，申报2011年市委组织部优秀人才培养资助项目，组织申报了8个个人项目，确定资助2个个人项目。2004至2011年，区内共有14人次接受人才培养资助。

（刘美奎）

【研究制定“六五”普法规划】 12月下旬，按照区普法工作领导小组办公室要求，研究制定了针对处级领导干部法制教育培训的实施意见和六五规划，并组织针对处级领导干部开展法制知识考试等工作。

（赵雪峰）

【开展“人才京郊行”活动】 12月底，开展第四批人才京郊行活动需求调查工作，确认选派人员名单，第四批人才京郊行挂职专家主要包括文化、教育、医疗、农业等5名专业技术人才。

（刘美奎）

【开展市委调训工作】 年内，按照市委组织部要求，组织局级领导干部52人次，处级领导干部80＋30人次参加市委调训活动。

（刘美奎）

宣传工作

【概况】 年内，全区宣传文化思想工作贯彻中央、市、区重要决策部署，以构建社会主义核心价值体系为根本任务，以服务和推动区委区政府中心工作和重点工作为主线，完成了理论武装、社会宣传、舆论引导、文明创建、网络宣传管理、文化事业和文化产业发展等工作任务，为全区经济社会跨越式发展，为区“十二五”时期发展开好局、起好步提供思想保证、精神动力、舆论支持和文化环境。

一、推动学习型党组织建设，推进理论武装工作，夯实全区人民共同奋斗的思想基础

抓好大宣讲活动。区委理论讲师团到基层宣讲80余场，“党在百姓心中”百姓宣讲团巡回宣讲20余场；区委中心组开展了加快转变经济发展方式、推进领导干部媒体应对、学习“七一”讲话精神等专题学习近20次。抓好理论阵地建设。各级党校在党员干部教育培训中的主渠道、主阵地作用进一步发挥，“三教统筹”工作进一步推进，在区属各媒体上设立的“建设学习型党组织”、“理论月刊”等专题专栏宣教作用进一步凸显。抓好示范引领。发挥区委中心组和各级领导干部的示范带头作用，带动全区党组织和党员干部开展了理论学习；申报区教委和区检察院“名家讲坛”成为全市学习型党组织示范点和品牌活动；组织推荐了58篇优秀研究成果参与了“丹柯杯”优秀研究成果评选。

二、开展群众性主题教育活动，开展社会宣传工作，营造奋发有为、昂扬向上的社会氛围

以“今天的机遇，明天的跨越”为主题，举办了《新五年、新跨越——门头沟区“十二五”规划宣传展》。用展板、照片和实景沙盘集中展示了近年来的发展成就，描绘了未来五年的发展蓝图，共组织75个参观专场。开展了“跨越征程，精彩瞬间”主题数码摄影作品有奖征集活动，共收到反映全区巨大变迁参赛作品千余幅，并被广泛应用到各类主题宣传活动中。举办了10场“北京市民周末大讲堂”活动。组织参与了北京精神评选投票及宣讲活动。组织了“我们的节日”传统节庆文化活动，开展了迎新春公园系列演出、“清明节”大型民族音乐会等近50场节庆活动。开展了农村文艺演出星火工程等常规性文化活动。举办了永定河文化节、京浪迷笛音乐节、三大赛事特色文化团队演出等区域品牌精品文化活动。

三、加强重大题材新闻报道，开展新闻宣传工作，树立和提升地区科学发展良好形象

一是宣传“十二五”规划和跨越式发展的目标任务。二是宣传区十次党代会以来的发展成就及未来五年的发展思路。三是宣传市、区重点工程取得的阶段性进展。四是宣传了全区转变经济发展方式，产业转型的新措施、新经验，及时跟踪报道招商引资和重大项目落地的新进展。五是宣传庆祝建党90周年主题系列活动和创先争优活动。六是宣传三大赛事在区内举办情况。七是宣传社会各项重大活动和重点民生工程。

全年《门头沟新闻》共播出300余期、新闻3400余条，被中央电视台、北京电视台等市级以上媒体采播100余条；开辟专栏20余个，拍摄制作领导讲座、讲话、专题片350余部；京西时报共出版102期，被市级以上媒体采用400余篇；刊发专版专栏150余个。外宣方面，组织集中发布活动30余次，在市级以上各类媒体共刊播新闻稿件1200余篇，互联网、微博等广泛刊载、转载；刊发各类宣传专版40余个。

四、构建互联网宣传引导机制，促进全区互联网宣传事业发展，营造有序健康网络文化环境

一是强化队伍建设。筹建了区网管办，逐步构建起了全区网络舆情信息联络员队伍。二是对政务网进行三次改版升级，网站结构布局、议题设置能力、信息获取渠道进一步优化、提升和整合。三是通过设置专题、运用图文直播等形式，全方位报道了三大赛事、换届选举等重大工作的最新进展。四是与区内各委办局网站、微博等信息发布平台沟通合作，强化日常管理；五是关注舆情。编印《舆情专报》、《一周舆情》直呈有关区领导。

五、开展庆祝建党90周年系列活动，弘扬爱党爱国爱家乡理想信念，唱响共产党好社会主义好的主旋律

开展了建党90周年群众歌咏比赛、知识竞赛、百姓宣讲团宣讲活动，设计制作了1万套纪念邮册下发至全区党员手中，推进京西第一党支部的包装宣传，多种形式开展了庆祝建党90周年宣传报道活动。

六、完善各项体制机制建设，提升宣传思想文化工作服务全区经济社会发展的水平

完善了新闻突发事件应急机制。成立了领导小组，明确了工作职责、细化了工作程序，并开展了3次新闻应急实战演练。处置了多起新闻突发应急事件。此外，社会舆情收集反馈、网络宣传管理、新闻发布工作、文化创意产业推进、精神文明建设考核以及基层公共文化服务设施管理机制等也得到进一步完善。

单位名称： 中国共产党北京市门头沟区委员会宣传部
地　　址： 北京市门头沟区新桥大街36号
电　　话： 69842184
邮　　编： 102300

（李争三）

【举办春节团拜会】 1月26日，举办区新春团拜会。区四大部门领导及中央市属驻区单位、驻区部队领导出席团拜会，区领导王洪钟发表新春致辞。

（李雪莲）

【举办新闻媒体座谈会】 1月，举办中央、市属媒体编辑记者年度联谊座谈会，近40家60余名新闻媒体记者出席。会上，区委领导向与会媒体介绍了门头沟区落实功能定位，打造生态涵养发展区和首都西部综合服务区的各项工作情况。

（刘 学）

【迎新春游园文化活动】 2月3日至7日，永定河文化公园、葡山公园、中天公园、黑山公园、葡东公园五大公园举办迎新春游园活动。21支业余文团队，近千名群众进行了舞龙、秧歌、太平鼓、威风锣鼓等表演。

（李雪莲）

【“正月十五闹新春”技艺展示】 2月17日，在永定河文化广场举行了“传承文化经典，共度元宵佳节”灯谜暨民间民俗技艺展示活动。区领导和2000余名市民参与。

（李雪莲）

【举办摄影作品有奖征集活动】 3月，区委宣传部、新闻中心、信息中心、摄影家协会等单位联合推出“跨越征程，精彩瞬间”主题数码摄影作品有奖竞赛活动，共收到参赛作品千余幅，经专家评审，100幅作品入围优秀作品。

（李雪莲）

【举行清明红色诗会】 4月1日，门头沟中小学生“花开向阳”清明红色诗会在教委举行，全区各中小学校的300余名学生诵读了《京西热片热土》、《革命烈士组诗》、《胸前的领巾永远红》等红色诗歌，弘扬中华文化。

（李雪莲）

【“北京周末社区大讲堂”】 4月，在全区启动了“以人为本，传承文明，构建和谐，科学发展”为主题的“2011·北京周末社区大讲堂”。邀请专家学者到机关、农村、社区讲课，全年共举办讲座10场，听众2000余人次。

（李雪莲）

【区领导接受媒体专访】 4月至12月，区领导韩子荣、王洪钟分别接受新华社、北京日报、北京电视台、北京人民广播电台等媒体记者关于门头沟区创新社会管理、采空棚户区改造、城市景观建设、保障和改善民生等情况的专题采访。在人民日报、《前线》杂志以及《经济》杂志刊发了《以创先争优凝聚发展合力》的署名文章，新华社刊发了《门头沟区克服资金土地等瓶颈因素加速推进棚户区改造》等内参文章，并得到国务院副总理李克强以及北京市委、市政府等领导的批示肯定。

（刘 学）

【举办合唱节】 4月至7月，举办了“唱支红歌给党听”——门头沟区纪念中国共产党成立90周年群众歌咏比赛暨第四届门头沟合唱节。活动分成机关、社区、农村、学校、企业、部队六大赛组进行。全区共有187支队、1万余人报名参加合唱活动。经过预赛、决赛，29支队分获一、二、三等奖，10支队获奖队伍参加了门头沟区纪念建党90周年暨表彰颁奖大会文艺演出。

（李雪莲）

【策划新闻发布活动】 5月19日，围绕门头沟现代化生态新区推介暨签约仪式活动，新华网北京频道以《科博会首场推介活动举行门头沟打造生态新区》为题，对活动进行了报道，并配发区主要领导在项目签约仪式上的图片。京郊日报以《门头沟打造京西支柱产业新地标》为题，在头版头条介绍了区内签约项目的有关情况。千龙网全文刊发新闻通稿，并被多家媒体转载。北京日报以《门头沟科博会首场推介揽150亿元大单》为题，介绍了区立足首都西部综合服务中心的功能定位，在招商引资工作所取得的成效。北京晨报、北京青年报也分别对区科博会签约项目情况进行了报道。中国日报、凤凰网、新浪、网易、搜狐、首都之窗等媒体对报道进行了转载。6月至7月，组织20余家中央、市属主流媒体到区内采访，先后刊播了《京西山区第一党支部纪念馆开馆》、《小学校里孕育党支部》等报道。其中，新华社播发新闻通稿，经济日报、农民日报大篇幅报道，北京交通台《一路畅通》栏目专题报道，北京日报连续4次刊发相关新闻，北京电视台“红色地图”栏目制作专题片。围绕区内红色资源，在北京日报一版“踏访先锋足迹”栏目刊发《昔日抗战圣地今搞红色旅游，马栏村开辟致富新天地》大篇幅配图文章；北京电视台“红色地图”栏目中，先后播出了马栏村挺进军司令部旧址、涧沟村平西地下交通站两期节目。围绕唱红歌等各项群众性庆祝活动，通过集中采访、发布通稿等形式，在主流媒体刊播了《门头沟掀起庆祝建党90周年活动热潮》、《“七一”表彰会门头沟高唱红歌》等新闻报道。7月至10月，围绕第二届北京国际山地徒步大会、北京市第七届农民运动会、首届环北京职业公路自行车赛三大赛事的筹办和举办，宣传全区生态环境、历史文化资源，树立良好对外形象，带动全区旅游文化休闲产业发展，加快首都西部综合服务区和国际文化休闲名区建设，实现全区经济社会跨越式发展和“十二五”规划整体目标的举措。区委宣传部、广电中心、新闻中心精心筹划、周密安排，制定工作方案、应急预案，从内宣、外宣两个方面，做好三大赛事的新闻报道、环境布置、媒体服务等各方面工作。外宣方面，结合赛事进程，协调中央市属媒体到区内实地踏勘、集中采访，并为媒体提供阶段性新闻通稿。内宣方面，区电视台、京西时报选的骨干记者成立报道团队，对三大赛事进行全程记录。据不完全统计，三大赛事筹办及举办期间，共累计接待境内外媒体60余家、记者600余人次，刊播相关报道500余篇，转载千余次。作为区内的品牌赛事，第二届北京国际山地徒步大会吸引了40余家中央市属媒体及部分境外媒体，累计报道220余篇，网络转载近600篇次，刊发专版专刊15次。新闻发布会后中央市属媒体近40家报道大会举办情况，中央电视台体育频道播出视频报道，新华社、中新社向全国播发了新闻通稿《北京国际山地徒步大会鸣枪万余人雨中徒步过中秋》、《国际徒步大会在北京开幕华丽变身群众体育嘉年华》。北京电视台、旅游卫视、搜狐官方微博、千龙网等媒体对大会进行了直播。期间举办了两次媒体集中采访活动，邀请近30家中央及市属主流媒体记者实地考察赛道。11月23日，组织召开“文化惠民”集中采访活动。区领导就全区“文化惠民”工作进行了介绍。新华社、经济日报、北京日报、北京电视台、北京人民广播电台、北京晚报、北京青年报等15家中央、市属媒体参加座谈会。新华社以图文形式向全国媒体发布新闻通稿。北京电视台、北京日报、北京青年报、北京晨报、京华时报、新京报、北京商报、千龙网等媒体分别以《门头沟区盛开文化惠民之花》、《门头沟多项措施推进文化惠民》、《门头沟建国家非遗博览园》等内容为题，连续发布重点配图报道，并被国内多家媒体转载。中央市属主流媒体从不同层面、不同角度对区内在推动文化产业利民惠民所作出的努力作了重点报道。12月1日，组织策划中央、市属12家主流媒体对区内“产业转型”集中采访。中央及市属媒体共刊发10余篇重点报道。北京新闻先后以《门头沟区整合优势资源加快转型发展》、《门头沟区大力推动产业转型文化休闲产业迅猛发展》为题，对区“产业转型”发展取得的成就做重点报道。《北京日报》2版头条刊发题为《门头沟：煤都转型旅游休闲》配图报道。《京郊日报》、《北京晚报》等市属媒体也对区“产业转型”发展中的重大举措及取得成效进行了报道。年内，策划开展10余次促进区域发展主题新闻发布活动。联合相关单位策划举办为民服务信息平台成立、三八妇女节、京西发展博士论坛、旅游山会、戒台寺千佛阁复建等新闻发布会，共邀请中央市属主流媒体200余家次，记者300余人次，刊播了《门头沟举行首届巾帼文化节》、《门头沟山区年内全部用上液化气》、《明清古幡会再现京西古村落》、《第三届京西发展博士论坛聚焦门头沟人才生态圈》、《便民服务亲万家居民生活少忧愁》等新闻报道400余篇，为全区各项工作的开展营造了外部舆论环境。

（刘学雏婕）

【举办“十二五”规划宣传展】 6月10日，在区博物馆举办《新五年新跨越——门头沟区“十二五”规划》主题展览。118块展板、500余幅照片、大型实景沙盘，集中展示了“一湖十园”、棚改工程等规划亮点。组织75个专场、近万名观众参观。

（李雪莲）

【“童年的记忆”——主题展示活动】 6月11日，在永定河文化广场举办了“童年的记忆”——门头沟区文化遗产日主题展示活动。展示活动包括京西儿戏游园会、“妙趣天成，巧夺天工”民间艺术展、“岁月钩沉”区内老照片展等内容，滚铁环、打弹弓、挑棍儿等21项儿童游戏演示互动、琉璃烧烧制技艺、潭柘紫石雕刻技、玻璃粘等28项民间技艺现场展示、“妙峰山庙会”、“五虎少林会”等200余幅清末民国时期老照片再现，千余名群众参与其中。

（李雪莲）

【庆祝建党90周年党史知识竞赛】 6月，举办了庆祝建党90周年党史知识竞赛，全区共20支代表队参加。经过预赛、决赛，统计局代表队夺得冠军，区广电中心对比赛进行录播，并在区电视台进行了全程播放。

（单玥）

【制作建党成立90周年纪念邮册】 “七一”前夕，设计制作了1万张纪念邮册，集中展示区内丰富的红色资源和革命斗争史，进一步弘扬革命精神。

（李雪莲）

【第五届中国·北京永定河文化节】 7月14日，第五届中国·北京永定河文化节开幕式在区影剧院举行。区四大部门领导出席开幕式。开幕式后上演了以区内棚户区改造为题材创作，中国评剧院演出的原创现代评剧《迁居》。文化节期间推出了永定河文化电视访谈、永定河大型歌会等系列活动。

（李雪莲）

【组织干部群众参与投票活动】 9月，起草了《关于组织参加“北京精神”表述语评选投票活动方案》，通过“OA”系统向全区各委办局各镇街下发《关于组织参加“北京精神”表述语评选活动的通知》，在《京西时报》上刊登《关于组织干部群众参加“北京精神”表述语评选活动启示》，组织万名干部群众网上投票，12355人复印选票投票。

（李雪莲）

【报道为民服务信息平台开通】 10月20日，区为民服务信息平台开通运行。区委宣传部协调新华社在新华网北京频道首页开设专版对运行仪式及平台功能进行报道。《北京日报》头版刊发了题为“便民热线亲万家居民生活少忧愁”的报道；北京电视台北京新闻栏目也对此事进行了报道。《门头沟新闻》中每天安排播出“61696156需求与反馈”栏目，《京西时报》除新闻重点报道外，还在一版右下角长期刊登区为民服务信息平台热线电话及网址，进行宣传。

（雒 婕）

【举行区第22届文化艺术节】 11月11日，“乡村大舞台”擂台赛暨门头沟区第22届文化艺术节开幕式在影剧院举行。歌曲《百花山圆舞曲》、京剧《京西人民唱京西》等具有区内特色的自创节目，受到“乡村大舞台”擂台赛评委们的高度评价，《鼓·舞·太平》被推荐参加北京电视台春节晚会。艺术节期间，举办了“文化之旅——乡村大舞台擂台赛”、“跳动的青春”中学生艺术节演出专场、“迎三会”系列活动、新年音乐会、迎新春游园会、民间特色文艺团队展评、基层文化中心品牌演出展播、大台地区“正月十五幡会民俗节”八大系列活动。

（李雪莲）

【完成重点党报党刊发行工作】 11月，召开2012年度重点党报党刊发行工作动员会，全区各镇党委、工委及区委直属机关单位负责人参加会议。会上对发行工作的资金保障和组织落实进行了要求和部署。截至年底，全区全面完成2012年度重点党报党刊发行工作任务。

（雒 婕）

【重大会议宣传报道】 12月7日至9日，区第十一次党代会期间，区内及区外媒体对此次大会进行了重点、集中报道。《北京日报》相继刊发《门头沟山区将全域景区化》、《门头沟棚户区改造5年完成》、《门头沟困难群体享定项服务》、《门头沟生态优势转化发展优势》等报道，分别从区域功能定位、棚户区改造、创新社会管理方法等方面，对区第十一次党代会报告进行重点解读。《北京青年报》、《京华时报》等媒体对区党风廉政建设的经验做法进行了报道。区电视台、《京西时报》、区政务门户网联动报道了中共北京市门头沟区委第十一次代表大会。大会召开前，围绕区第十次党代会区经济社会成就，区电视台、《京西时报》分别推出《落实功能定位推动科学发展》、《凝心聚力谋发展推动转型求跨越》等主题栏目、版面，对以往五年成绩进行持续巡礼报道。会中，《门头沟新闻》开设区第十一次党代会专题报道，《视点关注》播出3期特别节目及时解读区第十一次党代会报告。《京西时报》连续刊发4期专刊对区第十一次党代会进行全面报道。区政务门户网开通区十一次党代会专题网站，实现对大会进程的实时报道，并开设多个板块宣传区第十一次党代会报告。会后，区内媒体通过专版专栏解读全会精神并对各镇街部委办局落实全会精神推动工作开展情况进行系列报道。12月16日至21日，围绕区第十五届人民代表大会第一次会议和政协区第九届委员会第一次会议的召开，在北京青年报、北京晨报、京华时报、千龙网等媒体连续刊发了《石门营安置房明年“五一”完工》、《八中门头沟校区将开建》、《北京门头沟采空棚户区明年改完》、《门头沟两项经济指标增速全市第一明年办40实事》等报道，介绍了区以往五年成就和未来发展规划。区内媒体对“两会”开闭幕式、会议进程进行综合性报道和跟踪采访报道，报道区“两会”情况和人大代表、政协委员参政议政、建言献策的情况。区电视台开设区“两会”专题报道，并专门制作《视点关注》特别节目，及时解读政府工作报告。《京西时报》连续刊发3期专刊对区“两会”进行全面报道。区政务门户网开通“两会”专题网站，及时对大会进程进行实时报道。

（雒　婕）

【“京西门头沟”政务微博上线】 12月22日，区政务微博“京西门头沟”在新浪微博正式上线运行。区政务微博的开通，得到了众多网友的关注。

（雒　婕）

【举办“家乡的旋律歌曲演唱会”】 12月30日，在区影剧院举办了“家乡的旋律——门头沟区‘一湖十园’原创歌曲演唱会”。11首歌颂门头沟新面貌的歌曲全部出自区业余文艺工作者之手，由区文化志愿者分中心和文化馆“和谐之声”合唱团演唱，业余合唱团能举办原创作品演唱会在区内尚属首次。

（李雪莲）

【进一步完善新闻发言人制度】 年内，在《关于近期做好境外媒体记者采访服务工作的有关安排》、《关于在全区各部委办局、各镇、街设立新闻发言人，规范新闻发布工作的意见》等文件精神指导下，全区各单位进一步规范了新闻发布工作，区政府所属的各委办局、各镇街均设立了新闻发言人；区委系统、群众团体、大型区属企业参照设立了新闻发言人。为加强对新闻发言人、新闻记者和基层通讯员的培训，年初，区委宣传部邀请到市政府新闻办公室主任围绕“媒体的沟通与应对”这一主题，通过领导干部应该如何应对新闻媒体采访，如何善用媒体，如何有效引导舆论等内容，对全区新闻发言人、新闻记者等进行了辅导。

（刘　学）

【突发事件的新闻舆论调控工作】 年内，区委宣传部协调区内有关部门，依托突发公共事件应急预案、三级新闻发言人队伍和突发公共事件新闻发布应急工作机制，在上级主管部门的帮助下，及时稳妥地完成了依法拆除违法建设、医疗纠纷等多起突发公共事件的舆论调控工作。

（刘　学）

【举办系列棚改宣传报道活动】 年内，配合棚改建设重要节点和阶段性成果，召开系列新闻发布会，邀请新华社、北京日报、北京电视台、北京人民广播电台、京郊日报等20余家媒体记者采访，陆续刊播了《门头沟新城最好地段建安置房》《门头沟“流动超市车”开进棚改搬迁区》等新闻报道累计200余篇次，为区推进棚改建设营造外部舆论环境。此外，区内媒体通过加强动态报道，开设专栏，制作专版、电视专题片，播放公益广告等多种形式，强化棚改建设对内宣传力度。区电视台、京西时报联动开设《关注改善民生、推进棚户区改造》等栏目，区电视台制播区长专题访谈节目，京西时报全文进行刊载。

（刘　学）

【开展新闻战线“走转改”活动】 年内，配合经济日报、北京电视台等媒体在区内开展新闻战线“走转改”活动。接待记者200余人次，到采空棚户区改造、城市景观建设、山区生态建设等一线进行采访，并刊播多篇重点新闻报道。

（刘　学）

【理论宣讲工作】 年内，区委理论讲师团到全区基层单位开展党的十七届五中、六中全会、区委十届十一次全会精神及党史知识大宣讲80余场，受众近万人。在宣讲形式上创新采用了“点单”的形式，受到了基层党员群众的欢迎。年内，举办“党在百姓心中”百姓宣讲团评选及宣讲活动，从上报的100余篇稿件中评选出优秀稿件9篇，并组建了“党在百姓心中”百姓宣讲团。到全区基层巡回宣讲20余场，受众党员群众达万余人次。在全市的选评中，《千里送款》的故事入选北京市百姓宣讲团，参加全市巡回宣讲30余场，并走进人民大会堂为中央六部委做专场报告，到中直机关、中央国家机关、解放军总政治部及清华北大进行宣讲。同时，1名宣讲员还入选了全国巡回宣讲团，赴天津、吉林、上海、广州、成都等城市进行宣讲。

（单　玥）

【区委中心组学习】 年内，区委中心组围绕经济、党建、党的纪律等内容开展了主题学习17次，重点开展了加快转变经济发展方式、推进领导干部媒体应对、学习“七一”讲话精神等专题学习；以加快科学发展、建设生态新区的步伐为主题，组织区委中心组全体成员及部分处级单位主要领导赴首钢、朝阳区等地开展学习交流活动，考察城市建设和城市发展情况，取得了一定的学习效果。

（单　玥）

【理论月刊】 年内，《京西时报》“理论月刊”出刊12期，每期一版8000余字，刊登了《努力推动现代化生态新区建设实现跨越式发展》、《认真学习贯彻中纪委六次全会精神，努力做好新形势下纪检监察工作》等理论实践相结合的文章。

（单　玥）

【舆情信息工作】　年内，区委宣传部作为北京市舆情信息工作的直报点，全年针对社会热点难点和舆论焦点，围绕国内国际热点难点问题，重点关注区党员干部群众的思想动态，撰写有关物价上涨、入园难等舆情信息20余篇，撰写季度舆情分析报告4篇。落实《中共北京市委宣传部关于进一步加强和改进舆情信息工作的意见》，制定了《关于进一步加强和改进舆情信息工作方案》。按照方案要求逐步构建起由全区处级单位舆情信息点架构而成的舆情信息工作网络，并初步建立起了一套有效的管理和推进机制，提高舆情信息工作服务决策的水平和质量。

（单　玥）

【学习型党组织建设】　年内，在调研研讨的基础上，起草了全区《关于推进学习型党组织建设的实施意见》，并经区委常委会通过，以区委办名义下发至全区，从内容、方法、制度建设等全面指导全区的学习型党组织建设工作。

（单　玥）

【反腐倡廉宣传教育大格局】　年内，全面推进反腐倡廉宣传教育大格局各项工作，进一步强化了由区委宣传部牵头，包括纪委、组织部等24个成员单位的反腐倡廉宣传教育工作格局，组织召开联席会议，对反腐倡廉宣传教育重点工作任务进行部署，进一步落实各牵头部门和协办单位的责任，推进廉政文化建设，利用区委中心组的学习平台，开展党风廉政宣传教育活动。与区纪委联合组织了学习贯彻《廉政准则》知识竞赛和反腐倡廉教育培训等重要宣传教育活动，发挥了组织协调工作机制的作用。开展廉政文化“六进”活动，利用广播、电视、报刊、宣讲、参观等多种形式，不断强化反腐倡廉宣传教育效果。

（单　玥）

【“丹柯杯”优秀研究成果评选】　年内，根据北京市思想政治工作研究会的通知精神，做好北京市第二十二届“丹柯杯”优秀研究成果推荐工作，经过全区各单位提名推荐、“丹柯杯”优秀研究成果推荐工作领导小组初评等系列程序，共推荐优秀成果58篇上报市思想政治工作研究会参加全市的总评。推荐上报的优秀研究成果，包括理论文章、调研报告、创新经验等形式，质量较往年有提升。

（单　玥）

统一战线工作

【概况】　年内，统一战线工作在区委的领导下，在统战各部门及各民主党派的支持和帮助下，坚持以科学发展观为指导，围绕中心、服务大局工作主线，统一战线工作取得新的成绩，为全区经济社会发展和现代化生态新区建设做了贡献。

凝聚人心、汇集力量，服务地区发展做出了新贡献。全年举办各类学习教育活动16次，培训420人次。组织民主党派、工商联参政议政、建言献策，协助区委召开各类协商会11次，提交政协提案92件，完成调研报告7篇。实施“凝心聚力”品牌工程，邀请和接待党派市委、市工商联、市台办、市侨联主要领导及考察团到内区考察，2个党派与山区镇达成支援意向。

完成换届任务，统一战线自身建设迈上了新台阶。指导6个党派顺利完成了换届调整任务，成立了区内第一个民主党派工委——农工门头沟区工委。推进区工商联完成了换届，协助区委制定下发了加强和改进新形势下工商联工作的实施意见。在区委领导下，与组织部密切配合，按照规定程序，完成了政协换届工作。

重视民族宗教工作，维护社会和谐稳定取得新成效。坚持宗教工作联席会议制度，指导各宗教团体加强自身建设，完成了天主教爱国会换届工作，选举产生了新一届爱国会领导班子。推进基督教门城新教堂建设工作，新教堂于8月18日举行献堂典礼。加大对非法宗教活动的打击力度，杜绝了“守望教会”在区内发展，维护了宗教和谐稳定。

拓宽统战工作覆盖面，社会领域统战迈出新步伐。做好社会领域统战工作，不断拓宽统战工作覆盖面。制定下发了《关于加强和改进社会领域统战工作的实施意见》（门统文〔2011〕8号），举办专门培训。

统战基础基层工作取得新进展。加强调查研究工作力度，完成了《关于对门头沟区党外代表人士队伍建设情况的调研》、《关于我区基督教发展现状的思考》2篇调研报告。加大宣传工作力度，荣获北京市统战系统信息工作优秀单位和优秀信息员表彰。进一步完善了基层统战工作体系，明确了各镇街分管统战工作的领导和工作人员，加强了基层统战工作和队伍建设。

单位名称：中国共产党北京市门头沟区统一战线工作部

地　　址：北京市门头沟区新桥

大街36号
电　　话：69842327
邮　　编：102300

（张东红）

【慰问党外各界代表人士】　1月20日、25日，区领导走访慰问了区民主党派、民族宗教等党外各界代表人士。

（张东红）

【举行统战系统新春团拜会】　1月30日，区内举行统战系统2011年新春团拜会，区领导王洪钟等出席座谈会。

（张东红）

【举办“同心”品牌学习研讨会】
4月14日，区委统战部举办“同心”品牌学习座谈会，学习研讨了全国政协副主席、中央统战部长杜青林在统一战线“同心”品牌研讨会上的讲话精神，区委统战部全体干部、各民主党派负责人参加了学习。

（张东红）

【支持参与“百日行动”倡议书】
4月，区委统战部组织各民主党派、工商联共同发起支持参与区委区政府“城乡环境整治百日行动”的倡议，号召全区民主党派成员、工商界人士支持配合区委区政府中心工作，为实现百日行动目标争当标兵，争当先锋。

（张东红）

【召开全区工商联工作会】　5月6日，区委召开加强和改进工商联工作会议，市委统战部副部长、市工商联党组书记、第一副主席，区领导韩子荣，王洪钟出席会议。会上，作了工商联工作和非公有制经济发展情况报告。

（张东红）

【“凝心聚力”考察活动】　5月24日，与中国农工民主党北京市委联合开展“凝心聚力”工程，邀请农工民主党成员中的部分国资委、发改委领导，以及知名企业负责人赴斋堂镇考察，为支援斋堂发展建设献智献策、引资投资。5月31日，与致公党门头沟支部联合开展“凝心聚力”工程赴清水镇考察，拟邀请致公党市委、市侨联、华商会支援清水镇新农村建设。

（张东红）

【召开座谈会】　6月21日，区委召开民主党派座谈会，区领导韩子荣听取了各民主党派情况介绍，了解了全区民主党派换届调整进展状况，并就进一步做好民主党派工作提出指导意见。6月30日，区委统战部召开各界人士庆祝建党90周年座谈会召开，民主党派、无党派、民族宗教、非公经济等方面代表人士在发言中回顾了中国共产党成立90年来所取得的伟大成就，表明了坚持中国共产党领导的坚定决心。

（张东红）

【完成民主党派换届】　3月至8月，完成区民主党派换届调整，成立了区第一个民主党派工委——农工民主党门头沟区工委，民建支部选举产生了新任主委，民进、致公、九三等党派班子进行了调整。

（张东红）

【完成工商联换届】　7至9月，会同区委组织部、工商联党组做好新一届工商联有关人事安排，完成了工商联换届任务，9月28日，召开区工商联第九次会员代表大会，选举产生第九届工商联执委、常委、领导班子成员及第一届民间商会领导班子成员。

（张东红）

【学习胡锦涛七一讲话精神】　8月10日，区委统战部组织全区各民主党派学习胡锦涛同志七一讲话精神，观看了《总结历史，重在现实，面向未来——学习胡锦涛同志在庆祝中国共产党成立90周年大会上的讲话》的专题讲座，各党派委员以上30余人参加学习。

（张东红）

【政协委员人选推荐工作部署会】
9月6日，区委统战部召开区政协委员人选推荐工作部署会，传达了市委组织部、市委统战部换届精神，就提名推荐、综合评价、考察公示等工作进行了安排部署。有关委办局、各镇街、各民主党派和人民团体、综合评价部门等70余家单位参加了会议。

（张东红）

【举办中秋茶话会】　9月8日，区政协、区委统战部举办了2011年中秋茶话会，区领导韩子荣、王洪钟等以及各民主党派、无党派、非公经济、民族宗教、归侨、台属等各界人士代表参加。

（张东红）

【完成区政协换届】　9月至12月，区委统战部在区委和区政协换届工作领导小组的领导下，与组织部、区政协党组及各提名单位密切配合，按照市、区换届文件规定和要求及规定程序，产生了第九届政协委员人选167人，12月16日至20日，区政协召开了九届一次会议，选举产生了新一届主席、副主席、秘书长、常委，完成了政协换届工作。

（张东红）

纪检监察工作

【概况】 年内，全区各级党政机关和纪检监察组织在区委、区政府的领导下，学习贯彻胡锦涛总书记在庆祝建党90周年大会上的重要讲话和党的十七届六中全会精神，始终坚持标本兼治、综合治理、惩防并举、注重预防的方针，推进惩治和预防腐败体系建设，党风廉政建设和反腐败工作取得了新成效。

监督保障作用不断强化。按照上级统一部署，围绕转变经济发展方式与促进科学发展，会同有关部门重点加强对经济结构调整、规范用地、节能减排等决策、要求执行情况的监督检查。开展“严肃纪律，查处违法建设”专项行动，共计拆除违法建设用地11.4万平方米，3人受到责任追究。有计划地组织立项行政监察9个，着力加强对采空棚户区改造建设、房屋征收拆迁、新农村建设、重点工程和为民办实事项目等实施情况的监督检查，促进重点工程和投资项目的廉洁高效建设。严肃政治纪律，加强对“严肃换届纪律，保证换届风清气正”工作的监督检查。围绕区委、区政府重大部署，开展了“百日环境整治行动”专项检查，督促相关部门认真落实任务和职责。启用网上行政审批与电子监察系统，40余家区属行政机关、1200余项审批服务事项实现网上公开、网上咨询（办理）、网上监察，年内受理事项6000余件，促进了依法行政和行政效能的提升。

改革创新与制度建设不断深化。贯彻落实中央和市委关于进一步落实党风廉政建设责任制规定的意见，研究制定门头沟区《2011年党风廉政建设和反腐败工作主要任务分工》，层层做好责任分解与确认。坚持半年自查和年终检查相结合，调研指导和专题会议推动相结合，先后对35个单位进行了专项检查，并将检查结果作为对领导班子总体评价的重要依据。注重发挥五项组织协调工作机制的作用，惩防体系建设牵头任务基本得到落实。行政审批制度改革继续推进，对建立区内“绿色审批通道”与并联审批机制作出了有益探索。领导干部经济责任审计、财政资金和重大投资项目审计、重大工程审计工作不断加强。

惩治腐败力度进一步加大。保持查办案件工作力度不减。加强信访举报工作，坚持信访举报问题集体排查，建立纪检监察办信办案协作区制度，进一步形成了惩治腐败的工作合力。2011年区纪委共立案22件，其中大案要案13件，结案22件，给予党纪政纪处分24人。重点查处了一批以权谋私、拆迁诈骗、违法建设等案件。同时，开展案件剖析和警示教育，实现了办案结果的转化应用。

反腐倡廉重点专项治理工作取得新的成果。深化工程建设领域突出问题专项治理工作，落实区委、区政府《关于进一步加强工程建设领域监管制度体系建设的意见》，研究制定了21项监管制度，工程监管制度体系基本形成。在全区党政机关和事业单位中深入开展公务用车专项治理工作，共计清登车辆1348辆，对其中有问题的140辆（次）进行了整改。健全车辆管理制度、重新核定公务用车编制、抽查回访等工作。开展“小金库”专项治理工作，定期进行自查与回查。

纠正损害群众利益的突出问题取得新的成效。发挥相关工作机制和牵头部门作用。定期开展强农惠农资金专项检查和“三资”监管制度执行情况的检查，共计检查9镇100个村，及时发现和纠正存在的问题。落实政府服务年活动要求，引入专业力量和社会力量，分两轮（次）对49个政府部门、10个公共服务行业、145个基层站所和服务窗口单位开展了民主评议政风行风活动，各单位做到主动整改，纠建并举，政风行风进一步好转。

党员干部廉洁自律意识不断增强。宣传和贯彻落实《党员领导干部廉洁从政若干准则》。通过区委书记、基层党政“一把手”讲廉政党课，举办“预防工程建设领域职务犯罪展览”、编发《以案为鉴》、廉政文化“六进”等多种形式，开展了“执政为民，廉洁从政”主题教育活动。执行《领导干部廉洁自律专题民主生活会规范》，定期召开专题民主生活会，年内处级领导班子成员近千人次开展了廉政主题的批评与自我批评，较好的实现了自我净化与自我完善。执行诫勉谈话制度、新任领导干部廉政谈话制度，区纪委书记先后对120名新任处级干部进行了廉政谈话。不断拓宽监督渠道，加大政务公开和政府信息公开、村务公开、厂务公开等工作力度，各级干部履职情况接受民主监督。

廉政风险防控管理成效初步显现。突出决策权的关键环节，落实区委《关于建立健全领导班子“三重一大”决策机制的意见》和相关制度，通过组织开展“回头看”活动，督促全区各处级领导班子完善“三重一大”决策制度、决策目录、决策流程。编印《门头沟区“三重一大”决策制度汇编》，对重点单位“三重一大”制度建设与执行情况进行了抽查，确保制度执行到位。突出工程项目审批建设的关键环节，廉政风险防控管理向重点对象、重点环节、重点部门延伸。围绕棚改工程、房屋征收拆迁、农业农村建设、水环境治理工程等开展权力结构分析、规范流程、加强制约监督，制定了相关风险防控制度，并在执行中收到显著成效。突出农村“三资”管理的关键环节，进一步加强“三资”监管长效机制建设的研究，提出了《建立门头沟区农村“三资”管理服务中心的意见》并基本得到落实。研究制定《门头沟区关于建立村务监督委员会工作的实施意见》依法在全区170余个行政村建立了村务监督委员会；及时编印《村务监督委员会工作制度汇编》，组织专题培训，基本实现了统一职责、统一工作流程、统一挂牌、统一资金拨付等，村务监督工作开局良好。

纪检监察干部队伍综合素质得到提升。加强纪检监察组织建设，区委高度重视区、镇两级纪委换届工作，选优配强纪检监察领导干部，充实纪检监察组织力量。加强思想作风建设，在全区纪检监察组织中开展了创建“学习型、服务型、研究型、廉洁型”机关活动，广大纪检监察干部“转作风、迈开腿、走基层、解难点”，深入工作一线，纪检监察两项职能在“创先争优”中进一步显现。

单位名称：中共门头沟区纪律检查委员会
地　　址：北京市门头沟区新桥大街36号
电　　话：69843066
邮　　编：102300

（黄文静）

【领导干部廉洁自律】 1月，对新任处级领导干部进行廉政谈话。结合全区党风廉政建设实际，为新任处级领导干部讲廉政教育课，并就自觉遵守党纪条规、严格廉洁自律和落实“一岗双责”等方面进行交流。同时，区纪委组织新任处级领导干部进行廉政知识测试，观看警示教育片《直击腐败》，并向每位干部赠送《廉政准则》单行本，筑牢拒腐防变的思想防线。全区共47名新任处级领导干部参加谈话。

（李鹏举）

【政务公开与政务服务工作】 1月，召开推进全程办事代理制暨启动网上审批监察系统筹备工作会。会上要求：一是强化组织领导。各单位明确一名行政副职领导负责具体工作的组织协调和监督落实。二是确保人员落实。配齐配强全程办工作人员，加强教育和业务培训，建立岗位激励机制。三是做好运行准备。四是提升工作标准。实行“一站式”服务模式，为群众提供便捷、高效、优质的全过程代理服务。五是健全制度机制。建立健全工作考核、监督举报和责任追究制度，强化监督检查。3月，正式启动网上审批监察系统。在系统建设中突出“六化”标准：一是审批权力清晰化。全面梳理40个区属行政事业单位的1400个网上审批事项，向群众公示“权力清单”。二是审批流程网络化。行政审批服务事项的表格下载、事项办理和进度查询全部在网上完成，实现网上“一站式”服务。三是政务信息公开化。审批权限、政策依据、收费标准、办理时限等信息全部在网上公开，便于群众监督。四是业务处理规范化。提高权力运行的程序性、规范性和操作性，建立和完善了内部制约机制。五是信息交互自动化。通过短信平台向申办人通报办理情况，申办人也可回复短信进行评议，实现审批机关与服务对象的双向交流。六是效能监察信息化。将网上审批监察系统与电子监察平台对接，实现流程监控、自动预警和绩效评估等功能，做到全程监督。

（李鹏举）

【召开工作研讨会】 2月，召开区纪委监察局2011年工作研讨会。各室主任、直派组长围绕贯彻市纪委全会精神，结合区委区政府中心工作和区纪检监察工作任务，分别就2011年工作思路和计划作了发言。纪委书记对各室（组）2010年工作完成情况及2011年工作进行了点评，并提出要求。

（李鹏举）

【召开党风廉政建设工作座谈会】 2月，召开街道系统党风廉政建设工作座谈会。区纪委副书记出席会议并提出要求。各街道纪工委汇报了2011年社区党风廉政建设工作思路，区纪委就《社区党风廉政建设工作手册》的使用对街道纪检干部进行培训。3月，召开农村党风廉政建设工作座谈会。区纪委干部围绕廉政风险防范管理、领导干部廉洁自律、民主管理与监督和贯彻落实党风廉政建设责任制4个方面17项内容对《村级党风廉政建设工作手册》的使用进行培训。会上，各镇纪委分别汇报了2011年农村党风廉政建设工作思路。3月，召开区党风廉政建设工作会议。区四大部门领导、各单位党政主要领导和基层纪委书记等240余人参会。赵潮英作了题为《不断深化党风廉政建设和反腐败工作，为推动全区经济社会跨越式发展保驾护航》的工作报告。区领导韩子荣就做好2011年党风廉政建设工作提出要求。4月，召开党风建设工作推进会。会议传达北京市党风建设工作会议精神，对2011年全区党风建设重点工作进行部署。8月，韩子荣为全区领导干部讲廉政党课。以“认真学习借鉴廉洁奥运经验，不断深化廉政风险防范管理，努力推进全区经济社会实现跨越式发展”为主题，结合全区形势和部分案例开展教育，并对全区领导干部提出要求。区四大部门领导和全区处级以上领导干部300余人参加学习。

（李鹏举）

【监督检查工作】 3月，开展“两会”期间安全稳定工作督查。召开督查工作动员会，制发《“两会”期间安全稳定督查工作方案》，明确督查目的、形式、主体和内容。区“两会”期间安全稳定督查领导小组，分别到永定镇、大台办事处、城管大队和安监局等30余家单位，通过听取汇报、查阅材料、询问谈话和实地检查等方式开展督查。建立相关信息报送、例会汇报和实地巡查等制度，确保工作规范运行、有序开展。4月，开展城乡环境整治专项督查。一是成立城乡环境整治百日行动考评工作领导小组，赵潮英任组长，下设3个工作组，在区“百日行动”考评办公室领导下开展工作。二是制发考评工作实施方案，细化考评内容，量化评价标准，明确责任分工，建立问责机制，确保环境整治工作责任落实。三是召开违法建设调查部署会，对全区公职人员和村（居）“两委”班子成员开展违法建设调查，明确5种违法建设情形，建立工作台帐，定期进行汇总。四是加大案件查处力度，重申相关纪律，发现有违法建设情况的党员干部和公职人员，依据党纪政纪予以查处。

（李鹏举）

【宣传教育工作】 3月，北京市预防工程建设领域职务犯罪巡展开幕。区四大部门领导出席开幕式并参观展览。巡展涉及工程建设领域57个典型案例，包含决策审批、招标投标、征地拆迁、物资采购和资金使用等工程建设领域的关键环节，通过实际案例，教育广大党员干部筑牢思想道德防线，严于律己、勤政廉政，揭示工程建设领域职务犯罪的体制机制原因，发挥标本兼治的功能，强化教育效果。区各单位党政主要领导一同参观。4月，举行学习十七届中央纪委六次全会精神专题辅导。以“周末大课堂”为载体，邀请原市纪委常委刘经宇为全区领导干部解读全会精神内涵。全区处级以上领导干部200余人参加学习。7月，创建全市首个廉政文化示范镇。以“红土清风古镇斋堂”为主题，将斋堂镇打造成廉政文化示范镇。创建工作分为三个部分：一是“红色经典”，即在冀热察挺进军司令部旧址等革命传统教育阵地基础上，构建红色文化产业格局，使廉政文化与爱国主义和革命传统教育有机结合；二是“古韵清风”，围绕爨柏、灵水等沟域文化创意产业，把廉洁元素融入民俗文化活动，创新廉政文化载体；三是“勤廉组织”，以镇政府机关和驻镇单位为主体，推进廉政文化进机关、进农村、进校园、进医院活动。

（李鹏举）

【信访、案件工作】 4月，召开第二季度信访举报和案件线索排查会。会上通报了第一季度全区查办案件基本情况，并传达了上级有关工作要点和会议精神。

（李鹏举）

【区领导调研】 4月，韩子荣到区纪委调研。听取了纪委关于全区廉政风险防范、农村“三资”管理、行政监察等工作情况的汇报。

（李鹏举）

【市纪委领导调研】 4月，市纪委副书记到区纪委调研。听取了区纪委关于创建“学习型、服务型、廉洁型、研究型”机关的情况汇报，对区内开展创建“四型”机关活动给予肯定，并提出要求。7月，市纪委副书记、市监察局局长视察区重点工程情况。在区内主持召开了2011年二季度区县监察局长例会后，先后到永定河观景台和采空棚户区改造建设安置房石门营地块视察。8月，市纪委副书记到区内调研。到采空棚户区石门营定向安置房建设工地实地考察，并听取棚户区改造工程廉政风险防范管理工作及党务公开工作情况汇报，对区棚户区改造建设工程廉政风险防范管理工作给予肯定，并提出要求。10月，市纪委副书记到区内调研。听取了区内关于行政审批权下放后续监管情况的汇报，并与区发改委等单位进行座谈。王海平对门头沟区的行政审批工作给予肯定，并对规范行政权力运行提出要求。

（李鹏举）

【专项治理工作】 5月，召开两项专项治理工作部署会。纪委书记就专项治理工作提出要求。

（李鹏举）

【区纪委领导调研】 6月，纪委

书记到区农委调研。对农村基本工程建设领域廉政风险防范管理工作提出要求。9月，到区民防局调研。对民防局班子成员提出要求。10月，到区教委调研。听取了区教委工作汇报，并对教育系统开展党风廉政建设工作提出要求。

（李鹏举）

【直派工作】 6月，召开直派工作交流会。区纪委各直派组组长围绕推进党风廉政建设责任制落实、驻在部门惩防体系建设和履行宣传教育、监督检查职能等方面。工作进行汇报。区住建委等5个驻区部门的主管领导就贯彻落实“三重一大”决策制度、开展“小金库”专项治理和严格执行干部人事制度等方面进行经验交流。

（李鹏举）

【村务监督委员会建设】 7月，召开区建立村务监督委员会工作动员部署会。10月，全区178个村全部完成村务监督委员会推选工作，共推选产生村务监督委员会175个（王平镇韭园4个村为联合支部）。共产生村务监督委员会成员583名，其中党员383名，占成员总数的65.7%；女性176名，占成员总数的30.2%。原村民民主理财小组和村务公开监督小组成员376名，占成员总数的64.5%。175名村务监督委员会主任当中，村党组织成员147名，占主任总数的84%。

（李鹏举）

【党务公开工作】 7月，召开区各级党组织实行党务公开工作推进会。区领导韩子荣等出席会议。韩子荣就做好党务公开工作提出要求：一是高度重视。全区各级党组织，特别是主要领导干部要切实增强做好党务公开工作的责任感和使命感，积极主动推进工作。二是保证质量。各级党组织要严格按照工作方案，规范公开内容，拓展公开形式，切实保证党务公开工作实效。三是加强领导。要落实领导责任，加强舆论宣传，完善制度保障，强化监督检查，确保党务公开工作顺利推进。

（李鹏举）

【区纪委全会】 10月，中共门头沟区第十届纪律检查委员会第七次全体会议召开。会议讨论通过了区纪委向区第十一次党代会工作报告，总结了五年来的工作，并对今后工作提出建议。12月，中共北京市门头沟区第十一届纪律检查委员会召开第一次全体会议。会上选举产生了中共北京市门头沟区第十一届纪律检查委员会常委、副书记、书记。

（李鹏举）

【组织纪检监察干部培训】 11月。举办区纪检监察干部业务培训班。培训期为5天，采取邀请市、区纪委相关领导授课和观看电教片等形式，内容涵盖党纪条规、信访举报、效能监察、廉政风险防范、工程建设领域突出问题专项治理和查办案件等多方面纪检监察业务。全区基层单位纪委书记和纪检干部等100余人参加培训。

（李鹏举）

政策研究工作

【概况】 年内，区委研究室围绕全区中心工作，开展调查研究，在提高调查研究的质量、服务科学决策上下功夫，做好重要文稿的起草工作，自身建设进一步加强，各项工作取得新进展。按照区委、区政府要求，年内开展门头沟区旅游文化休闲产业战略规划研究，聘请了北京知识银行、世茂旅游有限公司、美国AECOM设计公司等国内顶级和世界一流规划设计公司，编制门头沟区旅游文化休闲产业战略规划，研究成果写入区第十一次党代会报告。全年确定并完成了经济发展、新农村建设、社会建设、生态建设、党的建设等方面的74个重点调研课题和关注调研课题及4个专项课题。承办了《门头沟区旅游文化休闲产业发展问题研究》、《关于创新解决门头沟区突出社会管理问题的思考》、《门头沟区加强水务改革发展情况的调研报告》等区重点调研课题。起草了《在全区深入开展创先争优活动大会上的讲话》、第十届区委常委会领导班子工作总结、区第十一次党代会报告等重要文稿20余篇，约20余万字。推进调研成果转化，编发内部刊物《决策研究》27期和《决策内参》24期，在全区范围评选优秀调研成果，并编发《2010年优秀调研成果汇编》，区委研究室被中共北京市委农村工作委员会、北京市农村工作委员会评为2011年度优秀调查研究单位。

单位名称：中国共产党北京市门头沟区委研究室
地　　址：北京市门头沟区新桥大街36号
电　　话：69842694
邮　　编：102300

（王　龙）

【承接《简报》任务】 1月和12月，区人大第十四届七次会议、第十五届一次会议分别召开，区委研究室牵头成立会议简报组，负责以简报的形式服务大会进程，及时反映代表意见建议。在区人大第十四届七次会议、第十五届一次会议召开过程中，先后编发大会简报36期、40期。12月，按照区第十一次党代会秘书处要求，从全区各单位抽调专事文字工作的骨干力量，与研究室全体人员共同组成秘书处简报组，并对简报组人员开展专题培训，负责大会信息简报和专刊的编印及人员联络。区第十一次党代会会议召开过程中，编发党代会简报25期。

（王　龙）

【协助市级部门开展调研】 年内，为做好全市第十一次党代会报告的起草工作，按照市委要求，先后协助市农工委研究室选取两镇两村社会群体开展社情民意调研，协助市委研究室开展拆迁问卷调查、召开市党代会征求意见座谈会、围绕率先形成城乡一体化发展新格局专题研讨等；为做好市政府工作报告起草工作，协助市政府研究室开展区情汇报座谈。

（王　龙）

【参与起草区委第十一次党代会报告】 12月，根据区委指示，研究室牵头成立了区第十一次党代会报告起草小组，召开多次讨论会、协调会，形成报告初稿，并参与报告的修改、征求意见、校对工作。区领导韩子荣对报告起草工作高度重视，多次主持召开会议，听取报告起草情况，并提出指导意见。

（王　龙）

【加强和改进全区调查研究工作】 年底，为总结推广干部群众在实践中创造的好经验、好办法，提高科学判断形势、驾驭工作全局、应对复杂局面的能力，按照区委要求，进一步加强对调研工作的组织领导，建立完善调研工作制度，参与制定《中共门头沟区委关于进一步加强区级领导调查研究工作的办法》，提高全区调查研究工作的质量和水平，推进领导方式转变和政务决策民主化、科学化。

（王　龙）

【起草区主要领导讲话报告】 年内，起草了区委书记等区主要领导的《在十四届人大七次会议闭幕式上的讲话》、《在全区组宣统工作会议上的讲话》、《在全区政法维稳暨信访工作会议上的讲话》、《在全区城乡环境整治百日行动誓师动员大会上的讲话》、《在全区深入开展创先争优活动大会上的讲话》、《在门头沟区加强和改进工商联工作会议上的讲话》、《在三项赛事筹备工作全区动员大会上的讲话》、《推动门头沟区棚户区改造建设誓师大会上的讲话》、《在全区推进“三个工程”现场会暨纪念建党90周年主题党日活动启动仪式上的讲话》、《在门头沟区庆祝中国共产党成立90周年座谈会上的讲话》、《在区委十届十二次全会上的讲话》、《在2011年第三季度全区经济形势分析会暨三项赛事总结表彰大会上的讲话》、《在区第十五届人大一次会议党员代表大会上的讲话》、《在区第九届政协一次会议中共党员委员会议上的讲话》等讲话稿。同时，还完成了门头沟区第十届委员会常委会领导班子工作总结、刘淇书记到区内调研的汇报材料《门头沟区经济社会发展情况》、报送市委组织部《全面落实科学发展观加快推进现代化生态新区建设》汇报材料等，合计约20万字。

（王　龙）

【贯彻全区重要会议精神】 年内，为推进“十二五”规划、区委十届十一次、十二次全会精神的学习宣传贯彻，指导全区各部门全面把握、准确领会区委关于推动经济社会发展的意见和工作部署，区委研究室承担起重要会议精神的学习贯彻工作，先后在区委党校、财政局、交通局、地税局、团区委及镇街等单位开展宣讲，服务全区发展大局。

（王　龙）

【制定旅游发展方案研究】 年内，为制定高起点的旅游文化休闲产业发展战略规划，由四大部门主要领导牵头，区委研究室作为制定战略规划的承办单位，成立了旅游文化休闲产业发展战略研究课题组，制定研究工作方案，先后聘请了北京知识银行、北京神州新纪录规划设计研究院、北京杨振之来也旅游规划咨询有限公司、世茂旅游有限公司、美国AECOM设计公司、北京国际城市发展研究院等多家国内顶级和世界一流规划设计公司参与编制规划，同时，还邀请了全国政协教科文卫体专委会副主任蒋效愚、北京市旅游委主任鲁勇等专家、学者参与规划的论证和研究，开展实地调研7批次，先后组织成果汇报会、研讨会、座谈会近30次，形成了文字、图表、照片、视频资料等六大类，共计60万字的旅游资源基本情况汇总（合计9册），编印规划研究成果报告2500册，编发《工作简报》24期，研究成果写入了区第十一次党代会报告，明确提出了“门头沟区通过优化配置自然与文化要素资源，努力将全区建设成为首都国际高端山地旅游文化度假区，打造最具特色的多元体验与传播中国文化的旅游度假目的”的战略定位和“北京之巅，绿海家园”的形象定位。

（王　龙）

【加强和创新社会管理】　年内，结合全区中心工作，会同区社会工委、区民政局共同撰写《关于创新解决门头沟突出社会管理问题的思考》，并作为韩书记上报市委研究室参加全市评比的课题之一。为完成该报告，研究室多次与区社会工委、区民政局、区建委等相关部门联系沟通，查阅了大量资料，搜集各种数据。调研报告共计7000余字，对区内加强和创新社会管理，有效化解社会矛盾，提升社会管理综合水平具有较好借鉴和指导意义。

（王　龙）

【加强水务改革发展】　年内，由区领导王洪钟主持，会同区政府办、区水务局共同成立课题组，到全区各镇，通过调查、走访、座谈等方式，邀请区领导、各委办局领导召开研讨会、论证会，广泛征求意见，最终形成8000余字的《门头沟区加强水务改革发展情况的调研报告》。根据调研报告，完成《北京市门头沟区“十二五”时期水务发展规划》，制定下发《门头沟区关于进一步加强水务改革发展的意见》（门发〔2011〕15号）。

（王　龙）

【推进全区优秀调研成果转化】　年内，在全区范围内评选2009年、2010年优秀调研成果，其中一等奖10篇，二等奖20篇，三等奖40篇，编发《2010年优秀调研成果汇编》，下发各单位。为进一步推进调研成果转化，编发《决策研究》27期，《决策参考》24期，及时、全面共享全区调研工作先进经验和优秀成果。

（王　龙）

【建立调查研究基地】　年内，根据加强市情调查研究和宣传工作的需要，区委研究室和北京市社会科学院市情调查研究中心合作建立“北京市社会科学院调查研究基地”，开展长期合作，有利于全区进一步共享市级调研资源，为区域发展提供强大的智力资源和信息资源。

（王　龙）

【开展农村城市化调研】　9月，区委研究室赴朝阳区南磨坊、洼里等地区开展专题调研，学习农村城市化的先进经验和做法，完成了《关于赴朝阳区考察农村城市化有关问题的调研报告》，得到区领导批示，区委研究室按照批示，结合赴朝阳调研成果，汲取先进地区经验，协助区农委开展区农村城镇化问题调研，到九镇一街开展实地考察，形成区推进农村城镇化的研究成果。

（王　龙）

【执行“三重一大”等制度】　年内，推进反腐倡廉工作，增强党员干部廉洁自律意识，编制完成《区委研究室“三重一大”决策事项目录和实施细则》，收录在区纪委汇编，为廉政建设的有效开展提供基础保障。

（王　龙）

【参加全区各项活动】　年内，受区领导委托，由区委研究室牵头组建区四大部门合唱联队，做好组织和保障工作，在全区红歌合唱大赛上取得三等奖和优秀组织奖，得到区领导等各界的好评；根据组织安排，抽调两位同志参加S1线、小白楼拆迁及城乡环境整治工作，抽调一位同志参加镇领导班子换届考察组；组织机关党员干部参加区广播体操比赛和“送温暖、献爱心”、“博爱在京城”、“共产党员献爱心”等捐款活动，向宁夏等地捐赠冬衣冬被。

（王　龙）

老干部工作

【概况】　年内，区老干部工作坚持以邓小平理论和“三个代表”重要思想为指导，深入贯彻落实科学发展观和市、区第二十四次老干部工作会精神，按照“让党放心、让老干部满意”的宗旨，不断创新服务机制，提高服务管理水平，全面落实离退休干部“两项待遇”和“四就近”工作，努力使全区老干部工作再上新台阶。在老干部、党组织和党员中开展“创先争优”活动，弘扬“爱国、创新、包容、厚德”北京精神。采取集中授课、座谈、报告会等形式，加强老干部思想政治宣传教育活动，受到离退休干部普遍欢迎。围绕纪念中国共产党成立90周年，开展“颂党恩、抒豪情、添光彩、乐晚年”、“颂歌献给党、永远跟党走”、书画展、“轮椅情”等主题活动。组织老干部参观北京市“一切为了人民”展览、门头沟区“十二五”规划展、“红色游”、赴深圳考察等活动，全区重大节日普遍对老干部进行了走访慰问，区委组织部、区委老干部局重点走访慰问了生活不能自理和住院的离休干部。组织局职离退休干部赴小汤山疗养体检。完成了医保卡、“小帮手”电子服务器的发放，实现看病持卡就医实时结算。加强离退休干部工作人员队伍建设，落实离退休干部工作责任制，不断提高老干部工作水平。

单位名称：中国共产党北京市门头沟区委员会老干部局
地　　址：北京市门头沟区剧场东街12号
电　　话：69837762
邮　　编：102300

（白文庆）

【慰问活动】　1月24日，市农委领导看望了原区委顾问陈士林。3月4日、6月28日，韩子荣到陈士林家中慰问，并代表区委、区政府向全区离退休老干部表达诚挚问候和衷心祝福。6月30日，局领导带领工作人员，对全区生活不能自理和因病住院的离休干部进行了走访慰问。7月1日，区领导走访慰问了已故的原区长、区人大主任等去世老领导的家属，并慰问抗战时期参加革命的老党员。11月21日，区领导看望了原区委顾问陈士林、原区人大主任、政协主席等老领导。

（白文庆）

【召开老干部工作领导小组会】　1月26日，召开老干部工作领导小组会，有关单位领导出席会议。会上，讨论了《门头沟区离退休干部工作领导责任制》、《中共北京市门头沟区委老干部工作领导小组成员单位职责》征求意见稿，并通报了区四大部门领导联系局职离退休干部名单。

（白文庆）

【召开离退休干部工作会】　1月30日，召开2011年离退休干部工作会。区领导刘云广、王洪钟，局职离退休老领导、离休干部代表、处级以上退休干部代表及区老干部工作领导小组成员单位主要领导、离退休干部单位领导出席会议，会议由王洪钟主持，传达了市第二十四次老干部座谈会精神，通报了全区经济社会发展情况，离退休干部代表做了大会交流发言，总结了门头沟区2010年离退休干部工作，对2011年离退休干部工作进行了部署。

（白文庆）

【召开春节团拜会】　1月31日，召开2011年离退休干部春节团拜会，区四大部门领导出席团拜会。王洪钟向离退休干部介绍了我区当前经济社会发展情况，并一同观看了文艺演出。

（白文庆）

【参加事迹报告会、演讲比赛】　2月25日，局领导带队，局职离退休干部代表和离退休干部党支部书记代表参加了在人民大会堂举办的杨善洲同志先进事迹报告会。26日，离退休干部代表和老干部工作人员代表参加了北京市委组织部举办的杨善洲同志先进事迹报告会。组织参加市老干部局举办的“做优秀老干部工作者”演讲比赛，并获得二等奖。

（白文庆）

【组织参观活动】　3月4日，组织离休女干部庆祝“三八”妇女节，参观考察了北京灵之秀茶文化有限公司。5月5日，组织局职离退休干部赴湖南长沙红色之旅，随后参观了韶山毛泽东故居和毛泽东主席纪念馆，刘少奇故居等地。8日，组织局职离退休干部赴深圳考察。19日，组织离休干部实地参观考察了区棚户区改造石泉地块、六环路、阜石路、莲石路、门城湖、永定河观景台等一批重点工程建设项目。6月28日，组织离退休干部参观了区“十二五规划”展览。7月1日，组织离休干部参观了雁翅镇田庄村京西山区中共第一个党支部纪念馆。27日，组织离退休干部参观北京市纪念中国共产党成立90周年“一切为了人民”主题展览，100余名离退休干部参加了此次活动。8月17日，组织50余名离退休干部到房山区云居寺和周口店北京猿人遗址博物馆参观游览。9月13日至30日，组织200余名处级退休干部到怀柔区参观学习。

（白文庆）

【召开座谈、通报会】　3月16日，张冰向全区300余名离退休干部及老干部工作人员通报了全区组织工作开展情况。6月9日，召开第二季度情况通报会，特邀区纪委宣教室领导向全区离退休干部通报了全区党风廉政建设情况。10月13日，召开林业工作情况通报会，邀请园林绿化局领导向全区300余名离退休干部通报林业情况。11月24日，召开2011年局职离退休干部座谈会，韩子荣等区领导出席会议。会上，学习了韩子荣《关于推动经济转型，实现跨越发展，不断开创生态新区建设新局面——在门头沟区第十一次党代会上的报告（征求意见稿）》。向老干部们介绍了区、镇换届选举工作情况；局职离退休干部座谈讨论了《推动经济转型，实现跨越发展，不断开创生态新区建设新局面——在门头沟区第十一次党代会上的报告（征求意见稿）》。12月7日，举办离退休干部情况通报会，邀请市委党校董武教授就当前国际热点问题向300余名离退休干部进行了通报。

（白文庆）

【组织学习、讨论】 3月18日，组织全区局职离退休干部学习了王洪钟在2011年重点工作部署暨转变机关干部工作作风动员大会上的讲话。组织局职离退休干部就张冰向全区离退休干部所做的组织工作情况通报进行了座谈讨论。7月7日，组织局职离退休老干部学习、座谈胡锦涛总书记"七一"重要讲话。8月15日，组织50余名离退休干部在房山诚通颐年山庄观看了胡锦涛总书记在建党90周年大会上的重要讲话实况录像，学习市委书记刘淇《在全市区县局级党政正职领导干部学习贯彻胡锦涛总书记重要讲话专题研讨班开班式上的讲话》精神。16日，组织50余名离退休干部学习韩子荣在区委十届十二次全体（扩大）会议上的讲话精神、王洪钟《关于全区经济社会发展工作的报告》和区委、区政府《关于加强和创新社会管理全面推进社会建设的实施意见》。10月27日，向局级离退休干部传达了王安顺在门头沟区调研时的重要讲话，学习韩子荣《关于深入学习贯彻十七届六中全会精神》的重要讲话，学习王洪钟在门头沟区第三季度经济分析会上的报告，20余名局级离退休干部参加了政治理论学习。12月5日，组织老干部学习党的十七届六中全会精神。14日，组织局职离退休干部学习讨论中共门头沟区第十一次党代会精神。23日，召开机关全体人员会议，传达学习《北京市老干部局转发中组部老干部局<关于认真学习贯彻李源潮同志重要批示精神推进离退休干部创先争优活动深入开展的通知>的通知》，并进行了讨论。24日，召开局职离退休干部和离退休干部党支部书记座谈会，学习贯彻中共北京市门头沟区第十届委员会第十一次全体（扩大）会议文件，并进行了讨论。28日，组织离退休老干部党支部书记、各协会会长学习《北京市老干部局转发中组部老干部局<关于认真学习贯彻李源潮同志重要批示精神推进离退休干部创先争优活动深入开展的通知>的通知》，并进行了讨论。组织离退休老干部党支部书记、各协会会长学习韩子荣《在门头沟区第十一次党代会上的报告》。

（白文庆）

【组织体检、疗养】 3月29日至30日，组织局职离退休干部到小汤山医院进行健康体检。4月11日至29日，组织79名离休干部、616名处级退休干部体检。对卧病在床的老干部组织上门体检，并为老干部建立了健康档案。8月15日，组织50余名离休和局职退休干部到房山区颐年山庄进行健康休养。

（白文庆）

【市直系统举办学习班】 5月13日，市直系统局职老干部学习班在门头沟区开班。区领导韩子荣、王洪钟、张冰对市直系统局职老干部到门头沟区参观学习表示欢迎。王洪钟向老同志们通报了门头沟区经济社会发展情况。下午，市直系统老干部在局领导的陪同下，实地考察了门头沟区棚户区改造石门营地块、晨曦公园，永定河观景台、京浪岛公园等一批重点工程建设。

（白文庆）

【举办体育比赛】 6月14日，举办了第二届离退休干部"健康杯"乒乓球比赛，局领导、老干部乒乓球协会会长、体育局领导出席了开幕式。6月17日，举办"做优秀老干部工作者"征文演讲比赛，向建党九十周年献礼，演讲比赛评出一等奖1名，二等奖2名、三等3名、优秀奖3名。9月20日至21日，组织老干部系统三支球队参加了区第二十四届"金秋杯"门球赛，三队获得了第四名的好成绩。26日，举行了第二十二届老干部运动会。百余名离退休老干部参与了"投飞镖"等六个比赛项目，运动会决出了各个项目的一、二、三等奖，并给予奖励。

（白文庆）

【举办赠送"小帮手"、轮椅仪式】 6月17日，举办向离休老干部发放"小帮手"电子服务器仪式和向抗战时期参加革命的老干部赠送轮椅仪式。

（白文庆）

【组织观看电影】 6月29日，组织离休干部、处级以上退休干部和全体机关干部观看红色经典电影《建党伟业》。

（白文庆）

【组织文艺演出】 7月16日，区委老干部局合唱队参加了北京市农工委系统老干部庆祝建党90周年文艺汇演。

（白文庆）

【举办"七一"专题报告培训会】 7月19日至21日，在区委老干部党校举办学习胡锦涛总书记"七一"重要讲话专题报告培训班，邀请区党校李丽玲同志向全区离退休干部做了胡锦涛总书记"七一"重要讲话专题培训。

（白文庆）

【举办老干部书画展】 7月21日，举办《颂党恩、抒豪情——

门头沟区老干部书画展》。

（白文庆）

【举办健康讲座、钓鱼活动】 8月18日，聘请诚通颐年山庄的保健专家分别就四季养生，老年病用药知识、“三高”人员健康注意事项进行了授课，50余名离退休干部参加。21日，组织离退休干部参加了区第二届“京西杯”钓鱼比赛。9月27日，组织离退休干部钓鱼比赛。

（白文庆）

【调研、视察活动】 11月21日，区领导张冰、丁勇到老干部局调研视察。张冰提出：一是对老干部工作的认识要达到新高度。二是对老干部工作的研究要上到新水平。三是对老干部服务工作要有新起色。最后强调，要不断加强老干部工作人员队伍自身建设，要不断提高业务水平，努力钻研工作业务，熟练掌握政策规定、业务知识、工作技能、技巧。要坚持一切从实际出发，一切从老干部根本利益出发，贴近实际，贴近老同志，脚踏实地，把工作做深、做实、做细。在活动站装修改造施工现场，丁勇询问了工程的整体进展情况，与正在活动的离退休干部进行了亲切的交谈。

（白文庆）

【表彰奖励】 12月31日，北京市委组织部、北京市老干部局、北京市人力资源和社会保障局表彰北京市2011年老干部工作先进集体和先进工作者，其中区委老干部局服务科被评为北京市老干部工作先进集体，区委组织部干部科闫凤兰同志被评为北京市先进老干部工作者。

（白文庆）

信访工作

【概况】 年内，全区信访工作在区委、区政府的领导和全区各单位的支持下，坚持以“三个代表”重要思想为指导，贯彻落实市委市政府和区委区政府关于信访工作的决策部署，围绕加强和创新社会管理全面推进社会建设和全区工作大局，进一步畅通信访渠道，创新工作机制，受理群众信访事项，妥善化解人民内部矛盾，维护了群众利益和社会稳定，实现了“区级重点矛盾化解率达到60%、镇街级重点矛盾化解率达到80%”及“无重大重复上访户、无信访群体性事件、敏感时期无非正常上访”的工作目标。年内，全区各单位共受理群众信访事项3390批（件）14832人次，同比批次上升7.2%、人次上升111.0%；区信访办全年受理群众信访事项2401批（件）次，同比上升33.4%。其中：受理群众来信1000件，同比上升32.6%；接待群众来访1401批9414人次，同比，批次上升33.9%、人次上升33.5%；其中到区集体访317批7981人次，同比批次上升22.4%、人次上升34.8%。全年发生到市越级集体访39批1235人次。

单位名称：中国共产党门头沟区委门头沟区人民政府信访办公室

地　　址：北京市门头沟区新桥大街12号

电　　话：69842720

邮　　编：102300

（赵桂憨）

【召开工作会议】 1月14日，召开信访维稳工作会议。区领导王洪钟等出席。会上听取了区有关部门关于信访维稳工作情况的汇报。王洪钟提出，要正确认识当前地区加快建设发展过程中出现的信访问题，克服麻痹思想，做细、做实各项工作，将矛盾减少至最低程度等要求。2月19日，召开“两会”安全稳定工作会。全区各镇、街、委、办、局主要领导参加会议。会上，传达了市相关会议精神。4月1日，召开2011年政法维稳暨信访工作会。区领导韩子荣、王洪钟出席会议。会上，区有关领导与相关单位签订了社会治安综合治理责任书；总结全区2010年政法、维稳和信访工作情况，并对2011年工作进行了部署；区公安分局、信访办分别通报了全区社会治安和信访形势。韩子荣讲话并提出具体要求。6月15日，召开重点矛盾纠纷排查调处及督办工作会议。各镇、街，相关委办局信访主管领导参加会议。会上，区信访办、公安分局分别通报了全区存在的不稳定因素和信访重点人等相关情况。10月13日，召开全区领导干部暨维稳工作会议，区领导韩子荣、王洪钟出席了会议，会议通报了全区矛盾纠纷排查及下一步解决措施等情况。会上，韩子荣、王洪钟分别针对维稳工作提出工作要求。12月22日，召开遏制过激上访行为工作部署会，区委政法委、维稳办、信访办、公安分局以及各镇、街、相关委办局信访维稳主管领导及各派出所负责人参加会议。会上传达了“12·18”市排查稳控信访极端行为工作会议精神，并通报了近期群众信访及非正常访情况；就遏制过激上访行为工作进行部署。

（赵桂憨）

【信访主要活动】 1月19日，市信访办副主任吴京典等一行3

人到区内开展信访工作春季大调研活动，并召开座谈会。区信访办领导及相关工作人员参加座谈。座谈会上，区信访办主任汇报了2010年区信访工作情况及2011年信访工作重点；吴京典在听取汇报后，肯定了门头沟区信访工作取得的成绩，特别是在领导信访接待工作和解决拆迁信访问题等方面的成功做法给予肯定。5月4日，区领导韩子荣到区信访办调研。20日，市信访办一行5人就“三农”问题到区内调研。区信访办主任就区内“三农”信访问题相关情况进行了介绍。龙泉镇、王平镇对基层“三农”问题进行了汇报；龙泉镇滑石道村、王平镇西王平村10名村民代表参加了调研座谈及测试。市信访办调研组到王平镇西王平村进行实地调研。调研活动结束后，市调研组对区内新农村建设及涉农信访工作给予肯定。6月27日，区领导到区信访办开展“七一”走访慰问活动，看望慰问信访干部。9月1日，市信访办复查复核处处长等一行3人，到区开展信访复查复核工作调研活动，区信访办领导及区法制办相关领导陪同。区信访办主任介绍了棚户区改造、S1线拆迁等城市建设工程项目总体情况；区法制办汇报了自2005年以来门头沟区开展信访复查复核工作基本情况。市信访办复查复核处处长肯定了区内开展复查复核工作所取得的成绩，并表示以后将对门头沟的发展建设进行大力支持。11月17日，市督导检查组领导一行7人到区内督导检查信访维稳工作。区委政法委、维稳办、信访办、社工委、应急办、总工会、公安分局等单位相关领导参加汇报会。督导检查组首先通报了年内门头沟区群众信访、重点矛盾纠纷排查化解和涉法涉诉矛盾纠纷化解情况；区信访办主任就信访工作情况向市督导检查组进行了汇报；区领导韩子荣介绍了区内社会经济建设发展及维护社会稳定工作等情况。在听取工作汇报后，市督导检查组对门头沟区工作给予了肯定。12月10日，中央信访工作督导组到区内，就部分军队退役人员相关政策措施落实情况进行督导检查并座谈。26日至30日，区信访办到全区各镇、街，对基层信访工作进行检查和指导。区信访办分别听取了各受检单位全年信访及矛盾纠纷排查化解情况汇报，并查阅了相关资料档案，同时对村、居“连民心恳谈室”工作情况进行了重点抽查。

（赵桂憨）

【领导信访接待日】 年内，制定了《关于开展区党政领导干部大接访活动的方案》、《关于进一步完善党政领导干部接待来访制度的实施意见》和《关于完善区领导接访和包案制度的意见》等文件，明确了领导干部接访工作的指导思想、目标任务、工作方法及考核评价标准。接待时间由原来每月2次调整为每月4次，年内区领导先后63人次参与了领导接访工作，接待群众61批1577人次，解决信访问题21件，控制化解越级集体访25件。

（赵桂憨）

【领导包案】 年内，按照区联席会工作部署及要求，区信访办严格落实了区、镇（街）两级领导包案制度，做到层层包案，一包到底。在包案工作中，各级包案领导采取召开协调会、下访调研、现场办公等形式开展重点矛盾化解工作；区委、区政府督查室及区信访办适时跟踪督办，促进了领导包案工作的开展。截至年底，13件区级重点矛盾全部化解，化解率100%；49件镇街重点矛盾化解45件，化解率92%；84个信访重点人化控75件，化解率89%，领导包案工作取得扎实效果，推动了一批重点矛盾的有效化解。

（赵桂憨）

【村居“连民心恳谈室”工作】 年内，进一步规范了全区各村、居“连民心恳谈室”工作，加大了基层村居接待和调处矛盾纠纷的工作力度。年内全区各村居“连民心恳谈室”共接待群众来访4822批7937人次，化解矛盾纠纷4005件，控制越级访452批。

（赵桂憨）

【矛盾纠纷排查工作】 年内，从服务跨越式发展和全区工作大局出发，进一步强化矛盾纠纷排查机制。一是针对当前矛盾突显、上访量大等特点，完善了排查制度，由原来半年一次排查改变为一月一排查，及时将区内各类不稳定因素和隐患纳入工作视线。全年开展矛盾排查活动18次，排查各类矛盾纠纷100余件。针对排查出的各类矛盾纠纷，实行了台帐管理，逐件逐人分类造册，逐一明确了包案领导、责任部门、稳控方案和教育管理措施。二是根据信访人在重大节日、重大政治活动期间择机上访的规律和特点，以可能存在越级访和非正常访人员为重点，会同政法委、维稳办、公安分局等部门建立了重点矛盾联合排查机制，加强了对重点信访人员的超前防控，及时将矛盾控制化解在区内。

（赵桂憨）

【信访事项督办协调工作】 年

内，加大信访事项督办协调工作。一是建立矛盾控制化解工作例会制度，分别于每月、季度、半年召集各镇街及相关部门定期召开全区重点矛盾控制化解工作例会，及时了解矛盾纠纷控制化解工作进展情况。二是建立通报制度，结合矛盾纠纷月排查，对照工作台帐对各单位矛盾化解情况予以通报，促进矛盾化解工作力度。三是加强督办工作，采取电话督办、下访督办、发函督办、协调会督办等多种形式，对挂帐的案件进行全面督办。四是强化协调，及时组织相关职能部门召开信访问题协调会，研究解决问题。全年共召开信访问题协调会80余次，协调解决信访矛盾60余个。

（赵桂憨）

【信访事项复查复核工作】　年内，共受理信访复查17件，办结17件。接待有关信访复查方面的咨询100余人次，未出现违反复查复核制度有关规定而引发的投诉事件或复查复核意见被撤消、变更及责令重新处理的现象。

（赵桂憨）

【信访宣传工作】　4月，开展了以“依法信访，共筑和谐”为主题的宣传周活动，通过向群众发放各类宣传资料，摆放宣传展板，制作宣传板报，悬挂、张贴宣传横幅和现场接受群众咨询等形式，进行信访宣传活动，引导群众依法、有序上访，自觉规范信访秩序。年内，区信访办多次组织全区各级信访部门通过悬挂横幅、展示宣传图板、散发宣传资料、出动宣传车等形式，开展信访宣传活动。

（赵桂憨）

【开展创先争优活动】　年内，以创“塑一流精神风貌，建一流信访队伍，创一流工作业绩，做一流服务保障”为目标，在全区信访系统开展创先争优活动。推行共产党员公开承诺制度，每个党员围绕任务完成、作风转变、能力提高等做出承诺，实现公开承诺与志愿服务、设岗定责、亮牌示范、树立标杆相结合。设置“共产党员先锋岗”，实行挂牌上岗，亮明身份，接受群众监督，塑造了良好窗口形象。

（赵桂憨）

保密工作

【概况】　年内，在区委保密委的领导下，在北京市国家保密局的指导下，深入贯彻党和国家关于保密工作的方针政策、法律法规，重点完成了以下工作。一是以查促防，持续深入做好保密检查工作。把有计划的全面检查和专项检查相结合、把日常检查和关键时点的检查相结合、把听取汇报和实地检查相结合。重点检查互联网涉密信息、文件资料保密管理、涉密载体清理、保密工作责任制落实情况等。二是加强对计算机信息系统的保密监管。建立健全规章制度，严格执行计算机及信息网络安全保密管理的有关规定。加大技术投入，发挥保密科技支撑作用，切实提高涉密信息安全保密防护能力，解决区涉密计算机违规外联和移动存储介质交叉使用问题，完成涉密计算机违规连接互联网集中监控平台建设试点工作。三是加强对保密特种行业的监管。对军工企业保密资质认证审核、再生资源回收市场监管等几项工作积极认真履行职责，加大监管力度。开展了集中清理取缔涉密文件资料交易工作。把对再生资源回收市场的检查与加强党政机关的宣传教育相结合，继续抓好《门头沟区国家保密局关于国家秘密载体保密管理的规定》的贯彻落实，严格执行保密规定，强化涉密文件、资料清退、销毁等重要环节的保密管理，从源头上杜绝涉密文件资料的流失，以确保不发生泄密事件。把对再生资源回收市场的检查常态化。联合区商务委、区回收公司、区工商局成立专项领导小组和检查小组，在检查前调查了门头沟区的旧货市场的整体情况，在调查、摸清情况的基础上，清查了15家再生资源回收站。在检查过程中，对旧货交易、再生资源回收从业人员进行了保密教育，提出了保密要求，并与其签订了《再生资源回收部门保密管理责任书》，建立了长效管理机制。四是加大保密普法宣传力度，切实增强保密教育培训实效。以新修订的《保密法》为宣传契机，推动全区保密法制宣传教育工作的开展，增强全区广大干部群众的保密法制意识，继续以领导干部、涉密人员、重点部门为教育主体；以开展具有创新意识、通俗易懂、丰富多彩的教育形式为手段，在全区范围内开展保密法制宣传教育活动。五是抓好国家教育考试的保密监督工作。配合区教育考试指导中心等有关部门，参与区内各种国家教育考试的保密管理，制定保密工作预案，加强对试卷保密工作的监督检查。

单位名称：北京市门头沟区国家保密局
地　　址：北京市门头沟区新桥大街36号
电　　话：69842465
邮　　编：102300

（韦平亮）

【开展清理取缔涉密文件资料非法交易工作】 3月，区国家保密局联合区公安分局、区工商分局、区商务委、区回收公司对区旧货市场、再生资源回收市场及网站开展了清理取缔涉密文件资料交易检查工作。

（韦平亮）

【开展专项保密检查工作】 4月，开展了专项保密检查工作，重点检查了密码电报、涉密文件信息资料管理和计算机网络的保密管理工作。

（韦平亮）

【组织参观保密警示教育展】 9月20日，区国家保密局组织全区各党政机关单位主管保密工作的领导和保密干部参观了"全国窃密泄密案例警示教育展"。

（韦平亮）

【开展保密法普法宣传活动】 12月4日，在"12·4"普法宣传活动日开展了新保密法的宣传活动。

（韦平亮）

【对考务保密工作进行检查】 年内，区国家保密局在高考、中考、成人高考和高自考等考务活动中，对区招办保密室和考场进行巡视检查，实地检查了保密室、考场的硬件设施安全保密情况和保密制度执行情况。

（韦平亮）

党校工作

【概况】 年内，中共门头沟区委党校（北京行政学院门头沟分院）在区委、区政府的领导下，在市委党校的指导和区有关部门的支持和关心下，以邓小平理论和"三个代表"重要思想为指导，贯彻落实科学发展观，以服务全区社会经济发展，提高党政干部和公务员队伍整体素质为目标；以党员干部培训和规范学历教育为重点；以提高学校干部队伍和教师队伍素质为基本要求；推进教育教学改革和科研工作，切实加强党的建设、精神文明建设和民主法制建设。全年主要工作包括：一是党校和组织部、宣传部、人力社保局等部门联合举办了周末大课堂、处级干部进修班、中青年干部培训班、科级公务员任职培训班、公务员初任培训班等，共6类20期培训班，培训学员3000余人次，各班次培训累计1128课时。二是加强基层党校建设，继续加强对基层党校的指导工作。三是发挥党校理论宣传阵地作用，发行《理论与实践》刊物4期，1000余册。校讲师团成员围绕深入贯彻落实党的十七届五中、六中全会和胡锦涛总书记七一讲话精神，全年共下基层宣讲40余场，听课干部群众约5000余人次。四是进一步规范学历教育，为全区经济发展培养各类人才做出了贡献。五是加强理论科研工作力度，完成各类理论科研文章24篇。

单位名称：中国共产党北京市门头沟区委党校
地　　址：北京市门头沟区新桥大街54号
电　　话：69842635
邮　　编：102300

（阙华锋）

【慰问活动】 2月，校常务副校长等一行4人，走访慰问了党校14位离退休人员，给老同志拜年，并送去节日的礼品。春节期间，校领导班子带领教职员工走访慰问了珠窝村低收入户和生活困难党员，并送去慰问品。

（阙华锋）

【周末大课堂】 4月至9月，完成了14期周末大课堂组织协调工作。全年参训领导干部约2800人次。年内周末大课堂在吸收以往办班经验的基础上，在课程设置上围绕全区的中心工作，对区内实际具有更强的指导意义；邀请的专家层次较高，权威性较强；在课程设置上也始终紧密结合当前经济社会热点。

（阙华锋）

【创先争优活动】 4月，按照区委有关"创先争优"活动文件和会议精神要求，根据区创先争优活动领导小组活动办公室的有关部署，区委党校结合自身工作实际，开展了创先争优活动。在活动中，以加强基层党组织建设为主线，以培训教学工作为重点，结合党校工作实际，全力提高教育教学和科研管理水平，形成了齐争先进、共创优秀的良好局面。

（阙华锋）

【理论与实践刊物】 由区委理论讲师团和区委党校联合主办的《理论与实践》刊物于2007年上半年创刊发行了。截至年底，共发行19期，内容包括：理论园地、热点关注、观点荟萃、领导科学、基层视角、他山之石、益智园、培训工作等八个栏目。《理论与实践》刊物在各级领导和社会各单位的高度重视与支持下，全年共出版4期，发行1000余册，刊登各类文章77篇，其中由区内各单位领导撰写的文章45篇。

（阙华锋）

【培训工作】 年内，分别与区委

组织部、人力社保局等共同举办了不同层次人员参加的培训班，包括：1期处级干部进修班、1期中青年干部培训班、2期公务员初任培训班、1期科级任职培训班，主办了1期门头沟公路分局参照公务员管理人员的初任培训班，共5类6期，培训学员约280人次，各班次培训累计约1100课时。

（阙华锋）

【基层党校建设】 年内，全区二级党校培训学员总人次达到3.1万人次（其中党员1.3万人次），培训总期数达800余期，总学时达8000余学时。三级基层党校培训学员达近10万人次（其中党员2.7万人次）。

（阙华锋）

【理论宣讲】 年内，党校讲师团成员围绕深入贯彻落实党的十七届五中、六中全会和胡锦涛总书记七一讲话精神，共下基层宣讲40余场，听课干部群众约5000余人次。

（阙华锋）

【献爱心活动】 年内，组织全体教职员工开展响应“博爱在京城”等各类捐助活动，共捐款2740元，捐献棉被30余件。

（阙华锋）

【理论科研】 年内，成立了学术委员会专门负责理论科研工作事宜，制定了切实可行的科研体制机制，对科研申请、评比、奖励、发表等各个环节做出了科学明确的规定。年内，完成了调研类、科研类、经验总结类和建党90周年征文等四个类别24篇文章。其中，校级重点课题8个，市委党校重点课题1个。

（阙华锋）

【学历教育】 年内，现有研究生班层次3个教学班，319名学员。年内，严把“入口关”，确保生源质量。录取市委党校行政管理专业在职研究生54人，完成了2009级行管大专班、2009级行管本科班、2008级行政管理在职研究生班毕业工作。

（阙华锋）

直属机关工委工作

【概况】 年内，区直机关工委以中国共产党建党90周年，实施“十二五”规划的开局之年为契机；以党的十七届四中、五中、六中全会精神为指导，深入贯彻落实科学发展观，加强党的先进性建设和执政能力建设为主线，以“服务中心、建设队伍”为重点，按照创先争优活动的要求，推进机关党建各项工作的开展，提高机关党建科学化水平，完成了各项工作任务，为区经济社会跨越式发展提供了政治保障。

单位名称：中共北京市门头沟区委直属机关工作委员会
地　　址：北京市门头沟区新桥大街36号
电　　话：69843115
邮　　编：102300

（李　红）

【春节游艺活动】 1月，组织1200余名机关干部参加“迎新春、促和谐”系列游艺活动，设置内容有拔河、牌类、乒乓球、棋类、投掷等四大类七个项目。

（李　红）

【为民办实事工会工作】 1月至2月，开展“送温暖、献真情”关爱活动，慰问困难党员、病困职工、劳模及帮扶村困难群众120人，发放慰问金和慰问品共计6万余元；7月，召开创建职工文明示范岗活动表彰会，有32名同志获此荣誉。

（李　红）

【庆“三八”活动】 3月，举办分享·感悟——区直机关工会庆“三八”职业女性沙龙活动；组织60名女职工聆听女性知识讲座；组织机关科以下女干部150余人进行健康体检。

（李　红）

【纪检工作】 4月12日，组织机关干部200余人参观建筑领域预防职务犯罪巡展活动。9月，组织支部书记参加党纪、党规和党的优良传统的培训，60余人参加。

（李　红）

【培训工作】 年内，组织320人次党务干部参加党务知识的培训；4月29日，组织253名入党积极分子进行了系统培训；对62名新党员进行专题培训；组织支部书记53人参加党务知识培训、42人赴市思研会和昌平参加政治理论和学习机关文化建设培训；组织支部书记60余人赴湖南、江西考察，接受党史和红色传统教育。

（李　红）

【精神文明建设】 4月，召开文明创建专项活动动员会；组织机关系统100余人参加参加植树日活动；5月，考评组先后两次听取、实地抽查5个单位的文明机关创建活动情况；所属66个单位100余人参加文明知识讲座；迎接城乡环境整治“百日行动”，所属66个单位参加开展清扫办公区及门前“三包”责任区、办公室及门牌标识统一规范等活动；举办文明礼仪进机关，150余名机关干部参加了培训；6月，组织大院内27个单位到政府门前参加清洁日活动。7月11日，全区城乡百日综合整治活动总结会上，区直机关工委获先进单位；11月15日，机关工委获区百万家庭数字生活技术大赛优秀组织奖。

（李　红）

【红十字会工作】　5月8日，组织所属单位20余人参加红十字会上街宣传活动；参加“博爱在京城”、“冬衣送暖”捐款捐赠活动，共捐款10万余元，捐赠衣物6000余件；超额完成捐献造血干细胞血样采集任务。

（李　红）

【宣传工作】　6月9日，组织所属17个单位参加“唱支红歌给党听”——门头沟区纪念中国共产党成立90周年群众歌咏比赛暨第四届门头沟合唱预赛；组织200余名党员干部参加“党在我心中”宣讲会；组织85名机关干部参加“最美的诗歌献给党”现场朗诵会。

（李　红）

【基层组织建设】　6月23日，区直机关召开庆祝建党90周年表彰会，表彰了20个基层党组织、60名党员和20名党务工作者；推选出席区级优秀基层党组织12个、优秀共产党员32名、优秀党务工作者1名；会上，聘请中央党校教授为130名党务干部进行了专题辅导。

（李　红）

【党员教育】　年内，组织800余名党员干部听取十七届四中、五中全会精神；400余人次参加四期十七大五中全会精神专题宣讲的培训；所属单位22个代表队参加了落实十七大精神宣讲知识竞赛活动；7月12日，组织500人到中华世纪坛参加北京市“一切为了人民——北京市纪念中共产党成立90周年展览”活动。组织66个单位160余人参加十七届六中全会大宣讲活动。

（李　红）

【组织协调服务工作】　9月16日至17日，组织机关20余人志愿者参加第二届山地徒步大会的安检、入场、上车等工作；9月26日，组织200余人参加第七届农动会开幕式活动；10月6日－7日，组织1500余人参加北京国际自行车赛门头沟区段比赛的安保和观众拉拉队活动。

（李　红）

【选举工作】　10月29日，召开区直机关党代会，105名区直机关党代表投票选举出55名出席区委第十一次党代会代表；11月8日，组织所属32个单位788人参加了区人大换届选举的投票工作，投票率达到100%。

（李　红）

【组织建设】　年内，根据《中国共产党章程》和《中国共产党党和国家机关基层组织工作条例》，批复成立机关党委、党总支、党支部换届选举和委员补选文件19件；发展新党员62人，转正31人，接转党组织关系240余件。

（李　红）

【创建学习型机关】　年内，所属6个单位通过了创建学习型机关的检查评估，荣获先进单位；累计已有4批42个单位获得了“创建学习型机关先进单位”称号，占全系统64%。

（李　红）

【建党90周年系列活动】　年内，以开展“知党、爱党、跟党走”为主题的“十个一”活动，所属66个单位3000余名党员干部参加了征文、知识竞赛、党在我心中、诗歌朗诵、评选“共产党员先锋岗”、党员送温暖、唱支红歌给党听、参观展览、先锋岗评选表彰会、学习胡总书记庆祝建党90周年大会上的讲话精神讲座等十项活动。

（李　红）

社会工委

【概况】　年内，门头沟区社会建设工作以科学发展观为指导，加强工作领导，注重顶层设计，抓服务管理创新，完成了全年各项工作任务。

研究制定了2012年社会建设工作折子工程。建立61696156为民服务信息平台。制定了《门头沟区十二类人群服务管理实施方案》，完成“十二五”社区建设规划编制工作。开展了社区百日环境卫生整治工作，被评为区百日环境卫生整治先进集体。

全区未拆迁社区全部通过规范化达标验收。第二批社区用房规范化建设扎实推进，23个项目获区发展改革委立项批复，其中10个改造项目已开工。成立了石门营新区等新建小区社区基层组织。完成南路二等4个市级“一刻钟社区服务圈”示范点建设。实施“智慧社区”建设项目，社区全部完成网站建设任务。实现了社区“小帮手”便民缴费终端全覆盖。“市民劝导队”模式在全区全面推广。

推进“两委”任期承诺工作，共向居民承诺1210条。完成50名社会工作者招录工作。加强社区干部培训，852名社区工作者全部完成40学时培训任务。举办了全区社区、村党组织书记“社会管理创新工作专题培训班”。开展国际社工日、建党90周年参观活动。

发挥区级“枢纽型”社会组织作用，有6个项目得到市社会建设专项资金支持，争取市级专项资金53万元。制定《门头沟区政府购买社会组织服务项目实施办法》。成立康馨社会工作事务所，推进购买专业社工岗位工作。

建立街道、镇社会工作党委书记例会制度。在条件成熟的4个社区建立社区党委。新组建3个非公党组织。制定《关于在非公有制经济组织党组织和党员中深入开展创先争优活动的工作意见》。开展特色党建创建活动，将53个特色党建品牌活动编印成册。推进社区党务公开工作。

单位名称：中共北京市门头沟区委社会工作委员会
北京市门头沟区社会建设工作办公室
地　　址：北京市门头沟区新桥大街36号
电　　话：69844023
邮　　编：102300

（兰得敏）

【召开社区规范化建设工作会】1月6日，全区4个街道办事处、6个镇主管领导和居民科长参加会议。就全区2010年社区规范化建设工作进行了总结，重点部署了2011年社区规范化建设工作。

（兰得敏）

【召开石门营居住区入住筹备会】

5月12日，召开石门营居住区入住筹备工作专题会。区社会办、石门营地块安置房入住筹备工作组分别汇报了入住工作的筹备情况，就相关工作达成共识。

（兰得敏）

【部署收听收看优秀党员报道】5月14日，召开关于组织收听收看全国优秀共产党员活动报道部署会。要求机关全体党员干部要通过网络、媒体等方式，及时收听收看关于全国优秀共产党员活动的相关报道，学习优秀共产党员的先进事迹，按时完成网上投票推荐工作。

（兰得敏）

【召开“百日行动”社区现场会】

5月27日，区委、区政府在大峪街道向阳社区召开了城乡环境整治百日行动社区现场会。会议就“百日行动”环境建设成果做了汇报和总结。区领导韩子荣、区环境办、社会办等10个专项主责单位的主管领导，大峪、城子、东辛房、大台街道的主管领导，以及21个首都文明社区居委会党组织书或主任参加了会议。

（兰得敏）

【召开加强创新社会管理研讨会】

6月10日，组织召开了街道系统加强和创新社会管理工作研讨会。各街道工委书记、办事处主任参加会议，并汇报了学习市委十届九次全会精神，总结了在加强和创新社会管理工作上存在的不足，提出了在2011年社会管理方面重点解决的问题。

（兰得敏）

【市、区领导调研】　6月17日，区领导韩子荣就社会建设工作进行了调研。听取了社会工委、社会办工作情况汇报。并对社会建设工作提出了具体要求。7月14日，市委社会工委委员带队就社会建设工作进行了调研。听取了社会工委关于落实市委十届九次全会精神、近期重点工作及下一步工作计划的汇报，并针对工作中存在的困难和问题进行了座谈。20日，市委社会工委副书记、社会办副主任等一行5人检查指导社会建设工作。听取了社区规范化建设及社区工作者队伍建设等工作情况汇报，并实地参观了大峪街道峪新社区规范化建设工作。8月4日，区领导韩子荣一行到石门营新区一区调研，查看了小区整体居住环境，了解了居民居住的基本情况，询问了居民需求和实际困难。7日，区领导王洪钟到大台街道实地察看了落坡岭社区居委会办公环境和天马轴承厂基础设施，听取了大台街道的工作汇报，对清千路修建、社区公共基础设施改造等重点工程进行了协调督办。10日，区领导张冰到石龙经济开发区就商务楼宇党建工作进行调研。听取了石龙经济开发区工委工作情况汇报，查看了工业区办公环境，就产业孵化中心“五站合一”建设进行了研讨。25日，区领导李昕就加强和创新社会管理，全面推进社会建设工作进行调研。9月19日，区领导王洪钟察看新桥西区、永新、向阳东里3个第一批社区用房规范化建设试点社区。对新建社区服务功能、规范化管理工作提出要求。11月7日，区领导王洪钟到为民服务中心察看了各部室的运行情况，了解平台工作人员接听热线、受理转办业务的范围和流程等情况。就下一步工作提出要求。11月15日，区领导张冰、丁勇到大峪街道永新社区进行调研。听取了社区党组织负责人的工作汇报，查看了有关资料，察看了社区党员服务站、活动室建设情况。17日，市政府副秘书长、市联席办、市信访办主任薄钢，区领导韩子荣到区为民服务中心视察了平台整体运行情况。为民服务信息平台建设工作领导小组办公室介绍了平台的六大功能及四项服务情况，就督办、回访及评价考核机制做了简要分析。11月24日，区领导王洪钟带队，到倚山嘉园社区、月季园一区社区、蓝龙家园社区进行实地查看，就做好老旧小区综合改造及精品社区建设工作进行调研。在听取了区社会办关于老旧小区改造及精品社区建设工作情况汇报后，王洪钟对此项工作提出具体要求。

（兰得敏）

【社区用房规范化通过市级验收】 6月24日，市委社会工委、市社会办检查验收组对门头沟区2009年社区用房规范化建设试点项目完成情况进行检查验收。区社会办对2009年6个社区用房规范化建设试点项目完成情况进行了汇报。

（兰得敏）

【学习贯彻十届九次会议精神】 6月25日，组织全体机关干部，研读了《中共北京市委北京市人民政府关于加强和创新社会管理全面推进社会建设的意见》，针对当前全区社会建设工作任务进行了研讨。

（兰得敏）

【区督察组检查指导工作】 6月29日，区人大代表、区纪委执法监察室主任带督察组到区社会办就区环境卫生综合整治专项行动工作进行了检查。督察组实地查看了滨河西区、德露苑社区的环境卫生和公共设施情况；听取了区社会办城乡环境整治百日行动工作情况汇报，查阅了相关档案材料。

（兰得敏）

【培训工作】 6月29至30日，组织2011年市招的50名社会工作者进行了岗前培训。培训内容包括计算机、公文写作、“十二五”规划纲要等。11月15日至21日，中国社会工作协会社会工作师委员会在北京市海淀区清河永泰北京市公共交通总公司党校举办社会工作骨干培训班。全区68人参加了培训。

（兰得敏）

【参观区“十二五”规划展】 7月8日，到区博物馆参观了“新五年新跨越——我区国民经济和社会发展第十二个五年规划纲要宣传展”。

（兰得敏）

【召开党风廉政建设工作会】 7月13日，召开街道系统党风廉政建设工作会。各街道纪工委书记总结了上半年反腐倡廉工作情况和经验，分析了当前街道系统反腐倡廉工作面临的新形势和新问题，汇报了下一步工作任务。会上向各街道下发了《社区反腐倡廉建设知识读本》，就下半年纪检监察工作提出要求。

（兰得敏）

【学习考察工作】 7月27日，组织各街道主管党建工作的领导一行5人，赴大兴区清源街道丽园社区考察在职党员进社区发挥作用情况。

（兰得敏）

【举办党组织书记专题轮训班】 9月5日至7日，门头沟区举办了农村、社区党组织书记加强和创新社会管理专题轮训班，各镇党委副书记，各街道工委副书记，全区各村、社区党组织书记约300人参加了培训。

（兰得敏）

【召开用房规范化建设工作会】 9月8日，召开了第二批社区用房规范化建设工作会。听取了区社会办对第一批社区用房规范化建设试点项目工作情况汇报，对第二批社区用房规范化建设项目相关工作进行了部署，研究解决了工作中相关问题。20日，区领导王洪钟主持召开了第二批社区用房规范化建设工作协调会。区社会办对第一批社区用房建设情况进行了简要总结并对推进第二批社区用房建设工作进行了汇报。研讨了第二批社区用房规范化建设项目资金及文化设施配置等相关问题。王洪钟就社区用房规范化建设项目管理工作提出要求。

（兰得敏）

【召开特殊人群服务管理专题会】 9月19日，区领导韩子荣召开专题会，对社区管理中涉及的失业人员、涉拆群众等“十二种人”的管理与服务工作进行专题研究。各相关职能部门对所辖人员的管理服务情况进行了汇报。

（兰得敏）

【召开社工事务所成立筹备会】 9月22日，召开了社工事务所成立筹备会，会上介绍了康馨社会工作事务所筹备工作进展情况，研讨了康馨社会工作事务所的服务需求项目。

（兰得敏）

【召开“十二类人”实施方案协调会】　10月12日，召开了关于加强对“十二类”人群服务管理全覆盖实施方案征求意见协调会。各单位制定的实施方案进行了分析发言，区委社会工委分别对各单位拟定的实施方案提出具体要求。

（兰得敏）

【参观商务楼宇党建工作】　10月27日，与石龙管委领导一同到丰台区国润大厦，就商务楼宇党建工作进行了参观学习。听取了国润商务大厦党委成立以来的工作情况介绍；查看了党委网络平台建设、QQ群建立等；查阅了党委有关制度和工作材料。

（兰得敏）

【召开社区建设工作部署会】　11月3日，组织召开相关街镇社区基层组织会，就社区建设工作进行部署。安排了2011年度全区社区规范化建设检查验收工作和社区公益事业专项补助资金检查工作。同时就“小帮手”便携式缴费机使用方法进行了培训，并将设备发放给各社区、行政村。

（兰得敏）

【召开非公有制企业党建工作会】　11月9日，召开了非公有制企业党建工作推进会。大峪街道、石龙管委、国信嘉业有限公司党委和南丁格尔有限公司党支部做了典型发言。区委社会工委对《门头沟区“非公有制企业党建推进工程”实施方案》进行了逐条解读，并对下一步工作进行了部署。

（兰得敏）

【召开全区社会建设大会】　11月11日，门头沟区召开社会建设大会，对十二类人群服务管理工作和“六型”社区创建工作、《门头沟区十二类人群服务管理实施方案》，进行了全面部署。李昕作了《门头沟区社区建设工作报告》，区市政市容委等6家单位作了大会发言。

（兰得敏）

【召开推广“市民劝导队”工作会】　11月23日，区委社会工委、区社会办、区综治办、区文明办、区公安分局、区民政局6部门联合召开门头沟区推广“市民劝导队”模式工作部署会，贯彻落实全市“市民劝导队”经验推广工作会议精神，全面部署全区“市民劝导队”模式推广工作，推动基层社会服务管理创新。

（兰得敏）

【召开社区用房建设项目协调会】　12月1日，召开了社区用房建设项目协调会。会议听取了第二批社区用房规范化建设项目进展情况汇报。研究讨论了社区用房建设中存在的问题。

（兰得敏）

【举行社工事务所揭牌仪式】　12月2日，区委社会工委、社会办，区妇幼保健院在龙泉花园举行门头沟区康馨社会工作事务所揭牌仪式。市、区相关领导等100余人参加了揭牌仪式。

（兰得敏）

【召开社区规范化建设汇报会】　12月6日，组织召开了2011年社区规范化建设自查工作汇报会。大峪街道、龙泉镇、城子街道，城子大街社区、大峪街道葡东社区进行了自查汇报，区社会办对社区规范化建设检查情况进行了总结。

（兰得敏）

【市领导检查工作】　12月14日，市社会服务管理创新工作检查验收组到区检查社会服务管理创新工作，听取了区社会服务管理创新工作汇报，分组对社区建设、社会领域党建、社会领域信息化建设情况进行了检查验收。

（兰得敏）

【召开第八届社区选举工作会】　12月16日，召开了第八届社区选举工作会。各街镇针对全区涉及整体拆迁、部分拆迁社区的选举等问题进行了研讨。区社会办就如何做好换届选举工作做了具体要求。

（兰得敏）

【召开走访慰问部署会】　12月28日，组织召开“两节”走访慰问“送温暖”工作部署会。各街镇居民科科长参加了会议。区社会办统一安排了走访慰问的对象与范围、走访时间等。

（兰得敏）

【创先争优活动调研】　12月29日，全国非公有制经济组织创先争优活动指导小组办公室、中央统战部经济局副局长方乃纯到区调研非公有制经济组织创先争优活动。调研人员实地察看了石龙管委富根智能电表有限公司党支部、区国信嘉业房地产公司党委开展创先争优活动情况。召开了座谈会，听取了区非公有制经济组织创先争优活动情况汇报，并和部分非公有制企业党组织负责人进行了座谈。方乃纯提出具体要求。

（兰得敏）

民主党派与工商联

民盟门头沟区总支

【概况】　民盟门头沟总支委员会下属教育支部、卫生支部、科技支部及综合支部，截止到年底共有盟员76人。年内，民盟门头沟总支在中共门头沟区委和民盟北京市委的领导下，在中共门头沟区委统战部的帮助指导下，以科学发展观为指导，围绕门头沟区中心工作，切实履行参政议政、民主监督职能，不断加强自身建设，在门头沟区四个文明建设中发挥作用。在思想建设、组织建设、参政议政、社会服务等工作中取得了一定成绩，受到中共门头沟区委和民盟北京市委好评。

单位名称：中国民主同盟北京市门头沟区总支委员会
地　　址：中国共产党北京市门头沟区统一战线工作部
电　　话：69842327
邮　　编：102300

（陈旭丽）

【建言献策】　1月4日，在门头沟区政协第八届四次会议上，民盟门头沟总支《关于加快招商项目落地的若干建议》提案获优秀提案奖，副主委代表民盟门头沟总支上台领奖。

（陈旭丽）

【召开年终总结大会】　1月16日，总支召开全体盟员大会，会上传达了区两会精神，总结了2010年工作并部署了2011年工作。

（陈旭丽）

【同贺政协30年】　3月2日，总支主委代表区内各民主党派和工商联在区政协成立30周年座谈会上宣读贺辞，对区政协成立30周年表示祝贺。

（陈旭丽）

【领导关怀】　5月11日，民盟北京市委常务副主委带队到门头沟，听取民盟门头沟总支的工作汇报，并安排部署在门头沟成立区级工作委员会事宜。区委统战部领导表示支持成立民盟门头沟区工作委员会。

（陈旭丽）

【获得荣誉】　5月15日，总支主委、副主委，代表民盟门头沟总支参加民盟中央在京举行的中国民主同盟成立70周年纪念大会。会上，民盟中央对在思想建设、组织建设、参政议政、社会服务等方面作出突出成绩的民盟地方和基层组织、盟员给予表彰，民盟门头沟总支荣获先进集体，1名同志被授予先进个人称号。

（陈旭丽）

【牵线搭桥】　6月28日，由门头沟区人才工作领导小组、民盟中央科技委员会、民盟中央文化委员会主办的第三届京西发展博士论坛在龙泉宾馆召开。论坛的主题是“人才、发展、环境——京西人才生态圈与门头沟跨越式发展”。民盟中央副主席索丽生率队参加。民盟门头沟总支积极牵线、参与，总支主委等先后参加前期调研活动及论坛会。

（陈旭丽）

【人才培训】　8月22日至28日，民盟门头沟总支向民盟市委争取到5个培训名额，组织区大峪中学分校英语教师、首师大附中永定分校英语教师、区教师进修学校教研员、大峪中学分校英语教师和王平村中学英语教师5位英语教师参加民盟中央在昌平举办的2011“烛光行动”骨干英语教师（新东方）进修培训班。

（陈旭丽）

【学习理论】　10月22日，总支部召开全体会议，学习贯彻中共十七届六中全会精神，组织学习《中共中央关于深化文化体制改革、推动社会主义文化大发展大繁荣若干重大问题的决定》。12月17日至20日，总支主任等人，作为民盟门头沟总支推荐的区政协委员，代表总支参加中国人民政治协商会议北京市门头沟区第九届委员会第一次会议。会议期间5位委员认真履职，积极撰写提案。总支《关于我区招商引资有关问题的建议》提案获优秀提案奖。

（陈旭丽）

农工门头沟总支委员会

【概况】　年内，农工党门头沟区工委在农工市委和区委统战部的领导下，以邓小平理论和三个代表重要思想为指导，全面贯彻落实科学发展观，围绕区委、区政府中心工作，组织农工党员参加社会调研、开展社会服务，切实履行各项职能，努力为全区经济社会发展做好服务。年内，农工党门头沟区工委成立。在区政协全会上共提交提案9件，总支提案被评为优秀集体提案，党员提案获优秀个人提案。培养新党员6名。

单位名称：中国农工民主党北京市门头沟区工作委员会
地　　址：北京市门头沟区新桥大街36号
中国共产党北京市门头沟区统一战线工作部
电　　话：69842327
邮　　编：102300

（高小兰　张　娅）

【农工市委领导指导工作】　1月12日，农工市委副主委赵荣国到区指导工委筹备工作。赵荣国介绍了区级工委成立的相关程序；总支野京城主委表示继续坚持农工市委和区委统战部的领导，围绕全区中心工作履好职、尽好责，争取早日成立工委。

（高小兰　张　娅）

【举办迎新春团拜会活动】　1月19日，邀请区政协副主席、区委统战部部长侯建华等与40余名农工新老党员举行辛卯年新春联欢会。

（高小兰　张　娅）

【慰问离任老主任委员】　1月26日，农工总支副主任委员、委员代表一行慰问4位离任老主任委员，为他们送去新春的祝福。

（高小兰　张　娅）

【参加区党派自身建设座谈会】
5月12日，区政协组织召开门头沟区党派自身建设交流座谈会，野京城主委参加会议，并在会上就如何加强自身建设情况进行汇报。

（高小兰　张　娅）

【召开门头沟区工委成立大会】
7月13日，中国农工民主党门头沟区工委成立大会在门头沟区总工会召开。新任区工委领导和党员代表等46人参会。农工党北京市委主委于文明、区领导陈志强等及区兄弟民主党派、工商联代表出席会议。会上，农工市委秘书长宣读《农工党北京市委员会关于任命门头沟区第一届工作委员会的决定》；区领导陈志强和农工党北京市委主委于文明分别对新成立的区工委提出希望和工作要求。

（高小兰　张　娅）

【召开区工委工作会】　8月8日，区工委召开工作会，会议传达《农工党北京市委2011年上半年社会服务主要工作及下半年工作重点》，部署区工委下半年各项工作；并组织各位委员学习胡锦涛总书记“在庆祝中国共产党成立90周年大会上的讲话”。

（高小兰　张　娅）

【参加市委成立60周年庆祝大会】
8月26日，农工党北京市委召开成立60周年庆祝大会，区工委优秀党员和党员代表参加，区工委有5名党员获得2009年—2010年度优秀党员荣誉称号，区医院支部被评为2009年—2010年度先进集体。会后，区工委组织工委委员和优秀党员代表学习和讨论各位领导的讲话精神。

（高小兰　张　娅）

【参加社会服务理论研究活动】
10月10日，农工党中央开展社会服务理论研究和优秀案例征文活动，区工委组织落实，分别上报了《浅析民主党派社会服务的内涵与方法》和《论民主党派在社会服务工作中存在的问题及对策》2篇征文。

（高小兰　张　娅）

【开展义诊活动】　11月11日，农工党门头沟区工委带领医疗专家一行11人到上苇甸村，开展第二十三届“国际科学与和平周”送医下乡义诊活动。此次义诊活动涉及心内、普外、中医、骨科、神经外科、心电图、B超等项目，共诊疗247人次。

（高小兰　张　娅）

人民团体

门头沟区总工会

【概况】 年内，在区委、区政府和市总工会的领导和支持下，全区各级工会组织深入学习实践科学发展观，围绕全区中心工作，坚定不移地推进“1+6”文件落实，突出重点、创新工作，以深入开展创先争优活动为动力，努力推动服务科学发展、建设服务型工会、构建和谐社会等工作的全面落实，参与和组织了建党90周年庆典活动，开展了工会经费由税务代收工作，完成了第二届北京国际山地徒步大会运动员、北京市第七届农民运动会开幕式观众及首届环北京职业公路自行车赛门头沟段沿途观众的组织工作，高质量地建设了61696156为民服务综合信息平台，在加快推进现代化生态新区建设中，发挥了广大职工主力军作用和工会组织在社会管理工作中的重要作用。全区共有直属基层工会96家，基层组织940个，涵盖单位1244个，职工49730人，会员49070人，专兼职工会干部3100余人，实现建会、会员发展新突破。

单位名称：北京市门头沟区总工会

地　　址：北京市门头沟区新桥大街34号

电　　话：69843871

邮　　编：102300

（任正新）

【送温暖工作】 1月10日，区领导王洪钟及区总工会主席到门城地区走访慰问民政局、北京旅游两户困难职工和卫生局、京门良实两户劳动模范，为他们送去慰问金和慰问品。18日，召开2011年春节前劳模和困难职工走访工作会议，发放困难职工慰问金，部署两节送温暖相关工作。31日，区领导张冰、姚忠阳、区总工会主席带领区总工会等单位一行，到区环卫中心二队看望慰问工作在一线的环卫工人。11月4日，召开全区工会系统2012年两节送温暖困难职工统计工作会议，经基层工会初审，市区两级工会认定，全区共有困难职工697名。年内，“两节”送温暖、“三八”助单亲、“五一”关爱劳模、“金秋助学”、临时困难救助等一系列帮扶活动，共筹集资金157.7万元，资助1120人，同时与区慈善协会协调，为163名劳模和34名单亲特困女职工申请价值100元的96156亲情服务卡。

（雷震宇）

【召开委员会议】 1月20日，召开八届四次委员（扩大）会议。市总工会副主席王北平，区领导张冰等出席会议。区总工会八届全委委员、经审委员，四届女工委员，直属基层工会主席，工会助理员等150人参加会议。会上，任继明作了题为《解放思想、紧抓机遇、开拓进取、扎实工作，团结动员广大职工为全区经济社会实现跨越式发展而努力奋斗》的工作报告，总结了上一年全区工会工作，明确2011年六项工作措施。12月2日，区总工会召开八届五次会议，对委员会委员和女职工委员会委员进行调整，会议通过了马忠华等6位同志替补为区总工会八届委员会委员，王亚君等6位同志不再担任区总工会八届委员会委员，王国平等5位同志替补为区总工会四届女职工委员会委员，于虹等5位同志不再担任区总工会四届女职工委员会委员，马忠华当选为区总工会副主席、高日光当选为区总工会八届委员会常务委员的决议。

（任正新）

【成立门头沟区艺术之家】 1月21日，区总工会和区文联联合成立了“门头沟区艺术之家”，并举行揭牌仪式。

（任正新）

【金辉职工艺术团演出】 2月17日，区总工会金辉职工艺术团在滨河世纪广场参加元宵节群众游园活动。全年到基层演出共30场。

（雷震宇）

【领导调研】 2月24日，市总工会副主席余俊生带领市总工会第七考评组，就落实市委组织部《关于报送区县党建工作实绩考核结果和评价意见的通知》精神，到区内调研座谈，区领导刘云广出席座谈会，张冰介绍了近年来门头沟区委加强工会工作的有关情况。余俊生充分肯定了门头沟区工会工作，并对门头沟区委对工会工作的重视和支持表示感谢。6月22日，区领导韩子荣到区总工会调研，听取了工会工作汇报。8月5日，区领导张冰听取了区总工会、团区委、妇联、老干部局等四部门关于贯彻区委十届十二次全会精神的情况汇报。

（任正新 雷震宇）

【庆“三八”活动】 3月3日，区总工会以公益大讲堂的形式庆祝“三八”节。市工会干部学院教授以“快乐生活、做阳光女性”为主题，为基层工会女职工讲解了女职工心理健康和缓解工作压力的方法，向部分基层工会组织发放了《职业女性话题十讲》学习光盘。全区基层工会近300名女职工参加了大讲堂。

（任正新）

【职业介绍工作】 3月20日、5月13日、5月20日举办三场招聘会，活动共组织用人单位139家，提供岗位3120个，现场达成就业协议1191个。借助市总12351职业介绍服务平台，采集、推荐有效用人岗位和求职个人信息累计1000余个。其中，对35名求职人员开展为期4天的岗前定向式培训。

（隗合欣 雷震宇）

【庆“五一”劳动者风采展示活动】 4月28日，举办以“当好主力军、建功十二五，加快建设现代化生态新区”为主题的庆“五一”劳动者风采展示活动。展示了近年来门头沟区发展成果，特色产品种植和工业新技术、新产品，各种手工艺品的制作技术和窗口行业风采。

（隗合欣）

【组织专职工会社会工作者考试】 5月11日和10月12日，分两批共组织全区21名符合条件的大学生和退休人员参加市总工会组织的专职工会社会工作者认证资格考试。

（雷震宇）

【财务工作】 5月12日，召开财务工作会，会上总结了2010年工会财务工作，提出了2011年财务工作意见，下发了《2011年度上缴区总工会经费指标的通知》、《门头沟区总工会加强基层工会财务管理办法》、《关于北京市街乡镇总工会财务管理工作指导意见》等工会财务文件，同时，邀请北京市总工会税务代收办公室副主任对与会人员进行了现有工会组织费源信息采集工作的培训。

（郭 燕）

【工作交流】 5月23日，与市金融工会举行座谈会，会上，共同探讨如何发挥各自优势，加强工作联系，创新工作思路，开展对口帮扶，探索地方工会与行业工会结合新模式。6月22日，北京市工会系统15名退休老干部到区参观考察，了解区棚户区改造和城市建设等各方面工作，区委主要领导接待了退休老干部。11月2日至3日，市总工会权益部来到区内开展市总工会机关下基层了解民情活动，走访了全区14个基层工会服务站，分别与所在辖区的职工进行交流，并看望慰问了困难职工。

（雷震宇）

【法律援助】 5月22日，联合区人力资源和社会保障局共同开展了《社会保险法》宣传日活动。当日向职工发放《社会保险法》、《劳动合同法》等相关法律宣传材料1500份。6月28日，全区各镇、街道和规模较大企业的30多名劳动争议调解员，到区人民法院全程旁听中铁四局三处职工劳动争议案件审理。年内，共提供法律咨询74人次，劳动法律文书代书48人次，代理困难职工进行劳动争议诉讼26件，其中符合法律援助要求案件24件，已全部结案，为困难职工争取合法权益总计649895.32元，收到困难职工赠送锦旗4面。

（隗合欣）

【劳动争议调解工作】 6月1日，区总工会成立劳动争议调解中心。年内，劳动争议调解中心累计调解成功案件107件，涉及金额共计296.7万元。

（隗合欣）

【税务代收工作】 8月5日，召开了门头沟区工会经费（筹备金）税务代收工作动员部署会，下发了由区总工会、区地税局联合制定的《门头沟区工会经费（筹备金）税务代收工作实施方案》，会议由区领导、原区税务代收工会经费（筹备金）工作领导小组组长张冰主持，区领导、原区税务代收工会经费（筹备金）工作领导小组组长罗斌参加会议并讲话，区工会经费（筹备金）税务代收工作正式启动。

（郭 燕）

【61696156平台建设】 8月9日，区领导韩子荣主持召开区为民服务信息平台建设协调会，要求各有关部门加快推进为民服务信息平台建设，细化分解各项工作任务，加强协调配合。区总工会、经信委、民政局和联通门头沟分公司的领导，以及平台信息系统开发企业负责人参加会议。10月20日，61696156综合信息平台正式开通，平台实行24小时人工接听受理，全程跟踪式服务，对群众的服务诉求进行集中解答、转办、督办、回访，实现政府、市场、社会资源的有效整合。区

领导韩子荣、李慷云为平台开通揭牌。

（任正新）

【安全生产文化系列活动】 8月10日，联合区安监局开展了传播安全生产文化大型系列活动。活动通过观看安全生产题材电影、演讲、公开课等多种形式提高了全区各部门、各单位领导及职工的安全意识和责任意识。

（隗合欣）

【成立团支部】 8月10日，区总工会成立了团支部，共有团员青年10人。成立后，围绕区总工会和团区委中心工作，积极开展各项活动，定期召开团支部会议，引导团员青年树立正确的人生观和价值观。

（周迪娜）

【工会组建】 年内，以各镇、街道和石龙经济开发区工会为建会责任单位，创新方式，积极指导企业开展工会组建工作，全年新建企业工会组织861家，覆盖职工18428人。

（王　鹏）

【厂务公开民主管理工作】 年内，按照市厂务公开民主管理工作意见和区党风廉政建设工作要求，针对区各系统行业特点，分别制定了企、事业厂务公开工作重点。全区8个委局所属64家国有集体及其国有集体控股企业，114家教育卫生事业单位推行了厂务公开民主管理制度，29家非公企业开展了民主管理、厂务公开工作。

（王　鹏）

【学习型机关创建活动】 12月5日，区直机关工委创建学习型机关评估检查组一行4人到区总工会检查指导学习型机关建设情况。区总工会领导详细汇报了创建学习型机关的做法和取得的成效，评估检查组对区总工会的学习型机关创建活动给予充分肯定。

（任正新）

【公益大讲堂活动】 年内，结合门头沟区发展变化，举办了三期公益大讲堂，分别讲解了安全生产知识和理财知识和女工保健知识，全区工会干部和职工900余人参加公益大讲堂。

（王　鹏）

【职工服务体系建设】 年内，区职工服务中心获批为正科级全额拨款事业单位，编制3人。共完成39766名工会会员信息采集工作，为28757名会员办理了京卡·互助服务卡，发展本区特约商户6家，服务项目6个。为165名职工提供法律援助，共讨回合法权益所得43万余元。

（雷震宇）

【劳模管理工作】 年内，组织劳模体检42人次，组织20名劳模参加义务植树活动。组织劳模外出疗休养15人次。办理劳模公园年票26张。发放全国劳模“三金”及困难劳模补助金15余元，涉及劳模44人。

（雷震宇）

【职工互助保障工作】 年内，新增职工互助保障会员2501人，互助保障计划金额共计77.88万元，比上一保障期增长70.4%，实现全部保障计划的全覆盖。其中《在职女职工特殊疾病互助保障计划》金额64368元，《在职职工重大疾病互助保障计划》金额229320元，《在职职工意外伤害互助保障计划》金额170516元，《在职职工子女意外伤害互助保障计划》金额24900元，《在职职工住院医疗互助保障计划》金额179950.2元，《在职职工住院津贴互助保障计划》金额109740元,。各项保障计划累计赔付166人次，赔付金额283662.23元。

（郭　燕）

【协助山地徒步大会组织工作】 9月9日至11日，组织180名志愿者，承担了京浪岛停车场、斋堂停车场、斋堂嘉宾停车场、苹果园专线车、社会报名摆渡车带车、市总工会1000人团体运动员组织等七项、1.5万名运动员集结、运送及返程组织工作。

（雷震宇）

【组织为市农运会助威观众】 9月14日和16日，共组织5000人次观众和100名文明观众啦啦队，为开幕式的文艺表演加油助威。

（雷震宇）

【组织观众参与公路自行车赛】 10月6日至7日，在起终点和36个集中观看点共组织安排1.6万余人次观众，与有关部门组织了500人的起终点文艺表演和200人的荣誉骑行等工作。在三项赛事活动中，区总工会被区委区政府授予“突出贡献单位”荣誉称号，2人被授予“优秀组织工作者”荣誉称号。

（雷震宇）

共青团门头沟区委员会

【概况】 年内，在区委、区政府和团市委领导下，全区共青团工作坚持以邓小平理论和“三个代表”重要思想为指导，贯彻落实科学发展观，落实中央及市区重要会议精神和工作部署，围绕党政中心任务，以全力实施“青春·力”计划为统揽，认真履行四项职能，立足新起点、创造新业绩，团结带领团员青年为加快建设现代化生态新区做出贡献。通过开展团组织创先争优活动、纪念建党90周年主题教育实践活动、学习贯彻中央及市区重要会议精神等，加强青少年思想政治建设，提升共青团组织引导力；通过助力城市拆迁改造、服务青年创业就业、打造生态环保项目等，服务全区发展大局，提升共青团组织贡献力；通过推进青春菁才行动、青春护航行动、青年爱心工程等，促进青年成长成才，提升共青团组织聚合力；通过深化青年志愿者行动、青年文化季活动、青春议事厅活动、青年工作交流与合作等，打造特色工作品牌，提升共青团组织影响力；通过加强组织建设、队伍建设、阵地建设、作风建设等，强化基层组织建设，提升共青团组织生命力。1年内，团区委荣获市级奖项6个，门头沟共青团系统获市级以上先进集体8个、先进个人13人次、优秀项目5个。

单位名称：中国共产主义青年团北京市门头沟区委员会
地　　址：北京市门头沟区新桥大街36号
电　　话：69842938
邮　　编：102300

（彭天山　解　洋）

【青年文化季】　1月11日，在福鼎公园举办福鼎音乐聚。2月17日，在永定河文化广场举办“传承文化经典共度元宵佳节”猜灯谜及青年乐队活动。5月4日，指导区卫生局团委在光荣院公园开展红色青春忆。5月25日，指导东辛房街道团工委在东辛房公园开展棚改摄影展。6月1日，指导区团教工委在葡山公园开展葡山歌舞秀。6月29日，指导区地税局团总支在永定河森林公园开展森林徒步营。8月18日，在滨河公园举办滨河电影苑。29日，指导区园林绿化局团委在京浪岛文化体育公园举办京浪健身潮。全年共举办“一湖十园”青年文化季系列活动8期，团员青年800余人次参加。

（彭天山　解　洋）

【青春助力共建美好家园行动】
1月19日，举办北京共青团100365首善行动——京煤集团欢乐家庭行动“门头沟区进京务工青年捐助仪式”，为全区50名进京务工青年发放爱心扶助款5万元。9月5日，联合区人口计生委开展“棚改汇青年中秋送欢乐”采空棚户区改造工程青年突击队慰问活动，为外来务工青年群体送关怀、送音乐、送健康、送知识、送月饼。

（彭天山　解　洋）

【召开十三届二次全委会议】　1月21日，召开共青团门头沟区委十三届二次全委（扩大）会议。会上传达了2011年全市共青团工作会议精神；解读了门头沟共青团“青春·力”计划的具体内容；部署了2011年全区共青团的工作任务。全区各直属团组织负责人70余人参加了会议。

（彭天山　解　洋）

【开展青春护航行动】　2月25日，邀请12355北京市青少年服务台志愿者到工人子弟小学开展“星光自护小卫士”系列培训活动。3月2日，举办“蓝天心语倾听活动”，分别走访工人子弟小学、实验二小永定分校、大台中心小学和坡头小学4所外来务工子女就读学校。4月14日，召开2011年门头沟区综治委预防青少年违法犯罪工作协调委员会暨门头沟区未成年人保护委员会全体（扩大）会议。会上部署2011年全面工作，印发年度内拟办10件实事，制定社会闲散及不良行为青少年帮扶方案。9月5日，以“新生代农民工如何更好地融入社会生活”为主题组织开展共青团与人大代表、政协委员面对面活动，帮助新生代农民工除忧解困、成长成才。24日，组织区法院、检察院、司法局等13个国家级、市级优秀“青少年维权岗”联合开展“爱护未成年关注青少年”优秀“青少年维权岗”服务日活动，通过展板讲解、宣传咨询和亲身体验宣传未成年人保护的法律规定和相关知识，发放各类宣传材料3000余份、接受咨询200余人次。11月，联合司法局开展“青春船长法治启航”青少年法制宣传教育活动，选拔组建“青春船长”队伍，为青少年健康成长保驾护航。12月2日，联合区司法局等20余家门头沟区未成年人保护委员会成员单位，开展“12o4”全国法制宣传日活动，引导青少年提高法律意识，树立法制观念。

（彭天山　解　洋）

【青年志愿者行动】　3月5日，开放区体育馆“蓝立方”志愿服务岗亭，以“绿色出行文明交通从我做起”为活动主题，宣传“3510”绿色出行理念，发放各类宣传材料及小礼品500余份，接受咨询700余人次。23日，邀请北京大学志愿者在坡头小学开展

"微笑京西蓝天行动"——蓝天快乐体验活动。26日，组织区"微笑京西蓝天行动"关爱农民工子女志愿服务活动的骨干志愿者参加市志愿服务指导中心的统一培训。4月25日，召开"微笑京西蓝天行动"关爱农民工子女志愿服务活动推进会，建立"农民子女就读校——镇街团（工）委——高校志愿团队"工作体系，组织4所高校与区内4所小学结成互助对子。6月26日，联合区禁毒办开展"无毒青春璀璨生命'6·26'国际禁毒日宣传活动"。"七一"期间，在区永定河文化广场开放"蓝立方"志愿服务岗亭，开展庆祝建党90周年主题志愿活动，发放党史宣传资料和光盘300余份。9月16日，组织北京工业职业技术学院70余名学生参与北京市第七届农民运动会开幕式志愿服务，完成接待区域、主席台区域、演出相关区域、观众区域4个区域10个岗位的志愿服务工作，受到市区领导赞扬。12月3日，举办骨干志愿者培训暨经验交流分享会，研讨志愿服务长效机制建设，并组织志愿者开展"回收废旧电池还我绿色净土"主题志愿宣传活动。

（彭天山　解　洋）

【组织京西植树生态游】　3月25日，在中门寺生态园举行门头沟区第11届"京西植树生态游"暨"青春'碳'路者"主题教育实践活动启动仪式，全区青联委员、团员青年、环保志愿者共200余人参加了植树活动。4月2日，组织40余名团员青年与区四大部门领导在永定河森林公园共同开展植树活动。全年共植树1万余株。

（彭天山　解　洋）

【开展青春议事厅活动】　4月15日，以"共建和谐妙峰争做青年时代先锋"为主题，在妙峰山镇举办第一期青春议事厅。5月6日，以"忆昔日烽火峥嵘岁月树今朝创先争优典范"为主题，在龙泉镇举办第二期青春议事厅。20日，以"'潭柘有我、助力开发'青年行动"为主题，在潭柘寺镇举办第三期青春议事厅。6月9日，以"公开承诺做表率创先争优促发展"为主题，在王平镇举办第四期青春议事厅。30日，以"红色诗歌朗诵会献礼建党90年"为主题，在军庄镇举办第五期青春议事厅。7月22日，以"松堂敬老薪火传创先争优青年行"为主题，在永定镇举办第六期青春议事厅。8月4日，以"参谋练兵促发展"为主题，在雁翅镇举办第七期青春议事厅。18日，以"服务青少年群体扎根社区建设"为主题，在城子街道举办第八期青春议事厅。29日，以"焕发青春活力助推地区发展"为主题，在清水镇举办第九期青春议事厅。11月24日，以"寻访党的足迹聆听历史回响"为主题，在斋堂镇举办第十期青春议事厅。全年共举办青春议事厅活动10期。

（彭天山　解　洋）

【召开青年人才事迹报告会】　4月29日，举办"庆五四创先进争优秀"青年人才事迹报告会。区领导韩子荣等出席了活动，7名区级青年人才及团员青年代表共300余人参加了活动。会上，5名区级青年人才代表讲述了自己的奋斗历程和青春风采；成立门头沟区青年人才宣讲团；与会领导为区级青年人才颁发"门头沟区青年人才宣讲团讲师"聘书。

（彭天山　解　洋）

【召开青年座谈会】　5月4日，举办门头沟区庆"五四"青年座谈会，区委组织部、人力社保局、总工会、团区委、妇联等单位的主要领导，"80后"处级干部以及大学生村官代表共30余人参会，区领导韩子荣代表区四大部门领导祝青年朋友节日快乐，并对青年成长提出希望。

（彭天山　解　洋）

【领导调研】　5月25日，区领导韩子荣到团区委调研共青团工作。11月22日，区领导张冰、丁勇到团区委调研共青团工作。

（彭天山　解　洋）

【服务青年创业就业】　6月9日，举办青年创业典型宣讲交流会，邀请北京市郊区青年致富带头人代表魏喜振介绍创业历程，帮助青年学习先进典型的创业经验。7月15日，举办理财知识讲座，邀请工商银行门头沟支行工作人员为团员青年讲解理财基础知识。7月至9月，开展青年创业就业现状调研，建立完善青年创业就业需求档案。12月9日，组织创业青年参观2011北京青年创新创业博览会。开展"两培训一实习"青年创业就业培训工作，全年共开展各类培训班34期，培训青年1152人次。推进"贷动青春"青年创业小额贷款工作，帮助创业青年解决资金难题，向10名青年发放小额贷款共计111万元。

（彭天山　解　洋）

【开展庆祝建党90周年活动】　6月28日，开展"走进京西山区中共第一党支部"主题团日活动，组织团员青年参观京西山区中共第一党支部纪念馆、田庄高小党支部旧址和崔显芳烈士故居，重温入团誓词，向纪念馆捐献特殊团费，并到老党员崔广平家中进行慰问，组织团员青年观看《红色基石》、《星火耀京西》等爱国主义教育宣传片，学习感悟京西党组织的发展历程，引导团员青年传承革命传统。6月，注册发布门头沟共青团微博，加强网络阵地建设，宣传红色革命文化和共青团重点工作，组织全区团员青年参与“唱支红歌给党听”——门头沟区纪念中国共产党成立90周年群众歌咏比赛。

（彭天山 解 洋）

【青年爱心工程】 7月5日，开展“温暖京西关爱儿童”行动，为区儿童福利园发放早教产品。12月30日，举办“心手相连善爱相传”门头沟共青团2012年“中南海爱心基金”发放仪式。全年为384名贫困学生发放各类奖助学金25.28万元，为100名学龄前孤儿、低保家庭儿童发放东方爱婴“抱抱熊”早教产品，为区内6所小学发放图书3100册。希望工程门头沟区工作站荣获“2011年度希望工程北京捐助中心、北京青少年发展基金会工作站项目管理奖”。

（彭天山 解 洋）

【校地共建工作】 10月9日，与北京信息科技大学理学院在雁翅镇开展“走进京西山区踏寻红色足迹”红色“1+1”主题团日活动。年内，团区委加强校地共建，通过红色“1+1”、志愿服务、项目合作等形式，与中国青年政治学院、中国矿业大学（北京）、国际关系学院、北京信息科技大学、北京城市学院、北京工业职业技术学院、北京科技职业学院7所高校建立共建关系，开展特色团日活动，充分整合利用高校优质文化和人才资源。

（彭天山 解 洋）

【青春菁才行动】 8月25日，开展“青年沙龙”活动，组织全区基层团干部60余人，到西城区学习交流志愿服务、非公团建和青年汇建设等方面的先进工作经验。9月8日，举办“迎中秋庆团圆促成长”村官团干部联谊会，全区各镇的村官团干部代表30余人参加了活动。11月28日至12月1日，由团区委主办、市团校协办，围绕“培育青年文化菁英助力社会管理创新”的主题，举办门头沟区2011年青年英才研修班，区领导丁勇出席开班仪式并对共青团工作提出要求。研修班邀请北京师范大学、中国青年政治学院的教授及北京市发改委领导，为区内乡镇团组织格局创新增配委员、“两新”团组织负责人、社区（村）团组织负责人和学校团队干部等共计60余位青年骨干授课，引导他们在旅游文化休闲产业发展中发挥作用。12月1日，组织全区基层团干部60余人参观怀柔文化休闲产业基地。打造1个学习平台——青年学堂，分别以“区委十届十一次全会精神解读”、《战略思维与中国共产党90年的成功发展》党史知识专题讲座、“区委十届十二次全会精神解读”为题，举办青年学堂3期，提高青年干部的理论素养和党性修养；建立1个交流平台——青年讲坛，围绕“如何落实‘青春·力’计划，形成团建工作品牌”、“庆五四创先进争优秀”、“学讲话明方向促发展”等主题举办青年讲坛4期，鼓励团干部思辨求真、畅所欲言；提供1个展示平台——青年精英论坛，11月30日，以“青年人才助力转型发展、创新发展、跨越式发展”为主题，组织全区60余位青年精英交流发言、展示才艺，就如何促进全区经济社会跨越式发展和社会管理创新建言献策。全年经推优入党团员90人。

（彭天山 解 洋）

【青年健康使者火炬行动】 依托全市卫生系统青年志愿者资源，组织青年志愿者为当地群众进行讲座、义诊、体检及卫生知识宣传活动。服务群众300余人次。1月18日，组织潭柘寺镇团委、大峪街道团工委分别与首都医科大学附属北京中医医院团委开展“青年健康使者火炬行动”青年志愿服务。31日，组织妙峰山镇团委联合北京京煤集团总医院团委开展“青春耀京西携手送健康”青年志愿服务。4月8日，组织龙泉镇团委联合首都医科大学团委开展“青春在奉献中闪光”青年志愿服务。

（彭天山 解 洋）

【共青团创先争优活动】 年内，在全区6个领域开展“六争六创”活动。在农村“争做新农村建设者，创引领型团组织”、在社区“争做和谐一份子，创和谐型团组织”、在机关“争做人民好公仆，创服务型团组织”、在学校“争做四个好少年，创学习型团组织”、在企业“争做发展领跑者，创创新型团组织”、在工地“争做建设排头兵，创示范型团组织”，促进基层共青团工作全面活跃。

（彭天山 解 洋）

【共青团基层组织建设】 年内，在区委组织部的指导下，起草《关于加强新形势下全区党建带团建工作的意见》及配套文件初稿，并充分征求各方面意见；指导区总工会、区公共工程服务中心、区棚改中心、区为民服务中心等4家单位完成建团工作，全区直属团组织数量达60个；推进社区建团，成立由区社工委、团区委、镇街党（工）委共同组成的社区团建工作领导小组，制定并下发《关于在社区建立团组织的工作方案》，对社区建团的工作原则、工作步骤、工作要求进行了详细部署，全面指导社区团建工作，各街镇团（工）委采取独立建团、联合建团、挂靠建团、片区建团等多种建团模式，实现社区团建工作全覆盖；推进“两新”组织建团，全面掌握区内“两新”组织分布情况，召开非公企业团建和社会组织团建工作推进会，扩大共青团组织覆盖面，全年新建非公企业团组织131家，新建社会组织团组织11家；推进农村专业经济合作组织建团，掌握全区农村专业经济合作组织的分布情况，通过建立团组织和青年汇等形式，探索与农村专业经济合作组织加强工作联系的有效途径，在符合建团条件的农村专业合作组织中建团18家。

（彭天山　解　洋）

【镇街团组织格局创新工作】 年内，按照团中央及团市委的工作要求，指导全区9镇4街开展镇街团组织格局创新工作。面向镇街下发《组织格局创新前镇街团情调查表》，对组织格局创新前各镇街的团员数量、青年数量、党团组织建设等实际情况进行了解；与区委组织部联合下发《关于镇街团组织格局创新工作的实施方案》，并指导各镇街团组织严格落实相关部署；进一步拓宽农村和社区团干部选拔任用渠道，加强对大学生村官和社区工作者群体的组织凝聚，新增配镇、街团（工）委委员中大学生村官28名，社区工作者21名。各镇街团组织已全部完成组织格局创新工作，共新增配编制外副书记15名，委员91名。

（彭天山　解　洋）

【社区（乡村）青年汇】 年内，结合镇街经济社会发展和团建百强街乡（镇）创建工作要求，不断加强青年汇创建，打造共青团组织联系、凝聚、服务青年的终端阵地。加强青年汇管理工作，制定统一标识及各项管理制度，并为日常运营提供适当经费保障和后勤保障；丰富青年汇活动形式，立足青年在创业帮扶、文化娱乐、志愿公益等方面的不同需求，打造特色品牌项目，努力实现对大学生村官、农村青年、外来务工青年等群体的吸引凝聚。全年新建社区（乡村）青年汇9家。

（彭天山　解　洋）

【共青团组织作风建设】 年内，在全区开展共青团组织和共青团员公开承诺活动，要求全区各级团组织和广大团员以创建五四红旗团组织和争当优秀团员为主要目标，围绕“五个好”和“五个带头”进行共性承诺和结合所在部门与岗位实际进行具体承诺，通过科学定诺、严格审诺、公开示诺、认真践诺、积极督诺、民主评诺、履诺奖惩等程序，激励团组织创先进，引导团员青年争优秀，确保创先争优活动取得实效；推行团代表任期制，制定下发《关于共青团门头沟区代表大会代表任期制的工作意见（试行）》，明确团代表任期制的定义和工作目标以及团代表的权利和义务，落实团代表活动日制度、团代表列席会议制度、团代表教育培训制度等6项工作制度。

（彭天山　解　洋）

【对外宣传工作】 年内，加强与《中国青年报》、《北京日报》、《北京青年报》、《京西时报》以及区电视台等新闻媒体的联系与合作，对全区共青团工作宣传报道20余条。加强宣传阵地建设，继续完善门头沟区志愿者协会网站、门头沟共青团网站；全年向团市委上报信息280余条。

（彭天山　解　洋）

门头沟区妇女联合会

【概况】 年内，在市妇联的指导下，在区委、区政府的领导下，不断加强自身建设，增强服务社会的能力，参与社会管理和公共服务，在推进全年各项工作中，注重以妇女儿童的利益为重，以妇女儿童的期盼为重，以妇女儿童的实际需求为重，通过向妇女群众提供综合维权、创业就业、教育培训、家庭教育、文化体育、家政信息、婚姻家庭、帮扶救助八项服务，紧抓妇女民生之本，解决妇女民生之急，排解妇女民生之忧，全面推进了全区妇女事业的不断创新和长足发展。

单位名称： 北京市门头沟区妇女联合会
地　　址： 北京市门头沟区新桥大街36号
电　　话： 69842568
邮　　编： 102300

（陈　琮）

【召开十二五妇儿规划工作会】 1月14日，区妇儿工委办公室召开了涉及13个重点领域妇儿工委成员单位“十二五”妇女儿童规划征求意见会。会议就如何科学合理制定“十二五”妇女儿童规划各项指标提出了客观的意见和建议。

（陈 琼）

【慰问活动】 1月18日，“营造温暖之家共享美好生活”走访慰问活动正式启动。仪式后，市、区领导分别到龙泉镇入户走访看望了两户特困家庭，为她们送去了慰问金和慰问品。2月12日，市妇联组织部机关党委联合党支部一行在区妇联和镇村妇联领导的陪同下，到龙泉雾村看望慰问连续四年资助的贫困优秀学生陈平，为她送去了学习用具、生活用品和资助金。年度内共计发放了17.2万元慰问金以及价值近20万元的物品。

（陈 琼）

【召开九届三次执委（扩大）会】 1月27日，召开第九届三次执委（扩大）会议。区领导张冰出席会议，区妇联主席作了题为《抢抓机遇，创新求实，在新的起点上全面开创我区妇女工作新局面》工作报告。张冰对做好全年工作提出具体要求。会上传达了全国妇联十届三次执委会和北京市十二届三次执委会精神。会议替补了九届执委和常委。

（陈 琼）

【举办新春游园活动】 春节期间，组建了60人的女性健身操表演队伍，在区中天公园、葡山公园、葡东公园、黑山公园和永定河文化公园组织“巾帼健身，共创和谐家园”健身操展演活动。

（陈 琼）

【举办“春风系列行动”】 2月15日，向过往群众发放北京市妇女创业小额担保贷款申请指南、《我的创业之路》等书籍和材料1000余册。3月8日，市科委与区妇联联合开展了“春风送暖农家女”活动。5月12日，在“妇”字号基地——花露蝴蝶园举办“春风送暖农家女”中药材种苗赠送仪式，发放药材苗4万棵，种子500斤。18日，在“妇”字号基地——斋堂瓷茗缘溪种植基地为农家女举办中草药种植技术现场培训，近50名农家女种植能手们参加了培训。

（陈 琼）

【举办民俗综艺展示活动】 2月17日，区妇联参加了永定河文化广场举办的元宵节民间民俗综艺展示活动，基层组织的10支表演队伍分别表演了京西太平鼓、女子健身操、女子腰鼓队、童子大鼓队、小车会等。

（陈 琼）

【举办首届巾帼文化节】 3月3日，在永定河文化广场举办“新起点，新形象，新作为，新跨越”——首届巾帼文化节启动仪式。市妇联副主席李彦梅，区领导韩子荣、王洪钟等参加活动。会上，市区领导为10支巾帼健身队代表授队旗，韩子荣宣布首届巾帼文化节开幕。仪式后，市、区领导观看了健身操、太平鼓、国际舞、太极扇、秧歌、腰鼓等表演和门头沟区“十一五”时期妇女儿童工作成果展。

（陈 琼）

【培训工作】 3月3日，区委组织部、妇联共同举办“色彩扮靓人生”处级女领导干部礼仪知识讲座，区委、组织部领导出席活动，百余名处级女领导干部参加。活动邀请了国内首席色彩心理能量讲师、资深色彩形象搭配顾问——西蔓色彩一级讲师为处级女领导干部讲授服装色彩搭配礼仪知识。5月24日，区妇联、科协、经信委联合举办妇联干部及机关宣传干部数码摄影培训班，近100人参加了培训。培训班为大家讲了照相技术基础、摄影曝光控制、摄影色彩构成等知识。25日，组织基层妇联干部及部分家庭摄影爱好者到区“一湖十五园”摄影采风。27日，举办“食品安全与健康”知识讲座，讲座围绕《食品安全法》贯彻情况和目前食品安全存在的问题以及如何做好食品安全防范等方面为大家授课，150余名孩子家长及妇联干部听取了讲座。7月11日，依托“巧娘工作室”，举办了为期3天“创业女性手工作品”培训班，共有50余名妇女参加。9月28日至29日，举应急知识培训班。全区近160名妇女干部参加培训。培训了红十字协会的历史和现状、《心肺复苏术》、外伤包扎技术等知识和技术，现场模拟操作考试并颁发培训合格证书。11月22日至23日，与区社保局联合举办了物业管理知识培训班，150人参加了培训。区社会保障局培训部的老师采用理论与实际操作相结合的方式为大家讲了物业保洁知识，并对每位学员进行了测试并发放培训结业证书。

（陈 琼）

【举办第十届农家女致富擂台赛】 3月7日，举办“第十届农家女致富擂台赛”和“我在平凡的岗位上”演讲比赛。区工会、教委、司法局、民政局、社保局、检察院、法院、交通局的10位选手参加了“我在平凡的岗位上”演讲比赛。镇村的15位致富女能手们参加了“第十届农家女致富擂台赛”。同日，举办“巾帼建功当模范、创先争优展英姿”女性风采展示暨颁奖仪式。在区妇联“第十届农家女致富擂台赛”及“我在平凡的岗位上”演讲活动上获奖的四位参赛选手进行了演讲。

（陈　琼）

【召开妇女之家工作会】　3月初，区财政局将17万元“妇女之家”活动经费全部拨付到全区9个镇、4个街道妇联。4月26日，分期组织全区各镇街妇联近300个村妇代会及社区妇联召开了“妇女之家”创建“一家一品”工作汇报会。与会妇女干部就在建设“妇女之家”中所开展工作及特色活动进行了汇报。

（陈　琼）

【义务直属活动】　4月2日，组织机关干部和各镇、街道妇联干部40余人参加全区春季植树活动。

（陈　琼）

【“十一五”妇儿规划终期评估】　4月6日，区妇儿工委办公室举办“十一五”妇女儿童规划终期统计监测培训班。区统计局对终期评估的内容进行了培训。根据统计局的监测报告，形成了《门头沟区“十一五”妇女儿童规划终期评估报告》，区妇儿工委34个成员单位参加了培训。

（陈　琼）

【联合举办全民健身节】　4月9日，区妇联、体育局、总工会在区体育馆共同举办了“2011年门头沟区全民健身体育节”启动仪式暨全民健身项目展示活动。区13个镇街道、60个村和社区的健身操表演队进行了表演。

（陈　琼）

【联合举办健康步行月活动】　5月20日，与区文明办、环保局在永定河文化广场联合举办“做文明有礼北京人——和谐家庭健步京西”暨“健康步行月”启动仪式。区领导张冰鸣枪示意步行活动开始，与会领导与800名巾帼志愿者一同开始5000米健步走活动。会后，向过往群众发放低碳宣传材料近5000份。

（陈　琼）

【举办庆六一活动】　5月31日，与区人口计生委在新桥路中学联合举办“90米长卷绘美好家园”——“庆祝六一，童心向党”主题活动。活动邀请到102户家庭的102个孩子在90米长卷中描绘家乡的美景和对未来的憧憬。6月4日，与区妇幼保健院联合举办了第三届“快乐宝宝”风采展示活动。

（陈　琼）

【区领导调研】　6月8日，韩子荣到区妇联调研，韩子荣肯定了区妇联所做的工作，并提出要求。11月23日，张冰、丁勇到区妇联调研，听取了区妇联主席的工作汇报，对妇联带领妇女参与社会服务管理，创业就业，推进地区社会建设等方面给予肯定。

（陈　琼）

【庆祝建党90周年活动】　7月2日，在区体育馆举办“红色传承激情永远”——门头沟区各届妇女庆祝中国共产党员建党90周年爱国歌曲大联唱活动。各镇、街道妇联，各委办局妇委会主管领导、妇联干部及各届妇女代表近1600人参加了活动。区领导韩子荣与局级女领导干部及部分处级女领导表演了《绣红旗》。区卫生、交通、税务、企业等行业以及基层妇联组织、委办局妇委会近1500人组成了16个表演方阵，演唱曲目全部为中宣部推出的100首爱国歌曲。

（陈　琼）

【举办网络早教捐赠仪式】　7月8日，举办“让孩子拥有美好未来”——家庭早期教育网络学习卡捐赠仪式。各镇、街道主管书记、妇联干部及180个家庭近200人参加了活动。金色摇篮潜能教育机构董事长在会上介绍了金色摇篮潜能教育机构情况，并向区内捐赠了价值136万元共2000张家庭早期教育网络学习卡。赠仪式结束后，进行了儿童早期教育讲座。11月9日，在区妇女儿童活动中心举办了网络学习方法培训班，64名0－6岁儿童的家长参加了学习卡使用方法的培训。

（陈　琼）

【半年工作检查】　8月10日至19日，组织各镇、街道妇联主席及妇联机关全体工作人员，对全区各镇街妇联进行半年工作检查，走访了8个社区妇联及18个村妇代会，参观调研了15个“妇”字号示范基地、2个养殖中心、1家食品操作间及“京西山区中共第一党支部”旧址。8月22日，召开2011年上半年工作会，妇联主席在会上传达了区委十届十二次全会精神，对全区妇联系统如何贯彻全会精神，加强和创新社会建设和管理提出要求。

（陈　琼）

【联合成立婚姻家庭咨询室】　8月23日，区妇联、民政局、司法局联合举办“婚姻家庭咨询室”揭牌仪式。区妇联、民政局、司法局领导在仪式上签署合作协议。

（陈　琼）

【开展家庭低碳志愿服务活动】 9月5日，市妇联在区内召开低碳志愿服务家庭工作会暨“第二届北京国际山地徒步大会”低碳志愿服务家庭培训会。市妇联组织招募了朝阳、海淀、石景山、东城、大兴、门头沟区共6个区县40个家庭以及20名外籍学生参加低碳志愿服务。

（陈 琼）

【十二五妇儿规划颁布实施】 9月22日，《门头沟区人民政府办公室关于转发〈门头沟区“十二五”时期妇女儿童发展规划〉的通知》（门政办发〔2011〕39号）颁布实施。

（陈 琼）

【举办女性家庭大讲堂】 9月23日，举办了“女性.家庭大讲堂”，首都师范大学教授为大家讲了“话说3000年的北京城”。

（陈 琼）

【举办妇女之家一日展示活动】 10月18日，在城子街道蓝龙社区举办“妇女之家”一日展示活动，各镇、街道妇联干部及妇女代表近200人参加了活动。展示项目有：巧娘作品展示、时装表演秀、健身操、集体舞、太极拳等。

（陈 琼）

【召开数字生活技能大赛总结会】 11月17日，区妇联、科协、信息办联合举办了“2011年北京百万家庭数字生活技能大赛”总结评选会。区妇联荣获“北京市第八届百万家庭数字生活技能大赛”组织工作一等奖。

（陈 琼）

【成立巾帼志愿服务队】 12月5日，在区体育馆举办“巾帼志愿服务总队成立仪式”。市妇联主席赵津芳，区领导韩子荣，张冰出席并讲话，全区各镇、街道主管妇联工作领导、妇联干部以及巾帼志愿者近1000人参加活动。会上，到会领导向全区238支巾帼志愿服务队代表授旗并进行宣誓，150名巾帼健身操表演队现场进行了健身操表演，40名巾帼志愿者表演了诗朗诵《巾帼志愿服务队之歌》。

（陈 琼）

【启动家庭健康管理项目】 12月6日，在区“北京仁圣医院”举行了北京女医师协会主办，区妇联、海淀区妇联、北京耀华康业科技发展有限公司、北京女医师协会仁圣医院、海淀检花园路社区卫生服务中心协办的“家庭健康管理公益项目”启动仪式。市妇联社会工作部，北京女医师协会，区妇联等领导以及部分妇联干部和40户贫困家庭人员近60人参加了启动仪式。

（陈 琼）

【献爱心活动】 12月6日、12日，市妇联、市妇女儿童发展基金会、圣约翰爵士香港儿童弱视基金会与北京光彩明天儿童眼科医院在区大台中心小学和幼儿园合作开展了的“献爱心投资千万送儿童光彩明天”义诊活动。两天时间共检查728人，视力不良（近视、弱视、远视、散光等）的学生60人。光彩明天儿童眼科医院将对视力严重且生活困难家庭的孩子进行免费治疗和矫正。

（陈 琼）

【区领导听取妇女工作汇报】 12月9日，区委十届第126次常委会上，区委常委听取了区妇联主席关于《做好“五篇文章”发挥“五个作用”全面推进2011年工作有序开展》的工作汇报。

（陈 琼）

门头沟区科学技术协会

【概述】 年内，在区委、区政府的领导下，在市科协的业务指导下，坚持科学发展观，按照年初制订的工作计划，开展科技周、科普之春、科技交流学术月、百万家庭数字生活技能大赛、青少年科技创新大赛等科普活动，达到了预期的目标，完成了各项工作任务。全年开展种植、养殖实用技术培训10次，共培训农村科技人员300余人；出版发行《京西科普》刊物6期1.2万册，编制发放科普快讯110期；年内荣获市“科普惠农兴村计划”农村科普示范基地2个、农民专业合作组织3个；荣获市“社区科普益民计划”优秀科普示范社区4个，优秀科普场馆1个，户外科普园地1个；承办第31届北京青少年科技创新大赛；在“第八届北京百万家庭数字生活技能大赛”活动中门头沟区科协荣获区县组织工作一等奖；区科技馆获得了北京市科协先进集体荣誉称号；区科协获市科协系统文明单位荣誉称号。

单位名称：北京市门头沟区科学技术协会
地　　址：北京市门头沟区新桥大街40号
电　　话：69843535
邮　　编：102300

（李春先）

【科普冬令营】 1月，组织开展“关爱地球低碳生活暨2011年科普冬令营”活动，永新社区50余名学生和家长参加。

（鲁线英）

【科技馆活动进社区】 2月，组织开展“走进科普的春天暨科技馆活动进社区”主题科普活动，100余名学生和家长参加。3月，组织向阳社区、大峪南路二社区、双峪路社区100余名居民，开展“科普大讲堂”活动并赠送科普展板。

（鲁线英）

【开展科技动手做实践活动】 寒假期间，组织举办“提高科学素养培养创新能力科技动手做”实践活动，门城地区200余名学生参加了活动。

（鲁线英）

【承办第31届北京青少年科技创新大赛】 3月，在区内举办第31届北京青少年科技创新大赛，区科协协调各成员单位，为大赛的举办提供最优质的服务和全方位的保障，确保大赛顺利进行。市科协党组书记为大赛做出突出贡献的区科协、教委、科委、大峪中学等单位颁发特别贡献奖。

（吕志军）

【开展区级青少年科技创新大赛】 3月至10月，组织开展区级青少年科技创新大赛，选送优秀作品参加“北京第31届青少年科技创新大赛”，获得各类奖项68项，其中学生项目荣获优秀项目一等奖5项、二等奖9项、三等奖20项；科学幻想绘画一等奖5项、二等奖8项、三等奖15项；十佳优秀实践活动奖1项；优秀实践活动奖1项；教师项目荣获十佳科技辅导员1名；科技辅导员科教创新竞赛项目方案一等奖1项、二等奖1项。8月，举办的全国青少年科技创新大赛中，区内学生荣获科技实践活动三等奖1项，科学幻想绘画二等奖2项，三等奖1项。

（吕志军）

【开展青少年科技实践活动】 4月，围绕“节约能源资源、保护生态环境、保障安全健康、促进创新创造”为主题，在全区青少年中组织开展“大手拉小手——青少年科技实践活动”，共申报“科技实践活动”3项，其中大峪第二小学申报的绿娃娃行动——“回家”获得北京市科协科技实践活动三等奖。

（吕志军）

【举办“百万家庭数字生活技能大赛”】 4月至9月，根据北京市文件精神，联合区经信委、妇联等22家单位组成了区大赛组委会；以“科技诠释生活”为主题，开展了门头沟区“百万家庭数字生活技能大赛”。一是开展网上科普知识答题活动。全区各部委办局、街道、镇、企事业单位及中小学校都参与，共收到网上科普知识答题3856份。二是开展数码摄影比赛，举办培训，组织摄影采风。由科协、妇联、经信委牵头，聘请原中国科协杂志社领导为区60余名摄影爱好者进行数码摄影知识讲座；组织50余位家庭摄影爱好者到区“一湖十五园”采风，共征集到数码摄影作品873幅。三是组织提高全民信息化能力培训活动。组织开展“科技诠释生活”提高公民信息能力培训，使大家更多了解和掌握了身边的“科技”生活。四是开展“活动海报进社区”，开展数码大赛宣传。五是组织家庭队参赛并进行培训测试。经过街道推荐、培训测试等环节，最终选一家代表全区参加北京市E家特训营活动即北京市家庭赛选拔赛获优秀奖，全区最终以2370.8分的总成绩在“第八届北京百万家庭数字生活技能大赛”活动中荣获区县组织工作一等奖。

（王　娟）

【举办科技周活动】 5月18日，根据北京市《关于举办2011年北京科技周活动的通知》精神，区科协以“携手建设创新型国家——科技让生活更美好”为主题，举办了门头沟区“北京科技周”活动。一是举办区“北京科技周”开幕式暨滨河西区户外科普园开园仪式。仪式上，区领导致开幕词并为户外科普园揭牌；对在第31届北京市青少年科技创新大赛活动中获奖学生、辅导老师给予了表彰；参会人员参观户外科普园。二是组织科普工作者参观北京科技周主会场，观看了科技部协调落实“十一五”科技成就展。三是组织科普联席会成员、部队官兵参观国家博物馆、北京规划展览馆和中国科技馆。四是举办科普报告进军营、进社区活动。举办科普报告会7场。航空指挥学院教授到区62341部队，就“未来空战与航空武器装备发展”展开的讲座，受到官兵热烈欢迎。五是组织慰问科技、科普工作者电影专场，800余名科技、科普工作者观看了美国科幻影片《雷神》。

（王　娟）

【举办科普巡回展】 5月，举办“地球的呼唤绿色的期待”主题科普巡回展，首展在王平中学展出，王平中学及小学近500名师生参与了活动。

（鲁线英）

【市级科普活动】　5月，由市科学技术委员会、市科学技术协会主办，北京科普基地联盟承办的第二届“我眼中的科技北京”作品征集活动评选揭晓，区科技馆荣获优秀组织奖。

（鲁线英）

【科普游园】　5月，在永定河文化广场开展科普游园暨庆祝“六一”节活动。区内大峪一小，二小等学校500余名学生参加。

（鲁线英）

【科普作品征集】　5月至10月，组织开展第三届“走进科普场馆、体验多彩科技”科普作品征集活动，区内多个社区和部分学校的100余名志愿者和爱好者参与了活动。

（鲁线英）

【科普展览】　6月，举办“嫦娥奔月，梦圆神州”为主题的流动科普展及“体验身边的科技”为主题的科普互动展活动，工读学校的师生参加。

（鲁线英）

【开展“科普之夏”活动】　7月至8月，根据北京市科协安排，围绕“保障安全健康、节约能源资源、保护生态环境、促进创新创造”的主题，开展了“科普之夏”活动。街道、社区分别邀请专家，组织开展了“食品安全知识讲座”19场；组织了“北京科普之夏”文体娱乐系列活动，学协会、基层科协负责人40余人参加了文体活动；为学协会、基层科协负责人举办了为期两个月的瑜伽培训班。

（王　娟）

【开展“科普日”活动】　9月17日至23日，按照中国科协、市科协开展2011年全国科普日活动的统一部署，区内开展了“科普日”活动。一是组织参观“北京科学嘉年华”主场活动。二是组织开展“全国科普日”主题宣传活动。科协系统学（协）会、街道科协及驻区部队人员近80人参加。通过悬挂横幅、发放宣传材料及环保袋、咨询义诊、展板展示、科普互动体验等多种形式，向群众宣传节约能源资源的基本知识，共发放各类宣传资料50余种5000余份，发放“全国科普日”标识环保袋1000个，展出宣传展板20余块，受教育群众1000余人。三是组织全区科技工作者登山比赛。组织所属学（协）会、镇街科协开展了“2011年门头沟区科技人员登山比赛”，24支代表队的72名科技人员参加了活动。

（王　娟）

【举办中小学生社会大课堂】　9月，组织“中小学生社会大课堂”实践活动。区内大峪一小、大峪二小及大峪中学、大峪中学分校等周边学校近千名学生参加了活动。

（鲁线英）

【开展科技交流学术月活动】　10月，开展了以“创新驱动——科技工作者的职责”为主题的2011年科技交流学术月活动。依托科协所属学协会、联合各部委办局，组织科技工作者开展了“科技人员《建议》征集评选活动”、共征集到《建议》94篇，共评出一等奖3篇，二等奖6篇，三等奖10篇；纪念奖30篇。编辑出版《2010－2011年科技交流学术月建议汇编》。将收集到的区科技人员两年内撰写的文章124篇编辑成册，实现成果共享。

（王　娟）

【科技馆活动进校园】　10月，与新桥路中学联合开展了“科技馆活动进校园”暨科学课程教学实践活动。新桥路中学初二年级宏志班的40名学生参与了活动。

（鲁线英）

【科普培训】　10月至11月，组织开展网络科普进社区活动，惠及区内新桥西区等多个社区的800余名居民。

（鲁线英）

【开展科学家进校园活动】　11月，举办科学家进校园活动，中国科学院有关教授专家到区军庄、王平、雁翅、斋堂、清水5个镇中小学为当地学生普及科学知识，受益学生近千余人。

（吕志军）

【农村青少年科普教育基地】　11月，区科技馆建设的农村青少年科普教育基地建成并向社会开放。

（鲁线英）

【科普展品进校园】　10月至12月，组织开展“科普展品进校园”活动，清水中学、清水小学、斋堂中学、王平中学近800名师生参与了活动。

（鲁线英）

【实施《社区科普益民计划》】　年内，根据市科协、市财政局关于实施“社区科普益民计划”的文件精神，区科协部署实施，年度荣获北京市“社区科普益民计划”优秀科普示范社区4个，优秀科普场馆1个，户外科普园地1个；优秀科普宣传员8名；获得奖补资金59万元。

（王 娟）

【开展农村科技套餐配送工程】 年内，根据各镇需求有针对性的进行不定期的讲座、培训。全年共开展课堂讲授、田间指导、咨询答疑等多种形式种植、养殖实用技术培训10次。培训内容涉及蜜蜂的饲养技术、蜜蜂病虫害的防治方法、樱桃树的修剪与施肥及管理技术、杏树的修剪和施肥及管理技术、核桃树的修剪技术、蘑菇种植技术与田间管理等多个方面，共培训农村科技人员300余人。

（吕志军）

【“北京市科普惠农兴村计划”实施】 年内，推进科普惠农计划，通过总结推广先进经验，发挥科普惠农资金作用，起到示范带动作用，促进了农村经济发展。年内，荣获“科普惠农兴村计划”农村科普示范基地2个、农民专业合作组织3个、1个农村科普致富带头人、2个专业技术指导员也受到表彰。

（吕志军）

【做好农村“一站、一栏、一员”工作】 年内，科协投资建设的全区各镇、村、科普示范基地共35座科普画廊每季度展出一期科普展板，全年共展出农业生产、文明生活等内容的科普知识展板4期共计1400平方米，受益农民1万余人。

（吕志军）

【科普设施建设】 12月，区科技馆首层展厅即展览序厅装饰及布展完成。

（鲁线英）

【召开科普工作会】 12月，召开区科技馆2011年科普工作总结会。与会人员就区科技馆如何培育特色、提升功能、挖掘内涵等建设发展思路进行了研讨。

（鲁线英）

门头沟区残疾人联合会

【概况】 年内，门头沟区残疾人工作坚持以科学发展观为指导，在区委、区政府领导和市残联的指导下，全面贯彻落实中共中央和北京市关于促进残疾人事业发展的意见，积极推进残疾人“两个体系”建设，完成各项工作任务，切实解决残疾人最直接、最关心、最现实的问题，促进了全区残疾人工作的健康发展，被国务院残疾人工作委员会授予“全国残疾人工作先进单位”荣誉称号。门头沟区残疾人事业发展规划首次被列入区级规划体系，《门头沟区“十二五”时期残疾人事业发展规划》经区政府常务会审议通过，正式实施。在区委、区政府重视下，区残疾人职业康复中心装修改造工程竣工。

单位名称：北京市门头沟区残疾人联合会
地　　址：北京市门头沟区新桥大街58号
电　　话：69859231
邮　　编：102300

（蒋立蔼）

【机关队伍建设】 3月18日开始，加强机关行政效能建设，开展“树形象、强素质机关干部培训”；建立《区残联机关干部联系街镇工作制度》；实施首问责任制、残疾人证限时办结制、责任追究制等工作，提高机关办事效率；推进机关廉政建设，提高党员干部廉洁自律意识；积极参加“城乡环境整治百日行动”、文明机关创建活动。

（蒋立蔼）

【残疾人基础信息信息化】 4月18日，加强残疾人基础信息规范化建设。与卫生局共同签发了《关于成立门头沟区残疾评定委员会的通知》，组建区残疾评定委员会，规范残疾人证办理程序；完善残疾人基础信息库建设，发放《残疾人基础信息手册》进一步核实残疾人基础信息，截止年底，全区持证残疾人22803人。

（蒋立蔼）

【文体活动】 4月25日至28日，组队参加第二十五届北京市残疾人棋牌比赛；区轮椅太平鼓队首次参加了“2011年门头沟区全民健身体育节启动仪式暨全民健身项目表演赛”和2011年北京市残疾人群众体育项目展示比赛活动；组队参加北京市和谐杯残疾人乒乓球比赛，均获得优异成绩。

（蒋立蔼）

【助残日活动】 5月10日，举行“‘十一五’残疾人自强模范暨残疾人工作先进集体与先进个人表彰会”，并邀请市残疾人艺术团进行了文艺演出，庆祝第二十一次全国助残日。

（蒋立蔼）

【专职委员队伍建设】 7月5日至14日，分期举办了专职委员业务培训班。加强专职委员规范化管理，根据工作实际情况和需求，细化服务内容，做到社区（村）残疾人协会组织机构、规章制度、工作职责规范化，基础信息准确，为残疾人服务的项目多样，使他们逐步成为懂业务、明政策、有能力的残疾人工作骨干。

（蒋立葛）

【宣传工作】　9月8日，实现了区残联网站改版，继续在《京西时报》开办“京西残疾人”专栏，发挥电视、报刊和网络媒体的作用，宣传区内残疾人事业，全年共刊发各类信息100余条，编辑印发《工作动态》、《情况简报》36期。

（蒋立葛）

【残疾人状况监测】　11月1日，与卫生局、各调查小区所在街镇相互协调配合，完成北京市新一轮残疾人状况监测残疾评定和入户监测工作，实现0岁－6岁儿童、7岁以上疑似残疾人和监测对象入户3个100%。

（蒋立葛）

【无障碍工作】　11月30日前，开展无障碍需求调查，为200个残疾人家庭进行了无障碍改造，为467个残疾人家庭装配可视闪光门铃。完成2009年至2011年全区888个符合条件残疾人机动轮椅车燃油补贴发放工作。

（蒋立葛）

【社会保障】　截至12月3日，全区享受城乡低保残疾人2962人；落实残疾人生活补助办法，享受生活补助金；残疾人6817人；享受城乡无业居民养老保险、残疾人4968人；享受城镇无业居民医疗保险残疾人1427人；对110名特困残疾人给予22.98万元的临时救助。与区民政局、红十字会、慈善协会联合制定《门头沟区特困人员住院押金减免办法》，并设立特困人员大病医疗救助金，解决特困残疾人看病就医问题。4570名残疾人享受助残券，发放“小帮手”709部；实施阳光家园项目，5家机构、131名残疾人获得补贴；对12个居家养老（助残）餐桌给予总计80万元的奖励。开展适龄残疾儿童少年入学状况调查，推进“送教上门”工作，为160名残疾学生和残疾人子女发放扶残助学金40余万元。接受爱心企业捐款20万元、接受爱心人士捐款3万元，用于扶助困难残疾人子女就学。

（蒋立葛）

【康复工作】　截至12月30日，对全区5000名残疾人进行了康复需求调查。对1562名听力残疾人进行免费致聋基因筛查。为24名残疾儿童少年康复救助补贴22.14元。投入24.21元，为378名残疾人免费发放辅助器具，为24名贫困肢体残疾人免费安装假肢。加强辅助器具服务网络和体系建设，为14个辅助器具服务站配发了98件辅助器具。分别举办辅助器具康复工程师培训和康复协调员培训班，有39名学员取得了国家劳动人保局颁发的辅助器具康复工程师证书，各街镇辅具工作人员实现持证上岗。

（蒋立葛）

【就业工作】　年内，新安置残疾人就业185名；为102名求职登记人员进行了职业指导；对11名有就业能力、就业需求的肢体残疾人进行了职业能力评测；开展了应届大、中专毕业生摸底调查工作；投入扶持资金18.9万元，为盲人保健按摩机构和自主创业与个体经营残疾人，为盲人按摩师、个体工商户发放个体保险补贴3万元。投入资金117.8万元，滚动扶持3个和新建3个扶残助残基地，共安置农村残疾人180名；对全区11754户用人单位进行残疾人就业保障金审核，截止年底实现审核率88.3%，审核金额2849万元，按比例安排残疾人就业1548人。为实施就业援助，建立了开展求职登记——职业技能评估——就业指导——残疾人专场招聘会——跟踪回访就业残疾人——走访诚信企业、做好按比例安排残疾人就业审核系列服务体系。

（蒋立葛）

【温馨家园运行】　年内，全额为职康站支付日常运行经费365万元；为406名参加职康活动学员办理意外伤害保险。继续规范康复、辅具试点和残疾人温馨家园及职康站日常运行，为残疾人就近就便提供全方位服务。

（蒋立葛）

【残疾人组织建设】　年内，加强残疾人组织建设。召开残疾人工作会、残工委会、主席团会，对重点工作进行专题研究和部署，以确保各项工作顺利推进；充分发挥专门协会作用，定期召开工作会，积极发挥专门协会在残疾人工作中的作用。

（蒋立葛）

【信访接待工作】　年内，进一步加大信访接待工作力度，做到信访接待有固定地点、有接待人员、有接待记录。共接待来访28人次，来信9封，反映问题21件，已按期全部办结。

（蒋立葛）

【机关党建工作】　年内，开展创先争优活动；巩固学习型机关创建成果，开展争创学习型党组织活动，坚持开展党组理论中心组、党员和机关干部的政治与业务学习，做到年初制定学习计划，按月组织开展学习活动、定期检查学习笔记等，提高机关党员干部素质。

（蒋立葛）

门头沟区工商业联合会

【概况】 年内，在区委、区政府的领导下，以科学发展观为指导，贯彻落实中发16号、京发17号门发8号文件精神，围绕区委、区政府中心工作，履行职能，开展工作。协助区委召开全区加强和改进工商联工作会议。引导企业会员中的政协委员围绕全区社会经济发展的热点难点问题深入调研、建言献策；邀请20余家具有一定规模的区外非公企业考察投资环境；组织30家会员企业参加区企业家新春团拜会，与区领导平等交流增进共识；与工商银行门头沟支行共同举办金融形势讲座，帮助企业培训提高。年内共发展新会员13家，会员总数达到616家。引导会员企业参与公益、光彩事业和助学捐献活动，全年共组织会员企业捐款、捐物、捐资助学20余万元。帮扶农户120户，筹集帮扶资金26万元；区工商联荣获市工商联“教育培训工作奖”和“经济服务工作奖”，完成全年工作任务；依法选举产生门头沟区工商联第九届执行委员会、常务委员会和领导班子及商会第一届领导班子。

单位名称：北京市门头沟区工商业联合会
地　　址：北京市门头沟区新桥大街36号
电　　话：69842495　69846601
邮　　编：102300

（杨连芝）

【参政议政工作】 1月6日，在区政协八届五次会议上，作了题为《关于我区涵养税源的建议》的大会发言，提出了五点建议。在区政协八届五次会议期间，工商联界别政协委员共提交团体、个人提案30余件，就区内社会经济发展的热点难点问题建言献策。12月19日，在政协九届一次会议上做了题为《发挥非公涉农企业作用促进特色农业发展》大会发言，提出了4条涉农企业和组织发展存在的困难和问题。

（杨连芝）

【召开主席会，执、常委会议】 1月19日，召开工商联八届八次执委（扩大）会议，会议审议并通过《工商联八届八次工作报告》及《工商联2010年会费收缴、使用情况的报告》；传达了中央16号文件、市委17号文件和贾庆林讲话；表彰了2010年度光彩事业先进集体及先进个人，2010年新入会的会员企业列席会议。3月31日，召开常委扩大会，通报当前工作，并传达北京市加强和改进工商联工作会议精神。同日，与工商银行共同举办金融形势分析及对策大讲堂。9月23日，召开门头沟区工商联八届九次执委会议，八届五次常委会议，八届十四次主席会议，讨论通过《关于召开第九次会员代表大会的决议》、《关于门头沟区工商业联合会第九次会员代表大会代表名额及产生办法》、《门头沟区工商联第九次会议代表大会选举办法》（草案）及相关人事安排。11月25日，召开工商联九届一次主席会和九届一次常委会，传达中央十七届六中全会精神，落实《首都非公有制经济领域“文明企业共铸诚信”承诺书》签署工作；讨论九届二次执委会工作报告及会议议程；讨论增补九届执常委事宜。12月28日，召开工商联九届二次执委会、九届二次常委会、九届二次主席会，传达了区“三会”精神；审议通过了九届二次执委会工作报告；工商联会费管理委员会和审查委员会名单；增补执、常委建议名单；2011年度会费收缴使用情况报告；“两节”期间送温暖活动的决定。

（杨连芝）

【组织企业家座谈】 1月22日，区委、区政府在龙泉会堂召开门头沟区企业家新春团拜会，区工商联组织30家会员企业参加会议，会上对纳税大户进行了奖励，工商联副主席（不驻会）代表非公企业发言。6月20日，在石龙工业区召开企业家座谈会，会上就石龙浮化器解决“商联大厦”的情况进行了通报。

（杨连芝）

【市、区领导调研】 3月29日，区领导韩子荣到区工商联调研，听取了工商联工作情况汇报。4月7日，区领导谭杰到雁翅走访涉农会员企业，到益农缘合作社察看了黄粉虫饲养项目，并听取了合作社发展历程，创造成果及存在问题。8月12日，市联光彩办领导到清水镇李家庄养蜂合作社、杜家庄养蜂合作社及小龙门豆腐加工厂等处参观调研。

（杨连芝）

【召开加强和改进工商联工作会】 5月6日，召开全区加强和改进工商联工作会议，区属各单位党政正职领导、区工商联机关干部以及部分非公有制经济代表人士共200余人参加大会。会上下发了《中共门头沟区委、门头沟区人民政府关于加强和改进新形势下工商联工作的实施意见》(门发【2011】8号)文件。

(杨连芝)

【帮扶工作】 5月12日，与区工商局一起走访了军庄、斋堂、清水等私个协会，并到清水镇杜家庄、李家庄扶贫村察看养蜂工作。绿纯公司总经理带领技术人员到清水镇杜家庄、李家庄就春天小蜜蜂死亡率高问题现场调查并指导工作。年内，区工商联共筹集帮扶资金26万元，帮扶农户120户，户年均增收5600元，提供就业43人。

(杨连芝)

【成立非公企业服务中心】 7月14日，门编委字［2011］27号文件下发，"工商联非公企业服务中心"正式成立，"门头沟区工商联非公企业服务中心"机构规格相当正科级，经费形式为全额拨款，核定事业编制5名，科级领导职数1正或1副。

(杨连芝)

【换届工作】 8月2日，召开党组会议，传达市委统战部、区县工商联换届工作精神，并就区委统战部起草的门头沟区工商联换届工作的实施意见进行讨论，按文件要求在9月底前完成换届工作。8日，召开会议，布置换届工作，明确由工商联主席牵头落实区工商联的换届工作，成立换届工作小组。9日，成立区工商联换届筹备工作领导小组，下设会务组、文秘组、后勤保障组。9月28日，召开北京市门头沟区工商业联合会第九次会员代表大会暨门头沟区商会成立大会，出席会议代表118名，审议通过了《振奋精神开拓创新为建设生态新区做出新贡献》的工作报告，选举产生了九届执委74名，各人民团体、民主党派负责人、相关委办局主要负责人及各区县工商联领导共260人参加大会。同日，召开九届一次执委会，选举产生工商联九届常委37名，工商联领导班子19名，商会领导班子13名。根据九届一次执委会选举结果和门组干［2011］198、门组干［2011］207号、门组干［2011］208文件，工商联驻会班子成员构成情况：主席1名；副主席3名；秘书长1名。

(杨连芝)

【商会召开第一次会议】 11月9日，召开门头沟区商会第一次会长会议，传达十七届六中全会精神；讨论商会、基层商会发展；贯彻落实十七届六中全会精神意见等事宜。

(杨连芝)

【光彩事业】 年内，组织企业代表及书画界书画家慰问区公安分局巡警支队和永定镇敬老院，组织会员企业参与"博爱在京城"、"冬衣送暖"、捐资助学等活动，共捐款捐物合计金额20余万元

(杨连芝)

【友好交流】 12月1日，与西城区工商联座谈并进行了交流，西城区工商联党组书记、主席、副主席、秘书长参加座谈。

(杨连芝)

【市级标兵】 11月3日，市工商联副主席带队验收市级标兵企业——北京精雕科技公司，市工商联经济处和市科委及区工商联领导一同参加。

(杨连芝)

【山地资源徒步走】 12月10日，与科委共同发起"生态人类"山地资源志愿者徒步走考察活动，就山地与人居、与环境、与城市等关系进行科学考察并进行研究，为政府进行科学决策提供参考。

(杨连芝)

门头沟区文联

【概况】 年内，在区委、区政府的领导下，在市文联的支持和指导下，区文联履行组织、联络、协调和服务职能，围绕中心工作，团结带领全区文艺工作者，坚持"二为"方向，"双百"方针和"三贴近"原则，以提高门头沟文化软实力为重点，围绕"发挥优势，突出特色，以文艺形式推动全区经济社会跨越式发展"主题，以庆祝中国共产党成立90周年为专题创先争优，开展了系列特色文化活动，为门头沟区经济社会建设和文艺事业的发展做出了贡献，赢得了社会各界普遍肯定。

主要工作有：庆祝中国共产党成立90周年、文艺惠民工程、文艺精品工程、人才培育工程、《百花山文艺》编辑出版和发行、机关建设和协会建设等。

截至年底，已有13个协(学)会，会员1200余人。

单位名称：北京市门头沟区文学艺术界联合会
地　　址：北京市门头沟区剧场东街12号
电　　话：69824090
邮　　编：102300

(叶金玉)

【文艺精品工程】 2010年12月22日至2011年2月16日，在区博物馆举行"家乡的记忆声·乐系列"国画作品展，展出画家吕宝珠以家乡门头沟为题材的百余

幅国画作品。3月9日至15日，与区武装部、总后油料研究所、国信嘉业房地产开发公司在区博物馆共同主办“笔歌墨舞门头沟”书法展，共展出150余幅书法作品。年内，文学丛书《百花作家文库》出版，包括《琉璃殇》、《燃烧的雪》、《偶然心动》、《乾隆御笔的传说》、《半夏之光》、《听雨》、《百花撷英》、《山里人家》、《记忆随风》、《山谷风》共10本。

（叶金玉）

【文艺惠民工程】 1月，组织楹联学会、书法家协会、摄影家协会会员20余名到大峪街道永新社区、月季园社区、南路二社区，龙泉镇岳家坡村、琉璃渠村，军庄镇东杨坨村等社区农村开展写春联送祝福活动，共送春联3000余幅。3月16日，书法家协会副主席、北京2008奥运口号书写者高路应邀为门头沟区2011年度上半年处级进修班和中青年干部培训班讲授书法鉴赏课程，60余名学员参加学习。28日，在大峪中学分校举行庆祝“北京市诗歌特色校”揭牌一周年暨清明诗会。8月1日至8日，与区双拥办、武装部等8家单位在区博物馆共同主办“为党旗增辉为军旗添彩”军地书法展。展出书法作品150余幅和“七一”前夕区书协、区美协共同创作的“永远跟党走”90米书画长卷。9月1日，在东辛房小学举行“硬笔书法教育基地”揭牌仪式。11月17日，举行门头沟区文联志愿者服务站揭牌仪式。

（叶金玉）

【机关建设】 1月21日，与区总工会共同主办“门头沟区艺术之家”揭牌仪式。基层工会代表、所属协会负责人和会员代表共80余人参加活动。8月15日，区文联机关办公地点由“门头沟区新桥大街23号”迁址到“门头沟区剧场东街12号（区老干部局院内）”。11月22日，在区总工会召开学习贯彻党的十七届六中全会精神座谈会，所属13个协（学）会主席、秘书长，及区文联机关全体人员参加座谈会。12月8日，召开第三届第三次理事会，增加2名文联理事，增补1名文联常务副主席，1名文联副主席。

（叶金玉）

【协（学）会开展系列文化活动】 1月21日，书法家协会到总参驻区61096部队书法拥军，共创作100余幅书画作品。中国书法家协会名誉主席姜世禄出席活动。1月，楹联学会组织写春联送祝福活动同时讲解春联知识，激发村民对传统节庆文化的兴趣。3月22日至27日，由北京市公安文联、市公安局门头沟分局共同主办的“翰墨颂英魂——首都公安民警康阿青书法作品展”在劳动人民文化宫西配殿举行，展出区、书法家协会主席康阿青书法作品77幅，共有3000余人来参观。是月，与河北省卢龙县书法家协会、云南机场集团联合主办“浓情中秋，情系卢龙”三地书法联展，共送展作品26幅。4月16日，枫林文学社举行“风情三月，听花开的声音”沙龙活动。4月29日至5月5日，民间艺术家协会参加北海公园举办的北京市第十四届根石艺术优秀作品展，共有13件根石艺术作品参展，金奖4件，银奖2件，铜奖4件。5月，戏剧家协会承办“门头沟区庆祝中国共产党成立90周年”戏曲演出周。6月12日，中国诗歌学会和总后油料研究所共同在总后油料研究所举办“战士胡松夏长诗《烈火青山》作品研讨会”。中国作协书记处书记、《诗刊》主编高洪波和中国作协副主席陈建功出席研讨会。6月12日，由致公党门头沟支部、北京龙泉今子书画院、东辛房小学、东辛房村党支部、作家协会枫林文学社在东辛房小学共同举办的庆祝中国共产党成立90周年“笔歌墨舞颂中华”书画笔会，创作书画作品20余幅。6月，在滨河文化广场举行“妙趣天成巧夺天工”民间艺术展，庆祝第六个文化遗产日。6月，与书法家协会共同承办“永远跟党走——门头沟区庆祝中国共产党成立90周年90米书画长卷创作工程”。7月15日至17日，在深圳参加2011 WDCWORLDCUP标准舞、拉丁舞第三届世界杯比赛。8月4日，区政协委员一行11人，到北京永定河文化研究会调研和视察，考察石佛村的摩崖石佛造像群、全国重点文物保护单位三家店龙王庙、门头沟的特色桥梁建筑、琉璃渠村的厂商宅院和一处明代的琉璃烧造遗址及出土文物。12日，区领导王洪钟视察文化工作。并与文化界人士座谈。22日至26日，组织专家学者对永定河源头山西管涔山进行实地考察。沿永定河主要支流桑干河溯源而上，重点考察了流域内的地形地貌、河流生态环境与文化景观。23日，在陶然亭公园酒店召开硬笔书法学会座谈会。9月7日，研究会举行《京华风情》丛书的新闻座谈会，《北京日报》等北京几家主流媒体参加，并对丛书进行了大篇幅详细的报道。《京华风情》丛书历时一年时间，真实呈现老北京二三十年代的百姓市井生活。10月21日，参加由北京学研究基地主办的“地方学与地方文化——理论建设与人才培养学术研讨会”，与会专家学者探讨地方学与地方文化研究的理论问题，尤其是永定河文化研究与门头沟地方经济发展结合的问题。年内，北京永定河文化研究会，编辑出版《古村落》杂志4期，为全区乃至全国的古村落的研究及保护提供了重要资料和依据。与区委宣传部、文委、广电中心、京西时报、图书馆联合举办《永定河文化访谈录》系列节目，全年52期。年内，赵永高编著的《京西老物件》由中国博雅出版社出版发行。北京京西古道文化发展协会，年内，发表论文《永定河文化中的线形文化遗产》和《北京地方文化载体之——京西古道》，配合中国气象台“地理探奇”栏目组摄制“古道蹄窝探奇”节目，出版“斋堂文化丛书”之《古道商贸》和《千军台、庄户幡会》。年内，在北京市文学艺术界联合会与首都绿化委员会办公室在联合主办了“纪念首都全民义务植树30周年”征文活动中，组织选送稿件16篇，其中二等奖2篇、三等奖5篇、鼓励奖5篇。中国作家协会会员、区作家协会会员、青年军旅诗人胡松夏创作的长诗《烈火青山》出版，北京作家协会会员、区作协副主席张孚创作的长篇小说《把式甄六爷》由金城出版社出版；中国作协会员、区作协名誉主席马淑琴的散文集《书琴散文》由金城出版社出版。年内，音乐家协会承办“党的光辉照我心——2011年北京市区县、行业文联优秀文艺节目展演”活动并获奖。年内，摄影家协会，全年举办摄影文化沙龙活动7次。

（叶金玉　赵　欣）

【人才培育工程】　3月30日，在区总工会举行作家协会小说创作讲座，国家一级作家、北京作家协会会员百延庆担任主讲。9月5日，与市文联、北京作协在区总工会共同召开“北京作协贯彻‘走转改’与门头沟作者座谈会”。北京市文联党组书记、副书记，区领导姚忠阳出席座谈会。北京作协的作家听取了基层作家队伍建设和创作中所遇到的问题，并与门头沟的基层作者接成5个对子，用帮带形式提高基层作者的创作水平。市文联和北京作协还向区文联赠送了由北京作协作家创作的各类图书。会后，举办文学讲座和采风活动。北京作协合同制作家、理事，第二届老舍文学奖获得者，现任《十月》杂志副主编宁肯担任主讲，向基层文学爱好者讲授文学知识和创作技巧。

（叶金玉）

【庆祝建党90周年系列活动】　5月3日至8日，与区文委在区影剧院共同主办“门头沟区庆祝中国共产党成立90周年”戏曲演出周，共演出6天，包括山乡戏曲燕家台梆子和柏峪燕歌戏、河北梆子专场、京剧专场、评剧集锦、国家京剧院专场6场演出。区内7支业余剧团：清水镇燕家台山梆子业余剧团、斋堂镇柏峪社员剧团、火焰河北梆子剧团、京韵京剧团、玉林评剧团、南路一评剧团、西辛房民间艺术团戏曲表演队及1支专业院团国家京剧院参加演出，来自农村、社区、机关、企事业单位的5600余观众观看演出。6月10日，与区直机关工委、广电中心、大峪中学分校在区教委联合举办“最美的诗歌献给党——门头沟区庆祝中国共产党成立90周年诗歌朗诵会”，朗诵主题原创诗歌16首。解放军总政放剧团、著名表演艺术家杜宁林现场朗诵。区广电中心、区直机关、大峪中学分校的干部、师生代表40余人，来自区直机关工委的机关干部50余人，区文联协（学）会代表30余人，大峪中学分校师生200余人参加活动。21日，与区委组织部、宣传部、总工会在区总工会共同主办“永远跟党走——门头沟区庆祝中国共产党成立90周年90米书画长卷创作笔会”。书法家协会和美术家协会的艺术家以每10年为一个年代，从中精心选摘5个故事或重要事件，9个年代共45个故事或事件，根据故事情节在每幅为长1米、宽62厘米的宣纸上创作一篇书法作品或一幅图画，共同完成“永远跟党走——门头沟区庆祝中国共产党成立90周年90米书画长卷”创作工程。这里的“90”米代表伟大的中国共产党的90华诞，“62”代表我们即将迎来中华人民共和国成立62周年。23日，在京西山区中共第一党支部旧址教育基地举行曹长旭先生捐赠崔显芳烈士雕像仪式。是月，出版《绽放》——庆祝中国共产党成立90周年百花山专刊，创作庆祝中国共产党成立90周年歌曲《为你更美》和《旗帜》并形成MV进行宣传展播。7月，区文联荣获北京市纪念建党90周年宣传工作先进集体称号。

（叶金玉）

【领导调研】　12月13日，区领导洪家志到区文联调研指导工作。

（叶金玉）

【纪念《百花山》创刊十周年】　12月28日，举行纪念《百花山》十周年座谈会暨“聚星杯”我与《百花山》征文颁奖仪式。《百花山文艺》期刊前身《百花山》文学小报，创刊于2001年，为季刊，2004年改为双月刊，截止年底已出版60期，以及专刊、特刊共17期。

（叶金玉）

【《百花山文艺》期刊】 年内，共出版《百花山文艺》期刊6期和《东辛房》、《绽放》（建党90周年专刊）共8期。

（叶金玉）

门头沟区红十字会

【概况】 年内，门头沟区红十字会（简称区红会）围绕区委、区政府加大保障和改善民生力度，全面提高社会建设水平，加强和创新社会管理，全力维护社会稳定的工作要求，在市红十字会的指导下，围绕应急救护、赈济救助、志愿服务、文化传播和组织创新五大传统项目，立足服务全区社会经济建设，抢抓机遇，突出重点，寻求亮点，完成了全年的各项工作任务。依法开展了“博爱在京城”募捐活动，全年共募集善款1652184元；在北京市红十字会的支援下，在“两节”、“七一”和“重阳节”等节日开展慰问以及用于遭受火灾、交通事故、食物中毒、大病等特困人群的救助款物达212.3万余元；全区278个村居委会和42所学校全部建立基层组织，红十字组织基本覆盖全区，初步建立了“三级”红十字工作体系；各级红会组织新发展会员1769人，招募志愿者1715人。区红会分别荣获北京市敬老先进单位、区委区政府颁发的三项赛事最佳保障单位的荣誉称号。

单位名称：北京市门头沟区红十字会

地　　址：北京市门头沟区大峪南路6号

电　　话：69843746　69844406

邮　　编：102300

（刘　强）

【救护培训工作】 年初，与区应急委联合制定下发了《关于进一步加强门头沟区应急救护知识与技能培训工作的通知》，将救护培训工作纳入区委组织部主办的领导干部周末大课堂，还在天山陵园殡葬服务处、全区妇女干部中开展了培训。在区人力资源和社会保障局、国资委、教委系统和部分镇街、区属单位举办救护培训班56期，3000人取得了急救员证书，普及培训8200人。

（刘　强）

【开展“两节送温暖”活动】 1月7日，区红会“博爱送万家、红十字在行动”——“两节”期间送温暖主题活动在王平镇启动。市、区领导出席启动仪式，并向困难群众发放了慰问金及粮油、棉衣、棉被等慰问物品。在为期1个月的慰问活动中，区红会共发放了76.08万元慰问款物，其中现金慰问款42万元，米面油等救助物资总计31.25吨，为全区2000余户困难群众送去了红十字的关爱，惠及贫困群众6000余人。12月14日，区红会2012年“博爱送万家、红十字在行动”两节送温暖活动启动仪式在王平镇敬老院举行。会后，对全区“两节”送温暖活动进行了部署，并向各镇、街红会、红十字各工委及受助困难群众发放了慰问金和慰问品。

（刘　强）

【召开募捐动员会暨理事会议】 3月24日，召开2011年度“博爱在京城”募捐动员大会暨六届二次理事会。会上对2010年募捐先进单位进行了表彰，对2011年度募捐工作进行了部署和动员。六届理事会全体理事（会议）审议通过了《关于更换和增补理事、常务理事的报告》、《门头沟区红十字会2010年度工作报告》和《门头沟区红十字会2010年度募捐款收支情况报告》。姚忠阳出席会议并提出具体要求。

（刘　强）

【开展机关环境“双建”工作】 4月25日，召开城乡环境整治百日行动“文明机关创建专项行动”动员部署会。26日，开展了办公环境集中整治工作。区红会按照机关创建专项行动考评标准，开展机关“软环境”建设，树文明机关、节约机关、服务机关形象。

（刘　强）

【纪念“五·八”世界红十字日】 5月7日，与区卫生局、团区委、大峪街道、龙泉镇在体育馆门前开展了纪念第64个“五·八”世界红十字日宣传活动。向过往行人发放宣传材料。区中医院2名医务志愿者开展了量血压等义诊服务。此次活动共发放《红十字会法》、画报和急救知识光盘等15种宣传材料2.5万份。

（刘　强）

【开展博爱校园行活动】 5月26日，在北京第二实验小学永定分校举行了博爱校园行活动。北京精雕科技有限公司向北京第二实验小学永定分校、大峪一小、大峪二小和育园小学4所学校捐助图书近5000册，建立了博爱书屋，并向120名在校优秀生捐助了书包等学习用具，总计价值8万余元。区红会与精雕、区教委签订了定向捐助长期合作协议书。

（刘　强）

【慰问活动】　世界精神卫生日期间，对龙泉医院的精神病人进行慰问。“六一”前夕，慰问区内福利园的孤残儿童，为他们送去3000元慰问款。7月14日，拨付救助款4万元，由区领导陈国才带队慰问清水镇龙王村建国前困难老党员。酷暑时节，对天马轴承厂锻压等4个高温车间进行慰问，为一线生产工人送去了药品、急救包和茶叶等慰问物资。八一期间，由区领导姚忠阳带队，对区消防中队官兵开展了慰问活动。教师节期间，开展了特困教师救助慰问活动，向新桥路中学、育园中学、大峪中学等部分学校的特困特优教师发放了慰问金。重阳节期间，会同区老龄委对8位百岁老人进行了走访慰问，为他们送去了慰问金和慰问品，同时向雁翅镇、王平镇等镇办敬老院的孤残老人发放了慰问金。

（刘　强）

【宣传工作】　5月11日，参加全区在滨河广场举办的“防灾减灾，从我做起”大型宣传活动，现场发放宣传材料并开展心肺复苏及包扎等急救技术演练。9月10日，在区影剧院广场前举办了世界急救日宣传活动。由大峪、东辛房、城子办事处和龙泉镇抽调20名应急救援队员统一着装，为现场群众演示止血、包扎、固定、搬运四大技术和心肺复苏术，近300名过往群众参与。12月1日，与区防治艾滋病工作委员会其他成员单位在区体育馆前开展了“遏制艾滋、履行承诺”大型主题宣传活动。年内，在区电视台播发红十字活动信息19条57次，在《京郊日报》、《京西时报》和《中国红十字报》、《北京红十字报》、区政府网站等报刊刊登信息60余篇。

（刘　强）

【开展党员共建活动】　7月8号，西城区红会一行8人到区红会开展党员共建活动，两支部党员进行了座谈，并到区红会帮扶村——四道桥建立的党员教育基地进行联谊，与村里的党员进行座谈。西城红会捐赠了5万元慰问款，用于支持山区农村及培育和发展党员基地建设。

（刘　强）

【市侨联捐赠药品】　7月28号，北京市侨联在区红会举办了药品捐赠仪式，向区红会捐赠价值10.5万元的药品。区领导侯建华、姚忠阳出席仪式。区红会通过社区医疗中心，将药品发放到各社区医院，用于贫困人群的就诊治疗。

（刘　强）

【参加红十字电视知识竞赛】　7月29日，区红会从社区选派了12名红十字会员，参加了市红会举办的《我的红十字》第三届红十字电视知识竞赛，荣获最佳参与奖。

（刘　强）

【领导调研】　8月25日，市红十字会秘书长一行到区红会开展工作调研。区红会会长介绍了上半年的工作亮点，对下半年的工作安排进行了汇报，市领导肯定了区红会的工作，并提出了具体要求。11月27日，区领导洪家志到区红会调研，区红会会长汇报了“六代会”以来在组织建设、募捐救助、救护培训、宣传传播、红十字青少年等方面工作及2012年工作计划，洪家志对此表示肯定并对以后工作提出具体要求。12月12日，区领导韩子荣、丁勇、洪家志听取了区红会工作汇报。

（刘　强）

【志愿服务徒步大会】　9月9日至11日，区红会负责第二届北京国际山地徒步大会工作人员的供餐保障任务。抽调60名红十字志愿者，在赛事沿途斋堂中学、高铺导弹营、沿河城林业站设立了3个供餐站点，协调6辆餐车，为会务人员提供了3200份供餐服务，荣获了区委、区政府颁发的三项赛事最佳保障单位的荣誉称号。

（刘　强）

【志愿者捐献造血干细胞】　9月16日，开展了宣传捐献造血干细胞知识及血样采集入库活动，各镇、街及工委系统红十字会干部、志愿者等228人参加了活动。经过筛选，140名适龄市民接受了造血干细胞血样采集，加入了中华骨髓库志愿者的行列，为白血病等血液病患者提供检索配型。

（刘　强）

【健促校通过验收】　9月24日，申报北京市健康促进校的14所学校全部通过市检查组验收。至此区内42所学校全部创建健康促进校。

（刘　强）

【举办红十字基本知识培训班】　11月17日至18日，举办了两期国际红十字运动基本知识培训班。各镇、街红十字会及各红十字工委主管领导、秘书长、专干，以及各村、居和各学校红十字会主管领导近400人参加了培训。原中国红十字会总会处长就红十字运动的起源与发展、组织机构与职责、标志的由来与发展、中国红十字事业等方面进行了授课。

（刘　强）

【召开年终总结表彰会】　12月5日，召开了2011年度门头沟区红十字系统总结表彰大会。会上，总结了2011年的工作，公布了2012年的工作计划，并对17个基层先进个人进行了表彰。

（刘　强）

【召开企业答谢会】　12月26日，举办的“感恩、共赢、超越——2011年度热心企业答谢会”在信翔生态园举行。会上，为获奖企业颁奖。会长介绍了区红会2008年以来所取得的工作成绩及募捐款的使用情况。全区29个企业代表、区工商联及各镇、街红会和红十字各工委的主管领导参加活动。

（刘　强）

【定向捐赠】　年内，北京精雕科技有限公司、北京龙泉今子农业科技有限公司、北京市侨联、北京华商会、致公党门头沟支部等单位，通过区红会开展定向捐资助学、社区助医、文化传承等社会公益类项目，实现捐赠款物价值75万元。

（刘　强）

【交流与合作】　年内，先后与房山、平谷、大兴等兄弟区县红会开展交流座谈，实地观摩救护演练等活动，并与西城区红十字会签订了手拉手协议。

（刘　强）

【76户特困家庭获得救助】　年内，共接到76份救助申请，其中除了部分因遭遇意外火灾和交通事故外，更多的是因患白血病、癌症、心脏病、尿毒症等大病住院致使家庭陷入困境而申请救助，区红会累计为特困家庭支付救助款43.35万元。

（刘　强）

【募捐工作】　年内，共募集善款1652184元，其中为日本、云南地震等自然灾害捐款4.1万元，定向捐款68.48万元，为“博爱在京城”系列活动捐款926384元。

（刘　强）

【发放少儿大病救助金】　年内，累计拨付救助款16万元为全区16名符合救助条件的白血病、血友病、再生障碍性贫血、肾衰竭、恶性肿瘤等五种大病患病少儿每人发放1万元救助款和儿童玩具。

（刘　强）

政权 政协

北京市门头沟区人民代表大会常务委员会

【概述】 北京市门头沟区人民代表大会常务委员会（简称区人大），机构设有内务司法工作委员会、财政经济工作委员会、城乡建设环保工作委员会、教科文卫工作委员会、农村工作委员会、代表联络工作室（市代表联络工作处）、办公室（研究室），办公机构设信访接待科和文秘信息科。第十四届常务委员会截至2011年11月底届满，共有代表161名，常委会委员24名。第十五届常委会共产生代表168名，常委会委员27名。

年内，在区委的领导下，区人大常委会坚持以科学发展观为指导，贯彻落实市、区委第三次人大工作会议精神，围绕全区工作大局依法行使职权，执行区十四届人大七次会议决议，着眼于发挥人大制度优势和提高人大工作质量，开拓进取，完善工作方式，增强工作实效，完成了全年常委会工作计划。

单位名称：北京市门头沟区人大常委会

地　　址：北京市门头沟区新桥大街36号

电　　话：69842136

邮　　编：102300

（安文娴）

【区第十四届人大七次会议】 1月4日至8日，北京市门头沟区第十四届人民代表大会第七次会议召开。会上决定和批准了《门头沟区人民政府工作报告》、《关于门头沟区2010年国民经济和社会发展计划执行情况和2011年国民经济和社会发展计划的报告》、《关于门头沟区2010年财政预算执行情况和2011年财政预算的报告》、《门头沟区人大常委会工作报告》、《门头沟区人民法院工作报告》、《门头沟区人民检察院工作报告》等六项决议；通过了北京市门头沟区第十四届人民代表大会第七次会议补选办法，补选张乐春为门头沟区第十四届人民代表大会常务委员会副主任；听取了北京市门头沟区第十四届人民代表大会常务委员会代表资格审查委员会关于代表变动情况的报告；听取了北京市门头沟区第十四届人民代表大会第七次会议议案审查委员会关于代表议案的审查报告；通过了门头沟区第十四届人民代表大会第七次会议选举办法。

（安文娴）

【区第十五届人大一次会议】 12月17日至21日，北京市门头沟区第十五届人民代表大会第一次会议召开。经北京市门头沟区第十五届人民代表大会第一次会议2011年12月21日选举：韩子荣（女）、罗斌当选为北京市第十三届人民代表大会代表，报北京市人大常委会代表资格审查委员会；罗斌当选为门头沟区第十五届人民代表大会常务委员会主任；韩生辉、谭杰、侯建华、许彪、李轶（女）当选为门头沟区第十五届人民代表大会常务委员会副主任；史宗宪、吕增宝、朱凯、任继明、刘伟、刘杰、李永泽（女）、李铮、李彩霞（女）、李维兴、杨国强、杨春玲（女）、张竞先、陈世杰、贺其明、高见、高帮利、梁文、董建忠、蔡传英（女）、蔚飞（回族）当选为门头沟区第十五届人民代表大会常务委员会委员；王洪钟当选为门头沟区人民政府区长；陈国才、张永、郑伟革、李昕（女）、洪家志（土家族）、张满仓当选为门头沟区人民政府副区长；靳学军当选为门头沟区人民法院院长；许晓闽当选为门头沟区人民检察院检察长，报经市人民检察院检察长提请市人大常委会批准。会上决定和批准了《门头沟区人民政府工作报告》、《关于门头沟区2011年国民经济和社会发展计划执行情况和2012年国民经济和社会发展计划的报告》、《关于门头沟区2011年财政预算执行情况和2012年财政预算的报告》、《门头沟区人大常委会工作报告》、《门头沟区人民法院工作报告》、《门头沟区人民检察院工作报告》等六项决议。

（安文娴）

【十四届人大常委会会议】 1月14日，门头沟区第十四届人大常委会第四十七次会议召开。常委会组成人员20人出席会议。会上进行了人事任免事项。依法接受了聂文玉因年龄原因辞去门头沟区十四届人大常委会副主任职务的请求，并报门头沟区人民代表大会备案。2月15日，门头沟区第十四届人大常委会第四十八次会议召开。常委会组成人员18人出席会议。会上进行了三项议程：一、讨论通过了区人大常委会2010年工作要点，决定将该要点报区委常委会研究。二、进行了人事任免事项。三、传达了北京市第十三届人大四次会议精神。简要介绍了郭金龙市长作的政府工作报告和杜德印主任作的人大常委会工作报告的主要内容，大会议案、意见、建议提交情况和门头沟代表团在大会上的活动情况，传达了市委书记刘淇在大会闭幕式上的重要讲话。3月28日，门头沟区第十四届人大常委会第四十九次会议召开。常委会组成人员20人出席会议。会上进行了四项议程：1、听取和审议了李昕所作的《门头沟区人民政府关于人口和计划生育工作情况的报告》和区人大常委会教科文卫委员会对该报告的初审意见。2、听取了区人大常委会代表联络室主任作的《关于区十四届人大七次会议代表“建议、批评和意见”交办情况的报告》。3、讨论通过了《门头沟区人大常委会关于加强和改进镇人大工作的指导意见》。4、进行了人事任免。6月28日，门头沟区第十四届人大常委会第五十次会议召开。常委会成员19人出席会议。会上进行了三项议程：一、听取和审议了罗斌所作的《关于门头沟区2010年财政决算的报告》、区审计局局长受区政府委托所作的《关于门头沟区2010年度本级预算执行和其他财政收支情况的审计工作报告》，听取了区人大常委会财经工作委员会对上述报告的初审意见，讨论了区财政局提交的关于财政支出绩效管理工作情况的书面报告。二、听取和审议了付兆庚所作的关于编制《门头沟区关于开展法制宣传教育的第六个五年规划（2011－2015）》的报告，听取了区人大内务司法工作委员会对区内“六五”普法规划编制情况的调研意见。三、进行了人事任免事项。8月3日，门头沟区第十四届人大常委会第五十一次会议召开。常委会组成人员21人出席会议。会上审议了区政府关于2011年上半年国民经济和社会发展计划执行情况的报告和区政府关于2011年上半年财政预算执行情况的报告，听取了区人大六个调研组关于上半年工作的专题调研报告和区人大代表在分组讨论中对半年工作提出的意见和建议。8月9日，门头沟区第十四届人大常委会第五十二次会议召开。常委会组成人员22人出席会议。会上进行了八项议程：一、通报了《北京市门头沟区人大常委会党组关于区、镇人民代表大会换届选举的工作计划》。二、讨论通过了《北京市门头沟区人大常委会关于区、镇人民代表大会换届选举有关事项的决定》。三、任命了门头沟区选举委员会主任、副主任、委员。四、任命了潭柘寺等9个镇的选举工作委员会组成人员。五、决定授权区人大常委会主任会议在换届选举期间代行任免区、镇人大换届选举委员会组成人员的职权，并向下一次区人大常委会报告。六、讨论通过了《北京市门头沟区人大常委会关于驻军选举区人大代表名额的决定》。七、进行了人事任免事项。八、何震芳通报了区政府召开“落实区人大常委会第五十一次会议精神，推进重点工程进展”专题会议的情况。10月14日，门头沟区第十四届人大常委会第五十三次会议召开。常委会组成人员19人出席会议，会上进行了三项议程：一、听取和审议了郑伟革所作的《门头沟人民政府关于解决农村能源问题议案办理情况的报告》，听取了区人大农村工作委员会对该报告的初审意见。二、听取和审议了郑伟革所作的《门头沟人民政府关于采空棚户区改造建设情况的报告》，听取了区人大常委会城乡建设环保工作委员会对上述报告的初审意见。三、进行了人事任免事项。11月21日，门头沟区第十四届人大常委会第五十四次会议召开。常委会组成人员共19人出席会议。会上进行了五项议程：一、听取了区选举委员会办公室副主任、组织组组长所作的关于新一届区人大代表选举工作情况的报告，听取了区人大常委会内务司法工作委员会主任作的关于新一届镇人大代表选举工作情况的报告。二、听取了区十四届人民代表大会代表资格审查委员会副主任委员所作的关于新当选区人大代表资格审查情况的报告。三、听取了区人大常委会主任会议关于任免被确定为正式代表候选人的区、镇两级选举委员会组成人员辞去在区、镇选委会所任职务情况的报告。四、研究了关于召开门头沟区第十五届人民代表大会第一次会议的有关事项。五、讨论通过了《门头沟区人大常委会工作报告（征求意见稿）》，决定将该报告作进一步修改后，提交门头沟区第十五届人民代表大会第一次会议代表会前活动讨论。11月30日，门头沟区第十四届人大常委会第五十五次会议召开。常委会组成人员共21人出席会议。会上进行了四项议程：一、书面审查了门头沟区人民政府关于落实《区人大常委会关于对区政府贯彻实施<中华人民共和国文物保护法>情况报告的审议意见》的整改报告、门头沟区人民政府关于落实《区人大常委会执法检查组检查我区〈中华人民共和国村民委员会组织法〉实施情况报告的审议意见〉的整改报告、门头沟区人民政府关于落实《区人大常委会关于门头沟区人民政府“十一五”期间生态修复情况的审议意见》的整改报告，分别听取了区人大常委会教科文卫工作委员会委、内务司法工作委员会和城建环保工作委员会对政府上述整改工作情况的调研意见。二、听取了区政府办公室副主任作的《门头沟区人民政府关于区十四届人大七次会议代表建议、批评和意见办理情况的报告》和区人大代表联络室主任作的《关于区十四届人大七次会议代表“建议、批评和意见”办理情况的报告》。三、讨论了《北京市门头沟区第十五届人民代表大会第一次会议选举办法（草案）》，决定将该草案提交门头沟区第十五届人民代表大会第一次会议代表会前活动讨论。四、进行了人事任免。

（安文娴）

【区、镇人民代表大会换届选举工作会议】 8月11日，门头沟区选举委员会第一次会议召开。会议通过：一、根据市委、市人大常委会关于换届选举工作的部署，结合全区实际情况，经区选举委员会研究，对区、镇人民代表大会换届选举工作的指导思想、时间安排、选举机构、选区划分、代表名额和构成要求、进一步优化区人大常委会组成人员结构、加强对换届选举工作的领导、抓好换届选举的宣传工作、选举工作人员的抽调和培训等工作做出安排。二、决定将2011年11月8日定为选举门头沟区第十五届人民代表大会代表的投票选举日。三、决定区选举委员会设立14个分会；四、决定授予区选举委员会各分会职权如下：主持辖区内或系统内区人民代表大会代表的选举；组织选民登记、审查选民资格，公布选民名单，发选民证；划分辖区内或系统内的选区，分配各选区应选区人民代表大会代表的名额，报区选举委员会批准；汇总代表候选人名单，报区选举委员会后公布，根据较多数选民的意见，报区选举委员会确定后公布正式代表候选人名单；主持投票选举和计票，报区选举委员会确定选举结果是否有效，公布当选代表名单；设立分会办公室，办理选举的具体事务，任命分会办公室主任、副主任，报区选办备案；设立选区工作组，办理选区内的选举事务，任命选区工作组组长、副组长，报区选办备案。任命了潭柘寺镇等14个分会主任、副主任、委员名单；五、通过了区选举委员会办公室组成人员名单及工作任务。9月2日，门头沟区选举委员会第二次会议召开。一、决定了各分会应选举门头沟区第十五届人民代表大会代表名额分配为潭柘寺镇分会6名；永定镇分会17名；龙泉镇分会13名；军庄镇分会7名；妙峰山镇分会8名；王平镇分会7名；雁翅镇分会9名；斋堂镇分会12名；清水镇分会10名；大峪街道分会27名；城子街道分会17名；东辛房街道分会8名；大台街道分会5名；京煤集团分会19名。二、决定就选举区人大代表选区划分提出以下意见：根据北京市第十三届人民代表大会常务委员会第二十六次会议决定，区新一届区人民代表大会代表名额与届内相同，为168名。关于各分会选举新一届区人民代表大会代表名额分配，区选举委员会已作出决定并行文通知；选举新一届区人民代表大会代表的选区数基本与届内相同，除人口、单位明显增减、代表名额有变化的分会外，一般不作变动；结合实际，科学合理地划分选区；各分会要将选区名称、选区数量、选区人口数、选民人数、选区负责人报区选办。各镇要将两级选区名称，（大选区包含小选区名称）、选区数量、选区人口数、选民人数、选区负责人报区选办。9月9日，门头沟区选举委员会第三次会议召开。一、决定将区各政党、各人民团体联合推荐区第十五届人民代表大会代表候选人名额分配到各分会，请分会及时下达到各选区。区各政党、各人民团体联合推荐区第十五届人民代表大会代表候选人名单及基本情况，区选举委员会将于10月18日前后通知各分会，并由各分会介绍到选区。二、决定了选举门头沟区第十五届人民代表大会代表的构成比例。10月8日，门头沟区选举委员会第四次会议召开。决定了各选区应选举区第十五届人民代表大会代表名额（共85个选区，名额165名）。10月18日，门头沟区选举委员会第五次会议召开。一、决定接受门头沟区各政党、各人民团体关于区第十五届人民代表大会代表候选人的联合推荐书，接受韩子荣等42人为区第十五届人民代表大会代表候选人。二、作出了《北京市门头沟区选举委员会关于接受门头沟区各政党、各人民团体联合推荐区第十五届人大代表候选人并介绍到各分会的决定》。根据工作需要，对决定中介绍到各分会的代表候选人进行了个别调整。三、根据部分镇、街道主要负责人的变动情况，对潭柘寺镇等14个分会组成人员进行了调整。四、根据区有关部门的人事变动，为便于换届选举工作的开展，决定任命占永谦为门头沟区选举委员会办公室副主任，因工作变动，免去张慧琦的门头沟区选举委员会办公室副主任职务。10月23日，门头沟区选举委员会第六次会议召开。确认了区各政党、各人民团体联合推荐和14个分会85个选区选民联名推荐的韩子荣等460名区第十五届人民代表大会代表候选人的推荐程序符合法律规定。决定授权各分会于10月23日按选区公布代表候选人名单和基本情况，并于10月24日分别召开选民小组会议，协商确定正式代表候选人。10月31日，门头沟区选举委员会第七次会议召开。确认了区各政党、各人民团体联合推荐和14个分会85个选区选民联名推荐的韩子荣等251名区第十五届人民代表大会正式代表候选人的确定程序符合法律规定。决定授权各分会于11月1日按选区公布正式代表候选人名单和基本情况。11月9日，门头沟区选举委员会第八次会议召开。会议通过：11月8日，斋堂镇分会进行区人大代表选举，沿河联合选区应选代表1名，2名候选人得票均未超过半数；煤窝联合选区应选代表2名，3名候选人一名当选，另外2名候选人得票均未超过半数。根据《北京市区、县、乡、民族乡、镇人民代表大会代表选举实施细则》第五十四条之规定，经区选举委员会第8次会议研究决定，批准斋堂镇分会沿河联合选区、煤窝联合选区按法律程序另行选举，投票时间为11月9日上午，请组织实施，并于11月9日上午11：00前报告选举结果。11月10日，门头沟区选举委员会第九次会议召开。依法确认14个分会85个选区选举韩子荣等165名区第十五届人民代表大会代表的选举程序符合法律规定，选举有效。165名区第十五届人民代表大会当选代表中，各政党、各人民团体联合推荐42名，占当选总数的25.5%；选民十人联名推荐123名，占总数的74.5%；基层一线90名，占总数的54.5%；妇女58名，占总数的35.2%；党政干部60名，占总数的36.4%；少数民族4名，占总数的2.4%；中共党员123名，占总数的74.5%；民主党派2名，占总数的1.2%；无党派、归侨、台胞、宗教界40名，占总数的24.2%；非公经济代表人士4名，占总数的2.4%；区第十四届人大代表59名，占总数的35.8%；35岁以下13名，占总数的7.9%。决定授权各分会于2011年11月10日前，按选区公布门头沟区第十五届人民代表大会代表选举结果。

（安文娴）

【召开门头沟区人大常委会成立三十周年纪念大会】 3月7日，区人大举行纪念门头沟区人大常委会设立30周年大会。韩子荣、李慷云、王洪钟、高连广等区级领导和部分历届区人大常委会老领导出席大会。

（安文娴）

【《门头沟区人民代表大会志》出版发行】 10月17日，《门头沟区人民代表大会志》发行仪式在区总工会举行。韩子荣、李慷云、王洪钟等区四大部门领导出席会议，各镇、街党委书记、全体区人大代表、区人大机关工作人员等200余人参加会议。会上就《门头沟区人民代表大会志》的编纂情况向与会人员做了说明。

（安文娴）

北京市门头沟区人民政府

【概述】 年内，区政府在市委、市政府和区委的领导下，贯彻落实科学发展观，围绕区域功能定位，紧抓机遇，科学发展，全面落实区十四届人大及其常委会的各项决议，完成“十一五”规划，实现“十二五”规划的良好开局，全区经济社会发展取得重大成就。据统计，地区生产总值由2006年的51.4亿元增长到2011年的100亿元，年均增长14.2%；财政一般预算收入由7.3亿元增长到16.8亿元，增长1.3倍；累计完成全社会固定资产投资445.7亿元，年均增长44.3%；社会消费品零售额增长到2011年的38亿元，年均增长12%。2011年财政一般预算收入、固定资产投资同比分别增长57.4%和60%，增速均位居全市第一。关闭270个煤矿，结束了地区上千年的小煤窑开采史。非煤矿山、砂石企业、石灰土窑、煤矸石砖厂和水泥厂基本退出。全面禁止对生态环境带来破坏的养殖项目。节能减排成效显著，万元GDP能耗累计下降45.7%，二氧化硫排放量、化学需氧量分别削减31.7%和35.3%，超额完成“十一五”污染物总量削减任务。大力发展旅游文化休闲产业，成立旅游发展委员会，编制旅游文化休闲产业战略规划。完成北京旅游重组，启动北旅广场建设，实施潭柘寺、戒台寺、妙峰山景区修缮工程。启动中国非物质文化遗产博览园、南石洋大峡谷等重大项目建设。建成19个旅游港湾。成功举办北京市第七届农运会、国际山地徒步大会、环北京职业公路自行车赛等重大活动，地区吸引力不断增强，累计实现旅游收入44.6亿元。石龙开发区向总部经济孵化基地转型，昊华能源等4家公司实现上市，实施立思辰等6个总部大厦建设，基本完成开发区道路改造及绿化亮化工程。确立沟域经济发展思路，启动中芬生态谷、中瑞生态谷等重大生态产业项目建设，成立生态产业园区管委会，推进沟域经济及农业产业化发展。开展全方位招商引资，吸引中建股份、新华水利水电、中铁集团等大型企业入区投资，引进各类项目83个，协议金额突破2500亿元。项目落地资金超过150亿元，汇江大厦等10个项目开工建设，城子大街改造、北旅广场、物美河滩菜市场改造、河滩小商品市场改造等项目拆迁工作基本完成，长安街西延线12个标志性建筑正在抓紧办理前期手续，3个项目即将开工。

单位名称：北京市门头沟区人民政府
地　　址：北京市门头沟区新桥大街36号
电　　话：69844858
邮　　编：102300

（徐　旸）

【开展“走访慰问送温暖”活动】 1月10日，区领导刘云广、王洪钟、李慷云、高连广及四大部门领导分成12组，对部分困难户、老党员、劳模、优抚对象、残疾人、困难职工、失业人员等家庭进行了走访慰问。

（刘　畅）

【市领导调研】 1月11日，副市长丁向阳到区内调研。市旅游局局长张慧光，区领导王洪钟等参加调研。实地查看了区光荣院、石龙护养院和区医院，以及公共服务设施建设情况。听取了王洪钟关于全区经济社会发展情况的汇报。14日市发改委副主任到区内调研高压线改移工作。实地查看区高压线分布情况，并和区领导王洪钟等就高压线改移工作进行了专题研究。2月16日，市国土局局长带队到区内调研。深入研究解决当前在土地收储等方面存在的实际问题。3月3日，市人力社保局局长带队到区内调研。区领导韩子荣、王洪钟参加调研，听取了关于区人力资源和社会保障工作情况及下一步工作安排的汇报后。市人力社保局领导围绕门头沟区发展实际情况，在就业、人才引进、人才培训等方面的工作给予支持，为区经济社会发展做好服务。8日，副市长陈刚带队到区内调研。实地参观了军庄镇杨坨村农村住宅节能改造情况。王洪钟介绍了区农村住宅节能改造和山区清洁能源推广工作的基本情况。对门头沟区所做的工作，陈刚给予肯定。4月3日，市旅游发展委员会主任带队到区内调研。与区领导韩子荣、王洪钟到区内旅游咨询中心、京浪岛文化体育公园、妙峰山景区以及旅游休闲港湾等处进行实地考察，并听取了区旅游局关于区旅游业发展情况的汇报。5月19日，市委书记刘淇到区内调研。察看了永定河流域环境治理、城市公园建设、采空棚户区改造中门寺地块拆迁以及小白楼危改工程拆迁现场、长安街西延线规划路由、门头沟新城规划等情况，听取了区经济社会发展的汇报。刘淇对全区的工作给予了肯定，并提出要求。7月21日，北京市河道生态建设现场会在区内召开。副市长夏占义、区领导韩子荣、王洪钟，市相关委办局及各区县主管领导出席会议。王洪钟做典型发言，介绍了区内立足生态涵养，以水务促发展，以水务惠民生取得的成效及主要经验。8月3日，市法制办主任到区内调研。实地视察了石门营棚户区安置房、永定河观景台等地，并就《国有土地上房屋征收与补偿条例》实施情况与区内进行了座谈，王洪钟参加座谈。12日，市文物局局长到区内调研。并听取了区文物保护工作的汇报。22日，市发改委主任到区内调研。实地查看了采空棚户区石门营安置房地块、中门寺沟、永定河观景台等地，听取了区发改委、区规划分局关于区发展和项目进展情况的汇报。9月26日，副市长刘敬民到区内考察2011年首届环北京职业公路自行车赛组织筹备工作。市体育局局长、区领导韩子荣及市相关委办局、各区县领导陪同考察。实地查看了区永定河文化广场、绿岛家园、永定河观景台、龙泉宾馆及沿线赛段的筹备情况，并听取了赛事安排、人员筹备、文化活动、转场方案、道路修缮、竞赛器材准备等工作及下一步工作安排的汇报。10月18日，副市长丁向阳到区内调研。区领导韩子荣、王洪钟等参加调研。实地查看了潭柘寺景区、冯村沟生态治理现场、永定河观景台和水担路旅游港湾，听取了韩子荣关于全区经济社会发展和旅游文化产业发展情况的介绍。26日，市科委主任带队到区内调研。与区领导韩子荣、王洪钟等听取了区科委关于区生态修复、特色果品发展等方面的专题汇报，并就科技支撑区新兴产业发展、高新技术产业发展等问题进行了讨论。11月9日，市人大常委会委员到区内视察西部地区转型发展工作。市人大常委会副主任吴世雄，市发改委等市有关部门领导，石景山区、丰台区、房山区有关领导和区领导韩子荣、王洪钟参加视察活动，并实地视察了冯村沟生态整治工程、永定河门城湖景观公园建设情况。18日，市住建委主任到区内调研。听取了区住建委的工作汇报，并就棚户区改造、保障房建设等工作进行了座谈。19日，市委常委、常务副市长吉林到区内调研。实地视察了区棚户区改造、长安街沿线招商项目、滨水商务区规划、城市建设等工作，并听取了工作汇报。区领导韩子荣、王洪钟同志调研。12月24日，天津市副市长李文喜率团到区内参观考察永定河两岸改造情况。实地参观了区滨河世纪广场和永定河观景台，听取了市区有关部门关于永定河两岸改造情况的简要汇报。李文喜对区内的城市建设、永定河治理等工作给予了肯定。北京市副市长夏占义，市有关部门领导和区领导韩子荣、王洪钟参加考察。

（信息科）

【举行缔结友好区县签约仪式】 1月11日，与重庆市彭水县缔结友好区县签约仪式。区领导王洪钟，彭水县县委副书记、副县长等出席仪式。区发改委介绍了区经济社会发展情况，并代表全区与彭水县签订了友好区县合作框架协议。

（刘　畅）

【举行新春联谊会】 1月13日，与首钢总公司举行迎新春联谊会。区领导王洪钟等首钢总公司领导出席联谊会。王洪钟介绍了区内经济社会发展情况及当前的良好发展形势。规划分局汇报了门头沟新城城市规划情况。

（刘　畅）

【举行座谈仪式】 1月17日，与海航集团进行座谈。王洪钟介绍了区内当前发展的良好形势，并对海航集团到区考察投资表示欢迎。双方就旅游服务及配套产业、公务机、物流及金融服务业等领域的合作意向进行了洽商。

（肖　健）

【举行产业孵化中心竣工庆典】 1月18日，石龙经济开发区产业孵化中心一期竣工入驻庆典举行。区领导王洪钟等出席庆典。

（潘明明）

【召开S1线拆迁工作会】 1月18日，召开S1线拆迁工作会。区领导王洪钟等出席会议，并听取了相关单位关于拆迁工作进展情况的汇报。

（肖　健）

【召开保障房建设工作专题会】 1月20日，召开保障房建设工作专题会。区领导王洪钟等出席会议，听取了住建委的工作汇报。王洪钟要求各相关单位进一步提高对保障性住房建设工作的认识，加快各保障性住房项目推进。

（肖　健）

【与美国切诺基公司举行座谈】 1月20日，区政府与美国切诺基公司举行座谈。区领导王洪钟等，中美可持续发展中心美方理事长、美国切诺基投资公司、麦克唐纳建筑设计事务所总裁等出席会议。会上介绍了中芬生态谷的基本情况。双方就中芬生态谷项目在技术应用、产业开发等方面进行了探讨。

（潘明明）

【与企业家举行新春联谊】 1月22日，与企业家举行新春联谊。区领导王洪钟等区四大部门领导出席联谊会。王洪钟代表区政府介绍了区内发展情况。区领导共同点亮“携手共赢”冰雕主题，并向4家驻区企业颁发奖金。

（刘　畅）

【举行签约仪式】 1月22日，与北京万科、中航国际、上海亿丰、上海正阳四家国内知名企业举行签约仪式。区领导王洪钟等出席签约仪式，翟云峰分别与北京万科企业股份有限公司、中航国际集团有限公司、上海亿丰企业有限公司和上海正阳投资集团有限公司签署了《全面合作框架协议》。斋堂镇与北京万科企业股份有限公司签署了《斋堂镇古村落古道文化旅游产业聚集区战略合作框架协议》。

（刘　畅）

【举行新春团拜会】 1月26日，举行新春团拜会。区领导王洪钟、李慷云、高连广等及中央市属驻区单位、驻区部队领导出席团拜会。

（刘　畅）

【召开房屋征收工作动员会】 2月14日，召开小白楼二期危改工程土地一级开发项目房屋征收工作动员会。区领导王洪钟等出席会议。罗斌做拆迁工作动员。龙泉镇、大峪办事处、区拆迁办、区派干部代表等分别作了发言。

（肖　健）

【召开安全工作会】 2月17日，安全工作大会召开。区领导王洪钟、付兆庚出席了会议。区安监局等部门通报了全区安全生产工作情况并对下阶段工作进行了部署，会上对2010年度安全生产监管先进单位和先进个人进行了表彰，军庄镇等单位与区政府签订了安全生产目标管理责任书。

（刘　畅）

【签署土地一级开发框架协议】 2月25日，潭柘寺镇土地一级开发合作框架协议签约。区领导王洪钟、翟云峰、京投公司总经理田振清、京投银泰股份有限公司总裁程少良等出席签约仪式。双方代表签署了潭柘寺镇土地一级开发合作框架协议。

（刘　畅）

【召开棚改相关工作专题会】 2月27日，召开采空棚户区改造及BT项目有关工作专题会。王洪钟等听取了棚改中心、发改委、规划分局的工作汇报。区领导区王洪钟提出要求。

（肖　健）

【举行中芬生态谷合作签约仪式】 3月19日，中芬生态谷整体规划开发建设战略合作协议签约仪式举行。农业部副部长朱宝成和区领导韩子荣、王洪钟等出席签约仪式。王洪钟希望签约双方共同努力，加快完成投资管理公司的组建工作，聚集各领域人才，充分发挥专业优势，推动中芬生态谷项目尽早开工建设。

（肖　健）

【签署战略合作框架协议】 4月12日，与新华水利水电投资公司签署战略合作框架协议。区领导王洪钟、水利部综合事业局局长，新华水利水电投资公司总经理出席签约仪式。仪式上，与公司总经理签署了战略合作框架协议。

（潘明明）

【与物美集团举行座谈】 4月14日，与物美集团举行座谈。区领导王洪钟、罗斌听取了物美集团关于熙旺大厦物美大卖场的筹建情况，并要求各相关职能部门配合物美集团，做好服务，推动项目尽快开业经营。

（潘明明）

【召开转型发展工作动员部署会】 4月15日，召开推进西部地区转型发展工作动员部署会。常务副市长吉林，区领导韩子荣、王洪钟，市发改、规划、住建委、水务等部门及石景山、丰台、房山区、首钢、京煤集团主要领导出席会议，并实地参观了中门寺沟、黑河沟、门城湖治理及棚改安置房、福鼎公园建设情况。

（潘明明）

【与新东方教育科技集团座谈】 4月15日，与新东方教育科技集团举行座谈。区领导韩子荣、王洪钟、新东方教育科技集团董事长、副总裁参加座谈。听取了新东方教育科技集团希望在区内投资建设的情况汇报。

（肖　健）

【召开森林防火工作会】 5月3日，召开森林防火工作会。区领导王洪钟等出席会议，并听取了相关部门的工作汇报。王洪钟提出防火要求。

（肖　健）

【与国开行北京分行进行座谈】 5月10日，与国开行北京分行进行座谈。国开行北京分行行长，区领导王洪钟、罗斌出席会议。6月21日，双方再次进行座谈。

（肖　健）

【生态新区推介暨签约仪式举行】　5月18日，举行门头沟现代化生态新区推介暨签约仪式。区内对区域功能定位、产业发展目标和布局规划，以及石龙电子商务产业园、中芬生态谷、中瑞生态谷等3个项目进行了推介，并现场与台湾扬智科技股份有限公司、香港世茂集团、香港思源国际集团和联合国贸易网络北京中心4家企业及机构签署了战略合作协议。

（肖　健）

【捐赠仪式及签约仪式】　5月18日举行雅枫七星绿色家园置业有限公司向区政府捐赠仪式暨雅枫公园命名仪式、山地运动项目签约仪式。深圳市雅枫集团董事长苏锐彬及区领导王洪钟、罗斌及部分企业家出席签约仪式。罗斌与雅枫七星绿色家园置业有限公司总经理刘永开交接“雅枫公园标牌”，雅枫七星绿色家园置业有限公司向区政府捐款1000万元，并与清水镇政府签署《清水镇黄安坨山地运动项目合作框架协议》。

（肖　健）

【召开道路改造房屋征收动员会】　5月26日，召开城子大街国有资源整合升级改造暨东辛房东街等四条道路改造项目房屋征收动员部署会。区领导王洪钟、罗斌等出席会议。区委组织部宣读了此次抽调干部名单；区房屋征收办宣读征收工作方案；区纪委监察局宣布征收工作纪律。区相关单位做表态发言。（刘　畅）

【与京煤集团举行座谈】　6月20日，与京煤集团举行座谈。区领导王洪钟等，京煤集团领导出席会议。双方就进一步加快推进京煤集团相关项目达成共识。

（刘　畅）

【召开丽景长安产品发布会】　6月22日，召开京西WSD区域发展论坛暨首席生态新城丽景长安产品发布会。区领导王洪钟等、北京住总集团有限责任公司党委书记、董事长出席会议。发布会上，举行了丽景长安官网启动仪式，与会领导与现场记者就门头沟区独特的发展优势和丽景长安项目的基本情况进行了互动交流。

（刘　畅）

【与北京铁路局座谈】　6月28日，与北京铁路局举行座谈。区领导王洪钟，北京铁路局副局长出席会议，听取了国资委、市政市容委、房屋征收办关于城子大街国有资产整合升级改造等情况的汇报，并就推进项目建设等问题进行了研讨。

（刘　畅）

【举行定都阁建设工程奠基仪式】　7月3日，举行定都阁建设工程奠基仪式。区领导王洪钟等，京投银泰投资股份有限公司总裁出席仪式。仪式上，王洪钟宣布定都峰风景区定都阁工程正式奠基。

（刘　畅）

【召开区属重点企业座谈会】　7月5日，召开区属重点企业座谈会。区领导王洪钟出席会议，听取了有关职能部门的工作汇报，与部分企业代表进行了座谈。

（刘　畅）

【举行投资建设回购签约仪式】　7月13日，区政府与中建京西建设发展有限公司座谈会议暨《BT项目投资建设回购合同》签约仪式。区领导王洪钟，中建股份副总裁、中建京西建设发展有限公司董事长出席会议。双方在会上对BT项目、“3751”地块进展情况和存在问题进行了交流和讨论，决定由中建股份、永定镇尽快制定房屋征收安置方案，提前落实资金，采取S1线房屋征收工作模式，于8月启动“3751”地块房屋征收工作。双方签订《BT项目投资建设回购合同》。

（刘　畅）

【举行北旅广场升级改造启动仪式】　7月19日，举行北京旅游重组成功暨北旅广场升级改造启动仪式。区领导韩子荣、王洪钟等区四大部门领导，北京旅游董事长，中国华力控股集团董事长出席仪式。韩子荣宣布北旅广场升级改造工程启动。

（潘明明）

【三家店综合改建项目签约】　7月20日，区政府与中建一局三家店综合改造项目签约仪式。区领导王洪钟等及中建一局领导出席仪式。双方就三家店综合改造项目签订协议。

（刘　畅）

【举行山地徒】　7月21日，召开昊华能源杯第二届北京国际山地徒步大会新闻发布会。市体育局局长李颖川等，区领导韩子荣、王洪钟、京煤集团董事长、总经理出席新闻发布会。李颖川为斋堂镇“北京国际山地户外运动基地”揭牌，韩子荣为大会形象大使——搜狐公司首席执行官张朝阳颁发聘书，李晓强向中国残疾人福利基金会递交了捐赠承诺书，李丽莉宣读了《关于授予斋堂镇“北京国际山地户外运动基地”的决定》，罗斌代表区政府分别与大会冠名企业、战略合作伙伴、指定产品供应商进行签约。9月10日，召开昊华能源杯第二届北京国际山地徒步大会。副市长刘敬民、国际徒步联盟副主席扬森、荷兰皇家徒步协会主席特蒙特、市民间组织国际交流协会会长黄承祥、市体育局局长李颖川，区领导韩子荣、王洪钟参加大会开幕式。李颖川代表大会组委会致辞并向第二届北京国际山地徒步大会的召开表示祝贺，大会冠名企业昊华能源代表耿养谋及国际徒步联盟代表、荷兰皇家徒步协会主席特蒙特先生分别致辞，刘敬民宣布大会开幕。随后，参加开幕式的领导为当天进行的30公里原生态徒步路线和20公里古道古村落徒步路线的比赛鸣枪发令，并与市民一同徒步纵走。

（潘明明）

【召开环保工作动员大会】 7月29日，召开区全面启动创建国家环保模范城区工作动员大会。会上王洪钟作《门头沟区全面启动创建国家环保模范城区工作动员报告》；市政市容委、水务局、园林绿化局作大会发言。会后，参会领导及专家实地察看了京门铁路遗址公园、晨曦公园、永定河文化广场、黑河沟及门城湖治理情况。

（潘明明）

【与区文化界代表座谈】 8月12日，王洪钟与区文化界代表进行座谈。王洪钟介绍了区当前的发展建设情况，并就文化建设、文物保护、定都阁和永定楼建设工作与文化界代表进行了交流。

（潘明明）

【举行河滩项目签约仪式】 8月12日，举行采空棚户区河滩B地块改造项目签约仪式。区领导王洪钟等及物美集团CEO张斌出席签约仪式。罗斌与物美集团副董事长王坚平分别代表双方进行签约。

（肖　健）

【举行永定楼开工奠基仪式】 8月18日，举行永定楼开工奠基仪式。区领导韩子荣、王洪钟等出席奠基仪式。

（肖　健）

【“八一”慰问活动】 8月20日，举行“八一”走访慰问活动。区四大部门领导分别走访慰问了驻区部队官兵，并送去了慰问品。

（肖　健）

【举行工矿棚户区改造奠基仪式】 8月26日，举行京煤集团门头沟区工矿棚户区改造奠基仪式。市政府副秘书长，区领导韩子荣、王洪钟和京煤集团领导以及市区相关部门负责人出席奠基仪式。

（肖　健）

【召开重点工程遗留问题汇报会】 8月27日，召开棚户区改造、河道治理、S1线等重点工程房屋征收遗留问题专题汇报会。区领导韩子荣、王洪钟出席会议，听取了房屋征收办、棚改中心、永定镇、龙泉镇的工作汇报，并就房屋征收工作遗留问题逐项进行了研究解决。

（肖　健）

【举行戒台寺千佛阁复建开工仪式】 9月3日，举行戒台寺千佛阁复建工程开工仪式。市文物局局长孔繁峙和区领导王洪钟等出席仪式。

（刘　畅）

【召开教育工作会】 9月7日，召开区教育工作会暨庆祝2011年教师节表彰会。区四大部门领导韩子荣、王洪钟等出席会议，并为先进集体和先进个人颁奖。

（刘　畅）

【与市自来水集团座谈】 10月21日，召开区政府和市自来水集团座谈会。市自来水集团党委书记、董事长崔君乐、总经理刘锁祥，区领导王洪钟等出席座谈会，并就区水务发展工作进行了座谈。

（肖　健）

【举行高科技生态城项目签约】 10月26日，举行北京门头沟区高科技生态城项目座谈会暨合作协议签约仪式。区领导王洪钟，法国国家科学技术院中国事务代表安东尼·贝叙等出席仪式。会前，法方代表团一行到妙峰山镇就门头沟高科技生态城项目进行了现场考察。

（潘明明）

【召开森林防火动员会】 10月31日，召开区2011－2012年度森林防火动员大会。市森林公安局政委徐海峰和区领导王洪钟等出席会议。会上对2011年森林防火工作进行了总结，并对2012年森林防火工作进行了具体部署。会上还对2011年度森林防火先进单位和个人进行了表彰。

（肖　健）

【举行金融合作备忘录签约仪式】 11月1日，举行区政府与国家开发银行北京分行“十二五”时期开发性金融合作备忘录签约仪式。区领导王洪钟，国开行北京分行行长徐明、副行长王忠民，北京恒创投资有限公司董事长姚彬捷等出席仪式。罗斌、王忠民代表双方签署合作备忘录。区棚改中心、北京恒创投资有限公司、国开行北京分行相关领导签订了贷款协议。

（赵金亮）

【召开汇江大厦开工工基仪式】 11月8日，召开汇江大厦项目开工奠基仪式。区领导王洪钟等出席仪式，罗斌宣布工程开工。

（刘 畅）

【北京农投贷款公司开业庆典】 12月30日，举行北京农投京西小额贷款股份有限公司开业庆典。市金融局党组书记、副局长霍学文，区领导王洪钟，北京农投京西小额贷款股份有限公司董事长张国平参加庆典仪式，并为该公司开业剪彩。

（潘明明）

【召开区第十五届人民政府第一次全体（扩大）会议】 12月30日，韩子荣、王洪钟、罗斌、张冰等区四大部门领导出席会议，张永宣读了《关于调整重点工作指挥部及成员有关事宜的通知》及《<目标管理任务书>简要说明》，市政管委等有关部门就明年工作做了典型发言。

（肖 健）

【信息工作】 年内，市政府《昨日市情》采用《门头沟信息》82条，获市领导批示4条；被市政府评为信息工作先进单位。《昨日区情》出刊240期，获区领导批示50余条，办结率100%；下发《门头沟政务》6期、《区情摘要》240期。

（赵金亮）

【督察工作】 年内，督查室共督查包括市政府折子工程，蓝皮书任务，新增重点工程工作等574项工作，办理领导批示450件，约12500字，办复率达到100%。全年处理信访批示件270余件，办复率100%。对区政府蓝皮书中确定的任务和大接访的批示件等进行了1800余件次的全程督办，电话督办2300余次。

（王 赢）

【秘书工作】 年内，组织召开政府常务会15次，各类专题会议360余次；制发公文190余件。

（王 杨）

【提案建议与便民电话工作】 年内，办理人大代表和委员提案、建议共计211件，办复率100%。

（高小兰）

【应急管理工作】 年内，完成徒步大会、农运会开幕式、环北京国际公路自行车赛等重大赛事活动的应急保障工作，协助区领导做好各类突发事件应对处置工作；修订、完善《门头沟区突发事件总体应急预案》；通过举办应急管理系统征文比赛、开通门头沟区应急信息网、举办“5.12防灾减灾日”主题宣传活动等多种应急管理科普宣教手段全面提升全民防灾减灾意识，全区应急系统共开展应急知识的宣传教育205次，发放宣传品200余万份。依托区公共安全宣传教育基地，开展区各级领导干部应急管理培训，启动防灾避险知识进中小学课堂活动，全年累计培训各类人员2.2万余人次。完善基于突发事件处置辅助决策的区应急管理综合应用系统的建设和应用；加强对区应急指挥平台的稳定性与安全性的日常维护。

（王 荣）

【外事工作】 年内，严格因公出访管理审批工作，全年因公出国（境）审批42团85人次，实际出行38团79人次；围绕全区中心工作和主导产业培育，完成第二届北京国际山地徒步大会和2011环京自行车赛（门头沟段）的外事接待服务工作，配合有关部门推动中芬生态谷等国际项目的开展。

（曹冬冬）

法制工作

【概况】 年内，法制办在区委、区政府的领导下，深入贯彻《国务院关于加强市县政府依法行政的决定》和《北京市人民政府贯彻落实国务院关于加强市县政府依法行政决定的意见》，推进新法律法规的贯彻实施，组织各类法制学习培训，开展行政处罚执法案卷评查，依法受理行政复议和信访复查复核案件，建立行政调解各项制度，加强规范性文件的起草和审核工作，推进了法治政府建设。

单位名称：北京市门头沟区人民政府法制办公室
地　　址：北京市门头沟区新桥大街36号
电　　话：69843642
邮　　编：102300

（徐 静）

【贯彻房屋征收与补偿条例】 2月，组织区建委、规划分局、国土分局等单位就贯彻落实国务院《国有土地上房屋征收与补偿条例》召开座谈会，对工作中出现的执法权限不清等问题进行协调，全年共召开工作协调会4次。

（徐 静）

【组织培训活动】 3月28日，组织全区各行政机关160余人参加了政府信息公开条例培训暨法制工作信息系统应用培训。4月19日，组织30个区属委、办、局主管和负责法制工作的同志参加了在区法院召开的规范行政诉讼应诉活动发布会。11月18日，组织行政强制法培训班，全区9个镇，32个行政执法部门的200余名执法人员参加了培训。

（徐 静）

【行政处罚案卷评查】 10月，组织全区行政处罚执法案卷评查，抽查了18个行政执法部门的22本案卷，评查结果优秀21卷，合格1卷。

（徐 静）

【行政强制法实施准备工作】 11月，印发了《门头沟区人民政府关于贯彻实施〈中华人民共和国行政强制法〉的通知》，组织了行政强制法的学习培训，开展了涉及行政强制规范性文件的清理以及行政强制实施主体清理工作。12月，组织区属各执法部门、9个镇的500余名行政执法人员参加了考试，考试合格率100%。

（徐 静）

【开展行政调解工作】 年内，制定《北京市门头沟区人民政府关于进一步加强行政调解工作的意见》，并建立起行政调解联席会议，制定了行政调解信息报送制度和接待、立案等规范化文书样本，对全区各行政机关的行政调解工作进行了摸底调查。

（徐 静）

【落实领导会前学法制度】 年内，制定《门头沟区政府2011年度学法计划》，区政府常务会上学习了《行政监察法》、《国有土地上房屋征收与补偿条例》等13部法律法规。

（徐 静）

【行政复议案件审理】 年内，受理行政复议案件13件，全部办结，其中终止2件，不予受理5件，维持6件，接待群众有关行政复议方面的咨询50余人次。

（徐 静）

【信访复查复核受理】 年内，受理信访复查申请14件，办结14件，其中维持12件，要求重新作出信访答复2件。接待各种形式的咨询40余人次。

（徐 静）

【文件审核】 年内，审核政府部门的规范性文件、涉法文书以及强制措施，出具审核意见共81件。其中，合同29件，通告11件，行政强制措施30件，规范性文件及其他文件11件。

（徐 静）

【行政处罚情况统计】 年内，全区具有行政处罚权的部门共计作出行政处罚决定9.98万起，罚没金额3193万元，较2010年增长23.76%。

（徐 静）

人力资源和社会保障

【概况】 年内，区人力社保系统贯彻落实科学发展观，以“民生为重、人才优先”为主线，着眼于构建城乡一体化发展新格局，锐意进取，砥砺前行，六大板块工作齐头并进。就业局势持续稳定，社会保障覆盖范围逐步扩大，人才队伍结构日趋合理，人事制度改革稳步推进，劳动关系和谐稳定，机构编制管理突破创新，全区人力社保机构编制工作成果丰硕。

单位名称：北京市门头沟区人力资源和社会保障局
地　　址：北京市门头沟区滨河路18号
电　　话：69542953
邮　　编：102300

（李清水）

【工资管理系统建设情况】 年初，启动了“门头沟区人事岗位与工资管理系统”建设。此项目为区信息化重点工程，列入了区政府蓝皮书计划。对该项目进行了系统建设前期调研和系统项目申报。4月完成了项目的招投标，签订了采购合同。经过大峪街道办事处等4家单位试点使用的基础上，6月向全区各机关事业单位进行了全面推广。并于6月和10月举办了两期300人次的“人事岗位与工资管理系统”培训班。通过上机实践操作培训，全区工资干部基本掌握了该系统应用操作。系统中已经录入7800余人的工资基本信息。

（李清水）

【“包村”拆迁工作】 1月17日，区人力社保局“包村”的永定镇上岸村拆迁工作完成。合约率为99.6%，完成区委区政府的重点任务。区人力社保局抽调40余名中层干部，协助有关部门完成永定镇上岸村的拆迁工作。

（李清水）

【完成考核工作】 1月，对全区76个党政群机关实施了绩效考核工作。经3月29日区绩效委会议审议、4月8日区委常委会议通过，全区共32个党政群机关及市区双管单位评为优秀单位。春节前和绩效考核工作后，分两次核定发放51个单位的2674万多元的绩效奖金。3月底前，完成51家单位3121名公务员的个人年度考核审批。

（李清水）

【完成公务员统计报表工作】 1月，将48份《公务员统计报表》和9份《参照管理单位工作人员统计表》上报市局并通过审批，完成了对全区公务员统计工作，至2010年年底，全区实有公务员（含参照管理人员）2375人，其中：女性966人，占总数的40.67%；少数民族58人，占总数的2.44%；中共党员（含预备党员）1972人，占总数的83.03%；具有两年以上基层工作经历的1432人，占总数的60.29%；平均年龄40.15岁；35岁及以下772人，占总数的32.51%；本科及以上1768人，占总数的74.44%；获得相应学位的620人，占总数的26.11%。

（李清水）

【慰问工作】 1月，区人力社保局领导到30户退休困难职工家中进行慰问，送去米、面、油等慰问品。4月中旬，组织全区机关事业单位75名退休老同志分三批赴福建进行为期7天的疗养。

（李清水）

【事业单位绩效工资改革】 2月，北京市人力资源和社会保障局正式批复了《门头沟区公共卫生和基层医疗卫生事业单位绩效工资实施方案》，区内开始了卫生系统事业单位绩效工资改革工作。绩效工资于4月底前补发到位，公共卫生和基层医疗卫生事业单位年人均收入达6.28万元，年人均增资1.72万元。

（李清水）

【选配监察科长】 年内，为贯彻落实区委《关于加强门头沟区纪检监察机关及基层纪检监察组织建设的意见》，选好配强全区22个部门的监察科长。与区纪委、区委组织部联合印发了《门头沟区党政机关监察科科长竞争上岗实施办法》，对党政机关监察科长实施竞争上岗，并于2月24日召开会议进行部署。对于涉及的22个部门采取两种方式产生人选：通过兼任、改任方式产生9人，采取竞争上岗考试方式产生13人，其中通过统一笔试考试方式产生11人。经过报名、资格审核、笔试、面试，13家单位13人竞争上岗走上监察科长领导岗位。

（李清水）

【召开全区人力社保工作会】 3月22日，在区总工会三楼会议室，召开了全区人力资源和社会保障工作会，区领导李昕在会上作了《认清形势明确任务努力开创人力资源和社会保障事业新局面》的报告，区领导罗斌代表区政府与各街镇主要领导，签订年度内人力资源和社会保障工作责任书，全区各委、办、局、街、镇领导和社保所负责人及人力社保局各科长150余人参加了会议。

（李清水）

【区人力社保新楼开工】 3月，区人力资源和社会保障局南区办公楼新桥南大街13号（原劳动保障局院）9000余平方米的建筑被拆除。在区中门寺路16号院内开工新建了4万余平方米的门头沟区人力资源和社会保障大楼。

（李清水）

【发放社保卡】 4月20日至9月底，全区进行了社会保障卡发放工作，收到4013家单位18.39万张社会保障卡申请表，发放了3831个单位的18.2万张社保卡，发放率98.97%。离休人员的发放率100%。随着社保卡发放，各服务网点开通对公服务业务，年内网点办理业务6963笔，完成了社保卡服务工作。

（李清水）

【成立局机关党委】 6月25日，召开全体党员大会，选举产生了中共北京市门头沟区人力社保局第一届机关委员会。人力社保局共有党员151名，到会131名，按党章规定通过无记名投票形式，选举产生了李芯然等9名同志为区人力社保局第一届机关党委委员，报上级区直机关工委审批。

（李清水）

【社会保障待遇提高】 年内，全区企业退休人员月人均基本养老金由1880元提高到2098元，城乡居民养老保险待遇由月人均314元提高到365元，职工基本医疗保险年度住院医疗费用最高支付限额、职工和退休人员的门诊和住院医疗费用报销比例等社会保险待遇均有一定幅度的提高，7月1日，再次提高了失业保险金、工伤职工伤残津贴、城乡居民基础养老金和福利养老金标准，并对退休人员发放了一次性生活补贴。

（李清水）

【欢迎高校毕业生到农村工作】 7月11日，召开高校毕业生到农村工作欢迎大会，欢迎区内最新选聘的105名大学生“村官”。会后，为全体新任大学生“村官”开展了为期5天的任前培训。

（李清水）

【人力社保信息调研培训】 7月12日，区人力社保局在区妙峰山镇山水依然度假村，举办人保系统信息调研培训班，局内各科室和各镇、街社保所的信息员52人参加了培训。培训班聘请了市人力社保学院的讲师进行了信息调研业务知识的培训，同时，总结了去年工作成果和经验，提出了以后的工作要点和任务要求。

（李清水）

【召开半年工作会】　8月13日，在河北省涿鹿县中华大酒店召开了人力资源和社会保障半年工作总结会。区人力社保局局长在会上传达了市人保工作会议精神，总结了区半年人力社保工作，提出了下半年工作重点和任务。各街、镇主管领导和社保所负责人及人力社保局各科长80余人参加了会议。涿鹿县人力社保局领导参加了会议并与区人力社保人员座谈。

（李清水）

【机构改革与编制实名制管理】　10月8日，区编办组织召开区乡镇机构改革动员暨机构编制实名制管理工作启动大会，区领导韩子荣等出席会议。全区各委办局、镇街党政正职领导和人事干部共计190人参加会议。会上，罗斌宣读了区委办公室、区政府办公室转发《区机构编制委员会办公室关于深化本区乡镇机构改革的实施意见》；宣读区委、区政府关于印发《北京市门头沟区机构编制实名制管理工作实施意见》的通知。韩子荣结合区经济社会发展和编制工作实际做出指示。会后，区编办对全区人事干部进行了实名制工作业务培训。

（李清水）

【劳动争议调解中心揭牌】　10月18日，京煤集团劳动争议调解中心举行揭牌仪式。两单位领导及调解中心聘请的专家团成员和职工代表等70余人参加了揭牌仪式。京煤集团财务总监与区人力社保局副局长一同为中心揭牌。集团工会主席与专家团代表——局仲裁科科长、亚太律师事务所书记签约。

（李清水）

【就业工作调研】　10月25日至28日，局长带领工作人员到大峪街道、东辛房街道和龙泉镇，就强化失业人员精细化服务，促进失业人员就业进行调研，对区内的就业形势和各地区的具体情况进行分析，研讨进一步促进登记失业人员就业的措施，并对下一步工作提出要求。各街镇领导采取多种有效措施，使全区城镇登记失业人员实现就业5437人，超额完成市政府下达的城镇登记失业人员就业5300人的工作指标，城镇登记失业率为5.25%，比下降0.03个百分点，确保区就业局势稳定。

（李清水）

【公开选拔镇科级干部】　11月11日，组织召开“关于面向全区公开选拔镇科级干部动员部署会”，全区74个党、政、群机关和2个市区双管单位参加会议。会上宣读了《关于面向全区公开选拔镇科级干部的实施方案》。

（李清水）

【人力社保志稿审核】　11月15日，召开志稿审核工作会，全局30个科、室的资料员参加了会议，会议总结了志稿阶段工作，《门头沟区志》编辑部成员参加了会议。

（李清水）

【检查“无拖欠工资”工作】　11月22日，市人力社保局副局长带领由市住建委、市人力社保局组成的联合督查组对区内“无拖欠工资”工作落实情况进行了检查。区领导李昕向督查组汇报了此项工作的落实情况，区政府信访办、人力社保局、住建委、公安分局和总工会根据自身职责分别进行了汇报。督查组在听完汇报后，实地检查了石泉棚户区改造工程B1地块和惠泽家园住宅楼工地在施建筑企业劳动用工情况，对门头沟区落实“无拖欠工资”工作给予了肯定。

（李清水）

【“手拉手”专场招聘】　11月26日，门头沟、海淀两区人力社保局首次联合举办“手拉手”专场招聘会。邀请了海淀区15家企业到门头沟区开展招聘，提供625个就业岗位，51个工种，当天共有150余名失业人员前来应聘，46人与用人单位达成了就业意向，9人现场签订了劳动合同。

（李清水）

【提前完成社会保险指标】　11月底，提前完成了市局下达的社会保险工作指标。其中：全区参加养老保险单位3137家，参保人数7.9万余人，缴纳养老保险费78265.26万元，收缴率99.60%。提前完成征缴指标的108.81%。参加失业保险单位3159家，参保人数8.4万余人。缴纳失业保险费3341.43万元，收缴率99.55%。提前完成征缴指标的114.94%。参加工伤保险单位3167家，参保人数8.1万余人。缴纳工伤保险费3182.01万元，收缴率99.84%。提前完成征缴指标的107.07%。累计应收缴医疗保险费36860.20万元，实际收缴37017.76万元，基金收缴率为100.43%。提前完成征缴指标的103.82%。

（李清水）

【“两节”前农民工工资支付】　12月14日，区领导到永定镇曹各庄村安置房地块检查“两节”前农民工工资支付工作，区人力社保局、住建委、公安分局、信访办、总工会五部门主要领导陪同参加了检查。开发方、总包方分别汇报了安置房地块建设情况、劳务分包、资金拨付和劳动用工监管情况。

（李清水）

【“北京精神”百姓宣讲】 12月，王平镇大学生“村官”邱政参加了由中共北京市委宣传部、首都精神文明办公室和中共北京市委讲师团联合举办的“北京精神”百姓宣讲团，讲述北京精神中的“创新”精神——垃圾源头分类专题。

（李清水）

【城乡劳动力就业】 年内，通过完善就业政策体系、加强“手拉手”就业协作、举办招聘会、挖掘岗位等措施。采集空岗信息12395个，全区新增就业9161人，失业人员再就业6780人，农村劳动力转移就业1881人，期末城镇登记失业率为4.11%，保持了就业局势的总体稳定。

（李清水）

【落实就业优惠政策促进就业】 年内，制定了《门头沟区拆迁企业职工自谋职业社会保险补贴办法》，对600余名涉及拆迁的国有企业职工给予补贴。制定了《门头沟区基层就业服务组织补贴办法》，对全区新建基层就业服务组织在基础设施建设上予以0.6万元至1.4万元的补贴，调动了基层就业服务组织在促进就业工作中的重要作用。

（李清水）

【多措并举帮助就业】 年内，引导各街道（镇）与城区街道建立“一对一”、“多对一”的城乡“手拉手”就业协作，机制开发就业岗位2156个。开展了再就业援助月、春风行动等专项活动，落实应届高校毕业生就业252人。安置就业困难人员2228人。帮助3959名城镇就业困难人员实现再就业，累计消除“零就业”家庭126户，“零就业”家庭保持动态为零。

（李清水）

【职业培训】 年内，制定了《门头沟区关于进一步加强职业培训促进就业工作的意见》，区政府投入了320万元用于提升全区城乡劳动力素质和稳定职工就业工作，全年进行职业指导培训14201人次，职业技能培训4651人次，职业技能鉴定2235人次，促进了就业工作。

（李清水）

【社会保障工作】 年内，推进社会保险制度改革，“一老一小”和劳动年龄内无业居民大病医疗保险顺利整合为城镇居民基本医疗保险。同时，公费医疗与职工基本医疗保险制度也实现顺利并轨，全区近1.5万名公费医疗人员参加了职工基本医疗保险。全区5项基本保险缴费总人数达到45.92万人次，收缴基金14.56亿元，支付各项保险待遇23.97亿元，各项保险基金收缴率均达到95%以上。

（李清水）

【基金监管机制逐渐完善】 年内，区人力社保局进一步建立了医保费用“审核结算系统”，健全了经办机构内控机制。全区38家定点医疗机构全部建立了医生工作站和院长约谈制度，加大对违法违规行为的查处力度，遏制了不合理费用支出的增长。

（李清水）

【公共服务水平提升】 年内，推进社保业务网上申报、查询，全区共有2900家单位注册，推广使用率达到82.86%。推行社保卡工程，累计发卡18.69万张，辖区内所有定点医疗机构全部实现了持卡结算。进行工伤认定1539人，劳动能力鉴定3182人次。

（李清水）

【完善人才引进机制】 年内，编写了《2011版非京毕业生引进工作指南》，出台了《门头沟区人力资源和社会保障局非北京生源高校毕业生进京审核流程规定》，成功申报了博士后工作站，制定了《关于制定门头沟区吸引博士（后）人才待遇优惠政策的意见》，发布了《门头沟区引进外埠高级人才专业目录》，重点支持区内高新技术企业、旅游、生态服务等非公经济企业以及教育、卫生事业单位对外埠高级人才的需求。引进外埠高级人才9人，引进非北京生源应届高校毕业生124人。

（李清水）

【提升人才素质】 年内，完善了“全区事业单位工作人员数据库”、“区高、中级专业技术人员数据库”。印发了《门头沟区关于高层次专业技术人才队伍建设的意见》和《门头沟区优秀人才评选表彰工作方案》；开展了慰问专家活动，组织享受政府特殊津贴专家和工作在生产第一线的正高级专家外出疗养。

（李清水）

【大学生村官】 年内，引进大学生村官104人，合同期满“村官”实现就业119人，就业率达到100%。

（李清水）

【人事制度改革稳步推进】 年内，公务员坚持“凡进必考”，中层干部推行竞争上岗，事业单位岗位管理进一步强化。制定了《关于门头沟区科级干部竞争上岗实行公共科目统一考试的管理办法（试行）》等一系列政策措施，全面提升公务员队伍素质。公务员招录首次采用一次考试、二次调剂的方式进行，招录公务员100人。科级干部任免备案321名，其中91人通过竞争上岗方式走上科级岗位，公开选拔镇科级干部26人。开办公务员初任培训班两期，完善公务员培训电子档案。

（李清水）

【军转安置】 年内，安置军转干部14人，为12名随军家属办理进京手续。

（李清水）

【完善劳动关系会议制度】 年内，推进体制机制创新。完善了劳动关系三方会议制度，建立三方信息共享机制和应急联动机制。完善了劳动保障监察管理网格。区内建立一级网格1个、二级网格14个（即4个街道、9个镇和1个工业园区），数据库中已有用人单位信息2424户，涉及劳动者33757人。开展“和谐劳动关系企业”活动，有25家企业获得“北京市和谐劳动关系企业”荣誉称号，33家企业获得“门头沟区和谐劳动关系企业”荣誉称号。区属企业1656名职工劳动合同期限届满（其中退休、转移工作167人），续订劳动合同的1394人，职工劳动合同续订率平均达到95%。

（李清水）

【劳动保障监察】 年内，加大依法监察力度，累计对2590户（次）用人单位进行了执法检查，查处各类劳动保障违法案件173件；受理群众举报投诉505件，结案率100%；为2005名劳动者追欠工资1443.32万元，督促补缴社会保险4.47万元。处理群体讨薪突发事件19起，涉及农民工1045人。

（李清水）

【劳动争议调解仲裁】 年内，加强劳动仲裁员培训，全面推行劳动争议案件的公开审理制度；建立了兼职仲裁员队伍，累计受理各类劳动争议案件315件，法定审限期内结案率99.37%，调解率46.33%。

（李清水）

【机构编制管理工作】 年内，区编办紧扣重点领域发展需要，相继成立了区文化创意产业促进中心和区旅游发展委、区生态产业园区管理委员会及办公室、区中瑞生态谷项目建设办公室等机构，为旅游、文化、生态等主导产业提供有力的体制机制保障。为水政监察、区环卫、环保监察等城乡建设部门增加了编制。

（李清水）

【机构改革】 年内，区编办完成了各镇机构改革工作。精简事业机构17个，精简编制425名，空编率控制在7.6%，为事业单位分类改革工作夯实了基础。全面推行机构编制实名制管理，对机构编制实施动态调整，全年共调剂使用事业编制26名，严格控制了机构编制增长。制定了《门头沟区机关事业单位使用社会化用工暂行办法》，在全市率先探索了政府购买服务的体制，在机关事业单位临时性、可替代性、辅助性岗位上全部实行社会化用工。

（李清水）

【参公管理工作】 年内，按照市局的统一部署，对已申报通过的区劳动服务中心、区建设工程质量监督站、区政府采购中心3家单位（48人），采取不同方式进行参照公务员管理过渡工作。

（李清水）

【干部调整工作】 年内，对全区25个单位63个科级职位竞争上岗方案进行了审批，完成了285名科级干部任免职备案和61名科级干部试用期转正备案，完成了140名处级领导的政府会任免程序和29名处级领导的人大会程序及5名处级领导的试用期转正程序。

（李清水）

机关事务管理

【概况】 年内，区机关后勤服务中心围绕区委的中心工作和区内“现代化生态新区”的总体目标，以“三个代表”重要思想和党的十七大精神为指导，深入学习贯彻科学发展观，在开展创先争优工作中不断加强党风廉政、思想道德、组织作风建设，以“推进规范化服务型机关建设，提高质量是核心，群众满意是标准”为准则，结合开展创先争优活动，推进规范化服务型机关后勤建设，提升机关服务效能，创造优质高效的政务服务环境，有力地促进了后勤服务效能提高和服务环境的改善。

单位名称：北京市门头沟区机关后勤服务中心

地　　址：北京市门头沟区新桥大街36号

电　　话：69839343

邮　　编：102300

（王淑荣）

【基建工作】 8月，完成了对电工房改建及双路供电改扩建工程。同时对新食堂进行装修，并配备全套的相关设施。9月下旬，4800平方米的机关新食堂竣工并按时启用，并完成移迁新食堂、拆除旧食堂的工作。同时在旧食堂原址完成停车场的建设任务。10月中旬，按照机关大院的整体规划，对原档案局楼进行拆除，并与相关单位协调，按时保质完成了搬迁与拆迁的任务，并铺装机关大院地面7000平方米。10月底，新建政务公开信息指挥中心楼开工；改建原人防地下室入口及重新搭建车棚。11月，在档案局原址完成了修建长廊、停车场以及绿植的栽种规划建设任务。

（王淑荣）

【机关食堂工作】 10月，新食堂启用后，在每天担负近千人就餐的同时，承担区委、区政府及各部门接待任务。同时为了让机关干部职工掌握合理健康的膳食营养，利用电子大屏幕以滚动形式予以公布和宣传。

（王淑荣）

【绿化和美化工作】 年内，新栽树1154棵，补栽树18棵。对院内11603平方米草皮全面进行了补栽、修理等工作。

（王淑荣）

【维修与保障工作】 年内，对区委区政府南楼、应急楼进行了局部修缮，确保满足当前区机关的接待任务。根据机关办公实际情况，先后26次协调相关单位调换办公用房。全年为机关办公室修补、更换门锁、修理壁橱110余次，突击维修空调230台。

（王淑荣）

【安全保卫工作】 年内，配合信访等部门，认真做好上访人员的疏导，对重点人头、集访人员进行劝说工作；与保安公司协调，对大院29名保安员进行了大换防，并且集体培训一个月，加强了机关大院的安保力度；全年接待劝解到政府门口上访人员52次约1500余人次。更换区机关大院灭火器材93个；新增加安装监控摄像头约67个；全年对机关大院安全防范大检查10次。

（王淑荣）

群众性精神文明创建活动

【概况】 全区精神文明建设工作以邓小平理论和“三个代表”重要思想为指导，深入贯彻落实科学发展观，围绕大局，围绕群众，注重实效，注重创新，以建设社会主义核心价值体系、弘扬社会主义荣辱观为根本，以“做文明有礼北京人，建文明宜居门头沟”为主题，推进城市精神培育、未成年人思想道德培育、公共环境共建、精神文明精品培育和军警民共建五项工程。一是城市文明风尚引领实现新创新。全年共收到社会各界推荐的百姓故事400余个，先后评选入围百姓好故事100个。采取故事专辑、报纸专版、网站专页、流动展板等多渠道多形式，分三批重点宣传其中33个故事，同时在全区中小学生中开展了“读故事、写故事、传故事、做好人”主题教育活动。二是公共文明环境营造取得新成效。牵头组织全区城乡环境整治百日行动。以“共建城乡环境，共享美好生活”为主题，集中开展了以重点区域公共秩序整治、城市公共环境美化、等10个专项行动为内容的“城乡环境整治百日行动”，区环卫中心等6个“优秀单位”及大峪街道等60个先进单位受到表彰。在区百日行动考评组进行的民意测评中，群众满意度达到86%以上。三是群众性创建活动得到新提升。开展了区级文明示范单位、区级文明示范村、区级文明示范社区创建活动。分别对申报的29个社区、43个村、50个单位逐一进行了实地考核。命名表彰首批区级文明示范单位49个、区级文明示范村39个、区级文明示范社区24个。按照标准推荐首都级各类文明先进117个。潭柘寺镇、区供电公司、妙峰山镇樱桃沟村、大峪街道峪园社区被评为全国文明先进。四是未成年人思想道德建设实现新加强。开展“快乐假期——争当社区文明小使者”主题教育实践、中华传统经典诵读、“童心向党”歌咏活动、“北京精神”新童谣征集、春节元宵节期间系列文明活动暨“争当‘社区文明小使者’”主题实践活动等，引导青少年开展德育实践。五是精神文明内外宣达到新水平。中国日报、人民网、中国文明网、搜狐网、北京青年报、千龙网、首都文明热线网等中央、北京市属媒体报道全区精神文明工作315条次，首都文明热线网站首页刊载全区精神文明工作信息37条；区电视台《文明进行时》制播12期，《京西时报》“文明之窗”出刊22期。六是军民共建工作拓展新领域。举办“我爱第二故乡——门头沟”主题系列活动。开展公共环境共建。在全区“共建公共环境，共享美好生活”市民清洁日活动中，驻区15支部队出动官兵1000余人次，对新桥大街站台、护栏、垃圾箱和公厕等城乡环境进行清扫保洁。开展少年军校共建。完善《少年军校的章程》，建立国防教育书架，开展国防知识讲座、军事知识竞赛、一日军营生活体验、军事夏令营等活动。召开军警民共建工作会，迎接首都军警民共建指导小组检查指导，参与争创全国双拥模范城迎检有关工作。

单位名称：北京市门头沟区精神文明建设委员会办公室
地　　址：北京市门头沟区新桥大街36号
电　　话：69843219
邮　　编：102300

（王金岭）

【“城乡统筹，文明先行”活动】 年初，下发了《门头沟区深入开展“城乡统筹，文明先行”主题社会实践活动的通知》并进行了部署和安排。各文明单位都制定了共建活动方案，明确了目标、任务。一是思想重视，组织落实。二是纳入文明示范单位创建考核，将“城乡共建”活动作为创建文明示范单位的重要内容加以量化考评。三是严格要求，建立台帐，明确责任，确保共建活动的完成。据统计，首都文明单位签订共建协议率达到了95%以上，首都文明标兵单位签订率达到了100%。年内，全区43个共建对子共协议办实事150余项。累计开展活动164次，累计参与活动人数9025人，结对村中受益人数19356人，捐赠资金150万元，捐赠图书5300册，举办讲座18场，送戏下乡21场，电影下乡150场；送科技资料1.5万余份，办科技培训班81次。

（王金岭）

【召开座谈会】 1月19日，召开全年第一次关心下一代工作委员会。主要成员单位的主管领导参加会议，会上对全年的工作进行了研讨和交流，并达成共识。形成“四个一”新格局，即：塔建一个班子，健全一个体系，制定一套制度，形成一支队伍。4月22日，召开军（警）民共建工作座谈会。武装部长，全区21个驻区部队和共建单位共50余人参加了座谈会。会上，总结了2010年军警民共建工作，部署了2011年军（警）民共建工作任务，介绍了2011年门头沟区精神文明建设工作思路；区武装部布置了建党90周年大合唱相关事宜；62025部队、96096部队和62341部队及共建单位代表在座谈会上交流了共建经验。截至年内，区内有首都军（警）民共建标兵单位9个，先进单位11个，首都示范少年军校1所，先进少年军校6所，共建对子52个，初步形成了门头沟区特色共建格局。

（王金岭）

【召开精神文明建设工作会】 3月15日，召开精神文明建设委员会全体会议。区领导韩子荣，王洪钟等及区文明委全体委员出席会议。会上审议通过了《2011年门头沟区精神文明建设五大工程任务分解表》、《门头沟区“做文明有礼的北京人，垃圾减量垃圾分类从我做起”主题宣传实践活动方案》、《门头沟区“做文明有礼的北京人——绿色出行文明交通从我做起”主题宣传实践活动方案》和《关于推荐门头沟区“第三届首都道德模范候选人”情况报告》。

（王金岭）

【公共文明引导工作】 3月，正式组建了30人的公共文明引导员队伍，重点在门城地区5条市政干路、11个公交站台开展公共文明引导服务。建立队长日巡查、协调办周抽查、月考核、季通报、年评比机制。在区“三会”期间，抽调18名文明引导员在会场周边开展引导服务。

（王金岭）

【城乡环境整治百日行动】 4月，以“共建城乡环境，共享美好生活”为主题，集中开展了以重点区域公共秩序整治、城市公共环境美化、“门前三包”责任督查等10个专项行动为内容的“城乡环境整治百日行动”，发动干部群众共建城乡环境。通过细化量化工作任务、实行重点挂账监督、公布举报电话、集中开展“环境清洁日”等措施，在区百日行动考评组进行的民意测评中，群众满意度达到86%以上。

（王金岭）

【开展四进社区市民大课堂活动】 4月14日，全面启动精神文明宣传教育“市民大课堂”活动，并举办首场讲座——市民家庭理财。参加会议的人员有文明使者讲师团成员，各工委副书记、宣传干部；各镇街社区居民、村民代表共计300余人。启动仪式上文明办布置了《关于开展精神文明宣传教育“市民大课堂”活动实施方案》，宣读了门头沟区文明使者讲师团成员名单，区领导为文明使者宣讲团成员颁发聘书。

（王金岭）

【开展垃圾分类、减量推进专项行动】 4月19日，区文明办、市政市容委联合举办垃圾减量垃圾分类推进专项行动部署大会暨绿袖标指导员培训会。新招录的653名绿袖标指导员在全区新增55个垃圾分类试点小区指导市民垃圾分类。会上，部署了《门头沟区垃圾减量垃圾分类推进专项行动方案》，年内将在55个居住小区全面开展垃圾分类达标工作，最终达到居民垃圾正确投放率90%以上，居民知晓率100%。会后，市市政市容委培训中心讲师对门头沟区新招录的垃圾分类绿袖标指导员进行专业培训。6月2日，举行55个试点小区垃圾分类全面启动宣传日活动，新招录的653名绿袖标指导员正式上岗，引导居民实行垃圾减量分类。区市政市容委、区文明办等单位领导及新增的55个试点小区绿袖标代表、环卫工人和驻区部队官兵代表近300人参加活动。6月至7月，组织对全区65个试点小区开展的垃圾分类主题宣传实践活动及其他镇街、单位开展的具有鲜明特色和突出成效的宣传实践活动进行评比，最终评选出最佳活动奖10个，优秀创意奖5个，市民参与奖5个，给予了奖励。

（王金岭）

【召开关工委第一次主任办公会】 5月10日，关心下一代工作委员会召开成立以来首次主任办公会。会上的主要议题是对《门头沟区关工委2011年工作要点》进行讨论和研究。会上，对《门头沟区关工委2011年工作要点》进行了说明。

（王金岭）

【“健康步行月”专题宣传活动】 5月20日，区“做文明有礼的北京人——和谐家庭健步京西”暨“健康步行月”专题宣传活动在永定河文化广场全面启动，自区妇联志愿服务队的200余名健康步行志愿者参加了活动。“做文明有礼的北京人——绿色出行文明交通从我做起”主题实践活动是区精神文明建设五大工程的重要活动，贯穿全年，分别依次开展公交出行、健康步行、绿色骑行、文明交通等主题的实践活动。

（王金岭）

【开展百姓好故事揭晓活动】 7月6日，“文明就在身边”首批百姓好故事揭晓仪式在大峪中学礼堂举行。首都文明办宣教处处长，区宣传部长出席揭晓仪式。各镇街副书记、宣传干部，社区居委会书记、主任，部队官兵，文明引导员，大峪中学学生、市民代表及百姓好故事主人和推荐人共300余人参加。每季度末，区委宣传部、文明办将视征集情况原则上评出20个文明故事。每年“十一”前后，将结合《公民道德建设实施纲要》颁布纪念活动，通过《京西时报》以市民投票形式从季评文明故事中，评选出“门头沟年度十大好人”，并举办主题颁奖典礼，首批36个百姓好故事是从一、二季度推荐上报的125个百姓好故事中经过专家评审而定。以故事会的形式对其中10个故事进行了重点宣传。12月，继续“文明就在身边”百姓好故事有奖征集活动，第四季度征集到百姓好故事124篇。经专家评审组评审，《一名让人感动的耄耋老人》、《自强不屈好男儿》、《用爱心传递》等28个人围“百姓好故事”。全年征文活动共收到社会各界群众推荐的百姓故事400余个，评选出入围百姓好故事100个。

（王金岭）

【召开精神文明创建工作推进会】 7月19日，召开精神文明创建工作推进会。会上总结了2011年上半年精神文明建设工作，对下半年精神文明建设工作进行部署，对《关于开展文明示范单位、文明示范村、文明示范社区创建活动的实施意见》和《关于进一步加强精神文明建设信息工作的意见》进行了说明。区内共有全国级文明先进5个，首都级文明先进114个，区级文明先进303个。

（王金岭）

【春风行动】 7月29日，市公共文明协调办主任一行到区内开展捐助贫困家庭助学活动。区文明办领导及受助家庭学生、家长共计30余人参加发放仪式。此次共向区内27个贫困家庭发放1.35万元助学金，款项全部来源于个人捐助，主要用于每个受捐助家庭学生的日常学习。

（王金岭）

【开展“路口畅行月”活动】 8月22日起，首都文明办、市交管局等单位联合开展了“路口畅行月”活动，在岗前业务培训的基础上，区6名公共文明引导员分成3组，每天早7点至晚7点，统一着装，佩戴标识，参与路口交通秩序维护，劝阻交通违法行为，引导行人、骑车人、机动车驾驶人模范遵守交通安全法律法规。

（王金岭）

【区级文明示范先进创建考评】 9月8日至10月18日，区文明办组成社区组、农村组、单位组，采取听取汇报、查阅资料、问卷测评、实地检查、评议反馈等形式，分别对申报的29个社区、43个村、50个单位逐一进行了实地考核。经报请区委常委会审议，将命名表彰首批区级文明示范单位49个、区级文明示范村39个、区级文明示范社区24个。按照标准推荐首都级各类文明先进117个。潭柘寺镇、区供电公司、妙峰山镇樱桃沟村、大峪街道峪园社区被评为全国文明先进。

（王金岭）

【未成年人思想道德建设工作】 年内，加强区未成年人思想道德建设工作。进一步完善学校、社会、家庭、网络“四位一体”教育体系。制定了《门头沟区家长教师协会工作考核方案》等系列文件，指导全区中小学家长教师协会工作。通过召开家长教师协会现场会等方式，推广家教协会研究成果，全区建立班级以上协会500余个，此工作获北京市德育研究优秀成果奖。

（王金岭）

档案史志工作

【概况】 在区委、区政府的领导下，在市档案局、党史办、地方志办公室的监督指导下，按照市档案局的发展要求，建设“三个体系”，突出“三个重点”，实现“五位一体”，搞好“六项建设”，围绕全区中心工作，不断创新服务机制，不断加大档案延伸性服务力度，变被动为主动，开发档案资源，加强联动机制，优化服务环境，强化档案管理，使全区档案事业健康发展。

年内，参与土地承包档案工作清理、检查、总结、验收及林权改革、产权制度档案管理工作，使新形势下村级档案管理取得了新突破。全程拍摄区“三大赛事”，开展建档90周年档案资料征集活动，拍摄“一湖十园”五水联动工程，完整记录光辉历程。开展各立档单位到期档案的接收工作，做好档案进馆前鉴定工作，加强档案信息化建设，建立、完善档案资源体系。制发《门头沟区拆迁档案管理工作意见》，修改、研讨《门头沟区基本建设工程档案管理实施细则》，服务区域经济转型。举办2011年度档案行政执法联络员培训，对全区40家立档单位的档案管理情况开展了重点、专项档案行政执法检查，做好档案执法检查工作。发挥爱国主义教育基地功能，举办“保存城市记忆、感受档案魅力”的S1号线暨棚户区改造工程建设的摄影图片展、庆祝中国共产党建党90周年展览，举办第三届档案馆日活动，实现档案特色宣传教育，提升档案利用体系建设。完善制度管理，落实“四个能力”规范工作程序，做好保密宣传教育，建设档案安全体系。做好史志编修、编研工作，完成第二轮修志专项考核重点任务。同时，建立和完善机关内部的绩效考核体系以及激励约束机制，提高行政效能和公共服务水平。

单位名称：北京市门头沟区档案史志局
地　　址：门头沟区石龙北路31号
电　　话：60804795
邮　　编：102300

（朱　倩）

【地方志工作】 1月4日，局领导将2011年《北京门头沟年鉴》送到人大代表和政协委员们手中，使他们更加全面了解全区上一年度的发展变化。3月9日，在龙世源会议中心召开2011年全区地方志工作会。全区近110个单位的修志主笔和撰稿员共166人参加。25日，举办《门头沟区志》初稿培训会。区委、区政府综合管理部门、行政执法单位及乡镇、办事处等70余家单位的修志主笔和撰稿员80余人参加，对如何更好的编写《门头沟区志》初稿进行分类培训和指导。6月14日，召开二轮区志初稿交流研讨会。市地方志办公室领导及区地方志编辑部的全体成员参加了会议。8月，召开部分单位二轮修志工作督查会。相关各单位负责二轮修志的主管领导、主笔和撰稿人以及区志编辑部同志参加了会议。

（朱　倩）

【机关建设】 局机关以支部建设为抓手，1月14日，举行了2011年第一次全体党员大会。总结了上一年的工作，布置了当年支部工作的学习、活动安排。会上为3名中共预备党员举行了入党宣誓仪式。4月22日，组织召开了“文明机关创建专项行动动员会”，全面布置创建工作。6月，开展“忆党史，唱红歌”系列活动。组织党员干部和职工高唱革命歌曲，参加了市、区组织的红歌比赛活动。7月1日，组织全体党员进行“重温入党誓词——纪念中国共产党成立90周年”活动。党支部书记宣读了区委关于表彰优秀共产党员和优秀党务工作者的通知，通报了局受表彰人员，并号召全体党员参与创先争优活动。9月15日，区精神文明示范单位考核组一行4人，到局内考核验收精神文明示范单位创建成果。通过听取汇报、查看全局环境建设及窗口服务、民主测评、台帐检查，考核组对局内的创建工作给予肯定。

（朱　倩）

【领导肯定】 1月21日，在市区县局馆长会议上，市档案局副局长在总结2010年全市档案工作时，强调了记忆城市历史，保存重要历史文件的重要性，特别指出门头沟区政府王洪钟区长，对记忆城市历史，采集老城市照片档案工作非常重视，对区档案史志局出版的《门头沟棚户区照片档案》给予充分肯定并专门批示。

（朱　倩）

【农村档案管理】 1月21日，召开新农村建设村级档案规范化管理座谈会，就新农村档案工作存在的问题进行深入探讨，乡镇档案员及个别村级档案员参加了会议。2月18日，与区经管站联合召开了农村土地承包档案管理布置工作会。就做好农村土地档案归档工作提出了要求。3月4日，局领导出席了区农村集体资产产权制度改革工作会，阐述了产权制度改革档案工作的重要性和必要性，并提出要进一步规范农村集体资产产权制度改革的工作流程。是日，组织了门头沟区集体林权制度改革档案业务培训。从林改档案相关概念、收集工作、整理方法、保管要求、移交规定、利用工作等方面进行了集体林权制度改革档案业务培训。6月，参加了雁翅镇农村集体产权制度改革推进会。对提高农村集体产权制度改革档案工作的认识、建立健全农村产权制度改革档案管理制度、规范农村产权制度改革档案的收集整理提出了明确要求，同时建议，统筹兼顾，将产权制度改革、土地承包、林权制度改革、拆迁档案工作一并纳入镇村管理。7月6日，市农委、市档案局、市经管站对区经指导妙峰山镇、军庄镇农村土地承包档案清查工作进行了抽查。是月，联合区林改办围绕产权明晰工作主体改革工作，对全区镇、村两级林改档案进行了现场指导。

（朱　倩）

【编研工作】　1月，出版了《永定的记忆——门头沟永定镇S1线建设档案》画册。是门头沟区档案史志局出版棚户区照片画册系列之二，主要包括6个方面的内容：远景规划、行政文件、领导决策、领导关怀、拆迁实录、影像留存。采用了永定镇11个拆迁村照片近300张。并举办画册及光盘发行仪式。5月，档案馆录制完成党史教育基地宣传片，介绍了门头沟区档案馆在爱国主义教育方面取得的成绩。

（朱　倩）

【帮扶工作】　1月，局领导到清水镇帮扶村八亩堰、江水河，走访慰问建国前老党员及贫困户。7月20日，局领导带领“结对帮扶”工作小组一行8人到清水镇江水河、八亩堰两个帮扶村，配合镇、村做好村委会民主活动日工作。

（朱　倩）

【领导调研】　2月16日，延庆档案局一行5人到局内，就档案数字化、档案管理工作等进行调研。是月，北京市档案局领导及《中国档案报》主编、记者到局围绕棚户区改造和S1线建设拆迁影像资料留存工作进行专题采访调研。3月3日，北京市档案学会到局内召开工作会并进行调研。6月24日，市党史办主任谢荫明到局内调研、指导工作。期间参观了“门头沟区建党90周年图片展”，并给予肯定。参加了“门头沟区特色主题党日活动”和“京西山区中共第一党支部纪念馆”揭牌仪式。9月20日，区领导王洪钟及有关委办局领导到局内调研。对档案工作给予肯定，并解决一些实质问题。11月10日，区领导洪家志到局内就档案、党史、地方志工作进行调研。12月27日，区领导赵潮英等到局内参观视察。

（朱　倩）

【党史工作】　6月29日，《门头沟最早的革命播种人》和《小学堂里孕育党支部》两篇文章，在北京日报新推出的《北京党史图志》特刊栏目第一期中刊登。是月，红色地图电视片脚本《挺进军司令部》、《平西情报站》编写完成，2部短片均在北京电视台的《北京新闻·红色地图》栏目播放。是月，档案馆与平西情报交通联络站旧址展览馆等7家单位一道挂牌，成为首批“门头沟区党史教育基地”，在全市范围内率先打造出党史教育基地。7月，《中国共产党北京市组织史资料·门头沟卷》由中央文献出版社出版发行。全书共15万字，采用概述、篇下综述、章下序等形式进行文字叙述，收录了1987年7月至2010年12月期间，门头沟区组织机构沿革、领导人名录、机构职责编制等情况。10月，《中共门头沟区历届党代会工作报告汇编（2004－2010）》正式编印成书。全书共10万字，书中以区党代会的时间为主线，以区委工作报告为内容，分阶段展示了区内在不同的时期的工作重点，以及在不同阶段所取得的成果。

（朱　倩）

【档案执法检查】　3月，面向全区120余个立档单位下发了《关于开展2011年度档案行政执法检查通知》，全面部署了全年的执法检查工作。4月19日，举办了2011年度档案行政执法联络员培训，区内42名执法联络员和63名新档案员参加。6月，在区人大、区政协、区法制办监督下，对药监分局进行了档案行政执法检查，由此拉开了本年度档案行政执法检查的序幕。12月2日，局领导以及相关科室15人参加了以“践行北京精神，弘扬法治文化”为主题的全国法制宣传日上街宣传活动。主要通过悬挂横幅、展示宣传展板、发放宣传材料的形式，向过往的干部和群众发放6类1500份自制宣传材料，《门头沟区年鉴》、《门头沟区英烈》、《门头沟区建制沿革》等500册图书，并现场解答群众提出的有关查阅及利用档案、参观档案展览等相关问题。

（朱　倩）

【档案宣传教育】　4月19日，举办了档案业务培训班。全区各单位档案人员70余人参加了培训。6月23日，举办纪念中国共产党建党90周年和“保留城市记忆，展示档案魅力”摄影图片资料展正式开展。6月，区档案馆成为区内首批挂牌的党史教育基地之一。9月7日，中国人民大学信息资源管理学院学生到区档案史志局进行暑期社会实践活动，局有关领导与师生进行了交流。23日，到石景山区档案局，参观学习档案管理先进工作经验。双方就档案管理信息化建设工作进行了交流。是月，局内两名兼职教师被市档案局授予“优秀授课PPT和讲义”奖项。10月16日，举行第三届“档案馆日”活动。共有3000余名社会各界群众代表和全区档案员参加，发放各种宣传材料11类，3200余份，书刊9类，4000余册，纪念品1500件。

（朱　倩）

【拆迁档案管理】　5月，出台了《关于加强拆迁工作档案管理的意见》，将拆迁工作档案管理列入行政执法检查的重点。定期到基层进行业务指导，做好相关业务培训。

（朱　倩）

【档案信息化】　年内，有重点的对婚姻档案进行全文数字化扫描，完成馆藏原文扫描7590卷936404页。累计扫描纸质档案12044卷，1394298页。

（朱　倩）

【档案鉴定接收】　年内，下发“2011年到期档案接收通知”、“门头沟区档案馆提前接收档案明细表”完成1999－2002年立卷档案的进馆前鉴定及撤销单位的档案归档工作。共鉴定了36个单位的文书档案9588卷（其中永久6141卷长期3055卷），婚姻档案105卷，会计档案180卷，科技档案107卷。接收30个立档单位的档案9223卷档案。其中包括永久5948卷、长期2894卷；会计档案183卷、基建档案83卷、婚姻档案115卷、实物档案2件、归档文件2053件、书籍36本。

（朱　倩）

【档案利用】　年内，馆藏档案共计83606卷，归档文件5044件。涉及136个全宗，排架长度892.65米。馆藏图书资料16839册。接待查档利用者4882人次，调卷5001卷，复印10807页，出具证明1602份，翻拍利用档案3358张。

（朱　倩）

政协北京市门头沟区委员会

【概况】　中国人民政治协商会议北京市门头沟区委员会（简称区政协），机构设有学习与文史委员会、提案委员会、经济科技委员会、教文卫体委员会、环境与人口资源委员会、社会法制与民族宗教委员会。办公机构设办公室、研究室、专委会工作一室、专委会工作二室、专委会工作三室、专委会工作四室，政协办公室下设文秘信息科和委员联络科。截至2011年11月第八届委员会共有委员199名，常务委员会组成人员31名。主席高连广，副主席杲建忠、侯建华、安冬梅（女）、野京城、朱德友、孙善民，秘书长董辉。截至年底第九届委员会共有委员167名，常务委员会组成人员33名。主席张冰（女），副主席翟云峰、张乐春、冯飞、野京城、朱德友、孙善民，秘书长张爱宗（女）。

年内，区政协在区委的领导和区政府的支持下，围绕区“十二五”规划提出的各项目标任务，服务大局，履行政治协商、民主监督、参政议政职能，为促进全区经济建设和社会发展发挥了重要作用。一、遵照政协章程，切实搞好政治协商。就区“十二五”规划、政府工作报告、重大投资和重要建设项目等全区经济和社会发展中的重大问题开展协商；认真组织全委会的整体协商、常委会的重点协商、议政会的专题协商、专委会的对口协商活动。区委、区政府领导应邀出席政协全会以及各种形式的协商会议150余人次；按照《政协章程》规定开展协商活动，使民主党派、工商联、人民团体以及各界委员的协商发言得到应有的尊重，发表的意见和建议为区委、区政府科学决策提供了重要参考。二、针对重点问题，开展民主监督。发挥常委会重点监督作用。专题听取区政府关于年度重点工程进展情况和办理提案工作情况的通报，对重点工程建设进行视察，对重点提案进行督办；发挥专委会专业监督作用。围绕棚户区改造、城市景观建设、生态治理、环境保护等方面进行视察，提出视察意见、建议40余条；发挥特约监督员的作用。向20余个部门推荐62名具有一定专业知识的政协委员作为行业特约监督员。三、采用多种方式，组织参政议政。组织议政选实题。以“打造京西名山盘活98.5%”为主题召开专题议政会，形成调研报告23篇，整理编辑出版《议山文集》一书；提案办理求实效。年内，共收到提案165件，审查立案161件。区委主要领导对8件民主党派提案逐件进行批示，区政府主要领导对提案办理工作提出明确要求，各职能部门坚持主要领导亲自参与提案办理，委员关注度高的提案得到了切实办复，办复率达100%；调查研究察实情。针对区深山区生态建设、沟域经济发展、集体林权制度改革等全区经济社会发展中的热点、难点、重点问题深入调研，形成了《关于深山区生态涵养调查与建议》《门头沟区沟域经济发展情况的调查》《门头沟区集体林权制度改革调查与思考》等有价值、有分量的调研报告；文史工作出实招。编印了《门头沟区政协文史工作三十年纪念文集》《门头沟文史o合订本》《京西工业》，出版了《名人与门头沟文集》一书。四、促进社会和谐，大力弘扬两大主题。注重发挥民主党派和无党派人士的作用，确保民主党派和无党派人士在政协委员中持续保有相对比例，在任免增补政协委员过程中，保障民主党派和无党派人士在政协组成中比例不降低，人员不减少；保障党派大会发言。年内10名民主党派、人民团体和政协委员的代表，围绕非公经济建设、发展高端旅游地产、发展论坛经济、“古”文化传承与发展等内容在政协全会上进行大会口头发言；做好统一战线工作。办好新春茶话会、中秋茶话会和区情通报会；与兄弟区县政协牵手，促进区域共同发展。参与丰台、石景山、房山、大兴五区政协共同举办的“首都西南区域经济发展论坛”，助推了北京市《永定河绿色生态走廊建设规划》《关于加快西部地区转型发展的实施意见》《北京南部地区规划实施纲要（2010年—2020年）》等政策的出台。五、开展“创先争优”，抓好自身建设。学习了胡锦涛总书记在庆祝人民政协成立60周年、纪念党的十一届三中全会召开30周年、建党90周年大会上的讲话和中央、市区委重要会议精神；以区政协成立30周年为契机，开展了“我与政协”有奖征文和“政协统战知识百题竞赛”等活动；坚持政协领导分工联系走访委员制度，坚持委员述职制度和优秀提案表彰制度，有效促进委员主体作用的发挥；在政协机关中开展“创先争优”主题活动和“廉政风险防范”教育工作，机关干部的思想和工作水平得到了进一步提升。

单位名称：中国人民政治协商会议北京市门头沟区委员会
地　　址：北京市门头沟区新桥大街36号
电　　话：69843038
邮　　编：102300

（杨桂芬）

【委员会议】 1月4日至6日，召开八届五次全体委员会议。会议审议通过高连广所作的常务委员会工作报告和侯建华所作的提案工作报告；列席区第十四届人民代表大会第七次会议开幕式，听取并讨论王洪钟所作的政府工作报告并讨论其它有关报告；听取部分党派团体和委员大会发言；通过政治决议；表彰优秀提案和优秀信息。市政协副主席唐晓青出席开幕式，区委、区人大、区政府领导出席开、闭幕式。区领导刘云广在闭幕式上讲话。区属部委办局和镇街的部分领导列席大会开、闭幕式。12月16日至20日，召开九届一次全体会议。会上审议通过杲建忠代表主席高连广所作的常务委员会工作报告和侯建华所作的提案工作报告；列席区第十五届人民代表大会第一次会议开幕式，听取并讨论区长王洪钟所作的政府工作报告并讨论其它有关报告；听取部分党派团体和委员大会发言；通过政治决议；表彰优秀提案；依法选举产生九届政协领导集体。区领导韩子荣在闭幕式上讲话。

（杨桂芬）

【举办新春茶话会】 1月25日，区政协、区委统战部共同举办各界人士新春茶话会。高连广主持，区领导陈志强通报“十一五”时期全区经济、政治、文化和社会发展情况。区四大部门领导、区级离退休老领导，政协委员，各民主党派、人民团体、各族各界的代表人士以及区属部委办局镇街的领导出席。会上对参与《我与政协》有奖征文和“政协统战百题知识竞赛”的优胜者进行了表彰。与会各界人士一同观看了文艺演出。

（杨桂芬）

【学习与文史委员会工作】 1月26日，与永定镇联合召开“北岭地区历史文化资料成书工作启动会”，对北岭地区历史文化资料成书工作的编写提纲和调查方案进行研讨。3月3日，杲建忠主持召开2011年文史工作会，委员会委员和撰稿员50余人参加会议。对2010年文史工作进行总结，对2011年工作进行安排和部署。3月24日，举办“国际形势”专题报告会，国防大学战役部孙旭教授，结合当前热点时事问题，从当前国际形势特点、国家安全形势、利比亚局势判断以及国家安全对策等方面，做了题为“当前我国国家安全战略思考”的专题报告。10月27日，区政协召开文史工作三十年座谈会。总结30年文史工作历程，表彰优秀文史工作者，文史工作者代表和专家代表进行交流发言。区领导韩子荣出席座谈会。

（杨桂芬）

【提案委员会工作】　2月17日，召开提案交办会，八届五次会议会间收到提案165件，立案161件。其中，区委办承办提案14件；区政府办承办提案149件（日常提案2件），提案全部交办到位。3月4日，召开提案委工作会议，对八届五次会议提案复审及确定重点提案情况进行通报；研究讨论2011年提案委工作要点；学习新修订的《中国人民政治协商会议全国委员会提案工作条例》。9月7日，召开提案办理情况通报会，听取区政府关于提案办理情况的通报。侯建华出席会议，并对下一步提案委工作提出要求。11月9日，召开提案委第四次工作会议，审议通过第八届委员会提案工作报告（草案）；提名推荐2011年度优秀提案；通过关于表彰2011年度优秀提案的决定（草案）；研究讨论提案委2012年的工作要点。

（杨桂芬）

【举办区政协成立30周年座谈会】

3月2日，举办区政协成立30周年座谈会。政协老领导、参加单位和委员代表发言，回顾政协30年走过的历程和政协在经济社会发展中发挥的作用。民盟门头沟总支代表各民主党派，区工会代表群团组织致辞。区领导韩子荣、王洪钟出席会议并讲话。收到党派团体、界别委员同贺区政协成立30周年书画作品12件。

（杨桂芬）

【召开联络员、信息员工作会】

3月10日，召开政协联络员、信息员工作会，区属各部委办局、镇街的50余名联络员和信息员参加会议。会上，对2010年政协信息工作进行总结；对2011年区政协工作要点进行学习；对如何做好收集反映社情民意工作，如何撰写高质量的社情民意信息进行辅导。

（杨桂芬）

【市政协提案委领导到区内调研】

3月30日，市政协提案委主任、副主任等一行4人到区内调研。高连广汇报了区政协整体工作情况和近几年政协在参政议政、履职尽责方面的八大亮点工作。侯建华从加强基础性工作、创新提案办理新举措、促进经济社会发展等方面介绍了区政协提案工作的经验做法和取得的成效。市政协领导对区政协工作取得的成绩给予了肯定，并提出具体指导意见。

（杨桂芬）

【区领导调研】　4月14日，韩子荣、陈志强等区委领导到区政协调研。高连广从政协领导班子、常委会组成、工作机构设置情况，区委重视、政府支持政协工作情况，八届政协开展工作情况，区政协规范化、制度化、程序化建设情况以及工作任务和思路等方面作了专题汇报。韩子荣对政协工作给予肯定并提出建议。

（杨桂芬）

【环境与人口资源委员会工作】

5月4日，组织部分政协委员视察新农村建设工作。听取区农委和雁翅镇政府关于全区和雁翅镇新农村建设工作的通报，实地视察了雁翅镇太子墓村、雁翅村就新农村建设资金投入使用、基础设施后续管理和使用等方面提出意见和建议。26日，组织部分政协委员视察永定河门头沟段治理工作。听取区水务局关于永定河门头沟段治理修复工作情况通报，实地视察了黑河沟、门城湖的治理、王平村污水处理站、王平镇湿地建设工作情况。杲建忠参加视察并讲话。

（杨桂芬）

【政协领导到基层调研】　5月13日，高连广带队到斋堂镇调研创先争优、百日整治和发展稳定等工作情况，斋堂镇党委书记汇报情况。高连广对斋堂镇通过多项工程建设并举，推动全镇跨越式发展，拉动农民增收致富的做法给予了肯定并提出要求。高连广还出席了在斋堂镇黄岭西村召开的门头沟区古村落保护现场会和在斋堂中学举行的北京鲁迅博物馆馆校牵手“走近鲁迅校园行”活动仪式。

（杨桂芬）

【常务委员会会议】　6月28日，高连广主持召开第20次常委会会议暨第八次议政会。议政会的主题是“打造京西名山盘活98.5%”。区政协专委会工作三室主任及部分政协文史撰稿员分别以《打造京西名山盘活98.5%》

《背靠九龙山，面向北京城》《雄奇壮美铁坨山》《对黄草梁资源的认识及其有限开发的建议》为题进行重点发言。区领导王洪钟和主管副区长同与会人员进行了座谈交流。10月19日，杲建忠主持召开第21次常委会会议。协商决定连春国任区政协专委会工作六室主任；陈廷彩任区政协研究室调研员，免去研究室主任职务；安久亮任区政协研究室主任，免去研究室副主任职务；陈晓红任区政协专委会工作一室副主任；何建忠任区政协专委会工作三室调研员，免去专委会工作三室主任职务；石建山任区政协专委会工作三室主任，免去专委会工作三室副主任职务；刘德才任区政协专委会工作三室副主任。免去李翠凤区政协专委会工作一室副主任职务。11月17日，杲建忠主持召开第22次常委会会议。会议决定区政协九届一次会议于2011年12月16日至20日在北京龙泉宾馆召开；审议通过九届一次会议建议议程（草案）、日程（草案）、九届委员会委员人选决定（草案）、九届一次会议主席团成员人选建议（草案）、秘书长人选建议（草案）、第八届委员会常务委员会工作报告（草案）和提案工作报告（草案）、选举办法（草案）以及领导会间分工（草案）。29日，杲建忠主持召开第23次常委会会议暨第九次议政会。听取并协商讨论区政府过去五年工作总结和2012年政府工作思路，对《2011年政府工作报告》提出修改意见和建议。

（杨桂芬）

【举办常委暑期读书班】 7月4日至9日，举办常委暑期读书班。学习胡锦涛总书记在庆祝中国共产党成立90周年大会上的讲话，中共中央办公厅关于转发全国政协党组关于《中共中央关于加强人民政协工作的意见贯彻落实情况》（中办发【2011】16号）文件等；与内蒙鄂伦春自治旗政协就履行政协职能的经验和做法进行交流座谈；鄂伦春自治旗政协主席闫立华陪同考察了当地生态涵养、湿地保护、休闲文化产业发展情况。

（杨桂芬）

【教文卫体委员会工作】 8月4日，组织部分委员对永定河文化的研究利用情况进行视察。听取区委宣传部和永定河文化研究会就永定河文化建设情况的通报，实地视察了石佛雕刻、三家店龙王庙、龙泉雾辽代瓷窑、琉璃渠明代烧造遗址，对于深入研究、挖掘、保护、弘扬和推介永定河文化等方面提出意见和建议。侯建华参加视察并讲话。

（杨桂芬）

【举办届末委员联谊会暨中秋茶话会】 9月8日，区政协、区委统战部共同举办八届政协届末委员联谊会暨中秋茶话会。杲建忠主持。区四大部门领导和部分离退休老领导出席茶话会。韩子荣在讲话中对八届政协五年来的工作给予肯定，对政协老委员联谊会的成立表示祝贺，对全体政协委员，各民主党派、工商联、各人民团体和各界人士致以节日的问候和良好祝愿。与会各界人士观看了文艺演出。

（杨桂芬）

【社会法制与民族宗教委员会工作】 9月25日，在对全区人力资源从业情况和就业工作现状调查的基础上，完成《门头沟区就业情况的调查与思考》的调研报告。在制定积极的就业政策、大力开发新的就业岗位、开发就业管理服务平台、开展技能培训等方面提出意见和建议。

（杨桂芬）

【经济科技委员会工作】 10月20日，与首都经济贸易大学城市学院共同形成《关于深山区生态涵养调查与建议》的调研报告。会同区农委对全区沟域经济的发展情况进行调研，形成《门头沟区沟域经济发展情况的调查》的调研报告。对全区集体林权制度改革情况进行调研，形成《门头沟区集体林权制度改革调查与思考》的调研报告。

（杨桂芬）

【常委视察重点工程】 10月19日，听取区发展改革委员会关于2011年全区重点工程进展情况和重点工程投资情况通报，视察中门寺沟水环境治理、门城湖工程、永定河观景台建设和棚户区改造石泉砖厂地块安置房等区重点工程建设情况。与会常委对2011年政府重点工程建设取得的成就给予了充分肯定，对进一步加快城市建设、调整产业结构、促进经济发展等方面提出意见建议。区领导郑伟革一同参加视察。

（杨桂芬）

【组织新任委员视察重点工程】 12月13日，区政协组织新任委员及九届一次全会各组召集人视察全区重点工程建设情况。区水务局、区棚改中心和区园林绿化局通报了区城市景观体系建设和棚户区改造安置房建设情况，视察了中门寺沟、棚户区改造安置房建设现场和永定河观景台。区政协领导张冰，杲建忠、侯建华一同视察。

（杨桂芬）

政法　军事

政　　法

政法工作

【概况】　年内，区委政法委围绕科学发展主题和跨越式发展方式主线，以深入推进三项重点工作为载体，创新体制机制，夯实基层基础，提高队伍素质，为加快建设现代化生态新区提供了司法保障和安定和谐的社会环境。围绕建设“平安门头沟”的目标，不断改善全区社会治安整体环境。推进综治维稳中心工作规范化建设，发挥镇街综治维稳工作中心的统筹协调作用。开展房屋强制征收和商户清退工作，确保了各项重点建设项目的顺利推进。加强国家安全人民防线建设，发挥专群结合、群防群治的网络优势，落实区域防控、网格化巡控等措施，确保了全国“两会”、建党90周年庆祝活动、“三项赛事”等敏感时段和重大活动的绝对安全。实施教育转化攻坚与巩固整体仗，继续保持了“四个零指标”。推进流动人口和出租房屋服务管理工作，探索建立了建筑工地务工人员“联管联动”服务管理机制，有效调控流动人口规模。严厉打击刑事犯罪，开展社会治安重点地区排查整治、打击非法盗采、非法倾倒渣土治理等专项行动，治安秩序明显好转，人民群众安全感不断提升。年内，门头沟区群众安全感满意度为94.2%，全市排名第三。开展“发扬传统、坚定信念、执法为民”主题教育和创先争优活动，涌现出了一批先进典型。在“七一”全区组织的先进基层党组织和“优秀共产党员”评选中，政法委机关党支部被评为先进基层党组织。

单位名称：中国共产党北京市门头沟区委政法委员会
地　　址：北京市门头沟区新桥大街36号
电　　话：69843158
邮　　编：102300

（杨　虹）

【维护稳定工作】　1月，区委政法委对春节期间的安保工作进行了具体部署，主要突出“安全、稳定、有序”三大主题，坚决遏制刑事发案和治安问题反弹。2月22日，区委政法委召开紧急维稳工作会议，对维稳工作进行部署，全面控制“茉莉花”行动。28日，区委政法委召开委务会，对北京市召开的一系列维稳工作会议精神进行传达，并对全国两会期间的维稳工作进行部署。3月2日，市广播电影电视局副局长带领市委、市政府联合督查组，到区内就全国两会安保工作情况进行检查。5月，经过区委政法委的大量工作，成功化解一起上访近14年的积案，李某签订化解协议，并为政法委送来一面写有“十年疑案一朝结，依法维稳得民心”的锦旗。8月17日，召开军庄镇东山村慧明农场与村委会承包合同纠纷协调会，以确保不发生大规模群体性事件。9月20日，市委政法委执法监督处检查组一行6人，到区内就涉法涉诉信访化解工作进展情况进行检查。12月22日，区委政法委和政法各单位集中学习讨论了周永康21日的重要讲话和刘淇的指示精神，并结合各自工作职能进行讨论，为十八大胜利召开营造和谐稳定的环境。

（杨　虹）

【队伍建设工作】　2月，市委政

法委公布了“北京市政法系统第六次社会测评”调查结果，门头沟区以84.5分的高分排名全市第二。在全区政法系统深入开展争先创优活动，政法各单位在开展活动时突出抓好“三个结合”，即与平安门头沟建设相结合，在服务保障全区经济社会跨越式发展上创先争优；与深化三项重点工作相结合，在维护全区稳定上创先争优；与建党90周年纪念活动相结合，在基层党组织建设上创先争优。4月15日，区政法系统在区体育馆前设立主开放点，举办2011年全区政法机关“开放日”主题宣传活动。20日，市委政法委巡视组到区内检查指导“解放思想找差距，创新发展争一流”大讨论活动。7月29日，召开全区政法系统学习贯彻胡锦涛总书记“七一”重要讲话精神报告会，政法各单位副处职以上领导及政法委机关全体党员干部共百余人参加了报告会。

（杨　虹）

【召开工作会议】　4月1日，召开区2011年政法维稳暨信访工作会议，总结上年全区政法维稳信访工作，并对全年工作进行部署。6月28日，召开门头沟区“三项赛事”安保工作协调会，对“三项赛事”安保工作进行全面部署。8月29日，召开门头沟区与武警第十七支队“对口支持共同建设”座谈会，就武警第十七支队与门头沟区共建一事进行了座谈。

（杨　虹）

【拆迁保障工作】　8月10日，召开小园及曹各庄地块拆迁协调会，11日，再次召开小园及曹各庄地块拆迁紧急动员会，对该地块未搬走的14户人员状况进行分析，并决定成立3个工作组，分别入户做思想工作，使此地块的拆迁工作得以顺利完成。29日，召开中门寺安置房地块强制施工协调会，对史某承包的林地如何砍伐一事进行了专题研究，会后，各相关单位到现场勘查了解情况，为强制施工做好准备，30日，召开强制施工协调会，史某终于签订协议，中门寺安置房地块被阻挠一年多的施工问题得到解决。9月5日，组织召开区重点工程房屋征收遗留问题专题推进会，各相关单位分别汇报了各项重点工程遗留问题工作开展情况，会上对工作中存在的问题进行了研究部署，并要求各单位进一步加强组织领导，加大工作力度，按时完成工作任务。11月14日，区委政法委组织召开滞留户拆迁协调会，传达了区里召开的滞留户拆迁工作会议精神，并对下一步工作进行了部署。

（杨　虹）

社会治安综合治理工作

【概况】　社会治安综合治理委员会办公室（简称区综治办）是区委区政府解决社会治安问题的办事机构，承担着“打击、防范、教育、管理、建设、改造”6项主要工作任务。年内，区综治办围绕首都综治办的总体部署和区委、区政府的工作安排，深化综治维稳中心建设，推进村庄社区化管理工作，组织开展四项专项行动：一是组织开展车辆乱停放整治活动。协调公安、交通、城管等单位，针对区内部分地区道路两侧乱停车等突出问题，开展联合执法行动。二是组织开展强制拆除行动。组织相关单位，配合区城管大队和相关镇街，共拆除违章建筑15户、6000余平方米。三是组织开展商户清退工作。组织相关执法单位，对小白楼、城子大街、黑河沟水环境整治等7个征收范围内的商户开展清退工作。四是组织开展打击倾倒渣土专项行动。做好各类维护稳定工作，完成市、区部署、交办的各项工作。

单位名称：北京市门头沟区社会治安综合治理委员会办公室
地　　址：门头沟区新桥大街46号
电　　话：69851674
邮　　编：102300

（原素芬）

【打击非法盗采专项整治工作】
3月1日，区综治办牵头组织公安分局、区安监局等相关单位在斋堂、清水地区全面开展了打击非法盗采专项行动。期间共出动工作人员72人，出动车辆30辆次，排查出租户22户，排查流动人口43人。检查中收缴篓子4个、铲子4把、钢钎2根、镐4把、排风管10米。在马栏和西斋堂分别带走2名涉嫌私挖盗采人员，已送交派出所审查。5月5日至6日，区综治办牵头组织公安分局、工商分局等相关单位，在大台地区开展了打击非法盗采专项行动，共出动工作人员60余人，组成3个联合执法组，对大台地区庄户南港沟、庄户草场沟等私挖盗采重点区域开展了夜查行动，并对千军台、庄户两个重点地区的流动人口进行了清查。期间，共检查流动人口10户，对3户涉嫌参与非法盗采的8名嫌疑人进一步审查；检查煤熏口5个，暂扣煤炭235吨；收缴用于非法盗采的发电机、钢丝绳、头灯等工具20余件。8月10日至11日，区委政法委、区综治办牵头组织公安分局、区交通局等单位在永定地区开展了为期2天的打击非法盗采、清理流动人口专项行动。共出动工作人员54人次、车辆16辆次。对白道子、黑土洼、十字道井口、王平口大坑及安滩地区已封闭的煤矿井口进行夜查。检查的出租房屋中无从事非法盗采和形迹可疑人员，排查的煤矿井口无复采现象。9月22日至23日，区综治办牵头协调区流管办、公安分局等单位，在大台地区开展为期2天的集中整治非法盗采专项行动。共出动工作人员80人，查获涉嫌非法盗采人员28人，转送派出所接受审查；收缴高速充电机、发电机、电镐等非法盗采工具35件；收缴涉嫌盗采车辆7台。10月20日，区综治办牵头组织公安分局、国土分局等单位在大台地区开展了打击非法盗采、清理流动人口、环境秩序整治联合执法专项行动。期间，共出动工作人员74人次、车辆16辆次。共检查可疑院落21处，盘查车辆13辆，并对大台地区涉嫌非法储存盗采煤炭的5处煤场及四条沟域的38个非法煤熏口进行执法检查。对没有营业执照的非法煤场予以依法关停，并对于涉嫌存储盗采煤炭的煤场依法进行处理。同时对千军台地区的环境进行了综合整治，对乱停乱放车辆进行了警告劝离。11月9日，区综治办组织公安分局、区园林绿化局、经信委等单位在斋堂地区开展了打击非法盗采、清理流动人口联合执法专项行动。共出动工作人员81人次、车辆12辆次。行动中，共检查出租房屋60余户，盘查流动人口100余人，未发现可疑人员和涉嫌非法盗采工具及车辆。28日至12月2日，区综治办组织公安分局、经信委等单位，在斋堂镇、清水镇、永定镇和大台街道等地区开展严厉打击非法盗采专项行动。期间，共出动工作人员400余人次，清查可疑院落21处，盘查车辆13辆，抓获非法盗采嫌疑人5名，已移交当地派出所处理；排查和封堵工程熏口98个；收缴原煤55吨；收缴电焊机、发动机等非法盗采工具11件，收缴窑衣窑帽、头灯若干。12月15日，区综治办组织公安分局、区城管大队等单位，在王平镇开展了打击非法盗采、清理流动人口专项行动。行动中，共检查出租房屋12户，流动人口36人，带回派出所审查1人。

（原素芬）

【检查指导工作】 3月2日，市委督查组到区就全国“两会”安保工作情况进行检查。检查组在听取汇报后，到区杜家庄治安检查站和永定镇苛萝坨村进行了实地检查。最后，检查组从对区内“两会”安保工作进行了肯定。9日至10日，区委政法委副处以上领导分别带队，组成7个督查组，对各镇街的“两会”安保工作实行分片督查。24日，首都综治办副主任许继慧等到区检查指导综治工作，通报了2010年门头沟区社会治安综合治理工作考核结果，肯定了工作成绩，并提出了建议。10月28日，首都综治办会同市公安局、市农委等部门组成联合检查组，对区村庄社区化工作开展情况进行了检查验收。检查组实地检查了军庄镇东杨坨村、新村村庄社区化工作开展情况，并对开展村庄社区化工作提出了要求。

（原素芬）

【综治委全会】 5月18日，区内召开综治委、流管委全体（扩大）会议。会议传达了首都综治委、市流管委全会精神，对2011年度综治、流管工作要点进行了说明；通报了全区治安形势；签订了加强流动人口服务管理责任书。

（原素芬）

【召开相关会议】 6月28日，区内召开建党90周年维稳工作部署会。各镇、街道和相关成员单位主管领导参加了会议。会上传达了市维护稳定工作领导小组（扩大）会议精神，部署了“七一”期间的社会面防控、打击防范邪教活动和启动战时会商机制等工作。

（原素芬）

【打击非法倾倒渣土专项行动】 8月11日起，区综治办联合公安分局、城管大队、交通局、园林绿化局相关部门，分别在莲石路、阜石路、军庄路口、109国道三家店路口四个交通要道，清查过往车辆。开展打击非法倾倒渣土专项行动，期间，检查运输车辆4738辆，罚款116辆，堵回55辆，罚款2.92万元。

（原素芬）

【科技创安工作】 年内，投入300万元，在清水镇的江水河村、雁翅镇的芹峪村、妙峰山的下苇甸村、城子的西宁路社区等16个社区村和石门营、黑山等5个公园开展了科技创安工作，共计安装探头312个，完成了年初区政府既定的为民办实事工作任务。

（原素芬）

【车辆乱停乱放专项整治行动】 年内，协调公安分局、区交通局、区城管大队等单位，针对区内部分地区道路两侧乱停车等突出问题，开展联合执法行动。全年共清理乱停乱放各种车辆800余辆，暂扣违规运营及无照黑车10辆，罚款4万余元。

（原素芬）

【社会治安重点地区整治工作】 年内，联合城管大队、治安支队、交通支队等单位，对门城地区、河滩地区、新桥大街二小门口、双峪市场门口地区无照经营、马车售货等违法行为进行多次集中整治，共出动执法人员1700人次，车辆420车次，查处无照经营行为141起、罚款27.1万元，查处马车售货行为7起。

（原素芬）

【村庄社区化工作】 年内，本着“一站多能、综合管理”的原则，有效整合村内的各类工作站，将警务工作站、来京人员和出租房屋服务站、监控室等整合为村综治工作中心，实行统一挂牌和制度上墙。依托镇、村综治工作中心，建立镇、村两级监控平台，并与公安派出所联网，建立村警对接机制。根据各村的实际情况，确定监控探头的需求量，进行统一安装，全年累计增设监控设施23台，探头安装172个，在各村共设立治安岗亭26个、安装电动门、小门等65个，修缮围墙、护栏等1.05万米，同时配备治安巡防员、治安志愿者等各类维护治安人员近100人，进行24小时值守，对人员和车辆实行出入登记制度，做到人凭卡、车凭证出入，规范出入登记簿和流动人口、出租房屋登记簿，由各包村干部进行定期检查，维护了村内的治安秩序。

（原素芬）

【综治宣传】 年内，区综治办围绕综合治理和“平安北京”建设的中心工作，发挥各类新闻媒体作用，通过各种形式积极开展系列宣传报道，综治系统共出动工作人员1000余人次，制作宣传展板600余块，发放宣传材料10余多份，营造全社会参与综合治理、参与“平安北京”建设的舆论氛围。组织参与首都社会治安综合治理好新闻奖评选活动，加强综治工作宣传阵地建设。

（原素芬）

【制定综治相关文件】 年内，制定了《关于构建网格化社会面防控体系管理工作的意见》；《关于在全区城乡结合部地区和城镇中心区深入推进村庄社区化管理工作的意见》；《门头沟区关于构建社会矛盾多元调解体系的实施意见》。

（原素芬）

公安工作

【概况】 年内，门头沟分局围绕首都西部综合服务区建设大局，以维护全区安全稳定为中心，以社会管理创新为引领，以深入推进“三项重点工作”和“三项建设”为载体，以打防管控一体化工作为牵动，以执法规范化建设为着力点，创新警务理念，完善工作机制，有效维护了全区政治稳定和社会安定。

通过强化基础排摸、分析研判、动态管控、应急处突，共协助相关部门妥善处置各类群体访367批10636人次，同比增加74批4480人次，分别上升24.3%和81.4%，配合相关部门实施强拆41次，拆除面积23945平方米。推进“清网行动”、“打击破案”、“打黑除恶”等专项行动，有力打击了各类违法犯罪活动，共破获刑事案件1339起，同比增加102起，上升8.2%；命案发6起破6起，破案率100%；抓获各类违法犯罪人员912名；抓获逃犯49名。持续开展了“打四黑除四害”、“三个百日”、打击非法盗采等专项整治行动。共开展各类专项行动121次，检查出租房屋10320户，审查流动人口94720人次，端掉“四黑四害”窝点16个，拘留违法人员34人，抓获流动人口网上在逃人员19人。通过整合各类防控资源，推进“站巡制”、“驻区制”、群防群治等工作，实现了防控体系由单一型向复合型转变。共整合各类社会面巡控力量409人，建成站巡点2个，驻区点25个，8名站巡民警、40名驻区民警、359名协警固化在街头和社区。同时，在18个村安装监控探头151个，发动群防群治力量11235名参加巡逻防范。开展整治“酒驾”、“三超一疲劳”、“清剿火患”等专项行动，抓安全检查、督促整改等环节，共查处交通违法行为18万起，罚款1580万元，全区发生一般以上交通事故58起，同比下降3%，伤71人，死亡13人，同比分别上升16%和18%；共发现消除火灾隐患7689件，拘留32人，全区发生火灾61起，同比下降14.1%。完成了中央、市领导到区内调研警卫任务和17项37场大型活动安全监管。推进执法规范化建设，共建成七类功能室95间，“三室”47间，均达到一级标准，建成数字化审讯室8间，办证大厅16处，设立执法办案场所12处，均实现功能分区和物理隔离，完成率和达标率均为100%。共受理群众初次信访104件，同比减少9件，下降7.9%；结办99件，结办率95.2%；市挂账督办的2件涉法涉诉信访案件全部结办，结办率100%。在区委、区政府的支持下，争取专项资金2245余万元，先后完成了潭柘寺、大台派出所新建，大峪、三家店、雁翅派出所翻修等工作，基础设施建设得到进一步增强。

单位名称：北京市公安局门头沟分局
地　　址：北京市门头沟区新桥大街45号
电　　话：69842494　69860110
邮　　编：102300

（吴世芳）

【开展安全检查工作】　1月1日至17日，分局持续开展了对全区景区景点、行业场所和重点地区的治安整治及预防煤气中毒等安全检查。出动执法人员18人、执法车辆3辆，检查重点公园景区3处、查处消除各类隐患6件；出动民警39人次，检查宾馆、旅店48家次、洗浴场所35家次、歌厅5家次，机修、汽车配件行业7家，废品回收点26个，处罚8家，罚款3800元，消除各类不安全隐患28件。

（吴世芳）

【开展宣传活动】　1月10日，开展爱在北京110宣传日活动。共发放《110报警知识》《消防知识》等宣传材料5500余份，解答群众咨询400余人次。27日，在全区设立了12个宣传站，集中开展了2011年春节期间烟花爆竹安全管理燃放宣传咨询活动，共设展板58块、悬挂横幅27条、发放宣传资料6万余份、宣传物品8000个。2月16日，开展推进“司法改革带来政法机关新风貌”主题宣传活动。发放开门评警、禁毒、烟花爆竹燃放、防诈骗等宣传材料4000余份，解答群众咨询300余人次。4月15日，为全市政法机关“开放日”。分局在区体育馆前设立了“警营开放日”主会场。共发放宣传品7000余份，解答群众咨询300余人次，征求到意见建议13条。同日，看守所也开展警营开放日活动，邀请区人大代表和被监管人员家属到监区参观。23日，区养犬管理联席会议办公室组织各成员单位和各镇、街主管领导，开展了年内养犬集中年检主题宣传日活动。区政府办公室、公安分局、区卫生局等单位主管领导，以及分局治安支队、大峪派出所民警共20余人，参加了设在区体育馆前主宣传点的宣传活动。全区13个镇街的领导和属地派出所民警参加了各辖区宣传点的宣传活动。期间，全区共设宣传点13个，出动180余人，发放各种宣传材料2.8万余份，受宣传人数达8000余人。5月8日，在区滨河西区步行街设立了以“强化防范意识，减少财产损失”为主题的启动仪式主会场。分局、大峪街道办事处、人口管理大队、月季园派出所领导以及滨河西区社区民警、滨河西区居委会干部参加了主会场宣传活动。其他派出所也分别在辖区举行了社区安全防范启动仪式。活动当日，全区共设立宣传展板120块，悬挂宣传横幅64条，发放各类宣传材料2万余份，发放110主题的物品2200个，受教育人数2.5万人。21日，在全区组织开展了以“防范电信、网络诈骗、打击违法犯罪”为主题的宣传日教育活动。在区体育馆前设立主宣传点，分局主管领导及所属有关部门、全区8家银行单位领导，以及区京西时报、电视台等新闻宣传媒体参加了主宣传点活动，全区共发放宣传材料5000余份。6月22日，在区体育馆门前开展了主题为“推进立案公开、深化警务公开、提高执法规范水平”的集中宣传活动。分局主管领导及办公室、法制处、刑侦支队、治安支队、人口管理大队、大峪派出所的有关领导和民警参加了活动。在宣传现场设立了主题宣传展板，向过往群众发放《致群众的一封信》及宣传册共计1万余册，解答群众咨询200余人。12月2日，按照区普法宣传领导小组统一部署，分局在区影剧院门前举行普法宣传活动。分局主管领导带领有关部门领导和民警参加了宣传活动。向过往群众发放禁毒、消防、防诈骗等法律宣传资料4000余份，解答群众法律咨询30余人次。

（吴世芳）

【市区领导开展考核、检查、调研工作】　1月11日，市安委会领导到区内开展年度交通安全目标管理考核。考核组对门头沟区的交通安全工作给予了肯定，并对继续推广落实“文明交通行动计划”、全力做好交通安全工作等提出了具体要求。1月31日，区领导王洪钟、罗斌，分别到物美超市、石龙管委企业、区烟花爆竹仓库、石龙大厦、河滩农贸市场等处检查了安全生产及节日安保工作落实情况。2月1日，王洪钟、翟云峰及分局领导到潭柘寺、戒台寺公园，检查了园区安保工作，并对春节期间的安全措施落实及警力部署提出了具体要求。3月2日，市委、市政府“两会”安保督导组一行，到杜家庄巡警支队四中队检查指导“两会”安保工作。督导组一行对上岗民警的装备、警容和工作流程、规范执法等情况进行了检查。4月2日，胡锦涛等党和国家领导人前往丰台区鹰山公园“园博会”园区植树。领导车队途经莲石路门头沟辖区进入植树活动现场。分局领导带队共组织执勤警力92人，对辖区的莲石路、京原路、永定河森林公园进行全面控制，确保了中央领导车队途经辖区内的安全。30日至5月2日，以“五一”保卫为重点，突出“深、严、细、实”四个环节，狠抓各项工作措施的落实到位，共组织安保力量23041人次，其中民警2195人次，专职巡防力量5823人次，义务巡逻力量15023人次；期间，全区共接待游客和群众54706人、外宾550人、车辆16646辆，保持了良好的治安秩序。5月19日，中共中央政治局委员、北京市委书记刘淇等市领导到门头沟区门城湖观景台、京浪岛、城市建设拆迁现场、冯村桥、石龙工业区18号地块（长安丽景项目）进行调研。区领导韩子荣、王洪钟等区委、区政府及区有关部门领导陪同调研。分局共抽调280余名警力，做好点、线、面控制工作，确保了市领导整个调研活动的安全顺利进行。24日，全国政协领导到区考察期间，分局共组织执勤70名警力，全力维护考察现场治安秩序和途经沿线道路交通秩序，确保了全国政协领导到区内视察活动的安全顺利进行。6月16日，中共中央政治局常委、国务院副总理李克强，在市委书记刘淇、市长郭金龙等市领导的陪同下，到门头沟区东辛房棚户区视察，并到石门营安置房施工现场，实地查看了在建保障性住房情况。分局领导带队组织警力，认真检查落实各项安全措施，完成了警卫工作任务。7月21日，中纪委副书记何勇到妙峰山视察工作。分局组织治安、交通等部门民警，认真落实各项安全措施，完成了警卫工作。11月28日，市人大领导到石门营安置房地块、冯村沟、门城湖观景台和京浪岛公园进行调研。分局共出动警力185人，全力做好点、线、面控制工作。

（吴世芳）

【市、区领导慰问】 1月11日，市局工会在清水镇举办“送温暖、讲防范、促和谐、推进三项重点工作慰问宣传活动”。市局政治部、文体工作处、门头沟分局领导，清水镇及清水派出所、巡警支队、河北省周边派出所、检查站民警及政府干部、当地群众数百人参加了活动。8月13日，市局举办“情暖警营，爱进万家”爱警日主题活动启动仪式后，门头沟分局党委成员和局属各单位领导班子开展了慰问活动。分局长到交通支队慰问英烈遗属。政委代表分局党委走访民警家庭，慰问困难民警及家属。局属各单位采取深入一线、入户家访、领导替班等多种形式全面开展慰问活动。

（吴世芳）

【秩序维护工作】 2月2日至17日，分局出动民警千余人次，完成了潭柘寺、戒台寺景区景点安全秩序维护工作。接待疏导游客6.5万余人次，疏导车辆2.15万余辆，确保了不发生重大治安交通、火灾等事故。

（吴世芳）

【完成安全保卫工作】 2月18日，完成了元旦、春节期间安全保卫工作。期间，发放各类安全宣传材料1.5万份，检查社会单位360余家、机动车辆1.85万余辆，发现消除火灾隐患218件，处罚违反安全规定的企业14家，罚款16.8万元；检查宾馆、旅店等复杂场所153家、废品回收点26个、烟花爆竹销售点167家、禁放单位134家，查处违禁烟花爆竹销售案4起，收缴违禁78箱，行政拘留违法人员5人；分局每日投入防范警力287人，发动各类群防群治力量1.27万人，上街巡逻维护限放秩序，实现了全区社会秩序安全稳定。3月1日至15日，分局全力投入全国“两会”安保工作，共收集情报信息1534条，协同有关部门妥善处理各类群体访88批次、3657人次；抓获各类违法犯罪嫌疑人113人；动员各类辅警力量12320人，加强警民联防，严格交通安全监管，共查处交通违法5116起，罚款78.12万元；消除火灾隐患212件，处罚183余元。3月1日至14日，抽调60名民警支援“两会”代表驻地及路线勤务工作。9日，组织58名警力，完成12名“两会”代表到潭柘寺、戒台寺公园参观任务。12月6日至9日，中共门头沟区第十一次党代表大会召开。为做好党代会安全保卫工作，投入警力416人次，完成了交通安全保障、社会面控制、会场及周边秩序维护等安保任务。6日至21日，门头沟区第十五届人民代表大会第一次会议和政协门头沟区第九届委员会第一次会议（简称“两会”）召开。分局成立了安全保卫工作组，专门研究制定了详细的警卫工作方案。会议期间抽调警力，加强会场周边秩序维护，确保了区“两会”的安全顺利进行。圣诞节期间，门头沟区基督教、天主教各个教堂以及各宾馆、饭店分别组织了各种庆祝活动和文化娱乐活动。分局出动警力90余人次，投入安全保卫工作。10月6日至7日，年首届环北京职业公路自行车赛第二赛段的终点、第三赛段的起点和136.9公里的比赛在门头沟区举行，期间共有19支世界顶级车队的152名运动员参赛。为确保首届环北京职业公路自行车赛安全顺利进行，门头沟分局多次召开专门会议，听取安保工作进展情况汇报，专门成立了安保总指挥部。并分别制定了五个工作方案，各派出所也分别细化了比赛线路、驻地安保工作方案，确保了工作落到实处。赛事期间，分局共组织安保力量6587人次（其中，民警804人次、武警1000人次）上岗执勤，确保了整个赛事过程中未发生任何治安和交通问题。

（吴世芳）

【开展专项清查行动】　3月1日至2日，对斋堂、清水2个派出所辖区的流动人口出租房屋开展了专项清查行动。共出动警力16人，协警力量24人，其他力量22人，检查出租房屋112户、246间，检查流动人口320人，审查嫌疑人员18人，教育出租房主26人，查获涉嫌非法盗采工具12件。10月8日至10日3天时间，分局分别抽调大台、色树坟、雁翅、清水派出所的民警到斋堂派出所，对斋堂派出所辖区开展了打击非法盗采流动人口和出租房屋清查行动。

（吴世芳）

【举办翰墨颂英魂书法作品展】　3月22日，与市公安文联共同举办的《翰墨颂英魂——康阿青书法作品展》开幕式在劳动人民文化宫太庙广场举行。400余名知名书画家及民警书画爱好者参加了开幕式。

（吴世芳）

【完成警卫工作任务】　3月24日至27日，第三十一届北京青少年科技创新大赛在门头沟区举行，门头沟分局每天组织治安、交通、内保、出入境等部门和三家店、月季园派出所的警力，全力维护大赛活动现场和龙泉宾馆的治安秩序。26日至4月10日，组织警力，重点加强陵园及周边道路警力投入，期间共投入警力340人次，疏导车辆4.2万余辆，扫墓人员30万余人，祭扫点及周边道路未发生严重拥堵和重大交通事故。5月3日至17日，妙峰山景区举办第十九届春季庙会。分局共组织执勤警力220人次，维护庙会秩序。活动期间未发生任何治安问题。31日，门头沟区教委和门头沟团区委在永定河文化广场、葡山公园、黑山公园、福鼎公园举行了庆祝“六一”儿童节游园活动。分局共组织82名警力，全力维护现场秩序，确保活动安全进行。“五一”期间，根据北京市大型社会活动安全检查管理相关要求，分局对门头沟区举办北京市第三届旅游山会开幕式晚会和2011年迷笛音乐节等大型活动进行防爆安检。期间，共部署安检监管人员20人次，专业安检保安员62人次；安检观众3.16万余人、物品2.41万余件，查出限带物品1.73万余件，完成了两项大型活动的防爆安检监管工作。6月7日至8日，2011年全国高等院校招生统一考试举行。区内大峪中学共设31个考场，有850余名考生。为确保高考安全保卫工作万无一失，分局高度重视，提前准备，精心组织，周密部署，狠抓“三项措施”的落实，确保高考期间秩序良好，未发生问题。9月10日至11日，“昊华能源杯”第二届北京国际山地徒步大会在门头沟区斋堂镇举行。共组织安保力量1000余人次，其中民警600人次上岗执勤，完成了徒步大会招待晚宴、开幕式、颁奖仪式等各项安全保卫工作任务，实现了“五个确保”的工作目标。

（吴世芳）

【市局表彰】　3月30日，市公安局联合市司法局在西城公安分局召开全市民事调解进派出所总结暨表彰大会，分局三家店派出所和大台派出所的调解室被评为市局优秀派出所治安民间纠纷联合调解室。

（吴世芳）

【召开任命大会】　5月16日，召开分局领导任命大会。市领导傅政华，区领导韩子荣，王洪钟等出席了门头沟分局领导干部任命大会。门头沟分局党委班子成员及内设机构双正职领导参加了会议。会上宣读了市委、市政府关于北京市公安局门头沟分局政治委员的任命。11月2日，市局领导单志刚，区领导陈志强，付兆庚等出席了门头沟分局领导干部任命大会。分局党委班子成员及局属各单位双正职70余人参加了会议。会上，宣读了市局党委关于任门头沟分局分局长的决定。

（吴世芳）

【专项整治行动】　从5月25日开始，按照市局“321”打防管控一体化危险物品专项整治行动总体部署，分局结合全区实际，坚持以消除各类安全隐患为目标，精心组织，强化措施，全力推进危险物品专项整治行动，并取得了初步成效。截至6月底，共查处涉危案件5起，其中涉爆案件2起、涉枪案件2起、涉刀案件1起；抓获违法犯罪嫌疑人18人，收缴硝铵炸药9.2公斤、导火索37.8米、自制炸药11公斤、雷管27支、硝铵化肥800公斤、废旧炮弹2枚、废旧手榴弹2枚、仿真枪20支、子弹70发、管制刀具2把。

（吴世芳）

【成立斋堂消防中队】 5月30日，分局在斋堂举行门头沟消防支队斋堂中队落成暨执勤备战启动仪式。区领导付兆庚，公安分局、市消防总队及区政府各行业部门领导、辖区乡镇、派出所、社会单位代表共计100余人参加了启动仪式。

（吴世芳）

【社区防范工作】 5月，分局组织派出所警力，强化打防管控一体化的各项措施，推进社区防范工作的开放。全区共发生入室盗窃案件33起，占全部刑事案件的比重为19.9%，比2010年同期的33.7%同比下降了13.8个百分点。

（吴世芳）

【突击检查文娱场所】 6月13日，分局联合区工商、卫生、商委、城管等有关部门，对全区足疗、发廊较多的月季园、梨园一条街进行重点突击检查。共出动执法警力40余人，检查足疗发廊36家，核查从业人员120人；对10家超范围经营足疗发廊发放了限期整改通知书；对17家无证、无照足疗发廊发放了告知书，并要求其三日内自行关停。

（吴世芳）

【开展汛期抢险工作】 6月23日，北京地区出现强降雨天气。门头沟区北岭新村南5区2排1号房屋倒塌造成人员被压。险情接报后，分局永定派出所立即组织民警赶往现场，同时联系消防支队和120急救车。经过派出所民警和消防战士紧急施救，最终将被埋人员送往区医院救治。同日，永定地区何各庄村、侯庄子老村、永安小区等多处居民家因暴雨进水求助，永定派出所领导分别带领13名民警会同当地政府的工作人员成立应急处突队，开展救助工作。共疏导群众230余人及车辆40余辆，妥善处置因暴雨引发的各类险情7起。

（吴世芳）

【召开“护城河”联勤联动协调会】 6月26日，分局政委带队到河北省涿鹿县公安局孔涧检查站进行走访。并在清水镇镇政府主持召开门头沟分局与周边河北公安机关建党90周年安全保卫“护城河”工程联勤联动协调会。门头沟清水镇、涿鹿县公安局、涞水县公安局、门头沟分局领导，分局巡察支队，清水派出所及涿鹿县、涞水县公安局位于北京周边的五个检查站的主要领导参加了联勤联动协调会。河北省公安领导、门头沟分局领导分别通报了近期治安情况。

（吴世芳）

【举行监所廉政法制教育基地揭牌】 7月8日，举行了“门头沟区监管场所廉政法制教育基地”揭牌仪式。区政法委分局主管领导参加了仪式，并为基地揭牌。看守所、拘留所领导及民警代表，大峪街道办事处多个社区治保主任及群众代表共计30余人参加了仪式；并参观了监区食堂、医务室、收押室。

（吴世芳）

【市委领导带队到分局调研】 7月14日，市领导傅政华带领调研组，到门头沟分局就爱警、群众、党建及警务机制改革创新等方面工作开展调研。先后与分局领导以及有关职能部门负责人进行了座谈，并到大峪、东辛房、城子、三家店、月季园、永定、军庄等派出所开展调研。

（吴世芳）

【开展主题党日活动】 7月15日，组织开展“走进京西山区中共第一党支部纪念馆”主题党日活动，分局政治处领导及年内新发展的党员与老党员代表参加了活动。新党员进行了入党宣誓，并参观了京西山区中共第一党支部纪念馆、田庄高小党支部旧址、崔显芳烈士故居。

（吴世芳）

【开展献爱心活动】 7月30日，组织开展了“共产党员献爱心”活动。共捐款68460元。

（吴世芳）

【举行电子雷管应用启动仪式】 8月9日，“北京市电子雷管推广应用启动仪式”在潭柘寺镇首钢鲁家山矿举行。公安部治安局局长，北京市公安局副局长，治安管理总队、门头沟分局领导参加了启动仪式。公安部等领导现场参观了电子雷管工作流程演示，了解了新技术在安全性方面的优势，以及在研发推广中存在的困难，对市局、门头沟分局和鲁家山矿的工作成绩给予肯定。

（吴世芳）

【举行老干部趣味运动会】 9月28日，在永定河文化广场举办了第八届离退休老干部趣味运动会，共有130余名老同志参加比赛。运动会共设置定点投篮、套圈、飞镖、沙包掷准等趣味项目。

（吴世芳）

【成立分局第一党支部】 9月29

日，召开门头沟分局第一党支部成立大会。分局党委成员及局属各单位双正职领导共60余人参加了大会。会上宣读《中共北京市公安局门头沟分局委员会关于成立第一党支部的决定》，根据规定，北京市公安局门头沟分局第一党支部隶属于门头沟分局党委；党支部由门头沟分局党委成员和局属单位双正职领导组成；根据门头沟分局党委成员工作分工，第一党支部下设6个党小组，门头沟分局党委成员任各党小组组长，分管单位双正职领导为党小组成员。与会人员重温了入党誓词。

（吴世芳）

【获得荣誉称号】　10月10日，门头沟分局在北京市第七届农民运动会、第二届北京国际山地徒步大会、首届环北京职业公路自行车赛门头沟赛段三项赛事活动中做出了突出贡献，特被区政府评为“突出贡献单位”荣誉称号。

（吴世芳）

【成功解救8名遇险游客】　10月14日，斋堂镇双龙峡景区峡谷有8名游客被困。接警后，斋堂派出所立即会同镇政府成立了由派出所民警、消防官兵、景区工作人员组成的救援队伍，分4个小组从不同的方向和线路连夜开展长达23小时的紧急救援，成功将游客救出。

（吴世芳）

【选举工作】　10月27日，分局召开党员代表大会，选举出席中共门头沟区第十一次代表大会的代表。党委成员和80余名党员代表参加了会议。经过大会选举，8名同志当选为门头沟分局出席中共门头沟区第十一次代表大会的党代表。

（吴世芳）

【开展清网工作】　11月14日，分局政委带领清网行动抓捕组赶往广东省广州市、佛山市、肇庆市等地协调当地公安机关，指挥各路抓捕组开展对藏匿在广东省境内的犯罪嫌疑人开展收网工作。截止11月底，共抓获清网逃犯43名，清网率由10月底的37.1%升至61.4%，实现了市局提出的刚性目标。

（吴世芳）

【完成派出所述职述廉工作】　年内，完成了2011年度14个户籍派出所、77名社区民警述职述廉工作，在民主测评中，共发放民主测评表3980份，收回3980份。其中：派出所民主测评表620份；社区民警民主测评表3360份。通过民主测评，派出所平均满意率为97.4%、基本满意率为2.6%；社区民警平均满意率为98.2%、基本满意率为1.8%。

（吴世芳）

【召开京冀警务对接联席座谈会】　12月31日，由门头沟分局组织召开京冀警方暨门头沟分局与河北涿鹿县公安局警务对接联席座谈会。分局领导，河北省张家口市涿鹿县公安局等领导班子成员，以及两地相关职能部门、检查站领导参加了会议。会上介绍了门头沟分局关于党的十八大安保工作开展情况，并就涿鹿与门头沟两地警方进一步加强协作配合，联手做好外围防控提出工作建议。

（吴世芳）

检察工作

【概况】　年内，区检察院在区委、市检察院的统一领导下，深入贯彻落实科学发展观，紧紧围绕中央确定的“三项重点工作”，以服务保障我区经济社会发展全局为中心，正确履行宪法和法律赋予的法律监督职责，各项检察工作取得新的进展。全年共批准逮捕刑事犯罪嫌疑人139人，提起公诉192件239人。全年共立案侦查贪污贿赂犯罪7件9人，立案侦查渎职犯罪2件2人。强化侦查、预防职务犯罪的职能，服务区域发展。区检察院与区纪委、区委宣传部联合在区博物馆举办“北京市预防工程建设领域职务犯罪教育巡展”。深挖涉拆职务犯罪，立案侦查的涉拆贪污案、涉拆滥用职权案均获有罪判决。反贪局、反渎局联合办案，在三天之内立案侦查三件职务犯罪系列案件。反贪局在办案过程中为国有企业追回案款二百七十万元。切实加强对侦查、审判和刑罚执行活动的监督。侦查监督部门全年共监督侦查机关立案18件，撤案5件，立案监督数量较去年有三倍的增长。民行检察部门首次对民事调解案件提请抗诉成功。监所检察部门办理了全市首例监外执行罪犯减刑案件。推动息诉工作，有力化解社会矛盾。在参加门头沟区重点危改工程房屋征收工作中，区检察院干警成功化解两起积怨多年的家庭纠纷，取得拆迁协议顺利签订及纠纷各方当事和解的良好效果。开展“创先争优”活动，加强队伍建设，区检察院干警撰写的文章被第二届北京政法高层次人才论坛评为优秀研究成果一等奖。举办“群众工作能力”培训班，控申举报接待室首次被授予“全国文明接待室”称号。

单位名称：北京市门头沟区人民检察院

地　　址：北京市门头沟区滨河路21号
电　　话：69842021
邮　　编：102300

（王　珏）

【发出首份表彰性检察建议】 1月14日，针对该区妙峰山镇陇驾庄村村民在协助公安机关侦破一起盗窃案过程中起到的关键作用，向陇驾庄村村委会发出首份表彰性检察建议。

（王　珏）

【获人才论坛一等奖】 1月24日，院课题组撰写的《民事申诉案件检察和解的理论与实践》一文被第二届北京政法高层次人才论坛评为优秀研究成果一等奖。

（王　珏）

【审查逮捕意见书“六必写”】 侦查监督处坚持审查逮捕意见书“六必写”，提高法律文书规范性。一是详细的案件事实必写，二是证据材料是否适格必写，三是有无诉讼监督线索必写，四是有无逮捕必要性必写，五是有无执法办案风险必写，六是案件定性意见必写。

（王　珏）

【例涉拆渎职犯罪案件获有罪判决】 2月22日，查办并提起公诉的该区首例涉拆渎职犯罪案获得一审判决，被告人犯滥用职权罪，被判处有期徒刑三年六个月。此案是区检察院反渎职侵权局立案侦查的第一起获判实刑的渎职犯罪案件。

（王　珏）

【制作民事行政案件格式化申诉书】 2月，制作民事行政案件格式化申诉书，内容包括申诉人及被申诉人的基本信息、申诉请求、申诉理由等，以打勾及填空的形式设置，方便年老及文化水平低的申诉人填写。申诉书还列明十四条法定再审事由以及需要申诉人提交的证据材料目录等，为申诉群众合法表达诉求提供方便。

（王　珏）

【召开法律文书考评分析会】 3月11日，召开法律文书考评分析会，就办案干警在法律文书写作中暴露出的格式内容不全面、条款引用不准确、说理不充分等问题以及产生问题的原因进行分析，并提出了整改措施。

（王　珏）

【化解积怨多年的拆迁纠纷】 3月12日，在协助区委开展区重点危改工程房屋征收工作中，成功化解了两起积怨多年的家庭纠纷，取得拆迁协议顺利签订和纠纷各方当事人和解的良好效果。

（王　珏）

【举办职务犯罪教育巡展】 3月18日，由区检察院、区纪委、区委宣传部联合举办的“北京市预防工程建设领域职务犯罪教育巡展”在该区博物馆举行了首展启动仪式，区委书记韩子荣在启动仪式上讲话。此次巡展共举办1个月，共接待参观单位210个，参观人员9000余人。区委办公室专门下发文件，要求全区各部门及单位均要认真组织人员观看展览，并将参观展览作为区委政治理论学习中心组学习的主要内容。

（王　珏）

【现场监督强制拆迁行为】 3月31日，门头沟区人民法院依法对和平西街最后一户拆迁户实施强制执行，并将腾空房屋交付该区采空棚户区改造拆迁工作办公室，区检察院与区人大代表应邀对历时一天的强制执行行为进行现场监督。

（王　珏）

【连续第三年中标市院重点课题】 4月13日，北京市人民检察院公布了2011年重点调研课题评标结果，区检察院参加竞标的《民事行政检察多元化监督格局研究》一题与市院民行处联合中标。这是区检察院连续第三年在市检察院重点课题竞标中取得成功。

（王　珏）

【开展看守所开放日活动】 5月3日，区检察院驻所检察室与区看守所、拘留所共同开展看守所开放日活动。部分区人大代表与在押人员家属应邀到看守所、拘留所参观，并进行座谈。

（王　珏）

【举办群众工作能力培训班】 5月，区检察院分别以“群体性事件的化解方法”和“拆迁工作中的群众工作方法”为主题，举办了两期群众工作能力培训班，旨在提升新形势下检察干警解决群众问题的能力和水平。

（王　珏）

【外省市政法机关来院学习经验】 5月19日至21日，齐齐哈尔市建华区政法系统考察团一行专程来区检察院学习交流。由于建华区正在进行“城中村”改造，区委书记于5月18日看到检察日报刊载的介绍区检察院为首都最大棚户区拆迁工程护航的文章后，当即指示区委政法委组团赴区检察院学习经验。

（王　珏）

【召开教育培训咨议委员会议】 5月20日，召开了首次教育培训咨议委员会议，会上宣读了由院检委会审议通过的《教育培训咨议委员会议事办法》及《培训流程管理办法》，明确了咨议委员在培训需求反馈、组织实施、管理督导方面的职责、权利及义务。

（王 珏）

【被害人送感谢信】 5月23日，一起强奸案的被害人来信感谢区检察院对三名罪犯的追捕。该案件中罪犯共有五人，但公安机关仅提请区检察院批准逮捕二人，区检察院依法追捕了其余三人，该三人均被法院判决有罪。

（王 珏）

【反贪局为企业追缴案款】 5月31日，区检察院反贪局在办理一起贪污及挪用公款案过程中，成功为企业追缴案款270万元，挽回了经济损失。

（王 珏）

【特殊案件处理】 5月31日，区检察院检委会决定对一名涉嫌危险驾驶罪的犯罪嫌疑人作出不予批准逮捕决定。这是刑法修正案（八）实施后，北京市首例因“在道路上驾驶机动车追逐竞驶，情节恶劣”而构成危险驾驶罪的案件。由于犯罪嫌疑人可能判处的法定刑为拘役，不符合逮捕条件，因此决定不予批准逮捕。

（王 珏）

【开展纪念建党90周年系列活动】 “七一”前夕，以参加区红歌大赛、万名党员寄心语、共产党员献爱心、庆祝建党90周年大会等形式开展了一系列纪念建党90周年庆祝活动。

（王 珏）

【立案监督数量增长】 上半年，区检察院侦查监督部门立案监督13起案件，数量较去年同期有近3倍的增长，人均监督立案数量在全市居前列。

（王 珏）

【首次中标最高检理论研究课题】 7月12日，最高人民检察院公布了2011年度检察理论研究课题评标结果，区检察院投标的《民事检察监督模式研究》一题独立中标。在本次面向全国的公开招标中共有52个课题获准立项，检察机关独立中标的仅有18个。这是区检察院有史以来首次中标最高检课题。

（王 珏）

【荣获全国文明接待室】 7月14日，院控申举报接待室被授予“全国文明接待室”称号，并在全市检察机关控告申诉工作表彰会上作了交流发言。

（王 珏）

【办理首例撤案监督案件】 7月15日，院侦查监督部门在审查一起重大责任事故案过程中，向公安机关发出《要求说明立案理由通知书》，后公安机关主动撤销案件。这是区首例撤案监督成功的案件。

（王 珏）

【公诉利用病托诈骗养老金案件】 7月20日，对全市首例利用“病托”冒名顶替住院办理因病提前退休手续，以诈骗基本养老保险基金的案件提起公诉。该案共有七名被告人，涉案金额十万余元。

（王 珏）

【反贪局制作工作规范手册】 8月2日，院反贪局制作了《反贪污贿赂检察工作规范手册》，分为纪律篇、业务规范篇、行政管理篇三部分，主要内容包括反贪执法办案中的法律法规、业务规范以及纪律规定，是涵盖反贪执法办案各个环节的基本操作规程。

（王 珏）

【快速立案侦查职务犯罪系列案】 10月，区检察院反贪局、反渎局联合办案，在三天之内立案侦查三起职务犯罪系列案件。该系列案件系农村基层组织村主任和拆迁公司人员在城市建设拆迁领域发生的贪污、渎职犯罪。

（王 珏）

【针对民事调解案件提请抗诉】 11月18日，北京市人民检察院第一分院就区检察院提请抗诉的两起借款合同纠纷案件，向北京市第一中级人民法院提出抗诉，这是区检察院首次针对民事调解案件提请抗诉成功，并实现了区检察院2011年民事提抗案件获支持数量的零突破。

（王 珏）

审判工作

【概况】 年内，法院在区委领导、区人大及其常委会监督、区政府和社会各界支持以及上级法院的指导下，围绕辖区中心工作，能动发挥审判职能作用，全力以赴服务发展、保障民生、维护稳定，积极推进门头沟现代化生态新区跨越式发展。全年共受理各类案件5060件，审结执结4964件，同比分别上升5.46%和5.71%。全年共审结刑事案件188件，同比上升13.25%，判处罪犯237人。重点打击轨道交通、棚户区拆迁改造等重点工程中发生的诈骗、渎职等犯罪，判处罪犯11人。继续探索适合未成年被告人身心特点的工作机制。在区委政法委的领导下，联合区10余家相关单位推行未成年人轻罪犯罪记录限定性消灭制度，完善以法院为中心，家庭、学校、社会“四位一体”罪错未成年人帮教网络，帮助未成年犯罪人更好地改过自新、融入社会。全年对14名符合制度规定的申请者宣布消除犯罪记录，其中10人已顺利就业。全年共审结民商事案件3557件，同比上升12.56%。制定涉拆迁案件审判规则，组织专门力量，加快类案审理进程，依法界定、明晰产权，及时定纷止争；向群众发放《拆迁法律知识问答》，选取典型案件邀请群众旁听，引导群众依法办事。审结借款、保险、买卖、股东权益、破产清算等商事案件234件，保障经济主体合法权益。强化立案调解和人民调解的功能对接，诉前调解化解纠纷216件。强化诉讼调解，制定家事纠纷调解规则，民商事案件调撤率达57.92%，调解自动履行率达78.94%。稳步开展民事案件小额速裁试点工作，做到难案精审、简案快审，今年审结小标的买卖合同、民间借贷等案件71件，调撤率达100%，平均审理时间仅7天。全年共审结行政案件37件。探索行政案件立案协调机制，对重点项目建设引发的征地、拆迁行政案件，主动接受上级法院的工作指导，与区多部门进行协调，实现了由诉中协调向诉前和诉后协调延伸、由依靠内力协调向依靠外力协调延伸、由案件协调向纠纷预防延伸，一批矛盾突出的行政纠纷被妥善化解。全年共执结案件1181件，执结率达97.1%。开展“强制执行月”活动，出动干警140人次，妥善应对被执行人持刀威胁、聚众对抗等暴力抗法情况，两周内依法强制执行8起涉棚户区改造重点工程案件。出台《关于规范执行和解的若干规定》，进一步明确和解、履行期限和履行能力评估等标准，自动履行率同比提升22%。开展反规避执行专项活动，实施司法拘留、限制出境、罚款等强制措施，保全财产近5000万元，与区电视台联合制作两期反规避执行专题报道，与《京西时报》联合通过专栏公布拒执信息30多起，最大限度实现当事人的胜诉权益。推行电话预约立案、口头立案、上门立案等多元化立案方式，提供便民联系卡，完善导诉、查询案件、代收诉讼材料等一站式服务，继续保持窗口工作零投诉。强化季度均衡结案管理，法定审限内结案率达到99.8%，在全市保持前列。深入调研上诉案件移转中存在的问题，进一步规范案件移转流程，上诉案件一次性移转合格率实现100%，移转平均用时为30.9天。促进“12368”动态信息查询系统功能的发挥，确保群众“足不出户”即能便捷了解案件进程。在雁翅镇田庄村、清水镇齐家庄村等深山区域新设4个固定巡回审判点，采取“三定四结合”工作模式，开展巡回审判70余次，部分纠纷就地化解。全年87人次获区级以上行政奖励，未成年人案件审判庭荣获北京市“优秀青少年维权岗”荣誉称号。院法官为22名农民工千里送案款的事迹选入北京市庆祝建党90周年“党在百姓心中”宣讲团，在全市及部分外省市进行巡回宣讲，受到社会好评。

单位名称：北京市门头沟区人民法院
地　　址：北京市门头沟区滨河路74号
电　　话：61868000
邮　　编：102300

（彭　珺）

【论文获奖情况】　1月，最高人民法院召开全国法院系统第22届学术讨论会，该院共有五篇论文获奖，其中二等奖1篇、三等奖1篇、优秀奖3篇。因组织工作出色，该院荣获“全国法院第二十二届学术讨论会组织工作先进奖”，并第三次获全国基层法院组织工作先进奖。

（彭　珺）

【阶梯无忧式培养】　1月，针对新录用人员、预备法官、初任法官成长成才的“阶梯无忧式培养”工作模式被区委组织部评为组织工作创新项目。

（彭　珺）

【首次采用QQ视频方式审理案件】　3月18日，院审理的一起法定继承纠纷案中，因证人远在辽宁省大连市，请假不便，出庭作证存在困难，经法官向双方当事人释明，双方同意通过QQ视频方式进行质证。

（彭　珺）

【获“五四红旗团支部”称号】　3月，在全市共青团工作会议上，该院团支部获得了“五四红旗团支部”荣誉称号。

（彭　珺）

【思想政治工作取得佳绩】　3月，在北京市思想政治工作研究会组织的第21届“丹柯杯”优秀研究成果评选中，有四项研究成果获奖并被收录进《丹柯杯2010年优秀研究成果集》，其中两项研究成果获一等奖，两项获得二等奖。

（彭　珺）

【法院开放日】　4月15日，根据市高级法院关于举行“爱民月”、“开放日”活动的统一部署，举行法院开放日活动，邀请永定镇冯村近20余人参观法院基础设施建设、旁听案件审理，听取他们对法院工作的意见和建议。

（彭　珺）

【中层干部竞争上岗】　4月底至5月初，进行科级正职中层竞争上岗工作。经过笔试、演讲答辩、民主测评等程序，共选任5名科级正职中层干部。

（彭　珺）

【出席全国法院理论研讨会】　5月14日，院党组成员、副院长作为北京市唯一一家法院在全国法院党的建设理论研讨暨经验交流会上作了题为《当前形势下法院思想政治工作面临的困境与破解之策》的主题发言。

（彭　珺）

【成立民三庭】　5月21日，成立民事审判第三庭，依法审理该院管辖的侵权、合同等民事纠纷。

（彭　珺）

【成立装财科】　5月21日，成立装备财务科，负责院内部装备、财务、固定资产、后勤管理工作。

（彭　珺）

【预备法官课堂】　5月，确定每周四下午为预备法官学习日，开设预备法官课堂，组织预备法官集中进行在岗半脱产精品课程学习。

（彭　珺）

【审理醉驾案】　6月2日，公开开庭审理区第一起醉驾案。经北京市公安局交通司法鉴定中心检测，被告人血液检材中酒精含量为148.2mg/100ml，属醉酒后驾驶机动车。此案为当庭宣判，该院以危险驾驶罪判处被告人拘役两个月，并处罚金一千元。

（彭　珺）

【参加建党90周年合唱比赛】　6月9日至10日，院合唱队在北京市法院系统“党旗颂”大合唱、门头沟区“唱支红歌给党听”歌咏比赛中获得二等奖。

（彭　珺）

【法官“千里送款”先进事迹被报道】　7月，院法官为四川农民工“千里送款”的先进事迹入选北京市委宣传部、首都文明办、市委讲师团为庆祝建党90周年共同主办的“党在百姓心中”宣讲团，在全市及部分外省市进行巡回宣讲。同时，《人民日报》、《北京日报》、《北京晚报》等媒体、北京电视台《党在百姓心中北京市庆祝中国共产党成立90周年主题晚会》、《北京新闻》等栏目对该先进事迹进行了录制和报道。

（彭　珺）

【区“五五”普法工作】　8月22日，在区“五五”普法总结暨“六五”普法·“法治门头沟”创建启动大会上，该院获得法制宣传教育先进集体和先进个人等多项荣誉。同时，在大会上作了题为《深入开展“法律六进”，助推和谐社会发展》的经验交流发言。

（彭　珺）

【未审庭新闻通报会】　8月25日，召开未成年人轻罪犯罪记录限定性消灭制度新闻通报会。人民法院报、中国审判、中央人民广播电台、北京电视台等近20家新闻媒体记者应邀参会。中国法院网、北京法院网进行了全程图文直播。

（彭　珺）

【斋堂法庭巡回审判】　11月，为进一步完善便民、利民举措，该院斋堂法庭在雁翅镇田庄村、清水镇齐家庄村等深山区域新设4个固定巡回审判点，采取“三定四结合”工作模式，开展巡回审判70余次，部分纠纷就地化解。北京电视台、环球时报（英文版）、新京报等媒体对斋堂法庭巡回审判、便民诉讼举措进行了集中报道。

（彭　珺）

【绿化改造工程竣工】　11月，院北院绿化改造工程竣工并投入使用。

（彭　珺）

【第23届全国法院学术论文研讨】　12月，最高人民法院召开全国法院系统第23届学术讨论会，院共有三篇论文获奖，所获奖项为二等奖、三等奖、优秀奖各1篇。因组织工作出色，该院荣获“全国法院第二十三届学术讨论会组织工作先进奖”，并第四次获全国基层法院组织工作先进奖。

（彭　珺）

【为区重点工程提供法律服务】　年内，配合区拆迁、危改、整体开发土地收储拆迁项目，组织干警在拆迁工作现场提供定点法律咨询服务。

（彭　珺）

司法行政工作

【概况】 年内，区司法局按照市司法局年初司法行政工作部署和阶段性重点工作任务，围绕全区中心工作，努力推进法制宣传、法律服务和法律保障三项职能向纵深拓展，为全区跨越式发展与和谐社会构建做出了贡献。一是全面启动“六五”普法，法制宣传的针对性和实效性进一步增强。区法制宣传教育工作结合区情和新时期法制宣传教育工作的需要，围绕全区重点工程拆迁改造工作，坚持“法制宣传先行”，受到区委、区政府的肯定。在全市16个区县中率先召开了门头沟区“五五”普法总结暨“六五”普法·“法治门头沟”建设启动大会，全面启动“六五”普法。5月，区司法局被中宣部、司法部评为“2006—2010年全国法制宣传教育先进单位”。全年，累计发放法制宣传品12万余件，法制宣传资料16万余册（份），接待群众咨询解答涉法问题2138人次，开展各类法制讲座145场次，巡回展览20余次，举办法律知识竞赛18场，法制灯谜有奖竞猜活动22次。二是继续完善“大调解”格局，调解模式进一步丰富。以继续完善“大调解”格局，发挥重点工程流动调解团作用为重点，推进人民调解各项工作，调解模式进一步丰富。8月，流动调解团派出3名工作人员参加永定镇拆迁滞留户的攻坚调解工作。发挥民事行政检察案件和解机制、治安民间纠纷联合调解机制、劳动争议调解解决机制、法院诉前调解机制等联合调解机制作用，在区公安分局交通队成立“交通事故人民调解委员会”、在区婚姻登记中心设立“婚姻家庭咨询室”，健全和完善多元调解格局。年内，全区328个人民调解委员会累计调解矛盾纠纷5399件。三是强化部门协作，矫正帮教质量进一步提高。稳步推进“阳光中途之家”建设，完成门头沟区“阳光中途之家”试运行，机构和人员编制获区编办批复。做好入监所帮教和无缝衔接工作，并加大社会救助力度。全年，共计组织入监所帮教14次，对5名重点帮教对象开展了入监所帮教和出监所接收的衔接工作，临时救助39人次，帮助2名注销户口社区服刑人员办理了户籍相关手续。未成年人罪犯特殊保护机制成效显著。继续做好未成年人案件审判庭前社会调查制度和未成年人轻罪犯罪记录限定性消灭制度。共开展社会调查15例，对14例未成年人宣告前科消灭。四是深入推进公益法律服务体系建设，法律服务进一步优化。以法律服务“三进”为载体，推进公益法律服务体系建设，法律服务进一步优化。在法律服务“三进”活动中，累计发放法制宣传品4万余件，法制宣传资料6万余册（份），接待群众咨询解答涉法问题1238人次，开展各类法制讲座145场次，巡回展览20余次，法律知识竞赛8场，法律知识有奖竞猜活动10次。完善两级公益法律服务平台建设，加强对镇公益法律服务中心和社区（村）法律服务室的管理，新建12个社区（村）法律服务室，使区内具备条件的社区（村）全部建立了法律服务室。完成了辐射浅山区农民百姓的王平地区工作站的建设，“两站一中心”惠农公益法律服务网络初具规模。惠农公益法律服务网络共组织宣传活动30次，向群众发放宣传资料6万余份，接待来电、来访、来信673人次，为区内山区群众解答法律咨询665件，代书132件，调解基层涉法矛盾189件，办理法律援助案件7件，参与诉讼12件，挽回人民群众经济损失25万元。区司法局全程办事代理办公室、法律援助中心接待办公室、148法律咨询热线共接待群众来电来访来信3363人次，代书152件。法律援助中心共办理各类法律援助案件274件，其中刑事82件，民事192件。全区律师共担任法律顾问46家，办理各类案件671件，其中刑事诉讼辩护及代理28件，民事案件诉讼代理362件，经济案件诉讼代理23件，非诉讼法律事务25件，办理法律援助案件233件。参加各类法律宣传咨询活动120余人次，律师服务收费三百余万元。参与区领导大接访58次，接待群众600余人次。北京市华夏公证处共办理各类公证案件2162件，涉及标的总额9530万元，接待群众来访56502人。上门办理公证100余件，前往监狱办理公证10余件，办理公益性公证3件，为农民转居民办理公证800件；累计开展法律服务“进村庄、进社区、进企业”活动12场次，现场解答法律咨询2000余人次，发放宣传材料1万余份，发放公证服务联系卡3万余张；协助永定镇政府、龙泉镇政府、区拆迁办为57户被征收户办理被征收房屋证据保全、物品清点公证。五是切实开展规范化建设，履职能力和水平进一步提升。年内，统筹开展了公正廉洁执法警示教育、“发扬传统、坚定信念、执法为民”及“解放思想找差距、便民提效创一流”等主题教育活动，充分发挥党组织战斗堡垒作用。完成公务员招录工作，经过笔试、面试、政审等环节，共招录公务员6名。开展规范化建设专项活动，成立规范化建设专项活动领导小组，制定具体实施方案并严格落实，重点对规章制度进行“立、改、废”。加大培训力度，年内共举办各类培训班11次，参训人数累计420人，全面提高了全体司法行政干警的政治素质和业务能力。

单位名称：北京市门头沟区司法局
地　　址：北京市门头沟区新桥大街46号
电　　话：69842353
邮　　编：102300

（张士春）

【**培训工作**】　1月5日，举办《人民调解法》培训班，局机关全体干部和13个司法所选定的辅导员参加培训。副局长做了动员讲话，基层科科长就《人民调解法》进行了全文解读。4月8日，举办《人民调解法》知识讲座，各科室、各司法所、基层调委会调解员120人参加培训。培训会上从《人民调解法》的立法精神、基本原则、核心内容和具体规定进行了讲解。6月23日至25日，局组织全体干警到西柏坡进行为期3天的素质教育培训。此次培训活动共分为三个部分，一是结合创先争优活动、“服务大局，争创一流”主题教育活动和“发扬传统，坚定信念，执法为民”主题教育活动开展主题教育培训；二是组织司法干警进行业务培训；三是开展“七一”红色教育活动。特邀纪委直派组组长向广大干警进行了廉政教育，局党组书记、局长讲了题为《服务大局保重点、服务群众保民生——重温为人民服务、重温两个务必》的党课。

（张士春）

【**举办送法到基层活动**】　1月10日，到军庄镇某企业宣传相关法律法规。向到场的农民工发放《法律援助手册》、《148法律知识百问百答》、《企业用工相关法律问题》等书籍和印有法律援助受案范围的围裙和手提袋等宣传品400余份，并开设了由专业律师“坐堂”的农民工涉法问题法律咨询台，指导农民工在签订劳务合同、解决劳资纠纷、证据收集保全等方面的维权方法，活动现场解答涉法咨询20余件。1月13日，在王平镇开展了以“法律宣传、法律服务、法律援助”为主要内容的法律“三下乡”活动。律师、公证员、法制宣传员和法律服务工作者在该镇河北村开展了大型法制宣传咨询活动。此次活动共发放《法律援助手册》、《148问答》、苗苗普法卡通年历、法律援助购物袋等宣传品1500余份，为群众解答涉及婚姻财产、邻里纠纷、工伤索赔等方面的法律咨询20余人次，还举办了法制灯谜有奖竞猜活动。4月15日，区法律服务“进企业进社区进村庄”活动在妙峰山镇正式启动。北京天元律师事务所的律师应邀参加了此次活动。局党组全体成员担任法律宣传组的工作人员，向到场的群众发放了《北京市法律援助条例》、《148法律知识百问百答》、《法律援助便民手册》等书籍1000余份，由专业律师组成的法律咨询组向群众提供了专业、免费的法律咨询服务，现场解答涉法问题33件。6月17日，会同区人武部、双拥办，在中国人民解放军总后勤部油料研究所举行了以“送法进军营共建和谐城”为主题的法制宣传活动启动仪式。区司法局公职律师针对部队官兵关心的军婚、交通事故、离婚财产分割、房产等问题进行专题法律知识讲座，还向广大官兵赠送了大量的法律书籍，同时采取法制灯谜有奖竞猜、法律咨询、观看法制展板等多种形式开展活动。8月9日，在京西建设集团门头沟立昌公司开展“法律援助进企业”主题活动。法律援助中心公职律师结合签订建设工程合同应注意的事项进行法律知识讲座，并现场解答咨询，发放宣传材料。此次讲座共有近50位企业管理人员参加，解答现场咨询20余人次，发放宣传材料300余份。

（张士春）

【**召开座谈会**】　1月14日，召开矫正帮教工作协作单位座谈会。北京政法职业学院、区人力资源和社会保障局、职业技术学校、区医院、龙泉医院、鑫源建平印刷厂等协作单位负责人及社会志愿者参加会议。与会人员就进一步发挥社会力量参与支持矫正帮教工作进行了的探讨并达成共识。4月14日，邀请区综治办、发改委、编办、财政局和人力资源和社会保障局五家单位召开阳光中途之家建设运行实施方案座谈会。与会单位就《关于门头沟区阳光中途之家建设运行的实施方案》（征求意见稿）进行研讨，并达成三项共识。

（张士春）

【**签订惠农公益法律服务协议**】　1月19日，北京市法律援助基金会、北京市天元律师事务所到区调研惠农公益法律服务工作，并达成服务协议。

（张士春）

【**召开法律援助工作会**】　1月25日，组织召开五大社团法律援助工作协调会，区工会、妇联、残联、老龄委、团委五大社团负责人以及区司法局领导参加了会议。会上围绕如何为弱势群体维权构建新模式为议题展开，总结了全区2010年法律援助工作情况，肯定了工、青、妇、老、残五大社团和各律师事务所在区法律援助工作中发挥的重要作用。同时，与会人员就2011年法律援助工作如何开展，法律援助怎样为五大社团工作助力展开讨论，初步构建了2011年为弱势群体维权的新模式。

（张士春）

【服务拆迁项目】　2月18日，区司法局选派司法调解组和法律咨询组入驻区小白楼二期拆迁办公大厅，服务小白楼二期拆迁项目。拆迁奖励期内，司法调解组参与调解纠纷20余件，使110个被征收户在奖励期之前完成签约；法律咨询组共接待来访群众450余人次，解答法律问题300余件，化解各类矛盾纠纷130余起。

（张士春）

【完成年度注册】　3月1日，在《法律援助条例》和《北京市法律援助条例》的基本框架内，对2009年发放的《法律援助手册》进行再审查，审查合格者进行年度注册，使持有《手册》的低收入群众继续享受从咨询、代书、申请法律援助、法援诉前调解到诉讼代理等环节的法律服务。

（张士春）

【举办知识竞赛】　4月8日，举办以"推进人民调解，构筑和谐基石"为主题的《人民调解法》知识竞赛活动。全区13个司法所组成6支代表队参加了竞赛，全体司法助理员、协管员、基层调解员等百余人观看比赛。此次活动采取必答题、抢答题、风险题三种题型方式，竞赛中间穿插观众有奖知识问答。

（张士春）

【举办司法行政"开放日"活动】　4月15日，在全区范围内开展司法行政工作"开放日"活动。在区体育场设立主开放点，向社会大众播放专题片《服务大局保重点，服务群众保民生》，派出34名司法行政干警和法律服务工作者在主开放点街头向过往群众发放法律书籍，并与律师、公证员一起向社会群众提供法律咨询。活动当天共发放便民服务手册3000份；法律宣传画册、书籍、光盘1000份；印有法律知识的围裙、书包1000个；搭建展板19块。

（张士春）

【启动阳光中途之家试运行】　4月28日，区阳光中途之家启动试运行。试运行当天，邀请了区检察院监所检察处处长、公安分局警长、区司法局矫正帮教科副科长和永定镇司法所矫正干警对30名社区服刑罪犯进行了一次集中教育活动。

（张士春）

【成立惠农公益法律服务中心王平地区工作站】　5月11日，区惠农公益法律服务中心王平地区工作站在王平镇司法所成立。市司法局政治部主任，市法律援助基金会副会长，北京天元律师事务所主任，区司法局领导参加了该工作站的揭牌仪式。王平地区工作站与区内的承光、亚太两个律师事务所合作，由律师事务所安排专职律师定期到各村为农民提供包括法律咨询、代书服务、诉讼案件代理、矛盾纠纷调解等法律服务，该工作站惠及王平、妙峰山、大台二镇一街道约5万百姓。至此，全区"两站一中心"的惠农公益法律服务网络格局初步建成，惠农公益法律服务体系基本建立。

（张士春）

【建立社区矫正检察监督机制】　5月16日，与区检察院签署《关于建立社区矫正与检察监督工作机制的具体办法》。《具体办法》规定了社区矫正检察监督制度、联合检查与专项检察监督相结合制度、联席会议制度、派驻检察人员制度、信息交流和通报等五项工作制度。

（张士春）

【兑现"以奖代补"和"防矛奖励"】　5月25日，兑现了2010年"以奖代补"和"防止矛盾激化案件奖励"。其中，兑现"以奖代补"奖励金额6.484万元，同比增加2.4万元；兑现"防矛奖励"金额7620元。

（张士春）

【建立无缝衔接机制】　5月26日，区司法局、检察院与河北省沧州监狱共同签署了《北京市门头沟区社区矫正与河北省沧州监狱无缝衔接工作机制》。《衔接工作机制》从狱内社区矫正教育、法律文书及报到管理衔接、信息通报和检察监督四个方面进行规范。

（张士春）

【市、区领导调研】　6月21日，区领导付兆庚到区司法局调研阳光中途之家建设进展情况，实地参观了阳光中途之家并听取了建设总体情况汇报。9月3日，区领导韩子荣一行到区司法局调研。韩子荣听取了局党组书记题为

"服务大局保重点，服务群众保民生"的汇报后指出，司法行政工作在全区经济社会发展中发挥了重要作用，特别是在城市改造拆迁过程中提前介入，提供法律咨询、调解矛盾纠纷等服务，保证了区内重点工程的有序推进。司法局主动找位置，积极配合全区重点工作，成绩显著。11月18日，市司法局局长一行调研区司法行政工作。参观了门头沟区司法局新办公地址，实地查看了区法律援助中心、华夏公证处，并与局领导班子进行了交谈，随后与区委、区政府领导就区司法行政工作进行了座谈。区领导韩子荣、王洪钟等出席座谈会。司法局局长就局2011年司法行政工作进行了简要回顾，分析了当前工作中存在的突出问题，并重点汇报了2012年工作思路。市局领导对区2011年司法行政工作及2012年的工作思路给予了肯定。韩子荣就进一步做好区司法行政工作提出要求。12月21日，市司法局领导一行到区司法局调研工作，局领导班子成员及相关科室负责人参加调研。调研会上，听取了2011年局法援工作和人民调解工作情况及2012年全局工作思路的汇报。市局领导对局2011年工作给予了肯定，并评价了2012年工作思路。

（张士春）

【宣讲《人民调解法》】　6月23日，区司法局党组书记、局长在门头沟区第十四届人民政府第85次常务会会前学法上宣讲《人民调解法》。区政府全体领导班子成员，区属党政各单位、各部门的主要领导89人参加会议。区司法局党组书记、局长以《贯彻落实〈人民调解法〉为构建和谐门头沟保驾护航》为题，从《人民调解法》的颁布实施、立法精神、基本原则、核心内容、具体规定及主要特点等方面进行了讲解，并结合全区实际，对近年来区内的人民调解工作进行了剖析。

（张士春）

【成立"婚姻家庭咨询室"】　8月19日，与区民政局、妇联联合在区民政局婚姻登记处举办"婚姻家庭咨询室"启动仪式并签署了《关于建立婚姻家庭纠纷调解室的若干意见》。决定由区司法局选派工作认真、经验丰富的公职律师为婚姻家庭调解员，在每月5日、15日、25日定期入驻"婚姻家庭咨询室"，为办理婚姻登记的当事人提供包括法律咨询、纠纷调解、心理咨询等一系列的法律服务。年内，共接待当事人54人次，调解婚姻纠纷21起。

（张士春）

【启动"六五"普法】　8月22日，区"五五"普法总结暨"六五"普法·"法治门头沟"建设启动大会在龙泉宾馆召开区四大部门领导及市局领导出席了会议，全区各委、办、局、各镇街党政主要领导及先进集体、先进个人代表、社会各界群众400余人参加了会议。会上总结了过去五年的工作经验，通报表扬了"五五"法制宣传教育工作中成绩突出的先进集体和先进个人，部署了"六五"普法工作并公布了《关于开展"法治门头沟"建设工作实施意见》，"六五"普法和"法治门头沟"建设工作全面启动。

（张士春）

【开展法制宣传活动】　9月1日，区法制宣传教育领导小组办公室、区禁毒办在龙泉镇倚山社区开展了"创建无毒门头沟、打造和谐新山城"主题宣传活动，成立了北京市首个"社区禁毒合唱团"，并招募了社区禁毒宣传志愿者。"倚山社区禁毒合唱团"的团员们演唱了《禁毒志愿者之歌》，朗诵了《君无瘾》等进行了禁毒法制宣传。区法制宣传志愿者支队的志愿者现场发放法制宣传材料300余份，发放法制宣传品300余份，解答法律咨询12人。9日，区法制宣传教育领导小组办公室会同区委宣传部、民政局及门城周边四个镇街，在棚户区拆迁改造重点地区设立了以"维护老人权益法制宣传先行"为主题的大型法制宣传志愿者服务活动主会场，其他镇街分别设立法制宣传服务点与主会场形成呼应。全区活动现场提供法律咨询221人次，发放法制宣传品5200余份，参与法制灯谜有奖竞猜830余人，开展老年人维权法制讲座8场次，受众人数700余人。15日，在全区范围内与全市同步开展了以人大换届选举为主题的大型宣传活动，区委书记等区四大部门领导参加了宣传高潮日活动，为过往群众发放了《致全区选民的一封信》、《选举权的普遍原则》、《我国人大代表选举制度的基本原则》等人大换届选举宣传材料，并解答了群众提出的问题。全区共有500名工作人员参加了宣传日活动，发放宣传材料6万余份，悬挂横幅标语1000余条，设置展板、宣传栏、黑板报等900余块，组织20余个群众文艺演出队参加宣传活动。

（张士春）

【开展警示教育活动】　9月10日，召开公正廉洁执法警示教育活动动员会，组织全局工作人员观看反腐倡廉警示教育纪录片并进行讨论。28日，组织机关干部参观“北京市反腐倡廉警示教育基地”。

（张士春）

【部署国庆期间矛盾排查活动】 9月28日，印发了《关于进一步加强人民调解工作维护国庆节期间社会稳定的通知》，对司法所在国庆期间开展矛盾纠纷大排查活动提出了要求。

（张士春）

【重新修订两个实施办法】 10月13日，区司法局印发了《关于印发<门头沟区防止矛盾纠纷激化奖励办法>的通知》和《关于印发<门头沟区司法局人民调解工作“以奖代补”实施办法>的通知》，对两个办法进行了重新修订。

（张士春）

【规范基层人民调解委员会建设】 11月1日，为全区各级人民调解委员会统一制作了人民调解委员会《公开栏》、室外标牌，购置了人民调解徽章（悬挂式）、人民调解员徽章、胸卡等，并通过各司法所发放到基层人民调解委员会，进一步加强基层人民调解委员会规范化建设。

（张士春）

【规范全程办事代理工作制度】 11月15日，区司法局全程办事代理工作全面推行规范化、制度化管理。一是全面推行透明服务，制作法律援助展板，将法律援助申请范围、条件、办案流程、服务措施等上墙公示，并印制《北京市法律援助条例》及法律援助宣传折页放置在接待室，供前来咨询的当事人免费索取。二是依据《门头沟区司法局受理和办理涉法咨询有关工作人员岗位职责》的规定，要求接待涉法咨询的工作人员着装整齐，挂牌上岗，对办事群众要热情接待，态度和蔼，使用文明用语。

（张士春）

【在全市人民调解会议上获表彰】 11月25日，市司法局、市人力资源和社会保障局在首都大酒店组织召开了全市人民调解工作会议。区大峪街道人民调解委员会、永定镇人民调解委员会、东辛房街道北涧沟社区人民调解委员会被授予“人民调解工作先进集体”荣誉称号；城子街道人民调解委员会、龙泉镇人民调解委员会、妙峰山镇人民调解委员会三名同志被授予“人民调解工作先进个人”荣誉称号；大峪街道人民调解委员会、东辛房街道北涧沟社区人民调解委员会被命名为“北京市人民调解规范化建设示范单位”。

（张士春）

【开展“12·4”法制宣传系列活动】 12月2日，全区各部委办局，各镇、街采取主会场与分会场互动的方式，在全区范围内举行“12·4”主题日宣传活动。全区46个行政执法单位350余名工作人员参与到活动中，向广大群众发放各种法制宣传材料和法制宣传品260余种10万余份，展出法律知识展板200余块，为286名群众解答了涉法问题。全区各界群众达8万余人次参加高潮日活动。系列活动以“践行北京精神弘扬法治文化”为主题，囊括了“青春船长法治导航”青少年法制宣传教育活动、全区处级领导干部法律知识考试、公益法律知识讲座等系列活动。

（张士春）

【签订结对协作协议书】 12月6日，与北京市良乡监狱签订结对协作协议，正式建立结对协作关系。双方的结对协作实现了社会帮教工作与监所教育工作的有效对接。

（张士春）

【设立农民工讨薪维权“绿色通道”】 12月6日，区司法局全程办专门开通了农民工讨薪维权“绿色通道”。在涉及农民工维权案件中，采取快接待、快受理、快指派、快结案的方式办理。在办案中坚持“以调为主”，简化诉讼程序，将调解工作贯穿办理案件的全过程，实行诉讼前、诉讼中、诉讼后全方位调解。同时，为保证农民工及时拿到工钱，强化携款参调，调解一旦达成，农民工就可以拿到相应的款项。

（张士春）

【命名区级人民调解委员会示范单位】 12月14日，召开区级人民调解委员会示范单位命名大会，大峪街道人民调解委员会等6个街（镇）人民调解委员会、大峪街道中门花园社区人民调解委员会等10个社区人民调解委员会以及龙泉镇东辛房村人民调解委员会等10个村人民调解委员会被命名为“门头沟区人民调解委员会示范单位”。

（张士春）

【召开普法讲师团工作会】 12月22日，区法制宣传教育领导小组办公室召开2011年普法讲师团工作会。会上总结了2011年普法讲师团工作情况，讨论通过了《门头沟区“六五”普法讲师团管理办法》和《2012年门头沟区“六五”普法讲师团工作计划》，并向新聘任的两位讲师颁发了聘书。区法制宣传教育领导小组办公室、区普法讲师团成员共50余人参加了会议。司法局局长出席会议并做总结讲话。

（张士春）

【召开区律师工作总结会】　12月26日，召开区律师工作总结会。会上总结了2011年全区律师工作，并就2012年全区律师工作进行了座谈。局长、主管副局长、各律师事务所负责人及区内全体律师参加了会议。会上，各律师事务所负责人分别就律师所一年的工作情况做了总结发言，全体律师进行了经验交流。

（张士春）

【下属单位情况】

单位名称：北京市门头沟区司法局大峪司法所
地　　址：北京市门头沟区滨河72号院
电　　话：69827922
邮　　编：102300

单位名称：北京市门头沟区司法局城子司法所
地　　址：北京市门头沟区城子西街17号
电　　话：69827440
邮　　编：102300

单位名称：北京市门头沟区司法局东辛房司法所
地　　址：北京市门头沟区东辛房大街50号
电　　话：69842867
邮　　编：102300

单位名称：北京市门头沟区司法局潭柘寺司法所
地　　址：北京市门头沟区潭柘寺镇政府
电　　话：60860689
邮　　编：102308

单位名称：北京市门头沟区司法局永定司法所
地　　址：北京市门头沟区永定镇石龙南路11号
电　　话：59260241
邮　　编：102308

单位名称：北京市门头沟区司法局龙泉司法所
地　　址：北京市门头沟区门头沟路21号
电　　话：69839436
邮　　编：102300

单位名称：北京市门头沟区司法局军庄司法所
地　　址：北京市门头沟区军庄镇政府
电　　话：60810545
邮　　编：102300

单位名称：北京市门头沟区司法局妙峰山司法所
地　　址：北京市门头沟区妙峰山镇政府
电　　话：61880021
邮　　编：102300

单位名称：北京市门头沟区司法局王平司法所
地　　址：北京市门头沟区王平东大街9号
电　　话：61857278
邮　　编：102301

单位名称：北京市门头沟区司法所雁翅司法所
地　　址：北京市门头沟区雁翅镇政府
电　　话：61839750
邮　　编：102305

单位名称：北京市门头沟区司法局斋堂司法所
地　　址：北京市门头沟区斋堂镇大街45号
电　　话：69818200
邮　　编：102309

单位名称：北京市门头沟区司法局清水司法所
地　　址：北京市门头沟区清水镇政府
电　　话：59260153
邮　　编：102311

单位名称：北京市门头沟区司法局大台司法所
地　　址：北京市门头沟区大台街道办事处
电　　话：61870462
邮　　编：102303

（张士春）

军　　事

人武部工作

【概况】　年内，在卫戍区党委和区委、区政府的领导下，完成了民兵整组、高炮训练、比武竞赛、双拥共建、安保执勤等各项作任务，单位全面建设不断得到加强和巩固。围绕卫戍区党委提出的“特别忠诚、特别过硬、特别稳定”建设目标，结合单位实际和年度任务，贯彻落实军区“八个方面规范”和卫戍区国防后备力量规范化建设现场会精神，突出抓好安全预防工作，提升后备力量建设水平，集中精力抓了党委机关建设、国防后备力量建设、国防宣传教育等几个的方面工作。

单位名称：中国人民解放军北京市门头沟区人民武装部

地　　址：北京市门头沟区中门寺街18号

电　　话：61892306

邮　　编：102300

（张家成　赵兰陵）

【组织军政座谈会】　1月12日，区委、区政府在西峰山庄召开2011年迎新春军政座谈会，区四大部门领导及相关部、委、局32名处、局级以上领导干部到会，驻区24支部队，42名军政主官参加会议，市双拥办主任、首都文明办副主任等领导也应邀出席了会议。

（张家成　赵兰陵）

【开展系列教育活动】　3月上旬开始，区人武部在全部党员、干部中开展了“加强党性修养、锤炼思想作风”系列教育活动。教育中，部党委以党的十七届四中、五中全会精神和胡主席关于加强和改进新形势下军队思想作风建设的一系列指示精神为指导，按照从严治党、党要管党和依法治军、从严治军的要求，联系党员队伍思想和工作实际，以整风精神纠治思想作风建设。

（张家成　赵兰陵）

【开展学雷锋活动】　3月5日是毛泽东同志“向雷锋同志学习”题词47周年，也是第47个“学雷锋活动日”。区人武部协同双拥办在驻区部队中倡导开展学雷锋活动，上午，区人武部动员组织驻区的总后油料研究所、军区853仓库、海军91780部队和1206工程维护保障大队、武警消防支队等十余支部队，开展了学雷锋活动。

（张家成　赵兰陵）

【开展民兵整组工作】　3月17日，组织召开2011年度民兵整组业务培训会，区相关委办局及各镇、街道武装部共四十七家单位参加了培训。

（张家成　赵兰陵）

【组织开展知识拥军计算机培训班】　3月24日，区知识拥军计算机培训班在区双拥学校举行开班仪式。区民政局、教委、武装部领导及98名复退士兵、现役军人及随军家属参加。区双拥办依托社区教育中心硬件设施和教师资源，免费为驻区部队培养实用技术人才，为复退军人和随军家属提供就业指导和技能培训，双拥学校免费为400余名复退军人、现役军人及随军家属进行了培训，其中370余人通过学习考取了计算机等级证书。

（张家成　赵兰陵）

【组织义务植树活动】　4月1日，区绿化办和区人武部组织驻区66025、61096、62341、91780等8支部队150余名官兵到永定河森林公园，参加了以“全民参与、共建共度”为主题的全民义务植树活动。共栽植白皮树、紫叶李等树苗400余株。

（张家成　赵兰陵）

【召开民兵工作会议】　4月2日，区领导韩子荣等参加了民兵工作大会，会上对2010年度全区民兵工作进行总结并对2011年度民兵工作任务作出部署。宣读了区委、区政府表彰2010年度民兵工作先进单位和优秀专武的决定，韩子荣在大会上提出了“要坚持党管武装原则、积极探索军民融合式发展路子、要有效维护首都安全稳定”三条要求。

（张家成　赵兰陵）

【召开军（警）民共建工作座谈会】　4月22日，全区21支部队和共建单位50余人召开了2011年军（警）民共建工作座谈会，区、宣传部长、武装部长、政委出席了会议。会上，区文明办总结了2010年军警民共建工作，部署了2011年军（警）民共建工作任务，介绍了2011年门头沟区精神文明建设工作思路；62025部队、61096部队、和62341部队及共建单位代表在座谈会上交流了共建经验。

（张家成 赵兰陵）

【驻区部队参加高潮日活动】 4月26日，部长，政委率领驻区部队官兵参加区“城乡环境整治百日行动高潮日”活动。驻区总后油研所、总参卫星站、853仓库等十五支部队300余名官兵，对新桥大街站台、道路护栏、垃圾箱和公厕等进行清洁。

（张统兴 张家成）

【开展建党90周年纪念活动】 从4月开始，组织驻区17家部队，参加区委、区政府组织的“唱支红歌给党听”——门头沟纪念中国共产党成立90周年暨第四届群众歌咏比赛活动。6月2日，经过预赛产生的六家部队在区电影院进行决赛，军区卫生培训中心、工兵五团和一师教导队分获一、二、三名。

（张统兴 张家成）

【组织民兵应急抢险】 “五一”期间，接到群众火情报告后，在节假日人员相对分散的情况下，人武部迅速启动应急预案，组织3支200余人的民兵防火应急分队赶赴火灾现场，历时4个小时成功将大火扑灭，挽回了经济损失，受到军地领导和干部群众的普遍好评。

（张统兴 张家成）

【开展民兵军事训练工作】 5月16日，区人武部在预备役四团举行了2011年度民兵高炮专业分队集训动员大会，区武装部部长、政委等参加了大会。此次民兵高炮专业集训从5月16日开始，至6月3日结束，共包括林业公安处灭火队和京煤集团在内的60余人参加。

（张统兴 张家成）

【组织驻区部队参加防汛演习】 5月18日，区防汛办在三家店水闸举行防汛演习，区人武部根据防汛抢险救灾预案，组织驻区部队部分官兵和民兵全程参加了整个演习。此次演习，共出动部队官兵90人、民兵60人。

（张统兴 张家成）

【开展“我爱第二故乡——门头沟”主题系列活动】 6月16日，组织驻区14支部队，共60余名官兵参观了区国民经济和社会发展第十二个发展规划展，重点参观介绍了区“一湖十园”等重点工程建设项目情况。

（张统兴 张家成）

【开展生殖健康进军营活动】 6月下旬，区人武部协助区人口计生委、区双拥办在驻区部队中开展了“生殖健康进军营、优质服务暖人心”活动，为91780部队、911油库、总后油研所等部队800余名官兵进行生殖健康讲座，对军人家属进行生殖健康检查，向驻区部队官兵免费赠送了价值近万元的药品。

（张统兴 张家成）

【组织“法律进军营”启动仪式】 6月26日，驻区5家部队，180余名官兵参加了“法律进军营”活动启动仪式，区领导现场为驻区部队分发了法制图书和光盘，区法制讲师团进行了法制专题讲座，同时观看了法制展板、组织了法律咨询和灯谜有奖竞猜等活动。

（张统兴 张家成）

【组织官兵参加建党90周年系列活动】 6月29日，驻区3家部队，120余名官兵参与地方组织的表彰基层党组织和优秀共产党员活动，以实际行动向建党成立90周年献礼。

（张统兴 张家成）

【组织军事日活动】 7月28日，区四大部门领导40余人，到警卫一师教导队参加“军事日”活动，此次“军事日”活动，区四大部门领导进行了95式新式武器的实弹射击，了解了警卫一师教导队建设情况，观摩了轻武器分解结合等演练。区领导韩子荣与教导队官兵进行了交谈，并发表了讲话。

（张统兴 张家成）

【开展“庆八·一”双拥书画展】 “八一”建军节来临之际，区人武部、宣传部、双拥办、区文联、联合在区博物馆中开展了“为党旗争辉为军旅添彩”美术、书画展。此次活动共展出各类作品250余幅。

（张统兴 张家成）

【组织“八一”走访慰问活动】 “八一”建军节前夕，区四大部门领导分别带队慰问了11支驻区部队，向驻区部队官兵致以节日的问候，并送去了价值约90万元的摄像机、电脑、空调液晶电视等慰问品。

（张统兴 张家成）

【领导调研工作】 8月11日，区领导韩子荣等到区武装部调研，并听取了部长、政委的工作汇报。

（张统兴 张家成）

【组织迎中秋联欢会】 8月29日，区人武部、区文明办和驻区的66019部队共同组织了主题为

“融合发展构蓝图，携手并肩创辉煌”的迎中秋军民共建官兵同乐联欢会。

（张统兴　张家成）

【组织干部职工参加党日活动】9月8日，组织全体党员进行了一次的党团活动——组织参观京西情报交通联络站纪念馆。通过参观活动，干部职工受到教育。

（张统兴　张家成）

【组织慰问部分中小学校】　教师节前夕，组织驻区总后油研所、91780部队、492仓库、853仓库等13支团以上部队走访慰问了区内大峪中学、大峪中学分校、育园中学、大峪二小、清水小学、以及区中心幼儿园等中小学和幼儿园，为人民教师送运祝福。

（张统兴　张家成）

【组织部队参加国际徬步大会】9月11至12日，第二届国际徒步大会在区内举行，为做好大会期间的安全保卫工作，区93770部队200余名官兵和150名民兵参加了大会开幕式期间的现场安全保卫工作，并作为一支特殊的方队参加了10公里红色之旅的徒步行进。并保障了近4000人的主副食供应。

（张统兴　张家成）

【组织部队参加农运会】　9月16日，北京市第七届农民运动会在区内隆重开幕，驻区66019部队和武警门头沟支队200余人在开幕式上表演了威风锣鼓队和大型团体操，66400部队教导大队、91780部队、62351部队等5支部队120余人在区主要路口和开幕式现场担任警戒和安全疏导员，保障农运会在区顺利举行。

（张统兴　张家成）

【参与文明示范单位评选活动】10月12日，陪同区文明办对申报2011年度区级精神文明建设文明示范单位的总后油料研究所和海军911油库进行了实地考核。

（张统兴　张家成）

【完成弹药报废道路保障工作】10月20日至21日，卫戍区对区民兵仓库报废弹药进行调运，调运车队途经区妙峰山下苇甸至军庄六环路路口，为做好部报废弹药调运期间区道路保障工作，协同区公安局治安支队、交警支队，妙峰山镇、龙泉镇、军庄镇、城子街道四个派出所配合，共出动公安干警30余人，全程参与道路疏通保障工作。

（张统兴　张家成）

【区领导检查征兵体检工作】　自11月1日起，区2011年冬季征兵体检工作全面展开。区领导韩子荣、王洪钟先后到征兵体检站慰问医务人员，检查指导征兵工作。

（张统兴　张家成）

【开展冬季征兵工作】　10月至12月，区人武部开展了征兵工作。针对适龄青年中存在的独生子女多、非农户口多、在校学生多、参军热情不高等诸多不利因素，进行兵役登记，并利用区电视台、气象局、《京西时报》、国防教育网、手机信息平台等载体宣传《兵役法》、《北京市征兵工作条例》。12月10日，在影剧院召开2011年度新兵欢送大会，区领导王洪钟等出席会议，200余名中小学生、各镇、街道武装部长、新兵家长、接兵干部一同参加。

（张统兴　张家成）

民防工作

【概况】　年内，区民防局在区委、区政府、市民防局的领导下，以邓小平理论和“三个代表”重要思想为指导，以军事斗争人民防空应急准备为统领，重点开展城市防护功能建设、城市管理服务建设、通讯保障建设等，围绕中心，服务大局，为推进门头沟区现代化城市建设跨跃式发展，做好各项工作。遂行任务能力和保障服务水平进一步增强，城市整体防护能力和管理水平明显提高，战备训练力度不断加大，法制宣传与教育工作不断深入。民防工作融入城市、社会建设，全面提升平时服务、急时应急、战时应战能力，在服务经济社会发展，应对突发事件中发挥了作用，为区内跨跃式发展提供服务保障。

单位名称：北京市门头沟区民防局
地　　址：北京市门头沟区增峪路9号
电　　话：69842436－813
邮　　编：102300

（张文翠）

【宣传活动】　3月1日，开展了主题为“防空防灾、普及知识”为主题的“国际民防日”系列宣传活动。利用“防灾减灾日”、《人防法》实施纪念日、法制宣传日等开展法律法规、公共安全、防灾减灾知识宣传教育活动，提高市民防空防灾意识，提高应对突发事件综合应急及自救互救技能，增强社会整体应对突发事件的能力。年内，区民防应急指挥宣传教育中心共接待机关团体参观10次，实地体验人数近3000人。

（张文翠）

【应急救援】　5月2日，九龙山发生山火，1点30分，局主要领导带队组织机关应急指挥车及机关人员做好应急抢险准备工作，并及时调运45件棉大衣，20件棉袄，5件棉裤等应急物资送到救火现场。晚8点30分火势得到控制。

（张文翠）

【民防训练】　5月26日，组织干部职工到"门头沟区国防教育基地"开展专业技能训练。利用2天时间开展人防疏散理论、通信警报知识、野外救援技术、队列训练、逃生、自救、互救、他救以及信任背摔等10余个课目的训练，并邀请区红十字会专家进行救护理论与实操演练培训。全年开展体能训练、专业知识培训、专业技能训练及多项短波电台演练等10余项民防训练活动。

（张文翠）

【为民办实事】　5月，完成回填早期人防工程1023平方米。10月，新建一处应急物资储备库。

（张文翠）

【防汛抢险】　6月23日，18时30分，因暴雨区人防指挥所发电机房发生渗水事故，进水面积30平方米，水深10公分，进入防水地沟深达30公分。局长带队组织14名机关工作人员，带上抽水泵、水桶等救援工具开展抢险救援。经过3个半小时的紧急抽水、排水，水势得到了控制。由于抢救及时，指挥所设备未受影响。

（张文翠）

【地下空间综合整治】　6月，在全区范围内开展为期4年的地下空间综合整治工作。区地下空间综合整治办公室设在区民防局。民防局拟定了门头沟区《关于开展地下空间综合整治工作的实施方案》，召开协调会，组织相关部门单位参加全市培训活动。7月5日，召开地下空间综合整治工作部署会。就人防工程综合整治的目标任务、整治重点以及组织实施进行了部署，明确提出人防工程综合整治要与人防工程安全检查和查处非法违法行为相结合，并对人防工程综合整治工作提出加强领导、稳步推进、深入基层、严肃纪律和注重长效等具体要求。8月11日，市地下空间综治整治工作督导组检查了区地下空间综合整治工作。

（张文翠）

【修订完善应急预案】　12月，修订《人防工程事故应急预案》、《重要经济目标防空方案》。

（张文翠）

农业与农村经济

农业工作

【概况】 年内，全区农村干部群众坚持以邓小平理论和“三个代表”重要思想为指导，深入贯彻落实科学发展观，按照社会主义新农村建设的总体要求，发展旅游文化休闲产业，加快推进城乡一体化进程，农村经济健康发展，农民收入稳步提高，农村环境面貌明显改观，农村改革逐步深化，农村城镇化进程加快，基层组织建设不断加强，农村社会和谐稳定，社会主义新农村建设取得显著成效。全区农村经济总收入实现765646万元，同比下降10.8%。农林牧渔业总产值实现50613.5万元，同比增长28.7%。其中：农业产值实现8683.7万元，同比下降9.8%；林业产值实现29336.4万元，同比增长69.0%；牧业产值实现11922.4万元，同比增长1.7%；农林牧渔服务业实现产值671.0万元，同比增长10.5%。农民人均纯收入14031元，比上年增长15.6%。低收入农户人均可支配收入实现6636元，低收入农户全部脱贫，低收入村全部消除，实现了“十二五”的良好开局。

生态建设扎实推进。实施京津风沙源等生态治理工程，荒山造林2.4万亩，彩叶工程2200亩，公路绿化40公里，完成第二道隔离带绿化5000亩，治理废弃矿山植被恢复工程4900亩，全区森林总面积达到81.08万亩，森林覆盖率37.27%。人均绿地面积28平方米。在6个镇11个村实施国家农业综合开发工程，治理面积2万亩。实施国家水土保持重点工程和小流域治理工程，完成水土流失治理80平方公里。

沟域经济发展取得突破。实施了市级重点沟域——达摩沟域规划设计的国际招标，启动了5条重点沟域建设，中芬生态谷、潭柘寺沟域、南石洋沟域、爨柏沟域等沟域基础设施建设初见成效。中芬生态谷、中瑞生态谷、赵家洼整体开发、军庄全球葡萄酒文化中心、达摩沟域煤矿关闭产业替代项目等17个沟域经济项目正在加快落实，协议金额达到千亿。

都市型现代农业日益壮大。围绕旅游休闲文化产业发展，加快传统种养业退出步伐，特色种养业发展迅速。京白梨、纸皮核桃、大樱桃等“唯一性”特色农产品规模进一步扩大，新发展标准化果园3400亩，改造老核桃树2万株，黄芩、小杂粮种植面积突破3万亩，新发展节水灌溉5000亩，肉鸡大棚达到649栋，蜜蜂养殖规模达到3万群，建成国家级农业标准化示范区4个。实施了京白梨、玫瑰花、红头香椿等农产品地理标识申报，完成17个农产品无公害、有机食品认证，开展了樱桃、京白梨等特色农产品包装设计。投入200万元，重点扶持京西白蜜、酱菜、玫瑰精油等农产品加工企业，玫瑰花、京西白蜜、黄芩、酱菜等特色农产品品牌创建初见成效。

乡村旅游加快发展。举办第七届北京市农民运动会、首届环北京公路自行车赛、第二届国际山地徒步大会、第二届京浪音乐节等品牌活动，加强乡村旅游品牌宣传和推介。建成19个旅游港湾，新发展市级民俗旅游村2个，市级乡村旅游接待户共61户，区级乡村旅游接待共77户，新建民俗旅游专业合作社6个，完善21个市级民俗旅游村服务设施。

农村公共服务水平不断提升。研究制定《门头沟区农村基础设施管护意见》，加强5000盏农村路灯、50个太阳能浴室、97个污水处理站等基础设施管护。建成新型村邮站177个，177名乡村邮递员走上岗位。新建乡村公路35公里，完善乡村公路养护制度，520公里乡村公路得到有效养护，交通部授予门头沟区乡村公路管理先进单位称号。全区农村文化活动中心及文化活动室实现了全覆盖。

农村重点改革逐步深化。累计完成179个村级经济组织的产权制度改革工作，占应改制村级经济组织总数的97.3%。全面完成农村集体林权制度改革，确权集体林地172.6万亩，其中纳入股权分配的生态公益林面积161.59万亩，发放股权证38927亩，兑现生态林补偿资金3878.25万元，使农民成为受益主体。提升改造农民专业合作组织，新发展市级示范合作社5个、区级示范合作社10个、区级规范合作社10个、区级达标合作社25个。

农村民生工程不断推进。新建农民抗震节能住宅1100户，为55户农村困难家庭翻建改造住房，启动农村新型社区建设，韭园新型农村社区建设列入市级试点。开展送气下乡工程，解决12251户家庭用气问题。完成险村险户搬迁32户86人，完成10个村改水工程，雨洪工程10处，防汛工程13处，解决5000人汛期涉险问题。建成畜禽粪污处理工程2处。

农村社会保障体系不断完善。全区农村农民人均劳动所得达到10764元，比上年增长7.8%。将农村实用人才培养工作纳入“三级联创”考核体系，实用人才数量达到3169名。农村居民养老保险参保率达到92%，新型农村合作医疗参合率达到98.6%，农村最低生活保障实现了应保尽保。

基层组织建设全面推进。加强农口工程项目的廉政风险预防机制建设，编制完成《门头沟区农村基本建设工程项目制度汇编》，完善10项管理制度，14个项目流程及“三重一大”决策制度。完善农村“三个中心”运行管理机制，完成100个村的“三资”检查工作。开展廉政风险预防控制项目化管理。对80个村的村干部进行任期和离任审计。化解农村矛盾，群众来信来访办结率100%。

单位名称：中共门头沟区委农村工作委员会门头沟区农村工作委员会
地　　址：北京市门头沟区新桥大街36号
电　　话：69842358
邮　　编：102300

（高万庚）

【区领导调研】 3月7日，韩子荣听取了区有关单位关于农村“两权”制度改革、镇域规划、产业结构调整、新农村建设等情况的汇报，对做好全区农村工作提出要求。6月11日，韩子荣听取了区农委关于沟域经济发展、新农村建设、产权制度改革、新型农民培养等情况的汇报后指出，农村是全区发展的主战场，农业农村工作是全区工作的重中之重。区农委要结合地区实际，确定工作思路，发挥带动作用，培育好旅游文化休闲产业。6月30日，区纪委书记到区农委调研，对农村基本工程建设领域廉政风险防范管理工作提出要求。

（高万庚）

【召开农村工作会】 3月11日，区2011年农村工作会召开。区领导韩子荣、王洪钟、李慷云等参加会议。会上，作题为“振奋精神抢抓机遇努力推进城乡经济社会发展一体化建设进程”的工作报告。韩子荣对作好2011年农村工作提出了具体要求。

（高万庚）

【召开农运会组委会工作会】 3月31日，召开北京市第七届农民运动会组委会第一次工作会议。副市长夏占义，区领导韩子荣、王洪钟及12个区县主管领导参加会议。夏占义对区在市第七届农运会筹备方面的物质投入、组织策划工作给予肯定，并就下一步工作提出工作要求。韩子荣、王洪钟表示将高度重视农运会筹备工作，结合会上提出的意见、建议，进一步完善工作方案，细化组织工作，全力做好农运会的保障工作。

（高万庚）

【市农委领导调研】 3月31日，市委农工委书记、市农委主任就新型农村社区建设工作到王平镇韭园村调研。实地了解韭园村的地势地貌、人口数量及基础设施建设等情况，到京西古道、马致远故居、韭园酱菜厂和西王平村薄皮核桃种植基地等地进行了考察参观。6月1日，市农委领导到清水镇调研达摩沟域建设进展情况。在听取清水镇领导的汇报后，对达摩沟域建设提出意见。达摩沟域是年内五条重点发展沟域之一，也是全区唯一一条规划设计方案进行国际招标的沟域。7月25日，市农委实地察看了军庄镇灰峪村，对险村搬迁工作提出了具体要求。8月5日，市农委领导到雁翅镇苇子水村调研。询问了苇子水村村民的主要收入来源、村庄的主导产业和未来的发展思路，听取了雁翅镇镇长和苇子水村党支部书记关于村庄历史、古村落开发、民俗旅游接待以及反季节香椿大棚建设项目等情况汇报。实地察看了苇子水村的古村落、古桥和反季节香椿大棚建设实验地等。

（高万庚）

【农村人才创业成果展示推介会】 4月初，区农委组织12家农民专业合作社参加了“2011年北京市农村实用人才创业成果展示推介会”。参展的展品主要包括蝴蝶画、麦秸画、酱菜、小杂粮、粉虫柴鸡蛋、薄皮核桃、黄芩茶、柿子冰激凌、果干、布艺等30余种农产品参展。各类产品销量比上一年增加50%以上，销售收入增加30%。

（高万庚）

【召开国际招标汇报会】 6月2日，召开达摩沟域规划国际如标汇报会北京腾远建筑设计有限公司（1号方案）、广西华蓝设计（集团）有限公司与加拿大TAES国际设计机构（2号方案）和国家林业局调查规划设计院（3号方案）三家单位为合格投标申请人。三家设计单位对规划方案的初步设计成果和思路进行汇报，各相关单位领导对设计方案的初步成果进行了讨论，并提出了调整意见和建议。

（高万庚）

【召开农村公厕改造专题会】 6月4日，召开农村公厕改造专题会。区领导韩子荣等参加会议，听取了相关部门的工作汇报。会前，区领导实地察看了龙泉镇龙泉雾社区公厕建设管理情况。并提出要求。

（高万庚）

【对地标产品进行评鉴】 6月14日，农业部地标处、市农业局有关领导到妙峰山镇涧沟村，对地理标志申请产品“妙峰山玫瑰”进行现场评鉴。区农委、农业局相关领导及妙峰山镇地理标志产品保护申报小组有关人员参加。在评鉴工作中，专家组到玫瑰种植现场，了解了妙峰山玫瑰的产地环境、外观品相及感官特征。听取了申报小组对产品及相关产业发展的报告，对妙峰山玫瑰的产品特色与相关产业发展给予了充分的肯定。

（高万庚）

【召开农委系统工作研讨会】 10月24日，区召开农委系统工作研讨会。区领导韩子荣等出席会议。会上，区农委、农业局、经管站等单位负责人发言。

（高万庚）

【检查党务公开和廉政准则工作】 11月7日，区纪委副书记带领第四检查组到区委农工委检查党务公开工作及《廉政准则》贯彻执行情况。区委农工委书记汇报了区委农工委、区农委党务公开工作及《廉政准则》贯彻执行情况，召开了座谈会，并查阅了相关材料档案。

（高万庚）

【群众来信来访受理情况】 截11月底，共接待群众来访4件4批16人次。其中集体访1件1批6人次；受理群众来信2件次。群众来信来访全部办结，办结率100%。

（高万庚）

【编印农村基本建设项目汇编】 12月21日，区农委编印了《门头沟区农村基本建设工程项目制度汇编》。汇编分为四部分：第一部分工程项目监管制度；第二部分工程项目程序；第三部分“三重一大”制度；第四部分市区相关文件。

（高万庚）

【市农委检查“五+三”工程】 12月28日，市农委领导听取了全区“五+三”工程建设成效及管护等情况汇报，并到妙峰山镇水峪嘴村等实地察看，对“五+三”工程建设给予了肯定，并要求结合农民需求，进一步强化科学管理，做好长效管护工作，真正让农民受益。

（高万庚）

【粮食直补及生态作物补贴工作】 年内，全区生态补贴面积6509亩，补贴资金227815元，惠及农户297户，集中在潭柘寺、雁翅、斋堂、清水4镇，包括黄芩5990亩，紫花苜蓿519亩，占黄芩及牧草种植面积的94.2%；玉米补贴面积12645.8亩，补贴资金973726.6元，其中粮食直补资金404665.6元，农资综合补贴569061元，惠及全区8个镇91个村的4294户。

（高万庚）

【食用菌生产基地建设】 年内，全区共有食用菌生产基地50亩，分布在清水、龙泉、妙峰山3个镇，月产50吨，带动周边农户80户，户增加效益2000元。

（高万庚）

【完成示范社检查验收工作】 年内，全区共有80个农民专业合作社参加检查验收，共评出市级示范合作社5个，区级示范合作社10个，区级规范合作社10个，区级达标合作社25个。累计有29家被评为市级示范社，139家评为区级示范社、规范社、达标社。

（高万庚）

【京白梨地理标志产品保护审查】

年内，国家质监总局科技司组织9名专家对京白梨地理标志产品保护进行审查，市质监局及相关部门负责人参加了审查会。区农委代表京白梨地理标志产品保护申报领导小组作了京白梨地理标志产品保护陈述报告，并回答了专家的质询。与会专家根据国家质检总局《地理标志产品保护规定》对京白梨申请地理标志产品保护的名称、保护范围、产品质量特色及其当地自然因素、人文因素的关联性等方面进行了认真审查和讨论。专家组认为，京白梨具有较高的知名度和一定的地域特色，符合地理标志产品保护申报要求，通过专家审查。

（高万庚）

【观光休闲农业情况】 年内，全区观光休闲农业实现总收入12806.5万元，同比增长62.3%，在全市13个有观光休闲农业的区县中排名第一。从组成看：餐饮收入和出售农产品收入是拉动区观光休闲农业总收入强劲增长的主要动力。餐饮收入4785.8万元，比上年同期增长49.5%；出售农产品收入3800.5万元，比上年同期增长60.7%；采摘收入2024.4万元，比上年同期增长164.6%；住宿收入1166.2万元，比上年同期增长164.6%；其他收入1029.6万元，比上年同期增长56.3%。从功能分区看：浅山区为全区观光休闲农业发展提供了有力保障。浅山区实现收入5641.6万元，比上年同期增长82.9%，占总收入的44%，对总收入增长的贡献率为52%；新城区实现收入2025.6万元，比上年同期增长22.4%；深山区实现收入5139.3万元，比上年同期增长63.2%。

（高万庚）

【创建环境优美镇和生态村】 年内，继续开展环境优美镇和生态村创建工作。妙峰山镇、王平镇、雁翅镇、斋堂镇、清水镇5个镇被授予国家级环境优美乡镇称号。军庄镇被评为“北京郊区环境优美乡镇”；王平镇南涧村；军庄镇西杨坨村、孟悟村；雁翅镇山神庙村、珠窝村；斋堂镇沿河城村、张家村、向阳口村；妙峰山镇下苇甸村；清水镇塔河村、上达么村、齐家庄村12个村被评为“北京郊区生态村”。

（高万庚）

【实施新型农村社区试点建设】

年内，王平镇韭园新型社区试点实施方案已获市政府审批。镇域总体规划、控制规划已基本编制完成。韭园（东落坡、西落坡、韭园、桥耳涧）4村已完成宅基地的测量工作。京煤集团董事会已基本通过政府主导、企业参与、村民自愿、合作开发建设韭园新型农村社区。由村集体组织流转集体建设用地，在符合产业政策和小城镇总体规划的基础上定向供地。然后由合作方京煤集团有限责任公司租赁集体建设用地进行村民安置社区新建、配套旅游产业开发。

（高万庚）

【推进村庄社区化服务管理活动】

年内，按照首都综治办《关于开展推进村庄社区化服务管理活动的意见》（首综办发〔2011〕26号的要求，全区共择优推荐10个村开展了推进村庄社区化服务管理活动，其中城中村社区化模式4个，包括永定镇侯庄子村、龙泉镇琉璃渠村、军庄镇东杨坨村、王平镇吕家坡村；专业村社区化模式4个，包括潭柘寺镇赵家台村、妙峰山镇涧沟村、雁翅镇泗家水村、斋堂镇龙门口村；山区村林地村社区化模式2个，清水镇燕家台村和洪水口村。

（高万庚）

【“三起来”工程建设】 年内，全区“三起来”工程共投入资金3842万元。其中“亮起来”工程投资330万元，重点抓好村内节能路灯安装和太阳能路灯维护工作。投资30万元，完成安装村内节能路灯5000盏；投资300万元，开展太阳能路灯维护工作，将原有的农机服务公司的20人进行专业培训，成立农村照明设施专业维护队。“暖起来”工程，投资542万元，新建农民抗震节能住宅200户。“循环起来”工程，共计投资2970万元，其中，投资800万元，实施雨洪利用工程10处；投资100万元，建设妙峰山镇水玉嘴村循环水务村1个；投资90万元，建成清水镇和雁翅镇肉鸡养殖小区畜禽粪污处理工程2处；投资80万元，在斋堂镇九龙头农场和潭柘寺镇阳坡元建有机肥加工厂2处；投资400万元，用于97处农村污水处理站运行费；投资1500万元，用于永定镇污水处理厂达标运行，达标排放水已经进入门城五水联动系统。

（高万庚）

【实施险村险户搬迁工程】 年内，山区险村搬迁共涉及两个镇4个行政村32户86人，主体建设工程已全部完工，基本入住新居。其中，王平镇东马各庄村16户37人；清水镇16户49人，包括简昌村3户5人、梁家庄村3户11

人、上达么10户33人。清水镇椴木沟村生态移民100人。

（张书学）

【制定农村基础设施管护机制】 年内，根据《北京市人民政府关于加强农村基础设施维护和管理的意见》（京政发〔2011〕28号）的要求，研究制定了《门头沟区关于加强农村基础设施维护和管理的意见》（门政发〔2011〕43号）。《意见》中明确了农村基础设施维护和管理的责任主体、出资主体、监管主体，通过拓展政府公共服务职能、构建社会化公共服务平台、建立健全农村的维护和管理长效机制。

（高万庚）

【小城镇规划编制情况】 年内，斋堂镇围绕建设历史文化名镇，编制了《斋堂镇镇域镇区控制性总体规划》、《斋堂镇城镇景观设计规划》、《斋堂镇生态修复与农业发展规划》以及《斋堂镇沟域经济发展规划》等规划。潭柘寺镇围绕生态小城镇建设，编制了《潭柘寺生态小城镇建设规划》、《潭柘寺镇旅游规划发展总体规划（2005－2020）》、《潭柘寺镇环境建设规划》等规划。军庄镇围绕浅山休闲健康产业试点镇建设，编制了《军庄镇总体规划（2007－2020年）》、《东山沟域都市农业发展规划》等规划。

（高万庚）

【制定地址灾害搬迁除险计划】 年内，区国土局聘请了北京市地址研究所对全区的地址灾害进行了勘察，区农委按职能部门进行了梳理，涉及农村需要搬迁的共有6个镇40个村、54处、885户、2139人，其中采空区3个镇5个村、170户、329人；塌陷区6个镇22个村、28处、184户、508人；泥石流5个镇20村、21处、531户，涉及整体搬迁的一个村清水镇上达摩村。按照地址灾害情况，对受到地址灾害威胁的6个镇39个村51处850户2057人，分三年完成搬迁除险工作。

（高万庚）

【城乡环境整治百日行动】 年内，自4月起开展了“城乡环境整治百日行动”。通过制定方案、组建机构、协调配合、加强检查、强化宣传，全区城乡环境、农村街巷、景区内外、公共场所等公共设施整洁美观，城乡形象显著改善，公共服务显著优化，生活环境显著提升，公共文明意识显著增强。在七月份的总结评比大会上，表彰了区农委负责的“农村及旅游景区周边环境卫生综合整治行动组”为优秀单位。

（高万庚）

【农转非统计上报工作】 年内，全区累计实现农转非1471人，其中征地转非1294人、大中专学生转非105人、投靠亲属62人、农民城镇购房转非2人、其他转非8人。

（高万庚）

【落实村邮员队伍建设工作】 年内，落实市政府《关于进一步提升首都邮政普遍服务水平的意见》，明确以新型村邮站为基本单元设置村邮员岗，共为177个行政村配备了177名村邮员，6月开始上岗。村邮员补贴资金由区财政局统筹安排，每年补贴资金总额92万元。

（高万庚）

【农村实用人才工作】 年内，全区农村实用人才共有3039名，其中：技术类462人、管理类934人、生产类1003人、社会（文化）类630人、营销（贸易流通）类10人。按照北京市农村实用人才的评价标准，新签订农村实用人才培养帮带协议书466份，有53名农村实用人才被市评为高级农村实用人才，有10名农村实用人才被评为市级优秀农村实用人才，完善区级农村实用人才示范实训基地12个。区农委、区教委起草了《门头沟区农民教育培训五年行动计划（2011－2015）》。

（高万庚）

【举办农村党组织书记培训班】 年内，区委组织部、区委农工委联合举办农村党组织书记培训班，共200余人参加培训。

（高万庚）

【签订党风廉政建设责任书】 年内，落实党风廉政建设责任制，层层签订2011年党风廉政建设责任书。区委农工委、区农委主要领导分别与区园林绿化局、气象局和经管站党政一把手及农工委、农委领导班子成员签订责任书。各主管领导与各科（室）科长，科长与科员之间签订党风廉政建设责任书。共签订责任书20份，其中农口单位党政一把手3份、处级干部8份、科级干部9份。

（高万庚）

林 果 业

【概况】 年内，区园林绿化局在区委、区政府的领导下，围绕生态涵养发展区和首都西部综合服务区的功能定位，以及全区“三区”发展新格局和构建“一带两线四点多组团”的空间发展结构新思路，以打造“山区绿屏、城市绿景”为目标，实施山区生态、城市景观、林业产业以及森林安全等各项建设工程，完成了年度绿化工作。新建和提升改造公园20个，新建公园面积131.76万平方米，改建公园面积13.3万平方米；道路绿化2.8万平方米；屋顶绿化1070平方米；垂直绿化3000平方米；小区绿化改造1.42万平方米；停车场绿化5.5万平方米；完成京津风沙源治理工程造林任务2.4万亩，其中：人工造林2.3万亩，爆破造林1000亩，彩叶工程2200亩、公路绿化工程40公里；完成新发展果品基地3350亩；新发展蜜蜂5000群；新建2套视频监测探头，使全区现有瞭望监测面积提高到50%；完成集体生态林抚育7.38万亩；国家级重点公益林抚育1.81万亩；确权集体林地面积172.59万亩，其中山区生态公益林确权面积161.59万亩；界定集体经济组织成员38726户；发放股权证共计38726本；共兑现生态效益补偿金7639万元，兑现率达100%。

单位名称：北京市门头沟区园林绿化局
地　　址：北京市门头沟区滨河路115号
电　　话：69842575
邮　　编：102300

（刘　伟）

【市领导检查森林防火工作】 3月3日，首绿办、市园林绿化局森林公安局领导到区内检查森林防火工作。实地查看了区应急救援大队第一中队森林防火物资储备、队员日常训练和生态管护员上岗情况。经过检查，市森林公安局领导对多年来区内在森林防火工作所取得的成绩给予肯定，并提出要求。

（刘　伟）

【市领导调研】 3月21日，市园林绿化局副局长带领市局果树产业处、林场花卉处、蚕业蜂业管理站和种子苗木管理站负责人到区内，就林业产业发展情况进行调研。

（刘　伟）

【区领导参加植树活动】 4月2日，区四大部门领导带领部分区直机关干部到永定河森林公园，参加了以“全民参与、共建共享”为主题的全民义务植树活动。区领导和区直机关干部职工500余人共栽植白皮松、紫叶李、国槐、五角枫、黄栌等树苗1500余株。

（刘　伟）

【农运会场地准备工作】 北京市第七届农民运动会开幕式在京浪岛文化体育公园举行。4月至9月，投资3100万元，全面启动了岛内基础设施提升改造工程。工程由区园林绿化局负责协调实施，建设内容包括：绿化补植、护坡加固、照明设施、电力增容和饮用水工程等，工程共完成补栽苗木2200余株、地被植物7.6万余株；护坡砌筑6000余立方米、铺草坪砖3420余平方米；安装景观灯218套；安装饮用水龙头4套，以及安装变压器1台、高压开关柜1套、低压开关柜1套、直流屏、电池屏、中央信号屏各1台。

（刘　伟）

【检查绿化美化工作】 7月4日，首都绿化委员会办公室主任、北京市园林绿化局局长一行到区内检查绿化美化工作。

（刘　伟）

【检查森林资源一类清查情况】 8月4日，国家林业局森林资源管理司巡视员、国家林业局调查规划设计院总工程师以及北京市园林绿化局副局长等，到区调研森林资源一类清查情况，实地检查了区内森林资源一类清查中所涉及的土地利用与覆盖、森林资源分布、生态环境现状和每木检尺情况。检查组对区内森林资源一类清查的质量和推进速度给予了肯定。

（刘　伟）

【党员代表大会召开】 10月31日，中共门头沟区园林绿化局第一次党员代表大会召开。会议选举出中共门头沟区园林绿化局第一届委员会9名委员，中共园林绿化局第一届纪律检查委员会5名委员，选举了出席中共门头沟区第十一次党员代表大会的3名代表。

（刘　伟）

【下属单位情况】

单位名称：小龙门林场
地　　址：清水镇小龙门村上
邮　　编：102311
电　　话：61827665

单位名称：西峰寺林场
地　　址：永定镇上岸村南
邮　　编：102300
电　　话：69802612

单位名称：林业工作站
地　　址：体北路15号
邮　　编：102308
电　　话：69804941

单位名称：清水苗圃
地　　址：清水镇上清水村上
邮　　编：102311
电　　话：60855454

单位名称：西胡林果园
地　　址：军响西胡林
邮　　编：102309
电　　话：69816704

单位名称：西峰寺森林公安派出所
地　　址：永定镇石门营环岛南侧108国道边
邮　　编：102300
电　　话：69800648

单位名称：百花山森林公安派出所
地　　址：清水镇上清水村上
邮　　编：102311
电　　话：60855814

单位名称：色树坟森林公安派出所
地　　址：王平镇色树坟村
邮　　编：102300
电　　话：61859437

单位名称：小龙门森林公安派出所
地　　址：小龙门林场院内
邮　　编：102311
电　　话：61827899

单位名称：应急救援大队
地　　址：雁翅镇成人教育学校
邮　　编：102305
电　　话：61871119

单位名称：园林服务中心
地　　址：滨河路22号
邮　　编：102300
电　　话：69858419

单位名称：滨河世纪广场公园
地　　址：滨河路22号
邮　　编：102300
电　　话：69821533

单位名称：滨河公园
地　　址：双峪路滨河公园内20号
邮　　编：102300
电　　话：69863585

单位名称：黑山公园
地　　址：黑山大街12号
邮　　编：102300
电　　话：69842990

单位名称：京浪岛文化体育公园
地　　址：龙泉镇三家店水库湖心区
邮　　编：102300
电　　话：暂无

单位名称：永定河森林公园
地　　址：永定镇增胜庄村北
邮　　编：102300
电　　话：60801356

水资源开发利用

【概况】　年内，在区委、区政府的领导下，在各有关部门的大力支持下，以科学发展观为指导，围绕全市水务发展中心工作，结合生态涵养区和首都西部综合服务区建设，以发展数字化循环水务、建设现代化生态新区为总体工作思路，实施20项重点工程，开展10项重点工作，年度总投资15亿元，完成了年度计划任务。

一、构建生态宜居水环境，落实生态水务新目标

继续实施永定河门城湖工程。工程北起三家店拦河闸、南至石电灰管桥，全长5.24公里，总投资3.9亿元，2010年7月开工，9月底蓄水。按照“安全是主线、节水是理念、生态是效果”和可持续循环利用的新思路，实现把永定河建成“有水的河、生态的河、安全的河”的目标。

完善永定河山区河道生态修复工程。工程总投资1.72亿元，利用生态修复、水源保护、综合整治三大手段对永定河88公里主河道及清水河28公里河道进行生态修复，达到改善周边环境，恢复河道原有生态系统等工程目标。

工程共完成绿化美化150万平方米，建设湿地150万平方米，改善了沿岸生活环境，带动了周边地区经济发展，形成了山区百里绿色生态走廊。续建再生水厂工程。再生水厂工程总投资1.4亿元。该工程的运行将解决门头沟新城南部地区水污染问题，缓解了区域水资源紧缺状况，为区新城水环境体系建设提供了水源保障。再生水厂采用A2O + MBR膜处理工艺，处理水质完全满足再生水回用标准，工程达到设计规模后，每年可提供再生水1460万方。城子自来水厂改扩建工程。此项目是市重点工程任务。城子水厂是区内城镇地区唯一一座自来水集中供水厂，从上世纪70年代以来一直肩负着城镇供水任务，当前供水需求不断加大，已超过水厂负荷。工程于8月15日获得市发改委立项批出，批出资金1.8亿元，工程主要包括水厂内净水构筑物的改造、扩建并铺设输水管线，通过改扩建后，供水能力由4.32万方/天提高为8.64万方/天。黑河沟水环境治理工程。总投资2.6亿元，对黑河沟上段4.2公里河道实施生态治理。工程以形成整体连续水面，堤岸绿化美化，点缀亲水景观设施，打造高标准城市景观河道为重点。工程正在施工中，已完成总工程量的50%以上。冯村沟治理工程。冯村沟水环境治理工程计划投资8800万元，对2.2公里河道实施水环境综合治理。整体规划方案采用“溪、河、湖”三态顺联的功能布局和景观设计，依托长安街西延线和地铁S1线，展示定都峰文化和城市风貌。工程正在施工中，完成总工程量的60%以上。城子沟治理工程。投资5000万元，对城子沟1.5公里河道实施生态治理，治理思路为通过河底减渗、跌水蓄水，两岸绿化美化等措施建成城市北部边缘的一条绿色生态水系。

二、迎防并举，确保全区安全度汛

按照“保障人民生命财产安全”和“保障城市运行安全”的工作要求，严格落实防汛安全责任制，采取多项措施，确保全区安全度汛。全区9个镇4个办事处建设防汛工程20余处，解决1663户，4500余人汛期涉险问题，工程已基本完工。

三、加强管理，多措并举，进一步提高用水效率

坚持“向观念要水、向机制要水、向科技要水”的理念，加强计划用水管理，完成了15个村入户水表安装工作；利用节水灌溉工程发展节水灌溉4850亩；实施雨洪利用工程10处，年可增加蓄水1.94万方，工程实施中与旅游开发、宣传教育、环境美化等相结合，发挥工程的综合效益。

四、坚持科学发展观，拓展基层水务管理工作

加强水务管理，提高服务水平，坚持以社会需求为导向，依靠设施建设和制度管理，不断强化水务服务功能，满足城乡发展对供水、排水、水环境、安全度汛的基本需求，强化基层水管队伍建设，提高工作效能，提高了服务社会的能力和水平。

单位名称：北京市门头沟区水务局
地　　址：北京市门头沟区双峪路39－1号
电　　话：69842049
邮　　编：102300

（董　博）

【领导调研】　4月15日，市委常委、常务副市长吉林视察门城湖。5月17日，国家防总成员、国家发展改革委副主任视察永定河门城湖工程及门城沟道治理工程。24日，中央政治局委员、市委书记刘淇视察门城湖。24日，全国政协副主席李兆卓视察水环境工程。7月2日，水利部水土保持司司长、副司长视察门头沟区水土保持工作。9月1日，市委常委牛有成调研门头沟水环境治理工程。10月18日，副市长丁向阳调研水环境治理工程。11月19日市领导吉林视察门城湖工程。11月28日，市人大主任杜德印视察门城湖。

（董　博）

【提闸演习】　5月6日和11日，分别组织珠窝水库和落坡岭水库提闸演习。5月31日和6月1日分别组织中门寺沟和黑河沟提闸演习。京西发电有限责任公司、区应急抢险大队、雁翅镇政府、王平镇政府等单位参加了演习。

（董　博）

【宣传工作】　5月17日，按照北京市“做文明有礼的北京人，节水护水我先行”主题宣传活动要求，区节水办通过设立宣传站，摆放宣传展板、发放宣传材料、向群众宣传节水知识、授课等多种形式，开展节水宣传。

（董　博）

【召开安全迎汛工作会】　5月23日，区政府召开全区安全迎汛工作会。区领导王洪钟等及各单位负责人参加会议，会上播放了安全迎汛系列宣传片，王洪钟与部分成员单位签订了《门头沟区2011年安全迎汛责任书》，并宣布上汛令。

（董　博）

【荣获光荣称号】　6月15日

“樱桃沟小流域生态涵养功能与可持续发展评价研究”获得2010年度门头沟区科学技术进步奖二等奖。

（董 博）

【发布公报】 7月20日，区水务局向社会发布了《2010门头沟区水土保持公报》。7月28日，中央及市级媒体参观门城湖。

（董 博）

【河道生态建设现场会召开】 7月21日，全市河道生态建设现场会在门头沟召开，副市长夏占义出席会议，市发改委、市农委、市财政局、市水务局、各区县政府及各区县相关部门参加会议。

（董 博）

【发布水资源公报】 8月15日，区水务局发布了《2010年门头沟区水资源公报》。

（董 博）

【门城湖对外开放】 9月29日，门城湖正式对市民开放。

（董 博）

【召开表彰会】 10月28日“四湖一线”总结表彰会在区内召开。

（董 博）

【工程建设】 11月9日，区2010年京津风沙源治理工程水利水保项目通过水利部核查。

（董 博）

【水政监察大队成立】 12月21日，区编办《关于区水务局成立区水政监察大队的批复》（门编委字【2011】55号）批准成立门头沟区水政监察大队。

（董 博）

【降雨情况】 年内，全区累计降雨量394.4毫米。出现局部降雨70毫米以上极端天气2次：其中6月23日全区平均降雨67.3毫米，最大永定镇126毫米；7月20日全区平均降雨27.2毫米，最大潭柘寺镇128.2毫米。

（董 博）

【开展百日整治行动】 年内，开展打击“盗采砂石、非指定区域游泳和钓鱼、非法洗车百日整治和水资源专项执法”行动，区水务局联合区公安、城管、环保、工商等单位，累计执法60次，出动人员800余人次，车辆400余台次，快艇40余台次，印制发放了6000余份宣传手册。累计劝阻非指定区域游泳人员2000余人、钓鱼人员1900余人，收缴地笼、粘网200余副。

（董 博）

【全国第一次水利普查】 年内，区内成立了水务普查指导员80人、水务普查员260人的普查队伍，对全区9个镇，177个行政村，4个街道办事处，100个社区（居委会），277个对象进行普查。普查以镇、办事处为清查分区，以行政村（社区）为清查单元，由镇、办事处组织逐村（社区）清查。

（董 博）

农业发展服务

【概况】 门头沟区农业局组建于2009年8月（加挂门头沟区动物卫生监督管理局牌子），是负责本区农业生产管理和执法监督，以及兽医行政管理的区政府工作部门。内设综合办公室、农业生产科、农业管理科和疫病防控科四个科室。主要职责共十八项，大体分为六大类，一是农业产业发展和综合服务；二是动物卫生监管；三是农业执法监管；四是动植物疫病防控；五是农产品质量安全、农业投入品监管和农业检验检测；六是农业产业资源开发和鉴定。农业局下设农业综合服务中心、动物卫生监督所、动物疫病预防与控制中心和农业执法队4个单位。农业综合服务中心为全额拨款副处级事业单位，负责本区农业、畜牧、水产、农机具、新能源技术等农业技术推广；动物卫生监督所为正科级行政执法单位，负责动物防疫、检疫、兽医医政和药政以及动物产品安全监管的行政执法工作，同时承担进京公路道口运输动物和动物产品的车辆进行执法检查工作；动物疫病预防与控制中心为全额拨款正科级事业单位，主要负责动物疫病诊断、疫情监测、疫病净化、动物疫情预报预测和报告、强制免疫疫苗供应、应急防疫物资和技术的储备、畜牧兽医技术研究与推广等工作；农业执法队为全额拨款正科级事业单位，主要负责渔政、种子、农机、土肥、农作物等农业执法工作。年内，区农业局坚持以科学发展观为统领，贯彻落实中央及市、区农村工作会议精神，以建设现代化生态新区和首都西部综合服务区为目标，以保持区农业经济健康发展为己任，进一步加大服务“三农”力度，开展各项工作。

单位名称：北京市门头沟区农业局
地　　址：北京市门头沟区雅安路6号
电　　话：69843135
邮　　编：102300

（梁　晓）

【农业服务】　年内，春耕备耕期间，累计储备玉米、杂粮、蔬菜种子6500公斤，各种肥料100余吨，旋耕机50台，免费向乡镇配送大田种子1.5万余斤，蔬菜种子1500余袋；开展测土配方施肥工作，全区示范面积200亩，推广面积1万亩；推广优势果品绿色防治控制技术，全区完成推广杀虫灯防治72盏4000亩；引进示范蔬菜、玉米、甘薯、杂粮等作物新品种190亩；完成7栋普通肉鸡大棚自动上食槽改造，引进和安装家用玻璃钢沼气池2个，引进轻型耕作机2台；启动区村级全科农技员队伍建设清水镇试点工作，经统一考察筛选，完成30名全科农技员岗前培训和签约上岗；新建田间学校10所，开展农业实用技术培训。

（梁　晓）

【作物生产】　年内，生产粮食3082.6吨，全区粮食作物以玉米、大豆为主，其中：玉米2402吨、谷子167吨、高粱13.2吨、大豆259.9吨、绿豆38.8吨、红豆79.8吨。主要经济作物有黄芩、油料作物等。油料作物种植面积226亩，产量25.4吨；蔬菜种植面积2393.55亩，产量4700吨，主要品种有大白菜、黄瓜、土豆、食用菌等，其中：大白菜1095.2吨、黄瓜664.5吨、土豆849.5吨、食用菌310.9吨。

（梁　晓）

【畜牧生产】　年内，畜牧业以肉鸡、蛋鸡为主，生猪饲养量2.3万头，年末存栏0.64万头；羊饲养量2.6万只，年末存栏1.58万只；肉鸡饲养量525.32万羽，上市肉鸡473.32万羽。

（梁　晓）

【水产养殖】　年内，渔业以休闲垂钓为主，可用于水产养殖的淡水水面2.967平方千米，鱼塘养殖面积23.0公顷，产量21.0吨，水产品总产量21吨；渔业总产值0.015亿元。完成信翔生态园1处渔场30余亩水域面积的升级改造。

（梁　晓）

【养殖业发展】　年内，建成清水镇肉鸡养殖大棚16栋，其中标准化肉鸡大棚10栋（单栋建筑面积为540平方米，单栋养殖规模0.5万只），现代化肉鸡大棚6栋（单栋建筑面积为1600平方米，单栋养殖规模为2万只至2.5万只。

（梁　晓）

【种植业发展】　年内，建成雁翅镇食用菌育种基地1处；完成清水镇等4个镇基本口粮田建设3000亩；在龙泉镇等6个镇进行505亩杂粮、山药、芦笋等新品种、复合微生物肥料和海藻酸类、腐殖酸类肥料的试验示范，筛选出适合区内种植的特色新品种，推广农业新技术、新品种10个。

（梁　晓）

【新农村建设重点工作】　年内，京津风沙源治理任务，完成人工种草3000亩，围栏封育7000亩，暖棚建设9000平方米，草种基地500亩。

（梁　晓）

【国际农产品交易会参展工作】　年内，组织区内5家农产品生产、加工、销售单位于10月底参加第九届中国国际农产品交易会。京一品牌纸皮核桃、核桃油分获第九届农交会金奖产品荣誉称号。

（梁　晓）

【全程办事代理和政务公开】　年内，对局属各执法单位行政政审批事项进行逐项梳理核对，整理审批事项22项，按类型分：审批类，农业局9项，种子管理站2项，农机监管所5项；核准类，动物卫生监督所2项；审核类农业局3项；服务类，种子管理站1项。在全程办事代理制工作中，全系统共受理1514项，其中动物卫生监督所受理动物及动物产品检疫1460项，全程办受理动物防疫条件审核及动物诊疗许可7项（其中区监察局网上办理5件），农机监管所办理驾驶证年审47件，农业机械维修技术合格证书核发5件，农业机械号牌（含试车号牌、临时号牌）、行驶证登记16件，拖拉机驾驶证申领10件，拖拉机登记16件。接待群众咨询196件。共录入政府公开信息61条。

（梁　晓）

【植物疫情监测体系建设】　年内，完成农田灭鼠4万亩、豚草灭除4000亩，水路地域防除效果达95%以上。

（梁　晓）

【动物疫病防控】　年内，完成各级《2011年度门头沟区动物防疫责任书》签订，并与养殖场、动物产品经营使用等6类监管主体签订动物防疫责任书125份、承诺书121份。对禽流感、口蹄疫、狂犬病、猪瘟、蓝耳病和新城疫六种重大动物疫病开展15次集中免疫，共计免疫畜禽576.54万头、只/次；在抗体监测工作中，采集畜禽血液等样品共2400份，抗体合格率均达到北京市规定的70%以上的标准；进行奶牛布病、结核病春秋两季检疫净化655头；进行狂犬病免疫注射1.1万余只；完成芹峪口官方兽医室基础设施建设，及防疫物资储备。年内，全区无重大动物疫情发生。

（梁　晓）

【农业补贴】　年内，落实粮食直补40.75万元，中央财政农作物良种补贴12.74万元、农资综合补贴57.31万元，惠及全区8镇91个村4294户；落实生态补贴22.78万元，惠及农户297户。发放政府补贴农机具及抗旱机械补贴。包括水泵34台，增氧机8台、拖拉机15台、旋耕机15台、田园管理机79台、保温被9300平米，惠及全区9镇。能繁母猪补贴。对全区988头能繁母猪进行补贴，补贴金额共计9.88万元。

（梁　晓）

【农业执法】　年内，农业局执法单位共出动执法人员1344人次，出动执法车辆339车次，监督检查对象402个，出具动物卫生监督笔录103份，意见书72份。组织农产品及农资生产经营企业开展自查77家，做出罚款5次，行政处罚决定共9次，罚款金额计7116元。做出警告4次。检查卷帘机173台，检查农机车辆806台。农业执法队全年出动执法人数864人次，出动执法车辆189车次，监督检查执法对象182个，组织57家农产品生产经营企业开展自查，做出行政处罚4次。动物卫生监督所共开展执法监督检查150余次，出动执法人员480人次，执法车辆150车次，开具动物卫生监督笔录87份、意见书66份，检查生产经营主体220场次。

（梁　晓）

农村经济经营管理

【概况】　年内，在区委、区政府的领导下，在市农研中心、市经管站的指导帮助下，坚持以邓小平理论和“三个代表”的重要思想为指导，认真落实区委、区政府的工作部署，以保障和发展农民经济权益为核心，以加强农村集体资金、资产、资源管理为重点，全面推进农村产权制度改革，实施“五讲、五树、九推进”战略，加强农村经济管理工作。

单位名称：北京市门头沟区农村合作经济经营管理站

地　　址：北京市门头沟区新桥大街36号

电　　话：69844255

邮　　编：102300

（付洪美）

【市级清产核资试点工作】　3月至9月底，按期完成妙峰山镇市级清产核资试点工作。对妙峰山镇、村两级集体经济组织及其所属38个单位进行清查、核实和登记工作。经清理核实，集体资产总额28344万元，负债总额17359万元，所有者权益总额10985万元。

（付洪美）

【农村产权制度改革】　年内，全区应进行产权制度改革的村集体经济组织共有184个，累计完成179个村级经济组织的产权制度改革工作，占应改制村级经济组织总数的97.3%。

（付洪美）

【林权制度改革人员身份界定】　年内，全区应进行林权制度改革的村是179个，累计完成178个村，完成99.4%，

（付洪美）

【农村土地承包经营纠纷调解仲裁】　年内，完成全区9个镇3.8万份农村土地承包合同档案管理的检查、验收和归档工作。

（付洪美）

【“三资”监管定期检查】　年内，研究制定了农村“三资”监

管定期检查制度，对各镇“三个中心”进行定期检查，年初计划检查88个村，实际检查100个村，抽检率为113.6%。

（付洪美）

【农民专业合作社】 年内，完成农民专业合作社提升改造50个，其中：市级示范社5个，区级45个。制定了《门头沟区关于2011年培育创建农民专业合作社示范社及评定管理办法》。向市农委申报了12个市级示范社，对镇级上报的68个示范社进行检查、验收。

（付洪美）

【村干部任期和离任审计】 年内，对80个村干部经济责任进行后续检查。审计村两委班子成员报酬和养老保险专项补助资金使用共854万元。完成186个村级组织正常运转专项补助资金管理使用情况和66个新型集体经济组织的审计工作。

（付洪美）

【农民负担监督管理执法检查】 年内，组织开展春、秋两季农民负担监督管理执法检查和村级组织收费专项清理工作，发现问题，及时解决。坚持农民负担监督卡发放制度，为8个镇163个村发放农民负担监督卡31251册。

（付洪美）

【农村经济统计分析】 年内，全区实现农村经济总收入76.6亿元，比去年同期的85.9亿元减少9.3亿元，下降10.8%；农民人均劳动所得10764元，比去年同期的9982元增加782元，增长7.8%。

（付洪美）

【低收入农户监测】 年内，实现了全区51个低收入村全部脱贫，6544户低收入农户全部脱贫的目标。

（付洪美）

【农村管理信息化】 年内，对全区农村8.3万人、5.5万个劳动年龄内人员、3万多户农户家庭详细资料三个数据库进行了年度更新。为全区15个村配备触摸屏，触摸屏总数达到62个。

（付洪美）

【培训工作】 年内，举办镇村干部、财会人员、民主理财、农民专业合作社、农村信息化等培训班15期，培训1120人次。

（付洪美）

工业

区属工业

【概况】 年内，区经济和信息化委在区委、区政府的领导下，贯彻落实国家和北京市关于工业、软件和信息服务业、镇村企业、中小企业、信息化方面的法律、法规和政策。按照区委、区政府的工作部署，煤矿关闭工作提前完成，信息化重点工程全面推进、促进工业和镇村企业全面发展的各项工作稳步开展，完成了区委、区政府下达的各项工作任务。出台《门头沟区人民政府关于进一步促进中小企业发展的实施意见》（门政发［2011］23号）。研究制定出《门头沟区促进企业发展扶持资金管理办法》（门政发［2011］18号）。全区规模以上工业完成总产值87.4亿元，同比增长21.2%，增速排在全市区县第二位；实现利润21.1亿元，同比增长36.5%，增速排在全市区县第三位；实现增加值47.7亿元，同比增长23%。规模以上工业企业中，销售收入超过亿元的12家企业累计完成工业总产值76.0亿元，实现销售收入76.0亿元，分别占全区规模以上工业总产值和销售总收入的87.0%和86.0%。工业经济在快速增长的同时，经济质量明显提高，行业结构和经济效益得到进一步优化提升。41家规模工业企业累计完成销售收入63.3亿元、利润总额16.4亿元，同比分别增长21%、39.7%。规模企业中，亏损企业由上一年同期的10家下降到当年的4家，亏损面减少60%。资源型工业、高新技术产业、现代制造业、都市型工业四大行业版块比重由上一年同期的60：19：20：1调整到目前的55：22：27：1。

（一）服务于全区经济和社会发展，全面推进信息化建设

一是推进电子政务建设。年内，进行了共享交换平台（二期）、人事岗位工资管理系统、高清交互数字电视政务信息发布系统三项建设及区委办公室办公系统的升级。截至11月初，共享交换平台新增接入67家政府部门和事业单位；完成人事岗位工资管理系统建设并对相关人员进行了培训；高清交互数字电视政务信息发布系统建成并正式上线开播；区委办公系统与全区OA系统实现无缝整合，依托保密技术监管平台，建立了保密技术管理体系。二是推进社会管理信息化。完成了智慧社区管理系统及城管大队指挥中心监控系统的建设。智慧社区管理系统的完成，实现了区、镇（街）、村（居）三级政务信息的无障碍传递并与共享交换平台成功对接；城管大队指挥中心监控系统的完成，实现了通过数字传输对区重点地区、主要大街的各类城市管理范围内违法行为的视频监控。完成96156为民服务平台开发建设。三是促进农业及旅游业信息化发展。农村经济决策系统（二期）已基本完成，使区内初步建成了有点、有面、有特色的农村经济决策信息系统。四是加强全区信息化的统筹管理。完成网络信息安全保障工作，全年安全零事故；累计审批154件各单位信息化设备报废或采购文件，按照不达报废标准、超出办公需求配置、实际使用数量超出的不得审批通过原则，严把审批环节。同时结合设备市场报价，对金额进行审查，全年节约采购费用约200万元。

（二）加大对中小企业在信贷融资、科技创新、人才引进等方面的支持力度，促进中小企业健康发展

一是完善区中小企业融资服

务平台建设，解决中小企业融资难题。加强政、企、银合作，建立“方式多样、覆盖广泛、专业高效”的投融资服务体系。与建设银行、北京银行及中担担保公司等组织了3次银企对接会，促成19家企业直接或通过担保公司融资1.4亿元，并对11家企业给予283.3万元的贷款贴息扶持。二是坚持以政策为引导，促进符合资源禀赋的高新技术、都市型工业、现代制造业企业技术进步和加快发展。落实市级工业和中小企业发展资金633万元，引导和支持北京成鑫金刚石有限责任公司等4家企业进行技术改造。落实2批区级扶持企业资金共1333万元，通过技术改造补助、贷款贴息、市场开拓补助等政策，扶持企业发展壮大。

（三）强化服务，推进工业重大项目的建设完工

万辉药业、东方大源等一批重点企业的技术改造项目陆续开工建设，项目建设成为区工业经济新的增长点。配合石龙经济开发区产业转型的需要，进一步做好“非政府投资工业固定资产投资项目”的备案工作。强化服务企业的质量和效率，提升信息化的服务水平，简化备案工作程序，确保项目尽早开工。利用新开通的区经信委门户网站和中小企业服务网站为全区企业提供政策、培训、融资、担保、创业、技术创新等综合信息服务，加强对企业的指导和服务。

（四）推进落后产能淘汰，妥善处理企业关闭后的相关问题

一是按照市政府要求，强化政策引导、加强部门联动，目前基本完成区4家石灰生产企业的关闭工作。二是为确保山区农民生活用煤的按时供应，年初以来，区经信委对7个镇销售网点及各镇用煤情况进行调度等一系列工作。截至11月上旬，平价型煤销售情况平稳，完成销售量近7000吨。三是加大对已关闭煤矿的巡查力度。煤办共出动检查人员160余人次，车辆130余台次，集中参加全区打击私挖盗采活动6次，未出现已关闭煤矿死灰复燃现象。

单位名称：北京市门头沟区经济和信息化委员会
地　　址：北京市门头沟区新桥大街46号
电　　话：69864977
邮　　编：102300

（张　洁　闫　平）

【政务信息资源共享平台建设】 年初，启动政务信息资源共享交换平台（二期）建设，经过项目立项、技术方案审核、项目评标等环节后，完成全区68家委办局、镇、街的接入工作，使平台覆盖全区单位达到81家。12月2日召开“区政务信息资源共享交换体系项目需求确认会”，对各单位提供和需求的资料进行了逐一梳理。

（贺　虹）

【惠民工程】 年初，经对清水等7个镇进行全面摸底调查，7个镇农业及农转非但未获得土地补偿的人口为50002人，25374户。10月初，2011年型煤供应工作正式启动，经区、镇及企业共同努力，截至2012年2月月底，西宝型煤加工厂生产型煤2.8万吨，7个镇销售网点销售到农民手中的平价型煤26232.35吨，库存型煤262.85吨。区财政按每吨补贴377元平价煤补贴约9790502元。

（刘来庆）

【网络安全与信息安全工作】 年内，加强对政务网站域名服务管理，做好安全检查及保障工作。对区内网络和信息安全实行常态检查与专项检查相结合的工作方式，在春节、两会、“五一”、“七一”、“十一”等敏感日期间要求各单位做好节日期间安全值守工作和应急响应工作，全力确保我区网络信息系统、网站的安全；6月3日，召开了“2011年网络与信息系统安全检查工作会”，围绕网络与信息系统安全进行专项检查，区领导罗斌对专项检查进行了部署，下发了《关于开展2011年门头沟区电子政务网络与信息系统安全检查的通知》（门信安协办【2011】1号），要求57家责任单位做好各自分管的网络与信息系统安全检查工作，经查全区全部57家单位均全部达标。区经信委对检查结果进行总结，并将检查结果上报至市经信委。

（贺　虹）

【贯彻落实排查工作】 4月，区经信委收到区政府对市经信委《关于开展第三阶段工程建设领域项目信息公开属性审查工作的通知》（京经信委发【2011】31号）的批示后，立即开展工作，对涉及区内的44项工程建设领域项目进行梳理，通过电话方式与项目单位进行沟通，了解项目进展情况，对各项目进行汇总整理，其中开工项目10个，未开工项目33个，形成情况汇总表，上报市经信委。

（贺　虹）

【推进信息化基础设施提升工作】 5月16日，组织召开信息化村和宽带小区项目建设推进会，与项目建设单位区联通公司和项目管理单位（15个村委会、12个社区居委会及物业单位）签订合同。

6月14日，会同区财政局、专家组对信息化村和宽带小区建设项目进行验收，在联通公司以会议形式对验收资料进行认真审核，随后随机抽取20%的信息化村和20%的宽带小区，共计6个单位，依据验收标准，进行现场查验，验收结果为合格。截至上半年，区15个信息化村，12个宽带小区已全部建设完成。完成了全年信息化基础设施提升项目的申报工作，区联通公司的无线政务网项目通过审核，被市经信委列入信息化基础设施提升项目。

（贺　虹）

【推进政府机关软件正版化工作】

年内，根据《国务院办公厅关于进一步做好政府机关使用正版软件工作的通知》（国办发［2010］47号）文件精神和《北京市政府机关软件正版化专项检查和整改工作方案》的要求，为推进区政府机关使用正版软件工作，保护知识产权，区经信委对全区32个委办局，4个街道和9个镇进行了全面检查，共检查各类计算机2751台，其中行政人员办公用计算机1131台，行政办公用笔记本33台。并采用公召形式集中采购，8月完成了正版软件的采购和下发工作。9月14日，北京市使用正版软件工作检查组对区正版软件工作进行了检查，检查组抽查了两家单位，被查电脑均安装了正版软件，完成了北京市使用正版软件工作的相关要求，并获得了北京市正版软件先进单位。

（贺　虹）

【高清交互数字电视政务信息发布系统】　11月8日，区高清交互数字电视政务信息发布系统“湖光山色门头沟”正式上线运行。此系统是年度门头沟区重点信息化任务，作为北京市远郊区县第一个基于高清交互数字电视技术实现的立体化服务平台，实现了各类政务信息、便民服务信息、宣传信息的一站式发布，超过260万户的北京高清交互数字电视用户可坐在家中就可以通过电视获取门头沟区的政务、惠民、招商、旅游信息，饱览门头沟人文风情和自然美景。该系统于11月8日正式上线运行。

（贺　虹）

【举行家庭数字生活技能大赛】

年内，会同与区科协、区妇联共同在滨河西区举行了“2011年百万家庭数字生活技能大赛科技周”开幕仪式活动。邀请三家电信运营商参与此次活动，向市民普及信息化基础知识。组织开展“百万家庭数字生活技能大赛”培训活动，向市民讲解网上银行、第三方支付、家庭数字终端等与生活相关的信息化知识。

（贺　虹）

【高端商务区产业形态布局研究】

年内，贯彻落实区委十届十次全会精神和《关于落实“三个北京”行动计划加快推进现代化生态新区建设的意见》文件精神，结合实际，完成《门头沟区高端商务区产业形态布局研究》。

（刘　毅）

【“三高”企业退出】　年内，结合区域功能定位要求，以节能降耗为目标，推进“高污染、高耗能、高耗水”落后低端产业退出。研究制定出《门头沟区2011年淘汰落后产能工作实施方案》，明确相关部门工作责任、时间进度和工作措施，实行问责制，确保工作有序推进。深入企业做好政策宣传工作，争取企业主动退出。完成北京昊泰建筑材料有限公司的全部退出和人员安置；协调市经信委、区工商局等部门完成北京首钢鲁家山石灰石矿有限公司和北京鑫海通建筑材料有限公司落后产能环节的注销，并制定出人员安置、设备拆除等方案。

（刘　毅）

【成立促进中小企业领导小组】

年内，建立促进中小企业发展工作领导协调机制，成立由区委常委、常务副区长任组长，区经信委、发改委、财政局等25个部门组成的促进中小企业工作领导小组，加强对中小企业工作的统筹规划、组织领导和政策协调。

（刘　毅）

【建设区中小企业融资服务平台】

年内，按照政府引导、市场化运作的原则，进一步完善门头沟区中小企业融资服务平台建设。发挥财政资金的引导和放大作用，建立担保风险补偿机制，实施贷款贴息和担保补助政策，完善政、企、银合作机制，建立“方式多样、覆盖广泛、专业高效”的投融资服务体系，解决企业融资难题。加强服务平台成员间的沟通协调，召开2次融资服务工作会，分析研究不同类型中小企业的融资需求和困难。区经信委分别联合建设银行门头沟支行、北京银行门头沟支行、邮政储蓄银行滨河路支行开展了3次融资服务对接和培训活动，向银行推荐北京凝华科技有限公司等23家企业，完成贷款1.8亿元。促成北京意高科技有限公司等5家融资困难的企业通过担保公司担保获得贷款9200万元。

（刘　毅）

【建设区中小企业网】　年内，建成区中小企业网，为全区中小企业提供政策、培训、融资、担保、创业等全面、综合的信息服务，实现了信息互动和资源共享。

（刘　毅）

【集成政策优势引导企业发展】　年内，集成政策优势，通过引导，鼓励企业开展技术改造、加快自主创新、进行品牌化建设。累计为21家企业争取国家和北京市各类产业扶持资金833万元，推动了北京京煤集团有限责任公司技术中心、北京成鑫金刚石有限责任公司粗颗粒人造金刚石单晶生产线技术改造等项目的建设，带动企业投资近7亿元。落实区扶持企业政策，对49家企业64个项目给予1839.8万元支持。全区工业结构进一步优化，现代制造业、高新技术产业分别实现产值23.5亿元和18.7亿元，分别同比上年增长37.2%和38.6%，远高于全区工业平均增速水平。两大重点行业分别占地区工业总量的26.8%和21.4%，比上年分别增长3.2和2.7个百分点，逐渐成为推动地区经济发展的重要行业。

（刘　毅）

【投资项目立项备案】　年内，共受理14个非政府投资工业固定资产投资项目的备案申请，办理完成第一机械制造（集团）有限公司车辆科研生产试验基地建设等重点项目立项备案工作，推动了地区招商引资项目的加快落地建设。

（刘　毅）

【区信息化重点项目】　年内，区经信委“政务信息资源共享交换平台（二期建设）”项目、“高清交互数字电视政务信息发布系统”项目，区委办“区委办公室办公系统升级项目”，区农委“农村经济决策系统（二期）”项目，区街道办“智慧社区管理系统”项目，区人社局“人事岗位工资管理系统”项目，区城管大队“城管大队指挥中心监控系统”项目，区旅游局“区旅游综合管理应用系统”项目8个项目列为区信息化重点项目，并于年底前全部完成。在征求相关部门意见基础上拟定了区2012年信息化重点任务，并上报区政府通过。

（贺　虹）

石龙开发区

【概况】　年内，引进登记注册企业1780家，手续全部完成可实现注册资金68.22亿元。截止年底已经完成全部手续的登记注册企业1484家，已实现注册资金51.14亿元（其中：500万元以上的138家，超亿元以上的13家，超10亿元以上的2家）。入区建厂企业61家，认证国家级高新技术企业18家，中关村高新技术企业19家，集中了航天四院、内蒙一机、万辉双鹤、精雕科技、歌华有线、京西旅游等国内外知名企业和上市公司，形成了集数控装备、生物医药、轻工建材、仪器仪表、化工、机械、为主体的产业形态。“十一五”后期建成石龙产业孵化中心，初步形成了总部经济基地的雏形。形成了一个管理服务体系完善；企业投资经营环境优越；地理位置不断优化；适于高端产业集聚的新型科技园区。

石龙经济开发区从建立到2011年底，累计投资60余亿元，累计上缴税收101.95亿元。累计完成区财政收入30.6亿元，就业人员达到4000人。成为门头沟区财政收入的重要来源和劳动者就业的重要基地。

年初区政府下达的6.81亿元财政留成任务，年底完成8.6亿元，超计划26.29%，开发区所承担的财政留成任务已占到全区财政收入的55.2%。

年内各项经济指标完成：技工贸收入258亿元，比上年同期增长26.3%。上缴税金27.45亿元，比上年同期增长27.7%。区财政留成8.6亿元，比上年同期增长37.38%。

经济的快速发展得益于良好的投资环境。开发区为入区企业提供了完备的“九通一平”基础设施和税务、邮政、电信、银行、工商、会展中心、物业服务等系列配套功能，不断优化区域的工作、生活和人才环境，同时努力为企业和职工提供了良好的生产环境。

单位名称：北京石龙经济开发区管理委员会

地　　址：北京市门头沟区石龙经济开发区永安路20号

电　　话：69803404
邮　　编：102308

（亢　建）

【石龙产业孵化中心工程】　1月18日，石龙产业孵化中心一期工程竣工，区领导王洪钟等参加了石龙高科大厦入驻仪式。10月，石龙产业孵化中心二期项目纳入门头沟区绿色通道。11月15日，石龙产业孵化中心二期A区工程动工。

（亢　建）

【募捐活动】　1月27日，为帮扶困难职工发起募捐活动，两次募得善款1.4万余元。

（亢　建）

【组织突发事件演练】　4月22日，石龙商业大厦全体商家进行火灾应急疏散实战演练。11月4日，石龙商业大厦全体商家进行消防防爆应急实战演习。6月13日，石龙商业大厦组织技术员工进行了电梯救人实战演练活动。

（亢　建）

【领导调研】　5月26日，民盟中央领导到石龙经济开发区调研，参观了石龙开发区重点企业精雕科技公司。

（亢　建）

【石龙五期土地开发工作】　5月，石龙开发区五期土地一级开发范围内西辛称村入户调查工作完成。户籍数263户，住宅土地面积43205平方米，住宅房屋建筑面积共计42400.42平方米（包含二层及地下室4242平方米）。11月，石龙开发区五期土地一级开发前期手续完成。

（亢　建）

【庆祝建党活动】　7月1日，在区影剧院举办了大型文艺演出活动，石龙开发区各入区企业参与演出。

（亢　建）

【企业升级】　7月7日，石龙房地产公司建设资质通过三级审核，由原来的四级升为三级资质。

（亢　建）

【培训工作】　8月10日，与区工商局联合举办“商标战略培训会”，80家在石龙注册企业参会。年内，石龙商业大厦组织大厦员工和商户进行安全知识培训3次，总计622人次。

（亢　建）

【工程竣工】　9月，中门寺水系景观工程葡东小区的外墙体保温及亮化美化景观工程全部竣工。12月，完成了区政府重点工程项目（石龙开发区美化亮化工程），对开发区18家企业加装夜景照明设备，26家企业建筑物外立面进行重新粉饰。

（亢　建）

【组织活动】　10月6日至7日，为首届环京自行车赛门头沟赛段组织了200人啦啦队。

（亢建）

【参加活动及荣誉】　10月，参加区第十五届乒协杯乒乓球比赛，取得女子团体第二名、男子团体第七名。

（亢　建）

【获奖情况】　年内，石龙管委会获北京市2011年度自愿无偿献血先进单位。门头沟区2011年度交通安全先进单位。门头沟区2011年度安全生产监督管理先进单位。门头沟区2011年度安全生产标准化活动优秀组织单位。石龙葡东物业管理中心荣获门头沟区大峪街道工委及大峪街道办事处联合颁发的“社区建设先进单位”称号。石龙商业大厦被区商务委授予2010年度商务工作先进单位称号。石龙商业大厦党支部被门头沟区委授予“先进党支部”称号。

（亢　建）

商贸 旅游

商 贸

【概况】 年内，在区委、区政府和市商务委领导下，在全区各部门及行业企业的支持下，贯彻落实党的十七届五中、六中全会精神，以科学发展观为指导，全力履行部门职责，以产业结构调整为主线、以保障和改善民生为根本，促进市场繁荣、提高招商引资实效、稳定出口增长、加强市场应急体系建设、加大商务执法力度、构建服务型机关，商务各项工作有序推进。商业设施内外环境全面改善，服务水平、便利程度不断提高，逐步缩小与全市差距。消费品市场持续繁荣。实现社会消费品零售额37.9亿元，同比增长16.7%，超额完成市政府下达增幅16.6%的指标任务。充分挖掘消费潜力，繁荣市场保民生，先后推出“迎新春购物季”、“精品年货大集”、“食在门头沟”、“特色商业消夏节”等系列主题促销活动，印制并发放万份《门头沟美食地图》，打造餐饮名片。“家电下乡”和以旧换新等惠民政策积极推进。不断优化贸易投资环境。全年实际利用外资4205万美元，同比增长20倍，增速位居全市第一。外贸进出口总额达3.17亿美元，其中出口额1.34亿美元，同比增长7.85%。开展项目对接、国际洽谈交流活动，与家乐福、欧尚、永旺等知名品牌入区进行深入洽谈，推动雨润发、苏宁电器、国美电器等知名企业的顺利入驻。做好市、区扶持项目申报和验收工作，年内共上报市级扶持项目8个、批准中小企业国际市场开拓资金项目40个，获得市级扶持资金264万元。制定了《门头沟区商业流通发展专项资金管理办法》，重点支持传统老企业的硬件设施升级改造，农村流通网络建设，便民商业基础设施建设等项目。经过严格审核，共有32个项目获批。

单位名称：北京市门头沟区商务委员会
地　　址：北京市门头沟区新桥大街36号
电　　话：69842571
邮　　编：102300

（黄　岳）

商业流通

【增强粮食应急保障能力】 7月底，在政府支持下投入268万元，完成了斋堂粮食应急加工项目，解决雁翅、斋堂、清水等深山区的粮食应急供应问题。

（黄　岳）

【开展环境百日整治】 年内，根据区重点任务安排，开展了“春风行动”、“夏季攻势”“秋风行动”三个环境百日整治行动。与城管大队等各相关部门探索创新联合执法模式，协同配合，有效打击，实施关口前移。

（黄　岳）

【开展专项安全治理行动】 年内，根据区安全委员会、区防火委员会和市商务委的统一部署，根据商务行业特点，全年开展有针对性的安全专项整治行动隐患排查8次。组织安全生产检查259人次/108次，检查规模以上商业零售和餐馆经营单位315家（次），检查覆盖率达到100%，发现挤占通道安全隐患23起，全部责令当场进行整改达到安全标准。

（黄　岳）

【行业安全培训工作】 年内，开

展“安全培训日”和“安全标准化”等主题活动，组织消防防火墙和行业安全标准化培训和安全知识竞赛。全年共组织召开培训3次，培训规模以上商业零售、餐饮企业负责人及安全主管人员200余人次；召开安全专题会议4次，制定并发放重点节假日及各项专项安全整治文件9件次，组织商务系统70余名安保干部举办安全知识竞赛活动1次。

（黄　岳）

【盐务管理工作】 年内，实现食盐销售1783吨，全区碘盐覆盖率为96.2%，合格碘盐食用率为94.8%。完成食盐抢购突发事件应对工作。采取紧急调运、定量供应、实时上报等措施，共调运碘盐75吨，平息了抢盐风潮，保障食盐市场供应。完成了九龙山、葡萄嘴山火的应急保障工作。完成各项盐务管理指标。

（黄　岳）

【回收站点整治工作】 年内，推广村级规范化站点建设，倡导垃圾分类、低碳生活健康理念。新建和改造网点40个，开展宣传活动8次。

（黄　岳）

【开展主题促销活动】 年内，先后推出“精品年货大集”、“迎新春购物季”、“京郊踏青美食行”、“食在门头沟”、“特色商业消夏节”等系列主题促销活动。在徒步大会、迷笛音乐节、北京国际美食盛典等重大活动中，发放万份“门头沟美食地图”，推介特色餐饮和玫瑰精油、紫石砚、蝶翅画等区域特色产品，同时搭载宣传文化、旅游、普法等内容，丰富了消费市场。组织灵之秀、大山鑫港、绿纯等5家企业参加由北京市商务委主办的“京郊商品大集”，仅3天就实现销售收入50余万元。

（黄　岳）

【家电下乡和家电以旧换新工作】 年内，按照国家、全市统一要求，继续做好家电下乡，家电以旧换新政策落实工作，不断完善销售环节，先后组织海尔、大中等家电销售企业到清水、斋堂、雁翅等深山区开展送货下乡活动。累计销售家电下乡产品2.7万件，实现销售额7800万元；家电以旧换新产品销售3.8万件，实现销售额1.3亿元。

（黄　岳）

【推进酒类流通备案登记工作】 年内，开展酒类专项整治检查活动，组织开展酒类领域专项整治3次，全年酒类经营备案登记商户超过2100户，登记率达到全市要求，确保区内经营户依法备案登记。

（黄　岳）

【做好商业流通项目扶持工作】 年内，经区政府审议通过，制定了《门头沟区商业流通发展专项资金管理办法》，重点支持传统老企业的硬件设施升级改造，农村流通网络建设，便民商业基础设施建设等项目。经过严格审核，共有32个项目获批。通过该办法的实施，有效缓解了鑫维康、大云制冷等一批中小企业发展中的难题，激发了区内商业流通企业的积极性。

（黄　岳）

【窗口及服务行业培训】 年内，特邀亚洲厨艺大师，为区内规模以上餐饮企业负责人、参加“2011食在门头沟”美食评选活动的选手做了培训和指导。聘请专业教师和北京农职院美籍外教在窗口单位和服务行业开展礼仪培训。

（黄　岳）

【推进便民利民工程】 年内，针对因城市拆迁和改造带来居民购物不便的问题，先后推出了便民“流动超市”和“流动菜车”。以不高于同期市场价格，定期把优质商品送往圈门、城子、永定等老旧社区和新建社区，缓解了社区居民购物难问题。联合区社工委在规范化达标社区中建立再生资源站点13个，便民角10个，提升全区社区便利化程度。

（黄　岳）

【完成便民连锁电子商务工作】 年内，以商务部“万村千乡”试点企业鑫维康便民连锁采购平台为依托，完成了电子商务网站上线工作，成为“万村千乡”试点企业中首家实现电子商务的企业，累计实现销售收入15万余元。

（黄　岳）

对外经贸

【举办专场推介会】 年内，承办了第十四届中国北京科博会首场推介签约活动暨“门头沟区现代化生态新区推介会”。此次推介会主推生态涵养发展区和西部综合服务中心两大功能定位，并立足于打造旅游文化休闲主导产业，重点推介了石龙电子商务产业园等3个重点产业项目，涉及金额达305亿元。会上与4家企业签署了战略合作协议，涉及金额150多亿元。

（黄　岳）

【搭建外经贸企业服务平台】 年内，跨区联合石景山商务委共同举办了外经贸企业融资政策推介会，共召集100余人参会，发放政策、业务宣传材料200余份，实现了外经外贸服务跨区、资源共享的局面。

（黄 岳）

【加强对外宣传】 年内，开展项目对接、国际洽谈交流活动，宣传区内良好投资环境，先后参加厦门投洽会、京港洽谈会，与家乐福、欧尚、永旺等知名品牌入区进行深入洽谈，推动了雨润发、苏宁电器、国美电器、吉野家等知名企业的顺利入驻。促成了中石化北京分公司与区战略发展协议的签订。完成了思源置地4200万美元的增资工作。

（黄 岳）

【帮扶企业发展】 年内，做好市、区扶持项目申报和验收工作。全年上报市级扶持项目8个、批准中小企业国际市场开拓资金项目40个，获得市级扶持资金264万元。

（黄 岳）

京门良实

【概况】 年内，在区委区政府、市粮食局和区国资委的领导下，公司围绕“坚持科学发展，创新管理方式，构建和谐良实”这一主题，按照公司党委、董事会的工作部署，精心组织，落实任务，经营业绩持续保持良好增长态势；加强公司发展战略的实施，开展“十二五”发展规划的研究编制工作；服务区域经济发展大局，应急保障体系进一步完善；重点工程、重点业务稳步开展，各项经营指标和企业发展目标全面超额完成，实现了公司“十二五”规划的良好开局。全年商品销售额完成23850万元。各级储备粮安全存储量保持在13万吨左右，安全储粮率达到100%。缴税总额完成169万元，比上年同期增加119万元，增长238%。军粮供应完成1606吨，退耕还林补助粮食供应工作完成1973吨，按期完成供应任务。综合效益实现利润13.6万元，完成区国资委下达的经营目标。

单位名称：北京京门良实国有资产经营管理公司
地　　址：北京市门头沟区滨河南路3号
电　　话：69842491
邮　　编：102308

（张希瑶）

【检查指导工作】 1月11日，北京市粮食局检查组检查粮食行业烟花爆竹安全管理和安全生产工作。

（张希瑶）

【退耕还林补助粮食供应工作】 1月19日至3月25日，退耕还林补助粮食供应工作完成，供应范围覆盖全区9个镇，累计涉及177个村、11336户，供应粮食总量为1973吨，其中特一粉863吨，特等大米1110吨。

（张希瑶）

【召开工作会】 1月21日，召开2011年工作会议，确定2011年工作重点：加快仓储设施建设，提高承储能力；提升仓储企业的管理能力和管理水平，完善储备粮应急保障能力；加大招商引资、盘活资产力度，着力提升经营企业创利水平；加大粮油购销力度；以开展创先争优活动为载体，抓党建促发展，维护企业安全稳定。同时对各企业法人进行了审计考核兑现，签订工作目标责任书和安全责任书，并对2010年的先进集体和个人进行表彰。

（张希瑶）

【科学保粮调研】 2月24日，对仓储企业储备粮科学保粮进行调研，题目是：高大平房仓储存稻谷高海拔地区与平原地区度夏费用及粮食品质变化的分析；普通高大平房仓粮食出库和8米装粮线高大平房仓粮食入库耗电统计。通过一年的工作，形成科学保粮论文。

（张希瑶）

【实施百分综合考核】 3月18日，公司制定实施了百分综合考核办法，即：仓储、资产、安全、财务、党建、劳资、办公室管理7个百分考核办法，按仓储企业和非仓储企业分类考核，进一步推进规范管理，提升公司综合工作能力。年内，达到了综合检查的预期目的。

（张希瑶）

【清仓查库】 4月1日至2日，区粮食局、财政局、统计局、农发行等相关部门，对斋堂粮库、三家店粮库、石门营粮库进行粮食清仓查库工作。经检查储备粮管理做到了账账相符、账实相符，完成粮食库存自查工作。

（张希瑶）

【杨坨粮库总体竣工】 4月20日，杨坨粮库改扩建工程顺利通过整体项目的总体竣工验收。包括：高大平房仓2栋，装粮高度8米，设计仓容3.4万吨，管理用房1栋两层，传达室1座，地下消防水池1座及消除泵房1座，总建筑面积6409.85平方米，总投资2583万元。

（张希瑶）

【红歌比赛】 6月3日，公司和京门中心组成60人合唱队，参加了区国资委“唱支红歌给党听暨企业职工歌咏比赛”活动，并取得三等奖。

（张希瑶）

【区粮食应急加工车间建立】 6月13日，斋堂粮库粮食应急加工车间全部完工。共投资267万元，建设加工车间、配电室、发电机房共500余平方米。配备500千瓦柴油发电机1套，日产40吨面粉和大米精加工设备各1套。8月12日进行粮食加工调试，共加工稻谷5.4吨，小麦2.1吨，生产出成品粮面粉、大米共4.5吨，设备运转成功。

（张希瑶）

【石门营粮库搬迁】 6月13日到8月13日，石门营粮库粮食移库到杨坨粮库工作完成，并完成杨坨粮库压仓装粮工作。接卸入库石门营粮库小麦近2.6万吨，新入玉米7400余吨。到10月底，办公设施、人员机构全部迁移到杨坨粮库办公，杨坨粮库正式启用。

（张希瑶）

【斋堂粮库新库完成绿化工作】 7月25日开始，公司聘请专家到斋堂粮库进行实地考察并依据专家提出的设计规划对库区进行了整体的绿化美化。此项工程共投资50余万元，种植沙地柏4000余株，其他树木500余株，播撒草种3000余平方米，绿化面积达5000余平方米。

（张希瑶）

【召开“八一”军供座谈会】 7月26日，区商务委和公司共同举办“八一”军粮供应座谈会。公司承诺：一是继续做好部队后勤保障工作，保证24小时全天候供应服务；二是扩大服务项目，做部队之所需，对部队提供粮油以外的供应服务；三是对军粮供应进行全程保障。

（张希瑶）

【汛期安全检查】 8月2日，市粮食局副局长一行到斋堂粮库和杨坨粮库检查汛期安全生产工作，并提出具体要求。

（张希瑶）

【通过质量管理体系监督审核】 8月16日至18日，华夏认证中心对公司进行ISO9000质量管理体系监督审核。分别对公司领导层、办公室、储运市场部、三家店粮库、石门营粮库、本乡良实面业有限公司进行审核，审核范围包括粮油储存、贸易以及质量管理、面粉生产加工等方面。

（张希瑶）

【建立企业文化书屋】 9月23日，在区国资委和图书馆支持下，3个粮食收储库建立“文化书屋”，图书达到1500余册。公司统一购置书柜，制定借阅规章制度。

（张希瑶）

【安全生产无事故】 10月13日，区安监局、区电视台到公司下属企业三家店粮库、机动车检测场录制节目，宣传安全生产工作。三家店粮库、机动车检测场在区安监局和有关部门的指导下，安全生产工作责任明确，落实到位，实现了安全“零”事故的工作目标。

（张希瑶）

【开展消防演习】 11月9日，斋堂镇政府联合斋堂粮库、斋堂消防支队、斋堂医院、斋堂派出所，在斋堂粮库共同举行消防演习。重点检验全体干部职工现场应急处置能力及与消防单位联动配合处置能力，共40余人参加。

（张希瑶）

【区领导调研】 11月21日，韩子荣一行到国资委系统进行调研，视察了公司下属三家店粮食收储库杨坨粮库。查看新建高大平房仓，听取保管员“一口清”汇报，了解现代化电子测温储粮系统。

（张希瑶）

【举办仓储技能知识竞赛】 12月7日，公司举办仓储技能知识竞赛，分“理论知识考核”、“技能实操考核”和“保管知识竞赛”三部分，25名保管员参加。

（张希瑶）

【归属京粮集团】 12月26日，京粮集团与区县国资委签署了重组整合协议书，公司整建制划归京粮集团管理。

（张希瑶）

【仓储任职资格考核】 年内，公司选派了7名仓储人员参加国家仓储初级任职资格考核，其中6名保管员，1名检验员，全部取得了合格证书。

（张希瑶）

【本乡主食】 年内，京门良实公司股份制企业本乡良实面业有限责任公司主食已销往大兴、房山等7个区县，专卖店、点达到100余个。本乡主食因无任何食品添加剂，成为区内规模最大的放心主食厨房。年内本乡良实面业有限责任公司通过ISO9000质量管理体系认证，并纳入公司质量管理体系范畴。

（张希瑶）

京西善和医药

【概况】 年内，公司经营班子带领全体员工团结一致，共同努力，面对极为不利的市场形势，果断采取了批发业务转型、减员增效等措施，收到明显成效，公司全年实现利润126.4万元，比去年同期增加8.01%，再创企业有史以来最好经济效益。

单位名称：北京京西善和医药有限公司

地　　址：北京市门头沟区新桥大街76号

电　　话：69844644

邮　　编：102300

（阴丽生）

【主营业务实现转型】 年内，全市开始实施了新的药品招标采购配送政策，二级以上医院、社区中心及站点全部在网上平台集中采购药品，统一价格，统一配送。公司经营班子实施了批发业务以自主经营向配送转型重要策略，完善配送所需的系统、流程、设施设备，年内，药品配送金额超过2亿元。

（阴丽生）

【药店销售利润保持稳定增长】 年内，公司零售整体销售、利润均超额完成计划且实现同比增长，同仁堂善和康药店销售、实现利润分别占零售整体的49%和37%；大峪善和药店销售、实现利润分别占零售整体的43%和73%。大峪药店销售同比增长达到了21.06%，位居各门店第一位。

（阴丽生）

【药品质量工作】 年内，公司严把药品质量关，药品经营的质量关，围绕药监部门对二类精神药品、蛋白同化制剂、冷链药品以及药品零售管理的不断深化，配送中心和各零售药店从制度、流程、系统控制、硬件设施等方面做工作，全年没有发生一起药品质量方面的投诉和事故，并通过了药监部门所有质量工作专项检查。

（阴丽生）

【健康检查】 年内，组织全体员工进行了年度健康检查，经检查，直接接触药品岗位的人员全部符合从药人员健康检查标准要求。

（阴丽生）

商业网点

【概况】 年内，在区委、区政府的领导下，在区商务委直接指导下，坚持以落实科学发展观为统领，以“创先争优”为契机，围绕制定的工作目标和任务开展工作，完成了各项工作和任务。

全年收入175.6万元，比去年同期减少8.6万元，减少4.67%。费用支出170.3万元，比去年同期增长16.5万元，增长10.73%。年内盈利为5.3万元，比去年同期减少25.1万元，减少82.57%。

人事编制隶属商业网点管理处的门头沟区商业联合会和门头沟区饮食服务修理旅店业行业协会完成了各项工作指标。主要工作：开展“年货大集”下乡展卖活动；会同区商务委举办以“突出地域特色”为主题的餐饮大赛；开展“劳动者风采展示”等。

单位名称：北京市门头沟区商业网点规划建设管理处

地　　址：北京市门头沟区双峪路35号1号楼A1007室

电　　话：69843983

邮　　编：102300

（陈　娇）

【资产管理】 1月，对10号楼地区房屋租金进行调查，通过调整租金，使该单位经济收入在2010年基础上增加15万元。

（陈　娇）

【开展年货大集活动】 1月，会同区商务委共同举办乡村年货文化大集活动，2天销售近20万元。

（陈　娇）

【举办美发行业推广活动】 3月，举办“门头沟区美发行业时尚发型推广活动”，在活动中美发协会会长、副会长及7名专家阐释和演示了2011年时尚发型流行趋势及操作技术。

（陈　娇）

【房屋资产维修和修缮】 4月，投资2万余元对10号楼地区和四局的房屋进行了防水修善。

（陈　娇）

【劳动者风采展示】 4月，在“劳动者风采展示”活动中，商联会组织餐饮、美容美发等行业员工参加展演。

（陈　娇）

【拆迁工作】 6月，众兴食品市场拆除工作中，多次与大峪村龙泉镇协商，通过不断努力工作，找回了市场拆迁一定的补偿，减少了损失。8月，区政府决定对商业网点规划建设管理处位于门头沟路4号1200余平方米的房屋进行征收，建造北旅广场，为配合政府的决定，多次与拆迁部门协商，在保证单位的合法利益下，同拆迁部门签订了拆迁补偿协议。

（陈　娇）

【召开洗染研讨会】　7月，商业联合会为进一步规范行业，促使洗染业向良好方向发展，组织区内重点洗染企业负责人召开经营研讨会。

（陈　娇）

【举办餐饮大赛】　9月，举办以“突出地域特色”为主题的餐饮大赛，全区的11家餐饮企业和12家农家乐参加比赛。

（陈　娇）

【举办便民活动】　11月，商业联合会响应政府“便民服务圈”服务活动，组成由星座商厦，大中电器，阿毛美发等多家企业参与的“便民综合服务队”，开展便民利民活动。

（陈　娇）

【安全保卫工作】　年内，组织安全检查15次，参加人员30人次，重点是火灾隐患。全年未发生各类安全事故。

（陈　娇）

供销合作社

【概况】　区供销合作社是集体所有制合作经济组织。现有7个基层供销社（清水供销社、斋堂供销社、雁翅供销社、妙峰山供销社、军庄供销社、永定供销社、潭柘寺供销社）和3个直属单位（贸易大楼、生产日杂公司和物资回收公司。其中清水供销社合并到回收公司，永定供销社、军庄供销社、合并到妙峰山供销社与雁翅供销社合署办公，保留原单位名称），截止年底，有在职职工192人。营业收入总额完成1198.6万元，同比减少47.6万元，下降幅度为3.8%；营业收入净额完成730.4万元，同比减少35.8万元，下降幅度为4.7%；营业外收入完成766.5万元，同比增加341.6万元，同比上升80.4%；费用合计1413.2万元，同比增加158.2万元，增幅12.6%；上缴税金129.3万元，同比增加11.7万元，增幅9.9%；利润净额－11.4万元，同比减亏38.3万元，减亏幅度77.1%；资产负债率为91.09%，较去年95.15%下降了4.06%。

全员工资增加932639元，同比增加16%，在岗职工工资增加911151元，同比增加17.7%，实现工资的连年持续增长。

单位名称：北京市门头沟区供销合作社
地　　址：北京市门头沟区新桥大街2号
电　　话：69842992
邮　　编：102300

（苏卫国）

【市领导检查安全工作】　1月19日，市供销总社副主任等到区供销合作社，实地检查日杂公司烟花鞭炮库房。

（苏卫国）

【召开工作会】　1月27日，召开2011年工作会。国资委领导参加。

（苏卫国）

【两节烟花鞭炮销售情况】　元旦春节期间，完成烟花鞭炮批零销售185万元，（批发129万元，零售56万元）。日杂公司总收入同比增加4%，毛利增加3%，未发生任何安全事故。

（苏卫国）

【召开维稳工作部署会】　3月2日、5日，连续召开基层党政一把手和机关科长会，部署做好全国“两会”期间的安全维稳工作。

（苏卫国）

【学习中央领导讲话精神】　3月7日，召开党委会，学习中共中央政治局常委、中央纪委书记贺国强1月17日出席中央纪委监察部机关2010年度竞争上岗任职人员集体谈话会上的讲话精神。

（苏卫国）

【召开党风廉政建设信访工作会】　3月31日，召开系统党风廉政建设和信访工作会。

（苏卫国）

【举办农资连锁建设工作座谈会】　4月1日，业务科与日杂公司举办农资连锁建设工作座谈会，区农委、各乡镇主管农业领导、获全国优秀专业合作社北京益农缘生态养殖专业合作社社长等农资连锁网点的主要负责人参加。

（苏卫国）

【捐款捐物活动】　4月13日，举行“博爱在京城”捐款活动，160人次为贫困地区捐款，捐款9255元。5月16日，系统响应区社党委“捐款倡议书”，135人为因家属重病受困的潭柘寺供销社职工家募捐1.513万元。6月29日，党员71人、群众7人参加共产党员献爱心活动，捐款3000元。10月25日，组织职工为宁夏受灾受困地区捐献过冬衣物220件，超额完成上级下达的100件任务指标。

（苏卫国）

【组织参观《复兴之路》展览】 4月26日，组织基层副职以上领导干部和35岁以下团员青年50人到国家博物馆参观《复兴之路》展览。

（苏卫国）

【组织安全大检查】 4月28日、29日，区国资委领导到回收市场检查安全。5月底，为确保所属家属房安全度汛，组织开展门城210户老旧房屋的安全检查。11月7日，根据上级安全会议的工作部署和要求，开展了全系统的安全生产大检查。

（苏卫国）

【召开“五一”安全工作会】 4月29日，召开基层党政一把手及机关全体领导干部大会，部署“五一”期间的安全保卫工作。

（苏卫国）

【运送抢险救灾物资】 5月2日，区九龙山脉发生山火。接到区商务委准备200件棉制服的通知后，启动应急预案，组织日杂公司迅速行动，主任亲自带队将棉制服送至火灾现场。

（苏卫国）

【参加区红歌比赛】 6月3日，参加“唱支红歌给党听——门头沟区纪念中国共产党成立90周年群众歌咏比赛暨第四届门头沟合唱节”企业组比赛，通过8支参赛队伍比赛，最后以9.58分取得了第三名并参加了全区纪念建党90周年大会的汇演。

（苏卫国）

【组织党员群众开展义务劳动】 6月8日至11日，区社党委委员、机关全体党员和部分群众及基层领导和贸易大楼的部分党员49人次参加了妙峰山供销社所在地汛期山墙加固的义务劳动，清理土方35立方米，砌墙27立方米，节约资金3万元。

（苏卫国）

【举行消防演习】 6月23日、11月11日，贸易大楼举行了两次大型消防演习，单位职工和商户200余人参加。12月12日，生产日杂公司组织在妙峰山镇陈家庄黄花峪采石场内的烟花鞭炮仓库进行了消防应急救援预案演习，区安监局、消防处等主管部门领导参加。

（苏卫国）

【庆祝建党90周年活动】 6月30日，在门头沟区田庄村第一党支部旧址举行了“庆祝建党90周年暨先进表彰会”。各党支部的69名共产党员和5名入党积极分子参加。会上安排了重温入党誓词、表彰先进、文艺演出等活动。

（苏卫国）

【完成城子大街拆迁搬入新址】 7月6日，为城子大街国有资源整合升级改造项目完成拆迁协议签字。18日，区社机关迁址至区贸易大楼四层办公。拆除供销社办公楼及附属建筑面积4430.42平方米，网吧363平方米。

（苏卫国）

【召开老领导座谈会】 7月11日，召开原担任过门头沟区供销合作社领导职务的11位老领导座谈会，大家对城子大街国有资源整合给予关注和肯定，对供销社的未来发展提出建议和希望。

（苏卫国）

【选举出席北京市供销总社代表】 7月29日，选举出席北京市供销合作社第七次代表大会代表6人。

（苏卫国）

【召开半年经济工作会】 8月1日，召开半年经济工作会。市供销合作总社、区国资委领导到会。区社系统各单位党政一把手、副书记、主管财务副主任（经理）、主管会计和机关全体人员40人参加。

（苏卫国）

【领导调研】 8月22日、30日，区国资委领导就绩效考核工作及区社与中科投资公司合作开发项目进行调研和指导。9月6日，市供销合作社总社领导到斋堂“北京聚贤德隆农副产品市场”施工现场进行视察和调研。

（苏卫国）

【调整机关科室设置】 8月22日，区社机关调整科室，将原有办公室、业务科、财务科调整设置为办公室、财务部、资产运营部、人力资源部。（简称“三部一室”）。

（苏卫国）

【学习考察工作】 8月25日，区社党委书记、主任带队到房山区供销合作社考察参观学习。

（苏卫国）

【选举国资委代表】 8月30日，召开党员大会，选举出席门头沟区国资委党代会代表7人。

（苏卫国）

【投资改造用电设施】 8月，贸

易大楼对用电设施进行改造，投资80.5万元更换了一台500KV的变压器，预算115万元，节省资金30余万元，解决了超负荷用电的安全隐患。

（苏卫国）

【开展征集企业精神用语活动】 9月14日，系统内开展征集企业用语活动，共计征集用语60条。

（苏卫国）

【举办乒乓球比赛】 9月29日，举办乒乓球比赛，系统各单位的46名职工报名参赛。10月18日，首次组队参加门头沟区第十五届乒协杯乒乓球比赛，获男子乙组第五名，同时获精神文明运动队称号。

（苏卫国）

【回收公司加盟为民服务企业】 9月29日，区总工会组织召开为民服务信息平台建设部署会，区物资回收公司成为区为民服务中心加盟企业。

（苏卫国）

【规范薪酬管理办法试行】 11月4日，召开职工代表大会讨论并通过了经党委审议通过的《区社关于规范区社薪酬管理的办法（试行）》，对系统的薪酬管理首次进行了规范。

（苏卫国）

【再生资源收购站点实地验收】 11月7日，回收公司社区再生资源收购站点经区商务委与相关部门实地验收通过。

（苏卫国）

【组织职工徒步观景】 11月23日，组织了主题为“爱我供销社，赏京西美景”，观“一湖十园”徒步健身活动，58名干部职工参加。

（苏卫国）

【培训工作】 11月25日，举办入党积极分子培训班，系统各单位的17名入党积极分子参加。12月6日，区物资回收公司96人参加了市商务委、北京再生资源和旧货行业协会组织的房山、石景山、门头沟3区回收行业从业和管理人员的培训。

（苏卫国）

【党委理论中心组学习】 12月12日，党委组织理论中心组（扩大）学习贯彻区委第十一届党代会精神，所属单位的党政一把手及副书记参加。

（苏卫国）

【召开烟花鞭炮专题工作会】 12月16日，召开系统烟花鞭炮专题工作会，部署了烟花爆竹安全储运、销售管理工作。

（苏卫国）

【开展基层领导干部民主测评】 12月24日至25日，对基层各单位的党政正副职领导干部进行了民主测评工作，职工群众给予各位领导干部较高的评价。

（苏卫国）

【再生资源分拣中心投入试运行】 年内，回收公司利用清水涧原回收市场建立了再生资源小型分拣中心，占地面积近5000平方米，内设废纸加工、废旧金属加工、废旧塑料加工、电子垃圾拆解、杂品加工5个车间。厂区主体建设全部完成，场地硬化、办公区、生活区建设等正在陆续进行，设备采购、安装准备工作已到位并投入试运营。

（苏卫国）

【区内收购站点统计情况】 年内，建立社区收购网点近50个，农村收购站点26个，年收购量达到了4万余吨，交易额为5000余万元。

（苏卫国）

【接收预备党员】 年内，发展接收中共预备党员5人，预备党员转正2人。

（苏卫国）

【下属单位情况】

单位名称：清水供销社
地　　址：门头沟区绿岛家园8楼会馆三层
电　　话：69842685

单位名称：斋堂供销社
地　　址：门头沟区双峪路18号
电　　话：69845044

单位名称：雁翅供销社
地　　址：门头沟区雁翅镇雁翅村
电　　话：61830203

单位名称：妙峰山供销社
地　　址：门头沟区妙峰山镇陇驾庄村
电　　话：61881642

单位名称：军庄供销社
地　　址：门头沟区妙峰山镇陇驾庄村
电　　话：60811522

单位名称：永定供销社
地　　址：门头沟区妙峰山镇陇驾庄村
电　　话：69803491

单位名称：潭柘寺供销社

地　　址：门头沟区潭柘寺镇鲁家滩村
电　　话：60862409
单位名称：贸易大楼
地　　址：门头沟区新桥大街2号
电　　话：69842971
单位名称：生产日杂公司
地　　址：门头沟区雩月园3号楼8单元601号
电　　话：69842088
单位名称：物资回收公司
地　　址：门头沟区绿岛家园8楼会馆
电　　话：69842685

（苏卫国）

旅　　游

【概况】 年内，在“旅游文化产业为全区主导产业”和“文化强国”的大背景下，围绕“做大、做强旅游产业”的宗旨，切实做到了“目标明确、责任到位、落实有效”，为全区旅游产业的跨越式、可持续发展奠定了基础。全区实现旅游收入14.1亿元，同比增长20%，完成了年度计划指标。

单位名称：北京市门头沟区旅游局
地　　址：北京市门头沟区新桥大街46号
电　　话：69834170
邮　　编：102300

（季海洋）

【黄金周情况】 “春节”黄金周期间（2月2日至8日），全区共接待游客30万人次，实现旅游收入3200万元，分别同比增长33.3%和39.1%。其中乡村民俗旅游共计接待游客15.5万人次，实现旅游收入1700万元，同比增长34.8%和41%。全区旅游市场秩序良好，总体运行平稳。“五一假期”，全区共计接待游客31万人次，实现旅游收入3650万元，同比分别增长41%和43%。4月30日至5月2日，乡村民俗旅游共接待游客17.5万人，收入1800万元，同比增长40%和44%。全区旅游业继续呈现出需求旺盛、势头强劲、市场火爆的良好局面，基本实现了“安全、秩序、质量、效益”四统一的目标。“十一假期”，共计接待游客40万人次，实现旅游收入5000万元，同比增长33.3%和38.9%。据不完全统计1日至7日乡村民俗旅游共接待游客约22万人次，收入2000万，同比分别增长29.4%和33.3%。

（季海洋）

【召开乡村旅游工作会】 3月，组织全区各镇召开2011年度乡村旅游工作会。会上传达了区委区政府和北京市旅游局（前）对发展区乡村旅游的相关要求，明确了发展乡村旅游工作的定位和目标。同时对2011年全年乡村旅游重点工作进行了全面部署，共涉及乡村旅游重点工作七大项。

（季海洋）

【培训工作】 3月，会同卫生监督所、中等职业学校，在全区各镇开展乡村旅游业务知识轮训。全区9个镇的500余户乡村旅游接待家庭参加培训。8月19日，联合区消防支队、安监局、卫生监督所到潭柘寺镇平原村开展“入基层一对一”乡村旅游安全知识培训。培训会上，各部门运用以往发生过的安全事故作为案例说明了安全经营的重要性，强化了接待户消防和食品卫生安全意识，重点介绍了日常生活中的煤气罐、电线、灭火器材的正常使用方法等安全知识，阐明了遵守规章制度、建立安全检查巡查制度的重要性。

（季海洋）

【第三届潭柘寺玉兰节】 4月9日，以“花开潭柘，五福临门”为主题的第三届潭柘寺玉兰花节在千年古刹——潭柘寺景区开幕。开幕式上，古装表演《皇帝赏玉兰》、《千手观音》、《京西太平鼓》拉开了潭柘寺第三届玉兰节的序幕。

（季海洋）

【第三届北京市旅游山会】 4月29日，第三届北京市旅游山会在门头沟区京浪岛公园拉开帷幕。开幕典礼上演了一场名为“魅力京西”的盛大演出，国内众多知名演艺明星参加表演。

（季海洋）

【参加中国旅游日活动】 5月19日，国家旅游局开展中国旅游日活动。区旅游咨询中心参加了北京市旅游委组织的系列活动。在天坛主会场，区旅游咨询工作人员为中内外游客介绍门头沟魅力风光，通过发放各种宣传资料，让众多游客对门头沟的山水风情、人文历史有了更多的了解。

（季海洋）

【北京国际旅游博览会】 6月17日，由市旅游委主办的北京国际旅游博览会在奥林匹克公园国家会议中心举行，区旅游局组织咨询中心、区内旅游企业参加此次博览会。博览会现场，向参会人员发放旅游宣传品，播放门头沟旅游宣传片，吸引了众多游客与其他地区的旅游企业到区展台咨询。

（季海洋）

【妙峰山高山玫瑰节】 6月19日，妙峰山高山玫瑰节在妙峰山高山玫瑰园开幕。玫瑰节的主题是“玫瑰有约，邂逅浪漫”，整个开幕式以粉红色为主色调，以“花”为主题的歌舞贯穿开幕式始末，同时开展1039汽车俱乐部打造的——1039浪漫玫瑰谷自驾游之行。

（季海洋）

【山地越野赛】 9月24日，由北京登山运动协会发起，区旅游局、妙峰山景区、妙峰山国家森林公园、海淀阳台山景区携手多威马拉松俱乐部举办“寻游古香道、问道妙峰山”山地穿越赛，这是继北京第二届国际徒步大赛后，门头沟又一重要的体育赛事。此次赛事由北京市登山运动协会和门头沟区旅游局主办，由妙峰山景区、阳台山景区联合承办。

（季海洋）

【开展旅游山会系列活动】 年内，围绕四季特色开展旅游山会系列活动，分别以踏青赏花、京西山水、走红金秋、银冬冰雪节为主题开展，活动贯穿全年。先后协助旅游企业开展了潭柘寺玉兰节、祈福文化庙会，戒台寺丁香节，妙峰山传统民俗庙会、第二届妙峰山摄影大赛、山桃花节、玫瑰花节，灵山风情节，百花山森林旅游节，双龙峡赏瀑布、红叶节，爨底下村民俗过大年等旅游活动，取得了一定的社会和经济效益。

（季海洋）

【旅游调研规划工作】 年内，向市、区财政及上级主管部门申请旅游产业发展扶持资金近1亿元用于斋堂集散中心、水峪嘴古道、十八潭景区深度开发建设、樱桃沟仰山寺、109国道停车港湾二期建设和公共服务设施建设等工程项目。全面启动了南石洋大峡谷、黄芩仙谷、聚灵峡、神泉峡、定都峰等景区规划、开发建设工作。

（季海洋）

【旅游宣传促销工作】 年内，根据门头沟区生态涵养区的功能定位，结合区资源优势，举办了北京市第三届旅游山会和第二届京浪音乐节。先后在《北京日报》、《中央人民广播电台》、《北京晚报》、《北京晨报》、《北京青年报》、《京西时报》、北京市旅游信息网、门头沟区旅游网等多家媒体发布相关旅游活动信息，并在北京电视台、门头沟电视台进行录播及多次重播。

（季海洋）

【民俗旅游创建工作】 年内，在第三批新业态评定中，区内五个乡镇培育涉及六种乡村旅游特色业态类的17家新业态单位均顺利通过评审。其中潭柘寺镇赵家台民俗村等5家单位被评为“乡村酒店”，清水镇小百花人家等3家单位被评为“山水人家”，军庄镇东山天乐园旅游服务部等3家单位被评为“休闲农庄”，雁翅镇天盛湖旅游观光园等3家单位被评选为“生态渔家”，北京龙潭山水旅游服务中心被评为“养生山吧”，清水镇小龙门龙跃园种植采摘园等2家单位被评选为“采摘篱园”。

（季海洋）

【旅游基础设施建设工作】 年内，进一步加大基础设施建设力度。一是投资300万元完成了广慧寺、定都峰、韭园、瓜草地、东山、水峪嘴古道、田庄红色旅游、南石洋大峡谷、马栏、洪水口标识标牌建设工程；二是完成了市政府为民办实事潭柘寺、戒台寺、江水河村旅游公厕改造和A级景区无线讲解器、轮椅及安全标识牌配备工作；三是完成了109国道沿线旅游港湾的工程建设。

（季海洋）

【旅游安全监管工作】 年内，加强行业安全监管工作。一是加大安全检查力度。全年多次开展安全培训和应急演练，提高安全防范和应急处置能力，共出动检查人员207人次，检查旅游企业131家次，发现消除安全隐患17个。二是加大培训力度，组织区200名企业从业人员参加区红十字会举办的安全救护知识和救护技能的专业培训。指导潭柘寺、戒台寺、妙峰山、灵山、龙泉宾馆、晨光饭店等单位在不同时期先后组织开展了火灾疏散救援、食品中毒处置、防汛预案等各类预案的演习。

（季海洋）

【旅游企业评定复核工作】 年内，开展旅游景区、饭店评定及复核检查工作。按照北京市旅游委统一工作部署，区旅游局完成区17家星级饭店和12家等级旅游景区复核评定工作。经复核，15家星级饭店通过复核评定，2家因停业撤销星级，12家景区全部通过复核评定。开展了创建旅游标准化试点工作，按照市旅游委工作部署，与区质监局共同在全区开展旅游企业标准化试点创建工作。

（季海洋）

【规范乡村旅游经营工作】 年内，联合区卫生局卫生监督所等部门，在全区推行乡村旅游经营者建立食品进货台账索票索证制度。区旅游局先后为全区9个镇的乡村旅游经营者发放食品进货台账500余本。

（季海洋）

【旅游咨询服务工作】 年内，门头沟区旅游咨询站点已发展达到21家。各旅游咨询站结合实际，制定特色的运作机制和管理模式，提高服务质量和服务水平，开展规范服务，其中共接待电话咨询101641人次，现场咨询88058人次，发放各种宣传材料12万份。

（季海洋）

【“一村一品”创意策划工作】 年内，以“突出特色、打造精品、提升品牌”为目标，为促进民俗村的特色经营、品牌经营和规模经营，引领产业发展，对清水黄安坨村和雁翅镇碣石村进行了“一村一品”创意策划。

（季海洋）

综合经济管理

发展改革工作

【概况】　区发展和改革委员会是负责全区国民经济和社会发展统筹协调、经济体制改革综合协调的区政府工作部门。现设有：办公室（内设监察科）、规划发展科、经济体制办公室、基础设施发展科、经济社会发展科、固定资产投资科、物价管理科、法规稽查科、金融工作办公室9个科室。区物价检查所（参公）、政府采购中心（转为行政编制）、重大项目建设指挥部办公室是区发展和改革委员会直属事业单位。年内，全区经济整体运行质量稳步提高，实现地区生产总值102.7亿元，完成全年计划的109.5%，同比增长18.8%。完成全社会固定资产投资142.3亿元，增长58.4%。一般预算收入完成16.9亿元，增长58%。城镇居民人均可支配收入29172元，农民人均纯收入14031元，分别增长15.2%和15.6%。

单位名称：北京市门头沟区发展和改革委员会
地　　址：北京市门头沟区新桥南大街甲28号
电　　话：69842187
邮　　编：102300

（郭　莹）

【京津风沙源治理】　1月1日，国家级京津风沙源治理工程开工，6月底全部完工，并通过了区级预验收。累计完成投资4417万元，完成投资100%。4月1日，市级京津风沙源治理工程开工，12月底全部完工，完成投资6420万元，完成投资100%。

（郭　莹）

【价格检查工作】　年初，制定了价格执法工作计划，组织工作人员参加各类执法培训和讲座50人次，并修订完善价格执法人员行为规范。对全区39个监测调查点的390个品种进行价格监测，向市发改委报送监测数据报表2500余份。同时完成停车场收费、惠农价费、质量监督检查收费、农产品特色通道收费、交通运输收费、春季教育收费、清明节殡葬收费、药品医疗收费、食盐价格、商品房销售明码标价、降低住宅买卖经纪服务收费、秋季教育收费、“元旦、春节”、“五一”、“端午节”、“中秋、十一”节日检查等18项专项检查工作。检查单位1444店次，开展了专项检查18项。受理价格投诉23件，实施处罚7件，罚没款3230.20元。

（郭　莹）

【太阳能浴室工程】　5月20日，太阳能浴室工程开工，12月，已经完成5个镇42座阳光浴室的土建、内外装修及太阳能设备安装工程，已完成投资3100万元。

（郭　莹）

【市发改委领导调研】　8月22日，市发展改革委主任到门头沟区调研。区领导韩子荣、王洪钟陪同调研。在听取区相关领导的工作汇报后先后到采空棚户区石门营安置房地块、中门寺沟、永定河观景台、京浪岛等地实地调研。

（郭　莹）

工商行政管理

【概况】 年内，区工商分局围绕建设现代化生态新区的要求，为营造辖区良好的市场生态环境发挥了作用。把严格的队伍管理和形成和谐的氛围相统一，打造政治素质高、业务能力强、纪律作风硬的队伍。一是围绕创先争优活动，增强队伍的战斗力和凝聚力。以“打造品牌工商所，创建巾帼文明岗”为目标，打造以军庄所为代表的基层品牌；通过树先进、树典型、重读红色经典、唱红歌等，增强队伍的先进性意识和向心力。二是加强学习型工商建设，提升队伍的素质和能力。以青年学习小组为平台，开展多样的学习活动，推动整体的学习和工作热情；组织开展知识竞赛等活动。三是结合“规范年”建设，深化制度化和基层规范化管理。推行内部制度听证，实现了制度建设的科学、规范、民主；制定基层建设相关制度，推进规范化建设；对工作任务、政务活动等实行全方位跟踪管理。

正确处理经济快速发展与社会矛盾多发期的关系，建设高效的政务环境，服务经济结构战略性调整。一是立足辖区实际，营造良好的投资发展环境。1、增强科学和自主研判力，当好市场准入的看门人。结合区情和业态调整升级，严把准入关，确保准入和退出工作始终与全区整体建设步调一致。2、营造良好的投资环境，当好服务经济发展的热心人。实行重大投资项目“专人办理、专项办理”，得到区委书记的肯定；通过发送短信提示，印制“验照提示条”及上门服务等提高年检验照率，年检和验照率分居全市第五和第六。3、结合区域发展实际，维护地区整体发展秩序。协助相关部门开展拆迁地区商户的宣传动员、数据摸底、综合执法等工作。协助迁移商户2000余户，为加快区整体城镇建设做出积极贡献。二是以助成性行政指导，推进农村地区经济结构调整。1、以“商标战略”创特色品牌效应，促经济发展。起草的《门头沟区商标发展五年规划》列入地区十二五发展规划；指导清水镇建立商标战略示范镇；指导赵家台村完成“潭香居”集体商标的申报；争取商标奖励资金。共指导申报了5件北京市著名商标，注册商标数量同比增加15.1%。2、深化“合同帮农”，推进山区农副产业健康发展。加强合同文本的研制及普及，实现《北京黄芩收购合同》使用率100%，拟定的《北京杏核收购合同》被确定为辖区推荐性示范文本；为企业办理动产抵押17件，融资5.8亿元。

把严格的监管执法和科学的风险防控相结合，营造辖区良好的市场生态环境。一是探索符合区情的机制体制，当好市场秩序的“守夜人”。调整有形市场监管体制。变以往的工商所“粗放型”监管为针对性强的专业科室监管模式；整合执法机制，将执法队和经检科合署办公，提升案件查处能力。分局全年共立案174件，同比提高15.52%，罚没款179.7万元，同比提高22.15%。二是以现代化手段完善监管工作痕迹化管理。为一线执法人员配备现场执法记录仪，实现了对执法过程的动、静态音视频记录，对干部的执法行为形成第一级保护，使执法过程更加公开、透明。三是不断加强流通领域食品安全监管力度。完成了辖区129个食品安全示范店的申报和16个优秀示范店的创建工作；加大抽检数量和查处力度，检测食品2282个，同比提高33.1%，查处食品违法案件31件，同比提高14.8%，罚没款32.3万元，同比增长77.5%。四是当好消费者权益的“守护人”，服务民生。将绿色通道企业延伸到农副产品加工等领域，成员增至19家，自行受理投诉147件，同比增长133%，调解成功率97.3%；开展了16次维权教育、知识竞赛等活动，并与教委联合建立“消费课堂”。

不断提升服务经济发展大局和服务社会公共需求的能力，为地区经济发展提供优质的公共服务和产品。一是发挥信息资源优势，为公共决策服务。制作数据统计分析月刊和季度市场经营主体报告，并在全区半年经济分析会上做专题汇报。二是多渠道、多内容、多方式为社会提供信息等服务。在电视台、《京西时报》建立专题栏目，向社会提供快捷的工商信息；节日期间通过短信平台向全区用户发送食品安全提示；通过社区电子显示屏、宣传栏等展示工商信息；每月的“食品免费快速检测日”活动被列为政府重点折子工程。三是以为民办实事为宗旨，加强和创新社会管理。指导成立清水镇农产品协会，提高企业社会化管理能力；组织成立合同格式条款专家评审委员会，实现资源共享；结合区为民服务信息平台，建立分局为民服务平台。四是以两个协会为平台，指导开展公共服务工作。为会员提供融资、咨询等服务，获融资服务先进集体称号；创建私个协网上“互助论坛”，拓展会员与社会的交流渠道；组织“城乡统筹、文明先行”等公益和共建活动。

单位名称：北京市工商行政管理局门头沟分局
地　　址：北京市门头沟区滨河路70号
电　　话：69869749
邮　　编：102300

（田俊鹏　王红玉）

【检查工作】　1月2日至7日，对辖区消费集中的有形市场、超市、烟酒店、餐饮等酒类销售企业进行突击检查。同时，对其它销售假冒他人注册商标标识或他人知名酒品特有的包装、装潢的行为和仿冒知名酒品特有包装、装潢的行为进行检查。共检查经营主体25家，未发现问题葡萄酒和假冒他人注册商标标识行为。1月25日，与区相关部门联合开展房地产经纪公司专项检查，重点检查已取得房屋租赁业务代理的企业、房地产经纪公司，检查涉及房屋租赁合同、二手房买卖合同及合同格式条款等内容。共检查企业38户，向存在问题的2户企业下发责令改正通知书。元宵节前夕，以消费较集中的大型综合超市为重点区域，以知名品牌为重点对象，以食品销售主体的进货台账、索证索票制度等落实情况为检查重点，开展元宵节前食品专项整治。执法人员现场检测稻香村、香村园及思念、三全、龙凤等品牌元宵、汤圆，未发现问题。2月21日至23日，开展校园周边食品安全专项整治，以饮料、奶制品、火腿肠、膨化小食品等为重点品种，重点检查食品经营单位的主体资格，进销货台帐等。检查同时，向经营者宣传食品安全法等相关法律、法规，提高经营者的守法经营意识。检查未发现问题食品。5月31日，联合区相关部门对门城地区百货商场等六家企业经营的儿童玩具进行检查，主要检查电动玩具是否具有国家强制性认证及经营主体的各项手续是否齐全。通过检查规范企业经营行为，强化企业的守法经营意识和服务意识。端午节前夕，对辖区内的超市、食品店、农贸市场、食杂店销售的粽子进行检查，重点对生产日期、保质期、贮存销售条件等进行检查，坚决查处过期变质、返青叶粽子等违法行为。检查同时，利用快速检测设备，对粽子是否含有硼砂等违禁添加剂开展检测，共检测粽子样本34个，未发现不合格粽子。6月10日至20日，开展夏季食品安全整顿工作及食品抽检工作。执法人员对100余户食品经营户进行了检查，重点检查经营者索证索票制度及台帐制度执行情况，并要求经营者提高食品安全意识，做好食品自检工作，过期食品及时下架，确保夏季食品安全。检查同时，抽检食品样本30个。6月13日，会同区相关部门对梨园地区无任何手续从事美容美发经营的行为开展检查，共检查30余户，对问题经营户，下发“告美容美发经营者通知书”并责令其立即停止经营活动。7月12日，联合区相关部门对辖区内违法户外广告进行全面清理。重点对直接关系人民群众健康安全的医疗、药品、保健食品等广告进行了专项整治，共检查企业45户、宾馆2家、商场3家、超市6家、药店17家、个体商户82户。对发现的问题，采取责令改正、立案调查等方式予以处理。13日至14日，对辖区有形市场、小食杂店等开展拉网式检查。共排查经营主体154家，未发现问题沙琪玛。通过快速检测沙琪玛等膨化食品样本28个，发现其他问题食品2个。18日至19日，对门城地区6家大型网吧、娱乐场所的主体资格和经营行为进行集中检查，对存在的问题予以责令整改。检查同时，向经营者宣传《未成年人保护法》等法律法规，提高经营者的守法经营意识。22日至28日，联合专业检测机构对北京京西酒店管理有限公司等5家单位的洗漱用品进行抽检抽测。抽取样品75组，现场封存15组。年内，累计抽取7家宾馆服务企业的洗漱用品70组，50组不合格，合格率28.57%。7月26日，着重对餐饮行业中存在的“自带酒水收服务费30元或自带酒水不予开发票”等霸王条款开展检查。此次共检查5户企业，对存在问题的2户企业下发责令改正通知书并限期整改。

（田俊鹏　王红玉）

【培训工作】　1月6日，联合区相关部门对全区65户烟花爆竹销售网点负责人进行安全培训。各部门结合自身职能，分别讲解了加强烟花爆竹公共安全管理工作的相关内容和要求。参加培训的烟花爆竹销售网点负责人均表示要守法经营，共同营造和谐、健康、安全的烟花爆竹销售市场经营秩序。6月21日，区食品办组织区食品安全委员会各成员单位、各镇街等28个单位的主管领导及部门执法人员共计90余人开展食品安全宣传培训活动。此次培训围绕本年度食品安全宣传工作的主题和重点，结合当前食品安全形势，对食品安全法的相关内容和食品安全相关知识进行分析和梳理，同时就部门执法过程中常见的职能交叉问题进行了讲解和探讨。

（田俊鹏　王红玉）

【召开打击黑网吧第二次联席会】 1月19日，联合区相关部门召开打击黑网吧第二次联席会。会上总结了上一年黑网吧治理的工作成效，研究部署全年工作，并就增补成员单位，建立健全重要情况通报机制等工作达成共识。

（田俊鹏　王红玉）

【联合取缔黑网吧】 2月14日，联合区相关部门在永定镇冯村服装厂内，查获了一非法经营的黑网吧，现场查扣电脑20台。16日，联合相关部门对大台地区小黑网吧进行拉网式排查，共取缔非法小网吧2家。

（田俊鹏　王红玉）

【开展食用盐市场秩序监控】 3月17日，根据辖区出现抢购食盐的迹象，分局部署，对食盐市场存量、价格、经营者和消费者反映情况进行调查摸底，同时严厉打击涉及购销食盐的违法问题。按照市局紧急视频会议精神及局领导要求，对辖区9个有形市场和301家商场、超市、食杂店进行检查，未发现涉及食盐类商品的违法问题。部分商家均出现断货现象，但皆及时补货，整体秩序稳定。

（田俊鹏　王红玉）

【取缔黑窝点】 3月18日，接群众举报，在永定镇查处一无照熟芝麻加工点。暂扣未加工芝麻30包，共1800斤。4月1日，在永定镇查处一无证照非法加工销售食用肉肠窝点。暂扣200余斤成品、半成品肉肠及加工原材料和一台运输车辆。7月13日，对门头沟路的一家塑钢材料销售点进行突击检查，对造假窝点内41根涉嫌侵犯海螺牌商标专用权的塑钢材料及17卷商标标识予以扣留。9月9日，在永定镇西辛称村端掉一假酒黑窝点。现场发现已经包装好的假冒茅台酒150箱、茅台原浆酒148箱、五粮液酒55箱、国窖1573酒5箱，另发现用于制造假酒的梦酒11箱、金六福酒4箱、1号酱香酒5箱、尖庄酒13箱、散装酒1桶。9月10日，在永定镇卧龙岗村端掉一涉嫌制售假酱油、醋窝点。现场暂扣：品牌酱油醋810桶、醋精29桶、糖色17桶、食盐16袋。经了解，查处前共销售320桶酱油、醋。

（田俊鹏　王红玉）

【开展现场办公活动】 3月22日，到石龙经济开发区为驻区企业开展“抓服务、促发展”现场办公活动。此次活动在现场设立了集中年检平台、咨询服务平台和信息采集平台，主要为驻区企业集中办理年检手续；开展工商登记、商标注册、合同使用的现场咨询服务及驻区企业相关信息采集等工作。当天，办理企业年检60户，接受现场咨询127户次，发放宣传材料120份。

（田俊鹏　王红玉）

【举办知识竞赛】 3月31日，举办“提升依法行政能力，提高行政执法水平暨营造良好市场生态环境知识竞赛”。竞赛涉及合同、商广、经检等多方面的法律法规知识。8月29日，门头沟、石景山、房山三个分局联合举办“创先争优促服务岗位练兵展风采”知识对抗赛。经过必答题、抢答题、风险题等环节的多轮次比赛后，评出一、二、三等奖。两次比赛均得到市局领导肯定。

（田俊鹏　王红玉）

【开展机关干部下基层活动】 根据分局制定的《机关干部基层锻炼实施方案》，选派15名机关干部分批到各工商所进行为期2个月的基层实践锻炼。

（田俊鹏　王红玉）

【完成分局内网网站改版】 4月1日，经过前期研究讨论、修改测试，历时5个月，分局内网网站完成改版，正式开通运行。

（田俊鹏　王红玉）

【青年研判小组集中活动】 4月12日至14日，召开电子商务监管青年研判小组第一次研讨会，并利用三天时间，集中开展电子商务监管系统网页判定及寻找涉网案件线索工作。三天共判定和巡查网页、网店、黄页747个，发现违法线索75个。

（田俊鹏　王红玉）

【执行快速准入通道机制】 4月，制定了对区政府引进的重大投资项目实行“专人专办、专项办理”的原则，为5户注册资金5000万以上的企业启动绿色通道。

（田俊鹏　王红玉）

【开展打击非法盗采专项行动】 5月5日至6日，配合区相关部门在大台地区开展打击非法盗采专项行动。此次行动，对从事收购、转移非法盗采煤炭的煤场，进行了全面查处，对发现用于非法开采的工具、设备及运输车辆予以暂扣，共检查煤窑口6个，没收镐车1台，煤炭235吨。

（田俊鹏　王红玉）

【开展食品安全进校园活动】 5月13日，会同区相关部门在王平村中心小学开展了“食品安全走进校园”活动。分局干部为师生们讲授食品安全常识，普及安全消费知识，活动现场还演示了食品检测全过程。

（田俊鹏　王红玉）

【举办工商开放日活动】 5月17日，以“构建现代化食品体系防范食品安全监管风险”为题举办年度第一次工商开放日活动。代表们听取了分局流通领域食品安全监管工作情况的汇报并实地参观了分局的食品快速检测实验室及辖区两家大型市场、超市的食品快速自检室。11月4日，以“构建广告监管网络执法体系促进广告行业健康发展”为主题开展年度第二次工商开放日活动。代表们了解分局在广告监管、促进广告业发展等方面所做的工作，对分局工作表示肯定，现场测评，满意率达100%。

（田俊鹏　王红玉）

【开展酒类市场“双打”】 5月23日，分局联合厂家对从事酒类销售的超市、宾馆、批发零售户等开展检查，共检查商户17户、宾馆2家、超市5个。现场查获假冒“国窖1573”24瓶，泸州30年酒2瓶。执法人员对假冒酒予以暂扣，并对涉嫌销售侵犯注册商标专有权的5家商户进行立案处理。

（田俊鹏　王红玉）

【开展“80后”干部竞争上岗】 5月，根据市局队伍建设工作会精神，加紧、加快“80后”优秀年轻干部的选拔力度，研究并制定相应实施办法深化贯彻落实，实现人尽其才、才尽其用。通过竞争上岗方式选拔“80后”副科实职1名。

（田俊鹏　王红玉）

【为诚信服务示范单位授牌】 6月28日，为表彰获得“诚信服务示范单位”的企业，鼓励其诚信经营，特举办“诚信服务示范单位”授牌大会。会上，为3家荣获市级“诚信服务示范单位”称号的企业和7家荣获区级“诚信服务示范单位”称号的企业分别授牌，获得荣誉的企业表示，将继续强化社会责任意识，健全服务保障体系，自觉担当诚信服务的典范。

（田俊鹏　王红玉）

【成立清水镇农产品协会】 8月3日，区“清水镇农产品协会”正式成立，33家当地优秀私营企业成为第一批会员。

（田俊鹏王红玉）

【成立合同格式条款评审委员会】 8月3日，分局合同格式条款专家评审委员会正式成立，聘请相关职能部门专家领导作为评审委员会成员。成立仪式上，全体委员就区内合同格式条款监管现状及如何发挥评审委员会作用促进工作开展进行了探讨。

（田俊鹏　王红玉）

【领导调研】 8月30日，区领导韩子荣一行到分局调研。在听取分局关于建设高素质执法队伍，营造良好投资发展环境，服务地区经济发展等方面的汇报后，韩子荣肯定了分局专业标准的机关建设规范及良好的服务意识，并提出要求。

（田俊鹏　王红玉）

【完成徒步大会保障工作】 9月10日至11日，第二届徒步大会召开。分局坚持“早介入、早准备、早安排、早落实”的工作思路，制定食品安全保障预案，明确目标和任务，先后4次联合相关部门对三个沿线（109国道、永定河及徒步大会沿线）开展拉网式检查，共出动262人次，检查主体578户次，发放限改84份，行政提示41份，责令关停65户证照不全的经营户。活动期间未发生一起食品投诉和经营纠纷案件。

（田俊鹏　王红玉）

【启动消费教育课堂】 9月20日，“中小学消费教育课堂”在灵溪培训教育基地正式启动。会议就活动的意义、作用和目的进行讲解并且号召同学们关心关注校园维权，争做有思想、有信念、有作为的消费维权小能手，共同营造和谐的消费环境。灵溪教育基地作为北京市定点的科普教育基地，每年培训中小学生约3.8万人。分局将该基地作为培训试点，着力通过教育引导青少年正确消费、科学消费。

（田俊鹏　王红玉）

【开展扶农助农活动】 9月20日，联合相关部门及企业代表到黄塔村开展共建帮扶活动，并为黄塔村部分低收入农户送去了米、面、油等40余份慰问品。共建双方围绕黄塔村现有的旅游、土特产品等资源优势对以后扶持建设项目、培育种植种类等进行了研究座谈并达成共识。

（田俊鹏　王红玉）

【服务首届环京自行车赛】 10月6日至7日，分局共抽调110人次，配合区相关部门参与比赛沿线的安全保卫工作，重点检查经营者证照是否齐全、是否存在超范围经营，食品质量是否安全、商品包装是否规范等。期间，共规范经营行为6起。

（田俊鹏　王红玉）

【十七届六中全会保障工作】　10月15日至16日，为确保十七届六中全会市场秩序稳定，分局做好保障工作。一是提高认识，强化组织落实。召开工作动员会，传达区委、区政府会议精神，要求各部门高度重视、严格履职，确保会议期间市场秩序稳定；二是有效部署，保证充足执法力量。会议期间，各业务部门及工商所保证半数在岗，每日保证50人以上的执法力量，保证休息日期间执法工作有效开展；三是强化执法，切实维护秩序稳定。从流通环节食品安全、规范市场经济秩序、消费投诉举报受理、消费矛盾化解等方面开展工作。

（田俊鹏　王红玉）

【举办光彩助学公益活动】　10月26日，联合区相关部门在王平村中心小学举办光彩公益助学活动——“光彩爱心书屋”揭幕仪式暨图书捐赠仪式。捐赠仪式上，10家企业会员代表向王平村中心小学赠送小学生课外图书2400余册。“光彩爱心”助学活动是区私营个体经济协会组织广大会员用实际行动感恩社会、回报人民，体现企业自身价值，服务地区社会经济发展的一个重要举措。

（田俊鹏　王红玉）

【执行《个体工商户条例》】　11月1日，《个体工商户条例》正式施行。为确保干部贯彻执行条例内容，分局组织各部门学习《个体工商户条例》，并于11月1日起正式启用新的个体登记表格、操作新的登记程序，并于当日发放新的营业执照。

（田俊鹏　王红玉）

【市督查组督查区食品安全工作】　11月1日，市督查组对辖区食品安全工作进行督查。采取听取汇报、检查工作记录和实地检查相结合的方式进行。市督查组对区食品安全工作所取得的成绩给予肯定并提出具体要求。

（田俊鹏　王红玉）

【举行“模拟法庭”活动】　11月17日，在区法院中法厅举行“模拟法庭”活动。活动中，参与人员围绕案件进行审理，通过开庭前准备、法庭调查、举证质证、法庭辩论等程序，展现法庭审理的严谨、规范。

（田俊鹏　王红玉）

【开展“12·4”法制宣传日活动】　12月2日，在新桥大街开展了以“践行北京精神弘扬法治文化”为主题的宣传活动。通过发放宣传材料、现场讲解等形式进行食品安全、商标保护、合同法规等多项内容的宣传。活动现场，共摆放展板6块，发放各类宣传材料3500余份。12月5日，以“弘扬法治精神，服务科学发展”为主题，走进京煤集团木城涧矿区，为矿区职工、家属送法上门。活动采取悬挂横幅、发放资料、提供咨询、入户送法等多种形式进行，现场共发放《食品安全法》等宣传资料4200余份，接受群众咨询500余人次。

（田俊鹏　王红玉）

【开展“食品安全社区行”活动】　12月13日，在城子华新建社区开展“食品安全社区行”活动。通过张贴海报、现场讲座、咨询答疑、发放宣传材料、免费快速检测等形式，宣传法律法规及食品安全相关知识。现场共发放宣传材料100余份，解答群众咨询30余次，检测蔬菜、水果、豆腐等样本15个，未发现不合格食品。

（田俊鹏　王红玉）

【召开绿色通道企业工作会】　12月23日，19家绿色通道企业参会，会上总结了全年绿色通道工作，肯定了绿色通道企业在有效化解矛盾，推进社会诚信建设等方面所做的工作。结合近期投诉热点，对绿色通道企业提出具体要求。

（田俊鹏　王红玉）

【召开“两法衔接”研讨会】　12月29日，联合相关部门召开“两法衔接”工作研讨会。会上，各单位就执法实操性及“两法衔接”中的移转细节进行了沟通交流并达成了共识。

（田俊鹏　王红玉）

【协助开展拆迁地区商户迁移工作】　年内，根据区大规模拆迁改造的实际，协助相关部门开展对拆迁地区的商户宣传动员、数据摸底、综合执法等工作。立足职能，协助迁移永定、小白楼等地区各类商户2000余户。

（田俊鹏　王红玉）

【聘请专业律师担当法律顾问】　年内，聘请专业律师作为法律顾问，在日常的执法、服务中解决法律层面上遇到的阻碍、困惑；参与大要案例研讨及行政应诉实践，及时提出完善具体行政行为的意见，最终使具体行政行为每一个细节的合法性都经得起人民的监督和人民法院的司法审查。

一是为领导决策把关，加强依法行政能力；二是提升行政执法水平，降低行政复议诉讼风险；三是带动培养专业化干部，增强队伍的应诉能力。

（田俊鹏　王红玉）

【促电子商务园区发展】　年内，构建电子商务监管新思路，促进石龙电子商务产业园健康发展。一是树立一个观念。即“在电子商务服务和监管中，对‘工商工作’透彻理解”的观念。二是做好二个服务。即发挥工商优势，开展对电子商务园区的政策方向性服务和电子商务企业的具体事务性服务，从而提高服务质量，使服务对象满意。三是建立三个环境。即建立健康、有序的经营环境，务实、有效、良好的发展环境，公正、公开、公平的执法环境，促进电子产业园的发展和繁荣。

（田俊鹏　王红玉）

【打击非法违法生产经营建设行为】　年内，会同有关部门，严厉打击非法违法生产经营建设行为，消除安全隐患，建设良好市场生态环境。一是加强组织领导，明确职责分工。成立专项行动领导小组并制定工作方案，明确职责分工。二是强化责任意识，构建执法合力。强化与辖区其他各职能部门的沟通配合，形成执法合力，做到措施果断、强力推进、打击到位。三是把握监管重点，严查违法行为。对人员密集场所、文化娱乐场所及城乡结合部等重点地区开展检查，增加巡查频次，排查安全隐患，对职责范围外的安全隐患，及时函告移转相关行业管理部门查处，并配合相关部门开展工作。

（田俊鹏　王红玉）

【多项“惠残”服务助残疾人创业】　年内，多举措服务残疾人创业，被评为区助残先进集体。一是开启登记“绿色通道”服务。立足本职工作，为残疾人创业提供优先服务，并全程协助指导，对符合条件的当场办理并颁发营业执照。二是提供自助式服务平台。残疾人可在工作人员协助下自主使用计算机完成材料的填写工作，提高办事效率，实现快速、便捷、高效的办事水平。三是免收残疾人个体登记费。依据相关规定，减免残疾人的行政事业性收费，免收个体登记费。

（田俊鹏　王红玉）

【开展建党90周年系列活动】　年内，以开展“六个一”活动为抓手纪念建党90周年。一是建立一个宣传阵地。利用内网“党建平台”等网络资源及时发布“创先争优”活动方案、信息等内容。二是举行一场文艺汇演，抒发爱党情怀。举办迎“七一”文艺汇演，向党表达忠诚之情。三是开展一次党课教育，提升党性修养。从政治本色、组织意识、品行操守、风格素养等方面进行党性讲解。四是表彰一批先进典型，树立学习榜样。开展“亮身份、树形象，争创共产党员先锋岗”活动，评选并表彰12名“共产党员先锋岗”。五是开展一次主题党日活动，凝聚基层党组织力量。各党支部分别开展“创先争优跟党走”主题党日活动。六是组织一次献爱心活动，发挥党员先锋模范作用。为生活困难党员、贫困家庭学生捐款，奉献爱心。

（田俊鹏　王红玉）

【服务企业融资】　年内，分局搭建银企融资平台，做好动产抵押登记工作。一是开展走访调研，加大协调力度，建立企业、银行、担保公司三方联动的动产抵押融资平台，并组织三方就动产抵押贷款融资进行面对面交流。二是优化动产抵押登记业务流程，开启快速“直通车”，通过上门服务、网上申报、预约服务等措施，为企业融资提供便利。三是加强政策宣传和工作指导，利用组织培训、上门宣传等方式，帮助企业了解政策、熟悉法律，提高企业对动产抵押融资政策的认知度。四是发挥私个协会作用，做好中小企业与担保公司、小额贷款公司的对接，激发民间融资活力。

（田俊鹏　王红玉）

【扶持下岗职工再就业】　年内，充分发挥工商职能，采取一系列措施，扶持广大下岗职工再就业。一是与区人力社保局等部门建立联动沟通机制，定期召开会议，研究因首钢停产搬迁和我区大规模开发建设带来的下岗职工数量增加问题，制定促进再就业对策。二是制定了《关于解决下岗职工办理营业执照困难的意见》，针对下岗职工办理营业执照时存在的无固定经营场所问题，最大限度放宽登记政策，允许下岗职工在规定条件下利用自己或他人的住宅楼申请营业执照。三是通过走访、座谈、发放登记需求表等形式，为下岗职工送政策、办好事、解难题，提供便捷的就业帮扶服务。

（田俊鹏　王红玉）

【加快实施商标战略】　年内，加快商标战略实施步伐，提高企业品牌意识。一是制定商标战略实施规划，明确实施目标及服务引导方向，加快形成商标集群。二是健全商标激励机制，对获得中国驰名商标、原产地证明商标、市著名商标的企业或经济组织，分别给予30万元、10万元、10万元的扶持资金支持。三是加大宣传培训力度，编发《门头沟实施商标战略指导手册》，并通过座谈会、走访调研等形式加强指导，增强企业商标意识和品牌观念。四是推进商标示范镇工作，对清水镇72个农民专业合作社涉农商标开展调研和业务指导，完善“一村一品一标”、“一沟一品一标”、“一镇多品多标”等商标扶持机制。

（田俊鹏　王红玉）

【推广涉农合同示范文本】　年内，三措并举推广涉农合同示范文本，一是开展调研工作，制定合同示范文本。制定《北京市黄芩收购合同》并在全市推广，有效减少了黄芩收购过程中纠纷的发生率，拟定《北京市杏核收购合同》并确定为辖区推荐性示范文本。二是推行上门服务政策，提高涉农合同示范文本使用率。年内，共上门发放《北京市黄芩收购合同》600份，实现使用率100%。三是发挥行业协会作用，推广涉农合同示范文本。对辖区内的89家行业协会开展摸底调查，鼓励和支持行业协会制定和推广合同示范文本，用以加强行业自律，规范企业经营行为，促进信用体系建设。

（田俊鹏　王红玉）

【推动清水“商标示范镇”建设】

年内，帮扶引导农户申请注册商标，推动清水商标示范镇建立。一是开展商标战略培训，宣传、讲解商标申请的过程及使用规范等知识，提高农民专业合作社的商标意识。二是开展摸底调查，了解农民专业合作社服务需求，为有针对性地开展商标注册指导打好基础。经查，清水镇共有72家农民专业合作社，其中：旅游专业合作社2家、种植专业合作社28家、养殖专业合作社42家，有意申请注册商标的51家。三是联系商标事务所对有意申请注册商标的农民专业合作社进行“面对面”指导，开展政策及流程讲解。

（田俊鹏　王红玉）

【打造专业应诉队伍】　年内，分局结合辖区工作实际，规范行政处罚、行政许可、投诉举报处理等行政行为。一是组建了一支由各业务科室、工商所、法制部门筛选、推荐，16人组成的专业应诉队伍。二是聘请专业律师为法律顾问并代理诉讼案件。采取“律师+部门诉讼代理人”的模式，由专业律师指导应诉干部起草答辩状、代理意见书以及对证据的归类、组织等事宜。三是组织开展培训、知识竞赛、模拟法庭等形式多样的活动，促进广大干部对行政应诉的认识，不断提高行政应诉人员的职业素质。

（田俊鹏　王红玉）

【加强烟花爆竹管理】　年内，强化烟花爆竹监管力度，保障公共安全和消费者人身、财产安全。一是成立工作领导小组，严格落实部门责任和属地责任。二是加强与公安、安监等相关部门的配合，开展经营网点地址核查工作。三是对全区65户烟花爆竹销售网点的负责人全部进行了安全培训，提高经营者的安全销售意识。四是坚持“三个必须”确保监管实效，即：每日巡查必须有记录单、必须与经营者签订承诺书、要求经营者必须保留进货票据。

（田俊鹏　王红玉）

【加强农资市场监管】　年内，以加强农资商品市场监管为重点，切实维护农民利益。一是健全农资经营者购销台帐及索证索票制度，实现农资商品质量可追溯监管。二是实施农资经营者诚信经营承诺制度，引导农资市场开办者、经营者树立诚信经营意识以及农资质量安全第一责任人意识。三是依法开展农资商品质量监测，加强与农业、质检等部门的协调配合，及时发布市场监管预警信息。四是到大型种植基地检查农民购进的农资质量和进货渠道，并宣传相关法律法规，提高农民自我维权意识。

（田俊鹏　王红玉）

【推进消费维权进农村工作】　年内，加大对农村消费维权的宣传力度，引导农民转变消费观念，提高消费维权意识。一是各工商工作站分片开展消费维权小讲堂活动，并现场解答群众咨询、受理投诉。二是设立消费维权公示栏，宣传政策法规、农资信息以及打假维权信息等知识，并根据热点消费问题随时更新内容，引导群众增强防范意识。三是建立联系卡制度，发放“真情服务联系卡”，向群众公开“真情服务联络员”及联系方法，为群众咨询、投诉提供便捷服务。

（田俊鹏　王红玉）

【强化政风行风建设】　年内，继续强化政风行风建设工作，提升依法行政及规范服务水平。一是建立“一把手”亲自抓、分管领导靠上抓、各职能部门分工把关的工作机制，并研究制定民主评议基层站所工作实施方案，明确任务，细化责任。二是加强教育引导，以领导干部和一线执法岗位的干部为教育重点，开展《廉政准则》及法律法规知识培训，引导干部牢固树立以人为本、执法为民理念。三是创新服务机制，推行“引导服务、延时服务、上门服务和规范服务”，转变作风，规范流程，进一步提高服务质量和工作水平，确保实现事务咨询“一口清”、业务办理“一手清”。四是完善社会监督机制，推行政风行风监督员制度，严格落实评议制，以企业、个体户、行政许可相对人为重点，采取大厅现场评议和登门走访回访的方式，听取群众意见建议。五是严格责任追究，对因思想不重视或工作不得力，造成群众反映问题不解决、整改不到位的人员进行问责。

（田俊鹏　王红玉）

【做好暑期网吧监管工作】　年内，采取措施加强网吧等互联网上网服务场所的监督管理。一是实行网吧管理责任制。设置辖区网吧管理责任人，负责对辖区所有网吧的监管。二是建立行政约见谈话制。对辖区网吧经营状况定期进行全面的清查摸底，随时更新监管台帐，对发现有问题的场所负责人进行约谈，提示其尽快整改。三是建立联动宣传机制。与社区、村委会等联合举办宣传活动，向学生及家长讲解沉迷网络的危害及查处黑网吧的目的和意义。四是强化黑网吧整治力度。针对黑网吧由明转暗、小规模隐蔽经营等问题，利用多种形式向社会发出警示信息，发动群众监督，变被动查处为主动发现。

（田俊鹏　王红玉）

【下属单位情况】
单位名称：门城工商所
地　　址：新桥南大街47号
电　　话：69824369
邮　　编：102300

单位名称：永定工商所
地　　址：石龙南路甲12号
电　　话：69802735
邮　　编：102308

单位名称：城子工商所
地　　址：三家店新建路25号
电　　话：69869772
邮　　编：102300

单位名称：军庄工商所
地　　址：军庄镇
电　　话：60811024
邮　　编：102300

单位名称：王平工商所
地　　址：王平大街东路7号
电　　话：61859467
邮　　编：102301

单位名称：斋堂工商所
地　　址：斋堂大街53号
电　　话：69816374
邮　　编：102309

（田俊鹏　王红玉）

统　计　工　作

【概况】　年内，区统计局、调查队贯彻落实科学发展观，按照区委区政府各项工作部署，围绕生态涵养发展区和首都西部综合服务中心的功能定位要求，在履职效率、管理效能、服务效果和创新争优等方面进行探索并取得成效。

为确保全面完成年内各项工作任务，强化目标管理，抓好任务的分解、落实、监督、管理和持续改进等环节，围绕区委、区政府的中心工作任务，确定了“一一二三五”的工作思路，编制了《年度目标管理任务书》，将纳入政府目标管理任务书的任务列为“重点工作”任务，进行规划和部署。

首先坚持“以人为本”，探索新形势下加强统计队伍建设的新途径，构建优质稳态人才生态圈，强化人才队伍的行风建设和业务建设，助推统计人才走可持续发展之路。年内，撰写各类分析报告238篇、各类统计信息366篇，完成各类调研报告24篇，《我区高端大中型工业企业发展势头强劲》和《门头沟区亿元企业带动工业生产强势攀升》等获得王洪钟的批示。

其次，以科学发展观为指导，加强统计科研，加强数据质量控制，加强信息化建设，加强依法行政能力。局队严格按照规定的程序、标准和期限，做好第六次人口普查后续各项工作，完成了13万张普查表的光电扫描工作，校编了2.6万个行职业专项编码，并及时发布人口普查主要数据公报。编印普查主要数据和详细汇总数据资料，做好普查资料的分析研究工作，撰写了“门头沟区第六次全国人口普查系列分析”，通过课题招标、学研结合、部门合作等形式开展常住人口就业情况分析、门头沟区人口迁移变动研究等10项课题研究。利用人口普查数据充实完善地理信息系统，在系统上加载第六次全国人口普查主要数据，建立《人口与经济综合地理信息系统》。局队按照政府蓝皮书要求，协助发改委完成市政府下达的万元地区生产总值能耗下降指标，使其达到0.9吨标煤/万元以下。开展统计巡查和执法检查工作，年内共检查企、事业法人单位222家，超额完成32家，完成全年计划的117%。开展对迟报违法行为的查处工作，共查处区内49家次迟报违法行为，并对其中的2家次处以警告并罚款的行政处罚。

另外，继续发挥职能优势，重点加强统计监测、统计分析、统计调查和资料开发等工作，不断创新服务理念，提升服务水平，满足经济社会发展需求。完成了企业集团清查、城镇居民食品安全民意调查、组织工作满意度调查等十几项工作；通过实地调研完成《创新企业发展模式推动区域经济发展》调查；针对门头沟区拆迁现状，开展《拆迁补偿对城乡住户理财和就业影响》调查，追踪沟域经济发展相关政策的实施效果。另外，开展户外音乐节、红色旅游、民俗庙会、海鲜类食品销售情况等多项监测，开展徒步大会、北京市第七届农民运动会和环北京职业公路自行车赛跟踪监测，准确掌握赛会经济对住宿业发展的影响，了解各项变动给区域发展带来的影响效应。其次，挖掘统计数据，提升服务水平。一是改版月度资料，将沟域经济、空间发展布局和休闲旅游发展状况等作为重点改版内容，为区委区政府了解当前重点工作运行态势提供基础资料。二是在现有数据的基础上，建立区县主要指标经济运行数据库和“十一五”全市远郊区县旅游数据库，了解相关区县发展状况，加强横向比较研究，为区委区政府提供更加全面详细的数据资料。四是创造性绘制《综合数据系统架构图》，为区领导和即将召开的区党代会提供数据服务。

单位名称：北京市门头沟区统计局、北京市门头沟区经济社会调查队
地　　址：北京市门头沟区滨河路115号，国信滨河大厦8层
电　　话：69842503
邮　　编：102300

（田秀梅）

【获奖情况】 1月1日，荣获区级爱国卫生先进单位。1月3日，荣获区年度交通安全先进单位。4月8日，荣获区广播操比赛三等奖。12日，荣获北京市统计系统第四届文化艺术节文艺汇演一等奖。6月1日，荣获区先进基层党组织。9日，局队撰写的《新阶段门头沟区经济发展方式转变研究》课题荣获“区年度优秀调研报告”一等奖。29日，局队在“庆祝建党90周年党史知识竞赛”全区预赛和决赛中均取得了第一名。7月1日，荣获区纪念建党90周年“唱支红歌给党听”暨门头沟第四届合唱节三等奖。8月30日，局队两篇文章在北京市第十六次科学讨论会论文评比中获奖，并且被邀请在讨论会上代表北京市区县局队作会议汇报。9月1日，荣获北京市第六次全国人口普查先进集体。11月18日，荣获北京市统计系统先进集体。12月1日，荣获年度内北京市统计系统网站工作综合评比三等奖，同时荣获北京市统计系统网站工作评比“网站运营奖”。8日，荣获北京市推进管道基站和宽带建设先进集体。15日，荣获全国统计法制宣传教育先进单位的称号。

（田秀梅）

【统计执法检查】 1月12日，召开了“2011年统计执法工作布置会”，部署2011年统计执法检查工作。4月上旬，建立了“执法情况反馈制度”，及时追踪各科室检查进展情况，按季度发布《统计执法工作情况反馈及要求》，形成长效沟通机制。下旬，完成延庆执法队到区开展互查工作的组织和接待工作，全面启动到延庆互查的组织准备工作。5月下旬，开展集中执法检查工作，检查昌平、大兴区共8家单位，其中立案4家，立案率50%。截至6月底，共完成执法检查168家，占全年执法检查任务总量的88.4%。其中：完成督导检查单位共121家，超额9家，完成全年督导检查任务的108%；完成日常执法检查单位47家，占全年日常执法检查任务的60.3%。7月25日，召开执法工作专题会议，总结上半年执法完成情况，布置下半年执法任务。8月8日，开展区内首家固定资产投资专项执法检查。下旬，完成对区内部分固定资产统计报表单位的专项统计执法检查工作。10月上旬，局队执法人员开展2011年案卷评查工作。11月上旬，对66家执法检查单位案卷开展2011年执法检查案卷审理及补证工作。

（田秀梅）

【召开民主生活会】 1月12日，召开民主生活会。7月22日，召开了领导班子及领导干部廉洁自律民主生活会。

（田秀梅）

【组织召开座谈会】 1月15日，组织召开了老干部座谈会。3月7日，召开了迎“三八”座谈会。7月20日，组织专业科室、综合统计、执法、法规、名录库维护等相关人员召开立法需求调研座谈会，征集地方统计法规修改意见、建议。围绕当前统计工作中的突出矛盾和问题，针对“基层网报数据领导审核”、“规范统计资料公布时间”、“政府部门资源共享”等方面的工作提出了具体的立法需求。10月21日，召开了重点企业统计工作座谈会，与来自不同行业的10余名企业统计人员代表就如何进一步加强统计工作、提高统计报表数据质量进行了交流。

（田秀梅）

【统计资料】 1月上旬，为完成两会服务工作，使每位人大代表、政协委员了解经济社会发展情况，局队组织编印了《门头沟区数字速读》统计资料。4月28日，发布门头沟区2010年暨“十一五”期间国民经济和社会发展统计公报。5月下旬，门头沟局队完成“十一五”资料整理工作。9月8日，按照区委区政府要求，制作区域综合数据系统HouseFrame，为区领导和区党代会提供统计数据服务。数据图从图的设计、数据表达等方面着手，系统地展示了全区“十一五”以来主要发展成果及当前最新发展动向。11月18日，《2011北京市门头沟区统计年鉴》正式出版。

（田秀梅）

【局队专项调查工作】 1月上旬，落实《门头沟区党政群机关2010年绩效考核办法》，如期上报全区566名公众调查对象的数据汇总和计算结果，完成绩效考核公众评价专项考核工作，完成反腐倡廉建设民意调查。4月7日，召开月度劳动力调查工作协调会。6月14日，完成了城镇居民食品安全民意调查工作。此次调查全区被抽中大峪街道新桥社区和大台街道双红社区2个社区共40户。23日，根据北京市能源人才资源统计调查实施方案和工作部署，局队以人才资源统计为工作背景，以对全区能源相关专业人员状况摸底为前提，分别对全区8家能源企业和15家与能源工作相关的委办局开展能源人才资源统计调查工作。7月11日，召集区社工委、街道办事处和被调查小区，共同召开2011年月度劳动力调查上半年工作总结座谈会。8月5日，组织召开工资结构调查工作布置会，正式启动企业工资结构调查工作。11日，召开新能源与可再生能源利用统计调查清查工作会议，发改委、农委、教委、科委等17家相关部门参会。上旬，开展工资结构试点调查工作。9月1日，完成组织工作满意度调查工作。上旬，开展拆迁补偿款对农村住户理财方式影响调查。10月19日，按照市局总队的统一安排和部署，完成了党风廉政建设民意调查工作，全区被抽中7个镇10个村100户农村住户。11月上旬，完成组织工作满意度民意调查。12月26日，完成120户城镇家庭节水器具调查入户调查工作。

（田秀梅）

【统计月报、季报和年定报工作】 1月上旬，局队完成劳资年报的布置工作。25日，《门头沟区本年度定期统计报表制度》审批申请通过。3月15日，完成590家非工能源和100家工业能源报表单位年报数据收审和上报工作。27日，开展1季度劳资季报工作。30日，完成包括全区178个行政村的一季度季报上报工作。4月26日，对新增房地产企业进行核实查找，及时纳入月报统计。27日，对房地产企业新换统计人员进行上门培训指导，确保月报上报质量。5月6日，按时完成规模以上工业生产情况月报审核验收及评估上报工作。6月27日，召开固定资产投资、房地产业定报单位座谈会，会上对上半年工作进行总结，对下半年工作进行部署。11月22日至24日，召开农村统计年报和定报工作布置会，市局、总队农村住户处处长参加会议并在动员会上讲话。12月23日，完成了612家非工业能源报表单位和45家规模以上工业企业的能源年报布置工作。27日，组织召开了下年度工业生产者价格统计调查定报工作布置会，市局总队生产投资价格处处长一行3人参加了此次会议。

（田秀梅）

【召开统计工作专题研讨会】 1月18日，召开专题会议研究部署春节期间居民消费价格在地统计工作。下旬，完成2010年房地产价格统计工作。18日，组织开展新制度落实与企业数据督审情况汇报会，确保房地产价格统计调查工作开展。3月2日，召开农村住户工作会，针对新的调查网点在运行过程中出现的各类情况，进行专题讨论和研究，并布置了年度内门头沟农村住户月、季报工作要求。6月28日，召开第二季度农业与农村经济形势分析会，局队主管局长、区农委领导、各镇统计所长等参加了会议。31日，召开基本单位新行业核查及规模

（限额）以上调查单位年季度审批工作布置会。

（田秀梅）

【召开统计工作会】 1月20日，召开专题会研究落实全市统计工作会精神，随后组织召开了全体科务会，局长就如何全面贯彻落实会议精神提出了具体要求。4月1日，召开了区2011年统计工作会，全面落实市局总队和区委区政府各项工作部署。会上，队长做了题为“求真务实锐意进取努力实现统计科学发展”的工作报告，总结了“十一五”时期门头沟统计工作，分析了当前统计工作面临的形势，明确了年度内门头沟“一一二三五”的工作思路，即围绕一个核心，明确一个根本，实现两个优化，落实三个着力，抓好五项服务。

（田秀梅）

【抽样调查工作】 1月24日，为做好门头沟区年度内限额以下商业抽样调查工作，局队从四方面入手完成商业限下样本轮换工作。4月20日，对20家单位开展“北京市非公有制企业（单位）人才资源状况抽样调查”。5月12日，按照北京市统计局、国家统计局北京调查总队《关于开展北京市非公有制企业（单位）人才资源状况抽样调查工作的通知》要求和统一安排部署，局队领导采取措施，加强各环节质量控制，组织实施，完成了非公企业人才资源状况抽样调查工作。10月20日，召开统计所抽样调查工作布置会。

（田秀梅）

【统计系统工作交流活动】 1月24日，北京经济技术开发区统计局、经济社会调查队一行到局队考察交流工作。5月5日，天津市统计局党委、执法队一行9人开展统计工作交流活动。6月27日，东莞市统计局、国家统计局东莞调查队一行8人到门头沟局队交流学习统计文化建设工作。11月18日，东城区统计局、调查队一行到局队进行工作交流，双方围绕如何提高统计年报工作质量进行了交流。25日，北京经济技术开发区统计局、经济社会调查队一行到门头沟局队考察交流工作。

（田秀梅）

【统计监测工作】 2月初，为掌握门头沟区近两年来春节“年夜饭”消费市场的变动情况和发展趋势，研究这一消费热点对餐饮业的影响，局队通过科学抽样，开展春节“年夜饭”商情监测。3月20日，开展海鲜类食品销售情况监测。4月2日，在区妇女儿童活动中心召开妇女儿童“十一五”规划监测工作布置会，启动妇女儿童2010年年报暨妇儿“十一五”规划终期监测工作。4月8日，在区妇女儿童活动中心召开妇女儿童“十一五”规划监测数据验收会。5月1日，户外音乐节——第13届北京迷笛音乐节在门头沟区京浪岛公园举办。局队从前期调研、中期跟踪、后期评析三个角度开展了音乐节举办情况监测；为掌握“五一”小长假期间门头沟区接待游客情况以及住宿餐饮业消费的变动情况和发展趋势，并探索其对住宿餐饮业未来发展，局队围绕“准、细、联、析”开展五一小长假游客接待监测工作。下旬，第19届妙峰山民俗庙会在妙峰山景区落下帷幕，局队采取措施组织开展庙会情况监测工作。7月上旬，局队开展了红色旅游监测工作。20日，面向工业企业开展融资及用工情况监测。8月上旬，开展了石龙经济开发区产业孵化中心监测工作。

（田秀梅）

【统计从业资格】 2月12日，完成统计从业资格认定工作。6月11日，完成统计从业资格考试补充报名工作，为442名考生办理了报考手续。9月18日，全国统计从业资格考试门头沟考区在育园中学开考。

（田秀梅）

【青年人才培养】 2月20日，召开人才工作会，提出“要立足统计工作，打造统计人才生态圈”。5月23日，国家统计局贸易外经统计司、农村司的青年干部们到区内与局队青年共话统计。7月31日，以“加强统计人才培养，提高统计服务水平”为题召开科长会，学习市统计局局长在全市半年统工作会上的报告和区委十届十二次全会会议精神。8月1日，邀请浙江大学教授到局开展学术讲座，提升局队人员的专业理论水平，并与教授探讨地区未来人口承载问题，推动统计前瞻性研究。9月8日，邀请市统计局副局长到局为青年干部作统计分析的专题讲座。10月13日，举办首次统计综合水平测试，35岁以下40余名青年干部参加了此次测试，测试内容涉及统计方法制度、统计分析、公文写作、统计执法技能和计算机操作等多个领域。12月15日，市统计局核算处处长人员应邀到门头沟局队就GDP核算问题进行专题讲座。

（田秀梅）

【统计科研和课题开发工作】 3月24日，召开课题研讨会，部署年度内局队重点课题任务及安排。4月20日，印发13号文件《门头沟区统计局、门头沟区经济社会调查队课题研究实施办法》，正式启动了年度内统计科研和课题开发工作。8月22日，召开了课题评议会议，检查局队重点课题的进展情况。通过填写中期评议表、制作讲解演示文稿、回答问题等方式展开自查与检查工作。

（田秀梅）

【普法宣传工作】 3月下旬，制定《本年度统计法制宣传教育计划》，以“每名统计人都是统计法规宣讲人”为目标，以制定统计“六五”法制宣传教育规划为契机，启动统计法制宣传教育工作。12月2日，组织开展了年度“12·4”法制宣传活动。此次宣传活动主要围绕“大力推进依法统计，保障‘四大工程’建设”的主题，重点宣传统计法和依法行政，营造好统计法制环境。

（田秀梅）

【数据资源的交流合作】 4月1日，与区商务局座谈讨论1月至2月消费品零售额数据及发展趋势。5月10日，与区督查室、发改委等部门建立信息交换制度，投资数据信息共享。5月上旬，与区农委、经管站等部门建立农业农村发展情况互通信息制度。6月2日，与商务局开展工作研讨会。13日，与商务局沟通交流，获取区内主要餐饮企业名单。8月15日，组织全区9个镇统计所所长与发改委、科委、农委相关负责人召开“碰头会”。围绕农村可再生能源利用情况，有关部门负责人就目前全区新能源在农村范围内的情况进行了说明，提供太阳能取暖、太阳能路灯、太阳能集热器、沼气池、节能吊炕、连栋温室等6项节能项目的具体数量、规格和资金规模。9月7日，与区商务局联合召开了21家住宿业企业工作研讨会，要求企业重视赛事期间营业额、接待住宿人数等主要指标统计工作，集中反映大赛的短期助长效应，为区域重大赛事的长期规划提供数据依据。8日，组织联合区农委、绿化园林局、旅游局、召开了乡村旅游协调会。

（田秀梅）

【统计文化建设】 4月6日，召开统计文化建设研讨会，总结去年文化建设，规划年度内文化建设目标。27日，局队28名选手参加了“蟒山森林公园登山健身比赛”。6月1日，开展“魅力英语绽放青春”英语角活动。8月12日，举办了“花动——山春色”为题的青年统计沙龙活动。18日，组织开展了以“踏寻生态足迹，统计京城之巅”为主题的登山活动，整个活动内容分为“忆往昔”、“看今朝”、“话未来”三个部分。12月1日，组织编印《方圆》一书。

（田秀梅）

【党团活动】 4月25日，统计局团支部青年到龙泉镇敬老院进行慰问。5月4日，开展了以“追溯和弘扬五四精神”为主题的党团主题教育活动。活动中，局队党员、团员青年参观了北大校园的博雅塔、未名湖、燕南园，还参观了北大校史馆、影剧院、百年大讲堂，并邀请近两年新入局的北大毕业生为大家讲解北大人格物致知、修身齐家、治国平天下的理想抱负和思想自由、兼容并包的精神传承。6月15日，组织青年党团员到斋堂镇马栏村冀热察挺进军司令部旧址陈列馆，进行主题党日教育活动。7月1日，组织“建党九十年，数说新变化——统计数据进万家，服务发展促和谐”特色党日宣传活动。12日，局队党支部组织部分党员到中华世纪坛参观“一切为了人民——北京市纪念中国共产党成立90周年展览”。10月22日，局队党团支部的青年人集体到香山公园观观红叶。24日，局团支部与市统计局、国家统计局北京调查队总队第四团支部青年干部共同参观平西情报交通联络站纪念馆，进行集体登山和共青团共建讨论活动。

（田秀梅）

【基层统计工作】 5月初，对镇统计所的基层基础工作及所属行政村的《农产品生产统计台帐》记录进行抽查。8月初，组织统计所长及业务骨干对全区178个行政村的全部台帐进行互查。下旬，开展农产品生产统计台账“互查、互评、互学”，全面提升农业统计基础数据质量。26日，完成农村基层台帐检查。9月6日，局队领导对雁翅镇统计基础工作进行调研。

（田秀梅）

【领导调研】 5月6日，市统计局、国家统计局北京调查总队领导到局队调研四大工程、法制建设工作情况。11日，区领导韩子荣对局队统计工作进行调研，听取了统计工作汇报并提出要求。7月19日，国家统计局北京调查总队消费价格处一行3人到区内检查指导消费价格在地统计工作。21日，市统计局服务业处到局队就有关旅游收入统计进行座谈交流。8月26日，国家统计局北京调查总队副队长到区内调研城乡住户一体化工作，听取了局队关于城乡住户情况的汇报，并到阳坡园村、王平镇河北居社区记账户家中指导调研。9月6日，国家统计局北京调查总队总队长到局队调研指导统计工作，就新形势下如何做好青年人才的培养、加强人才队伍建设与局队进行了交流。16日，市统计局局长、国家统计局北京调查总队总队长到局队调研指导工作。28日，市局商业处领导对局队工作进行调研指导。12月2日，市统计局领导到区调研商业统计工作，听取了局队就商业的基本情况、区域转型发展时期的产业结构特点和消费品市场现状等情况所做的汇报，并结合区地理区位特点专程到位于浅山区的军庄镇统计所进行实地调研。

（田秀梅）

【典型发言】 5月25日，区政府常务会议上，区领导王洪钟听取了区第六次全国人口普查工作情况的汇报。会上重点从人口普查工作开展情况、人口普查主要数据情况和下一阶段普查重点工作等方面进行具体汇报。6月15日，在区委开展创先争优活动推进“三个工程”现场会上，局队作为全区领导班子建设优秀单位作典型经验介绍。

（田秀梅）

【召开一套表试点工作会】 8月2日，召开企业一套表试点工作专题会议，落实国家和北京市企业一套表试点动员会议要求，会上，由涉及企业一套表试点工作的业务科室负责人介绍试点工作的进展情况，结合全国一套表试点工作会议要求，对企业一套表试点工作进行全面再部署。

（田秀梅）

【统计开放日】 9月20日，以“看统计方圆，促区域发展”为主题举办统计开放日活动，邀请区广电总局、京西日报等新闻媒体人士走进统计机关，近距离了解统计数据，让统计更好的服务区域经济发展。统计开放日之际，《中国统计信息报》以《幸福的记账生活》报道了门头沟区城镇记账户的事迹。

（田秀梅）

【网站建设】 10月20日，统计信息网完成了改版工作，此次改版重新规划部分网站栏目，将三级及以上栏目上调整合，对各栏目下内容重新进行了整理完善，优化了结构，完善了页面布局。

（田秀梅）

【组织召开专家验收会】 10月26日，举行了门头沟统计地理信息系统项目专家验收会，市统计局、区经信委、计生委、财政局及区发改委的专家听取了项目组的汇报，审阅了项目验收材料，观看了项目成果演示，并就系统的安全、使用、共享以及技术发展等方面进行了质询和讨论，一致认为：项目验收材料齐全，符合验收要求，系统在门头沟区统计局、调查队试运行期间，运行状态稳定；达到了合同规定要求，同意该项目通过验收。

（田秀梅）

【人口抽样调查】 11月1日，北京人口抽样调查入户调查登记第一天，市局人口抽样调查办公室领导一行到门头沟区城子街道七棵树西街居委会视察人口抽样调查入户登记工作，对入户登记各项工作进行指导。

（田秀梅）

质量技术监督

【概况】 年内，在市局和区委、区政府的领导下，贯彻落实各项工作会议精神，紧扣“一个加强两个服务”的主题，即加强干部队伍建设，为区域经济发展服务、为社会和群众服务，完成了各项工作任务，特别是在“三大赛事”举办过程中，我们做到“责任意识到位、履职到位、服务到位”，获得“最佳保障单位”称号。年内，共初审立案案件21起，组织案审会7次，集体审议案件21起，共接转处理案件23起，解决23起。行政执法活动723起，查处案件起数36起，其中现场处罚15起，立案处罚21起（没收违法所得案件2起），罚没款合计金额93153.80元。其中现场处罚金额1900元，立案处罚金额91253.80元（没收违法所得金额585.80元）；全年共举行各种宣传活动10余起，出动执法人员200人次，发放宣传材料3000余份，制作展板22块，宣传横幅8条；向市局、区委区政府报送各类信息124篇，在政府信息网站上公开发布信息68篇（条）；完成强制检定计量器具数量为6923

台件，对区农贸市场1394台台案秤全部进行免费检定，检验食品样品307个（共包含1023项参数），检验煤样107个，洁净厂房84间；完成锅炉检验162台，电梯检验306台，起重机械检验121台；组织机构代码办公室上报全区数据的完整性实现了100%，颁赋代码证书5429套，变更3590套，新注册单位2452套，受理年审代码证书891套，办理行政许可事项共185项。

单位名称：北京市门头沟区质量技术监督局
地　　址：北京市门头沟区新桥大街60号
电　　话：69842304
邮　　编：102300

（李　超）

【计量检测】　1月10日至11日，首次对辖区内7家集贸市场在用计量器具开展免费检定，共检定在用计量器具459台件，免收检定费4791元，出动执法人员、检验人员63人次。在9月的“质量月”期间，安排计量检定人员免费对区潭柘寺、戒台寺、108和109国道两侧旅游点的台案秤108台进行了检定，并开展实验室开放日活动，邀请了区企业代表10余人对局内部实验室进行参观等。11月34日，计量检测所新增的电阻表等9个检测项目通过了北京市计量建标考核中心的现场考核，至此计量检测所可开展的计量检测项目增加到30项。

（李　超）

【产品质量监督检验】　1月10日至14日，对全区18家单位，20个锅炉房，进行煤炭监督检查并抽取了样品，5月26日，对区农资产品生产企业进行北京市二季度产品质量监督抽查工作。10月25日，联合清水镇政府对惠民型煤工程相关企业进行了随机抽检，对该企业所使用的煤炭进行了随机抽样，并现场封存，并对企业在用计量器具进行了检定。26日，市局产品处评审专家组对门头沟产品质量监督检验所进行了2011年的年度审查考核工作，对所涉及的30个条款逐项进行了评审。11月，受北京市质量技术监督局委托，对辖区内30家供暖单位使用的煤炭质量进行了专项监督抽查，共抽查煤炭样品30个，并依据《DB11/097－2004》标准进行检验。

（李　超）

【食品生产监督管理】　1月11日，开展辖区内春节前食品安全检查。2月22日，召开PC水罐及桶装水生产企业专项检查工作会，辖区9家桶装水生产企业和2家食品用塑料包装材料生产企业的法定代人和质量负责人参加了会议。3月21日，开展对辖区调味料生产企业的专项检查工作，共检查辖区7家调味料生产企业，未发现有违法生产行为。五一前夕和节日期间，开展“严厉打击食品非法添加和滥用食品添加剂专项行动”以及“严防瘦肉精”专项检查工作，共检查食品生产企业11家，出动执法人员46人次。5月12日，召开全区食品安全暨第一届出厂检验能力大比武动员会，辖区各镇、街道办事处食品安全负责人及60余家食品生产企业的法定代表人、质量负责人及化验员共计135人参加了会议。20日，及时处理了5起食品安全举报事宜，举报涉及肉制品、炒货、调味料、食品相关产品4类产品的生产企业。24日召开了区食品及食品相关产品生产许可证年度审查工作会。辖区47家食品生产企业及4家食品相关产品生产企业共计51家企业的相关负责人80余人参加了会议。28日至31日，开展“北京烤鸭”产品专项检查，重点检查了辖区内三家鸭肉产品生产企业，未发现有媒体曝光的使用鸭架、碎肉等加工烤鸭以及非法添加和滥用食品添加剂等违法加工食品的行为。7月12日，召开了食品企业检验能力大比武工作总结会，参加大比武活动的23家企业参加了会议，共32名检验员参加了大比武活动，合格率为60%。7月至8月，针对大比武活动中不合格企业的出厂检验员，举办了食品企业出厂检验能力培训班。8月19日至25日，对辖区5家白酒、配制酒生产企业进行了监管检查，未发现有违规使用添加剂及超范围生产等违法行为。30日至9月1日，对辖区供应第二届北京国际山地徒步大会赛事用水企业开展了监督执法检查工作。5日，督促辖区内两家企业分别完成供应赛事的各5万瓶饮用水的生产任务，并已对生产的饮用水按批次进行了出厂自行检验，检验结果全部合格。10日，接区食品安全委员会电话通知，组织执法人员与区公安、工商部门联合对发现的永定地区卧龙岗村一食品加工黑窝点进行查抄，该黑窝点脏乱不堪，设备极其简陋，不具备食品生产加工条件，执法人员现场发现了标称北京地区生产的北京米醋和山西榆次生产的陈醋若干箱，均属假冒其它厂家的伪劣商品，以及用于假冒的产品包装、商标。10月1日至3日，对辖区6家食品生产企业进行了国庆节专项执法检查，未发现违法行为。

（李　超）

【特种设备安全监察】　1月13

日，开展辖区内春节前特种设备安全监察。20 日，联合永定镇政府为永定地区拆迁企业开展上门服务工作，当场办理设备注销等手续。3 月 18 日，召开全区特种设备安全工作会，全区特种设备使用单位共 120 家相关负责人参加了会议。4 月 6 日，开展了清明节前及期间的安全检查工作，重点对万佛华侨陵园以及沿线的重大危险源单位使用的特种设备进行了专项监督检查，共检查单位6 家，出动执法人员 16 人次，检查设备 22 台/套，未发现违规使用行为。6 日，开展端午节期间特种设备安全监察，对辖区内 6 家人员密集场所使用的特种设备开展了安全监察，出动安全监察人员 24 人次，检查特种设备 15 台/部，未发现特种设备安全隐患。8 日，联合清水镇政府、斋堂镇政府对灵山景区、双龙峡景区的客运索道及游乐设施进行了安全检查。14 日，组织区液化气站开展了“特种设备抢险应急救援预案”的实际演练活动，区安监局、燃气办、应急办有关领导参加了观摩指导。5月5 日和6月1 日，分别对特种设备作业人员培训考核工作进行了监督抽查，重点监查监考人员、参考人员以及考试现场的人员资格、考场纪律等方面，抽查工作总体情况良好，未发现各类违规行为。5 月 16 日，对自动扶梯、自动人行道使用单位进行了专项监督检查，共检查 9 家单位，电梯 32 部，检查情况总体良好。20 日，联合门区发改委、公安分局和供电公司等部门，到区内大型机械租赁市场开展联合宣传活动。6 月 1 日，会同区市政市容委、安监局、城管分局及 6 个液化气充装检验单位，召开了全区气瓶充装和检验单位工作会。7 月 8 日，为了吸取 7 月 5 日北京地铁 4 号线动物园站 A 口上行扶梯突发事故教训，召开了自动扶梯和自动人行道安全隐患排查工作会，会上传达了市局文件精神，要求特种设备使用单位立即对本单位的自动扶梯和自动人行道进行一次的安全自查。8 日至 20 日，开展了自动扶梯和自动人行道安全大检查，其中针对北京京客隆门头沟新桥店使用的杭州西子奥的斯电梯有限公司生产的型号为 ES－N1200 自动扶梯的维保作业过程监察人员进行了重点督查，共检查单位 9 家，检查设备 35 部，出动执法 23 人次，下达《特种设备安全监察指令书》1 份。9 月 1 日，会同区安监局、建委、消防等部门对“北京市第七界农民运动会”主会场施工现场的特种设备等方面进行安全检查。2 日，到双龙峡旅游区开展“十一”前特种设备安全检查，经检查，该单位使用的一部游乐设施（小火车）经过了定期检验，未发现违规行为。11 月 22 日，对特种设备作业人员考试现场进行监督抽查，执法人员重点对监考人员及 34 名参考人员的人员资格、考场纪律等方面进行了监督抽查，抽查工作未发现违规行为。12 月 13 日，中国工业气体工业协会对北京鑫华源机械制造有限责任公司制氧厂气瓶充装资质进行现场鉴定评审，特设科对此次鉴定评审工作进行了全过程的现场监督检查。14 日至 16 日，按照北京市门头沟区安全生产委员会办公室《关于开展 2011 年度安全生产综合考核工作的通知》的指示精神，在区安委会的组织下对全区 13 个镇、街开展 2011 年安全生产工作进行综合考核，重点对特种设备安全管理工作的落实情况进行考核。28 日，执法人员对北京国信滨河大厦使用的电梯以及安装现场进行了监督检查，督促使用单位加强管理、落实主体责任。

（李　超）

【职工活动】　1 月 16 日，举办消防知识讲座。消防支队警官为全局 70 名干部职工讲解了消防知识。10 月 7 日，局内近 30 名干部职工参加环京自行车赛活动，完成环京自行车赛观众组织工作。28 日，开展了以“冬衣送暖”为主题的捐赠取暖衣物活动，70 余名职工捐赠八成新以上的御寒衣被共计 170 余件，超额完成任务 70%，经过分装之后已全部运至指定地点。11 月 8 日，在依法完成了选民登记、公布选民名单、推荐候选人、公布候选人名单等一系列程序之后，局 73 名选民在双峪居委会投票站。16 日，“一人学习，全员共享”活动正式启动，参加质监系统清华学习研讨班的同志做了专题汇报，向全局全体干部职工介绍了学习研讨的内容和成果。12 月 9 日，首次“质监人论坛”活动在多功能厅举行，“质监人论坛”是局组织的讲演类活动，由单位内部职工主讲。

（李　超）

【产品质量监督管理】　1 月 17 日，开展消防产品专项检查，重点检查辖区内 2 家消防产品生产企业。20 日和 21 日，对开展危险化学品进行专项检查。27 日，在全区范围内开展商用燃气灶具产品生产企业专项检查，未发现无证生产行为。4 月 8 日，组织辖区内 16 家获证企业召开 2011 年工业产品生产许可企业年审工作会议。5 月 30 日，会同区工商局对流通领域销售的儿童玩具开展联合检查。6 月 28 日至 29 日，对眼镜制配行业开展专项检查，共检查 8 家眼镜制配单位，检查在用计量器具24台件，均在检验周期内。8月31日，对区机动车检测场开展机动车安全技术检验工作情况进行监督检查，未发现违法行为。10月31日，由质监、环保、车管三部门组成联合检查组，对区机动车检测场进行联合监督检查，重点检查了该检测场检验资质、执行国家机动车安全技术检验标准情况，人员持证上岗情况，设备计量检定情况等内容，未发现漏检、少检、弄虚作假等问题。12月1日，在辖区内开展絮用纤维制品执法检查，未发现用“黑心棉”等不合格原料、废旧回收物等生产加工絮用纤维制品违法行为。

（李　超）

【标准化工作】　1月20日和21日，对辖区6家超市中销售的地理标志保护产品进行监督检查，经检查未发现假冒伪劣等违法行为。5月17日，对区4家超市中经销的400余件商品条码依法进行监督检查，发现个别销售的商品条码涉嫌存在问题。20日，会同区农委共同组织筹办，区京白梨产业协会为申报主体的“门头沟京白梨”申报地理标志产品保护工作全面启动，成立了“门头沟京白梨”地理标志产品保护工作领导小组。6月30日，会同区旅游局举办了旅游标准化培训工作会，龙泉宾馆、晨光饭店、潭柘寺景区等24家旅游相关单位参加了培训。7月8日，开展能效标识专项执法检查活动，共出动执法人员18人次，检查能效标识产品销售企业6家，检查家用电器产品218种共1433件，检查家电下乡产品29种共162件，经检查个别企业销售的空调使用的能效标识不符合规定。22日，国家质检总局等陪同下，对军庄镇的“京白梨”地理标志保护产品申报工作进行了调研指导。8月16日，联合区民政局召开养老服务机构标准化建设和规范管理工作研讨会。23日，会同区民政局到王平镇社会福利中心和斋堂镇社会福利中心检查工作。9月5日，联合区农业局对北京仙谭养殖场和北京龙泉农业科技发展中心等农业标准化基地进行等级评定检查。28日，北京妙峰山玫瑰种植专业合作社被北京市质量技术监督局评为“北京市休闲农业标准化试点单位”，并获得了证书和牌匾。29日，对申请地理标志产品保护京白梨基地进行验收前检查工作。10月27日，“菜篮子”工程检查组检查了潭柘寺镇的北京仙谭珍禽养殖场和龙泉镇的龙泉特菜基地等市级农业标准化生产基地，并通过初步验收。11月10日，“京白梨”申报地理标志产品保护网上公示期已结束，协调农委、林业局、京白梨产业协会等相关部门抽调专人集体整理并修改京白梨申报材料、陈述报告、“京白梨”质量技术要求等相关资料并对京白梨的理化指标进行检验确认。25日，召开旅游标准化体系建设培训会，北京京西风光旅游开发股份有限公司潭柘寺景区分公司、戒台寺景区分公司和龙泉宾馆的负责人参加了培训会。12月7日，组织建立了“落实首都标准化战略纲要联系机制”并召开了第一次工作会，组织相关部门研究讨论了首都标准化战略纲要重点任务分解工作，14个相关委办局的领导参加了会议。12日，国家质监总局科技司组织9名专家对区京白梨地理标志产品保护进行审查，区农委主任代表“京白梨”地理标志产品保护申报领导小组做了“京白梨”地理标志产品保护陈述报告，并回答了专家的质询。专家组认为京白梨具有较高的知名度和一定的地域特色，符合地理标志产品保护申报要求，一致同意通过专家审查。

（李　超）

【各类会议活动】　1月21日，区领导王洪钟带领区政府办、商务局、安监局、工商分局、工程中心等职能单位的负责人，到局内调研指导工作。27日，召开医疗系统和企事业单位座谈会，会上总结了2010年开展计量监督管理和检测工作并布置2011年即将开展的重点工作。2月25日，组织全区9个镇4个街道领导召开了特种设备、食品安全工作会。3月3日，举办了庆祝“三八”国际妇女节座谈会。8月15日，在民主评议基层站所（服务窗口）活动中，在8个市属单位中排名第四，高于市属部门平均水平，总体表现良好。9月5日，召开了严肃换届纪律学习宣贯会，全局全体干部职工参加了会议，会上重申了“5个严禁、17个不准、5个一律”的纪律规定，传达贯彻了市局副局长在严肃换届纪律会议上的讲话和市委组织部电话抽查换届纪律通报结果，通报了几年来查处的违反组织人事纪律案件中的典型案例，要求各级领导干部要引以为戒，自觉遵守纪律规定。28日，组织传达了区安全稳定工作暨首届环北京职业公路自行车赛工作会精神，重点学习了刘淇、王安顺和韩子荣的讲话，并按照韩子荣提出的学习领导讲话、明确维稳工作任务、做好自行车赛事的保障工作等要求进行了部署和安排。10月26日，召开学习党的十七届六中全会精神学习会，全局70名干部职工参加了学习，会上传达了十七届六中全会的会议精神和区委、区政府及市局相关要求，集中学习了胡锦涛总书记的重要讲话。12月1日，组织全体职工召开了“三超一疲劳”集中整治宣传教育会。会上传达了市区两级“三超一疲劳”集中整治工作方案，对局所属人员提出了要求，全体驾驶人员签订了《拒绝“三超一疲劳”违法行为交通安全承诺书》。16日，召开学习贯彻区第十一次党代会精神大会，传达了韩子荣在中共北京市门头沟区第十一次代表大会上的报告和区纪委工作报告精神，结合门头沟区质监局职责，讨论研究下一阶段质监工作重点。

（李　超）

【法制宣传工作】　2月12日，组织开展第一期行政执法人员培训班，30余名行政执法人员参加了培训。3月15日，举办以“引导质量消费，服务保障民生”为主题的“3·15”国际消费者权益保护日宣传咨询活动，执法人员在现场发放宣传资料1200份，接待咨询群众25人次，检测血压计11台件，义务为过往群众免费测量体重、身高80人次；放置宣传展板18块。7月6日，市局法规处与稽查大队在局内召开了关于开展三级监管网络建设和行政监管与稽查执法工作中法律适用问题的西部六区调研座谈会，会上对目前的三级监管网络建设和行政监管与稽查执法工作中法律适用问题进行了讨论分析。12月2日，举行以“践行北京精神弘扬法治文化”为主题的全国法制宣传日宣传活动暨“六五”普法启动仪式，悬挂宣传条幅1条，展出宣传展板27张，向群众发放质量技术监督有关法律法规宣传材料3000余份，义务为过往群众免费测量体重、身高50余人次。

（李　超）

【计量监督】　3月1日至4日，开展“维护市场计量秩序、保障物价稳定”计量专项监督检查，此次活动共检查单位15家，检查摊位59个，检查计量器具65台，公平秤7台，出动执法人员35人次，未发现作弊计量器具。17日，召开2011年度制造、修理计量器具证后监管工作部署会。4月26至29日，组织“五一”节前专项执法检查，重点检查辖区内大型超市、餐饮、加油站等在用计量器具，对辖区内10家大型超市、餐饮单位和加油站进行检查，共检查在用计量器具87台件，出动执法人员30人次，在检查中未发现违法行为。5月20日，开展“计量检测、健康生活”为主题的“5·20世界计量日”宣传活动，出动人员15人，发放宣传材料300余份，宣传横幅1条，为过往群众称体重50余人次，检测血压计10台件人次，接待群众咨询30人次。31日至6月1日，开展端午节专项检查，共检查大型超市6家，检查粽子8个品种，8批次260袋，各超市粽子净含量均符合要求。7月26日，召开实验室资质认定专项监督检查工作部署会。8月3日，召开推进诚信计量建设和谐城乡行动工作部署会。9月7日至8日，开展中秋节月饼专项检查。共检查大型超市5家，检查6个品种8批次，通过检查，各超市月饼净含量均符合要求。26至29日，局对旅游采摘场所及加油站开展了十一国庆节计量专项检查。共检查加油站13家，旅游采摘场所在用计量器具110台件。

（李　超）

【党风廉政建设】　4月14日，组织干部职工参观了“北京市预防工程建设领域职务犯罪巡展”。5月6日，组织召开了2011年党风廉政建设工作大会，机关全体工作人员参加。会上做了《紧贴区域发展，加强反腐倡廉建设，为做好全年工作提供坚实保障》的工作报告，并逐级签订了《党风廉政建设责任书》。18日，区纪委领导一行5人，到局内对执行“三重一大”工作情况进行了监督检查，局长向检查组做了工作汇报，党组全体成员参加了会议。23日，召开行风监督员座谈会，并邀请区人大、政协代表及企业的多位行风监督员参加座谈，会后参观局食品检验检测实验室。

（李　超）

【党团工作】　5月4日，组织团员青年共20余人，在全国爱国主义教育基地——平西人民抗日斗争纪念馆，参观了“日本帝国主义对中国的侵略”、“抗日民族统一战线的建立，八路军开赴抗日前线”、“《论持久战》的发表”、“晋察冀抗日根据地的创建”等多个专题和烈士陵园，重温中国人民抗日战争的历史，缅怀为中华民族独立而浴血奋战的先烈。30日，举办了以《学习井冈山精神，立足本职做贡献》为主题的党性教育课，全体党员干部职工参加党课学习。7月11日，召开建党90周年优秀党员表彰大会，全局干部职工参加，会上宣读了《门头沟区质量技术监督局关于表彰优秀党员的决定》，局党组向5位颁发了“优秀共产党员”荣誉证书。8月29日，召开了全体党员大会，经选举产生了新的党总支委员会，并于会后召开了第一次全体会议。11月7日，开展了党员干部“身份亮出来”“党徽戴起来”活动，50余名党员干部根据活动要求，佩戴起党徽，设立了公示牌。

（李　超）

【调研工作】　5月18日，对在区内注册，不在本市生产的获证企业进行了调查走访，加强对异地生产企业的服务监管。9月7日，对“北京天马轴承有限公司”进行了监督检查，并与该单位特种设备安全管理人员对在用的特种设备进行了核对。12月4日，到鑫华源机械制造有限责任公司开展走访调研服务。12月16日，到北京东西分析仪器有限公司开展调研工作。

（李　超）

【组织机构代码系统切换工作】11月起，进行组织机构代码新系统的环境测试及新旧系统的切换工作。12月22日，开始承担食品及相关产品委托加工备案工作。

（李　超）

【特种设备检测】　11月8日，对石门营、黑山集中供热厂的锅炉进行首次内部检验，完成了供暖锅炉检验任务。24日，为斋堂镇临时供暖锅炉开辟绿色通道，迅速处理各种待办事项，工作人员对斋堂镇临时供暖锅炉进行总体验收。12月7日，对培训后的锅炉水质化验员进行了专业考试，合格率达到90%以上，通过考核者由北京市质量技术监督局颁发《特种设备作业人员证》。14日，经过为期一周的叉车司机培训工作后，特种设备检测所进行了叉车司机取证的考核工作，此为区首次举办叉车司机培训考试，考试通过率达到了85%以上。

（李　超）

审　计　局

【概况】　年内，区审计局在区委、区政府和市审计局的领导下，在各单位支持配合下，坚持“依法审计、服务大局、围绕中心、突出重点、求真务实”的工作方针，突出绩效审计，加强跟踪审计，推进落实整改，各项工作稳步推进，完成全年各项任务。

单位名称：北京市门头沟区审计局

地　　址：门头沟区滨河路72号

电　　话：69842121

邮　　编：102300

（王　双）

【审计工作】　年内，审计和审计调查项目28项，已完成26项，在审2项。对所有已审结项目按期进行了审计回访，违规问题已基本落实。另外，协助、配合市区完成交办临时任务12项，29人次参加。主要有配合市审计局普通高中债务调查及市教委教育经费管理使用情况检查，配合区纪检委检查、百花山基础设施建设、京门良实应急储备库工程审核、教育治理乱收费等。提出审计建议7条，向相关部门提交审计报告及信息专报等47份，审计报告被领导批示1份，提交调研报告及审计论文7篇，信息、调研被上级机关和有关部门采用12篇次。

（王　双）

【召开政府性债务审计见面会】3月1日，召开政府性债务审计见面会。市审计组组长及审计组成员4名到会。区审计局、财政局、发改委、国土分局、教委、卫生局、区鑫融公司主要领导参加了见面会。

（王　双）

【听取财政预算执行审计汇报】5月5日，区领导韩子荣主持召开了中共门头沟区委第十届第十一次常委会议。会议听取了区2011年度审计项目计划的汇报。区审计局汇报了2011年度全区审计工作的总体目标、项目具体安排和工作要求。6月28日，区人大第十四届第五十次会议审议并通过了高见局长代表区政府的《门头沟区2010年度预算执行和其他财政收支的审计工作报告》，人大代表对审计工作报告给予肯定。

（王　双）

【培训工作】　4月11日至15日，参加了妇幼保健站公务员救护培训。5月9日，组织业务人员到密云学习计算机辅助审计的经验与作法。5月31日至6月1日，局内人员到昌平审计培训基地参加北京市审计局举办的京OA（区县升级版）应用培训。12月12至16日，开展了集中业务培训活动。

（王　双）

【竞争上岗】　根据科级干部竞争上岗结果，经区人报局批准，1名人员任经贸审计科科长。1名主任科员，1名审计科副科长职务。3月7日至12日，北京市公务员报名。局公开招考2人，共有60人通过资格审查。5月11日，审计局在教委进行了2011年公务员招考资格复审，经过笔试11名考生进入审计局面试阶段。6月19日，按照区委组织部公开报考副处级干部工作部署，在区委党校举行了审计局副局长（非中共）职位面试，共有6人参加面试。10月18日，进行事业单位公开招考面试。3名入围考生参加了面试。

（王　双）

【年终考核工作】　5月24日，开展公务员2010年度考核工作会。根据民主测评结果，经党组研究决定，2010年度公务员考核结果：优秀人员6名。

（王　双）

【庆祝建党90周年活动】　6月15日，观看《建党伟业》建党九十周年献礼片全体党员及积极分子参加。17日，召开庆祝建党90周年主题活动动员大会。14日至20日，参加我眼中的共产党员“DV作品”“平凡的力量”网络投票评选活动。21日，参加“万名党员寄心语”集体签署活动。22日，开展“我争先、我践行、我有为”党员承诺活动。23日，参加区直机关庆祝建党90周年表彰会。25日，“最感人寄语”征集评选活动。27日，“党员特色日活动”，组织全局党员及积极分子到京西山区第一党支部参观学习。29日，共产党员献爱心捐款。

（王　双）

药品监督管理

【概况】　年内，药监分局在市药品监督局和区委区政府的领导下，以确保辖区人民用药安全为核心任务，大力推进“药品安全百千万工程”，该工程被列为门头沟区2011年40件为民办实事项目之一，组织全部在册药品生产、经营企业签订《药品安全承诺书》71份、保健食品生产、经营企业签订《保健食品安全承诺书》70份，完成首批107人的药品安全员队伍建设，7家药、械生产经营企业申报了质量管理示范企业，3个镇街申报了“药品安全示范镇街”，于10月接受了北京市药品安全示范街镇评审小组的现场检查，全部通过评审验收。以医改为契机，加强对基本药物的监管，对辖区所有的基本药物生产企业，均已实施电子监管码管理；对在产的9个基本药物品种进行了工艺和处方核查工作，协助市局对1个疫苗品种进行了工艺和处方核查，建立了基本药物品种档案；开展基本药物专项检查，共开展基本药物使用监督检查161户次。加大对高风险品种的专项查处力度，开展打击食品非法添加行为、医疗机构周边非法收售药品、打击侵犯知识产权制售假冒伪劣产品、打四黑除四害等50余次专项检查行动。完成药品基础测试220件，合格率为100%。完成针对性抽验220件，检品不合格2件，合格率91.09%。完成医疗器械抽样13批次，不合格1批次，合格率92.3%，已按照法定程序移交稽查依法处理。完成保健食品抽验10件，化妆品30批次，2批次产品微生物检验不合格，合格率为93.3%。不合格产品已移交稽查部门处理。加大行政执法和处罚力度，全年作出“三品一械”行政处罚20起，其中一般程序8起，简易程序12起。没收物品折合人民币115120.51元，没收违法所得21100.67元，罚款84531.28元。与区公安分局、区卫生局、区工商分局开展联合执法8次，出动检查人员48人次，取缔2家非法诊所及1家非法宣传药品销售窝点。全年共接到各类举报投诉14件，接到市、区批转案件9件，接到外单位案件协查28件，全部办结。加强行政许可审批工作，全年共受理各类行政许可150件、行政服务4件，均做到“许可有审批”、“服务有结果”、“咨询有答复”，“无超时、无拖延”，全面为行政相对人服务。加强宣传教育工作，开展“药监开放月”系列宣传活动，历时一个月，陆续邀请社会各界群众近千人到药监门头沟分局参观；在区电视台制作播出公益广告4部；在《京西时报》出版“药监走近你我他”、“百千万工程”专栏共42期；设计制作12期24张安全用药宣传海报，每月一期下发张贴到社区；开展安全用药“六进”宣传，直接受众3万余人，发放宣传材料5万余册。全面开展

“学习型机关”建设，被评为“门头沟区文明示范单位”。ISO9000顺利通过外审。党支部开展“九个一”系列活动，获得“门头沟区先进基层党组织”荣誉称号。开展工作作风和廉政作风满意度调查，向相关委办局、药品三级社会监督网和监管对象发放调查问卷201份，回收201份，结果显示，被调查者对分局工作的满意率为100%，对工作人员服务态度的满意率为100%。开展了药品安全专项整治期间的《北京市门头沟区药品安全群众满意度调查问卷活动，共发放调查问卷153份，收回148份，98.64%群众对药监门头沟分局的工作表示“基本满意”以上。

单位名称：北京市药品监督管理局门头沟分局

地　　址：北京市门头沟区滨河路87号

电　　话：69848954

邮　　编：102300

（黄文佳）

【区六家庭获“示范家庭”称号】 1月，区内6个家庭获得“北京市安全用药示范家庭”称号，原市药监局门头沟分局局长纪晔为示范家庭颁发了奖牌。

（黄文佳）

【“百千万”工程】 1月，“药品安全百千万工程”作为为民办实事项目之一，被纳入门头沟区2011年目标管理任务书中。将完成2个药品安全示范镇（街道）、6个示范企业的评选，并组建一支90人的药品安全员队伍。通过建立“高标准的准入条件、全方位的监管模式、高素质的监管队伍”，切实提高辖区药品监管水平，促进医药产业健康发展，保障辖区人民群众用药安全。3月23日，为全面落实“药品安全百千万工程”，召开以区人大、政协、监管相对人和三级监督网为代表的药品安全员座谈会。7月21日，邀请辖区各镇、街道办事处主管领导及其相关科室负责人召开了“药品安全百千万工程”建设工作推进会。7月，市药监局门头沟分局在《京西时报》专门开设了“药品安全百千万工程巡礼”栏目，让公众了解工程的目的和作用，向社会通报创建工作的最新进展。8月30日，在城子街道办事处举办创建“药品安全百千万工程”示范街镇培训会。城子街道办事处17个社区近70名负责“药品安全百千万工程”的干部参加了培训。9月中旬，完成了辖区申报药品安全百、千、万工程质量管理示范企业的七家单位现场初评工作。10月11日、12日两天，“药品安全百千万工程”药品安全示范街镇评审组在市局监察处李宗毅处长的带领下，到区内对三个申报街镇进行验收检查。11月下旬，在区2012年重点工作计划专题汇报会上，区长王洪钟对药监分局的监管工作给予了肯定，并提出将“药品安全百千万工程”继续作为折子工程及为民办实事项目纳入门头沟区2012年目标管理任务书。

（黄文佳）

【专项检查】 1月，开展“力源补肾丸”等假药专项检查通，将文件迅速转发到辖区24家一级以上医疗机构、71家药品经营企业，要求企业立即开展自查，同时对辖区人口分布密集地区的8家药品经营企业通过查看货架、验收记录、销售记录的方式实施重点现场检查，未发现辖区企业经营和使用上述假药。2月22日，开展查处“俏妹牌减肥胶囊”专项行动，共检查保健食品经营企业18家，出动人员36人次。经查，未发现辖区保健食品市场存在该不合格产品。3月28日，市药监局门头沟分局根据北京市药品监督管理局“关于进一步加强盐酸克仑特罗监督检查的通知”要求，迅速反应、立即行动，对辖区1家盐酸克仑特罗单方制剂生产企业及1家具有蛋白同化制剂、肽类激素药品批发资格的企业进行了专项检查，对另外3家药品生产企业进行了调查。3月底，开展中药生产监督检查。区内持有复方丹参片品种的生产企业1家，该品种近几年一直未生产。以“三七”为原药料的中药品种2个，涉及2家药品生产企业，1家企业的1个品种处于生产状态。对在产的1家药品生产企业进行了现场监督检查，经查，未发现异常。5月18日，对辖区2家涉及“严禁用于食品、饲料加工、养殖”品种的药品生产企业开展了专项检查。6月1日至7月29日，对区中医院等37家医疗机构开展了中药配方颗粒检查。6月13日，接到市局关于暂停销售灵芝孢子粉片的通知，分局领导立即组织相关科室召开紧急会议，制定应急检查方案，采取多种举措开展专项活动，未发现该品种和违法行为。24日，自接到市局文件起，第一时间对台湾地区生产的保健食品开展监督检查，共监督检查8家保健食品经营单位，未发现文件涉及品种。8月，完成了辖区含麻黄碱复方制剂流通领域专项检查。月底，开展了中药饮片市场金银花专项检查。此次检查共检查企业12家，出动检查24人次。9月中旬，为贯彻落实市药监局“打四黑除四害”专项整治工作要求，结合工作和辖区实际情况，分局精心组织开展了“打四黑除四害”集中执法行动专项工作。10月初，完成心脏植介入类产品医疗器械经营企业专项检查工作。此次专项检查是《北京市2011年药械市场监管工作要点》的一项重要工作，也是医疗器械经营监管工作服务医改的一项重要举措。分局高度重视，将此次专项检查企业数量由市局要求的4家拓展为8家，并召开了专项检查动员会，要求企业上报了自查表。中旬，开展了辖区内盐酸克伦特罗片剂专项整治工作。11月下旬，开展盗用、冒用保健食品批准文号及假冒保健食品专项检查工作，对辖区14家保健食品经营企业进行现场检查，未发现上述违法行为。12月下旬，根据市局相关文件要求，针对辖区药品批发企业开展了“严厉查处药品生产经营企业制售假药违法犯罪行为”的监督检查。19日，接到市局通知，要求加强监督检查，严厉打击违法违规声称具有壮阳及改善性功能类的保健食品，78家企业完成自查工作，分局重点抽查了7家单位，未发现有违法违规声称相关功能的情况。8月底，市药监局门头沟分局开展了中药饮片市场金银花专项检查。此次检查共检查企业12家，出动检查24人次。

（黄文佳）

【慰问活动】 1月11日，到帮扶村斋堂镇沿河口村、杨家村，走访困难家庭，开展献爱心、送温暖活动。

（黄文佳）

【召开安全信息例会】 1月14日，组织召开了区2010年第四季度药品安全信息例会。4月12日，组织召开了区2011年第一季度药品安全信息通报会。7月19日，组织召开了区第二季度药品安全信息通报会。

（黄文佳）

【签订安全保卫工作责任书】 1月19日，召开了年度安全保卫工作会，按照分级负责的原则，与分局全体人员层层签订了2011年《安全保卫工作责任书》。

（黄文佳）

【召开工作总结会】 1月19日，召开2010年度工作总结会，分局全体职工参加了会议。会议对对分局2010年的工作进行了总结，并提出了2011年工作思路。

（黄文佳）

【节日巡查】 1月27日，开展了辖区药品零售市场专项检查。此次检查共出动执法人员47人次，现场检查药品零售企业11家。检查中发现4家企业存在抗菌素类药品未凭处方销售的行为，分局对其中3家企业当场给予警告的行政处罚，另外1家企业依法转交稽查立案查处。“五一节”前夕，采取突击检查、日常监管、行政许可现场检查等多种形式，开展节前医疗器械市场安全检查，同时开展了保健食品风险监测工作，以确保节日期间辖区市场稳定。国庆期间，在辖区范围内开展了节日期间安全检查。针对国庆节消费特点及群众用药特点，分局对辖区内旅游景点、城乡结合部、外来人口聚居区等重点区域的“三品一械”经营企业和医疗机构进行了专项检查。检查内容以购进渠道为主，查看企业的供货方资质、验收记录、进货票据等相关资质。共检查药品经营企业24家，医疗机构13家，医疗器械生产、经营、使用企业41家，保健食品经营企业22家，化妆品经营企业13家。

（黄文佳）

【专项检查】 春节期间，开展了打击侵犯知识产权和制售假冒伪劣商品专项行动。共出动执法人员50人次，车辆10部次，检查企业25家。此外，分局还紧密结合抽验工作，对2010年第四季度药品抽验不合格的8种药品进行了检查。检查中未发现侵犯知识产权和制售假冒伪劣商品的违法行为。

（黄文佳）

【宣传活动】 1月，到大峪街道办事处新桥社区开展用药安全教育活动，专门为即将开学的孩子们举办了“三品一械”知识讲座，鼓励小学生积极争当“安全用药小卫士”，主动整理家庭药品、向家长和熟悉的人宣传安全用药常识。3月5日，在4个镇、街道开展了“学习雷锋精神宣传用药安全”的主题活动，为辖区500余名群众讲解了用药安全知识，收到了群众的好评。“三·八”妇女节前夕，在辖区4个镇、街道办事处进行了“三品一械”知识讲座，参加人数达600余人，发放用药安全宣传资料和宣传品2000余份。5月30日，组织用药安全宣传教育活动到城子车站街居委会和龙泉镇琉璃渠社区，专门为辖区的老年朋友举办了用药安全知识讲座。7月1日，局领导带领分局有关工作人员到驻京某部导弹营，开展安全用药知识宣传并与部队领导进行座谈。5日，借助龙泉镇琉璃渠社区举办校、村、居红歌演唱会的机会，在社区开展了用药安全知识宣传活动。8月9日，在矿建街西社区举办了以“药品安全进家庭，健康相伴我先行”为主题的用药安全知识讲座。社区居委会的多名干部以及社区百姓近50名参加。18日，纪晔带领分局人员在斋堂镇政府有关领导的陪同下，与93770空军某导弹营开展了以安全用药为主题的宣传活动，将用药安全知识送到部队。9月15日，用药安全讲师团成员到门头沟区清水镇中学，为师生举办安全用药知识讲座。10月26日，局讲师到雁翅镇中学，校内80余名师生举办安全用药知识讲座。12月2日，在区法制宣传领导小组的统一组织下，分局在辖区内开展了“12·4”普法宣传活动。12月2日，在区法制宣传领导小组的统一组织下，市药监局门头沟分局在辖区内开展了“12·4”普法宣传活动。

（黄文佳）

【两会保障】 2月25日，市药监局门头沟分局全面启动了“两会”期间“三品一械”安全保障专项检查。现场检查药品经营企业30家、电话访查41家，在最短的时间内做到辖区药品经营企业全覆盖。3月15日，顺利完成“两会”期间“三品一械”安全保障专项行动。专项行动历时20天，未发现“三品一械”违法违规行为。

（黄文佳）

【召开工会委员会会议】 3月2日，为进一步推进分局工会民主建设，畅通会员民主参与渠道，经过民主推选，完成了工会委员会的换届工作，召开了第二届工会委员会第一次会议。

（黄文佳）

【召开药品经营企业工作会】 3月初，召开了2011年门头沟区药品经营企业工作会，辖区73家药品经营企业负责人及店长参加了会议。

（黄文佳）

【开办稽查“小课堂”】 3月初，开办稽查执法“小课堂”，通过案件讲解和讨论提升分局稽查执法人员案件办理能力。

（黄文佳）

【电子监管工作】 截至3月10日，区内所需实施基本药物电子监管的生产企业，已全部完成国家药品电子监管网接入，取得了数字证书及电子密钥，赋码设备安装、调试完毕，并进行了人员培训、安装运行确认及非上市产品品种的测试。

（黄文佳）

【自制教材开展培训】 3月中旬，由分局工作人员历时半年、自行编制的《门头沟区药品从业人员培训教程》全部印制完毕，并完成了72家药品经营企业的发放工作，共发放教程300余册。

（黄文佳）

【保健食品电子监管】 3月中旬，运用保健食品电子监管系统，全区生产企业及其品种已100%上线并适时更新；经营企业共有76家企业上线，录入品种48种，占经营企业总数的63%；已进行信息维护的67家，占上线企业的88%。

（黄文佳）

【召开区药监工作会】 3月23日，召开了2011年全区药品监督管理工作会。区领导、市药品监督管理局副局长等领导出席了会议，并为首批聘任的90位药品安全员颁发了聘书。

（黄文佳）

【挑战新闻发言人】 3月28日，举办了“挑战新闻发言人”第一组预选赛，四名参赛队员以模拟新闻发布会现场的形式解读政策、解答提问。6月20日，“挑战新闻发言人”第四组预赛举办，标志着该项活动的预选赛全部结束。“新闻发言人”围绕职能工作，对群众关心的热点问题进行发布。9月7日，“公开政务信息，打造阳光政府”举办“挑战新闻发言人”决赛活动。市药监局、副局长，区委宣传部副部长等领导，作为决赛的特邀评委参加了活动。

（黄文佳）

【抽检通报】 3月底，对2010年辖区“三品一械”抽验工作进行了通报。从抽验结果看，辖区“三品一械”质量整体良好。

（黄文佳）

【召开医疗器械企业工作会】 3月底，召开了2011年医疗器械生产企业工作会，辖区内20家生产企业的企业负责人及质量负责人参加了会议。

（黄文佳）

【荣誉表彰】 4月初，在市药监局“11·20”专案总结表彰会上被评为“11·20”专案先进集体，分局执法人员获嘉奖和表扬。

（黄文佳）

【开展“今天我主讲”活动】 4月11日，开展了“今天我主讲”用药安全宣讲比赛，市药监局领导参加了此次活动，认为分局举办的这次活动有创新、很出色，为在全市范围内开展安全用药宣讲活动提供了宝贵经验。

（黄文佳）

【召开质量监管工作会】 4月12日，召开加强基本药物质量监管工作会。辖区一级以上医疗机构、社区卫生服务中心主管院长及药剂科主任共40余人参加了会议。

（黄文佳）

【组织参观巡展】 4月18日，组织干部职工到区博物馆参观“预防职务犯罪”巡展，警示和教育干部职工牢固树立廉洁奉公、依法行政的意识。

（黄文佳）

【召开企业经营工作会】 4月19日，召开医疗器械经营企业工作会，辖区内143家企业负责人参加了会议。

（黄文佳）

【培训工作】 4月28日，以“巩固专项检查成果，推进医疗器械不良事件监测工作”为主题，对辖区143家医疗器械经营企业负责人开展了医疗器械不良事件培训。7月5日，配合北京医药行业协会，对辖区持有《药品质量管理人员资格证书》的药品从业人员进行了继续教育培训，辖区各药品经营企业的药品质量管理员、药品验收员、药品保管员、药品养护员共150余人参加了培训。

（黄文佳）

【党日活动】 5月5日，局全体职工到帮村斋堂镇的沿河口村开展义务植树主题党日活动。7月6日，局全体党员赴河南红旗渠，开展了“重温艰苦奋斗光荣史，创先争优做贡献”主题党日活动。

（黄文佳）

【专项整治工作】 5月11日，开展食品非法添加和滥用食品添加剂专项整治工作。

（黄文佳）

【与企业签订安全承诺书】 5月17日，与辖区5家药品生产企业签订了《打击食品非法添加和滥用添加剂药品安全承诺书》。与辖区66家药品经营企业签订了《药品安全承诺书》，落实分局“严厉打击食品非法添加和滥用食品添加剂专项工作方案”。

（黄文佳）

【中药饮片监督管理】 5月17日，根据“市药监局关于加强中药饮片经营监督管理的通知”要求，通过培训与专项检查相结合的方式，加强中药饮片经营监督管理。

（黄文佳）

【调研报告获嘉奖】 5月17日，分局撰写的《北京市门头沟区农村药品服务网点的发展变化及监管方式的转变》调研报告荣获市药监局2010年度优秀调研成果一等奖。

（黄文佳）

【安全知识讲座】 5月18日，在斋堂镇举办了用药安全知识讲座，来自该镇30个村的村干部及村民近150人参加了此次培训。23日，分局在雁翅镇房良村开展用药安全知识讲座，为群众讲解与生活密切相关的安全用药知识。

（黄文佳）

【GPS跟踪检查】 6月16日，完成了上半年度GSP跟踪检查工作。对辖区7家药品零售企业实施了跟踪检查。对4家存在严重缺陷项目的企业下发了《监督检查意见通知书》，其中1家因涉嫌违法已依法立案查处。

（黄文佳）

【纪念建党90周年】 截至6月17日，全局31名党员群众已全部参加了人民网庆祝建党90周年党史知识竞赛的网上答题活动，并全部闯关通过，再次掀起了纪念建党九十周年学习教育活动的新高潮。24日，举办了“风雨九十年党在我心中”知识竞赛活动。

（黄文佳）

【稽查交流会】 6月下旬，组织召开了稽查系统第三组第二次培训交流会，市局稽查处、朝阳、怀柔、昌平和门头沟分局的稽查主管领导和稽查执法人员参加了会议。

（黄文佳）

【募捐活动】 6月28日，党支部组织全局党员开展了以“党旗凝聚力量爱心播撒京城”为主题的“共产党员献爱心”捐款活动。

（黄文佳）

【召开监督网工作总结会】 8月1日，召开了2011年药品三级社会监督网半年工作会，辖区13个镇、街道办事处的协管员和分局领导参加。驻北京市药品监督管理局纪检组长出席会议。

（黄文佳）

【调研工作】 7月27日，市药监局领导一行4人来到分局指导调研工作，主要就2011年度门头沟分局承担的市级重点调研课题——“基础测试在京郊药品抽验工作中的重要作用及科学配置分析”与分局课题组成员进行了研讨。

（黄文佳）

【召开安全责任体系工作会】 8月9日，由市药监门头沟分局牵头、区政府主办的门头沟区药品安全责任体系工作会召开。区政府办、公安分局、卫生局、工商分局等15个委办局以及13个镇街的体系成员单位的行政一把手参加了会议。罗斌出席了会议并讲话。

（黄文佳）

【召开质量监管工作会】 8月18日，召开了第二阶段“加强基本药物质量监管工作会”，旨在加强医疗机构基本药物质量管理、规范医疗机构基本药物购进、使用等行为。辖区个体诊所、部分乡镇的农村卫生室共37人参加了会议。

（黄文佳）

【召开民主生活会】 8月26日，召开处级领导班子“学准则、防风险、明纪律、作表率”廉洁自律专题民主生活会，区纪委副书记参加了会议。

（黄文佳）

【召开药品经营企业工作会】 8月，召开了2011年上半年药品经营企业工作会，辖区批发企业及药品零售企业负责人60余人参加了此次会议。

（黄文佳）

【农运会保障动员会】 9月15日，召开了药品零售企业第七届北京农运会保障动员会。辖区五十余家药品零售企业的企业负责人参加了会议。

（黄文佳）

【创建学习型机关经验交流】 10月10日，区机关工委书记带领区城管大队、社会办、经信委、公路分局、旅游局、总工会、环保局7个单位，到市药监局门头沟分局开展创建学习型机关经验交流活动。

（黄文佳）

【保健食品安全风险监测工作】 10月11日，完成了辖区保健食品安全风险监测工作，共抽检保健食品生产品种3个批次，经营品种5个批次，及时送至市药检所检验。

（黄文佳）

【药监开放月】 10月20日，分局主办的“2011年第三季度药品安全新闻发布会暨‘药监开放月’活动启动仪式”隆重举行，区领导罗斌，市药监局副局长郝田仓等出席了活动。区“药品三级社会监督网”成员、“药品安全责任体系”委办局领导以及媒体记者共50余人参加了此次活动。启动仪式后，在为期一个月的时间内，还陆续邀请了社会各界群众近千人前往参观。

（黄文佳）

【取缔非法宣传场所】 1月下旬，协助区公安局、城子工商所联合取缔一处通过免费体验变相销售“高频健康理疗仪”的场所。

（黄文佳）

【新版GMP检查】 11月下旬，市药品认证管理中心对区内一家药品生产企业进行了新版GMP检查。分局高度重视此项工作，由分局领导带队，主管局长和安监科全体参加此次认证工作。

（黄文佳）

【通过ISO9000质量体系外审】 11月28日，市药监局门头沟分局ISO9000质量管理体系顺利通过北京市方圆标志认证集团有限公司专家的评审。

（黄文佳）

【庆祝建局十周年】 12月9日，分局所有在职及已退职工，共同参加局庆活动。

（黄文佳）

【药检所完成药检任务】 年内，按时按质地完成了全年的药品检验任务。全年共完成针对性抽验220批次，其中化学药品117批次，中成药64批次，中药饮片36批次，抗生素3批次，不合格药品2批次，均为中药饮片，不合格率为0.9%。检验品种覆盖基本药物112批次，社区药品52批次，涉及经营单位检品114批次，使用单位检品106批次。此外，还完成药物基础测试220批次，发现可疑药品3批次。

（黄文佳）

财税 金融 保险

财 税

财 政

【概况】 年内，在区委、区政府的领导下，贯彻落实科学发展观，按照生态涵养发展区和首都西部综合服务区功能定位要求，围绕“一带、两线、四点”的空间发展布局，继续加大招商引资力度，加快产业结构优化升级和城市建设步伐。财政部门发挥职能作用，积极组织财政收入，收入规模创下新高，继续深化财政改革，加大财政监管力度，增强财政保障能力，提升财政服务水平，完成了全年预算任务。全年财政收入完成16.87亿元，完成年初预算的145.3%，同比增长58%，实现了历史性突破，增幅居全市之首；财政支出完成54.96亿元，完成年初预算的167%，同比增长20%。完成政府采购预算32653万元，实际采购金额31350万元，实际采购规模同比增长14.3%，节约资金1303万元，节约率为4%。公开招标采购金额29733万元，占实际采购金额的94.8%。

单位名称：北京市门头沟区财政局
地　　址：北京市门头沟区滨河路56号
电　　话：69844680
邮　　编：102300

（吕　娜）

【领导慰问】 1月13日，北京市财政局纪检组长张岚，带队到雁翅镇进行春节前扶贫慰问，首先听取了该镇基本情况及“十二五”时期工作重点、重点项目的介绍，并表示市财政局对雁翅镇的沟域发展和果品基地项目给予资金倾斜支持，提出要保护好雁翅镇现有的历史遗迹，为生态民俗旅游发展打好基础。最后，到付家台村2户生活困难村民家，给他们送去了粮、油、棉被和慰问金。12月31日，区领导韩子荣、王洪钟带队到财政局慰问财政干部职工。韩子荣、王洪钟对2011年财政工作给予了肯定；并对2012年财政工作提出要求。

（谭宝东　林克江）

【为困难群众生活补贴】 1月25日，财政局拨付城乡困难群众生活补贴资金244.994万元，其中：城市低保对象补助资金208.44万元，农村低保对象补助资金26.86万元，五保对象补助资金2.53万元，优抚对象等补助资金7.164万元。

（陈羽佳）

【政府采购管理系统正式上线】 1月，已建设完成区政府采购网，实现采购立项审批管理、协议采购管理、项目采购管理、统计信息管理等五大功能。

（董大鹏）

【树立六项工作作风】 1月，为全面做好财政工作，财政局树立六项工作作风：一是要坚定发展信心，树立迎难而上、奋发有为的思想作风。二是要强化求真务实意识，树立脚踏实地、真抓实干的作风。三是要强化过紧日子的思想意识，树立艰苦奋斗、勤俭办事的作风。四是要强化宗旨意识，树立一切服务于基层、服务于群众的作风。五是要强化责任意识，树立严谨细致、精益求精的作风。六是要强化大局意识，树立密切配合、团结协作的作风。

（梁媛媛）

【住房公积金审核工作完成】 1

月，住房公积金审核单位共计273家，经审核需财政拨款金额6214.2万元。

（李　鹏）

【召开总结表彰会】　2月21日，召开2010年度总结表彰大会。对2010年工作进行了总结，对2011年工作进行了部署，并对先进科室、工作突出科室、先进个人和工会积极分子进行了表彰。会上要求全局干部职工在探索科学化、精细化管理的过程中，统筹兼顾、团结协作，全力以赴确保完成2011年各项财政工作任务。局领导及全体干部职工参加了大会。

（梁媛媛）

【绩效评价五大特点】　2月，财政绩效考评工作突出五大特点：一是绩效考评结果与预算管理相结合，在项目选取上突出将“经常性项目”、“项目完工运行1年至2年的项目”、“为民办实事项目”作为重点考评项目；二是扩大自评试点工作，探索多样化考评形式。确定市政市容委和民政局系统各1个项目开展自评，财政部门进行业务指导；三是加强绩效评价指标体系的科学建立。四是加大绩效考评方案制定力度。五是以项目支出绩效评价为重点，规范操作，加强评价工作的组织实施，以期逐步形成完善的多方共同参与，协调配合，相互联动的有效运行机制。

（曹菲菲）

【落实教育公用经费定额标准】　2月，北京市基础教育公用经费定额标准结合当前办学经费需求不断增长、办学水平不断提高和物价不断上涨等因素进行了调整，新标准年内起实施。新定额标准中大多数定额进行了调整，较原标准有了一定的提高，尤其是幼教综合定额增长幅度较大，由原来的每位在校学生年标准200元的公用经费调整到1200元；另外，扩大了原有公用经费定额保障范围，将原由学生承担的体检费、课外活动费（小学）纳入了财政保障范畴。

（王亚楠）

【落实农村和社区妇联经费】　2月，落实农村和社区妇联工作经费，已建立277个“妇女之家”为基层妇女组织阵地，增强妇联组织的吸引力和凝聚力，按地区女性人口每人每年不低于1元设立建立农村和社区妇联工作经费，年内共安排农村和社区妇联工作经费15.6万元。

（张学敏）

【汽车以旧换新补贴政策结束】　3月9日，为期一年七个月的北京市汽车以旧换新补贴政策正式结束。政策执行期间共办理汽车以旧换新补贴975件，补贴金额1130.39万元。其中办理汽车以旧换新补贴861件，补贴金额1069.5万元；办理汽车以旧换新补差资金补贴114件，补贴金额60.89万元，同时拉动购车消费5400余万元。

（李　青）

【举办会计考试】　3月19日，举行了全区会计从业资格考试。全区报考人员达到1845人，实际参加笔试人员达到1732人，均创历年新高。5月14日，进行了会计初级考试。区内考试报名共计702人，比上一年增加175人。

（王卫华）

【加强内部监督】　3月，从四方面着手，加强内部监督：一是强化队伍建设，要求全体财政干部把握当前形势，提高认识、更新观念，增强财政监督工作的责任感、使命感；二是结合近期发生的几起财政经济案件，召开专题会议，查找工作中可能存在的风险点，及时排除资金安全隐患；三是结合市财政局的工作会议精神，在局内2011年财政检查计划中纳入了“国库内控制度执行情况检查”和“财政资金专户检查”，集中力量清理整顿财政专户；四是进一步加强对资金审核、拨付制度执行情况的检查，确保资金运行合规、安全、高效。

（李　丹）

【出台制度、办法】　3月，制定出台了《门头沟区财政局预算执行分析工作制度》，全面加强对财政预算执行情况的监控和分析。4月，出台《政府采购项目档案管理暂行办法》。4月，财政局出台《门头沟区行政事业单位财政性结余资金管理办法》明确了门头沟区单位结余资金的结转、使用、调整、收回和监管的程序和方法，所有结余资金结转使用一年。7月，制定出台《2012年预算绩效管理试点方案》。

（蒋晶晶　董大鹏　韩小胜）

【缓解中小企业融资难题】　3月，从四方面加大贷款担保政策扶持力度，缓解中小企业融资难题：一是建立和完善中小企业贷款担保体系，增强贷款担保机构能力，加强内部管理，规范行业行为，提高风险防控能力和经营水平；二是推进银保合作。三是不断扩大担保规模和拓展担保业务，不断实现担保理念、功能和产品的创新，与金融机构合作方式的创新，拓宽业务领域；四是规范中小企业贷款贴息及担保费用补助资金的管理，发挥财政资金的引导放大效应，缓解当前中小企业生产经营中的融资难问题；五是加大宣传力度。

（孙立军）

【涉案赃证物资产处置】　3月，采取措施加强涉案赃证物资产处置工作：一是严格管理，加快资产处置。对区公安分局上缴财政的涉案赃证物进行清点、盘查，区分不同类别，办理资产接收手续。严格按照资产处置程序，通过北京市产权交易所对批准处置的涉案赃证物分批次进行资产处置。截至目前，上缴处置收入共计8.45万元；二是梳理工作程序，及时协调相关部门，依据文件规定，细化工作流程，明确各方职责，努力解决涉案赃证物接收和处置过程中的难题；三是配合相关部门，研究分析特殊物品处置办法。针对涉案赃证物的特殊性和复杂性，主动配合资产管理部门分析研究特殊物品的处置流程，降低资产保管的风险和成本，有效提高资产管理水平。

（王雪松）

【落实正版化软件调查】　3月，多措并举落实正版化软件综合统计调查工作。一是将“全区政府机关软件正版化”相关工作与财政“金财”专网各项业务软件使用和管理工作需要相结合，精心组织、积极沟通、有序开展统计调查等各方面工作：二是开展局内自查活动，检查过程做到安全第一、业务不间断、全面彻底、详实记录，形成完整的基础资料；三是根据调查的基础资料为依据，绘制完成全局网络办公设备图样，确认正版化软件认证和授权需求，撰写完成综合统计调查报告；四是配合“全区政府机关软件正版化”相关工作部署，参加调查小组，配合开展全区范围综合调查巡检工作。完善综合调查各项内容资料，上报调查工作档案和报告，完成统计调查工作。

（苏　斌）

【淘汰黄标车补贴工作结束】　3月9日，全区淘汰黄标车补助资金工作结束。政策执行期间服务窗口共办理淘汰黄标车补贴2842件，补贴金额2055.6万元。其中办理转出黄标车1242件，办理报废黄标车1600件。

（李　青）

【区领导调研】　4月7日，区领导韩子荣到财政局调研。听取了财政有关工作情况的汇报，对财政工作取得的成绩给予了评价和认可，并提出具体要求。8月16日，区领导王洪钟等到区财政局调研，听取了财政局工作汇报，对财政部门组织财政收入、推进财政改革、争取资金并统筹安排、科学调度等工作给予了肯定，并提出具体要求。11月27日，区领导王洪钟到财政局调研，听取了财政局2011年收支执行预计情况和2012年部门预算编制情况的汇报，并就资金平衡、统筹安排工作提出了明确的要求。11月13日，韩子荣到财政局调研。听取了2011年收支执行预计情况和2012年部门预算编制情况的汇报，对财政部门统筹安排资金、确保资金平衡和服务全区大局、服务创新发展等工作给予了肯定，并提出具体要求。

（梁媛媛　林克江）

【全民健身】　4月8日，局广播操队，在全区2011年全民健身运动会的广播操比赛项目中获第一名的成绩。

（杨玉民）

【建立投资建设、BT工程库】　4月，会同区审计局招投标建立区内投资建设、BT工程项目中介服务机构库。聘请北京京发招标有限公司，以政府采购公开招投标方式，与10家联合体中介机构签订服务协议，以此形成门头沟区中介服务机构库，为区域经济建设发展提供专业服务，全面满足门头沟区建设工程项目预算、结算、财务竣工决算评审的需要。

（赵玉花）

【支持人口信息网建设】　4月，财政拨款139万元，支持全区全员人口信息网建设。为全区13个镇街的村居配备电脑278台。使全区每个人的基本信息、生育情况等信息输入人口信息管理系统，建立起全区全员人口信息库，并实施数据动态维护，定期统计分析全员人口数据，推进区内人口和计生工作管理水平。

（张桂玲）

【国家农业综合开发重点工程】　4月，采取三项举措启动2011年国家农业综合开发重点工程：一是落实并下达了6个项目建设镇的2011年国家农业综合开发项目批复文件，为项目顺利实施提供法律依据，并组织召开工程开工大会，对项目建设镇布置了工程建设进行镇级招投标项目公示，资金报账，工程监理等工作；二是到项目镇进行设计图纸交流，派驻监理人员入驻项目镇，对工程建设进行全过程监理，为工程建设保质保量按时完成把好关；三是与项目建设镇人民政府签订了2011年国家农发重点工程建设责任书，明确管理责任。届此全区2011年国家农发项目正式进入启动运行阶段。

（连春玲）

【预算编制工作】 4月，从五个方面加强2012年部门预算编制工作：一是坚持厉行节约，控制和降低行政运行成本，严格控制一般性支出。二是加强基础工作，夯实基础数据，提高预算编制的科学性和准确性。三是加强政府非税收入管理，强化综合预算编制，提高部门预算完整性。四是强化财政性结余资金管理，加大结余资金统筹力度，提高财政资金使用效益。五是继续推进部门预算支出绩效评价工作，加强预算绩效管理，积极探索绩效评价结果的运用。

（韩小胜）

【文明机关专项行动】 4月，开展“文明机关创建专项行动”工作：一是结合“政府服务年”建设和“创先争优”主题实践活动，制定工作实施方案，并成立以局一把手为组长的文明机关创建专项行动领导小组；二是明确以改善机关工作环境、改善机关工作作风和优化机关服务为工作重点，对各阶段工作做出具体部署，稳步推进整治工作；三是制定《门头沟区财政局城乡环境整治百日行动达标考评标准》，以此项工作考评结果纳入年内目标管理任务考核；四是组织全体干部职工开展主题为“共建公共环境，共享美好生活”的环境卫生清洁整治活动，掀起了城乡环境整治百日行动的高潮。

（白晓芳）

【网络申购票据】 5月4日起，财政局从市财政局购领财政票据实行网络申购。

（王琳红）

【社会保障预算管理】 5月，从四方面关注社会保障预算执行管理：一是多关注预算单位基础信息库变动情况，提高社会保障预算编制的精细化水平。二是多关注市专项补助资金执行进度，加快资金下达进度。三是多关注历年社会保障专项结余资金执行进度，两年内确实无法支出的及时调整变更项目，提高资金使用效率；四是多关注预算单位集中财务软件使用情况，及时规范预算单位记账不合规行为，提高会计核算的准确率。

（马宏建）

【支持森林防火工作】 5月，切实保障森林防火工作，保证资金及时拨付：一是拨付专项资金110.75万元，重点支持应急救援大队购置森林防火业务用车5辆；二是拨付专项资金111.36万元，支持区内145名应急救援大队队员增加工资，由原来的每人每月1360元，增加到每人月2000元，确保了队伍的稳定；三是安排资金300万元，支持区内森林防火了望塔、防火作业道，完善森林防火指挥系统等基础设施建设。

（谭宝东）

【落实公务用车】 5月，落实公务用车专项治理工作。一是成立专项治理领导和工作机构，进行动员部署；二是重新核定区内公务用车编制数量，执行新的配备标准；三是从登记自查、审查核实、纠正处理三方面逐车核实，清理纠正；四是区公务用车问题专项治理工作领导小组办公室组织专项检查组，对所辖地区、部门和单位进行重点检查；五是依据中央和北京市有关文件要求，结合区内实际，进一步建立健全规章制度，并报市领导小组办公室备案。

（刘　飏）

【主题党日活动】 6月30日，召开庆祝建党90周年表彰大会暨“创先争优，从我做起”主题党日活动。会议表彰了2010年度3个先进党支部和18名优秀共产党员。3名新党员入党宣誓，全体党员一起重温誓词。各党支部共推荐出6名代表进行“创先争优，从我做起”主题交流活动，结合自身岗位，畅谈对创先争优各方面的认识与理解。党组书记许彪对全体党员提出五个表率。

（王　娟）

【慰问老干部】 6月30日，局长带队走访慰问了建国前离退休老党员，为他们送去了鲜花、慰问品和慰问金。

（王　娟）

【“小金库”专项治理活动】 6月，全面展开“小金库”专项治理活动：一是扩大复查范围，凡列入“小金库”专项治理范围的党政机关、事业单位、社会团体和国有企业，全纳入复查范围，确保复查面达到100%。二是以各类票据检查、清理财政专户、会计信息质量检查为平台，重点检查有出租收入、经营收入和其他收入的行政事业单位，监督有关单位及时上缴入库；三是构建治理“小金库”宣传平台，形成预防“小金库”的舆论氛围；四是完善“小金库”治理分工制度。对财政、监察、审计、民政、国资部门提出的具体检查意见，积极整改落实。7月1日至31日，进行了“小金库”检查，包括检查准备、外勤检查、阶段汇报、总结审理和上报等主要工作，对全区10户党政机关、事业单位，

4户国有及国有控股企业，7户社会团体进行了督导和检查，经查，未发现“小金库”问题。

（李　丹）

【争取市级专项资金】　6月，财政局向市财政局反映门头沟区土地储备项目情况和市政基础设施项目所面临的资金困难。经多方努力，市财政局已提前返还区内土地出让收入1.2亿元。

（张鹏鹏）

【加大教育事业支持力度】　6月，多方面加大教育事业支持力度：一是加强城乡教育统筹，不断加大山区中小学校投入力度，提高办学条件。二是加大对学前教育的投入，重点支持公办幼儿园建设，扶持民办学前教育，解决入园难问题；三是大力支持高中教育，投入资金提高办学条件，支持大峪中学高中示范校建设和民族班建设；四是继续支持职业教育，足额安排职业高中学校学生奖学金、助学金和免学费补助资金；五是加大中小学生校外教育的投入，支持素质教育基地建设，安排专项资金用于新建少年宫设备购置，积极争取彩票公益金专项资金，支持区内校外活动场所建设。

（王亚楠）

【信息公开动态管理】　6月，采取措施加强政府信息公开工作动态管理：一是严格履行公开程序。二是建立定期清理工作机制。三是政府信息公开工作责任落实到人。四是加强系统维护和管理。

（梁媛媛）

【支持林木有害生物防控】　6月，筹集专项资金529.96万元，支持林木有害生物防控工作。美国白蛾防控面积3万亩；红脂大小蠹防控面积1300亩；叶松叶蜂、黄褐天幕毛虫、柳毒蛾等防控面积万亩；飞机撒药防治飞防100架次。

（谭保东）

【支持旅游资金投入】　6月，全方面保障旅游资金投入：一是保障基础设施建设投入。安排旅游基础设施建设资金136万元；二是保障旅游宣传资金投入。安排旅游宣传资金117万元，通过北京电视台《天气预报》栏目进行旅游景区推介，提升区内旅游景区知名度；三是大力保障旅游活动资金投入。根据“突出山水特色，打造文化品牌”的宗旨，安排旅游活动资金100万元，拉开了北京市第三届旅游山会的序幕，四是加强旅游管理信息化投入。安排旅游管理信息化投入189.3万元。

（张晓晨）

【支持民生保障资金】　6月，全面落实全区上半年民生保障资金：一是落实城乡困难群众基本生活保障资金。上半年全区享受城乡低保待遇人员7，600户15，829人，支出城乡低保资金3，589.46万元。二是农村困难群众住房改造资金逐步拨付。年内按照5.4万/户的标准为5户优抚对象翻建危房15间，按照4.5万/户的标准为50户社救对象翻建危房150间，共安排资金252万元。三是丧葬补助资金全面保障。截止6月份，按照2009年1月1日后去世的未享受过丧葬补助的人员每人给予5，000元丧葬补助的标准，共为441名无丧葬补贴居民发放丧葬补贴220.5万元。此项补贴享受人数占区内上半年户籍死亡人口的63.3%。

（陈羽佳）

【及时发放离退休补贴】　6月，核实政策调整后离休干部生活补贴标准和发放范围，对全区参加工资统发的187个单位的130名离休干部的信息进行确认；及时下发工作通知，督促工资统发单位及时将增发的生活补贴纳入工资统发系统；协调局内相关科室核对非工资统发单位的离休干部信息，主动与单位沟通，及时发放补贴；国库科、银行积极配合，提前发放7月份工资，确保增发的生活补贴在7月1日前全部发放到位。

（成立霞）

【行政事业资产处置】　上半年，全区行政事业单位资产处置情况是处置资产进场交易数量5747件，处置收入706474元。其中：车辆解体23辆，处置收入4329元，车辆拍卖15辆，处置收入448300元，电子废弃物回收169件，其他资产进场交易5540件，处置收入253845元。

（杜　娟）

【家电下乡补贴】　上半年，共审核办理家电下乡补贴产品4593件，同增加2235件，兑付家电下乡补贴资金108.03万元，同比增加51.27万元。截至6月底，全区共办理家电下乡补贴产品16405件，兑付家电下乡补贴资金420.33万元。

（孙立军）

【启用公益票据】　7月1日，按照《北京市财政局转发财政部关于印发公益事业捐赠票据使用管理暂行办法的通知》要求，全区正式启用《北京市公益事业捐赠统一票据》。

（王琳红）

【公益性组织专项资金检查】 7月，历时三个月，对全区13个镇、街公益性就业组织2009年—2010年就业专项资金使用管理情况进行检查。检查内容主要包括就业专项资金拨付到位情况，使用情况和会计核算情况，及有无扩大开支范围、挤占挪用等现象。通过此次检查，发现个别单位存在着就业专项资金结余较多、超范围支出、会计核算不规范等问题。

（马　骏）

【支持为民办实事工程】 7月，全力保障为民办实事防汛工程建设资金。拨付专项资金保障为民办实事防汛工程建设，共修建防洪墙27处1855米、排洪沟6处1150米、塘坝维修4座、沟道及塘坝清淤24821立方。

（谭保东）

【“两癌”筛查工作】 7月，局内拨付专项资金154万元，免费为适龄妇女“两癌”筛查工作。以2011年-2012年两个年度为一周期，在自愿的基础上，对全区的35至59周岁妇女54481人开展免费“两癌”（乳腺癌、宫颈癌）筛查工作，逐步形成两癌筛查的制度化、规范化、长效化的工作机制。

（张秀君）

【创先争优活动】 7月，创先争优活动突出“五个表率”：一是做讲党性、重品行的表率。二是做讲发展、重创新的表率。三是做讲学习、重提高的表率。四是做讲实干、重实效的表率。五是做讲廉洁、重自律的表率。

（王　娟）

【代理记账】 7月，全区代理记账机构报备结束。共批准代理记账机构23户，其中有14户代理记账机构按时报送，其余9户未能按要求报送，未参加年检。

（周　军）

【BT项目】 7月，采取措施保证全区BT项目有序实施：一是组织区工程中心、水务局和审计局等相关单位召开BT项目协调工作会。二是从具备审计和造价咨询资质的“门头沟区投资建设工程项目中介服务机构库”中选取中介公司对区内BT项目实施全过程资金监管，加强专业监控力度；三是牵头召开BT项目全过程资金监管对接工作会，向BT项目各相关单位分解细化各项工作，保证各监管中介公司与中建股份公司尽快完成工作对接。

（张鹏鹏）

【完成公务用车登记】 7月，完成全区公务用车全面登记自查工作。此次登记自查工作涉及全区391个单位，属于治理范围的单位有312个，其中：行政单位64个、人民团体9个、全额拨款事业单位226个、直属事业单位13个。实际配车1108辆，其中：小轿车452辆、越野车104辆、特种专业技术用车240辆、其他车辆312辆。

（刘　飏）

【首次会计无纸化考试】 8月6日、7日，全区首次会计从业资格无纸化考试结束。此次考试参考考生1140人，分设两个考点（财政局财会管理教育中心、区教委信息中心）进行。此次考试各科出考率较以往有大幅提升，均提高二十多个百分点。财经法规达95.56%，会计基础达96.68%，会计电算化达94.43%。有313人通过考试，考试合格率为27.5%。

（王卫华）

【财政收入提前完成全年目标】 截止8月15日，全区财政收入完成119913万元，提前四个半月完成财政收入年度预算任务116000万元的既定目标，完成年初预算的103.4%。同比增加49572万元，增长70.5%。

（张　琪　王一桥）

【财政评审】 8月，采取措施推进财政评审工作：一是积极扩展评审工作范围。二是为满足投资建设、BT工程项目预算、结算、财务竣工决算评审的需要，通过公开招投标方式，聘用了10家联合体中介机构，形成中介服务机构参与评审的良性机制；三是增强主动服务意识。四是打破原有的“报审资料齐全、符合评审要求，再介入评审”的工作模式，实行“分单项工程形式报送评审”的工作模式；五是财政内部实行联动机制，实现无缝衔接。六是缩短工作时限，对基础设施类的项目，评审时限由原来的最长不超过15个工作日改为最长不超过5个自然日。

（林克江）

【支持区防震减灾工作】 9月，采取支持防震减灾事业：一是重点支持地震知识日常宣传、地震科普宣传平台建设。二是加强“三网一员”建设，对地震前兆观测人员、防震减灾助理员、地震宏观联络员、地震灾情速报员、地震应急救援志愿者进行专业知识培训，促进区县技术交流，配备必要的应急救援装备，增强面对地震灾害应急救援能力，提高区防震减灾群测群防工作的专业技术水平；三是加大地震应急避难场所建设，确保人民群众紧急避险的需求。目前，依托现有的公园、绿地和大型公共设施，门城地区已建成7个地震应急避难场所，面积36.9万平方米，可容纳紧急避险人员18万多人，有效增强了区应对突发事件的紧急避险能力。

（刘伟宏）

【保障供热安全资金】 10月，保障全区供热安全资金。总补贴住宅面积达3751105平方米，总补贴金额为4213.09万元，其中市级补贴资金3370.47万元，区级补贴资金842.62万元。

（赵 欣）

【重点工程完成情况】 截至11月底，重点工程已完成平整土地和扶唇垒堰6600亩；修建田间路和田间步道4万平方米；整修护地坝2400米；护栏1700米；新建田园景观、景致设施共21处；进行生态护坡460平方米；进行低效林改造400亩；种植经济林和补植玫瑰2200亩；新建蓄水池8座；维修集雨池3座；新建扬水站和小截流2处，铺设输水管道1500米。共动用土方1.3万方；石方7千方；水泥8千立方米；砌砖800立方米；栽植经济作物和苗木12万株。有460余个农民劳动力通过参加农发工程建设增加了收入。区财政已拨付报账资金1344万元用于国家农发重点工程建设。

（连春玲）

【发放困难补贴】 11月，及时拨付城乡困难群众一次性临时生活补贴资金。为全区14，842名困难群众拨付补贴资金预算296.84万元。

（陈羽佳）

【保障困难群众温暖过冬】 11月，财政局三方面保障群众过冬：一是2011年至2012年采暖季，按照每户400元救助标准对城乡居民困难群众采暖季燃煤自采暖给予补贴，在此基础上，对农村低保对象每户补助400元，对农村分散供养五保对象、城市分散孤老每户补助1000元，全区共安排资金421.14万元；二是对8个镇级敬老院及区儿童福利院拨付冬季采暖临时补助资金57.86万元；三是按照《门头沟区2011－2012年度预防煤气中毒工作方案的通知》要求，为全区城乡低保对象及优抚对象中使用煤火取暖的贫困群体，免费安装民用一氧化碳报警器安排资金111万元。

（陈羽佳）

【扶持信息化建设】 11月，安排专项资金1043.14万元，用于建设门头沟区“高清交互数字电视政务信息发布系统”、“区旅游综合管理应用系统”、“政务信息资源共享交换平台（二期）”等8个信息化重点项目，已基本完成。

（陆 宽）

【争取福利彩票公益金项目】 截至11月，财政局争取福利彩票公益金项目资金。市财政已下达6个项目利用彩票公益金资金共216.45万元，其中34万元用于支持2个未成年人校外活动场所项目，182.45万元用于支持4个镇的社会福利中心维修改造。

（王琳红）

【保障全区食品安全工作】 12月，全方面保障全区食品安全工作：一是投入35万元食品抽检抽测资金，保障了包括保健食品在内的65大类食品共计1000个样本的抽检任务。全区共抽检样本1391个，合格样本1353个，合格率为97.26%，达到全市标准要求；二是投入39万元食品安全宣传培训资金，用于30余万手机用户短信食品安全提示及其他电视、报刊等媒体宣传，以及全区食品经营主体3800家负责人和主要从业人员参加的培训；三是投入33万元专项食品安全检查资金，支持元旦、春节、“两会”、五一、国庆、“三项赛事”期间食品安全保障工作、“乳粉”清查工作专项整治工作、地沟油和餐厨废弃物专项整顿工作及非法食品滥用、添加剂“严打”行动。

（徐 枫）

【乡村公路建养投入】 年内，加大乡村公路建养投入力度，2007年至2011年，投入乡村公路修建、养护资金共计9757.28万元。乡村公路年养护445公里，实施乡村公路修建项目106个，总长220公里。

（孙立军）

【扶持低收入村产业发展】 年内，争取专项资金，扶持低收入村发展。共拨付专项资金280万元扶持清水等4镇、双石头等9个低收入村的产业发展。一是扶持蛋鸡养殖。新建600平方米蝗虫饲养棚架，新增1000余只鸡雏，购置饲料5000余斤；二是扶持农产品深加工。新建和扩建杏核加工厂房200平方米，购置加工设备6件（套），增加蜂群300群，开发蜂产品销售和包装；三是解决小枣基地等配套设施。修建蓄水池1座，铺设管道1000余米，修建田间路600米，施有机肥300亩。

（连春玲）

【支持公交客运票制改革】 年内，开通23条村村通公交线路，日发车172车次，年运营283万公里，财政局大力支持此项工作，共计拨付1100万元作为村村通公交客运补贴。

（孙立军）

【支持普法经费保障】 年内，是"六五"普法的第一年，年初预算安排普法专项资金50.89万元，比上年增加10.39%，在资金方面全力保障普法工作顺利开展。

（王雪松）

【重点项目资金安全】 年内，采取措施保证重点项目资金的安全使用：一是完善重点工程资金制度建设情况。二是以资金管理促制度建设，逐步形成了基本建设资金的管理体系。三是加强重点工程资金监管的机制创新。

（张鹏鹏）

【预算支出绩效评价】 年内，预算支出绩效评价工作突出四大特点：一是与部门预算相衔接。二是与社会资源相结合。三是与信息公开相适应。四是与评审、监督相结合。

（王一桥）

【加大教育收费管理】 年内，采取措施，加大教育收费管理：一是出台代收费文件，确保收费工作开展。二是开展教育收费检查工作。三是及时总结并整改检查中的问题。

（王琳红）

【严把资产"出口"关】 年内，采取三项措施严把国有资产"出口"关：一是完善内部监管体系，优化工作流程，制订内部处置资产操作流程，使资产处置管理从上到下、从里到外，有章可循；二是推进盘活与处置资产协调发展，运用资产动态系统，全面掌握处置资产状况，并到实地核实处置资产现状，对有使用价值暂不需用的资产存放在库房里，充分发挥存量资产的使用价值；三是强化监督检查，资产处置公开化。组织专项检查和运用资产动态系统，全面监控单位处置资产情况。以北京市产权交易所为处置资产平台，实现对处置资产的公开、透明管理。

（杜　娟）

【支持社区民警工作】 年内，安排社区民警驻区制工作经费1，495，508.2元。在门城地区建立单警驻区制模式，社区民警居住在所管辖社区，全天候不间断开展各项社区警务工作。区财政全力保障各项相关经费，一是安排资金为不涉及拆迁的26个社区警务工作站统一更新外观标识，配齐相关办公设备，改善社区警务工作站的硬件环境；二是为新聘用辅警人员配备统一制式服装，加强辅警人员管理，提高社区警务工作水平；三是增加社区民警伙食补助，并为居住地较远的社区民警解决生活用房问题，保障驻区民警正常生活。

（王雪松）

【政府采购情况】 年内，完成政府采购预算32653万元，实际采购金额31350万元，实际采购规模同比增长14.3%，节约资金1303万元，节约率为4%。公开招标采购金额29733万元，占实际采购金额的94.8%。

（董大鹏）

【投资评审情况】 年内，共接受委托工程预（结）算、编制工程控制额度、科技项目、道路工程拆迁项目、竣工财务决算、设备购置项目六大类评审257项共442个分项：1. 报审工程预（结）算项目217项共367个分项，总报审金额97164.54万元；审定金额86447.92万元，审减金额10716.62万元，审减率11.03%。2. 编制工程控制额度项目8项共9个分项，依据单位提供的施工图纸编制工程控制额度1634.61万。3. 共完成科技类项目评审3项（共37个单项），报审金额1183.01万元，审定1109.33万元，无法确认金额4.06万元，审减69.62万元，审减率5.9%。4. 道路工程拆迁项目4项，总报审金额5007.7万元；审定金额4524.61万元，审减金额483.08万元，审减率9.56%。5. 竣工财务决算完成13项评审，审定金额4201.2万元。6. 设备购置项目评审12项，总报审金额1567.01万元；审定金额1502.08万元，审减金额64.93万元，审减率4.14%。

（赵玉花）

【资产处置情况】 年内，区行政事业单位处置资产进场情况。交易数量3020件，处置收入114.8万元。其中：车辆解体41辆，车辆拍卖19辆，处置收入58.4万元；其他办公设备进场交易2550件，处置收入37.2万元；罚没物资处置239件，处置收入19.2万元；电子废弃物回收378件。

（杜　娟）

【保障为民服务中心资金】 年内，支付为民服务中心资金。拨付资金198.4万元保障全区为民服务中心工作。专项资金用于启用热线号码61696156、短信号码和服务网站，设立全区呼叫求助平台，24小时人工接听受理，全程跟踪式服务等。年内区为民服务中心共受理案件5329件，结单率100%，办结率88%，办结事项的群众满意率100%。

（徐 枫）

【中小企业贷款情况】 年内，中小企业贷款担保中心受理的担保业务13笔，通过项目评审向市首创担保公司推荐了10笔，为企业提供贷款担保资金3620万元。年内，共向首创担保公司推荐122笔，累计为企业提供贷款担保资金42200万元。

（孙立军）

【招商引资情况】 年内，区招商引资纳税企业5948户，纳税总额287869.79万元，同比增长39.77%，占全区纳税总额的56.43%，创造财政收入92553.15万元，同比增长51.71%，占全区财政收入的59.87%万元。

（鲍秀珍）

【保障优抚安置资金】 年内，为56名城乡三属、71名城乡复员退伍军人及57名城乡残疾军人累计发放定期生活补助283.56万元，为167名残疾军人累计发放抚恤金144.87万元；二是优先保障义务兵及三属优待金全面落实。按照每人每年1.8万元的标准为223名义务兵发放优待金401.4万元；按照每人每年600元的标准为44名农村烈属发放优待金2.64万，累计安排资金404.04万元；三是复退军人自谋职业补助金全额保障。按照退伍军人一次性自谋职业补助金30，000元，并在此基础上，退役士官每增加一年服役期增加补助金1，000元；对自己联系到外区单位就业的退役士兵给予一次性奖励2，000元的标准给予补助，全年拨付“复退军人自谋职业补助金”209.8万元。

（陈羽佳）

【支持民生工程】 年内，采取措施保障和改善民生问题。一是启征城市基础设施建设费。截至11月底已收缴4779.96万元。二是支持区门城地区主要大街两侧楼体、标志性建筑、商业街、公园、门亭、桥梁等夜景照明工程。三是解决冯村地区百姓生计、生活等问题，筹措资金为在年底前妥善解决冯村地区130名超转老人和650名转工人员的农转非事宜提供了资金保障。

（赵 欣）

国家税务

【概况】 门头沟区国家税务局实有干部、职工277人，内设机构12个科室（另设机关党委办公室）、直属机构1个（稽查局：内设6个科）、派出机构共6个税务所，事业单位3个，所辖纳税企业12054户。

年内，在市局党组和区委、区政府的领导下，领导班子团结一致，带领全局干部职工在新的起点上，开展工作，努力实践聚财为国、执法为民的服务宗旨，积极应对新的机遇和挑战。通过加强税收调研分析，强化组织收入措施，严格目标管理考核，优化纳税服务手段，深入推进风险管理，加强队伍建设、党风廉政建设，各项工作取得了可喜的成绩，全年累计完成各项税收收入254605万元，同比增加49380万元，增长24.1%，完成市局下达计划224528万元的113.4%，税收收入首次突破25亿元，提前51天完成税收计划任务。区级税收累计完成35686万元，同比增加7823万元，增长28.1%，完成计划的119.7%，提前68天完成计划任务。

单位名称：北京市门头沟区国家税务局

地　　址：北京市门头沟区新桥南大街39号

电　　话：69865090

邮　　编：102300

（陈 宁）

【远程坐席顺利上线】 1月4日，门头沟国税局12366远程坐席上线。

（陈 宁）

【与企业开展调研活动】 1月5日，局领导就出口退税工作与北京兴源诚经贸发展有限公司负责人进行点对点的座谈交流。12月29日，局领导带领税务干部对门头沟烟草公司进行点对点业务辅导。

（陈 宁）

【加强党风廉政建设工作】 1月13日，召开2011年第一次党风廉政建设领导小组会议，全面实施“廉政强化工程”战略。3月8日，召开了2011年党风廉政建设工作会及2010年度目标管理考核表彰会。会上对在2010年度获得各种奖励的单位及个人进行了表彰。局领导作了题为《增强责任意识强化监督检查努力开创门头沟国税局反腐倡廉建设新局面》、《坚持标本兼治狠抓责任落实扎实推进党风廉政建设和反腐败工作深入开展》的报告。7月26日，召开了2011年上半年党风廉政建设领导小组工作会。

（陈 宁）

【市、区两级领导调研】 1月21日，国家税务总局电子税务管理中心领导，到局内考察翻建北京市国家税务局数据备份中心和门头沟局综合办公楼装修工程情况。3月16日，市国税局保卫处处长一行到局内就安全保卫工作进行调研。4月12日，国家税务总局规划核算司领导在市国家税务局副局长及相关处室领导的陪同下到门头沟国税局进行工作调研。13日，市国税局副局长到门头沟国税局进行工作调研。5月17日，区纪委领导到局内检查指导落实区委“三重一大”决策制度工作。7月11日，区领导韩子荣到局内调研指导工作。9月21日，市局纪检组长率市局检查组一行7人到局内就贯彻落实《廉政准则》的总体情况进行检查指导。12月31日，区领导韩子荣、王洪钟一行到局内慰问工作在一线的税务干部。

（陈　宁）

【召开年度工作会】 2月16日至17日，召开了2011年工作会议，局领导班子成员、处级调研员、各部门一把手参加了此次会议。局长作了题为《凝心聚力开拓创新努力推动门头沟国税事业迈上新台阶》的工作报告，传达了北京市国家税务局工作会议精神，对2010年全局各项工作进行了总结，并就2011年工作进行了部署。

（陈　宁）

【市国税局召开座谈会】 3月16日，市国税局督察内审处在门头沟国税局召开2011年执法督察工作座谈会。3月23日，市国税局西片地区收入规划核算工作座谈会在门头沟国税局召开。5月26日，市国税局部分区县局固定资产盘点工作汇报会在门头沟国税局召开。

（陈　宁）

【召开税检联席会】 3月23日，与门头沟检察院召开了2011年税检联席工作会议。

（陈　宁）

【加强队伍建设】 3月31日，组织全员分三个考区进行2011年综合知识考试。4月13日至5月16日，委托河南省税务干部学校举办了两期门头沟国税局科级领导专门业务培训班。5月4日，局团总支组织团员、青年到斋堂镇马栏冀热察挺进军司令部参观，并组织开展了青年座谈会。6月24日，组织全局干部及离退休干部共315人参加建党90周年知识答题活动。6月13日至7月9日，委托怀柔培训中心举办四期全员干部更新知识培训班。10月26日，召开了为民服务创先争优先进事迹报告会暨工作推进大会。11月25日，举办了一期计算机基础知识及WPS操作软件培训班。29日，廉政演讲活动结束。12月15日，召开内网维护工作培训会。

（陈　宁）

【开展税收宣传月活动】 4月8日，门头沟国税局、地税局举行“互驻办税服务厅”启动仪式，12日，组织召开2011年特约监察员座谈会，7名新聘特约监察员参加了会议。13日，市、区国税局、地税局相关领导、门头沟区纳税信用A级企业代表等100余人在中门寺森林公园共同举办了“税收凝聚你我贡献，税企共建生态新区”为主题的植树活动。22日，组织专门的宣传工作小组到月季园社区，开展“税收宣传进社区”活动。同日，区国税局、地税局、公安局三部门联合在区体育馆前广场开展打击发票违法犯罪税法宣传活动。27日，与新桥路中学举行“税收教育基地”揭牌仪式。28日，召开重点税源企业座谈会，共话税收发展。

（陈　宁）

【参加市、区各部门组织活动】 4月13日、14日，组织干部210余人，分两批参观了区纪委、宣传部、检察院联合举办的“北京市预防工程建设领域职务犯罪巡展活动”。28日，参加门头沟区以“当好主力军、建功十二五，加快建设现代化生态新区”为主题的庆“五一”劳动者风采展示系列活动。5月6日，组织球队参加“贺龙杯”中国业余篮球公开赛（CBO）暨门头沟区第十三届“篮协杯”篮球比赛。7日，局团员青年参加区内组织的以“我们的世界大家的行动”为主题的红十字会宣传活动。6月9日，参加“唱支红歌给党听”门头沟区纪念中国共产党成立90周年群众歌咏比赛暨第四届门头沟合唱节。10月6日至7日，完成首届环北京职业公路自行车赛志愿者服务任务。15日，2011筑福杯第三届北京市体育大会篮球赛获乙组冠军。

（陈　宁）

【组织爱心捐款、捐物活动】 4月14日，组织“博爱在京城”募捐活动，捐款共计6790元。10月28日，组织“冬衣送暖”捐赠活动，共捐赠棉衣、棉被298件。

（陈　宁）

【召开纳税信用A级企业授牌会】 5月20日，门头沟国税局、地税局联合召开纳税信用A级企业授牌大会，48家企业获得2011年－2012年度纳税信用A级企业称号。

（陈　宁）

【庆祝建党90周年活动】 6月20日，组织以“每个共产党员向党诉说最能表达心意的一句话”为内容的“万名党员寄心语”活动。29日，举行庆祝中国共产党成立90周年暨先进党支部、优秀共产党员表彰大会。6月至7月，局各党支部开展“党在我心中”特色党日活动。7月12日，组织税务干部到中华世纪坛参观“一切为了人民”－北京市纪念中国共产党成立90周年展览。9月16日，召开了局机关换届选举党员代表大会。

（陈　宁）

【发票宣传月突出亮点】 7月15日，国税局组成发票宣传小分队到局税收教育基地——区新桥路中学开展发票宣传活动。22日，区国税局、地税局联合在双峪集贸市场开展发票宣传活动。

（陈　宁）

【开展纳税服务月活动】 8月8日，举行纳税服务月活动启动仪式，正式启动网络博客——门头沟12366。13日，中央电视台东方时空节目对门头沟国、地税联合办税进行了采访报道。31日，举办服务礼仪培训班。

（陈　宁）

【联合办理税务登记启动】 11月10日，门头沟国、地税联合办理税务登记工作启动。

（陈　宁）

【开展普法宣传活动】 12月2日，开展上街普法宣传活动。

（陈　宁）

【召开局领导班子述职述廉会议】 12月29日，召开了2011年局领导班子述职述廉大会。

（陈　宁）

【下属单位情况】

单位名称：门头沟国税局第一税务所
地　　址：门头沟区石龙工业区雅安路9号
电　　话：60803707
邮　　编：102300

单位名称：门头沟国税局第二税务所
地　　址：门头沟区石龙工业区雅安路9号
电　　话：60803723
邮　　编：102300

单位名称：门头沟国税局第三税务所
地　　址：门头沟区石龙工业区雅安路9号
电　　话：60803719
邮　　编：102300

单位名称：门头沟国税局第四税务所
地　　址：门头沟区斋堂大街50号
电　　话：69816731
邮　　编：102309

单位名称：门头沟国税局第五税务所
地　　址：门头沟区石龙南路25号
电　　话：69806941
邮　　编：102300

单位名称：门头沟国税局第六税务所
地　　址：门头沟区石龙工业区雅安路9号
电　　话：60803717
邮　　编：102300

单位名称：门头沟国税局稽查局综合科
地　　址：门头沟区石龙南路25号
电　　话：69803310
邮　　编：102300

单位名称：门头沟国税局稽查局综合选案科
地　　址：门头沟区石龙南路25号
电　　话：60803007
邮　　编：102300

单位名称：门头沟国税局稽查局检查一科
地　　址：门头沟区石龙南路25号
电　　话：69802513
邮　　编：102300

单位名称：门头沟国税局稽查局检查二科
地　　址：门头沟区石龙南路25号
电　　话：69804296
邮　　编：102300

单位名称：门头沟国税局稽查局案件审理科
地　　址：门头沟区石龙南路25号
电　　话：69804072
邮　　编：102300

单位名称：门头沟国税局稽查局执行科
地　　址：门头沟区石龙南路25号
电　　话：69803235
邮　　编：102300

单位名称：门头沟国税局票证中心
地　　址：门头沟区石龙工业区雅安路9号
电　　话：60803709
邮　　编：102300

（陈　宁）

地方税务

【概况】 北京市门头沟区地方税务局（简称区地税局）共有干部职工249人。设置14个职能科室、1个稽查局、10个税务所和1个机关后勤服务中心。主要负责门头沟辖区内19127个税源户的税收征管工作。

（一）税收收入呈现高速增长态势。年内，区地税局组织各项税费收入274806万元，同比增收91595万元，增长50%。地方公共财政预算收入225754万元，同比增收85551万元，增长61%。区级收入118412万元，同比增收46900万元，增长65%，完成区政府下达年度计划79448万元的149%，比区政府计划超收38964万元（不含由保险公司代征的车船税），税收增幅名列全市第一。

（二）征管基础工作进一步夯实。从征管基础工作入手，严管理，促规范，求实效。一是加强国地税征管协作，强化税源管理。通过与区国税局交换数据，对比分析，规范税源户信息，强化对税源户的管理。截至2010年年底，区地税局有正常户19127户（含个体户6127户），与上一年同期相比，企业户增加了1085户。在区内登记注册的企业中，注册资金1亿元（含）以上的40户，全年新增7户；注册资金1亿元以下5000万元（含）以上的75户，全年新增8户；注册资金5000万元以下1000万元（含）以上的671户，全年新增54户。二是完善征管制度建设。配合区政府起草了《门头沟区加强区域税源综合管理服务暂行办法》，初步形成了全区各部门共同协税护税的新格局；制定了《门头沟区地方税务局重点税源户变动管理办法》，加强了对重点税源的监管工作；制定《门头沟区地方税务局关于明确税务档案归集整理时限及部门职责的通知》，规范税务档案的归集整理。三是夯实基础工作。切实抓好“四率”考核，每季度制作税收征管状况监控分析情况表并进行通报；全年登记率始终保持在100%，平均申报率为99.99%，平均入库率为99.99%；严格检查个体工商户的税收优惠政策落实情况；规范发票核定数据，降低执法风险。四是个人出租房屋税收委托代征工作得到落实，工会经费代收工作全面开展。

（三）税收职能作用进一步发挥。从落实好税收政策入手，强化基本职能作用的发挥。一是组织召开企业所得税汇算清缴相关税收政策培训会，为汇算清缴工作的实施奠定了良好基础。二是建立了政策反馈机制，确保了反馈渠道畅通和税收政策的有效落实。三是做好个人所得税法修改后的宣传、解释工作，确保政策全面落实，纳税人全面知晓。四是通过下户走访，加大了房产税、城镇土地使用税的征管力度，实行差别化土地增值税预征率。五是做好城建税、教育费附加扩征工作。六是安排落实存量房交易评估计税价格试点工作。

（四）依法治税力度进一步加大。从依法治税入手，不断规范执法行为。一是加强督察内审工作，规范日常执法行为。年内共开展两次日常执法检查，并完成税收执法督察工作，共检查案卷225份，进一步规范了执法行为。二是完成规范性文件清理工作，清理有效文件610个。三是以日常评估软件为依托，加大了对疑点问题的处理能力。年内，专项评估183户，日常评估1002户，评估补税2510.24万元。四是稽查工作按市局稽查工作相关要求有序开展。全年稽查立案204户，结案155户，查补税款滞纳金罚款643.45万元。年内，区地税局被北京市“五五”法制宣传教育领导小组评为北京市“2006年至2010年”法制宣传教育先进集体。

（五）纳税服务水平进一步提升。从贴近纳税人需求入手，深化、细化、优化服务举措。一是国地联办促效能，创新优化窗口服务。在全市税务系统率先试行了国、地税服务大厅互设办税服务窗口，并实现了联合办理税务登记的新突破，初步实现了纳税人“进一家门办两家事”，中央电视台东方时空栏目进行了报道。二是整合纳税服务资源，打造全功能、标准化办税服务厅。强化服务区域功能，在办税服务厅进一步调整和规范了七个功能区域设置。强化服务职能，提供多样化、人性化办税服务，最大限度地满足纳税人的办税需求。三是发挥“五个作用”，做好纳税辅导。发挥基层税务所季度培训例会和日常纳税咨询的作用；发挥税务学会桥梁的作用；发挥专业税务所专业培训的实效作用；发挥重点税源企业服务机制作用；发挥网络平台的便捷作用。年内共举办季度例会12期，纳税人座谈会5次，参会人数近万人。税务所召开专题辅导培训7次，参会人数1200余人。开展走访服务

347户，其中局长带队走访21户。另外，在全国第20个税收宣传月之际，举办了“税收凝聚你我贡献，税企共建生态新区”国地税与纳税信用A级企业植树活动，中国财经报、中国税务报、北京日报等多家媒体进行报道。四是有效落实AB角工作制，不断提升纳税服务质量。实行部门第一责任人负责制，制定“全程处理”工作标准，建立留言制度，成立综合服务组，公示AB角人员名单，做好内外双重监督。

（六）党建工作水平进一步增强。在创先争优活动中，局机关党委围绕“优化服务”这个目标，突出加强党的建设。一是通过佩戴党徽、摆放标牌、亮出承诺，强化党员责任意识。组织开展的“三项评议”工作，有效促进了党员作风的转变。二是在局内网开辟“创先争优”阵地，积极宣传先进典型，发挥了先进支部和优秀党员的示范引导作用。编辑《创先争优简报》30期、党建课堂10期，为活动开展营造了良好的氛围。三是围绕建党90周年搞好主题活动，开展了“五个一”主题系列活动，激发支部活力和党员爱岗敬业精神。

（七）干部队伍建设进一步加强。一是进一步强化干部量化考核。制定并实施《正科级干部量化考核管理办法》和《税务所工作量化考核管理办法》。通过合理设置考核项目，细化考核分值，切实反映中层正职领导干部工作实绩和税务所一般干部的工作情况，并据此与督察考核奖挂钩，实施奖惩。二是进一步加大干部选拔、任用、交流的力度。根据工作需要，全年新提拔任用3名科级领导干部。落实京组发〔2010〕15号文件精神，按照职数情况和规定条件，完成了对10名符合晋升条件的副主任科员转任主任科员工作。加大干部交流力度，全年共计交流干部41人次。制定了党组会讨论任免干部票决实施办法，对2名干部的晋升首次使用了票决制。三是进一步加强了教育培训，档案管理工作。通过开办地税讲坛，举办更新知识培训，拓展干部的知识视野，提升业务能力。全年完成7次地税讲坛，组织14人参加执法资格考试和11人的岗前培训，并对全局228名公务员的培训进行及时的证书登记和系统录入。通过对HRP人事管理系统认真的维护，实现人事档案与系统的统一，进一步规范了全局干部的档案管理工作。

（八）党风廉政建设进一步深化。党风廉政建设的好坏直接影响着税收中心工作的完成，关系到能否为全局各项工作提供一个政治保障。年内的党风廉政建设主要体现在三个方面。一是开展廉政风险防范管理工作“回头看”活动。分部门、分重点的制作了业务流程风险防控图65个，在局内网进行公示，进一步完善廉政风险防控标准。二是加强了两权监督，尤其是对三重一大事项决策制度贯彻执行情况进行了重点监督检查。三是局综合行政检查组每月通过实地查看，抽查网络安全系统、12366电话录音系统，查看意见簿、意见箱等方式对干部日常从政行为进行检查，最后通过《行政监察通报》向全局通报检查情况，这此措施有力地规范了干部日常从政行为。

（九）地税文化建设进一步推进。一是加强基层税务所建设。召开基层税务所建设现场会，借鉴王平所好的经验和做法，推动文明机关创建，加强基层税务所建设，把地税文化建设引向深入。年内被评为“门头沟区城乡环境整治百日行动先进单位”。二是加大投入力度，提升干部文化素养。局党组购置图书充实机关、石龙、山区税务所图书室，提升干部的文化素养。全年购买图书几千册，征订各种报刊、杂志30余种，供广大干部职工借阅，营造浓厚的文化氛围。在区文联的支持和帮助下，完成了《河畔》杂志第二期的编撰、出刊工作。三是汇民心解民意，办公环境进一步改善。有计划、有步骤地对全局的部分基础设施进行了必要的修缮和改造，使干部的办公环境得到进一步改观。四是发挥工会作用，开展各项活动。工会发出了全民健身的倡议，每季组织一次活动。先后举办了新春联欢会、春季跳绳比赛、健身走等系列活动并在全区合唱比赛中，荣获“一等奖”，还获得了“北京市第八届全民健身体育节先进单位”的荣誉称号。

单位名称：北京市门头沟区地方税务局
地　　址：北京市门头沟区滨河路52号
电　　话：69848224
邮　　编：102300

（*李彦泽*）

【扶助、共建工作】 1月12日，与丰台局共同到清水镇共建帮扶贫困村走访慰问，为胜利村的贫困村民送去生活用品。同时，两局领导就如何进一步拓展帮扶项目、增加农民收入、扩大帮扶效果，与村、镇领导达成了共识。

（*李彦泽*）

【召开党建工作会】 1月20日，召开机关党委扩大会，局机关党委委员、各支部书记参加了会议。会上，各支部书记总结汇报了

2010年支部工作，提出2011年组织工作设想。大会投票评选出2010年度“优秀党支部”，并通过了支部“优秀共产党员”推荐名单。10月25日，组织全体机关党委委员和各党支部书记召开党的建设推进工作会，会议总结了前一阶段开展创先争优活动、纪念建党90周年系列活动及党务公开等工作情况，并对下一阶段党建工作提出具体要求。11月14日，召开党组理论中心组扩大会，对十七届六中全会精神进行了第二次集中学习。党组理论中心组成员与机关党委委员、各党支部书记一起观看了专题辅导讲座《改革开放以来的文化发展与我党的文化自觉》。

（李彦泽）

【举办新年联欢会】 1月26日，举行迎新春联欢会。区工会领导、市局档案处的领导及全体干部与门头沟局干部职工，喜迎新春。干部们自编、自演了文艺节目。

（李彦泽）

【走访、慰问活动】 1月27日，市地税局到斋堂税务所、王平税务所和纳税服务大厅进行慰问。2月9日是春节后首个工作日，局班子成员带领相关科室干部，到各税务所、稽查局和机关各科室慰问干部职工，了解各部门节日期间情况和人员到岗情况，为全局干部职工送去了新春的祝福。12月31日，区领导一行慰问了局内干部职工。局内就门头沟局2011年税收完成情况及2012年初步工作思路向区领导做了简要汇报。

（李彦泽）

【召开安全稳定工作】 2月1日，召开安保工作会，局领导传达了市局公共安全工作会议精神，并结合局内工作实际，要求各部门要提高认识、高度重视、严格落实公共安全工作措施、落实责任追究制，并就“春节、两会”期间公共安全工作进行了动员、部署。3月1日，召开落实“两会”安全工作会议，会议传达了全系统“两会”期间安全稳定工作电视电话会议上的讲话精神和“两会”期间的工作安排，以及区委、区政府有关“两会”安全稳定工作的要求。会上，传达了市局安全保卫工作会议精神，总结了2010年局内安全保卫工作情况，并对2011年安保工作进行了部署。6月15日，邀请北京市消防中心老师进行消防安全知识讲座，进一步提高了全局人员的消防意识和应对火灾的消防能力。9月7日，局领导带领人事教育科干部到王平税务所检查安全工作，对该所办公楼及院落环境进行了检查，贯彻落实“平安北京地税”四个文件精神，建设“平安北京地税”。15日，召开2011年第九次局长办公会，研究讨论安全保卫工作。会议通过了结合局内实际情况制定的“平安北京地税”相关文件，为局内的安全稳定工作奠定了坚实基础。29日，召开全体中层干部安全专题会议，传达落实市局安全工作要求，布置国庆假期的安全保卫工作，并与各科、室、所代表签订了消防安全责任书。

（李彦泽）

【召开2011年工作会议】 2月16日，召开2011年税务工作会，市地税局党组成员、纪检组长出席会议。会上，传达了2011年北京市地方税务工作会议精神。区地税局党组书记、局长作了题为《强基固本促转变真抓实干保增长为建设现代化生态新区贡献力量》的工作报告，回顾总结2010年工作，部署2011年任务。会上就2011年门头沟局税收计划指标编制与预分配情况进行了说明，并与税务所代表签订了《税收预执行计划责任书》。

（李彦泽）

【区长批示】 2月23日，区领导王洪钟对《昨日区情》第33期中《2011年地税局市区两级组收任务完成情况》做出批示：地税局工作主动性强，措施得力，税收征收工作效果明显，提前四个月实现市区两级税收任务过半，特表示祝贺。希望地税局再接再厉，继续发扬创新精神，确保全年任务超额完成。9月5日，区领导王洪钟对《昨日区情》第179期中《地税局1－8月税收收入完成情况》做出批示：“国税、地税工作成效显著，创新意识强。希望继续努力，实现对区财政收入的新突破。”

（李彦泽）

【培训工作】 3月9日至15日，召开2011年第一季度纳税人培训例会，连续举办8场企业所得税汇算清缴专项培训。推动《企业所得税法》及其实施条例的贯彻执行，促进企业所得税收入的稳定增长。4月21日，与区流管办联合召开个人出租住房委托代征工作培训会，对个人出租房屋的税收政策和税收票证的各项规定进行了讲解，并从5月1日起开始委托代征工作。6月21日、22日，第一税务所针对再就业优惠政策及相关业务问题连续举办四场纳税人例会，并采取有力措施确保培训取得实效。7月15日，举办2010年度企业所得税税源调查培训会。局内干部从数据选取、程序操作、注意事项等角度，对参加此次调查的130余户企业进行了培训。

（李彦泽）

【开办地税讲坛】 3月14日，邀请中国现代国际关系研究院副院长，以“中东局部形势现状、发展及对我国的影响”为主题，在局内第1期地税讲坛开讲。5月24日，邀请北京市委党校教授以“中国共产党90年风雨历程与经验总结”为主题举办了第2期地税讲坛。6月24日，请毅能达健身培训总监，以“走进健康——从了解自己的身体开始”为主题举办了第3期地税讲坛。7月20日，为增强全体干部拒腐防变的自觉意识，巩固“做国家利益的忠诚卫士”反腐倡廉专题教育活动成果，举办以“反腐倡廉专题教育”为主题的第4期地税讲坛，市局监察处处长主讲。12月7日，举办以“珍惜工作，爱护家庭”为主题的第6期地税讲坛。请区人民检察院处长为全体干部讲课。13日，与区工商分局联合举办第7期地税讲坛。请中央党校教授，结合十七届六中全会精神，讲授了当前国内、外的安全形势。

（李彦泽）

【党风廉政建设工作】 3月17日，召开“做国家利益的忠诚卫士”反腐倡廉专题教育活动总结验收阶段工作部署会，党组班子成员、全体正职科所长参加会议。会上，传达了市局党组的文件精神，布置局内专题教育活动总结验收阶段工作的实施方案。并会议提出具体要求。6月27日，组织全体干部观看《行政不作为、乱作为警示录》，进一步推进勤政建设、强化责任意识培养。8月，召开2011年处级领导班子及领导干部廉洁自律专题民主生活会。12月19日，市局纪检组长带领市局检查组，对局内2011年落实党风廉政建设责任制、推进惩防体系任务完成情况进行了专项检查。检查组听取了关于2011年党风廉政建设责任制工作汇报，查阅了会议记录、文件、报表等相关资料档案，询问有关情况，在对局内党风廉政建设工作表示肯定的同时，提出了具体要求。

（李彦泽）

【市、区领导检查指导工作】 3月21日，市国税局、地税局纳税服务处一行，到区国、地税局两个纳税服务厅检查指导工作，就区内国、地税局开展联合办税、纳税服务厅互设服务窗口事宜进行调研。4月26日，市局征收管理处和票证中心一行就国地税联合办税、税务登记、发票和个体户管理等进行了座谈，并对局内在征管工作中遇到的问题予以明确。5月12日，区人大常委会副主任及人大财经委委员、部分人大代表等10余人门题听取了局内2010年和2011年一季度组收工作汇报。17日，区“三重一大”专项检查领导小组，到局内对“三重一大”事项决策制度落实情况进行了检查指导，局党组班子成员及相关部门负责人参加会议。24日，市局档案处一行就税务档案工作进行调研。25日，区直机关工委、文明办、区政府后勤服务中心组成检查组检查指导文明机关创建工作，区广电中心记者随行进行了专题采访。检查组肯定局文明机关创建工作所取得的成效，并准备作为典型宣传，区电视台制作专题片对局文明机关创建工作取得的成效进行报道。31日，区城乡环境整治百日行动“文明机关创建专项行动”检查小组到第一税务所检查工作。6月1日，市局纪检组长，监察处处长一行到局内听取1月至5月工作汇报。局全体班子成员和相关部门负责人参加了会议。22日，区领导韩子荣带领区工会、区委办等领导到局内调研，听取局内上半年税收任务完成情况分析、党的建设和干部队伍建设情况以及下半年工作设想。7月11日，区民主评议基层站所督导组到局指导工作，实地查看了局内的服务场所、设施和工作开展情况，随后与基层科所的干部进行了座谈，并提出了建议。15日，市局征管处在局内召开“国、地税联合办理税务登记调研”研讨会，征管处、第一直属分局和海淀、丰台、石景山、房山同志参加了会议。12月26日，召开正科级以上领导干部会议，市局纪检组长参加了会议并介绍了此次选拔处级干部的背景和过程，对新任职的同志和全体中层干部提出了要求和希望。

（李彦泽）

【国、地税联合办税工作】 3月，国税局、地税局召开联席会议。试行在国、地税办税服务大厅互设服务窗口，为纳税人办理纳税申报、发票授权、发票认证等业务。并对设备调配、信息数据交换、目标管理考核以及配套管理制度等问题进行了探讨。4月8日，联合举行“第20个全国税收宣传月暨国地税互驻办税服务厅启动仪式”。纳税人在国税局的服务厅，可以办理地税局的纳税申报、发票授权、纳税咨询业务；在地税局的服务厅，可以办理国税局的纳税申报、防伪税控抄报税、增值税抵扣凭证认证、纳税咨询等涉税事项。5月20日，联合召开2011年至2012年度纳税信用A级企业颁证授牌大会，并为48家A级企业颁发了证书和牌匾。8月13日，中央电视台新闻频道的《东方时空》栏目播出了《联合办税让纳税人少跑“冤枉路”》的专题，对我区国、地税办税服务厅联合办税、为纳税人提供方便的举措进行了报道。12月22日，联合召开征管工作座谈会。会上两单位分别就“税源专业化管理”方案和“关于国、地税税源清理工作部署会议”精神进行了座谈，双方探讨新形势下对个体工商户的管理方式以及在税务登记联办的基础上进一步加强税务登记信息沟通的方法和途径。

（李彦泽）

【宣传工作】 4月13日，是以“税收·发展·民生”为主题的第20个全国税收宣传月，区国税局、地税局干部与区内48家纳税信用A级企业在中门寺举行了题为“税收凝聚你我贡献、税企共建生态新区”的税法宣传活动。税务干部和企业代表总计100余人共植“和谐纳税林”。22日，局稽查局、征管科同区公安局、国税局联合开展了打击发票违法犯罪宣传活动，活动现场播放了《北京市打击发票违法犯罪知识普及专题片》，通过展板介绍了10年市内开展打击发票违法犯罪活动的成果，向过往群众发放宣传资料15种，共计800份，向群众普及了有关打击发票违法犯罪知识。

（李彦泽）

【创先争优工作】 4月21日，召开“创先争优”阶段部署会暨先进典型集体谈话会，局机关党委委员、各支部书记、2010年度优秀党员、2011年度党员先锋岗参加了会议。会上通报了先进党支部、优秀党员、党员先锋岗名单，总结讲评了前一阶段各支部开展创先争优活动情况，安排部署了2011年下一阶段“创先争优”工作，先进党支部代表、优秀党员代表、党员先锋岗代表先后发言。5月9日，组织青年文明号集体负责人召开青年文明号创先争优活动动员部署会。会议传达了《北京市地方税务局关于开展青年文明号创先争优活动的通知》（京地税基〔2011〕61号）的精神，按照市局的总体部署，成立了局青年文明号创先争优活动领导小组，并通报了相关工作安排。团总支向各青年文明号集体中的共青团员发出倡议，各青年文明号负责人就创建活动展开讨论。5月，为纪念“五四”运动，进一步推动创先争优活动，局团总支组织青年干部前往天安门国旗护卫队参观学习。6月15日，参加了区深入开展创先争优活动大力推进“三个工程”现场会暨纪念建党90周年主题党日活动启动仪式。会上，第一税务所党员作为服务窗口代表向全区党员做出“我争先、我践行、我有为”党员承诺倡议。8月23日，市局基层工作处组织西片13个青年文明号，在局内召开北京地税系统青年文明号创先争优活动座谈会。会上，各青年文明号负责人介绍了开展创先争优活动的情况。会后，市局领导和各青年文明号负责人参观了第一税务所和永定税务所两个青年文明号集体，对创先争优活动的开展给予了肯定。

（李彦泽）

【文化建设工作】 5月18日，局机关图书室正式对全体职工开放。7月15日，门头沟区主办的中国·北京第五届永定河文化节举行了颁奖歌会。局合唱队参加了作为此次文化节重要内容之一的“唱支红歌给党听”门头沟区第四届合唱节红歌赛，合唱队演唱的《过雪山草地》、《祖国不会忘记》两首歌曲，荣获门头沟区纪念中国共产党成立90周年群众歌咏比赛暨第四届合唱节一等奖。10月17日，局领导为王平、斋堂两个税务所分别送去200册（套）图书，充实了山区税务所的图书室。

（李彦泽）

【成立宣传通讯队伍】 5月26日，成立宣传通讯员队伍，并召开首次培训会。

（李彦泽）

【纪念建党90周年系列活动】 5月30日、31日，局机关党委组织全局163名党员分两批到平北抗日战争纪念碑所在地，举行“追忆红色足迹奋力创先争优”主题党日活动，迎接建党90周年。6月23日，召开直属机关庆祝建党90周年表彰大会，局机关第四党支部、14名党员分别被区直机关工委评为“先进基层党支部”、“优秀共产党员”、“优秀党务工作者”和“共产党员先锋岗”。同日，“党在我心中”——北京市地方税务系统纪念建党90周年巡回演讲在门头沟局举行。29日，市地税系统庆祝中国共产党成立90周年文艺汇演在海淀厢红旗一号院礼堂举行。7月1日，局机关党员，收看了庆祝中国共产党成立90周年大会的电视直播。同日，举行庆祝中国共产党建党90周年暨“七一”表彰大会。大会举行了2011年度新党员入党仪式，全体党员重温入党誓词，并表彰了2010年度和2011年度党内各类先进。7月12日，在区直机关工委的统一组织下，局39名干部到中华世纪坛，参观了“一切为了人民——北京市纪念中国共产党成立90周年展览”。

（李彦泽）

【“小金库”专项治理工作】 6月17日，召开2011年“小金库”专项治理工作会，局领导、“小金库”专项治理领导小组成员、部门负责人和税务学会负责人参加会议。会议强调，各部门要严格按照局内“小金库”专项治理工作的时间和内容开展全面复查工作。7月6日，市局“小金库”专项治理检查组一行5人到局检查指导工作，在对局内“小金库”专项治理工作给予肯定的同时，提出进一步要求，确保“小金库”专项治理工作取得实效。

（李彦泽）

【召开支持就业税收政策协调会】 6月20日，区人力社保局、地税局联合召开支持和促进就业税收政策工作协调会。会上，双方就建立工作协调机制中的重点、难点问题进行了探讨，并在严格依法行政、提高办事效率等方面达成共识。

（李彦泽）

【做客TAX861在线答疑】 6月23日，做客TAX861网站以“强基固本促转变 真抓实干保增长 为区域经济社会发展不断做出新贡献”为主题与网友进行在线答疑。2个小时的时间内，在通过TAX861网站向网友介绍了2011年局内组收中心工作、专题教育活动和创先争优活动等各项工作的开展情况。在线浏览人数达到546人，其中在线注册人数达到44人，提出各类问题43个，现场解答38个，解答率达88.37%。

（李彦泽）

【“工会经费代征”工作】 7月18日，与区总工会联合召开“工会经费（筹备金）税务代收试点工作会”，区总工会主席、区地税局局长、副局长及有关科室的干部参加了会议。会上对区工会经费（筹备金）税务代收工作实施方案及会商机制建立、审核地点、审核网络、相关设备准备等问题进行了商议。8月15日至17日，与区总工会联合召开为期3天的税务代收工会经费（筹备金）培训会。培训中，两单位分别就工会经费代收流程和工会知识进行了讲解，共有600余户企业的人员参加会议。9月7日，市局主管局领导带领工会经费管理处一行到局听取工会经费（筹备金）税务代收阶段性工作汇报。局内就开展试点工作情况进行了专题汇报。10月8日，区总工会主席和区地税局局长、副局长到第一税务所现场指导工会经费（筹备金）税务代收工作。税政管理一科、第一税务所、区总工会人员分别汇报了代收试点工作的情况。

（李彦泽）

【“十二五”学习系列活动】 8月23日，市局纳税服务处组织海淀、丰台、门头沟、通州、燕山等部分区、分局纳税服务科科长，在局内召开“十二五”时期纳税服务规划研讨会议。10月，利用10天的时间，分局机关、石龙办公区、稽查局办公区和山区税务所5个会场，组织全体干部学习《北京“十二五”时期经济和社会发展热点问题讲座》公共知识培训光盘。11月22日，在石龙三层报告厅对全体公务员分两批就《北京“十二五”时期经济和社会发展热点问题讲座》进行了考试。

（李彦泽）

【贯彻落实修订后个人所得税法】 8月29日，召开贯彻落实修订后个人所得税法工作会。局主管领导、各业务科长、税务所长及业务骨干参加了会议。会议传达了市局总经济师讲话精神，部署了局内贯彻落实修订后个人所得税法实施方案和应急预案，并对相关政策问题进行了培训。9月1日，召开贯彻实施修改后个人所得税法培训会，税政管理一科就修改后的个人所得税法和实施条例进行政策辅导，局领导班子成员和全体干部参加了培训。4日，局领导带领税政管理一科、王平税务所相关人员到王平所重点企业宣传新政，向企业讲解新个人所得税法制定的背景、主要内容和有关问题。落实新个人所得税法后，该企业每月平均少纳个税近5万元。8日至9日，以季度例会的形式，举办了8期修改后个人所得税法专题培训会。共有3000余人次参加此次培训，发放宣传资料4000余份。15日，局主管领导到潭柘寺所、门城所督导新个人所得税法工作落实情况，对两所新个税法的宣传情况进行了检查，听取两位所长对此项工作的汇报，询问一线干部在执行过程中的情况，并提了具体工作要求。20日，召开贯彻实施新个人所得税法纳税人座谈会。局领导带领相关科室负责人及部分干部参加了会议，并对纳税人提出的新个人所得税法执行过程中遇到的问题做了解答。

（李彦泽）

【市纠风办检查民主评议情况】 9月19日，市纠风办督导组组长带领督导组成员和市局特约监督员对民主评议基层科所工作进行了检查督导。市局党组成员、纪检组长，监察处、纳税服务处、基层工作处的主要领导参加了检查督导工作。督导组听取了局内政风行风建设工作情况的专项汇报，现场检查了基层科所，重点查看了申报大厅的设施、服务、管理等情况，并与10家纳税企业代表进行了座谈，询问了区纠风办对局内民主评议基层科所活动开展情况的评价。督导组对局政风行风建设工作给予了肯定。

（李彦泽）

【考察永定河区域经济发展】 10月26日，处于永定河绿色生态发展带的丰台、石景山和门头沟三个区局的部分局领导徒步，从门城湖到莲石湖沿线进行考察。考察人员就如何利用好永定河绿色生态发展带这个招商引资的载体，涵养全区税源，促进区域经济发展进行探讨和交流。

（李彦泽）

【参加区镇人大代表换届选举】 11月8日，组织干部职工参加门头沟区人大代表换届选举投票。自9月初开始，按照准备、宣传动员、选民登记、提名推荐、选举投票工作程序，选民登记造册，张贴选民榜，确定工作人员，开展人大代表换届选举前期工作。完成区镇人大代表换届选举工作。

（李彦泽）

【召开组收工作会】 11月12日，召开工作会落实市局年底组收工作会精神。市局纪检组长带领市局督导组到会，并对门头沟地税局年底组收工作进行督导检查。提出六项具体措施落实市局组收会议精神。16日，召开第12次局长办公会，传达市局组收工作会议精神，布置年度税收任务。局领导及各部门负责人参加了会议，并制定了组收工作方案。

（李彦泽）

【开展税务档案验收工作】 11月22日，市局档案处检查指导2010年度税务档案工作。检查组听取了局内2010年度税务档案工作汇报并对门头沟局的档案归档、相关制度完善、库房管理、税务档案借阅情况等进行检查指导。

（李彦泽）

【召开基层建设现场会】 11月24日，基层税务所建设现场会在王平税务所召开，各科、室、所负责人参加了会议。局党组副书记、副局长出席并讲话。会上要求全局各部门要做好文明机关建设工作。

（李彦泽）

【存量房评估试点工作】 12月5日，召开存量房评估试点工作动员培训会，局长、副局长及相关科、室、所部分人员参加会议。局领导从存量房评估工作的出发点、重要意义、所面临的困难挑战及税务干部如何应对等四个方面做了动员讲话。税政科室对存量房评估试点工作的实施方案及工作中需要关注的问题进行讲解。8日，局领导带领税政二科干部到负责契税征收的第二税务所实地调研存量房评估试点工作。12日，是存量房税收征管新政实施首日，为充分了解新政执行情况，局领导带领税政二科人员到第二税务所检查、指导工作。新政首日，契税征收窗口秩序良好，窗口工作进展正常，二手房交易情况没有出现明显波动。

（李彦泽）

【组织开展《行政强制法》考试】 12月20日，组织全局220名干部分两批参加了《中华人民共和国行政强制法》的考试，为《行政强制法》的贯彻实施奠定了基础。

（李彦泽）

【召开政务公开工作会】 12月21日，召开政务公开工作会，会上通报了成立政务公开工作领导小组的情况，研究部署了总结报表工作，并对政务公开的组织建设、制度建设、管理机制、数据统计等具体内容进行讨论。

（李彦泽）

【召开贯彻落实车船税法培训会】 12月26日，召开贯彻落实车船税法培训会，主管局领导及相关科室、所部分人员参加了会议。会上，传达了局2012年度车船税征收工作方案，并就工作中需要关注的问题进行了讲解。

（李彦泽）

【开展全国法制宣传日活动】 12月，以“加强法制宣传教育，服务经济社会发展”为主题，结合地税工作实际，在区繁华地段开展法制宣传活动。活动以保障纳税人权益为核心，宣传各项税收优惠政策和办税服务；以让纳税人缴纳“明白税”为核心，宣传落实办税公开，并广泛征求纳税人意见。

（李彦泽）

【表彰奖励情况】 年内，开展“创先争优”活动和“我承诺、我奉献”党员承诺活动，被区委组织部评为组织工作创新项目并受到表彰。被区爱卫会评为区级爱国卫生先进单位。在2010年北京市第四届和谐杯乒乓球比赛中，获得北京市体育局、北京市社会建设工作办公室颁发的“优秀组织奖”。被区交通安全委员会评为门头沟区2010年度交通安全先进单位。被全国总工会授予全国模范职工之家称号。荣获北京市2006年至2010年法制宣传教育先进集体。被区委评为“先进基层党组织”。被评为“门头沟区城乡环境整治百日行动先进单位”。荣获“北京市第八届全民健身体育节先进单位”称号。

（李彦泽）

【下属单位情况】

单位名称：第一税务所
地　　址：北京市门头沟区龙园路5号
电　　话：60803068
邮　　编：102300

单位名称：第二税务所
地　　址：北京市门头沟区新桥大街48号
电　　话：69828140
邮　　编：102300

单位名称：第三税务所
地　　址：北京市门头沟区龙园路5号
电　　话：60804652
邮　　编：102300

单位名称：门城税务所
地　　址：北京市门头沟区龙园路5号
电　　话：60803006
邮　　编：102300

单位名称：石龙税务所
地　　址：北京市门头沟区龙园路5号
电　　话：60803028
邮　　编：102300

单位名称：大峪税务所
地　　址：北京市门头沟区龙园路5号
电　　话：60803030
邮　　编：102300

单位名称：永定税务所
地　　址：北京市门头沟区龙园路5号
电　　话：60803097
邮　　编：102300

单位名称：潭柘寺税务所
地　　址：北京市门头沟区龙园路5号
电　　话：60803005
邮　　编：102300

单位名称：王平税务所
地　　址：北京市门头沟区王平办事处后院
电　　话：61859435
邮　　编：102305

单位名称：斋堂税务所
地　　址：北京市门头沟区斋堂镇斋堂大街8号
电　　话：69816864
邮　　编：102309

单位名称：稽查局
地　　址：北京市门头沟区新桥南大街65号
电　　话：69849554
邮　　编：102300

（李彦泽）

金　　融

工商银行

【概况】　年内，工商银行门头沟支行贯彻落实总、分行党委的决策部署，加快改革创新，大力推进经营转型，抓住“危中之机”实现了新的跃升，全行继续呈现出盈利较快增长，信贷结构趋向优化，区域优势得以巩固，资产质量稳步提高的良好发展态势。为进一步筑牢广大管理人员和员工思想道德防线，行内结合实际，组织参观了北京市预防工程建设领域职务犯罪巡展、金融系统反腐倡廉建设展、《金融系统反腐倡廉建设专题片》。为庆祝建党90周年，开展了“重温党的历史，牢记光荣使命”的党日活动，开展创先争优活动。开展了“青年志愿者行动周”活动、“根在基层”青年职业发展教育实践系列活动、“青春在这里闪亮”主题展示活动、“好书大家读”等活动，让员工释放工作压力，促进身心健康。

单位名称：中国工商银行股份有限公司北京门头沟支行
地　　址：北京市门头沟区新桥大街16号
电　　话：69844429
邮　　编：102300

（贺　卉）

【短途竞赛】　年初，开展“开门红”短途竞赛，取得成绩。

（贺　卉）

【银企活动】　3月，携手区工商联面向辖内重点企业客户开展“中小企业大讲堂”活动。

（贺　卉）

【参观展览】　4月，组织参观北京市预防工程建设领域职务犯罪巡展，使广大干部受到深刻教育。

（贺　卉）

【党日活动】　6月，开展“重温党的历史牢记光荣使命”主题党日活动，庆祝建党90周年。

（贺　卉）

【军银联谊】　8月，与驻区部队举办了“庆八一军银共发展”军银联谊活动，增进双方的友谊，加深军民鱼水情。

（贺　卉）

【服务专项治理】　9月，开展服务专项治理活动，提高服务水平，压降客户投诉。

（贺　卉）

【开展劳动竞赛】　年内，开展了“e网无前百分行动”劳动竞赛。

（贺　卉）

建设银行

【概况】　年内，围绕分行“提高能力，加快发展”指导意见，转变经营策略，狠抓存款和客户基础，全年各项工作稳步发展。个人业务以服务区内拆迁代发项目为重点，做好代发S1线拆迁款、棚户区改造补偿款、潭柘寺地区拆迁款发放工作，全年共代发各类款项7579笔共计35.55亿元。在做好拆迁代发同时，加大个人金融产品宣传力度，面向区工会等区内重点单位，举办座谈会和理财讲座，通过“金融服务进社区”宣传建行理财观念。至年末支行“1+4”项产品全年计划完成率100.78%，完成率在10个郊区县行中排名第4位；中间业务收入全年计划完成率111.84%，完成率在10个郊区县行中排名第1位。个人住房贷款实现连续13年无不良；公积金委托业务占比继续提升。对公业务客户基础得到增强，中建一局集团京西房地产开发建设有限公司、北京市基础设施投资开发有限公司门头沟公司等一批优质客户落户支行。成功上线北京京煤集团有限责任公司高级版网上银行资金归依系统，实现该项业务零的突破。信贷及操作风险防范进一步加强。通过建立风险预警提示及交叉贷款风险信息反馈机制等措施防控信贷风险；通过加强对重点环节和重点业务的检查、指导和监督，防范操作风险。会计基础管理工作跨上新台阶。在分行“整治违规操作、严防案件风险”专项治理活动中支行被评为“柜面风险控制优胜集体”。党风廉政建设和案件防控工作扎实推进。全年实现零案件，零违规。支行保卫部门被北京市公安局授予集体嘉奖。员工队伍建设和企业文化建设不断深入。支行被评为第三届中国建设银行北京市分行文明单位，被中国金融工会全国委员会授予“全国金融五一劳动奖状”，第四届全国金融系统“学习型组织标兵单位”，支行职工之家被总行评为“模范职工之家”。

单位名称：中国建设银行股份有限公司北京门头沟支行
地　　址：北京市门头沟区双峪路22号
电　　话：69832674
邮　　编：102300

（田　颖）

【举办中小企业客户产品推介会】
4月19日，举办“建行中小企业客户产品推介会”。门头沟区近20家优质中小企业客户参加了推介会。会上介绍了门头沟区政府对解决中小企业融资难问题的各种措施和优惠政策。并就建行专为中小企业量身定做的“成长之路”和“速贷通”等信贷产品、理财产品做了介绍。

（田　颖）

【举办职工素质教育公益大讲堂】
5月25日，支行与区工会联合举办了“门头沟区职工素质教育公益大讲堂”，为门头沟区内各家单位的工会干部和理财爱好者共计200余人讲解建行理财产品知识。

（田　颖）

【开展社会主义价值观活动】　6月29日，为纪念中国共产党成立90周年，支行举办了“颂歌献给党”红歌演唱会，支行全体党员和入党积极分子参加。

（田　颖）

【举办军队武警客户联谊会】　7月18日，支行在龙泉宾馆举办了“庆八一军队武警客户联谊会”。区人武部部长、民政局局长、北京分行工会主任、战略客户总部总经理、个人银行总部副总经理及各驻区部队部分官兵参加了联谊会。

（田 颖）

【举办外经贸企业融资推介会】 8月18日，支行与区商务委、石景山区商务委在北京龙泉宾馆共同举办了“2011年度京西外经贸企业融资推介会”。区商务委副主任、石景山区商务委副主任、建行北京市分行国际业务部经理、门头沟支行行长、行长助理及门头沟区、石景山区40余家驻区企业代表参加推介会。中国国际商报记者对此次会议进行了报道。

（田 颖）

【北京金融工委慰问建行员工】 10月25日，北京金融工会常务副主席副主席等一行到门头沟支行看望、慰问支行员工和退休困难职工，并为支行体弱多病的老员工送上了慰问金和慰问品。

（田 颖）

农村商业银行

【概况】 年内，农商行门头沟支行全面落实科学发展观，坚持“按规矩办事”的治行理念，以“精细化管理”、“风险防控”、“开源挖潜”为主题，各项工作稳步推进，经营工作取得显著成效，在市同业中全年经营绩效考评名列第一位。实现考核利润5287万元，提前一年完成三年规划目标，各项存款余额64亿元，各项贷款余额17亿元。在总行“对公存款营销竞赛”活动中，被授予“先进支行”荣誉称号。坚持以服务三农为宗旨，支持门头沟区采空棚户区改造，推进三信工程建设，开展送金融产品下乡活动，涉农贷款余额达8亿元。个金业务条线全方位拓展，多样营销百花齐放，荣获储蓄存款先进奖、个人金融优胜奖、基金营销先进奖、电子银行综合优胜奖等多项殊荣。组织开展“普及金融知识万里行暨公众教育服务日活动”，做好文明规范服务工作，全年实现零投诉。全面加强风险管理体系建设，内控管理水平、风险控制水平、会计管理水平、案件防控水平不断提升。

单位名称：北京农村商业银行门头沟支行
地　　址：北京市门头沟区滨河路115号滨河大厦一层、十二层
电　　话：69835548
邮　　编：102300

（程艳丽）

【送温暖活动】 2月3日，总行副行长节前慰问门头沟支行困难职工，送上了慰问金和新春的祝福。

（程艳丽）

【开展拓展活动】 5月26日，开展“青春展风采和谐促发展”团员青年拓展活动，所辖54名团员青年参加，强化团队合作精神，感受到了在工作中的决策、执行、配合的重要性。

（程艳丽）

【召开民主生活会】 6月10日，召开“找差距挖根源防风险促发展”上半年民主生活会。各支部书记、部门经理总结了贯彻落实科学发展观的体会和做法，并积极推进将学习科学发展观的所得转化为指导实践的成果，明确发展目标和努力方向。

（程艳丽）

【开展演讲比赛】 10月13日，团委组织召开“展青春风采促农商行发展”主题演讲比赛，共有12名选手参加。

（程艳丽）

【捐款活动】 年内，开展共产党员献爱心捐款活动。全行共有153人捐款，筹集爱心款9150元。

（程艳丽）

【部行领导调研】 年内，总行领导到门头沟支行调研共5次。分别就案件防控体系建设、党风廉政、会计运营、不良贷款压降等方面进行具体指导，鼓励支行继续保持良好态势，促进全面风险体系建设，从方方面面思考精细化管理并付诸于实际行动。

（程艳丽）

【召开动员会】 年内，按照总行关于“大干100天，努力完成全年储蓄存款增存目标”活动、“加强后40天对公存款”营销活动、“大干60天，服务增效益”三项营销活动的具体要求，召开动员会。明确了活动目标、成立了领导小组、对阶段性重点工作进行安排，同时建立了考核及奖励机制，对“三项”活动具体工作进行了部署。

（程艳丽）

【培训工作】 年内，共组织网点转型、保险理财、安全保卫、新资本协议、三项整治、柜面业务等培训168次，参加培训人员2062人次，通过各类培训，员工素质、业务水平明显提高，专业工作能力、责任意识明显增强。

（程艳丽）

保 险

财产保险

【概况】 年内，按照总公司和北京市分公司的工作部署，全面落实科学发展观，围绕“转方式、促发展、强合规、增效益”的工作基调，以发展为第一要务，坚持发展与改革两手抓，加快转变发展方式，完善运营平台和服务体系建设，合规经营，实现公司持续平稳健康发展。

单位名称：人保财险门头沟支公司

地　　址：北京市门头沟新桥大街18号

电　　话：69843284

邮　　编：102300

（张　志）

【主要经营业绩】 年内，公司实现签单保费收入7069万元，较上年同期减少25.53%，完成年计划的67.76%。其中：车险保费6620万元，完成年计划的65.95%，保费减少主要原因是受北京市汽车限购的影响，车险保费占93.65%。其中商业险4741万元，比去年同期减少28.76%，交强险1905万元，较上年同期减少23.4%；非车险保费449万元，完成年计划的113.67%。综合赔付成本6349万元，比上年同期增加8.8%，综合赔付率80.45%，较上年同期增加11.89%。车险综合赔付率80.60%，较上年同期增加9.73%. 其中：车险综合赔付成本6169万元，较上年同期增加6.14%，其中：商业险综合赔付成本4338万元，较上年同期减少10.98%，商业险综合赔付率80.43%，交强险综合赔付成本1831万元，较去年同期增加95%，综合赔付率83.07%，非车险综合赔付成本180万元，较上年同期增加72.54%，综合赔付率79.04%，利润为-95.9万元。

（张　志）

【农网建设以及政策性农险工作】 年内，农网建设作为分公司的“一号工程”，11月，公司将申报市公司的7个保险服务站全部建设完毕，设备、人员全部到位。成为分公司系统内第一个申报农村营销员展业证、申请农村营销员工号出保单的单位。农村业务部重组至今，已实现了18个自然村家财险的统保，三农保险服务站已出具机动车、家财、意外、责任险保单。其中，乡村干部责任险不仅是门头沟公司该险种第一张保单，也是北分公司的第一张，在12月29日的农险工作会上收到了市公司领导的表彰。公司的“三农保险服务站”建设走在了分公司涉农单位的前列。年内公司完成政策性农险保费128.5万元，为全区3784.68亩种植业，7个品种，530户集体及个人提供风险保障，超额完成分公司下达的110万保费指标。保险责任已全部终止，赔款95.8万。

（张　志）

【销售队伍人力资源改革工作】 年内，根据分公司京人保财险发【2011】683号文件，即《中国人民财产保险股份有限公司北京市分公司销售队伍人力资源改革工作方案》。第一，界定渠道类别，实施渠道清分，按照2010年业务数据，逐笔提取核对，还原，最终得到了真实的渠道业务数据。第二，优化组织架构，针对门头沟实际，设立直销业务部、中介业务部，农村业务部。原综合部负责的政府采购业务归入直销业务部，原综合部管理的公司渠道业务并入中介业务部，第三，实施人员调配，调配后，直销业务部，主持工作副经理1人，销售人员5人。中介业务部，部门正副理各1人，销售人员3人。农村业务部，部门经理1人，销售人员2人。第四，销售人员定岗定级和薪酬管理，销售人员定岗定级主要以个人或所带销售团队上一年度折标保费为主要参考数据，合理设置职级地图，确定相应的职级工资，年功津贴，根据每个人的司龄和工龄确定，根据支公司确定的经营绩效考核办法，确定相应的保费、利润万元含量月度，季度工资实施考核发放，薪酬管理办法做到了公平、公正、合理。现销售人员定岗定级和薪酬管理办法。

（张　志）

人寿保险

【概况】 年内，中国人寿保险股份有限公司北京市门头沟支公司按照分公司党委、总经理室制定的“抓发展、保费用、调结构、控风险、强队伍、优服务、夯基础、促创新”十六字方针，结合地区内实际制定了以持续发展为主题、以提高效益为中心、以深化改革为动力、以强化内控为保证的工作策略，公司全体团结一心、迎难而上、争先创优、奋勇拼搏，取得了优异的成绩。各项业务持续、快速、健康发展，公司全体员工认真落实科学发展观，积极践行中国人寿特色寿险发展道路，坚持业务快速、健康发展，团险部、银保部、营销业务部三大业务部门全面完成分公司下达的保费任务。截至12月，实现新单保费收入7126.51万元，其中团体部实现保费收入480.51万元，银行保险部实现保费收入4512万元，营销业务部实现保费收入2134万元；全年总保费包括：健康险保费收入211.72万元，意外险保费收入139.75万元，趸交保费6686.06万元，期交保费1994.33万元，续期保费4643.46万元，定期保费30.21万元。公司连续15年被首都精神文明建设委员会授予“首都精神文明单位”荣誉称号。

单位名称：中国人寿保险股份有限公司北京市门头沟支公司

地　　址：北京市门头沟区滨河路64号

电　　话：69866673

邮　　编：102300

（刘　瑜）

【调整营业时间】 按照上级公司要求，为保障日清日结、后督管理要求，自1月1日起，调整柜面营业时间为，由原来的上午8：30—12：00调整为上午9：00—12：00，下午13：30－17：30调整为13：00—16：00。

（刘　瑜）

【培训工作】 2月21日，为保证“银保类单证自动核销功能”的实现。市公司办公室召开“银保类单证自动核销”工作启动视频会，门头沟支公司相关人员参加了培训。

（刘　瑜）

【诚信教育活动】 3月17日，销售部门举办诚信教育专题早会，会议重点强调了加强诚信、谨防代签。活动中就代签字专项治理活动方案、代签字的危害等内容作了宣导，强调了公司的严格要求和治理流程。

（刘　瑜）

【学习公司制度】 6月14日，根据《中国人寿保险股份有限公司2011年非销售类人员培训实施方案》，公司全体员工通过视频参加了总公司举办的第二期公司制度培训。

（刘　瑜）

【组织歌咏比赛】 6月30日，营销区部召开唱红歌歌咏比赛，各团队以组为单位参赛，在党旗下歌唱，歌颂对党的热爱。

（刘　瑜）

【评聘兼职讲师】 7月11日至15日，支公司选派3人参加了分公司举办的PTT（专业表达能力训练）培训班，经过为期1周培训及考试，3人全部通过测试并通过了审核，被评聘为2011年度中国人寿北京市分公司兼职讲师。

（刘　瑜）

【领导调研】 7月28日，市公司党委书记、总经理一行到支公司调研。支公司总经理就门头沟公司工作进行了汇报，市公司总经理听取汇报并提出指导意见。10月13日，公司党委书记，总经理及人力资源部处长一行到支公司进行调研。

（刘　瑜）

【扬帆起航训练营】 7月29日，支公司个险第一期扬帆起航训练营结训，市公司个险部处长、教育培训部处长，个险主管参加了结训典礼。10月31日，支公司个险召开第二期扬帆启行训练营，个险部总经理助理，教育培训部主管等领导出席开训典礼。

（刘　瑜）

【启用新的理赔、保全实务】 7月1日起，正式执行实施新版《理赔、保全实务》，新版《理赔、保全实务》对业务处理要求和作业规则等作了明确的规范。

（刘　瑜）

【召开业务员家属联谊会】 8月23日，召开支公司个险系统业务员家属联谊会，30余位绩优业务员及他们的家属参加。会上支公司领导对业务员为公司所作出的贡献表示感谢，同时也感谢家属对业务员无私的支持。

（刘　瑜）

【“小窗口大生活”拍客大赛】 9月，应分公司业务管理中心号召，客服人员纷纷拿起相机，通过镜头记录起生活中、柜面上的点点滴滴，展现出了柜面工作人员的热情和阳光。此次“小窗口大生活”拍客大赛客服柜员获得优秀奖。

（刘　瑜）

【计划生育理赔】 年内，计划生育意外保险进入承保理赔期。高峰理赔时日柜面接待人次达50人，完成近600笔的计划生育理赔案件。

（刘　瑜）

【档案影像系统】 年内，公司全部档案资料实现了影像管理，门头沟客服根据市公司要求，对日常各类长期险、短期险、个人险、团体险以及集团留存业务处理流程中新产生的全部资料进行影像化维护，使影像应用服务于业务处理流程，有效提高了处理效率，降低了管理成本。

（刘　瑜）

【国寿 e 家，电子保单全面运行】 年内，公司开通了国寿 e 家的销售平台，点点鼠标营销人员就可以轻松完成客户投保的全过程，客服人员也可以便捷迅速地为营销伙伴们提供服务，电子保单的全面运行即方便了客户也减轻了柜面人员的压力。

（刘　瑜）

【参加“美好国寿”摄影作品大赛】 年内，分公司举办了“美好国寿”第一届书法、绘画、摄影作品大赛，支公司员工参加了比赛。

（刘　瑜）

【启用银保销售人员管理系统“BMIS”】 年内正式启用“BMIS”银保销售人员管理系统“BMIS”。

（刘　瑜）

【捐赠活动】 年内，公司开展对口支援新疆“自愿捐赠”活动，公司员工共募捐善款 3230 元。

（刘　瑜）

【废旧重要单证风险排查及清理】 年内，通过宣导、自查、检查及考核等项实施步骤，落实好单证自查自纠工作重点，完成了废旧重要单证风险排查及清理工作。

（刘　瑜）

【团险渠道中介代理机构单证检查】 年内，开展团体渠道中介代理机构单证管理工作检查，重点排查公司团体渠道中介代理机构业务中的风险苗头和风险隐患，切实防范化解相关经营风险。

（刘　瑜）

【领导班子调整】 年内，支公司领导班子进行调整，组建了新一届的领导集体，预示着门头沟支公司各渠道组合经营的管理模式初步形成。

（刘　瑜）

城 乡 建 设

规 划 管 理

【概况】 北京市规划委员会门头沟分局是北京市规划委员会的派出机构（正处级），其主要职责是：在市规划委的领导下，按照规定权限，负责组织实施行政区域内的规划编制、规划审批和规划监督工作。内设机构有办公室、综合业务科（全程代理）、规划科、建设工程管理科与建设用地管理科合署办公、市政交通工程管理科共一室四科，行政编制20人；门头沟区规划监察执法队为所属执法机构，执法编制8人；下属事业单位北京市门头沟区城市建设档案信息中心，事业编制6人；2011年12月27日，经北京市机构编制委员会核准成立北京市门头沟区规划研究中心，为分局所属正科级全额拨款事业单位，事业编制10人。年内，以建设社会主义和谐社会的要求和科学发展观为指导，贯彻落实科学发展观，坚持依法行政，廉洁从政，保证全区各项规划的实施。

单位名称：北京市规划委员会门头沟分局
地　　址：北京市门头沟区新桥大街51号
电　　话：69843398
邮　　编：102300

（蒋晓姣）

【市、区领导调研】 3月8日，区领导韩子荣到规划分局调研，听取了规划分局有关工作汇报后给予肯定，并提出具体要求。8月1日，市规划委副主任就重点项目规划进展情况到区内调研并现场查看了石门营安置房地块、永定河观景台、三家店等地。王洪钟介绍了近期门头沟区经济社会的发展情况和规划工作情况。11月1日，市规划委副主任听取了门头沟新城南部地区城市设计方案综合汇报，编制单位中建设计集团有限公司主要汇报了城市设计涉及地区的功能定位、开发强度及高度控制等相关情况。市规划委副主任认可了门头沟分局开展的城市设计征集工作，

（蒋晓姣）

【召开公租房项目汇报会】 8月4日，组织召开天台山及铅丝厂公租房项目汇报会。会上局领导对天台山项目提出要符合规划相关的要求。

（蒋晓姣）

【召开廉洁自律专题民主生活会】 8月26日，局领导班子召开廉洁自律专题民主生活会，区纪委领导列席。民主生活会的主题为“学准则、防风险、明纪律、做表率”。会上领导班子成员就贯彻执行中央国务院新修订《关于实行党风廉政建设责任制的规定》情况、学习和执行《中国共产党员领导干部廉洁从政若干准则实施方案》等情况进行了沟通交流。区纪委领导也对新的领导班子提出了进一步的要求。

（蒋晓姣）

【研究河滩枢纽、水闸疏堵方案】 12月7日，组织会同区市政市容委、交通局、棚改中心、八方达、市规划院交通所等单位研究河滩交通枢纽以及水闸疏堵方案的相关问题，会上，炎黄设计院和城联基业设计院先后汇报了河滩枢纽用地和水闸疏堵方案，经研究，形成一致意见如下。水闸疏堵方案——请城联基业设计院综合考虑各单位领导所提意见和建议，进一步完善疏堵方案，下一步将方案上报区政府。

（蒋晓姣）

【规划编制与研究工作】 年内，完成了门头沟新城琉璃渠街区、城子街区、高家园街区等街区控规深化方案编制及报审工作，并协调市规划委予以审查备案。同时，配合区棚改中心，开展采空棚户区7平方公里涉及街区控规深化方案编制工作。编制完成长安街延长线周边区域控规、物美地块控规、北旅地块控规等重点区域地块控规，并组织上报审查工作。取得控规批复的有亚华、东辛秤、砖厂、打井队等地块。编制完成采空棚户区改造安置房（石门营、石泉、黑山、中门寺等）、曹各庄村民安置房、小园村民安置房、铅丝厂公租房等地块控规。会同区沟域经济办公室、农委、京煤集团等相关单位，参与组织中芬生态谷概念规划、中瑞生态谷概念规划编制及审查工作。会同潭柘寺镇政府、军庄镇政府、斋堂镇政府开展镇总体规划、镇区控制性详细规划等规划编制及上报审批工作。完成了门头沟新城重点地区城市设计方案综合工作，并向区政府、市规划委等进行了汇报。此项工作涉及新城南部地区及新城北部地区，其中主要区域及工作形式分别为：新城南部地区，重点研究门头沟新城滨水商务区、长安街西延线两侧、轨道交通S1线两侧的城市设计方案国际征集，总范围约7.6平方公里；新城北部地区，重点研究龙泉务及琉璃渠地区的城市设计方案比选，范围约1.8平方公里。配合局内其他科室开展门头沟新城地名专项规划编制工作。按照市规划委要求，开展门头沟新城大地景观规划，并已上报市规划委。

（蒋晓姣）

【规划管理工作】 年内，办理完成建设工程选址意见书和规划条件共计25件，总审批建筑规模约185万平方米；办理建设用地规划许可证18件，总用地规模约174万平方米；办理规划意见复函22件，总建筑规模约260万平方米。办理建设工程规划许可证16件，总建筑规模约30万平方米。办理临时建设工程规划许可证3件，总建筑规模2220平方米。办理完成市政交通工程规划条件5件，选址意见书3件，建设用地规划许可证4件，建设工程规划许可证8件。此外还组织编制、审查琉璃渠、城子、东西辛房、北旅广场、黑山、高家园、中门寺、中门寺南坡、曹各庄、何各庄、小园、石龙工业区、东辛秤、斋堂1号地、潭柘寺镇中心区路网的规划方案及设计方案共15项。批复了城子、黑山、中门寺南坡、曹各庄、小园、东辛秤地区路网等6项工程设计方案。

（蒋晓姣）

【规划监督工作】 年内，完成规划监督20件，其中验线6项、共155795平方米，规划验收14项，共171472平方米；重点项目提前验线11处，查处违章建设9处，共5876平方米。卫星查违共44处，均已核实上报，有15处已向镇政府移交。日常巡查发现违法建设63件，其中移交16件。

（蒋晓姣）

建　设　管　理

【概况】 年内，全区完成社会固定资产投资142亿元，同比增长58%；房地产开发投资额49亿元，同比增长400%，房屋施工面积130万平方米，同比增长127%，房屋竣工面积10.3万平方米，同比减少68%，商品房销售面积6.1万平方米，同比增长83.5%，商品房销售额5.2亿元，同比增长87.9%；建筑业总产值58.8亿元，同比增长15.6%；保障性住房建设管理分配工作稳步推进，建筑节能及抗震节能型农宅建设成绩突出。

单位名称：北京市门头沟区住房和城乡建设委员会
地　　址：北京市门头沟区永定镇石龙西路88号
电　　话：69842655
邮　　编：102308

（曹子立）

【房屋安全普查】 年初，组织召开了2011年度门头沟区城镇房屋安全检查工作会，驻区133个产权单位141人参加了会议。2月中旬按计划完成了房屋检查工作，共检查楼房1237栋，平房42398间，面积610.34万平方米。年内，按照市住建委的工作部署，制定了《2011度门头沟区城镇房屋安全检查工作计划》。

（高彦斌）

【既有建筑节能改造】 年内，根据市建筑节能工作联席会议办公室通知文件，并经区长办公会通过，由住建委作为实施主体制定了《门头沟区2011年既有城镇普通砖混住宅节能改造项目实施方案》。4月，改造工程分11个施工标段，1个监理标段进行公开招标，通过招标，确定有资质的施工单位和监理单位，施工过程中委托北京建筑材料检验中心对每个施工标段进场的全部保温材料进行抽检，发现不合格产品责令其立刻退场。年内，完成改造任务22.8万平方米。

（郎晨子）

【编制“十二五”规划】 年内，根据区委、区政府工作部署，成立门头沟区“十二五”时期住房与城乡建设发展规划编制小组，开展了课题研究、资料收集、部门座谈、规划编制、征求意见，最终形成定稿，4月报区政府常务会议审议通过，并组织落实。

（曹子立）

【抗震节能型农宅建设】 年内，确定新建抗震节能型农民住宅项目200户，制定了《门头沟区新建抗震节能型农民住宅项目实施方案》，任务包括优抚社救工作55户及险村搬迁、整村整体推进等145户，截至年底，建设任务全部完成。

（郎晨子）

【房屋汛期安全管理】 汛期内，防汛抢险共集结上岗值班41次，上岗人数达到了1041人次；雨中出动巡查200余人次，检查平房650间，平房补漏30处，修复漏雨楼房57处，抽排水3处6次，清通水道2处；在重点区域投放沙袋300余个，出动车辆30余车次。确保了汛期安全，实现了防汛工作连续二十四年“少塌房、不死人、安全度汛”的任务目标。

（高彦斌）

【保障性住房建设分配】 年内，冯村两限房工程，建筑面积3.65万平方米，实现结构封顶，城子铅丝厂地块公租房项目，建设公租房1416套，项目总投资约45798万元；斋堂镇1号地回迁安置房项目，建筑面积4.35万平方米，实现开工492套；东辛秤等村综合改造定向安置房项目，总建筑规模11.67万平方米，共有住宅楼8栋，安置房1085套，全部实现开工。

（郝 全）

【依法加强招投标管理】 年内，共受理建设工程招投标项目276项，同比增长28.37%，投资金额81.88亿元，同比增长180%；建设规模370.31万平方米，同比增长69.35%。其中：公开招标266项，投资81.79亿元，建设规模368.57万平方米；邀请招标2项；直接发包8项。招投标项目中，政府、国有投资类232项，占总数的84.06%；投资52.05亿元，占总数的63.57%；建设规模242.79万平方米，占总数的65.87%。

（朱 凡）

【落实应保尽保工作】 年内，通过市级备案3926户，其中廉租房申请家庭922户，经济适用房申请家庭2140户，限价房申请家庭864户；全区共有328户符合要求的廉租房申请家庭享受廉租住房租赁补贴，全年累计发放廉租住房租赁补贴共201.62万元，停发廉租住房租赁补贴106户。

（王海燕）

【城镇低收入家庭危房治理】 年内，开展城镇居民危房的排查，并经房屋安全鉴定部门鉴定，各镇、街调查评估、公示，最终核定确认城镇居民低保、低收入家庭中有19户，38.5间，497.42平方米危房，治理工程6月中旬开始施工，截止到9月底，19户危房翻建工程已全部完工，共投入资金124.32万元。

（高彦斌）

【依法拆迁文明拆迁】 年内，按照“政府主导、群众配合、依法拆迁、妥善安置”的方针，切实维护拆迁当事人合法权益。年内，共收到裁决申请102起，组织调解会70次，做出裁决56起；没有办理新项目拆迁许可证，办理了25个已发拆迁许可证项目的许可证延期手续；答复复议案件22起，已结案19起，维持10起、中止1起、终止1起，撤销7起；审结行政诉讼案件19起，胜诉13起、原告撤诉1起、败诉4起、未宣判1起。

（刘 华）

【工程安全质量监管】 年内，全区在监工程共计343项（单位工程），473.81万平方米。针对全区48个在施建设项目，共进行监督执法巡查1129次，查出安全质量隐患3717条，下发《责令改正通知书》137份、立案处罚23起、罚款25.1万元。

（陈志明）

【维护务工人员合法权益】 年内，利用执法工作平台，对在施项目的劳务管理检查全覆盖、无死角，除日常巡查外，开展了3次大规模的劳务管理专项检查；深化人员实名制管理，健全统计制度，督促各企业及时对人员增减情况进行备案，对于未备案人员，要求各项目建立人员增减台账，切实掌握农民工数量；根据市住建委要求，对劳务合同订立、备案、履约情况进行监管。

（霍晓莉）

【房屋登记管理】 年内，完成国有土地上各类登记业务7330件，133.3161万平方米。其中：初始登记20件，建筑面积32.9746万平方米；转移登记4350件，建筑面积34.9088万平方米；变更登记：167件，建筑面积17.8898万平方米；注销登记973件，建筑面积14.6261万平方米；抵押权登记1791件，建筑面积32.7051万平方米；其他登记29件，建筑面积0.2117万平方米。

（魏英慧）

【信访维稳工作】 年内，贯彻实施《信访条例》，完善信访领导接待日制度，在信访调处工作中，履行信访工作职责，规范信访办事程序，提高信访办事效率，共受理来信及农民工来访303件，其中，市住建委转办30件，区信访办转办18件，政府督办6件，便民电话125件，市长信箱112件，农民工来访12次，办结率90%以上。

（史卫东）

国土资源

【概况】 北京市国土资源局（以下简称市局）门头沟分局（以下简称分局）是市局的派出机构，在市局的领导下，按照管理权限，负责组织实施行政区域内土地、矿产资源行政管理工作。分局下设6个职能科（室），即：办公室（财务科）、综合科（地籍科）、土地利用科（耕保征地科）、地质矿产科、执法监察科、纪检监察科。所属8个事业单位：北京市土地整理储备中心门头沟区分中心、北京市门头沟区国土资源执法监察队、北京市门头沟区土地权属登记事务中心、北京市门头沟区土地利用事务中心及北京市国土资源局门头沟分局第一、第二、第三、第四4个国土资源管理所（办公地点分别设在永定、军庄、王平、斋堂），现有干部职工93人。

年内，分局以土地储备开发整理和土地卫片执法两项工作为龙头，以加强基础性工作为重点，全面推动各项工作的落实。共完成储备开发面积123公顷、经营性供地36.77公顷、政策性住房供地57.86公顷、开发投资93.09亿元，全部超额完成了年度计划任务；严厉查处土地违法行为，建立健全土地执法检查共同责任机制，查处土地违法行为14宗，依法履职到位率100%；推进土地开发整理，实现新增耕地778亩；加强地质环境修复，治理面积120万平方米；提高行政审批工作效率，办理时限缩短一半以上；强化基础性工作管理，大力推进新征占地、批后监管、规划编制、耕地保护、权属登记、执法监察、信息化建设、资金监管、档案管理、后勤保障等工作；加强地质灾害防治，完成了防灾度汛任务；创新国土所管理机制，将行政科室承担的8项职能下放，方便各镇及用地单位就近办理业务；不断加强队伍建设，队伍整体素质有了明显提升；加强党组织建设，开展“创先争优”和“纪念建党90周年”活动，坚定了干部职工的理想信念；认真落实党风廉政建设责任制，推进廉政风险防范管理，为促进各项工作提供了坚实的政治保障。

单位名称：北京市国土资源局门头沟分局
地　　址：北京市门头沟区新桥大街48号
电　　话：69856773
邮　　编：102300

（杨立新）

【区领导调研】 1月7日，区领导王洪钟到分局调研。分局领导汇报了土地收储工作情况。区领导对分局所做的工作给予了肯定，并要求区相关单位配合做好土地收储工作，保证土地储备项目早日入市。3月22日，区领导韩子荣到分局调研。分局主要领导汇报了全区国土资源管理基本情况及土地储备开发工作情况。韩子荣对分局的工作给予了肯定，并就进一步做好土地管理，促进地区发展提出了要求。4月26日，区领导付兆庚到潭柘寺镇赵家台叶腊石矿调研。区领导听取了有关情况的汇报，详细了解了生产经营、安全开采、就业等情况，并要求该矿严格按照国家相关规范标准作业，确保安全生产。8月10日，区领导王洪钟到潭柘寺镇赵家台叶腊石矿调研。在询问了矿石开采、加工、销售、环保、解决就业、缴纳税费等情况后，提出了具体要求。9月16日，区领导李慷云到分局调研。分局局长汇报了全区国土资源管理、土地储备等工作情况。区领导对分局所做工作给予了肯定，并提出了具体要求。

（杨立新）

【开展慰问活动】 1月24日，分局党组书记带队到帮扶村——斋堂镇灵水村和火村，对34户帮扶对象进行了节前走访慰问，为他们送去了米、面、油、熟食等生活用品。

（杨立新）

【完成行政许可服务事项自查】 2月4日至3月16日，按照市局行政许可服务事项管理要求，对2010年度受理的事项进行了全面自查。经查，共受理行政许可服务事项241件，均做到许政许可审批程序合法、行政服务办理程序合规、档案材料规范齐全、办理时限符合要求。

（杨立新）

【召开卫片专项会议】 2月15日，召开区土地卫片违法处理专题会。区领导付兆庚到会并讲话，相关镇政府主要领导参加会议。会议通报了国土资源部2009年度土地卫片、北京市遥感二号卫星监测的违法用地查处情况。区领导就下一步验收及完成时限提出了要求。3月4日，召开了区2010年度遥感二号卫片执法检查专项工作会。区领导王洪钟、罗斌、付兆庚出席会议。分局汇报了卫片检查总体情况及违法查处情况。王洪钟指出，各相关镇、用地单位要充分认识查处违法占地的重要性，对涉及重点工程的，要加紧办理用地手续；涉及农业项目的，按照标准及时办理相关手续；其他违法类型的，坚决予以处理。7月25日，召开了区2010年度土地矿产卫片整改推进会。区领导付兆庚出席会议并讲话。会上，分局汇报了2010年度土地矿产卫片执法检查相关工作情况。区领导要求，所有已关闭非煤固体矿山企业要于8月31日前清理完毕，对土地卫片中需要加快办理用地手续的项目，各部门要加快工作进度，确保通过国土资源部的检查验收。

（杨立新）

【市领导调研】 2月16日，市局局长魏成林带队到区调研。市局领导首先到分局机关慰问了全体干部职工，勉励干部职工要继续为地区经济社会发展做好服务，并提出了相关工作要求。区长王洪钟介绍了近期门头沟区经济社会发展的有关情况和加快推进首都西部综合服务区建设情况。魏成林表示，市局将全力支持门头沟区的各项工作，并深入研究解决当前在土地收储等方面存在的实际问题。22日，市局地环处处长、矿开处处长一行到斋堂镇张家村百崖子地区，就斋堂镇反映的地表冒烟现象进行现场勘察。市局领导及地质调研所的专家对斋堂镇采取的应急措施给予了肯定。3月10日，市局领导到大台地区就“两会”期间矿产资源管理工作情况进行调研。分局、大台街道办事处汇报了相关工作安排及打击非法开采情况。市局领导对分局和大台街道办事处所做的工作给予了肯定，并要求继续保持高压态势，加大执法巡查力度，及时处理炸毁煤熏口，有效遏制非法开采行为。21日，市局副局长到分局调研。分局党组书记汇报了落实党风廉政建设责任制、开展信访工作情况。4月27日，市局地环处处长、副处长到清水镇，就清水镇申报的“达摩沟、洪水峪”项目进行调研。分局和清水镇政府汇报了申报项目的相关情况。市局领导表示，将依据相关政策给予深山区废弃矿山环境恢复治理项目大力支持，解决该区域遗留的煤矸石占压土地等地质环境问题，消除采空塌陷及泥石流等地质灾害隐患，促进地区产业结构调整。5月26日，市局领导到分局调研。分局主要领导汇报了全区国土资源管理基本情况和年度工作情况。市局领导与分局中层干部进行了座谈，对分局工作给予了肯定，并就有关工作提出了要求。6月22日，市土地整理储备中心主任一行到棚户区定向安置房黑山地块、中门寺地块等保障房项目和曹各庄项目、S1线区域组团项目现场调研。区土地储备分中心汇报了保障房供地情况和在施一级开发项目及新增项目进展情况。市中心领导要求做好储备项目资金测算，加快储备项目入市交易。8月2日，市局人事处处长一行到分局就干部队伍建设情况调研。分局汇报了基本情况、人员构成、干部任用等相关情况。市局领导对分局领导干部的学习能力、组织能力、领导能力提出了更高的要求。9月21日，市局副局长张维到区调研，区领导付兆庚参加调研。市局领导在听取了分局关于建设项目规划审查及乡镇规划编制情况的汇报后，就有关项目提出了指导性意见。

（杨立新）

【地质灾害防治】 2月21日至3月7日，会同市地质研究所，对王平镇、雁翅镇开展地质灾害隐患排查。共排查行政村57个、排查学校及景点等重点区域地灾隐患点94处。3月8日至18日，对清水镇开展地质灾害隐患排查。共排查行政村38个、学校5所，重点排查地灾隐患点76处。4月27日至28日，会同京煤集团及市地质研究所，对大台街道办事处所辖社区、学校等重点区域进行地质灾害隐患排查。共排查社区9个，学校3所，地质灾害隐患点25处。5月23日，召开年度地质灾害防治工作会暨地质灾害防治知识培训会。会议对全区地质灾害防治工作进行了部署，并对与会人员开展了地质灾害防治知识的培训。28日18时，109国道87公里处发生山体崩塌后，分局立即启动应急机制，派人赶赴现场，并会同区应急办、安监局、公路分局、公安分局、斋堂镇政府、市应急调查队开展了应急处置会商并组织进行爆破削坡和道路清理工作，30日18时处理完毕，交通恢复正常。6月3日，召开机关大会，就年内汛期地质灾害防治工作进行安排部署。24日，东辛房街道矿建街社区268号院6号楼前发生塌陷后，分局会同东辛房街道办事处进行了踏勘，并提出了处置建议。7月18日15时，接到区应急办电话通知，城子街道办事处商场社区矿北门发生地面塌陷。接到通知后，分局会同区应急办及城子街道办事处开展应急调查，并及时进行了处理。8月14日，接到第4号市地质灾害预报预警后启动黄色预警响应，分局应急工作人员于18时前全部到岗。14日18时至15日8时，区平均降雨量22毫米至29毫米。期间，未发生地质灾害事故。15日10时，水担路枣湾段发生山体崩塌，分局立即派人赶赴现场进行了应急调查，并将调查情况向区应急办、公路分局进行了通报。15日15时，接到军庄镇报告，在军庄镇灰峪村西街发生山体崩塌。分局会同军庄镇政府开展应急调查，并启动镇村防汛4级响应，转移受威胁的村民，对该区域实行24小时监测等应急措施，同时向市应急调查大队报告。9月8日10时，接到王平镇报告，在东王平村11号－12号院后山护坡工程和排水渠出现较大裂缝。分局向市突发性地质灾害应急指挥部办公室报告情况后，会同市地质研究所、镇政府和村委会赶赴现场开展应急调查，提出了处理建议。

（杨立新）

【联合整治检查】 3月1日至2日，区综治办牵头，组织分局和经信委、公安、工商、安监、交通、斋堂镇政府、清水镇政府等相关单位，在斋堂和清水地区开展打击非法开采专项行动。5月5日至6日，区综治办牵头，组织分局和区打非督查组、流管办、公安分局、安监局、经信委、交通局、工商分局、木城涧煤矿、大台街道办事处等单位60余人，在大台地区开展打击非法盗采专项行动，共处理煤熏口5处，销毁盗采设备柴油机、绞车各1台，查获盗采嫌疑人8名，收缴煤炭235吨，收缴盗采工具30余件。7月6日，会同区公安分局、潭柘寺镇政府，在潭柘寺镇鲁家滩村村南东喇庙地区（与房山区交界处）开展执法检查。期间，查获非法开采人员2名，查扣非法运输车辆1台。8月19日，区打非督查组牵头，组织分局和大台街道办事处、木城涧矿、大台公安派出所，在大台地区开展打击非法盗采联合执法行动。10月19日，会同区打非督查组、木城涧矿、大台公安派出所、大台街道办事处等单位，在大台庄户南港沟、草场沟、北台子地段、莫石庵等区域开展联合执法行动。共炸毁非法开采煤熏口10处，收缴盗采工具若干。29日至30日，区综治办牵头，组织分局和区打非督导组、流管办、公安分局、安监局、交通局、经信委、工商局、林业公安等部门，在斋堂镇、清水镇全面开展打击非法盗采、清理流动人口专项行动。30日，由区综治办、区打非督导组牵头，组织分局和流管办、公安分局、林业公安、安监局、经信委、交通局、永定镇等部门60余人，在永定镇北岭地区王平口沟底、十字道等区域开展夜间联合执法检查，对发现的非法盗采机器设备进行了现场销毁。

（杨立新）

【土地开发整理】 3月22日，召开斋堂镇火村等7个土地开发整理项目规划设计和预算编制专家评审会。专家组听取了项目有关情况汇报，提出了补充意见后，同意7个项目规划设计和预算通过评审。9月21日，市局耕保处、财务处组织专家验收组到清水镇椴木沟村和斋堂镇龙门口村，就2个土地开发整理项目进行验收。专家组对项目的规划设计、施工质量、项目监理及审计结果进行了检查，最终2个项目均通过了专家组的验收。

（杨立新）

【市检查组检查】 3月29日，市局土地登记中心主任一行到分局就第一季度登记规范化工作进行检查。检查组随机抽检了初始登记、抵押注销登记等9份档案。市局领导对分局登记规范化工作给予肯定，并就下一步工作进行了部署。4月12日，市局办公室副调研员一行到分局就档案工作进行检查。分局汇报了相关工作情况。检查组在听取汇报、查看材料和对档案室进行实地检查后，对分局档案工作给予了肯定，并就有关工作提出了要求。26日，市局办公室副主任一行到分局就“两整治一改革”专项行动进行检查。分局汇报了“两整治一改革”专项行动工作进展完成情况。市局领导对分局所做的工作给予了肯定，并就下一步工作提出了要求。5月26日，市局领导一行到区检查汛前地质灾害防治工作。听取了分局相关工作情况汇报，实地查看了潭柘寺镇平原村泥石流地质灾害隐患点情况。市局领导对分局工作给予了肯定，并就下一步工作提出了要求。6月16日，市局执法总队到龙泉镇、妙峰山镇个别现场实地检查国土部2010年度土地卫片整改进展情况。7月21日，市制止和查处违法用地违法建设联席会工作检查验收组组长、市规划委委员一行到区就2010年度土地卫片执法检查自查和边查边改（处）工作进行检查验收。检查组在抽查违法用地图斑、听取分局相关工作情况汇报后，对区所做的工作给予了肯定，并就下一步工作提出了要求。8月10日，市局执法总队副队长一行到分局就国土部2010年度土地矿产卫片执法检查工作“回头看”情况进行检查。检查组听取了分局相关工作进展情况汇报，到现场进行了实地查看。11月3日，市局保密工作专项检查小组到分局检查。分局汇报了相关工作情况。检查组对分局保密工作给予了肯定，并提出了要求。15日，市局矿开处、执法总队一行到潭柘寺镇鲁家滩村村南东喇庙门头沟房山二结合部地区就非法开采案件查处情况进行检查。门头沟分局、房山分局，潭柘寺镇、青龙湖镇汇报了案件的查处进展情况。市局检查组就下一步工作提出了要求。

（杨立新）

【矿山地质环境治理】 4月1日，召开地质环境治理项目评审会，市局副局长出席并讲话。市局地环处、财务处，监理公司、设计单位及有关专家参加评审。会上，对军庄灰峪石灰石矿矿山地质环境治理项目进行了评审。期间，市局领导及有关专家到现场进行了实地察看。经评审，通过了该项目的设计方案。同日，市局地环处、财务处、矿开处和监理公司、设计单位及有关专家到清水镇就2010年实施的洪水峪、达摩庄2个地质环境治理项目进行竣工验收。验收组在听取了项目承担单位的工作情况汇报、检查了有关工程文件及原始资料后，一致同意通过竣工验收。洪水峪项目完成投资800万元，治理面积53万平方米；达摩庄项目完成投资388.9万元，治理面积20万平方米。12月21日，军庄灰峪矿山地质环境治理项目工程举行开工仪式。该项目总投资预算2150万元，共分5个治理区，治理总面积60万平方米。

（杨立新）

【廉政建设工作】 4月2日，召开党风廉政建设工作会。会上，传达了胡锦涛总书记在十七届中央纪委第六次全会上的重要讲话、国务院第四次廉政工作会议精神，以及区党风廉政建设工作会议精神。总结了2010年度党风廉政建设工作情况，对2011年度工作进行了部署，逐级签订了党风廉政建设责任书。7日，组织全体干部参观“北京市预防工程建设领域职务犯罪巡展”。

（杨立新）

【国有土地挂牌出让】 4月13日，原水利工程公司地块挂牌出让在市土地交易市场拍卖厅举行。最终由北京汇江亨通房地产开发有限责任公司以1.96亿元人民币竞得。地块位于永定镇葡萄嘴环岛西侧，土地面积0.89公顷，规划建筑面积35704平方米。6月9日，石龙西路南侧地块挂牌出让在市土地交易市场拍卖厅举行。最终由北京住总房地产开发有限公司和北京骏洋房地产开发有限公司（投标联合体）以11.58亿元人民币竞得。地块位于永定镇冯村，土地面积9.89公顷，规划建筑面积207452平方米。9月21日，东辛秤等村综合改造项目B地块挂牌出让在市土地交易市场拍卖厅举行。最终由中铁房地产集团有限公司以22.23亿元人民币竞得。地块位于永定镇冯村，土地面积19.19公顷，规划建筑规模379975平方米。

（杨立新）

【捐款捐物】 4月14日，组织开展“博爱在京城”募捐救助活动，共计捐款4110元。6月28日，组织全体党员开展共产党员献爱心活动，共计捐款4080元。10月31日，组织开展“冬衣送暖”活动，共计捐赠御寒衣被136件。

（杨立新）

【举办培训班】 4月27日，举办全区土地利用总体规划（2006－2020年）培训班。区相关委办局主管领导、各镇主管镇长及各村两委班子主要负责人共计400余人参加。中国农大课题组对规划背景、战略意义、区级规划编制的具体内容进行了讲解。

（杨立新）

【防灾减灾日活动】 5月12日，由国土资源部地质环境司主办，市局、区政府、中国地质环境监测院、市地质研究所、分局承办的全国第三个“防灾减灾日”主题宣传活动在育园小学举办。

（杨立新）

【党日活动】 6月19日至20日，分局机关党支部组织全体党员及入党积极分子共计59人到西柏坡，开展以“追寻红色足迹，坚定理想信念”为主题的党日宣传教育活动。

（杨立新）

【获先进基层党组织】 6月23日，区直机关工委举办庆祝建党90周年表彰大会，分局机关党支部被中共北京市门头沟区委直属机关工作委员会评为2011年先进基层党组织。

（杨立新）

【全国土地日宣传】 6月25日是第21个全国土地日。分局在新桥大街设立了土地日宣传活动站，采取悬挂横幅、摆放宣传展板、现场咨询等形式，向过往群众宣传国土资源法律法规及政策，为广大群众了解国土资源知识提供服务。活动期间，发放宣传材料6000余份，解答群众咨询300余人次。

（杨立新）

【国家土地督察检查】 9月6日至7日，国家土地督察北京局蔡可军专员带队到区检查验收监察部、国土部2010年度土地卫片执法检查工作。区领导韩子荣、王洪钟、付兆庚陪同检查。期间，检查组分别查阅了土地卫片工作的组织、宣传、图斑核查、组卷归档、举证材料、整改查处等内业资料，对妙峰山镇、龙泉镇、永定镇、斋堂镇等镇11宗图斑进行了实地抽检。蔡可军与区领导进行了座谈，对区2010年度土地卫片执法检查工作取得的成效给予了肯定。

（杨立新）

【第一个地灾治理项目通过验收】 11月4日，市局组织有关专家到雁翅镇田庄村，对村北不稳定斜坡治理项目进行验收。市局领导及7个山区县国土分局30余人参加验收。验收组通过实地查看、现场质询、听取汇报、观看多媒体演示、查阅项目资料等方式，认定项目工程完成情况良好，工程施工完整，设计洽商变更合理，达到了预期治理效果，准予验收通过。市局领导强调，项目移交后，要继续加强后期监测及管护工作，确保人民群众生命财产安全。该工程是北京市第一个中央财政投资的地质灾害治理项目，治理面积2万平方米。

（杨立新）

市政管委

【概况】 年内，区市政市容委共承担区政府蓝皮书重点工作任务66项，其中：市级重点工程4项，区级重点工程30项，区级重点项目26项，创建国家生态区重点任务2项，为民办实事任务2项，其他重点工作任务2项。

新建改建道路3.69公里，同步铺设各种管网。黑山大街改造工程、增北路改造工程、新城南部地区（石龙地区）道路升级一期工程、桥园路改造工程完工；109国道三家店至南宫道路改造工程、东辛房东街改建工程、矿建街改建工程、桥西街改建工程、门支路三期改建工程、永安路改造工程（锅炉厂南路西延三石路–西六环路）、石门营经济适用房市政配套工程、采空棚户区安置房（石门营项目）苛园路改造工程、采空棚户区石门营安置用房地块市政配套工程、采空棚户区（石泉砖厂）市政配套工程取得阶段性成果；九龙路、黑山大街北延、泰安路、华园路改造工程、冯村华润地块、东辛秤、白庄子土地一级开发、永定镇小园安置房市政配套工程正在进行前期手续办理工作；配合区公路分局做好潭王路新建工程、108国道改建工程一期的拆迁、征地工作。

城乡环境建设工作。完成在门城地区部分重点建筑、过街天桥、公路桥、排洪沟两侧实施夜景照明工程10处15栋；完成建党90周年、农运会、徒步大会环境整治及环境布置工作；加强市容环境管理，完善市容环境日常管理机制，对严重影响市容环境行为进行通报、曝光；完成龙泉宾馆周边环境整治，种植乔木250株、灌木5000平方米、铺草坪4200平方米；完成门亭周边景观建设工程；完成京浪岛周边环境综合整治工程，共绿化面积9000平方米，种植乔木250株，灌木4000株，草坪400平方米；完成升级改造门城主要大街公共服务设施，公交候车亭升级改造71个，指路牌40个；完成门城主要大街及重点地区架空线入地工程；完成主要大街人行步道更新工程，共铺装3.04万平方米，更换道牙6.56万米；完成管龙德海威、三石路中门寺桥、冯村桥、何各庄桥、滨河公园等供热管线入地工程。

重点推进滨河集中供热厂、焦家坡垃圾综合处理厂、滨河路南延道路工程、石龙西路西延二期工程、采空棚户区黑山安置房地块市政配套工程、采空棚户区城子地区市政配套工程、采空棚户区中门寺南坡安置房地块市政配套工程、永定镇曹各庄地块安置房市政配套工程、中赵路、桑赵路、三家店规划六路、三家店规划七路、辛称、上岸、军庄110千伏特变电站工程。

创建国家生态区重点任务、为民办实事等重点工作任务以及区政府临时交办的工作全部完成。中门寺110千伏特变电站，区市政市容委负责的立项、规划意见书、环评手续办理，区拆迁办负责的拆迁工作已基本完成，供电公司负责的土建正在施工。城子集中供热厂工程，建设主体为华源热力，区市政市容委负责协调相关部门，配合工程建设。环评、用地、燃气、供水等手续已办理，华源热力已将供电参数和供电申请等材料提交给供电局，供电协议正在办理中。送气下乡工程，已上报发改委立项。石门营地块河道治理、石泉砖厂地块河道治理工程正在实施。

严格行业管理，加强城市应急保障。加强对供暖企业的监督检查，受理、解决供热咨询、投诉1496件，全区34个供暖单位全部运转正常。制定完善城市基础设施、供暖、燃气、公共场所应急预案，加强专业抢险队伍建设，成立防汛、扫雪铲冰等专业抢险队伍，增加了抢险物资、设备的储备，城市基础设施应急抢险综合保障能力不断增强。

单位名称：北京市门头沟区市政市容管理委员会
地　　址：北京市门头沟区侯庄子215号
电　　话：69854076
邮　　编：102300

（史可华）

【垃圾分类工作】 1月8日，市市政市容委考核验收组对全区2010年度生活垃圾分类达标进行考核验收工作。3月9日，召开55个居住小区开展垃圾分类工作暨绿袖标指导员招募工作会。4月19日，组织召开垃圾分类启动仪式暨垃圾分类指导员培训会。26日，组织百名绿袖标指导员参加“垃圾文明一日游”活动，参观了朝阳区循环经济产业园垃圾卫生填埋、餐厨垃圾处理、垃圾焚烧发电、垃圾再生等垃圾处理过程。5月10日，完成垃圾分类绿袖标指导员招募工作。涉及龙泉镇、永定镇、大峪办事处、城子办事处、东辛房办事处的55个小区。16日至18日，组织区教委、王平镇参加2011年北京市垃圾分类系统建设与资源化处理技术经验成果交流会。6月8日，召开“门头沟区2011年垃圾分类环保大讲堂”培训会。8月22日，与中华环保基金会、大峪街道办事处联合举办了“做文明有礼的北京人，垃圾减量、垃圾分类从我做起”垃圾分类进社区互动宣传活动。25日，首都文明办、市市政市容委组织开展“做文明有礼的北京人——2011年周四垃圾减量日暨绿色乡村月活动走进王平镇河北村”。9月15日，组织绿袖标指导员走进社区及垃圾无害化处理中心参观学习。

（史可华）

【区领导调研】 1月30日，区领导慰问供热工作人员。5月17日，韩子荣到市政市容委调研，听取了重点工程、重点工作及行业管理等工作汇报。9月29日，区领导进行节前安全大检查。11月17日，区人大退休老干部参观区市政基础设施建设情况。

（史可华）

【扫雪铲冰】 2月9日，区内普降小雪，总降雪量为3.0毫米。区扫雪铲冰办公室及时启动应急预案，各职能部门开展扫雪铲冰工作，共出动作业人数8087人，车辆47次，机械50台次，使用融雪剂163吨，动员社会单位参加扫雪铲冰8405人。12日，区内普降中雪，降雪量3.5毫米。区扫雪铲冰办公室及时启动应急预案，各职能部门开展扫雪铲冰工作，共使用融雪剂291吨、出动扫雪车辆124辆、车次265次、参加扫雪人数12273人。11月4日，召开2011年至2012年冬季扫雪铲冰工作动员会。12月2日，区内出现降雪。区扫雪铲冰办公室及时部署，各相关单位立即启动扫雪铲冰方案。截至12月2日下午15:00降雪量1.9毫米。29日，区内出现降雪，区扫雪铲冰办公室及时部署，各相关单位立即启动扫雪铲冰方案。

（史可华）

【架空线入地工程】 2月，启动架空线入地工程施工，工作重点为三家店地区、博物馆周边、滨河世纪广场、西苑公园、希望公园、铁路遗址公园、石门营公园、滨河公园、剧场东街及中门寺观景台周边的影响城市景观的架空线路，包括通信、电力、信号灯等线路，共涉及11家单位约33公里的架空线入地工程，工程共拔除线杆100余根。11月完工。

（史可华）

【安全检查、安全培训】 3月3日，区质量技术监督局对区内燃气企业进行了安全检查。要求各单位要保证两会期间的燃气供应需求；及时消除各类安全隐患；加强地下管线、输油气管道及井盖设施安全监管。5月25日，组织区质监局、安监局、9镇4办、11家燃气企业等相关单位对燃气安全隐患排查治理百日行动工作进行部署，明确各单位职责分工。6月1日，施工队开展2011年度消防安全知识培训。10月10日，区垃圾无害化处理中心采取“板报宣传、理论讲解、看光盘、应急演练”的宣传模式，开展消防安全教育。12月23日，政府防灾减灾专家、中国地震局地质研究员就应急管理体系、应急管理过程、应急队伍建设、应急救援演练以及门头沟区市政市容设施在冬春季可能发生的风险隐患，进行了培训和研讨。

（史可华）

【市级领导调研】 3月10日，市市政市容委委员及相关处室、环卫科研所领导到区内指导工作。4月14日，市推进生活垃圾处理工作协调小组办公室、市政府督查室副主任带队，市监察局、市市政市容委等市级相关部门联合对2011年推进生活垃圾处理折子工程任务进行督促检查。6月21日，首都精神文明办副主任带队，市市政市容委、市垃圾渣土处、市城管执法局等单位组成联合检查组，对区内上半年环境建设情况进行检查。

（史可华）

【环境整治工作】 4月19日，启动全区公共环境美化专项整治工作。整治工作共六大类，255项。一是开展主要道路路面、护栏、站点清扫保洁专项整治活动；二是开展公园绿地环境整洁整治活动；三是开展城乡环境“灭死角”专项整治活动；四是以国道沿线、景区周边、街巷胡同为重点，开展废弃线杆清理整治活动；五是开展剧场东街社区、桥东街社区、永安小区等15个居住区的环境整治工作，清理堆物堆料，清除小广告；六是开展爱国卫生月、城市清洁日活动。

（史可华）

【天然气管网输配工程通气】 4月27日，举行区内天然气管网输配工程通气仪式，正式实现管道天然气与市区同网同价。区领导王洪钟、市市政市容委委员及中石油、华油燃气、市燃气集团等领导出席并讲话，区四大部门领导出席启动仪式。

（史可华）

【防汛工作】 5月17日，召开2011年城镇防汛工作预备会，对城镇防汛工作进行了整体部署。26日，门城地区出现较大雷阵雨，滨河路城子铁路桥下出现积水现象，积水深约20厘米至30厘米，区市政市容委立即启动城镇防汛应急预案，协调各职能部门应对桥下积水。27日，城镇防汛分指挥部指挥、副区长郑伟革主持召开了2011年城镇防汛工作会，与“四办一镇”签订了《2011年防汛抗旱责任书》。6月23日至24日，门城地区普降大雨，降雨量达125毫米，区市政市容委立即启动城镇防汛应急预案，采取措施将城子铁路桥下、双峪环岛东侧及全区主要大街、重点地段的积水全部排出，共出动人员50人，车辆20辆、水泵10台。7月20日，区内出现强降雨，潭柘寺镇降雨128.2毫米，龙泉镇60毫米，永定镇50.9毫米。区市政市容委立即启动城镇防汛应急预案，采取措施将双峪环岛主辅路等全区主要大街、重点地段的积水全部排出，共出动人员50人，车辆10辆、水泵7台。

（史可华）

【人大、政协议题案办理】 6月15日，人大建议、政协提案27件全部办理完毕。8月4日，与向政府提出建议、提案的部分代表和委员进行座谈，汇报区市政市容委2011年人大建议、政协提案的办理工作，以及上半年重点工程和重点工作的开展情况。年内，共接待群众来访10批次30人次，受理群众来信84件次，全部按信访程序予以答复办理，办复率100%。

（史可华）

【垃圾无害化处理道路修缮工程】 7月初，区垃圾无害化处理中心启动道路修缮工程。26日完工，共修补沥青路面6073平方米。

（史可华）

【定都阁工程奠基仪式】 7月3日，王洪钟等区领导及京投银泰集团、潭柘寺镇等相关部门负责人在定都峰举行定都阁工程奠基仪式。仪式上，区市政市容委、潭柘寺镇、桑峪村、京投银泰集团分别作了表态发言。

（史可华）

【人行步道更新工程】 7月11日，新桥南大街、城子大街、双峪路、大峪南路等主要大街人行步道修缮及更新工作完工，共铺装3.04万平方米，更换道牙6.56万米。

（史可华）

【模拟演练】 8月30日，参加北京市挖掘工程地下管线安全防护机制运行模拟演练工作。市政市容委主要负责登录信息系统，对涉及区内的挖掘工程管线配合情况进行监督，对于未及时进行管线防护交底配合的单位电话督促企业落实。

（史可华）

【改造工程】 10月，黑山大街改造工程完工。该工程起点大峪南路，终点增产路，全长800米，红线宽35米，城市次干路，投资18085万元。10月，增北路改造工程完工。该工程起点门支路，终点九龙路，全长2000米，红线宽30米，城市次干路，投资16651万元。11月，桥园路改造工程完工。全长548米，红线宽35米，城市次干路，投资约200万元。109国道三家店至南宫道路改造工程该工程起点三家店，终点南宫，全长1638米，红线宽35米，城市主干路，投资6500万元。年内，完成总工程量的85%，自来水管线、西六环－引水渠段污水管线完工，油库设计专用线、丰沙线桥涵方案已完成，正在评审方案。年内，启动黑江路改造工程（石龙西路西延改造工程一期）。该工程起点石龙西路西端点，终点温泉度假酒店，全长3600米，红线宽30米，城市次干路，投资11380万元。年内，完成施工交底，树木伐移工作正在进行。年内，启动采空棚户区安置房（石门营项目）苛园路改造工程，主要包括三石路南延及京昆路2条道路，全长3165米，投资26871万元。年内，完成九龙路、黑山大街北延、泰安路、华园路改造工程勘察、设计招标工作。

（史可华）

【供暖工作】 11月7日，全区各供暖单位开始点火试运行。10日上午9时，全区32个供热单位，55座住宅供暖锅炉房已全部点火试运行，点火率为100%。2010年至2011年采暖季受理、解决供热咨询、投诉1496件，全区34个供暖单位全部运转正常。

（史可华）

【道路升级工程】 11月，新城南部地区（石龙地区）道路升级一期工程完工。主要改造8条市政道路，全长4074米，红线宽10.6－20米，城市支路，投资14011万元。

（史可华）

【改建工程】 年内，启动东辛房东街改建工程。该工程起点矿后街，终点中门寺街，全长1067米，红线宽20米，城市支路，投资7697万元。年内，启动矿建街改建工程。该工程起点门头沟路，终点东辛房东街，全长398米，红线宽20米，城市支路，投资2442万元。年内，启动桥西街改建工程。该工程起点门头沟路，终点城子大街，全长521米，红线宽15米，城市支路，投资4144万元。年内，启动门支路三期改建工程。该工程起点矿口，终点圈门，全长1450米，红线宽30米，城市主干路，投资9450万元。

（史可华）

【道路工程】 年内，启动莲石湖西路（锅炉厂南路西延三石路－西六环路）。该工程起点三石路，终点西六环路，全长3600米，红线宽40米，城市主干路，投资40000万元。年内，启动滨河路南延道路工程。该工程起点108国道，终点葡萄嘴桥，全长4.8公里，红线宽60米，城市主干路，投资40180万元。

（史可华）

【市政配套工程】 年内，启动石门营经济适用房市政配套工程。位于石门营环岛西南，新城规划区域南部，共计4条道路，全长2000米，红线宽20米－40米，投资19813万元。年内，启动采空棚户区石门营安置用房地块市政配套工程。主要包括京原公路北侧辅路等6条道路工程，全长5408米，红线宽20米－40米，投资32164万元。年内，管线正在施工，新31路、规划3路铺油完成，北侧辅路二灰、步道砖基本完成，护坡工程完成86%，桥梁工程完成70%。年内，启动采空棚户区（石泉砖厂）市政配套工程。位于石泉砖厂安置房地块内，主要包括13条道路工程，道路全长6623米，红线宽15米－35米，投资30154万元。年内，正在进行管线施工，龙泉镇回迁房地块市政配套全部完成。年内，启动冯村华润地块、东辛秤、白庄子土地一级开发、永定镇小园安置房市政配套工程。完成道路方案设计批复，立项批复、水保批复、规划意见书批复及勘察、设计招标工作。年内，启动采空棚户区黑山安置房地块市政配套工程。位于新城北部地区，大峪南路与新桥大街交汇口的西北侧，包括4条道路，全长2153米，红线15至-30米，投资8000万元。年内，启动采空棚户区城子地区市政配套工程。西起石泉砖厂，东至城子大街，北起崇化寺路，南至门头沟，包括15条路，全长9846米，红线15米-20米，城市支路。年内，启动采空棚户区中门寺南坡安置房地块市政配套工程。大峪南路南侧，中门寺生态园以西，南邻草帽山，包括5条道路，全长2939米，红线宽7米-15米。年内，启动永定镇曹各庄地块安置房市政配套工程。三石路以东，规划一路（体北路）以南，滨河路南延以西，石龙路以北，包括4条道路，全长3884米，红线宽15米-35米，投资1.2亿元。

（史可华）

【焦家坡餐厨垃圾处理厂工程】 年内，启动焦家坡餐厨垃圾处理厂工程。日处理餐厨垃圾30吨，投资1073万元。

（史可华）

【中门寺110千伏特变电站项目】 年内，启动中门寺110千伏特变电站项目。一期建设2台50千伏安变电器，中期扩展到3台50千伏安变电器，投资8814万元。

（史可华）

【城子集中供热厂工程】 年内，启动城子集中供热工程。供热面积280万平方米，新建热力站27座，改建热力站12座，新建热力管网10.5公里，投资35955万元。建设主体为华源热力，区市政市容委负责协调相关部门，配合工程建设。

（史可华）

【送气下乡工程】 年内，为王平镇、妙峰山镇、大台街道12251户家庭实施送气下乡，投资2111.8万元。

（史可华）

【河道治理】 年内，启动石门营地块河道治理工程。主要包括石门营沟和石门营截洪沟的治理工程，全长4977米，投资18295万元。年内，启动石泉砖厂地块河道治理工程。主要包括东龙门沟、西龙门沟及支沟的河道治理工程，全长2067米，投资4563万元。

（史可华）

【滨河集中供热厂】 年内，启动滨河集中供热厂工程。建设燃气锅炉房一座3台80吨燃气锅炉，供热面积300万平方米，换热站27座，投资3亿元。

（史可华）

【焦家坡垃圾综合处理厂】 年内，启动焦家坡垃圾综合处理厂工程。日处理垃圾1000吨，投资4.5亿元。

（史可华）

【城乡环境建设】 年内，完成在门城地区部分重点建筑、过街天桥、公路桥、排洪沟两侧实施夜景照明工程等10处15栋；完成建党90周年、农运会、徒步大会环境整治及环境布置工作；加强市容环境管理，完善市容环境日常管理机制，对严重影响市容环境行为进行通报、曝光；完成龙泉宾馆周边环境整治，种植乔木250株、灌木5000平方米、铺草坪4200平方米；完成门城周边景观建设工程；完成京浪岛周边环境综合整治工程，共绿化面积9000平方米，种植乔木250株，灌木4000株，草坪400平方米；完成升级改造门城主要大街公共服务设施，公交候车亭升级改造71个，指路牌40个；完成门城主要大街及重点地区架空线入地工程；完成主要大街人行步道更新工程，共铺装3.04万平方米，更换道牙6.56万米；完成管龙德海威、三石路中门寺桥、冯村桥、何各庄桥、滨河公园等供热管线入地工程。

（史可华）

【为民办实事】 年内，新改建城乡公厕10座，对门城主要大街两侧50座水冲公厕进行气水冲式改造，投资577万元。完成对中门花园、蓝龙小区、林业局社区2000户旧楼实施天然气入户改造，投资640万元。

（史可华）

【新增工程】 年内，完成定都阁主体建设工程，正在进行外部装修和夜景照明工程。完成六环桥体周边亮化工程、主要大街两侧楼体夜景照明二期工程、政府大院改造工程二期、永定河公园人行天桥主体工程。

（史可华）

【创建国家生态区重点任务】 年内，拆除黑山、石门营集中供热范围内10台共计50蒸吨燃煤锅炉。

（史可华）

公 共 事 业

供 水

【概况】 门头沟分公司座落于北京市门头沟区城子大街128号，1953年由北京市自来水公司兴建，原名城子水厂，2001年公司改制后更名为北京市自来水集团门城自来水有限公司，2009年由子公司变更为分公司。公司占地5.3万平方米，一期设计生产能力4.32万立方米每日，供水人口约19万，供水面积约31平方公里，主要供水区域包括：门城镇地区及石景山的广宁、麻峪、五里坨、黑石头等地区，并承担相应的给水管道安装、维护、修理和水费查收工作。公司地处郊区，采用树状独立管网，管网总长度约353千米，源水依托“东水西调给水工程”，由团城湖经玉泉山、杏石口、麻峪三级泵站送至城子水厂。净水工艺采用预处理加常规处理加深度处理工艺，即：预投加高锰酸钾，混凝、沉淀、过滤、消毒，最后通过活性碳滤池。公司现有9个加压泵站，5眼补压井，为加强管理，每个加压泵站及井室内都安装了远程数据传输监控装置，终端设在门头沟分公司办公室。公司下设管理、多经、营销、生产、工程5个班组，在职职工总数90人。

单位名称：北京自来水集团有限责任公司门头沟分公司

地　　址：北京市门头沟区城子大街128号

电　　话：69842649　69828134

邮　　编：102300

（罗亚巍）

【经济指标】 年内，完成供水量1735.44万立方米，售水量1287.78万立方米，实现总产值2512.7万元。高日供水量发生在6月7日，达到54201立方米。全年生产耗电量763.33万千瓦小时。产销差率为25.8%。管网水质合格率100%，管网压力合格率99.95%，管网修漏及时率100%，水费回收率99.57%。

（罗亚巍）

【重点工作】 年内，开展了降低产销差率专项治理工作。公司领导多次召开研讨会，对产销差率偏高问题进行分析，得出了诸多结论并采取实际措施。年初，公司领导带领设备管理人员和运行管理人员共同查找设备的不安全因素，发现并消除6处隐患。在此基础上为确保供水安全，在苛罗坨地区新建一眼水源井。由政府投资，对门头沟城子水厂进行扩建。公司领导多次组织关键岗位技术人员对扩建初步设计进行研讨，提出了诸多改良意见，并多次邀请集团副总经理与设计单位共同协商。

（罗亚巍）

【改革与管理】 年内，开展“安全在身边”活动，鼓励员工发现身边可能出现的安全隐患并在教育会上进行交流讨论。邀请集团安保部领导针对运转、维修、查表等关键部门员工开展专项安全培训。年内，加强对厂内外各项工作的管理。贯彻集团“在少水中增水，在无水中生水”的理念，对水处理工艺的进行调整，细化加药、反冲洗等工作环节，平缓度过了高峰供水时期。取得了管网水质合格率100%，管网修漏及时率100%的成绩。

（罗亚巍）

【党建与精神文明工作】 年内，开展了创建“四强四优”活动，开展“政治引领力强、推动发展力强、改革创新力强、凝聚保障力强”的“四强”党组织活动；广大党员围绕争做“政治素质优、岗位技能优、工作业绩优、群众评价优”的“四优”党员目标，结合课题攻关、争当技术能手、挖潜增效标兵等活动的开展，学业务、钻技术、练技能，带头勇挑重担，带头真抓实干，以共产党员的模范带头作用，带动和影响职工群众积极性、主动性、创造性的发挥，促进企业各项任务目标的完成。年内，坚持开好领导班子民主生活会。会上，领导班子成员认真开展了批评与自我批评。

（罗亚巍）

供 电

【概况】 年内，公司以“大局、可靠、法治、两效”工作方针为指导，贯彻区委、区政府和北京市电力公司的决策部署，全面落实公司二届一次职代会暨2011年工作会、政工会各项要求，完成了上级下达的各项指标和工作任务。

公司累计完成售电量8.35亿千瓦时，全年线损率为6.01%，同比下降0.016个百分点。未发生人身伤亡、电网、设备、火灾、交通等安全责任事故；完成3个安全生产100天，安全生产长周期2417天；地区电网电压合格率99.93%，同比上升0.7个百分点；城网供电可靠率99.979%，同比提高0.01个百分点；农网供电可靠率99.957%，同比提高0.024个百分点。未发生干部员工严重违规违纪、犯罪案件，未发生影响和损害公司形象的重大事件。

年内，公司被门头沟区推荐为文明示范单位、首都文明单位标兵，同时被全国文明委授予“全国文明单位”称号；龙泉供电所被门头沟区推荐为文明示范单位、首都文明单位。

单位名称：北京市电力公司门头沟供电公司
地　　址：北京市门头沟区滨河路66号
电　　话：69844354
邮　　编：102300

（聂杰良　安莉莉）

【安全生产工作】　1月24日，为进一步加强公司安全过程指标管理工作，公司对安全监督管理系统的应用、倒闸操作录音、调度录音及工作票填写等工作进行了培训。2月9日至14日，公司组织了2011年度线路停发电权和带电作业人员的培训和考试。以加强公司主配网停电计划执行过程的管理，控制延时停、送电，有效降低电网运行风险，提高用户的供电可靠性打下了坚实的基础。16日，召开了2011年安全生产工作会，会议主要任务是总结2010年公司安全生产工作情况，部署2011年安全生产工作。17日，公司经理带队，司所辖各供电所、变电站、配电室的消防设施报警装置、消防器材进行了检查，要求各部门有关人员要熟悉公司消防火灾应急预案及现场处置方案，严格执行信息汇报制度，并安排值班人员对重点地区在重点时段加强看护和巡查力度。2月底，北京市出现大范围雨雪天气，公司紧急召开雪天值守和应急保障工作专项部署会，启动应急值守模式。各工区、班组增加了雪天重要线路和设备的特巡，对重点地段的设备、设施运行情况进行24小时监测，安排专职人员收看收听天气预报情况，确保雨雪天气电网可靠运行。3月14日至18日，公司完成了为期一周的安全工器具试验。5月4日，公司9名青年成为公司第一批“安全助理”。18日，公司针对辖区重点水库、变电站等电力设备设施进行了防汛督导检查，提早部署防汛工作，为安全度汛提供保障。25日，为防范有限空间作业安全事故的发生，公司组织开展有限空间作业专项安全培训工作。5月，公司组织变电工区和线路工区等相关部门认真排查输变电设备防雷隐患。9月23日，公司完成了为期3天的安全工器具试验，为保障一线人员生命安全的工器具进行了一次周期性“体检”。27日，公司领导到110kV中门寺变电站施工现场，慰问正在紧张工作的一线人员，并对现场的防火防盗和安全管理工作进行检查。11月9日，公司结合全国“11.9”消防宣传周活动，组织各部门相关人员开展了消防知识培训。公司30余人参加了培训。

（聂杰良　安莉莉）

【全国文明单位创建工作】　1月26日，全国精神文明建设单位门头沟供电公司与军民共建单位中国人民解放军海军军训器材研究所召开了军民共建座谈会。5月16日，公司召开党委会，专题研究公司2011年精神文明创建工作。会上总结了公司多年来精神文明创建工作取得的成绩和经验，分析探讨了创建工作中存在的问题和不足，明确了2011年精神文明创建工作的目标和措施。25日，由区文明办、发改委、市政管委等部门组成的检查组到公司就精神文明创建工作进行检查。7月13日至22日，公司组织各部门及供电所开展了“我为创建做贡献”大讨论活动。12月20日，公司获得全国第三批文明单位，这是公司继2009年获得“全国精神文明建设工作先进单位”后，获得的又一国家级荣誉。

（聂杰良　安莉莉）

【与相关单位座谈】　1月27日，二级重要客户中国人民解放军海军某部队人员到公司参加重要客户安全服务座谈会。2月16日，与区文明办就精神文明创新工作进行座谈。3月29日，先后走访了门头沟区区医院、棚户区改造建设中心、石龙经济技术开发区管委会、华润置地发展有限公司等大客户，以上门服务、交流座谈的形式将公司的优质服务送到大客户中。7月28日，公司领导及员工代表20余人到海军军训所驻地，为军训所官兵送去了节日问候和慰问品，并与军训所官兵进行了座谈交流。8月18日，与区检察院就“企地共建”工作进行了座谈，共同研究、探讨推进“企地共建”工作的措施和方法。

（聂杰良　安莉莉）

【区领导慰问】　1月31日，区

领导到公司城子变电站检查春节供电保障工作，并慰问一线电力员工。2月1日，区领导到公司慰问全体干部职工。4月29日，区领导带领区安监局、消防队等部门，到公司就节日安全进行检查。9月28日，区领导到冯村变电站检查安全生产情况。

（聂杰良　安莉莉）

【多姿多彩职工活动】　2月，公司工会召集各类文体活动负责人就公司2011年各项活动的开展进行了研讨。3月8日，公司工会在"三八"妇女节当天，组织女职工开展了"健康一日游"活动。9日，公司工会为将退休老师傅举办了欢送会。4月21日，公司在北京市电力公司第二届"朝阳杯"乒乓球G组比赛中以小组第一的身份顺利出线。7月26日，公司篮球队在峪东变电站篮球场进行了对抗性训练。8月17日，公司工会和行管中心组织全体干部职工到解放军307医院进行健康体检。

（聂杰良　安莉莉）

【完成全国"两会"保电】　3月13日、14日，"两会"期间，供电公司各专业应急抢修队随时待命，做好了事故抢修和应急处理等各项准备工作，确保了"两会"期间区内电网安全、稳定、可靠运行。

（聂杰良　安莉莉）

【贯彻落实"两抓一建"活动】　3月22日，为深入贯彻落实"两抓一建"安全风险管控活动，公司经理到工作现场检查安全生产情况。4月，根据"两抓一建"活动的总体部署，公司结合客户周期检查，组织对区二级及以上重要客户的用电设备、设施安全情况进行了全面的检查。6日，公司领导班子成员召开专题会议，对安全风险管控等工作规范进行了认真学习和讨论。19日，公司组织生产运行班组人员进行了"反外力破坏电力设施"的专题培训。20日，举办了消防演习。此次演习的主要内容包括火灾时人员疏散、火灾自救，是公司落实"两抓一建"重要活动之一。公司领导及各部门相关人员、义务消防队、部分保安员等共计70余人参加了演习。5月21日，公司组织的两批安全规程调考全部结束，共有来自公司生产一线的员工140余人参加考试。6月1日，公司针对辖区10千伏重载线路和重点变电站进行了安全检查。9日，公司2011年迎峰度夏应急演练开始。公司结合夏季天气变化特点和地区电网运行情况，通过模拟110千伏某变电站4号变压器差动保护动作掉闸，造成3号变压器过负荷。检验各部门在故障查找、设备处缺、倒负荷、信息报送、客户服务、新闻宣传等方面响应速度和应急处置能力。23日，门头沟地区有雷电、下大雨，在将近2个半小时的时间里，地区35千伏有两路掉闸重合成功，10千伏线路相继发生9路11路次故障跳闸，其中有两路发生永久性故障，严重威胁地区电网安全。公司根据北京市电力公司的要求，紧急启动应急预案，全力抢修事故线路，确保了地区电网的稳定运行。6月，公司按照电网停电计划对辖区所属站、线进行检修维护和清扫工作。确保辖区电网迎峰度夏期间安全稳定、可靠运行。7月6日，针对公司内所辖35kV灵山设备实际运行情况，灵山站开展了更换35kV母线桥绝缘护套工作。公司领导到工作现场慰问了一线工作人员。7日，公司领导到清水供电所、灵山变电站检查指导工作，以确保迎峰度夏期间各项工作平稳有序开展。8月16日，为了确保迎峰度夏期间市民可靠用电，公司对潭柘寺路、南村路10kV线路进行带电接引流线工作，保证该城区的正常用电。

（聂杰良　安莉莉）

【完成各赛事供电保障工作】　3月24日至27日，完成第31届安捷伦北京青少年科技创新大赛供电保障工作。9月8日至11日，第二届北京国际山地徒步大会在门头沟区斋堂镇举办，公司完成了为期3天的供电保障任务。16日，完成了以"魅力京郊，华彩乐章"为主题的北京市第七届农民运动会开幕式保电任务。10月7日，完成了2011首届环北京职业自行车赛门头沟赛段保电工作，为赛事相关活动场所、接待酒店提供了优质、可靠的供电服务。

（聂杰良　安莉莉）

【清明节保电】　4月10日，公司完成清明节活动期间电网运行保障工作。

（聂杰良　安莉莉）

【建党90周年系列活动】　4月19日，公司中心组开展学习中国共产党党史，党史知识网络答题等系列活动。27日，在公司内部的政工网页上，"中国共产党的由来"、"党史上的第一"等党史知识，供广大党员职工阅读学习。5月20日，公司党委挑选的36首红色革命歌曲被刻成光盘发放到了各党支部，成为广大党员唱红歌的教材。6月，公司党委围绕"党史故事征集"、"我的入党故事"、"对党说句心里话"、"红色歌曲大家唱"等主题，组织开展各项活动。7日，召开民主评议党员工作动员会。同日，为深入落实北京市电力公司“学党史、强信念、明形势、做贡献”主题教育活动内容，公司由领导干部带头，开展学党史活动。并由公司党委书记为党员讲党课。24日，召开纪念中国共产党成立90周年暨创先争优表彰大会。7月14日，组织踏着先烈的足迹，向革命先烈致敬登京西古道活动。26日，全体党员参观了“一切为了人民”的专题展览，重温了党的光辉历史。

（聂杰良　安莉莉）

【四好班子建设】　4月27日，公司党委组织领导班子成员观看了中央党校领导科学教研室、教授主讲的《积极有效地推进学习型领导班子建设》讲座。5月3日，召开“四好”领导班子创建工作会暨民主生活会，专题研究“四好”领导班子创建工作。

（聂杰良　安莉莉）

【爱心捐款活动】　4月，公司292名员工参与捐款，共捐款7485元。7月，公司党委开展了共产党员献爱心捐款活动，135名党员、36名积极分子和群众参与了捐款活动，累计捐款共计5190元。爱心捐款纳入“国家电网首都电力共产党员爱心基金”，专项用于北京社区特困户家庭老旧电力线路户内改造、社区公益性区域电力设施改造帮扶等项目。

（聂杰良　安莉莉）

【防灾减灾活动】　5月11日，公司开展“5.12”防灾减灾应急演练活动。12日，为结合北京市“防灾减灾”的主题周活动，在公司开展以防灾减灾为主题的消防应急演练活动。

（聂杰良　安莉莉）

【依法治企】　5月11日，法律风险防范体系建设专家组在公司进行了电能计量专业法律风险调研。6月10日，公司召开“法治电网”依法治企专项活动启动会，会上宣读了公司2011年度“法治电网”依法治企专项活动方案，公司领导向职工代表赠送了法律书籍并对活动开展提出具体要求。年内，成立“法治电网”依法治企专项活动领导小组及办公室，召开专项活动启动会，制定活动方案并以文件形式下发。修订完善《门头沟供电公司“三重一大”决策制度实施细则》，开展“小金库”专项治理、“三指定”专项治理工作，按照公司2010年制订的《工程建设领域突出问题专项治理工作实施方案》和工作月报制度，对排查出的重点问题落实整改。

（聂杰良　安莉莉）

【配合棚改中心完成线路改造】
6月2日，为减少因外力破坏造成的电网停电事故发生，公司到区棚户区改造工程现场，进行反外力宣传活动。12月，按照区棚户区改造工程计划，公司加大电网建设工作力度，保障2011年的棚户区入住地块市政配套工程改造如期完工。

（聂杰良　安莉莉）

【完成各类考试期间的供电保障】
6月7日，完成为期两天的高考保电工作。24日至26日，完成中考保电工作。10月15日、16日，完成成人高考的保电工作。为确保各类考试的顺利进行，公司针对辖区内的考点、试卷保密点及为这些重要客户供电的变电站、线路和用户自身的供电设备进行了检查和维护，完成考试期间电网运行安全、稳定，供电保障工作。

（聂杰良　安莉莉）

【共产党员服务队入社区】　6月25日，公司由31名共产党员组成的服务队，身穿“红马甲”到月季园东里社区向社区居民发放安全用电常识及节电技巧的宣传册，并讲解日常用电故障的解决方法。9月29日，向阳东里社区和葡东社区举行了“国家电网首都电力共产党员社区服务站”挂牌仪式。10月27日，首都电力共产党员服务队门头沟分队来到月季园社区，为两位“爱心卡”用户进行内线改造、安装节能灯。截至年底“共产党员服务队”共举行了6个社区的揭牌仪式。开展共产党员服务队进社区活动8次，参加成员58人次，确定帮扶项目3项，申报爱心基金4600元，用于社区及困难客户解决用电问题，公司被评为“北京市电力公司优质服务先进单位”。

（聂杰良　安莉莉）

【廉洁自律】　6月，公司组织各处室学习《违法违纪典型案例汇编》相关案例。7月，为了贯彻落实京电监〔2011〕7号文件要求，继续做好“小金库”专项治理工作，巩固自查自纠和重点检查成果，同期，门头沟公司采取一系列措施开展了“小金库”专项治理复查工作。22日，由北京市电力公司组建的第三检查组一行13人到公司，对公司财务、审计工作进行联合检查。10月12日，为确保“企地共建”工作常态化，制度化，公司党政主要领导、纪委书记与区检察院反贪局主要领导就建立长效沟通协调机制、如何预防职务犯罪、廉政风险防控等进行了座谈。11月2日，公司邀请区检察院反贪局局长为中层以上领导干部40余人做了预防职务犯罪专题讲座。12月12日，北京市电力公司党风廉政建设责任制检查小组到公司，对公司全年党风廉政建设完成情况进行现场检查。公司监审处人员配合检查。12月，公司纪委联合区检察院共同举办了预防职务犯罪专题展览，通过典型案例教育，进一步筑牢干部拒腐防变、廉洁从业的思想意识，实现警钟长鸣。

（聂杰良　安莉莉）

【龙泉供电所营业厅新址使用】 9月28日，公司新建的龙泉供电所营业。

（聂杰良　安莉莉）

【窗口服务工作】 11月4日，北京市电力公司供电营业窗口等级评定考评组一行到公司，就供电营业窗口进行现场考评，并通过考评。12月13日，公司收到了客户送的一封感谢信，赞扬公司职工一心为客户着想，主动服务的表现。14日，辖区居民将一面写有“解困助残，慷慨义举”的锦旗送给公司，表达对公司热情服务的感谢。

（聂杰良　安莉莉）

【最大负荷创历史最高】 12月8日17时46分，区瞬时最大负荷达到18.86万千瓦，同比增长13.68%，创下门头沟地区用电负荷历史新高。

（聂杰良　安莉莉）

【区安全生产委员考评组到公司检查】 12月21日，区安全生产委员考评组到公司开展2011年度安全生产综合考核工作，此项工作是区安全生产先进单位考核的重要指标。公司领导、安全监察处、生产技术处、办公室等相关部门参加迎检。

（聂杰良　安莉莉）

【智能表改造率先完成】 截至年底，公司已完成17775具国网智能表更换，率先完成国网智能表改造工程任务，指标完成率名列北京市电力公司第一。

（聂杰良　安莉莉）

【推进电网规划建设】 年内，公司完成《门头沟区“十二五”电网规划报告》、《门头沟区“十二五”农网规划报告》的编制工作。开展灰峪、上岸及滨水（辛称）110千伏输变电工程规划前期工作，完成灰峪110千伏输变电工程可行性研究报告的编制。完成高家园、琉璃渠、棚改石门营地块等土地一级开发供电咨询研究工作。配合北京市电力公司完成对杨坨矿棚户区、S1轨道交通等14项输电线路迁改的规划前期工作。开展电动汽车充电站选址工作，完成环卫充电站、石门营乘用车充电站的规划选址工作。截至年底，门城220千伏输变电工程变电站土建工程已开工；海淀500千伏线路前期工作正在开展，在门头沟境内的18基铁塔基础具备开工条件。完成门头沟棚户区改造的配套35千伏冯门迁改工作，完成滨河公园、剧场东街等市政道路改造及棚户区安置房配套工程。龙泉供电所营业楼已投入使用，三家店仓储楼工程已具备开工条件。完成中门寺110千伏输变电工程建设工作，由于在工程交接验收过程中，发现110千伏GIS设备发生动触头金属拉杆断裂的质量问题，造成未能在年内投入运行。

（聂杰良　安莉莉）

【经营效益稳步增长】 年内，公司累计受理各类业务7750项，处理完成各类业务7724项，分别是上年同期的2.0倍与2.29倍，其中受理新装、增容类业务5177户，容量10.7万千伏安，超额完成北京市电力公司下达的全年接电容量6万千伏安的指标；卡表售电57278笔，门收电费42565笔，修补电卡1698张，应急送卡29张。

（聂杰良　安莉莉）

【客户安全服务】 年内，通过短信平台传递各类生产、故障信息255次；处置各类高、低压故障3797次；低压故障处置平均到达现场时间24.2分钟，未发生因故障停电引发的负面影响。2011年通过服务监控探头进行服务行为回放，有效解决客户投诉3起，均为公司无责任投诉。

（聂杰良　安莉莉）

【教育培训和科技信息化工作】 年内，组织实施了第二届北京市职工职业技能大赛农网配电营业工技能比赛初赛，1人通过竞赛取得技师资格；在北京市电力公司组织的2011年应急抢险技能大赛中荣获团体第四名的成绩；在北京市电力公司开展的2011年财务专业调考、“忠诚企业、服务首都”主题教育宣传手册知识调考及2011年“信息杯”技能竞赛中，公司多名选手获得前八名的成绩。公司人员撰写的《用电检查反窃电工作的思考》论文经专家评审，被评为第十一届全国防治窃电工作交流大会优秀论文二等奖。年内，公司组织开展群众性技术创新项目申报立项承包责任书签订工作。完成了2010年专利项目补充申报和2011年专利申报工作，共上报5项实用新型专利和1项发明专利，群众性技术创新项目2项，取得专利授权2项，上报科技论文5篇，2011年科技信息专业同业对标共计10项获得满分排名第一。

（聂杰良　安莉莉）

【下属单位情况】

单位名称：门头沟供电公司永定供电所
电　　话：69804934

单位名称：门头沟供电公司龙泉供电所
电　　话：69844654

单位名称：门头沟供电公司潭柘寺供电所
电　　话：60861465

单位名称：门头沟供电公司妙峰山供电所
电　　话：61881412

单位名称：门头沟供电公司雁翅供电所
电　　话：61830371

单位名称：门头沟供电公司斋堂供电所
电　　话：69819754

单位名称：门头沟供电公司清水供电所
电　　话：60855075

供　暖

【概况】　年内，区内有住宅锅炉供热单位29个，锅炉房52处，锅炉86台。其中：燃煤锅炉房48处，锅炉86台。燃油锅炉房2处，锅炉3台。燃电锅炉房2处，锅炉4台，锅炉总容量793.6吨（555.54兆瓦）。居民清洁能源分户自采暖13个小区。全区供热总面积606.2947万平方米，其中：住宅394.5862万平方米，公建商业155.3185万平方米，居民清洁能源分户自采暖56.39万平方米。

单位名称：北京市门头沟区住宅锅炉供暖管理办公室
地　　址：北京市门头区侯庄子村215号
电　　话：69854036
邮　　编：102300

（李冠英）

【领导慰问】　1月30日，区领导带领市政管委、国资委、国信嘉业房地产有限公司负责人，分别慰问了区冯村石门营集中供热厂、国信恒望热力有限公司锅炉房、轮胎厂锅炉房。

（李冠英）

【审核分户自采暖物业小区】　2月22日，按《北京市居民住宅清洁能源分户自采暖补贴暂行办法》的通知精神，备案居民住宅清洁能源分户自采暖管理单位共有13个，供暖面积56.39万平方米，居民5327户。

（李冠英）

【开通供热服务热线】　11月7日，区市政管委开通“供热服务热线”，采暖季投诉电话总数1104个。其中：市供热办转来207个，区内住户投诉和供暖单位反映问题897个。所有居民反映的问题都及时、准确地反馈到有关供热单位，基本得到了解决。

（李冠英）

【燃料补贴拨付情况】　11月25日，按照确保专款专用的要求，将北京市市政管理委员会2010－2011年采暖季供热燃料补贴，由市区两级财政按照8：2比例分担，由各区统一发放的原则，2010－2011采暖季拨付的补贴总额42130881元，分两次全部发放到各个供热单位。

（李冠英）

【自购商品房采暖补贴资金申请】　12月27日，按照《门头沟区行政事业单位自购商品房工作人员采暖费补贴管理办法》文件精神，协助区财政局做好自购商品房采暖补贴资金统计报表的报审工作。年内，完成62个单位353件统计报表审查工作。

（李冠英）

供　气

【概况】　门头沟液化气站年内新发展用户539户。年内，投入资金3万元，检测钢瓶662支，由于站内与市液化气公司合作，在保障进气质量的同时，坚持从国有企业进气。做好服务工作，把用户放在第一位，对中小学校的用气，一是保障安全，二是保障服务到位以及在人员上给予保障。

单位名称：北京市门头沟区液化气站
地　　址：北京市门头沟区新桥南大街59号
电　　话：69843358
邮　　编：102300

（李志明）

【克服困难保证农民用气】　年内，贯彻执行门头沟区人民政府第51次常务会议精神，按着门头沟原送气下乡实施办法，克服困难，合理安排各项工作，冬天为了保证农民用气，提前将液化气备足，每天保障山区农民的送气用车，使山区农民真正的体会到党的优惠政策。

（李志明）

【保证供气保障安全】 年内，检测灭火器80具，对一号、二号储罐进行了检测，对消防水泵，消防水池进行了保养和畜水到位。投入资金10万余元，对消防设备进行试运行，组织消防演练，在消防演练工作中，做到了从难从严的要求，并请有关部门进行观模。

（李志明）

环 境 保 护

【概况】 年内，区环保局围绕中心，突出重点，着力推进大气污染治理、污染物总量减排和生态区创建建设，解决群众关心的环境问题，维护环境安全，环保工作得到全面加强，重点任务取得新的进展，环境质量得到切实改善。牵头完成市政府下达的全年空气质量二级和好于二级天数达到71%的目标。落实区长指示精神，开展扬尘污染整治工作，建立了扬尘污染控制的长效机制及专项整治行动的工作机制。加大机动车尾气监管力度，门头沟淘汰转出老旧机动车淘汰比例列各区县第二位。加强污染源监督，提升监管能力。污染源自动监控系统已正常运行，前端与监控系统平台实现对接，实现对4个点位前端污水处理设施实时监控。牵头完成2011年减排任务，二氧化硫减排比例达到4.86%，氮氧化物减排比例达到10.47%；化学需氧量减排比例达到7.47%，氨氮减排比例达到12.83%，均超额完成减排任务。拆除10台共计50蒸吨燃煤锅炉的任务。对常年运行锅炉进行检查，重点对脱硫除尘设施的运行、管理进行检查，规范设备运行记录，确保排放达标率达到80%以上。加大工业和生活污水处理设施监管。对永定河沿岸工业和生活污水处理设施的运行情况逐一排查，重点对市控、区控重点污染企业进行检查，确保水污染治理设施稳定运行。推进国家生态区创建工作。开展国家级、市级优美镇及生态村的创建工作。推进“创模”各项工作。编制完成《门头沟区全面启动创建国家环境保护模范城区工作实施方案》，先后通过了区政府第84次常务会和区委第112次常委会审议，7月29日，召开全区创模动员大会，正式启动“创模”工作。编制完成《北京市门头沟区创建国家环境保护模范城区规划》，12月29日，通过了国家环保部专家评审。

单位名称：北京市门头沟区环境保护局
地　　址：北京市门头沟区剧场东街11号
电　　话：69842681
邮　　编：102300

（崔建红　刘艳辉）

【区领导调研】 1月13日，区领导王洪钟到区环保局调研，听取了环保局领导关于2010年环境保护工作完成情况、存在的主要问题及2011年工作计划的汇报后。王洪钟就如何抓好环保工作提出具体要求。21日，李昕就创建环保模范城市工作进行调研并提出要求。3月11日，李昕到环保局就门头沟区创模工作实施方案编制情况进行调研。指出：要注重创建过程，力争到2015年基本达到国家环保模范城区考核标准。31日，李昕就门头沟区创建国家环保模范城区工作、2011年主要污染物总量减排计划、清洁空气行动计划（2011－2015年大气污染控制措施）工作进行调研。并提出要求。8月6日，韩子荣到区环保局调研。实地察看了区环保局监控平台系统、环境保护监测站实验室、机动车尾气遥感监测车使用情况及环保应急工作演练。听取了区环保局关于单位基本情况、门头沟区创建国家环境保护模范城区工作进展、大气污染控制、门头沟区“十二五”时期总量减排、建设项目环境监督、环境应急工作的汇报。韩子荣充分肯定了环保局的工作，并提出要求。9月21日，王洪钟到局内调研指导工作。实地察看了监控平台系统、机动车尾气遥感监测车使用及环境应急演练情况。听取了关于门头沟区创建国家环境保护模范城区工作进展、大气污染控制、门头沟区“十二五”时期总量减排、环境应急、建设项目环境监督等情况汇报。王洪钟肯定了环保局的工作，尤其是创模大会后坚持联席会制度、通过《创模专刊》及时反映“创模”进展及存在问题。“十二五”环保规划中问题找得准，工作有目标，措施到位。11月8日，李昕到局内进行工作调研，听取了2011年环保工作及创建国家环保模范城区工作进展情况的汇报和2012年工作安排。对环保局牵头开展各项工作给予肯定。同时提出要求。30日，李昕就创模工作进行工作调研，听取了《门头沟区创建国家环保模范城区暨国家生态区2012年重点工作任务（征求意见稿）》的汇报。提出具体要求。

（崔建红　刘艳辉）

【聘请大气监督员】　1月14日，组织召开了“2011年度大气监督员工作会”。会上通报了门头沟区2010年大气污染防治工作及2011年工作思路，向区人大、政协、学校、企业等社会各界的30位代表颁发了“门头沟区2011年度大气监督员”聘书，明确了监督员的主要职责。

（崔建红　刘艳辉）

【召开总结会】　1月26日，召开黄标车淘汰及控制大气污染总结会。区政府、环保局、各相关委办局及各镇、街的主要领导和环保员参加了会议。会上环保局就黄标车淘汰工作和大气污染控制情况进行了汇报。

（崔建红　刘艳辉）

【学习水污染防治条例】　2月9日，组织科级以上干部学习《北京市水污染防治条例》。同时要求要在3月1日前采取多种形式对条例进行宣讲，使得相关企事业单位及时了解并严格遵守条例，执法人员做到熟悉掌握条例，依法行政、依法办事。9月13日，第89期政府常务会会前学习了《北京市水污染防治条例》。

（崔建红　刘艳辉）

【联合检查】　3月21日至31日，联合建委和城管两个部门对辖区内的施工工地开展了为期10天的施工机械专项检查。专项检查期间出动72人次对辖区内25家施工工地的63辆施工机械进行了尾气超标检查，未发现尾气不合格施工机械。12月5日，区领导李昕带领区环保局、市政市容委、城管大队和住建委等单位的主要领导对门头沟区重点施工工地和施工机械进行现场检查。区水务局、园林绿化局、棚改中心和广电中心等单位一同参加了检查。

（崔建红　刘艳辉）

【领导视察】　3月30日，北京市环境保护局检查组对区环境监测站落实“环境监测质量管理三年行动计划”执行情况进行了检查。检查组对区环境监测质量管理工作给予肯定。4月18日，市环保局规财处、大气处等领导及北京师范大学有关专家到局内实地调研了北京市污染物减排和空气质量改善奖励机制工作。市局领导建议在“十二五”期间，门头沟区应结合实际情况，科学制定合理的减排资金奖励实施计划，以促进污染物减排工作更好地进行。20日，环保部生态司领导到区内就生态示范创建和农村环境保护工作情况进行为期2天的调研，生态司司长对区生态示范创建和农村环境保护工作取得的成绩表示肯定，并提出要求。6月21日，市局固噪处调研噪声功能区划分工作。7月13日，环境保护部华北督察中心和市环保局等相关部门领导核查区2011年上半年总量减排工作。区环保局和水务局组织迎检。减排核查组对区2011年上半年污染物总量工作予以肯定。12月8日，市政府总量减排联合检查组核查2011年总量减排工作。减排核查组对区2011年污染物总量工作予以肯定，并就总量减排工作现存问题提出了具体的指导意见。13日，市机动车排放管理中心书记到局内调研，对门头沟区机动车尾气工作给予肯定，尤其是老旧车淘汰工作成绩显著给予好评。

（崔建红　刘艳辉）

【开展机动车尾气执法检查】　4月，与区交巡支队在石门营环岛和军庄路口对机动车尾气排放进行了联合检查。共检查货运车辆383辆次，查处尾气超标车辆7辆，并依法对其进行了行政处罚。6月7日至27日，启动“夜鹰行动”，周一至周五按3：2的原则，在重要进京路口检查大货车314辆，查处尾气超标车辆40辆。对运输公司进行了入户检查，共检查公交车辆293辆，检查车辆尾气排放全部合格。7月11日至22日，检查大货车238辆，查处尾气超标车辆43辆。年内，加强机动车尾气之气执法检查。对全区入户检查、进京口检查、遥感检测、施工工地检查、加油站检查和路检夜查各类车辆32.86万辆，共处罚违规车256辆（其中路检处罚153辆、夜查103辆），劝返外地违规车272辆，对全区24家加油站和1家油罐车单位进行了974人次的检查。

（崔建红　刘艳辉）

【举办“健康步行月”宣传活动】　5月20日，主题为“做文明有礼的北京人——和谐家庭健步京西”暨“健康步行月”宣传活动启动仪式在永定河文化广场举行。区领导张冰，区文明办、环保局、妇联主要领导及工作人员、志愿者和新闻媒体代表等各界人士200余人参加了启动仪式。

（崔建红　刘艳辉）

【应急监测工作】 8月16日，北京市贯彻落实国家环境应急监测演练要求，举行了北京地区环境应急监测演练。市环保局相关部门及监测中心，区应急办、环保局等相关领导和工作人员参加了演练。中国环境监测总站副站长对北京市环境应急监测工作的成绩给予肯定，市环保局巡视员对北京市的环境应急监测工作进行了总结和回顾，对此次应急监测演练活动进行了动员和部署。区应急办、农业局、城管大队及水务局等部门为演练提供了保障。10月18日，市环保局专家组一行5人到局内检验应急演练工作。

（崔建红 刘艳辉）

【通过总量减排实施方案】 9月7日，区政府召开第八十九次常务会。会上，原则通过了区环保局拟定的《门头沟区“十二五”主要污染物总量减排实施方案》。

（崔建红 刘艳辉）

【召开工作会】 9月14日，由区环保局、城管大队、住建委牵头召集各有关单位召开了“扬尘污染整治月”行动工作会，成立了扬尘污染专项整治工作组，制定了整治行动工作方案，明确了目标任务。会上特别要求对莲石路、石门营地块、新城地区建筑工地全面监控，强化治理措施，要按照行动方案的时间节点，全面推进扬尘治理；要强化扬尘源监管，严格执法，加大督查力度，保障扬尘治理工作尽快出成效。

（崔建红刘艳辉）

【授予“全国环境优美乡镇”称号】 11月9日，区斋堂镇、清水镇、雁翅镇、王平镇、妙峰山镇5个镇被国家环保部授予“全国环境优美乡镇”称号。截至目前，全区已有潭柘寺镇等6个镇被授予“全国环境优美乡镇”称号，占全区9个镇的67%。

（崔建红 刘艳辉）

【2010年“城考”工作】 年内，区环保局在规定时间内完成了城考各项指标的汇总上报工作。“城考”各项指标总体较上一年度有大幅提高，初步统计，门头沟区2010年环境质量持续改善，二级和好于二级天数占全年天数比例达到74.25%；环境建设投入比例不断加大，环境保护投资指数达历史最高水平；对工业企业污染物排放的监管力度不断加强，其中工业企业排放稳定达标率、锅炉烟气排放达标率和固体废物处置利用率较2009年均有了提高。

（崔建红 刘艳辉）

【空气质量】 年内，采取“四项措施”确保全区优良天数指标。一是严查锅炉煤烟型污染。对辖区内燃煤锅炉全面监督检查，对排放不达标单位依法严厉处罚，并要求整改达标；规范煤堆、灰堆和渣堆抑尘措施。二是联合区城管大队加大联合检查力度，加强对施工工地、拆迁工地及裸地的日常检查，对不达标工地责令整改。三是对沙尘和临界天气污染，及时启动应急预案，开展联合执法检查与洒水压尘等防尘措施。四是对空气质量监测子站周边污染源进行布控，对重点单位进行集中监管，做到反应迅速，及时到位，措施有力，执法有效。年内，全区门头沟共收获272个蓝天，二级和好于二级天数所占的比例达到了74.52%，突破历史最好水平，同比2010年增加1天，连续三年比率稳定在70%以上并逐年改善，在西南五区中，区内空气质量水平名列第一，超额完成了市政府下达的空气质量目标任务。

（崔建红 刘艳辉）

环 境 卫 生

【概况】 环境卫生服务中心共有在编干部、职工179人。中心下有4个科室、6个正科级专业作业单位，分别为环卫中心一队、环卫中心二队、环卫中心三队、门头沟区生活垃圾转运站、门头沟区斋堂环卫所、门头沟区粪便无害化处理厂（委托北京龙润公司管理），担负着门城地区道路清扫保洁、垃圾清运、粪便清掏、垃圾压缩转运任务以及承担全区的环境卫生技术性、事业性工作。年内，环卫中心全体环卫干部职工，抓住加大城乡统筹发展力度带来的机遇，贯彻“打造生态涵养区”发展思路，完成了2011年各项工作任务。保质保量完成179万平方米干路清扫任务。每天按时普扫，白天保洁到位，清扫保洁率达到100%。主要大街使用机械作业，洒水降尘。垃圾清运做到日产日清日转完，环卫设施遍及全区，2011 年共压缩、转运垃圾 8.66 万吨。完成 280 座厕所清淘、清运及保洁工作，粪便清掏量为 11.20 万吨，完成了农民运动会、斋堂徒步大会的环境保障工作。

完成了《2011 年门头沟区人民政府目标管理任务书》（蓝皮书）中，涉及环卫中心的各项工作，完成了绿化、信息、计划生育、献血及区委、区政府和市政管委下达的其它工作任务。

单位名称：北京市门头沟区环境卫生服务中心
地　　址：北京市门头沟区冯村西里
电　　话：69843036
邮　　编：102308

（周　莹）

【重大节日期间业务工作】　元旦期间，环卫中心干部职工，坚守工作第一线。下属各队、站、保洁公司对管辖的垃圾箱果皮箱、垃圾站、垃圾楼、交通护栏等环卫基础设施进行粉刷；加大干路清扫保洁力度，加强日常保洁；加强公厕日常管理。出动人员 2100 人次，各类车辆 900 车次，完成 311 座公厕保洁，179 万平方米道路清扫保洁。春节期间，中心累计出动各类作业人员 4939 人次，出动各类车辆 1502 台次。每天完成 179 万平米的干路清扫保洁；完成 310 座公共卫生间的保洁、清掏；期间共清、转运垃圾 1842 吨；粪便清运 430 车，1409 吨；清扫、清运炮皮 44.27 吨。同时，针对今年全市天气干燥情况，及时对厂区及周边区域进行喷水、洒水，共安排作业人员 76 人次，出动水车 46 车次，累计喷洒面积达 157 万平方米。3 月，为贯彻落实《门头沟区 2011 年清明群众扫墓服务工作方案》工作部署要求，防控扫墓线路交通拥堵，保障节假日期间良好道路交通秩序，保障城区环境干净整洁，环卫中心主要加强三方面工作。一是调整垃圾收集和清转运上班时间，凌晨 2 – 6 点完成主要大街垃圾收集转运，6 – 12 点停止作业，中午 12 点以后重点对街巷垃圾进行收集转运工作，有效减轻殡仪馆和陵园周边交通压力；二是加强检查力度，对城区道路、环境进行巡回检查，并派专人在扫墓高峰日巡回检查，及时发现和处理问题；三是加大环境整治工作力度，提高作业标准，加强道路、公厕保洁力度，3 月 26 日、27 日出动保洁员 70 人次，扫车 16 台次，降尘车 10 台次，重点对殡仪馆及陵园沿线、道路周边加强保洁力度；出动垃圾清运车 262 车次，清理垃圾 491 吨，出动转运车 27 车次，转运垃圾 425.5 吨；出动粪便抽运车 149 车次，抽运粪便 516.3 吨。“五一”期间环卫中心干部职工，3 天共出动人员 2104 人次；出动扫车 90 部次；其他作业车及检查车 987 部次；每天清扫、保洁干路 160 多万平方米；负责 308 座公共卫生间的保洁；共清运垃圾 650.1 吨；清掏粪便 1156.84 吨。

（周　莹）

【领导慰问】　1 月 22 日，环卫中心党委、工会、基层支部的领导分别慰问了 160 名离退休人员、1 名遗属。为他们送去了新春佳节的祝福。

（周　莹）

【扫雪铲冰】　2 月 13 日，区内下了第二场雪，中心启动了应急预案，休假的人员全部上岗，昼夜上班，基本做到了雪停路清。扫雪铲冰工作，共出动人员 770 人次，出动多功能除雪车 3 台，融雪车 5 台，撒播器 2 台，使用融雪剂 198 吨。2 月 26 日全区突降中雪，中心自夜里 12 点就开始组织下属各队、站、保洁公司备勤人员立即到岗，播撒融雪剂，展开扫雪铲冰工作。共出动人员 760 人次，出动多功能除雪车 3 台，融雪车 5 台，撒播器 2 台，使用融雪剂 112 吨。

（周　莹）

【组织活动】　3 月 24 日，组织科级以上干部和财务人员 30 余人，到区博物馆参观了预防工程建设领域职务犯罪巡展。

（周　莹）

【培训工作】　3 月 28 日，邀请区人保局培训学校为 206 名社会化用工人员安排了为期 4 天专业技能培训。培训内容根据不同工作性质设置，合理安排课程和培训内容，短期内使受训者掌握一门技能，达到上岗要求，培训通过实例，介绍各项操作技能，便于学习、理解和对照操作，包括，环卫保洁的作用、内容，城市道路清扫保洁，公共厕所保洁，城市生活垃圾的收集、清运，保洁人员安全生产常识等。

（周　莹）

【其他工作】　4 月 14 日，召开了党员、班组长以上干部共计 100 余人的动员大会，对城区各主次干道、果皮箱、进行大清洁，加大机械化道路保洁力度，扫车、降尘车全部上路，在主要道路巡回保洁，同时，采取机械化清扫与人工清扫相结合的方式，做到不留死角、不留盲点。加强公厕、垃圾站点（箱）的管护力度，落实保洁标准，做到规范化、标准化管理，并采取集中治理的方式，做到垃圾、渣土清运及时，周边环境干净整洁。

（周 莹）

【业务工作】 4月26日，为贯彻落实区委、区政府“城乡环境整治百日行动”工作部署，开展“城乡环境整治百日行动高潮日”活动期间环卫中心派出了中心机关全体人员及环卫各队、站、所除正常保洁范围内的全部人员及保洁公司相关人员共计200余人，出动扫车7辆、降尘车4辆、垃圾清运车4辆，铲车2辆，主要突击新桥大街、城子大街道路护栏的清洁及道路两侧的白色污染的捡拾，小广告清除；垃圾站、箱、桶的清洗、清扫保洁工作；公共厕所卫生死角的清扫保洁，掀起了我区城乡环境整治百日行动的高潮，有效推进了我区环境整治百日行动的开展。9月10日，北京国际山地徒步大会在斋堂镇举行，中心全体干部职工，对活动区、周边及主要干路进行了保洁，为大会的圆满召开奠定了良好的环境基础。9月16日，北京市农民运动会在区内举办开幕式，中心全体干部职工，对活动区、周边及主要干路进行了保洁，为农运会的圆满召开奠定了良好的环境基础。9月27日，对全区280座公厕，15180米护栏进行了重新粉刷、油饰。

（周 莹）

【大型活动保障】 五一期间，完成了京浪岛公园迷笛音乐节的环境卫生保障工作，每天出动百余人次，确保了音乐节的顺利进行

（周 莹）

【防汛工作】 5月31日，召开2011年度防汛工作会。会上中心领导结合单位实际情况传达了《2011年度门头沟区环境卫生服务中心防汛工作方案》精神。建立完善中心防汛体系，明确落实防汛职责，健全各项管理制度，落实安全防范责任，确保中心安全度汛，最大程度地减小事故灾难造成的损失。

（周 莹）

【防控禽流感】 年内，在环卫作业中，严格做好对禽流感的防控工作，要求在垃圾清运中，发现死禽死鸟装入密封袋，集中处理，在日常作业中，加强对垃圾箱（站）的消毒打药，加强对职工的宣传力度，提高对禽流感的防范意识，要求各队发现疫情立即报告，不得延误、隐瞒。

（周 莹）

【“蓝皮书”完成情况】 年内，中心承担着门头沟区政府蓝皮书项目中的两项任务，一是50座公厕气水冲改造任务，目前已完成；二是斋堂所建设，正在按计划进行施工招标。

（周 莹）

城市管理监察

【概况】 门头沟区城市管理监察大队是集中行使包括市容环境卫生、城市规划管理（无证违法建设处罚）、工商行政管理（无照经营处罚）、市政管理、公用事业管理、城市节水管理、停车管理、园林绿化管理、环境保护管理、施工现场管理（含拆迁工地管理）、城市河湖管理、黑车、黑导游、市人民政府决定由城管执法机关集中行使的其他处罚权等14个方面职能的综合行政执法机关。年内，完成《2011年门头沟区人民政府目标管理任务书》相关任务、市区重点工程和重要活动的环境建设及保障任务，并在组织建设、队伍建设和廉政建设等方面取得显著成效。大队被评为：首都文明单位、北京市“五五”普法先进集体、北京市百日环境整治优秀组织单位、北京市城管系统队伍管理突出单位、区城乡环境百日整治行动优秀单位、区“三项赛事”最佳保障单位、区文明示范单位、区“五五”普法先进集体。全年共开展环境整治专项行动129批，社会文明引导活动58批次，办理区领导批示24件、完成《2011年门头沟区人民政府目标管理任务书》目标任务六项，办理人大建议及政协提案3件，及时办理96310、城管热线3723件，责令改正相关违法行为7.8万起，强制停止非法小广告通信号码1178个，处罚相关违法行为1056起、罚款42.736万元。参与市、区重点工程强拆、强施等重大工作任务35起1320人次，共拆除79户，14355.58平方米，协助乡镇立案调查11户17069.11平方米；协助乡镇做工作自拆、助拆26户6400.69平方米，协助乡镇强拆9户6150.56平方米。

先后开展了“春风行动”、“夏季攻势”和“秋风行动”三个百日整治行动。

单位名称：北京市门头沟区城市管理监察大队
地　　址：北京市门头沟区滨河路龙泉花园D座1单元
电　　话：69861597
邮　　编：102300

（张　华）

【元旦环境保障】　完成元旦期间环境服务保障工作。共出动执法人员480人次，执法车辆190车次，检查主要大街、重点地区133次，查处无照经营、小广告、门前三包脏乱等行为131起。

（张　华）

【开展专项执法行动】　1月5日至8日，与区相关部门联合开展打击破坏市政公共设施违法行为专项行动。每晚23时30分至次日凌晨4时30分，对滨河路市政公共设施进行巡查、盯守，打击破坏道路两侧地灯、偷盗照明电缆等违法行为。期间，共排查疑似不法分子80余人次，查处1起故意破坏地灯行为。1月5日至2月28日，区城管、交通等部门开展非法货运市场专项治理行动，通过宣传教育，疏堵结合等方式，分别对冯村大桥东侧、河滩东路东侧、三家店桥下自发形成的货运市场进行整治，检查组每天安排4名执法人员，车辆2台，加强巡查。11日，开展运输车辆专项执法行动，分别在109国道斋堂段、军庄段、军温路设立三个检查站点，对运输车辆泄漏遗撒、覆盖不严、无准运证件运输等行为进行检查，检查运输车辆14辆，查处无准运证件运输、泄露遗撒违法行为2起。

（张　华）

【靓丽工程】　1月10日，开展节前靓丽工程执法检查。对新桥大街、双峪路、大峪南路、滨河路、城子大街的单位、商户、居民区的夜景照明设施进行拉网排查，检查发现破损灯具12处，残缺霓虹灯字5处，已发放《责令改正通知书》限期整改。

（张　华）

【参与安全大检查】　1月12日，军庄镇政府牵头组织城管、公安等部门联合开展安全大检查，重点对辖区内防火、防煤气中毒、安全施工和山体公路沿侧防火等安全方面进行检查。检查重点防火单位5家，施工单位1家，走访农户23家，发放宣传材料100余份，消除安全隐患2处。

（张　华）

【水域执法】　1月12日，城管、公安、卫生、河湖等相关部门联合开展永定河水域执法行动，对三家店水域冬泳、破冰钓鱼等违法行为开展集中整治。劝阻冬泳人员16人，清理破冰钓鱼人员55人，发放《致破冰钓鱼人员的一封信》76份。2月17日，城管、公安、河湖、安监、环保等部门，对水闸水域内进行冰钓、冬泳的人员进行劝诫宣传教育，发放《致广大市民的一封信》35份，劝返违法行为26起。

（张　华）

【开展假日文明行宣传活动】　1月29日，在永定河文化广场开展“假日文明行”宣传活动，引导市民爱护城市环境，争做文明有礼北京人。活动中，城管队员设置城市管理法规知识宣传展板2块，宣传、引导和服务群众120人，向游客和市民群众发放维护城市环境秩序、小广告、黑车等宣传彩页300余份，赠送公交卡套、《北京旅游地图》240个（册），纠正乱扔、乱吐等不文明行为15起。

（张　华）

【小城镇环境整治】　春节期间，会同相关镇加强小城镇环境整治。对区级挂账整治乱点潭柘寺公园停车场周边和鲁家滩大街两侧门前三包、店容店貌情况进行巩固整治；对斋堂大街、109国道斋堂段、高沿路两侧市容环境卫生进行拉网检查；对付家台、雁翅、大村、淤白、田庄、太子墓等村的6家废品回收行业进行综合检查，未发现安全隐患及非法经营问题。已查处无照、占道经营、乱堆物料等行为21起，清理生活垃圾1吨，清除白色垃圾70处。

（张　华）

【春节环境保障】　春节期间，完成环境服务保障工作，共出动执法人员1550人次，执法车辆391台次，检查街区244个，规范门前三包脏乱151起，查处无照经营、店外经营、占道经营329起，受理并办结群众举报2起。

（张　华）

【区领导调研】　3月1日，区监察局局长带队检查城管大队落实全国“两会”维稳工作情况，听取了大队长关于落实全国“两会”维稳工作情况的汇报。4月11日，区领导到城管大队调研，听取了大队长对城乡环境整治百日行动的工作思路和加强门前三包监管的工作措施。区爱卫会、广电中心领导陪同调研。

（张　华）

【城市文明加油站】 2月7日，在潭柘寺公园设立宣传服务站，开展城市文明加油站宣传活动，向游客讲解城管法规知识，并发放“拒绝黑车、爱护城市环境秩序”等宣传折页和环保购物袋300余份。

（张 华）

【元宵节环境保障】 元宵节期间，完成元宵节环境服务保障工作。出动执法人员662人次，执法车辆145车次，检查门前三包单位132家，督促21家单位清除白色垃圾、爆竹残留纸屑，及时制止15起燃放烟花爆竹破坏市政设施的行为，办结群众举报5起。

（张 华）

【召开维稳工作专题会】 2月28日，召开维稳工作专题会。会上部署“两会”期间维稳保障服务工作。大队领导班子成员，机关科室负责人及基层分队分队长、支部书记参加会议。会议传达学习了市、区关于做好“两会”期间维稳工作会议精神，针对大队实际，对环境保障、社会面防控、应对境外媒体采访等工作进行了安排。

（张 华）

【全国“两会”环境保障】 3月1日至15日，完成全国“两会”期间环境保障工作。出动执法人员1555人次、执法车辆420台次，对区内31条主要街区进行了执法保障，稳妥办结群众举报34起，查处相关违法行为57起、罚款1.8万元。

（张 华）

【培训工作】 为进一步提高法制员队伍的业务能力和水平，3月7日，法制科组织开展了“打击非法运营”专题培训，全体法制员参加了此次培训。培训采取以案说法、以案讲卷、现场交流等方式，对非法运营的执法程序、方法、技巧等进行了阐述，进一步增强了法制员对非法运营执法的理论水平。8月8日，组织开展了《中华人民共和国行政强制法》专题培训。各分队主管分队长和法制员共30名业务骨干参加培训。培训会上，介绍了行政强制法的出台背景以及行政强制法的主要内容，并以行政强制法的实施对城管执法的影响为题组织参会人员进行了的讨论。

（张 华）

【爱心服务周】 “三八”妇女节期间，开展爱心服务周活动。大队邀请某中医大学2名大夫，开展女性健康专题讲座，对妇女高血压、冠心病、乳腺疾病、妇科病等常见病进行讲解，以及对妇科常见病的预防、治疗和保健进行针对性地指导，并为女队员提供义诊服务。共开展服务8天，举办讲座1场。

（张 华）

【设文明交通示范岗】 3月22日，新桥车站环境秩序共建活动暨教育系统“文明交通示范岗”活动仪式启动，仪式结束后，相关领导到新桥车站、河滩车站慰问了交通文明引导员，并参与了宣传引导活动。

（张 华）

【春风行动】 3月31日，召开环境秩序百日整治“春风行动”动员部署会，会上，部署了《门头沟区环境秩序百日整治“春风行动”工作方案》，分析了当前存在的“五大类突出问题”。“春风行动”开展以来，成立区环境巡查小组，对各街道、乡镇的环境卫生情况进行检查，对20家责任单位垃圾未及时清理、白色污染、树挂、施工工地未按规定设置围挡、擅设广告牌匾、乱贴乱挂等245处问题，送达整改督办单。4月8日、12日，分别在区影剧院前、坡头新街设立宣传站开展百日整治“春风行动”宣传活动，设置条幅2条、展板4块，发放“拒绝小广告、拒绝黑车、远离无照经营、控制工地扬尘、抵制违法建设”五类宣传折页700份，赠送环保袋600个，宣传群众500余人，现场接受群众咨询100余起，动员20名社会群众清理路旁废旧家具、生活垃圾等物品。25日，组织召开区百日整治“春风行动”工作例会。全区各镇街和相关职能部门的联络员参加会议。5月12日，市百日整治“春风行动”领导小组检查区内工作开展情况。听取了区百日整治“春风行动”领导小组工作汇报，查阅了相关资料，对区内5条精品街（新桥南大街、新桥大街、城子大街、河滩东路、滨河路城子段）和5个精品社区（大峪桃园、大峪向阳社区、大峪月季园社区、城子桥东街社区、蓝龙家园），以及重点施工工地和主要大街小广告治理情况进行现场检查，检查情况良好。7月5日，召开“春风行动”及主题教育工作考评汇报会。市局6名特邀监督员和综考办相关领导听取汇报，实地查看了永定河观景台水域、晨曦公园沿线、河滩农贸市场周边的环境秩序，以及多部门联勤联动和人盯车巡情况后，听取了大队党组书记、对开展“春风行动”及主题教育的工作汇报，观看电视系列片《公众城管》，并对大峪分队各项工作方案、基础台账、阶段总结、应急预案等材料进行检查。

（张　华）

【以考代培】　3月14日，对21名执法人员进行执法现场考核，涉及副分队长、法制员、内勤、一线执法队员和机关科员。选取“未按要求履行维护市容环境卫生责任”案由，参考人员现场制作行政处罚决定书、行政处罚缴款书和送达文书。4月11日，组织开展执法现场检查考核。针对夏季常用执法案由“露天烧烤”，参考人员制作现场检查笔录、提取证据物品书、送达回证、询问笔录等文书，副分队长、法制员、内勤等21名执法人员参考。9月16日，组织开展执法现场考核，分队、科室共22名执法人员参加了此次考核。

（张　华）

【述职述廉】　3月29日，召开2011年述职述廉暨党风廉政建设工作会。会上传达部署了门头沟城管2011年度党风廉政建设工作，相关科室、分队负责人进行述职述廉。分队领导代表与大队领导签订党建、党风廉政、执法等三项责任书，并对2011年的执法工作提出了明确要求。区纪委直派纪检组组长对城管大队一年来的工作成绩给予了肯定，并对下一步的工作提出要求。

（张　华）

【百日行动】　4月19日，召开城乡环境整治百日行动动员誓师大会。大队46名副科职以上领导干部参加了誓师大会。会上通报了4月11日来，开展“门前三包责任督察专项行动”和“重点区域公共环境秩序整治专项行动”，取得的成效。部署了《门前三包责任督察专项行动工作方案》和《重点区域公共环境秩序整治专项行动工作方案》，确定了组织领导机构和考核评价体系，明确了工作任务、工作标准、工作时限、工作措施和工作要求。

（张　华）

【主题实践活动】　4月19日，召开“环境整治我先行，创先争优比贡献”主题实践活动动员部署会。全体中层以上领导干部参加会议。会上部署了“环境整治我先行，创先争优比贡献”活动实施方案。

（张　华）

【文明机关创建工作】　4月19日，召开文明机关创建专项行动动员部署会，会上部署了《区城管大队机关党委关于文明机关创建专项行动方案》，全体中层以上领导干部参加。

（张　华）

【专项督察】　4月19日，组织各镇街和相关职责部门，召开“区域公共秩序整治专项行动”和“门前三包责任督察专项行动”部署会，会议由专项行动领导小组组长、区城管大队大队长主持，9镇4街和相关职责部门的主管领导参加会议。会议对区内“重点区域公共秩序整治专项行动”和“‘门前三包’责任督察专项行动”进行了部署。4月27日，协调大峪办、商务委、工商、公安、卫生等部门联合开展“门前三包”专项督察行动，对河滩地区“门前三包”脏乱、广告牌匾破损、玻璃贴字等违规行为开展集中整治。检查商户52家，大型商场2家，走访产权单位6家，清除非法小广告21处，清理玻璃贴字62处，纠正堆物堆料、店外经营行为共26起，送达整改通知书4份。

（张　华）

【主题宣传活动】　5月4日，在妙峰山景区设立宣传服务站，开展“弘扬五四精神共建城乡环境”主题宣传活动，发放维护环境秩序、绿化条例、保护城市河湖、拒绝非法运营、拒绝非法一日游等宣传折页300份，赠送环保袋、地图、湿纸巾、书签等宣传品500份，为游客提供咨询服务40次，纠正乱扔、乱吐和破坏花草树木等不文明行为11起。

（张　华）

【实地迎检】　5月10日，区领导实地检查门前三包专项行动效果。对门城主要大街进行拉练检查，实地查看城子物美超市、圈门小学、晨光饭店、京客隆超市等单位门前三包的落实情况。检查发现门城主要大街“门前三包”责任基本落实到位，效果明显。

（张　华）

【学习交流】　5月24日，区政府组织城管大队、规划分局、国土分局、龙泉镇等相关单位领导赴通州学习交流拆违工作经验。通州城管大队介绍了拆违工作典型做法。双方就拆违工作的法律适用问题、职能划分问题、部门协调配合问题、强拆组织及个别典型案件进行了讨论。10月13日，平谷区城管大队工作人员到区城管大队交流违法建设查处工作。副大队长就门头沟区违法建设百日整治工作开展情况、拆违的工作机制及典型做法进行了介绍，并剖析了执法过程中遇到的难点。

（张　华）

【法制员竞争上岗】　6月10日，

开展法制员竞争上岗考试，考核采取法律基础知识和案卷制作相结合的方式，以擅自摆摊设点为案例，要求当场制作现场检查笔录、询问笔录，并根据自由裁量权的相关规定计算罚款额度。年内取得执法资格的12名队员参考。

（张 华）

【取缔马路市场】 6月12日，城管、交巡等部门开展联合执法行动，对每逢周日上午在双峪东路自发形成的占道市场进行取缔，清理占道经营59家，发放宣传材料150份。执法人员从早5时至中午12时，进行全程清理和盯守，确保交通畅通。

（张 华）

【开展集中执法】 6月21日至23日，开展清街面整秩序万人集中大执法活动，对公交车站、网吧、娱乐服务休闲场所、商贸市场、繁华街区五大部位，群众反映强烈的无证经营场所、无照游商、非法运营等问题，采取集中核查、宣传告知、联合执法措施，已出动执法人员400人次，发动社会群众、志愿者9000余人，纠正各类轻微违法行为300余起。

（张 华）

【庆祝建党90周年活动】 7月1日，召开庆祝建党90周年暨先进典型表彰会。会上新老党员重温入党誓词，表彰3个“五好党支部”、21名优秀党员和4名优秀党务工作者。受表彰的党支部和个人代表分别作交流发言，并向全体党员发出“立足岗位、再创佳绩”的倡议。

（张 华）

【召开“夏季攻势”部署会】 7月12日，召开环境秩序百日整治“夏季攻势”动员部署会。区百日整治成员单位的相关领导参会。会上部署“夏季攻势”工作方案。

（张 华）

【建军84周年】 8月1日，大队党政领导带领25名复转军人参观了区雁翅镇田庄村的京西山区中共第一党支部纪念馆及崔显芳烈士故居。

（张 华）

【开展城市环境宣传活动】 8月16日，组织志愿者在永定河文化广场开展“城市环境你我贡献，美好市容你我共享”宣传活动。活动中，设立文明养犬、违法建设宣传展板和“城市环境你我贡献，美好市容你我共享”、“爱护社区环境，依法文明养犬”宣传条幅，向过往群众发放宣传材料，介绍相关法律法规，引导市民遵守法规，共建城乡环境，共享美好生活。活动悬挂宣传条幅2条，设置展板4块，发放宣传材料500余份，赠送环保购物袋等宣传品200份。

（张 华）

【美化社区文明养犬】 8月23日至30日，开展为期一周的“美化社区文明养犬”执法大检查行动，通过法规宣传、集中巡查等手段，到门城相关社区，普及养犬常识，引导群众依法文明养犬。发放宣传册900余份，行政告诫不文明养犬行为47人、整改不文明行为71起。

（张 华）

【开展扬尘整治月活动】 9月16日至10月16日，城管大队、区环保局、住建委、拆迁办等相关部门为成员单位启动“扬尘整治月”活动。整治重点，在建工地严格按照绿色工地6个100%的标准，进行自查整改；施工工地严格按照规定采取防尘降尘措施，及时清运建筑垃圾渣土；相关部门开展联合执法，拉网检查整改落实情况，使各工地基本达到绿色工地、样板工地标准，杜绝施工扬尘现象发生。

（张 华）

【成立心理调适小组】 10月13日，区城管大队心理调适小组活动正式启动，开班期间进行了首次分队心理调适员培训，对心理学及心理咨询的基本知识进行了讲解。

（张 华）

【开展经验交流】 12月23日，召开2011年度法制工作经验交流会。会上，总结了2011年法制工作开展情况，并依照大队整体工作部署，结合分队工作实际，提出下年度法制工作计划。参会人员针对法制工作中存在的问题展开经验交流。

（张 华）

交通 邮电

交　通

公路建设

【概况】　北京市交通委员会路政局门头沟公路分局，是北京市交通委员会路政局在门头沟区的派出机构，行使门头沟区域内县级及以上公路的规划、建设、养护、安全、应急、路政执法、高速公路路政管理以及农村公路的监督、指导等职能。公路分局为参照公务员管理全额拨款事业单位，下设10个机关科室和1个直属路政大队，在编人员72人，现有党员53名，专业技术干部40名，参照公务员管理55名，工勤人员17人。截至年底，辖区内公路总里程1000.413公里（含国家高速路网六环路门头沟段19.018公里），公路密度为68.76公里/百平方公里。公路分局负责管理里程505.18公里，其中管养县级以上公路里程455.48公里，高速公路路政管理里程49.7公里。按行政等级划分，国家高速19.018公里/1条，国道118.05公里/2条、市道65.07公里/4条、县道272.36公里/33条、乡道352.712公里/73条、村道164.163公里/124条，专用公路9.04公里/13条，县级以上公路桥梁113座、隧道5座/1824延米。按技术等级划分，一级公路22.549公里，二级公路218.015公里，三级公路304.711公里，四级公路436.12公里。年内，在市交通委、路政局的领导下，分局以科学发展观为指导，认真践行“三个交通”工作理念，以迎接全国公路养护大检查为契机，重点抓好五个方面的工作，即进一步加大公路基础设施建设力度，提高承载能力；进一步加强精细化管理，提升服务水平；进一步拓展公众服务理念，提供无痕服务；进一步强化路政执法能力，保护路产路权；进一步创新党建工作，发挥保障作用。全年完成公路投资3.40亿元，包括路政局投资2.09亿元、区内投资1.31亿元。其中：新改建工程完成投资1.49亿元，108国道、清千路、担礼大桥22.7公里/3项在施；养护工程完成投资0.56亿元，完成下安路、上燕路预防性养护工程14.4公里/2项，灵山路灾害隐患防治工程17.5公里/1项，部队进出口道路改造1.1公里/2项，道路交通隐患治理工程0.5公里/2项，公铁平交道口改造工程0.5公里/1项，南雁路生态绿化工程0.3公里，同步完成中小修、交通设施维护等；路网外场设备完成0.04亿元；完成乡村公路路面工程34.76公里/14项、桥梁工程1项的监管工作；区内道路工程共计37.8公里/9项，已完工27.6公里/5项，在施10.2公里/4项。全年综合指标完成情况：公路新增固定资产投资项目计划实现率101%；大修、旧桥改造工程计划实现率100%；年末预算资金支付率99.53%，贷款资金支付率100%；管养公路路面使用性能指数（PQI）91.93，国道、市道Ⅰ、Ⅱ类桥梁所占比例98%；工程项目交竣工验收率100%；各类路政案件录入路政巡查子系统达100%，路政案件结案率100%，路政许可卷、处罚卷合格率均为100%；全年工资、奖金、加班工资、津贴发放合规率100%；全年未发生重大安全质量责任事故。开展专项治理，补办8个工程10项手续。开展108国道改建工程设计后评价试点工作。应用温拌沥青等节能环保筑路材料使用率达到90%，采用热再生技术，旧路材料利用率达到100%。完成了第七届北京农运会、第二届北京国际徒步大会、首届环北京公路自行车赛等重要赛事路况服务保障工作。完善桥隧基础管理数据，增加桥梁限载标志100余套。协助聘请第三方试验检测机构对乡村公路大修进行施工全过程质量控制。开展安全宣讲下基层和安全电影下基层活动，建立安全生产短信平台。办理行政许可21件，实施行政处罚46件，路政赔偿38件，路树砍伐4件，处理违法违章案件133件，收取罚款及赔补偿款168.6万元。开展"消灭百吨王"治超专项行动，全年检测车辆8.08万辆，卸载312辆、477吨。开展"源头末端"治理超限工作。编印《路韵》工作手册。承办人大建议4件、政协提案2件，满意率100%。完成事业单位参照公务员管理工作。健全党建制度，继续开展"创先争优"活动。开展"创服务品牌、树党员形象"文明机关创建活动，连续15年被评为"首都文明单位"。制定《学习贯彻<北京市行政问责办法>实施方案》、《实行党务公开工作实施方案》以及《推广应用<交通基础设施建设项目廉政风险防控指南>实施方案》，持续深化推进工程建设领域突出问题专项治理工作。

单位名称：北京市交通委员会路政局门头沟公路分局
地　　址：北京市门头沟区龙泉花园1号楼
电　　话：69828999
邮　　编：102300

（周　猛）

【108国道改建工程】 2008年5月开工，在施，起点为潭柘寺镇南村，跨越南村处现状108国道向东，新建南村隧道，在西峰寺疗养院南侧出隧道后上下行线位分离，在北京煤炭研究所京西试验站南侧山体新建岢萝坨隧道，出岢萝坨隧道后线位提前合并以整体式路基的形式向下穿越岢萝坨处现况108国道，沿门头沟南侧山体布线，经小园南侧向东与2003年新建108国道（石门营～六环路）改建工程卧龙岗立交相接，全长6.787公里，设计标准山岭重丘区一级公路，设计速度60公里/小时，整体式路基宽23米，分离式路基宽11.25米，桥梁12座，互通式立交2座、涵洞工程31道、两座双线隧道3069米。年底，岢萝坨、南村隧道4座土建工程完工；桥梁12座，开工12座/100%（其中主体完工11座）；路基130万立方米，完成98万立方米/75%；涵洞31道，完成14道/45%。

（周　猛）

【潭王路改建工程】 2008年12月至2011年5月20日，起点潭柘寺镇南辛房街路口，向北经南辛房、贾沟村、草甸水、阳坡园、赵家台、十字道、小店子、南岭、北岭及丰沙铁路，终点王平镇，与下安路相接，全长26.6公里，道路等级山区三级公路，设计速度为30公里/小时，路基全宽8.5米、路面宽7米。

（周　猛）

【清千路改建工程】 2009年12月开工，在施，北起清水涧，终点北台村，全长15.66公里，道路等级山区三级公路，设计速度为30公里/小时，路基全宽8.5米，路面宽度7米，两侧土路肩各宽0.75米。年底，完成路基36.5万立方米，完成34万立方米/93.2%；二灰基层26.2万平方米，完成24.1万平方米/92%；路面24.2万平方米，完成22.7万平方米/94%；桥梁8座，已完工7座/88%；涵洞62道，完成60道/96.8%；防护14万立方米，完成13.5万立方米/96.4%。

（周　猛）

【安全生产及安全维稳】 1月17日，路政局领导检查108国道（南村～石门营段）改建工程施工工地检查安全生产与安全维稳工作。实地检查了南村隧道、岢萝坨立交等施工现场。3月1日至2日，公路分局对108国道、潭王路、清千路等项目施工现场、民工驻地、临时用电、机械设施、消防设备等进行检查，发现安全及文明施工问题24个，填写安全检查记录8份，责令限期整改。4月28日，对108国道、清千路和潭王路的施工现场、民工驻地、临时用电、机械设施、消防设备、特种作业人员持证上岗及人员履约情况等进行"五一"节前安全专项检查，发现安全及文明施工问题17个，填写安全检查记录6份，下发安全隐患整改通知书1份，29日整改完毕。5月31日，召开"安全生产月"活动暨防汛工作动员部署会，部署"安全生产月"活动实施方案和防汛工作。6月14日，举办年度公路工程施工一线安全知识宣讲团聘任仪式，向108国道改建、清千路改建基层安全管理、技术管理等6名抽调人员颁发聘书。8月15日、29日，联合区安监局对108国道（南村－石门营段）改建工程，小园立交桥施工现场，开展了两次安全执法检查。9月9日，组织各施工、监理、建设咨询、养护单位召开全国上半年生产安全事故警示通报会暨中秋国庆双节安全工作部署会。28日至29日，对

108国道、清千路、担礼大桥、潭王路、雁翅挡墙及天桥、永定河公园天桥及滨水公园景观大道进行节前安全专项检查，重点检查了施工现场、民工驻地、消防设施、临时用电、机械设备、特种人员持证上岗情况等。11月2日至4日，对108国道（南村～石门营段）改建工程、担礼大桥等5个项目民工驻地进行“防火、防煤气中毒、防触电”安全生产专项检查。24日，分局组织召开第四季度安全教育培训会暨平安工地标准宣贯会，邀请北京城建集团土木工程总承包部、交通运输部科学院研究院安全专家和路政局安全监管与应急处分别就冬季施工质量安全、《北京市公路工程平安工地标准》、《北京市公路工程平安工地考核评价管理办法（试行）》、《北京市公路工程安全生产费用管理办法（试行）》等进行解读。12月28日，公路分局设养护组、建设组、内保组分别对在施工程、公路设施和产权房屋进行“两节”前夕安全专项检查。同日，组织考评108国道（南村～石门营段）改建工程施工、监理单位“平安工地”建设情况，并对“安全内业资料及现场管理”等进行了检查。

（周　猛）

【领导干部述职评议】　1月18日，召开2010年度领导干部述职评议会。路政局人事处及公路分局全体干部职工参加会议。分局领导班子进行整体述职，全体干部职工以无记名投票方式分别对分局领导、科级干部进行了民主测评和工作实绩测评。

（周　猛）

【职工活动】　1月24日，举行2011年迎新春棋牌赛。同日，举行第二届春节联欢晚会，结合公路文化，注重原创性，演出快板、相声、小品、诗朗诵、歌曲、游戏等节目。6月7日至10日，组织在职及离退休职工工200余人，到九华健康体检中心和八大处工人疗养院进行了体检。25日，全体职工到河北省隆化县董存瑞纪念馆参观学习，缅怀英雄事迹，重温入党誓词。28日，举办庆祝建党90周年红歌会，全体干部职工参演红色经典歌曲。

（周　猛）

【节日慰问】　1月25日，总参冯村卫星站部队到公路分局进行春节慰问。同日，公路分局到结对帮扶村——上苇甸和桃园村进行慰问，送去4000余元慰问品和节日祝福。27日，路政局党政领导看望已故“全国公路局长的楷模——曹广辉”同志的父母，送去了慰问品和慰问金。2月1日，区领导到公路分局慰问，对公路建设促进沟域经济发展给予肯定。4月29日，公路分局组织劳动模范座谈会，并对离休干部进行了走访慰问。

（周　猛）

【应急抢险工作】　2月10日，门头沟全域降雪，积雪厚度20毫米，公路分局启动预案，以机械除雪为主，人工配合作业，撒播融雪剂为辅，到11日，共出动作业人员414人次，机械及各类车辆65台次。3月18日，石担路葡萄嘴环岛西侧中央车道路面因热力管线施工浅埋暗挖发生坍塌，沉陷直径6米，深度3米，公路分局组织养护中心现场勘查并进行紧急处置。5月28日，109国道K87＋050处北侧山体大面积塌落，总量约400余立方米，公路分局启动应急预案并组织抢险；29日，对松散山体实施爆破，打孔11孔，炸药用量为192公斤；30日，抢险结束，清理碎石8000余立方米。7月31日，下安路K13＋600处发生塌方险情，公路分局启动应急抢险处置预案，设立警示标志，现场指挥交通，通过可变情报板及时向社会公众发布半幅路封闭信息，共出动铲车2辆，抢险车辆5辆，养护作业人员10人，清理塌方500立方米。8月28日，百花山路K12＋100处发生山体塌方，半幅路阻断。公路分局启动应急抢险预案进行抢险，通过可变情报板及时向社会公众发布出行信息，共出动挖掘机1台，装载机2台，其他作业车辆5台，人员10人，清理塌方600立方米。12月2日，门头沟全域降雪，公路分局启动铲冰除雪预案，依照“先重点、后一般，先国省、后县道”的方式，共出动抢险人员234名，巡视人员18名，车辆8台，除雪机械8台。29日，门头沟区中雪，公路分局启动二级预案，养护单位出动抢险人员237名，巡视人员15名，车辆22台，除雪机械4台，融雪剂使用25吨。

（周　猛）

【培训工作】　2月18日至19日，公路分局在燕郊交通运输部党校举办为期2天的职工培训班，主题为“交通事业单位改革”、“压力管理与心理健康”及“国际形势”，全体干部职工参加。4月19日，举办公路建设项目档案管理培训班，各建设咨询、监理、施工单位和公路分局相关科室参加。26日，组织安全生产管理制度汇编宣贯会暨2011年第一次安全教育培训会，各道路建设工程项目办、总监办、标段项目部及公路分局相关科室参加，组织了安全考试，邀请交通运输部科学研究院、质监总站专家对相关文件和事故案例进行解读。8月31日至9月1日，举办路政业务培训班，路政大队全员参加，邀请路政局公路管理处、铁路道口管理办公室分别就超限运输管理、公路安全保护条例及铁路道口安全实例等方面进行了讲解。10月，组织区农委、各镇乡村公路管理负责人、养护监理等18人，参加路政局主办的2011年北京市乡村公路管理站技术人员培训班。11月15日至16日，路政大队11名执法人员，参加路政局组织的路政执法专项培训，培训了《公路安全保护条例》和《中华人民共和国行政强制法》等相关内容，并进行结业考试。

（周　猛）

【召开年度工作会】　3月15日，公路分局召开2011年工作会议，全体职工、各公路参建单位负责人参会。会上，作2011年度工作报告，通报2010年度中层干部考核结果，并为最佳职工和优秀共产党员称号的同志颁发了荣誉证书。

（周　猛）

【预防性养护工程】　3月15日至4月30日，实施上燕路全长8.94公里预防性养护，采用温拌沥青和改性乳化沥青微表处技术，施划热熔标线；实施下安路K11+984~K17+477全长5.493公里预防性养护，采用改性乳化沥青微表处技术，施划溶剂常温涂料2号标线。

（周　猛）

【路政管理工作】　3月24日，路政大队召开社会监督员座谈会，聘请的各镇、交通队、规划局、市政管委、城管大队、园林绿化局、养护中心的社会监督员就环境整治迎国检等进行交流。4月19日，路政大队开展为期2天的拆除非公路标志专项活动，出动执法人员9名，养护人员5名，执法车4辆，养护工程车1辆，吊车1台，拆除非公路标志标牌18块。5月31日，区政府牵头，路政大队组织各镇、城管、规划、公路、养护等部门重点对G108、G109、潭王路、下安路等路域进行环境综合整治，拆除非公路标牌17块，清理公路两侧堆物堆料、垃圾渣土15件，清理占道经营、摆摊设点33个，清理公路加水点6处。7月6日，路政大队创新批后监管工作，聘请一名路政监理。10月21日，路政大队出动6人次、巡查车2辆，与区交通局、交通队在109国道担礼隧道口设置流动治超点，共检查车辆45辆，查处超载车辆6辆。11月11日，对区沥青厂进行治超工作专项检查，落实源头治理责任。12月4日，路政大队通过许可大厅、治超站点悬挂条幅，向合作单位和群众分送宣传材料等，宣传《公路安全保护条例》、《北京市公路条例》等法律法规，共发放宣传材料1300余份，解答咨询40余人次。8日，西六环高速公路京石路产队应邀与路政大队进行业务交流。12月中旬，路政大队出动执法车辆4辆，执法人员12人，对G108、G109、石担路等20余块违法标志进行了拆除。

（周　猛）

【廉政建设工作】　4月12日，公路分局组织全体党员干部职工，到区博物馆观参观《北京市预防工程建设领域职务犯罪巡展》。12月12日，举办党课报告会，党委书记作《加强党性修养，坚持依法行政，争做公路事业发展需要的好党员好干部》的党课报告。中旬，部署廉政风险防控管理工作，制定并下发《推广应用〈交通基础设施建设项目廉政风险防控指南〉实施方案》，并完成路政局“行政审批、效能监察、行政问责”三个专项工作自查工作。

（周　猛）

【中修工程】　4月15日至5月30日，109国道、108国道、南雁路、军温路、石担路5条线路中修，采用微表处、中粒式沥青混凝土施工工艺。

（周　猛）

【文明机关创建工作】　4月27日，公路分局召开文明机关创建专项行动工作动员会，落实《门头沟区城乡环境整治百日行动工作方案》，从改善机关环境、改进机关作风、优化机关服务三个方面进行部署，全体干部职工参加会议，29日全面开展检查。

（周　猛）

【共青团活动】　5月4日，公路分局团委组织全体青年职工，到京西十八潭开展登山活动，学习“五四”精神，锻炼吃苦耐劳意志，争做文明有为青年。

（周　猛）

【领导调研】　5月9日，路政局领导及相关处室到公路分局对年度工程计划执行情况进行调研。6月27日，区领导王洪钟到路政大队进行节日慰问，并视察了108国道（南村隧洞）工程施工情况。7月13日，区领导韩子荣到分局调研，听取了年度公路建设情况及‘十二五’期间公路建设发展规划的汇报，强调公路建设要服务于旅游休闲文化产业发展，各方联动支持公路大建设、大发展。8月10日，路政局书记到分局调研，听取了区域路网现状、远期规划、建养进展及党建工作情况汇报，并提出要求。10月13日和12月27日，王洪钟对滨水公园景观大道建设工作进行调研，听取了公路分局关于工程项目的整体汇报，并实地查看了景观大道施工现场。10月26日，由甘肃省交通运输厅、交通运输部公路科学研究院有关领导及专家组成的“公路建设应急预案”编制工作组到公路分局调研，参会单位代表填写了《公路建设应急预案调查问卷》。11月28日，市交通委党组书记到公路分局调研，与领导班子进行座谈，听取党风廉政建设及道路建设进展的情况汇报，指出要抓好党风廉政建设，发扬创新精神，加强交通文化建设。

（周　猛）

【迎国检工作】 5月24日，全国干线公路养护管理大检查外业检查组对辖区108国道、109国道部分路段进行路况检查，公路分局会同区交通队、城管大队、各镇政府及养护公司、养护监理和各在建工程施工单位共同确保外业检查成功。北京市取得直辖市第一，全国第三的历史最好成绩。12月，公路分局被市交通委评为北京市“十一五”公路养护基础管理先进单位。

（周　猛）

【应急演练】 6月21日，组织108国道（南村～石门营段）改建工程南村隧道拱顶坍塌事故桌面演练，模拟隧道拱顶坍塌导致1名工人被困，通过幻灯片、桌签等情景渲染手段，对事故信息上报、应急疏散、安全警戒、公众引导等十项情景进行讨论和推演。7月19日，在下安路K5+600处落坡岭村路段组织开展防汛应急抢险演练，模拟公路上挡墙塌方造成交通阻塞情景，对应急预案和抢通措施进行实战演练，共出动机械3台，各类车辆7台，演练人员15人。11月15日，对京门专养段和雁翅专养段冬防物资和机械准备情况进行检查。

（周　猛）

【质量监督工作】 7月6日，会同第三方质量检测机构，对上燕路、下安路预防性养护工程进行项目竣工质量监督验收。8月8日，组织召开了门城滨水公园景观大道质量监督工作会。19日，组织设计、施工、监理单位对灵山路K9+925～K10+120左侧边坡防治工程施工现场进行质量监督专项检查，防治工程采用局部削坡+SNS主动防护网（镀锌钢丝绳网））进行综合防治，属门头沟区首例边坡主动防护网工程。24日、31日，对门城滨水公园景观大道所用排水聚乙烯波纹管、检查井圈预制件及步道砖等进行厂家考察，随机取样送检。9月9日，路政局建设处、市道路工程质量监督站一行对108国道（南村～石门营段）改建工程进行了公路建设市场督查工作。11月8日，对总参部队进出口路、导弹部队进出口路、新开河公铁平交监护道口路面改造工程等3个完工项目进行质量监督检测。

（周　猛）

【区内重点工程】 7月15日至8月15日，京浪岛跨河涵洞工程，位于京浪岛文化体育公园内，是连接东西广场的两座通道桥之间新增一座管涵桥梁，对上下行通道桥进行拓宽改造。8月26日至12月31日，雁翅教育基地围挡大墙及过街天桥工程，位于雁翅镇雁翅教育基地门前，109国道K58+600处。9月中旬至10月1日，黑山大街改造拓宽工程，起点大峪南路，终点门头沟路，施工路段为大峪南路至增产路，全长800米，设计标准城市次干路，红线宽35米。11月25日，门城滨水公园景观大道工程完成底层油铺筑，起点阜石路南侧辅路，终点与莲石路相接，全长约6.9公里，道路全宽12米，路面宽8米，两侧人行步道各宽2米。9月15日至12月初，永定河公园人行天桥，位于阁外山水小区东侧、永定河公园西侧，横跨石担路，主梁全长约53米、全宽5米，梯道宽3米、坡道宽3米，为2跨钢箱梁结构。11月23日，增北路完成底层油施工，起点门头沟路，终点九龙路，全长2.15公里，道路标准为城市次干路，红线宽25米～30米。

（周　猛）

【获奖情况】 7月20日，公路分局2项课题在门头沟区2008－2010年度科学技术奖励大会上获奖，其中《门头沟区公路生态建设研究》获2008年度门头沟区科学技术进步奖一等奖，《门头沟区公路工程多项目管理平台》获2010年度门头沟区科学技术推广奖二等奖。8月，公路分局在交通运输部2008年3月至2011年3月开展的3年农村公路建设质量年活动中被评为全国农村公路建设质量年活动先进集体。9月，公路分局公路施工安全电影下基层活动被北京市交通委员会评为市交通行业2011年安全月“最佳实践活动奖”。10月15日至19日，门头沟区第十五届“乒协杯”乒乓球比赛中，公路分局男子团体进入前八名，女子团体获得第六名。

11月18日，公路分局在路政局第七届乒乓球比赛中，取得女子团体第一名，男子团体第三名，并获女子单打冠军，男子单打第三名，女子领导组冠军，男子领导组亚军。11月，公路分局参加“北京交通人与党同呼吸共命运心连心”主题征文活动，共有三篇分获二、三等奖。公路分局被评为2010年度首都文明单位、2011年度市级无偿献血先进单位、北京市治理超限超载工作治超“百日行动”先进集体、北京公路学会先进会员单位、2011年门头沟区文明示范单位、2011年度北京市门头沟区森林防火工作先进集体、门头沟区农民增收帮扶先进工作队、北京市第七届农运会、第二届国际山地徒步大会、首届环北京职业公路自行车赛门头沟赛段“最佳保障单位”、路政大队党支部被门头沟区委评为先进基层党组织。

（周　猛）

【桥梁安全隐患排查】　7月，组织养护公司、养护监理、设计公司和桥梁检测公司，对管养辖区内三类以上桥梁进行全面安全隐患专项排查整治工作，包括桥梁养护管理制度落实、技术状况评定等级核准、桥梁部件病害情况等，并由设计公司提出维修加固建议。8月25日至9月25日，聘请专业检测机构完成全区乡村公路32座必检桥梁和5座涵洞的检测工作。12月中旬，对新接养的双大路、担下路的桥、涵、隧道进行桥涵隧道检测。

（周　猛）

【参公管理】　8月6日，公路分局参加事业单位参照公务员管理过渡考试，44名职工参加市交通委组织的培训过渡考试，12名职工参加北京市人力资源和社会保障局组织的统一过渡考试。

（周　猛）

【宣传工作】　8月9日，召开宣传工作会，分局各部门、养护八处、养护监理信息员共21人参加会议，对信息宣传数量进行指标分解，统一配发了宣传用品。

（周　猛）

【竣工长城杯初评工作】　8月12日、17日，北京市市政基础设施“竣工长城杯”评优小组成员12人分别对高沿路、担下路和南雁路三项已完工项目进行了“竣工长城杯”初评检查工作。

（周　猛）

【边坡防治工程】　8月15日至9月15日，灵山路K9+925～K10+120段进行左侧边坡防治工程，削坡方量800立方米、SNS主动防护网3100平方米。

（周　猛）

【担礼大桥新建工程】　9月1日开工，位于妙峰山镇，起点位于G109线担礼隧道出口处，与现状G109线和水担路相接，沿隧道延长线向西跨越永定河，桥梁起点桩号为K0+71，终点位于桩号K0+223处，与新建的担下路相接。大桥宽度为13米，长152米，桥梁设计荷载为公路－Ⅰ级。桥梁上部结构为7×20米普通钢筋混凝土连续箱梁，下部结构桥台采用重力式桥台，扩大基础；桥墩采用双柱式圆墩，钻孔灌注桩基础。

（周　猛）

【铁路道口改造工程】　9月3日至10月23日，新开河公铁平交监护道口路面改造，位于龙泉镇新河路与大台铁路相交处，宽度为7米，改造范围为铁路两侧各47米。

（周　猛）

【交通安全隐患治理】　9月25日，市级挂账道路交通安全隐患治理工程－109国道K58+500处道路交通安全隐患治理工程完工，实施了道路局部改线，改善弯道平曲线形，加宽弯道路面，增大转弯半径等技术措施。10月2日，市级挂账道路交通安全隐患治理工程－新桥南大街（K4+200－K4+500）处道路交通安全隐患治理工程完工，对弯道超高进行了调整。

（周　猛）

【部队连连通工程】　10月2日至22日，导弹部队进出口路改造，全长0.35公里。2日至25日，总参部队进出口路改造，全长0.36公里。均位于斋堂镇，四级公路，设计车速20公里/小时。

（周　猛）

【道路赛事保障】　10月6日至7日，首届环北京职业公路自行车赛在区内举行。公路分局对109国道、石担路、军温路、高芹路等赛事路段进行了专项维护和保洁，出动各类养护作业车辆43车次，人员1155人次，清扫保洁里程达2959公里，处置沉陷、车辙等路面病害约800平方米。在109国道、高芹路、军温路设置波形梁护栏76米，防护网120米，玻璃钢防撞墙6米，防撞桶2个。

（周　猛）

【交竣工验收】　10月18日，组织召开潭王路改建工程、上燕路预防性养护工程、下安路预防性养护工程交（竣）工验收会。12月29日，组织石担路1#、6#人行天桥工程档案专项验收会。

（周　猛）

【乡村公路建设】　11月20日，年度15项乡村公路大修工程完工，其中道路工程14项/34.76公里，桥梁工程1项/278平方米。25日完成交竣工验收，工程质量全部合格。12月1日，路政局对区内乡村公路建设与养护管理进行检查，通过“听取汇报、检查资料、路上查看”等方式，对各部分“分工明确、各负其责、资料齐全”表示肯定，乡村公路安保设施覆盖率90%，桥梁检测及时精确，公路检测逐渐细化。

（周　猛）

【创建学习型机关】　11月22日，区创建学习型机关领导小组对公路分局创建学习型机关工作进行检查。听取了公路分局相关汇报，检查了“工作汇报、材料审阅、环境检查、档案管理”等方面资料，肯定学习型机关创建成果。

（周　猛）

【创服务品牌、树党员形象】　12月12日，召开“创服务品牌、树党员形象”活动动员大会，全体职工参会，明确“改进服务作风，突出服务效能，提高服务水平，取得服务实效”的目标，并布置了实施方案。

（周　猛）

【年终工作检查】　12日22日，路政局对公路分局进行2011年终工作检查。内业组检查“内业、台账、资料”等，外业组对108国道、潭王路等部分路段进行了路况抽检，对年度工作完成情况表示肯定，并致节日问候。

（周　猛）

运输管理

【概况】　交通局在市交通委及直属部门和区委、区政府的领导和支持下，围绕全区经济社会发展总体目标和交通科学发展规划，不断强化责任意识，明确工作目标，规范市场管理，深化服务内涵，严格依法行政，狠抓重点项目推进，有效保持了行业发展的平稳态势，推动了门头沟区道路运输事业有序发展。截至年底，全区共有客运公交企业3家，分别是：八方达河滩分公司，公交总公司客四分公司五队、六队、十一队，祥龙公司一分公司。公交线路25条，配车772部，管理及后勤人员601人，司售人员2972人，日运营里程达1.36万公里。出租汽车企业2家，21户个体，共121辆车，从业人员195人。机动车租赁企业3家，共10辆车，从业人员15人。已建、拟建、在建各级场站43个，已建成38个（八方达河滩分公司6个，祥龙集团1个，公交集团客四分公司3个，二级场站及山区五级客运站28个）。货物运输企业1519家，总车数7230辆、总吨位32409.301吨。其中，普通货物运输大、中型企业（5车以上运输企业）210家，车辆5444辆；小型运输企业1303家，车辆1693辆；危险化学品运输企业6家，车辆93辆。组建“绿色车队”61家，车辆1093辆。机动车维修企业97家，其中，一类汽车维修企业8家，二类汽车维修企业25家，三类汽车维修企业62家，摩托车维修企业2家。监管铁路道口12个，道口监护人员共计100名。水域游船单位4家，机动船舶11艘，非机动船舶54艘；机动船驾驶员19人，救生员27人，相关从业人员200余人。

单位名称：北京市门头沟区交通局
地　　址：北京市门头沟区滨河路60号
电　　话：69842840
邮　　编：102300

（王元媛）

【侯庄子公交车站恢复至原址】　1月初，侯庄子车站向东位移350米后，引起市民讨论和热议，市运管局公交处、门头沟区交通局接报后，于21日组织相关单位召开现场办公会。23日，侯庄子车站站牌恢复原址并安装到位。24日5时30分，交通局工作人员现场进行公交车停靠站的引导。

（王元媛）

【公交客运】　1月26日起，645路公交车在每日高峰时段开通门头沟大峪至阜城门的区间快车，以缓解早晚高峰时段的拥堵。27日，开通王平村直达苹果园地铁的929区间车，解决了王平地区早晚高峰时段的乘车拥挤。5月7日，配合八方达河滩分公司做好规范9字头公交线支线、区间、专线等不规范路号工作。10月25日，斋堂客运换乘中心正式运营，调整开通23条村村通公交线路，投入58部运营车辆，年运营将达到282万公里。该换乘中心为二级场站，占地1.58公顷，建筑面积1760平方米，可供50部中型客运车辆停泊，供13条客运线路换乘，为斋堂镇、清水镇741平方公里内的61个行政村、3个办事处提供公共交通出行服务。

（王元媛）

【干部人事工作】　1月，完成纪检监察科科长、财审科科长、副主任科员三个职位竞争上岗工作。

（王元媛）

【北京门良机动车检测中心开业】 2月23日，北京门良机动车综合性能检测中心开业。该检测中心可以在批准的检测项目/参数范围内开展检测工作，并承担市内道路运输车辆综合性能检测（客车和危险品运输车除外）和汽车维修质量检测。

（王元媛）

【宣传工作】 3月22日，在河滩新华书店公交车站旁设立了宣传站点，开展“做文明有礼北京人——绿色出行文明交通从我做起”主题宣传活动。现场悬挂横幅2条，摆放展板5块，发放宣传材料600余份，“绿色出行”主题购物袋800个。12月2日，开展“12·4”法制宣传日活动，现场摆放展板2块，宣传横幅2条，出动人员20多人，发放包括有关货运、道口安全、交通文明等内容的宣传材料1000余份。

（王元媛）

【开展应急演练】 4月27日，在京门铁路线九龙山道口处组织开展铁路监护道口安全应急演练活动。9月27日，在斋堂镇燕华液化气站组织开展了液化气泄漏着火事故应急演练活动。11月9日，组织八方达河滩分公司与永定消防中队，在冯村车队院内开展灭火救援消防实战演练。

（王元媛）

【设立891路临时调度室】 5月27日，中门寺891路（原931支1路）公交调度室因所在地区被列入拆迁范围，交通局协调龙泉镇政府、中门寺敬老院，最终在中门寺敬老院设立了891路临时调度室，解决了该线路公交车辆的调度运营问题。

（王元媛）

【缓解交通拥堵工作】 6月14日，局召开区贯彻落实市政府缓解交通拥堵工作会后，按照《门头沟区缓解交通拥堵工作会商机制方案》的要求，多次组织召开专题协调会，初步建立了门头沟区缓解交通拥堵各单位协调工作机制。此外，还出动工作人员对水闸路口、双峪平交路口、葡萄嘴环岛等易发生拥堵路段进行了实地调研，调研后针对拥堵最为严重的水闸路口进行了治理方案讨论，并形成了初步的治理方案。

（王元媛）

【出租车营运证件换发工作】 6月23日，按照“验收标准”对辖区内的百花、金银出租公司所有出租车及21辆个体出租车，进行了年度换证综合检查。全区121辆出租汽车，189名驾驶员全部通过检查，准予换发2011年出租营运证。

（王元媛）

【977路公交车增设新站】 7月1日，倚山嘉园临时站开通。交通局协调各相关单位，在倚山家园车站处安装了候车厅。

（王元媛）

【领导调研】 7月12日，区领导韩子荣到交通局调研。通过座谈，韩子荣提出5点意见。

（王元媛）

【开展治超专项行动】 8月9日至11月16日，“苦干一百天消灭百吨王”治超专项行动共出动执法人员4476人次，发放《公路安全保护条例》和宣传标语口号270份，悬挂标语2条，各类治超检查车辆3.129万辆，超限车辆22辆，卸载货物209.82吨。其中，路政处罚18起（含高速公路治超5起），罚款9.98万元（含高速公路治超4万元）；交警处罚17275起，罚款239.7万元；环保处罚2起，罚款200元。

（王元媛）

【交通战备工作】 9月，组织相关人员对区内所有加油站的储油量及从业人员进行了调查、核实。门头沟区公路加油站共有19家，从业人员147人，加油机72台，储油量1850吨（其中汽油1106吨，柴油744吨）。11月24日至25日，交通战备办公室举办了“门头沟区基层交通战备干部培训班”。年内，组织各相关单位进行2011年度国防交通保障队伍整组工作，门头沟区国防交通有7支专业保障队伍，13支基层分队，共有1878人，288台装备。

（王元媛）

【签订委托经营协议】 11月25日，区政府与北京八方达客运有限责任公司重新签订门头沟区“村村通”23条山区客运线路委托经营协议。协议期限自2012年1月1日至2016年12月31日，为期5年。八方达河滩分公司负责门头沟区“村村通”23条公交线路的正常运行，确保山区百姓及旅客的出行。每年由区财政拨付给八方达河滩分公司村村通委托运营亏损补贴1600万元。

（王元媛）

【党支部调整工作】 12月，局党组根据实际工作需要，对党支部重新进行了调整，由原来的3个党支部调整为6个党支部。

（王元媛）

【宣传践行“北京精神”】 年内，宣传践行“北京精神”。1.通过专家解读、集中讨论等方式，引导干部职工学习“北京精神”，领会“北京精神”内涵。2.按照“北京精神”要求，进一步转变工作作风，强化干部职工的大局意识、责任意识和服务意识，树立交通人“为民、务实、清廉、高效”的良好形象。3.以包容精神学习借鉴兄弟单位、相关部门的工作经验和先进理念，不断推动工作创新，并深入查找在解决交通拥堵等方面存在的问题，进一步提升行业监管水平。

（王元媛）

【阜石路大容量快速公交车辆系统工程】 年内，阜石路大容量快速公交车辆系统工程首站是阜成门，末站是门头沟龙泉镇西，全程25.1公里，设站22处，配车数量100部（18米BRT专用车）。交通局作为该项目牵头单位，采取条块结合，以块为主的方式，多次组织“BRT”场站建设推进工作会，并通过专家组论证，得到首规委批复。

（王元媛）

【山区五级客运站建设】 年内，申请新建6个农村五级客运场，分别是潭柘寺镇草甸水站、桑峪站，王平镇东落坡站、西王平站，斋堂镇灵水站，清水镇百花山站，均已经建设完成（原计划中的潭柘寺公园站由于潭柘寺公园改制变更为东落坡站，香峪站、灰峪站由于军庄镇整体规划原因调整为西王平站和百花山站）。

（王元媛）

【打击非法盗采和环境治理】 年内，以“深入深山区、抓好城镇结合区、重点在城区”为环境治理工作切入点，共牵头或配合区相关部门治理非法盗采、景区执勤、打击黑车、河滩东路及永定冯村大桥货车乱停乱放整治、清明扫墓高峰日、“五一”、“中秋节”、“十一”以及暑期的双休日水运执勤、永定河沿线非法游船清理、治理非法倾倒垃圾渣土执勤、国际徒步大会、北京第九届农运会以及环北京国际公路自行车赛安保执勤等专项工作任务200余次，出动执法人员2000余人次。

（王元媛）

【治超及动检工作】 年内，共出动各类执法人员12772人次（其中站范围所有执法部门7541人次、区清运垃圾设卡2649人次、斋堂地区私挖盗采值守1600人次、路面流动治超22人、高速公路治超960人次）。各类治超检查车辆82308辆，超限303辆，卸载货物476.57吨；检查禽畜运输车辆1110次，检查禽畜268万只、骆驼2只；环保执法35次，检查车辆1547辆；配合打击非法盗采检查车辆5443辆，收煤凭证2445张，煤炭总重64121.81吨。罚款709.38万元（其中交警罚款65万元，路政罚款11.98万元，交通局罚款47.35万元，环保局罚款200元，动物检疫罚款300元）。

（王元媛）

【做好提案办理工作】 年内，承办人大代表建议及政协委员提案共11件。经实地调研、方案研究、征求意见，完成建议回复，代表满意率达100%。

（王元媛）

【绿色车队组建工作】 年内，完成“绿色车队”的组建工作共计61户，1093车。

（王元媛）

【小客车指标调控工作】 年内，小客车指标申请窗口受理各种申请共1507份。其中个人指标申请1156份，单位申请55份，更新指标292份，变更申请3份，被盗抢车辆申请摇号1份。

（王元媛）

【加强党建工作】 年内，实施“三个工程”。1.“领航工程”，通过抓好领导班子理论学习，深入基层调查研究，抓住跨越式发展的有利时机，进一步解放思想，增强科学决策意识，树立现代决策理念，掌握睿智决策方法，提高领导班子的决策服务能力。2.“聚力工程”，通过领导讲党课、部门集中学、全体大讨论等形式不断提高队伍素质，强化机关作风建设，同时，通过开展万名党员寄心语、主题党日、板报宣传、知识竞赛等活动，提高党组织的凝聚力和战斗力。3.“先锋工程”，通过开展党员承诺、创建文明机关专项行动、创建“亮身份、树形象，争创共产党员先锋岗”服务品牌等一系列活动，树立每一名党员的先锋意识，逐渐形成“积极向上，奋发有为，团结协作，争创一流”的机关氛围，提高党员服务能力。

（王元媛）

【党风廉政建设】 年内，确立了“从严治运，立足教育，健全机制，加强监督”的工作方针，采取集体领导与个人具体分工负责相结合的工作原则。“一把手”做到“五个亲自”、副职做到“三个抓好”，责任制工作在基层做到“四个强化、五个抓好”。坚持“一岗双责”，通过签订“党建及思想政治工作目标责任书”、警示教育参观、学习廉政风险防范管理工作系列文件、制定《2011年交通局党风廉政建设和反腐败工作任务分工》、组织领导班子专题民主生活会、制定《2011年廉政风险防范工作“回头看”实施方案》和《2011年基层民主测评工作实施方案》等一系列工作内容，将廉政工作任务细化分解到党务、政务工作的方方面面。

（王元媛）

【队伍建设】 年内，加强队伍建设。1. 搭建培训学习平台，交通局党组开展领导讲党课系列讲座活动。全年处级领导干部和科级干部共计讲党课9次，组织全体党员干部集中培训学习11次。12月2日，特别邀请北京交通管理干部学院政法系主任，为全局干部培训了交通相关法律、法规。培训后全体干部都写了心得体会，局理论中心组带头进行交流讨论，全局各科室也都在第一时间组织科内学习交流。此外，支部还组织了参观京西第一党支部、红色教育基地、反腐教育基地，到帮扶村义务植树等活动多次。2. 搭建考察学习平台，适时组织局领导、中层干部参加各类考察学习，拓宽视野。3. 搭建调查研究平台，根据局中心工作和各科室工作实际，拟定调研课题，查找工作中热点、难点问题，研究对策，提出整改措施。4. 搭建人才引进发展平台，公开招考本专业高学历人才，支持局内年轻同志继续教育。5. 搭建图书借阅平台。利用局内资源，建立图书室，按需求购置图书，建立借阅制度。

（王元媛）

【依法行政工作】 年内，以贯彻落实《交通行政执法规范》为主线，以落实行政执法责任制、贯彻“新道条”、“五·五”普法为重点，规范执法行为，强化服务理念，履行行业监管职责，注重执法效果与社会效果的统一。通过开展法规清理、执法队伍培训、制定行为规范、案卷评查、三级责任书签订、普法入村、送法入户、执法公示、执法质量督查、完善行政化解机制等一系列专项工作和活动，不断强化监督约束机制，增强法制观念，严格执法行为。全年共查处违法车辆159台，罚款47.35万元，制作执法文书159卷；办理各类许可事项3279件，接待经营者咨询3090人次。所有行政处罚和办理的许可事项均严格按照法定程序、标准和时限办理，无一起越权、超程序、超范围许可，无一起投诉，经营者满意率达100%。

（王元媛）

【安全生产保障工作】 年内，把客运、货运、水运、汽车维修、铁路道口作为行业安全监管重点，以“安全生产月”、“城乡环境整治百日行动”和两会安全保障为主线，完成了安全生产重点区域和行业盯防、重要节假日防控、应急演练、可燃物清理、有限空间专项检查、严厉打击非法违法生产经营建设行为、隐患排查、化危专项检查等系列专项整治活动。共出动执法人员400余人次，发放宣传材料2000余份，巡逻检查线路30余条，检查场站、企业、道口、水域100余处。

（王元媛）

【培训工作】 年内，组织货运驾驶员从业资格培训38期，共13426人；出租汽车驾驶员从业资格培训5期，共69人；汽车驾驶员等级培训48人（中级32人，高级16人）。

（王元媛）

【道路运输协会工作】 年内，道路运输协会坚持以企业为主体，以“服务企业”为宗旨，以创建学习型社团组织和四A级社会组织为目标，共有会员企业51家。申报的社会组织服务项目为两项，一是废弃机油无害化处理项目。共回收、转移废弃机油4600公斤。举办“门头沟区汽车维修行业环保法规培训班”，并与北京中首精滤科贸有限公司合作开发了废弃机油合法回收处置项目，8月，《关于汽修行业废弃机油无害化处理科技创新项目建议方案》上报区科委。9月27日，举行了专家评审会，得到专家组的好评。二是和安全管理创新保险项目。为解决运输企业大型货车得到承保三者50万元的商业保险，协会安全管理创新保险平台，以安全管理为突破口，通过安装GPS和安全行驶记录仪等措施，为会员企业提供技术服务和运输安全保障。

（王元媛）

【获得荣誉】 年内，荣获2011年度北京市交通行政执法先进单位。北京市2011年度先进管理区县。北京市安全生产月活动最佳实践活动奖。北京市交通安全先进单位。北京市第七届农运会、昊华能源杯第二届北京国际山地徒步大会首届环北京职业公路自行车赛门头沟赛段最佳保障单位。北京市献血先进单位，门头沟区城乡环境整治百日行动先进单位，门头沟区先进基层党总支。2011年门头沟区健身项目表演赛广播操一等奖。“贺龙杯”中国业余篮球公开赛第十三届“篮协杯”篮球比赛精神文明运动队。

（王元媛）

邮　电

·邮　政

【概况】　邮政局机构设置为四部（人力资源部、计财财务部、通信运营部部、市场经营部）一室（办公室）两个专业局（商函分局、代理业务局），撤消了发投公司。分支机构共六个支局8个邮政所。全局职工230人，其中正式工92人（含聘用工16人），劳务工138人。邮路总计46条，其中汽车邮路3条，自行车邮路43条，邮路总长1616.6公里。年内，业务收入完成预算的105.21%，同比增长21.1%；高效收入完成预算的99.38%，同比增长24.3%。收支差额完成预算的95%，同比增长105%；

单位名称：北京市门头沟区邮政局
地　　址：北京市门头沟区河滩路2号
电　　话：69842560
邮　　编：102300

（谭文贤）

【领导慰问】　1月30日，市邮政公司总经理等领导到门头沟局慰问。8月2日，市公司副总经理到门头沟局慰问职工，并送来慰问品。

（谭文贤）

【获得荣誉情况】　3月10日，王平村支局被北京市消费者协会授予“诚信服务示范单位”。7月，中国邮政集团授予门头沟区邮政局“全国邮政用户满意企业”。年内，王平村支局投递员被评为门头沟区“优秀共产党员”光荣称号，他的先进事迹先后在北京日报、京华时报、北京电视台《北京新闻——我在基层》栏目组等十余家新闻媒体进行了采访报道，并被评为门头沟区十大好人。

（谭文贤）

【领导调研】　4月1日，中国邮政集团公司企业协会主任等到局调研。对门头沟局申报“全国邮政用户满意企业”给予鼓励，在听取了该局工作汇报后提出要求。随后到大峪支局营业厅，邮储支行营业厅进行现场视察。6月15日，市邮政公司副总经理到门头沟局调研。并提出具体要求。10月28日，区文明办、纠风办领导到局内调研，听取了区邮局领导工作服务工作的具体做法的汇报，两办领导指出，一是目前全区大面积拆迁工作给邮政网点带来许多不便，希望能克服暂时的困难做好服务；二是一些网点相对狭小，在硬件设施上应加强建设；三是把精神文明建设与行风评议有机结合，在做好窗口服务的同时为“全国精神文明建设先进单位”荣誉称号再添光彩。希望以后能加强沟通，共同做好全区百姓的服务工作。

（谭文贤）

【培训工作】　7月1日，举办了第一期村邮员培训班，培训内容是为更好的落实市政府“4号文”精神，使村邮员初步了解邮政业务，更好的为村民服务，培训按照村邮员培训手册内容，结合邮政业务基础知识、金融业务知识、报刊发行业务知识以及电子商务、三农知识等内容进行讲解，参加培训的人员来自王平地区16个乡镇村邮员。培训结束后进行测试和考评，对合格的村邮员发给证书，持证上岗。每周召开理财培训例会，向前台一线人员讲解理财知识和销售技巧。开展了4次特训营活动，做好产品知识培训的同时对柜员柜台销售技巧的培训，运用柜台销售提高收入。年内，对营销人员进行专业培训，并将培训的范围扩大到支局长、部室主任及职能人员。在局内较大的支局建立了远程网学习点，发挥远程网络培训学习的优势，为基层员工学习提供便利条件，组织一线员工参加集团公司开展的远程网络学习竞赛活动。

（谭文贤）

【政府支持邮政发展】　9月20日，门头沟区人民政府印发了《关于进一步提升邮政普遍服务水平的意见》（门政发〔2011〕37号)。《意见》明确了进一步提升邮政普遍服务水平的相关工作总体目标、组织机构、主要任务等具体内容。《意见》要求区各有关部门明确责任，加强协调，确保政策、资金落实到位，共同促进邮政事业更好的服务于全区经济建设发展。

（谭文贤）

【开展劳动竞赛】　年内，先后开展了“抓时机、促收入”、“局兴我荣保高效”、“向国庆献礼代理业务竞赛”、“决胜2011、喜迎

2012”跨年百日竞赛等竞赛活动。通过竞赛活动调动全局职工积极性，按时完成指标。

（谭文贤）

【召开理财推介会】　年内，与保险公司组织了4次保险推介会，4次推介会的出单率达平均到70%。

（谭文贤）

【组建直邮团队】　年内，完成了直邮团队的组建工作，并在区内全面开展数据库营销工作。

（谭文贤）

【开发集邮业务】　年内，针对门城地区改造成果进行攻关，开发了“门头沟区二十个城市公园景观的风光明信片”制作项目。在“建党九十周年”时机，开发了门头沟区委建党题材邮资封、个性化邮票为一体的邮册1万册；区教委、木城涧矿制作邮资封、个性化邮票为一体的邮册个2000册；为徒步大会制作明信片2万枚。

（谭文贤）

【完善激励机制】　年内，坚持“战略导向、效益优先、以公平激励”的三大原则，结合局内具体情况及市公司绩效考核办法要求积极运用营业网点损益核算结果，制定针对支局长、网点营销员和网点营业员等与营业网点经营效益有直接关系的单位和人员的绩效考核办法和业务奖励政策，修改和完善《门头沟邮局绩效考核办法》，使企业经营绩效向市场拓宽、技术应用、资源优化、提高经济效益等方面过渡，建立企业经营规模和效益协调发展的综合绩效管理评价体系。

（谭文贤）

【管理服务工作】　年内，贯彻落实北京市政府4号文精神，与区政府全面勾通，下发了门头沟区【2011】37号《关于进一步提升邮政普遍服务水平的意见》的文件工作，落实了村邮站村邮员的待遇，并及时对9个镇、177个行政村的村邮员进行了业务培训，做到持证上岗。同时与区委相关部门协调沟通制定区内老旧小区住宅楼房信报箱更新、补建、日常维修及服务进社区工作推进方案。

（谭文贤）

【服务创先争优活动】　年内，贯彻落实市公司“为民服务创先争优”活动实施方案，提升对外服务能力，结合创先争优活动部署，展业务练兵活动，采取集中学习与远程网络自主学习相结合方式，提高营业、储蓄、投递人员业务操作技能水平。

（谭文贤）

【薪酬管理，成本管控】　年内，按计划进度使用人工成本，有效控制人工成本使用进度，保证年内人工成本均衡使用、均衡发放。按照劳动合同法要求，杜绝先上岗后签订劳动合同现象，以规避用工风险，支撑企业健康稳步发展。

（谭文贤）

【安全工作】　年内，落实“三个确保”，即：加强职工教育提高全员安全意识，强化邮政通信指挥调度，切实抓好防汛、防暑工作，保全局生产安全工作万无一失；还邀请了区检察院职务犯罪预防处处长对全局营业、储蓄、投递人员进行了法律知识培训，确保全局无职务犯罪发生。

（谭文贤）

【精神文明建设】　年内，开展了各种主题实践活动，鼓励职工建功立业，教育职工立足本岗、岗位奉献，参与各项竞赛活动，争优创先，努力争创优质服务、文明服务标兵，争创服务最优，确保服务高质量。机关党支部被评为区国资委系统“优秀党支部”。

（谭文贤）

【下属单位情况】

单位名称：大峪支局
地　　址：门头沟河滩路6号
电　　话：69842515
邮　　编：102300

单位名称：军庄所（大峪支局管辖）
地　　址：门头沟军庄镇
电　　话：60811504
邮　　编：102300

单位名称：三家店所（大峪支局管辖）
地　　址：三家店水闸路11号
电　　话：69842177
邮　　编：102300

单位名称：承泽苑所
地　　址：滨河居住区承泽苑2号楼一层
电　　话：61864313
邮　　编：102308

单位名称：西辛房所（承泽苑支局管辖）
地　　址：门头沟路77号
电　　话：69842484
邮　　编：102300

单位名称：王平村支局
地　　址：王平镇西村
电　　话：61859647
邮　　编：102301

单位名称：大台所（王平村支局管辖）
地　　址：大台矿内
电　　话：61870374
邮　　编：102303

单位名称：木城涧所（王平村支局管辖）
地　　址：木城涧玉皇庙
电　　话：61872380
邮　　编：102304

单位名称：斋堂支局
地　　址：斋堂镇西斋堂
电　　话：69816804
邮　　编：102309

单位名称：清水所（斋堂支局管辖）
地　　址：清水镇上清水
电　　话：60855495
邮　　编：102311

单位名称：雁翅支局（斋堂支局管辖）
地　　址：雁翅镇雁翅村
电　　话：61830189
邮　　编：102305

单位名称：石龙支局
地　　址：门头沟石龙北路62号
电　　话：69804026
邮　　编：102308

单位名称：双峪路所（石龙支局管辖）
地　　址：门头沟大峪南路2号
电　　话：69842523
邮　　编：102300

单位名称：潭柘寺所（石龙支局管辖）
地　　址：潭柘寺镇
电　　话：60862394
邮　　编：102308

（谭文贤）

·电　信

【概况】　年内，联通门头沟区分公司贯彻公司的工作部署，结合分公司实际，深化营销机制创新，提高营销实效；巩固“服务风雷行动”成果，提高服务水平；加强网络建设和维护，提高网络支撑能力；围绕企业中心工作，深入开展创先争优活动。以健康发展、效益增长为主线，全面完成2011年的各项工作任务，有效提升分公司信息化综合服务能力。

单位名称：中国联合网络通信有限公司北京市门头沟区分公司
地　　址：北京市门头沟区新桥大街4、6、8、10号
电　　话：69842616
邮　　编：102300

（安德国）

【重要人事变动】　10月，根据北京联通公司工作安排，对分公司领导班子进行调整。

（安德国）

【完成通信保障工作】　年内，分公司为山地纵走提供赞助130万元，提供30B+D电路2条，光缆2条，转播车一台，移动信号车一台，固定电话、宽带等；参加保障人员40人，确保赛会通信顺利进行。

（安德国）

【业务发展及经营指标】　年内，分公司强化经营管理，完善营销组织，加强渠道建设，取得了较好的经营业绩。业务收入完成全年预算目标的99.98%，完成各项经营、服务、维护、建设指标。

（安德国）

【客户服务】　年内，分公司紧抓服务管理，提升服务能力。重点抓好营业员服务能力提升、服务工作监督检查、工作制度流程梳理等环节，实行了领导人员营业厅值班制度；强化客户回访和投诉处理工作，实现了投诉处理及时率100%；在16个分公司满意度测评中，分公司固话业务客户满意度排名第三，宽带业务客户满意度排名第三，2G业务客户满意度排名第一，3G业务客户满意度排名第四。

（安德国）

【网络建设】　年内，按时保质完成移动网络建设、光纤入户等工程建设任务；完成建设投资近1亿元，完成新旧小区及农村地区100余处宽带提速工程。

（安德国）

【运行维护及重要通信保障】　年内，按照52周作业计划全面完成各项维护工作，提高网络健壮性，确保网络安全，分公司达到AAA标准。完成“两会”、北京第二届山地徒步大赛、北京市农运会、自行车大赛等通信保障工作。

（安德国）

【企业管理工作】　年内，制订完善并落实分公司绩效考核办法，及时根据工作情况，对人员进行合理调整和优化；开展员工培训，提升员工能力素质，年内组织各类培训877人次；组织各部门梳理完善规章制度60余项制度，使各项工作有章可循，职责明确。

（安德国）

科技 教育

科 技

科技工作

【概况】 门头沟区科学技术委员会（简称区科委）是门头沟区人民政府主管全区科技工作的综合职能部门，负责全区的科技管理和科技服务工作。年内在区委区政府的领导下，全区各部门的支持下，区科委围绕区域生态涵养发展区和首都西部综合服务区战略部署，积极实施重点科技项目，加强高新技术企业创新服务，搭建高科技人才培养平台，发挥科技引领作用，推进区域产业结构调整，带动区域经济快速发展。

年内，实施各类科技项目，开展特色农产品研究。召开科技奖励大会，对2008年－2010年获奖科技项目进行表彰。利用科技创新资金，提高企业自主创新能力。完成了2012年区科技创新专项资金的启动和申报工作，同时启动了专利奖励申请、区自主创新产品认定工作。服务高新技术企业，为企业创新创造环境。完成科技企业统计工作。搭建科普平台，提升公众科学素养。完成2010年度门头沟区科普统计。编制起草了“门头沟十二五科技发展规划”和“门头沟十二五科学技术普及与发展规划”。组织区内5家创新型科普社区进行了13部科普影片巡映，近2000人次观看。开展门头沟区2011北京科技旅游季活动，参与人次350人。启动“科技走进大山”门头沟区2011“科技北京”电子巡展活动，电子巡展走进大山、走进社区、走进学校，直接受众千余人。与区广电中心联合制作《京西科技》栏目12期，共播放120分钟，与《京西时报》联合制作《科普专栏》6期，每期1/4版面，进行科普动态、科普社区等宣传报道。确定与北京林业大学博士后流动站合作，招收1名博士后。与区委组织部共同举办“京西发展博士论坛”及科技对接服务活动3期。开展各类实用技术培训11期、培训1300人次，提升科技人员从业技能。

单位名称：北京市门头沟区科学技术委员会
地　　址：北京市门头沟区新桥大街40号
电　　话：69843260
邮　　编：102300

（王亚娟）

【完成2010年度科技统计年报】 3月底，完成了2010年度科技统计工作，涉及区内的20家高新技术企业，2家区属研究与开发机构的统计工作。据统计，区20家高新技术企业从业人员3713人，技工贸总收入19.69亿元，利税总额4.9亿元，企业研发投入1.4亿元。技工贸总收入亿元以上的企业有4家。

（王亚娟）

【开展4·26知识产权宣传活动】 4月26日，是第11个“4·26世界知识产权日”，区科委（区知识产权局）组织区工商分局、北京科龙寰宇知识产权服务代理有限公司等单位开展“知识产权宣传活动”。活动中，工作人员为居民和过往群众发放了知识产权书籍、画册、报纸等宣传品800余份，并当场解答居民提出的专利、商标相关问题70余项。

（王亚娟）

【召开科普工作联席会】 5月5日，组织召开了2011年科普工作联席会议，26 个科普联席会议成员参加了会议。会上总结了 2010 年科普工作，布置了 2011 年科普工作。教委、妇联、斋堂镇黄岭西科普社区分别进行了典型发言。

（王亚娟）

【参观“科技北京在行动”科普展】 5 月 20 日，组织科技工作者、职高学生及社区居民 400 余人，到北京奥林匹克公园北京科技周主会场参观“科技北京在行动”科普展览。学生、科技工作者参与项目互动、娱乐游戏、观看实物模型，了解到文化创意产业、新材料产业、都市型现代农业，新能源和环保产业以及汽车产业等展区的重大科技成果。

（王亚娟）

【开展“双打”行动】 6 月 23 日，“双打”行动小组累计走访企业 35 家，解答专利保护、侵权问题 357 个，检查专利产品 204 项。出动 26 人次，对新桥商厦、物美兴隆店、双峪善和大药房进行重点抽查，检查专利商品 134 项。通过检查，未发现有侵犯知识产权和制售假冒伪劣商品的行为。

（王亚娟）

【太阳能取暖工程通过绩效考评】 7 月 8 日，组织专家组对“新农村太阳能取暖试点工程”项目进行绩效考评，区人大对该项目进行督察。专家组成员与区人大、区财政等 20 余人参观考察了妙峰山镇岭角村多户太阳能改造的房屋，三个标段的项目负责人分别对运行情况作了介绍，专家组询问了村民太阳能设备的使用效果。在对现场考察完后，召开了绩效考评工作会，该工程得到考评专家的一致好评。

（王亚娟）

【“生态二期”项目通过验收】 7 月 12 日，“门头沟区生态修复技术集成与产业化支撑体系建设”生态二期重大项目中的 3 个课题全部完成计划任务和考核指标，均通过专家组验收。区科委按照课题任务合同书要求，精细组织，科学实施。其中开展的人居环境修复与利用以及道路水电基础设施建设，把生态环境、生态产业、生态文化、生态文明和生态精神等融为一体，将王平镇的桃花谷打造成了京西生态涵养产业发展的试验示范基地。目前，该基地已成为门头沟区生态旅游产业建设的亮点的工程之一。

（王亚娟）

【参观考察试验生态房】 7 月 13 日，密云县科委和住建委一行 11 人到王平镇韭园村和西马各庄村参观区科委生态二期项目建设的 4 套试验生态房。整个楼房系统充分体现了生态、环保、节能、高效和循环利用等特点，极适宜于山区农村和城镇居民居住。

（王亚娟）

【启动“科技北京”电子巡展】 7 月 27 日，由市科委主办，北京软件产品质量检测检验中心、区科委承办的“2011 科技北京电子巡展暨‘科技走进大山’门头沟区科技宣传行动”启动仪式在区科技馆举行。启动仪式上各界群众代表观看了“科技北京在行动”宣传片、填写了科普调查问卷，活动上还分发了防震减灾宣传册、北京科普教育基地简介读本等科普宣传材料。门头沟区与社会各界群众代表 150 余人参加了启动仪式。

（王亚娟）

【召开区科技进步奖励大会】 7 月，召开门头沟区科技进步奖励大会，对 2008 年－2010 年度的门头沟区科学技术进步奖、科技成果推广奖获得者和单位进行表彰。2010 年度门头沟区科学技术进步奖和科技成果推广奖共申报 42 项，最终评出 2010 年度区科学技术进步奖 19 项（其中：一等奖 3 项、二等奖 5 项、三等奖 11 项），科技成果推广奖 5 项（其中：二等奖 3 项、三等奖 2 项）。

（王亚娟）

【举行科技旅游季活动】 10 月 17 日，举行“门头沟 2011 年科技旅游季”活动。区科普联席会成员单位的科普管理工作者、科普教育基地的科普教育工作者以及创新型科普社区的基层科普工作者近 60 余人参加了活动。活动期间，参观了集国内外矿山勘探开采技术于一身的北京首云矿山公园、新农村建设的典型缩影蔡家洼休闲观光工业园、特色生态产业创意园张裕爱斐堡国际酒庄等市级科普教育基地。

（王亚娟）

【开展科普工作者培训活动】 10 月 21 日，区全民终身学习活动周暨科普工作者培训班开班。共完成 3 期、10 天、120 课时、108 人、540 人次的科普培训工作。学员主体由科普联席会成员单位科普管理工作者、市级科普教育基地工作者、市级创新型科普社区工作者、各中小学的科学老师和卫生老师以及科学普及志愿者组成，基本覆盖了全区范围内各类型的科学普及工作者。培训期间共发放调查问卷 90 份，回收有效问卷 82 份，培训活动好评率 92.7%。

（王亚娟）

【领导调研】 10月26日，市科委主任一行10人到区内调研。区领导首先参观了位于妙峰山镇上苇甸村的创业基地，随后听取了区科委关于区生态修复、特色果品发展等方面的专题汇报，并就科技支撑区内新兴产业发展、高新技术产业发展等问题进行了讨论。11月8日，市科委领导到区内调研。区领导参观了门头沟区王平镇韭园村、落坡岭水库、北岭地区，听取了区科委门头沟区国家生态修复科技综合示范基地规划设想。

（王亚娟）

【市级科研课题通过验收】 年内，门头沟区2项市级科研课题通过验收。分别是“门头沟区黄芩产业开发科技示范工程”和“门头沟区农村科技协调员引领型特色果品标准化示范基地建设”课题。并结合门头沟区建设现代化生态新区的实际需求，以示范基地和科技服务为重点，开展农村科技协调员专业技术培训25次，培训1000余人次，建设1000亩特色果品示范基地。

（王亚娟）

【4项课题被列为市级科技项目】 年内，区科委4项课题被列为市级科技项目。一是《门头沟区绿色生态产业升级改造与发展示范》课题，对区内传统的核桃产业进行升级改造，引进食用菌、山药、月季寻找适合区内发展的替代产业；二是《门头沟区特色果业（樱桃、京白梨）精准化管理关键技术集成与示范》课题，提高特色果品的产量和质量并形成产业化；三是《门头沟区玫瑰、黄芩产业科技示范》课题，解决沟域经济传统特色的玫瑰和黄芩产业中普遍存在的主要问题，提高产业化层次和水平，培育出新的经济增长点；四是《定都阁公路生态修复技术集成与示范》课题，通过多年来系统的生态修复技术体系的集成、示范，及时、快速的完成定都阁公路生态修复工作，为市山区公路边坡生态修复提供科技支撑。

（王亚娟）

【开展知识产权资源调查】 年内，开展知识产权资源调查工作，有6项农产品没有注册商标。

（王亚娟）

【开展门头沟区科技创新项目】 年内，完成2010年14项科技创新项目的验收和财政评审工作。实施2011年度创新项目15项，其中高新技术类6项，农业类5项，电子信息类2项，医药卫生类2项。启动2012年科技创新项目申报工作，邀请农业、医药等4个领域专家进行评审，最终确立2012年科技创新项目15项。

（王亚娟）

【15家企业认定为高新技术企业】 年内，区科委根据新的高新技术企业认定办法，通过调研、座谈、培训等形式，指导企业积极申报高新技术企业。截至年底，北京康美天鸿生物科技有限公司等15家企业被认定为新的高新技术企业，区内高新技术企业总数达到44家。

（王亚娟）

【第五批北京市创新型科普社区】 年内，在北京市第五批创新型科普社区创建中，区妙峰山镇水峪嘴村和王平镇南涧村两个社区入选，获得了市科委科普专项资金支持。

（王亚娟）

【下属单位情况】

单位名称：北京市门头沟区科技开发服务中心
地　　址：北京市门头沟区新桥大街40号
电　　话：69865984
邮　　编：102300

单位名称：北京市门头沟区科技开发实验基地
地　　址：北京市门头沟区体北路15号
电　　话：69804947
邮　　编：102308

单位名称：北京山地生态科技研究所
地　　址：北京市门头沟区清水镇双塘涧村
电　　话：69840480
邮　　编：102311

（王亚娟）

·地震工作

【概况】 年内，在区委、区政府的领导下，在市地震局的支持和指导下，深入贯彻落实科学发展观和市区两级工作任务，加快推进防震减灾事业发展。履行震情跟踪制度和监测预报管理制度，确保观测数据真实、及时、有效，规划区域监测台站布局，提高监测预报水平。严格监督，认真执法，全年完成辖区内11个重大建设工程项目的烈度审核工作，协助市地震局完成了太平庄和桥户营强震台搬迁工作。宣传《防震减灾法》和地震知识，完善科普教育基地建设，推动防震减灾示范学校和地震安全社区建设。

单位名称：北京市门头沟区地震局
地　　址：北京市门头沟区新桥

大街40号
电　　话：69842450
邮　　编：102300

（张　悦）

【“三网一员”体系建设】　年初，制定的震情跟踪工作计划及制度，严格宏观前兆观测员工作职责，细化到人、加强监督，保证了宏观观测点运行正常、资料报送及时。年内，确保区域内各监测台网正常运转，及时登记并上报可能与地震有关的异常现象。按时、按质、按量传送地震观测资料，检查、核实、上报异常资料。涵盖全区281个村和社区的地震宏观观测网明确责任由各镇街防震减灾助理员进行管理，按月上报监测预报科，责任落实，确保了信息畅通。

（张　悦）

【太平庄和桥户营强震台搬迁改造】　1月21日，区地震局协助北京市地震局工程所完成了太平庄和桥户营强震观测台的整体搬迁和改造工程。太平庄强震观测台新址位于潭柘寺山人养殖场内，由区地震局投资1.53万元，新建强震台监测室1间，面积约3平方米；桥户营强震观测台新址位于教学楼主楼1层，监测室面积约8平方米。

（张　悦）

【培训工作】　2月28日，完成了地震应急救援志愿者地震知识网络培训。培训以QQ群和群网站共享为平台，主要以在群共享和聊天窗口上发布地震知识的形式进行。培训内容包括志愿者简介、地震相关知识、应急逃生及紧急救援技能等。培训期间，网络培训课件下载次数近100余次，志愿者群聊天窗口交流活跃，提问、发言和交流达数千条。4月18日、19日，组织部分镇、街道防震减灾工作主管领导、区防震减灾助理员、防震减灾示范学校、地震安全社区、园林绿化局、民防局以及部分地震志愿者等相关人员到国家地震紧急救援训练基地开展了为期2天的地震应急救援培训。培训内容涵盖：虚拟仿真4D动感电影，倾斜楼废墟行走，救援器材操作、障碍物移除，烟感式体验现场救援的体验式培训以及《新西兰地震搜救报告》、《日本特大地震搜救报告》的理论式培训。

（张　悦）

【防震减灾宣传工作】　5月9日至13日，区“防震减灾科普示范学校”首师大附中永定分校开展了以“普及防灾减灾知识，创建平安和谐校园”为主题的公共安全与防灾减灾系列宣传周活动。学校在宣传橱窗、电子屏宣传防震减灾知识。印发了防震减灾致家长一封信，向家长宣传了地震应急时应注意什么、在家中怎样避震等知识，将防灾减灾知识辐射到社会。各班以“加强防灾减灾，创建和谐校园”或“防灾减灾从我做起”为主题出一期板报进行宣传，并在5月9日以“加强防灾减灾，创建和谐校园”为主题召开主题班会。5月11日，参加了“防灾减灾主题日宣传活动暨门头沟区应急信息网开通仪式”。活动现场悬挂横幅，摆放展板，发放防灾减灾宣传书籍、发放环保袋以及现场咨询。此次活动共发放材料1000余份，环保袋200个，参加整个活动的群众共5000余人。12日以“普及防灾减灾知识，创建平安和谐校园”为主题进行全校师生参与的疏散演练活动，并且由学生代表做了《珍爱生命，防震减灾》的主题发言。7月28日，联合东辛房街道办事处以“学习地震知识、减轻地震灾害”为主题，在北涧沟社区滨河楼小区开展了纪念唐山大地震35周年暨防震减灾知识普及宣传活动。发放《公众地震应急避险要诀》、《防震减灾科普知识读物》、《地震知识百问百答》以及印有防震减灾知识的环保袋等抗震、防震减灾宣传材料共计800余份，接受群众咨询80余人次。年内，围绕“因地制宜，因时制宜，经常持久，科学求实”和“积极、慎重、科学、有效”的原则，开展了形式多样、扎实有效的宣传活动。各镇、街宣传形式以设立宣传站为主，悬挂横幅，摆放展板，发放宣传书籍、手册、画报、环保袋等资料，部分村居委会利用橱窗、宣传栏、板报、广播进行宣传。其中，龙泉镇前后共组织了4场宣传活动，并在村、居委会开展向居民发一封信、进行一次家庭灾害风险隐患排查活动；雁翅镇组织镇机关干部开展了“防灾减灾模拟演习”；大峪街道办事处在栖霞苑社区开展以“普及防震减灾知识、提高自救互救能力”为主题的宣传体验活动。年内各镇街开展宣传活动共发放各类宣传品12万份，受益群众超过8000人。

（张　悦）

【地震应急疏散演练】　5月12日，联合区红十字会、民防局、大峪办事处在大峪街道绮霞苑社区举行地震应急疏散演练活动。演练模拟在破坏性地震发生场景下居民应急避险逃生与自救互救。绮霞苑社区100余名居民参加活动，其中志愿者40人参加疏散演练。

（张　悦）

【城建环保委执法检查】 5月27日，区人大城建环保委组成执法检查组，对区《中华人民共和国防震减灾法》及《北京市实施<中华人民共和国防震减灾法>办法》贯彻落实情况进行执法检查。

（张 悦）

【地震前兆观测系统考察】 6月1日，市地震局副局长等对门头沟区地震工作进行调研，实地考察了斋堂镇沿河城村的微观测点，以及龙门口村拟建测点的观测环境和基本条件，对门头沟区地震前兆观测系统改造提出意见和建议。

（张 悦）

【动物宏观异常落实】 10月21日，潭柘寺镇山人养殖场上报动物宏观异常，3只梅花鹿撞圈不回，局领导第一时间带队到现场落实情况，经现场勘查和询问，未找到明确原因，因此要求加密观测，并加强对场内其他动物的观测，随时报告情况。此次事件作为可能与地震有关异常现象进行了登记上报。

（张 悦）

【召开2011年度防震减灾工作会】 12月23日，组织召开2011年度防震减灾工作会议。各镇、街的防震减灾助理员以及各微观、宏观测点观测员参加，会上总结了2011年度防震减灾工作，部署了2012年防震减灾工作。

（张 悦）

【严格执行会商制度】 年内，严格执行了周、月、年中、年度、加密和紧急会商制度，特别是重大节日元旦、春节、五一、十一长假期间的震情会商工作，全年共组织会商55次，及时、广泛地分析处理了数据资料，并按时将会商意见上报至市局监测预报中心。

（张 悦）

【应急避难场所建设】 年内，完成葡山公园、立思辰公园、滨河公园与庞家庄公园4座避难场所的设计及施工工程，新增疏散面积8.5万平方米，可满足4.2万人次紧急疏散。至此全区共有地震应急避难场所7座，总疏散面积超过32万平方米，可紧急疏散逾16万人。

（张 悦）

【重大工程地震烈度复核】 年内，共计受理建设工程项目11个，绿色通道审批项目9个，均已依规进行了复核，受理件完成率100%，投诉0件。

（张 悦）

【区内震情】 年内，具观察辖区内共发生地震11次，最大为2月25日15时21分25秒，东经115°40′，北纬40°07′，发生ML1.2级地震。

（张 悦）

·气象工作

【概况】 门头沟区气象局是北京市气象局下属的事业单位，下设门头沟、斋堂、灵山3个气象站。全局现有在职职工11人，离退休职工10人，主要负责全区的地面气象观测、订正转发天气预报及通过电视台发布门头沟地区的天气预报、气候评价、开展气象执法、公益和有偿气象服务、防雷装置安全检测与工程设计审核及验收、气象资料服务与气象咨询、人工影响天气等工作。年内，在区委区政府和市局的领导及帮助下，全局围绕区委区政府和市气象局下达的各项任务指标，进行认真研究、分析、落实。开展利用气象监测网系统建立自动站工作，近年来先后建立16个自动站，其中：9个六要素自动站、4个二要素温度雨量自动站、2个七要素自动站、1个四要素自动监测站，增加了监测网覆盖面。

年内，完成了区内重大活动的气象服务保障工作；精神文明创建、党风廉政建设、气象服务、基础业务建设、政府信息公开和全程办事代理等各项工作协调发展，保持了首都花园式单位、首都文明单位标兵称号，完成了全年各项任务指标。

单位名称： 北京市门头沟区气象局
地　　址： 北京市门头沟区体北路11号
电　　话： 69804766
邮　　编： 102308

（付磊 石炳茹）

【市局领导慰问及工作检查】 1月6日，北京市气象带领相关处室领导到门头沟区气象局，对全局职工、斋堂气象站、离退休老干部进行慰问，并送去慰问品。6月27日，市气象局纪检组长，人事处处长，在区气象局领导的陪同下到离休干部老党员家里，进行了“七一”前的慰问，并带去了组织上增发的生活补贴和慰问品。

（付磊 石炳茹）

【节前安全大检查】 1月28日，由办公室、人影办工作人员组成安全检查小组，由分管局长带队对局属的出租房屋，要害部位，人影基地进行安全检查，对存在的问题及时进行了处理，特别强调要加强节日值班及节日内保安全，提高安全防范意识。检查小组还了解了斋堂站及3个人影基地的节日值班情况。

（付磊　石炳茹）

【召开职工大会】　2月1日，召开了职工大会。会上，局长点评了全局职工一年的工作情况，并对节日期间提出安全要求。

（付磊　石炳茹）

【召开东西部工作交流会】　3月22日，召开东西部交流工作会，欢迎宁夏自治区吴忠市气象局到门头沟局交流工作，会上介绍了吴忠市气象局人员的基本情况，并提出希望。同时门头沟局人员抵达宁夏自治区吴忠市气象局，进行一年的工作交流。

（付磊　石炳茹）

【开展世界气象日宣传活动】　3月23日，世界气象日又称国际气象日。区气象局在新桥大街进行世界气象日宣传活动。副局长带领职工们在宣传现场，向社会公众发放气象报、气象知识等宣传材料，工作人员对现场群众提出的相关问题进行了解答。此次活动宣挂展板10块、10米长宣传条幅条1条，向群众发放气象报200余份，气象知识等宣传材料5000余份。（付磊　石炳茹）

【培训情况】　4月9日，区气象局特聘请延庆人影办的两位老师到门头沟东山、斋堂基地对人影工作人员进行培训。局长到基地察看了培训情况，并对培训工作进行了安排，责成专人负责，以保障收到良好的学习效果，达到作业人员全部合格上岗。

（付磊　石炳茹）

【为火灾现场提供气象服务】　5月2日，区九龙山林场燃起山火，区领导韩子荣、北京气象局副局长及区气象局领导和工作人员第一时间到达现场，气象服务人员为火灾现场提供气象服务。

（付磊　石炳茹）

【召开汛期工作动员会】　5月18日，召开了全局职工汛期工作动员大会，会上局长根据国家局和市气象局汛期工作会的精神和要求进一步强调了全局职工要严格遵守上下班作息时间、行政值班必须按时到岗，为保障做好年内的汛期气象服务工作，要求每位职工要提高防汛抗旱意识，保持头脑清醒，各科室要明确任务，互相沟通、加强协调，重视安全生产，做好各项汛前准备工作，确保汛期工作的顺利进行。

（付磊　石炳茹）

【市局领导汛前检查】　5月20日，市局局长带领相关处室的领导们到区气象局进行汛前检查工作。分别检查了斋堂气象站、斋堂人影基地，提出了改进意见。随后领导们在门头沟气象局召开了汛期检查工作会议，会上区气象局局长从各项基本业务以及自查情况、汛期行政和业务值班安排、总体业务服务运行情况、预报服务、灾情上报、目标责任制考核的分解落实情况、如何做好汛期服务等方面进行了汇报。市局局长对门头沟区气象局局的汛前准备工作给予肯定，并指出一定要做好气象服务工作，保证安全工作，提高自身的业务能力，确保汛期气象服务工作顺利完成。

（付磊　石炳茹）

【召开人影工作现场会】　6月14日，市局领导及各人影区县主管局长、人影负责人、网络中心及市人影办人员，到区气象局召开人影工作现场会，会上各区县主管局长汇报了各区人影工作情况，并对工作中的问题和各自的经验进行了交流学习。市局领导指出：各区县要完善人影指挥系统，优化站点培训，建设科学实验基地，提高作业效果。随后，市局领导以及各区县领导又到东山人影基地，对人影基地进行了参观，各位领导对基地的环境、建设表示了赞赏与肯定。

（付磊　石炳茹）

【召开保护气象探测环境协调会】　6月28日，组织召开了关于永定镇地区拆迁安置房建设影响气象探测环境的会议，市局业务处、法规处领导和区规划分局领导参加了会议，会上，向规划分局同志宣传了气象法、保护气象探测环境等法律法规的重要性，并说明了此情况的紧急程度，希望区规划分局尽快帮助协调解决此事，保障气象探测环境不受影响。区规划分局表示将尽快向领导汇报，以解决保护气象探测环境、迁址等问题。

（付磊　石炳茹）

【气象服务保障工作】　9月10日至11日，昊华能源杯第二届国际北京山地徒步大会、9月16日，北京市第七届农民运动会开幕式、10月6日至7日首届环北京职业公路自行车赛第二和第三赛段在门头沟区举行。门头沟区气象局在现场开展三项赛事的全程气象保障服务，并获得了门头沟区政府和组委会的肯定，在10月21日召开的门头沟区三项赛事总结表彰大会上，区气象局被评为三项赛事“最佳保障单位”称号。

（付磊 石炳茹）

【区考评小组检查工作】 10月11日，区文明示范单位考评小组一行5人到门头沟区气象局检查工作，考评小组对区气象局过去几年一直保持先进单位的称号给予了表扬，并提出希望。局长围绕精神文明建设工作介绍了单位内的各项工作情况。同时检查小组对局内的相关档案、规章制度、会议记录以及单位内的整体环境进行了检查。

（付磊 石炳茹）

【参观保密宣传教育展览】 11月16日，区气象局一行人到市局活动中心参观“中国气象局保密宣传教育巡回展”。

（付磊 石炳茹）

【宣传活动】 12月2日，在新桥大街举办法制宣传活动。副局长带领干部职工在现场进行宣传，对过往行人进行气象法、防雷减灾等方面知识的宣传和讲解。此次活动宣传展板10块、10米长宣传条幅1条，发气象知识宣传材料1000余份。

（付磊 石炳茹）

【利用移动农网提供气象服务】 年内，利用移动农网向区委、区政府及防汛指挥部成员、森林防火指挥部成员等139个用户发布短期天气预报信息和灾害性天气预警信息4.4万条，所发送的气象服务信息遍布全区9个镇，177个自然村。

（付磊 石炳茹）

【避雷检测工作】 年内，开展了对矿山炸药仓库、油库、液化气站、学校防雷安全设施专项检测和检查。共检测单位约235个，检测建（构）筑物1850个，发出整改意见书8份。

（付磊 石炳茹）

【基础业务建设工作】 年内，完成了斋堂九龙头基地、军庄镇东山基地、雁翅镇房良基地3个人工影响天气基地的后续工作，作业人员全部持证上岗，各项规章制度上墙。在区域内增加的土壤水分观测站、天气现象观测站并从一月一日开始对比观测。

（付磊 石炳茹）

【年度气候评价】 年内，全区平均气温为12.4℃，比历年平均值（12.1℃）偏高。年极端最高气温为35.1℃，出现在6月21日，年极端最低气温为－15.1℃，出现在1月16日，年内度降水总量为581.2毫米，比常年降水量（601.4毫米）偏少，降水主要集中在6、7、8月，7月降水最多，为257.8毫米。年内度一日最大降水量为104.7毫米，出现在6月23日。降水主要集中在汛期，1月和3月未出现降水天气。全年出现4次大风天气现象。6月23日至24日出现暴雨天气，总降水量131.5毫米，对交通造成长时间堵塞，部分地区出现冰雹现象对果林造成经济损失。2010年10月25日至2011年2月9日持续108天无降水。年内气温接近多年平均值，全年平均气温与常年相比除1、2、9、12月偏低，1月平均气温比历年偏低1.7℃，除此之外其余各月的平均气温较常年都有不同程度的偏高，其中6月份的平均气温高于常年值1.7℃。年降水总量比常年601.4毫米偏少。主汛期（6月至8月）的降水量为487.6毫米，比历年450.6毫米偏多约8.2%；年内日照总量为2331.3小时较常年2346.1小时偏少约0.6%。

（庞艳梅）

教 育

【概况】 年内，全区教育工作认真贯彻党的十七届五中和六中全会、胡锦涛总书记“七一”讲话、全国及北京市教育工作会议精神，坚持以科学发展观为指导，结合全区经济社会跨越式发展实际，着力解决教育难点、热点问题，取得很大成绩。

加快推进教育重点工程建设，学校办学条件不断改善。继续实施中小学校舍安全工程。完成14所学校44348平方米的整体加固任务，启动16所学校6697平方米翻建工程及2010年雁翅基地、坡头小学1.456万平方米的重建工程。推进棚改配套学校等重点工程建设。石门营第一幼儿园和龙泉第一、第二幼儿园完成主体结构封顶；石门营第二幼儿园完成所有前期工作；对石门营小学和龙泉小学进行了基础结构施工；石门营中学完成结构验收。三家店铁路中学、军庄小学、大峪中学新疆班进行征地和前期工作；少年宫和电大建设项目开槽；斋堂幼儿园完成主体工程。继续落实北京市新颁办学条件标准。投入578万元推进小学规范化建设工程；投入4991万元为8所棚改配套学校购置设备；投入1853万元推进学校信息化建设。教育经费投入连续25年实现“三个增长”。

加强干部教师队伍建设，干部管理水平教师教学水平不断提高。开办幼儿园园长任职资格班，为学前教育普及做好干部储备；办好“学校发展策略研修班”，打造优秀校长队伍；完成对143名校级干部的考察、考核工作，为干部调整提供可靠依据。以高效课堂建设为抓手，开展多层次、多形式的教师培训；开展青年教师“一三五”工程，促进教师专业化水平提高。坚持“凡进必考”制度引进优秀师资，共补充新教师71人，其中博士1人、硕士18人；引进外地优秀人才7人；做好15名优秀支教大学生调入工作；为295人发放了教师资格证书。

强化德育管理，提高德育工作实效性。加强班主任为重点的德育队伍建设，提高德育工作水平；加强学生管理制度建设，实现对学生管理无缝隙、不间断的管理机制；加强多种形式学生社团组织建设，促进学生自我管理；举办各种德育活动，强化爱国、爱家乡教育；开展庆祝建党90周年、文明礼仪等专题活动，丰富德育工作内涵。制定《门头沟区深入推进可持续发展教育实施方案》，将可持续发展理念与教师专业发展、学生健康成长有效对接，推动学校可持续发展；加强学生法制教育，培养学生法制观念；出台《门头沟区中学关于加强不良行为学生教育管理的工作意见》，加强不良行为学生帮扶、转化工作。发挥家长教师协会作用，促进“三结合”教育的实施；开展综合素质评价、社会大课堂、地方和校本课程开发、教育基地建设等工作，强化学生素质教育。

实施高效课堂建设，促进教学质量提高。引导高效课堂从个别学科向全学科推进，从引领课示范课向常态课推进，从课堂外围向课堂核心推进，从关注教学局部环节向整体过程优化推进，从课堂教学到学校教学管理的推进，促进高效课堂实现真正高效。通过组织校长论坛、专家讲座、观摩听课、论文评选等方式，推进高效课堂建设。依托永定河文化，开展地方课程体系建设，推动校本课程开发工作取得明显实效。加强教学质量监控，重点强化初高中毕业班教学过程监控，有针对性地开展学科辅导，教学成绩明显提高。组织教师基本功大赛，提高教师专业素质。开展教育科研活动，促进科研成果转化，提高教育质量，效果明显。

强化体育锻炼，提升学生身体素质。组织学生参加各类体育比赛活动，促使学生养成终身体育锻炼的习惯。组织健康促进校申报工作，加强传染病防控，提高了学生身体素质。参加第十四届学生艺术节和北京市第31届科技创新大赛，取得优异成绩。

灵活发展职成教育，提高服务经济社会能力。开展推荐“首都市民学习之星”、“首都市民学习品牌”项目，参加市级评选获得成功。开展“创建学习型机关”、“学习型组织”创建工作，完成各类学习型组织10%的创建任务。组织各类培训效果明显，完成农民学历教育招生167人、实用技术培训5000余人次、劳动力转移培训4494人次、农村社区教育培训4719人次、市民计算机培训1450人次、心理调试教育883人次、文明礼仪等社区教育培训3.4万人次。完成《门头沟区农民教育培训五年行动计划》、《门头沟区促进职业教育发展五年行动计划》编制工作，重新定位职业教育发展方向，开设动漫游戏专业，提高学生就业能力。

加大攻坚克难力度，解决热点难点问题。出台《门头沟区学前教育事业发展“2011年－2013年”行动计划》《关于推进城乡学校一体化进程试点工作的指导意见》。完成春秋两季和市督导组的收费检查工作，完成假发票治理及小金库检查工作，对各单位财务管理工作进行了规范，组织申报了北京市农村义务教育经费管理示范区（县）。推进政务公开、党务公开工作，进一步转变机关工作作风，取得明显实效。

加强教育管理，依法治教水平不断提高。以育园高中“三位一体的心理健康教育模式”特色项目为模板，启动了其他2所高中特色校建设工作。总结首师大附中永定分校、北京实验二小永定分校的名校办分校经验，发挥了“名校办分校”的辐射作用。完成专兼职督学续聘工作，组织开展督导队伍业务培训，提高了教育督导工作水平。完成小学规范化建设工程检查工作、语言文字应用规范化示范街乡创建工作、计算机辅助普通话水平测试机房建设工作。加强对党政领导的财务管理工作培训，使领导干部和后勤管理人员财务专业水平不断提高。加强政府采购工作各环节管理，形成项目单位、采购机构、中标供应商、财务科各负其责、互相监督机制，促进了采购工作的规范化。

加强教育系统党的领导，指引全区教育科学发展。围绕建党90周年庆祝活动，开展清明红色诗会、绿色出行等主题教育实践活动，提高了党员的宗旨意识；组建优秀教师报告团，结合高效课堂实践开展辅导宣讲，弘扬了时代精神；加大宣传力度，拓宽宣传途径，在《北京日报》《京西时报》《现代教育报》等媒体连续报道区内教育成绩，产生良好的反响；通过“七一”表彰、开展主题党日、丰富党建文化、党员教育培训等系列活动，推进和完善党的自身建设；通过与基层签订目标责任书，组织参观工程建设领域腐败案件展览，强化了领导干部廉洁自律意识；通过开展经济责任、财务收支等重点环节的审计工作，督促领导干部廉洁自律。通过实施“六五”法制宣传教育，开展文明交通、防震减灾、法治开放日活动，开展对保卫干部、技防人员进行培训，维护了教育系统的稳定。

年内，门头沟区有普通中学17所，（其中，完全中学2所、高级中学2所、初级中学13所，<含体育运动学校>）；开设教学班236个（其中，初中班146个、高中班54个、完全中学36个）。教职工1351人，其中专任教师数939人（其中，初中582人，高中班219人、完全中学138人）。专任教师中，中学高级198人、中级职务416人。市级学科带头人2名，市级骨干教师26人，北京市特级教师2人。专任教师中研究生98人；本科1134人；专科135人；有毕业生数2509人，（其中，初中1907人、高中602人）；招生2398人，（其中，初中1543名、高中855人）；在校生7597人，（其中，初中4992人、高中2605人）；毕业班学生2662人，（其中，初中1825人，高中837人）；寄宿生2060人，（其中，高中1409人，初中651人）。2011年门头沟区高考录取分数线：文科三本443分，理科三本396分，文科专150分，理科专150分。区内高考录取率91.25%以上。初中入学率100%，巩固率98.3%，毕业及格率100%；升学率98%。全区普通中学占地面积为374740平方米、建筑面积172981.78平方米。体育馆面积2096平方米，体育场面积119310平方米。有普通教室373个、专用教室186个、实验室185个。图书馆（室）藏书总数42.30万册，电子图书431册。固定资产总值29958.74万元，（其中、仪器设备总值6303.15万元）。全年教育经费投入19591.96万元，均为国家拨款。

年内，全区现有小学34所（其中、城镇小学15所、农村中心小学9所、农村完全小学9所、农村初级小学1所）。开设教学班409个，（其中：一年级66个，二年级66个，三年级64个，四年级70个，五年级70个，六年级73个）。教职工1555人。专任教师数1222人，（其中，中学高级3人，小学高级670人，小学一级451人，小学二级以下及未评聘98人）。专任教师学历情况：研究生8人、本科866人、专科288人、高中及以下60人。市级学科带头人1人、市级骨干教师15人，市特级教师1人。有毕业生1859人、招生1974人、在校生11471人，（其中，寄宿生314人）。有普通教室375个、专用教室34个。图书馆（室）藏书总数54.80（万册），电子图书450册。全区小学占地面积224309平方米，建筑面积82461.48平方米。体育馆面积1100平方米，体育场面积72902平方米。固定资产总值1.35亿元，仪器设备总值4959.53万元。全年教育经费投入19809.9万元，均为国家拨款。小学入学率100%，巩固率99%，毕业合格率98%。

年内，门头沟区开设学前班62个，有托幼园所16所，（其中，教育部门办园8所，其他部门4所，民办4所）。入园班数112个，其中（教育部办园49个，其他部门办园27个，民办36个）。入园1293人（教育部办园750人，其他部门办园299人，民办244人）。在园3285人，其中（教育部办园1544人，其他部门办园907人，民办834人）。离园1192人，其中（教育部办园606人，其他部门办园331人，民办255人）。教职工数477人，（其中，教育系统209人，其他部门办园131人，民办园137人）。其中，专任教师268人，（其中，教育系统140人<含市级学科带头人1名>，其他部门办园63人，民办园65人）。学前三年教育普及率85%。门头沟区幼儿园占地面积64897平方米，其中（教育部办园22582平方米，其他部门办园16207平方米，民办26108平方米）。校舍面积30249平方米，其中（教育部办园13662平方米，其他部门办园6672平方米，民办9915平方米）。教学及辅助用房20299平方米，行政用房2296平方米。图书室藏书40883册，其中（教育部办园25403册，其他部门办园1.12万册，民办4280册）。全年教育经费投入1293.02万元，均为国家拨款。

年内，有工读学校1所。有中等职业教育学校数1所。教师进修学校1所。教师进修学校占地面积7666平方米、建筑面积5412.9平方米，体育用地600平方米。图书室藏书2.5599万册，电子图书1.5万册，订阅报刊、杂志121种。固定资产总值2128.30万元。全年教育经费投入1899.78万元。其中，国家拨款1899.79万元。拥有计算机330台，多媒体教室座位160个，校园网出口总带宽2Mbps。普通教室16个、专用教室6个。教职工125人，其中、高级职称57人、中级职称36人。专任教师108人中，包括特级教师1人、北京市骨干教师12人、市级学科教学带头人7人。本科以上学历103人。有特殊教育学校1所（特教中心）。区特教中心搬迁至区中等职业学校院内。该中心设有计算机房1个，普通教室6个，专用教室2个。学校信息化经费投入5.4万，计算机15台，多媒体教室座位15个，校园网出口总带宽100XMbps，“信息技术”课程5课时/周。中心现开设教学班4个，全年教育经费投入15.75万元，均为国家拨款。开设班数4个。在校生35人；随班就读30人（弱智生）。特教中心有教职工数13人，其中，专任教师数12人（中级职称10人，初级职称2人）；残疾儿童入学率95%，巩固率90%，结业率80%。

全区有校外教育单位5个，有教职工125人，其中，专任教师数96人。（其中，中学高级31人，中学一级30人，中学二级及以下35人）。全年教育经费投入1334.63万元。

在成人教育方面，有社区教育中心1所，现有教职工35人，其中、职员2人，干部5人，工人4人，专任教师24人。有普通教室5个、专用教室6个。图书馆室藏书1万册。学校占地面积11225.23平方米、建筑面积3399.28平方米。体育场馆面积4500平方米。固定资产总值261万元。全年教育经费投入410.28万元。有北京广播电视大学门头沟分校1所。年内各类学历教育在校生2007人，其中，电大开放教育1555人（51个教学班），奥鹏学历教育389人，电中63人。学院藏书4022册，固定资产总值848.59万元。其中，教学、科研仪器设备总值345.66万元。全年教育经费投入589万元，其中，国家拨款233万元、自筹经费356万元。学校信息化经费投入3.6万元，拥有计算机200台，多媒体教室座位300个，网络信息点数44个，校园网出口总带宽50Mbps，电子邮件系统用户数31个，上网课程数200余门，数字资源量40GB，管理系统数据总量15GB。开设11个专业，有教职工31人，其中，专任教师11人，副教授2人；兼职教师80余人，其中，拥有中高级职称34人。

全区共有中小学借读生4958人。其中：小学借读3981人，初中借读977人。全区教育经费总投入70143.7万元，总支出59703.3万元。

单位名称： 北京市门头沟区教育委员会
地　　址： 北京市门头沟区新桥大街67号
电　　话： 69842564
邮　　编： 102300

（石明廷）

【培训工作】 1月5日，区教工委举办党风廉政建设报告会暨教育系统总务主任培训班，各基层单位党政一把手和56名总务主任参加。17日，区教育系统“十一五”团队干部培训班结业仪式在丰台南宫举行。教工委、教育团委负责人，教育党校干训部领导及全体参训学员50余人参加活动。此次培训的主要内容有：共青团章程解读、团队工作评价等。在结业式上，学员们将培训的收获分别以歌曲、演讲、小品、小组汇报的形式进行了展示。2月12日至16日，举办中学英语骨干研修班第二阶段培训。此次培训由英国大使馆文化教育处与区内教师进修学校联合举办，由英国教育专家授课，授课内容为英语课堂教学用语。区教委、进校领导及各校部分初中英语教师参加培训。培训结束后，共有36名初中英语教师获得结业证书。3月11日，北京实验二小永定分校召开了以“运用分层理念构建高效课堂”为主题的小学数学分层测试卡应用研究培训活动。区教师进修学校小学教研室的数学教研员和全区参加分层测试卡应用研究的14所课题实验校的四、五、六年级的数学教师及全区非课题实验校的高年级数学教师参加活动。请密云县小学数学教研员、北师大小学数学能力提升项目指导组专家成员做了主题为《有效运用分层理念指导教学设计和练习设计》的讲座。13日，小教研组织教材培训工作。培训时间为3天，培训内容为各学科课标、如何针对课标进行备课、如何制定教学计划等。共培训1227人次。17日，教科所组织随班就读课题组成员进行随班就读课题专题培训活动。请北京市盲人学校视障教育指导处领导做了题为“视力残疾儿童的随班就读”专题讲座。区教委有关业务科室、进修学校及15所实验学校领导及教师40余人参加了此次培训。4月8日，职成教研室组织职成教师培训，区中职、社区教育中心教师113人参加培训，讲座的题目是“确保教学效果的教师因素分析”。28日，联合市科促会，为中小学生举办“聆听科学，争当世界城市小主人”科学培训，来自北京老科学技术工作者总会科普讲师团的科技专家，分别到区内10所中小学进行航天、地质、生物、地震等方面的专题讲座，推动中小学生科学知识普及工作。4月下旬，区教委结合实际情况，与区消防、公安、交管等专业部门联合对教育系统保卫干部进行培训。培训内容为校园安全所涉及的重点工作。培训期间，还就法制教育等工作提出了具体明确的要求，并对下一步联合检查进行了具体布置。50余人参加并通过测试、考试。6月10日至13日，举办市民计算机纵横汉字输入法骨干培训，有180名骨干接受培训。培训后，在全区市民学习分校担任教师，对全区市民进行培训。此次共培训3120人次。在对全区市民进行培训的基础上，10月8日由区教委职成科主办，社区教育中心承办了市民计算机纵横汉字输入法比赛。全区大峪、城子、东辛房、大台4个街道及龙泉、永定、妙峰山等8个镇的47名选手参加比赛。在此次比赛基础上，选拔出34名选手参加北京市纵横汉字输入法大赛。在11月25日举行的的北京市纵横码决赛中，5名选手获得一等奖。6月，职成教研室到社区开展市民心理健康调适工作，共组织市民心理健康调适20余次，1000余人次。利用优势资源开展农民培训，全年完成农民学历教育招生167人；开展果树管理、食用菌栽培等农村实用技术培训，累计5000余人次；开展中餐烹饪师等农村富余劳动力转移培训，共计4494人次；开展健身操、美容服饰、摄影技术、家庭和谐等农村社区教育培训4719人。7月2日，对各中小学校、幼儿园、灵溪和雁翅以及斋堂基地共计218名教职工，245名初中学生进行了红十字初级急救员培训，全部取得了“初级急救员证书”。中职308名学生取得单科“初级急救员证书”。7月25日至8月25日，在中等职业学校举办首批保安员培训。由中等职业学校与区公安局分局内保处联合举办。经考试和考核后，1000余名保安员全部考取国家保安员资格证书。7月至8月，区教委人事科、教师进修学校对2011新教师进行了岗前培训。培训内容为教材教法、班主任工作入门、各学科课程标准等。8月24日至26日，区教研室对全区小学1135名任课教师进行教材培训。培训的内容有：教材编写意图和整体思路、怎样分析处理教材、针对教材应采取的教学方法等。29日，北京教科院基教研中心主任为全区中小学教师和教研员进行“大规模教育考试命题技术及总复习教学策略”培训。区教委、教师进修学校领导，全体教研员、基层学校主管教学领导40余人参加培训。主要讲解了大规模考试命题的基本原则、程序等，并列举数学、历史、语文等学科的中高考实例进行了说明。在“总复习教学策略”培训中，主要培训了“课程改革下的考试评价”和“总复习课教学策略的原则”两方面内容。9月12日，区教科所组织了教育科研负责人系列培训。培训内容有：科研室建设标准解读、如何选则科研课题等。15日，区教工委组织部和教育党校培训了兼职组织员。教工委组织部和教育党校相关领导、教育系统16名党支部书记参加培训。培训内容有：兼职组织员谈话的三个问题，即——为什么谈、谈什么、怎么谈。22日，举办金鹏科技培训活动。全区43所中小学的60余名科技教师参加。活动中，金鹏专家组专家举办了金鹏科技活动的讲座，讲座列举实例，对科技教育工作的目的、选题、方法等方面进行讲解与指导。9月20日，在区教师进修学校举行北京市教育科学“十一五”规划重点课题“在融合教育思想引领下的义务教育阶段普通中小学随班就读教师专业成长研究”专题培训。请市特殊教育中心随班就读巡回指导专家就“如何撰写特殊教育论文”进行讲解。课题后期结题工作进行了指导。区教委小幼科、中教科、教师进修学校等有关领导参加活动，并为2011年随班就读征文及评优课获奖教师颁发证书。21日，区教委研究开展失地农民教育培训工作。决定：通过对拆迁居民开展公共礼仪、文明知识等培训。通过开展餐厅服务、客房服务、烹饪、保安等培训，使失地农民掌握一门职业技能。年内开展公共礼仪、文明知识等培训1128人次；开展餐厅服务、客房服务、烹饪、保安等培训983人次；开设物业管理任职资格培训班，共招收275人，已有125人取得物业管理师资格证书。10月14日，职成教研室举办“‘十二五’继教职成教教师课件素材”培训班。参加培训学员为中职、社区教育中心、电大的骨干教师和教研组长。培训的主要内容是讲解文本中需要注意的问题。10月21日至11月30日，区内低段语文、数学教研员对工作三年以内教师开展培训工作。10月26日，区内选派了初、高中各1名信息技术教师参加北京市教育学会计算机教学研究会与首师大信息工程学院联合举办的电脑美术系列培训。主要内容是专业摄影与PhotoShop高级应用，与教师平时教学、生活联系。任课教师都是清华大学美术学院的专业教师。27日，北京教育学院副院长、《北京教育丛书》编委会主任带领全体编委，到区进修学校参加区内举办的编写《北京教育丛书》“读、学、用、写”培训会，指导骨干教师、学科带头人进行教育丛书的编写工作。培训会上，编委们听取了区骨干教师的教育、教学经验总结，对他们编写的文稿给予了肯定，并就“丛书”的推广普及工作进行了指导。28日，区教委人事科组织区骨干教师参加了全国中小学教师继续教育远程培训。此次培训采取网上网下相结合，课堂内外相结合，集中分散相结合的方式进行，并结合高效课堂的研究与实施，促进一线骨干教师教育教学水平的提高。全区共得到400个市区骨干教师培训学习注册码，有357报名参加学习培训，完成研修日志233篇，教学反思48篇，发贴137篇。

（石明廷）

【汇报援疆工作】 1月10日，进修学校举办第三次论坛，分别由幼教研的两位老师汇报了援疆工作。汇报内容有，援疆项目简介、援疆工作项目等4个方面，介绍了到新疆听课、辅导、授课等情况，以及在支教过程中发生的感人故事。

（韩　英）

【召开教研工作会】 1月11日，教师进修学校召开教研工作会。中学教研室领导从加强常规管理、提升服务水平，加大专业培训等进行示范授课，开展教学科研、解决实际问题，改革教学方式等10个方面进行总结。初中物理教研员从如何推进高效课堂，如何转变观念等方面做了工作汇报。高中政治教研员结合2010年高中政治教学工作，汇报了自己坚持创新教研方式、打造优质团队等方面的做法。

（王志刚）

【举行春季高中毕业会考】 1月11日至13日，举办2011年春季高中毕业会考在大峪中学举行，此次共开考科次为6586科次，总考场为224场，有1830名考生参加考试。

（石明廷）

【召开班主任研究会年会】 1月14日，区教委召开班主任研究会年会。全区97名年度优秀班主任，44名班主任基本功展示获奖选手及中小职学校德育干部参加会议。教委主任、教委中小职科、进修学校和教科所领导出席了年会。参会人员首先听取了教委领导关于区德育工作报告，表彰了2010年优秀班主任、第二届班主任基本功展示活动获奖教师、“我的教育故事”优秀撰写教师、特级紫禁杯班主任，获奖人员介绍了自己的育人经验。

（贺兆梅）

【召开体卫工作会】 1月14日，教委召开体卫工作会。会上总结了2010年门头沟区中小学体卫艺工作，部署了2011年体育、卫生、艺术、科技、校外教育及国防教育工作。会上表彰了第五届体育节获奖学校、眼保健操先进单位、优秀体育卫生论文获奖者，同时下发了体美科2011年工作计划和月工作重点安排。体美科全体人员以及各中小学校主管主任、体育组长、卫生老师和相关直属单位领导参加会议。3月7日，教委召开学校卫生工作会暨校医培训会。体美科和中小学保健所相关领导、各学校（含幼儿园）校医和卫生老师以及食品卫生主管主任参加会议。会上，区牙防所主任布置并培训了小学生窝沟封闭工作；区卫生监督所就食品卫生安全管理开展相关培训；体美科和保健所布置了2011年学校卫生工作，并下发了《学校传染病防控和食品卫生与饮用水安全工作指导手册》。

（侯凤兰）

【召开研讨会】 1月14日，小教研召开品德与生活与社会期末研讨会。参加研讨会的教师对品德与生活、品德与社会课程的理解和在教学实践中遇到的困惑，进行了反思与交流。结合期末试卷，教师就考试的题型、要求、内容等方面也进行了研讨。18日，门头沟教育宣传中心召开宣传工作培训研讨会。全区教育系统各单位负责宣传的主管领导以及教师参加研讨会。会上，对全区教育系统一年来的宣传工作进行了总结，对未来一年的宣传工作进行了展望。对在“中小学教师视频摄制技术评比”活动中获奖的教师和单位进行了表彰，请中国传媒大学教授参赛作品进行了点评。27日、28日，教工委组织部和教育党校干训部组织教育系统31专职党支部书记，分别就“中小学党支部书记专业化发展”课题进行了研究。区教工委、教育党校、市党建研究专家参加研讨会。3月25日，组织初中语文部分教师到延庆四中参加全国中语会举办的“语文教育资源的开发和运用”课题研讨活动。会上，延庆四中老师做了《变色龙》、“初中议论文写作”讲座，北京基教研中心中语室语文教研员做了

"中考改革及其对教学的影响"专题讲座。30日，召开学校发展策略研究研讨会，会议围绕大峪二小校长"以人为本，全面可持续发展——学校管理的实践与思考"文稿进行讨论。与会人员在听取校长对文稿写作意图、内容结构、感悟和收获的解读之后，对文稿的修改提出了建设性意见。教工委、教育党校等部门领导参加研讨会。4月9日，召开初三中考复习与策略指导研讨会。研讨的学科包含了中考语文、数学、英语、物理、化学5大学科。区内初三任课教师、各学校的教学主任及部分校长近330人参加了此次活动。5月10日，市智障随班就读教研组走进大峪二小，开展智障学生随班就读研讨活动。来自全市各区县负责随班就读工作的教研员、区内参与随班就读课题研究的部分学校干部教师代表、区教委、进修学校领导等60余人参加活动。首先由大峪二小教师做了题《我看见了大海》研究课，并进行了说课；副校长代表学校做了题为《采取有效措施推进随班就读工作》的报告；教科所有关人员做了主题为《如何在课堂教学中为随班就读学生提供资源支持》的讲座；市教研员进行了点评；市智障随班就读教研组组长做了总结性发言。27日，清水中学举办"清青论坛——我的预习"研讨活动。在活动中，教师代表分别结合自己的工作谈了自己对构建高效课堂的认识和自己在工作中取得的经验，对上学期教学工作中取得成绩教师进行了表彰。6月20日，西辛房小学邀请教委副主任做"构建高效课堂"专题讲座。学校围绕讲座，结合学校"小学生学习主体性发挥的研究"课题，开展了讨论。8月6日至10日，北京市召开高中新课程人教数学B版教材第六次试验工作研讨会，区高中数学教研员参加会议。会上，首都师范大学做了《怎样从细节入手提高教学效率》的报告，来自全国其他地区的3位教师分别做了现场研究课，17位教师进行了说课展示。会上还进行了教学论文评比。区内多位教师向会议递交了论文，并获得一等奖3篇。9月6日，市学习科学学会召开"友善用脑"课题新学期研讨会，区教委、进校师训部、大峪中学等单位领导参加了研讨会。22日，北京教育考试院高考试题评价专家组成员到区做了题为"对2011年高考文综地理学科相关数据的分析与思考"专题讲座。专家组首先对2011年北京卷高考文综地理试题特点进行了概括，对典型试题作了重点分析；然后针对门头沟区考生地理测试相关数据进行了具体的分析。最后从高考数据反应出的问题对区内2012年文综地理复习提出了建议。23日，中教研组织"如何通过初中历史教学渗透对学生民族忧患意识教育"课题研讨活动。研讨内容主要有：如何向学生渗透"忧患意识"，如何以此思想为人类与社会的发展敲警钟等。11月4日，区教委召开深化教学方式改革，构建高效课堂总结研讨会。8日，区内全体数学教师参加了北京市中学数学社会大课堂研讨活动。活动中，北京四中老师作了《从天坛的建筑设计谈轴对称》为课题的研究课，课后研究员、教研员、参与观看网络直播的教师进行了专业交流，中科院数学与系统科学研究院院士做了佩尔方程与群牛问题的专题报告。22日，教师进修学校召开以"打造优秀团队，践行核心价值观"为主题的学校团队建设研讨会。参会人员在分析部门现状的基础上，提出了团队管理的思路与对策。25日，区中教研举办初中语文学科构建"高效课堂"教学研讨活动。活动中，西辛房中学和军庄中学2位教师在解读文本的基础上，进行了授课。课后，参会教师围绕授课内容、教学技巧、学生表现等方面进行了研讨与交流。全区69名语文教师参加了研讨。12月1日，区教委举办运用互动技术与高效课堂整合研讨活动。区教委、教师进修学校相关科室领导和全区中小学的校长、主任、骨干教师近200余人参加了此次研讨活动。活动中，工人子弟小学校长汇报了学校运用互动技术与课堂教学进行整合所取得的成果和存在的问题，工人子弟小学教师执教了单元检测课《三角形的特征与面积》和单元复习课《说明方法》。首都师范大学教授运用统计数据原理对两节课进行了定量和定性评价，从数据统计上清晰地体现出了两节课的亮点和需要改进的地方。区教委领导对两节研究课体现出的以学生为本和教学的高效性给予了评价，对以后全区各学校如何构建高效课堂提出了建设性意见。2日，门头沟区"深化教学方式改革，构建和谐高效课堂"研讨会暨教学干部评课活动在王平中学举行。区教委和教师进修学校领导以及高中、初中校校长、教学主任等80人参加活动。活动中，各中学教学干部以王平中学提供的四节课为依托，开展了评课活动。教委领导进行点评。16日，由北京教科院课程中心主办，进修学校和育园小学承办的北京市中小学地方教材《环境与可持续发展专题教育》现场会在育园小学召开。市教科院、区教师进修学校、育园小学等单位领导和各区县的教研员、教师参加了此次活动。活动中，育园小学教师做了《我身边的资源》环境专题教育课；大峪二小教师展示了《节约用水》品德与生活学科渗透课；工人子弟小学、实验二小永定分校教师，分别以《研究有效整合提高教学实效》、《开放式的教学环境生活化的教学内容》进行了专题发言；育园小学领导以“依托课程，整合资源，促进师生可持续发展”为题，介绍了学校环境与可持续发展专题教育的课程建设情况；区教师进修学校教研员对全区环境与可持续发展教育情况进行了总结；与会专家进行了点评。现场会后，组织参会人员参观了门头沟区灵溪教育基地，体验了区内环境与生态教育。

（石明廷）

【研讨专家名校长办学】 1月17日，北京市著名党建、干训研究专家等到区开展“教育家办学”调研。区教工委、教育党校及“门头沟区学校发展策略研究班”的9位学员参加。会上专家们围绕温家宝总理提出的“教育家办学”的问题展开了研讨。

（石明廷）

【召开干部导师团工作总结会】 1月18日，教工委召开第四批干部导师团工作总结会。教工委、教委领导和参加培训青年干部20余人参加总结会。会上，总结了导师在指导徒弟从事学校管理工作等方面采取的措施及取得的成效。

（田俊晓）

【获奖情况】 1月18日，在北京教育学院报告厅举行的京版小学《科学》教材教学设计表彰大会上。区潭柘寺中心小学、斋堂中心小学教师获得一等奖。2月，市教育科学研究院基础教育教学研究中心举办2010年北京市中学物理实验创新比赛颁奖表彰活动，区育园中学物理教师获高中组一等奖；坡头中学教师获初中组一等奖；大峪中学教师获高中组二等奖。3月5日，新桥路中学教师裴艳萍被全国总工会评为：“全国五一巾帼标兵”。31日，首批“北京市中小学节约型示范学校”评选表彰大会在市教委举行。大峪第二小学荣获“北京市中小学节约型示范学校”荣誉称号。5月23日，召开北京市教育学会普教系统党建研究会年。会上，区教育系统党建研究会获2010年度党建研究先进单位。9月6日，北京市教育工会开展教育先锋评选活动。大峪中学高一年级组被评为教育先锋号；大峪一小的老师被评为教育先锋“三育人”标兵。10月24日，育新学校召开“国家级楹联教育基地”授牌命名大会。学校先后被授予“北京楹联教育基地”和“中国楹联教育基地”。11月4日，北京市“十一五”中小学干部培训工作总结表彰暨“十二五”培训工作启动会在教育学院召开，门头沟区荣获北京市“十一五”时期普职成教育干部培训工作先进集体称号。

（石明廷）

【开展节日送温暖活动】 1月18日至22日，教育工会组织教育系统各单位开展以“心系职工情、温暖送万家、互助促和谐、欢乐过佳节”为主题的送温暖慰问活动。此次共对32名市级劳动模范和9名困难临时工进行了走访慰问。

（史孟柱）

【青少年校外教育工作】 1月21日，区关工委召开会议，研究校外教育工作。要求发挥青少年校外教育工作联席作用，形成齐抓共管的校外教育工作机制，推动青少年校外教育工作持续健康发展。完善“一个中心四基地”的校外教育工作体系，挖掘地方人文资源，构建服务学生全面发展的大教育环境。依托北京门头沟中小学社会大课堂网站等载体，打造信息化校外教育工作平台，实现资源和成果的共享，全方位展示校外教育工作成果。

（石明廷）

【参加技术学科冬令营活动】 1月21日至24日，区内学生在大峪中学参加了北京市教育科学研究院基础教育教学研究中心举办的主题为“体验操作过程探讨设计方法”的冬令营。峪中、育园与永定分校的30名学生参加。活动共设计制作各种作品220件，在活动后的调查问卷中，学生对此次活动内容安排满意度为100%。

（宋德武）

【校园安全工作】 1月22日至2月21日为中小学寒假时间，区教委采取措施做好寒假安全工作。开展安全检查和安全教育。加强校园安全管理。做好烟花爆竹安全管理工作。2月18日、21日正式开学，区教委召开会议研究开学后校园安全工作。3月2日，区教委召开会议决定，采取多项措施做好“两会”期间校园安全工作。4月27日，区教委研究校园安全工作。

（石明廷）

【完成福利费发放】 1月，教委投入福利费29.40万元，对教委系统困难户进行了慰问。其中春节慰问415名生活困难教职工和骨干教师，支出18.22万元；教师节慰问124名困难教师，支出6.2万。为解决部分学校教职工食堂设备、太阳能设备，山区住宿教师住宿设备，支出福利费6.2万元。为19名遗属增加遗属补助，补发3700元。补助标准由每人每月470元调至520元。6月15日，接组织部通知，离休干部多增发一个月的基本离休费、机制补贴、离休补贴，再次将19人名遗属补助标准由每人每月520元调至540元，补发1140元。1月1日起居民遗属补助由410元每月调整到480元/月，农民遗属补助由210元/月调整到300元/月。自7月1日起，居民遗属补助由480元/月调整到500元/月，农民遗属补助由300元/月调整到340元/月。为145名遗属月增资21909.8元，补发129698.8元。

（石明廷）

【完成工资调整工作】　1月，完成工教龄审批工作，3718人增加工龄、2860人增加教龄，403人增加教龄津贴，教龄津贴月增989元。为1059名非义务教育单位工作人员审批发放年终一次性绩效工资218.68万元，人均发放2065元。完成人事局布置的“其它事业单位2010年、2011年工资总额的调查”；完成人保局工资科要求的对各非义务教育单位2010年、2011年各月人数、基本工资、绩效工资、值班补助、加班费工资的调查。2011年非义务教育单位年人均工资6.34万元，年人均绩效工资4.79万元。11月，按照岗位设置文件进行岗位设置微调工作，为488人进行微调并兑现工资。人均月增70.5元，人均补发412.5元。共计补发20.13万元。12月，完成学年奖方案制定及审批工作：2010年至2011年度学年奖根据对学校的考核分等发放。一等奖9337元、二等奖8837元、三等奖7837元。学校根据对教师的考核分等发放。为2737名教职工发放学年奖2415.18万元。同月，完成非义务教育单位按月核增绩效工资工作，人均增资500元、一次性绩效工资4000元，为21个非义务学单位1036名教职工按月核增500元、一次性绩效工资4000元，共计审批845.45万元。同月，完成非义务教育单位绩效奖金4600分等发放审批工作。学校制定绩效奖金分等发放方案，经教代会通过后报人事科审批。为1098名非义务单位教职工发放2010年绩效考核奖金，全年共发放奖金475.20万元，1月每人2500元发放259.75万元，5月对2100元分等发放，共发放215.45万元。从2011年1月起，义务教育单位人均核增绩效工资834元，将834元纳入校级绩效工资。为2780名教职工补发前10个月的绩效工资2208.26万元。

（石明廷）

【基建工作】　1月，区政府召开门头沟区少年宫迁建工程奠基仪式。7月，门头沟区幼儿园对幼儿户外活动场地进行装修改造。9月9日，石门营中学教学楼、办公楼、附属楼主体结构经过五方验收，结果合格同意进行下一阶段工程。15日，石门营第一幼儿园动工。该工程占地面积8557.6平方米，建筑面积5003.55平方米。19日，坡头中学操场修复工程竣工交付使用，总面积4500平方米，投资额88.85万元。20日，龙泉小学动工。21日，龙泉第二幼儿园动工。25日，龙泉第一幼儿园动工。10月2日，石门营小学动工。11月3日，坡头小学翻建工程动工。该工程占地面积9374.67平方米，建筑面积8969.01平方米。

（赵连生）

【实施四项措施推进教育工作】

2月18日，区教委召开会议，决定采取四项措施推进2011年教育工作。一是完善规划，确定思路。二是突出重点，明确分工。三是理性思考，落实方案。

（石明廷）

【安排暑期校舍抗震加固工程】

2月22日，区教委召开会议，研究调整上半年中小学教学安排，确保暑期校舍抗震加固工程工作。决定：自开学起，全区各中小学平均每周加课一天，法定节假日照常休息，6月26日前结束学期工作。

（石明廷）

【财务审计工作】　2月24日，教委召开治理教育乱收费联席会。会议印发了《北京市门头沟区教育委员会、北京市门头沟区发展和改革委员会、北京市门头沟区财政局关于转发<北京市公办学校代收费、服务性收费管理办法>》的通知和《门头沟区公办学校代收费、服务性收费业务核算和管理操作指南》，教委审计科有关人员对两份文件的制定过程和公办学校教育收费重新定位进行了说明，与会各成员单位对两份征求意见稿进行了研讨。全区有关委办局领导参加会议。3月18日，教委召开教育收费检查工作布置会和食堂账户培训会。会议传达了市教委、市发改委、市财政局联合颁发的关于《北京市公办学校收费管理办法》的通知精神，对区内城镇地区和农村地区学校教育收费项目进行了调整，印发了区教委、发改委和财政局关于《区教委、区发改委和区财政局关于转发<北京市公办学校代收费服务性收费管理办法>的通知》和《门头沟区公办学校代收费业务核算和管理操作指南》。审计科领导就上述文件做了解读，大峪中学老师对报账员进行了食堂账户培训。教委有关领导、各校校长、总务负责人和报账员200余人参加了会议。6月15日至17日，组织19名持证审计人员参加了北京市内部审计协会组织的继续教育培训。培训内容为听取《现代企业内部审计精要》、《经济责任审计中的管理与绩效评价》的讲座。经过培训，审计人员全部取得了北京市内部审计协会颁发的培训证书。

（石明廷）

【举办视力康复讲座】 2月27日，教科所组织区内随班就读教研组部分教师及学生家长200人，听取来自美国费城盲校、费城萨路斯大学两位专家所作的“视力康复”讲座。两位专家结合最新的研究成果，介绍了视力低下的成因、低视力学生的评估标准、在日常生活和学习中如何进行科学康复等热点问题。

（魏宏亮）

【支持民办幼儿园工作】 2月，区教委制定支持民办幼儿园工作政策，按照《门头沟区鼓励和支持民办学前教育发展的实施意见(2009－2011年)》的规定，经测算2011年新星幼儿园、新世纪幼儿园、中科幼教绿岛幼儿园、智慧摇篮幼儿园、启明星幼儿园月平均在园人数为1378人，按照每生每学年150元的标准。年内，门头沟区对民办幼儿园奖励资金总额为20.67万元，主要用于幼儿园购置玩教具。三年来，已累计发放奖励资金65.99万元。

（石明廷）

【开展学传统文化讲传统故事活动】 2月，河南街小学把学习中国传统文化、讲传统故事，与讲身边做人故事相结合，取得了成效。据统计：全校学生共读故事9987篇，摘抄好故事6497篇。11月16日的《京西时报》以《弘扬中国传统文化，促学生可持续发展——河南街小学讲中国传统文化和身边故事促学生可持续发展》为题，对此项活动进行了专题报道。

（闫仲名）

【召开镇街校外教育工作会】 3月2日，召开镇街校外教育工作会，全区4个办事处和9个乡镇的文教办主任及相关领导参加会议。会上，解读了《门头沟区青少年学生校外教育工作联席会议成员单位职责任务》。下发了《2011年门头沟区校外教育工作计划》、《门头沟区校外教育》杂志，并对相关工作做了具体部署。

（石明廷）

【开展低碳节能我们同行活动】 3月2日，三家店小学开展低碳节能我们同行活动。表彰了上学期评选出的36个绿色家庭；解读了可持续发展的教育理念；家长代表畅谈了对“低碳生活”的理解和家中的做法；向家长们发出了“低碳生活，呵护地球”的倡议。14日，三家店小学开展文明礼仪教育工作，全面提高学生的文明素养，倡导低碳行动，绿色生活。学校利用升旗仪式，开展了“做文明有礼的北京人——低碳我们在行动”主题教育启动仪式；宣读了三家店小学“十十五三”文明工程，即十句文明用语，十个文明倡议，五是五个无，三是三个轻轻；为各班发放了三家店小学自行设计的《好习惯培养手册》，《手册》按低中高三个年级段分别规范了学生的言行。4月22日是第42个世界地球日，三家店小学开展了以“善待地球——珍惜资源，倡导低碳”为主题的宣传、实践活动。利用升旗仪式、红领巾广播向少先队员发出《低碳生活，从我做起》倡议；并在活动期间开展了保护地球的“四个一”活动。

（王进雪　周立娟）

【召开2011工会年工作会】 3月4日，教育工会召开2011工会年工作会。会上，对2010年工会工作进行了总结；公布了2010年评选出的十个“合格教职工之家”名单，并颁发了奖牌；表彰了参加中学教师物理、化学、生物实验教学技能比赛获奖的77名教师，并颁发了证书；表彰了教育系统为S1线和采空棚户区改造拆迁工作做出贡献的18个优秀单位；对2011年工会工作计划进行了解读和布置。

（史孟柱）

【开展专题教育】 3月7日，潭柘寺中学邀请永定职业学校（工读学校）领导为全校师生做了一次关于“不良行为学生转化专题教育”的讲座。

（赵明勇）

【解决幼儿入园难问题】 3月10日，区教委再次研究儿童入园难问题。决定：多种形式扩大学前教育供给能力。采空棚户区改造配套建设4所幼儿园，可接纳幼儿1440名；新建潭柘寺和斋堂幼儿园，可接纳幼儿330名；利用闲置教育资源在清水、雁翅、妙峰山、军庄4个镇共开办11个标准班，可接纳幼儿300名，覆盖山区各镇；年内新筹办2所民办幼儿园，可接纳幼儿330名。多种途径加强幼儿教师队伍建设。加大应届毕业生招聘力度，对中小学富余教师进行转岗培训，同时对园长和教师进行专业培训。多种渠道加大学前教育投人。公办幼儿园生均公用经费由200元提高至1200元；民办幼儿园每名幼儿每年补助150元，鼓励社会力量举办学前教育。制定学前教育三年行动计划，科学测算全区入园需求和供需缺口，确定每年发展任务，统筹学前教育发展。

（石明廷）

【获公司捐赠】 3月10日，教委举行接受捐赠仪式，北京骏洋房地产开发有限公司为门头沟区社区文化活动室和12所山区学校捐赠电视机100台。9月16日，北京大龙建设集团党委第三支部全体党员为西辛房小学捐赠价值两万元的文体用品和爱心图书。

（石明廷）

【做好民办教育机构年检工作】 3月10日至4月8日，区教委开始对全区34家民办教育机构进行年检，聘请社会审计机构进行财务审计，由公安分局负责治安鉴定，由卫生局检查食堂卫生等情况，由教委负责检查招生、收费、校舍租赁等方面的检查。对治安、卫生检查不合格机构将实行“一票否决制”，对其它问题将视情节轻重分别予以限期改正或停止招生、吊销办学许可证处罚。通过审阅年检材料，到民办学校实地检查，最终认定28所民办学校年检合格，2所学校（小海鸥幼儿园和帅智林培训学校）因原址拆迁，不能提供适宜办学地址，暂时中止办学，并给予缓检。6所民办学校因各种原因未参加年检。此外，对财务审计存在问题的智慧摇篮幼儿园送达了限期改正通知书，原因为幼儿园净资产与登记开办资金相差悬殊，幼儿园抵御风险能力过低。

（石明廷）

【确定全年重点工作】 3月16日，区教委召开会议，确定全年重点工作。一是全面提高学前教育保障水平，制定学前教育三年行动计划，公办民办并举，为棚改新区建设配套幼儿园，增加学位990个；同时通过应届招聘、转岗培训等多种途径加强幼儿园教师队伍建设。二是推动城乡教育一体化发展，加大农村教师培训力度，探索干部教师队伍合理流动、城乡学校联动等工作机制，拓宽优势资源共享的渠道，促进教育均衡发展。三是推动教育基础设施建设，完成14所学校4.4万平方米校舍抗震加固工作，推进石门营中小学、龙泉中小学等8所棚户区改造配套学校建设工程及少年宫、军庄小学、三家店铁路中学等工程建设。四是加强教学质量监控，积极构建高效课堂，优化提升雁翅、琉璃渠等4个教育基地功能，打造有市级影响力的素质教育基地，促进学生的全面发展和综合素质提高。

（石明廷）

【开展职评工作】 3月16日、17日，开展职评指标核定工作。3月18日至4月22日，学校初评委开始对申报人员进行初评，并推荐参评中高级教师职称人员。4月29日，抽取高评委学科考核组，组建中评委、高评委专家委员会。5月21日，对参评小中高、中高的教师、高评委学科考核组、小学中评委学科考核组进行考核前培训。24日至27日，完成参评高级职称教师的全部考核工作。年内参评总量109人：其中中学高级职称35人，中一职称30人，小高职称34人，小中高职称10人。

（石明廷）

【开展居民心理调试】 3月17日、18日、21日、22日，职成教研室前后4次组织社区居民进行心理调适活动。共有150名居民参加。心理调试的主题是“做健康自信的人”。

（焦桐会）

【对市级骨干教师进行年度审核】 3月18日，依据《门头沟区市、区级骨干教师和学科教学带头人管理办法》，市区级骨干教师管理办公室对2007年评选的原市级骨干教师、学科教学带头人进行年度审核。此次审核市级学科教学带头人10人，市级骨干教师55人，参加审核的市级学科教学带头人和市级骨干教师全部通过审核。

（石明廷）

【举办研究课】 3月18日，区小教研在实验二小永定分校利用电子白板及互动反馈技术举办研讨课。永定分校的教师展示了《生活离不开交通运输》的品德与社会课，工人子弟小学教师展示了《让自己快乐起来》的品德与生活课。课后，教研员结合教学过程中出现的具体问题，引导大家开展研讨。

（艾艳敏）

【举行文明交通示范岗活动】 3月22日，举行门头沟区“文明出行日”主题宣传暨教育系统“文明交通示范岗”活动启动仪式。新桥路中学、大峪中学分校、大峪二小和大峪一小在新桥路车站率先建立文明交通示范岗，在学生下学高峰期，在学校门口和车站，维护乘车秩序，纠正不文明行为，打造文明示范车站。

（石明廷）

【召开青年教师培养现场会】 3月22日，东辛房小学举办青年培养现场会。区教委、教师进修学校、全区小学的主管教学领导和部分学科老师共计80余人参加会议。大会展示了3位教师的研究课。东辛房小学校长介绍学校培养青年教师的经验。首都师范大学教授，对活动进行了点评。

（韩秋静）

【解读中考课标】 3月23日，邀请北京教科院基教研中心中语室主任进行“中考课标试卷的改革基点及对教学的启示”专题讲座。教师进修学校领导及50余名初中语文教师参加。主讲人分析了全国中考试题状况，解读了北京市中考课标试卷改革的基本点。

（李玉兰）

【召开可持续发展教育项目工作会】 3月23日，门头沟区可持续发展教育项目工作会召开。河南街小学、大峪二小、育新学校、灵溪生态教育基地等可持续发展项目学校课题负责人30余人参加了会议。大峪二小、育新学校、西辛房中学、大台中心小学先后被评为中国可持续发展教育示范学校；灵溪生态教育基地、雁翅素质教育基地、斋堂革命传统教育基地被评为中国可持续发展教育实验学校。会议对以后的可持续发展教育研究及培训工作进行了安排。

（刘淑蕊）

【参加说课展示和网络教研活动】 3月23日，区教师分别参加北京市举办的小学品德与生活学科教师现场说课展示、网络教研展示活动。大峪二小教师《夸夸我自己》的教学设计，获得一、二等奖的答辩资格。4月13日，区组织品德与生活、品德与社会教师参加北京市该学科网上教研活动。教师们利用网络，观摩了20位教师的说课展示和现场答辩；观看了市基教研中心该学科教研员所做的《备课问题的诊断与分析》的专题讲座。

（艾艳敏）

【组织高中教研活动】 3月23日，区教研室组织全区高二年级语文教师，在育园中学举行研究课活动。育园中学教师运用学案导学方式为参加活动教师做课。课后，参加人员进行了研讨。来自4所高中校的语文教师约30人参加了此次活动。29日，区教研室组织18位高中化学教师到石景山区苹果园中学参加高中化学教研活动。活动中，北京教育学院教授做了题为“中学化学教师的学科素养与化学教学的科学性”讲座。30日，区高中英语教研员组织英语学科高效课堂推进展示活动，大峪中学2位老师援课。北京师范大学出版社高中英语教材编写组专家评课。全区共16位高中英语教师参加了活动。

（刘振萍　崔学英　闫保良）

【举办青少年科技创新大赛】 3月24日至27日，第31届北京青少年科技创新大赛决赛在大峪中学举行。大赛主题是“体验创新成长”。全市167个青少年优秀科技项目进行了展示。大赛还有来自日本等9个国家的10支代表队参加。大赛期间还举办了金鹏校长论坛和“植物与环境”学生论坛，探讨青少年科技后备人才的培养和青少年科技创新教育活动普及等问题。

（石明廷）

【举办可持续发展教育专题讲座】 3月25日，邀请中国可持续发展教育工作委员会执行主任、北京可持续发展教育协会会长、北京教育科学研究院研究员做专题讲座。区内可持续发展教育所有项目学校的课题负责人，部分骨干教师以及大峪二小全体教师100余人听取讲座。讲座的题目是《落实战略主题，创建可持续发展教育育人模式》。

（刘淑蕊）

【举办女性健康讲座】 3月28日，教委、教师进修学校、社区教育中心、考试中心和城子街道部分社区居民参加了教师进修学校举办女性知识讲座。请区医院妇科专家讲解了各种妇科病的症状、产生原因、预防与治疗，同时还穿插了鲜活案例和实用偏方，并为女性朋友提出了很多保健方面的合理化建议。

（刘冬霞）

【举办各项体育竞赛活动】 3月，区中小学生跆拳道比赛在区体育馆举行，区内11所小学，6所中学的130名学生参加了四个组别，10个公斤级的争夺。4月17日，在区体育馆举行第三届国家学生体质健康标准测试赛，全区43所中小学共1205名学生参加了测试。大峪中学获高中组第一名，妙峰山民族学校初中部获初中组第一名，琉璃渠小学获小学组第一名。23日，新桥路中学12人，在地坛体育馆参加澳瑞特杯北京市健美操锦标赛，获得一等奖。9月25日，区中等职业学校在首都经贸大学参加市级青少年校园青春健身操比赛，取得一等奖。

（侯凤兰）

【召开建设学习型城市领导小组会】 4月1日，区教委牵头召开门头沟区建设学习型城市领导小组会。会上总结2010年工作，通报2011年工作任务要点，表彰了89个先进单位。组织开展“首都市民学习之星”和“首都市民学习品牌”培育和创建工作。经北京市建设学习型城市工作领导小组办公室审批，王平镇西王平村村民等3名同志被授予全市第二批“首都市民学习之星”；区委组织部主办的党员干部周末大课堂、区文委主办的永定河文化大讲堂被授予全市第三批“首都市民学习品牌”。

（张文生）

【开展教学指导交流活动】 4月1日，由北京教育学院、区教师进修学校联合主办的市级骨干教师及学科带头人“同课异构”教学指导交流活动。分别在区大峪中学、大峪中学分校、大峪二小同时举行。参加活动的有北京教育学院专家以及区教委、教师进修学校领导和部分教师共50余人。活动以“如何构建高效课堂”为主题，以分学科同课异构、评课研讨、以及分学科开展专题讲座形式展开。随后，专家分学科举办了专题讲座，参加活动教师和领导在专家主题发言基础上，结合学科特点，讨论了各学科复习要点及对策、常态课堂高效化、如何提高学生观察课的参与度等问题。

（刘海燕）

【举办数学竞赛辅导讲座】 4月5日，中教研在进修学校多功能厅举办《2011北京市高一数学竞赛辅导》的讲座。讲座分为两部分：首先由进校数学教研员对近三年北京市高一年级数学竞赛试题进行讲解；教研员从解题思路的角度对参加竞赛的学生进行培训。高一年级的数学爱好者70余人参加。

（韩丽燕 赵连福）

【进行课题研究指导】 4月6日，区邀请专家对独立承担的北京市教育科学“十一五”规划重点课题“在融合教育思想引领下的义务教育阶段普通中小学随班就读教师专业成长研究”的研究工作进行指导。专家首先与课题研究核心组教师进行座谈。随后，举办了题为《实施差异教学提高随班就读质量》的专题讲座。

（魏宏亮）

【举办卫生知识竞赛活动】 4月7日，区教委体美科举办卫生知识竞赛活动，竞赛知识以“预防肥胖，预防近视”为主，全区共有6支学校代表队参赛。北京第二实验小学永定分校获得一等奖。

（侯凤兰）

【高等教育自学考试开考】 4月9日、10日、16日、17日，北京市上半年高等教育自学考试开考，有247名考生参加552科次的考试。此次考试涉及35个专业，共开考117门课程。考点设在门头沟区育新中学。

（石明廷）

【召开总结会】 4月11日，区小教研召开“小学数学知识框架的研究”阶段总结会。市基教研中心数学室主任，教委副主任、进修学校校长及全区数学教学主任、部分中低年级数学教师参加总结会。会上，大峪二小和工人子弟小学2位教师作了研究课。小教研数学组对“小学数学知识框架的研究”的工作进行了阶段性总结，育园小学、大峪一小2位教师总结了自己的研究体会。

（李志勇）

【召开募捐救助工作动员会】 4月11日，区红十字会在教委召开2011年红十字会工作会及“博爱在京城”募捐救助工作动员大会。区红十字会、区教委、教育系统各基层红会干部参加会议。会上，宣读了《区红十字会关于在学校成立基层红会组织的决议》和《区红十字会学校工委关于调整领导机构的通知》，《2010年区红十字会学校工委工作报告》。向学校代表颁发了“红十字会”校牌，向获得“2010年度北京市优秀红十字青少年会员”的学生颁发证书和奖品。就“博爱在京城”募捐救助工作进行动员。

（侯凤兰）

【被聘为区文化馆荣誉馆员】 4月12日，区教研员带领10位音乐教师参加文化志愿者“山乡情”工程启动仪式。在启动仪式上，23位音乐教师被评聘为文化志愿者和“区文化馆荣誉馆员”。并接受了门头沟区文化馆颁发的“门头沟区文化馆荣誉馆员”荣誉证书。

（王 静）

【小学规范化建设工程】 4月12日，区政府教育督导室召开2010年小学规范化建设工程督导验收工作总结会。区督导室督导验收组成员参会。组织专兼职督学验收组一行16人，对王平村中心小学、军庄中心小学、黑山小学、城子小学、工人子弟小学、北京第二实验小学永定分校6所学校落实北京市小学规范化建设工程工作情况进行督导验收。会上，督导室有关人员对2010年门头沟区小学规范化建设工程督导验收工作进行总结，就2011年程验收工作进行了部署。与会人员针对6所学校小学规范化建设及督导验收情况展开讨论，对取得的成绩给予肯定，对存在的问题也提出了改进建议。5月27日，区人民政府教育督导室召开2011、2012年度小学规范化建设工程督导验收学校培训会。对16所被检学校开展系统培训。区教育督导室有关人员、专兼职督学及被检校校长参加培训。会上，区教育督导室有关人员就2011、2012小学规范化建设工程督导验收工作做了部署和说明。11月10日，区人民政府教育督导室组织督导验收组成员对河南街小学，落实北京市小学规范化建设工程情况，进行了综合督导验收。经过查阅资料、召开座谈会、发放调查问卷等形式，确认河南街小学规范化建设工程达到了北京市的验收标准，经验收合格。

（石明廷）

【开展了解家乡文化活动】 4月14日，三家店小学利用校本课时间，开展参观三家店文物古迹活动。师生们参观了三家店中街的白衣庵、山西会馆、西街的关帝庙、龙王庙等古迹，聘请参与编写《京西第一村——三家店》一书的有关人员为师生做了讲解。学校五年级志愿者也做为小导游，为学生进行了讲解。

（周立娟）

【举行体育文化节启动仪式】 4月16日，教育工会在门头沟区滨河世纪广场举办了2011年教职工体育文化节启动仪式，主题是："忆光辉历程，展教工风采，创教工之家，建和谐校园"。并以组织各单位冬季长跑优胜者比赛的形式，拉开文化节的序幕。

（史孟柱）

【加强学生思想道德教育】 4月19日，教委召开会议，研究加强学生思想道德教育问题。决定：加强学生日常管理，建立行为偏常学生管理机制，把握问题形成原因，制定转化帮扶措施。加强学生心理健康教育，宣传和普及心理健康知识，开展心理咨询活动，建立心理干预机制，增强学生的社会适应能力和心理调适能力。加强学生法制安全教育，拓展社会法制教育资源，采取模拟法庭、案例分析等法制安全教育新形式，提升教育实效。加强家长教师协会工作，形成学校、家庭、社会"三结合"教育合力，为学生成长提供良好环境。

（石明廷）

【召开高三模拟考试分析会】 4月20日，召开2011年高三模拟考试分析会，区教委和教师进修学校领导、各高中校校长和教学主任等30人参加了会议。会议对全区自主命题模拟考试和使用海淀区模拟试卷考试情况进行了分析交流。

（李春旺）

【组织心理调适活动】 4月21日，职成教研室在工人子弟小学组织"我健康，我成长，我青春"的心理调适活动。心理调适讲师团成员针对孩子青春期存在的问题进行讲解。

（石明廷）

【发挥骨干教师导师团作用】 4月26日，区师训部组织8名区级骨干教师到王平村小学附属幼儿园进行业务指导。活动中，区级骨干教师分别观摩了小、中、大三个班的半日活动，同时对班级的区域活动、环境创设等进行了观摩指导。观摩活动结束之后，骨干教师与该园教师围绕区域活动的材料投放及教师指导、结合主题进行环境创设、教育活动的组织与指导、幼儿一日生活常规的组织与指导等问题进行了研讨交流。

（曹云梅）

【举办教职工徒步纵走比赛】 4月27日，清水小学举办主题为"我行动，我健康"教职工徒步纵走比赛活动。同时拉开了学校体育节的序幕。此次活动路线约5公里，分男女两个组，由龙门涧口出发至东龙门涧内将军石处，最后有5名教职工取得优胜成绩。

（张文建）

【举办骨干教师开放课】 4月，河南街小学举办区、校级骨干开放课，学校6名区、校级骨干教师开放了自己的课堂。学校邀请讲课年级的家长到校，与自己的孩子一起上课。活动结束后，学校开展了网上评课活动，全体教师积参与网络评课，回帖45次。

（王　鑫）

【组织特色党日活动】 5月3日，为庆祝建党90周年，进修学校举行了"体验灵溪之美，忆九十载辉煌，走出健康人生"踏青健身走比赛暨特色党日活动。活动中，以构建核心价值观、打造优秀团队、关注教职工健康生活为主题，在路上设置关卡，每个关卡设置党建知识展板并进行党建知识问答。

（韩 英）

【进行初中毕业升学体育考试】 5月8日和9日，2011年初中毕业升学体育考试举行。考试地点分别是大峪中学和斋堂中学，有1355名学生参加考试，此次考试满分为30分，并计入中考成绩。

（石明廷）

【开展“防灾减灾日”宣传活动】 5月12日是全国第三个“防灾减灾日”，区教委采取三项措施做好宣传教育活动：有针对性地开展宣传教育活动。突出演练，提高宣传教育的实效性。注重常规，提高宣传教育的持续性。

（石明廷）

【举办第八套广播体操比赛】 5月13日，教育工会在北京实验二小永定分校举办了全系统第八套广播体操比赛决赛。参加决赛的共有13支代表队，城子幼儿园代表队获得第一名。教师进修学校代表队还在比赛结束后，进行了第九套广播体操表演。

（史孟柱）

【举办“走近鲁迅”校园行展览】 5月13日，区教委与北京鲁迅博物馆牵手，举行“走近鲁迅”校园行展览。展览开幕仪式在斋堂中学举行。北京鲁迅博物馆领导、门头沟区及教委有关领导、出席开幕仪式。仪式结束后北京鲁迅博物馆还为学校捐赠了文体用品、图书。在斋堂中学展出后，“走近鲁迅”校园行展览在区内5所中学进行巡展。

（侯凤兰）

【加强学生可持续发展】 5月25日，区教委研究决定通过4条途径加强学生可持续发展教育。通过学科教学促进学生可持续发展教育。通过综合实践活动推进学生可持续发展教育。通过班团队活动促进学生可持续发展。通过学校文化建设推进学生可持续发展。

（石明廷）

【召开教职工互助保险工作推进会】 5月26日，教育工会召开关爱职工——情系职工，教职工互助保险工作推进会。教育工会印发了《关于进一步动员组织教职工参加“职工互助六项保险”的通知》，下发了《职工互助保障工作宣传手册》，到暑假前，已有49个单位3688人次参加了六项保险。

（史孟柱）

【召开招生考试联席会】 5月31日，召开招生考试联席会，对2011年高考和中考工作进行部署，并提出具体要求。

（石明廷）

【开展无烟日宣传活动】 5月31日是第24个世界无烟日，区红十字会区教委在立思辰公园举办“门头沟区首届红十字青少年控烟地面粉笔画大赛”。共有7所初中学校34名学生参赛。

（侯凤兰）

【举行庆祝“六一”游园活动】 5月31日，全区举行庆祝“六一”儿童节游园活动，活动启动仪式在永定河文化广场举行，区领导韩子荣等出席。仪式结束后，1800余名小朋友参加了“畅游一湖十园”活动。此次活动还分别在福鼎公园、黑山公园、葡山公园设置了三个分会场。

（石明廷）

【开展唱京剧扬国粹展风采活动】 5月31日，黑山小学举办的“唱京剧扬国粹展风采校本课程展示暨六一汇报演出”活动。演出不仅有孩子们的精彩唱段，还有专业老师的助兴表演。

（李 滢）

【确保高考顺利进行】 6月1日，区教委研究高考工作，决定联合区属各部门，采取措施确保高考顺利进行。年内，有860名考生（文科335人、理科477人、高职单考单招48人），同比减少61人。

（石明廷）

【开展健康促进校验收】 6月3日至9日，区教委会同区卫生部门和区红十字会对年内申报的14所北京市健康促进学校进行了区级验收。

（侯凤兰）

【做好龙门小学拆迁安置工作】 6月8日，区教委研究龙门小学拆迁安置工作。决定：制定学生分流方案，将龙门小学学生主要安置到工人子弟小学，如因家庭搬迁距离较远，由区教委统筹解决学生就近入学问题。做好国有资产监管工作，全面清理学校各类财产，严防国有资产流失。做好家长解释工作，召开家长会下发学生分流方案，引导家长合理表达诉求。龙门小学有170名学生，需安置学生共130人。

（石明廷）

【对口支援合作】 6月13日，

区教委与内蒙古乌兰察布市察右后旗教育局达成初步合作意向。决定：一是送课到察右后旗，由区内组织优秀干部、教师通过示范课、讲座等形式，在教育教学管理、课堂教学研究等方面进行交流。二是组织干部短期挂职，由察右后旗选派干部、教师到区内挂职，加强在推动教育事业发展方面的学习和交流。三是提供设备支持，由区内将部分因学校拆迁而闲置的教育教学设备捐赠察右后旗，以改善对方学校办学条件。10月25日，内蒙古察右后旗22名中小学教师到区开始为期3周的交流学习。教委安排大峪一小、大峪二小、新桥路中学、大峪中学分校、大峪中学5所学校接待，并与学校领导沟通、选择优秀骨干教师与内蒙教师结对，进行“手携手”的“影子”式交流学习。

（石明廷）

【加强和创新社会管理】 6月16日，区教委研究如何围绕热点难点问题加强和创新社会管理工作。决定：推进城乡教育均衡发展。在继续落实教师培训、职称晋升等原有倾斜政策的基础上，创新城乡学校联动一体化发展机制，选定大峪二小与潭柘寺中心小学、大峪一小与王平村中心小学4所学校，通过互派干部教师学习交流等措施，促进城乡学校同步优质发展。提升学前教育保障水平。出台《门头沟区学前教育事业发展“2011－2013年”行动计划》，通过推进棚改配套幼儿园建设、创新建设幼儿园标准班、鼓励民办学前教育等措施，着力解决群众“入园难”问题。推动学校资源全面开放。统筹基础教育、职业教育和成人教育资源，继续实施“一校挂两牌、一长管两校、一师任两教”制度，在开放学校图书馆、阅览室、体育设施等资源的基础上，为农民和居民提供实用技术、职业技术、劳动力转移等培训，形成覆盖全区所有村、镇、社区的教育网络。

（石明廷）

【做好中小学校安工程】 6月20日，区教委采取措施做好2011年中小学校舍安全工程。决定：确保工程实施进度，调整中小学校放假时间，加强沟通协调，全力保障开学前完成施工任务。加强工程质量监管，监督施工单位严格按照设计方案施工，确保高质量完成校舍加固翻建工程。严格工程竣工验收，组织相关单位按照验收程序进行验收，确保工程质量和学校使用要求。年内，全区中小学校舍安全工程共涉及14所学校，加固和翻建总面积44346平方米，预计总投资为1.14亿元。

（石明廷）

【做好师资补充工作】 6月22日，区教委对新招聘师资进行考核。考核分为文化知识、业务知识考试和答辩两部分。学年内招聘应届毕业生71人，其中博士研究生1人、硕士研究生17人。做好外地优秀人才引进工作，共引进京外地区优秀教师2人。做好支教大学生留教工作，本着双向选择的原则，有15名支教大学生正式调入区内任教。

（石明廷）

【领导调研】 6月24日，市政府研究室到区内调研义务教育均衡发展状况，主要了解了全区推进义务教育均衡发展的主要措施及效果、义务教育资源均衡配置存在的问题困难等，并到2所基础相对薄弱学校进行了实地考察。

（石明廷）

【中考工作】 6月24日至26日，北京市举行2011年中考。全区共设新桥路中学、育新学校和斋堂中学3个考点，共有1341名考生参加考试，比去年减少266人。

（石明廷）

【举行庆祝建党90周年表彰大会】 6月27日，区教工委举办庆祝建党90周年表彰大会。对先进基层党组织、优秀共产党员、优秀党务工作者、特色党日和特色党建创新项目进行了表彰。年内，开展“支部党员双向承诺”活动，60个支部向群众承诺事项328项，1586名党员做出承诺事项2731条，党组织和党员共为群众办实事好事1205件。全系统各支部开展特色党日活动151次，参加党员2858人次。区教工委在北京市教育系统党建研究会上连续14年获得优秀组织奖。

（石明廷）

【研究做好暑期各项工作】 6月28日，区教委研究做好暑期安全工作。决定：在放假前对学生开展一次安全教育。做好学生假期学习安排。协调相关单位推进中小学校舍安全工程。

（石明廷）

【组织教师合唱团】 7月2日，教育工会86名女教师组成的合唱团参加区妇女联合会举办的《门头沟各界妇女纪念中国共产党成立90周年革命歌曲大连唱》的纪念活动。教育系统合唱团曲目为《爱我中华》。

（史孟柱）

【加强青年干部培养】　7月7日，区委教工委继续研究青年干部培养工作。决定：组建由青年干部培养导师团，通过定期下校指导、个别沟通交流的方式，帮助青年干部制定工作计划，梳理学校管理流程，帮助处理突发事件，协助解决学校重大问题。把有培养前途的青年干部安排到即将退休或有丰富管理经验的校长身边任职，通过口传心授，学习老校长的管理经验和工作方法，并在实际岗位上经受锻炼。在聘请专职导师基础上，聘请优秀中青年校长作为兼职导师，与青年干部结成帮扶对子，实现大校与小校、山区学校和城镇学校之间的优势互补、资源共享，进一步提升青年干管理水平。截至目前，已经有四批导师对青年干部开展了帮扶工作，共聘请导师22名，指导帮扶青年干部46人。

（石明廷）

【召开首次民办学校暑期工作会】　7月8日，区教委召开首次门头沟区民办学校工作会。区教委有关领导及全区民办学校法人参加会议。会议首先对2010年度年检情况进行了总结，并提出了下一步工作设想。新世纪幼儿园和辉煌培训学校分别代表幼儿园和培训学校做典型发言，职成科有关人员讲解了民办教育行政许可方面的事项。

（石明廷）

【举行岗前培训及见习】　8月21日至26日，区教委小幼科对48名幼儿园新任及转岗教师进行了为期5天的岗前集中培训。培训的主要内容是：学习《幼儿园教育指导纲要》，解读五大领域课程，如何做好家长工作，如何开展一日常规活动。9月5日至9日，组织新教师到城镇幼儿园进行了为期一周的观摩见习。

（曹云梅）

【研究秋季开学工作】　8月26日，区教委研究做好秋季中小学开学工作。决定：开学前对学校安全工作和设施进行一次全面检查。做好学校抗震加固工程，加强工程质量监控。落实学前教育三年行动计划，新学期新增幼儿园学位820个，做好幼儿教师培训工作，确保学前教育工作水平。做好学校教学用书配发工作。严格执行国家收费政策，坚决制止乱收费。

（石明廷）

【继续开展建家活动】　9月2日，教育工会印发《关于开展建设“教职工小家”活动的通知》。11月29日至12月8日，教育工会对2011年申报合格教职工之家的11个单位进行建家工作检查验收。经过实地考察和听取汇报，检查验收组认为各被检查验收单位均达到了“合格教职工之家”检查的工作要求和验收标准。经门头沟区教育工会办公会研究，决定授予峪中分校等11个单位“合格教职工之家”荣誉称号。

（史孟柱）

【召开教育工作会】　9月7日，区委、区政府召开教育工作会暨庆祝教师节表彰会。区四大部门领导出席会议。会上有关领导作教育工作报告。对2011年优秀教师、优秀教育工作者进行了表彰。

（石明廷）

【组织班级环境评优活动】　9月13日，西辛房小学组织班级环境布置评优活动，为学生健康成长创造浓厚班级文化氛围。各班分别以“自信、进取、健康，我出色、我努力、我成功”等栏目，从不同方面体现了低碳节能、文明守纪、努力学习等教育内容。

（陈燕敏）

【召开历史学科高考分析会】　9月20日，中教研历史学科邀请北京市基础教育研究中心历史室主任为区内高三历史教师和有关人员作高考文综历史学科相关数据的分析方面的讲座。讲座首先对2011年文综历史试题（北京卷）特点进行了概括，然后对门头沟区考生历史测试相关数据进行了具体分析。最后对区内文综历史复习提出了建议，并与老师们进行了交流。

（刘志忠）

【召开可持续发展教育工作会】　9月21日，门头沟区可持续发展教育项目组工作会在教师进修学校召开。区内20个可持续发展教育项目学校的负责人参加会议。会议总结了上学期的工作，并重点对可持续发展教育推进工作，培训、年检活动，对学期内重点工作进行了布置和说明。

（刘淑蕊）

【开展有效用脑课堂教学交流】　9月24日，东城、密云、顺义三区教师到区内进行中学语文学科教师友善用脑学科教学观摩活动。活动中分别观摩了新桥路中学教师、大峪中学教师的研究课。市教委、科学课题负责人、区教委、进修学校等相关部门领导参加了活动。

（郭玉菊）

【举办“西星杯”教学评优活动】　9月26日至10月21日，西辛房小学开展了2011年“西星杯”

教学评优活动。活动围绕学校开展的“小学生课堂主体性发挥的研究”课题中的“预习前测、交流预习、互助研讨、分层提高、总结反馈、自我反思”六环节教学策略展开。

（刘　军）

【召开督政工作会】　9月30日，区政府召开督政工作会。参加会议的有各镇政府、街道办事处、相关委办局的领导，以及专兼职督学。区政府主管教育副区长出席会议。会上区教育督导室领导总结了去年督政工作；布置了2011年督政工作。原区教育督导室副主任对督政工作的界定、督政的对象、督政内容进行了解读，对督政工作的机制、教育法律法规执行进行了辅导，介绍了全国各省市的成功经验。最后，主管副区长对区内督政工作提出要求。

（石明廷）

【开展环保教育活动】　9月，琉璃渠小学开展各种环保教育活动，促进学生养成教育。举办环保知识竞赛，以此督促学生学习宣传低碳节能知识。在英语节、艺术节演出等活动中，表演低碳节能的童谣等。组织四、五、六年级的同学进行手抄报比赛。还在各班召开了“低碳我们在行动”主题的班会。

（刘　伟）

【开展入学专题教育】　9月，王平中学对初一新生为期一个月的入学教育工作。成立了入学教育领导小组。对新生开展了校情校史教育、学习方法的指导、校规校纪教育等。

（郭德新）

【举办第29届学生科技节】　10月12日，门头沟区第29届学生科技节开幕式在北京第二实验小学永定分校礼堂举行。北京市学生活动管理中心活动策划部、北京科促会、区教委、体育局、科委、科协的领导出席了开幕式。科技节办公室主任宣读了《关于举办第29届门头沟区学生科技节的通知》。仪式结束后，全区42所中小学的主管主任和科技教师听取了有关专家举办的科技教育讲座。全区共有25所学校代表队参加开幕式。

（侯凤兰）

【举办中小学生田径运动会】　10月15日、16日，门头沟区中小学生田径运动会在大峪中学田径场举行。27所学校参加了开幕式，800名运动员参加比赛。大峪中学荣获高中组团体总分第一，大峪中学分校荣获初中组团体总分第一，育园小学荣获小学组团体总分第一，北京实验二小永定分校荣获中心校组团体总分第一。

（侯凤兰）

【变为全额拨款单位】　10月18日，经门头沟区机构编制委员会（门编委字【2011】　46号）文批复，区幼儿园、城子幼儿园、东辛房幼儿园的经费形式由差额拨款转为全额拨款事业单位。

（石明廷）

【参加全国专业发展研究年会】　10月20日，区教委组织部分语文教师参加全国中语会组织的“青年教师专业发展研究第一届年会”。听取北京大学教授所做的“增强语言意识彻底改变语文教育的现状”的讲座。此次年会还组织教师观摩了10节青年教师的展示课。

（郭玉菊）

【召开督政与语言文字工作会】　10月25日，区政府督导室召开督政暨语言文字工作会。参加会议的有各镇政府、街道办事处、相关委办局的领导，以及专兼职督学。区政府主管教育副区长出席会议。会议内容有两项：一是总结去年素质教育督导考核工作，布置今年素质教育督导考核工作以及语言文字工作。二是对督政和自评工作进行辅导培训。

（石明廷）

【调研语文中考工作】　10月25日，北京教科院基教研中心中语室主任及2011年语文学科中考命题组部分人员到区内进行中考调研。区教师进修学校校长等参加了调研活动。调研的内容：听取峪中分校老师讲的一节常态课、妙峰山民族学校结合实际谈了对近5年市中考语文试题的认识及教学中的做法。之后，调研组人员与听课教师就听课内容，结合“中考改革”进行了交流。北京教科院基教研中心主任作了“从中考试题看初中语文教学的阶段性目标”的讲座。

（李玉兰　杜甫权）

【开展家长开放日活动】　10月27日，王平中学举行家长开放日活动，学校主要领导、部分教师以及三个年级的50余名家教协会代表参加活动。首先、家教协会委员进班听课，观看了学生课间操展示、参观了学生宿舍。之后、又召开了学校家教协会委员工作会。学校领导向大家介绍了学校基本情况，学生宿舍负责人讲解了宿舍管理相关制度，学校德育主任讲解了学校的规章制度，并让家教协会会议讨论，征求代表建议。

（郭德新）

【开展农民和社区居民需求调研】 10月至11月，为进一步满足区内农民尤其是已拆迁地区农民的教育培训需求，切实体现农民教育培训的针对性和实效性，社区教育中心对全区所有镇进行了调研。此次调研内容是各镇、村成教培训组织机构现状，农村成人教育培训需求等。

（张文生）

【召开教师继续教育启动会】 11月4日，区教委召开"十二五"教师继续教育启动大会。市教委、北京教育学院、师训中心，区教委、教师进修学校和区各校主管教师培训的领导及市区级骨干教师共计300余人参加大会。会上总结了"十一五"继续教育的成绩和问题，对"十二五"继教工作提出了要求。大峪中学分校特级教师代表市区级学科带头人和骨干教师发言。区级骨干教师东辛房小学老师代表青年教师发言。大会为带徒的市级骨干教师颁发了聘书，为名师工作室主持人颁发了聘书，为骨干教师颁发了远程培训学习卡。会后，进行了骨干教师远程学习培训。

（刘 琦）

【总结名校办分校经验】 11月9日，区教委总结名校办分校经验。区内与首师大附中合作。合作办学以后，永定分校积极借鉴首师大附中的办学理念和管理机制，实施了人事制度、管理制度、教学制度等多项改革，引导薄弱校逐渐步入了良性发展轨道，使学校管理和教师精神面貌都发生了根本性变化。

（石明廷）

【开设跳蚤市场】 11月10日，三家店小学开设了"小鬼当家，低碳生活"首届跳蚤市场。五年级各班学生将自己无需用的学习用品、书籍拿到跳蚤市场直接进行交易。

（王进雪）

【举办教育科研月展示开幕式】 11月11日，区教委主办教育科研月展示活动开幕式。主题为"引导走进教育科研，助力课堂高效"。开幕式中，教科所老师做了门头沟区教育科学"十二五"规划区级课题评审工作总结；教师进修学校校长公布了门头沟区教育科学研究"十二五"规划课题立项结果；教委副主任做了"增强科研实效，助力课堂高效"的讲话。工人子弟小学、北京第二实验小学永定分校、坡头中学三所学校分别宣读了开题报告，专家对他们的开题报告进行了论证、提问和点评，最后经过审议全部同意开题。全区负责教育科研领导50人参加开幕式。

（刘 琦）

【举办趣味运动会】 11月14日，区教育系统校外教育单位职工趣味运动会在雁翅中小学素质教育基地举办，区少年宫、保健所及4个教育基地120余名教职工参加了"30米赶羊"、"1分钟跳绳"、"1分钟踢毽"、"10米沙包掷准"、"定点投篮"等8个趣味项目的比赛。

（侯凤兰）

【推动全区教育优质均衡发展】 11月17日，区教委研究采取三项措施，推动教育优质均衡全面发展。决定：推动全区教育优质发展。推进教育公平，实现全区教育均衡发展。兼顾各类教育，推动全区教育全面发展。年内，全区已形成了1个区级社区教育中心、9个镇的成人学校、4个街道的社区教育中心以及86个分中心、分校、培训点的覆盖全区所有村、社区的教育网络；五年来利用业余时间开展职业技术、农民实用技术等培训近40万人次，提高了市民的创业就业能力。引进外地大学生328人，提高了全区教师的整体素质。

（石明廷）

【举办中小学生跳绳踢毽比赛】 11月18日，区内中小学生跳绳、踢毽比赛在新桥路中学体育馆举行。全区28所学校，近800名中小学生参与比赛。新桥路中学、工人子弟小学、付家台中心小学分别荣获了跳绳比赛初中组、小学组、中心校组团体冠军；坡头中学、黑山小学、王平村中心小学分别荣获了踢毽比赛初中组、小学组、中心校组团体冠军。

（侯凤兰）

【开展新教师课堂教学跟踪服务】 11月中旬开始，师训部组织新教师指导教师，到课堂对新教师课堂教学进行追踪指导。针对新入职青年教师学历高，个人的学科专业素养高，但驾于课堂能力薄弱的特点，重点进行了指导。

（刘孟海）

【举办全景科学探索进校园活动】 11月21日，"科学伴我快乐成长——全景科学探索进校园走进门头沟活动"启动仪式在门头沟区教委礼堂举行。活动主题是"换个方式看世界"科普教育展览。活动由北京全景多媒体信息系统公司提供器材和设备，将"微型"科技馆带进门头沟的校园，为学生近距离体验科学、学习科学提供了方便。活动为期一周，包括展览、体验和科技互动活动等内容。门头沟城镇中小学校组织学生轮流参加。

（侯凤兰）

【举办永定河文化讲座】 11月21日和28日，教师进修分别举行永定河文化系列论坛，分别由师训部和中教研两位教师主讲。讲解了永定河流域历代的防洪治水到永定河绿色生态走廊建设的情况等。

（韩 英）

【开展食品卫生安全检查】 11月22日至24日，区教委联合区卫生监督所对各中小学校和托幼机构开展拉网式食品安全专项督查，同时下发了《关于加强学校食品安全管理工作的通知》。此次共检查34个学生食堂，其中中小学校食堂19个，托幼机构食堂15个（含8个民办园）。督查结果总体满意，查找出5处安全隐患。当场责令4个存在问题较多的学校和幼儿园限期整改。

（石明廷）

【完成教学大赛听课部分】 11月24日，在小学教师课堂教学大赛初赛的基础上，各校推荐参加区级比赛的教师共计185人，小教研组织不同学科的区级骨干教师分为7个听课组，经过为期11天的下校听课，完成区小学教师课堂教学大赛听课部分。

（赵 巍）

【召开党建研究会工作会】 11月25日，区教育系统党建研究会召开2011年工作会。区党建研究会、教工委领导，教育系统基层单位党政负责人和专职书记等120余人参加。会上，教工委党建研究会理事长做题为“转化党建研究成果，推动党建工作创新”的工作报告。还为获得2009年至2011年党建研究先进单位、先进个人，优秀论文作者代表颁发了证书。新桥路中学党支部书记作了关于党建研究会分会建设的汇报。宣布了区教育系统党建研究会新一届组织机构、党建研究会分会构成及分会长名单，并对党建研究会下一步工作进行了具体的部署。

（田俊晓）

【宣传践行“北京精神”】 11月28日，区教育系统开展宣传践行“北京精神”工作。通过集体学习、专家解读等形式，研读“北京精神”，深层次挖掘与教育尤其是德育工作相结合的切入点，增强践行“北京精神”的实效性。通过校园媒体、童谣传唱等形式，营造浓厚的宣传氛围，引导学生学习“北京精神”，培育健康科学的人生观和价值观。依托斋堂革命传统教育基地等传统教育基地，开展形式多样、持续深入的主题教育活动，使学生在活动中加深对“北京精神”的理解。

（石明廷）

【召开小学综合素质评价现场会】 11月29日，区教委小幼科在三家店小学召开“门头沟区小学综合素质评价交流会”。教委、进修学校及各小学德育主任及部分班主任共80余人参加交流现场会。参会人员首先观看了三家店小学、东辛房小学、大峪一小以及工人子弟小学的展板及评价手册；随后分组听了三家店小学一年级英语课，四年级、五年级思品课，六年级心理健康课。听课后，4个学校的德育主任分别对在开展综合素质评价工作中取得的经验及效果进行了汇报和交流，教委、进修学校领导分别讲话。

（周立娟 王进雪）

【开展英语兴趣教学活动】 11月30日，教师进修学校英语组举办2011首届“金太阳杯”英语文艺汇演活动，全区19所小学参加了此次活动。活动分为戏剧和歌两大类，共有28个节目。

（刘 成）

【举办首届高中生艾滋病辩论赛】 12月1日是第24个“世界艾滋病日”，保健所承办首届高中生艾滋病专题辩论赛，全区4所高中学校代表队参赛。此次辩论赛围绕“艾滋病主题”共设三场比赛。中等职业学校荣获冠军。

（侯凤兰）

【开展实验技能大赛】 12月8日，区教育工会组织的小学科学教师实验技能比赛在实验二小永定分校举行。整个赛事按照北京市比赛的流程进行，比赛内容分为实验题目笔答、实际操作及答辩三种类型。

（石明廷）

【启动“十二五”校本培训工程】 12月9日至10日，门头沟区“十二五”校本培训工程启动。进修学校及教委人事科、中教科等相关领导、进修学校、全区各中、小、幼及各直属单位主管教学的副校长、教学主任共计70余人参加启动仪式。在仪式上，首先聘请西城教育研修学院副院长做了题为《校本研修与校本研修的管理》的讲座。教师进修学校师训部布置了“十二五”校本培训工程的具体工作程序。

（刘孟海）

【组织园长进山学习交流】 12月9日，教育党校干训部组织培训班全体学员走进大台、王平小学附属幼儿园进行实地考察交流。资格班学员分别参观了2所幼儿园的生活设施、校园环境，并听取了两位园长关于幼儿园发展情况的介绍。之后学员们分成三个小组观摩了大、中、小班的六节研究课，并分组交流研讨观摩情况。

（周 强）

【组织学习“北京精神”】 12月12日，潭柘寺中学党支部组织教职工学习“北京精神”。学校党支部领导对“北京精神”进行了解读。

（赵明勇）

【举办我的教育故事演讲比赛】 12月16日，区教委举办“我的教育故事”——校外教师演讲比赛。全区4个校外教育基地和少年宫的36名教师参加了比赛。参赛教师围绕“我的教育故事”这一主题，结合自己在校外教育工作中的实际经历进行演讲。

（侯凤兰）

【加强校车安全管理】 12月19日，区教委研究进一步加强校车安全管理工作。决定，进一步加强校车安全管理责任意识教育，落实主体责任、强化源头管理、落实规章制度、严格督促检查，坚决杜绝因管理不善、麻痹大意和侥幸心理引发的校车安全事故。进一步构建校车安全工作监督管理体系，要求各司其职、各负其责、统筹协调、齐抓共管，形成长期监管机制，打牢校车安全工作基础。进一步健全校车安全监督管理的长效机制，把校车安全管理程序化，并注重细节管理，将校车管理其纳入学校考核工作内容，一旦出现事故，严肃纪律，严格责任追究。

（石明廷）

【组织送教下校活动】 12月中旬，区教工委组织理论辅导组及优秀教师报告团，分别到斋堂中心小学和大台中心小学开展送教下校活动。大峪一小、大台中心小学、大峪二小、王平中学的教师作为报告团成员分别介绍了自己的优秀事迹。教委宣传部负责人做了《做教师很幸福》的讲座；教育党校干训部主任为大家解读了十七届六中全会及北京精神。

（周 强）

【召开第四届年会】 12月21日，区教委组织召开门头沟区幼教专业教学指导委员会第四届年会，教委有关领导、全区15所幼儿园的园长、附属幼儿园校长、教师进修学校、中等职业学校、电大及教委相关科室领导参加会议。此次年会的主题为“园校深度交流，共享合作成果”，主要内容包括：总结2011年主要工作；介绍中等职业学校幼教专业建设和发展情况；年内第一批中等职业学校幼教专业实习基地领导发言；认定实验二小永定分校附属幼儿园、新世纪幼儿园、智慧摇篮幼儿园、中科幼教绿岛幼儿园为第二批中等职业学校幼教专业实习实训基地，并由参会领导进行颁牌。

（石明廷）

【开展构建家教式亲情课堂活动】 12月22日，清水中学开展了构建本土的、富有亲情味的、家庭教育式的精品课堂活动。启动会上，校领导与全体教师就高效课堂改革现状，实施家教式亲情课堂的现有条件、设想、禁忌、保障等问题进行了交流，并要求全体教师寒假期间完成符合学科教学实际的家教式亲情课堂实施方案。全校25人参加。

（李国强）

【启动名师工作室】 12月23日，门头沟区第二届名师工作室启动暨培训会召开。区教委、教师进修学校领导，各学科名师工作室负责人等参加会议。大会为各个名师工作室授牌，为工作室负责人和成员颁发了证书，解读了《名师工作室指导意见》。区名师工作室由继续教育管理办公室管理，名师工作室实行动态管理，聘期三年，名师成员根据情况随时调整。

（刘孟海）

【区第九届中学生英语论坛】 12月23日，王平中学承办门头沟区第九届中学生英语论坛。全区17所中学参与论坛活动。区教委、团区委领导到会并作发言。此次活动的主题为“Lovemyhometown! CharmWSD!”。

（安志勇）

【重点规划课题开题】 12月24日，黑山小学举办“运用学友互助教学模式，提高课堂教学实效性的的研究”开题论证会。教委、教科所领导、教师参加开题仪式。论证会上，校长宣读了开题报告，并向全体教师及与会领导做出承诺。

（李 滢）

【举办优秀体育卫生论文评选】 12月27日，举办2011年学校优秀体育卫生论文评选活动。共收到38篇卫生论文，评选出一等奖3名。共上交体育论文68篇，评选出一等奖4名。

（侯凤兰）

【现代教学设备更新】 年内，为改善门头沟区校园网整体运行效果，提升教育专网的稳定性，对全区各中小学、幼儿园和直属单位的老旧网络交换机进行了更新。为更好的强化区内电子化学籍管理工作，市教委拨付专项资金为区内配备了学籍专用服务器，并全部配送到位并完成安装。

（裴福珍）

·斋堂中小学革命传统教育基地

【概况】 年内，斋堂教育基地依托斋堂地区丰厚的革命传统教育资源，组织学生到马栏、宛平抗战烈士纪念碑、神威导弹营、九龙头采摘园开展了系列教育和禁毒、法制大讲堂、汽车模拟驾驶、斋堂基地印象绘画和拓展教育，年接待学生4000余人次，接待来宾参观访问2000余人次，逐渐形成了具有地方特色的革命传统教育课程，使学校的教育在基地得到补充、完善和延伸。年内，基地各项工作取得了显著进步，3名教师在区校外教育教师基本功比赛中分获一等奖，在北京市基础教育课程建设优秀成果评选中荣获二等奖，在北京市阳光少年文化节活动中荣获优秀组织奖，被区教工委评为2011年门头沟区教育系统先进单位。年内，斋堂教育基地占地面积15666平方米，建筑面积3726.3平方米。全年教育经费投入45万元。拥有专用教室3个，食堂1个，展室4个，放映厅1个，报告厅1个，会议室2个，轻体建筑400余平方米。现有教职工15人，高级职称1人，中级职称3人，初级职称5人，未评级2人。专任教师7人中，本科及以上学历6人。

（韩　民）

【《门头沟社区教育》报创刊并发性】 6月，《门头沟社区教育》报正式创刊并发行。《门头沟社区教育》由区教委主办，社区教育中心承办。该报由社区教育中心负责信息收集、编辑和发行工作。自发行以来，共收到区内9个镇、4个街道的1200余信息，共出版4期。此报发往市教委职称处、各区县教委、区建设学习型城市领导小组成员单位及各镇街、村、居委会等475个单位。

（张文生）

【调整教育基地接待工作】 6月，为提高学生参加综合实践活动质量，教委宣布对斋堂中小学革命传统教育基地和琉璃渠中小学劳动艺术教育基地接待学生进行调整：斋堂教育基地接待年级由小学四年级调整为小学六年级，琉璃渠教育基地接待年级由小学六年级变更为小学四年级。从2011年暑假开始，斋堂教育基地进入为期两年的休整期，工作任务由承接学生实践学习调整为培训教师和开发新课程。

（韩　民）

【制定农民教育培训五年行动计划】 6月，制定《门头沟区农民教育培训五年行动计划》，并对农民教育培训进行了年度任务分解。对“十二五”时期农民教育培训工作做出了系统的计划安排。此计划经区政府第84次常务会研究，并提出修改意见后，经区委第十届第112次常委会批准，已经正式实施。

（张文生）

【做好参观接待工作】 9月9日至11日，220名参加第二届北京山地徒步纵走大会百公里竞赛的运动员和组委会部分工作人员入住斋堂教育基地。9月10日，由邓华、宋时轮等共和国将军后代组成的“红色军团”20余名成员，到斋堂中小学革命传统教育基地参观考察。首先听取基地领导关于教育基地运行情况的介绍，基地讲解员带领成员们观看展板。参观结束后，将军后代向教育基地赠送了邓华、宋时轮将军的传记书籍。

（韩　民）

【组织职工参观学习】 10月8日至25日，斋堂教育基地全体教师到实验二小永定分校进行培训学习。基地教师进入课堂听课，了解义务教育学校总体教学情况、熟悉教学环节、摸清学生特点，学习教师组织教学和班级管理方面的经验与方法，并与相关单位进行了交流。

（韩　民）

【组织职工听讲座】 11月15日至17日，组织全体教师到区进修学校听取学校课程开发、教学评价和课程设计专题讲座。

（韩　民）

【开展教师基本功比赛】 11月18日，举办了教师基本功比赛。此次比赛包括教学片段演示和我的教育故事演讲两项内容。

（韩　民）

·琉璃渠中小学劳动艺术教育基地

【概况】 年内，门头沟中小学劳动艺术教育基地占地面积11467平方米、建筑面积3424平方米。图书馆（室）藏书0.1万册，订阅杂志 20 种、报纸 12 种。固定资产总值 712 万元。全年教育经费投入 286 万元。学校信息化经费投入 100 万元，拥有计算机 63 台，校园网出口总带宽 100Mbps。专用教室 8 个、创作室 3 个，多功能大厅 1 个。教职工 30 人，其中副高级职称 4 人、中级职称 13 人。专任教师 16 人，其中区级骨干教师 1 人。本科以上学历 24 人。年内共接待学生 8266 人次。基地围绕“一、二、三工程”即：“一个确保”，确保安全稳定；“两个加强”，加强队伍建设，加强校园环境和办学条件建设；“三个提升”，提升教学质量，提升创作水平，提升接待质量，坚持以人为本的理念和内涵式发展，强化过程性管理，使基地整体工作稳步推进。4 月，琉璃渠中小学劳动艺术教育基地被北京校外教育协会确立为“北京校外教育协会会员单位”。

（石明廷）

【举办艺术节演出活动】 1 月 20 日，门头沟区第十八届中学生艺术节专场汇报演出在门头沟区影剧院举行。区教委主任对此届学生艺术节进行了总结，并对学校艺术教育工作提出了要求。汇报演出共有舞蹈、器乐、独唱、朗诵、快板书等 14 个节目。

（石明廷）

【举办艺术节个人项目评比】 3 月 17 日，北京市第十四届学生艺术节门头沟区分赛场艺术作品类个人项目（书法、篆刻、绘画、工艺美术、摄影）评比活动在区少年宫举行。此次活动由区教委体美科主办，少年宫承办。共有 40 所学校参加，收到作品近千幅（件）。

（石明廷）

【市教委领导视察工作】 4 月 1 日，市教委领导到琉璃渠基地视察工作。在视察过程中，基地领导汇报了基地队伍建设、课程开发实施、基地发展情况，还参观了师生作品展厅、专用教室、窑室。参观后市教委领导对基地工作给予肯定。

（张文华）

【参加劳动者风采展示活动】 5 月 1 日，琉璃渠基地选派 10 名教师参加门头沟区庆“五一”劳动者风采展示活动。展示活动主题为：振奋精神，乘势而上，为加快建设现代化生态新区做贡献。依据活动主题，结合基地陶艺——琉璃工艺特色，为此次活动制作了纪念杯，并选派业务素质高，技艺精湛的教师向全区人民展示了基地独特技艺和特色文化。

（张文华）

【参加北京国际教育博览会】 6 月 17 日至 19 日，琉璃渠教育基地组织教师参加“第八届北京国际教育博览会——校外教育成果展”。此届教博会展由市教委举办，主题为“开放、合作、发展”和“创新优质教育资源，服务建设世界城市”。基地选送 20 件师生工艺作品、100 册宣传画册、10 本师生论文集、10 本师生作品集、2 张宣传光盘参展。

（张文华）

【参加国家教育学会年会】 11 月 1 日至 5 日，全国教师教育学会综合实践活动学科委员会与《综合实践活动与师生发展》项目组在福建省厦门市召开“全国综合实践活动课程教学观摩研讨暨全国教师教育学会综合实践活动学科委员会第五届学术年会”。基地教师共 12 人参加年会。会上，基地教师代表北京市做说课展示，获得一等奖；此外还荣获论文、案例、视频说课等项目一等奖 2 名，二等奖 9 名，三等奖 5 名；获课题研究先进个人 1 名；基地被评为 2011 课程研究先进单位。

（张文华　彭丽明）

【开展科普教育进校园活动】 11 月 17 日，在北京科技活动中心的支持下，清水中学举办了主题为“让山里娃插上科学的翅膀”，科普走进山区校园活动。北京科技活动中心向同学们介绍了历年来青少年创新发明大赛情况，北京市特级教师，享受政府津贴的著名青少年发明教育家，北京电视台、中央电视台特约发明教授为同学们做了“身边的发明”的科普报告，并对学生的问题进行了解答。全校学生及教师 120 人参加活动。

（李国强）

【举办专场汇报演出】 12 月 31 日，区新桥路中学金帆舞蹈团专场汇报演出在区影剧院举行。同学们表演了 9 支舞蹈，并进行太平鼓表演。

（石明廷）

【开发极具地方特色工艺品】 12 月底，基地创作组围绕“出精品，显特色，创效益”的创作目标，探索并创造出三套贴花工艺作品。分别是：以“和平祥和”为主题的装饰盘一套；以京西寺庙文化和京西中国历史文化名村为题材的作品各 1 套。此次创作采用了贴花工艺，开发极具地方特色工艺品填补了基地创作空白。

（张文华）

【《陶艺·琉璃工艺》获奖】 12 月，基地《弘扬区域琉璃文化构建特色地方课程——“陶艺·琉璃工艺”地方课程的开发与实施》获2010—2011学年度北京市基础教育课程建设先进成果二等奖。

（张文华）

·东辛房幼儿园

【概况】 年内，东辛房幼儿园为教育部门办园，日托制。占地面积1716平方米，校舍建筑面积724.24平方米。固定资产1179.47万元，全年教育经费投入239.09万元，其中，国家拨款231.60万元、自筹经费7.49万元。设有局域网络与监控系统，设有资料室兼计算机办公室，多功能教室配有计算机和电子白板等现代化教学设备，教室内有计算机、液晶电视机和DVD、录音机设备等。室外有大型组合滑梯、拱龙等大、中、小型活动器械35种。新购置图书300余册、新添置玩教具50余种。教职工20人，其中，专任教师数12人，包括小学高级教师7人。有区级骨干教师1人，保健员1人。开设5个教学班，其中，中班2个、小班2个、亲子班1个。幼儿离园70人、入园68人、在园134人。

（王　芹）

【组织厨工外出学习】 3月28日，幼儿园每日派一名厨工外出学习厨艺。学习回来的师傅在一起交流学习心得体会。

（王　芹）

【召开庆祝教师节表彰会】 9月8日，召开庆祝教师节暨优秀教师表彰会，对2010－2011学年度取得优异成绩的教师进行了表彰。之后，园里还以阶梯的形式为每位一线教师结成师徒。区级骨干教师、青年教师分别代表师傅和徒弟发言。最后，青年团员代表全园教职工为每位老教师赠送了纪念品。

（王　芹）

【召开安全动员会】 9月30日，组织召开了安全动员会。会上，主管安全工作领导就教职工的人身安全、单位财产安全、饮食安全、出行安全等方面的问题作了讲解。

（王　芹）

【请教研员对区域活动进行指导】 12月16日，组织各班开展区域活动，并聘请区教研室教研员对区域活动情况进行分析。教研员从区域活动的意义、区域活动的方式等方面进行了讲解，并与教师进行了互动。并为教师做了《让观察记录成为教师研究教学的手段》的专题讲座。

（王　芹）

·北京市门头沟区幼儿园

【概况】 年内，门头沟区幼儿园为教育部门办园类别，为日托制。园所占地面积6340平方米，校舍建筑面积3780平方米，体育场地面积1600平方米。固定资产786万元，全年教育经费投入548万元。其中，国家拨款519万元、自筹经费29万元。拥有多媒体教室、音体厅和图书室等专用教室7个，普通教室12个。教室内设有电子白板、实物投影仪、计算机、电视等教学设施。教职工56人，其中，专任教师39人，全部具有专科以上学历，包括中学高级教师1人、小学高级教师14人。有保育员12人，全部具有专科以上学历，其中，小学高级职称5人。开设22个教学班，其中，亲子班9个、小班6个、中班5个、大班1个。幼儿入园178人、离园188人、在园372人。

（翟　雯）

【出版新书】 1月，《家园同步开展早期阅读教育的实践研究》一书出版。该书为园本课程理论与实践探索丛书，由北京师范大学出版社出版，为155mm×235mm开本，全书18万字。该书内容包括家园同步早期阅读教育的意义、创设有效环境、实践探索、活动案例和教育随笔。

（翟　雯）

【举办市级课题结题会】 1月，多项“十一五”课题结题。其中，市级重点课题《通过送教上门，提高社区儿童家长早教水平的研究》获得市区教科研部门的认可。幼儿园被评为市级教科研先进单位。

（翟　雯）

【举办庆“三八”主题教育活动】 3月8日，开展“树阳光心态、品阳光生活、做阳光教师”主题教育活动。活动结合幼儿教师的所思所想、岗位特点表演了情景剧、三句半和歌舞小品等节目。

（翟　雯）

【开展特色党日主题活动】 4月24日，开展“忆往昔、看今朝、爱岗位、创特色”特色党日主题教育活动。活动中，开展了组织党员重温入党誓词、党员岗位公开承诺、教师岗位公开承诺、健步走党史知识竞赛等活动。

（翟　雯）

【组织孩子们看木偶剧】 5月16

日，请北京木偶剧团到园为孩子们表演木偶戏。表演分三幕：《狼和小羊》《狐假虎威》和《帮助小鸭子》。

（翟　雯）

【评选社会家长幼儿喜欢好老师】 6月1日，举办一年一度评选"社会满意、家长信任、幼儿喜欢的好老师"活动。评选采取幼儿投票、家长问卷、园领导综合评价相结合方式。通过对教师师德、班级活动、业务能力、家长工作等方面的综合考评，评出6名"社会满意、家长信任、幼儿喜欢"的好老师。

（翟　雯）

【组织采摘活动】 9月，利用幼儿园资源，组织幼儿采摘活动。滨河公园为幼儿园各班级开辟了种植角，种植黄瓜、西红柿、茄子、辣椒、韭菜等蔬菜。每到收获季节，班级教师带领幼儿观察蔬菜水果等植物，了解它们的特性，并采摘和品尝。

（翟　雯）

【开展市级亲子观摩开放活动】 10月27日，举办市级亲子教育观摩活动，承担示范任务的老师以孩子为中心、以家长为重点、以社区为基础，通过有趣的游戏等活动，发展幼儿多方面的能力，并向家长传播先进的育儿方法。区教研室和20余位市内其他区县从事早期教育教师参加了观摩活动。

（翟　雯）

【举办秋季亲子运动会】 10月28日，举办秋季亲子运动会。运动会设有幼儿器械操汇报表演和亲子运动会两部分。活动邀请了全园300余名幼儿家长参加。

（翟　雯）

【开展教师三杯评比活动】 10月28日至11月8日，开展了不同年龄段教师"三杯"教学活动评比活动。"三杯"分别是教龄5年（含5年）的"春蕾杯"，教龄5年以上10年以下（含10年）的"百花杯"，教龄10年以上的"秋实杯"。幼儿园领导专门成立了评审小组，分年龄组对教师进行了笔试、一堂课、户外活动三方面的评比。全园专任教师共24人参加，最终评选出一等奖3名。

（翟　雯）

【开展读书节活动】 12月，举办第二届"大手拉小手快乐阅读"读书节系列主题活动。活动分为开展晨间阅读、睡前小故事、亲子制作图书等内容。活动共评选出"书香家庭"190个，"故事大王"24名。

（翟　雯）

·城子幼儿园

【概况】 年内，门头沟区城子幼儿园为教委部门办园幼儿园，日托制。占地面积2300平方米，校舍建筑面积1171平方米。固定资产48万元，全年教育经费投入406.40万元，其中、国家拨款387.84万元、自筹经费18.56万元。拥有音体室、美劳室等专用教室2个，普通教室7个。教室内设有电子白板、电视和投影机、大中型玩具100余种、小型玩具300余种，图书4000余册等教学设施。有教职工38人，其中，教师22人。学历层次：本科8人，专科13人，小学高级教师16人，区骨干3人。实行三教轮岗，没有专门的保育员，带班人员都是专业内或师范类教师。开设7个教学班，其中，小班4个、中班3个。幼儿入园110人、离园85人、在园215人。

（贾文红）

【开展区级卫生保健观摩】 3月23日，开展区级卫生保健工作观摩活动，全区10余所幼儿园保健医参加活动。保健医们在园里观摩了幼儿户外阳光体育活动，学习了卫生保健软件的使用，了解了幼儿食谱的制定及幼儿卫生保健档案的管理等工作。

（李　程）

【开展绿色环保宣传活动】 5月15日，开展"绿色环保从我做起"宣传教育活动。活动周内，幼儿、家长及教师利用废旧物进行手工制作，教师还利用收集起来的废旧物品为幼儿创设了"娃娃家"的布景。

（程燕妮）

【举办娃娃爱祖国诗歌演唱会】 9月29日，举行"娃娃爱祖国"诗歌演唱会，歌颂我们的祖国，庆祝祖国妈妈62岁生日。在演唱会上，孩子们演唱了《祖国祖国多美丽》《我们和祖国最亲亲》《国旗国旗红红的哩》等歌曲。

（苏文清）

【举行亲子远足活动】 9月30日，组织全园200余个家庭400余名成员参加的"知家乡爱家乡"亲子远足活动。远足活动的路线是从门城湖公园入口出发，向南至爱玛峪出口。

（苏文清）

【举办市级课题研究开题会】 10月，举办市级课题《心理健康教育在幼儿园体育活动中的实践研究》开题报告会。该课题被评定为北京市教育学会研究课题、北京市学前教育研究重点课题、门头沟区教育学会一般课题。课题研究把心理健康教育与幼儿体育活动相结合，挖掘体育活动中的心理健康教育资源，并以心理健康教育为载体，以体育活动为平台，探索幼儿健康教育目标的落实。

（孟庆鸿）

【参加工会建家验收】 11月30日，园工会参加区教育工会组织的建家工作验收。幼儿园工会领导向检查小组汇报了幼儿园“教工之家”建设工作情况。检查小组通过查阅工会档案、组织教师座谈、问卷调查等形式对幼儿园工会建设“职工之家”工作进行了检查，对城子幼儿园工会工作给予肯定，并通过验收。

（张俊红）

【参加“三杯”评比】 11月，园内7名教师参加区教委举办的“春蕾杯、百花杯、秋实杯”“三杯”比赛，取得3个区级一等奖，4个区级二等奖，同时城子幼儿园也被评为优秀组织奖。

（尹玉红）

【接受阳光体育工程市级验收】 11月，城子幼儿园在北京市“阳光体育”工作验收中，被评为北京市“阳光体育工作优秀园所”。验收工作小组由市幼教处组织5名幼儿教育专家组成，考察了该幼儿园的阳光体育工作进展状况，并对教师组织的体育活动进行了现场考评，对幼儿立定跳远等项目进行了抽测。验收小组认为，该园“领导务实、教师朴实、工作扎实”，幼儿阳光体育工作成效显著，同时也提出建议。

（孟庆鸿）

·潭柘寺中心小学

【概况】 年内，潭柘寺中心小学占地面积23144平方米、建筑面积4916平方米，体育场（馆）面积9400平方米。图书馆〈室〉藏书3.2732万册，订阅报刊、杂志64种。固定资产总值985.3706万元。全年教育经费投入759.9968万元，其中，国家拨款759.5668万元、自筹经费0.43万元。学校拥有计算机138台，多媒体教室座位186个，校园网出口总带宽100XMbps，数字资源量10GB，“信息技术”课程6课时/周。普通教室21个、专用教室15个。教职工64人，其中，中级职称24人。专任教师50人。本科以上学历38人。开设教学班21个。当年毕业58人、招生50人、在校生319人。网址：www.mtgtzsxx.bjedu.cn。

（王殿彬）

【开展阳光体育活动】 1月13日，开展主题为“阳光体育全员参与，增强体质挑战自我”的阳光体育竞赛活动，活动内容有长跑、爬山等。

（高志刚）

【完成小学规范化验收】 5月12日，迎接市督导室对学校的小学规范化建设工程进行检查验收。10月18日，区教育督导室一行10余人到潭柘寺中心小学进行规范化验收。验收小组听取了校长汇报，到课堂实地考察了校园环境和设备、查阅档案材料，并向家长、师生进行问卷调查。

（王殿彬）

【开展校本课程展示活动】 6月20日，召开主题为“展自我风采做新时代少年”的校本课程展示活动。活动包括观看以校本课程为内容的美术作品展览、小导游地方文化介绍、课间体育游戏展示、古诗文诵读等。

（高志刚）

【开展校级骨干教师评审工作】 6月，学校进行一年一度的校级骨干教师考核、评审工作。学校考核评审小组，根据校级骨干教师考核、评审工作办法，对2010－2011学年度的8位骨干教师进行了考核，对新报名参评的16位教师从师德水平、业务理论等5个方面进行了量化考核，最后根据考核成绩评选出校级骨干10名。

（王殿彬）

【中心小学附属幼儿园开园】 10月8日，潭柘寺地区第一所幼儿园——潭柘寺中心小学附属幼儿园试运营开园。区教工委书记参加开园仪式并对园所环境、幼儿食堂、活动室、睡眠室等进行了查看。潭柘寺地区成立幼儿园，填补了当地缺少学前教育空白，对当地百姓孩子接受幼儿教育奠定了基础，让地区孩子们享受优质学前教育变成了现实。仪式后，幼儿园还为来宾表演了小节目。

（董艳丽）

【开展远足实践活动】 10月28日，组织全体师生开展主题为“走潭柘新景强师生体魄”的远足实践活动。远足活动路线是经镇内北寺村——鲁家滩——南辛房——贾沟——草甸水五个自然村，终点在潭王路中段，全程10余公里，历时7个多小时。师生们还利用休息时间开展了歌唱比赛和古诗诵读活动。

（高志刚）

【开展书法培训活动】 11月1日，书法教师为全体教师进行了钢笔字培训，由此拉开了学校系列培训的序幕。培训教师从写好钢笔字的意义、硬笔书法工具的选择讲起，通过最基本笔画的讲解和练习，激发了教师们练习钢笔字浓厚的兴趣。培训后，还给教师们留了练习作业，要求大家坚持每天练习至少20分钟。培训后还进行了书法作品展示。

（王殿彬）

【领导干部讲示范课】 12月9日，开展中层领导干部示范课活动。学校教学主任和教导主任分别执教数学课《鸡兔同笼》和科学课《水对浸入其中的物体有向上的托力》，全校干部、教师参加了此次示范课展示活动。课后还围绕学校"农村小学自主、合作、探究教学策略的研究"的课题进行了研讨；执教者也对课堂教学设计的教育理念、教学方法和教学过程与听课教师进行了研讨，并对如何进一步深入推进潭柘寺小学高效课堂的研究工作进行了交流。

（王殿彬）

·大台中心小学

【概况】 年内，门头沟区大台中心小学占地面积21312平方米，其中中心校3730平方米，附属幼儿园1509平方米，唐家坟小学1855平方米，灰地小学12200平方米，千军台小学2018平方米。总建筑面积6625平方米，其中中心校2208平方米，附属幼儿园1396平方米，唐家坟小学974平方米，灰地小学1166平方米，千军台小学881平方米。体育场馆总面积2406平方米，其中中心校270平方米，附属幼儿园600平方米，唐家坟小学410平方米，灰地小学1053平方米，千军台小学560平方米。图书馆〈室〉总藏书1.071万册，订阅报刊、杂志56种。固定资产总值788.76万元。全年教育经费投入1178万元，其中，国家拨款1178万元。学校信息化经费投入37万元，拥有计算机435台，多媒体教室座位801个，校园网出口总带宽100Mbps，"信息技术"课程2课时/周。普通教室30个、专用教室8个。教职工106人，其中，中级职称41人。专任教师90人。本科以上学历55人。开设教学班37个。当年毕业107人、招生126人、在校生619人。网址：www. mtgdtxx. bjedu. cn。

（郝玉金）

【成立红领巾废品回收站】 3月9日，成立"红领巾废纸回收站"。要求每位师生将用过的废纸，饮料瓶带回教室放入"废品回收站"中，进行统一的分类。节能减排工作已经成为学校一项常规工作。

（殷冉冉）

【举办清明诗会】 4月2日，举办清明诗会。师生们用真挚的情感歌颂伟大的祖国、歌颂伟大的中国共产党、歌颂革命先烈的丰功伟绩。

（郝玉金）

【成立蓓蕾工作室】 5月6日，举行"蓓蕾工作室中期总结活动"。区教委小幼科、进修学校的相关领导和部分教研员及各小学青年教师代表参加活动。首先，由学校8名蓓蕾工作室学徒教师讲展示汇报课，接着，参加活动的教师分为5个学科组进行研讨。最后，学校校长进行蓓蕾工作室工作汇报；蓓蕾工作室徒弟代表发言。

（郝玉金）

【举办地质科普进校园活动】 5月19日，举办地质科普进校园活动。学校与中国地质博物馆联系，邀请博物馆有关科学家为学生举办了《认识脚下的岩石》的讲座，并组织师生观看了矿石实物展和展板。

（谭哲理）

【举办养成教育研讨会】 11月22日，举办学生学习习惯养成教育研讨会。首先，听了二、三年级教师的两节语文展示课。课后，与会人员进行研讨，大家肯定了两位教师在学生表达能力培养上的做法。接着，低年级组和中高年级组做了专题工作汇报，回顾并总结了低年级说话能力培养与中高年级自主学习习惯培养的经验。

（郝玉金）

【成立山区学校少年宫】 12月22日，大台中心小学乡村少年宫启动仪式在学校多功能厅举行。区教委体美科、少年宫的相关领导参加了启动仪式。年内，为了进一步加强和改进农村未成年人思想道德建设，经国务院同意，在"十二五"期间，由财政部安排中央专项彩票公益金24.5亿元，支持中央文明办牵头组织建设8000所乡村学校少年宫，计划每年建1600所。北京首批建设6所，大台中心小学是其中之一。大台中心小学乡村学校少年宫是依托学校现有场地、教室和设施，进行修缮并配备必要的设备器材后建成的，在课余时间和节假日组织普及性课外活动。

（谭哲理）

·北京第二实验小学永定分校

【概况】 年内，北京第二实验小学永定分校占地面积27315平方米、建筑面积12992平方米，体育馆面积800平方米。图书馆〈室〉藏书2.1003万册，电子图书15万册，订阅报刊、杂志40种。固定资产总值2047.98万元。全年教育经费投入2579.37万元，其中，国家拨款2579.37万元。学校信息化经费投入30万，拥有计算机453台，多媒体教室座位90个，校园网出口总带宽10Mbps，数字资源量300GB，“信息技术”课程2课时/周。普通教室24个、专用教室10个。教职工230人，其中，高级职称3人、中级职称116人。专任教师200人中包括：北京市骨干教师1人、区级骨干教师17人。本科以上学历145人。开设教学班52个，4个学前班，附属幼儿园12个班。小学当年毕业222人、招生281人、在校生1475人，学前班招生180人，附属幼儿园招生420人。

（杜海燕）

【与赤峰市喀喇沁旗开展交流】 1月13日，内蒙古自治区赤峰市喀喇沁旗6位教育工作者到校开展交流活动。校领导首先参观了学校现代化的教学设备和校园文化，并对学校以后的发展做了介绍。随后，同时就三校撤并后部分设备的捐赠方案进行了协商。

（杜海燕）

【举办主题队日活动】 2月，举办主题为“让党团队旗飘起来——主题队日”。活动中，少先队员代表在党、团、队旗下，向全校学子们发出了“继承少先队优良传统、争做新时代优秀少先队员”的倡议。还表彰了优秀少先队员和辅导员。

（杜海燕）

【成立家长学校】 3月2日，家长学校成立。在成立仪式上，学校领导向家长讲述了家长学校成立的意义以及活动形式，并鼓励家长要积极参加家长学校的各项活动，掌握科学的育人方法。仪式结束后，聘请中国家长教育研究所教授为与会家长、教师做了专题讲座。

（杜海燕）

【举行课堂数学教学研讨活动】 3月24日，举办“构建高效课堂数学教学研讨暨拜师活动”。区教委领导、北京第二实验小学领导、辽宁抚顺分校9名干部教师、全区20余所小学教学干部、数学教师近200人参加活动。仪式结束后，学校教师和北京实验二小副校长、特级教师分别执教《认识小数》和《圆的认识》。课后与会人员就两节课做了研讨，指出了课上存在的问题，并提出具体建议。随后学校4名青年教师分别拜北京实验二小优秀教师为师。

（杜海燕）

【举办心理健康教育培训】 3月30日，学校聘请教师进修学校教师，为全校班主任及家长教师委员会成员做《孩子需要的心理营养》培训讲座。此次培训活动是学校家长学校系列活动之一，学校还创办了家校通讯、开设了家校互动邮箱、并定期开展家长问卷等活动。

（杜海燕）

【举办首届体育节】 4月28日，举办首届体育节。450名运动员参加了32个项目的比赛。校长在开幕式上致辞，随后同学们进行了太极拳、小篮球、轮滑、太极拳表演等特色体育活动展示。

（杜海燕）

【举行紧急疏散演练】 5月4日，举行安全疏散演习活动。在教师的有序组织下，仅用1分20秒就全部撤离到指定地点。整个疏散过程，教师各司其职，学生撤离安静有序。

（杜海燕）

【举办高效课堂校长论坛】 6月10日，举行“门头沟区深化教学方式改革构建高效课堂－校长论坛”。论坛由门头沟区教委主办，北京第二实验小学永定分校承办。160余人参加了论坛。活动第一部分由实验二小永定分校、东辛房小学、坡头小学、工人子弟小学的6名教师分别执教6节课，与会者分头听课。第二部分是校长论坛，实验二小永定分校、坡头小学、工人子弟小学、东辛房小学的校长们分别作了发言。最后市教委领导分别对活动进行了总结。

（杜海燕）

【启动“翔云”计划】 9月14日，举行教师队伍培养“翔云”计划启动仪式。教委和进修学校相关领导及部分教研员出席启动仪式。首先，由老师讲了研究课《辽阔的疆域》，再教研员作了点评；最后副校长宣讲了《翔云计划》，提出了各层次教师培养目标及措施；校长对老师提出具体要求。

（杜海燕）

【请奶奶当教师】 9月28日，

分校附属幼儿园请小朋友的奶奶当教师，为孩子们讲授剪纸技巧。并手把手地教小朋友们如何剪出自己喜欢的作品。为了上好剪纸课，幼儿园教师编写了《幼儿脱稿自主创意剪纸园本课程教师指导用书》，并对教师和家长分别进行了培训，同时充分挖掘身边的家长剪纸教育资源充实课程内容，使家园携手形成教育的合力。

（杜海燕）

【启动社团活动计划】 9月，学校启动社团活动计划，计划中学校将启动小篮球、声乐、电脑绘图、轮滑、模型设计等28个社团组织。

（杜海燕）

·育园小学

【概况】 年内，育园小学围绕学校五年、三年发展规划中的核心理念，深化“以立志教育为核心构建学校整体文化”发展思路，把“抓团队，创氛围，抓常规，促特色，出亮点。”作为工作主线，提升了师生自主发展意识和幸福感。在教学中，立足于高效课堂的研究，进一步完善高效课堂的评价标准，使教学取得了成绩。在教育工作中，抓好学生志向的确立、实践过程的管理，通过多种手段调动学生的积极性，并把立志教育作为学生成长的主流载体，促进了学生的自主发展。育园小学学校占地面积11020平方米、建筑面积6356平方米，体育场面积5639平方米。图书室藏书6.1万册，订阅报刊、杂志75种。固定资产总值1062万元。全年教育经费投入1156.70万元，其中，国家拨款1131.29万元、自筹经费25.41万元。学校信息化经费投入13.47万，拥有计算机315台，多媒体教室座位1474个，“信息技术”课程2课时/周。普通教室32个、专用教室9个。教职工95人，其中，高级职称2人、中级职称67人。专任教师83人。开设教学班28个。当年毕业181人、招生217人、在校生1323人。

（杨国庆）

【举办首届优秀教师风采展示】 3月，开展首届优秀教师风采展示活动。经教职工民主推荐，学校行政会集体讨论决定，10位教师为学校首届获得展示机会的优秀教师人选，并对他们的事迹进行了展示。

（李京晶）

【参观红旗渠】 4月30日，校党支部组织全校党、团员到河南省林州市，参观了红旗渠纪念馆和红旗渠主要工程－分水闸和青年洞。追忆当年林州人民为彻底改变家乡面貌，征服自然，修筑“世界第八大奇迹红旗渠”的峥嵘岁月，感受红旗渠精神。全校党团员50余人参加了活动。

（李京晶）

【清明祭扫】 4月，组织学生到区万佛华侨陵园，祭扫著名作家臧克家和人民的好医生韦加宁，为他们敬献花篮，并向前辈致以最崇高的敬礼，队员们在大队辅导员的带领下许下诺言——学名人精神、继先辈遗志，努力学习，奋发向上，成为一代新人，50余名少先队员参加了此次祭扫活动。

（杨金玲）

【尝试四段式教学模式】 5月18日，开展题为“尝试四段式教学模式，促进课堂民主和谐”的高效课堂阶段性研讨活动。活动中推出两节中年级的课例；学校领导汇报了学校开展高效课堂研究的整体情况；教师代表介绍了教研组开展四段式教学模式研究情况，并将此次推出的研究课备课思路向大家进行了介绍。教研员进行了评课，并结合课例对学校高效课堂的研究给予了指导。全校教师共计60余人参加研讨活动。

（周桂荣）

【清华大学教育同仁到校交流】 10月14日，清华大学“重庆市教育培训者高级研修班”53名教育同仁到校参观交流。校长介绍了育园小学在“立志教育”发展理念下的具体做法和成效；大峪中学校长介绍了峪中多年来的办学经验；党校书记对区内“十一五”干训工作经验做了简单介绍，对“十二五”干训的规划做了描述。之后，重庆市教育同仁与区党校干训部、育园小学、大峪中学的领导就干部培训、学校办学特色等方面进行了交流。

（李京晶）

【成立新一届家长教师协会】 11月2日，召开新一届家长教师协会成立大会。学校为28位班级家长教师协会会长颁发聘书；校级执委会会长宣读了《班级家长教师协会组织章程》；学校领导就家教协会工作进行了总结；最后，校长与家教协会代表进行了交流与沟通，向家长介绍了学校的办学特色以及各项工作取得的成绩，并希望家教协会能够发挥组织功能，协助学校开展丰富多彩的活动，促进孩子健康成长。

（杨金玲）

【举办论证会】 11月29日，召开北京市教育学会“十二五”科研课题，“小学生立志教育探索与研究”开题论证会。课题组成员宣读了“小学生立志教育探索与研究”开题报告，并解读了子课题“小志向过程性研究”的实施方案。北京教育学会领导和教科所有关人员针对开题报告和子课题实施方案，与课题组相关人员进行了质疑论证。经专家讨论研究决定，同意育园小学开展“小学生立志教育探索与研究”课题开题。

（周桂荣）

·北京市门头沟大峪第二小学

【概况】 年内，大峪二小坚持“为学生的全面可持续发展奠基”的办学理念，以“构建高效课堂”为核心，以培养学生的可持续发展的学习能力、良好学习习惯为切入点，开展丰富多彩的教育教学活动，有效地加强了教师队伍建设，扎实推进了课堂教学改革，全面提升了教育教学质量。年内，学校获得国家、市区级荣誉20余项；教师获得国家、市区级研究课奖项90余项；论文获奖、文章发表200余项；学生各级各类比赛获奖230余项。大峪第二小学占地面积6941平方米、建筑面积5406平方米，体育场馆面积3325平方米。图书馆〈室〉藏书36618万册，订阅报刊、杂志54种。固定资产总值968.80万元。全年教育经费投入1244.62万元，其中，国家拨款1244.62万元。学校信息化经费投入24.4万，拥有计算机240台，多媒体教室座位35个，校园网出口总带宽100XMbps，“信息技术”课程10课时/周。普通教室28个、专用教室4个。教职工95人，其中，高级职称4人、中级职称65人。专任教师81人中包括：特级教师1人、北京市骨干教师5人。本科以上学历73人。开设教学班32个。年内毕业163人、招生185人、在校生1200人。网址：www.mtgdyex.bjedu.cn。

（高海英）

【举办“有效备课”专题讲座】 2月25日，聘请北京市语文特级教师到校，举办“如何有效备课”专题讲座。特级教师以一年级语文教材“语文园地”中的“我发现”栏目为例，讲解了“怎样通读教材，达到有效备课”。为了做到资源共享，学校还邀请了三家店小学、黑山小学、工人子弟小学、大台小学、潭柘寺小学等部分教师参加了此项活动。

（杜瑞敏）

【举办主题队日活动】 3月7日，开展“‘红领巾在行动’党团队旗飘起来”主题队日活动。活动主题是为庆祝建党90周年、迎接北京市第六次少代会的先导活动。活动后学校还开展了“红色经典推荐”、“优秀党员相册”、“红色歌曲大家唱”等活动。

（宋福燕）

【开展感恩主题教育活动】 3月14日，开展“感恩在心，感恩在行”感恩主题教育活动启动仪式。仪式上少先队员代表宣读了感恩倡议书；六年级的队员代表讲述了自己如何感恩父母、如何以自己的言行影响弟弟妹妹，并承诺自己要成为感恩行动的践行者；五年级的队员代表带领大家学唱手语歌曲《感恩的心》。仪式后，学校召开感恩教育活动研讨会，对学期内如何培养感恩之心、践行感恩行动等感恩教育活动做了部署。

（宋福燕）

【召开研讨会】 5月6日，召开了“实施发展性评价，促进中小学质量提高—师生关系”研究项目交流研讨会。参加活动的有中国教育学会小学教育专业委员会、北京师范大学、区教委、教师进修学校等单位领导和各区县课题组成员。活动首先听取了5位教师的现场课，之后组织各区县进行了交流研讨。大家对大峪二小开展课题研究并取得的成果给予肯定。

（杜瑞敏）

【举办专题讲座】 10月9日，邀请原北京教科院研究员为全体教师作“中小学教师如何用哲学”专题讲座。讲座从哲学并不神秘、哲学很有用等4个方面进行了讲解。之后，学校为老师们购买了《中小学教师如何用哲学》一书，并继续开展如何用哲学观点指导教学工作的交流活动。

（杜瑞敏）

【召开庆祝建队62周年主题会】 10月13日，召开“敬礼光荣的少先队”暨庆祝中国少年先锋队建队62周年主题大队会。会上，少先队员代表采取表演、演讲、互动等形式，开展了学习队章、队史、队礼仪的交流活动。四年级辅导员参与展示的“少先队礼仪”，并规范了少先队仪式。

（宋福燕）

【举办专题培训】 11月18日，邀请了区校本课程研究室教师为全体教师进行了“如何编写校本教材”专题培训。主讲教师从“我们可以编写校本教材、编写什么类型的校本教材、怎样科学地编写校本教材”三个方面对全体教师进行培训。并就钻研新课程理念、学习课程理论和课程标准等方面，结合建设校本教材进行了说明。

（杜瑞敏）

【举行“七彩阳光学苑”揭牌仪式】 11月29日，召开“七彩阳光学苑”成立及揭牌仪式。“七彩阳光学苑”有校级学苑9个共400余名学员，包括：音乐学苑、美术学苑、广播学苑、体育学苑、科学苑、劳技苑、管乐学苑、信息学苑、太平鼓传承学苑。家长教师协会建立的班级学苑28个。每周二为“学苑日”，学校采取学分制评价体系，从平时评价到学期评价再到学年评价。结合评价，学年末为学员颁发结业证书，并在第一年授予“小学士”称号、第二年授予“小硕士”称号、第三年授予“小博士”称号、第四年授予“小教授”称号。

（吕雅丽）

【开展创编新童谣活动】 11月，开展学“北京精神，创编新童谣”活动。三至六年级的学生、家长参与到活动，共收到学生作品750余份，从中选出优秀作品225份，并给予了表彰。

（宋福燕）

【召开“我的科技博览会”】 11月，召开“我的科技博览会”，该科技博览会为学校启动科技节仪式。学校以“我低碳、我展示、我创新”为主题。

（吕雅丽）

【开展图书漂流活动】 12月5日，开展主题为“给图书一个奇妙的旅行”的图书漂流活动启动仪式。启动仪式上，大队辅导员宣读了活动方案，号召全体学生参与到活动中。随后，学生代表发言。最后，启动了图书漂流活动。

（宋福燕）

·北京市门头沟区妙峰山民族学校

【概况】 年内，学校秉承“巩固成果、同心协力、优化管理、稳健发展”的总体工作思路，完成了小学部规范化验收工作；在“构建高效课堂”三杯竞赛活动中有4名教师荣获一等奖，学校荣获优秀成果奖；在“七一”表彰会上，学校特色党建措施荣获区级优秀成果奖。学校增加硬件设施投入，校园硬件设施得到极大改善。年内，妙峰山民族学校占地面积17467平方米、建筑面积6750平方米，体育场（馆）面积5610平方米。图书馆（室〉藏书2.8万册。固定资产总值1436.33万元。全年教育经费投入万1254.55元，均为国家拨款。学校信息化经费投入183.57万元，拥有计算机354台，多媒体教室座位200个，校园网出口总带宽10至100Mbps，数字资源量60GB，“信息技术”课程2课时/周。普通教室21个、专用教室6个、实验室3个。教职工102人，其中、高级职称7人、中级职称56人。专任教师71人中。本科以上学历80人。开设教学班18个，其中，小学班12个、初中班6个。当年毕业113人，其中、小学38人、初中75人；当年招生84人，其中、小学42人、初中42人；在校生375人，其中、小学240人、初中135人，包括寄宿生47人，少数民族22人。高中录取分数线420分（门头沟区）。网址：www.mtgmfsmzxxbjedu.cn。

（杜春勇）

【开办幼儿园标准班】 9月，开办了3个幼儿园标准班，招收幼儿61人。标准班教师来自小学教师转岗和公开招聘，并对标准班教师进行了转岗培训，到区内市级示范园进行了见习。

（宋朝辉）

【举办教学基本功比赛】 10月13日至11月11日，组织教学基本功比赛。全校31名教师参加了以“先学后教、合作探究、学案导学”为中心的课堂教学展示和比赛活动。活动内容为集体备课、讲课、评课、反思四个环节。此次比赛共产生5个一等奖。赛后，有8名党员教师代表学校参加了区教委组织的“三杯比赛”。

（孙宏军 陈永周）

【改善教师住宿环境】 10月，组织相关人员对教师宿舍的上下水管道进行了改造，共计投入资金20余万元。

（郝荣平）

【开展消防疏散演习活动】 11月9日，组织开展11·9安全疏散演练活动。学校400余师生参加，并邀请了镇政府和派出所领导参加。演练结束后，派出所政委进行点评。

（刘连金）

【参加工会岗位练兵活动】 11月，学校推荐6名教师参加了教育工会协组举办的“践行北京精神，强化岗位练兵”教师硬笔书法比赛。最终学校荣获一等奖2人。

（陈金义）

【开展读书节活动】 12月，组织开展以“沐浴书香，快乐成长”为主题的读书节活动。学校向学生推荐了100余部适合少年儿童阅读的书目，并开展“好书伴我成长”黑板报和手抄报比赛，18名同学被评为“读书之星”。

（李维东）

【开展构建高效课堂培训】 12月，组织以“关于高效课堂的基本认识”为题的构建高效课堂培训活动。全校60余名一线教师和中层以上干部参加培训。培训内容主要有：什么是高效课堂；教师行为与高效课堂；怎样审视课堂三个方面。

（王建亮）

【开展高效课堂试验教学】 12月，学校被市教委授牌为新一轮课堂教学改革试验校。并向区、市两级申报了课题研究立项书。同月，学校该项课改项目得到市教委的批准，并挂牌立项。

（赵俊军）

·北京市门头沟区西辛房中学

【概况】 年内，学校占地面积12100平方米、建筑面积5105.28平方米，体育场（馆）面积3346平方米。图书馆（室）藏书35513册。固定资产总值1016.58万元。全年教育经费投人1097.36万元，其中，国家拨款1162.88万元。学校信息化经费投入167.51万元，拥有计算机131台，多媒体教室座位42个，校园网出口总带宽100Mbps，“信息技术”课程2课时/周。普通教室16个、专用教室3个、实验室3个。教职工80人，专任教师54人，其中：高级职称14人、中级职称32人。本科以上学历52人。开设初中教学班16个，当年毕业166人，招生133人，在校生460人。网址：http：//www.58.117.142.1/。

（张苏华）

【举办班主任眼保健操培训】 4月25日，开展班主任眼保健操培训活动。培训由学校医务室老师主讲。主讲老师介绍《中小学生近视眼防控工作方案》中班主任的防近职责，眼保健操原理和做眼保操的注意事项。然后逐节指导班主任学习。

（杨树标）

【开展学生营养教育活动】 5月20日，开展学生营养教育活动。活动主要内容是：利用广播向学生宣传膳食营养知识；组织初一、初二年级学生画一份关于预防肥胖的手抄报，并进行展览；学校为每位学生制作一份《中学生营养食谱》；学校向家长发一封关于孩子饮食和预防肥胖的内容信；为肥胖学生制作一份身体锻炼计划表格；初二年级各班出一份关于肥胖的危害性的板报。

（杨树标）

【争创无烟校园】 5月31日，学校为争创无烟校园，有5名同学参加了区教委组织的首届中学生地面粉笔画争创无烟校园创意大赛。活动地点在区立思辰公园，学生在指定区域内创作地面粉笔画，每人创作范围为1米×1米。

（杨树标）

【举行博爱书屋募捐活动】 6月，组织学生进行了博爱书屋募捐活动。此次共收到捐款802.5元。

（周荣华）

【开展推广普通话宣传教育活动】 9月11日至17日，为全国第十四个推广普通话宣传周，学校以悬挂标语横幅、张贴宣传画、板报宣传等方式，开展了以“提升国家通用语言文字应用能力，弘扬中华优秀文化传统”为主题的推广普通话和规范汉字书写宣传教育活动。还组织教师、学生开展了汉字书写、成语接龙竞赛，并推选出小选手参加区级竞赛。有5名学生分获区级一、二、三等奖，5名教师获优秀指导奖。

（杜红霞）

【开展拜师结对活动】 9月21日，举行了拜师结对仪式。在仪式上，4位老师们在协议上签字，年轻教师代表新教师发言。校长为4位老教师发放了聘书，并对新老教师提出了希望和要求。

（杜红霞）

【开展阳光体育活动】 10月19日，开展“阳光体育每天锻炼一小时”活动启动仪式，仪式上，校长讲解了开展阳光体育健康活动的意义，体育组长宣布了活动的程序和具体内容。随后，开展了跳绳、篮球、跑步等阳光体育活动。

（杨树标）

【组织“三杯”竞赛活动】 10月至12月，开展“三杯”竞赛活动。此次活动以“教研组竞赛、校级竞赛、区级备赛”的流程进行操作，比赛优胜者参加区级选拔赛。学校还以“三杯”竞赛为契机，以教研组为单位开展了课例研究、教研组内听课评课等校本教研活动。有47位教师参与了教研组内竞赛，有7位教师代表学校参加了区级“三杯赛”，获一等奖2名。学校获得“优秀成果奖”。

（杜红霞）

【举行研讨活动】　11月25日，举行题为“推进课堂教学改革”的教学研讨活动。参加活动人员有区中学教研室语文、数学学科的教研员，以及全区初一、初二语文和数学教师90余人。活动中，学校2位教师讲授了《默读父亲》《一元一次方程的解法》课程，军庄中学教师讲授了《人物个性化的语言》的作文课。课后，参会教师围绕授课内容、教学技巧、学生表现、教学效率等方面进行了研讨与交流。

（杜红霞）

【进行“十二五”课题开题论证】　12月21日，与大台中心小学、河南街小学联合召开北京市教育学会“十二五”课题开题论证会。论证会特邀北京市特级教师等专家，区教委、教师进修学校、三所学校领导和部分教师参加。会上，河南街小学、大台中心小学和西辛房中学分别做了《关于丰富小学生自主学习生活的研究》《外来务工子女教育策略的研究》《初中学困生的形成原因及转化策略的研究》和《初中培养学生主体参与的课堂教学模式的研究》的开题报告，与会专家分别对课题给予了论证和点评，并一致认为这四个课题具有较强的研究价值和现实意义，同意开题研究。

（杜红霞）

·首师大附中永定分校

【概况】　年内，首都师范大学附属中学永定分校占地面积33681平方米、建筑面积27668.5平方米、体育场（馆）面积12299平方米。图书馆藏书4万册。固定资产总值2426万元，全年教育经费投入1795万元，全部由国家拨款。学校信息化经费投入630万元，拥有计算机320台，多媒体教室座位55个，校园网出口总带宽100Mbps，数字资源量680GB，“信息技术”课程4课时1周，普通教室34个、专用教室18个，实验室11个。教职工147人，其中，副高级职称39人、中级职称48人。专任教师105人，市级骨干教师2人。开设教学班33个，现有在校生1277人，毕业生数394人，招生456人，其中寄宿生500人。网址：http://58.117.144.1：8080

（张　翼）

【多举措培养教师】　2月开始，学校以联合办学为契机，多方面加强教师培养，促进青年教师尽快成长。一是实行“导师制”。二是举办“三杯”比赛。三是实行教师进修双轨制。

（杨清龙）

【举办构建高效课堂展示课】　3月，开展构建高效课堂教学实践展示活动，先后有20余位教师做了校级和区级展示课。

（杨清龙）

【举办学校卫生档案管理现场会】　4月13日，区教委体美科在学校举办“健康促进学校档案材料管理现场会”，全区中学主管卫生工作领导、校医参加会议。会上，有关领导表扬了校内“健康促进学校”档案材料管理工作。会后与会人员参观了档案材料管理情况。

（李　静）

【完成校安工程和数字化校园建设】　10月，区教委投资近200万，为学校打造“数字化校园”系统。11月底，完成校园局域网和安防设备建设任务。校园监控系统共有82个监控摄像头，全部安装在学校每个楼层及校园门口等重点地区，实现了校内全方位安全监控。

（高金华　杨清龙）

【组织学生参加社会实践活动】　12月15日，学校初三年级254名学生到“首都博物馆”和“自然博物馆”参加社会实践活动。

（于文惠）

【依托首师大附中力量备战高考】　年内，首届高中生参加高考。学校决定：依托首师大附中备战高考。一是参加首师大附中高三交流会。二是结合学校实际，明确了高三年级的工作思路，参考首师大附中的经验，制定自己的复习计划；三是邀请附中领导来分校指导工作。

（罗金鹏）

·军庄中学

【概况】　年内，军庄中学占地面积23800平方米、建筑面积4091平方米，体育场（馆）面积8890平方米。图书馆（室）藏书1.85万册，订阅报刊、杂志17种。固定资产总值831.86万元。全年教育经费投入其中1304万元，均为国家拨款。学校信息化经费投入48万元，拥有计算机109台，多媒体教室座位340个，校园网出口总带宽100Mbps，“信息技术”课程2课时/周。普通教室6个、专用教室6个、实验室3个。教职工42人，其中、高级职称7人、中级职称17人。专任教师28

人中。本科以上学历35人。开设初中教学班6个。当年毕业78人，招生40人，在校初中生141人。

（马　跃）

【加强班级文化建设】　2月，学校开展班级文化建设，促高校课堂实施工作。一是通过班风建设、教室设计、开展活动、教师言传身教等。二是结合学校办学理念、学生年龄特点、心理特征和现有的班风、学风，发挥每个学生在班级文化建设的主体作用，让每位学生通过参与班级文化建设，达到在实践中经受锻炼、在生活中培养自律意识的目的。

（王　彬）

【参加首都少年先锋岗活动】　8月4日、5日，学校24名少先队员，到天安门广场人民英雄纪念碑前，参加首都少年先锋岗活动。

（连春博）

【上好开学第一课】　9月1日，组织学生观看《开学第一课——幸福成长》专题片。在此次活动中，学校每位同学写一篇观后感，并组织人员对上交的观后感进行评选。评选出的优秀文章在校园广播站广播。

（王　彬）

【组织紧急疏散演练】　11月16日，组织紧急情况下的安全疏散演练。演练中，各班任课教师迅速组织学生向楼外安全区域转移，一分钟内，所有师生都转移到了指定安全区域。同时还进行了消防灭火演习。主管安全教师示范了灭火器的使用操作方法，各年级由一名学生参加灭火实践。

（周国朋）

【开展科技教育活动】　11月，学校利用科技节期间，开展科技教育活动。在科技节中，学校以板报、广播、环保设计方案等形式开展了话科技、谈感想、读科普书籍、进行科技小制作等活动，并利用天宫一号和神八交互对接成功的实况对学生进行教育。同时还请相关科学专家到学校做了“太空看长城还要纠缠我们多少年?”的讲座，

（王　彬）

【开展学习传统文化学习活动】　12月10日，组织学生参加了区少年宫组织的以“诵读经典、传承文明”为主题的国学知识普及活动，获得第一名。

（王　彬）

【开展教师心理专题培训】　12月16日至17日，开展主题为“学科教学中调整学生心理手段与策略”的培训活动。邀请区进修学校教教师从团体活动和专题讲座两个层面对教师展开培训。

（李忠军）

·北京市大峪中学

【概况】　年内，北京市大峪中学占地面积63210平方米、建筑面积44268.15平方米、体育场馆面积1582平方米。图书馆（室）藏书6万册，电子图书20册，订阅杂志、报刊30种。固定资产总值1.27亿元。全年教育经费投入2419.89万元，其中，国家拨款2187.57万元、自筹经费232.32万元。学校信息化经费投入40.75万元，拥有计算机250台，多媒体教室座位200个，校园网出口总带宽10至100Mbps，数字资源量20至100GB，“信息技术”课程2课时/周。普通教室36个、专用教室21个、实验室12个。教职工165人，包括副高级职称61人、中级职称50人。专任教师115人，包括特级教师2人、北京市学科教学带头人2人、市级骨干教师1人。开设教学班32个。毕业337人；招生353人；在校生1064人，包括寄宿生670人。高中录取分数线481分（门头沟区），应届高考本科上线率86%。网址：http：//www.dyzx－bj.com

（刘景敏）

【参加北京青少年科技创新赛】　3月24日日27日，第31届安捷伦北京青少年科技创新大赛在校内举办。全市18个区县代表队和来自9个国家的11个国外代表团参赛。此届大赛共有27万余名青少年参加大赛初赛，初评作品达1532项，其中竞赛类项目771项、优秀科技实践活动66项、优秀科技辅导员18名、科技辅导员科教创新竞赛项目131项、少年儿童科学幻想绘画546幅。项目内容涉及自然科学、工程技术及社会科学领域等13个学科，有6位院士参会，北京市4名著名中学校长作典型发言。在大赛中，大峪中学有9位选手参赛，荣获一等奖2个、此外还有4个专项奖，学校老师荣获“北京市十大科技教师”称号，学校荣获特别贡献奖。

（陶术研）

【科技创新实验基地竣工】　3月，区教委拨款500万元，在大峪中学建造的科技创新实验基地竣工。该基地拥有学生专业实验室15间及主控室1间，面积1000平方米。实验室包括1间综合性分子生物学实验室，11间功能性实验室，2个万级洁净室。拥有扫

描共聚焦显微镜、基因枪、高效液相色谱仪、实时荧光定量 PCR 仪、发酵罐、凝胶成像系统、分子杂交仪、PCR 仪、酶标仪、高速冷冻离心机等仪器设备，能够满足现代生物化学与分子生物学实验教学和科学研究需要。

（徐　俊）

【实施高效课堂五项原则】　3 月，正式实施《大峪中学高效课堂五项原则》。该“五项原则”包括：以学定教、突显学生主体、关注个体差异、创设活力课堂、人人进步。学校实施的“五项原则”被评为门头沟区 2011 年度高效课堂建设先进校，并在 12 月 23 日全区中小学高效课堂总结表彰会上做典型发言。

（徐　俊）

【签署创新人才培养协议】　4 月 25 日，与北京化工大学签署创新人才培养协议。该协议是北京化工大学与优质生源基地校签署的一项优惠协议。协议规定双方定期就高考和学生培养等情况进行交流，共同加强对品学兼优生、特长生进行联合培养。双方还就学生免试推优、专业选择和创新人才培养等方面进行实质性合作。

（徐　俊）

【成立教学督导评估室】　9 月 1 日，学校“教学督导评估室”挂牌成立。该室为学校教学质量监控机构，由 1 名主任、1 名专职教师和 10 余名兼职教师组成。该机构主要通过课前教学案检查、课后测评反馈等方式，检查评估课堂教学；结合课堂过程监控和学生测试成绩，为教师的课堂教学把脉，引领教师专业成长。

（徐　俊）

【开展手拉手活动】　10 月 20 日，与北京市第八十中学启动手拉手活动。双方达成协议，从学期内开始两校从青年教师培养、干部培训、课堂教学、校本教研等方面进行交流合作。11 月初，北京市第八十中学特级教师团队走进峪中课堂，先后 5 次为 10 余名教师进行课堂诊断，并多次为英语学科组全体教师进行现场指导。与此同时，峪中领导也到第八十中学学习考察。

（贺启谋）

【接待蒙、藏教师】　10 月 25 日至 11 月 11 日，内蒙古自治区察右后旗第一中学 5 名教师到大峪中学进行为期 3 周的影子培训。培训形式采取一对一导师负责制，并以结对子的方式，实施全程培训。培训内容包括新课程理论学习、课堂教学实践以及教学研讨活动等。12 月 5 日至 17 日，西藏自治区尼木县 6 名教师到校进行 2 周的学习交流。交流内容包括课堂教学、学生管理、宿舍管理等方面。

（贺启谋）

【学生社团活动中心换届】　10 月，举行新一届学生社团换届活动。学校成立的文学社、英语社、心理社等 13 个社团。13 个社的新社长通过社团大会竞聘产生。年内，学校学生社团现有会员 339 人。

（王金焕）

【成立首届自主研修班】　11 月 8 日，大峪中学首届自主研修班成立，学校领导、家校协会代表、学业导师、人生导师和全体学员参加成立大会。首届学员有 20 名，均为高二年级各班品学兼优、自主学习能力较强的学生。该班实行松散管理，平时分散在各班上课，自主学习，自习课时可以合作研讨，集中交流。该班采用双导师制，每一个学生均配备 1 名学业导师和 1 名人生导师。

（陶术研）

【成立农村青少年科技园】　12 月，经市科协审批通过，在大峪中学成立“农村青少年科技园”项目。为保证青少年科技园开展活动，市科协为大峪中学拨付了项目经费，配备了必要的教学设备。

（陶术研）

·北京市门头沟区工读学校

【概况】　年内，门头沟区工读学校占地面积 1.79 万平方米、建筑面积 0.52 万平方米、体育场（馆）面积 0.4 万平方米。图书室藏书 0.3 万册。固定资产总值 521.3 万元。全年教育经费投入 92 万元，全部由国家拨款。普通教室 6 个、专用教室 2 个，实验室 3 个。教职工 47 人，其中，副高级专职称 6 人、中级职称 20 人。专任教师 26 人，包括本科以上学历 21 人；区级骨干教师 1 人。开设教学班 5 个。毕业 16 人；招生 15 人；在校生 47 人，其中，寄宿生 31 人。网址：www.bjmtggd.cn。

（董国舫）

【巩固工读预备生制度】　5 月，召开会议决定继续巩固“工读预备生制度”。该制度建立于 1997 年。年底，共建立工读预备生档案 22 份。

（董国舫）

【参加中小学生社会大课堂实践活

动】 10月19日，组织学生参加中小学生社会大课堂实践活动。参观了门头沟区社会大课堂资源单位“北京花露蝴蝶园”，开展了创新与实践活动。在活动中，师生们听取了资源单位专家的蝴蝶知识讲座，参观了蝴蝶标本室及400平方米的蝴蝶养殖大棚。在工人的指导下制作了蝴蝶标本，并和工人一起包饺子。活动后，每个学生都写了活动感想，学生的蝶翅画作品也在学校进行了展览，并评出了一、二、三等奖，部分优秀的作品还参加了北京市第十四届学生艺术节参展。

（董国舫）

【组织教师进行参观研讨活动】 10月20日，组织教师一行9人到北京市万泉河中学参加“实践高效课堂改变学校面貌”观摩研讨的活动。

（董国舫）

【举行阳光体育冬季长跑启动】 11月26日，举行阳光体育冬季长跑启动仪式。首先，全体校师生在学校操场列队，接着校长下达长跑口令，全体师生举行了第一次长跑。

（董国舫）

【开展特色党日活动】 11月，学校党支部开展特色党日活动，组织党员学习党的《党章》，并组织《党章》基础知识竞赛。

（董国舫）

·门头沟区中等职业学校

【概况】 年内，门头沟中等职业学校坚持以服务为宗旨，多次参与全国、市、区多项大型活动和比赛，多次参与全区各种大型活动服务、演出活动，展示了师生风采，提升了学校知名度。9月25日，参加全国青少年校园健身操比赛，获得北京市赛区总决赛一等奖。10月20日，参加在北京工业大学奥运体育馆举行的北京市第十四届学生艺术节校园集体舞市级展演活动，获最佳校园主题奖。学校礼仪队服务全区经济和文化建设，完成区政协、人大两会等各项服务活动60余次。10月9日至11月5日，选派汽修组2名同学参加由北京市汽车专业委员会组织的到德国进行为期一个月的汽车教学方法的培训。学校有高职补习班和外地成人考试辅导班。43人参加的单考单招考试中，有42人被高等职业院校录取，录取率达97.7%。累计有国家级子课题2个，市级课题2个，市级子课题1个，区级重点课题1个，校级课题1个。学校招生规模140人，共10个专业，共计招生152人。学校先后对6个班进行了推荐分配，有160名同学走上了工作岗位。分配在率达到100%。为全区经济文化建设服务，共举行交谊舞、家宴培训、保安培训、礼仪培训等培训班，培训人数达到了2767人，培训人次5012人次。年内，中等职业学校学校占地面积21679平方米、建筑面积19114平方米。图书馆建筑面积200平方米，图书馆藏书44485册，其中，纸质图书44485册。固定资产总值559.8万元，其中，教学、科研仪器设备总值490万元。全年教育经费投入302.79万元，其中，国家拨款209.23万元、自筹经费90.77万元。学校信息化经费投入137.85万元，拥有计算机477台，多媒体教室座位66个，网络信息点数1个，校园网出口总带宽100Mbps，上网课程10门。开设学前教育、汽车运用与维修、中餐烹饪等10个专业，有58个教学班。有教职工172人，其中、专任教师122人、教辅人员50人。专任教师中，本科及以上学历占教师总数93%；高级职称37人、中级职称66人；聘请外校教师6人；“双师型”教师116人。毕业1095人，就业率100%；职业资格取证率97%；招生196人；在校生1365人。考入高职及其它高等院校42人。

（梁 爽）

【研究职业教育发展工作】 4月8日，区教委研究职业教育发展问题。决定：根据北京市中长期教育改革和发展规划纲要精神，结合区内功能定位和产业发展需求，努力做优职业教育、做大高职教育、做强职业培训，构建灵活开放的职业教育体系。明晰发展定位，坚持“以服务产业为宗旨，以促进就业为导向”，服务区内休闲旅游文化、山地体育、会议培训等产业。树立职业教育品牌，开展新型综合高中实验，探索普通教育和职业教育的多元融合途径，引进符合地区产业需求的高职，努力培养符合区域发展的实用型人才。推动建立学校、政府、企业三方联动机制，统筹区域资源和信息，合力推进职业教育和职业培训发展。

（石明廷）

【学生参加技能考试】 4月，与区劳动局联合举办了汽车修理工、中式烹调师、餐厅服务员专业四级技能考试。考试分理论和实操两部分。149名学生全部达标。

（姚 存）

【举办职教教师艺术欣赏培训】

5月6日，职成教研室在中等职业学校组织职教教师进行了艺术欣赏培训。主讲者是新桥路中学美术教师和音乐教师。题目是“音画融溶、绘声绘色”。中等职业学校、新桥路中学、社区教育中心的136名教师参加培训。

（焦桐会）

【规范学习型机关创建工作】 5月6日，职成教研室教师为区直机关工委及全区各机关干部进行“创建学习型机关”知识讲座。从如何创建学习型机关、创建学习型机关指标体系解读等4个方面进行了讲解。

（刘冬霞）

【举办青年教师音乐区级研究课】 5月6日，小教研音乐学科在北京实验二小永定分校举办了区级研究课活动。活动中，永定分校2位教师分别做了以演唱为核心内容的音乐课和以欣赏为主要内容的音乐课。

（巩长芬）

【组织健身操展演】 自5月8日开始，中等职业学校与军庄镇联手组织第一届健身操展演活动。对军庄镇10个村的240位村民进行了为期两个月的培训。

（王银林）

【举行礼仪比赛】 5月10日，举行文明礼仪比赛活动。通过比赛，让更多的学生了解了礼仪知识，明白了讲礼仪的重要性，从而自觉地在实践中养成个遵守文明礼仪的好习惯。

（彭 利）

【参加小学唱歌课教学研讨活动】 5月10日，小学音乐教研员带领7名小学音乐教师参加了在丰台东高地二小举办的“北京市小学唱歌课教学系列研讨”活动。活动中，首先听取了市基教研中心老师做的“北京市小学唱歌教学系列研讨”专题报告。之后，观摩了音乐课《静夜思》。

（巩长芬）

【开展教学研究】 5月11日，小学美术学科教研组在付家台中心小学举办深山区教学研究活动。活动安排两节观摩课，分别是清水中心小学老师讲的《向日葵》和付家台中心小学老师讲《实物拓印》。

（彭新民）

【举办初中数学教研活动】 5月13日，初中数学教研组在坡头中学举办数学教研活动。分别由坡头中学两位教师做研究课。课后，教研组就两位老师的讲课内容与授课方式进行讨论。全区有13所学校的近40位数学教师参加活动。

（王 红）

【召开改革小学语文教学研讨会】 5月16日，工人子弟小学召开“改革小学语文阅读教学促进学生可持续发展”研讨会。工人子弟小学全体语文教师和来自各小学的80余名领导、教师参加研讨会。会上，首先由三家店小学教师执教了《詹天佑》一课，然后由全国小语学会理事结合互动技术“按点”设计情况进行点评，并做了“阅读教学要与‘内容分析式’再见”的专题讲座。

（李西刚）

【举办初中历史教研活动】 5月20日，中教研历史组聘请全国历史教学研究会副秘书长、北京市历史教学研究会理事长、首师大历史系教授为区内历史教师做了如何说好课的说课指导。首先由妙峰山民族学校、大峪中学的2位教师分别做了说课展示。教授就2位教师说课展示活动中的优点与存在的问题进行了点评和指导，并就教师们在教学实践中所存在的疑惑与教师们进行了交流。

（刘文华）

【推动学校教育资源向社会开放】 5月31日，区教委研究推动学校教育资源向社会全面开放工作。决定：制定措施，将学校阅览室、计算机房、体育设施等向社会开放，为社区居民和农民提供就近免费“充电”场所和健身场所。统筹教育资源，利用晚上和节假日时间，根据地区经济发展形势和实际需求，开展职业技术、劳动力转移、农民实用技术等培训，提高居民就业能力和农民创收能力。加强“三教统筹”，继续实施“一校挂两牌、一长管两校、一师任两教”工程，形成覆盖全区13个乡镇街道、276个居村委会的社区教育培训网络，确保学校教育资源合理、有序向社会开放。

（石明廷）

【对全区市民学校进行调研】 5月，区教委职成科对全区市民学校基本情况进行了调研。此次调研分为调查问卷和实地走访座谈两种方式。通过调研，掌握了一手资料，形成了调查报告，并针对暴露的问题，提出了建议。

（张文生）

【参加“文明风采”竞赛】 6月，组织参加全国中等职业学校“文明风采”竞赛活动。经过校级初赛，共选拔出征文、中华才艺、职业礼仪等内容的作品参加复赛。经过市级比赛有24件作品进入全国决赛，在全国决赛中，获得4个一等奖，学校获组织奖。

（彭　利）

【参加校园健身操大赛】　9月26日，在首都经济贸易大学西校区参加全国青少年校园健身操大赛北京赛区总决赛。由学校14名学生组成的校队获得基础套路青春魅力组一等奖。

（彭　利）

【举办教育教学基本功竞赛】　9月28日，职成教研室在中等职业学校组织了“职业与成人教育教学基本功竞赛方案解读”培训活动。共有中等职业学校、社区教育中心、电大门头沟学院的132名教师参加。职成教研室主任对什么是教师基本功、教师教学基本功有哪些、教学基本功竞赛的内容以及比赛时间和安排进行了讲解。

（焦桐会）

【举办优秀毕业生主题报告会】　10月22日，举办实习就业指导论坛——暨“精彩中职，绚丽青春”第二届优秀毕业生报告会。在报告会上，6名优秀毕业生代表分别从学习、工作、求职等不同方面，结合自身的切身经历汇报了在校期间经验体会。来自101远程教育网人力资源部的招聘经理、北汽福田欧曼技术中心的电气主管等企业代表对毕业学生进行了就业指导。

（杜德松）

【举办家宴培训】　11月22日，举行家宴培训开班仪式。此次培训是应军庄镇文教办邀请，为该镇农家乐从业人员举办的，该镇90名村民参加培训。此次培训历时18天，培训内容包括营养学理论、热菜、冷拼和面点。培训形式以面授和实操为主。

（王银林）

【举行广播操比赛】　11月23日，组织广播操比赛。全校30余个班级展示了各个班级的风貌。

（彭　利）

【举行十佳校园歌手大赛】　12月13日，中等职业学校十佳校园歌手大赛落幕，经过比拼，有10位同学最终获得了2011年度“十佳校园歌手”称号。此届十佳校园歌手大赛的主题为“Fand——TheSpecialAlice”，Alice是从古老的法文“Adelais”的缩写而来的。

（杜德松）

·北京广播电视大学门头沟分校

【概况】　年内，北京广播电视大学门头沟分校各类学历教育在校生2007人，其中，2011年电大开放教育1555人（51个教学班），奥鹏学历教育389人，电中63人。学院藏书4022册，固定资产总值848.59万元。其中，教学、科研仪器设备总值345.66万元。全年教育经费投入589万元，其中，国家拨款233万元、自筹经费356万元。学校信息化经费投入3.6万元，拥有计算机200台，多媒体教室座位300个，网络信息点数44个，校园网出口总带宽50Mbps，电子邮件系统用户数31个，上网课程数200余门，数字资源量40GB，管理系统数据总量15GB。开设11个专业，有教职工31人，其中，专任教师11人，副教授2人；兼职教师80余人，其中，拥有中高级职称34人。

（王朝华）

【校址搬迁后如期开学】　1月26日、27日，迁入临时新址——育园小学的综合楼办公。

（王朝华）

【培训工作】　3月13日，召开第八期小学教师英语口语培训开学典礼，截至9月25日考核结束。此期培训涉及15所学校，69名教师。其中0级57人，3级12人。参加考核的共76人，其中0级66人，3级10人。此项工作得到了北京电大的认可，并被评为“第八期教师英语口语培训”先进集体。10月14日，完成了“课件制作素材培训”。由区教师进修学校和门头沟电大共同举办，培训共6次，每次2个小时，分别围绕文本、图形、图像、声音、动画、视频等6个内容开展。

（王朝华）

【开展骨干教师示范交流活动】　5月31日，开展骨干教师示范课交流活动。市级骨干2名教师和区级骨干教师分别作了展示，校内部分任课教师参加观摩。

（王朝华）

【申报三课题】　9月，北京广播电视大学门头沟分校申请了“十二五”“提高成人教育面授辅导课堂教学实效的研究”和“成人教育补考学生助学的研究”两项区级规划课题，同时申请了北京广播电视大学基层电大基金课题“基层电大补考学生助学的研究”市级课题，并已完成了申报工作。其中，“成人教育补考学生助学的研究”被列为门头沟区“十二五”重点课题；“提高成人教育面授辅导课堂教学实效的研究”被列为门头沟区“十二五”一般课题；“基层电大补考学生助学的研究”被列为北京广播电视大学基层电大基金课题。

（王朝华）

【开展中老年养生操讲座】 10月17日，聘请国家体育协会教授，为区内中老年朋友们进行中老年养生操讲座。有关领导和门城地区中老年朋友共130余人参加。年内开办各类讲座10期。

（王朝华）

【开展教学竞赛】 11月，举办“2011秋北京广播电视大学门头沟分校教学竞赛”有8位教师参加了现场讲课与录课，4位教师参加了“2011年门头沟区职业教育与成人教育教师教学基本功竞赛”，其中荣获一等奖1名。并有1名教师参加了北京电大“十佳”课程辅导教师评选。

（王朝华）

【完成2011年招生工作】 年内，共招生7个专业，共计189名学生。其中专科128名，本科61名。奥鹏招生共计27人。小学英语口语培训招生69名，其中0级57人，3级12人。另外还开设成人学位英语培训班，共招生20人。2011年秋季电大开放教育（本、专科）招生342人，奥鹏学历教育（专、本科）招生744人，电视中专招生44人，全年招生531人，奥鹏学历教育102人，电视中专53人，全年共招生686人。

（王朝华）

·北京市门头沟区特教中心

【概况】 北京市门头沟区特教中心是一所可以对智残、肢残、以及多种残疾儿童进行综合性教育的综合性学校。学校的办学宗旨是坚持德、智、体、美、劳全面发展；办学特点是针对残疾儿童的个体差异性，进行有效的教育活动，使他们在掌握一定的文化知识的同时，也学会一些生活本领，成为残而不废的自食其力的劳动者。特教中心的前身是1985年在区西辛房小学和黑山小学开设的随班就读班。1992年，在黑山小学成立区内弱智学生培训中心。2007年6月，弱智培训中心校址迁到城子小学东院，并更名为门头沟区特殊教育中心。2011年，区特教中心搬迁至区中等职业学校院内。该中心设有计算机房1个，普通教室6个，专用教室2个。学校信息化经费投入5.4万，拥有计算机15台，多媒体教室座位15个，校园网出口总带宽100Mbps，“信息技术”课程5课时/周。中心现开设教学班4个。2011年，教育经费投入480.28万元，均为国家拨款。

（石明廷）

【研究课题结题】 6月4日，区特教中心市级一般课题：“调动校内外教育资源，增强残障学生社会适应能力的研究”，在全校教师和课题组教师的努力下，完成了结题任务。

（王会庆）

【组织全校学生参观】 6月14日，组织全校学生到动物园参观。对学生进行了爱护动物，保护大自然的教育。

（王会庆）

【开展数字油画教学工作】 9月，针对孤独症学生开展了数字油画教学，学生通过观看一幅幅数字油画，对画中的世界有了感应，使学生不断地稳定了情绪，产生了一定的效果。

（王会庆）

【举办十字绣和美术作品展示】 12月，举办第一届艺术节暨十字绣和美术作品展示活动。活动中，展示了残疾学生所绣的十字绣和美术作品，作品都是残疾孩子们亲手绣或画的动物、生活用品等。

（王会庆）

【开发学生潜能】 年内，为更好地发挥残疾儿童的潜能，区特教中心利用中午小饭桌时间，对一部分学生进行十字绣手工工艺的绣制培训。现已有6个孩子掌握了十字绣的技术，并绣制作品40余幅。

（王会庆）

财贸干校

【概况】 门头沟区财贸干校为区直属成人教育事业单位，差额拨款形式，行政编制26人，主要职责：从事学历教育和岗位技能培训。年内，坚持以构建和谐社会为目标，以人为本为指导，开展了政治思想教育；坚持以教学为重点，发展大专教育，完成招生和授课计划；建立完善了管理制度，改善办公环境，保证教学工作的正常运转。

单位名称： 北京市门头沟区财贸干校
地　　址： 北京市门头沟区东辛房大街88号
电　　话： 61895032
邮　　编： 102300

（宋银莎）

【毕业生典礼】 1月，召开2009级学生毕业典礼，共计65名毕业生。

（宋银莎）

【捐款捐衣活动】 4月22日，开展了“博爱在京城”捐款活动，教职工捐款共计600元。10月，国内部分地区发生灾害天气，校内积极响应区商务委号召，发动广大教职工捐衣捐物。共计捐衣物30余件、被褥10余套。

（宋银莎）

【举办高考补习班】 4月，举办了成人高考补习班，补习科目涉及数学、语文、英语。报名交费学生20余人，往届参训学生未通过考试继续参加该补习班的10人，培训学员共计30余人。

（宋银莎）

【参加教学工作会】 5月14日至18日，校长参加了北方工业大学在重庆举办的教学工作会，学习了兄弟院校的办学经验，为提高教学质量奠定了基础。

（宋银莎）

【发展大专教育】 10月，经参加全国成人高考，正式录取合格学员52名，到年底学校有计算机信息管理、会计两个专业，大专生共计143名。

（宋银莎）

【完成设备购置】 年内，对教学设施和办公设施进行了更新。3月，为档案工作室和学生教室各安装了空调；10月份，对锅炉进行了更新改造了，购置了引风机。

（宋银莎）

文化　卫生　体育

文　化

·文化文物

【概况】　区文化委员会是区人民政府主管文化、文物、新闻出版、版权、广播电视、扫黄打非、文化综合执法工作的职能部门，内设7个职能科室及一个文化行政执法队，即办公室、文化科、文物科、文化市场科、计划财务科、纪检监察科、政策法规科、文化行政执法队（含信息举报中心、行政执法一分队、行政执法二分队、行政执法三分队）。下属5个基层事业单位：文化馆、博物馆、图书馆、影剧院、文物事业管理所。文委系统共有在职职工141人。区文委在区委、区政府的领导下，深入贯彻落实科学发展观，认真抓好基层公共文化服务建设和基层公共文化设施达标建设，加强文物保护和利用，加大文化执法检查力度，确保文化市场和文物保护单位的安全。完成了区委、区政府交办的各项任务。

单位名称：北京市门头沟区文化委员会

地　　址：北京市门头沟区门头沟路8号（门头沟博物馆6层）

电　　话：69843315

邮　　编：102300

（张　晨）

【第二十一届文化艺术节】　2010年12月30日至2011年2月17日，门头沟区举办了“今天的机遇，明天的跨越”为主题的第二十一届文化艺术节。共组织开展了艺术节开幕式、门头沟区春节团拜会、首届北京乡村戏剧节——“戏剧、曲艺”原创节目大赛、首届北京乡村戏剧节——“农家院”职业技艺擂台赛、门头沟区政协新春茶话会演出、中学生艺术节优秀节目汇演、健康北京人歌咏大赛、一湖十园开园仪式、区政府企业家招待会演出、迎新春公园演出活动、正月十五系列文化活动、“送福下乡”、门头沟区民间特色文艺团队展评、基层文化中心品牌演出展评、首届大台地区“正月十五幡会民俗节”、二十一届艺术节闭幕式暨星火业余团队优秀节目展演等15项市级、区级活动，受益群众约2万人次。

（张　晨）

【迎新春公园演出活动】　2月3日至7日，每天14：30至16：00，区文化委分别在永定河文化广场、葡山公园、中天公园、黑山公园、葡东公园5个公园组织安排了21支来自门城地区业余文化表演团队，共687人，开展了25场公园文化演出，1777人次参加演出。观众人流量达7500人次。

（张　晨）

【“山乡情”工程启动仪式】　4月12日，“山乡情”工程启动仪式在区永定河文化广场举行。“山乡情”文化志愿者工程，是区内开展文化志愿服务工作的重要内容之一。

（张　晨）

【五月的鲜花】　5月3日至8日，举办“庆祝中国共产党成立90周年”戏曲演出周。演出京剧、评剧、河北梆子、山乡戏曲共7场。举办了区第四届合唱节。全区各镇街各单位参加，各系统内部开展初赛、复赛，全区按不同系统举办了6场决赛。

（张 晨）

【夏日文化广场】 5月10日至7月10日，举办夏日文化广场活动，包括十大主题公园组织群众性文化活动、群众舞蹈大赛、广场消夏演出、群众原创文艺作品巡回展演等百余场群众性文化活动。

（张 晨）

【建党90周年系列文化活动】 5月至7月，红歌唱响山城、纪念建党90周年红色歌曲演唱会、山乡情——文化志愿者到革命老区慰问演出、我们的信仰——电视主题讲座、红色旋律图书推荐、纪念建党90周年红色经典影片展映周等纪念建党90周年系列活动。

（张 晨）

【评剧《迁居》首演】 7月12日，当代大型原创新现实主义评剧《迁居》进行了首演，该剧由门头沟区文化馆人员创编，全长130分钟，以发生在门头沟区拆迁工作中的一系列真人真事为基础，真实、全面反映2010年以来门头沟区的新城改造情况。

（张 晨）

【举办永定河大型歌会】 7月15日，举办永定河大型歌会，围绕此届永定河文化节“弘扬永定河文化，展示门头沟风采”的活动主题，以千人合唱永定河颂歌的形式，展示了永定河独特的文化魅力与民俗风情，歌会中所有曲目均为门头沟区群众及文化馆人员的原创作品。

（张 晨）

【第二届北京国际山地徒步大会文艺表演】 9月10日、11日，在第二届北京国际山地徒步大会运动员入场区，主会场区共组织表演团队进行了表演。

（张 晨）

【参加第七届群众舞蹈大赛】 9月，选送了4支舞蹈队参加了第七届“舞动北京——群众舞蹈大赛”比赛，获得了“团体银奖”，“鼓·舞·太平”进入了第七届“舞动北京——群众舞蹈大赛”的决赛电视颁奖晚会——暨金秋群众文化活动百场汇启动仪式，并获得广场舞金奖、总决赛“金奖”及“最佳创作奖”。

（张 晨）

【十一及重阳节文化活动】 10月5日，为庆祝“重阳节”传统佳节，结合门头沟区“一湖十园”文化艺站志愿服务工程，在葡山公园开展了连续三天的老年人文化活动志愿服务周。

（张 晨）

【镇街特色文化活动、特色团队评比】 12月12日至13日，区文委组织各镇街开展特色文化活动、特色团队评比。12个由镇街文化服务中心推举的特色文化活动及11支由镇街文化中心推举的文艺团队参加了评比。

（张 晨）

【开展新风貌原创歌曲演唱会】 12月30日，由区委宣传部、文委主办，文化馆、和谐之声合唱团承办的“家乡的旋律”门头沟区新风貌原创歌曲演唱会在区影剧院举行，包含11首围绕一湖十园，歌颂门头沟新面貌的原创歌曲。

（张 晨）

【文物修缮工作】 年内，投入资金2665万元，完成圈门过街楼、爨底下古建筑群修编规划、沿河城和敌台、田庄第一党支部、朝阳庵前殿等处文物保护单位的修缮。

（张 晨）

【文化市场执法工作】 年内，文化娱乐市场执法检查，检查文化市场230次，出动执法人员630人次，派出车辆240辆，检查图书、报刊、电子出版经营单位200家次，印刷、复印企业110家次，音像制品单位120家次，歌舞娱乐场所150家次，互联网服务营业场所400家次，受理举报2件，收缴非法出版物150册，音像制品230张，纠正违规20次，取缔非法摊位、游商5家，取缔黑网吧2家，收缴电脑13台，取缔非法游艺厅2家。

（张 晨）

【全程办事代理】 年内，新设立图书经营单位10家，文艺表演团体3家，新设立歌舞娱乐场所1家，变更歌舞娱乐场所2家，审批1项营业性演出许可，审批3家电子游艺场所。完成了11家印刷企业年度核验工作；完成了225家图书年度核验工作，注销图书企业52家。

（张 晨）

【永定河文化访谈录】 年内，以永定河文化为切入点，围绕永定河文化在人文北京、生态门头沟建设中发挥的作用。与区电视台、《京西时报》合作，制作“永定河文化访谈录”在电视台播出，在报纸上开辟专栏；全年52期。

（张 晨）

·广播电视

【概况】 年内，广电中心按照全年宣传思想文化工作总体部署，围绕区委区政府中心、重点工作，始终坚持正面宣传为主，开展新闻宣传工作，不断提高正确舆论引导能力，为推进现代化生态新区建设、努力推动经济社会跨越式发展，为“十二五”时期发展开好局、起好步提供了有力的精神动力和舆论支持。截止到12月底，《门头沟新闻》共播出3420条，在新闻中开辟《自重点工程报道》、《关注改善民生全力推进棚户区改造》等专栏22个，在中央电视台、北京电视台等市级以上媒体播出区内新闻121条。拍摄完成电视专题片342部（期），其中《视点关注》150期。播出实现零事故，确保了安全播出。北京市门头沟区广播电视中心被中共北京市委宣传部评为北京市纪念建党90周年宣传工作先进集体，被门头沟区森林防火指挥部评为2011年度北京市门头沟区森林防火工作先进单位；被北京市人口和计划生育委员会评为2010年度北京市人口和计划生育工作先进集体；被北京市安全生产月活动组织委员会评为2011年北京市安全生产月活动优秀新闻报道奖。纪念建党90周年系列节目在“2011年区县广电中心纪念建党90周年优秀节目评比”中获电视类二等奖。专题片《玉米村官》被北京市新闻战线“走转改”活动领导小组办公室评为优秀作品。

单位名称：北京市门头沟区广播电视中心
地　　址：北京市门头沟区新桥大街36号
电　　话：69843348
邮　　编：102300

（高艳蕊）

【慰问帮扶村老党员】 1月19日，广电中心主任带队慰问帮扶村建国前老党员和特困户，并给他们送去了慰问金和生活用品。

（高艳蕊）

【拆迁宣传】 2月15日，召开做好小白楼二期危改项目宣传工作动员誓师大会，对如何做好小白楼二期危改项目宣传做了部署，确保为拆迁工作营造良好舆论氛围。

（高艳蕊）

【召开全年工作会】 3月26日，召开广电中心、新闻中心2011年工作会，会上广电中心领导作了题为《振奋精神凝聚力量不断加强和改进新闻宣传工作》的工作报告，回顾总结了两个中心2010年的工作，对2011年工作进行了安排部署，对两个中心的17名先进个人进行了表彰。

（高艳蕊）

【组织特色党日活动】 6月10日至12日，机关党支部组织迎接建党90周年特色党日活动，全体机关党员参观了辽沈战役纪念馆。

（高艳蕊）

【庆“七一”党员座谈会】 6月25日，机关党支部召开庆“七一”党员座谈会，结合上半年工作及建党90周年，为广电事业发展及机关党支部如何开展党建活动积极建言献策。32名党员和积极分子围绕党员如何立足本职岗位发挥先锋模范作用进行了表态发言，到会党员分别宣读了个人“我争先我践行我有为”党员承诺书。

（高艳蕊）

【区领导调研】 8月30日，区领导韩子荣到广电、新闻中心调研检查工作。

（高艳蕊）

【北京台走基层】 9月22日，北京电视台总工办到区广电中心走基层，就高清设备使用及部分栏节目包装进行了座谈。

（高艳蕊）

【区级文明示范单位迎检】 9月26日，区文明办对广电中心区级文明示范单位创建工作进行了检查验收。检查组听取了广电中心创建区级文明示范单位工作汇报，就创建工作进行了实地考察，查阅了相关档案材料。检查组对广电中心文明示范单位创建工作给予了高度评价并提出建议。

（高艳蕊）

【建党90周年宣传报道】 年内，围绕建党90周年，在新闻节目里开设《党史上的今天》、《创先争优为党旗增辉》、《庆祝建党90周年，建设现代化生态新区》、《颂歌献给党》专栏，推出红色记忆系列专题片和党的现代风采《视点关注》特别节目。

（高艳蕊）

【报道三大赛事】 年内，对昊华能源杯第二届北京国际山地徒步大会、环北京自行车赛、第七届北京市农运会进行了跟踪报道。

（高艳蕊）

【会议报道】 年内，对区第十一次党代会、区人大、政协两会进行了宣传报道。围绕区第十一次党代会的召开在新闻节目中开设《是一次党代会专题报道》、《区十次党代会以来经济社会建设成就巡礼》、《党代会精神解读》，制作了两期《视点关注》解读党代会报告电视访谈节目；围绕区人大、政协两会的召开在新闻节目中开设《连线代表委员》、《宏图凝众志——两会专题报道》、《落实功能定位推动科学发展——五年全区经济社会成就巡礼》，制作了14期《视点关注》特别节目。

（高艳蕊）

卫　生

【概况】　年内，卫生工作坚持以科学发展观为指导，围绕一个中心，完善两个体系，坚持三个统筹，深化医药卫生体制改革，服务能力不断提高，服务环境明显改善，促进了全区卫生事业不断发展。

提前完成了为新建的22个村卫生室、12个健康工作室配备基本诊疗设备项目；提前完成了华新建社区卫生服务站改造；提前完成了为无社会保障老人免费体检项目，全年共体检1.2万余人，同比增长7.9%。医改任务顺利实施，公立医院改革不断深化，完成6类32项医改任务。公共卫生安全得到有效保证，服务均等化水平不断提高。年内，全区无重大传染病疫情、孕产妇死亡病例、精神病人重大肇事肇祸事件发生，无重大食物中毒及饮用水污染事件发生。应急能力不断提高，完成了三大赛事等36项重要活动的应急保障任务。基层卫生机构提升效果显著。启动了基层卫生服务机构提升改造工程，推行“5S”管理。推行家庭医生式服务，加强健康档案使用和管理，推动社区慢病管理。强化山区医疗巡诊工作，实施了网上预约挂号、城镇医院与基层医疗卫生机构转诊预约。医院管理不断规范。深化“医疗质量万里行”，开展了抗菌药物临床应用专项整治，落实各项基础护理工作。通过了北京市中医药管理局、国家中医药管理局专家评估组验收，获得了北京市农村中医药工作先进单位和全国农村中医药工作先进单位称号。信息化建设取得明显进展。以医生工作站和电子病历为支撑，以居民健康管理为核心的“新社区卫生服务综合管理系统”基本建成。合作医疗管理不断规范，连续4年参合率达到98%以上，基本实现农村居民全覆盖。进一步健全复审工作制度，完善复审工作流程，有效把住了基金使用关。加强对定点医疗机构的监管，健全了准入、退出制度。开展了社区卫生服务机构“门诊随诊随报”试点工作，引导参合村民有序就医。开展爱国卫生活动，年内，创建北京市卫生村3个，健康社区2个。组织开展春冬季灭鼠和夏秋季统一灭蚊蝇活动，确保主要病媒生物密度控制在较低水平。年内，实现了全区医疗卫生机构全面禁烟。强化防范意识，安全稳定的良好局面不断巩固，全年无重大安全生产事故发生。坚持“一岗双责”，加强党风廉政建设。创先争优活动扎实推进，党建水平得到提升；召开了卫生局第六次党代会，选举产生卫生局第六届“两委”班子。卫生志编撰工作完成。开展辖区内无偿献血宣传动员，全年临床用血安全、规范、无事故。开通了便民服务热线，及时了解和解决群众反映的问题。

单位名称：北京市门头沟区卫生局
地　　址：北京市门头沟区新桥南大街9号
电　　话：60801936
邮　　编：102300

（张　莹）

【应急保障工作】　1月4日至8日，组织区医院、中医医院、区卫生监督所等单位完成区“两会”卫生应急保障任务，出动医护人员和卫生监督员40人次。2月3日至7日，区医院、门城社区卫生服务中心完成2011年“迎新春”系列文化活动保障工作。3月24日至27日，第31届北京安捷伦青少年科技创新大赛在大峪中学召开，区卫生局派卫生监督人员，全程开展卫生监督工作，安排2名医护人员和1辆救护车进驻赛场，开展医疗服务工作；疾控中心应急小分队24小时备班，做好传染病疫情处置准备。4月3日至5日，中医院、永定社区卫生服务中心、军庄社区卫生服务中心等单位完成清明节祭扫医疗保障工作。4月30日至5月2日，区医院、卫生监督所完成2011年迷笛音乐节卫生应急保障任务。5月2日至3日，妙峰山卫生院完成第十九届妙峰山传统春季庙会应急医疗保障任务。9月10日至11日，局组织安排13家医疗卫生机构的116名医疗、卫生监督、疾病预防控制人员，完成了第二届北京国际山地徒步大会医疗卫生保障任务。15日至16日，组织区医院、中医院等单位完成北京市第七届农民运动会彩排及直播晚会保障任务，出动医护人员28人次。20日至23日，区医院、中医院完成北京市第七届农民运动会比赛项目医疗保障任务。10月6日至7日，组织80余名医疗卫生人员，完成2011年首届环北京职业公路自行车赛门头沟赛段卫生应急保障任务。12月6日至9日，组织卫生监督所、区医院完成门头沟区第十一次党代会医疗卫生和餐饮卫生保障任务。16日至21日，组织卫生监督所、中医医院完成区人大十五届一次会议和区政协九届一次会议医疗卫生和餐饮卫生保障任务。

（张　莹）

【召开公共卫生工作总结会】　1月10日，召开公共卫生工作总结会。总结了2010年公共卫生工作，分别介绍了公共卫生体系建设情况、10项基本公共卫生服务和11项重大公共卫生服务项目实施情况，分析了公共卫生工作存在的问题和困难，并部署了2011年重点工作。参会人员分别就妇幼保健、精神卫生、疾病预防控制等方面内容进行了座谈，并对全区公共卫生工作发展提出了建议和意见。各镇、街道办事处及卫生局、财政局、公安分局、团区委、计生委、残联等有关部门领导参加了会议。

（张　莹）

【召开卫生系统工作会】　1月20日，召开卫生系统2011年工作会。总结了2010年卫生工作取得的成就，客观分析了制约卫生发展的问题，明确了2011年卫生工作目标，并部署了2011年卫生工作任务。会上，对2010年度基层工作考核获奖单位、2010年度“卫生专业技术人员奖励基金”获奖人员分别进行了表彰。区医院、卫生监督所、斋堂医院代表基层单位分别与卫生局签订了工作目标责任书。门城社区卫生服务中心主任、中医院院长及2010年度优秀论文奖和成果推广奖获得者分别作了大会发言。区卫生局党委班子成员，19个基层单位的党政领导和优秀职工代表参加了大会。

（张　莹）

【召开党建工作会】　1月27日，召开2011年党建工作会。会上总结了系统2010年党建工作和创先争优活动取得的成果，并从六个方面部署了2011年党建工作。卫生局党委成员和各基层党组织负责人共30余人参加了会议。

（张　莹）

【举办医药卫生体制研讨会】　2月11日至13日，举办医药卫生体制郊区研讨会，研究探讨了郊区基层医疗卫生服务、医疗卫生服务体系建设、新型农村合作医疗管理等医改工作，并针对优质医疗资源布局不合理、基层服务能力不足、乡医队伍老化、新农合管理难度加大和山区急救体系亟待完善等问题，提出了建议和对策。

（张　莹）

【召开信息宣传工作会】　2月18日，召开2010年度信息宣传工作会，总结了2010年卫生系统的信息宣传工作，评选出优秀信息工作单位11个、优秀信息工作者10名、优秀信息8条，并确定了2011年重点工作。

（张　莹）

【燃煤污染型地方性氟中毒评估】　2月22日，卫生部组织国家级专家组对区内是否达到消除燃煤污染型地方性氟中毒病区标准进行了国家级复核评估。专家组听取了关于消除燃煤污染型地方性氟中毒病区工作的汇报，查阅了档案材料，并实地检查了斋堂镇农户改炉改灶情况和小学生氟斑牙患病情况。24日，卫生部反馈了考评结果，专家组认为区内消除燃煤污染型地方性氟中毒工作政府重视、目标明确、资料完整、措施到位、效果显著，病区改炉改灶率达到了100%，正确使用率100%，儿童氟斑牙患病率远远低于病区患病率，结合现场考核情况，确认门头沟区达到了消除燃煤污染型型氟中毒病区考核评估标准，并通过消除燃煤污染型地方性氟中毒病区卫生部考核评估。

（张　莹）

【献血工作】　2月23日、24日，组织辖区内铁三局四处、天马轴承有限公司、林业局等单位参加无偿献血活动，共献血146袋，2.92万毫升。6月14日，卫生系统组织献血活动。区医院、中医院、妇幼保健院和各社区卫生服务中心58名医务工作者共献血1.16万毫升。

（张　莹）

【安全工作】　春节期间做好安全工作。一是召开安全生产工作会，传达区委、区政府会议精神，部署节前工作任务，强调要做到“查、明、定、抓、帮、廉、严”，做好生产安全、食品安全等各项工作。二是对春节期间值班带班工作进行了部署，除夕、初一、初五，安排主要领导带班，保证通讯联络畅通，一把手不得离京。三是做好节前烟花爆竹禁放工作。禁放单位张贴禁放标识，成立5人以上巡逻队，在重点时段加大巡逻频次。同时，各单位做好燃放烟花爆竹事故的医疗救援准备工作。四是开展安全检查。卫生局党委全体成员分两组，医政科、疾控科、卫生监督所、法制安全科等相关科室人员共15人组成检查组，对全系统19个单位进行了春节前综合安全大检查。检查内容包括配电室、疏散通道、病房、食堂、锅炉房等重点部位，以及应急救援的准备和传染病防控工作，做到了日常有管理，应急有措施，排查有重点。

（张　莹）

【对口支援】　3月18日，妙峰山卫生院与中国医科院整形医院签订对口支援协议。4月15日，门城社区卫生服务中心与展览路医院签订对口支援协议。

（张　莹）

【领导调研】　4月13日，区领导韩子荣到卫生局调研，听取了全区卫生工作情况的汇报并提出要求。7月7日，市卫生局副巡视员调研区内院前急救工作。听取了有关院前急救的工作汇报，实地查看了120分中心院前急救设施、车辆设备使用情况，以及二级指挥调度情况。10月20日，区领导洪家志到卫生局调研，听取卫生局对卫生系统基本情况、重点工作完成情况、当前主要工作及下阶段发展方向的汇报，洪家志重点了解了区政府重点工作和为民办实事项目的完成情况，公立医院改革、社区卫生、山区医疗、公共卫生等工作进展情况，提出了指导性意见。到中医院、德露苑社区卫生服务站进行了实地调研。26日，市中医药管理局局长到妙峰山社区卫生服务中心参观调研。重点对中医药在日常诊治过程中的实际运用及中医专家“手把手带徒弟”的情况进行了解。11月4日，市卫生局人事处长等一行5人到区调研，了解医学定向生就业后的岗位工作现状、需求等情况，听取了区卫生局关于首都医科大学第一届山区定向生回区就业情况的汇报，并到永定、妙峰山社区卫生服务中心进行了实地调研。了解社区卫生服务机构编制、绩效工资落实等情况，与部分定向生进行交流，就解决山区卫生人才短缺问题与基层单位领导进行了座谈。

（张　莹）

【考核评估工作】　4月20日，市医改办考核评估区内医改工作。考核内容包括医改完成情况、基层医改情况和医改创新三部分，考核成绩将与医改以奖代补资金挂钩。考评工作组听取了区医改领导小组的“以公立医院改革试点为突破，推进医药卫生体制改革”工作报告，审阅了相关医改工作材料，并实地考核了妙峰山和东辛房社区卫生服务中心。考评工作组肯定了区医改工作成绩。

（张　莹）

【合作医疗】　5月1日起，启动“学生儿童患白血病、先天性心脏病试点病种按病种付费”补偿工作。患有白血病、先心病，具有北京市户籍，参加区内年度内新型农村合作医疗且在市行政区域内就读的在册学生，以及16周岁以下非在校少年儿童，到北京儿童医院、人民医院和安贞医院等5家定点医院就诊，医院可按照实际分组情况与患者结算治疗费用，患者只需交纳治疗费用中个人负担部分。医院垫付的资金由新农合管理中心负责支付。10月25日，市卫生局组织稽查小组对区2010年－2011年9月新农合制度运行和基金筹集、管理、使用情况进行稽查。对永定社区卫生服务中心新农合相关管理工作进行检查，实地查看了永定镇新农合经办机构和岢萝坨村新农合工作公示情况。听取了区新农合工作汇报，查阅了2010年至2011年9月新农合相关材料。稽查组对区内新农合工作情况给予了较高评价，并提出建议。年内，完成2010年新农合住院二次补偿工作。共支出二次补偿款675.06万元，3812人次受益，全年住院补偿率60%，基金使用率94.28%。

（张　莹）

【调研院前急救建设情况】　5月11日至13日，卫生局到区120分中心、斋堂、大台、妙峰山急救站及雁翅卫生院进行院前急救建设调研，重点了解人员情况、基础设施、车辆设备、运行费用和工作情况。

（张　莹）

【聋人群体血样采集工作】　5月13日至20日，开展“对聋人群体进行携带致聋基因检测筛查”工作。分为摸底调查、宣传动员、采集血样、化验检测、报告分析与结果利用四部分，卫生局负责血样采集工作，共完成采血1545人次。

（张　莹）

【“5·12”护士节】　5月，召开庆祝“5·12”护士节暨优质护理服务工作阶段总结会。评选出“优质护理服务示范病房”3个、“优质护理服务示范岗”2个、14名“优质护理服务先进个人”。各医疗机构领导和护士代表共80余人参加了会议。

（张 莹）

【家庭医生式服务工作】 6月28日，市社区检查组督导区内家庭医生式服务工作听取了区卫生局关于家庭医生式服务工作情况的汇报，实地查看了永定镇社区卫生服务中心，并检查指导了工作方案、保障措施、宣传培训、覆盖、签约、团队组建等工作。检查组对区内家庭医生式服务工作能够结合区情、创新思路，扎实开展工作给予了肯定，并对如何加强家庭医生式服务内涵建设及提高签约率提出了建议。

（张 莹）

【庆“七一”活动】 6月30日，召开纪念建党90周年暨庆“七一”表彰会。系统17个基层党组织党政领导、优秀党员代表、新党员代表等100余人参加会议。大会表彰了5个先进基层党组织、6名优秀党务工作者和43名优秀共产党员，区医院党委、妇幼保健院党支部、疾控中心党支部分别代表先进基层党组织进行了交流发言，中医医院副主任中医师、龙泉医院精神科主任代表优秀共产党员作了事迹报告。“七一”期间，卫生系统组织老干部参加“颂歌献给党，永远跟党走”离退休老干部卡拉OK比赛、“做优秀老干部工作者”征文演讲比赛和党的知识竞赛答题等活动，参观区“十二五规划展览”和雁翅镇田庄村京西第一党支部旧址等活动。

（张 莹）

【“安全生产月”活动】 7月，开展“安全生产月”活动。一是成立领导小组，制定并下发实施方案，分阶段，有重点，按计划地开展活动。二是广泛宣传，积极参与。8个沿街医疗单位悬挂以安全生产为主题的宣传横幅20余条，展出展板10余块，张贴宣传画50余幅；组织系统职工开展“落实企业主体责任”安全知识答题抽奖活动，共收回答题卡1532份，抽奖387份。三是组织检查，整改隐患。会同安监局，对全系统19个医疗单位、深山区社区卫生站，以及部分门城地区社区卫生站进行了安全隐患排查，重点检查了配电室、氧气站、食堂、电器电路、病区病房等部位，未发现严重安全隐患。四是会同区有关部门参加安全生产月宣传咨询日活动，共发放食品卫生安全知识宣传手册、安全就医指南、狂犬病防治宣传画等10余种宣传品2000余份。

（张 莹）

【“共产党员献爱心”捐款】 7月，组织开展“共产党员献爱心”捐款活动。18个基层党组织681名党员、242名入党积极分子、183名群众共捐款2.91万元。

（张 莹）

【应急处置演练】 8月10日，开展夏季肠道传染病、食物中毒应急处置演练。区医院、疾控中心、卫生监督所等6家医疗卫生机构参加演练。

（张 莹）

【灭蚊蝇工作】 8月10日至15日，为全市统一灭蚊蝇投药消杀日，全区各镇、街道办事处和有关单位积极行动，共投放灭蚊蝇药剂1.2吨，有效控制了蚊蝇密度。区爱卫办多措并举做好夏秋季灭蚊蝇工作：一是启动蚊蝇密度监测，及时掌握蚊蝇密度变化情况。二是消除蚊蝇孳生地。三是统一消杀投药。四是聘请专业消杀公司。

（张 莹）

【援藏工作】 8月11日，区医院第一批援藏医疗队队员完成援藏医疗任务，安全归来。在援藏过程中，为当地农牧民诊治1000余人次，健康体检6400余人次，大型义诊10余次。组织医务人员业务知识培训5次。

（张 莹）

【开展环境提升改造工程】 8月，针对各社区卫生服务机构普遍存在张贴内容多、张贴不规范、公示牌不统一，就医环境旧、乱、差情况，卫生局组织开展了环境提升改造工程。首先进行了“减法”工程，即不必要张贴的不张贴、不必要悬挂的不悬挂，不必要摆放的不摆放，在做好减法的基础上开展了有针对性的“加法”工程，即需要张贴、悬挂、摆放的做到设计、规格、材质、内容、配备“五统一”；并根据服务流程，对部分社区卫生服务机构格局进行调整。在环境改造的同时推行“5S”精细化管理，即通过整理、整顿、清扫、清洁、素养五个项目，规范现场、现物。

（张 莹）

【健康促进学校验收】 9月19日至26日，由区教委、卫生局、红十字会、健康教育所及中小学卫生保健所组成的联合专家组，对区内8所健康促进学校进行了验收评估。专家组按照《北京市健康促进学校考核标准》，从学校健康政策、物质环境、社会环境、社区关系、个人健康技能及健康服务方面对学校的健康促进工作进行了验收评估。对于在验收中存在的问题，专家组提出了整改意见及可行的指导建议。

（张　莹）

【乡医技能比赛】 10月20日、21日，推荐10名乡村医生参加北京市十项急救技术应用项目技能竞赛活动，卫生局获优秀组织奖。

（张　莹）

【召开第六次党代会】 10月29日至30日，召开中国共产党门头沟区卫生局第六次党员代表大会。卫生系统党员代表、列席代表共计130余人参加。大会按照民主集中制原则和选举程序，选举产生了6人组成的中共门头沟区卫生局第六届委员会和4人组成的纪律检查委员会，选举出了6名出席中共门头沟区第十一次党代会的党代表；大会通过了《中国共产党门头沟区卫生局第五届委员会工作报告》、《中共门头沟区卫生局纪律检查委员会工作报告》。

（张　莹）

【农村中医药工作先进单位验收】 11月7日，北京市中医药管理局检查评估专家组一行9人对区内农村中医药创建工作进行了评估验收，并对区创建全国农村中医药工作先进单位进行预评审。卫生局局长向专家组汇报了门头沟区创建北京市社区中医药先进单位工作开展情况。专家组随后查看了创建工作相关档案资料，并到区中医医院、区医院及4家卫生院、4家村卫生室进行了实地验收。通过听取汇报、现场检查评估，专家组对区内中医药工作给予了肯定，同时，对区中医药制度建设、人才队伍建设、服务内涵等提出了指导意见。27日至29日，国家中医药管理局组织由湖南省、陕西省中医药管理局和总后卫生部医疗管理局6名专家组成的“全国农村中医药工作先进单位”检查评估组，对区创建“全国农村中医药工作先进单位”工作进行了评估验收。专家组听取了区创建工作汇报，检查了档案材料，并对区中医医院、区医院、4所卫生院以及4个村卫生室中医药工作进行了实地检查。专家组认为门头沟区基本达到了创建工作标准要求。区创建全国社区农村中医药工作先进单位活动领导小组成员单位领导到会并参加验收访谈。

（张　莹）

【医生工作站验收】 11月15日至17日，区人力社保局医保验收组对社区医疗机构开展了门诊医生工作站验收工作，23家社区医疗机构全部通过验收，合格率达100%，至此，区内社区门诊医生工作站医保达标单位增至27家。

（张　莹）

【参加科技交流学术月活动】 11月，在区科协组织开展的2011年科技交流学术月《科技人员建议》征集活动中，卫生系统共撰写对策与建议30篇，其中1篇获得二等奖，2篇获得三等奖，9篇获得纪念奖。

（张　莹）

【艾滋病日宣传活动】 12月1日，在区中医院举行预防艾滋病大型宣传活动，主题是：“行动起来，向‘零’艾滋迈进”。活动中，区防艾委领导和防艾志愿者为群众发放了艾滋病防治宣传手册和宣传画。此次活动共发放艾滋病防治宣传材料和宣传品1.5万份，安全套4000只。区防艾委主任、副主任、区卫生局局长及区卫生局、区红十字会、区计生委等成员单位参加了活动。

（张　莹）

【免费孕期知识讲座】 12月3日，妇幼保健院举办了“我们的好孕生活”孕期知识讲座。讲座涵盖孕期保健、胎教方法、分娩知识、孕期心理等内容，注重与准父母间的沟通与互动。专家现场解答准妈妈们提出的各种问题，尤其对妊娠期高血糖的控制与管理给予了科学的建议和指导。

（张　莹）

【社区卫生服务岗位培训考试】 年内，完成第十二届社区卫生服务十专业岗位培训考试工作。共有94人通过了理论和技能的全部考试，并取得了岗位合格证书。其中，心电图、防保医师、康复、B超、X线和检验六个专业考试合格率均为100%。

（张　莹）

【调整卫生应急队伍】 年内，完成2011年卫生应急队伍调整工作，建立了由11名副主任医师以上的专业技术人员组成的，涉及医疗救援、传染病防控、食品卫生安全、心理干预4类卫生应急专家库；同时对7支应急分队成员进行调整，组成了112人的卫生应急队伍。

（张　莹）

【全民健身体育节】 年内，卫生系统参加门头沟区全民健身体育节。门城中心获第九套广播体操比赛一等奖、妇幼保健院获秧歌比赛一等奖、区医院获健美操比赛一等奖、永定卫生院获太极拳比赛第六名。

（张　莹）

【城乡环境整治百日行动】 年内，开展爱国卫生月活动，通过全方位的环境治理，提升城乡环境卫生水平。落实城市清洁日工作部署，以第四、第五和第六个城市清洁日为契机，美化生活环境，培育文明卫生社会风尚。加快推进市级卫生村、健康社区的创建工作，完善保洁制度，开展健康促进活动，提高村居民文明卫生意识。开展病媒生物统一消杀活动，清除鼠类栖息场所、蚊蝇孳生地。开展“世界无烟日”公共场所禁止吸烟宣传及“无烟家庭”评选活动，普及法规知识，倡导健康文明生活方式。

（张 莹）

【文明机关创建工作】 年内，开展文明机关创建专项行动。开展环境清洁活动。结合环境整治百日行动高潮日活动，建立机关清洁日制度。落实“门前三包”责任制，做到门前区域环境整洁，车辆停放有序。开展节约型机关创建活动。完善机关内部节水、节电等节能减排相关制度，引导干部职工强化“勤俭节约光荣、奢侈浪费可耻”观念，实现绿色办公。开展“学习型机关创建活动”。加大学习培训力度，组织集中学习、个人自学及参观讨论，提高机关公务员综合素质。开展创先争优活动。实施领导干部“领航工程”、党组织“凝聚工程”和共产党员“先锋工程”，完善组织生活制度，落实党员承诺制度，发挥党组织的核心作用和党员的先锋模范作用。优化机关服务，转变机关作风。建立科室指示标牌和政务公开栏，热情接待群众来访，及时处理群众投诉，提高办事效率；公开服务职责和办事规程，接收群众监督。

（张 莹）

【社区卫生家庭医生式服务】 年内，启动社区卫生家庭医生式服务工作。以东辛房、永定及门城地区社区卫生服务中心为试点，至年底，全区各社区卫生服务机构全面开展家庭医生式服务工作，门城地区及半山区社区卫生服务机构覆盖100%的村（居）委会，深山区社区卫生服务机构（清水、斋堂、雁翅）覆盖60%的村（居）委会。各社区卫生服务机构根据辖区居民实际户数，合理设置社区卫生服务团队，允许居民在街道（乡镇）社区卫生服务中心范围内，自由选择团队签约，每位居民同期只能选择一个服务团队。签约居民在享受基本公共卫生和基本医疗服务的基础上，还可享受到以健康管理为主要内容、主动服务为主要形式的“健康状况早了解”、“健康信息早知道”、“分类服务我主动”、“贴心服务我上门”及“慢病用药可优惠”5类个性化服务和优惠措施。

（张 莹）

【提高医疗服务水平】 年内，卫生系统采取措施，提高医疗服务水平。一是优化服务流程，为深山区百姓开辟就诊绿色通道，诊室悬挂“山区患者就诊优先”标识，解决山区百姓看病远、看病难问题。二是加强中医特色科室建设，改善就医环境和硬件水平，加快引进培养专业人员和学科带头人，继续开展针灸、拔罐等中医特色诊疗项目。三是以落实优质护理服务为载体，为孕产妇提供优质护理服务，开展床旁护理、密切观察产妇、在试点病房适当控制陪护率等工作，加强优质护理服务经验交流，建立长效机制，稳步推进“优质护理服务示范工程”活动的开展。四是举办优质服务“文明十颗星”、“挂牌上岗亮身份”、“微笑天使行动”等活动，以岗前培训、继续教育、晨会一课、党员培训等多种形式增强医务人员服务意识。五是转变社区卫生服务观念，体现社区主动服务原则，开展电话预约就诊、导医和社区护理等服务，实行社区站医务人员信息公示制度，完善患者投诉处理机制，构建和谐医患关系。

（张 莹）

【成立卫生应急志愿者服务队】 年内，成立卫生应急志愿者服务队。共招募志愿者52名，均为辖区各医疗单位35岁以下团员青年。纳入卫生应急队伍的二级梯队管理，主要承担协助突发事件处置相关工作及后勤保障任务。

（张 莹）

【开展禁止吸烟问卷调查】 年内，开展公共场所禁止吸烟工作评估问卷调查共印发了2000份调查问卷。调查显示：被调查人群吸烟率为32.57%（其中在公共场所吸烟的占71.16%），吸烟有害健康知晓率为95.71%，支持公共场所禁止吸烟率为82.34%，公共场所吸烟劝阻率为12.26%，公共场所禁止吸烟执法满意率为26.49%；被调查人反映吸烟现象最严重的公共场所为餐饮单位，占78.53%。

（张 莹）

【创建学习型党组织】 年内，开展学习型党组织创建工作。一是通过认真落实“三会一课制度”，加强领导班子思想建设；健全领导干部培训机制和基层党员培训机制，组织开展以提升思想政治理论水平、领导水平和廉洁从政意识为主要内容的领导干部培训班，以提升积极分子和党员队伍整体素质为主要目的的党员轮训和入党积极分子培训；各基层单位结合工作实际，创造性地开展创建学习型党组织、学习型医院（单位）和学习型机关活动。二是结合纪念建党90周年系列活动，培育“庆生日忆党史”、“党课我来讲”等具有卫生行业特色、符合卫生系统实际的学习品牌活动。三是统一部署，统一落实，整合资源，形成合力，增强党员干部的主动学习意识，结合“为民服务创先争优”活动的开展，全面加强学习型党组织的建设工作，提升卫生系统党员干部的理论素质、业务水平和综合素养。

（张　莹）

【抗菌药物临床应用专项整治】 年内，开展抗菌药物临床应用专项整治活动。分为部署培训、自查自纠、整改、检查和总结五个活动阶段，要求各二级医院结合院内情况，剖析抗菌药物不合理应用的突出问题和重点环节，边整边改。通过专项整治实现抗菌药物临床合理应用的各项指标。

（张　莹）

【妇幼保健服务】 年内，全面提高妇女儿童保障服务。增补叶酸预防神经管缺陷、适龄妇女两癌筛查等重大妇幼项目纳入长效管理机制，0－6岁儿童免费体检、新生儿先天性疾病免费筛查、农村孕产妇住院分娩补贴等服务人群范围不断扩大。妇幼保健院与北京安贞医院联合开展的“建立北京市先天性心脏病筛查、治疗和监测网络的研究”科研项目获得2011年度全国“第六届宋庆龄儿科医学奖”。

（张　莹）

【精神卫生工作】 年内，启动了686重性精神疾病管理治疗项目，重性精神疾病患者实现规范化管理。开展贫困精神病人免费投药工作，全年免费投药4000余人次，免费投药金额19.7万余元。为300余名精神病人提供了免费体检。

（张　莹）

【卫生队伍建设】 年内，共招聘106人，其中博士研究生1人、硕士研究生38人，占招聘总人数的36.8%。继续与首都医科大学合作培养定向毕业生，年内，共有13名专科定向生回区工作，同时，18名专科和5名本科定向生签订到山区定向培养协议。完成了9个社区卫生服务中心、5个公共卫生机构绩效工资改革，在职职工绩效工资较改革前提高了37.7%。在绩效工资的分配上加大了对山区医务人员的倾斜力度，对稳定卫生队伍发挥了重要作用。强化继续教育和规范化培训，首次完成了全区193项区级学分项目网上申报工作，共有2773名卫技人员参加继续医学教育学习，学分达标率为99.23%，同比增长4.45%。组织社区卫生服务岗位培训72场次，2042人次参加培训；453人完成社区卫生继续医学教育必修课20学时的学习，培训率位于全市第三。经过全科医师岗位培训，共有124人完成了全科医学专业注册，符合条件的全科医师注册率达到100%。

（张　莹）

【精神文明建设】 年内，以构建和谐医患关系为重点，推进文明创建。参与“市民大课堂”活动，精心选拔优秀医务人员到镇街为居民开展健康宣教；组织开展文明故事征集活动，7篇入选全区优秀故事。组织参加“共建美好环境共享美好生活”宣传语征集、“高雅殿堂文明行”、“统筹城乡、文明先行”、“网络文明传播”、“北京精神”宣传等活动。开展卫生行业首都公共卫生文明单位评选活动，做好共产党员献爱心、双拥共建等工作。

（张　莹）

·卫生监督

【概况】 年内，门头沟区卫生局卫生监督所在局党委的领导和支持下，以科学发展观为指导，以完善卫生监督执法体系、加强监督执法能力建设为目标，以推进依法行政为主线，坚持宣传、培训、监督齐抓共管原则，开展食品卫生、公共场所、生活饮用水、医疗卫生、职业卫生等各项监督执法工作，全力保障全区公共卫生安全。辖区内未发生食物中毒、生活饮用水污染等重大突发公共卫生事件。全年完成了市所、区政府和区卫生局下达的目标任务，共监督检查5339户次，制作一般程序行政处罚案卷58卷，罚没款104708元；简易程序处罚100起，均为警告。共受理群众投诉举报91件，处理91件，处理率100%。卫生许可受理审核中心共接到群众咨询5497人次；申办人申请929户，受理979户，审批发证970户。卫生监督所编制48人，现有43人（不含工勤2人）。

单位名称：北京市门头沟区卫生局卫生监督所
地　　址：北京市门头沟区石龙南路甲12号
电　　话：60804950
邮　　编：102308

（陆沈凤）

【到期药品销毁】 1月6日，对

门矿医院过期麻醉药品的销毁过程进行全程监督，共销毁过期麻醉药品硫酸吗啡缓释片60片及盐酸布桂嗪片243片。6月15日，对区妇幼保健院到期的麻醉药品复方樟脑酊销毁过程进行全程监督，共销毁复方樟脑酊422毫升l，销毁后的空瓶按照医疗废物进行处理。

（陆沈凤）

【采血检查】　1月12日至14日，对北京市红十字血液中心在妙峰山镇、潭柘寺镇、军庄镇的3处临时采血现场进行全程监督检查，检查过程中未发现违法现象。14日，组织全区卫生系统进行无偿献血，卫生监督所对采血现场进行全程卫生监督。

（陆沈凤）

【卫生法律法规宣传和培训】　3月7日，召开“2011年门头沟区学校幼儿园卫生工作会”，对40余家学校幼儿园食堂共70余人进行食品安全知识培训。9日，召开“2011年门头沟区生活饮用水卫生工作会”，全区40家集中供水、二次供水单位的31名负责人参加此次会议，共发放各种材料160份，签订饮用水安全责任书31份。22日至30日，分6场次对9个镇的500余名农家乐经营者进行食品安全知识培训。30日，召开大型餐馆食品安全工作培训会，对39家大型餐饮单位食品安全管理人员进行了《食品安全法》、量化分级管理制度培训。4月28日至5月27日，开展“关爱农民工职业健康”宣传活动，共发放宣传材料1330余份，张贴宣传画300余张，接受群众咨询120余人次。30日，组织开展“门头沟民营及个体医疗机构公共卫生规范化管理培训”。会上，共发放培训材料40余本、传染病报告本16本，传染病报告卡180余份，调查问卷22份，问卷回收率100%，各单位医疗废物处理基本符合要求。6月10日，对军庄镇19家存在职业危害的企业进行《职业病防治法》培训。12日，举办“落实企业主体责任，保障城市运行安全”为主题的安全生产月宣传咨询活动，现场发放《食品安全三要素》、《职业病知识百问》、《如何预防碘性疾病》、《手足口防控措施》等宣传手册、折页300余份。24日，召开“门头沟区2011年游泳场所卫生工作会”，并与区内6家游泳场所签订了卫生安全责任书。30日，对北京中粮龙泉山庄有限公司40余名食品从业人员进行食品安全知识培训，发放《餐饮服务食品安全监管资料汇编》、《食品添加剂知识手册》、《预防扁豆中毒知识画册》等资料20份。7月1日，召开“门头沟区《集中空调通风系统卫生管理办法》宣贯会”，全区34个单位的负责人参加会议，发放《北京市集中空调通风系统卫生管理办法》、《关于填报北京市门头沟区集中空调通风系统基本情况调查表工作的通知》和《北京市门头沟区集中空调通风系统基本情况调查表》102份。8月23日，召开“门头沟区职业健康状况调查工作部署会”，全区各镇、街道办事处、石龙管委会安全生产主管领导参加会议。26日，召开“门头沟区职业健康状况调查工作启动暨培训会”，全区110余家企业参加会议。12月1日，召开“2011年门头沟区集中空调通风系统卫生工作会”，全区16家使用集中空调通风系统单位的负责人和管理维护人员共22人参加会议，发放《北京市集中空调通风系统卫生管理办法》和《门头沟区集中空调通风系统基本情况调查表》32份。2日，参加法制宣传日活动，共下发了宣传材料4种、200余册接受群众咨询50人次。年内，分12批次对全区1274家餐饮服务单位进行“严厉打击餐饮服务环节食品非法添加剂和滥用食品添加剂专项整治”宣传培训，发放宣传画册1274套6370张，签订食品安全承诺书和食品添加剂使用情况备案登记表各1274份。

（陆沈凤）

【联合检查】　3月9日至18日，联合区教委、疾控中心对辖区内55家学校及托幼机构突发公共卫生事件应急管理、学生常见病防治、学校教学环境、食品及饮用水卫生、传染病防控及健康教育等工作情况进行学校卫生监督视导，保障师生身体健康和生命安全。11日至20日，会同区政法委、公安、文委、工商、城管、消防等6部门对小白楼地区商户进行劝导，共劝导餐饮和公共场所商户腾退房屋31户，出动执法人员60余人次，出动执法车辆13台次。6月2日至3日，会同区疾控中心对区内25家足疗保健、歌厅等特殊服务行业的公共场所从业人员艾滋病、性病防控工作情况进行监督检查，现场发放调查问卷100余份，宣传材料500余份，抽血检测100人份。23日，会同安监部门联合检查北京双吉制药有限公司生产车间、生产工艺、产生职业危害的场所和防护措施落实情况，抽查职业卫生监护档案和劳动者健康监护档案。28日，会同公安、工商、城管、商委等部门，对梨园地区发廊、足疗场所进行综合整治，取缔无证无照发廊、足疗场所10户，责令限期改正2户。29日至7月6

日，参与城子大街和东辛房办事处危改项目，与区政法委、工商、城管等相关执法单位，联合对该地区商户进行劝导，协助区拆迁工作组完成房屋腾出工作。22日，会同安监、公安等部门对辖区内6家游泳场馆进行联合检查，对其中5家游泳场馆进行余氯、浑浊度等现场检测，检测结果均合格。8月1日，会同区工商分局对门城地区10家桶装水店进行监督检查和现场检测，现场抽检5家水店所售桶装纯净水的PH值、色度、浑浊度、电导率均符合国家标准。同日，区卫生局应急办带队，卫生监督所与疾控中心携带水弧菌样本联合对大台医院、斋堂医院和区医院三家医疗机构的肠道门诊进行监督检查，并要求化验室人员在规定时间内以水弧菌代替霍乱弧菌进行动力和制动试验操作。10日至11日，会同区疾控中心、各医院专家组开展“医疗质量万里行”检查督导，对辖区内4家二级医院的医院管理、护理管理、医院感染、药事管理、影像及实验室安全管理、后勤安全管理等方面进行全面检查督导。9月15日，会同北京市卫生监督所、北京市疾控中心、区疾控中心共同对辖区内4家大型商场及影剧院的室内空气进行现场检测，检测结果基本符合卫生标准。19日至26日，会同区教委、红十字会、区健康教育所及中小学卫生保健所根据北京市健康促进学校工作管理办法，对区内8所健康促进学校进行验收评估。28日，组织全区接待婚宴的大中型餐饮和景区周边餐饮共41家单位的67名负责人和厨师长进行食品安全集中培训。11月17日和29日，会同工商、城管、永定派出所和三家店派出所，对冯村地区和三家店地区无证无照发廊、足疗场所进行综合整治，共取缔无证无照发廊、足疗场所15户。

（陆沈凤）

【制定绩效考核管理办法】 3月14日，召开第一届第七次职工代表大会，审议并通过了《门头沟区卫生局卫生监督所2011年绩效考核管理办法（试行）》。24日，召开全体职工会正式公布并开始实行《绩效考核管理办法》。

（陆沈凤）

【岗位轮换】 3月21日，实施自建所以来的第一次中层领导干部轮岗交流，对全所75%的所领导、80%的中层领导干部及11%的非领导职务进行了职责调整。（陆沈凤）

【专项监督检查】 3月22日至28日，对辖区内美容美发、足疗经营场所进行全面摸底调查。经调查，门头沟区现有美容美发、足疗经营场所共计282户。4月至6月，开展医疗废物专项监督检查，累计检查204家医疗机构，其中一级以上医疗机构23家，诊所、卫生所（站）、医务室等58家，村卫生室123家，针对发现问题的单位，要求其立即整改。5月31日，对辖区内2家医疗机构体检中心进行监督检查，2家单位对开展的公务员招录、事业单位招聘以及企业就业入职体检和其他健康体检均不提供乙肝项目检测服务。5月至10月，开展“严厉打击餐饮服务环节食品非法添加剂和滥用食品添加剂专项整治”，共出动卫生监督员2054人次，执法车辆532车次，监督检查餐饮服务单位938户次。6月至9月，开展美容美发、足疗经营场所专项整治行动，共出动监督员60人次、车辆22车次，监督检查98户次，联合取缔10户、责令改正6户、警告并罚款5户。9月26日至27日，对辖区内35台现场制售水机开展现场制售饮用水机专项监督检查。10月15日至11月10日，对辖区内23家社区卫生服务机构进行专项监督检查，其中9家卫生服务机构已取得《医疗机构执业许可证》，14家未取得《医疗机构执业许可证》。10月18日至21日，对永定镇采空棚户区石门营地区、中门寺地块、东辛称村等地区的21家建筑工地食堂进行专项监督检查。10月，对辖区内3家医疗机构临床用血情况进行专项监督检查，共出动卫生监督员12人次，出动车辆3车次。12月，开展集中空调通风系统专项监督检查，累计检查使用集中空调通风系统的单位共15户。同月，对辖区内6家二级以上医疗机构进行人体器官移植活动专项监督检查，未发现违法现象。年内，开展医疗机构中药饮片专项监督检查，累计检查使用中药饮片的医疗机构25家。年内，开展非药品冒充药品专项整治行动，累计监督检查356户次，出动执法人员372人次，车辆97车次，未发现非药品冒充药品的违法行为。年内，开展“地沟油”专项整治行动，累计检查餐饮单位856户次，未发现使用“地沟油”现象。

（陆沈凤）

【组织食品安全管理员考试】 3月，组织辖区内300余名餐饮单位食品安全管理人员报名参加北京市2011年餐饮服务食品安全管理员考试。

（陆沈凤）

【城乡环境整治百日行动】 3月至5月，开展餐饮服务单位及公共场所综合整治行动，累计监督检查447户次，其中餐饮单位276户次、公共场所171户次，立案查处17起。5月5日至6日，召开“城乡环境百日整治”餐饮单位培训工作会，分两批次共97名门城地区餐饮服务经营者参加此次培训，共发放《门头沟区餐饮单位、集体食堂食品安全承诺书》和各类宣传材料260余份。6月16日，所领导与区卫生局法制安全科、疾控科负责人带队开展城乡环境整治百日行动专项稽查，共稽查3家餐饮单位和3家公共场所。

（陆沈凤）

【许可承诺制】 5月10日，开始对区内申请餐饮服务许可证者是否申请及经营冷荤凉菜实行诚信承诺制，若申请许可项目中不含凉菜的，必须要做出承诺，签订承诺书，在经营过程中不得经营冷荤凉菜。

（陆沈凤）

【上级部门督查调研】 5月19日，由北京市卫生局、市教委组成的联合检查小组对区内一所学校的传染病防控暨学校卫生工作进行督导检查，检查情况良好。7月14日，市卫生局副局长对国家安全生产监督管理局职业安全卫生研究所石龙医院职业病防治工作开展情况进行调研。8月2日，由北京肿瘤医院、西苑医院、同仁医院、北大医院的4位院感专家及北京市卫生监督所医政执法监督员组成的检查组督导检查区医疗废物管理工作情况，并实地督查了一家社区卫生服务机构和一家民营医疗机构。11日，市卫生监督所检查组督导检查区内2家体检中心，并给予了肯定。9月14日，通过了北京市爱卫会餐饮服务单位和宾馆病媒生物防治督导检查。11月1日，市食品办督查组对区内食品安全工作进行督导检查，并给予肯定。11日，北京市卫生监督所领导及各区县卫生监督业务骨干一行8人对区内餐饮服务食品安全工作进行督导检查，同时针对“打击非法添加剂”、“国庆期间”餐饮安全两项工作开展层级稽查，并对区食品安全监管及稽查工作给予了肯定。29日，北京市卫生监督所、北京市疾控中心联合对区职业病调查工作的质控情况进行督导检查，现场检查了1家企业，督察组对区内职业病调查工作给予了肯定。

（陆沈凤）

【业务技能培训】 5月31日，对全体监督员就年内新施行的《公共场所卫生管理条例实施细则》、《北京市集中空调通风系统卫生管理办法》进行培训。6月18日，对全体监督员进行摄影技能培训，提升调查取证能力和新闻宣传能力。7月18日至22日，对全体卫生监督员进行系统的业务技能培训，市卫生监督所8位专家就严厉打击餐饮服务环节食品非法添加和滥用食品添加剂专项工作、食源性疾病爆发资料分析、食物中毒应急处置、生活饮用水预防性审查、生活饮用水卫生监督与管理、生活饮用水污染事故调查与处理、医疗服务监督、放射防护标准法规及监督管理等内容进行了讲解，并进行突发公共卫生事件应急演练。8月31日，全体卫生监督员参加区卫生系统“医务人员文明礼仪培训”。11月3日，邀请市卫生局老师对全体卫生监督员进行执法文书、卫生行政执法业务培训。

（陆沈凤）

【开展并联审批】 5月31日至6月1日，会同斋堂工商所，对清水镇江水河、洪水口、八亩堰、双塘涧4个村的83户民俗旅游接待户的餐饮服务许可申请进行集中审验，经检查验收39户达到了办理餐饮服务许可证的卫生标准，44户未达到办证标准。

（陆沈凤）

【召开民主评议座谈会】 7月4日，邀请区人大、政协、农工党、法制办等领导作为社会监督员参加民主评议座谈会，会上，卫生监督所党支部书记、所长就全所2011年上半年工作开展情况进行汇报，并现场解答各位代表提出的问题。

（陆沈凤）

【证书换发】 7月，完成7家从事计划生育工作的医疗单位母婴保健技术人员合格证书换发、新办工作，共制证、发放50本。

（陆沈凤）

【稽查工作】 8月4日，所长带队开展卫生行政许可稽查，随机抽取近一个月内许可的2户餐饮服务单位、1户美容美发单位进行现场稽查。9月28日至10月10日，开展“严厉打击餐饮服务环节食品非法添加剂和滥用食品添加剂专项整治卫生监督”专项稽查。29日，对节日期间就餐较为集中、承办2011年首届环北京职业公路自行车赛就餐的3家大型餐饮服务单位、妙峰山景区的2家餐饮服务单位进行稽查。10月2日，对突发事件应急值守情况进行稽查，值备班人员均到岗到位。12月1日，开展卫生行政许可稽查，书面稽查4份卫生行政许可档案，随机抽取近期许可的餐饮服务单位2户，公共场所许可2户进行现场稽查，稽查情况总体良好。

（陆沈凤）

【制定《规范服务手册》】 8月15日，制定并下发《门头沟区卫生局卫生监督所规范服务手册》，该手册包括：服务规范、网站公开、办公环境、服务意识、咨询服务、卫生监督所各科室职责及电话、相关单位联系电话。

（陆沈凤）

【放射工作人员体检】 8月27日至28日，全区17家医疗机构的170余名放射工作人员在区疾控中心进行职业健康体检，卫生监督所进行了全程监督。

（陆沈凤）

【传染病防控】 9月，对辖区内8家学校、11家托幼机构传染病防控工作开展监督检查，针对存在的问题下发了卫生监督意见书。10月15日至30日，对永定镇曹各庄、龙泉镇石泉砖厂、黑山惠民家园等地区的共20家安置房建筑工地传染病防控工作进行监督检查，针对发现的问题，提出了整改意见，制作下发卫生监督意见书20份。

（陆沈凤）

【国庆监督检查】 10月1日至7日，每日黄金时间在区电视台播出餐饮卫生安全预警信息，累计出动监督员18人次，监督车辆9车次，共监督检查各类公共卫生被监管单位39家，确保了节日期间未发生食物中毒、生活饮用水污染事故和其他突发公共卫生安全事件。

（陆沈凤）

【试行约谈机制】 11月3日，发出第一号约谈通知书，正式开始试行约谈机制。

（陆沈凤）

【工会换届工作】 11月25日，召开全体职工会，选举产生卫生监督所第二届工会委员会。选举主席1名，组织委员1名，宣传委员兼女工委员1名，经审主任1名，经审委员2名。

（陆沈凤）

【重大活动公共卫生保障】 年内，完成了门头沟区第十四届人民代表大会第七次会议、第八届政协第五次会议、第31届北京青少年科技创新大赛、2011北京迷笛音乐节、2011北京国际山地徒步大会、北京市第七届农民运动会、2011年首届环北京职业公路自行车赛、门头沟区第十一次党代会、政协门头沟区第九届委员会第一次会议、区第十五届人大第一次会议等十次重大活动保障，共出动监督员264人次，现场快速检测497件，完成了128餐次57734人次的保障任务。

（陆沈凤）

【打击非法行医】 年内，与药监、公安、城管等部门联合对区内非法行医重点地区进行巡查，重权打击非法行医行为，共联合执法9次，日常巡查6次，出动执法人员143人次，执法车辆54车次。取缔黑诊所12家，没收药品6箱，没收器械5件，没收横幅、牌匾13个，张贴取缔公告10份，立案8起，召开联席会议2次。

（陆沈凤）

【卫生许可】 年内，共接待群众咨询5497人次，申办人申请929户；受理979户。共发证970户，其中餐饮392户、公共场所132户、生活饮用水19户、放射卫生9户、医政418户；职业卫生备案2户；补证4户，注销5户。

（陆沈凤）

【量化分级管理】 年内，餐饮单位和集体食堂量化分级管理完成了515户，其中A级单位34户、B级单位172户、C级单位309户，AB级占40%；公共场所卫生监督量化分级管理评定工作完成了54户住宿场所，其中A级单位3户、B级单位17户、C级单位34户；6户游泳场所，均为B级；21户洗浴场所，其中A级单位0户、B级单位5户、C级单位16户；23户美容美发场所，其中A级单位0户、B级单位4户、C级单位19户。

（陆沈凤）

【卫生监督抽检】 年内，监督抽检422件，合格397件，合格率为94.08%。其中食品监督抽检346件，合格333件，合格率为96.2%。生活饮用水抽检110件，合格80件，合格率为72.73%；公共用品用具的消毒效果抽检50件，合格50件，合格率100%。游泳池水质抽检24件，合格24件，合格率为100%。集中空调通风系统卫生状况抽检58件，合格57件，合格率为98.28%。商场超市室内空气抽检102件，合格96件，合格率94.12%。

（陆沈凤）

【现场快速检测】 年内，共进行现场快速检测1194件，合格1192件，合格率为99.83%。

（陆沈凤）

·疾控中心

【概况】 年内，在区卫生局党委的领导下，在市疾控中心业务指导下，以科学发展观为指导，以“夯实基础、巩固成绩、创新发展”为原则，以预防控制各类传染病的发生和流行为重点，努力提高疾病预防控制水平，不断增强突发公共卫生事件的应急处置能力，确保全区卫生防病工作万无一失，保护人民群众的身体健康和生命安全。传染病防控工作扎实开展，全年疫情平稳，无传染病重大疫情发生，散发传染病病例得到及时有效控制。免疫规划工作再上新台阶，消除麻疹行动计划有序开展，流动儿童预防接种工作不断加强，16 家免疫预防门诊全部取消预防接种纸质卡，实现预防接种电子化管理。燃煤污染型地方性氟中毒病区致病因素已经消除，通过了国家级复核验收。碘盐合格率、碘盐覆盖率和合格碘盐食用率连续 7 年达 90%以上，实现了持续消除碘缺乏病的阶段目标。依托社区通过举办慢病知识讲座、慢病干预“趣味运动会”、“家庭医生式服务”宣传活动、“让糖尿病朋友运动起来”登山活动及“门头沟区全民健康生活方式行动”有奖征文及演讲活动等形式，慢病社区干预项目顺利推进。开展了“全国高血压日”、“世界无烟日”等系列宣传活动，制作《相约健康》电视片 22 期，印制发放宣传材料 9 种 17 万份，组织健康知识讲座 172 场。

单位名称：北京市门头沟区疾病预防控制中心
地　　址：北京市门头沟区城子东街甲 40 号
电　　话：69843156
邮　　编：102300

（张翠红）

【取消地氟病病区验收】 2 月 22 日，中国疾控中心专家组对区内取消燃煤污染型地方性氟中毒病区进行了国家级复核验收工作。通过听取汇报、查阅档案、现场调查，专家组确认区内达到了取消燃煤型氟中毒病区考核评估标准，燃煤污染型地方性氟中毒病区致病因素已经消除，通过国家级复核验收。

（张翠红）

【市疾控中心考核】 2 月 25 日，市疾控中心考核组对区疾控中心 2010 年度疾病预防控制工作情况进行了考核。考核组首先听取了疾病预防控制工作汇报，并按照考核标准分专业进行了考核评定。最后，考核组将考核情况汇总后进行了反馈与指导。

（张翠红）

【召开专题工作会】 2 月 28 日，召开健康北京人专题活动总结暨 2011 年社区工作研讨会，总结 2010 年健康教育与健康促进工作，提出 2011 年健康教育工作重点工作，研讨了社区健康教育工作，全区 9 个镇、4 个办事处主管健康教育工作副镇长、副主任及文教办主任等 27 人参加了会议。3 月 7 日，组织全体女职工在灵之秀茶城召开茶话会。女职工听取灵之秀创始人、女企业家的创业史，并观看茶艺表演。11 日，召开第二届第三次会员（职工）代表大会。会上听取并审议通过 2010 年工作报告、2010 年财务工作报告及绩效考核办法、绩效工资分配方案（试行稿）。会上，中心主任与主管领导、主管领导与科长代表分别签订了工作目标责任书、廉政风险责任书及安全生产责任书。17 日，召开春季免疫规划防病工作会，部署学龄前流动儿童强化查漏补种及外来务工人员麻疹、流脑疫苗接种工作，全区 16 家预防接种单位的保健科科长及骨干共 20 人参加培训。4 月 7 日，召开 2011 年慢病防治工作会，总结 2010 年慢病防治工作，部署 2011 年工作要点，全区 12 个社区卫生服务中心的主管领导及慢病相关人员共 53 人参加了会议。14 日，召开 2011 年健康教育工作会，总结 2010 年健康教育工作、部署 2011 年工作任务，全区各镇、办事处、医疗单位、4 家健康促进示范村、健康社区创建单位以及区教委、中小学保健所的主管领导及专兼职工作人员共 43 人参加了会议。5 月 11 日，召开 2011 年性病艾滋病监测哨点总结暨工作布置会，会上分析 2010 年监测工作，提出 2011 年工作要求，来自区医院、京煤集团总医院、妇幼保健院、大台医院及公安分局 5 家单位的 10 名负责人参加了会议。7 月 18 日，召开 2011 年信息工作会，总结 2011 年信息工作，对优秀信息科室、优秀信息员进行了表彰，并进行了信息知识培训。各科长及信息员参加了会议。8 月 5 日，召开居民健康知识水平监测及“健康北京人”健康指标调查启动暨培训会，大台办事处、潭柘寺镇、雁翅镇主管健康教育的负责人及专兼职人员、调查员共 15 人参加了会议。9 月 5 日，召开 2011 年学术论文交流点评会，共征集论文 42 篇，经学术委员会初审，选出 10 篇论文作为交流论文，卫生局主管局长到会并逐一进行点评，疾控中心全体卫生专业技术人员参加了会议。11 月 9 日，与区动物疾控中心及动物卫生监督所联合召开布鲁氏杆菌病防治信息交流会，通报区内人间布病监测工作及养殖行业现况、动物疫情情况，探讨布病联防联控机制。12月6日，召开《相约健康》电视片研讨会，研讨2012年《相约健康》电视片播出形式及播出安排，区医院、中医院、妇幼保健院、龙泉医院、卫生监督所、社管中心主管领导及专兼职人员共10人参加会议。

（张翠红）

【宣传工作】 3月3日，与区医院联合开展主题为“康复从发现开始——大力推广新生儿听力筛查”全国爱耳日宣传活动，在就诊大厅咨询台发放宣传材料6种830余份，接待咨询50人次。24日，以“遏制结核，共享健康”为主题开展世界防治结核病日宣传活动，发放宣传材料2900余份，纪念品200个，接待咨询400余人次。4月25日，以“接种疫苗，宝宝健康”为主题开展全国儿童预防接种日宣传活动，设置咨询台为儿童家长解答免疫预防接种知识，发放宣传资料500余份。26日，与区医院共同开展主题为“消除疟疾，履行承诺”全国疟疾日防治宣传活动，发放宣传资料6种650份。5月13日，联合商委、盐业公司在河滩菜市场开展“防治碘缺乏病日”宣传活动，向过往群众讲解碘缺乏病和识别真假碘盐的知识，发放宣传材料3种2000余份，解答群众咨询百余人次。31日，组织17家医疗机构开展以“烟草致命如水火无情，控烟履约可挽救生命”为主题的世界无烟日宣传活动，共开展控烟知识讲座17场，受益300余人；发放控烟相关的健康宣传材料4种3万余份；咨询人数共500余人。5月，组织各镇、办事处、医疗单位、社区卫生服务中心、村（居）委会开展预防肠道传染病系列宣传活动，在大峪办事处、龙泉镇、东辛房等重点区域开展预防肠道传染病健康知识讲座及宣传咨询活动，制作宣传材料2种4万份发放至17家医疗单位。7月28日，以“认识肝炎，科学防治”为主题开展世界肝炎日宣传活动，分别在疾控中心门前和区影剧院设置专家咨询台，接待群众咨询，发放宣传资料500余份。9月5日，联合团区委到中建一局石门营棚户区改建工地进行性病艾滋病防治知识宣传活动，受益人数达1000余人，发放宣传材料及小礼品8种3000余份，安全套800只。21日，联合区建委、文委、团区委、计生委等部门在两限房工地开展以“珍爱生命、抗击艾滋，走进建筑工地”为主题的艾滋病宣传咨询活动，现场通过悬挂横幅、摆放预防艾滋病知识宣传展板、发放预防艾滋病宣传册、有奖知识问答等形式向建筑工人宣传预防艾滋病的相关知识，并放映了艾滋病宣传片和电影。10月8日，组织各社区卫生服务中心开展主题为“知晓您的血压和控制目标”全国高血压日宣传教育活动，永定社区卫生服务中心邀请阜外心血管病医院专家在永兴社区卫生服务站开展高血压大型义诊、普及与宣传活动；在军庄镇北四居委会开展防治高血压健康大课堂；在潭柘寺镇、王平镇、雁翅镇、斋堂镇、清水镇发放有关高血压防治知识的宣传材料；在东辛房街道、大台街道开展防治高血压健康讲座。11月3日，在葡山公园开展“接种疫苗，预防流感，平安过冬”及预防呼吸道传染病宣传活动，发放宣传材料8种4000余份，接待咨询80余人次，完成流感疫苗接种满意度问卷150份。10日，在大峪街道办事处开展“接种疫苗，预防流感，平安过冬”及预防呼吸道传染病健康知识讲座，辖区60名居民参加了讲座。14日，与门城社区卫生服务中心联合开展主题为“应对糖尿病，立即行动”联合国糖尿病日宣传活动，邀请东直门医院专家为“百姓健康俱乐部”成员进行了健康知识讲座，免费为其测血糖，发放日常保健药品4种。18日，在工读学校举办艾滋病防治知识宣传教育课，讲解艾滋病基本知识、流行现状和防控工作重点，并设置互动有奖答题环节，使学生们掌握了艾滋病预防知识，活动现场还发放了调查问卷和宣传材料。30日，联合城子办事处在蓝龙家园居委会举行艾滋病宣传咨询活动，向所辖13个居委会居民发放宣传材料1500余份，宣传品200份，受众300余人。12月1日，与区卫生局、红十字会在新桥南大街联合开展主题为“行动起来，向‘零’艾滋迈进”大型宣传活动。计生委、旅游局、民政局、建委、门头沟区论坛等单位35名志愿者参加。区领导与志愿者一起向居民发放宣传材料和宣传品，并在“向‘零’艾滋迈进让红丝带飘起来”的签字板上签名，粘贴红丝带，表达了共同抗击艾滋的决心和对感染者的关爱。活动中发放宣传材料25种1.2万余份，各类宣传品3000份，安全套4000只。2日，利用法制安全日开展艾滋病宣传活动，向市民介绍艾滋病防治知识，发放宣传材料500份，宣传品200份，安全套400只。4日，联合大台医院在大台地区开展艾滋病大型宣传活动，发放宣传材料2000余份，宣传品600份，安全套800只。

（张翠红）

【开展督导检查】 3月9日至23日，联合区教委、卫生监督所对区内42所中小学校传染病防控、健康教育、学校卫生等工作进行督导检查，对检查中发现的问题进行了反馈与指导。4月6日至7日，对4家医疗机构肠道门诊进行开诊后第一次督导检查和业务指导，现场对肠道门诊工作人员进行考核，并针对发现的问题提出整改意见。5月31日至6月1日，针对肠道门诊早期监测预警系统、病原学监测工作中出现的问题，对区医院、京煤集团总医院进行现场督导和业务指导。6月20日至21日，对区医院、京煤集团总医院肠道门诊进行督导检查和技术指导，要求各医院严格按照监测方案开展监测，加强质量控制，提高志贺氏菌的检出率。23日至24日，联合区爱卫会对斋堂镇林子台村、妙峰山镇担礼村、东辛房办事处西山居委会、平洞居委会创建健康促进示范村、健康社区进行了督导检查。6月，对京煤集团总医院、区医院、中医院、妇幼保健院进行性病漏报、艾滋病疫情报告督导检查，4家医疗机构均无漏报现象，报卡质量良好。8月，对4家医疗机构肠道门诊进行开诊后第二次督导检查和业务指导，现场对肠道门诊工作人员进行了考核。9月中旬，对辖区一级及以上医疗机构AFP监测系统运转情况主动监测工作进行督导检查，要求各医疗机构要及时开展主动监测并及时上报旬报表。

（张翠红）

【培训班工作】 3月10日，举办2011年社区脑卒中高危人群规范化管理培训班，讲解项目方案、管理卡填写及注意事项，部署社区脑卒中高危人群规范化管理工作，永定及门城社区卫生服务中心2个项目实施单位主管领导及慢病相关人员参加了会议。18日，举办鼠疫防治知识师资培训班，对鼠疫流行史及流行动态、中国鼠疫自然疫源地、鼠疫流行病学及病因学、鼠疫临床症状、鼠疫疫情现场处理、相关法规、条例及标准等相关内容进行了培训，20家医疗机构医务人员和疾控中心全体卫生专业技术人员71人参加了培训。28日，召开2011年肠道传染病防治培训会，邀请市疾控中心专家对4家医院肠道门诊及一级以上医疗单位46名临床医生、检验、消毒人员进行了肠道传染病防治相关知识培训。5月24日至25日，举办肠道门诊霍乱检验实际操作培训，对4家医疗机构肠道门诊检验人员进行培训。6月16日，举办2011年维持无脊灰状态培训班，对AFP监测工作等内容进行了培训，辖区医疗机构医务人员84人参加培训。聘请市健康教育所专家就健康促进学校理论知识对全区42名中小学校主管主任进行了培训。召开乙型肝炎病例规范化管理培训会，辖区医疗机构相关科室医务人员84人参加了培训。24日，举办肺结核病人治疗管理培训班，以肺结核病人规律用药及全程治疗管理为主题进行了讲解，并发放《肺结核病人的康复指导》、《肺结核病人的报告转诊和追踪》《基层乡村医生结核病防治手册》等书籍共计320本，全区各医疗机构的主管领导、内科医生和感染控制科的业务人员共57人参加培训。7月14日，举办医德规范及职业礼仪培训班，对全体职工进行医务礼仪的概念、医务形象礼仪、医务行为礼仪、服务礼仪培训。8月11日，举办健康促进示范村、健康社区创建工作档案培训班，按照考核验收标准对各创建单位主管领导及健康教育专兼职人员进行档案培训，并对创建单位的档案资料进行了现场查看。9月6日，联合区教委召开学校、托幼园所预防接种证查验工作培训会，辖区42家中小学校、托幼园所的卫生教师共计120余人参加了培训。7日，召开维持无脊灰和应对新疆脊灰疫情工作布置会暨培训会，17家一级及以上医院及非卫生局直属医院主管院长、主动监测科室主任、防保科长、临床医务人员等共计55人参加了会议。8日，举办疫情直报和死因统计师资培训班，邀请市疾控中心专家授课，19家医疗单位的主管院长；疫情、死因网络直报专兼职人员及负责开具死亡医学证明书的临床科室主任共90人参加了培训。10月19日，举办“健康北京人——母婴健康行动”预防保健培训班，以《传染病基本概念与方面进展》、《注重免疫规划，全面提升工作质量》为主题进行了讲解，各社区卫生服务中心（站）防保科、各学校校医及疾控中心卫生专业技术人员共计137人参加了培训。20日，召开呼吸道传染病监测工作培训会，辖区15家流感样病例监测医疗机构相关工作人员70人参加了培训并通过考核。25日，举办学校校医防治艾滋病知识培训班，来自各中小学校37名校医和卫生老师参加了培训。26日，举办医务人员性病艾滋病知识培训班，全区20家医疗单位57名医务人员参加了培训。11月8日，举办《北京人健康指引》推广暨健康大课堂师资培训班，各医疗机构院长（主任）、健康大课堂师资及健康教育专兼职人员共68人参加培训。28日，举办2011年肠道检验及呼吸道传染病培训会，分析2011年肠道门诊检验工作，总结细菌性痢疾病原学监测、病毒性腹泻监测等工作，京煤集团总医院、区医院、中医院等5家医院医务部主任和检验科科长参加了培训。

（张翠红）

【开展慢病干预活动】 3月22日，与门城社区卫生服务中心联合举办社区脑卒中规范化管理暨老百姓相约健康俱乐部成立启动仪式。年内脑卒中项目中月季园和永新社区筛查出的150名脑卒中高危人群作为俱乐部签约会员现场签订了会员知情同意书。4月28日，与华新建社区卫生服务站、水闸西里居委会共同举办主题为"我参与、我运动、我健康、我快乐"慢病干预趣味运动会，设置10个项目，参赛运动员近200人，观众达500余人。5月10日，与华新建社区卫生服务站邀请协和医院心内科专家在水闸西路居委会举办冠心病和血脂异常防治健康知识讲座。13日，与绮霞苑社区卫生服务站和德露苑社区卫生服务站在葡山公园联合举办主题为"让糖尿病朋友运动起来"登山活动，120名糖尿病患者及高危人群参加活动。10月21日，与门城社区卫生服务中心组织脑卒中健康俱乐部会员开展主题为"防治脑卒越早越好"趣味运动会，比赛项目包括沙包掷准、保龄球、后投球、钓鱼、夹弹球和乒乓球传递等6个项目，活动现场张贴宣传画、发放宣传品及进行现场咨询。12月14日，与大台社区卫生服务中心联合举办肥胖知识竞赛活动，比赛选手由医生和居民组成，最终产生一、二、三等奖。

（张翠红）

【学龄前流动儿童强化查漏补种】 3月至5月，开展学龄前流动儿童强化查漏补种活动，共调查0岁至入学前外来儿童4759人，对无卡、无证儿童予以补卡、补证，对漏种儿童予以补种或预约。

（张翠红）

【外来务工人员疫苗接种】 3月至5月，开展集中用工单位外来务工人员麻疹、流脑疫苗接种工作，共接种A+C流脑疫苗1305人、麻疹疫苗1304人，覆盖了辖区35家建筑工地，4家生产企业、9个集贸市场、3个商场、12个餐饮企业及1所医疗机构，未接报疑似预防接种不良反应。

（张翠红）

【开展消防实战演练】 4月7日，邀请区消防支队专家并组织全体职工开展消防实战演练，增强职工消防安全意识。

（张翠红）

【开展农村居民健康需求调查】 4月，对斋堂镇林子台村、妙峰山镇担礼村20名农村居民开展健康需求调查。结果显示：农村居民存在一定健康问题，健康需求以慢病防治为主，期望健康知识获取途径以讲座、参与活动、广播为主。

（张翠红）

【开展学生烟草使用状况监测】 4月至5月，在大峪第一小学、新桥路中学、育园中学及中等职业学校4所不同类型的学校和班级进行了学生烟草使用状况监测工作。监测结果显示：中学生尝试吸烟率、吸烟率、现在吸烟率与2010年相比均有所下降。

（张翠红）

【完成流动人口艾滋病监测项目】 5月12日至22日，对402名煤矿工人进行流动人口艾滋病知识行为问卷调查，并采集血清400份进行HIV抗体、梅毒和丙肝的检测。

（张翠红）

【接受市级督导检查】 5月19日，市教委、市卫生局组成专家组对区内学校卫生视导和学生体检质量控制工作进行督导检查，专家组听取工作汇报、查看工作资料，并到北京第二实验小学永定分校进行了学校视导标准的检查和学生体检的质量控制，对该校学校卫生常规工作给予肯定。6月15日，由市疾控中心和市卫生监督所5名专家组成的检查小组对区内肠道门诊进行了督导检查，检查组听取了肠道门诊开诊情况及肠道传染病防控工作汇报，现场检查了流行病科和微生物检验科工作，实地检查了区医院和京煤集团总医院肠道门诊，指出存在的不足，并现给予技术指导。8月24日，市健康教育所对区内健康教育工作进行了中期督导，并对健康促进示范村和健康社区进行了实地检查，走村入户了解居民健康状况及创建工作开展情况，并检查了健康教育档案资料。10月27日，市卫生监督所对疾控中心秋冬季传染病防控工作进行了监督检查，现场查看了传染病防控相关档案资料，给予了肯定。

（张翠红）

【开展党建知识答题活动】 5月27日，组织党员开展庆祝中国共产党成立90周年党建知识100题答题活动，共发放答题28份，收回28份。

（张翠红）

【开展中学生地面粉笔画大赛】

5月31日，与区教委、爱卫会、红十字会等单位在立思辰公园联合开展了以“烟草致命如水火无情，控烟履约可挽救生命”为主题首届中学生地面粉笔画大赛。大峪中学分校、新桥路中学、首师大附中永定分校等7所学校25名红十字青少年用粉笔和油画棒在公园的指定区域内描绘了警示吸烟危害，呼吁控烟的作品。在比赛的过程中，向周围群众发放了控烟的宣传材料，共5种4000余份，吸引了众多群众观看红十字青少年的绘画作品。

（张翠红）

【举办“党史我来讲”演讲比赛】 6月20日，举办庆祝建党90周年“党史我来讲”演讲比赛。5名青年党员代表以时间为主线，以长征史诗、历史的胜利、新中国从这里走来、春天的故事、高举伟大旗帜5个历史阶段为主要内容，为观众讲述了党的发展历程。最终评选出一等奖1名、二等奖2名、三等奖2名。

（张翠红）

【组织红色之旅活动】 6月24日至25日，组织党员、团员、中层以上领导干部共31人，到歌曲《没有共产党就没有新中国》的诞生地——房山区霞云岭乡堂上村参观，并在红色场景下举办“忆党史·颂党情”红色诗歌朗诵会。

（张翠红）

【开辟飞信党员教育新平台】 6月，利用飞信平台开展了庆祝建党90年向党、团员发送党史小知识90条活动。

（张翠红）

【“四个一”活动进军营】 7月28日，到驻区海军1206工程维护保障大队进行走访慰问，开展军民共建“四个一活动”，即一个联谊座谈会、一堂防病知识讲座、一场乒乓球对抗赛、一场军民诗歌朗诵比赛，加深与部队官兵间的交流，接受国防教育。同时，为部队官兵送去慰问品、慰问金和宣传材料4种500份。

（张翠红）

【开展夏季农村饮用水检查】 8月12日至9月13日，与区水务局、卫生局共同开展夏季农村饮用水检查工作。对全区40个农村自备水源点进行了检查，发放水质消毒指导宣传材料和饮水应急消毒药品400余瓶，并对15个自备水源点水质进行了检测。

（张翠红）

【开展“北京健康之星”评选】 8月19日，开展区级健康之星评选推选38人参加市级健康之星评选。10月31日，经体质测试及笔试答题预赛，产生14名选手参加市健康之星评选复赛，4名选手进入决赛，10名选手获得“北京健康先行者”称号。12月3日，4名选手参加市健康之星评选决赛，2名选手获得“北京健康使者”称号，2名选手荣获“北京健康之星”称号。

（张翠红）

【开展脑卒中筛查及防控项目】 8月至10月，在妙峰山镇上苇甸村、军庄镇东山村、斋堂镇东斋堂村、潭柘寺镇南辛房村4个筛查点开展了2011年脑卒中筛查及防控项目，完成脑卒中调查问卷完成2355份，彩超筛查1296人。

（张翠红）

【开展职业健康状况调查】 8月至12月，在区卫生局、安监局等有关部门的领导和组织协调下，完成了80家用人单位职业危害基本情况调查工作。

（张翠红）

【流感疫苗接种工作】 10月15日至11月30日，开展流感疫苗接种工作，累计接种流感疫苗28745支，其中免费流感疫苗累计27807支，自费疫苗累计938支，未接报疑似预防接种异常反应，完成了流感疫苗接种工作。

（张翠红）

【举办徒步健身登山比赛】 10月16日，举办职工“徒步健身登山比赛”，以斋堂水库大坝为起点，以大三里古村落影视基地为终点。并设立了徒步登山奖项和摄影采风环节。

（张翠红）

【开展成人慢病监测】 10月至11月，在育园高中和城子职高、东辛房街道西山居委会对18岁至79岁北京市常住居民328人开展了成人慢病及其危险因素监测工作。

（张翠红）

【推进党员干部讲党课活动】 年内，继续开展“党员干部讲党课”活动，5名党员干部向党员、团员和积极分子讲解党史，全年共举办5讲。

（张翠红）

【食品安全风险监测】 年内，对速冻熟制米面制品、生食动物性水产品、熟肉制品等10类食品进行食品安全风险监测，监测指标有大肠菌群、沙门式菌、单增李斯特菌、金黄色葡萄球菌、大肠杆菌O157H7、副溶血性弧菌、创伤弧菌、霉菌、志贺氏菌、蜡样芽胞杆菌、坂崎肠杆菌及寄生虫，按任务分解指标完成了130件样品的监测任务。

（张翠红）

【开展农村饮水安全水质监测】 年内，开展农村饮水安全工程枯、丰水期监测点生活饮用水监测工作，完成了27个监测点基本情况调查工作，其中饮用人口500人以上监测点18个，饮用人口500人以下的监测点9个，并采集108件水样进行了水质卫生监测和数据上报工作。

（张翠红）

【开展教学环境卫生监测】 年内，完成了43所中小学校教学环境卫生检测工作，并根据检测结果出具现场检测结果报告和指导意见。

（张翠红）

【学生常见病防治工作】 年内，开展学生常见病防治工作：一是开展中小学生龋齿防治评估工作，抽取西辛房中学、潭柘寺中学、东辛房小学、鲁家滩小学4所学校约500人进行了学生家长问卷调查，对区疾控中心、中小学保健所主管学校卫生防病工作人员、抽取学校领导及校医人员、区牙防人员、社区医院人员30人进行区域性防龋政策及防控措施实施情况调查工作。二是在19所学校开展《我的爱眼日记》活动，下发《我的爱眼日记》2000余份，并对西辛房小学、三家店铁路中学附属小学、清水中心小学进行了调查评估。三是开展以“预防肥胖，预防近视，让健康与我同行”为主题的2011年门头沟区小学生健康知识竞赛活动，在全区小学选取6所学校代表队参赛，评选出三等奖。四是开展多种形式的学生常见病干预措施，要求各学校保证每天不少于1小时的体育活动，开展眼保健操评比、长跑、互动游戏等各项活动，向小学生下发预防学生肥胖自制小册子3000余份。五是开展中小学校教室照明情况监测，共监测全区教室416间，为学校抗震加固进行教室照明改造提供依据。六是完成36所中小学校传染病监测工作，其中小学20所，中学15所，职高1所，覆盖率达86%。七是对全区10所学校学生餐种类及进餐人数等情况进行了调查。

（张翠红）

【工作场所健康促进工作】 年内，继续开展工作场所健康促进试点工作。在坡头中学、疾控中心、检察院3家试点单位分别开展U能健康教育系列讲座8讲，并对活动进行了随堂问卷调查。为加大宣传范围与力度，在全区9个镇、4个办事处以及17家医疗单位开展U能健康教育讲座活动，发放光盘40张。

（张翠红）

【参加能力验证】 年内，制定年度质控计划确定参加能力验证项目，各专业共参加市疾控中心组织的能力验证、专业考核20项47件，微生物检验科业参加临检中心组织的6类32个室间比对项目，反馈结果均为满意。

（张翠红）

·门头沟区医院

【概况】 门头沟区医院作为北京市公立改革试点工作全面推进的第一年，医院的全体职工在区委、区政府、卫生局的关心、支持和领导下，坚持科学发展、以人为本的方针，把握方向、深化改革，大力促进医院卫生事业的发展，突出特色、创新亮点，各项工作都取得显著成效。

一、强化职能，公益性得到进一步加强。（一）作为门头沟区域医疗服务中心，全年完成区政府的各项应急保障任务23项37次，出动医务人员111人次，救护车37辆次。尤其是在年内的三大赛事（国际徒步大会、第七届农运会、环京自行车赛）保障中，区医院组织全院力量进行保障，开通绿色通道，确保了赛事的顺利召开。协调门头沟区各单位完成多项筛查工作：由注射室协助区残联为北京市高危人群致聋基因筛查血样采集1345例；由超声科协助区卫生局为全区脑卒中筛查1100例；健康管理中心配合协调完成两癌筛查任务1465人、高招体检984人次、征兵体检309人次；协助卫生局派出眼科、耳鼻喉科、骨科3名医务人员参加残疾人状况调查工作，协助区残联、民政局、劳动局进行残疾、工伤人员鉴定。同时，为民政局救助患者开通绿色通道，全年救治20余人次。（二）组织“博爱在京城”、“共产党员献爱心”、“冬衣送暖”等多次募捐活动，院内职工捐款共计3万余元，棉衣被900余件。开展“送医送药送健康”“医学博士进社区”等义诊活动。开展免费窝沟封闭、免费口腔检查、60岁以上全口无牙颌的低保老人免费镶牙等共计8000人次。

二、落实政风行风标准，加大党风廉政建设力度。年内，下发了《政风行风建设自查自纠工作实施方案》、《廉政风险防范管理“回头看”活动实施方案》、《关于进一步开展纠正医药购销和医疗服务中的不正之风工作方案》，制定了《政风行风建设任务分解表》《"高压线"十不准规定》《关于拒收红包、拒绝吃请的规定》，作为一项长效机制，进行每周2－3次的检验督查工作。在检查中发现的问题，能当场解决的立即解决，对违反规定的给予经济处罚。通过签订党风廉政建设四级责任书，开展了院级领导和中层干部述职述廉和民主评议工作，多种渠道接受社会监督，每年召开2次社会监督员、行风评议员座谈会，听取社会意见和建议，开展特色党日活动。通过采取一系列具体措施进一步强化清正廉洁、弘扬正气的精神。年内，已收到锦旗19面，表扬信9封，退还患者现金2800元。医院利用多种途径落实院务公开，在现有公示栏、电子触摸屏、下发文件（包括院刊、月度汇总）和职工代表大会等公开途径的基础上进一步拓宽院务公开途径，开展"医院开放日活动"。

三、设施改善、加强保障，为患者及员工提供舒适环境。从2010年10月全面启动病房楼装修改建工程，把病房原有的阳台加固，改建成独立的卫生间，内置安全扶手、报警按钮等设施。医院新建多个特色科室，拥有国际先进的核磁、64排CT的影像中心；高品质、现代化的口腔中心；解决门头沟地区透析患者就诊难而新扩建具有26张诊床的透析中心等。

四、全面加强医、护质量管理，完善各项规章制度，保障医疗安全。年内根据北京市卫生局开展"三好一满意"，"医疗质量万里行"的工作要求，对医院的各项工作制度进行全面梳理，完善了核心制度、手术分级管理制度、手术暂停核对制度等78项工作制度。医务部每月对医技科室、门急诊科室的危急值报告管理进行检查，危急值报告总准确率由2月的61.11%上升到10月的91.43%；对手术科室、内镜中心每月进行手术暂停核对质控检查并进行月度汇总，合格率由5月的85.71%上升到10月的100%。进一步完善护理管理，年内在原有基础上又补充制定及修改完善了跌倒风险管理制度、病房小药柜管理制度、分级护理制度等15个护理规章制度、近40个护理相关表格、7个岗位描述及5种疾病临床路径的护理记录单。年内，护理部围绕北京市卫生局开展的"规范护理服务争创优质护理服务示范标兵"的活动精神，将普外科、呼吸消化科及骨科申报为北京市"优质护理服务示范病房"，共接受北京市优质护理示范病房检查、抽查及暗访3次，检查组对护理工作取得的进步给予了肯定。

五、努力完善学科建设，积极拓宽业务范围，提升诊疗水平。

为提高医院的诊疗水平实行门诊医师专科化、门诊住院一体化、住院会诊专科化、所有医师专科定向、二级学科专业细化。各科室积极拓宽业务范围，消化科于开展了内镜下息肉切除术、内镜下异物取出术；心内科开展了下腔静脉滤器植入术、锁骨下动脉支架植入术等新技术；骨科开展人工膝关节置换人工活动垫手术、股骨颈骨折改良DHS内固定、空心钉张力带治疗髌骨骨折、局麻下行椎体骨折球囊成型术；妇科盆底疾病治疗阴式子宫切及宫颈癌保留生育功能的leep手术；耳鼻喉科已独立开展了耳显微手术，开展了良性阵发性位置性眩晕（耳石症）的手法复位治疗；肠道门诊首次检测出三例痢疾菌株，经区CDC培养、分离，均已确定为痢疾菌株，填补了区内痢疾菌株监测的一项空白；口腔科开展了烤瓷冠与金属冠联合固定桥修复项目，开面冠修复项目，使龈颌距离过低的残冠得到了有效保护。

六、努力提高医教研水平、推进学科队伍建设。科教科完成全年的继续教育项目，共举办市、区两级继续教育项目37项，参加人数达9607人次，院内参加8469人次，占总人数88.15%。外院参加1138人次，占总人数11.85%。医院大力加强人才培养和重点学科建设，通过引进市内知名专家、现职人员在职培训、提拔顶尖人才任学科带头人、聘任外院外埠人才等措施，医院技术队伍明显改观，其中博士从无到有，目前已达5名，包括区卫生系统第一个博士后；另新增拥有硕士学位技术骨干32人，本科生3人，年度内共择优录取合同制护士69人。

七、重视医院文化、增强职工凝聚力，促进医院和谐发展。医院围绕如何使病人方便满意进行改革。率先在全区开展了无假日门诊，实现门诊收费挂号通柜；开展三种形式的门诊预约挂号（电话、现场复诊、社区网络）；成立患者服务中心，设立门诊导医岗位，为门诊患者进行咨询服务、提供免费饮水、化验单查询、为行动不便者提供轮椅，同时建立投诉接待等服务；门诊西药房改善取药环境，增加窗口，缩短取药时间。住院流程优化，取消接诊室，简化办理住院手续，减少工作人员重复工作等，节约了人力成本和时间成本，方便住院病人。医院检验科建立LIS系统，解决了检验科人工录入化验单造成检验结果患者基本信息错误及检验单丢失问题。年内举办了新春联欢会、蟹岛春游、开摄影展、组织“双庆”征文、红歌大赛、卫生系统第八届运动会及羽毛球比赛等活动。开展优质护理工作，推选出优秀护士10名誉为“爱心天使”的称号并奖励她们“港新马”旅游参观。并且从2011年1月1日起，医院为每位职工送上生日蛋糕，让每位职工从细微处感受到医院的人文关怀，感受到医院作为家的温暖。

单位名称：北京市门头沟区医院
地　　址：北京市门头沟区河滩桥东街10号
电　　话：69842251
邮　　编：102300

（侯林飞）

【市长视察】　1月11日，副市长丁向阳在区领导王洪忠的陪同下，到区医院视察工作。

（侯林飞）

【召开老干部座谈会】　1月21日，在龙泉宾馆召开老干部座谈会。17名老干部参加会议。

（侯林飞）

【举办新春联欢会】　1月26日，在晨光饭店举行2011年新春联欢会，会上表彰了17个先进集体及89名先进个人。

（侯林飞）

【发展新党员】　2月16日，确定发展对象13人。6月15日，召开宣誓大会接收13名同志为中共预备党员。

（侯林飞）

【学习党员先进事迹】　3月15日，区医院党委组织全体党员、积极分子及广大职工学习了中国工程院院士、上海交通大学医学院长附属瑞金医院终身教授、上海血液学研究所名誉所长王振义的先进事迹。

（侯林飞）

【宣传结核病防治】　3月24日，与区疾控中心共同举办世界防治结核病日宣传活动，发放宣传材料1050份。

（侯林飞）

【参加公益活动】　4月8日，医院组织捐款，700人捐款总计26270元，其中博爱在京城捐款14180元，送温暖献爱心捐款13490元。

（侯林飞）

【区领导现场办公】　4月25日，王洪钟针对门头沟区医院大楼建设问题在区医院召开现场办公会。7月29日，王洪钟在区医院四楼会议室主持召开雨后疫情防控现场办公会，卫生局、区应急办、区医院等相关部门负责人参加。会上听取了区卫生局关于区内雨后疫情防治工作的情况汇报。王洪钟就重点人群、重点工地、重点区域饮水安全及医院抢救等方面的工作提出了具体要求。

（侯林飞）

【庆祝五四青年节】　4月29日，举办“庆五四·给力青春”首届青年文化节活动，五个基层团支部和团员青年积极报名，40余名团员参加了包括扑克牌、五子棋、跳棋等比赛项目在内的文化活动。

（侯林飞）

【参加卫生系统运动会】　5月7日，参加区卫生局举办第二届卫生行业暨第八届卫生系统运动会，共获参赛项目17项第一，10项第二，9项第三，并且夺得团体第一名，获得优秀组织奖。

（侯林飞）

【开展英语教学查房】　5月11日，区医院内科在内科会议室开展的英语教学查房活动。此次查房全程采用英语交流，院长首先认真查阅了病历资料，提出了诊疗意见，其后，对阻塞性睡眠呼吸暂停综合征（简称OSAS）定义、主要病因、发病机理、临床表现、诊断方法及治疗方法用英语进行了讲解，在场医务人员积极交流互动。

（侯林飞）

【举办庆祝国际护士节大会】　5月12日，举办庆祝“5·12”国际护士节暨“用行动让患者感动”优质护理服务活动总结表彰大会。

（侯林飞）

【区人大代表视察】　5月24日，区人大代表一行近50人到院视察指导工作，视察组首先实地查看了院门诊大厅和二、三层病区。随后召开座谈会，听取了区卫生局关于全区医疗卫生体制改革总体情况的汇报、区医院与凤凰集团合作办医情况的汇报。

（侯林飞）

【慰问老党员】　6月20日，院党委书记、副书记走访慰问了院内3名离休老党员。

（侯林飞）

【获得荣誉称号】　6月30日，召开庆祝建党90周年暨庆“七一”表彰大会，区医院党委荣获2011年度“卫生系统先进基层党组织”称号；1位同志获“区卫生系统优秀党务工作者”称号；15位同志获“卫生系统优秀共产党员”称号。

（侯林飞）

【开展主题知识竞赛】 7月1日，联合举办庆祝建党90周年、建院60周年“忆党史、思院史、谋发展”主题知识竞赛活动，此次知识竞赛活动由区医院团委与院党委、工会联合举办，5个基层团支部选派优秀团员青年参加知识竞赛。

（侯林飞）

【参观博物馆】 7月6日，医院党委组织80余人到区博物馆参观。

（侯林飞）

【启动疾病临床路径工作】 7月23日，正式启动5种疾病临床路径工作。

（侯林飞）

【开展慰问义诊】 7月28日，组织有关人员到军民共建单位总后勤部油料研究所驻地开展慰问义诊活动，此次慰问义诊由临床内、外、中医科，超声科，心电图室等医护人员参加。

（侯林飞）

【区领导调研视察工作】 8月2日，韩子荣到院内进行调研指导，听取了工作情况的汇报，并实地查看医疗设施建设情况。在听取院领导班子关于区医院简介、改革与发展目标、初期主要工作、问题与不足、发展设想和建议等5个方面情况的汇报后，韩子荣肯定了区医院自改革以来取得的成效，并对下一步推进改革的深入提出了具体要求。11月3日，王洪钟对区医院2011年冬季征兵体检工作进行现场视察。到正在体检中的各个科室，对医务工作者进行慰问，对医务人员提出要求。

（侯林飞）

【成立医德医风管理委员会】 8月3日，成立医德医风管理委员会，成立了领导小组，并制定了相关制度和实施办法。

（侯林飞）

【确定第六届党代表会人选】 8月8日，严格按照《党章》和相关选举程序，院党委讨论通过参加区卫生局第六届党代表会的人员，共计45名。

（侯林飞）

【援藏医疗队归来】 8月11日，援藏医疗队3名成员完成为期一年的援藏工作，回到区医院。区医院援藏队员在西藏尼木县为当地农牧民诊治1000余人次，健康体检6400余人次，大型义诊10余次，业务知识培训5次。

（侯林飞）

【木城涧塌方事故救援演练】 8月17日，中午12：10－13：20全院进行木城涧塌方事故救援演练，实际考察院内应对突发公共事件的应急能力、沟通协调能力，以便发现应急处理漏洞。

（侯林飞）

【“三好一满意，质量万里行”】 8月23日，北京市专家组到院进行“医疗质量万里行”、“三好一满意”活动的检查。专家组采取实地查看和查阅资料、文件的方法，对医院开展“医疗质量万里行”、“三好一满意”活动宣传教育、医疗质量和医疗服务的安全性和有效性、医院运营管理、医疗服务水平、院务公开、医德医风建设等方面的情况进行了检查。

（侯林飞）

【开展廉洁自查自纠工作】 8月25日，根据区纪委关于开展《中国共产党党员领导干部廉洁从政若干准则》贯彻执行情况专项检查的实施方案的通知要求，卫生系统开展《廉政准则》贯彻执行情况自查，院党委进行了自查自纠工作，一是对医院用车情况进行了自查，共有机动车13辆，其中120急救用车4辆，食堂采购1辆，待报废车1辆，行政业务用车目前共有7辆。二是对院内小金库存在情况进行检查部署，经过自查，未发现有小金库的现象。三是在节能减耗方面。用电量同比少用电186KWH。用水量同比减少1147立方米。

（侯林飞）

【处理公共卫生突发事件】 8月31日16时起，陆续接到报告：残联工作人员、双鹤药业、住建委工作人员因食用举金帮厨公司所送工作餐后，分别出现发冷、恶心、呕吐等症状，现15人留观输液，17人给予对症处理后由单位负责同志分别送回家继续观察。

（侯林飞）

【国务院医改办调研】 9月2日，国务院医改办到院进行调研。调研组首先实地查看了门诊楼门诊大厅、病房楼三层文化墙和四层病区。随后召开座谈会，听取门头沟区关于门头沟区发展情况的简介及区医院改革相关情况的汇报。国务院医改办领导就门头沟区发展的现状、前景及区医院改革的相关情况进行了调研，了解了区医院改革后公益性的维持、人事制度变化、医疗服务价格、药品采购渠道等情况。

（侯林飞）

【创建中医示范区】 9月21日，市中医科药管理局一行7人，到医院进行示范中医科建设工作的督导。医院首先向专家组汇报了中医示范科建设发展的总体情况。专家组对院内发挥中医特色优势的措施、临床科室建设、重点专科建设、中医药文化建设等重点内容进行了检查。并到中医门诊科、针灸科、理疗科、按摩科等场所进行实地查看，对查看中发现的不足进行了规范化指导。

（侯林飞）

【召开“医改在基层”媒体见面会】 9月27日，召开“医改在基层”媒体见面会。会上介绍了区医院改革相关概况以及区医院改革情况及未来发展方向。

（侯林飞）

【“双庆”红歌赛】 9月28日，“双庆”（国庆、院庆）红歌大赛。红歌大赛面向医院全院职工，采取合唱的形式，可采用领唱、表演、使用道具等艺术形式。根据工会小组的构成，共设8个参赛分队，最终评选出一等奖1名，二等奖1名，三等奖2名，优秀表演奖4名。

（侯林飞）

【举办征文活动】 10月20日，完成双庆征文活动，面向区医院全院职工和职工直系亲属征集关于庆祝国庆62周年、院庆60周年、医院改革变化、为医院发展建言献策等方面的文章41篇，评出一等奖3名，二等奖5名，三等奖10名。

（侯林飞）

【博士义诊】 11月1日至5日，心内科医学、心内科、眼科、中医科博士及神经内科博士后到蓝龙社区、桥东社区、市场东街开展义诊活动。活动期间共接待咨询450余人次，发放宣传品900余份，免费测血压、血糖、体重500余人次，得到了辖区居民的好评。

（侯林飞）

【医院开放日】 11月4日，区医院邀请城子社区25名居民代表，参观了改造后的门诊大厅、病区护士站及病房。参观结束后，相关领导与代表进行了座谈，院长就代表关心的热点问题进行了解答。

（侯林飞）

【消防演练】 11月9日，与消防大队在院内组织了消防演习活动。消防演习的内容主要包括模拟火灾现场逃生、受伤人员实施抢救及消防灭火三个部分。随后，消防大队参谋为大家讲解了灭火器的种类、使用方法及注意事项，并进行现场演示。

（侯林飞）

【培训工作】 11月15日，对全科医生进行了医院感染管理知识的培训。内容涉及《医院感染管理办法》、《消毒技术规范》、《医疗废物管理》、《消毒供应中心规范》、《医院隔离技术规范》、《抗生素使用》等。

（侯林飞）

【召开风湿免疫年会暨内科年会】 11月19日，由门头沟区医院及宣武医院联合举办的“2011年第七届风湿病学习班暨门头沟区第三届内科年会”。240余名医护人员参加此次学术交流。学术会上进行了门头沟区医院内科主任的专题讲座及年轻医师优秀论文交流，宣武医院的专家们介绍了风湿病学临床和科研工作在国内外的最新进展情况。

（侯林飞）

【召开第八届工会换届大会】 12月7日，召开第八届工会换届大会，选举出第八届工会主席1名、工会副主席1名，组织委员2名，宣传委员2名，文体委员2名，生活委员1名。选举第八届工会经审委员会，主任1名，委员2名；选举出第八届女工委员会，主任1名，委员2名；推选出第八届工会小组长8名。

（侯林飞）

【举办首届学术节】 12月17日，在区医院新大楼九层学术报告厅里举办“门头沟区医院首届学术节”。此次学术节共收到各级各类专业技术人员撰写的论文291篇，其中有134篇被《首届学术节论文集》收录，有20篇参加了“学术节”大会交流。

（侯林飞）

【绩效考核年度检查】 12月29日，区卫生局医院绩效考核专家组一行11人，由区卫生局副局长带队，对区医院进行2011年度绩效考核检查。专家组采取查阅资料、文件和实地查看的方式对医政管理、公共卫生管理、新农合、行政管理、人事管理、安全生产、党团建设工作等方面进行了检查。

（侯林飞）

·龙泉医院

【概况】 年内，在卫生局党委的领导和支持下，院内以科学发展观为指导，以创先争优为载体，以“三好一满意”为主线，突出专科特色，转变服务理念，加强医疗质量管理，改善就医环境，使医院得到了安全稳定持续发展。

全年诊疗人次1.3万，同比增长22.45%。接收新住院患者308人次，出院307人次，日均住院病人287人次。业务收入1512万元，同期比增长12.67%，药品收入占业务收入的20.45%，取得了社会效益和经济效益的双丰收。完善院科两级质量管理组织，健全毒麻药品、抗菌素、医用放射性物品等各项管理制度，定期召开药事委员会，集体审批增加新药品种。现有抗菌药物15种，门诊患者抗菌药物处方比例控制在20%以下，住院患者抗菌药物使用率未超过60%，且使用强度低于40DDD。建立了药品不良反应监控系统，对临床用药进行监督、指导和评价。结合专科特色，新增防藏药、防跌倒及MECT（无抽）用餐用药护理常规，并完善和修订医疗、抗菌素使用、传染病、院感管理等5类30余项管理制度和8个工作流程；与工人疗养院、军庄卫生院分别签订对口支援协议书，接收下乡3人，派出下乡12人。增添眼动检测系统、开设心理咨询门诊和咨询热线，提升临床诊断和心理干预水平。邀请安定医院法律顾问对医务人员进行医疗纠纷防范知识培训，提高职工的风险防范意识和法律意识；开展师资授课比赛、进修成果交流会，为职工搭建展示、交流平台；开展急诊急救培训、“徒手心肺复苏”、“电除颤”技能操作训练和考核，提高临床技能水平。组织开展院感、传染病、结核病、艾滋病、文明礼仪、消防安全等各种知识培训32次，理论和操作考试3次，继续教育学习率、合格率均达到100%。开展抗菌药物专项整治、医院感染监测与控制工作，全年院内感染率≤10%，漏报率≤10%。新建门诊持卡实时结算系统、建立陪检系统、实行《门诊高峰时段分流制度》，提供出院预约结算服务、门诊预约服务、开展诊后复诊预约，方便患者就医。截至12月底，已办理提前预约结算12人，门诊复诊预约就诊率≥30%。将患者复印病例、开具诊断证明、免费服药、心理咨询等服务相关要求提交到区“为民办实事服务平台”，便于患者查询。对精神科男、女病区及活动大厅进行粉刷、更换门窗、楼梯铺设防滑垫、做屋顶防水；在病区内安装热水器、磁卡电话、穿衣镜、更换花色被褥及制服式病号服。开展专业电气检测，对院内、食堂、家属院电线进行改造，更换电表、电箱，做到一机一闸，对食堂的煤气间、储物间进行改造，安装防爆排风扇；精神科门诊实行医患出入双通道，保证职工安全；老年病区二层安装消防安全门，确保消防通道畅通。开展专业技术职务和专业技术岗位竞争上岗，选派3名医生到回龙观等三级精神专科医院进修学习，选派医疗护理骨干28人参加精神科护理、精神科风险评估、精神康复等短期培训班，提高医务人员的综合素质水平。坚持院务公开、《领导干部下科室制度》，征求意见、建议，解决实际问题。采取组织外出疗养、体检、上互助保险、增加夜班费、调整合同制职工工资、为新婚和买房职工发放补助、为临床科室增添沙发、办公桌椅、计算机等设施，改善工作环境。完善医德医风考评制度，综合考评结果与岗位聘用、评先评优、绩效工资等挂钩，增强医务人员廉洁意识。领导班子、中层干部和全体党员的民主测评优秀率均达到了97%以上。党政工团开展“微笑天使承诺”活动、每月“庆生日，忆党史”午餐会、“唱支红歌给党听”、“踏革命足迹，看农村新貌”、为党员制作中国共产党建党90周年珍藏卡、召开“患者最感动我的一件事”主题座谈会等系列活动，引导职工转变服务意识，营造团结向上、乐于奉献的工作氛围。开展文明服务十颗星、“微笑天使”服务承诺、参与中国好人榜、我最喜爱的健康卫士网上投票及学习先进人物事迹等活动，掀起学先进、比先进、当先进的热潮。将临床医务人员照片和服务承诺统一上墙公示，党员和服务标兵统一佩戴党徽、标牌，开展“亮身份，树形象”设立共产党员岗、党建知识竞赛、党员寄心语、为贫困患者献爱心、“我为党旗添光彩”、党员志愿服务队参与住院患者音乐、刺绣等康复社团活动，增强职工的履职意识和服务意识。年内，先后荣获卫生系统医疗服务先进单位、先进基层党组织、门头沟区科学技术进步奖、北京市单位内部安全保卫工作集体嘉奖等称号。

单位名称： 北京市门头沟区龙泉医院
地　　址： 北京市门头沟区门头沟42号
电　　话： 69842724
邮　　编： 102300

（白春梅　杨艳平）

【召开精防工作总结会】 1月5日，召开门头沟区2010年度精神卫生防治工作总结会。会上，对2010年度精防工作进行了总结并部署了2011年精防工作任务。局领导对全区精防工作提出了具体要求。

（杨艳平）

【开设普通内科门诊】 1月6日，在老年病区（原门城社区卫生服务中心门诊）开设普通内科门诊。设置了门诊输液、取药、咨询以及心电图、肺功能、骨密度、彩色超声、临床检验等多项辅助检查项目，方便东辛房地区居民就医。

（杨艳平）

【组织参加文体活动】 1月8日，组队参加“门头沟区冬季长跑”比赛。取得社会组第十四名。5月7日，代表队参加区卫生行业第二届暨卫生系统第八届职工田径运动会。获得和谐文明奖和团体总分第六名。9月24日，组队参加卫生系统“第十一届登山比赛”，获得干部专家组第一名、青年组第三名。

（杨艳平）

【开展进修人员成果交流】 1月13日，举办进修人员成果交流汇报会。17名到外院进修的医护人员首次采用多媒体形式将自己学到的新知识、新理念、新技术和心得体会进行了演示和讲解。

（杨艳平）

【医患同庆新春佳节】 1月15日，召开老年病区患者家属座谈会。家属们针对院内在健康教育、膳食搭配及病房管理等方面存在的不足提出了意见和建议。22日，召开精神科休养员新春联欢会。休养员们用自编自演的舞蹈、三句半、独唱、单口相声、快板等的节目展示了康复成果。26日，召开迎新春退休职工座谈会。院领导代表全体职工向为医院做出贡献的退休职工拜年，并与大家共进午餐。

（杨艳平）

【培训工作】 1月17日至29日，组织37人参加市精保所举办的《北京市精防工作》培训班。对《重性精神疾病管理治疗工作规范》指导意见、重性精神疾病管理治疗（686）项目及信息管理系统的应用等内容进行培训学习。19日，聘请专家开展以《常见急救药品合理应用》为题的知识讲座。2月25日，组织医务人员参加社区卫生服务十五个专业培训报名。共31人报名，其中心电图5人，B超1人，药学3人，社区护士22人。2月28日，召开医保工作专题会。传达区医保中心相关文件的精神，并提出了加强内部管理、掌握医保政策、规范参保行为等要求。3月1日，区精保所对门城社区卫生服务中心的精防工作人员进行培训。培训涉及社区精神卫生考核标准、各项表格填写要求以及重性精神疾病规范化管理等内容，并进行现场交流。10日，聘请法律顾问从医疗纠纷防范、医疗纠纷处理及侵权责任等角度为全体医务人员进行相关法律知识培训。8月，组织开展简短戒烟干预、常见消毒与灭菌、传染病、结核病、计算机操作技能及中成药合理使用等相关知识培训与考核。9月5日起，对15名新上岗人员进行为期一周的岗前教育培训及考核。10月20日，邀请区医保中心有关人员开展医保的新政策、费用控制等相关知识培训。11月30日，组织开展艾滋病相关知识培训，发放宣传材料5种300余份。12月5日，针对全区开展的《中央补助地方重性精神疾病管理治疗》中的个案管理、医师规范化治疗、计算机数据管理等工作，区精保所组织对全区精防医生进行培训、考核。14日，邀请北京六院专家进行精神科常用量表应用培训。并现场演示了抑郁量表在查房过程中的实际应用。29日至30日，组织开展住院病案首页、急救技能、呼吸道传染病、糖尿病知识培训。

（杨艳平）

【接受各项工作检查】 1月18日，卫生局安全检查组到院进行节前安全检查。并实地查看病房、配电室、宿舍、食堂等重点部门。局领导到临床一线向大家致以节日的问候。2月21日，卫生监督所针对传染病疫情、院感、消毒隔离、实验室生物安全、污水处理、各类资格认证等内容进行第一季度工作检查。未发现违规行为。23日，区审计局检查组对医院和精保所2010年的财政专项支出进行审计，对资金的使用情况进行检查。未发现违反财务制度的行为。4月14日，区统计局执法队工作人员对医院2010年度的统计工作进行检查，针对统计报表、决算报表、原始凭证的数据进行检查与核对。检查结果均与上报数据一致，未发现违反统计制度的行为。27日，区卫生局护理检查组对精神科女病区优质护理服务示范病房进行检查，肯定了院精神病专科护理特色。6月10日，区安监局、卫生局到院进行安全生产检查和督导。询问了汛期应急准备工作情况。7月27日，区财政局资产办和社保科对医院固定资产总账和资产动态管理系统进行检查。未发现任何违规违纪现象。8月11日，区卫生局“医疗质量万里行”、“三好一满意活动”和政风行风工作检查组到院检查指导。19日，区药监局到院就医疗器械使用情况、管理制度、相关流程等方面进行检查。各项内容均符合规定。9月6日，市感控中心检查组到院检查院感工作并进行现场评估。对院感培训、病原学监测等方面工作给予现场指导。9日，区环保局到院进行辐射安全环保执法检查。

对放射科管理等工作给予肯定，并对辐射安全应急演练等方面给予了指导。22日，卫生局党委书记带领检查组到院进行节前安全大检查。11月23日，由区卫生局组成的专项互查检查组对抗菌药物临床应用整治情况进行检查指导。重点检查了抗菌药物临床应用管理、使用等情况。区卫生局优质化护理检查组对院内优质化护理服务工作进行检查评估。12月29日，卫生局绩效考核组一行10人到院检查指导。分组到重点科室对医疗管理、公共卫生、安全生产、党团建设等情况进行考察，并进行现场反馈。

（杨艳平）

【消防培训、演练】 1月26日，组织全院职工开展突发火情事件的消防安全应急疏散和医疗救护的演练。现场进行灭火器具使用的指导培训。5月11日，是全国第三个“防灾减灾日”，在老年病区开展消防、应急、急诊急救综合演练，提高医务人员的应急和处置能力。30日，邀请防火中心的专业人员，对消防急救措施和灭火器的使用等内容进行讲解和演示。9月2日，组织46名重点岗位职工到区消防中队参观学习。参与了现场防火呼吸器的使用、穿脱防火服和空吊技巧等防火技能的演示。并与消防队员进行了现场“比赛”。11月9日，是第二十一个全国消防日，组织门诊、病区22名职工开展消防安全演练。现场演示了消防水带抛洒与连接、消防枪头的连接等灭火技能。参练人员每3人一组进行实战训练。

（杨艳平）

【召开卫生工作会】 1月30日，召开2011年卫生工作会暨春节联欢会。会上，总结2010年的整体工作，提出了2011年工作目标和任务，并对优秀科室和院内“文明服务十颗星”给予表彰。职工们用自编自演的情景剧、小品、三句半等节目欢庆新春。

（杨艳平）

【实行综合质控管理】 1月，在全院范围内实行共性目标院级评、分类检查科室评、满意度调查大家评的三级综合质控管理办法。质控委员会每月进行一次检查考核，考核结果与科室和个人的绩效工资挂钩。

（杨艳平）

【开展“送温暖”活动】 春节期间，院领导对退休党员、患病职工、建国前老党员以及共建部队分别进行慰问，并送去了慰问金和慰问品。“八一”建军节，院领导带着防暑物品到北京军区62351部队进行慰问。“国庆节”和“九九重阳节”，组织退休职工到北京天坛公园游园，并进行了免费体检，发放了慰问品。院领导到军庄镇和妙峰山镇重性贫困精神病患者家中走访慰问，送去了月饼、油等慰问品，现场给予了心理康复治疗和药物指导。

（杨艳平）

【召开党建工作会】 2月14日，召开2011年党建工作会。对2010年的党建工作进行了总结并对2011年的工作进行部署。确定了党员发展对象3名，并以投票形式推选出了医院重点培养的后备干部。

（杨艳平）

【开展“党史大家讲”集体生日会】 2月23日，院党支部组织1月、2月出生的职工开展“党史大家讲”集体生日会活动，并为大家准备了午餐和生日蛋糕。会上，院领导为大家送上了生日贺卡，每个职工结合自己生日，将党在发展历程中的重要事件进行讲述交流。

（杨艳平）

【召开安全生产专题会】 2月24日，召开安全生产专题会。对“两会”期间的安全工作进行了传达、部署，从信访排查、信息上报、应急值守、精神病人管理等方面提出具体要求，并逐级签订了“两会”期间安全稳定责任书。

（杨艳平）

【完成志书资料收集工作】 2月底，完成第二轮卫生志资料（1991年至2010年）的收集整理工作。

（杨艳平）

【开展工间操活动】 2月，开展第八套广播体操、保健操、手指操、二十四式太极拳、瑜珈、回春医疗保健操、搏击操等多种形式的工间操活动。

（杨艳平）

【医院管理信息系统建设】 春节后，组织对“护士站”、“医生站”HIS系统操作分别进行了培训，80%的医务人员参加并提出了修改意见。5月27日，对新HIS系统的挂号、收费和门诊医生工作站的所有操作人员进行考核，通过率100%。同时停止使用门诊旧系统，门诊新系统正式上线使用。

（杨艳平）

【开展“晨会一课”】 3月起，在临床科室中实行“晨会一课”制度。利用晨会交班的时间，将工作中的个案病历、医学基础知识、各种流程等内容进行集中学习和交流，并由高年资、高职称的业务骨干进行有针对性的答疑解惑。

（杨艳平）

【召开2011年医务工作会】 3月2日，召开2011年度医务工作会。对2010年医务工作进行总结，对2011年工作进行安排和部署，并提出具体要求。

（杨艳平）

【开展庆“三八”系列活动】 “三八国际妇女节”前夕，组织开展女职工趣味游戏活动；参加区工会组织的《快乐生活阳光女性》知识讲座；为所有女同胞送去一封慰问信、为每位女职工发放纪念品等多种形式的庆祝活动。

（杨艳平）

【验收新门诊持卡实时结算系统】 3月10日，利用两个月新建的门诊持卡实时结算系统达到北京市医保持卡实时结算的各项要求，并通过验收。

（杨艳平）

【精神卫生宣教】 3月21日，在绿岛家园社区广场开展以“关注心理健康，保持良好睡眠”为主题的“世界睡眠日”宣传活动。为社区居民提供了心理咨询、睡眠知识宣传等服务。接待前来咨询的群众200余人，发放宣传材料15种，1200余份。7月中旬，精神科主任先后两次为区内各乡镇、街道、办事处100余名帮管员开展如何提高与精神病人相处、如何发现精神疾病复发等知识讲座。“全国助残日”前夕，对潭柘寺镇派出所民警、残联干部、各村残联负责人及病人家属进行精神卫生知识宣传。发放宣传材料和书籍200余份。

（杨艳平）

【学习先进人物事迹】 3月28日，院党支部组织党员干部集中观看《杨善洲同志先进事迹报告》，并进行讨论交流。10月17日，组织全体党员、科主任学习李林森同志的先进事迹。12月，组织开展学习庄仕华同志先进事迹活动。是月，结合全区开展的“门头沟十大好人”评选活动，在全院范围内开展学习“门头沟十大好人”20位候选人先进事迹活动。

（杨艳平）

【开展“三好一满意”活动】 4月1日起，在全院范围内开展“三好一满意”活动，要求全院职工从现在做起，从日常工作做起，执行标准，文明服务，为患者提供全方位的优质服务。5月25日，召开落实“三好一满意”活动专题会。进一步安排和部署了“三好一满意”活动实施方案。

（杨艳平）

【党风廉政工作】 4月13日，召开中层以上干部会议。传达区委和卫生局党委要求，学习《党风廉政责任制》修订本的内容、胡锦涛总书记及区领导韩子荣的讲话精神，研究部署医院党风廉政建设工作，支部书记细化分解各项任务，明确责任。18日，组织重点科室、重点岗位人员和党团员到区博物馆和北京团河警示教育基地参观。6月13日，召开“廉政风险防范管理‘回头看’活动”、《关于开展政风行风建设自查自纠工作和开展纠正医药购销和医疗服务中的不正之风》动员大会。

（杨艳平）

【开展环境整治工作】 4月26日起，在全院范围内开展以“共建公共环境，共享美好生活”为主题百日环境整治活动。对精神科男女病区及活动室进行墙壁粉刷、更换门窗，改善住院环境。9月7日，组织全院职工开展灭蟑、灭鼠、灭蚊蝇等环境整治工作，迎接门头沟区“三项赛事”的召开。

（杨艳平）

【开展红色革命传统教育】 4月28日，院团支部组织青年团员参观冀热察挺进军司令部旧址及龙门涧烈士陵园。观看了挺进军战斗历程图片展，聆听了当地老党员讲述的英雄事迹。

（杨艳平）

【推进抗生素合理使用】 4月，院内成立《抗生素合理应用领导小组》，制订实施方案，并对抗生素使用情况进行自查，落实《合理使用抗生素》电视电话会议精神。

（杨艳平）

【捐款捐物献爱心】 4月，参与“博爱在京城”及“送温暖，献爱心”活动。320人次累计捐款7000余元。10月28日，参与“冬衣送暖”社会捐赠活动。捐赠八成新以上的毛毯120件，新棉被60件。

（杨艳平）

【派出心理医生援建灾区】 5月3日，派出心理医生参加北京市卫生系统第二批汶川地震灾后心理援助队，她被分配到四川省雅安市芦山县医院进行为期3个月的灾后心理援助工作。

（杨艳平）

【参加网上投票推荐活动】 5月14日至21日，院党支部参加全国开展的“双学双比双提高”、学习全国优秀共产党员先进事迹和网上投票推荐活动，共169人参与投票，投票率和覆盖面达到100%。

（杨艳平）

【开展“三项工程”推进创先争优】 5月19日，召开党员大会。安排和部署《创建学习型城市》和《进一步深入开展创先争优活动，为推动“十二五”时期精神卫生事业科学发展做贡献》的实施方案。在全院开展以“坚定信念，勇挑重担，争当促进精神卫生事业发展先锋模范”为主题的“三项工程”（即：领导干部领航工程，党组织聚力工程，党员先锋工程）和创建学习型医院活动。

（杨艳平）

【抗菌药物临床应用专项整治】 5月25日，召开药事委员会暨落实“抗菌药物临床应用专项整治活动”专题会。院长与相关科室签订了“抗菌药物整治”责任书。并针对电子处方存在问题、重点抗菌药物的监测情况进行了通报，下发了处方质控标准。会上还讨论通过了石杉碱甲片、马来酸咪达唑仑片两种新药的购进。26日，组织开展“抗菌药物临床应用管理办法”专题培训、考核，合格率100%。

（杨艳平）

【设置住院患者“心愿墙”】 5月，精神科女病区设置住院患者“心愿墙”，让患者把想说的话写出来，贴在墙上，以此调节情绪，减轻心理压力，同时病区结合病人的心愿，有针对性的改进护理措施，加强心理疏导。

（杨艳平）

【开展团体心理治疗活动】 5月，精神科组织开展住院患者团体心理治疗活动。心理医师首先通过“破冰游戏”引导病人打破人际关系中怀疑猜忌的“坚冰”，然后采用动力学的相互作用模式进行讨论，从而锻炼病人自我袒露和接纳他人的能力，培养社会交往技巧。

（杨艳平）

【推出膳食温馨服务】 6月6日，院领导和食堂工作人员利用休息时间为住院患者包了近千枚粽子，使他们感受到了家庭般的温暖。10日，召开膳食科与住院病人座谈会。院领导和膳食科主任听取了住院病人对医院伙食问题提出的意见和建议，并及时制定了整改措施。7月，膳食科结合“创先争优”和“三好一满意”活动，推出了为精神科住院患者提供小炒点餐服务；每月集中为患者过生日，送寿面；开展康复期患者包饺子训练，让患者每月吃上2次自己动手包的饺子等多项具体措施。

（杨艳平）

【开展“安全生产月”活动】 6月8日，围绕“安全生产，和谐发展”的“安全生产月”活动主题，将家属院12户多年存在的线路老化、网式拉线等严重不安全问题进行了彻底改造，并更换了电表、表箱和线路。24日，邀请专业人员对院内所有供电线路进行全面检测。

（杨艳平）

【参与志愿服务】 6月14日，组织5名职工参加无偿献血。9月10日至11日，组织5名团员青年参加“国际山地徒步大会”志愿服务活动。15日，组织15名职工参加区红十字会造血干细胞志愿者采血工作。

（杨艳平）

【开展“微笑天使承诺行动”】 6月中旬，在全院范围内开展“微笑天使承诺行动”活动。党支部向全体职工发出了“微笑服务从我做起”的倡议，各科室针对工作特点做出承诺并进行公示。

（杨艳平）

【参加“我眼中的共产党员”DV大赛】 6月15日，优秀共产党员张春玲参加北京市“我眼中的共产党员”DV作品大赛，推荐入围“北京长城网”网络评选。

（杨艳平）

【召开休养员运动会】 6月15日，召开“喜迎建党90周年”第七届休养员运动会。50余名运动员参加了入场式、广播操、拔河等集体项目和托球跑、钓鱼、套圈等个人项目。患者还与家属开展了互动传球跑比赛。

（杨艳平）

【重性精神疾病管理治疗项目会】 6月21日至22日，区精保所组织召开区重性精神疾病管理治疗项目启动会。市卫生局精神卫生处调研员到会并作了项目介绍。区卫生局副局长做开班动员，并提出了具体要求。区卫生局、公安局、财政局、民政局、残联等相关单位的主要领导和精防医生参加了会议。会后，邀请4位三级医院专家对精神病人的社区管理、精神病症状学、抗精神病药物的临床应用等知识进行了培训。

截至6月底，已对参加此项目的有危险行为倾向的8名贫困重性精神病人采取了紧急住院治疗措施，并发放给每人2000元住院补贴，减轻了贫困精神病人的经济负担。

（杨艳平）

【参加区级表彰大会】 6月29日，组织54名职工代表卫生系统，作为群众演员方队参加了区纪念中国共产党成立90周年暨先进基层党组织、优秀共产党员表彰大会。

（杨艳平）

【召开先进事迹报告会】 6月30日，召开庆祝建党90周年暨先进事迹报告会。优秀党员和院内文明服务十颗星共11名同志做了先进事迹报告。

（杨艳平）

【召开医疗安全防范专题会】 7月8日，组织召开精神科医疗安全防范专题会。结合医院现有条件，针对如何预防精神科医疗护理中容易出现的医疗安全隐患进行了座谈讨论。

（杨艳平）

【召开第八届二次职代会】 7月13日，召开第八届二次职工代表大会。职工代表对院长做的《2011年上半年工作报告和财务收支情况》进行了讨论。会上审议并通过了《关于调整合同制职工职务补贴的实施方案》、《关于解除聘用合同人员交纳违约金的修订办法》和《论文奖励办法》等规定。院长对代表提出的12条提案当场明确责任，限期解决。

（杨艳平）

【开展首届师资授课比赛】 7月20日，开展首届师资授课比赛，为职工搭建了展示学习效果、交流学习成果的平台。

（杨艳平）

【开展精神卫生工作专项检查】 7月25日至27日，区精保所与社管中心联合对23个精防站点进行精神卫生工作专项检查指导。

（杨艳平）

【召开民主生活】 7月29日，院党支部召开上半年民主生活会暨党员承诺点评会。会上，全体党员干部结合“我争先、我践行、我有为”公开承诺事项完成情况做了汇报，大家对履行承诺情况逐一进行了点评，并针对不足提出了努力方向。

（杨艳平）

【精神病人免费体检】 7月，区精保所对辖区内178名免费服药病人进行了血常规、心电图、生化系列等项目的免费检查。查出血常规异常10人、肝功能异常73人、肾功能异常9人、血糖异常27人、心电图异常42人。同时，对斋堂敬老院8名生活不便的老年患者进行上门体检，并给予健康宣教和药物指导。

（杨艳平）

【参加百姓好故事评选】 7月，院内职工的文明征文《花季男子汉》，代表卫生系统参加区“文明就在身边”百姓好故事评选活动，获得首批“百姓好故事”荣誉称号。

（杨艳平）

【区领导调研】 8月2日，区领导韩子荣到院调研。参观了门诊和精神科病房，并观看了病人的康复活动。韩子荣在听取汇报后，肯定了全体职工在艰苦的条件下为病人和社会做出的贡献。

（杨艳平）

【学习“七一”讲话精神】 8月3日，邀请区委党校老师以“学习七一讲话精神，牢记历史使命，恪尽兴党之责”为题为全体党员和积极分子讲党课。军庄卫生院和门城社区卫生服务中心的党员一同参加。

（杨艳平）

【参观建党90周年图片展】 8月8日，组织部分党员职工到中华世纪坛参观庆祝建党90周年图片展。大家在留言簿和大屏幕上，留下了龙泉医院全体职工对中国共产党的祝福。

（杨艳平）

【组织急诊急救技能操作考核】 8月12日至13日，组织全体医生进行“徒手心肺复苏”和“心脏电除颤”技能操作考核，并请专家给予现场指导，考核不合格人员进行了补考。

（杨艳平）

【消防条例宣传】 8月，院内成立由主管院长为组长，各科室主任为成员，由后勤保卫科具体负责的宣传工作领导小组，专门负责医院宣传普及《北京市消防条例》的组织、协调、推动和落实工作。同时制作了横幅、订购了书籍和挂图。

（杨艳平）

【开展专业技术职务竞争上岗】 9月9日，召开专业技术职务（岗位）竞争上岗考核大会。经过个人述职和考核小组评议，确定岗位晋升10人，职称晋升4人，并在院内公示。

（杨艳平）

【组织康复期病人游览门城湖】

9月21日，组织20名康复期病人到门城湖公园游览。使病人更加了解门头沟的发展变化，切实感受到走进大自然的温暖。

（杨艳平）

【开展精神卫生日主题宣传活动】

10月10日，以“承担共同责任，促进精神健康”为主题开展精神卫生日宣传活动。组织康复期住院病人到回龙观医院参加“北京市第二届康复技能大赛”决赛。获得集体一等奖，个人拼图一等奖、计算机二等奖、缝扣子三等奖；同日，在新桥大街开展心理健康知识咨询、精神卫生知识宣传义诊活动。发放调查问卷40份、书籍350本、宣传材料12种3千余份，悬挂横幅1条、展板5块，受众面400余人。

（杨艳平）

【开展重性精神疾病管理督查】

10月18日至11月17日，区精保所对区内正在实施的国家补助地方重性精神疾病管理治疗工作进行督导检查。实地走访了区内24个社区卫生服务中心（站），专业指导135人，复诊81人，书写免费投药病例42份，应急处置8例。同时，现场给予心理疏导和康复指导。

（杨艳平）

【安定医院到院参观交流】　10月25日，安定医院院长、书记带领专家组一行13人到院参观交流。并一同到潭柘寺镇开展“京郊文明行”精神心理卫生咨询活动。义诊病人15余人，心理咨询30余人，发放心理健康杂志、宣传折页等300余份。两院领导到2名贫困精神疾病患者家中进行走访慰问，为他们送去了米、面、油等生活用品，并现场给予专业指导。

（杨艳平）

【开设心理咨询门诊】　10月，院内设立心理咨询门诊。同时，开通心理咨询热线。

（杨艳平）

【开展“三学习”活动】　10月，结合当前形势和自身工作实际，通过专题会、座谈会、交流心得体会等多种形式，集中开展十七届六中全会精神、卫生局第六次党员代表大会、创先争优活动简报的“三学习”活动。

（杨艳平）

【开展社会实践活动】　11月10日，组织康复期住院病人到京客隆超市开展“亲身体验、感受生活”社会实践活动。医院发给每个患者同样的生活费，用来搭配、购买一天早、中、晚三餐的食物。

（杨艳平）

【全面推行临床路径管理工作】

11月16日，组织开展临床路径相关知识培训。研究制定《龙泉医院临床路径实施工作方案》，医院的临床路径管理工作全面启动。30日，开展临床路径实施小组专题培训。明确细化临床路径管理组织及职责，并提出了具体要求。

（杨艳平）

【开展冬季采暖入户排查】　11月25日，安全保卫科协同相关科室负责人集中组织开展冬季采暖安全入户排查工作。并发放冬季取暖安全告知书。共排查非集中供暖住户17户，其中电取暖9户，煤炉火取暖8户。

（杨艳平）

【开展述职述廉、民主测评】　12月14日至15日，召开中层干部述职述廉暨民主测评会。中层干部围绕个人思想学习、履职履责等情况，直接面对科内人员进行了汇报总结，并明确了新一年的工作思路和具体措施。通过无记名投票进行了民主测评。测评结果为领导班子满意98.36%，量化考评院级领导、中层干部、在职党员分别为97.95分，97.51分，98.69分，优秀率达到100%。

（杨艳平）

【召开中层干部研讨会】　12月16日，召开中层干部研讨会。对2012年各科室工作目标进行了讨论。会后，院长与各科主任签订了党风廉政建设、廉洁行医、科室目标管理等各项责任书。

（杨艳平）

【召开第八届三次职工代表大会】

12月23日，召开第八届三次职工代表大会。会上，院长做了2011年工作报告和财务收支情况等汇报，与会代表讨论并审议通过了《2012年奖金分配方案》，提出合理化建议30余条。

（杨艳平）

【开展“微笑天使”评选活动】

12月，继“微笑天使承诺行动”后，在全院范围内开展“微笑天使”评选活动。通过民主推荐、民主投票，选举产生“微笑天使”候选人10名。

（杨艳平）

【多项措施保障安全】　12月，采取安装消防安全门，更换、增加消防应急灯，安装有源安全指示标识，改造院内输电线路，安装配电箱等多项措施消除安全隐患，畅通消防通道，保障医院安全。

（杨艳平）

体　　育

【概况】　年内，区体育局在区委、区政府的领导和市体育局的关心指导下，结合生态涵养区和首都西部综合服务区建设目标，依托区内山水资源优势，打造精品赛事活动，宣传门头沟区城市建设成就和旅游文化资源，做到体育事业与经济、社会协调发展。9月至10月，“昊华能源杯”第二届北京国际山地徒步大会、第七届北京市农民运动会和首届环北京职业公路自行车赛门头沟段比赛先后在区内举行。通过成功举办三项赛事，提高了区域影响力和知名度，促进招商引资，带动全区旅游文化休闲产业快速发展，推动首都西部综合服务区和国际文化休闲名区建设，加快区内经济社会跨越式发展。

单位名称：北京市门头沟区体育局
地　　址：北京市门头沟区新桥大街32号
电　　话：69851020
邮　　编：102300

（史伟崇）

【举办“体之杰”杯冬季长跑比赛】　1月8日，由区体育局主办的区2011年“体之杰”杯冬季长跑比赛在区滨河世纪广场举行。此次冬季长跑比赛有全区各镇、街道、社区、机关、企事业单位和学校选派的53支代表队，共212余名运动员参加。比赛采用四人接力形式，每队至少有一名女运动员，每人1500米。大峪办事处新桥小区居委会队、首师大附中永定分校一队、大峪中学分校、黑山小学一队分别获得社会、高中、初中、小学4个组别的第一名。

（史伟崇）

【全民健身协会揭牌】　3月29日，城子向阳体育生活化社区全民健身协会正式揭牌成立。

（史伟崇）

【举办区全民健身项目表演赛】　4月8日，进行了广播操比赛，全区26个机关单位的代表队参加比赛。共有16个单位获得广播操比赛前三名。9日，由区总工会区体育局联合主办，区体育场馆管理中心承办的“2011年门头沟区全民健身体育节启动仪式暨全民健身项目表演赛”在区体育馆开幕。同日，进行了健身操和秧歌两项比赛，共有50余支代表队参赛，参赛队伍来自全区14单位和41个社区。经过比赛，新桥社区、区医院、妇联代表队获得健身操类前三名；卫生局、城子向阳社区、圈门社区代表队获得秧歌类前三名。10日，进行了武术比赛，总共有26支队伍参赛，大峪建东社区二队、龙泉镇西前街社区等单位获得武术太极拳类比赛前六名，大峪月二社区、滨河社区等单位获得武术太极拳类比赛前六名。

（史伟崇）

【举办体育比赛】　4月23日，门头沟区第五届“和谐杯”乒乓球比赛决赛在区体育馆举行。全区各社区和农村的17支代表队，共140名乒乓球运动员参加决赛，经过40场比赛，大峪办事处向阳社区获得第一名。5月6日，“贺龙杯”中国业余篮球公开赛（CBO）暨门头沟区第十三届“篮协杯”篮球比赛在区体育馆开幕。此届篮球比赛于6日至14日分别在门头沟体育馆和新中体育馆同时进行。全区各机关、企事业单位、驻区部队16支代表队共200余名运动员参赛。比赛分为小组循环赛和决赛两个阶段，共进行64场比赛。区人保局、财政局、京煤集团木城涧矿代表队分获前三名。同时，4名运动员、4名裁判员、4支代表队获得精神文明称号。6月12日，区体育局、区联通分公司联合举办了“乒临城下”第二届中国联通乒乓球挑战赛门头沟赛区邀请赛，全区各行业的242名乒乓球爱好者和乒乓高手参加了比赛。14日，区第二届老干部“健康杯”乒乓球比赛在区体育馆落幕。全区近30名离退休老干部参加了此次比赛。比赛采取分组单循环、决赛淘汰赛的赛制，经过比赛，男子组三名选手，女子组三名选手，获得了比赛比赛的前三名。15日，区第二届老干部“健康杯”台球比赛在区体育馆结束。来自全区近30名退离休老干部参与了此次活动。活动历时两天，设乒乓球、台球两个健身项目。三名老干部分别被获得比赛的前三名。18日至19日，门头沟区第三届“羽协杯”羽毛球比赛在门头沟体育馆举行。此届比赛分为处级干部男子组、处级干部女子组、处级干部混双组、中年男子组、中年女子组、混合团体组六个组别。10月15日，门头沟区第十五届“乒协杯”乒乓球比赛在门头沟体育馆开幕。

此届“乒协杯”乒乓球比赛历时5天，全区各单位及驻区部队28支队伍的近350名运动员参加了男子甲组单打、男子乙组单打、女子单打、男子甲组团体、男子乙组团体和女子团体6个项目的比赛。经过比赛，国信嘉业公司夺得了男子团体和女子团体冠军，国资委和石龙开发区的2名选手分别获得了男子单打、女子单打的第一名，营顺汽修公司、德露苑社区等10支代表队获得了体育道德风尚奖，12名运动员荣获精神文明运动员称号，4名裁判员被评为优秀裁判员。11月15日，区第五届“足协杯”足球比赛在门头沟体育中心开幕。此届“足协杯”比赛有全区各行各业10支代表队参加，经过7天24场比赛，区直机关党委代表队获得第一名，3支运动队获得精神文明运动队称号，8名运动员获得精神文明运动员称号，2名裁判员获得精神文明裁判员称号。12月24日，区2011年冬季长跑比赛在区滨河世纪广场鸣枪。全区各镇、街道、社区、机关、企事业单位和学校选派的47支代表队，共188余名运动员参加。比赛采用四人接力形式，每队至少有一名女运动员，每人1500米。经过比赛，轩和餐饮有限公司一队、育园中学队、大峪中学分校、区黑山小学一队分别获得社会、高中、初中、小学四个组别的第一名。

（史伟崇）

【区羽毛球协会选举工作】 5月27日，区羽毛球协会主席选举大会在区体育局召开。大会按照组织程序及《章程》，选举了区羽毛球协会主席。同时，大会确定在5月18日、19日举行区“羽协杯”羽毛球比赛。

（史伟崇）

【北京国际山地徒步大会】 9月10日至11日，第二届北京国际山地徒步大会在区斋堂镇举行。大会分为三个组别，共设5条线路，来自近40个国家和地区的1.5万人齐聚斋堂，其中外籍人士1000余名。大会共涉及工作人员1400余人，分布在路线沿途的40个水站，10个检查站，9个服务区，5个医疗救护站，4个临时商亭和2个大休息区；引入了互联网技术，建立大会组织管理指挥系统，与无线电协会合作，保障赛道沿线通讯信号全覆盖；安排了近300辆的摆渡车；共设置标识牌660块，架设夜间指示频闪灯650盏，太阳能路灯150盏，卫生间100个；配备安全巡视车7辆、收容车6辆、山地运输车4辆；设立了1万平方米综合服务区、特色产品展卖区和户外运动产品展示区，引进的20余家世界顶级户外运动品牌以及区特色产品参与展卖。大会筹办和举办期间的特色和亮点吸引了40余家中央市属媒体及部分境外媒体持续、深入报道，累计报道220余篇，网络转载近600篇次，刊发专版专刊15次。北京电视台、旅游卫视分两个时段对大会举办情况进行了现场直播。大会吸引了北京昊华能源股份有限公司冠名赞助，搜狐、特步、中粮集团、住总集团、中国联通、北青航媒、东方好莱坞国际投资成为战略合作伙伴，富力地产、中卫莱康作为指定产品供应商。

（史伟崇）

【北京市第七届农民运动会】 9月16日，完成市第七届农运会承办任务。在京浪岛举行了开幕式，参演人员近2000人。门头沟区成功承办了农运会四项比赛，参加象棋、围棋、健身秧歌、武术、花毽、风筝、拔河、健身路径、篮球、游泳全部10项目的比赛，共获得奖牌53枚，其中金牌33枚、银牌16枚、铜牌12枚，金牌数和团体总分名列全市第一。

（史伟崇）

【为民办实事】 9月，对永定镇永兴家园、雁翅镇芹峪村、东辛房街道圈门社区等10处全民健身设施进行了更新，保质、保量、按时完成了为民办实事任务。

（史伟崇）

【首届环北京职业公路自行车赛】 10月6日、7日，首届环北京职业公路自行车赛在区内进行第二和第三赛段共136.7公里的比赛。

（史伟崇）

【召开三项赛事总结表彰会】 10月21日，区召开第二届北京国际山地徒步大会、第七届北京市农民运动会、首届环北京职业公路自行车赛门头沟赛段三项赛事总结表彰大会。区四大部门领导出席大会，区各单位主要领导和受到表彰的先进集体、先进个人参加会议。会议宣读了《关于表彰昊华能源杯第二届北京国际山地徒步大会等三项赛事活动筹备和服务保障工作先进集体和先进个人的决定》，对为三项赛事活动举行做出突出贡献的39个先进集体和60名先进个人予以表彰，分别颁发“突出贡献单位”、“最佳保障单位”、“优秀组织单位”、“优秀宣传报道单位”奖牌和“优秀组织工作者”、“优秀保障工作者”、“优秀志愿者”、“最佳策划创意人员”荣誉证书。

（史伟崇）

【晨、晚练站点】 截至10月底，

全区晨、晚练站点共有163个，每天参加健身活动人数万余人次，健身项目涉及武术、乒乓球、篮球等多项运动。

（史伟崇）

【培养专业技术人员】 年内，局内培训社会体育指导100人，举办体育管理干部和基层体育骨干培训班。培训20余人，并配带专业测试设备，到全区各村（居）和机关、企事业单位，对全区不同群体的3000人进行为期1月余的体质测试，并为每个人出具健身处方，讲解科学健身方法，提高群众的科学健身意识。

（史伟崇）

【体育组织与体育社团工作】 年内，在全区协调机构全民健身工作委员会的领导下，各镇、街道办事处、相关委办局和居委会完善了各自全民健身组织；农村健身工作由区农民体育运动协会负责，各镇均有农民体协，行政村有健身组织；社区全民健身组织网络，由163个晨晚练点、1个社区体育俱乐部和1个体育生活化社区组成；社会团体的健身组织，在区体育总会指导下，主要由20个行业和系统的单项体育运动协会、4个青少年体育俱乐部构成；全区有13所田径、篮球、足球等项目的体育传统学校，其中市级体育传统学校3个。

（史伟崇）

【市场监管工作】 年内，全区共有体育运动项目经营单位22家，其中游泳及综合健身的8家，台球厅9家，信鸽2家，钓鱼1家，登山1家。局内坚持每季度召开辖区内各体育经营单位安全生产工作会议，传达市体育局和区相关部门的文件和会议精神，宣传贯彻179号令，通报事故案例，总结、分析、部署、落实辖区内各体育运动项目经营单位安全生产工作。全年对体育经营单位检查18次，对4个单位工作进行单项整改。

（史伟崇）

【体育场馆工作】 年内，场馆管理中心举办、承办市区级各类赛事30余项。此外，健身中心丰富健身项目，充实健身课程，保证为会员每天提供6－7节课的健身课程，得到了会员的好评。区场馆中心坚持公益事业，除免费承办区离退休老干部乒乓球比赛等多项赛事外，还对特定假日的群体免费开放，身体健康的老年人健身可享受5折优惠；“六一”儿童节，场馆中心对中、小学生免费开放，教师节老师办健身年卡、护士节医务工作者办健身年卡优惠。

（史伟崇）

社会 生活

民政工作

【概况】　年内，在区委、区政府的领导下，在市民政局的指导下，全区民政干部深入实践科学发展观，围绕全区经济社会跨越式发展的中心任务，加快推进大民政建设，实施“1461”工程，在加强和创新社会管理上积极作为，推动民政工作健康快速发展。民生保障能力不断提升，城乡低保、农村五保、优抚对象等保障标准大幅提高，医疗救助、临时救助、慈善救助、农村住房保障有新举措，民生保障覆盖范围和受益人群迅速扩大，实现了社会救助无盲点、全覆盖。社会福利事业得到新发展，投资3557万元解决区老年社会福利中心建设用地问题，全面落实“九养”和老年优待政策，成立集中孤儿生活照料、医疗康复、特殊教育和收送养职能为一体的区儿童福利院。社区服务管理建立新机制，完成178个行政村村务监督委员会推选工作，配齐农村社区服务站设施设备，探索农村社区服务管理新模式，社区志愿服务蓬勃发展。社会组织服务能力得到新提升，探索四类社会组织直接登记制度，开展社会组织服务民生行动，学习型社团创建率达到70%。专项社会事务管理迈上新台阶，完成区级公益性墓地一期收尾工程和二期主体工程，实施殡葬服务“零百千万”工程，落实无丧葬补助居民丧葬补贴制度，成立全市首家婚姻家庭咨询室，完成天主教爱国会换届工作，3个宗教场所通过“和谐寺观教堂”考评验收，完成门石线部分路段补测和跨界建筑物调查，维护了边界地区的稳定。年内，被评为市级民政工作先进集体、27名民政工作者被评为2010年度北京市民政工作绩效管理考评优秀个人。

单位名称：北京市门头沟区民政局
地　　址：北京市门头沟区龙泉镇西辛房后街44号
电　　话：69842081
邮　　编：102300

（李　卫　安治刚）

【农村民主日活动】　1月10日，召开2011年第一次农村民主日活动部署会。会上就农村民主日活动的时间安排、活动内容、具体要求做了部署。区村务公开协调小组成员单位主管领导、各镇党委副书记、主管副镇长、民政科长、经管站长等60余人参加会议。

（李　卫　安治刚）

【走访慰问活动】　1月10日，区四大部门领导分别带队，分12个组对部分困难户、老党员、优抚对象、残疾人等进行走访慰问，并送去了慰问金和慰问品。9月9日，区领导王洪钟到区光荣院慰问，为院内的休养老人送去了慰问品。

（李　卫　安治刚）

【召开迎新春军政座谈会】　1月12日，召开2011年迎新春军政座谈会。市区领导参加会议。会上通报了全区经济社会发展情况，总结了区2010年双拥工作情况，军地领导就进一步做好新形势下的双拥工作进行了座谈。

（李　卫　安治刚）

【见义勇为人员统计情况】　据统计，区内现有市、区见义勇为荣誉人员57名。其中，首都见义勇为积极分子20名、首都见义勇为好市民15名，区见义勇为积极分子2名，区见义勇为好市民20

名。

（李　卫　安治刚）

【区慈善协会换届】 1月25日，区慈善协会召开第二次会员代表大会暨第二届理事会第一次会议。会上听取了区慈善协会第一届理事会工作报告、财务报告和监事会报告，审议通过了组织机构及人员调整情况的报告和聘请特邀顾问、名誉会长的建议，表彰了慈善企业和慈善之星。选举出区第二届慈善协会会长。

（李　卫　安治刚）

【清明祭扫服务】 截至4月5日，殡仪馆、天山陵园、万佛陵园3家重点单位共接待祭扫群众30万人、车辆4.4万辆，其中3月25日、26日、4月3日至5日高峰日共接待祭扫群众21万人、车辆3万辆。期间，民政、公安、城管、卫生等部门共出动近600人到现场维持秩序，各街镇组织护林防火人员上山巡视严防森林火险。殡仪馆、天山陵园3个单位设立专门接待服务窗口，开展优质服务月活动，宣传文明祭扫、低碳祭扫，保证了群众扫墓工作平稳有序进行，未发生安全责任事故。

（李　卫　安治刚）

【社会捐献活动】 4月12日，开展“送温暖、献爱心”社会捐助活动。截至25日，区捐赠中心、区慈善协会累计接受全区110个单位的46893名爱心人士捐赠善款466267.4元，捐赠资金全部用于对口支援灾区及区内困难群众救助。6月22日，“共产党员献爱心”捐献活动在全区范围内启动。7月8日，捐献活动结束，区慈善协会累计接受全区22308名党员、1762名群众捐赠善款739551.1元。捐赠款项全部用于区内困难党员救助、助老、助残等救助项目。

（李　卫　安治刚）

【核查农村籍退役士兵】 7月，经核查，区内共有278名60岁以上、30名59岁农村籍退役士兵。根据民政部文件规定，60岁以上农村籍退役士兵经市民政局审核认定后自8月起，按照义务兵服役年限，每年每月享受10元老年生活补助；农村籍退役士兵年满60岁后，也享受相关待遇。

（李　卫　安治刚）

【“婚姻家庭咨询室”揭牌】 8月19日，举办“婚姻家庭咨询室”揭牌仪式。“婚姻家庭调解室”由区民政局、司法局、妇联联合创建，设于区婚姻登记中心，主要职能是借助婚姻登记平台，定期调派专职司法人员和兼职妇女干部到婚姻登记机关，为婚姻当事人提供法律处咨询等服务。

（李　卫　安治刚）

【首都文明行业复查】 9月15日，首都创建文明行业复查考评组到区内检查。实地查看了区光荣院和婚姻登记中心，查阅了相关资料档案，并听取了相关汇报。考评组对光荣院和婚姻登记中心的创建工作给予了高度评价。

（李　卫　安治刚）

【召开局内第一次党员代表大会】 10月29日，召开第一次党员代表大会。会上审议并通过了局党委工作报告和纪委工作报告，选举产生了民政局第一届委员会和纪律检查委员会，以及出席区第十一次党代会代表。

（李　卫　安治刚）

【召开社会建设大会】 11月11日，召开社会建设大会，会上，部署《门头沟区十二类人群服务管理实施方案》，作《门头沟区社区建设工作报告》。区领导王洪钟主持会议并讲话。

（李　卫　安治刚）

【96156“两节”服务活动】 年内，开展了96156“情满两节，爱在社区”社区服务活动，向劳模、优抚对象、见义勇为人员等社区居民发放了1000张总价值10万元的96156亲情服务卡及96156配送服务卡，为社区居民提供便民服务。组织动员5530名社区志愿者参加两节志愿者服务活动，服务空巢老人、孤残人员等社区群众26325人次。

（李　卫　安治刚）

【培训工作】 年内，一、开展基础性就业能力培训，出资5.3万元为106名复退军人开设计算机培训班。二、加强特殊行业专业技能培训，出资4.48万元为56名复退军人进行汽车修理和烹饪技能培训。三、开展区外安置定向培训，出资9.75万元为北京市公交总公司安置的15名复退军人进行驾驶员上岗技能培训。

（李　卫　安治刚）

【村务监督委员会推选】 年内，全区178个村全部完成村务监督委员会推选工作，共推选产生村务监督委员会175个（王平镇韭园4村属联合支部），产生村务监督委员会成员583名，其中党员383名，占成员总数的65.7%；女性176名，占成员总数的30.2%；原村民民主理财小组和村务公开监督小组成员376名，占成员总数的64.5%。175名村务监督委员会主任当中，村党组织成员147名，占主任总数的84%；408名委员当中，党员211名，占委员总数的51.7%。

（李　卫　安治刚）

【“冬衣送暖”社会捐赠活动】　年内，全区131个单位、5万余名爱心人士捐赠全新及八成新以上棉衣被4万余件，捐赠衣物全部用于对口支援宁夏银川灾区和区内困难群众越冬救助。

（李　卫　安治刚）

【低保困难群众冬季取暖】　年内，共筹集资金838.96万元保障困难群众温暖过冬。一是争取市福彩公益金310万元，为10家公办敬老院发放冬季燃煤补贴60.86万元，为1769户农村低保家庭、分散五保和城市孤老发放冬季燃煤补贴81.14万元，为140名困难大学生下拨教育救助金60万元，为6000户平房区低保对象配备总价值108万元的一氧化碳报警器。二是核拨资金240万余元，为6000户城乡低保、低收入家庭发放燃煤、自采暖补贴。三是核拨资金288.96万元，按照每人200元的标准，为全区14448名优抚及城乡低保对象发放临时生活补贴，缓解困难群众生活压力。四是到各街道、镇检查各项救助资金落实和困难群众取暖情况，确保全区困难群众安全过冬。

（李　卫　安治刚）

【防灾减灾】　年内，在全市率先举办村居灾害信息员培训班，281名村居委会信息员获得五级灾害信息员证书。制定自然灾害应急救助预案，及时购置补充救灾物品，组织开展“5.12防灾减灾宣传日”和“国际减灾日”社会宣传活动，创建防灾减灾示范社区5个。

（李　卫　安治刚）

【社会救助工作】　年内，调整城乡居民最低生活保障和农村五保供养标准，将城市低保标准从430元提至500元；农村从240元提至340元，全年累计发放7024万元，保障了全区14212名低保对象和农村五保对象的基本生活。认定城乡低收入家庭271户、793人，低保家庭人数比去年同期降低16%。完善《城乡低保对象患大病住院押金减免办法》，为21名困难重病群众垫付减免住院押金9.3万元。制定《门头沟区特殊人员住院押金减免办法》，设立特殊人员大病医疗专项慈善基金，解决特殊困难群众看病就医问题。将城乡低收入家庭高等教育新生入学救助标准提高至4500元，为140名低收入家庭大学新生发放助学金62.2万元。投入252万元完成55户农村优抚社救对象危旧房翻建任务。落实《城乡不能自理低保老人入住定点养老机构》政策，5名生活不能自理低保老人得到专业照顾。强化流浪乞讨人员。多部门联合救助机制，参与城乡环境百日整治行动，全年救助流浪乞讨人员1048名（西城区856人）。下拨251万元冬季燃煤自采暖救助金，为农村低保、五保对象、孤儿增发采暖补贴142万元，为14681名困难群众发放一次性临时生活补贴294万元，投入111万元为6179户社救优抚对象安装一氧化碳报警器，保障了困难群众温暖过冬。

（李　卫　安治刚）

【慈善捐赠】　年内，出台《门头沟区加快慈善事业发展的意见》，制定捐赠资金管理使用办法，完成慈善协会换届，开设慈善协会外网，开展“党员献爱心”、“送温暖献爱心”等社会捐赠活动，成立倚山家园社区捐助站，募集社会捐款283万元、衣被4万件。实施助老、助学、助困等6类慈善救助项目，支出慈善救助金169万元，救助区内困难群众2268人次。

（李　卫　安治刚）

【社会福利】　年内，推进养老福利机构建设，解决红叶鞋厂职工退出和区老年社会福利中心建设用地问题。争取市专项资金500余万元，为5所镇办敬老院改善设施条件，资助2所社会办养老机构运营发展。开展养老护理服务队伍专业培训，全区养老机构负责人和养老护理员持证上岗率分别达到100%和90%。成立全额拨款事业单位——区儿童福利院，建立孤儿基本生活保障制度，41名社会散居孤儿纳入保障范围，为54名孤儿发放生活补助费64万元。规范福利企业管理，注销福利企业资格10家，认定福利企业34家，安置531名残疾职工就业，发放福利企业残疾职工就业岗位补贴208万元。福利彩票实现销售收入3368.6万元，开展10期福彩送真情活动，发放福利彩票公益金13.3万元，救助困难家庭102户。

（李　卫　安治刚）

【双拥工作】　年内，围绕争创全国双拥模范城二连冠，按照区委、区政府的目标要求，制定下发双拥工作要点、折子工程和迎检工作方案，形成各方联动、齐心共创的工作格局。投入资金100余万元，建立双拥国防教育宣传一条街。组织驻地部队官兵参加城乡环境百日整治行动、全民义务植树活动，开展“我爱第二故乡”主题征文、一湖十园参观和送图书、送法律、送文化进军营等特色活动，通过了全国双拥办的考核验收，成功争创全国双拥模范城二连冠。“兵妈妈”李兆娴被评为全国双拥模范个人。

（李　卫　安治刚）

【殡葬惠民工程】　年内，一、完成区级公益性墓地建设一期工程收尾工作，制定公益性公墓管理服务配套制度，配合做好重点工程迁坟工作，提供骨灰安放设施5160套，已安放骨灰122份。二、完成潭柘寺镇公益性墓地建设项目前期审定工作，规划建设骨灰安放设施3000个。三、实施“零百千万”工程，修建万元以下墓穴359套，销售114套，推出了两款百元以下骨灰盒和977元的基本殡仪消费，开展千元以下殡仪服务950份，销售百元以下骨灰盒27个。

（李　卫　安治刚）

【特殊人群服务管理】　年内，一、开展五类特殊人群服务管理需求调研活动，确定老年人、孤儿、低保低收入人员、民族宗教群众、流浪乞讨人员的服务需求。二、从基本情况分析、现行政策梳理、加强服务管理措施和具体服务项目策划四方面，制定与区内城市建设同步发展的服务管理实施方案。三、加大特殊人群服务管理协调推进力度。对五类特殊人群服务管理所涉及相关单位和部门进行梳理，加强与各单位之间的沟通协调，形成服务管理创新发展的工作合力。

（李　卫　安治刚）

【慈善救助工作】　年内，区慈善协会多措并举做好困难群众救助工作。一是实施“关爱点燃希望”助困、助老慈善医疗卡和应急救助等慈善救助项目，救助困难群众2127人，落实救助资金126.45万元。二是联合中鼎联行房地产公司、鸿博房地产公司等爱心单位实施合作救助项目，救助困难群众88人次，发放救助款共计5.8万元。三是落实市慈善协会“春雨行动”应急救助、“衣恋圣秀慈善基金”助学等救助项目，救助困难群众53人，发放救助款37万元。四是争取资金25万元启动寒冬助老送温暖活动，为龙泉镇、王平镇敬老院安装节能环保新型锅炉，解决供暖设施老化、供暖效果差等问题，保证敬老院入住老人温暖过冬。

（李　卫　安治刚）

【优抚安置工作】　年内，完成优抚对象定期补助调标工作，优抚对象抚恤标准平均提高7.8%，义务兵优待金标准提高到1.8万元，累计发放优待金328万元、抚恤金507万元。全区798名城镇无工作优抚对象、在乡优抚对象全部纳入城镇医疗保险和新农合医疗保障体系，减免和报销医疗费55万余元，多渠道解决优抚对象实际困难。

（李　卫　安治刚）

【民政社会事务管理】　年内，完成区级公益性墓地一期收尾工程和二期主体工程，制定公益性公墓财务管理等配套制度，配合做好S1线等市区重点工程迁坟工作，提供骨灰安放设施10160套。实施“零百千万”工程，为708名无丧葬补助居民发放丧葬补贴354万元。完成清明节群众扫墓接待工作，接待祭扫群众30.8万人、车辆4.6万辆，实现了平安清明的目标。成立全市首家婚姻家庭咨询室，开展“婚姻家庭健康咨询”、“发放婚育健康服务包”等婚姻家庭文化建设，婚姻收养登记合格率100%。协调解决曹各庄天主教堂、冯村基督教聚会点拆迁周转场所问题，协助做好基督教堂周边环境整治，完成天主教爱国会换届工作，3个宗教场所通过“和谐寺观教堂”考评验收。结合新城建设规划和棚户区改造工程，开展行政区划调整专题调研，完成门石线部分路段补测和跨界建筑物调查，维护了边界地区的稳定。落实征地超转政策，完成278名征地超转人员接收工作，发放各类补助资金1092万元，保证807名征地超转人员生活医疗待遇全部落实。

（李　卫　安治刚）

【基层政权建设】　年内，开创新农村社会管理机制，完成178个行政村村务监督委员会推选工作，健全了农村基层自治组织。组织开展《村委会组织法》系列宣传活动，开展村务公开民主管理专项调研，促进了村务公开民主管理向纵深发展。

（李　卫　安治刚）

【社会组织服务】　年内，探索四类社会组织直接登记制度，帮助公益慈善类社会组织联系业务主管单位，缩短社会组织受理审批时限。制定《门头沟区社会组织重大事项报告制度》，实施社团“小金库”专项治理，依法完成社会组织年检工作，登记和年检合格率100%。开展社会组织服务民生行动，11个社会组织围绕服务三农、拥军优属、生态环境等方面申报18个服务项目，投入资金180万元服务群众近两万人次，核桃品种改良扶贫项目和社区扶老助残志愿服务项目被列入市政府购买服务范围。创建学习型社团62个，创建率达到70%。

（李 卫 安治刚）

【社区服务工作】 年内，从群众生活服务、民主参与出发，健全民主管理制度，整合社区服务资源，统筹推进城乡社区建设。在配齐农村社区服务站设施设备的基础上，考察通州区“农村社区建设实验全覆盖”创建活动，探索农村社区服务管理新模式。开展96156两节亲情服务活动，为社区特需群众发放亲情服务卡1000张。开展社区服务网点普查和居民生活服务需求调查，登记社区服务网点1005个，培育承接居家养老（助残）服务商17家，提供服务4267次。以96156为载体，培育开发义务治安巡逻、真情助老、真情助孤、春节亲情陪伴等10个社区志愿服务精品项目，开展“情满两节，爱在社区‘亲情志愿服务活动，提升了社区志愿服务的影响力和感召力。

（李 卫 安治刚）

【队伍建设工作】 年内，坚持从服务全区跨越发展和大民政建设要求出发，以创先争优活动为着力点，全面提升民政干部服务水平。一是加强领导班子建设。二是加强民政作风建设。三是加强民政文化建设。四是加强党风廉政建设。五是加强民政宣传工作。

（李 卫 安治刚）

【下属单位情况】

单位名称：北京市门头沟区接受救灾捐赠事务管理中心
地　　址：北京市门头沟区圈外大街73号
电　　话：61895138
邮　　编：102300

单位名称：北京市门头沟区民政局低保事务管理中心
地　　址：北京市门头沟区西辛房后街44号
电　　话：69849146
邮　　编：102300

单位名称：北京市门头沟区双拥事务服务中心
地　　址：北京市门头沟区西辛房后街44号
电　　话：69842174
邮　　编：102300

单位名称：北京市门头沟区征地超转人员管理办公室
地　　址：北京市门头沟区西辛房后街44号
电　　话：69822877
邮　　编：102300

单位名称：北京市门头沟区福利生产办公室
地　　址：北京市门头沟区西辛房后街44号
电　　话：69843740
邮　　编：102300

单位名称：北京市门头沟区福利彩票发行中心
地　　址：北京市门头沟区黑山大街15号楼1层
电　　话：69844605
邮　　编：102300

单位名称：北京市门头沟区光荣院
地　　址：北京市门头沟区永定镇冯村
电　　话：69804781
邮　　编：102300

单位名称：北京市门头沟区军队离退休干部修养所
地　　址：北京市门头沟区峪园小区1楼1单元101
电　　话：69843318
邮　　编：102300

单位名称：北京市门头沟区婚姻登记中心
地　　址：北京市门头沟区黑山大街15号楼1层
电　　话：61893270
邮　　编：102300

单位名称：北京市门头沟区救助管理工作站
地　　址：北京市门头沟区龙泉雾兴隆街80号
电　　话：61891128
邮　　编：102300

单位名称：北京市门头沟区儿童福利院
地　　址：北京市门头沟区圈外大街73号
电　　话：61893331
邮　　编：102300

单位名称：北京市门头沟区社区服务中心
地　　址：北京市门头沟区圈外大街73号
电　　话：61895733
邮　　编：102300

单位名称：北京市门头沟区殡仪馆
地　　址：北京市门头沟区新桥南大街69号
电　　话：69842901
邮　　编：102300

单位名称：北京市门头沟区天山陵园
地　　址：北京市门头沟区军庄镇西杨坨
电　　话：60812714
邮　　编：102300

单位名称：北京市门头沟区装璜厂
地　　址：北京市门头沟区增产路23号
电　　话：69842159
邮　　编：102300

民族宗教侨务

【概况】　年内，在区委、区政府的领导下，在市民委、宗教局领导的关怀指导下，以创建民族团结进步与和谐寺观教堂活动为载体，贯彻落实党的民族宗教政策法规及市民族宗教工作会议精神，围绕“共同团结奋斗、共同繁荣发展”的工作主题，团结和带领全区广大少数民族、宗教界人士和信教群众，以构建和谐社会、维护社会稳定为目标，不断加强民族宗教事务管理，进一步夯实工作基础，不断创新工作机制，努力把宗教事务管理推向新水平，在构建和谐社会中发挥积极作用，呈现出民族和睦、宗教稳定、社会和谐的良好局面。

单位名称：北京市门头沟区人民政府民族宗教侨务办公室
地　　址：北京市门头沟区新桥南大街25号
电　　话：69847974
邮　　编：102300

（王　慧　王　洋）

【春节走访慰问】　1月中旬，民宗办逐户走访慰问了区内10户少数民族困难家庭，5位归侨、全区12位宗教爱国团体负责人以及宗教教职人员，并赠送3.16万元慰问金及慰问品。20日，市政府侨办领导走访慰问区内2名困难归侨。同日，区领导率民族宗教侨务办公室、公安分局国保支队等有关部门同志对潭柘寺、戒台寺僧人进行了走访慰问，并与僧团进行了座谈。

（王　慧　王　洋）

【宗教工作】　3月1日，与统战部、公安局在民主党派楼会议室召开联席会议。三个部门各自介绍了2011年工作重点、目标和任务，并围绕维护两会期间安全稳定，提出了目前存在的矛盾和问题。21日，统战部、民宗侨办召开专门会议，分析研究基督教目前存在问题和解决问题的对策。7月11日，市基督教两会主席率有关人员到区进行现场办公，与民宗侨办共同商议区基督教工作。区民宗侨办领导介绍了全区政府为基督教堂建设所做工作和基督教管理情况，并指出基督教存在的问题。双方对基督教情况进行了沟通，并研究了基督教的下一步工作。8月18日，北京基督教门头沟堂新堂举行献堂典礼。区内各聚会点的信徒，共有1700余人参加了典礼仪式。典礼过程中，市两会当场向全市60名教牧人员颁发了教职人员证书。献堂典礼后，民宗侨办开始对新教堂进行依法登记，于9月底前完成了依法登记工作。登记后，指导基督教会对教会的财务进行规范。9月21日，市民宗局领导到戒台寺和潭柘寺对拟升座的两寺监院进行考察。按照宗教仪规和相关程序，首先听取了两寺监院个人履历、僧团队伍、佛事活动和寺庙修缮等情况汇报，之后与两寺僧人进行座谈，征求僧人意见和建议，并以无记名方式对两寺监院进行民主测评。10月9日，美国葛培理布道会亚洲区负责人亨利.霍利牧师偕同夫人及助手一行到区基督教堂，与1200余名基督教徒共同参加主日崇拜。11月28日，区天主教爱国会召开第三次代表会议，总结了5年来取得的成绩和经验，审议通过了《北京市门头沟区天主教爱国会章程》（修正案），选举产生了区天主教爱国会第三届领导班子。

（王　慧　王　洋）

【领导调研】　3月4日，市宗教局一行到区就基督教堂工程和部分聚会活动场所拆迁工作进行座谈，并提出指导性意见要求。14日，市宗教局、市佛协办公室同志到妙峰山镇仰山栖隐寺和雁翅镇白瀑寺进行调研。了解区内治理乱建寺庙和露天造像情况。实地检查了寺院的建筑和寺内的文物，并与当地的镇、村干部进行座谈。4月1日，区领导王洪忠等到新建基督教堂调研，视察了教堂和周边环境。针对资金缺口、周边居民和房产及安全等方面的情况和问题，对随行的有关部门和单位提出了建设性意见和要求。7日，为解决新教堂周边居民住房拆迁问题，区领导到新教堂现场办公，对上次王洪钟提出的意见和要求后的落实情况，了解周边居民房屋等有关具体情况，对拆迁周边居民住宅、供电、资金缺口、工程验收等具体问题作了具体安排并提出要求。5月24日，区领导到城子清真寺和永定冯村聚会点进行调研。在清真寺观看了办公场所和宗教活动大厅，听取了伊斯兰教情况现状和清真寺的发展过程的汇报，针对回民墓地墓穴饱和等问题进行了研讨。听取了基督教负责人和聚会点负责人的情况介绍，并汇报了教堂建设、聚会点活动和动态情况，对目前存在的困难和问题进行了分析、研究。李昕对宗教事务的管理工作给予肯定，同时，对基督教存在的困难和问题做出指示并提出要求。7月1日，市政府侨务办公室领导到军庄镇孟悟村调研。与村两委班子成员进行座谈，村支部书记介绍了村情、产业和社会经济发展情况。随后，市侨办领导听取了民宗侨办的侨情、部门设置、领导班子和队伍建设、以及区内开展侨务工作的汇报，市侨办领导对区侨务工作做得实，有思路给予肯定。13日，市宗教局特约区民宗侨办领导在市局专门研讨门头沟区基督教工作，听取了区基督教情况汇报，针对存在问题进行了研讨，共同商定解决问题的方案。9月21日，区领导王洪忠等及规划、土地、建委等相关部门领导到城子城清真寺就清真寺拆迁重建相关事项进行调研。10月23日，市宗教局领导到区天主教后桑峪教堂进行调研，了解相关情况。26日，区民宗办等领导就天主教曹各庄教堂和冯村基督教聚会点拆迁规划问题到永定镇调研，同永定镇党委政府领导就两处面临拆迁规划问题交换意见，并到现场实地考察。

（王慧 王洋）

【安全检查】 3月15日，为了确保在两会期间全区宗教活动场所安全、稳定、无突发事故的发生。由区民宗办牵头多次会同公安、消防等部门到宗教活动场所排查安全隐患，并协调解决宗教内部矛盾，制定安全预案，公布24小时值班电话。8月31日，是伊斯兰教开斋节。区民宗办作为牵头单位，协调相关部门，成立了由区委统战部、民宗办、公安分局、城子街道等单位组成的开斋节安全工作领导小组。共同制定了安全预案，明确职责。组织小组成员及清真寺工作人员开展应急演练，提高大家在出现突发事件情况下的快速反映能力。领导小组召开协调会，协调有关单位在节日期间确保清真寺的正常供水供电。11月23日，为了保证区基督教、天主教平安度过圣诞节，区民宗办指导基督教、天主教各教堂认真编制了安全预案，协调公安、消防等部门组织教堂人员进行了紧急遇险演练，重点排查了疏散标识、消防、照明、取暖等设施情况。民宗办主任及工作人员全程监督圣诞节期间安全工作。

（王慧 王洋）

【依法行政】 3月中旬，同区工商局对门城地区主要公路和街道两侧15家清真肉食餐饮单位逐家按规程进行检查。年内，多次进行清真网点检查，会同工商、食品卫生监督等有关部门对4家挂清真标示的清真肉食餐饮单位进行检查。共检查出6家清真肉食餐饮单位无照经营已经留档备案，并进行政策法规教育。6月14日，对妙峰山景区因出现道士进行宗教活动情况，民宗办会同区统战部、公安局临时组成调查工作组到妙峰山景区进行调查，宣传了有关宗教活动的法规和相关政策。7月28日，接群众举报，在滨河公园内发现100余名僧人，民宗办会同公安国保支队人员前往调查。对其负责人进行了谈话教育，宣传了政府对于宗教的有关政策，要求尽快离京。谈话结束以后，会同公安国保支队监督该团离开门头沟区境内。年内，全年共受理民族成份更改事务8份，其中符合更改条件已办结的5份，汉族更改为满族4份，汉族变更为蒙古族1份。

（王慧 王洋）

【民族工作】 3月，在城子街道选定了2个有条件的社区开展了蹴球进社区活动，并赠送了器材。6月11日至12日，组织新桥路中学选拔32名学生参加北京市第六届少数民族健身操舞比赛，全市142支参赛队参加预赛，门头沟区参赛队获得小组第一，获得全市第二名，在全市决赛中获得金奖。9月29日，美国纽约北京侨乡会会长到妙峰山镇陇驾庄满族村进行投资考察。10月23日，组织该村两委班子成员和村民代表22人到怀柔、密云少数民族乡村进行参观、学习、考察。10月，民宗办筹措资金近5万元，为陇驾庄村设立宣传厨窗12面，主要宣传党的民族政策、发展民族经济、开展创建活动的情况。年内，陇驾庄民族村经济出现了新的增长点，人均劳动所得达到8000元以上，比上一年提高11.9%。

（王慧 王洋）

【专项工作】 4月14日，召开宗教工作专题工作会，区统战部及政府民宗侨办就基督教存在主要问题和乱建寺管、造像情况进行了汇报，并进行了分析和研讨。年内，对全区范围内的历史文物遗址和复建情况，特别是对正在恢复建设的寺庙和宗教造像情况、规模及投资等情况进行全面调查。经调查，全区共有寺庙文物101处，已经恢复完工22处，正在恢复中2处，没有出现乱建现象。

（王　慧　王　洋）

【学习培训工作】　上半年，开展了“与党同心同行”主题爱国主义教育活动。以“党的宗教政策在我心中”为题召开了座谈会，大家以亲身感受列举实例，畅谈党和政府在贯彻党的宗教政策取得的成绩。10月22日，在新建教堂内举办了宗教政策法规培训班，区基督教领导班子、教职人员、讲道员、传道员、义工和信徒骨干100余人参加了培训。12月27日，区城子清真寺召开学习会，传达贯彻了北京市第七次区县伊协秘书长会议精神，组织阿訇和寺管会人员认真学习北京市伊协转发的《海淀区伊协学习“北京精神”计划》，与会人员积极发言讨论，并在区民宗办的指导下，结合城子清真寺的实际情况制定了学习计划。年内，采取各种形式进行培训。相关部门和镇（街道）干部培训2次，61人；基督教法规政策培训114人次；各宗教6名教职人员参加培训累计258学时。采取现场指导代培训形式对镇、村（社区）级干部51人进行培训。

（王　慧　王　洋）

【宗教节日】　8月15日是天主教传统节日“圣母升天”日，区内曹各庄教堂、后桑峪教堂分别举行了弥撒活动。活动期间，曹各庄、后桑峪教堂共有210余人参加。31日，是伊斯兰教最重要的节日——开斋节。400余名穆斯林群众在清真寺内，举行节日会礼。11月7日的古尔邦节是伊斯兰教群众一年一度的重大节日之一。清真寺管委会提前办理了报批手续，制定了节日活动方案和安全预案。节日当天，有近百名穆斯林群众聚集在清真寺礼拜堂共同举行朝拜活动。12月25日是天主教、基督教的传统节日——圣诞节。圣诞节期间，区基督教新教堂、天主教后桑峪教堂、天主教曹各庄教堂分别进行了准备，布置，欢度圣诞节。24日至25日，全区基督教和天主教信徒5100余人次在各教堂参加圣诞礼拜仪式。

（王　慧　王　洋）

【民族宗教界参政议政】　9月9日，区民族宗教侨务办公室协调区统战部、公安分局召开联席会议，研究协商区政协第九届民族宗教界政协委员推荐工作。民宗侨办做好拟推荐的9名人选的信息采集和资格审查，并按期完成上报推荐工作。

（王　慧　王　洋）

【和谐寺观教堂创建活动】　9月21日，市宗教局宗教四处处长和市伊斯兰教协会相关领导到城子清真寺进行验收。区民宗侨办负责人介绍了区开展创建和谐寺观教堂活动情况，寺管委会负责人介绍了城子清真寺日常管理工作、教务工作和创建和谐清真寺情况。验收小组查阅了区民宗侨办和寺管会的创建活动材料，并肯定了区民宗办、寺管会对和谐寺观创建活动做出的成绩。年内，根据全市统一部署，进行了达标验收前的系列工作。召开各宗教组织和活动场所负责人会议，传达市里的会议精神，布置了创建活动达标验收迎检阶段的具体安排。各宗教组织和宗教活动场所组织了自查工作，根据自查，找出不足，进行了整改，完善了制度。佛教两寺和清真寺先后通过市检查组检查验收合格。区内6个宗教活动场所，已有3个场所经市里验收达标。截至年底，全市验收达标率达到44%，全区已经完成验收达标50%。区内有3名宗教人士被评为市级先进个人。各宗教场所共制定和修改规章制度27项，上墙21块。

（王　慧　王　洋）

【侨务工作】　9月29日，由市侨办组织的“万侨助万村活动”在区内展开，美国纽约北京侨乡会会长到妙峰山镇陇驾庄满族村进行投资考察。区民宗侨办负责人介绍了当前区内加快北京西部综合服务区和生态涵养区建设情况，表示了对北京侨乡会到门头沟投资兴业，助力门头沟经济社会发展的欢迎。11月中旬，区民宗侨办为落实市人力资源和社会保障局、市财政局和市侨务办公室联合下发的《关于提高归国华侨离退休人员临时生活补贴标准的通知》有关精神，及时将《通知》印发到区归侨手中，主动与区人保、财政局等有关部门取得联系和沟通，了解落实情况，并对相关单位落实情况进行了检查。

（王　慧　王　洋）

【公益活动】　年内，各宗教组织和部分清真专柜经营网点，响应红十字会“博爱在京城”募捐活动，共募捐5.65万元善款分别交到区红十字会、区慈善协会。捐款情况如下：基督教2.2万元；潭柘寺僧团2万元；戒台寺僧团1万元；天主教2000元；清真寺1300元；清真个体经营专柜捐款1200元。10月26日，组织区天主教爱国会成员到清水镇慰问看望敬老院的老人，为老人们送去了肉、蛋、奶、糕点等食品，当日，还看望看了连续资助多年的清水镇一户贫困家庭，给他们带去了米、面、油等食品，并给该户孩子送上了1000元助学金。

（王　慧　王　洋）

人口与计划生育工作

【概况】　年内，区人口计生委按照北京市“统筹人口宏观调控与服务管理工作”要求，结合全区开展“服务年”活动，牢固树立“以人为本，促进人的全面发展”理念，按照“围绕一条主线，突出两个重点，实施三大工程，强化四项建设”的工作思路，加强人口计生服务体系建设，全区户籍人口出生1789人，计划生育率98.21%，一孩率92.62%，晚育率89.98%，为全区经济和社会发展创造了良好的人口环境。

单位名称：北京市门头沟区人口和计划生育委员会
地　　址：北京市门头沟区新桥南大街46号
电　　话：69844839
邮　　编：102300

（陈连军）

【协会工作】　1月13日，区计生协召开五届二次理事会。会议作2010年计生协工作报告，通报了2011年工作思路。同日，举办了副会长、常务理事、理事、镇街协会秘书长以及人口计生委机关干部参加的培训班。培训班传达了全国会员代表大会精神，并从计生协组织建设、理事单位如何发挥作用等方面进行了讲解。10月9日，木城涧煤矿计划生育协会成立。木城涧煤矿现有职工7646人，其中流动人口4525人，计划生育协会的成立，标志着木城涧煤矿计划生育服务管理工作进入了一个新阶段。会议选举产生了木城涧煤矿第一届计划生育协会理事会，吸纳首批计划生育协会会员820人。为该企业颁发计划生育协会标牌，与会领导向首批会员代表颁发会员证。年内，全区共有各级计生协会组织288个，会员25841人，其中企事业协会33个，会员2136人。

（宋京晨）

【培训工作】　1月14日，举办门头沟新城规划知识讲座，结合北京城市总体规划，从发展定位与战略、城乡统筹、新城功能布局与控制、近期建设与策略等方面，对门头沟新城规划进行了讲解。4月22日，举办依法行政培训班，为机关全体人员讲解接待群众来访注意事项。培训班就建立接待群众来访台账、制定制式意见书、答复群众来访注意事项、完善单位技防措施、工作人员增强安全防范意识等内容列举实例进行了讲解。5月20日，举办全区“十二五”规划知识讲座。8月4日，举办人口计生系统项目管理培训班，培训班从项目预算编制的意义、项目预算编制的方法、项目执行以及绩效考评等方面进行了讲解。各镇街计生办主任、区人口计生委科级以上干部参加了培训班。23日至26日，在区人口计生委举办村居人口计生干部培训班，320余名村居计生干部分两期参加了学习。培训班作了学习胡锦涛总书记“七一”重要讲话精神辅导报告；讲授了0–3岁婴幼儿早期教育知识；讲授了新闻写作知识；区人口计生委各科室负责人分别讲解了政策法规、规划统计、技术服务、避孕药具、计生协会等业务工作；区人口计生委主要领导作开办动员，并就做好今年工作提出要求。9月21日，举办人口计生干部培训。彭彧华、各镇街主管领导、计生办主任、区人口计生委全体人员共50余人参加了培训。11月4日，与王平镇联合举办以“传递爱的火炬，点亮幸福人生”为主题的家庭保健员培训，区人口计生委领导、王平镇相关领导及30名家庭保健员参加活动。

（付延路）

【召开工作会】　1月28日，召开2011年人口与计划生育领导小组会。区领导王洪钟参加会议并讲话。区人口计生工作领导小组各成员单位领导、各镇街行政主要领导参加了会议。与会人员观看了反映“十一五”时期全区人口计生工作情况的电视专题片，会议作关于实施《加强棚户区改造期间人口和计划生育工作的指导性意见》相关内容的说明，通报了制订《门头沟区“十二五”时期人口与计划生育发展规划》的进展情况。区流管办、区民政局作了交流发言。王洪钟就进一步做好全区人口计生工作提出要求：会议作《加强机制创新促进重心转变推进人口和计划生育工作长期均衡和可持续发展》的报告，回顾总结了“十一五”时期及2010年人口计生工作情况，部署了“十二五”时期工作重点以及2011年人口计生工作任务。王洪钟与相关单位主要领导签订了《2011年人口和计划生育目标管理责任书》。6月20日，召开人户分离人员计划生育服务管理经验交流会。各镇街计生办主任、计生干部参加了会议。东辛房街道办事处以及东辛房街道龙新街、和平街、建设街三个已拆迁社区代表做了典型发言，分别介绍了棚户区改造中人户分离人员计划生育服务管理经验和体会，与会人员还就落实棚改期间计生工作意见执行情况进行了交流，传阅了建设街社区人户分离人员档案材料。13个镇街计生部门之间签订了《门头沟区人户分离人员计划生育委托代管协议书》。12月12日，召开贯彻落实区十一次党代会精神暨工作总结部署会。会议回顾总结了2011年全区人口计生工作情况，部署了2012年工作任务。传达了区十一次党代会精神，并对落实党代会精神、进一步做好全区人口计生工作提出要求，区人口计生委全体工作人员、离退休干部、各镇街计生工作主管领导、计生干部共100余人参加了会议。

（高　旭）

【检查与评估】 6月1日，市财政绩效评价工作组，对2010年市人口计生委列入财政绩效评价、考评延伸到区县的青春健康教育读本项目、财政贴息贷款项目、婚育健康服务承包项目、独生子女家庭特别扶助金项目进行检查。工作组听取了区人口计生委工作汇报，查看了相关印证材料，到大峪中学，在部分学生中进行了青春健康教育读本问卷调查，到龙泉镇龙泉务村，与种植扶持户进行交流，了解财政贴息贷款使用情况，按照婚育健康服务包发放登记表、特别扶助家庭登记表与发放对象和特扶对象进行电话回访，询问相关情况。7月19日，区财政局委托的绩效考评组对区人口计生委2010年免费技术服务项目情况进行专项考评。区人大教科文卫委、财经委领导、财政局相关部门负责人出席考评活动。区人口计生委领导汇报了2010年免费技术服务工作情况。9月19日，区文明创建工作考核组对区人口计生委文明示范单位创建工作进行检查考核。考核组听取了工作汇报，查阅了相关材料，查看了办公环境，还进行了文明示范单位问卷调查。考核组对区人口计生委文明示范单位创建工作给予肯定。11月10日，区人口计生委接受区纪委党务公开和《廉政准则》专项检查，检查组听取了区人口计生委党务公开及落实《廉政准则》工作汇报。检查组在区人口计生委中层干部中进行了《廉政准则》问卷调查，查阅了党务公开和廉政建设材料，并与中层干部进行了座谈交流，对区人口计生委党务公开和廉政建设工作取得的成绩给予评价，对继续提高党务公开和廉政建设工作水平提出建议。

（付延路）

【领导视察、调研工作】 3月1日、3日、4日，区人大常委会委员、教科文卫委委员以及基层人大代表，对全区人口和计划生育工作进行调研。人大代表们先后到区人口计生委、大峪街道办事处、大峪街道向阳社区、潭柘寺镇平原村，分别听取了区人口计生委主任作的“十一五”时期全区人口计生工作情况汇报和大峪街道办事处关于流动人口计划生育服务管理情况汇报，实地查看了向阳社区流动人口服务管理、潭柘寺镇平原村计生低收入家庭增收致富等情况。召开了有永定镇、大台街道办事处、龙泉镇、教委、区卫生局、等单位领导参加的座谈会，重点了解S1线拆迁、棚户区改造期间人户分离人员服务管理、各部门、各单位开展人口计生工作、综合治理人口问题以及工作中存在的困难和问题、意见和建议等情况，对全区人口和计划生育工作进行了全方位的调研。4月18日，市人口计生委领导到门头沟调研，先后察看了区计划生育技术服务中心、人口文化园，并到大峪街道滨河西区社区实地查看计生工作情况；了解了计划生育技术服务情况、人口文化园建设情况以及大峪街道社区计生服务交流台、宣传橱窗使用情况，并对区内如何进一步提高优质服务工作水平、改进宣传环境建设提出了意见和建议。8月10日，区领导韩子荣到区人口计生委调研，全面了解人口计生工作及人口统计工作，听取了区人口计生委、统计局的关于全区人口计生工作情况和人口统计工作情况汇报。韩子荣询问了全区人口出生数量、区域人口承载数量、人口分布等情况，对全区人口计生工作取得的成绩给予肯定，对进一步做好人口工作提出要求。10月12日，市人口计生委领导到门头沟区调研工作，听取了区人口计生委调研工作汇报。对区人口计生委调研工作给予肯定，对进一步做好调研工作提出意见和建议。20日，市人口计生委领导到人口计生委调研，听取了区人口计生委工作情况汇报，在汇报中重点介绍了门头沟区开展“阳光计生”行动、多措并举开展活动、全面实施“人文计生”、“普惠民生”、“幸福人生”三项工程、加强统筹协调等工作情况。市人口计生委领导对门头沟区开展人口计生工作给予肯定，并提出要求。

（付延路）

【流动人口计划生育管理】 4月11日至18日，组织医务人员到大台地区开展“幸福手牵手”流动人口计生宣传服务活动，为该地区流动已婚育龄妇女进行孕检服务，查环、查孕、查病，共服务1172人，查出患有子宫肌瘤、宫颈炎等各种妇科疾病35人，计划外怀孕3人，并及时给予治疗指导。活动中发放宣传材料1500余份，避孕药具2400盒，查验《流动人口婚育证明》333人。9月5日，与团区委联合开展“棚改汇青年，中秋送欢乐”主题慰问活动，为奋战在棚改建设一线的来京务工青年送去生殖健康知识和中秋佳节的祝福。活动中，部分区人大代表、政协委员与来京务工青年进行面对面交流，区人保局和安监局的团员青年表演了器乐节目，卫生系统青年志愿者为来京务工青年进行了健康体检和义诊；区人口计生委、防艾办的人员宣讲了生殖健康、优生优育、预防艾滋病等知识，发放了宣传材料。

（付延路）

【奖励扶助和特别扶助】 4月22日，市人口计生委检查指导区奖励扶助和特别扶助工作。经市审核确认，年内，全区有320人符合农村部分计划生育家庭奖励扶助政策，他们每人每年得到市区两级政府给予的总额不少于1500元的奖励扶助金；全区有331人符合独生子女家庭特别扶助政策，其中204人符合伤残特别扶助政策，127人符合死亡特别扶助政策，他们将分别得到市政府给予的每人每年1920元、2400元的特别扶助金。

（王振裴）

【党建工作】 4月22日，召开党建工作会，总结2010年党建工作情况，部署机关2011年党建工作任务。会上，印发了区人口计生委2011年党风廉政建设主要工作任务及责任分工、“争创一流展风采，高效执行我为先”主题教育活动等文件；区人口计生委党组书记与支部书记签订了党风廉政建设责任书；区纪委第一直派纪检监察组副组长到会并讲话。区人口计生委主任就做好党风廉政建设工作提出要求。

（陈 涛）

【机关创建活动】 4月22日，召开“文明机关创建专项行动”动员会，结合“政府服务年”建设和“创先争优”活动，制定专项行动措施。26日为环境整治高潮日，全员参与，以科室为单位进行废弃物清理，并将楼梯、公共楼道、药具库房、大院卫生死角的清洁工作责任到人，落实门前三包责任督察，责成专人，对本单位周边环境进行清洁。6月30日，区人口计生委以“争创一流展风采·高效执行我为先”为主题，举行迎接建党90周年演讲比赛。9名机关干部参加演讲。

（陈 涛）

【机关学习】 5月16日，组织全体干部观看市人口计生委电视电话会，学习胡锦涛总书记在中共中央政治局第二十八次集体学习时关于全面做好人口工作的重要讲话。7月19日，区人口计生委机关全体人员参加了市人口计生委举办的胡锦涛总书记“七一”重要讲话的视频辅导讲座。讲座从三个部分入手，回顾历史，分析现实，面向未来，分析了总书记讲话精神。市人口计生委主任讲话，并提出要求。

（陈 涛）

【生殖健康与优质服务】 6月11日，市人口计生委“生殖健康伴你行”走进门头沟活动在妙峰山镇举行，活动向群众发放了宣传品、宣传材料以及避孕药具，为80余名育龄群众讲授了生殖健康知识，还进行了健康知识问卷调查，北京积水潭医院、北京妇产医院、北京同仁医院的健康专家为30余名育龄妇女进行了健康体检。据统计，此次活动共咨询服务200余人，发放宣传品300余份、宣传材料500余份、发放避孕药具600余盒。7月28日，与区武装部联合举办“生殖健康进军营·优质服务暖人心”宣传服务活动。活动主要内容包括：举办男性生殖健康大课堂、发放宣传材料和避孕药具、答疑解惑等。区生殖健康宣讲团讲师、区医院泌尿外科主治医师，为70余名部队官兵讲授了男性生殖健康与疾病防治等知识。军地双方领导向部队官兵发放了法律法规、男性健康、服务指南、知情选择等宣传材料500余份，发放毛巾、购物袋等实物宣传品100余个。11月27日，与区教委、计生协联合举行“青春健康伴我行”征文演讲比赛，各镇、街道选拔推荐的11名选手参加了比赛。比赛评选出一等奖1名，二等奖2名，三等奖3名。东辛房街道、军庄镇、清水镇荣获征文演讲活动组织奖。

（高 旭）

【京西人口文化节】 7月8日，影剧院举行庆祝中国共产党成立90周年暨第六届京西人口文化节文艺演出活动。本届京西人口文化节由区人口计生委、区委宣传部、文明办、文委、广电中心、团区委、区妇联、计生协八部门联合举办。市人口计生委宣教处、宣教中心领导等出席文艺演出活动。文艺演出期间区人口计生委表彰了从事基层人口计生工作20年以上的36名在职计生干部。

（高　旭）

【优化宣传环境】 8月12日，部署开展优化人口计生户外宣传环境活动。优化范围包括：辖区户外宣传栏、宣传橱窗、标语口号、计生公益广告、灯箱广告、文化墙、电子显示屏等，凡是不符合规范要求的一律清理。区人口计生委将在各镇街、村（社区）清理自查的基础上进行专项检查。通过开展优化宣传环境活动，达到全区城乡人口计生户外宣传内容准确规范、温馨宜人、新颖美观、富有时代性和首都特色。10月12日，组织召开人口发展与社会建设课题研究座谈会。国家人口计生委科学技术研究所、北京市人口研究所、北京大学、北京市委党校等单位的人口专家学者以及区内12个委办局领导、部分镇街计生办主任参加了座谈。参会人员就部门内需提供的有关数据资料收集反馈情况与专家学者进行了面对面的沟通交流，使专家学者们进一步了解了门头沟区人口、经济、社会、资源等方面的情况，为撰写调研报告奠定了基础。

（高　旭）

【市、区领导慰问】 年内，区人口计生委领导进村入户，走访慰问困难计生家庭、困难计生干部以及从事计生工作15年以上的村居计生干部，共计走访慰问40户，发放慰问金2.5万元。

（付延路）

爱国卫生

【概况】 年内，在区委、区政府的领导下，在市爱卫办的支持指导下，协调各镇、街道办事处、各单位，发动城乡居（村）民开展爱国卫生运动，使城乡环境面貌进一步改善，病媒生物得到有效控制，公共场所禁止吸烟工作扎实推进，卫生创建工作有序开展，健康卫生知识普及。组织爱国卫生月和城市清洁日活动，发动全区人民开展环境卫生大扫除活动，全年共发动干部群众4万余人次，城乡环境面貌得到显著改善。开展病媒生物防制工作，启动社区蚊蝇密度监测工作，6月至9月，共监测12次，并及时向相关镇街反馈；开展全区统一灭鼠活动2次，投放灭鼠药剂6.7吨，粘鼠板1600张；组织灭蟑活动，发放灭蟑套餐1200份；组织夏秋季灭蚊蝇活动，累计投放灭蚊蝇药剂6吨。开展公共场所禁止吸烟活动，联合区教委在滨河路立思辰公园开展以控烟为主题的中学生地面粉笔画大赛；开展无吸烟家庭评选活动，评选出“无吸烟家庭”2000户；会同相关部门分6次对全区学校、医疗卫生机构控烟工作进行专项检查。全年共创建市级卫生村3个，市级健康促进示范村2个，市级健康社区2个。获得北京市第三届社区健康风采大赛一等奖1名，三等奖1名。完成承办的区政府为民办实事项目任务。25人获得门头沟区爱国卫生先进个人荣誉称号。

单位名称：北京市门头沟区爱国卫生运动委员会办公室
地　　址：北京市门头沟区城子东街甲40号
电　　话：69843460
邮　　编：102300

（王淑兰）

【召开工作会】 1月10日，召开年度爱国卫生工作会，总结2010年爱国卫生工作，部署2011年工作。3月9日，召开爱国卫生月城市清洁日工作布置会，安排部署第二十三个爱国卫生月活动。6月10日，召开无烟医疗机构督导检查工作布置会。9月1日，召开病媒生物防制专项检查工作部署会。12月15日，召开2011年爱国卫生工作总结暨2012年工作部署会。

（史保鑫　于海朋）

【开展环境卫生整治活动】 1月至12月，每月月末，会同市政市容委、农委、社会办对全区环境卫生状况进行检查，按照统一标准进行打分和排名。1月底，组织全区各镇、街道办事处开展“清洁环境，干干净净迎两节”环境卫生整治活动。4月26日，联合区环境办、文明办组织开展城市清洁日活动，动员全区各党政机关、社会团体、企事业单位干部职工，驻区部队官兵，居（村）民共1.7万人，开展村居、单位、公园绿地、有形市场、建筑工地、国道沿线、河湖沿岸、旅游景区环境卫生大扫除活动。4月，联合区文明办开展“共建公共环境，共享美好生活”主题宣传语征集活动，共评选出一等奖5条，二等奖10条，三等奖15条，参与奖52条。4月至5月，开展以“共建公共环境，共享美好生活”、“清洁环境，促进健康”为主题的第二十三个爱国卫生月活动。6月28日，联合区环境办、文明办组织开展以“共建城乡环境，共享美好生活”为主题的“迎‘七一’环境清洁日”活动，共出动人员5000人次，车辆300余辆次，清理堆物堆料300处300余吨，清理小广告3000余处，清除卫生死角200处，清理宠物粪便500处，纠正违法行为300起，查处非法经营20起。9月26日至29日，开展迎国庆和首届环北京职业公路自行车赛卫生大检查。

（史保鑫　于海朋）

【开展病媒生物防制工作】　3月，组织大峪、城子、东辛房街道开展家庭蚂蚁侵害评估调查工作，完成800份蚂蚁侵害调查问卷。4月11日至15日，组织各镇、街道办事处开展春季统一灭鼠活动，共投放灭鼠药剂3.5吨。4月18日，对城子街道民生社区、城子西街社区、东辛房街道北涧沟社区、滑石道社区等灭鼠重点区域进行了抽查，所查社区投药率达到100%。6月29日，对区“一湖十园”景区开展集中投药消杀工作。6月至9月，协调疾控中心、门城地区三办一镇开展蚊蝇密度监测工作。7月下旬，开展病媒生物防制工作评估问卷调查，了解市民对区内病媒生物防制工作的满意度。9月14日，市爱卫会对区内居民社区、建筑工地蚊蝇防制效果和宾馆、餐饮等单位蟑螂危害及防制情况进行了检查。11月18日至12月18日，开展全区冬季统一灭鼠活动，共投放鼠药3.2吨。

（史保鑫　于海朋）

【开展公共场所禁止吸烟活动】　5月20日，联合卫生局疾控科、卫生局卫生监督所对门城地区各医院的控烟工作进行了抽查。23日，市控烟协会对区大峪中学和中等职业学校控烟工作进行了抽查。30日，在城子街道蓝龙家园社区举行“无吸烟家庭”授牌仪式暨第二十四个世界无烟日主题宣传活动，向“无吸烟家庭”代表颁发“无吸烟家庭”标识牌，并向全区各家庭发出了“珍爱生命，拒绝吸烟，共建无吸烟家庭”的倡议。31日，联合区教委、红十字会在立思辰公园开展了以控烟为主题的中学生地面粉笔画大赛。7月下旬，开展公共场所禁止吸烟工作评估问卷调查，了解市民对公共场所禁止吸烟工作的满意度。8月30日，市爱卫办对区医疗卫生机构无烟环境建设工作进行检查。9月16日，市卫生局对区医院、龙泉医院、中医院、京煤集团总医院、卫生局、疾控中心无烟环境建设工作进行了暗访。

（史保鑫　于海朋）

【卫生创建工作】　6月23日至24日，联合健康教育所对年内创建市级健康促进示范村、健康社区的斋堂镇林子台村、妙峰山镇担礼村、东辛房办事处平洞社区、西山社区进行了中期督导检查。7月20日，对市级卫生村创建单位进行评估检查。7月底，协调卫生局疾控科、健康教育所召开健康教育工作协调会。8月11日，联合区疾控中心健康教育所对参与北京市健康促进示范村、健康社区创建活动的村居相关人员进行培训。24日，市爱卫办、市健康教育所对区内健康教育工作进行中期督导检查。10月19日，市爱卫会对2011年健康社区争创单位东辛房街道西山社区和平洞社区创建工作进行考核验收。27日，市卫生局、市爱卫办领导到区内视察卫生村创建工作。28日，市爱卫会对区内2011年市级卫生村创建单位清水镇黄安村、江水河村和雁翅镇山神庙村进行考核验收，3个村通过验收。

（史保鑫　于海朋）

【参加第三届社区健康风采大赛】　6月，区内正式启动北京市第三届社区健康风采大赛筹备工作，各镇、街道办事处按照要求征集参赛作品，截至11月中旬，共收到字画类作品33件，手工类作品36件，图片类作品17件。11月底，进行区级评审，筛选出20件优秀作品参加市级总决赛，龙泉镇东南街社区居民获得字画类一等奖，王平镇获得手工类三等奖。

（史保鑫　于海朋）

老龄工作

【概况】　区老龄工作委员会是区老龄工作的议事机构，下设办公室，负责全区老龄事业工作。年内，以科学发展观为统领，贯彻党的十七届五中、六中全会精神和“党政主导、社会参与、全民关怀”的老龄工作方针，着眼于保障和改善民生，进一步完善社会养老保障制度，全面落实居家养老（助残）服务的“九养政策”，不断解放思想、开拓创新，团结协作，完成了全年各项工作任务，推动了全区老龄事业的新发展。被评为北京市老龄工作先进单位。

单位名称：北京市门头沟区老龄工作委员会
地　　址：北京市门头沟区西辛房后街44号
电　　话：69807952
邮　　编：102300

（杜宏凯）

【为老人办实事】　年初“两节”和“九九”重阳节期间，全区各级领导和各单位广泛开展走访慰问“送温暖”活动，共走访慰问各类老年人3万人次，送慰问款和物品折价近400余万元。

（杜宏凯）

【召开老龄工作会议】　1月11日，召开迎新春老龄干部座谈会，13个街道（镇）主管领导和科长参加，会上总结了2010年的工作，探讨新一年的工作思路。并要求在春节期间，开展帮扶救助送温暖活动。15日，召开迎新春老年人代表座谈会。区老龄委副主任介绍了上一年的老龄工作情况和新一年的工作思路和主要任务。参会代表对所取得的成绩给予肯定，并就老龄事业的发展提出意见和建议。3月1日，召开全区老龄工作会议。出席会议的还有18个老龄委成员单位的主管领导，各街镇主管老龄工作的领导、科长和居家养老（助残）员。会上，区老龄办主任做了题为《抢抓机遇勇于创新全面推进老龄事业科学发展》的工作报告。

（杜宏凯）

【居家养老（助残）服务工作】　1月15日，召开全区贯彻“九养政策”工作部署会议。会议部署了居家养老（助残）服务的9项工作，结合区委区政府关于年内工作的总体部署，就坚持以科学发展观为统领，全面贯彻落实“九养政策”。全年发放80岁以上居家养老（助残）服务券661.35万元。90岁以上高龄津贴45.31万元。11月29日，完成了小帮手电子服务器的申请上报汇总工作。12月17日至27日，13个街道的老人购买的小帮手电子服务器全部发放到位。举办万名“孝星”暨千家为老服务先进单位评选活动，区内评选出164名“孝星”和20个先进单位。部分“孝星”参加市里演讲。

（杜宏凯）

【老年人活动】　4月19日至20日，由区老龄办、体育局、委老干部局共同举办，区门球协会承办的区第24届春季“健康杯”老年门球赛，在区委老干部局门球场举行。全区23支老年门球队的运动员、教练员和裁判员等300人参加比赛。经过62场比赛，老干部局三队夺得第一名。6月9日，在王平镇举办了由积水潭医院心内科教授授课、百余名老人参加的健康知识讲座。13日，老龄办和王平镇老龄委联合开展为金婚老人免费拍摄婚纱照活动。为25对老年人拍摄了金婚纪念照。9月16日至17日，由区老龄办、体育局、老干部局共同举办，区门球协会承办的区内第25届秋季“金秋杯”老年门球赛在区委老干部局门球场举行。全区各单位的23支老年门球队的运动员、教练员和裁判员等300人参加比赛。区光荣院队夺得第一名。11月17日，区老龄办与大峪街道老龄委共同举办百余人参加的象棋比赛活动。

（杜宏凯）

【市区领导调研视察工作】　5月11日，市民政局副局长到区内就老龄工作进行调研。市老龄协会副会长，区老龄办主任，城子街道、龙泉镇相关领导一同参加调研。6月14日，市民政局书记、副局长和市老龄办副主任到区王平镇吕家坡村进行实地查看调研，并对下一步的工作进行了部署。

（杜宏凯）

【落实老年人优待政策】　年内，为全区户籍人口中年满90周岁以上老年人发放高龄津贴45.31万元，为年满65周岁以上老年人办理优待卡2807张，全区已累计办理30322张；持卡老年人在免费乘坐地面公交车、游览旅游景区（点）、市内公园等方面未出现问题。所属区内文化、体育部门的馆（所）、中心，分别给老年人提供免费服务或按时间段给予不同的优惠照顾；区卫生防疫部门为老年人免费接种流感疫苗，医疗机构为老年人进行了免费体检。

（杜宏凯）

【老年人维权工作】　年内，区法律援助中心为老年人提供法律咨询826人，代写法律文书180件，提供法律援助30件。区法院依据审结各类涉老案件600余件，涉老案件调解率保持在70%以上，对缴纳诉讼费确实有困难的老年人缓、减、免诉讼费。全年未发生恶性涉老侵权案件，维护了老年人的合法权益。

（杜宏凯）

街　道

大　峪　街　道

【概况】　年内，工委、办事处，按照建设现代化生态新区的总体要求，完成了年度各项工作任务。完成了采空棚户区改造黑山地块安置房建设项目、小白楼二期土地开发和危改工程项目、北旅广场国有资源整合改造项目、黑水河水环境综合整治项目、东辛房东街道路改扩建工程项目等7个项目、3822户居民的房屋征收任务。实施为民办实事工程。投资500余万元，完成南路二等7个社区79栋楼、232个单元的楼道粉饰和门窗更换工程；完成向阳、桃园等4个社区5120平方米社区道路改造工程；完成月季园东里等3个社区276米危旧围墙翻修工程；完成滨河西区、龙泉花园2个社区1150平方米办公用房和活动室的装修改造；完成新桥、承泽苑等4个社区8700平方米绿化美化工程。开展城乡环境整治百日行动，拆除违法建设23处493平方米；改造坡西、龙门河滩等4个平房社区23个垃圾屋；在28个社区全面开展垃圾减量和垃圾分类工作。不断完善社会化服务体系建设。落实促进就业各项政策，安置就业1380人；做好住房保障资格审查工作，审核通过廉租房实物配租和货币补贴24户、经济适用房81户、限价房153户。落实居家养老“九养”政策及为老服务举措，建立托老所6家，老年餐桌6所，签约为老服务商6家，发放和回收养老卷445万元，办理老年优待证1000个。完成了第十五届区人大代表换届选举工作，选举产生区级人大代表27名。加强招商引资和协税护税工作，引进注册企业340家，实现区级财政收入1.5亿元，完成税收3.6亿元。繁荣社区文化，组织“一湖十园”演出季、“情系党恩，共享幸福生活”夏日文化广场、“感恩有你，情满社区”邻里节等主题活动180余场。12个社区获得区级文明示范社区称号，11个社区获得首都文明社区称号，大峪街道被评为“首都文明街道”。

单位名称：北京市门头沟区人民政府大峪街道办事处
地　　址：北京市门头沟区滨河路72号
电　　话：69828295
邮　　编：102300

（曹少斌）

【开展社区民主日活动】　1月10日，在27个社区开展社区民主日活动，各社区两委班子成员及社区服务站人员向居民代表进行了工作述职，开展民主评议，并公布了财务收支情况。

（曹少斌）

【举办第四届邻里节开幕式】　1月25日，在峪园南里社区举办第四届邻里节启动仪式。

（曹少斌）

【召开2011年工作会】　1月27日，召开2011年工作会，总结2011年街道工作，部署2012年工作要点，对2011年度在社区建设工作中做出突出成绩的先进集体和个人进行了表彰。

（曹少斌）

【春节慰问】　1月，走访慰问辖区优抚对象、低保家庭、残疾人家庭、清颐敬老院，发放慰问金、慰问品共计16.2万元；发放优抚金、伤残保健金以及现役军人优待金、春节慰问金共计1282843元。

（曹少斌）

【举办妇女运动会】 2月18日，在育园小学举办“迎三八”妇女运动会，管辖基层社区的300余名运动员参加。

（曹少斌）

【社区规范化建设】 2月至3月，8个社区居委会一站式服务大厅建成并投入运行。

（曹少斌）

【区领导视察】 3月1日，区经委领导就全国两会期间维稳工作进行检查。3日，区人大领导及教科文卫委员会的部分委员来街道视察人口和计划生育工作。5月，区领导韩子荣到街道调研。9月，区人大领导调研人大换届选举工作。11月3日，区领导检查指导换届选举工作。4日，区领导听取2011年工作总结和2012年工作思路汇报。

（曹少斌）

【成立社区党委】 3月24日，南路二、新桥西区、向阳社区3个社区党委成立。

（曹少斌）

【捐赠活动】 3月，开展“送温暖献爱心”捐款活动，接受捐款13490.50元。4月20日，组织开展“博爱在京城”募捐工作，发动社区群众3000余人参加了捐助活动，筹得捐款41678.60元。10月，开展“冬季送暖”捐赠活动，为宁夏银川灾区捐赠棉衣、棉袄等御寒用品1000件。

（曹少斌）

【组织社工日活动】 4月12日，开展以“情满社区共享和谐”为主题的“社工日”系列活动。通过座谈、互助活动、文艺演出等形式为社区工作者提供展示自我和深度交流的平台。

（曹少斌）

【环境整治】 4月26日，组织开展“共建公共环境，共享美好生活”为主题的“城乡环境整治百日行动高潮日”活动。

（曹少斌）

【犬类免疫工作】 5月15日，开展犬类免疫工作，对辖区内1518只犬进行了免疫。

（曹少斌）

【庆祝建党90周年活动】 5月19日，在区影剧院举办“唱支山歌给党听”红歌赛，组织22支社区合唱队、1300余人参赛。6月，开展“党的关怀暖人心”走访慰问活动，慰问建国前老党员、困难党员、优秀党员307人次，发放慰问金近28万元。7月至8月，举办“情系党恩，共享幸福生活”夏日文化广场系列活动。

（曹少斌）

【举办职业招聘会】 5月31日，举办职业介绍招聘会，有12家企业单位和300余名失业人员参加了招聘会，达成就业意向78人。

（曹少斌）

【举办厨艺大赛】 6月2日，举办新经济组织厨艺技能展示活动，区内全兴楼等5家餐饮企业的20余名选手参加了比赛。

（曹少斌）

【人大代表换届选举工作】 8月31日，召开分会组成人员第一次会议。9月1日，召开区人大换届选举大峪街道分会动员部署会。13日至10月20日，在9个综合选区和3个系统选区进行选民登记工作。15日，在体育馆广场开展人大换届选举集中宣传日活动，区领导韩子荣、李慷云等参加宣传活动。10月21日至31日，开展提名推荐确定代表候选人阶段工作。11月8日，分会各选区进行投票选举。

（曹少斌）

【成立新经济组织党支部】 8月至11月，成立北京中航长力能源科技有限公司、隆科兴非开挖工程有限公司、北京惠捷筑屋装饰有限公司3个新经济组织党支部。

（曹少斌）

【药品安全示范街道验收】 10月11日，创建北京市药品安全示范街道评审工作组到街道进行检查验收。

（曹少斌）

【党代表选举工作】 10月19日，采取差额选举的方式，选举产生街道出席区十一次党代会代表4人。

（曹少斌）

【社会救助】 10月，为5个因大病致贫家庭申请慈善救助金4.26万元。为80个特困和残疾低保家庭发放爱心救助卡和价值2.4元的生活物品。

（曹少斌）

【社区办公用房建设】 11月，完成新桥路、双峪、南路一、德露苑、向阳5个社区规范化社区用房建设项目，并通过了检查验收。

（曹少斌）

城子街道

【概况】 城子街道位于门头沟区政府北侧2公里处，背倚九龙山，面朝永定河，南北以河滩桥和水闸为界，西至东龙门，东与石景山区五里坨接壤，行政区面积约3.5平方公里。常住户数16807户、48666人，户籍户数11700户、27356人。辖区有4家市属单位、20余家区属单位、7所教育机构、400余家沿街门店及全区唯一的清真寺。城子街道办事处作为门头沟区人民政府的派出机构，管辖17个社区居委会，其中居住规模1000户以上的有3个社区。年内，城子街道工委、办事处在区委、区政府的领导下，在相关部门单位的支持下，全面贯彻落实科学发展观，紧随跟全区发展的步伐，围绕年初制定的工作目标，抓社会管理和公共服务，地区环境、安全和基础设施建设得到进一步改善，党的建设、社区建设和精神文明建设得到进一步加强，地完成了各项工作任务，实现了“十二五”规划的良好开局。为创建亮丽秀美的居住环境，办事处确定了“重视宣传、完善机制、注重治理”的工作措施，成效显著，在区“城乡环境整治百日行动”中被评为先进单位。荣获了“首都国家安全先进集体”的称号。完成了药品安全“百千万工程”示范街道创建工作。城子街道温馨家园被评为市级“残疾人之家”、“优秀温馨家园”、“优秀职康站”，办事处被北京市人民政府授予“敬老爱老为老服务示范单位”。以弘扬先进文化为主旋律，以服务居民为重点，组织社区开展了文明示范社区创建活动，桥东、广场、七棵树西街、市场社区被评为“首都文明社区”，西宁路等6个社区被评为区级文明示范社区。在抓基础建设的同时，街道还通过创新社区党建形式及开展特色社区创建活动，推动社区建设全面发展。街道现有168快乐驿站、向阳文化艺术团、党员便民服务队等多个社区党员活动平台；现有精品社区2个，和谐社区6个，特色社区14个。在办事处设立总部，各社区建立分支机构的组织有连民心恳谈室、青少年法律学校、少年模拟居委会等；另有心语交流室、爱心小屋等群众性专项服务组织多个。目前，各社区在街道统一组织下成立了多支志愿服务队伍，服务内容包括扶残助老、环境保护、法制教育、治安巡逻、奥运服务等多个项目，志愿者总数超过2000人。

单位名称：北京市门头沟区城子街道办事处
地　　址：北京市门头沟区城子西街17号
电　　话：69827340
邮　　编：102300

（陆　明）

【环境整治工作】 2月9日，办事处启动扫雪铲冰应急预案，动员机关干部、社区干部、应急队员、党员和普通居民500人次参与扫雪行动。4月12日，落实城乡环境整治百日行动誓师大会精神，制定《城子街道办事处环境整治工作百分考核办法》，对市容环境卫生情况定期进行检查，建立“重点环境整治问题”督查台帐，并将检查中发现的问题以联席会的形式及时通报各社区和相关责任单位；邀请市政市容委、爱卫会等单位领导进行了培训指导。9月22日，采取多项措施美化地区环境迎接国庆佳节。清理生活垃圾50余吨，捡拾白色污染近6公斤，清理小广告300余条，近千人参与其中。国庆前夕在长城公园举办“迎国庆环境工作推进会”。以整治老旧小区“视觉环境”为切入点，粉刷了蓝龙、桥东社区，使其与门城湖周边整体景观色调相协调；以改善社区基础设施建设为着力点，完成了办事处15项为民办实事工程，共改造自行车棚440平方米、修复老旧厕所10座、硬化社区道路1000平方米；以改善社区环境面貌为出发点，开展了“拆除违章建设、清运建筑垃圾和铁三局四处地区专项整治”工作，共拆除违建31处、1500余平方米，清运建筑垃圾近1800吨，粉饰铁三局四处地区厕所26个；开展环境整治行动，桥东、蓝龙家园、城子大街、民生、市场社区代表办事处迎接市、区相关部门的检查70余次；推广垃圾分类工作，在全区举办的垃圾减量、垃圾分类主题宣传实践活动中，七棵树西街社区和向阳社区获得最佳活动奖，七棵树东街社区获得优秀创意奖。

（陆　明）

【弱势群体救助工作】 两节期间，慰问弱势群众1408户，发放慰问金及慰问品106.1万元；实施困难救助，发放救助金17.4万元；做好低保审批保障工作，全年享受低保共506户1062人。开展扶残助残活动，城子街道温馨家园被评为市级“残疾人之家”、“优秀温馨家园”、“优秀职康站”。做好老龄工作，积极推广托老所和养老（助残）餐桌工作，建立了11个老年日间照料室；办理老年优待证和“小帮手”电子服务器，办事处被北京市人民政府授予“敬老爱老为老服务示范单位”。

（陆　明）

【团员活动】　2月14日，七棵树西街社区举办少年模拟居委会活动。利用社区青少年法律学校、少年模拟居委会、12355青少年星光自护学校、阳光天地、假期课堂等平台在假期开展活动，商场社区居委会为同学们请辖区民警，讲授自我保护等方面的知识，组织辖区中小学生同成年人一起参加值班巡逻活动。城子街道各社区参加假期教育活动的青少年累计人数超过400人。8月，团区委在城子街道举办区第八期青春议事厅，城子街道工委领导、团区委机关干部、各镇街团干部及城子街道青少年共计150余人参加了活动。青年团干部们先后观看并参与了车站街社区少年模拟居委会开展的我爱我家环境整治活动、七棵树西街社区青少年法律学校组织的法制主题绘画展、广场社区12355星光自护学校举办的假期自护讲座以及商场社区阳光天地青少年课堂开设的多种技能培训；并实地了解流动人口自治协会运行情况、社区党员认岗定责争创优秀楼门排院活动情况和棚改拆迁工作情况。

（陆　明）

【妇联工作】　建立巾帼健身队，定期开展巾帼健身系列活动。巾帼健身队在2月22日的巾帼文化艺术节、4月9日的全民健身项目展演及5月20日门头沟区“做文明有礼的北京人——和谐家庭健步京西”专题宣传活动启动仪式上进行了健身操展演。三八节期间，各社区组织文艺汇演、手工编织展示、趣味游戏活动、妇女健康教育宣传及培训讲座等各种文体活动，共计18场次，参与人数3000余人，经费4万余元。组织妇联干部到永定河森林公园，参加以“全民参与、共建共享”为主题的全民义务植树活动，用实际行动为绿色北京再添新绿。加强妇女之家建设，推行“一家一品”工程，蓝龙家园社区的“姐妹快乐吧”成为区妇联的特色品牌，申报全国优秀妇女之家先进集体。10月18日，区“妇女之家”活动展示在蓝龙家园社区举办，得到了市妇联、区妇联领导的好评。参与区妇联组织的“低碳家庭、时尚生活、绿色家园”主题活动及“百万家庭数字生活技能大赛”主题活动。积极参与区妇联实施的“巾帼·家庭——绿色北京‘百千万’行动计划”，已经成立姐妹驿站的蓝龙家园和商场社区分别认养一棵树。

（陆　明）

【区领导调研】　3月3日，区领导到城子街道办事处对全国“两会”安全稳定工作进行了实地调研。19日，区领导韩子荣到城子街道调研，听取了街道基本情况与街道工委班子成员围绕民生问题、拆迁相关问题等方面工作汇报，并实地走访了蓝龙家园社区。对城子街道的相关工作给予肯定，并提出要求。

（陆　明）

【成立志愿者服务基地】　3月4日，区内首个志愿者服务基地在城子街道市场社区建成。城子街道团工委和北京工业职业技术学院建筑工程系联合举行了基地挂牌仪式暨该系青年志愿者协会成立仪式，街道和学院领导、志愿者协会成员以及社区代表共计60余人参加了活动。

（陆　明）

【棚户区改造拆迁工作】　3月7日，城子沟水域环境改造项目入户评估工作启动。评估公司、拆迁公司、组织部抽调后备干部、办事处拆迁工作人员、居委会工作人员进行相互对接，组成了5个工作小组开始正式入户进行评估调查。9月2日，京门铁路遗址公园扩建项目房屋征收入户评估工作启动。此次房屋征收涉及城子街道办事处民生社区居委会600余户居民。办事处有棚户区改造拆迁项目8个，居民1620户，先后涉及到9个社区居委会，平均签约率达到97%，按时完成了区里下达的拆迁任务。

（陆　明）

【工会工作】　3月，成立了城子街道总工会并挂牌工作。结合市总工会开展的“心系职工情，温暖进万家，专项解困难，合力促和谐”送温暖活动，对5个困难职工家庭进行了慰问。针对地区就业困难问题，组织17个社区居委会260余人参加门头沟区春季招聘会，并组织辖区内待业人员30人参加区总工会计算机培训班。对辖区内建会企业开展职工工资收入情况调查。开展非公企业数据核查工作，对城子地区原有419家非公企业逐一核实。工会经费税务代收工作。城子街道总工会成立了城子街道税务代收工会经费（筹备金）工作领导小组，制定了实施方案，动员注册在地区内的企业，无偿为其办理建会手续。

（陆　明）

【培训工作】　3月18日，举办信息员培训班，各科室信息员、各社区书记、主任、宣传干部共计70余人参加了培训，区政府信息科科长为受训学员授课。9月8日，召开人大换届选举动员暨选民登记阶段培训会，区人大领导、街道工委班子全体人员、选办工作人员、各选区工作组成员、社区两委干部共计200人参加了会议。12月5日，社保所邀请区劳动局相关科室负责人为劳动保障协管员举办政策培训会。年内，组织辖区居民参加舞蹈、健身操、心理调试、合唱等多项培训课程共讲课121次，有3856人次参加了培训。组织辖区妇女参加区妇联举办的女性化妆、物业管理、红十字会急救知识、文明礼仪、计算机知识、健康养生知识、手工编织（十字绣、布贴画、编珠）、摄影等12项内容共18期培训班，参加培训妇女300余人次。

（陆　明）

【保密工作】　4月19日，顺利通过区保密局检查。定期对涉密机器、涉密人员进行监督和清查，做到文件管理规范，计算机运行安全，无泄密、窃密事件发生。上半年，按照区保密局要求完成了保密工作自查，撰写了自查报告。

（陆　明）

【创建群众满意窗口】　8月24日，在机关办事大厅和对外服务窗口开展"五亮"、"八比"、"五抓"活动，以进一步强化管理责任，增强工作人员素质，提高服务水平，更好地为地区群众提供优质服务。

（陆　明）

【党代会选举工作部署会】　9月2日，召开了关于区委第十一次代表大会代表选举工作部署会，辖区社区党支部书记、非公经济组织党支部书记、机关联系社区干部共计67人参加了会议。

（陆　明）

【推广普通话宣传周活动】　9月11日至17日，为全国第十四届推广普通话宣传周。9月17日，在城子京门铁路遗址公园前开展以"提升国家通用语言文字应用能力，弘扬中华优秀文化传统"为主题的，推广普通话和规范汉字宣传活动。此次宣传周，共发放宣传品1000余份。同时，街道17个社区分别在宣传橱窗中张贴推广普通话宣传画，通过板报、宣传栏、标语、口号等多种形式开展了宣传活动，共悬挂自制横幅17条，出宣传板报10余块，标语口号等30余条。

（陆　明）

【纵横汉子输入法培训】　9月，在中等职业学校组织为期两周的纵横汉字输入法培训活动，有24名社区居民参加培训，其中12人，参加了门头沟区纵横汉子输入法比赛。

（陆　明）

【召开党代会】　10月27日，中共城子街道工委党代表大会召开，办事处机关和社区党代表及列席代表共107人参加了会议。在预备会上，工作人员作了《2006至2011年党费收缴使用和管理情况报告》并向与会代表介绍了候选人情况。之后，全体代表分组讨论、酝酿候选人。按照法定程序，城子街道通过选举产生了8名作为地区代表。

（陆　明）

【义诊活动】　11月1日至4日，城子街道联合区医院先后在蓝龙家园、桥东街、市场三个社区开展了"医学博士进社区医疗技术保健康"大型义诊咨询活动。此次义诊区医院首次选派了心血管内科、神经内科、眼科、中医科的5名博士专家，为社区居民解答各种健康问题、提出治疗方案。三场义诊共接诊居民450人次，为居民测量血压、血糖、体重500余人次，现场发放健康指引宣传品900余份。

（陆　明）

【法制宣传活动】　12月2日，在华新建社区组织开展了"一二·四"法制宣传活动。此次活动中共发放环保购物袋300余个，年历500张，宣传扑克牌300副。受教育群众达500余人。

（陆　明）

【召开务虚会】　12月8日，召开务虚会。提出"三多一快"，号召机关干部进一步深入社区，切实转变工作作风。"三多一快"即：多到社区走走；多与居民交流；多听党支部、居委会的建议；尽快解决来自社区的问题。此次务虚会转"布置工作"为"听取意见"，转"单向部署"为"双向交流"，转"明确方向"为"出谋划策"，在确保工作实效的同时，增进了社区之间、科室之间的交流，使好经验、好做法迅速得以推广。

（陆　明）

【宣传工作】　12月9日，城子街道开展"宣传北京精神，践行北京精神”主题活动。为搭建社区间相互学习的平台，街道工委、办事处创办了《城办简讯》，试创刊一个月收到社区、科室投稿400余件，并得到了区领导韩子荣的肯定。通过多种媒体渠道进行宣传，全年共在《京西时报》、《北京社区报》等报纸刊发新闻140条，在区电视台播发新闻和专题片70条。年内，开展“文明就在身边”文明故事征集活动，5篇故事入围、首都文明社区“金点子”征集活动、“跨越征程”摄影作品征集活动、“共建公共环境共享美好生活”宣传与征集活动、“北京精神”表述语征集活动。先后组织群众参与“党在百姓心中”宣讲评选活动、第三届群众道德模范网上投票活动6100人次、“快乐读书、快乐生活”讲座活动、非物质文化遗产宣传日活动、垃圾减量宣传日高潮活动、“做文明有礼北京人——步行、骑行、健康行”主题宣传日活动、区“十二五”规划宣传展活动、推广普通话上街宣传活动、永定河大型歌会、永定河文化节等活动。

（陆　明）

【全程办事代理服务】　截至12月9日，共计受理事项413件。其中即办件121件，承诺件292件已全部办结，未发生投诉满意率100%。做好网站维护及相关科室信息录入的维护工作。从5月到12月9日共计录入信息355件，受理355件。

（陆　明）

【贯彻落实区三会精神】　12月19日，召开报告会学习传贯彻区三会精神。机关全体工作人员、社区党支部书记、居委会主任共计80余人参加了会议。

（陆　明）

【人大换届选举工作】　截至到9月9日，城子街道选举分会制作并在辖区各处悬挂有关换届选举工作内容的宣传横幅40条，张贴海报100余张，更新宣传橱窗30余块，更新板报20块，入户和沿街发放《致选民的一封信》2000余份，人大换届选举工作手册全部分发到各选区。15日，在京门铁路遗址公园广场等八处共同举行人大换届选举宣传活动。街道选举分会负责人、选办工作人员、各选区工作组成员、社区两委干部共计200人参加了宣传活动。当天发放各种宣传资料1万余份，展出板报100块，接受群众现场咨询近万人次，悬挂横幅40幅，张帖标语、宣传画1000余张。年内，城子选举分会经过“选区划分、选民登记、提名推荐、协商确定正式代表候选人、投票选举”等五个阶段的工作，选举产生区第十五届人大代表17名。此次选举共17个社区、32个社会单位参加，登记选民16337人，参加投票选举的选民16049人，参选率为98.24%。

（陆　明）

【税收和招商引资工作】　年内，通过招商引资使辖区注册企业新增86家，其中有纳税记录的企业57家。已实现区级财政收入1877万元，超额完成任务60%，同比增长接近90%。

（陆　明）

【三大赛事安保及服务工作】　年内，在办事处工作人员和社区干部居民的共同努力，完成了“山地徒步大会、第七届农运会、环京职业公路自行车赛”等重大活动的安保、观赛、服务等保障工作。

（陆　明）

【维稳工作】　年内，成立了以工委书记和办事处主任为双组长的综合治理安全管理工作领导小组，与社区签订综治工作责任书共8类，召开各类工作部署会24次。年内，办事处荣获了“首都国家安全先进集体”的称号。

（陆　明）

【定期开展排查工作】　年内，制定安全生产、治安防范、防煤气中毒等各类工作预案，确保工作到位。开展汛期、消防、烟花爆竹、护林防火、有限空间作业等隐患排查工作，商场社区排查出24户危房，车站街社区排查出防洪沟堵塞，矿桥东街社区排查一处火灾隐患，由于排查及时，处理迅速，有效避免了各类险情的发生。开展预防煤气中毒工作，落实领导包片制度，加强对外来人口和弱势群体的检查力度，积极推广报警器，确保居民安全过冬。

（陆　明）

【重点人群管控工作】　年内，确定重点人群，实行实名管控，防止漏管失控事件发生；确定治安重点区域，调整治安巡逻队伍，有效降低发案率；加强对辖区内学校、幼儿园周边环境的综合治理，防止恶性事件发生；落实网格式防控工作，为华新建等3个社区安装了监控器64个，建机房5个，基本实现了社区监控全覆盖；加强流动人口和出租房屋的管理，完善台账，推行七棵树西街社区“流动人口服务管理自治协会”的工作模式。

（陆　明）

【信访工作】　年内，开展“六五普法”宣传，以城市建设、社会管理等内容的法律、法规为重点，不断提高全民的法律意识。加强社区矫正工作，做到底数清、情况明。加大法援力度，开展民事调解，全年共调解各类纠纷162件，调解率100%。坚持领导干部接访制度，完善“连民心恳谈室”和“信访一单式代理试点”工作，变“群众要信访”为“为群众信访”，强化源头治理，进一步推动“事要解决”，营造辖区内和谐稳定的发展环境。

（陆　明）

【规范社区建设】　年内，新老宿舍社区在创建规范化社区工作中做到了硬件达标准，软件上水平，顺利通过了验收。市场社区完成了规范化用房立项审批工作。桥东街社区开展“一刻钟社区服务圈”试点工作，为在辖区内进一步推广此项工作奠定了基础。商场、城子大街社区根据现有条件，对办公用房进行了整合规划，建成了符合标准的一站式服务大厅。完成药品安全“百千万工程”示范街道创建工作。

（陆　明）

【社区自治工作】　年内，履行社区协商议事、协调监督的职责，开展一年两次的民主日活动，强化对居委会班子及成员的监督和管理。提升社区自我管理、自我教育、相互服务的自治水平，树立了社区是我家、建设靠大家的服务理念。广场社区开展了“争创示范楼院”活动，各个楼院的楼道、自行车棚、绿地、卫生死角有专人打扫，保持了环境卫生整洁；市场社区通过建立台账形成了楼门院自管模式，开展“卫生日活动”，组织居民清理卫生死角和小广告；华新建社区率先成立了“市民劝导队”，引导社区居民形成良好的生活习惯；新老宿舍社区始终坚持为80岁以上老年人过生日，并形成长效机制。

（陆　明）

【再就业工作】　年内，完善组织机构、健全各种台帐，加强劳动协管员的培训，采取举办招聘会、就业援助、职业培训等多种方式，完成了各项指标。城镇登记失业人员就业指标650人，完成716人；就业困难人员就业指标300人，完成393人；推荐失业人员就业指标130人，完成134人；收集空岗信息指标800条，完成969条；职业指导工作指标400人，完成467人。

（陆　明）

【社区公共服务平台建设工作】　年内，完成社区公共服务平台的信息采集、修改、录入工作；根据区委、区政府要求，办事处建立了61696156为民服务信息平台，试运行3个月来，共处理信息199条，做到办结回复率100%；做好全程受理工作，在区暗访接待评比中获得街道系统第一名；做好各类保障性住房的初审备案工作，全年共审核申请446件。

（陆　明）

【人口计生工作】　年内，完成了全员人口信息录入工作，组织已婚育龄妇女进行健康检查，以“倡导婚育文明，构建和谐家庭”为主题开展了多种形式的宣传教育活动；做好健康教育工作，完成药品安全“百千万工程”示范街道创建工作，配合相关部门在辖区内推广“家庭医生式服务”，全年共开展了各类健康知识讲座68场次。

（陆　明）

【征兵工作】　年内，完成了民兵整组和冬季征兵工作，有8名新兵光荣入伍。

（陆　明）

【六型社区建设】　年内，从打造六型社区入手着力加强和创新社会管理。一是环境整洁型社区。开展修复破损路面4300平方米和绿地3000平方米、改造排污管道3600米，粉饰楼宇内外墙30万平方米、清运生活、建筑垃圾、清理小广告等环境整治工程，建立3至5个便民菜站，在各个社区建立居民劝导队，营造整洁便利的生活环境。二是管理规范型社区。通过培训提高社区干部素质，建立街道文化协会，搭建治安志愿者2300名管理平台，在市场社区实施规范化建设，逐步实现规范化管理。三是服务完善型社区。新建党员服务站、社区型为老服务站、综合性托老服务中心、早教基地等服务站点，改建社区服务中心和温馨家园等现有服务场所，试点开展老旧社区准物业管理，提升社区服务水平。四是安全稳定型社区。妥善安置社区服刑、社区矫正、刑释解教等重点人员，建立12类人群服务信息数据库，为11个安装社区电子监控设备，营造安全稳定的社区环境。五是健康幸福型社区。进一步完善健身场地及设施，发挥“体育生活化社区”的引领作用，同时开展医药、卫生、健康等方面的宣传教育活动，倡导健康生活方式。六是文明祥和型社区。结合实际分别打造各社区文化活动品牌，开展文化院落和文化楼宇创建等工作，并建立3个文化社区，提升居民文明素质。

（陆　明）

【党建工作】　年内，继续巩固基

层党组织“五个好”争创标准，不断深化党员队伍“五带头”作用，营造“想干事、敢干事、会干事、干成事”的工作氛围。加强支部建设，开展创建社区党建品牌活动：蓝龙家园党支部创建了“在职党员 8 +2 管理模式”，在全区得到推广；城子大街党支部依托“168 快乐驿站”建立党员服务队；民生党支部以党支部为龙头，开展拆迁工作；城子西街党支部的“党员服务队”逐一入户进行检查并宣传预防煤气中毒相关知识，保障居民安全过冬。加强对“非公经济党支部”的指导，将党建工作与企业发展相融合，南丁格尔党支部充分发挥党组织优势，促进企业发展效果明显，被区委组织部确定为创先争优活动现场示范点，对非公党组织的党建工作起到了引领作用。推广“资源共享，共驻共建”的党建格局，华新建社区党支部与三家店铁中联合开展党旗团旗飘起来文艺活动，七棵树东街社区党支部与南丁格尔党支部长期合作，共同推进辖区建设。

（陆　明）

【精神文明建设工作】　年内，根据区文明办的要求，在辖区 17 个社区分别举办了社区大课堂授课活动。全区不同层面的授课讲师，为 1500 余人次的居民讲授了区十二五规划、门头沟明天更美好、文明礼仪知识等方面的课程，受到居民群众的欢迎。以弘扬先进文化为主旋律，以服务居民为重点，组织社区开展文明示范社区创建活动，桥东、广场、七棵树西街、市场社区被评为“首都文明社区”，西宁路等 6 个社区被评为区级文明示范社区；以“做文明有礼北京人”为主题，开展了一系列文化活动，居民文明素质显著提升。

（陆　明）

【文化基础设施建设工作】　年内，扶持各社区文艺队伍，现有社区文化队伍共 52 支，10 个社区成为文化活动基地，13 个社区的 15 支队伍申报了社区特色文化项目，申报资金近 29 万元。为蓝龙家园社区、市场社区配备了图书柜和图书，并为蓝龙家园社区安装了卡拉 OK 设备。为蓝龙家园等 7 个社区发放首都文明示范楼院奖牌。为 17 个社区发放流动音箱备用电池。所属向阳百花艺术团完成了“星火工程”演出任务，观众满意率 100%。

（陆　明）

【文化活动】　年内，办事处现有 10 个社区建成文化活动基地，13 个社区的 15 支队伍申报了社区特色文化项目。以庆建党九十周年为契机，开展了“颂建党 90 华诞，谱跨越发展新篇”千人文化系列庆祝活动，包括：组织建党 90 周年知识竞赛活动；组织有 800 名合唱队员参加的“唱支红歌给党听”歌咏展演活动；组织党员观看电影《建党伟业》等。选拔了 4 支社区队伍参加了区红歌演唱会，获得三等奖。举办“我们的节日”系列主题活动。春节期间，组织各社区以文艺演出、送春联、书画笔会、才艺展等形式迎接传统佳节的到来。元宵节期间组织各社区开展庆祝活动，扭秧歌、猜灯谜、闹元宵。端午节期间 17 个社区纷纷开展了包粽子比赛、健身运动会等活动。中秋节期间组织各社区开展了“合家团圆庆佳节”活动。国庆节期间除传统的文艺表演外还组织社区开展“文明观车赛”活动。重阳节期间，组织社区开展登山、敬老等多项活动。

（陆　明）

【全民健身项目】　年内，组织参加了“第三届全民健身运动会健身项目表演”活动，其中秧歌类比赛获得一等奖 1 个、三等奖 3 个；操类比赛获得二等奖 2 个、三等奖 1 个。参加了“第五届和谐杯乒乓球比赛”，向阳社区取得全区第三名，办事处也获得北京市第五届“和谐杯”乒乓球比赛组织奖。参加“北京市第八届全面健身体育节”活动，向阳社区获得精神文明奖、全民健身明星社区称号，也被北京市体育局评为全区首个“体育生活化社区”。

（陆　明）

【贯彻落实十七届六中全会精神】　年内，城子街道通过召开工委班子会、机关党小组会和社区党支部会逐级传达党的十七届六中全会精神。街道工委提出具体要求。

（陆　明）

【落实区十一次党代会精神】　年内，城子街道 22 项新举措落实区十一次党代会精神，推动地区跨越式发展。一是大力开展“六型”社区建设。措施包括：1. 建立党员服务站，摸清非公企业党员底数；2. 开展街道、社区两级干部素质提升工程；3. 在 17 个社区建立社区居民劝导队；4. 成立街道文化协会，整合社区文体队伍；5. 开展各具特色的文化院落、文化楼宇创建，建立 2 至 3 个文化社区；6. 对市场社区进行规范化建设；7. 在老旧社区试点施行准物业管理；8. 建立 2 个精品社区；9. 为 2300 名治安志愿者建立情况底册；10. 建立 1 个 0 至 3 岁早教基地；11. 建立 3 至 5 个社区便民菜站；12. 为11个社区安装监控系统；13. 结合精品社区建设，完成4个社区绿化3000平方米；14. 完成30万平方米楼宇内外粉饰；15. 修复严重破损路面4300平方米；16. 清理改造排污管道3600米；17. 清运生活、建筑垃圾，实施垃圾分类管理，清理社区小广告。二是加强十二类人群的服务管理。措施包括：1. 建立12类人群服务信息数据库；2. 建立1个综合性托老服务中心、1个社区型为老服务站；3. 改扩建温馨家园；4. 妥善安置社区服刑、社区矫正、刑释解救等重点人员200名。三是建设为民服务信息平台。措施为：改建城子街道社区服务中心。

（陆　明）

【心理调适系列讲座】　年内，共在城子大街、蓝龙家园、市场街、七棵树西街、七棵树东街、兴民大街、车站街7个社区分别组织了内容为“为心灵减压”、“保持好心情，调整平和心态”、“美丽女人，魅力主妇”等7场中老年心理调适活动讲座，共300余名社区群众参加。

（陆　明）

东辛房街道

【概况】　东辛房街道工委、东辛房街道办事处是区委、区政府的派出机构，位于门城地区西部，辖区面积18平方公里，有15个社区居委会，户籍人口12882户、30801人，常住人口8449户、20992人，流动人口5345人。年内，东辛房街道加强自身干部队伍建设，开展了“机关作风建设年”、“五型机关建设”等活动，提高干部队伍素质，提升服务水平。做好采空棚户区改造拆迁工作，完成了黑水河水环境综合整治项目，应征收房屋909户，已完成征收908户，完成任务的99.9%。石泉砖厂安置房西扩项目，应征收房屋459户，已全部征收，任务完成100%。河南街小广场项目，应征收房屋422户，已全部征收，任务完成100%。矿建街路项目，应征收房屋25户，已全部征收，任务完成100%。东辛房东街项目，应征收房屋46户，已全部征收，任务完成100%。门支路三期项目，应征收房屋199户，已完成征收198户，完成任务的99.5%。完成招商引资及企业帮扶工作，共新招企业146家，引进资金2.4亿元。解决民生问题，建立了空岗信息定期沟通机制，提供空岗信息3285条，推荐就业158人。开展走访慰问送温暖活动，共慰问辖区群众6089人，发放慰问金114.39万元。探索社区信访代理制，开展接访活动79次，参加接访领导95人次，处理来信来访229件次，调解各类纠纷1300余件。做好环境整治工作，全年环境整治工作共出动人员1.81万人次，发放宣传材料2万余份，清除卫生死角619处，清理树挂、白色垃圾2636公斤，清理各种小广告12031处。

单位名称：北京市门头沟区东辛房街道办事处
地　　址：北京市门头沟区西辛房大街50号
电　　话：69842026　69842067
邮　　编：102300

（王晓强）

【开展环境整治工作】　1月11日，开展环境整治工作，机关社区党员、积极分子、社区工作者、低保人员共计690余人参与。共清理垃圾渣土238吨，捡拾白色垃圾83公斤，清除小广告71条，清扫大街3万余平方米。21日，区领导到东辛房街道检查工作，听取了东辛房街道地区维稳及环境整治工作方面的汇报。3月14日至29日，各社区分别在辖区内开展环境整治工作，共有1652人次参加此次环境整治活动，清理垃圾站104个，捡拾白色垃圾111公斤，清理污水口82个，清理小广告1021处，清除堆物堆料161处。29日，区领导到东辛房街道调研整治违法建设工作。4月25日，召开了环境卫生整治工作动员会，部署了社区卫生环境整治活动具体工作。5月24日，开展了集中整治重点街巷环境专项行动，共清理整治主要大街4条，清理车站死角1处，大沟1处，清理堆物堆料35处，清理垃圾站7个，清理污水口13处，清除树挂及白色垃圾32公斤，清除小广告53处。6月28日，组织400余人，开展了“迎七一环境清洁日”活动，共清除垃圾渣土12车，堆物堆料23处，清除小广告385条，捡拾白色垃圾15公斤。10月26日，开展环境整治“高潮日”

活动，共出动人员510人次，清理杂草落叶等各种垃圾21吨，捡拾白色垃圾37公斤，清除小广告98条，清扫大街3万余平方米。

（王晓强）

【做好“两会”安全维稳工作】 1月17日，为确保在市“两会”和春节期间的安全稳定，街道办事处从治安防范、出租房屋和流动人口管理、重点人员监控、消防安全、食品安全、预防煤气中毒、烟花爆竹安全管理七个方面部署了安全维稳工作，并到各社区检查措施落实情况，维护了地区稳定，对各社区进行矛盾纠纷排查，排查出各类矛盾60余起，矛盾调解率95%以上。2月24日，联合东辛房派出所共同召开“东辛房街道两会维稳工作会”。会上，部署了“两会”期间的安保工作。3月2日，街道领导带队到社区，听取各社区“两会”期间维稳措施落实情况的汇报，并提出指导性意见。“两会”期间，各社区采取行动加大维稳宣传力度，共悬挂横幅20余条、张贴宣传画60幅、出黑板报48块。

（王晓强）

【做好地区就业招聘工作】 1月23日，开展“2011年就业援助月主题宣传日”活动，发放各种宣传材料200余份。3月20日，组织社区213人，参加“门头沟区春季招聘会”，70余人达成了就业意向。23日，与石景山区八角社区联手举办专场招聘会，辖区内50余名失业人员参加了招聘会，其中13人与用工单位达成了就业意向。25日，举办首钢解除合同人员专场职业指导暨政策咨询会，为地区内的86名首钢解除合同人员进行了自谋职业、灵活就业相关政策的讲解。5月13日，街道总工会组织地区内有就业需求人员共88人，参加了区总工会举办的招聘会，为求职人员搭建了就业平台。6月11日，联合海淀旗舰集团，举办了残疾人周末专场招聘会，提供了24类148个工作岗位，180名地区残疾人参加了招聘会，最终13人达成就业意向。7月20日，为红叶鞋厂面临解除劳动合同的40余名职工举办了社保政策咨询会。年内，街道登记失业人员中1133人实现就业，完成全年就业指标103%。

（王晓强）

【开展走访慰问活动】 1月24日，区领导到东辛房街道矿建街西社区，对社区内困难家庭进行慰问，为他们送去了慰问金和慰问品。25日，街道团工委组织慰问辖区内18名残疾青少年，赠送价值300元的购书卡。“两节”期间，开展慰问党员活动，慰问建国前老党员16人，“四就近”离休干部16人，困难党员246人，共计投入慰问资金5万余元。街道总工会筹集慰问款2.17万元，慰问困难职工15人，走访慰问社区干部19人。5月8日，街道开展“幸福工程救助贫困母亲活动日”活动，走访慰问了5户贫困母亲，送去米、油、夏凉被等慰问品。7月1日，开展“七一”走访慰问活动，共慰问市级困难党员1人，建国前老党员14人，“四就近”离休干部14人，区级困难党员100余人，发放慰问金3万余元。

（王晓强）

【开展宣传活动】 1月27日，开展了烟花爆竹安全管理宣传咨询活动，悬挂横幅2条，展出展板4块，发放宣传材料4500余份，发放宣传品500余份。3月7日，开展药品知识宣传活动，发放《首都市民安全用药知识手册》等宣传折页、宣传彩页共计600余份。4月22日，开展“依法信访畅通有序”主题宣传活动，发放材料360余份，宣传品300余份，接受咨询12人次。5月12日，举办了防灾减灾宣传活动，向过往群众发放《防灾减灾知识手册》等宣传材料共1000余份，向地区群众普及了防灾减灾知识。13日，组织辖区居民60余人，参观了区民防局防灾减灾宣教基地，模拟了防火逃生演练。13日至20日为“北京科技周”，在各社区开展了多种形式的科普知识宣传活动。普及了科普知识，提高了居民素养。18日，联合区水务局开展了“珍惜每滴清水，拥有美好明天”主题宣传活动。活动现场悬挂横幅1条，发放节水宣传画200张、节水画册500本，纪念品200余份。从5月起，组织各社区以市民学校为阵地，以市民大课堂为形式，以守法维权、文明礼仪、科学生活等为内容，以区文明使者宣讲团为骨干，面向广大社区居民和来京务工人员，开展文明大宣讲活动。

（王晓强）

【组织戏曲歌曲大赛】 2月17日，组织各社区开展“喜迎新春共创和谐”戏曲卡拉OK大赛，15个社区共选送28名选手参加比赛。

（王晓强）

【做好地区拆迁工作】 3月7日，联合东辛房城管分队、东辛房派出所，拆除河南街社区内侵街占巷违法建设20余平方米。11日，办事处领导到建设街社区和龙新街社区，调研石泉砖厂西龙门地块和黑水河水环境整治项目的居民搬迁工作。18 日，对黑水河水环境整治项目居民进行搬迁政策咨询服务，动员居民配合拆迁工作，确保门头沟城市建设重点工程顺利进行。29 日，就动迁工作中的各种问题，再次召开“黑河沟沿线房屋征收和西龙门搬迁项目”工作会，解决拆迁中实际问题。31 日，联合东辛房城管分队、东辛房派出所，区规划分局执法队，强制拆除了东辛房社区内一户侵街占巷的违法建设，强拆面积 40 平方米。5 月 9 日至 12 日，地区内共自拆、助拆违法建设 9 处，合计 212.22 平方米。其中账上 7 户，174.22 平方米。另外对临时发现的侵街占巷 2 户 38 平方米，及时予以拆除。

（王晓强）

【召开防汛工作大会】 3 月 14 日，召开 2011 年地区防汛、地灾险情调查专项工作会，为安全迎汛做好各项准备工作。5 月 31 日，召开“东辛房街道 2011 年防汛工作会”，部署 2011 年防汛工作具体安排。15 个社区居委会主任、24 个社会单位负责人及办事处包社区领导、科长共计 60 余人参加了会议。

（王晓强）

【培训工作】 3 月 16 日，邀请区人口计生委流管科和规划统计科为社区的计生专干培训计划生育统计、流动人口工作方面的业务知识和技能。4 月 13 日至 14 日，组织两批机关干部参加公务员初级急救员培训班。27 日，组织机关 13 个科室、各社区入党积极分子和各社区支部委员共 57 人参加入党积极分子培训。5 月 27 日，组织 20 余名机关工作人员在雁翅教师培训中心开展拓展训练。6 月 1 日，邀请区残联职业技能培训老师，对街道 37 名残疾人进行了职业技能培训。15 日，组织各社区民调主任开展了人民调解培训。21 日，组织机关工作人员及社区居民近 300 人，参观区博物馆举办的“新五年，新跨越——门头沟区国民经济第十二个五年规划纲要宣传展”。7 月 7 日，邀请区文化馆举办了平面设计 PHOTOSHOP 知识讲座，街道机关干部、各社区工作者等近 40 人参加了活动。11 月 30 日，开展十七届六中全会精神专题讲座，邀请区委党校老师为全体机关干部、各社区支部书记和妇代会主任近百人解读了十七届六中全会精神。

（王晓强）

【市、区领导检查调研】 3 月 19 日，区领导韩子荣到街道进行调研，听取了有关动迁、维稳、民生保障、队伍建设以及开展“打造亮点、创建品牌”主题实践活动等方面情况的介绍。9 月 28 日，区委宣传部副部长、区文明办主任带队检查验收街道文明示范社区创建工作。10 月 3 日，市总工会领导检查调研街道工会工作。19 日，北京市住建委与区住房保障管理中心领导到街道检查住房保障工作，检查中，市区领导对街道住房保障窗口的各项工作给予肯定。

（王晓强）

【学习杨善洲、李林森先进事迹】 3 月 28 日，组织机关及各社区 1000 余名党员干部利用远程教育网络资源，收看了杨善洲事迹报告录像，各党支部针对如何结合自身工作学习好杨善洲同志精神进行了讨论。组织基层党支部 1000 余名共产党员及入党积极分子学习李林森同志先进事迹。

（王晓强）

【档案工作】 3 月 30 日，召开 2011 年度档案工作会，会上部署了 2010 年度机关科室及社区文书档案的收集、整理工作，要求档案员按时收集、整理档案资料，完成电子档案录入工作。4 月 14 日，完成文书档案收集整理，共收集 2010 年度文书档案 502 件，基建档案 1 卷。7 月 19 日，机关档案室向区档案局移交 1999 年至 2002 年的文书档案 89 卷，基建档案 10 卷，会计档案 4 卷，完成了 2011 年度档案移交工作。6 月 7 日，机关档案室通过区档案史志局的档案行政执法检查，此次执法检查主要是从档案工作机构、制度，档案工作人员配备和经费投入，各门类档案收集及归档情况，档案现代化管理和档案安全管理情况，档案开发利用和档案编研情况等几方面进行。

（王晓强）

【召开辖区校长联席会】 3 月 30 日，针对地区私搭乱建情况严重，影响到学校周边环境卫生及安全问题，街道及时组织召开辖区校长联席会，解决了私搭乱建问题。

（王晓强）

【流动人口执法检查活动】 3 月 31 日，在各辖区内开展流动人口执法检查，重点检查了《北京市暂住证》、《流动人口婚育证明》和《出租房屋责任书》的签订情况，共入户 938 户，查验《流动人口婚育证明》488 个，签订出租房屋责任书 33 份，发放各种宣传材料 1000 余份。

（王晓强）

【做好居民生活用水调查】 3 月 31 日，对矿建街西和葡萄园两个社区共20余户居民，进行生活典型用水户调查，此次调查记录典型户家庭2011年全年的生活用水量。

（王晓强）

【做好清明护林防火工作】 4月3日至5日，为做好清明护林防火工作，共出动值班巡逻力量1502人次，出宣传板报50余块，悬挂横幅15条。12个靠山社区接待祭扫人员7818人，车辆1711辆。

（王晓强）

【开展公共服务资源信息采集】 4月5日，完成对街道的社区组织和社区公共服务设施两个方面39类公共服务资源的摸底调查。东辛房街道共有志愿服务队、合唱队、秧歌队等社区社会组织58个。

（王晓强）

【参观预防职务犯罪巡展】 4月8日，组织街道机关干部和社区居委会干部60余人到区博物馆，参观"北京市预防工程建设领域职务犯罪巡展"。

（王晓强）

【做好春季灭鼠工作】 从4月11日起，发动各社区对辖区内毒饵站进行了检查，对部分损坏的毒饵站进行修复，共检修毒饵站70余个，清理鼠栖息地23处。

（王晓强）

【开展社工革命传统教育活动】 4月13日，迎接国际社工日，安排街道优秀大学生社工参加了由社会办组织的参观学习，到斋堂镇马栏村参观了挺进军司令部，进行革命史教育。

（王晓强）

【环境整治"百日行动"工作】 4月19日，召开了地区环境整治"百日行动"动员大会，部署"百日行动"各项工作。26日，社区共有618人参与环境整治"百日行动"高潮日活动，清运垃圾、渣土204吨，捡拾白色垃圾174公斤，清理小广告13处319条。5月15日，以自拆、帮拆形式拆除违法建设共计33户。17日，召开了环境整治"百日行动"阶段工作会，"百日行动"结束后，街道建立了社区防控违建长效机制，坚持"零报告"制度不放松。8月15日，组织各社区开展了社区环境综合整治行动，集中清理了垃圾渣土19吨，捡拾白色垃圾35公斤，清除小广告198条，清扫大街3万余平方米。

（王晓强）

【召开信访工作会】 4月20日，召开东辛房街道2011年信访工作会，学习《东辛房街道2011年信访工作要点》、《东辛房街道2011年纪检监察工作要点》，部署2011年信访和纪检监察工作，并同社区签订了《东辛房街道社区党支部2011年党风廉政建设责任书》。

（王晓强）

【召开人口和计划生育工作会】 4月28日，召开2011年人口和计划生育工作会。会上总结了2010年人口和计生工作，对2011年人口和计生工作进行部署。办事处主任与相关单位代表签订了《2011年度人口和计划生育目标管理责任书》。

（王晓强）

【做好人大代表接待工作】 5月11日，组织东辛房团的区人大代表开展联系群众、接待选民活动。10名区人大代表与社区的15名选民代表，围绕"紧抓采空棚户区改造机遇，推进东辛房地区和谐发展"的主题，进行了交流。

（王晓强）

【开展计划生育宣传活动】 5月19日，为庆祝中国计生协会成立31周年，组织开展宣传服务活动，共悬挂横幅18条，摆放计生展板40块，更新板报15块，举办健康知识讲座5期，组织居民开展了知识问答、健身爬山、趣味运动会、计生宣传、咨询义诊等活动，发放宣传材料2000余份，宣传品300件、避孕工具500余盒，咨询义诊500余人次。27日，开展主题为"棚改不易真情计生续写温馨"宣传服务活动，参与活动120余人。共发放材料500余份，计生宣传书包100个，计生避孕工具200盒，义诊咨询40人。7月11日，组织社区开展"第20个世界人口日"宣传活动，宣传计划生育法律法规等相关知识。发放各类宣传折页2000余份，发放避孕药具500余盒，接受咨询200人次。

（王晓强）

【启动垃圾分类工作】 5月30日，召开垃圾分类工作培训会，在6个试点垃圾分类小区开展了"垃圾减量、垃圾分类、从我做起——做文明有礼的北京人"宣传活动，共为居民发放宣传资料手册1000余份，参与居民达600余人，全面启动了地区垃圾分类工作。

（王晓强）

【社区工作者岗位培训工作】 6月15日，组织7名市招社区工作者在区妇幼保健院进行健康体检。22日，组织25名市招、区招社区工作者进行了岗位技能培训，重点讲解社会工作相关软件使用等基础知识。30日，与7名社区工作者签订了《社区工作者服务协议》。

（王晓强）

【中央领导考察棚户区改造】 6月16日，中共中央政治局常委、国务院副总理李克强，在中共中央政治局委员、北京市委书记刘淇陪同下，到区内考察工矿棚户区改造情况。并对东辛房街道河南街社区采空棚户区居民进行入户走访考察。

（王晓强）

【开展建党90周年活动】 6月17日，组织机关和社区党员900余人，观看了大型献礼影片《建党伟业》。21日，组织1500余名党员开展了“万名党员寄心语”活动。23日，召开纪念建党90周年暨创先争优活动表彰会，街道领导班子、辖区各基层党支部成员和100余名党员代表参加会议。会上对评选出的100名优秀党员进行了表彰。6月，组织社区643名党员群众，在区社区服务中心开展了“党在我心中”红歌演唱会活动。29日，邀请区委理论讲师团老师讲授了中国共产党党史及全区十二五发展规划，近百名党员参加活动。7月20日，组织辖区500余名党员到中华世纪坛参观“一切为了人民——北京市纪念中国共产党成立90周年展览”。

（王晓强）

【开展爱心捐赠活动】 6月24日，组织机关党支部及辖区内15个社区党支部共900余名党员开展了“共产党员献爱心”捐款活动，共捐献善款18147元。10月25日，共收到机关、社区“冬衣送暖”社会捐赠活动捐赠棉衣被1163件。

（王晓强）

【开展基层民主评议工作】 6月27日，按照《2011年东辛房街道民主评议基层站所（服务窗口）工作实施方案》的要求，由13个社区选聘的60名民主评议员，按照实施方案及区纠风办的要求，对地区基层站（所）开展明察、暗访和公开评议工作。

（王晓强）

【开展党员承诺活动】 6月30日，在辖区15个党支部1500余名党员中开展，以“我争先、我践行、我有为”为主题的党员承诺活动，引导社区党员立足街道中心工作和本职岗位提出承诺、履行承诺、兑现承诺，把保持党员先进性转化为推进采空棚户区房屋征收工作的实际行动。

（王晓强）

【学习贯彻“七一”讲话精神】 7月4日，组织“七一”讲话专题理论中心组学习，全体班子成员学习了胡锦涛总书记“七一”讲话全文。6日，组织全体机关工作人员学习了胡锦涛总书记“七一”重要讲话精神。

（王晓强）

【首都道德模范故事汇宣活动】 7月4日，组织150余名社区居民，开展了“首都道德模范故事汇”基层巡演活动。

（王晓强）

【完成社区工作者民主测评】 7月25日，完成2011年上半年社区工作者民主测评工作，考核对象包括：社区居委会干部、社区服务站工作人员、社区党支部专职支委，共计114人。

（王晓强）

【举办青少年暑期法制教育】 7月26日，邀请区检察院少年厅厅长及区司法局法制宣传科为地区70余名青少年开展了暑期法制教育讲座。8月3日，开展暑期青少年“小手拉大手”法制教育、安全知识讲座，共有40余名中小学生参加了活动。

（王晓强）

【检查民主评议基层站所工作】 8月9日，区纪委和区督导组到东辛房街道，听取了上半年民主评议工作的总体汇报，检查了行政办、社保所两个被评议部门，对街道的民主评议整体工作给予了肯定。

（王晓强）

【完成巾帼志愿服务队统计工作】 8月22日，完成巾帼志愿服务队统计工作。据统计，共有巾帼志愿者服务队25支，服务内容包括治安巡逻、为孤寡老人剪发、购物、为残疾人办理各项手续等。

（王晓强）

【区委十一次党代会代表推选】 9月1日，召开了区街两级党代表选举工作动员部署会。5日，街道各党支部按照要求，完成代表候选人推荐工作。10月27日，选举产生出席区第十一次党代表大会代表8名，完成了街道党代表选举工作。

（王晓强）

【做好人大换届选举工作】 9月8日，召开西辛房街道选举分会人大选举动员大会，部署人大换届选举相关工作。15日，区委组织部部长参加街道选举分会区人大代表换届选举宣传高潮日活动，此次宣传活动共悬挂条幅81条，出专题黑板报37期，发放《选民须知》、《致全区选民的一封信》等宣传材料3000余份，接受群众咨询百余人次。30日，组织各社区人大选举统计人员进行统计培训。10月18日，各选区完成选民登记工作。21日，开始对出席区第十五届人民代表大会的代表候选人进行推荐，共有10623人参与提名推荐，占选民总数的83.6%。24日，完成选举分会提名推荐确定人大候选人正式代表工作，按照应选代表名额，提名推荐、协商确定了第十五届区人大代表正式代表候选人名额。11月2日，召开投票选举及总结阶段工作培训会，15个社区书记主任、包社区干部、各社会单位负责人80余人参会。8日，东辛房办事处选举分会完成人大代表投票选举工作，选出人大代表共8名，共有1.26万名选民参加了投票选举，参选比例达到99.1%。

（王晓强）

【完成地区孤儿基本生活费发放】 9月16日，完成地区内孤儿认定及基本生活费发放工作，通过孤儿本人或监护人申请、街镇审核上报、市区民政局入户调查、区县审核等程序，最终共有1名孤儿和10名视同孤儿领取了北京市民政局发放的《儿童福利证》，他们分别从2010年1月和6月开始领取1400元/月的孤儿基本生活费，截至9月，实际补发孤儿基本生活费7.3万元。

（王晓强）

【摸底调查营业网点】 9月19日，完成对辖区内的百余个营业网点安全生产摸底调查，督促各网点落实安全生产规定，为街道安全生产事故隐患自查自报系统工作的展开打下了良好基础。

（王晓强）

【完成劳动局评估验收工作】 9月19日，区人力社保局对街道社保工作进行了全面评估验收。检查人员听取了街道社保工作总结，对社保所的档案管理、失业人员管理、一老一小保险、民政残联及退休人员社会化管理工作进行了全面实地检查，并对纸质及电子档案进行了查验。

（王晓强）

【做好预防煤气中毒工作】 11月26日，逐户进行预防煤气中毒的相关检查，检查的内容包括，居民炉具使用情况、室内的通风情况等，同时发放了宣传材料，张贴了安全提示。12月7日，组织社区干部，进一步做好预防煤气中毒工作，提高自防意识，抓实安全检查，消除安全隐患，推广安装一氧化碳报警器工作。

（王晓强）

【开展“北京精神”春联征集活动】 12月26日，组织社区居民参与以“北京精神”为内容的春联征集活动，居民围绕北京精神开展了春联的创作活动。经过统计，街道各社区共上报北京精神春联125条。

（王晓强）

【学习贯彻“两个报告”精神】 12月，组织学习宣传贯彻了区委、区政府题为《推动经济转型，实现跨越式发展，不断开创现代化生态新区建设新局面》的工作报告和《政府工作报告》，并制定了关于学习宣传贯彻区委、区政府工作报告的意见。

（王晓强）

【为民办实事工程】 年内，完成新建矿建街西社区治安岗屋，修复圈门小学门口污水管道脏水外溢等工程，加固滨河楼小区铁艺护栏140米，砌筑西辛房后街64排防洪护坡墙50米，新做街道办公楼、平房以及锅炉房、滑石道居委会、东辛房居委会屋面防水共642平方米，砌筑矿建街西37号承重排洪沟盖板20平方米，铺设北后街68排与东辛房东街252号污水管道共42米。完成社保所新办事大厅改造工程，改造建设街、龙新街、和平街三个社区新办公用房。

（王晓强）

【药品监督管理工作】 年内，共检查药店79次、清除假药小广告4184条、检查流动人口出租房175户，回收药品1156盒、出“药品安全知识”专题广告21块、张贴宣传画79张。

（王晓强）

【辖区企业建会工作】 年内，街道总工会完成对辖区区各类企业建立工会工作，已建会62家，工会建会率达到75%。

（王晓强）

【社会保障工作】 年内，地区享受城市最低生活保障补助1358户，3054人，享受保障金1174937.28元，新增低保6户19人，新增金额5854.05元，重批15户40人，通过低保核查员入户对低保户家庭进行核查，停发地区享受低保政策51户134人，停发金额42757.73元，停发帮困卡1920张，对地区困难人员实现了应保尽保，为地区512名新参统人员办理了城镇居民医疗保险，为地区123名企业退休人员报销药费227955.15元。共受理申请经济适用房276户，已取得市级备案资格274户，其中29户已选好房准备入住，已受理申请实物配租167户，取得市级备案资格160户，其中135户已实现入住，受理申请限价商品房42户，取得市级备案资格29户。

（王晓强）

【召开年度总结表彰会】 年内，召开2011年度东辛房街道总结表彰会议，共表彰先进集体10个，先进个人50名。

（王晓强）

大台街道

【概况】 大台街道位于区境内西南部，西部与斋堂镇毗邻，北部与雁翅镇接壤，东部与王平镇（包括原北岭范围）为邻，西南部与房山河北、佛子庄、大安山等乡镇交界，辖区面积80.9平方公里，下辖9个社区居民委员会，总人口约1.8万人。其中户籍人口约1万人，流动人口约8000人；现有基层党支部11个，党员597人。年内，在区委、区政府的领导下，深入贯彻实践科学发展观，学习领会党的十七届六中全会，区委十届十一、十二次全会精神，开展创先争优活动，不断加强基层党组织建设，地区整体环境面貌极大改善，重点工程项目顺利落地，保障和改善民生，始终保持打击私挖盗采的高压态势。始终按照区委、区政府对大台浅山区的功能定位，进一步理顺了地区体制，充分发挥公共事务管理协调委员会的作用，围绕加快推进现代化生态新区建设的战略任务，创新和加强社会管理，解决群众反映的热点难点问题，解决和改善民生问题，落实各项社会保障政策，提高领导科学发展、促进社会和谐的能力，努力建设和谐文明社区。

单位名称：北京市门头沟区人民政府大台街道办事处
地　　址：北京市门头沟区大台街道大台路8号
电　　话：61870460
邮　　编：102303

（麻鹏信）

【民主测评会】 1月4日，开展领导班子和领导干部民主测评会，对大台街道工委、办事处领导班子和班子成员进行“德能勤绩廉”五个方面的民主测评，机关干部、社区“两委”班子负责人20余人参加测评。

（麻鹏信）

【慰问困难群众】 1月10日，区纪委书记、区政协副主席一行到大台街道，代表区委区政府慰问了4户困难群众。18日，街道工委走访慰问了6户困难群众，有优抚对象、社会救助对象、老党员和残疾人。25日，街道总工会对24名地区困难职工进行“两节”慰问，向每人发放1000元慰问金。28日，街道团工委代表地区团员、青年慰问了4位空巢老人，向他们送去新春的祝福。

（麻鹏信）

【“迎新春庆和谐”文艺演出】 1月11日，举办“迎新春庆和谐”文艺汇演，节目主要由地区居民自编自导自演，同时邀请到武警文工团歌唱演员、北京鑫浩美通艺术团歌唱演员等为演出献唱，地区500余名群众观看了演出。

（麻鹏信）

【召开民兵工作会】 1月19日，召开民兵工作会，总结2011年民兵工作，研究部署2012年民兵工作，武装部长和武装干事参加会议。

（麻鹏信）

【成立街道总工会】 1月24日，大台街道总工会正式成立，会上选举产生了工会主席、副主席、经审、妇女委员会主任和成员名单。

（麻鹏信）

【庆元宵文艺演出】 2月16日，温馨家园举办庆元宵文艺演出，20余位残疾人学员和监护人员演出文艺节目。

（麻鹏信）

【首届大台幡会民俗节】 2月17日，首届大台幡会民俗节在千军台村举行，包括中央电视台在内的数十家新闻媒体对活动进行了专题报道，在北京市庙会、灯会、文化活动评选中获活动魅力大奖。

（麻鹏信）

【召开全国“两会”安全部署会】 2月22日，召开全国“两会”期间安全工作部署会，辖区主要企事业单位的负责人、机关干部、社区党支部书记参加会议。

（麻鹏信）

【开展地区停车资源调查培训】 2月23日，召开地区停车资源调查培训会。会上，对大台地区9个居委会以及大台派出所、天马轴承等单位进行了停车资源调查工作安排，并对相关负责人员进行了培训。

（麻鹏信）

【召开地区协调委会工作研讨会】 2月25日，召开大台街道2011年协调委员会工作研讨会。辖区内各企事业单位主要领导参加研讨会。

（麻鹏信）

【召开2011年工作部署会】 2月25日，召开2011年地区工作部署会，首次印发了《门头沟区大台街道2011重点工作任务分解书》，将重点工作任务进行了梳理和分解，确定了区级2011年重点工作任务8项，大台街道2011年为民办实事工程4项，工作任务60项，重点调研课题8项，街道工委2011年工作任务29项，全年重点工作任务102项。

（麻鹏信）

【区领导调研】 3月2日，区委督察组到大台街道办事处检查两会期间的安全保卫工作。17日，区领导韩子荣到大台街道办事处进行调研。听取了大台街道办事处负责人关于大台街道办事处有关环境整治、社区建设、改善民生、打击私挖盗采以及下一步工作思路等情况的汇报。韩子荣等区领导到大台街道桃园社区，看望了社区工作人员，了解了社区的服务设施以及工作开展情况。5月11日，区领导到大台街道办事处检查环境整治“百日行动”开展情况，听取“百日行动”工作汇报，并到大台街道桃园社区进行了实地察看。8月7日，区领导王洪钟到大台街道调研。10月20日，区领导到大台街道调研、指导人大换届选举工作。

（麻鹏信）

【寒假青少年活动】 寒假期间，各社区开展了各种青少年活动，大台社区开展“三防”教育、健康卫生教育；黄土台社区开展“为爸爸妈妈做一件事”活动；灰地社区和木城涧社区组织青少年为辖区空巢老人、孤寡老人、残疾人送温暖；落坡岭社区举办庆春节猜灯谜活动；千军台社区组织社区中小学生开展保护环境社会实践活动。

（麻鹏信）

【开展春季环境卫生整治行动】 3月11日至17日，开展为期一周的春季环境卫生整治行动，对桃园、大台、双红、黄土台、玉皇庙、木城涧社区周边的白色垃圾、树挂等进行了集中整治，发动社区居委会干部、保洁员、各类协管员、低保人员、党员近百人。21日，团工委组织青年志愿者，开展了“捡拾白色垃圾共建美好家园”志愿服务活动。14名共青团员，清理了大台河沟中和铁轨两旁的白色垃圾。3月29日，大台街道工委书记、京煤物业木城涧分公司经理以及办事处、物业公司相关科室，对大台社区农机楼旁垃圾堆、大台医院旁边垃圾堆等群众反映强烈的脏乱地点进行了实地检查。现场提出解决方案和处理措施，确保以后垃圾清运工作及时有效。

（麻鹏信）

【召开清明防火工作部署会】 3月22日，召开了清明防火工作部署会，对清明防火的各项工作做了部署。辖区主要企事业单位主管领导、各社区干部、机关工作人员参加了会议。会上下发了《大台街道2011年清明防火工作方案》。

（麻鹏信）

【部署爱国卫生月活动】 3月22日，召开了“共建公共环境，共享美好生活——城市清洁日、爱国卫生月”活动部署会。办事处领导，社区两委班子参加会议。会上传达了《门头沟区“共建公共环境，共享美好生活——城市清洁日、爱国卫生月”活动方案》精神，对城市清洁日、爱国卫生月活动进行了具体要求。

（麻鹏信）

【召开保洁员管理工作会】 3月29日，召开保洁员管理工作会，各居委会主任和卫生干部共20人参加了会议，会上宣读了《大台街道社区保洁员管理制度》和《大台街道市容保洁员管理制度》，对保洁员管理提出了要求。

（麻鹏信）

【“做健康自信女人”知识讲座】 3月29日，请区进修学校老师，分别在双红、落坡岭两个社区的社区市民学校为地区妇女举办了以“做健康自信女人”为主题的心理调适讲座，就如何维护良好的夫妻、子女关系，维持家庭婚姻和睦等问题做了讲解，近百人参加。

（麻鹏信）

【沟域生态环境治理工程研讨会】 4月1日，召开沟域生态环境治理工程研讨会，对大台沟域生态环境治理工程设计方案进行了研讨，区发改委、达华工程管理（集团）有限公司、大台街道办事处主要领导参加了研讨。

（麻鹏信）

【为民办实事工程邀标布置会】 4月3日，召开2011年为民办实事工程邀标布置会，北京黄垈园林绿化设计工程有限公司、北京环境优美绿化工程公司、北京永瑞建筑工程公司、北京金汇利建筑公司、北京京西建筑集团工程公司共5家单位参加了此次邀标布置会。

（麻鹏信）

【组织参观】 4月8日，组织机关干部和社区“两委”班子到区博物馆参观北京市预防工程建设领域职务犯罪巡展。此次巡展内容涉及决策审批、招标投标、征地拆迁、物资采购和资金使用、工程建设实施5个部分，在参观过程中，大家听取了讲解员对典型案例的讲解，阅读了每一块展板的内容。

（麻鹏信）

【“博爱在京城”募捐活动】 4月11日，举行“博爱在京城”募捐活动。机关干部职工捐款2700余元。辖区9个社区近千名干部群众捐款15081元。

（麻鹏信）

【开展环境整治“百日行动”】 4月26日，发动机关全体人员，各社区居委会干部、党员、保洁员、志愿者，各门店商铺经营者，辖区各单位职工及辖区居民等近1.2万人，掀起环境整治“百日行动”高潮。当天，共发放《致广大居民的一封信》等宣传材料1000余份，并采用循环广播形式使其家喻户晓；共清理房前屋后6000平方米，清理渣土12吨，捡拾白色垃圾248公斤，清除小广告62处，擦拭公园健身器材、公益宣传橱窗13处，清扫社区保洁面积55万平方米，整治美化主要大街9条。

（麻鹏信）

【打击私挖盗采专项行动】 5月5日至6日，在大台地区开展打击非法盗采专项行动，区综治办、打非督查组、流管办、公安分局、等部门60余人分三组联合对大台地区重点私挖盗采区域的庄户南港沟、庄户草场沟进行了夜查行动，共检查5个煤熏口。6日，联合执法人员继续分成两组到千军台、庄户两个重点地区进行了流动人口清查行动。共检查流动人口10户，其中5户有人，对3户涉嫌参与非法盗采的8名嫌疑人带回派出所做进一步审查。9月23日，由大台办事处牵头，联合等多部门开展了打击非法盗采专项行动。在两个重点地区共抓获涉嫌私挖盗采人员28人，均依法由公安机关处理。收缴涉嫌盗采车辆7台，其中包括一台铲车。

（麻鹏信）

【全国优秀共产党员网上投票】 5月13日，召开了基层党支部书记会议，传达了区委组织部有关此次网上投票的会议精神和部署，号召各基层党支部组织广大党员群众集体学习了全国优秀党员预备人选高松和叶如陵同志的先进事迹，并向大家介绍此次网上投票的流程和注意事项，引导他们严格遵守投票规则。

（麻鹏信）

【举办知识讲座】 5月31日，在落坡岭社区举办了“市民大课堂”文明使者宣讲团之法律维权知识讲座，有针对性地讲解了小产权房、赡养老人、遗产纠纷等方面的法律法规知识。社区两委班子、社区工作者、治安员、居民代表等60余人参加了活动。8月3日，请区委理论讲师团为机关干部、社区两委班子和社区工作者做了“经受四个考验、化解四个危险，永葆党的先进性”的主题讲座。

（麻鹏信）

【纪念建党90周年文艺演出】 6月22日，举行“辉煌90年党在我心中”七一表彰大会暨纪念建党90周年文艺演出。大会表彰了自2010年创先争优活动开展以来，为地区各项事业的建设做出突出贡献的3个先进基层党组织及30名优秀共产党员。街道工委领导、街道、社区干部，各社区党员代表等600余人参加了表彰大会，观看了文艺演出。

（麻鹏信）

【与京煤集团共议地区环境建设】 6月22日，京煤集团与办事处就地区环境卫生建设进行协商，会上双方本着“街企联合、共驻共建”的原则，对地区环境现状进行了分析，对地区清千路建设、基础设施建设、垃圾清运、厕所清掏等问题进行了商讨并达成了共识。

（麻鹏信）

【党日活动】 6月29日，举行了“铭记历史弘扬革命精神”主题党日活动，全体机关党员，社区支部书记和部分党员代表参加了活动。观看了关于京西第一党支部和京西早期革命斗争史的电视宣传片。

（麻鹏信）

【学习区委十届十二次全会精神】 7月29日，召开深入学习区委十届十二次全会精神专题会，机关干部、社区两委班子、党员代表共计70余人参加学习。会上，传达了区委十届十二次全会关于加强和创新社会管理，全面推进社会建设的工作部署。

（麻鹏信）

【人大换届选举工作】 8月31日，召开人大换届选举工作动员部署会。会上下发了《大台街道办事处关于区人民代表大会换届选举工作的实施方案》，《方案》严格按照区人大换届选举工作五个阶段的时间安排和工作部署，并提出工作要求。9月15日，开展人大换届选举集中宣传日活动，分会共从机关和社区抽调工作人员60余人，发放宣传材料2500余份，参与群众3000余人。17日，召开人大换届选举选民登记阶段汇报会，各社区党支部书记、居委会主任、包片干部30余人参加了汇报会。会上，各社区党支部书记汇报了自9月1日进入选民登记阶段以来的工作进展。10月18日，召开提名确定代表候选人培训会。选区包片科长、各社区、辖区各单位选举工作人员等共计80余人参加培训会。

（麻鹏信）

【召开党务公开工作部署会】 9月3日，召开党务公开工作部署会，会上印发了《大台街道党务公开工作实施细则》，制定了大台街道各级党组织实行党务公开目录，划定了党务公开工作的实施范围、规范了公开内容、采用了多种公开方式、限定了公开时间、细化了公开程序。成立了以工委书记为组长的大台街道党务公开工作领导小组，成员包括辖区各社区党支部和非公党支部书记。

（麻鹏信）

【召开防火、防煤气中毒工作会】 10月27日，召开防火、防煤气中毒工作部署会。辖区木城涧矿、昊华物业大台分公司、北京天马轴承有限公司等单位参加。会上办事处副主任传达了防火实施预案，与各单位领导签订防火责任书。大台派出所所长传达防煤气中毒实施方案，与各单位领导签订防煤气中毒责任书。

（麻鹏信）

【召开党员代表大会】 10月27日，召开了中国共产党大台街道党员代表大会，出席会议的党员代表共计98名，选举产生了大台街道工委出席中国共产党北京市门头沟区第十一次代表大会代表3名。

（麻鹏信）

【举办体育赛事】 11月18日，举办了大台地区第二届“和谐杯”乒乓球联赛。此届联赛共15个单位，50余人参加。11月25日，举行大台地区第一届“怡然杯”象棋比赛，共有18名选手报名参加。

（麻鹏信）

【怡然广场工程验收】 11月23日，京煤集团木城涧物业分公司对怡然广场进行工程验收，怡然广场工程占地6000平方米，投资200万元。

（麻鹏信）

【召开网上监察审批系统培训会】 12月7日，举行网上监察审批系统培训会，传达了上级关于网上监察审批系统的使用要求，对行政办、社保大厅和全程办等有关部门工作人员进行了系统使用发放的培训。

（麻鹏信）

【创建学习型机关通过验收】 12月8日，由社工委、教委组成的创建学习型机关验收组到大台验收学习型机关创建工作，通过座谈交流、工作汇报、查阅档案对单位内的创建工作全面评估，通过了学习型机关的验收。

（麻鹏信）

【举行新兵欢送会】 12月9日，举行新兵入伍欢送会，有4名青年通过体检，正式应征入伍，办事处主任、武装部长参加欢送会。

（麻鹏信）

【召开年终总结表彰大会】 12月28日，2011年总结表彰大会，办事处主任对全年的工作做了简要汇报，并对取得突出成绩的工作人员进行表彰，全体机关干部和社区两委班子共60余人参加大会。

（麻鹏信）

【重点工程完成情况】 年内，区级重点工程：一是清千路修建工程实现基本通车。二是投资60余万元，完成灰地、黄土台、大台、双红四个社区的防汛工程。三是完成5座二类厕所的修建工程，总投资200余万。年内，街道重点工程：一是完成硬化黄土台、桃园等7个社区道路3368平方米；二是完成社区安全设施建设，安装安全护栏729米，建造围墙500米；三是完成千军台活动场工程，为古幡会的举行和其他居民户外活动提供了场地；四是板桥礼堂的维修工程竣工，共投入资金98万元，在此基础上还更换了礼堂座位528个，安装了音响和灯光设施。五是争取资金200万元与京煤物业共同完成了重点区域居民楼房平改坡和外立面装修改造工程；六是争取资金99万元，投入建成了6000平方米的“怡然广场”，七是办调木城涧煤矿投入500余万建成“大台文化广场”。

（麻鹏信）

【拆除违建】 年内，拆去违建11处，其中：1户帮拆，1户强拆，2户制止未建，7户劝导教育自拆。

（麻鹏信）

【环境综合整治】 年内，悬挂横幅94条，发放一封信3000余份，出板报20余期。清理垃圾坡7处，清理卫生死角81处，清理乱堆乱放10处，清除小广告130余处，清扫面积达55万平方米，清理垃圾达1000余吨，参与群众达到1.1万余人次。

（麻鹏信）

【社会保障工作】 年内，为24名失业人员办理退休手续，实现社会化管理的退休人员共计184名。为2440名退休人员进行了养老金资格认证，城乡居民基本医疗保险参保人数达到1656人，报销药费160份，发放社保卡1610张，城乡居民养老保险参保546人，办理享受待遇44人。

（麻鹏信）

【住房保障工作】 年内，廉租房（实物配租）共发放审核表35户，市备案通过总计157户；廉租房（租金补贴）发放审核表11户，市备案通过总计69户；经济适用房发放审核表65户，市备案通过总计263户；限价商品房发放审核表43户，市备案通过总计50户。

（麻鹏信）

【低保低收入人群】 年内，共有低保户254户，509人，月发放低保金195933.76元，月发放粮油补贴9280元。低收入累计办理19户，47人。医疗救助共计救助47户，55人次，救助金额115169.01元；临时救助11户，救助金额8200元；办理丧葬补贴12人次，补贴金额6万元。退养人员救助共计171人次，救助金额255763元。全年新增低保户42户79人，新增低保金15296.32元。不符合政策停发25户52人，低保金26929.45元。家庭成员身份发生变化重批26户48人，增加低保金22357.23元。

（麻鹏信）

【民政工作】 年内，对地区残疾人生活情况进行了摸底调查。截至11月底，共有残疾人556人，年度增加42人。其中有158人符合《办法》中的规定，享受每月每人100元的生活补助，全年发放困难补助约33.8万元。同时，为151名80岁以上老年人和134名16岁－79岁重度残疾人每人每月100元的居家养老（助残）券，全年共发放居家养老（助残）券26.4万元。

（麻鹏信）

【再就业工作】 年内，新增城镇登记失业人员294人，现大台地区共有登记失业人员223人。其中，“4050”就业困难人员73人。年内，地区城镇登记失业人员就业121人，完成全年指标的106.7%；其中就业困难人员就业57人，完成指标任务的121%。年底，共为180人办理了申领失业金和失业医疗补助手续，共发放失业保险金534360.96元，为84名失业人员办理了灵活或自谋职业优惠政策，零就业家庭保持动态为零。

（麻鹏信）

【计划生育工作】 年内，开展计划生育服务政策的宣传普及工作，共发放宣传材料2000余份。为户口在地区内的313名无业妇女进行了免费体检。通过街企联手送服务活动，为大台地区流动已婚育龄妇女1801人进行了孕检，其中1404人享受了免费服务。

（麻鹏信）

【打击私挖盗采工作】 年内，与木城涧煤矿共同设立地区综合安全检查站，切断盗采车辆的运输途径。办事处共开展巡查300余次，其中夜查100余次，出动1300余人次，出动车辆320车次。开展大规模联合行动4次，出动300余人次，车辆50余量。全年炸毁煤熏口35个，收缴并集中销毁涉嫌盗采车辆，对查获的煤炭依法予以没收，对78名涉嫌私挖盗采人员进行了训诫、治安拘留。

（麻鹏信）

【矛盾纠纷调处工作】 年内，完成9个社区的法律服务室建设，覆盖率达到100%，共有固定服务人员18人，流动服务人员3人，开展法律宣讲活动22次，解答法律咨询52人次，受教育人数达到900人次。全年各调委会共参与排查工作179人次，调处纠纷67件，调处成功67件，达成书面调解协议2份，纠纷调解成功率达100%。对社区服刑人员进行走访89次，个别谈话教育78人次，开展公益劳动79人次。

（麻鹏信）

【信访工作】 年内，共接待群众来访222件292批373人次，其中集体访3件5批32人次，受理区信访办系统交办件11件，受理区政府转办"北京市便民电话承办单"30件，受理区信访办转办市长信箱信件1件，9个社区"连民心恳谈室"受理群众来访615件736批1070人次。

（麻鹏信）

【下属单位情况：】

单位名称：北京市门头沟大台街道办事处社会保障事务所
地　　址：北京市门头沟区大台西洼
电　　话：61870315
邮　　编：102303

单位名称：北京市门头沟区大台街道社区服务中心
地　　址：北京市门头沟区大台井老年活动中心
电　　话：61870741
邮　　编：102303

（麻鹏信）

乡　镇

潭　柘　寺　镇

【概况】　潭柘寺镇位于门头沟区东南部，总面积81平方公里，现有12个行政村，共6787户，11842人。镇党委下辖2个党总支，22个党支部，其中农村基层党组织12个，农村党员808人，占党员总数的91%。农村“两委”班子成员63人，党员55名，其中有7个行政村实现了“一肩挑”。

镇内矿产资源以叶腊石、煤、石灰石、石英石等为主，特别是叶腊石，品位高，并有较高的知名度，主要分布在赵家台村，叶腊石原料及叶腊石制品销往全国各地。旅游资源丰富，千年古刹潭柘寺和八奇洞位于镇域内的北部。镇域内可开发的旅游资源较多，有桑峪村广慧寺、南辛房村天门山、南村溶洞等。

年内，以做好镇级领导班子换届工作为重点，围绕打造“国际旅游休闲名镇”的发展目标，加快整体开发基础工作步伐，推进生态建设和环境建设，加大民生工作力度，切实维护地区安全稳定，促进全镇经济社会发展取得显著成效。

全镇实现农村经济总收入5.7亿元，同比增长10.1%；实现农民人均劳动所得10127元，同比增长8.6%；完成镇级财政收入277万元。

单位名称：中国共产党北京市门头沟区潭柘寺镇委员会
北京市门头沟区潭柘寺镇人民政府
地　　址：北京市门头沟区潭柘寺镇
电　　话：60860600
邮　　编：102308

（李淑鑫）

【北桑路动工】　1月6日，北桑路工程动工，该工程起点北村孔雀庵，终点广慧寺，全长2366.53米，总投资736万元，其中路基工程357万元，路面工程120万元。项目已完成水土保持方案、环评、施工设计、土地联席会等前期工作。

（李淑鑫）

【慰问工作】　1月10日，区领导到潭柘寺镇困难群众和优抚对象、老党员家中慰问。13日，区民政局领导到鲁家滩村12户病残超转人家庭慰问，送去米、油、鸡蛋等慰问品。7月1日，全镇对11个基层党组织、1名北京市困难党员救助对象、2名门头沟区困难党员救助对象、23名因病住院、意外等原因造成家庭困难的党员和3名建国前老党员进行了走访慰问，为他们送去了总计2.98万元的慰问款。9月29日，镇领导慰问90岁以上老人、五保户和老优抚对象，为老人们送去秋衣、半导体、保健器等生活用品。全镇共有90岁以上老人7人、老优抚对象16人、分散五保13人分布在8个行政村。

（李淑鑫）

【民主日活动】　1月13日，召开第一次民主日活动部署会。7月16日，召开2011年第二次农村民主日活动动员部署会. 20日，各村党支部书记、村委会主任、村财务工作人员向村内党员、村民代表分别作了2011年上半年党务、村务、财务工作报告。村民代表对报告进行了审议，对不明白的问题提出质询，村干部当场解答。镇联系村干部向党员和村民代表们发放了民主测评表，对村内两委班子成员进行了公正公开的民主测评。

（李淑鑫）

【北京青年健康使者火炬行动】 1月18日，北京中医医院团委、门头沟团区委、潭柘寺镇团委共同开展“北京青年健康使者火炬行动”活动。北京中医医院专家为村民们讲授健康保健课；骨科、消化科、脑血管科、皮科的6名专家为村民量血压、把脉、推拿、针灸、埋耳针，并接受医疗咨询。50余名村民到活动现场接受了健康教育、免费咨询和医疗。

（李淑鑫）

【捐资助学】 1月20日，北京中鼎联行房地产有限公司和门头沟慈善协会到潭柘寺中心小学开展捐资助学活动。对18名品学兼优的贫困学生进行捐助，每人每年1000元。

（李淑鑫）

【年货进千乡活动】 1月24日，区商务委组织粮油供应企业到赵家台村开展“放心粮油年货进千乡”活动。区领导并到生活困难群众家中，为他们送去“放心粮油”。

（李淑鑫）

【培训工作】 2月14日，召开开发政策培训班，邀请市、区土地储备中心领导，对已编制完成的《潭柘寺镇土地一级开发实施方案》和《潭柘寺镇定向安置房项目“三定三限三结合”实施方案》做了技术性指导和审查，同时，对以上两个方案审批程序等的问题进行了培训。3月30日，区旅游局、卫生监督所、中等职业学校，在镇内联合举办民俗旅游业务知识培训班。利用幻灯片和实物演示的方式对食品安全规定、进货台账的建立方法以及民俗旅游住宿接待规范与技巧进行重点讲解。80户民俗户参加培训。5月20日，镇团委举办“潭柘有我、助力开发”青年行动之摄影技巧培训班，摄影老师为镇30余名团员青年讲授了摄影知识，现场点评了“记录潭柘”摄影作品征集活动中的部分获奖作品，并带领大家到潭柘寺景区实地采风。团区委领导及区13个镇街团干部参加了活动。6月10日，举办非法添加和滥用食品添加剂专项整治培训，区卫生监督所工作人员为民俗经营者针对目前市场上普遍存在的添加剂种类和成分进行介绍，重点强调了非法添加和滥用食品添加剂对人身健康的危害性。与参会的79户民俗旅游接待户签订承诺书，发放宣传材料300余份。7月21日，区水务局和区职业技术学校老师为镇41名管水员进行水务服务能力和服务意识培训。12月14日，市残联就业所工作人员，对在赵家台村核桃基地和桑峪村黄金梨基地工作的残疾人进行了果树栽培及管理培训。专家就薄皮核桃和黄金梨的发展前景、种植效益以及具体栽培技术等残疾人关心的问题进行了讲解，并对两种果树的培养及树冠、树形进行了实例分析。60余名残疾人参加了培训。

（李淑鑫）

【签订仪式】 2月25日，《门头沟区潭柘寺镇土地一级开发合作框架协议》签约仪式在京投大厦举行。翟云峰区政府与北京市基础设施投资有限公司代表白云生签订了合作框架协议。

（李淑鑫）

【领导考察】 3月3日，十余名区人大代表到潭柘寺镇考察“三结合”贴息贷款成果。听取了镇计生办“三结合”工作的开展情况，实地参观了平原村贷款户经营的农家乐。

（李淑鑫）

【社会福利工作】 3月16日，区老龄办与残联组成调查组，检查了赵家台村、桑峪村社会福利中心和潭兴楼，对镇内的老年餐桌和托老所的工作情况表示了肯定。

（李淑鑫）

【市、区领导调研】 3月21日，区领导韩子荣到镇调研，听取镇内经济社会发展以及整体开发建设进展等情况的汇报，并到赵家台村察看了民俗旅游发展情况。4月6日，区领导到潭柘寺镇调研拆除违法建设情况，听取了《潭柘寺镇2011年拆除违法建设情况汇报》。11月2日，市总工会权益部部长司建带队到潭柘寺镇调研工作，实地察看潭柘寺镇总工会的工作开展情况，听取工作汇报，慰问困难职工。12月4日，区公安分局领导到镇调研指导工作，分别到东、南、北村拆迁工作指挥部调研指导工作。并与镇长进行座谈，对潭柘寺镇拆迁工作表示肯定，表示区公安分局将增派警力，支持潭柘寺镇的拆迁工作。

（李淑鑫）

【召开工作会】 3月31日，召开2011年工作会，镇长、镇党委副书记、镇纪委书记分别部署2011年政府工作、组工及宣传工作、信访及党风廉政工作。镇党委书记、镇长分别和各村签订环境整治责任书、计划生育责任书、党风廉政建设责任书、信访工作责任书以及党建责任书。镇党委书记提出要求。

（李淑鑫）

【环境综合整治】 4月3日至4日，对108国道和潭柘寺公园景区路沿线的环境卫生整治情况进行了检查，并针对存在乱堆物料、越界售香和门前三包不彻底等问题，通过发放、张贴公告的形式向中心大街两侧的群众提出了具体整改要求。4月12日至13日，文教办、综治办、城管分队、司法所、小城镇办和沿线各村干部组成的环境综合整治小组在镇领导带领下，对中心大街两侧和景区路沿线的堆物堆料进行了集中清理整治。下发、张贴《潭柘寺镇人民政府关于对108国道两侧及景区沿线环境进行综合整治的公告》250张。出动铲车1辆，垃圾运输车3辆和20多人，清除砂石料等杂物200余吨。18日，镇综治办、文教办、城管分队、派出所联合对鲁家滩中心大街、南辛房村、平原村、潭柘寺公园公交车站开展公共秩序整治专项行动。主要针对无照游商、非法运营、违法停车、小广告张贴和店外经营等违法行为。共发放《致驾驶员同志们的一封信》40份；《北京市门头沟区城市管理监察大队行政告诫书》5份；制止无照游商6户；清理乱贴小广告3处，清理乱堆乱放4处，查处在车行道、人行道违法停车的9起。

（李淑鑫）

【参观巡展】 4月6日，组织机关科级以上干部以及各村党支部书记50余人，参观北京市预防工程建设领域职务犯罪巡展，进一步强化干部和党员廉洁从政的意识。

（李淑鑫）

【捐款工作】 4月12日，举办“博爱在京城”、“关爱母亲”、“送温暖，献爱心”联合捐款活动，共募得善款6500元。

（李淑鑫）

【市、区领导检查工作】 4月19日，残联工作组到赵家台、桑峪、阳坡元3个扶贫助残基地，检查了残疾人帮扶工作的完成情况和相关材料文件。之后到赵家台村，对残疾人个体开业扶持户进行入户调查。5月11日，区领导到潭柘寺镇检查指导“百日行动”，对潭柘寺镇“百日行动”给予肯定。5月31日，市、区残联领导检查北村扶残助残樱桃园基地，检查组成员就基地建设进行考察，并给予肯定。专家还针对樱桃营养价值、发展前景、种植效益以及具体栽培技术等问题进行了讲解。7月7日，首都综治办、区政法委、区综治办领导检查综治维稳中心工作，听取综治维稳中心开展的工作介绍，对镇内综治维稳中心的办公条件进行了解，查阅综治维稳中心工作资料，检查相关台账，对镇综治维稳中心的工作给予肯定。8月18日，区人大领导检查指导人大换届选举工作，要求进一步做好舆论宣传工作，为换届选举营造良好的舆论氛围。同时，要严肃处理破坏选举的违法违纪行为，确保区、镇人大换届选举成功。12月5日，区领导王洪钟带队到镇检查拆迁工作，并召开现场办公会。听取了潭柘寺镇党委书记关于拆迁工作和存在问题的汇报，到北村签约现场查看情况，并到群众家中实地动员。

（李淑鑫）

【宣传工作】 4月22日，镇信访办联合镇综治维稳中心、司法所、派出所开展“依法信访，畅通有序”宣传日活动。发放《规范信访行为》、《信访人须知》、《潭柘寺镇民情信息卡》等宣传材料500余份，设立信访问题咨询点，接待咨询群众200余人次。25日是“计免宣传日”，镇流管办联合卫生院到潭墅苑建筑工地免费为82名流动人口接种麻疹、流脑疫苗，并对接种疫苗人群讲解了如何预防麻疹、麻疹用药指南以及麻疹自疗注意事项等相关知识。7月5日，镇领导班子成员、科以上干部等40余人，专题学习贯彻胡锦涛总书记在建党90周年大会上的讲话精神，并进行了讨论。同日，各基层党支部开展建党90周年纪念活动，鲁家滩村开展“庆祝建党90周年红歌演唱会”、赵家台村开展“庆祝建党90周年广场舞蹈表演周”、南辛房村开展“发展新党员，喜迎建党90周年”活动、南村开展“红色老区行”。11月6日，镇综治办联合派出所在鲁家滩中心大街开展以“预防煤气中毒，珍爱生命健康”为主题的宣传活动。发放《致广大煤火取暖居民的一封信》等宣传资料750余份。

（李淑鑫）

【整体开发工作】 5月10日，召开区政府2011年第1次土地储备联席会，对《潭柘寺镇中心区一级开发项目》和《潭柘寺镇桑峪一级开发项目》进行了审议，正式通过了两个项目的土地开发方案。

（李淑鑫）

【召开领导班子换届动大会】 5月11日，召开领导班子换届动员大会，区换届考察组组长说明了此次换届工作的主要内容，强调了换届的纪律要求。镇党委书记、镇长分别代表镇党委、政府班子及个人做了述职述廉报告，镇党委书记和党员干部代表签订了《门头沟区“严肃纪律、弘扬正气”承诺书》，与会人员对镇领导班子和班子成员进行民主测评、民主评议，并开展了严肃换届纪律情况问卷调查和换届纪律知识测试。

（李淑鑫）

【组织残疾人文艺演出】　5月12日，赵家台村开展残疾人文艺演出，职康站的30余名残疾人参加演出。

（李淑鑫）

【知识讲座】　5月13日，镇残联、卫生院举办精神卫生知识讲座，邀请区龙泉医院医生为镇内精神病人家属及各村专职委员共20余人讲解了精神病的发病原因、治疗方法、社区康复等问题。

（李淑鑫）

【开展检察院举报周座谈会】　6月23日，区人民检察院控申、反贪、反渎、预防、侦监、民行部门的20余位干警到潭柘寺镇与30余名干部群众开展检察院举报周座谈会，向他们发放了《检察院信访工作规定》和《举报工作规定》等宣传材料，宣传检察职能，接受群众举报和法律咨询。

（李淑鑫）

【纪念建党90周年系列活动】　6月3日，举办庆祝中国共产党成立90周年红歌演唱会，全镇9支代表队，共340余人参加活动。28日，镇党委开展纪念建党90周年系列活动，“万名党员寄心语”活动，评选出“最感人寄语”8条；“我争先、我践行、我有为”党员承诺活动，705名党员参与，承诺率为83%；DV大赛投票活动，共投122张。7月4日，镇社保所在鲁家滩大街开展“人人享有社会保障，共建和谐幸福家园”为主题的《社会保险法》宣传活动，共发放宣传材料100余份。

（李淑鑫）

【主题团日活动】　7月29日，镇团委携手合作企业——北京基础设施投资有限公司土地开发事业部，共同开展“学党史、知党情、跟党走”主题团日活动，80余名团员青年参加。

（李淑鑫）

【村务监督委员会推选工作】　8月3日，桑峪、阳坡元两个试点村召开了村务监督委员会成员推选大会，村民代表采取无记名投票方式推选出村务监督委员会正式成员。两个村的村务监督委员会均由三人组成，监委会主任均由村党组织的一名支委担任。9月28日，村务监督委员会推选工作共涉及10个村，全部以村民代表大会形式进行。经过合法程序推选，共产生村务监督委员会成员34名，包括主任10名，委员24名。

（李淑鑫）

【召开土地开发项目现场会】　8月8日，开展土地一级开发项目中介机构抽取现场会，严格按照库选申请单及库选方案，抽取地灾评估公司1家，压覆矿评估公司1家，拆迁评估候选公司8家，拆迁候选公司8家，拆除候选公司8家。区审计局、监察局、土地储备分中心、国土局纪检监察科参会指导监督。

（李淑鑫）

【召开民主生活会】　8月31日，召开“学准则、防风险、明纪律、做表率”主题民主生活会，镇班子成员依次结合岗位工作发言，从实际出发查找问题，并提出相应的整改措施。

（李淑鑫）

【完成入户清登工作】　9月6日，完成土地一级开发征收项目入户清登工作，涉及北村、南村、东村以及鲁家滩村部分院落共计1119户，已完成1109院，入户完成比例为99.1%；涉及人口3296人，其中，在册人口2950人，衍生人口387人；总占地面积29.57万平方米，总建筑面积26.43万平方米，涉及残疾证285个，低保证104个，营业损失补偿106户。

（李淑鑫）

【组织城乡僧俗联谊笔会】　9月28日，全市书画协会10余位书画家，到赵家台村参加“金秋敬老月——城乡僧俗联谊笔会”，创作书画作品30余幅，区老龄委主任等参加活动。

（李淑鑫）

【召开镇第六次代表大会】　9月30日，召开中共潭柘寺镇第六次代表大会，听取审议并通过了题为《统一思想、抢抓机遇，为打造国际旅游休闲名镇而努力奋斗》的镇党委工作报告以及《中共潭柘寺镇纪律检查委员会工作报告》，以差额选举的方式，选举产生了镇党委委员11名、镇纪委委员5名和出席区党代表大会代表6名。全镇各基层党组织的104名代表参加了会议，区人大主任出席会议。11月20日，召开潭柘寺镇第六届人民代表大会第一次会议，会上听取并审议了《政府工作报告》和《财政工作报告》，通过了《潭柘寺镇房屋征收与补偿安置细则》，选举产生了潭柘寺镇第六届人民代表大会主席、副主席，以及新一届镇长、副镇长。会议由镇党委书记主持，42名新一届人大代表参加了会议，45名列席代表参加了会议。

（李淑鑫）

【中心组学习】 10月28日，召开中心组学习会议，专题学习党的十七届六中全会精神，镇党委书记主持会议。会上宣读了十七届六中全会公报，传达了《中共中央关于深化文化体制改革、推动社会主义文化大发展大繁荣若干重大问题的决定》。镇党委书记就抓好学习、宣传、贯彻全会精神提出具体要求。

（李淑鑫）

【召开森林防火动员会】 11月3日，召开全镇森林防火动员会，下发《潭柘寺镇森林防火工作方案》、《潭柘寺镇森林火灾扑救应急预案》等材料，副镇长总结了2011年度森林防火工作，对今冬明春森林防火工作做出总体部署。镇人大副主席宣读了《关于做好2011至2012年度森林防火工作的通知》，对各村提出工作指导意见。

（李淑鑫）

【拆迁工作】 11月24日，召开拆迁动员暨培训大会，会上宣读了《潭柘寺镇土地一级开发3号街区项目房屋征收工作实施方案》，解读了《门头沟区潭柘寺镇房屋征收与补偿安置办法及细则》，对与会人员进行培训。11月23日，召开拆迁工作动员会，村民代表、村干部代表和京投门头沟管理分公司代表分别发言。区领导王洪钟强调要统一思想，坚定信心，迅速行动，用一个月的时间打一场漂亮的拆迁攻坚战。12月3日，镇司法所联合门头沟区法院民一庭在北村拆迁指挥部开展拆迁法律问题咨询活动。现场为村民群众解答法律问题。共解答法律咨询30人次，现场接受调解申请4人，发放宣传品200份，受教育人数150人。12日，区领导韩子荣到潭柘寺镇房屋征收指挥部和北村拆迁工作指挥部视察工作，要求潭柘寺镇加快拆迁步伐。

（李淑鑫）

【房屋征收工作】 11月28日，中心区土地一级开发3号街区房屋征收工作启动，征收涉及镇东村、南村、北村和鲁家滩村路北1658户、3140人，总占地面积29.57万平方米，总建筑面积26.43万平方米。拆迁奖励期确定为2011年12月1日至30日。12月31日，镇完成中心区土地一级开发3号街区项目房屋征收工作，共征收房屋1402户，签约率达100%。

（李淑鑫）

【送新兵入伍】 12月10日，镇2011年报名应征的适龄青年共17人，有8名适龄青年光荣入伍，其中1人赴西藏成为高原兵。

（李淑鑫）

永　定　镇

【概况】 永定镇位于北京市门头沟区东南部，是门城新城核心区的重要组成部分。全镇辖区总面积65.5平方公里，共24个行政村（已拆迁15个行政村），有7个社区居委会，镇域常住人口4.3万人。全镇耕地面积2169亩。108国道、京原公路、三石公路和莲石西路将镇西南部的村庄、单位连接，镇级公路泰安路、西北环路、西苑路、石龙路及曹北路将镇东北部村庄、单位连接，形成路路连通，相互交织，通达东西南北。各村主要街道的路面也全部硬化，并与镇内多条公路对接。镇内有从河滩开往房山、大安山及南窑的长途汽车。931、977、959、981、960路公交车在镇内通过。年内。在区委、区政府的领导下，永定镇坚持以科学发展观为指导，贯彻落实区委十届十次全会精神，以区总体发展思路为指引，按照“一带、两线、四点”的空间布局和“永定滨水商务区”发展规划，立足镇情，科学规划，严格管理，全镇上下团结奋进，地区社会平稳和谐、经济快速持续发展，城乡一体化进程不断推进。截至年底，永定镇农村经济总收入完成27.36亿元，因15个村拆迁，集体企业和民营企业数量减少。比上一年同期37.59亿元下降了27.21%；农民人均劳动所得达到15213元，比上一年同期 14769.9 元上升了3%；税收实现 9300 万元，比上一年同期 6692 万元上升了38.97%。

单位名称：中国共产党北京市门头沟区永定镇委员会

北京市门头沟区永定镇人民政府

地　　址：北京市门头沟区永定镇石龙南路 11 号

电　　话：60804231

邮　　编：102308

（杨瑞连）

【人民代表大会】 1 月 16 日，召开第七届人民代表大会第九次会议，48 名代表出席会议，会议听取了《关于 S1 线西长安街延长线永定镇拆迁工作完成情况》的报告，听取了有关副镇长的述职报告并进行了测评，选举永定镇镇长 1 名。6 月 3 日，召开镇第七届人民代表大会第十次会议，43 名代表听取和审议了永定镇政府工作报告和财政预算执行情况报告及人大工作报告。8 月 26 日，召开镇人大换届选举工作动员会。会上，选举委员会下发了《门头沟区选举委员会永定镇分会关于区镇人民代表大会换届选举工作实施方案》，对区镇人大换届选举工作进行了安排部署。11 月 24 日，召开第八届人民代表大会第一次会议，听取并审议了政府工作报告，选举产生了镇人大主席 1 名、副主席 1 名、镇长 1 名、副镇长 6 名。

（杨瑞连）

【慰问活动】 1 月 24 日，镇党委、镇政府在 15 个拆迁村中，开展了“走百户、访千家、连民心”慰问活动。对 120 户困难党员、优抚对象等进行走访慰问，并送去了慰问金和慰问品。

（杨瑞连）

【召开安全稳定工作会】 1 月 31 日，召开春节期间安全稳定工作部署会。镇全体机关干部、村居党支部书记、主任 180 余人参加了会议。会上，部署了春节期间安全稳定工作，重点布置了值班工作。

（杨瑞连）

【区领导调研】 2 月 10 日，区领导王洪钟带队实地考察了冯村沟，并对有关工作提出了要求。3 月 12 日，召开小园非住宅拆迁工作专题会，听取了规划局、土地局等单位的汇报后提出了具体意见。17 日，召开 S1 线拆迁例会，听取了相关单位的工作进展情况和存在问题的汇报，部署了下一阶段工作。29 日，区领导韩子荣到永定镇进行调研，镇领导汇报了永定镇 2010 年工作总体情况、存在的困难和问题以及下一步工作计划。韩子荣对永定镇党委、政府抢抓机遇，迎难而上，为地区经济社会发展所做的工作给予肯定，并提出要求。6 月 14 日，区主管领导主持召开非住宅拆迁例会，听取各单位汇报后就 S1 线拆迁个案进行了专题研究，并逐一确定了处置方案。7 月 7 日，区主管领导主持召开 S1 线门头沟段对接协调会，北控磁浮、中铁六局等单位参加了会议。17 日，区领导王洪钟带队实地查看了永定镇文物保护情况及西峰寺沟治理情况，听取汇报后并布置了有关工作。26 日，区主管领导主持召开打非专题汇报会，听取了镇领导的汇报后讲话，强调要严格依法办事。29 日，区主管领导主持召开 S1 线剩余非住宅拆迁个案问题协调会，就 S1 线拆迁个案问题逐一进行了研究，并逐一确定了处置方案。8 月 10 日，区领导王洪钟到永定镇调研，听取了永定镇关于近期重点工作重点工程进展情况的汇报，并研究部署了有关工作。23 日，王洪钟召开 S1 线拆迁、征地工作专题会，听取了关于 S1 线拆迁工作进展情况及征地转户工作情况的汇报，并部署了相关工作。9 月 5 日，人大代表联络组一行到永定镇分会对换届选举工作进行调研。永定镇分会汇报了工作进展情况、存在问题及下一步工作安排。6 日，市有关部门领导到永定镇检查工作，镇领导介绍了相关工作情况后，市领导对永定镇维稳工作给予肯定并提出具体要求。13 日，区人大信息督导组到永定镇检查指导区、镇人大换届选举工作。27 日，召开冯村清产核资工作会，镇领导布置工作，村领导介绍具体情况。11 月 28 日，区领导王洪钟到永定镇冯村调研，听取了冯村工作汇报后，对有关工作作出明确指示。

（杨瑞连）

【召开工会工作会】 2 月 18 日，召开全镇工会工作会，50 名工会代表选举产生了工会工作委员会、经费审查委员会、女职工委员会。

（杨瑞连）

【召开安全稳定工作会】 2 月 28 日，在镇政府三层会议室召开“两会”期间安全稳定工作会议。各村居、企事业单位党支部书记、主任及机关副科以上干部 100 余人参加了会议。镇纪检书记部署了两会期间安全稳定工作，永定派出所所长部署了社会防控工作。3 月 1 日，区领导对永定镇“两会”期间的维稳工作进行了督导检查。镇党委书记对镇内在“两会”期间所采取的组织领导、宣传教育、排查稳控、治安防范、应急处突等方面的工作情况，进行了汇报。3月6日，召开“两会”期间安全稳定工作会。镇领导传达了市区有关会议精神，就应对敌对网站鼓动网民非法集会、违法建设及信访等项工作，进行部署。

（杨瑞连）

【文教卫生工作】 “两节”期间，镇文教办代表镇党委、政府为全镇50户因病致贫困难户送去温暖，共计发放米50袋，面50袋，油50桶，慰问金2万元。4月29日，镇文教办为各村发放灭鼠、蚊蝇消杀药品腊块10桶、高氯氟铃脲160瓶、敌敌畏乳油40瓶、安备50斤。为150户发放“无吸烟家庭”铜牌及礼品。5月9日，开展了“红十字会5·8纪念日宣传”活动，发放宣传材料，为群众义诊。为因病致贫困难家庭发放救助款2500元。建立基层红十字会组织，为24个村7个居委会基层组织挂牌。6月15日，南区社区居委会残疾困难家庭接到了区红十字会送来1万元救助资金。

（杨瑞连）

【召开庆三八工作会】 3月3日，召开全镇庆祝三八妇女节表彰大会，全镇妇代会干部和妇女代表近200人参加了大会。对在推进永定镇城市化进程，大面积拆迁过程中的12个先进集体和54名优秀个人进行了表彰。

（杨瑞连）

【召开防火工作会】 3月17日，镇政府部署清明节前后护林防火工作，组织全体机关干部，分片、分点到重点防火区域，与防火员、护林员一起开展护林防火工作。24日，召开2011年度清明节重点森林防火工作会。总结了前期森林防火工作，布置了下一步工作。村、居负责人及包村干部70余人参加了会议。

（杨瑞连）

【召开党建工作会】 3月28日，召开党建工作会暨党风廉政建设工作会，村、居、企业基层党支部书记、主任及机关副科以上干部参加会议。镇党委对2011年的党风廉政建设工作以及2011年镇党建工作进行了总体部署，党委书记、镇长与副职领导、基层党组织代表签订了相关责任书。

（杨瑞连）

【祭扫活动】 4月1日，组织部分团员青年到北岭地区爱国主义教育基地安增祥烈士墓前，祭奠革命先烈。

（杨瑞连）

【环境整治工作】 4月6月，永兴社区党员、楼门长、居民代表、低保户开展了社区环境整治活动。先后进行了16次，出动人力190余人次，清理小广告30余处，清走杂物8车。13日，镇相关科室，对108国道两侧及主要大街周边不符合规定的广告牌、堆物堆料，卫生死角等进行了集中整治和处理。共出动工作人员58人次，动用铲车6台班，清理堆物堆料近1000吨，整治非法广告牌2处，清理暴露垃圾20处，卫生死角10处。26日，以全区“城乡环境整治百日行动”高潮日为契机，联合城管、公安、工商等部门600余人参加活动，出动铲车3台班，大型货运车2台班，清理各类垃圾废料200吨。清理无照经营1处，摊位4个。27日，各村加大制止和查处违法用地违法建设“百日行动”的宣传力度，开展入村流动宣传10余次，悬挂横幅50余条，张贴公告400余份，发放宣传材料5000份。29日，联合城管、公安、工商等有关部门对108国道959公交车站周边占道经营、无照经营行为进行了纠正和整顿。5月3日，联合相关执法部门，对西北环线道路两侧，贩卖砖石料的车辆进行联合执法。出动执法人员60人，驱逐机动车50余辆，处罚车主10人。9日，对西北环线和石龙西路沿线的占道经营、户外广告牌及乱堆乱放等行为开展了联合执法。27日，开展“城乡环境整治百日行动”，拆除违法建设15处，共8207.48平方米，占违法建设总数的74%。6月16日，联合区执法部门，对辖区内重点道路两侧违规停放机动车进行了集中清理和整顿。

（杨瑞连）

【宣传活动】 4月14日，开展了以“倡导诚信守法享救助，弘扬社会救助新风尚”为主题的社会救助政策宣传月活动。接待群众咨询100余人次，发放宣传材料200余份。

（杨瑞连）

【产权、林权工作】 4月30日，召开全镇产权林权制度改革工作会，区经管站站长、区农委副书记出席会议。镇党委副书记总结了前一段产权、林权制度改革工作情况，并部署了下一阶段的工作。区职能部门的领导对永定镇产权、林权两项改革工作进行了具体指导。会上，镇党委书记提出要求。村书记、主任、包村科长等80余人参加了会议。年内，22个村完成产权制度改革工作，林权改革工作进展顺利，全镇建立了16个集体经济组织，共确定集体经济组织成员5871户，

11475 人。

（杨瑞连）

【法制宣传】　5 月 22 日，镇调委会组成镇法制宣传队到各村，开展为期两天的法制宣传。发放“致全镇选民的一封信”1.2 万余份，挂图 24 份，法律咨询宣传站活动 3 次，参加活动 2000 人，接待 270 人。讲课宣传 2 次，400 余人参加。主要宣传了《拆迁法》、《婚姻法》、《继承法》、《老年人权益保障法》及社区居民法律知识问答等有关内容。利用 31 个村（居委会）公开栏、宣传橱窗等多种形式开展法制宣传教育，更换法制宣传橱窗 5 次，黑板报 20 块，宣传标语、横幅 150 条，重点宣传与群众相关的法律、法规知识。25 日，镇调委会共化解各类纠纷 307 件，调解率 100%，成功率 100%。组织各村、居委会开展了内容丰富的普法教育，共计宣传教育 4 次，受教育人数 5000 人。下发各项法律法规书籍、宣传画 5000 余份。

（杨瑞连）

【组织演讲比赛】　6 月 8 日，举办了以“我心目中的好党员”为主题的演讲比赛。29 个村居党组织中，27 个村居参加了比赛。评选出了一、二、三等奖。

（杨瑞连）

【召开建党 90 周年工作会】　6 月 28 日，镇党委召开庆祝建党 90 周年表彰大会，对 10 个先进党组织、18 个优秀党务工作者、97 名优秀党员进行了表彰。举行了 21 名新党员的宣誓仪式。同日，各村居都开展了以文艺演出的形式歌颂党、歌颂祖国的庆祝活动。

（杨瑞连）

【共产党员献爱心】　6 月 28 日，组织机关党支部及各基层党组织开展了“共产党员捐款献爱心”活动，2030 名共产党员，共捐款 61085.5 元。

（杨瑞连）

【社区活动】　6 月 29 日，永兴社区举办双百人物事迹展，共展出 41 块展板，长 32 米。7 月 15 日，永兴社区“少年之家”在建党 90 周年之际，开展党史、党绩教育活动。50 余名中小学生参加。

（杨瑞连）

【参观活动】　7 月 2 日，为纪念中国共产党成立 90 周年，组织 500 多名党员群众到世纪坛参观。

（杨瑞连）

【打击私挖盗采】　7 月 3 日夜间，镇巡查人员查获非法盗采人员 8 名，暂扣挖掘机 2 辆、运输车 6 辆，其他车辆 3 辆。12 月底前，全镇共出动巡查人员 900 余人次，车辆 200 余辆次，现场查获非法盗采人员 16 人，暂扣挖掘机、运输车等 11 辆，收缴空压机、发电机等非法盗采工具 30 余件，先后炸毁、填埋非法煤熏口 5 个，没收非法煤炭 30 余吨。

（杨瑞连）

【民主日活动】　7 月 22 日，召开 2011 年第二次民主日活动，以“完善监督机制，提升公开水平，搭建管理平台，保障民主权利”为主题，将民主日活动分为准备阶段、实施阶段和总结阶段，分段展开，保障了村民群众的知情权、参与权、决策权和监督权。

（杨瑞连）

【双拥工作】　7 月 28 日，召开庆祝建军 84 周年座谈会。镇党委、镇政府代表全镇人民向 8 支驻镇部队官兵致以节日的问候。

（杨瑞连）

【换届选举工作】　8 月 26 日，区、镇人大换届选举工作动员会召开。基层单位主要领导、驻镇相关社会单位负责人参加动员会。会上，镇选委会下发了《门头沟区选举委员会永定镇分会关于区、镇人民代表大会换届选举工作实施方案》，并对区镇人大换届选举工作进行了安排部署。9 月 4 日，选举分会召开了第一次会议。全体成员出席会议，审议并通过了永定镇区、镇人大换届选举工作计划。15 日是北京市区县、乡镇换届选举宣传高潮日。区人大主任、镇党委书记、镇人大主席等领导到永兴社区宣传站，向群众发放了《致选民的一封信》、《选举知识问答》等宣传资料。共下发选民须知 2.5 万份，致选民的一封信 2 万份，公告 92 份，宣传画 659 幅，宣传横幅 100 条。23 日，召开村居两委干部选举工作会议。全镇 24 个行政村和 7 个社区的选举负责人以及具体工作人员参加了会议。选举委员会提出了具体要求。11 月 8 日是全市统一投票选举日。选举分会，共划分了选举区人大代表的选区 6 个，选举镇人大代表的选区 30 个。参选单位 91 个，选民 25113 人，参选率达到了 99.7%，选举产生了区人大代表 17 名，镇人大代表 56 名。18 日，镇人大组织新一届人大代表举办了以“如何做一名合格的人大代表”为题的培训班。

（杨瑞连）

【党代表会议】　9 月 28 日，召开镇第七次党代表大会，与会代表审议了“两委”工作报告。选举产生“两委”委员、书记、副书记和出席区党代表大会代表人选。新一届党委班子成员11人，平均年龄41.36岁，其中50岁以下的11人，占100%，具有大学以上文化程度的11名，占100%，妇女2名，占18.18%。10月27日，召开镇第七次党代表大会，会议选举产生了出席区十一次党代会代表。

（杨瑞连）

【全程办事】 年内，全程办公室受理各类事项2883件，其中办结1484件，接待咨询775件，承诺上报352件，群众满意率100%。

（杨瑞连）

【文化体育活动】 年内，组织参加了区第十三届“篮协杯”篮球及第五届“和谐杯”乒乓球比赛。参加了全民健身表演赛及武术集体项目比赛。参加了区图书馆举办的“我的读书生活”征文比赛；完成市“星火工程”演出9场。

（杨瑞连）

【计生工作】 年内，开展了“两节”期间的宣传服务活动，共发放了宣传历书、宣传画等1万余册，慰问了909户独生子女家庭。共投入资金8万余元。组织29个村居已婚育龄妇女进行体检，完成2900余人的体检任务。组织向贫困母亲捐款8361元。29个村居11238人参加了计划生育家庭医疗伤害保险。投保金额达到了1.2818万元。

（杨瑞连）

【流动人口工作】 年内，组织发动志愿者开展了平安行动和群防群治工作。对全镇31个村、居人员密集场所、出租房屋、从事危险物品制造业等重点部位开展隐患排查，共排查流动人口11670人，出租房屋户数1724户。

（杨瑞连）

【拆除违建工作】 年内，全镇共拆除违法建设92445.4平方米，其中：百日行动共拆除43处，28639.74平方米；拆除卫片违法建设19555.35平方米；巡查发现拆除违法建设44240.31平方米。处置滞留户42户，8993.4平方米。

（杨瑞连）

【社会保障】 年内，完成岗位开发694人，完成年度计划的231%。登记失业人口实现就业650人，完成年度计划的125%。就业困难人员实现就业248人，完成年度计划103%。对595名退休人员实行社会化管理。推进医疗保险城乡一体化，对“一老一小”、劳动年龄内无业人员实行统一的城镇居民基本医疗保险办法。全镇共发放失业救济金1620人次、231.4万元。

（杨瑞连）

【拆迁工作】 年内，非住宅涉及13村835户，拆迁面积566725.12平方米。住宅涉及5个村12户，面积4700.56平方米。

（杨瑞连）

龙泉镇

【概况】 龙泉镇位于门头沟区东部，是区政治、经济、文化、贸易的中心，镇域面积49平方公里，辖行政村18个，社区居委会9个，常住人口34133人。是区内的交通枢纽，阜石路将镇内与城区连接，370、336、941、645、929、948、972、890、959、977、992、运通101、112、116路公交车直达地铁及市区。年内，镇党委、政府在在区委、区政府的领导下，贯彻落实科学发展观，围绕区域功能定位和区委、区政府的工作部署，强化镇域功能定位，加快产业结构调整，推进城市化进程，土地储备开发和棚户区改造工程。完成国际自行车赛、市第五届农运会等大型活动工作任务。村居环境面貌得到提升，全面推进“5+3”工程建设。打机井3眼，解决了部分地区供水困难问题。修建街坊路26万平方米，完成街坊路绿化面积5.4万平方米。改造农村公厕20个。实施了龙泉镇煤矸石山植被恢复及景观建设工程和门城地区矿山修复工程，推进市级生态区、环境优美镇和生态村创建工作，荣获市级“环境优美乡镇”称号，辖区7个村被评为市级“生态村”。

全镇举办文艺演出311场，星火演出52场，展览15次，培训48场次，放映电影900场。被文化部评为中国太平鼓之乡。新建“益民书屋”10家。新恢复组建龙泉务地秧歌、童子大鼓老会等业余文化队伍5个。在6个村新安装了数字电影放映设备。农村经济总收入1.74亿元，同比减少10%。镇村企业税收入库6942.3万元，同比增长32%；镇级一般预算收入7369.4万元，同比增长60%。农民人均劳动所得14525元，同比增长12.7%。

单位名称：中国共产党北京市门头沟区龙泉镇委员会
北京市门头沟区龙泉镇人民政府
地　　址：北京市门头沟区门头沟路24号
（京煤集团综地公司院内）
电　　话：69844312
邮　　编：102300

（刘　培）

【慰问活动】　1月6日，镇党委、政府对辖区20户军属家庭进行了慰问，给每个军属家庭送去1.5万元慰问金挂历以及理发、购物等优惠券等慰问品。5月，镇工作人员先后到辖区内三家店小学、琉璃渠小学、龙泉务小学，送去六一儿童节慰问品，把水彩笔、毽子等近1万元慰问品送到学校老师、孩子手中。7月29日，对驻区62351部队、62025部队、91780部队以及民政局、武装部等单位进行了走访慰问。

（刘　培）

【民主公开日活动】　1月20日，按照“规范、创新、提高、落实”的工作思路，完善，各项村务公开制度，镇内17个村开展民主公开日活动，机关41名干部到所包村指导、监督民主公开日工作。7月15日至22日，各村开展第二次民主日活动，对村务、财务进行公开，此次参加的领导和包村干部共34人。

（刘　培）

【小白楼土地征收工作】　2月14日，召开小白楼土地征收工作动员大会，组织部抽调后备干部、属地干部和公检法系统干部组成的11个工作组，设立后勤保障组、宣传组、法律咨询组、应急处置组、财务组、巡视违法抢建组、现场制止和纠正违法抢建组。15日，小白楼二期危改工程土地一级开发项目正式展开。所有工作人员全部到位，区、镇、村（社区）三级对接完成，并分组学习讨论了此次住宅房屋征收与补偿方案，所有工作人员正式入户。成立了法律咨询组和治安联防机构。19日，召开小白楼二期危改工程奖励期工作部署会，龙泉镇、区拆迁办、区派11个工作组等相关单位和部门的领导共30余人参加会议。3月17日，房屋征收工作总指挥部第六次调度会议暨现场指挥部第二十六次例会召开。区领导王洪钟等出席会议。区委宣传部、公安分局、广电中心、棚改中心、城管大队等部门领导列席。龙泉镇党委书记、村（居）干部、各工作组组长、专业公司以及列席人员分别汇报了工作进展情况。3月20日奖励期结束，1103个产权户已经签约1090户，签约率达到99%。

（刘　培）

【观看先进事迹报告会】　3月29日，组织机关党员、干部、大学生村官60余人，观看了“杨善洲同志先进事迹报告会”视频光盘。

（刘　培）

【区领导调研】　3月30日，区领导韩子荣对龙泉镇进行调研，视察了城子村崇化寺、琉璃渠明珠琉璃瓦厂等多家单位，了解了各个单位的发展现状，同时对龙泉镇发展规划指明了方向。

（刘　培）

【环境整治工作】　4月至6月，在全镇范围内开展了“龙泉镇城乡环境整治百日行动”。发放“一封信”1.35万余张，张贴标语650条、《通告》240张，悬挂横幅250条。出动人员271人次，出动铲车及装载车辆40辆次，清理垃圾渣土759吨；开展109国道、水担路沿线及九龙路沿线的专项整治。清理路边垃圾渣土、白色垃圾等，共清理垃圾渣土5000吨，捡拾白色垃圾4千延长米；京浪岛周边整治、龙泉务沿线清理整治8处；开展拆违专项整治行动。联合城管龙泉分队，查处乡村违法建设29起，清理非法小广告、广告牌匾专项整治中责令改正23起，查处非法小广告4起，罚款1100元，停机20个。查处无照经营、店外经营专项整治中责令改正50起，查处1起，下发行政告诫书6份。

（刘　培）

【开展“1+1”活动】　4月，与首都医科大学宣武医院联合开展“青春在奉献中闪光——首都医科大学宣武医院青年志愿服务”，为地区百姓进行义诊和健康体检，此次1+1活动，宣武医院团委共组织内科、外科、神经内科、心脏科、妇产科、康复科医生8名青年医生，20余名医技人员、20余名护士参加了此次义诊。5月，龙泉务村、社区、北方工业大学联合开展红色1+1主题系列活动，龙泉务地区党员、群众以及北方工业大学建筑工程学院师生共200余人参加了活动。9月30日，龙泉雾社区与琉璃渠社区分别与北方工业大学建筑工程学院的师生们开展“红色1+1”共建活动。

（刘　培）

【主题团日活动】　5月6日，组织村官、社区工作者和机关青年到宛平抗日烈士纪念公园，开展“忆昔日烽火峥嵘岁月，树今朝创先争优典范”主题团日活动。参加此次活动的还有团区委干部及其他12个街镇的团干部。

（刘　培）

【文化活动】　5月20日举办“庆祝建党90载唱支红歌给党听”群众红歌比赛，15个村队和9个社区的歌唱队参加比赛，三家店二分社和龙泉雾社区分别荣获村、居一等奖。9月20日，举办“庆祝计生《公开信》发表31周年”文艺演出，以此纪念党中央、国务院发表的计生《公开信》发表31年来走过的风风雨雨。

（刘　培）

【老党员、老干部一日游活动】　6月2日，组织10名建国前老党员、退休老干部开展“门头沟区一日游活动”，参观龙泉镇安置房工程、全区公园绿地等场所，感受龙泉镇近年来的变化。

（刘　培）

【镇政府搬迁】　6月底，龙泉镇政府按照区政府整体规划，进行整体搬迁。

（刘　培）

【组织参观活动】　7月26日，组织镇机关、19个村、9个社区党员、干部500余人参观了“一切为了人民－北京市纪念中国共产党成立90周年展览”。

（刘　培）

【区镇人大换届选举工作】　11月8日，镇18个村和9个社区共设置选举区人大代表的选区9个、选举镇人大代表的选区27个，选举区人大代表的投票站35个、镇选举人大代表的投票站33个，流动票箱57个，工作人员385人，共有19365名和18730名选民分别进行了区人大代表和镇人大代表的选举投票，登记率为99%，投票率达到了98.18%和98.13%，投票选举产生13名区人大代表和58名镇人大代表。龙泉镇100余名领导、干部在投票选举日当天到各自所包的选区，协助和指导各村、社区开展投票选举工作。

（刘　培）

【区计生工作检查】　11月17日，区计生委检查组一行20人对龙泉镇计生工作以及基层计生工作站进行检查。

（刘　培）

【工程奠基仪式】　11月30日，区小白楼二期危旧房改造工程奠基仪式，区领导王洪钟以及区相关单位领导参加了奠基仪式。

（刘　培）

【社会捐赠活动】　年内，“冬衣送暖”社会捐赠活动，发动机关干部、社区群众，共筹集、捐赠棉衣、棉被等物资1640件。联合区总工会开展“温暖基金”临时救助行动，为城子村一户困难村民送去了5000元慰问金。

（刘　培）

【绿化工程】　年内，完成占地约8800亩的门头沟新城滨河森林公园绿化工程；完成109国道停车休息港湾龙泉务段建设工程；完成龙泉镇煤矸石山植被恢复及景观建设工程，治理煤矸石山59.14公顷，并改建成公园；完成700亩彩叶工程；完成龙泉务椒园寺生态园区综合治理工程整理工程，修建梯田450亩、经济林200亩、田间路2000米、人行步道2000米、造林200亩、排水沟1000米、铅丝石笼坝8道。

（刘　培）

【社会事业】　年内，完成城市登记失业人员660人，实现就业563人，农村富裕劳动力实现转移就业220人，职业介绍联系就业岗位530个、安置就业133人，全面消除“零就业”家庭，城镇登记失业率控制在5%以内。城乡居民养老保险参保率达到93%，新型农村合作医疗参合率达到100%。

（刘　培）

【产权林权制度改革】　年内，完成了15个村的农村集体经济产权制度改革工作和12个村的林权制度改革工作。启动了镇属企业改制工作，完成了紫石砚厂的清产核资工作。全面推行“一报四议两公开”工作法，强化“三资管理中心”管理工作，进一步完善了农村账、款双托管制度。

（刘　培）

【社会安全稳定工作】　年内，召开全镇预防煤气中毒工作动员会，制定《2012年度预防煤气中毒工作方案》，开展安全隐患排查专项整治行动122次，下发责令整改通知书95份，整改率达100%。交通安全检查4次，举办宣传活动5次，防汛安全检查5次，动物防疫安全检查21次，及时消除了各类事故隐患，实现了重特大生产安全事故“零指标”。社区矫正对象148人，顺利解除116人；人民调解176件，成功率98%；帮教安置135人；提供法律咨询

100余次，法制培训15次；滑石道村荣获全国民主法治示范村称号。信访办接来信来访134件，共计1649人次，化解127件，化解率94.7%，稳控率100%，实现了“双零指标”。

（刘　培）

【土地开发储备工作】　年内，完成了小白楼二期危改工程、河滩小批发市场土地一级开发项目房屋征收工作，琉璃渠、大峪化工厂和三家店综合改造B地块的土地一级开发项目的审批手续已经完成。完成蓝龙信鸽公棚、蓝龙大厦的拆除工作。完成赵家洼、龙泉雾等土地储备项目的前期准备工作。

（刘　培）

军　庄　镇

【概况】　军庄镇位于门头沟区政府东北部10公里处，北与海淀区接壤，西与龙泉镇相连，南与石景山毗邻。镇域总面积34平方公里，辖8个行政村、2个社区居委会，总人口12828人，总户数6595户，其中农业人口为3315人，1871户。年内，在区委、区政府的领导下，坚持以邓小平理论和“三个代表”重要思想为指导，贯彻党的十七届四中、五中、六中全会精神、贯彻落实胡锦涛总书记“七一”讲话精神、贯彻落实科学发展观，以建设北京市重点小城镇和“十二五”发展规划为契机，以推进京白梨特色产业园区、休闲宜居生态园区、文化创意产业园区“三大园区”建设为目标，以顺利完成镇人大、党委换届为抓手。加快推进产业结构调整，加快促进沟域经济发展，率先完成农村两权制度改革，加快促进农民增收。全镇全年农村经济总收入完成37043万元，比上一年同期增长8%。农民人均劳动所得完成8864元，比上一年同期增长8%。

单位名称：中国共产党北京市门头沟区军庄镇委员会
北京市门头沟区军庄镇人民政府
地　　址：北京市门头沟区军庄镇西杨坨村
电　　话：60810741
邮　　编：102300

（王艺淞）

【三级联创检查】　1月7日，北京市委三级联创检查组到军庄镇东山村，检查了农村党组织建设三级联创工作。听取了村支部书记的工作汇报，查看了相关资料，进行了问卷调查，并和村民代表进行了座谈。12月30日，区领导检查了军庄镇农村党组织建设三级联创工作。检查组听取了军庄镇党委关于“三级联创”工作的汇报，对军庄镇的三级联创工作给予了肯定，还到西杨坨村、香峪村、新村听取了村支部书记的工作汇报，查看了相关资料，并进行了问卷调查。

（王艺淞）

【举办文化演出】　1月18日，举办了第21届文化艺术节系列活动暨创先争优汇报演出。各村居的党员群众参与山歌、快板、诗朗诵、京东大鼓、柳琴演奏等节目演出。2月16日，举办了第四届正月十五闹花灯有奖猜谜活动。同时，以“和谐文明，欢乐幸福”为主题，举办秧歌花会展演，各村、社区的威风锣鼓、大秧歌、扇子舞等10余支文化队伍进行了节目展示。12月30日，孟悟村组织了一台村民自编自演的庆丰收迎新年联欢会。

（王艺淞）

【各村完成民主日活动】　1月20日，镇内8个行政村完成年度第一次民主日活动。镇党委成立领导小组，对各村各项规章制度建立健全和完善进行了指导，协调解决民主日活动中出现的问题。各村的村民代表认真听取了村干部述职2010年承诺事项完成情况、及党务、村务、财务工作汇报，并确定2011年工作思路和承诺事项。7月20日，军庄镇完成2011年第二次民主日活动。活动中，各村的村民代表听取了村干部述职2011年上半年承诺事项完成情况，党务、村务、财务工作汇报及下半年工作计划。并对两委班子及成员的工作情况进行了民主测评。

（王艺淞）

【慰问活动】　春节期间，镇党

委、政府对机关退休职工、困难户、优抚户、残疾人、困难党员、驻镇部队官兵1000余人进行慰问，并发放慰问品、慰问款累计资金近43万元。5月12日，镇党委、政府走访慰问16户困难残疾人家，发放米、面、油等慰问品及慰问金。7月28日，镇党委、政府领导带队到驻镇部队开展“八一”慰问，为基地官兵送上了慰问品，并和部队领导进行了座谈。

（王艺淞）

【区领导调研】 2月9日，区领导就军庄镇灰峪村险村搬迁工作进行调研。3月4日，区领导就北四地区六环拆迁、灰峪村险村搬迁和东山村果园承包合同到期清产核资等问题进行调研，并听取军庄镇党委主要负责人的党建工作汇报。

（王艺淞）

【组织“三八”妇女节活动】 3月5日，组织开展庆祝“三八”妇女节活动。邀请区职业技术学校的老师讲授女性形象设计知识；邀请文艺演出团队，以舞蹈、独唱、器乐合奏等形式庆祝节日，各村、居100余名妇女群众参加活动。

（王艺淞）

【公益性墓地道路修建】 3月9日，全长800余米，投资49余万元的东杨坨村公益性墓地道路修建工程正式启动。

（王艺淞）

【庆祝建党90周年系列活动】 3月25日，军庄镇以“党性修养增强，人才技能提升”为主题，搭建教育培训综合服务平台，以此迎接中国共产党成立90周年。6月21日，举办庆祝建党90周年艺术作品展。共收集书法、绘画、刺绣、剪纸、雕刻、摄影、手工编织等参展作品150件。24日，党委召开“七一”表彰大会，对3个农村“五个好”党支部、7个先进基层党组织、75名优秀共产党员进行了表彰。同时组织300余名党员开展“万名党员寄心语”活动。29日，组织全镇14个党支部共有510名党员、31名入党积极分子和50名群众开展“共产党员献爱心”捐款活动，筹集捐款总额达1.6万余元。同时举办了“青春辉映党旗”红色诗歌朗诵会，全镇共计70余名团员青年参加了活动。7月1日，组织收看“庆祝中国共产党成立90周年大会”胡锦涛同志重要讲话。25日，组织参观了在中华世纪坛举办的“一切为了人民”——北京市纪念中国共产党成立90周年展览。8月4日，党委开展学习胡锦涛同志“七一”讲话精神系列活动。邀请区委党校讲师为镇机关干部、各村居书记、广大党员以及大学生村官等300余人进行培训，并组织收看中央党校教授对胡锦涛同志“七一”讲话解读的录像视频。

（王艺淞）

【拆违工作建设】 3月31日，查处违法用地违法建设，制定《2011年的查处违法用地违法建设工作方案》。7月15日，军庄镇开展违法违章建设专项整治巡查工作。组织规划、城管、派出所、司法、综治等部门工作人员30余人，对军庄村北大街西口20平方米的违法建设实施拆除，并将拆后渣土全部清除。

（王艺淞）

【举办和谐杯乒乓球比赛】 4月15日，举办第三届和谐杯乒乓球比赛。比赛共分为老年组、中年组、青少年组三个级别进行，共有78名选手参加了比赛。

（王艺淞）

【“红十字救护培训”活动】 4月18日，开展了“红十字救护培训”活动，机关各科室工作人员、各村（居）群众共100余人参加培训。

（王艺淞）

【开展环境整治百日行动】 4月26日，军庄镇开展环境整治百日行动高潮日活动。全镇共有14个村居和单位参加活动，共计参加人数910人，参与车辆21台；清理各类垃圾和乱堆物料29处52吨；清理卫生死角16处；清理广告牌匾7块；涂刮乱贴乱画小广告105处；清洁公厕27座；清理白色污染3300延米；清理树挂37处；擦拭健身器材和护栏40件。

（王艺淞）

【举办主题党日活动】 5月9日，举办“党在我心中”主题党日活动。此次活动邀请门头沟区百姓宣讲团以先进事迹宣讲的形式开展活动，全镇共300余名党员到场参加活动。

（王艺淞）

【领导班子换届考察工作】 5月12日，召开领导班子换届考察动员会。区考察组、军庄镇领导班子成员、机关干部、各村（居）书记、主任以及部分党代表、人大代表共计100余人参加会议。

（王艺淞）

【实施集中供水厂建设工程】 5月13日，实施集中供水厂建设工程。集中供水厂工程规划区位于镇东部，集中供水规划范围内现有4000余户，人口8000余人。工程建设包括水源地工程、输水管网工程、水厂工程和配水管网工程，建设用地面积为2497.65平方米。

（王艺淞）

【与中国美术馆共建活动】 5月27日，与中国美术馆成为结对共建单位，并举行赠书仪式，灰峪村接受捐赠图书、杂志、画册共计500余册。

（王艺淞）

【与加华酒业签署框架协议】 6月8日，与加华酒业签署合作框架协议。

（王艺淞）

【参观宣传展】 6月29日，组织机关党员干部、各村居两委干部共70余人参观门头沟区“新五年新跨越——十二五规划纲要宣传展”。

（王艺淞）

【学习会议精神】 7月29日，召开学习落实区委十届十二次全会精神大会。12月5日，邀请区委讲师团开展十七届六中全会精神专题培训。16日，组织学习贯彻区第十一次党代会精神。机关干部、各村、居“两委”干部、大学生村官等200余人参会。

（王艺淞）

【“青春健康伴我行”演讲比赛】 8月4日，举办“青春健康伴我行”演讲比赛。全镇10个村居分别派出选手参加，60余名群众观看了比赛。

（王艺淞）

【区、镇人大换届选举】 8月18日，召开了镇第七届人大常委会会议和选举委员会第一次会议，正式启动人大换届选举工作。9月6日，组织开展人大换届选举培训工作。各选区通过各种方式对辖区内群众进行宣传动员工作。15日，开展区、镇人大代表换届选举宣传日活动。19日，依法进行选民登记阶段工作。镇17个选区张贴了选民登记公告，设立了选民登记站，工作人员上岗工作。10月13日，组织开展人大换届选举提名推荐确定代表候选人培训，就提名推荐确定代表候选人的工作要求、程序等进行讲解。18日，完成区、镇人大代表换届选举选民登记工作。11月1日，依法对区代表正式代表候选人11名，镇代表正式候选人65人，进行张榜公布。3日，组织人大换届选举投票阶段培训班，就投票阶段各项准备工作进行安排部署。9日，完成区、镇人大代表换届选举投票工作。共划分区代表选区4个，镇代表选区17个，选民登记人数为9164人。共选举产生区人大代表7名，镇人大代表48名。

（王艺淞）

【举办京白梨采摘季活动】 9月2日，与区农委共同主办了以“赏军庄秋色，品皇家贡梨”为主题的京白梨采摘季活动。

（王艺淞）

【镇第七次党代表大会】 9月13日，完成党代表大会代表的选举工作。共选举产生了出席军庄镇第七次党代表大会的代表101名。30日，召开镇第七次党代表大会，会议作了“全面贯彻落实科学发展观、为实现重点镇跨越式发展而努力奋斗”主题报告。10月28日，召开镇党员代表大会，传达学习了《中共门头沟区委关于选举中国共产党北京市门头沟区第十一次代表大会代表的工作意见》，并以无记名投票方式，选举产生了军庄镇出席中国共产党北京市门头沟区第十一次代表大会代表8名。

（王艺淞）

【区级文明示范村考核工作】 9月23日，完成区级文明示范村考核工作。

（王艺淞）

【安全工作】 9月23日，部署“国庆”和“环北京职业公路自行车赛”期间公共安全工作。建立健全安全责任制体系，召开安全工作会议。10月5日，针对“环北京职业公路自行车赛”，完成109国道、军温路两侧环境整治工作。

（王艺淞）

【参观中国抗日战争纪念馆】 11月25日，组织参观中国抗日战争纪念馆。新当选的镇人大代表、市、区人大代表共70余人参加此次参观。

（王艺淞）

妙 峰 山 镇

【概况】 妙峰山镇地处门头沟区浅山区，为北京市生态涵养与水源保护区的重要乡镇之一，镇域面积110平方公里，全镇现辖17个行村，总人口10015人，共有经济合作组织17个。近几年，根据区域功能定位的要求，全镇加快产业结构调整，实现由资源型经济向生态型经济转变。以生态环境建设为基础，以建设现代化生态山区，实现城乡经济社会协调发展为工作重点，以“稳定、发展、强镇、富民”为指导思想，以特色农业和民俗旅游业为新的经济增长点，着重发展涧沟村的玫瑰花、樱桃沟村的大樱桃，担礼村的白梨、陇驾庄村的盖柿、炭厂村的杏扁儿等名优特产品，先后建立了妙峰樱花园、灵溪科技园、苇甸百果园等一批具有地区特色的集观光、休闲、采摘、科普为一体的农业园区，以带动当地经济的进一步发展。

年内，在区委的领导下，妙峰山镇党委、政府全面贯彻落实党的决策部署，以“三级联创”活动为主线，以“三个工程”建设为抓手，以创先争优活动为动力，以加快全镇产业结构调整和富民增收工作为重点，以改善民生为落脚点，不断加强农村基层党组织建设工作，推动了全镇经济和社会事业跨越式发展。正式开放的妙峰山森林公园、京西古道风景区、“神泉峡”风景区等更是为全镇的旅游业发展锦上添花，使旅游业成为了全镇经济发展的重要支柱。全年实现农村经济总收入6.2551亿元，同比增长13%；人均纯收入9000元，同比增长14%。

单位名称：中国共产党北京市门头沟区妙峰山镇委员会
北京市门头沟区妙峰山镇人民政府
地　　址：北京市门头沟区妙峰山镇陇驾庄村
电　　话：61881014
邮　　编：102300

（孙晶晶）

【召开人民代表大会】 1月10日，召开第三届人民代表大会第十次会议，47名镇人大代表以及列席代表参加会议。会上，听取并审议了《妙峰山镇2011年政府工作报告》、《人大工作报告》，代表们听取了2011年全镇主要工作任务。11月18日，召开镇第四届第一次会议。会上选举出镇长1名，人大副主席1名，副镇长5名。

（孙晶晶）

【民主日活动】 1月13日，召开年度第一次民主公开日工作部署会。会上主管副镇长对此项工作进行了部署，并提出了具体要求。截至25日，全镇17个自然村完成了第一次民主日活动。7月15日，召开全镇第二次民主日活动工作会，全镇17个村的党支部书记、书记助理及机关包村科长参加会议。会上传达了区、镇有关文件精神和统一工作部署，并就民主日活动结合建党90周年大庆、深入学习实践科学发展观活动、推进新农村建设和加强基层民主管理等工作向大家提出要求。

（孙晶晶）

【创先争优】 3月1日，在镇政府大街开展主题为“创先争优，服务基层的”宣传活动，镇机关支部、镇妇联、镇团委、相关企业支部、镇卫生院、驻地派出所及军庄工商所等多家部门联合开展综合知识宣传活动，向过往群众发放宣传材料2000余份，并当场解答群众各类咨询120余人。4月6日，镇党委、镇纪委组织全镇各村党员干部、机关干部共计40余人参观了北京市预防工程建设领域职务犯罪巡展。15日，镇团委开展“共建和谐妙峰争做青年时代先锋”为主题的创先争优活动，在门头沟区举办青春议事厅第一期活动。5月4日，镇机关、各村大学生村官、妙峰山镇民族学校、驻地卫生院及水峪嘴村70余名年轻人，相聚在永定河畔，共同举办了一场主题为“创先争优绽放青春”妙峰山镇各界青年纪念建党90周年暨“五四”青年节文艺汇演活动。6月29日，召开了开展创先争优推进“三个工程”暨庆祝建党90周年表彰会，镇领导为获奖单位和个人颁发了获奖证书，镇党委书记对党员干部提出了要求。

（孙晶晶）

【创办大学生村官刊物】 3月13日，镇团委创办了大学生村官刊物《青春季》。刊物主要分为“青春印记”、“村官风采”、“说说我们村”、“青春在团旗下闪耀”、“招考信息”等板块。

（孙晶晶）

【市、区领导调研】 3月5日，区领导王洪钟等实地考察了柿利康食品、506厂、绿纯蜂业等企业的发展情况。26日，区领导韩子荣到水峪嘴村调研，实地查看了水峪嘴村产业发展情况。4月11日，区领导王洪钟等到妙峰山镇生态产业园区工作情况进行调研，听取了园区筹建情况的汇报，并就下一步工作提出了要求。22日，市、区林改办领导到下苇甸村就林权制度改革工作落实情况进行了调研。5月21日，韩子荣带部分长江二期同学参观水峪嘴村古道风景区，了解了古道历史和京西文化。6月1日，市领导就党风廉政建设工作到妙峰山镇进行调研。7月26日，市委农工委领导就后进村工作到担礼村调研。29日，区委研究室同旅游规划专家一行10人到妙峰山镇进行旅游资源调研，专家们首先听取了妙峰山镇关于旅游资源分布及开发利用现状的汇报，随后到妙峰山高山玫瑰园、涧沟民俗旅游村、樱桃沟民俗旅游村等地进行了实地考察。8月19日，市、区相关部门就“三资”管理和财务管理规范化建设到镇调研，市、区领导听取了全镇、水峪嘴村和炭厂村关于“三资”工作及财务管理建设执行情况的工作汇报，并到镇会计服务中心实地查看了相关档案资料的归档整理及办公设施建设情况。9月16日，国家统计局北京调查总队领导一行到妙峰山镇统计所就产业结构调整进行调研。10月11日，区领导韩子荣就黄台村的“彩樱园”、岭角村的岭角沟域、炭厂村神泉峡旅游风景区、樱桃沟村仰山栖隐寺景区的建设情况进行调研。12月28日，市领导以及区领导、区发改委、园林绿化局、水务局、农业局、规划局相关领导等一行到镇内就“五＋三”工程长效管护机制的落实情况进行调研。

（孙晶晶）

【专项资金管理使用检查工作】 2月23日，区审计局有关人员到妙峰山镇就2010年度区园林绿化局下拨专项经费收支情况进行检查。资金涉及养蜂产业发展扶持、退耕还林、植被恢复、古树名木常规养护、彩叶造林、公路绿化、林权制度改革等事项内容，共计1741739.51元。3月22日，区审计局、爱卫会有关工作人员对妙峰山镇2010年农村户厕改造专项经费的收支情况进行了检查。

（孙晶晶）

【下苇甸卡丁车场营业】 4月12日，下苇甸卡丁车场试开业，总投资120余万元，同时可初步解决10名村名的就业。

（孙晶晶）

【市、区领导检查验收工作】 4月19日，区人大领导，到水峪嘴村视察了新农村建设“5＋3”工程建设情况。5月12日，区经管站统计人员到妙峰山镇就低收入户增收工作进行了检查，重点抽查了2011年低收入户台帐填写情况，并对2010年底的低收入户情况进行摸底，掌握低收入户增收中存在的问题。为妙峰山镇2011年底全部消灭低收入户做好基础工作。5月11日，昌平区政协考察团领导到水峪嘴村考察学习新农村建设情况。7月6日，市农委、档案局、区农委、市档案局、区经管站组成联合检查小组到妙峰山镇检查土地承包合同档案，并下村查看了丁家滩、水峪嘴两村的土地合同档案。8月24日，市林业局到水峪嘴村检查林权制度改革工作。10月27日，市卫生局副局长到镇检查卫生村建设情况。

（孙晶晶）

【百日拆违行动】 4月19日，镇各村党支部书记、村委会主任、机关包村科长共计60余人召开“妙峰山镇环境整治百日行动违章建设拆除专项整治行动动员会”。26日，为百日行动高潮日，全镇17个行政村，12家驻镇区级以上单位，20余家镇级社会单位，共出动人力235人，出动铲车、运输车25台，清运堆物堆料238吨，清理卫生死角65处，清理生活垃圾15吨，建筑垃圾178吨，清除墙贴小广告5平方米，清理废弃电线杆2根，擦拭公共场所健身器材公共设施312件，捡拾白色垃圾5800延长米，全镇共完成环境卫生总台账的65%（不含拆违内容）。截至6月21日，全镇24户违法建筑已拆除，拆除面积4208.6余平方米。

（孙晶晶）

【景区总体规划通过评审】 4月23日，召开妙峰山国家水利风景区总体规划评审会，妙峰山国家水利风景区总体规划通过专家评审。

（孙晶晶）

【共建协议挂牌仪式】 4月14日，上苇甸村与交通运输部国家海事局就“城乡统筹文明先行”活动正式签订共建协议并举行挂牌仪式。

（孙晶晶）

【第19届传统春季庙会开幕】 5月3日，金顶妙峰山第19届传统春季庙会开幕。庙会为期15天，包括传统民间花会表演、施粥布茶等活动。

（孙晶晶）

【换届选举工作】　5月12日，召开妙峰山镇领导班子换届选举工作动员会。镇党代表、机关干部代表以及各村相关领导共计62人参加，区乡镇领导班子换届第五考察组的相关人员参加动员大会。会上，区乡镇领导班子换届第五考察组组长做了换届考察工作动员，并就将要进行的镇领导班子换届选举工作提出具体要求。6月13日，区纪委领导班子换届第五考察组组长带领该组成员到妙峰山镇指导召开了“妙峰山镇纪委领导班子换届考察工作会”，镇领导班子成员、机关副科以上领导干部、各村党支部书记共计60余人参加了会议。

（孙晶晶）

【签订中芬生态谷建设框架协议】　5月18日，门头沟区现代化生态新区推介暨签约仪式在新闻大厦进行，全国政协委员，全国工商联副主席许荣茂，区领导韩子荣，王洪钟等领导出席了签约仪式，镇长代表镇政府与香港世茂签署了《关于妙峰山中芬生态谷建设的框架协议》。

（孙晶晶）

【新疆企业家村参观学习】　5月19日，来自新疆地区的4名企业家，到水峪嘴村参观学习。首先参观学习了小杂粮的包装，而后到该村北京柿利康食品有限公司鲜果冰淇淋加工厂，对厂房建设和设备运行进行了实地参观。

（孙晶晶）

【惠济祠庙宇修复工程】　该工程5月25日启动，总投资400余万元，主要包括建筑物油漆彩绘、院落地面铺装、屋顶修缮等项目。8月中旬完工。

（孙晶晶）

【第十二届樱桃采摘节开幕】　6月3日，樱桃沟村第十二届大樱桃采摘节正式开幕，为期1个月。

（孙晶晶）

【主题党日活动启动仪式】　6月15日，门头沟区深入开展创先争优活动大力推进“三个工程”现场会暨纪念建党90周年主题党日活动启动仪式在妙峰山镇召开，全区各系统，各工委、党委（组）主要领导共计120余人参加。会上，部分单位作了典型发言。韩子荣等区领导出席了仪式。

（孙晶晶）

【外出参观】　6月28日，镇党委组织全体机关干部、基层支部两委班子成员到区博物馆二层参观了“门头沟区国民经济和社会发展第十二个五年规划纲要宣传展”。7月28日，镇党委组织全镇党员干部、积极分子共计100余人到中华世纪坛观看了大型纪念展览“一切为了人民——北京市纪念中国共产党成立90周年展览”。参观现场，党员参加“向党说句心里话”和“百万党员寄心语”等活动。

（孙晶晶）

【爱心捐助活动】　6月29日，组织开展“共产党员献爱心”捐献活动，全镇20个基层党支部788人参加，捐款共计20330元。10月26日，组织开展“送温暖献爱心”捐助活动，镇机关干部、各村村干部群众共捐助棉衣188件、棉被126个、毛衣170件，共计584件。

（孙晶晶）

【妙峰山万亩玫瑰盛开】　6月中旬，妙峰山万亩玫瑰盛开。以“玫瑰有约、邂逅浪漫”为主题的高山玫瑰节，每天平均吸引游人近千名。

（孙晶晶）

【召开玫瑰产品地理标志认定会】　6月14日，在涧沟村玫瑰花博物馆由市食品安全办主持召开了“妙峰山玫瑰地理标志认定感观评审会”。鉴评专家组、市食品安全办公室、区农委、农业局及镇村相关领导参加了认定会。评审专家组在听取了镇申请人代表对玫瑰产品所的做情况汇报后，对妙峰山特色玫瑰从外在感观，花朵品质、花型等方面进行了实物鉴评，专家组一致通过了对妙峰山玫瑰地理标志的感观评议意见。

（孙晶晶）

【国际禁毒宣传活动】　6月26日，镇禁毒办、妙峰山派出所及相关职能部门，在镇中心大街，联合开展了“6·26”国际禁毒日宣传活动。发放禁毒宣传材料500余份，发放宣传物品200余件，接受群众咨询2件，受教育群众达2500余人。

（孙晶晶）

【炭厂村炭文化博物馆竣工】　7月19日，炭厂村投资53万元，占地200平方米的炭文化博物馆竣工。

（孙晶晶）

【京津风沙源项目通过验收】　8月2日，2010年度京津风沙源项目通过国家林业局检查验收，涉及全镇10各村、12个地块，总面积3500亩。

（孙晶晶）

【培训工作】 8月18日，镇经济办组织镇域内40余家企业安全管理人员举办了事故隐患自查自报系统应用培训班。24日，组织开展支农政策培训会，各村的支部书记、村委会主任、报账员、理财小组组长、大学生村官及镇政府相关科室参加了培训。10月17日至21日，举办了护林员职业技能培训班。

（孙晶晶）

【接待朝鲜花卉专家考察】 8月24日，朝鲜花卉专家到妙峰山镇涧沟村和禅房村就玫瑰的种植和玫瑰产品开发进行了参观考察。

（孙晶晶）

【新能源发电项目签署合作协议】 8月25日，镇政府与大唐山东发电有限公司就新能源发电项目签署了合作框架协议。

（孙晶晶）

【召开党代会】 9月27日，中共妙峰山镇第四次党代会召开，大会听取和审议了《中国共产党妙峰山镇第三届委员会的工作报告》和《中国共产党妙峰山镇纪律检查委员会的工作报告》。会上，选举出为妙峰山镇党委书记1名，选举妙峰山镇党委副书记2名，选举妙峰山镇纪委书记1名。

（孙晶晶）

【申办市休闲农业标准化试点单位】 9月28日，区质量技术监督局领导为妙峰玫瑰种植专业合作社颁发了“北京市休闲农业标准化试点单位标牌”。

（孙晶晶）

【完成区、镇人大代表投票选举】 11月8日，登记选民8645人，登记率99.62%；参选投票选民8507人，参选率98.40%，共选举产生区人大代表8名，镇人大代表47名。

（孙晶晶）

【举行试点交接开机仪式】 10月13日，德科无源水泵在岭角村灵溪科普教育基地举行了交接开机仪式。德科公司、镇村主要领导以及相关环保、能源专家学者出席了启动仪式。

（孙晶晶）

【召开所述职测评会】 10月18日，召开民主评议基层站所述职测评会，5家被评基层站所主管领导、民主评议基层站所督导组成员、监督员、镇党委副书记、纪委书记及副镇长等人出席会议。

（孙晶晶）

【重点工程项目】 年内，完成总投资581万元，全长108米，水峪嘴桥及引道改建工程。完成总投资4600万元，涉及水峪嘴、陈家庄、下苇甸、炭厂和上苇甸村的都市农业示范园基础设施建设工程进入公开招标阶段。完成109国道复线担下路大桥的评估及部分工程。投资50余万元，完成辖区街道路面硬化1660平方米，划定26个村民规范车位，同时完成大地地区1100平方米村级公园建设和配套绿化美化工程。

（孙晶晶）

【社会保障工作】 年内，镇民政科为全镇42位60岁以上的城乡低保老人办理了助老慈善医疗卡，年底老人拿上就医发票到镇民政科进行统一报销，每人最高报销500元，500元以内的进行实报实销。

（孙晶晶）

【民俗旅游村户申报工作】 年内，完成申报市级民俗旅游村1个，市级民俗旅游户2个。

（孙晶晶）

王平镇

【概况】 王平镇位于门头沟区中南部，地域面积46.6平方公里。辖行政村16个、居委会4个，总人口8002人，全部是非农业人口。

年内，镇党委、政府全面贯彻党的十七届六中全会精神，落实区委十届十一次全会和镇第三次党代会工作部署，深入贯彻落实科学发展观，继续实施“生态立镇、旅游强镇、服务兴镇”三大战略，按照建设“人文、科技、绿色”北京的要求，坚持以旅游文化休闲产业为主导，以都市型现代农业和现代服务业为支撑，依托“一带三区”产业发展空间布局，即：永定河绿色发展带王平段，东部民俗文化旅游区、西部自然水休闲区、中部现代综合服务区，坚持一、二、三产融合发展，打造商务会议健康养生小镇。

全年完成京津风沙源人工造林工程1000亩，完成国家级生态公益林抚育1620亩；完成特色果品基地樱桃种植面积1000亩，产量5万余斤，收入达到150万元。完成各类培训45期约2000余人次，发放技术资料150余份。加大就业岗位开发力度，促进城乡劳动力就业。开发就业岗位90个，帮助办理各种劳动力就业368人。完成全镇房屋调查摸底工作。经普查，全镇共有住宅2611户，房屋1.4万间，面积29.2万平方米；共有非住宅251处10.1万平方米。完善16个市级民俗旅游村旅游服务设施。建旅游港湾2个、旅游公厕3座、旅游咨询2处。全年成功招商9家企业，注册资金1.8亿元。年内完成农村经济总收入1.8亿元，同比增长12.2%；实现人均劳动所得10012.8元，同比增长8.6%；实现区级财政税收552万余元，同比增长557%，完成镇级财政收入269万元。

单位名称： 中国共产党北京市门头沟区王平镇委员会
北京市门头沟区王平镇人民政府
地　　址： 北京市门头沟区王平镇王平大街东路18号
电　　话： 61859400
邮　　编： 102301

（赵　娜）

【领导慰问】 1月10日，区领导到镇内开展节前慰问送温暖活动，向老党员、老复退、残疾人、低收入等家庭送去了棉被等生活用品及慰问金。6月29日，区领导到镇内慰问困难老党员，送去了米、面等慰问品及慰问金。11月4日，市、区总工会领导到王平镇走访慰问困难职工，送带去了慰问品及慰问金。

（赵　娜）

【举办“和谐宴”】 1月19日，吕家坡村举办“老家、老人、老乡亲和谐宴”。活动中，村干部向村民和来宾介绍了村内一年来在产业发展、环境建设、文化建设等方面取得的成绩，并向为村里发展做出贡献的15位荣誉村民颁发了证书，为村里60岁以上的老人佩戴福寿巾。

（赵　娜）

【民主日活动】 1月20日，镇13个村和4个居委会组织开展了2011年第一次民主日活动。活动中，各村（居）党支部书记、主任、财务管理员、“两委”班子成员分别作了党务工作报告、村务工作报告、财务报告、任期承诺完成情况等。7月20日，各村（居）组织召开了2011年第二次村（居）民主日活动。活动中各村（居）领导向党员、村（居）民代表阐述了各村（居）在党建、产业发展、环境治理、民生保障等各项工作的进展情况以及各村（居）1月至6月的财务总收入和总支出的情况。

（赵　娜）

【召开人代会】 1月24日，召开第二届代表大会第八次会议，镇人大代表、镇党委委员、各村非代表的正职干部参加。会上代表审议并通过了《政府工作报告》、《人大工作报告》和《王平镇2010年预算执行情况及2011年预算（草案）的报告》。代表投票选举出同志为镇人大主席1名。11月25日，召开第三届人民代表大会第一次会议，镇人大代表、列席代表共70余人参加。会上代表们听取审议了《王平镇2011年政府工作报告》及《2011年财政预算执行情况和2012年财政预算报告》，并选举产生了王平镇第三届人大代表大会主席1名，王平镇第三届人民政府镇长1名。

（赵　娜）

【举办元宵花会】 2月15日，举办了第十五届元宵花会文艺汇演，全镇12支表演队参加演出。演出包括大秧歌表演、太平鼓、扇子舞、健身操、“落子”、交谊舞等14个节目。

（赵　娜）

【召开各类工作会】 2月18日，组织召开了2011年工作部署会，会上镇领导对镇全年的各项工作任务进行了部署安排，并与各村（居）签订了2011年各项工作责任书。3月8日，召开2010年环境治理总结表彰会，镇党委政府对上一年度在环境建设及垃圾分类工作中取得优异成绩的村、社区进行了表彰，优秀代表就如何开展工作等进行了交流发言。28日，组织召开了以“夯实基础、增强实效，开创党员电教工作新局面”为主题的工作现场会。4月28日，召开深入开展创先争优活动推进会，全体机关干部、村（居）两委干部约150余人参加了此次会议。

（赵　娜）

【举办庆三八活动】 3月1日，举办妇女健康知识讲座，镇机关女干部、各村（居）妇女代表参加。区计生委生殖健康讲师团以“关爱女性健康，幸福美丽一生”为主题，从女性常见的疾病、引发疾病的起因、如何更好的预防等方面讲解了女性健康知识。

（赵　娜）

【培训工作】　3月3日，举办农村党风廉政建设工作座谈暨《村级党风廉政建设工作手册》培训会，区纪委、各镇主管领导及纪检员参加。4月20日，镇计算机等级考试培训开班，镇机关工作人员、村（居）干部和部分村（居）民，共计34人参加培训。7月29日，组织各村主要干部、村理财小组成员、村报账员及镇负责财务的相关科室人员开展了财务人员及财政支农政策培训班。11月29日，邀请区委理论宣讲团老师举办学习十七届六中全会精神专题宣讲会，全体机关干部、村（居）支部书记、主任及大学生村官120余人参加了学习。

（赵　娜）

【市区领导调研】　3月29日，区领导到镇内调研，听取了有关潭王路工程设计、施工及工程进度情况的汇报，现场查看了施工情况并提出具体要求。31日，市领导就新型农村社区建设工作到镇内进行调研，实地查看了解了韭园村的基本情况及韭园酱菜厂的生产环节后给予了肯定。8月31日，区领导到镇内调研，在听取了王平镇重点工作进展汇报后提出了要求。9月4日，通州区考察团一行40余人到王平镇就农村基层党建工作进行交流调研。11月8日，区领导韩子荣到镇内就区、镇人大换届选举投票工作、中瑞生态谷和新型农村社区进展情况等工作进行调研。

（赵　娜）

【开展宣传活动】　4月6日，开展了以加强农民工劳动合同签订、保护农民工合法利益为主题的“春暖行动”宣传活动。6月26日，联合公安派出所开展了以“弘扬禁毒文化、倡导阳光生活”为主题的禁毒宣传活动。

（赵　娜）

【开展环境整治百日行动】　4月20日，组织召开环境整治百日行动誓师大会，对全镇环境整治工作进行了部署，同时全面启动了房屋普查工作。26日，开展环境整治百日行动高潮日活动，全镇共有600余人参加环境整治行动，出动车辆15余次，悬挂横幅20余条，清运堆物堆料10余吨。

（赵　娜）

【开展安全迎汛演练活动】　5月11日，区防汛办、区园林绿化局、王平镇、京西发电有限公司多家单位联合在落坡岭水库开展了以“防灾减灾”为主题的安全迎汛、水库人工提闸演练活动。7月6日，防汛抗旱指挥部组织防汛应急队、林业公安抢险队、色树坟卫生院、镇机关抢险队及公安派出所开展了防汛应急抢险撤离演练，共计100余人参加。

（赵　娜）

【成立法律服务中心工作站】　5月25日，区惠农法律服务中心王平地区工作站揭牌成立，部分市领导参加揭牌仪式。工作站成立后，专职工作人员及律师定期到王平站为群众宣讲法律知识、接待法律咨询、代写法律文书、审查林地承包及土地经营权流转等各种合同，增强维权意识，减少避免因不懂法而造成的损失。

（赵　娜）

【农业服务热线走进王平】　5月30日，“12316”农业服务热线走进王平镇，来自市农科院、市农业推广站的樱桃、核桃、梨、金银花等果树管理专家分别到韭园村和西王平村，解答了农户关于果树栽种、防治、除害等日常管理与提高果树产量的各类问题。活动还发放《专家联系手册》、“12316”新农村热线宣传海报共计200余份，解答各类问题300余例。

（赵　娜）

【开展建党90周年系列活动】　6月1日，举办纪念中国共产党成立90周年暨“唱支红歌给党听”群众汇报演出，全镇各村（居）17支代表队600余人参加活动。16日，开展了以纪念建党90周年为主题的党史知识竞赛，全镇共有18支代表队70余人参加。23日，组织全镇党员开展了“万名党员寄心语”活动，在为期4天的活动中，共有500余名党员面向党旗庄严宣誓，重温入党誓词，在横幅上签上自己的祝福。

（赵　娜）

【创建语言文字规范化示范镇】　6月16日，由10余名市领导及专家组成的检查组到镇就创建语言文字规范化示范镇工作检查验收。检查组听取了王平镇《创建语言文字规范化示范镇工作自评报告》，并对创建工作的档案、机关内宣传橱窗、镇社保服务大厅、机关工作人员普通话水平进行了抽查检查。

（赵　娜）

【召开庆“七一”表彰会】　6月29日，举办纪念中国共产党成立90周年暨庆“七一”表彰大会，镇党代表、机关党员、各村居党员干部及部分党员代表等参加了表彰活动。

（赵　娜）

【村务监督委员会推选工作】 8月15日，完成村务监督委员会推选工作，全镇16个行政村共推选出村务监督委员会机构16个，委员43名。

（赵 娜）

【新型农村社区试点工作】 8月17日，北京市达沃斯旅游规划设计院有限公司到韭园村关于韭园村新型农村社区试点规划进行实地考察。听取了关于韭园村新农村社区建设和基本信息的介绍，并实地对韭园村进行实地考察。

（赵 娜）

【党委换届工作】 8月23日，召开第三次党代表大会代表选举工作部署会，镇主要领导、机关全体党员、19个党支部的支部委员参加了部署会。9月8日，19个基层党组织全部完成镇党代表投票选举工作，共选举产生镇党代表101人，其中妇女代表55名，占54.5%；基层党组织负责人18名，占18%；其他工作、生产一线及大学生村官、社区工作者等75名，占74.3%；各类专业技术人员和农村实用人才16名，占16%；先进模范人物代表26名，占26%。

（赵 娜）

【做文明有礼的北京人】 8月25日，由首都文明办、市市政市容委、农委、商务委、区政府主办的做文明有礼北京人——“周四垃圾减量日暨绿色乡村月”活动走进王平镇。活动中，市区领导就垃圾减量分类工作进行了宣传动员发言，参会领导与现场500余名群众观看了文艺表演。

（赵 娜）

【工矿棚户区改造工程】 8月26日，京煤集团针对王平镇工矿棚户区改造工程的14.6万平方米安置房建设项目正式启动。年内，原电厂冷却塔、大烟囱、办公楼已拆除，一个楼座已开槽。

（赵 娜）

【人大换届工作】 8月29日，组织召开区、镇人大换届选举工作动员培训会，镇主要领导、包村（居）干部、驻镇单位负责人、各村（居）两委干部参加。9月1日，以派出所户籍底卡、驻区单位以单位人员花名册为依据，核实人口数、搞好选民资格的摸底工作，进行选民登记，建立选民底册，划分选民小组，确定选民小组召集人，填写选民证，写选民榜。15日，19个人大换届宣传点开展换届选举工作宣传活动。此次活动发放各类宣传材料2000余份，150余名工作人员参加。11月2日，组织开展区、镇两级人大换届选举阶段动员培训，各参选单位选委会成员、机关包村干部及镇主要领导参加。8日，王平镇分会的农口选区、社区选区、机关单位选区三个选区开展了区、镇人大选举投票活动。选民登记人数共计5553人，参加投票选民数为5549人，参选比例为99.9%。设立了19个投票站，在流动票箱投票人数为87人，投票选举出区人大代表7人，连选连任代表占应选名额28.6%，镇人大代表46人，连选连任代表占应选名额34.8%。

（赵 娜）

【检查验收工作】 9月14日，市读书益民工程领导小组、区图书馆就村级益民书屋开展使用情况进行检查验收。全镇共有村级益民书屋13个，镇图书阅览室1个，涉及哲学、宗教、社会科学、自然、儿童等各类图书共计3万余册。

（赵 娜）

【庆祝老年节活动】 9月22日，举办庆祝老年节暨敬老爱老表彰活动。活动中，镇领导汇报了全镇老龄工作开展情况，并为15个“为老服务先进单位”、26个“为老服务先进个人”、39个“健康老人”、24个“敬老好儿媳”、33个“老有所为标兵”、10个“孝星”进行表彰和颁奖。

（赵 娜）

【召开第三次党代会】 9月27日至28日，中国共产党王平镇第三次党代会召开，101名镇党代表、7名列席人员出席会议。大会审议了《中国共产党王平镇第二届委员会工作报告》、《纪律检查委员会工作报告》和《党费收缴、使用和管理情况报告》，投票选举产生了王平镇第三届党委、纪委领导班子和出席区第十一次党代会代表。

（赵 娜）

【爱心捐赠活动】 10月25日，开展全镇范围内的“冬衣送暖”捐赠活动，全体机关干部，向对口支援灾区和区内困难群众捐献棉衣、棉被等御寒衣物2411件，现金1465元。

（赵 娜）

【部署森林防火工作】 11月1日，组织召开了2011至2012年森林防火工作会。全面部署森林防火工作，并组织学习了《北京森林防火办法》，切实把森林防火工作落实到“五个到位”。即：成立组织机构到位、灭火工具准备到位、护林员管理到位、专项行动落实到位、宣传教育到位。

（赵　娜）

【战略合作协议签约工作】　11月4日，韭园股份经济合作社与京煤集团所属金泰地产战略合作协议签约。

（赵　娜）

【举办“国际残疾人日”活动】　11月30日，组织各村（居）干部、残疾人专干、部分残疾人代表及区镇主管领导举办庆祝活动。活动中，镇领导向参会人员就全镇残疾人总体数量、残疾人社会保障制度、残疾人服务体系建设及开展情况等内容进行了汇报。

（赵　娜）

【打击私挖盗采工作】　年内，联合公安派出所、京煤集团物业公司，对镇域内私挖盗采行为进行安全检查。与各村、居签订了杜绝私挖盗采工作责任书。全年巡查共计268次，联合检查6次，夜查6次，未发现辖区内存在“盗采”行为。

（赵　娜）

【为民办实事工程】　年内，为符合城乡低保条件的残疾家庭办理低保165人，享受特困残疾人生活补助179人，无固定收入重残无业补助53人，未就业劳动年龄段残疾人生活补助22人；发放养老助残券213人，共计12.83万元。在各村开展文艺演出活动。接待一类专业演出13场，二类演出32场，观看群众达1.6万余人次。全年共放映数字电影1700余场，观看人数达到6万人次。

（赵　娜）

【开展水务普查工作】　年内，开展北京市第一次水务普查，对水务普查进行宣传，入村入户进行普查，已完成河流湖泊、水利工程、灌区、经济社会用水、地下水、水土保持、河湖开发治理、供水设施八项清查内容。

（赵　娜）

【动物防疫工作】　年内，共为各种动物免疫7次。全镇家禽新城疫免疫1.0338万只次；禽流感免疫1.47万只次，鹅180只次，鸭164只次；猪瘟72头；兰耳病免疫55头；O型口蹄疫免疫猪95头次，羊81只次；狂犬病免疫已完成757条，同时加大了动物防疫宣传力度；在王平镇放鱼苗2万尾。

（赵　娜）

【开展地质灾害排查工作】　年内，开展109国道地质灾害排查工作，成立了地质灾害应急指挥部，镇村两级建立了地质灾害应急预案及防治方案。针对重点的地质灾害易发区所在的村逐一进行地质灾害核查，设专人对危旧破房、采空区、重点地片、重点房屋等进行检查，发现险情要及时上报并采取措施予以解除。全镇共查出险户90户，涉及214人，险屋349间。

（赵　娜）

【住房保障工作】　年内，住房保障窗口累计受理各类保障性住房申请402户。受理上报廉租住房租金补贴138户，其中121户审核通过；实物配租申请共计114户，其中109户审核通过，已安置50户；受理上报经济适用房申请177户，审核通过151户，已经入住23户；受理上报两限房申请36户，审核通过31户。

（赵　娜）

雁　翅　镇

【概况】　雁翅镇地处门头沟西北部山区，距区政府45公里。1994年由原青白口、大村、田庄三个乡合并而成，自然形成了河路、田庄、大村三个区域。地域面积267平方公里，全镇下辖23个行政村，1个社区居委会，共有5145户，8785人，其中：农户3074户5973人，劳动力4355人。2011年度雁翅镇党委、政府在区委、区政府的领导下，坚持以邓小平理论和“三个代表”重要思想为指导，深入学习实践科学发展观，按照生态涵养建设区功能定位要求，大力实施“1235”战略，即：坚持生态立镇一条主线，围绕实现建设首都有机特色农产品生产基地和旅游文化休闲服务新区两个目标，加快发展珍珠湖、田庄、大村三条沟域，统筹兼顾，协调发展，全力推进引进创新、环境建设、民生保障、和谐稳定、党的建设五项工程，促进全镇经济社会又好又快发展，努力建设富裕生态和谐新雁翅。2011年全镇实现农村经济总收入4.9亿元，同比增长5%；农村人均劳动所得7749元，同比增长8.6%；农民人均纯收入9777元，同比增长10%；固定资产投入5090万元，同比增长27%，经济发展呈良好势头。

单位名称： 中国共产党北京市门头沟区雁翅镇委员会

北京市门头沟区雁翅镇人民政府

地　　址： 北京市门头沟区雁翅镇付家台村

电　　话： 61839874

邮　　编： 102305

（潘　伟）

【领导慰问】 1月10日，区领导一行到雁翅镇开展走访慰问活动，对镇域内优抚对象、低保户、老党员和残疾户送上了新年的祝福，慰问共涉及全镇18户困难群众，发放慰问金1.44万元。1月13日，市财政局纪检组长一行7人，到雁翅镇付家台村慰问建国前老党员，送去慰问金和棉被、大米、食用油等慰问品。14日，驻镇10名爱心企业家走访慰问了镇域内25户困难户，奉献爱心，为每户困难家庭送上1000元慰问金，此次慰问活动共计发放慰问金2.5万元。12月12日，石景山区敬老院领导到雁翅社会福利中心慰问老人，给老人们送去了棉衣、棉裤及生活用品。

（潘　伟）

【民主日活动日】 1月14日，召开2011年第一次民主日活动动员培训会，此次民主日活动以“规范村级民主、践行两委承诺、开展阳光村务、共谋和谐发展”为主题，全面部署民主日各项工作。按照《雁翅镇2011年第一次农村民主日活动的安排意见》文件要求，镇主管领导就各项公开事项的程序和内容进行了集中培训。镇主要领导、各村包村干部、村党支部书记、村委会主任、统计员、大学生“村官”90余人参加了会议。18日为全镇农村民主活动日，各村按照镇党委统一部署，切实做好党务公开、财务公开、村务公开，民主决策村级重大事项，监督评议“两委”任期承诺各项工作，完成年度第一次民主日活动。7月15日，召开2011年第二次农村民主日活动动员部署会。会上要求各村做好2011上半年党务、村务和财务公开报告，村“两委”班子成员述职述廉，明确2011年下半年工作思路，村民代表报告履职情况，“两委”班子接受村民代表的质询，点题公开，民主决策村级重大事项，现场进行民主评议等方面工作。主要领导出席会议，全镇23个村党支部书记、村委会主任、统计员和包村组长等80余人参加会议。会上还发放了《雁翅镇2011年第二次农村民主日活动安排意见》等相关文件。

（潘　伟）

【组织召开内容多样的座谈会】 1月20日，组织23家驻镇单位召开座谈会。雁翅镇主要领导和23家驻镇单位负责人参加了座谈会。9月5日，举办教师节座谈会，邀请辖区内中、小学校长和教师代表参加座谈活动，对以后工作中如何创新，如何与镇主管科室密切联系开展一系列教育活动提出了建议。党委书记、镇长和相关领导出席了座谈会。10月初，召开了以“九九重阳节，浓浓敬老情”为主题的重阳节座谈会，区民政局、残联有关领导、镇领导和各村、各驻镇单位代表共60余人出席。活动中，区民政局、老龄委、红十字会3个单位分别向雁翅敬老院捐款5000元，驻镇企业北京龙富康公司捐赠28条毛毯。

（潘　伟）

【举办乡村文化活动】 1月22日，与区商务委联合举办了以“欢乐百姓，和谐雁翅”为主题的利民惠农年货文化大集活动，并以此为平台，进一步推进了廉政文化“六进”——“送廉政年画”活动。活动现场，区纪委和镇主要领导及工作人员将500张廉政年画送到党员干部和村民手中。5月17日，淤白村举办了农历四月十五乡村文化节，1000余人观看了演出。

（潘　伟）

【文艺汇演活动】 2月17日，付家台村组织村文艺演出团队举办了元宵节文艺演出，演出活动在村文化活动室举办，全村200余人观看了演出活动。3月8日，雁翅居委会与雁翅村联合举办了庆“三·八”巾帼联欢风采展示文艺演出。镇主管副镇长和民政科负责人出席此次活动，有300余人观看了演出。7月28日至29日，大台街道京西祖龙山艺术团一行20余人到雁翅镇入村进行文化演出。艺术团先后到黄土贵村、饮马鞍村、珠窝村和河南台村4个村，表演了老年人喜爱的经典剧目和青年人喜爱的快板、现代歌曲等节目。

（潘　伟）

【安全维稳工作】 3月2日，召开全国“两会”期间安全稳定工作会，并启动社会面一级二级超常防控等级命令。镇主要领导、包村组长、各村（居）党支部书记、村委会主任，驻镇单位负责人等60余人参加了会议。会议传达了市、区领导对“两会”期间安全稳定工作的讲话精神，并对下一步安全稳定工作做了具体部署，会后，镇党委书记、镇长和24村（居）党支部书记、村委会主任签订了《全国“两会”期间的安全稳定责任书》。29日，召开了2011年安全稳定工作会。镇副职以上领导、24个村（居）党支部书记、村委会主任、包村组长共计80余人参加会议，会上，制定下发了《2011年雁翅镇社会治安综合治理工作要点》、《雁翅镇2011年信访工作要点》96份；层级签订各类责任书6类共计158份：镇党委书记、镇长与24个村（居）签订了《雁翅镇2011年社会综合治理责任书》、《雁翅镇2011年信访工作责任书》；镇主管领导与24个村（居）签订了禁毒、铁路护路责任书。4月28日，旅游开发服务中心对镇域内民俗旅游接待户进行了拉网式安全大检查。9月7日，镇主管副职领导带镇安全办、社保所、综治办和雁翅派出所工作人员联合对辖区内的农家乐、超市、饭馆等经营场所进行了安全检查，此次检查主要包括消防器具配备、消防栓使用期限、消防通道、煤气设施存在的安全隐患、危险地域是否有足够的安全防护措施等内容。

（潘　伟）

【普法宣传活动】　3月2日，镇妇联联合司法所开展了贯彻落实《妇女权益保障法》普法宣传活动，推进保护妇女合法权益工作开展。活动中，工作人员向过往群众发放《中华人民共和国妇女权益保护法》、《北京市法律援助条例》等法律法规书籍、就法律援助范围、申请和咨询方法等问题向群众进行了讲解。活动共计300余次群众参与，发放法律法规等书籍156本，法律知识手册、宣传折页、法律答问等1000余份。

（潘　伟）

【党风廉政建设】　3月4日，区妇联、纪委和雁翅镇联合举办了“树廉洁新风，建和谐家庭”廉政文化进家庭系列活动启动仪式。区妇联、纪委、雁翅镇相关领导及雁翅镇24个村（居）党支部书记、村委会主任家属60余人参加了活动。24日，召开全镇大会，以区党风廉政建设工作会议精神为指导，制定党风廉政建设责任书，会上，镇党委书记与24个村（居）书记、正职与副职、副职与科长、科长与科员逐级层层签订“党风廉政建设责任书”共108份。同时，在全镇开展“两委”干部廉政承诺，各村“两委”干部共签订廉政承诺书121份。5月26日，组织召开了廉政风险防控管理工作“回头看”活动工作部署会，制定了《2011年雁翅镇廉政风险防范管理工作“回头看”活动实施方案》。全体机关干部、村（居）两委干部共计260余人参加会议。会上下发《处级领导干部廉政承诺书》。

（潘　伟）

【市领导检查工作】　3月4日，市委组织部组织处副处长带领检查组到我镇检查“三级联创”工作。检查组一行听取了镇“三级联创”工作情况汇报，检查了“台账”，并进行了测评。9月13日，由中国林业科学研究院、中国农业大学、北京市标准化研究所等有关单位专家组成的国家级生产标准示范区目标考核组，完成了对雁翅镇大村口子沟薄皮核桃国家级生产标准化示范区的考核验收。10月11日，由专家教授、市环保局、区环保局一行6人组成的市级文明生态村专家验收组对镇文明生态村创建工作进行了检查验收。专家组对镇内创建市级文明生态村村庄的文明、生态环境表示满意。11月24日，市农工委检查组一行到雁翅镇检查验收农村实用人才培养工作。检查组通过听取雁翅镇实用人才工作汇报、查看档案材料、入户座谈等形式进行实地检查，现场观看了淤白村威风锣鼓演出，走访了芹峪肉鸡养殖场，与芹峪村养殖实用人才进行了座谈。12月16日，市“五+三”工程建设验收组对2006年至2010年“五+三”工程完成情况进行检查验收。验收组按照“实地查看、汇报座谈、台账查阅”三个步骤，分别对田庄村、跃进村、饮马鞍村、河南台村4个村进行了抽查验收，重点验收了街坊路硬化绿化、户厕改造、住房节能改造、垃圾分类设施以及户用节能灯等工程完成情况，并入街、入户、入院进行了具体走访。验收组肯定了雁翅镇“五+三”工程建设取得的成效。

（潘　伟）

【“三八”妇女节活动】　3月8日，太子墓村组织全村妇女召开了庆“三·八”工作会，村干部为每一位妇女送上了一份礼物。同日，跃进村在村委会活动中心展开座谈会。全村妇女参加座谈会，座谈会上，村党支部书记代表支部和村委会向全村妇女们致以节日的祝贺，并代表村委会给每位妇女发放了100元的妇女津贴。9日，组织女工开展“我争先、我践行、我有为”主题实践活动，镇妇联以座谈会的形式，组织全镇40余人机关妇女干部参加活动，镇妇联、计生办、财政科、经管站、纪委等科室负责人和科员先后就立足自身工作定位，从不同角度畅谈了自己的工作体会、方法和经验。

（潘　伟）

【培训工作】　3月11日，镇纪委举办《村级党风廉政建设工作手册》专题培训班，镇纪委负责人重点围绕廉政风险防范管理、领导干部廉洁自律、民主管理与监督及贯彻落实党风廉政建设责任制4个方面17项内容对《村级党风廉政建设工作手册》的使用情况进行说明和讲解，24个村（居）党支部书记、统计员等50余人参加培训。4月27日，镇计生文教办利用成教平台在雁翅中学举办计生专干电脑培训班。培训班邀请了区社区教育中心老师，对全镇计生干部和宣传员培训电脑知识48课时。6月14日，邀请区卫生监督所工作人员举办了旅游餐饮行业专项整治培训班。全镇民俗接待户、餐饮单位、集体食堂等单位的60余人参加培训。7月26日，邀请区人口计生委规统科和流管科工作人员举办了全员人口管理信息系统培训班，全镇24个村（居）的计生干部以及大学生“村官”，近50余人参加培训参加了此次培训。8月15日，镇社保所邀请区劳动监察大队第四执法组组长举办劳动用工及《社会保险法》培训会，全镇36家企业负责人参加了培训。10月18日，在雁翅旅游服务中心召开区、镇人大换届选举提名候选人培训会，镇选办主任作提名推荐、协商确定代表候选人阶段工作业务培训，明确了协商确定初步候选人阶段推荐代表的原则、代表名额及构成比例、时间安排、程序要求等相关内容。雁翅镇主要领导出席会议，镇选举委员会成员、选办人员、包村组长和全镇24个村（居）党支部书记、主任等100余人参加会议。

（潘　伟）

【召开中小学校长联席会】　3月23日，镇计生文教办组织召开了校长联席会。镇主管领导、相关科室负责人出席会议，教育专干、中小学校长、德育主任和大村、青白口和淤白村委会主任参加会议。会上，各中小学校长首先介绍了各自学校的基本情况、社区教育培训情况和德育特色，计生文教办负责人介绍了全镇社区教育培训情况及2011年社区教育培训重点。

（潘　伟）

【召开农村工作会议】　3月24日，组织召开2011年农村工作大会，全面贯彻落实党的十七届五中全会及市、区农村工作会议精神，总结“十一五”时期工作，分析当前形势，全面部署全镇2011年新农村建设工作。镇长、副职领导出席会议，全镇23个村党支部书记、村委会主任、部分大学生“村官”、包村组长参加会议。

（潘　伟）

【森林防火工作】　3月29日，召开安全稳定暨清明护林防火工作会，部署了2011年全镇社会治安综合治理、610、流动人口和出租房屋、禁毒、铁路护路联防及信访工作。镇副职以上领导、全镇24个村（居）党支部书记、村委会主任和包村组长80余人参加会议。3月27日至4月5日是清明节扫墓高峰期，雁翅镇采取四项措施确保清明节期间护林防火安全。4月1日至2日，开展清明节期间护林防火值班大检查，做好护林防火工作。11月1日，雁翅镇在区教师培训中心召开2011－2012年度森林防火工作会。区园林绿化局副局长、雁翅镇镇长、党委副书记等人出席会议，全镇23个行政村的党支部书记、村主任及包村干部参加了会议。

（潘　伟）

【召开人大会】　3月31日，镇第七届人民代表大会第十次会议召开。全镇43名人大代表出席了会议，部分村党支部书记列席了会议。与会代表听取了《政府工作报告》、《十二五规划纲要》和《财政工作报告》，书面听取了《人大工作报告》。镇党委书记、镇人大主席作讲话。11月22日至23日，召开镇第八届人民代表大会第一次会议。应到代表48名，实到代表47名，区督查组领导及部分村党支部书记列席会议，会议听取并审议通过了《雁翅镇人民政府工作报告》和《财政工作报告》两个工作报告。两个《报告》回顾了过去五年来的工作，肯定了各方面取得的成绩，指出了存在的问题和不足，明确了未来五年的努力方向。

（潘　伟）

【参观学习】　4月6日，组织全体机关干部、村（居）“两委”班子成员共计300余人到门头沟博物馆参观了了由门头沟纪委主办的《北京市预防工程建设领域职务犯罪巡展》。27日，组织雁翅社区居委会两委班子成员及社区工作者到斋堂爱国主义教育基地参观学习。6月29日，组织镇全体机关干部、村“两委”干部、部分党员代表150余人到区博物馆参观了“新五年，新跨越”门头沟区国民经济和社会第十二个五年规划纲要宣传展。7月6日，雁翅社区组织50余名党员赴顺义区焦庄户地道战遗址纪念馆参观学习。8月18日，雁翅社区居委会组织居民代表参观门头沟“一湖十园”景观。

（潘　伟）

【领导调研】　4月10日，区领导韩子荣到雁翅镇调研。镇党委书记汇报了雁翅镇生态建设、产业调整、推进旅游文化休闲产业、改善镇村环境、推进农村改革、社会事业发展等情况，并汇报了雁翅镇“十二五”总体发展思路、重点工作、党建工作和目前存在的问题。韩子荣对雁翅镇近年的工作和未来发展思路给予了充分肯定。25日，区残联领导对该镇享受残疾人生活困难补助户生活状况进行调研。5月21日，区城乡环境整治百日行动协调办公室到雁翅镇就环境整治工作进行调研。通过“一谈、二查、三走访”的形式了解雁翅镇近阶段环境整治工作进展情况。

（潘　伟）

【考察工作】　4月17日，组织太子墓村两委班子及村民代表到河北省保定市顺平县南神南示范区实地考察苹果新品种——矮化密植富士苹果，考察了解当地矮化密植富士苹果的生长状况、年产量等基本情况，并学习了矮化密植栽培富士苹果的田间管理技术。5月4日，区政协一行20余人视察新农村建设工作。政协委员们先后到雁翅镇太子墓村和雁翅村视察街坊路硬化、太阳能浴室、太阳能路灯、户改厕、墙体保温等新农村“五+三”工程建设情况。委员们肯定了“五+三”工程在村容村貌、民生改善等新农村建设中起到的重要作用。8月5日，北京市农委领导到苇子水村考察经济发展状况，了解苇子水村的村情和发展状况，并听取了雁翅镇镇长和苇子水村党支部书记关于村庄历史、古村落开发、民俗旅游接待以及反季节香椿大棚建设项目等情况汇报，对苇子水村的历史人文风光给予了称赞，并高度评价了反季节香椿大棚建设试验地。

（潘　伟）

【宣传工作】　4月22日，以“依法信访，畅通有序”为主题在雁翅祥云农副产品市场中心集中开展信访宣传日活动。通过悬挂横幅、摆放展板宣传画、设置展台分发宣传材料和宣传品、专人提供咨询等多种方式进行了《依法信访》、《治安条例处罚法》等相关法律法规的宣传。此次信访宣传活动共有300余人次群众参加，接受群众咨询40余人次。此外，全镇24个村（居）通过展板、橱窗、板报的形式进行为期一个月的信访宣传活动。25日，镇计生文教办在雁翅村举办了母亲节暨幸福工程救助贫困母亲活动日宣传活动，活动现场悬挂了宣传横幅，摆放了计生政策宣传展板。在现场，工作人员共发放《关爱女性健康》、《为您服务》、《知情选择》、《优生优育》等宣传折页和书籍700余份。300余名群众参与了此次宣传活动。28日，镇民政科和社保所联合区民政局开展社会救助政策宣传月活动。此次宣传活动共发放《城乡特困人员享受住院押金减免和出院即时结算须知》、《北京市城乡社会救助申请指南》、《门头沟区2011年新型农村合作医疗知识解答》等宣传资料800余份，接受群众咨询30余人次，参与群众80余人。在活动进行中，工作人员还特意入户到年老行动不便的困难户家中进行政策讲解和宣传。5月20日，镇计生文教办邀请北京市药监局门头沟区分局工作人员在雁翅镇房良村开展了安全用药培训宣传活动，共发放《首都市民安全用药知识手册》、《安全用药常备手册》、《保健养生谨防忽悠，慧眼识别理性消费》等宣传资料300余份，宣传资料袋和宣传折扇等小饰品400余份。

（潘　伟）

【举办民俗庙会】　5月3日，田庄村举办青茶山民俗文化庙会。

（潘　伟）

【换届工作】　5月11日，召开领导班子换届考察工作动员会。区考察组、雁翅镇领导班子成员、科级干部、各村（居）党支部书记和村委会主任以及两代表一委员成员共计100余人参加会议。与会人员对镇领导班子和班子成员进行了民主测评和民主评议，并开展了严肃换届纪律情况问卷调查和换届纪律知识测试，对12名处级干部进行了民主推荐。9月15日，在雁翅祥云农副产品市场中心设立了人大换届选举的中心宣传站，宣传活动以“参与换届选举，投好庄严一票”为主题，共悬挂宣传横幅45条，设立展板8块，张贴选举公告28处、宣传标语1200余份、宣传画35套，发放《致全区选民一封信》和《选民须知》共计5000余份。10月25日，按照区、镇人大换届提名推荐、协商确定代表候选人工作的原则、程序和工作要求，全镇4个人大选区共提名21名区人大代表候选人。11月8日，雁翅镇区、镇人大代表换届选举投票日。共设立25个投票站，流动票箱25个，截至投票时间结束，选民登记人数7039名，投票总人数6838名，参选比例97%，雁翅选举分会共选出区人大代表9名（其中女3名）、选出镇人大代表48名（其中女18名），完成了区、镇人大代表换届选举工作。

（潘 伟）

【结爱心帮扶对子】 5月23日，中国航空油料有限责任公司华北公司一行50余人到苇子水村，双方联合举办了共建联欢活动。中航油华北公司向苇子水村捐赠了图书，并与村民一起举行了联欢活动，200余人观看了晚会。8月19日，海淀区海淀街道办事处的领导和社区居民代表一行15人，先后到雁翅镇河南台村困难学生和雁翅村贫困母亲家庭家中，为她们送去现金、米、油及学习用具等慰问品，走访后，海淀街道办事处的领导与雁翅镇的领导举行了捐款仪式，共捐助全镇贫困母亲家庭9300元。

（潘 伟）

【产权林权制度改革】 5月25日，召开农村集体产权制度改革推进会。全镇23个村党支部书记、村委会主任、统计员、包村干部100余人参加了会议，会上，下发了《雁翅镇农村集体经济产权制度改革实施办法（试行）》、《门头沟区产权制度改革资产处置、股份量化和成立新经济组织阶段培训内容》等文件，并由镇经管站站长和区档案局相关负责人分别就“资产处置、股份量化和成立新经济组织”操作流程和内容以及产权改革中档案整理和保存进行了培训。6月3日，镇产权制度改革办公室工作人员到田庄地区下乡指导工作，负责人询问产权制度改革的进展情况，解答该村改革过程中遇到的问题，介绍改革完成村的先进工作经验。

（潘 伟）

【“村官”工作】 5月30日，召开2008届大学生“村官”测评会。全镇38名大学生村官参加会议。此次测评会主要是对合同期满的16名2008届大学生“村官”入村三年来的工作表现进行民主测评。8月2日，团委组织召开2011届大学生村官欢迎会，会上，镇团委书记结合历年大学生“村官”的工作情况，对2011届新“村官”提出了建议和希望，同时，对全镇村官的下一步工作进行了安排。4日，门头沟区第七期青春议事厅以“当好参谋献计策，建功立业十二五”主题在雁翅镇举办。团区委领导、雁翅镇党委副书记以及其他街道、乡镇的13名团委书记应邀出席了此次活动。雁翅镇30余名大学生“村官”参加活动。

（潘 伟）

【防汛抗旱工作】 6月1日，召开2011年防汛抗旱工作动员会。镇长及主管副职领导参加会议，全镇24个村（居）党支部书记、村委会主任、包村组长、辖区驻镇单位负责人等70余人参加会议。7月29日，镇综治办、雁翅火车站及铁路派出所召开联席会，对镇域内铁路重点地段的防汛工作进行研究和部署。会议明确了辖区内4处重点铁路防汛地段，分析了可能发生的危险情况，研究了应对防范措施，并要求铁路沿线6个村庄部署护路抢险队，加大在防汛期间的巡逻力度，做到“定时、定点、定人”的防护要求，确保辖区铁路运输安全畅通。

（潘 伟）

【禁毒工作】 6月26日，联合雁翅派出所以“依法禁毒，构建和谐”为主题在雁翅祥云农副产品市场中心开展了禁毒宣传活动。活动共计发放《弘扬禁毒文化，倡导阳光生活》、《珍爱生命、远离毒品》、《禁毒宣传手册》、《中国禁毒周刊》等宣传材料300余册，张贴禁毒宣传画25张，悬挂标语15条。10月20日，组织派出所、城管、司法所、安全科等有关部门在雁翅超市前开展了“雁翅镇综治维稳中心集中宣传活动”，共设置宣传展版2块，累计发放各类宣传材料1000余份。

（潘 伟）

【捐款活动】 7月5日，组织党员、入党积极分子和群众开展“迎七一·共产党员献爱心”捐款活动，全镇机关干部、及各村（居）党员群众共捐款23932元，其中党员86人，入党积极分子47人，群众383人。

（潘 伟）

【区领导检查工作】 7月6日，区工商分局王平分所在雁翅镇旅游科工作人员的陪同下对永定河沿线的农家乐接待户进行了安全大检查。此次检查涉及到沿线河岸安全警示标牌、食品卫生、消防器材、电路老化、卫生许可证、游客住宿登记等方面。11月9日，区纪检监察局一行5人针对雁翅镇党务公开和《廉政准则》贯彻执行情况进行专项检查。雁翅镇负责人从组织、监督、宣传等方面对该镇党务公开工作的开展情况进行了汇报，检查组通过“听汇报、查资料、开座谈”三个环节对雁翅镇党务公开建设和《廉政准则》贯彻落实情况进行了综合检查，查看了该镇创建的党务公开宣传栏、自动终端触摸屏等特色设施，检查组对雁翅镇党务公开建设执行制度和《廉政准则》贯彻落实情况给予了肯定。12月26日，区委组织部部长带领“三级联创”检查组成员5人到雁翅镇检查指导“三级联创”创建工作。检查组通过“听汇报、查档案”等方式对镇“三级联创”进行了综合检查，对“三级联创”工作给予了肯定，认为雁翅镇在“三级联创”工作中做到了思路清晰，成果显著，各项工作都开展的扎实有效。

（潘　伟）

【村级邮递员】　7月29日，召开全镇村邮员业务培训和现场考试会。按照区农委、区邮政局关于招聘村邮员的工作要求，此次活动对23名村邮员进行了业务培训，并由区邮政局组织了现场考试，这些村邮员的招聘工作都经过了村两委班子会议讨论、人员信息公示等环节，符合招聘原则。

（潘　伟）

【人口计生工作】　8月25日，计生文教办工作人员在镇主管副职领导带领下，代表镇党委、政府给全镇7名考上大学的独生子女每人送去了500元的奖学金。26日，镇计生文教办以“青春健康伴我行”为主题举办了征文演讲比赛。此次活动包括主题征文和征文演讲比赛。镇24个村（居）计生专员观看了比赛。雁翅镇计生办与雁翅社区卫生院在9月20日联合开展了计生宣传服务活动，迎接和纪念《公开信》发表31周年。活动中，镇计生办和雁翅社区卫生院的工作人员在活动现场发放了计划生育宣传材料和纪念品等200余份。

（潘　伟）

【联合检查】　9月8日，镇安全办、综治办、社保所和雁翅派出所联合开展安全卫生大检查。检查组先后到永定河沿线农家乐、109国道沿线餐饮住宿单位、超市、加油站、煤气供应点等地进行实地检查。检查内容涉及沿河安全警示标牌、食品卫生管理、卫生许可证、营业执照、消防器材、劳动用工等方面。此外，检查人员还给各食品餐饮单位发放了《关于做好雁翅镇餐饮服务行业卫生管理工作的通知》。

（潘　伟）

【举办“南石洋”杯摄影年赛】　12月29日，在门头沟区博物馆举行“别样风景七彩雁翅”——“南石洋”杯摄影年赛获奖作品展览暨颁奖仪式。此次大赛共收到参赛作品500余幅，作品突出反映了雁翅镇23个村庄村容村貌和镇域内南石洋大峡谷、黄岩沟百年丁香谷、白瀑寺、珍珠湖等景区四季自然风光、人文景观、民俗风情、旅游文化、新农村建设等内容。通过评选，选出一等奖4名，二等奖6名，三等奖9名，另设优秀奖13名。

（潘　伟）

【生态文明村建设】　年内，由专家教授、市新农办、市环保局、区农委、区环保局等一行12人组成的市级文明生态村专家验收组，围绕村庄生态环境、村庄文明氛围、经济产业、群众收入水平等文明生态村创建指标，采取多种方式，对雁翅镇2011年申报的雁翅村、珠窝村、山神庙村、高台村4个村进行了验收，对2007至2009年创建成功的碣石村等5个生态村进行了复查，2005年至2010年，全镇共创建市级生态村15个，占全镇总数65%，验收结束后，专家组对雁翅镇创建市级文明生态村村庄文明、生态环境等工作给予肯定。

（潘　伟）

【征兵工作】　年内，冬季征兵兵役登记共登记适龄男性青年275人，新录入适龄青年40人，确定预征对象25人，应征入伍4人。

（潘　伟）

【创先争优工作】　年内，在开展创先争优活动中，以“解放思想，振奋精神，凝聚力量，建设富裕生态和谐新雁翅”为主题，在机关干部中着力开展学习型、效率型、创新型、和谐型、节约型、廉洁型“六型”机关的创建活动，相继出台：镇领导班子周例会制度；机关科室月工作例会制度；机关工作制度；机关会议制度；机关开展工间操活动制度；机关卫生责任区管理制度。在具体实践中采取“三抓、三强、三提升”工作法来强化“六型机关”创建，即：抓学习，强思想，提升凝聚力；抓承诺，强监督，提升战斗力；抓制度，强服务，提升向心力，促进机关作风的转变，以良好的工作作风，推动全镇各项工作开展。

（潘　伟）

【京西第一党支部纪念馆开馆】　年内，京西山区中共第一党支部纪念馆开馆仪式在雁翅镇田庄村举行。市委组织部、市党史办、区四大部门等有关领导出席仪式。京西山区中共第一党支部创建人崔显芳同志后人、有关部门负责同志，部分基层党组织书记、党员代表约300人参加了仪式。活动当天，区领导韩子荣、市委组织部副部长为京西山区中共第一党支部纪念馆揭牌，区民间艺术家向京西山区中共第一党支部党史教育基地捐赠崔显芳烈士雕像。

（潘 伟）

【环境整治工作】 年内，加大对农村环境综合整治力度，共投入各类资金418.5万元，共清除卫生死角740余个，清除各类生活垃圾1000余吨，清理白色垃圾560余吨，清理乱堆乱放130余处6700余吨，清除小广告132处，调用吊车3次清理废旧电线杆18根。镇与各村居、单位签订市容环境卫生责任书38份，与各村44名保洁员、20名巡查保洁员、33名公厕管理员逐一签订目标责任书97份；将公厕日常管理规定进行明确细化，并在每个公厕上墙悬挂，按照大村2名、小村1名的标准为镇域村居配备了专职保洁员；镇政府办、城管支队组成联合巡查组，每周二对辖区村居采取明察形式，对环境整治成果进行检查，主管领导坚持每半月带队检查一次，主要领导坚持每月检查一次；镇政府相关科室、城管等部门在主要大街、重点地区悬挂了宣传条幅50余条，发放宣传告知材料2000余份。

（潘 伟）

【庆祝“建党90周年”】 年内，在全镇基层党支部和广大党员中开展“党员寄心语”和“我争先、我践行、我有为”党员承诺活动，推进创先争优活动，全镇共升国旗2面，彩旗108面；悬挂“热烈庆祝中国共产党成立90周年”、“没有共产党就没有新中国”、“坚持科学发展观，共建和谐社会”等横幅28条。先后举办了京西山区中共第一党支部纪念馆揭牌仪式，走访慰问了建国前老党员，举办了“五型党支部”和“五星党员”表彰等系列活动。

（潘 伟）

斋 堂 镇

【概况】 斋堂镇位于门头沟区西部山区，是北京市小城镇之一，镇域面积392.4平方公里，耕地面积3477.3亩，辖30个村居，26家驻镇单位。全镇7694户，13468人，镇办企业7个，个体工商户2032个；全镇共有基层党支部38个，其中农村党支部29个，社区党支部1个，党员1745人。

年内，在区委、区政府的领导下，镇党委坚持以邓小平理论和“三个代表”重要思想为指导，落实科学发展观，贯彻党在农村的各项方针政策，按照区委、区政府工作部署和“一带两线三点”产业发展空间布局，落实镇党委“传承历史文脉，建设斋堂古镇”的发展思路，实施“163”工作计划，建设全国旅游名镇，全国环境优美镇；建设北京斋堂古村落古道文化旅游产业集聚区；完成北京国际徒步大会任务，完善“一个中心辐射带动六条沟域经济带”的产业发展格局，农村城镇化稳步推进，各项重点工程和重点工作全面完成。全年农村经济总收入6.5亿元，同比增长10%；人均劳动所得8310元，同比增长8%；财政收入380万元，同比增长160%；税收2260万元，同比增长110%；社会固定资产投资15亿元，同比增长50%。

单位名称：中国共产党北京市门头沟区斋堂镇委员会
北京市门头沟区斋堂镇人民政府
地　　址：北京市门头沟区斋堂大街45号
电　　话：69816653
邮　　编：102309

（张 森）

【市区三级联创工作检查】 1月12日，市委组织部、市农委农工委、市民政局基层政权处领导带队到斋堂镇检查“三级联创”工作，先后对斋堂镇党委、向阳口村进行了检查，对镇“三级联创”工作给予肯定，并对以后的“三级联创”工作提出了要求。12月29日，区委组织部、纪委、民政局到斋堂镇检查了“三级联创”工作，对以后的“三级联创”工作给予指导。

（张 森）

【开展走访慰问活动】 1月至3月，组织开展了走访慰问活动，慰问总户数1709户，3396人。其中，慰问优抚对象141户，141人，慰问金10.5万元，城乡低保户1554户，3241人，慰问金71.98万元。区政府百户慰问活动，斋堂慰问18户，慰问金1.44万元。春节前，为城乡低保户发放临时补贴57.59万元，其中，农村低保户100元/人，补贴6.47

万元；居民低保户150元/人，补贴38.88万元；优抚对象180元/人，补贴资金12.24万元。

（张　森）

【信访工作】　2月25日，报送“两会”期间党政领导干部大接访活动实施方案。3月，完善《斋堂镇领导接访制度》。5月16日，根据区信访办部署，开展二次信访矛盾排查化控工作。

（张　森）

【举行定向安置房开工仪式】　3月6日，举行定向安置房开工建设仪式，区领导、镇领导参加开工仪式并讲话。

（张　森）

【商业街及生态休闲公园开工】3月6日，斋堂商业综合服务街建设项目、生态休闲公园建设项目开工。

（张　森）

【培训工作】　3月11日，果林专家马玉昆到九龙头果园进行了果树技术实地培训，参加人数30余人，发放技术资料60份。4月13日，中国农业科学院著名专家冯峰到法城村进行了蜜蜂养殖技术培训，参加人数50余人。

（张　森）

【农村集体经济产权制度改革】4月至10月，根据市区农村集体经济产权制度改革工作要求，经过摸底调查、清产核资、资产审计、资产评估等阶段工作，完成了全镇24个村的农村集体经济产权制度改革工作。

（张　森）

【宣传工作】　4月22日，开展以“依法信访畅通有序”为主题的信访工作宣传活动。共摆放宣传展板6块，发放宣传材料1000余份。5月，结合北京科技周，以大会及街头宣传形式，开展《防震减灾法》活动，发放《防震减灾》相关宣传材料800份。

（张　森）

【领导班子换届考察】　4月，配合区考察组完成了领导干部考察工作。在全镇开展“严肃换届纪律，营造风清气正氛围”主题学习活动。发放“5个严禁、17个不准和5个一律”等各类文件和宣传材料共5000余份，确保换届工作顺利开展。

（张　森）

【举办庆祝建党90周年活动】　5月25日，举办了“庆祝建党90周年红歌唱响古镇斋堂”红歌大赛。全镇的13支代表队，高唱红色歌曲，抒发了爱党，爱祖国，爱家乡的情怀。6月28日，举行庆祝建党90周年暨“七一”表彰大会，对先进基层党组织、优秀党支部书记、优秀党务工作者和优秀共产党员进行了表彰。全镇各村居、企业党支部、驻镇单位领导干部、党员共300余名参加了表彰大会。7月，红色之旅系列活动——唱红歌；参观马栏冀热察展馆、烈士陵园、王家山惨案遗址；结合工作撰写纪念建党90周年征文。年内，为纪念中国共产党成立90周年，结合推进创先争优活动，以“每个共产党员向党述说最能表达心意的一句话”为主题，组织开展了“万名党员寄心语”活动。

（张　森）

【生态文明村申报】　7月25日，完成牛站、沿河城、张家村、向阳口“生态文明村”申报工作。

（张　森）

【法城蜂蜜文化节】　8月5日，第九届法城蜜蜂文化节开幕。

（张　森）

【灵水举人节】　8月8日，第十届灵水举人节开幕。

（张　森）

【召开镇第七次党员代表大会】9月，召开了第七次党员代表大会。选举产生新一届镇党委和纪委班子以及出席区党员代表大会代表。

（张　森）

【太阳能浴室土建工程竣工】　10月15日，太阳能浴室土建工程竣工，并通过验收。

（张　森）

【召开斋堂客运换乘中心协调会】10月21日，召开了启用斋堂客运换乘中心有关事宜协调会，区交通局、八方达河滩分公司、镇政府相关领导参加并讲话。

（张　森）

【村务监督委员会选举工作】　10月25日，进行村务监督委员会选举工作，全镇29个行政村和1个居委会进行了正式投票选举，完成村务监督委员会选举工作。

（张　森）

【部署护林防火工作】　11月1日，召开“斋堂镇2011年－2012年度森林防火工作大会”，总结2011年度全镇森林防火工作情况，并对2012年度森林防火工作进行动员部署。参加人员有镇党委、政府相关领导，镇护林防火相关科室人员、各村居党支部书记、村委会主任及各村防火小组成员代表等。

（张　淼）

【召开第八届人民代表大会】 11月22日，召开第八届人民代表大会第一次会议。全镇各行各业、各条战线的51名新一届镇人大代表和17名列席代表参加了会议。会议选举产生了斋堂镇第八届人大主席团、人大主席、副主席，及镇长和5名副镇长。

（张　淼）

【贷款发放到位】 12月，“三结合”贴息贷款155万元全部发放到户，扶持农村计划生育低收入家庭31户；发放“幸福工程”贷款14.5万元，扶持14户。

（张　淼）

【四级网络建设情况】 年内，17个村居已成功连接计划生育外网；为30个村居配备了专用电脑，并对全员信息系统进行了培训。

（张　淼）

【小流域治理工程通过验收】 年内，灵水沟小流域治理工程完成12平方公里并通过验收。（八片工程：军响、桑峪、灵水、东胡林）完成整修梯田800亩，经济林种植100亩，节水灌溉600米，挡土墙350米，护坡850米，村庄美化5000平方米，田间生产道路1600米，防护坝300米，铅丝石笼854平方米3，沟道清理整治300米。东西马涧小流域治理工程完成田间路3900米，步道250米，树盘1.5万个，扶唇垒堰3690立方米，护地坝1300立方米，村庄美化1处，完成节水灌溉工程。维修法城塘坝1处，修建柏峪防护墙1700立方米。

（张　淼）

【雨洪利用工程改造】 年内，完成雨洪利用工程2处（法城、青龙涧）。法城雨洪利用工程完成挡墙修复90米，跌水10处，水系100米，沟道治理1850平方米路面硬化450平方米，步道50米，护栏191米，新建挡墙12米，绿化200平方米，栽植苗木81棵，简介牌1个。青龙涧黄芩仙谷雨洪利用工程完成沟道治理2400平方米，集雨沟8米，步道86米，蓄水池1座，管道1000米，挡墙168米，亲水平台3个，护栏200米，跌水3处，简介牌1个。

（张　淼）

【水库移民工程建设】 年内，水库移民工程白虎头新建80立方米蓄水池1座，修建防护墙200米等农业观光采摘园基础设施建设；灵水村新建防护墙120米；牛站新建防护墙200米；西胡林村新建100平方米储冷库1座。

（张　淼）

【区镇联合执法】 年内，区镇联合执法，开展打击私挖盗采、清理外来人口和出租房屋专项整治行动4次。

（张　淼）

【自来水管网改造工程】 年内，对3处自来水管网进行改造，牛站水泵房已完工，新兴村水泵房、高铺蓄水池正在施工中。水利普查工作现已完成《建筑业与第三产业对象名录表》、《公共用水企业调查对象名录表》、《工业企业调查对象名录表》、《雨量站情况清查表》、《堤防工程清查表》、《水库工程清查表》等表格的准确填写。

（张　淼）

【防汛工作】 年内，落实29个村及驻镇单位的防汛工作，召开了全镇防汛工作大会，成立防汛指挥部，与全镇各单位签订了防汛责任书34份，制定了镇、村防汛预案，斋堂水库防汛预案，火村塘坝防汛预案等多项预案，并按照“四包七落实”的原则，落实镇、村防汛预案，做好灾情预警、防汛值班等防汛工作，保证了人民群众的生命、财产安全。

（张　淼）

【退耕还林工作】 年内，巩固退耕还林成果专项建设工程种植基本口粮田1000亩，其中川底下110亩、西胡林100亩、杨家峪130亩、牛站200亩、马栏200亩、白虎头100亩、沿河城60亩、西斋堂100亩。完成2011年粮食直补工作1366亩。完成围栏封育工程3000亩，其中法城1000亩，白虎头2000亩。

（张　淼）

【打击非法盗采工作】 年内，打击非法盗采工作，机械和人工填埋煤熏口251个次；炸毁煤熏口134个次，使用炸药615箱，雷管1190支。收缴和炸毁盗采设备及工具167台。

（张　淼）

清 水 镇

【概况】 清水镇地处北京市最西部，距市区93公里，距区政府所在地75公里。西、北部分别与河北省涞水县、涿鹿县和怀来县接壤，东、南部分别与斋堂镇和房山区相连，是北京市城市整体规划西部生态带腹地，也是北京市西部最远的乡镇，素有“京西边陲”之称。永定河支流清水河源于此，109国道东西贯穿全境。总面积339平方公里，辖32个行政村，有6086户，1.07万人口，耕地2154亩，有基层党支部38个，党员1440人。年内，清水镇按照生态涵养发展区的功能定位，制定清水镇“总规”和“十二五规划”，明确了“生态立镇、文化兴镇、人才强镇、旅游富镇”的发展战略，确定了以产业结构调整为主线，培育高端旅游休闲和文化创意产业，带动特色、精品、观光农业和农产品加工业的发展，全面促进三次产业融合的发展思路。培育生态友好型产业，发展具有地区特色的种养业和农产品加工业；依托“两山一涧”旅游景区的优势，发展民俗旅游业；发展农业专业合作组织，为农业产业化经营奠定基础。全年农村经济总收入完成23333万元；工业总收入完成1478万元；农民人均劳动所得完成7033元；财政税收完成80万元。

单位名称：北京市门头沟区清水镇委员会

北京市门头沟区清水镇人民政府

地　　址：北京市门头沟区清水镇上清水村

电　　话：60855407

邮　　编：102311

（梁宏岩）

【区领导检查调研】 4月10日，区领导韩子荣到清水镇调研。清水镇负责人汇报了产业结构调整、种养殖业发展、民俗旅游业发展、生态建设、新农村建设、打击私挖盗采，全年的主要工作任务、发展思路等情况。韩子荣提出具体要求。11月9日，区领导到镇内调研。首先到清水镇燕家台村和洪水峪村实地走访，随后到清水镇政府座谈。在听取清水镇党委书记的工作汇报后，对清水镇工作给予肯定。22日，区领导到镇内检查打非工作，在听取清水镇领导的汇报后，对清水镇“打非”工作所取得的成果给予了肯定。

（梁宏岩）

【“村官”受邀进京参加会议】 5月5日，2名大学生“村官”受邀，在全国政协礼堂参加国务院扶贫办、中国扶贫开发协会举办的“支持贫困村大学生村官成长工程”启动仪式。

（梁宏岩）

【举办庆祝建党90周年系列活动】 5月25日，举行纪念建党90周年“红歌唱响清水”红歌决赛。6月，开展《纪念中国共产党成立90周年》征文活动、“纪念建党90周年特色党日、党建活动”，7月1日，在梁家庄村组织“弘扬清水传统民俗文化、共庆建党90周年”山棒子戏团演出活动。

（梁宏岩）

【镇党代表换届选举工作】 6月1日，镇党代表选举工作启动，8月底结束，共选出新一届镇党代表105名，其中男代表75名，女代表35名，高中以上文化的占80%。

（梁宏岩）

【开展“万名党员寄心语”活动】 6月17日，开展了“党员红色横幅寄心语签名活动”，党员在横幅上写下了自己对党最真心、最忠诚的话语，表达了对党的无限热爱。23日至25日，组织32个行政村的党支部，开展“万名党员寄心语——明信片寄心语”活动，给各村党支部发放明信片500张，给黄安坨村毛主席纪念广场爱国主义教育基地发放明信片300张。

（梁宏岩）

【捐款活动】 6月29日，组织全镇党员开展了“共产党员献爱心”捐款活动。全镇5个机关党支部党员及各村代表150余人到会参与现场捐款活动，共捐款5万余元。所捐款项将全部交由北京市慈善协会用于困难党员帮扶、资助低保老人医疗、资助贫困学生上学等。

（梁宏岩）

【选举工作】 9月1日，区、镇人大换届选举工作启动，11月8日结束。全镇32个村的8898名选民参加选举。选举镇人大代表49名，其中政党推荐6人，联名推荐43人，妇女代表19人，占镇代表总数的38.78%；群众12

人，占镇代表总数 24.5%；连任代表 5 人，占镇代表总数 10.2%。选举区人大代表 10 人，其中政党推荐 2 人，联名推荐 8 人，妇女代表 2 人，占区代表总数的 20%；群众 2 人，占区代表总数 20%；基层一线代表 6 人，占区代表总数 60%；连任代表 4 人，占区代表总数 40%。

（梁宏岩）

【召开第六次代表大会】 9 月 27 日，中共清水镇第六次代表大会召开，全镇的 105 名党代表和 33 名列席代表参加了会议。区领导陈国才、杲建忠出席了会议。会议选举产生了中共清水镇第六届委员会、新一届纪律检查委员会和清水镇出席中共门头沟区第十一次代表大会的代表。选出镇党委书记 1 名，镇纪委书记 1 名。11 月 21 日，召开清水镇六届一次人代会，共有 45 名镇人大代表参加，大会选举镇长 1 名，副镇长 4 名，人大主席 1 名，人大副主席 1 名。

（梁宏岩）

【市领导检查调研】 11 月 3 日，由市区领导组成的评估小组调研清水镇社会保障事务所 2011 年达标工程。调查组首先到清水镇社会保障事务所视察工作情况，有针对性的对服务大厅的硬件设施、标识设置、档案留存、人员分工等情况调研。随后到会议室听取社保所干部汇报工作。评估小组成员对清水镇社保所的工作给予肯定，并对下一步的工作提出了意见和建议。

（梁宏岩）

人　物

组织机构负责人名单（截至2011年年底）

中国共产党北京市门头沟区委员会

区委书记　刘云广（2月免）
韩子荣（2月任）
区委副书记　王洪钟
陈志强（12月免）
付兆庚（12月任）
区委常委　刘云广（2月免）
韩子荣（2月任）
王洪钟　陈志强（12月免）
付兆庚（12月任）　陈国才
丁　勇（9月任）　赵潮英
刘群立（10月任）　张　永
王二安（3月免）
李庆广（3月任）
罗　斌（12月免）
张　冰（12月免）
韩生辉（12月免）
石　军（12月任）
彭利锋（12月任）
区纪委书记　赵潮英
区委政法委书记　韩生辉（12月免）
付兆庚（12月任）
区委政法委常务副书记　张福军
区委办主任　张　永（12月免）
彭利锋（12月任）
区国家保密局局长　张子玲
区委组织部部长　张　冰（12月免）
丁　勇（12月任）
区委组织部常务副部长　金秀斌
区委宣传部部长　陈国才（12月免）
石　军（12月任）
区委宣传部常务副部　张慧军
区委统战部长　侯建华（12月免）
丁　勇（12月任）
区委研究室主任　付军利
区直机关工委书记　张　永（12月免）
彭利锋（12月任）
区委直属机关工作委员会
常务副书记　李纪云（9月免）
梁增霞（9月任）
区委老干部局局长　吕根群
区民族宗教侨务办公室主任　赵米印
区精神文明建设委员会办公室主任　衣丰飞
区委台湾工作办公室主任、区政府
台湾事务办公室主任　杜晨光
区社会治安综合治理委员会办公室主任　张伯谦
区委防范和处理邪教问题领导小组办公室主任
张福军
区委党校校务委员会主任、常务副校长　李荣超

门头沟区人民代表大会常务委员会

区人大主任　李慷云（12月免）
罗　斌（12月任）

区人大副主任　何震芳（12月免）
赵爱娟（12月免）
韩生辉（12月任）
侯建华（12月任）　谭　杰
许　彪（12月任）
张乐春（12月免）
王建昌（不驻会）（12月免）
李　轶（不驻会）（12月任）

区人大常委会办公室主任　艾德禄（9月免）
陈世杰（9月任）

区人大常委会研究室主任　董建忠

区人大常委会代表联络室主任　王明元（9月免）
贺其明（9月任）

区人大常委会内务司法工作委员会主任　高帮利

区人大常委会教科文工作委员会主任　李维兴

区人大常委会财政经济工作委员会主任
王德成（9月免）
高　见（9月任）

区人大常委会城乡建设环保工作委员会主任
李秀山（9月免）
史宗宪（9月任）

区人大常委会农村工作委员会主任　杨国强

门头沟区人民政府

区　长　王洪钟

副区长　罗　斌（12月免）
陈国才（12月任）
付兆庚（12月免）
张　永（12月任）
翟云峰（12月免）
郑伟革
李　昕
姚忠阳（10月免）
洪家志（10月任）
张满仓（12月任）

区政府办公室区政府党组成员，办公室主任
石　军

区发展和改革委员会党组书记、主任　张满仓

区政府国有资产监督管理委员会党委书记、主任
白连富

区商务委员会党组书记、主任　王立宇

区委教育工作委员会书记　张爱宗（10月免）
何　渊（10月任）

区教育委员会主任　何　渊

区科委党组书记、主任　张文波

区监察局局长　曹桂林（12月免）
贾志国（12月任）

区农业局局长　张旋里

区农业局党委书记　张广成（9月免）
张旋里（9月任）

区园林绿化局党委书记、局长，区绿化委员会办公室主任　高连发

区民政局局长　张翠萍

区民政局党委书记　杨寿聪（9月免）
张翠萍（9月任）

区司法局党组书记、局长　马　星（9月免）
吕玉宝（9月任）

区财政局党组书记、局长　许　彪

区人力资源和社会保障局党组书记、局长，区机构编制委员会办公室主任　杜斌英

区住房和城乡建设委员会党组书记、主任，区政府住房制度改革办公室主任，区采空棚户区改造建设中心党组书记、主任　冯　飞

区市政市容管理委员会党组书记、主任　张乐春

区交通局党组书记、局长　耿新民

区委农村工作委员会书记、区农村工作委员会主任
连春国（9月免）
王九中（9月任）

区文化委员会主任　陈世杰（9月免）
闫洪亮（9月任）

区文化委员会党委书记　曲书法（9月任）

区卫生局局长　赵国章（6月免）
野京城（6月任）

区卫生局党委书记　顾　宏

区人口和计划生育委员会党组书记、主任　王培兰

区审计局党组书记、局长　高　见（10月免）
苗建军（10月任）

区环境保护局党组书记、局长　曹志远

区统计局党组书记、局长　李　伟

区水务局党组书记、局长　徐邦敬

区旅游局党组书记、局长　张久振

区体育局党组书记、局长　范根源

区政府法制办公室主任　谷志强

区委社会工作委员会书记、区社会建设工作办公室主任　梁增霞（4月任）（9月免）

区委社会工作委员会书记　张翠萍（9月任）

区委社会工作委员会副书记、区社会建设工作办公室主任　张慧琦（9月任）

区委区政府信访办公室主任　贾卫东

区民防局党组书记、局长 李志文（4月免）
曹志远（4月任）
区档案史志局党组副书记、局长，区档案馆馆长
刘望鸿
区档案史志局党组书记 刘望鸿（12月免）
曹桂林（12月任）
区城市管理监察大队大队长 史宗宪（9月免）
马 星（9月任）
区城市管理监察大队党组书记、政委 安焕生
区经济和信息化委员会党组书记、主任
李国庆
区安全生产监督管理局局长 李有敏（4月免）
刘振林（4月任）
区安全生产监督管理局党组书记 梁光学

中国人民政治协商会议北京市门头沟区委员会

区政协主席 高连广（12月免）
张 冰（12月任）
区政协副主席 杲建忠（12月免）
翟云峰（12月任）
侯建华（12月免）
张乐春（12月任）
冯 飞（12月任）
安冬梅（不驻会）（12月免）
野京城（不驻会）
朱德友（不驻会）
孙善民（不驻会）
区政协秘书长 张爱宗（10月任）
区政协研究室主任 陈廷彩（9月免）
安久亮（9月任）
区政协办公室主任 张 静
区政协专委会工作一室主任 刘建生
区政协专委会工作二室主任 刘增城
区政协专委会工作三室主任 何建忠（9月免）
石建山（9月任）
区政协专委会工作四室主任 杨金波
区政协专委会工作六室主任 连春国（9月任）

政法、军事

区检察院党组书记、检察长 许晓闽
区检察院反贪污贿赂局局长 彭唯良
区法院党组书记、院长 黄建京（12月免）
靳学军（12月任）
区公安分局党委书记、局长 鹿进宝（10月免）
刘群立（10月任）
区公安分局政委 孙连辉（4月免）
王新元（4月任）
区人武部政委 王二安（2月免）
连世明（2月任）
区人武部部长 李庆广

群众团体

区工商业联合会主席 奚秀月
区工商业联合会党组书记 杜晨光
区总工会党组书记、主席 任继明
区总工会常务副主席 刘克刚
团区委党组书记、书记 徐家湛（9月免）
区妇女联合会党组书记、主席
李彩霞
区科学技术协会党组书记、主席
杨广义
区残疾人联合会党组书记、理事长
赵 凯
区文学艺术界联合会党组书记、常务副主席
孙永春（9月免）
王殿玉（9月任）
区红十字会党组书记、常务副会长 王连勇

乡镇街道

潭柘寺镇党委书记、人大主席 韩瑞昌
潭柘寺镇党委副书记、镇长 占永谦（9月免）
杜春涛（9月任）
永定镇党委书记、人大主席 陈 波
永定镇党委副书记、镇长 李文凯
龙泉镇党委书记、人大主席 索宝柱
龙泉镇党委副书记、镇长 闫洪亮（9月免）
刘军生（9月任）
军庄镇党委书记、人大主席 王九中（9月免）
王 涛（9月任）
军庄镇党委副书记、镇长 曹宝华
妙峰山镇党委书记、人大主席 彭利锋
妙峰山镇党委副书记、镇长 卢佳强
王平镇党委书记、人大主席 韩兴无
王平镇镇长 彭天和
雁翅镇党委书记、人大主席 谢春雪

雁翅镇党委副书记、镇长　杜　军
斋堂镇党委书记、人大主席　万　钦
斋堂镇党委副书记、镇长　刘贵清
清水镇党委书记、人大主席　张庆伍
清水镇党委副书记、镇长　安　楠
区委大峪街道工委书记、区人大常委会大峪街道工作委员会主任　李梦林（9月免）
艾德禄（9月任）
区委大峪街道工委副书记、办事处主任　王　涛（9月免）
张进香（9月任）
区委东辛房街道工委书记、区人大常委会东辛房街道工作委员会主任　梁增霞（4月免）
穆春林（9月任）
区委东辛房街道工委副书记、办事处主任　穆春林（9月免）
徐家湛（9月任）
区委城子街道工委书记、区人大常委会城子街道工作委员会主任　董国柱（9月免）
李秋芳（9月任）
区委城子街道工委副书记、办事处主任　李秋芳（9月免）
黄　伟（9月任）
区委大台街道工委书记、区人大常委会大台街道工作委员会主任　史雅琳
区委大台街道工委副书记、办事处主任　亓建军（9月任）

事业单位

区地震局局长　张文波
区广播电视中心党组书记　张慧军
区广播电视中心主任　宋　奇
区医院党委书记　王俊义
中共北京市门头沟区委石龙经济开发区工作委员会书记、北京石龙经济开发区管理委员会主任、北京石龙经济开发区投资开发总公司总公司总经理　张丰收
区农村合作经济经营管理站党组书记、站长　舒伯文（9月任）
区政府地方煤炭管理办公室主任　李国庆
区机关后勤服务中心主任　王亚君
区环境卫生服务中心主任　杨树国
区环境卫生服务中心党委书记　何松朝
区老龄工作委员会办公室主任　王维胜（9月免）
张翠萍（9月任）
北京百花山国家级自然保护区管理处党组书记、主任　刘　东
门头沟区公共工程服务中心党组书记、主任　杨晓辉
区财贸干校（区财贸职工中等专业学校）党委书记、校长　张德成（1月免）
区投资促进局党组书记、局长　李世春
区企业发展服务中心主任（副处职）　苗爱军
区城乡建设拆迁办公室党组书记、主任　石　研
区商业网点规划建设管理处副主任　王智辉

区管企业单位

区粮食局局长　王立宇
北京京门国有资产经营管理中心党委书记、总经理　连久利
北京京门良实国有资产经营管理公司董事长、总经理、党委副书记　刘　建
北京京门国有商业资产经营公司党委书记、董事长　宋建筑
北京京门国有商业资产经营公司总经理　朱瑞林（4月免）
区供销合作社党委书记、主任　崔长青（4月免）
朱瑞林（4月任）

统计 资料

自然概况

项目	单位	2009 年	2010 年	2011 年
土地面积				
辖区面积	平方公里	1448.9	1448.9	1448.84
新城规划区面积	平方公里	87	87	87
人口				
户数	户	113987	116838	118113
户籍人口	人	244704	245689	247504
农业人口	人	60059	58738	56886
非农业人口	人	184645	186951	190618
人口自然增长率	‰	0.57	-1.41	-1.42
降水量及气温				
全年降水量	毫米	452.9	449.7	581.2
全年平均气温	℃	12.4	11.7	12.4

注：2009 年户籍人口中包括未落常住户口人员 224 人，2010 年户籍人口中包括未落常住户口人员 135 人，2011 年户籍人口中包括未落常住户口人员 81 人。

资料来源：门头沟区国土资源分局、门头沟区公安分局、门头沟区计生委、门头沟区气象局。

行政区划（2011 年）

项　目	辖区面积（平方公里）	行政村个数（个）	居委会个数（个）	总户数（户）	户籍人口（人）		
					合　计	#非农业人口	#男性人口
合计	1448.84	178	103	118113	247504	190618	126968
大峪办事处	5.16	0	34	20651	53221	53221	27073
城子办事处	2.30	0	17	10951	26760	26760	14333
东辛房办事处	10.88	0	19	13077	31189	31189	16212
大台办事处	80.88	0	9	3723	8571	8571	5212
潭柘寺镇	79.83	12	0	6816	11858	6364	5954
永定镇	65.48	24	7	15807	30460	18591	15023
龙泉镇	30.80	17	9	12231	22682	12340	11000
军庄镇	33.47	8	2	6330	11625	8310	5956
妙峰山镇	112.61	17	0	5742	10012	3404	5023
王平镇	45.92	16	4	3736	8030	8030	4249
雁翅镇	263.89	23	1	5269	8780	2979	4515
斋堂镇	382.34	29	1	7694	13553	8040	6866
清水镇	335.27	32	0	6086	10763	2819	5552

资料来源：门头沟区公安分局、门头沟区国土资源局、门头沟区民政局、门头沟区街道办。

国民经济主要指标(一)

项　目	单位	2011 年	2010 年	增长速度%
人口与就业				
人口				
年末全区常住人口	万人	29.4	29.0	1.4
就　业				
全部法人单位从业人员	人	84144	–	–
个体从业人员	人	19780	18562	6.6
城镇登记失业率	%	4.11	4.65	–0.5
宏观经济				
国民经济核算				
地区生产总值	万元	1036553	864259	19.9
第一产业	万元	18287	14074	29.9
第二产业	万元	534549	444571	20.2
第三产业	万元	483717	405614	19.3
固定资产投资				
全社会固定资产投资	万元	1423255	898746	58.4
#房地产开发投资	万元	490051	97989	400.1
财政				
一般预算收入	万元	168665	106754	58.0
一般预算支出	万元	549600	457475	20.1

资料来源：门头沟区人力社保局、门头沟区财政局。

国民经济主要指标（二）

项　目	单位	2011 年	2010 年	增长速度%
产业				
农村经济				
农林牧渔业总产值	万元	50613.5	39324.6	28.7
农村经济总收入	万元	765646	858566	-10.8
工业				
规模以上工业企业总产值	万元	897172	786678	14.0
商业				
社会消费品零售额	万元	379877	325641	16.7
限额以上企业及个体	万元	243238	204170	19.1
限额以下企业及个体	万元	113309	97534	16.2
商品交易市场	万元	23330	23937	-2.5
旅游				
接待总人次	万人次	293	239	22.8
旅游收入	万元	146491	103887	41.0
对外经济贸易				
新批“三资”企业	个	3	3	0.0
投资总额	万美元	187.0	8007.5	-97.7
实际利用外资	万美元	4204	200	2002.0
金融保险				
金融机构存款余额(人民币)	万元	3509827	2831890	23.9
#城乡居民储蓄存款余额	万元	1776558	1427552	24.4
金融机构贷款余额	万元	670602	597211	12.3
保险业务收入	万元	18620.0	23197.5	-19.7

资料来源：门头沟区商务委、中国人民保险公司门头沟支公司、中国人寿保险公司门头沟支公司。

注：2011 年起，社会消费品零售额由原来的法人口径调整为产业在地口径，2010 年数据也相应调整。

旅游数据根据 2011 年新修订的《北京市区县旅游业综合统计方案》，统计口径有所调整。

国民经济主要指标(三)

项 目	单位	2011 年	2010 年	增长速度%
教育、文化、科技、卫生				
教育				
中、小学在校生	人	19068	22187	-14.1
中、小学专任教师	人	2161	2394	-9.7
文化				
公共图书馆藏书量	万册	58.97	56.11	5.1
科技				
专业技术人员	人	7081	7008	1.0
卫生				
卫生机构病床数	张	2653	2651	0.1
卫生机构技术人员数	人	2996	2858	4.8
生活与环境				
生活				
城镇居民人均可支配收入	元	29172	25313	15.2
农民人均纯收入	元	14031	12672	10.7
全部法人单位从业人员平均工资	元	46868	—	—
能源消费				
全社会售电量	万度	81336.8	86016.8	-5.4
全社会用电量	万度	83502	86171	-3.1
环境				
城市绿化覆盖率	%	40.86	34.02	
城市污水处理量	万吨	592.1	575.1	3.0
空气质量二级和好于二级天数	天	272	271	0.4
空气质量二级和好于二级天数完成率	%	74.5	74.2	

地 区 生 产 总 值

单位：万元

	2011 年	2010 年	增长速度%
合　计	1036553	864259	19.9
第一产业	18287	14074	29.9
第二产业	534549	444571	20.2
工业	478574	387495	23.5
建筑业	55975	57076	-1.9
第三产业	483717	405614	19.3
交通运输、仓储和邮政业	17390	12766	36.2
信息传输、计算机服务和软件业	715	635	12.6
批发和零售业	59815	51277	16.7
住宿和餐饮业	14551	13682	6.4
金融业	52652	35788	47.1
房地产业	82481	74434	10.8
租赁与商务服务业	21659	18834	15.0
科学研究、技术服务和地质勘察业	25336	16459	53.9
水利、环境和公共设施管理业	6560	6405	2.4
居民服务和其他服务业	21954	18097	21.3
教育	51147	46506	10.0
卫生、社会保障和社会福利业	36361	27868	30.5
文化、体育和娱乐业	8250	7950	3.8
公共管理和社会组织	84846	74913	13.3